中国社会科学年鉴
YEARBOOK OF CHINESE SOCIAL SCIENCES

YEARBOOK OF
JAPANESE
STUDIES IN CHINA

杨伯江 主编

中国日本研究年鉴
2023

中国社会科学出版社

图书在版编目（CIP）数据

中国日本研究年鉴 . 2023 / 杨伯江主编 . -- 北京：中国社会科学出版社，2024. 10. -- ISBN 978-7-5227-4344-8

Ⅰ . D731.3-54

中国国家版本馆 CIP 数据核字第 20241TJ061 号

出 版 人	赵剑英
责任编辑	张靖晗
责任校对	李　惠
责任印制	张雪娇

出　　版	中国社会科学出版社
社　　址	北京鼓楼西大街甲 158 号
邮　　编	100720
网　　址	http://www.csspw.cn
发 行 部	010-84083685
门 市 部	010-84029450
经　　销	新华书店及其他书店

印刷装订	三河市东方印刷有限公司
版　　次	2024 年 10 月第 1 版
印　　次	2024 年 10 月第 1 次印刷

开　　本	787×1092　1/16
印　　张	47.75
插　　页	2
字　　数	1162 千字
定　　价	398.00 元

凡购买中国社会科学出版社图书，如有质量问题请与本社营销中心联系调换
电话：010-84083683
版权所有　侵权必究

《中国日本研究年鉴 2023》编辑委员会名单

主　　　编：杨伯江
副　主　编：吴怀中　　　唐永亮
编　　　委：杨伯江　　　闫　坤　　　吴怀中　　　吕耀东　　　高　洪
　　　　　　张伯玉　　　田　正　　　张　勇　　　胡　澎　　　张建立
　　　　　　卢　昊　　　唐永亮　　　杨栋梁　　　刘岳兵　　　韩东育
　　　　　　胡令远　　　黄大慧　　　初晓波　　　宋成有　　　刘晓峰
　　　　　　林美茂　　　宋金文　　　杨　玲　　　裴桂芬　　　徐万胜
　　　　　　崔　健　　　韩春虎　　　修　斌　　　邱雅芬　　　王新生
　　　　　　高士华　　　王　青　　　陈多友　　　田香兰　　　谢必震
　　　　　　郑　毅　　　金　勋　　　笪志刚　　　陈秀武　　　胡继平
　　　　　　周　峰　　　修　刚　　　蔡　亮
年鉴编辑部：唐永亮　　　叶　琳　　　陈　祥　　　李璇夏　　　张耀之
　　　　　　陈梦莉　　　田　正　　　陈静静　　　邹皓丹　　　郭　佩
　　　　　　孟明铭　　　王一晨　　　周旭海　　　程玉洁　　　张　晖

编辑说明

一、《中国日本研究年鉴》系由中国社会科学院日本研究所主持编纂，秉承学术性、权威性、客观性、前沿性的宗旨，力求反映日本研究学科取得的年度主要成绩和科研进展，促进中国日本研究学术共同体的思想交流，为中国日本研究学科体系、学术体系、话语体系建设贡献力量。

二、本年鉴的编纂最早可追溯至20世纪80年代末。2023年，首部《中国日本研究年鉴》由中国社会科学出版社出版发行。

三、本年鉴框架采用分类编辑法，以栏目为类目，下设分目、条目。栏目的设置一般保持相对稳定，但可能根据年度特点略有调整。2023卷共设8个栏目：学科综述、年度优秀论文、年度主要论文、著作目录、国内涉日研究机构及学术动态、期刊信息、大事记、日本研究主要数据。

四、本年鉴条目选定的原则。学科综述主要由中国社会科学院日本研究所专家撰写，同时邀请所外专家参与撰写。年度优秀论文和年度主要论文通过中国知网文章抓取，中华日本学会、全国日本经济学会、中华日本哲学会、中国日本文学研究会、中国日本史学会、中国中日关系史学会、中国抗日战争史学会等会员海选，年鉴编委会和日本研究所学术委员会审议的方式选出。国内涉日研究机构及学术动态由各单位提供，依机构名称首字的笔画数排序。

缩略语对照表

3C：计算机、通信、消费类电子产品
5G：第五代移动通信技术
ACSA：物资劳务相互提供协定
ADMM Plus：东盟防长扩大会议
AI：人工智能
ALPS：先进液体处理系统
AMI：中国人文社会科学期刊综合评价报告
APEC：亚太经济合作组织
ARF：东盟地区论坛
BBC：英国广播公司
BIS：国际清算银行
CATTI：全国翻译专业资格（水平）考试
CCUS：碳捕集、利用与封存技术
CNI：社会科学文献出版社评价指标体系
CNKI：中国知网
CPTPP：全面与进步跨太平洋伙伴关系协定
CSSCI：中文社会科学引文索引
CTTI：中国智库索引
DIME：国防、情报、军事、经济
DX：数字化转型
EAS：东亚峰会
EPA：经济伙伴关系协定
EQ：情商
ESI：基本科学指标
EU：欧洲联盟
FDI：外国直接投资
FOIP：自由开放的印度太平洋
FTA：自由贸易协定
FVA：外国增加值
G20：二十国集团
G7：七国集团

GCAP：全球作战航空计划
GDP：国内生产总值
GHQ：盟军最高司令官总司令部
GIGA：面向所有人的全球创新门户
GNI：国民总收入
GPT：基于转换器的生成式预训练模型
IAEA：国际原子能机构
IBM：国际商业机器公司
ICT：信息与通信技术
IMF：国际货币基金组织
IPCC：政府间气候变化专门委员会
IPEF：印太经济框架
IT：信息技术
JETRO：日本贸易振兴机构
JICA：日本国际协力机构
J-STAGE：日本科学技术信息集成系统
MCU：微控制单元
MEF：主要经济体能源与气候论坛
MTI：翻译硕士专业学位
NATO：北大西洋公约组织
NFT：非同质化代币
NGO：非政府组织
NHK：日本广播协会
NPO：非营利组织
NPT：核武器不扩散条约
ODA：官方发展援助
OECD：经济合作与发展组织
OFDI：对外直接投资
PALM：太平洋岛国峰会
PPP：公私合作伙伴关系
QUAD：四方安全对话
RAA：互惠准入协定
RCCSE：中国科学评价研究中心
RCEP：区域全面经济伙伴关系协定
SACO：冲绳特别行动委员会
SCIE：科学引文索引扩展版
SDGs：可持续发展目标

SSCI：社会科学引文索引
STEAM 教育：集科学、技术、工程、艺术、数学等多学科融合的综合教育
SWIFT：环球同业银行金融电讯协会
TAG：技术咨询组
TPP：跨太平洋伙伴关系协定
UJDTA：美日数字贸易协定
UNDP：联合国开发计划署
UNESCO：联合国教科文组织
VAR 模型：向量自回归模型
WAW：国际女性会议
WEF：世界经济论坛
WTO：世界贸易组织

目 录

编者序 …………………………………………………………………… 杨伯江 (1)

学科综述

2022年日本政治研究综述 ………………………………… 孟明铭　张伯玉 (3)
2022年日本经济研究综述 …………………………………… 田正　邓美薇 (16)
2022年日本外交研究综述 …………………………………… 吕耀东　鞠佳颖 (36)
2022年中日关系研究综述 …………………………………… 吴怀中　孟晓旭 (48)
2022年日本社会学科综述 …………………………………………… 胡澎　吴限 (60)
2022年日本文化研究综述 …………………………………………………… 张建立 (76)
2022年日本历史研究综述 …………………………………………………… 王新生 (89)
2022年日本战略研究综述 …………………………………………………… 卢昊 (109)
2022年日本文学研究综述 …………………………………………………… 王志松 (121)
2022年日本教育研究综述 …………………………………………………… 臧佩红 (133)
2022年日本哲学与思想史研究综述 ……………………………… 王青　刘莹 (153)

年度优秀论文

中日关系50年发展演变与未来走势
　　——兼论日本战略因素及其规定性作用 …………………………… 杨伯江 (173)
日本思想史脉络中的中国
　　——以竹内好的中国论述为例 ………………………………………… 孙歌 (176)
中日高科技发展的比较与思考
　　——以半导体芯片制造技术为案例 …………………………………… 冯昭奎 (180)
日本社会变迁及其对中日关系的影响 ……………………………………… 王伟 (184)
国家利益视域下日本对华政策历程及未来走向 …………………………… 吕耀东 (188)
"同盟困境"管理与日本对华关系变迁 …………………………………… 吴怀中 (192)
日本明治时期近代化的得与失 ……………………………………………… 王新生 (196)
对冲中的摇摆:三边互动下的日本"印太战略"演进 ………… 陈拯　王广涛 (199)

战后日本对琉球政策变迁与日美同盟强化
　　——基于结构暴力的分析视角 ········· 陈静静（202）
战后中日关系的原点及其延长线
　　——重温四个政治文件 ········· 胡令远　王天然（205）

年度主要论文

中日经贸关系50年：变迁与前瞻 ········· 张季风（211）
经济安全视角下日本外资管理政策变化分析 ········· 崔健（213）
近代中日关于东北问题的论争 ········· 刘岳兵（215）
中日邦交正常化50周年：回顾与前瞻 ········· 刘德有（217）
地缘战略与大国关系：中日关系基本走势的再分析 ········· 朱锋（219）
口传与文字之间
　　——《古语拾遗》所见日本古代神话叙事体系的嬗变 ········· 刘晓峰（222）
"泛安全化"视域下日本对华政策研究 ········· 蔡亮（224）
构建新时代中日关系的多维思考 ········· 张宇燕　蒋立峰　王新生　江瑞平（226）
1972年以来日本政治的变革与"普通国家化" ········· 李寒梅（236）
"弱化的三难困境"与战后日本经济社会稳定 ········· 贺平（238）
新形势下日本强化经济安全保障及其影响 ········· 徐梅（240）
日本明治前期知识界接受西方"民族"概念的思想远因
　　——以"日本优越论"为核心 ········· 董灏智（242）
推进东方外交史研究的他山之石
　　——重新审视近代以来日本的东亚史研究 ········· 宋成有（244）
"失去"的日本经济：事实、原因及启示 ········· 闫坤　汪川（246）
战后日本国家战略演进及岸田内阁战略走向 ········· 刘江永（248）
日本对华认知的演进脉络及典型特征 ········· 田庆立（250）
美日"核共享"：历史基础、演进趋势与应对策略 ········· 金嬴（252）
中日两国社会治理领域的交流、互鉴与合作
　　——写于中日邦交正常化50周年 ········· 胡澎（254）
东亚视域下的日本排外主义
　　——历史演变与政治逻辑 ········· 王广涛（256）
中日科技合作：演进历程、新挑战与破解路径 ········· 邓美薇　张季风（258）
丸山真男对日本"超国家主义"的学理解构 ········· 韩东育（260）
关于西田哲学中的"东洋文化"
　　——以《善的研究》为中心 ········· 王青（262）
外部冲击背景下日本东亚区域供应链的调整 ········· 崔岩　富晨（263）
日本"对敌基地攻击能力"讨论新动向 ········· 邱静（265）

目　　录

后安倍时代日本军事大国化追求与对华博弈加剧……………………………吴限　高洪（267）
日本数字贸易规则构建的动因及路径研究……………………………………施锦芳　隋霄（269）
日本乡村振兴的别样手段：故乡税制度的实施路径、效果及争议……………郭佩　刘莉（271）
碳中和背景下中日蓄电池产业合作：驱动因素及实现路径……………………刘红　郑晨笛（273）
日本学界侵华战争研究的环境史脉络刍议………………………陈祥　［日］塚濑进（275）
17—19世纪日本的皇权主义思想………………………………………………………许晓光（278）
当代日本右翼势力的"历史战"及其社会影响…………………………………丁诺舟　张敏（280）
解析日本学界围绕钓鱼岛问题的歧见及启示……………………………………………房迪（282）
侵华战争时期日本民间智库的活动与影响
　　——以昭和研究会为核心的考察……………………………………………………史桂芳（284）
创述琉球：美军编制琉球民族志文献述评………………………………………………孙家坤（286）
岸田政府强化日澳安全合作及其影响……………………………………………………孟晓旭（288）
日本碳中和战略及其前景…………………………………………………………刘军红　汤祺（290）
日本应对俄乌冲突的举措及战略构想……………………………………………………王珊（292）
日美同盟视角下的日本中东外交
　　——自主外交与同盟义务的矛盾与协调……………………………………………程蕴（294）
中日关系：知命之年的新认知……………………………………………………………江瑞平（296）
福岛核污水排放方案的国际法问题
　　——基于放射性废物处置视角的考察………………………………………………张诗奡（298）
日本如何构建互联网平台市场公平竞争环境…………………………………裴桂芬　樊悦（300）
东亚海域中日渔业互动及展望……………………………………………………………陈秀武（302）
重新审视日本"印太战略"：国内政治视角下的考察…………………………………王竞超（305）
多元认知视域下的日本皇位继承问题研究……………………………………徐万胜　张雨欣（307）
责任分担视角下日美同盟"关怀预算"的演变
　　——缘起、机制化与扩大………………………………………………………田凯　郭花（309）
中美日大国博弈框架下的中日关系
　　——兼论国际关系中的敌友转换……………………………………………………赵全胜（311）
外部冲击影响日本跨国公司调整东亚生产布局的传导路径…………………………平力群（313）
大变局下日本产业政策的新动向………………………………………………田正　杨功金（315）
日蒙经济关系50年：从援助到战略合作……………………………………………乌兰图雅（317）
日本外资管理制度的演变及新动向……………………………………………陈友骏　王星澳（319）
日本处理日美贸易摩擦手段转换的动因与效果………………………………王厚双　王柏（321）
日本与非洲蓝色经济合作的现状、动因与挑战………………………………潘万历　白如纯（323）
日本半导体产业链升级的再思考
　　——三个关键、二元悖论与政治工具………………………………………徐博　王蕾（325）
九一八事变后国联外交与国民政府对日政策…………………………………………侯中军（327）
江户儒者"王霸之辨"诠释中的"位""道"之争…………………………………侯雨萌（329）

东方历史视野下的海上丝绸之路
　　——以日本学者研究为中心的考察 ················ 陈奉林（331）
日本"修宪"思潮的历史演变 ····························· 孙宝坤（333）
美国有关1978年中日"钓鱼岛事件"应对决策初探
　　——基于美国新近解密档案的解读 ········· 郭永虎　闫立光（335）
复交以来里千家对中日茶文化交流的贡献 ················ 张建立（337）
日本战后主体性理论的高峰
　　——梅本克己哲学研究综述 ···························· 杨南龙（339）
日本经济界中国观的变迁与中日关系 ······················ 管秀兰（341）
日本国策文学在海外的蔓延和变异
　　——以沦陷期日文杂志《上海文学》为中心 ······ 吕慧君（343）
日本的难民接收制度：变迁、特征及作用 ······ 李国辉　高梓菁（345）
日本"对敌基地攻击能力"构建进程分析 ··················· 栗硕（347）
日本对非政府发展援助研究
　　——基于对华制衡视角 ·································· 国晖（349）
从日本对非洲援助看其软实力外交 ··························· 张梅（351）
科学与军事：日本科学共同体对军事研究的态度形成与演变 ······ 翟一达（353）
美国加紧遏华背景下日本的战略选择 ························ 卢昊（355）
日本对美国南海"航行自由行动"的认知、行动与中国应对 ······ 李雪威　王璐（357）
日本环境外交的历史演进与决策体制
　　——兼论福岛核污水排放问题 ·········· 王京滨　李扬　吴远泉（359）
日本对巴基斯坦政府开发援助述论 ························ 白如纯（361）
日本国家安全战略的特点与历史演变 ······················ 樊小菊（363）
日本对太平洋岛国的区域合作政策：演变与发展 ········· 高梓菁（365）
日本自民党内路线之争与中日关系 ························ 廉德瑰（367）
见证与思考 ·· 武寅（369）
中日经济关系50年：从友好合作到互惠共赢 ··········· 张玉来（371）
日本的东南亚研究：学科特征和地区构想 ················ 毕世鸿（373）
从移民输出到侨裔回流：日本的巴西日裔政策历史演变和现状评估 ······ 陈梦莉（375）
新时代中俄日三角关系新变局与中国的策略 ············ 金仁淑（377）
风险管控、成本算计：日本在中美之间的平衡外交 ····· 陆伟（379）
岸田文雄的新资本主义政策及其对东北亚的影响 ······· 周永生（381）
战略跟随与外交主体性：印太视域下的日本对南亚外交 ······ 焦健（383）
消极"安全化"与政治社会化：日本儿童版《防卫白皮书》的双重逻辑
　　··· 李乾　李坤（385）
印太视域下日本ODA的经济效应
　　——基于OFDI与区域供应链的探究 ········ 李清如　常思纯（387）

全球产业链、供应链重构背景下日本供应链安全保障的新动向 …………… 苏杭　于芳（389）
RCEP生效后中日双边经贸合作的趋势变化研究 ……………………………… 陈慧（391）
经济安全视阈下日本确保核心行业安全的途径和方法 ………………………… 葛建华（393）
竞争与差异化：日本对东南亚基础设施投资的策略选择 ……………… 黄继朝　陈兆源（395）
日本经济安全保障立法的时代动因与"产业政策"特征 ………………………… 丁曼（397）
内生式发展理论在乡村振兴中的实践
　　——以日本岛根县邑南町为例 …………………………………… 胡霞　刘晓君（399）
昭和天皇对卢沟桥事变的认识与应对
　　——基于《昭和天皇实录》的考证 ……………………………………… 龚娜（401）
从"生长之家"到"日本会议"：战后日本右翼势力的演变 ……………………… 牟伦海（403）
日本台湾研究：沿革、特色及局限 ……………………………………………… 蔡曾（405）
日俄战争后日本在奉天的早期"经营" …………………………………………… 曹雯（407）
东亚历史视域下的古代日本政治发展进程探析 ………………………………… 蔡凤林（409）
论巴黎和会后日本在山东势力的维护与扩张（1919—1931）………………… 李少军（411）
利用、防范、妥协：占领期盟军对日本宗教行政机构改革 …………………… 罗敏（413）
日本政府的伪满留日学生政策 …………………………………………………… 徐志民（415）
东亚共同体与东亚共同价值的可能性 …………………………………………… 刘峰（417）
太平洋战争爆发前后日本学界发动的思想战论析
　　——以两次座谈会为中心 ………………………………………… 戴宇　王广源（419）
日本阿依努民族语言同化与民族认同问题研究 …………………… 王璐　袁振东（421）
明清时期妈祖文化在琉球的传播与接受 ………………………………………… 林晶（423）

著作目录

……………………………………………………………………………………（425）

国内涉日研究机构及学术动态

● **学术团体** ……………………………………………………………………（437）
上海市日本学会 …………………………………………………………………（437）
中华日本学会 ……………………………………………………………………（440）
中华日本哲学会 …………………………………………………………………（442）
中国日本史学会 …………………………………………………………………（449）
中国日语教学研究会华南分会 …………………………………………………（451）
中国中日关系史学会 ……………………………………………………………（453）
中国外国文学学会日本文学研究分会 …………………………………………（456）
中国抗日战争史学会 ……………………………………………………………（459）

吉林省日本学会 …………………………………………………………（463）
全国日本经济学会 ………………………………………………………（466）
● **研究机构** ……………………………………………………………（469）
上海社会科学院国际问题研究所 ………………………………………（469）
上海国际问题研究院中日关系研究中心 ………………………………（471）
天津社会科学院东北亚研究所 …………………………………………（473）
天津社会科学院亚太合作与发展研究所 ………………………………（475）
中国社会科学院日本研究所 ……………………………………………（478）
中国社会科学院世界历史研究所日本与东亚史研究室 ………………（484）
中国社会科学院亚太与全球战略研究院 ………………………………（487）
中国社会科学院哲学研究所东方哲学研究室 …………………………（490）
中国现代国际关系研究院东北亚研究所 ………………………………（493）
吉林省日本侵华历史研究中心 …………………………………………（494）
吉林省社会科学院日本研究所 …………………………………………（496）
国家记忆与国际和平研究院 ……………………………………………（499）
黑龙江省社会科学院东北亚研究所 ……………………………………（502）
● **高等院校** ……………………………………………………………（505）
大连外国语大学日本研究院 ……………………………………………（505）
大连民族大学日语系（日本研究所）……………………………………（508）
上海对外经贸大学日本经济研究中心 …………………………………（511）
上海交通大学日本研究中心 ……………………………………………（514）
山东大学外国语学院日语系 ……………………………………………（518）
广东外语外贸大学东方学研究院 ………………………………………（520）
天津外国语大学日语学院 ………………………………………………（524）
天津师范大学比较文学与比较文化研究所 ……………………………（527）
天津科技大学外国语学院日语系 ………………………………………（529）
中国人民大学日本人文社会科学研究中心 ……………………………（531）
中国人民大学东亚研究中心 ……………………………………………（533）
中国海洋大学日本研究中心 ……………………………………………（535）
中国海洋大学日语系 ……………………………………………………（539）
东北师范大学日本研究所 ………………………………………………（542）
东北师范大学东亚研究院 ………………………………………………（544）
东北师范大学国际与比较教育研究所 …………………………………（548）
东北财经大学国际经济贸易学院世界经济教研室 ……………………（551）
东南大学日本语言文化研究所 …………………………………………（553）
东南大学外国语学院日语系 ……………………………………………（556）
北华大学东亚历史与文献研究中心 ……………………………………（559）

北京大学日本研究中心	(562)
北京大学日语系	(564)
北京外国语大学日语学院	(567)
北京外国语大学北京日本学研究中心	(570)
北京第二外国语学院日语学院	(574)
四川外国语大学日语学院	(577)
外交学院日本研究中心	(580)
宁波大学外国语学院日本研究所	(582)
宁夏大学·岛根大学国际联合研究所	(583)
辽宁大学日本研究所	(585)
吉林大学日本研究所	(588)
西安外国语大学日本文化经济学院	(590)
苏州大学东亚历史文化研究中心	(594)
武汉大学日本研究中心	(596)
青岛大学日语系	(600)
河北大学日本研究中心	(602)
河北大学日本研究所	(605)
河南大学外语学院日语语言文学研究所	(609)
陕西师范大学外国语学院日语系	(611)
南开大学日本研究院	(613)
南开大学外国语学院日语系及东亚文化研究中心	(617)
南京大学日语系	(620)
南京信息工程大学文学院日语系	(623)
南京航空航天大学日语系	(625)
贵州民族大学外国语学院日语系	(626)
复旦大学日本研究中心	(627)
首都师范大学日本文化研究中心	(630)
首都师范大学外国语学院日语系	(632)
浙江工商大学日本研究中心	(633)
浙江工商大学东亚研究院	(636)
浙江财经大学日本文化经济研究所	(639)
清华大学人文学院外国语言文学系东亚语言与文化学科群	(642)
湖北大学历史文化学院中日社会文化比较研究中心	(644)
湖南大学日本研究中心	(647)
福建师范大学中琉关系研究所	(649)

期刊信息

……………………………………………………………………………………（651）

大事记

………………………………………… 吴限　孙家珅　沈丁心　周旭海（671）

日本研究主要数据

2022年度日本社会数据……………………………………………… 郭佩（699）
2022年度日本政治数据……………………………………………… 孟明铭（707）
2022年度日本安全数据……………………………………………… 王一晨（710）
2022年度日本经济数据……………………………………………… 周旭海（711）

编者序

杨伯江

《中国日本研究年鉴2023》即将付梓，这是中国日本研究学界的一件大事。自改革开放早期以来，包括中国社会科学院日本研究所在内，国内各科研机构曾先后整理编纂过一些带有年鉴性质的文献资料，但相较日本研究的重要性及体量而言，仍缺乏一套系统、完整、规范的正式出版物。2023年，根据中国社会科学院统一规划，中国社会科学院日本研究所联合中国社会科学出版社，依托国内各兄弟单位，正式启动了日本研究学科年鉴编纂出版工作，旨在系统梳理上年度日本研究学科进展情况、主要科研成果、国际学术交流、相关机构信息等，以促进日本研究学科建设和发展，助力中国特色日本研究自主知识体系构建。《中国日本研究年鉴2023》是这一年度性系列工程的第二本，在《中国日本研究年鉴2022》编纂经验的基础上，充分吸收各方面意见建议，做了进一步改进和完善。在此，谨向给予这项工作以大力支持的各科研机构以及中国社会科学出版社致以由衷谢忱，并就中国社会科学院日本研究所年鉴类工作历史沿革、本年度年鉴编纂相关情况等做如下简要说明，以为序。

一、日本研究所年鉴工作沿革

《中国日本研究年鉴》系由中国社会科学院日本研究所主持编纂，秉承学术性、权威性、客观性、前沿性的宗旨，力求反映日本研究学科取得的年度主要成绩和科研进展。这项工作最早可追溯至20世纪80年代末。当时，日本研究所组织编写了《日本概览》（国际文化出版公司1989年版），此后以《日本学刊》增刊形式，先后编纂了"中国的日本研究著作目录（1993—2016）""2018年度中国的日本研究""2019年度中国的日本研究""2020年度中国的日本研究"。

与此平行展开的，是以十年为单位进行的研究成果整理评估工作，旨在通过学术史的梳理推进日本研究学科建设。2012年，李薇主编出版了《当代中国的日本研究（1981—2011）》（中国社会科学出版社）。全书54.5万字，系统梳理了自1981年中国社会科学院日本研究所成立以来30年间中国学者对日本政治、经济、外交、社会文化、哲学、宗教、历史的研究。2021年，杨伯江主编出版了《当代中国的日本研究（1981—2020）》（中国社会科学出版社）。全书33.8万字，在1981—2011版的基础上，全面系统梳理了过去40年中国学者有关日本政治、经济、外交、安全、社会、文化、历史、思想、国家战略及中日关系研究的相关成果和学科发展历程，认真总结成绩与不足。

2022年，中国社会科学院日本研究所积极落实习近平总书记加快构建中国特色哲学社会科学学科体系、学术体系、话语体系的要求，按照院统一部署，将年鉴性增刊进一步提质升级。2023年，在各相关单位的大力支持和共同努力下，由中国社会科学出版社出版发行首部全学科日本研究年鉴——《中国日本研究年鉴2022》，在得到国内外同行肯定与好评的同时，也收获了研究界、出版界的指导和建议，为我们进一步做好这项工作积累了宝贵经验。

此次推出的《中国日本研究年鉴2023》旨在全面梳理总结中国日本研究界2022年度的研究成果、学科发展和机构建设情况，设有学科综述、年度优秀论文、年度主要论文、著作目录、国内涉日研究机构及学术动态、期刊信息、大事记、日本研究主要数据8个栏目。

二、2022年度日本研究概况

2022年对于中国的日本研究界而言是充满变革与挑战的一年。一是欧洲地缘政治冲突在全球产生外溢效应，导致世界形势的不确定性上升，在东亚地区更是如此。二是新冠疫情蔓延给国际局势增添了新的变量，包括跨境交往模式在内，中外学界的正常学术交流活动受到一定限制。三是在自身战略演进历史惯性与国际政治横向催化的双重作用下，日本在政治、经济及外交安全领域深刻调整，发展前景更不透明。尽管如此，2022年度中国的日本研究在学科体系、学术体系和话语体系建设上仍取得了重要成绩。

日本政治研究主要围绕日本的政治体制、政局变化、日本共产党建党百年、政治思潮、国家治理模式、日本政治对中日关系的影响等主题展开，成果数量比2021年略有增加。在研究方法上，2022年度成果注重将理论与实际相结合，在实时回应日本政局变动的同时深入挖掘政治学理论；采用跨学科、多学科方法，结合政治学、社会学、历史学等学科视角，展开多维、综合分析；尝试运用案例研究与比较分析的方法。这些尝试有力促进了学术视野的拓展和学科的深度融合。

日本经济研究主要围绕国际变局对日本经济增长的冲击、经济绿色与数字化转型对日本产业发展的影响、经济安保与产业链调整、RCEP生效与区域经济合作等问题展开，成果在数量和质量上较2021年有显著提升。在研究方法上，学界不仅运用定性分析方法展开分析，还积极使用计量经济学的方法展开对日本经济问题的研究。特别是，运用马克思主义经济学研究方法分析日本经济问题的研究成果有所增加。

日本外交研究总体上取得较为丰硕的成果。在延续以往研究选题的基础上，形成了中日邦交正常化50周年、俄乌冲突背景下岸田内阁外交政策、日本对"一带一路"倡议的认知及应对路径、日本"自由开放的印太"（FOIP）等研究热点。在研究方法上，尝试将跨学科理论与日本外交研究相结合，产出了诸如运用博弈论、三角关系理论、案例研究方法来进行逻辑推演的成果，理论性研究视角日益多元化。

中日关系研究在数量与质量上较2021年均有所上升，具有鲜明的主题性研究特点。2022年年份的特殊性以及俄乌冲突等国际突发事件，使得中日关系的研究呈现出以纪念邦交正常化50周年为契机，结合两国关系历史与当下国际变局探讨中日关系现状与未来的显著特点，题材广泛涉及中日四个政治文件、经济关系、民间外交、邦交正常化过程中台湾问题的处理，以及日本内外战略、政治变革、社会变迁、中日东海钓鱼岛争端等因素对两国关系的影响。

日本社会研究围绕少子老龄化、社会福利与保障、女性与家庭、"格差社会"、环境与社会治理等热点问题展开，成果数量和质量都有所提升。中国学界所关注的问题与日本学界高度同步，并且在跨学科研究、多视角分析等方法论层面多有创新，形成一批较有影响力的成果。如，基于系统数据和对比考察、对日本收入分配总体情况及相关制度演进所作的深入分析，以及基于日本社会史长时段、多视角的综合性研究。

日本文化研究成果数量与2021年大体持平，研究选题主要聚焦于日本文化史研究理论、日本文化论、中日间文化认同、人生价值观、生活文化、乡村文化振兴、文化遗产、中日文明互鉴、文化软实力等问题。2022年，由于新冠疫情在日本仍未平息，日本思想文化学界仍继续关注生死观及国家发展路径等选题；与之相对，我国日本文化研究者关注的热点，除上述日本文化论等选题外，还关注基于现实借鉴视角的日本乡村文化振兴战略等问题。

中国学界对日本国家战略转型及国际战略行为的研究较2021年进一步增加。其中，日本新国家安全战略下传统军事战略及"强军工程"、经济安保战略、技术战略、"印太地缘战略"、海洋战略布局成为主要选题方向。研究方法上，安全化逻辑及中美博弈成为分析日本战略行为的主要视角与解释范式。在关注当前战略热点与学术前沿的同时，不少研究开始更多涉及日本行为的中长期趋势、底层行为逻辑以及对国际及中日关系的深刻影响。

日本文学研究主要关注疫病与文学、战争文学、越境体验等选题，汉诗研究、现代性审视、译介研究成为热点。受"文化研究"（Cultural Studies）、后殖民主义思潮的影响，2022年度文学研究不再囿于文本内在阐释，而是引入特定的历史语境解读作品。但这又非传统社会批评理论的简单复活，而是运用话语分析理论研究文本中所包含的同一时期话语空间的互文性（intertextuality）。

日本历史研究总体上在已有研究成果的基础上稳步前行。研究热点仍集中在日本近现代史领域，主要包括近代日本外交史研究、近代日本对华调查问题研究、日本占领区（沦陷区）研究等。对这一时期的研究呈现出三个新特点、新趋向，即概念史的新尝试，积极关注和引介日本学界研究动态与方法，加强对日本历史相关多元史料的收集、利用和提高对日本历史尤其是近现代国家发展史的实证研究水平。

日本教育研究的论文总数较2021年度大幅减少，但总体质量处于较高水平，发表CSSCI期刊论文共62篇，约占论文总数的44.6%。研究热点主要集中于中小学教育、教育理论、教育政策与教育改革、教育史、终身学习、教育国际化、教育信息化等几个方面，选题主要涉及高等教育、中小学教育、职业教育三大领域，有关社会教育·终身学习、教育信息化的研究成果则大幅减少。

日本哲学和思想研究的热点主要集中于对日本共产党以及《资本论》的研究，有关井上哲次郎的研究成为2022年日本儒学研究中的亮点。京都学派、丸山真男的研究依旧是日本哲学和日本政治思想研究的重点，其中《日本书纪》的研究可谓本学科2022年新的学术增长点。

三、"年度主要论文""年度优秀论文"评选过程说明

2023年8月23日，由中国社会科学院日本研究所主办的《中国日本研究年鉴2022》发布会在京举行。中国社会科学院科研局局长胡滨，中国社会科学出版社社长赵剑英，中国社会科学院日本研究所所长、《中国日本研究年鉴2022》主编杨伯江出席并致辞。来自中国社会科学院、天津社会科学院、中国现代国际关系研究院、上海国际问题研究院、南开大学、重庆

大学等科研院所和高校的数十位专家学者出席会议，对《中国日本研究年鉴》（以下简称"《年鉴》"）的发展提出了许多宝贵意见和建议。《年鉴》编辑部充分吸收会上会下各类合理意见与建议，基于科学、客观、公正、合理的原则，对"年度主要论文""年度优秀论文"评选规则作了进一步修订完善。

2022年"年度主要论文""年度优秀论文"的评选过程包括以下五个环节。

一是候选论文目录生成环节。《年鉴》编委会通过与中国知网合作，从2022年度刊发于中国大陆社科人文学术期（集）刊并录入知网的中国学者所著学术论文中收集整理出1814篇日本研究论文。考虑到多方因素，涉及语言学、自然科学、工程学、考古学和艺术、体育等领域的论文没有收集在列。

二是论文初评环节。《年鉴》编委会联合中华日本学会、全国日本经济学会、中国日本史学会、中国中日关系史学会、中华日本哲学会、中国日本文学研究会、中国抗日战争史学会共同开展评选，经七大学会组织会员投票，从上述1814篇日本研究论文中，按综合分值、得票数各占50%的比例，最终产生前100名共186篇论文。综合分值系由文章引用率（占比60%）、文章下载率（占比20%）、期刊影响力（占比20%）三个指标加权算出。

三是编委会成员投票环节。《年鉴》编委会由日本研究所专家和所外专家共同组成，覆盖了日本研究各学科，本届为43人。为避免个别优秀论文在初评环节因投票人员学科分布不均等而未能入选，特规定《年鉴》编委会成员可在本人学科领域范围内推荐一篇论文（上述186篇论文之外，且为中国社会科学评价研究院期刊名录中权威及以上期刊刊发）进入候选论文名单。经《年鉴》编委会无记名投票，最终以票决产生了前100名共112篇论文。

四是《年鉴》编委会评选环节。2023年9月26日，《年鉴》编委会召开会议，基于前100名112篇论文评选结果，综合考虑学科、票数平衡，通过投票，从中选出前十名为"年度优秀论文"。其中，政治·外交领域（49篇）选出3篇，经济领域（25篇）选出2篇，社会·文化·思想领域（14篇）选出2篇，历史领域（21篇）选出2篇，文学领域（3篇）选出1篇。

五是日本研究所学术委员会审议环节。2023年10月19日，中国社会科学院日本研究所召开学术委员会会议，审议通过了2023年9月26日《年鉴》编委会的投票结果。

《中国日本研究年鉴2023》广泛吸收各方有益建议，在栏目设置、内容收录、论文评选等方面都努力作了改进，力求全面、客观反映2022年度日本研究全貌，但因时间、人手、学识及经验所限，遗漏或不妥之处仍恐在所难免。真诚欢迎广大读者，特别是业内同行提出宝贵意见，以便在今后的《年鉴》编纂工作中不断加以完善。

学科综述

2022年日本政治研究综述

孟明铭　张伯玉*

2022年日本政治出现不少变化。首相岸田文雄虽能勉强控局并顺利通过7月举行的参议院选举，但由前首相安倍晋三遇刺身亡引发的政治丑闻导致政府支持率急速下滑，这说明了当前日本国内政治基础的脆弱性。日本政治与政局的持续变动与发展，为日本政治研究提供了重要素材。本文主要介绍2022年中国和日本学术界在日本政治研究领域发表的学术论文和出版的著作，由于时间关系且能力有限，相关研究成果搜索不全，有关评价也可能存在不妥之处，敬请读者海涵。

一、日本国内相关研究动态

日本学术界对日本政治的研究广泛而细致，每年的研究成果都很丰硕。限于篇幅和能力，本文主要介绍日本国内2022年出版的学术著作，以及日本政治学会主办的学术期刊《政治学年报》刊载的学术论文。

（一）学术热点和成果

1. 安倍晋三遇刺事件

安倍身亡给日本举国上下造成了空前的冲击，尽管时间有限，但日本学术界对这一重大事件已有回应。例如，福田充的《政治与暴力：安倍晋三枪击事件与恐怖主义》在回顾大久保利通、犬养毅等刺杀事件的基础上，揭示出日本历史上"政治和暴力"长期相随的阴暗现实。作者认为，安倍遇刺事件不是一场普通犯罪，在现代大众传媒的关注下，该事件的讨论焦点已经从犯罪事实转移到"统一教会"和自民党的关系等政治问题上。因此，该事件的性质已转变为"具有政治影响的暴力行为"，应属于现代恐怖主义的范畴。作者进而警告，日本历史上许多类似的恐怖主义暴力行为，冲击了日本国内政治，进而影响到国家发展道路，应该从政治、立法和社会层面进行反思和应对，有必要开展反恐对策和危机管理相关政策的讨论。① 岛薗进的《政治与宗教：直面"统一教会"危机的公共空间》以安倍遇刺事件和"国葬"引起的"政治和宗教"问题为引，从多方面考察了"统一教会"和政治家合作关系的历史，进而论及日本以及世界宗教势力的政治影响力增大这一现象。作者以创价学会的变迁和自民·公明联合政权的诞生、法国的世俗主义政教分离原则（"laïcité"）和反邪教措施、美国的政治和宗教右派对公共领域造成的威胁为例，讨论了日美欧等国家宗教势力对政治影响

---

* 孟明铭，中国社会科学院日本研究所助理研究员；张伯玉，中国社会科学院日本研究所研究员，日本政治研究中心副主任。

① 福田充『政治と暴力 安倍晋三銃撃事件とテロリズム』、PHP研究所、2022年。

3

的异同。作者认为，代议民主制度下的政治公共领域正日益受到具有强烈干政冲动和完善动员组织的教会势力的不断侵蚀，需要对这一危机进行反思。① 岛田裕巳的《新兴宗教与金权》认为，安倍遇刺事件后全日本都关注以"统一教会"为首的新宗教和政治的关系。作者认为，二战以后，除"统一教会"以外，宗教右翼和以自民党为中心的保守势力的关系不断加深，而其中的关键问题恰恰是自民党的金权政治。②

2. 日本共产党建党100周年

这一事件成为2022年日本左翼研究的重点话题，代表作品有中北浩尔的《日本共产党："革命"的百年梦想》。该书对日共的"革命"概念进行了全景式的回顾与探讨，并解释了日共对"革命"概念的认知变化。③ 作者认为，从战前到高度增长时代，日本共产党吸引了很多年轻人和知识分子，产生过巨大的政治影响力。虽然冷战后该党因东欧剧变受到了严重打击，但仍顽强生存下来。对日本共产党来说，是继续坚持原有的暴力革命主张，还是转变为更容易与其他在野党合作的社会民主主义政党，正在成为其思考未来的重要课题。佐藤优的《日本共产党的100年》对传统研究忽视的日共关于解决贫富差距、性别歧视和环保问题的发展历程进行了考察。该书作者分析的材料大多是党史、纲领、重要人士的书籍、相关报道以及某些党员的言论（包括其推特）。虽然被誉为"日本共产党的100年"，但该书并不是以时间为序来记录日本共产党的立场，而是以文献和事件为基础，考察和批判日本共产党的"内在逻辑"。④ 池上彰的《漂流的日本左翼史》在对1972—2022年日本左翼力量的发展历程进行回顾的基础上，对左翼的未来进行了研究。该书回顾了战后以来左翼思想在工人、学生运动中蔓延开来的趋势，并将其发展过程与苏联的动向联系起来，进行了详细的解说，特别强调了共产主义和社会主义思想在日本知识分子阶层的接受和发展状况。⑤

3. 日本维新会研究

2021年和2022年的众参两院选举，脱胎于大阪地区的新兴政党日本维新会发展迅猛，已有望取代立宪民主党成为第一大在野党。该党在发展过程中展现出民粹色彩，引起了日本学术界的重视。富田宏治的《维新政治的本质——组织化民粹主义的虚像与实像》认为，日本维新会的崛起煽动了不宽容的民粹主义，该党派为了避免遭到舆论的集中批判，采取了种种宣传战术，吸收了各方政治势力的主张来包装自己，但其本质只是一种巧妙的谎言。作者还以维新会提出的将国会议员数减少三成以节约经费的"舍身政治"口号为例，指出这是破坏了民主主义所需的议员数和议员的多样性的"改革"。⑥ 上肋博之的《揭露日本维新会的金权——"舍身改革"的真面目》认为，日本维新会公开表示要进行"舍身改革"，并自夸为"舍身政党"，但实际上其在运营时存在着大量损公肥私问题，并集中体现在如何使用"政党

---

① 岛薗进『政治と宗教：統一教会問題と危機に直面する公共空間』、岩波書店、2022年。
② 岛田裕巳『新宗教と政治と金』、宝島社、2022年。
③ 中北浩爾『日本共産党「革命」を夢見た100年』、中央公論新社、2022年。
④ 佐藤優『日本共産党の100年』、朝日新聞出版、2022年。
⑤ 池上彰『漂流 日本左翼史 理想なき左派の混迷 1972-2022』、講談社、2022年。
⑥ 冨田宏治『維新政治の本質 組織化されたポピュリズムの虚像と実像』、あけび書房、2022年。

补助金"上。① 松谷满的《民粹主义政治社会学：选民支持与投票行动》调查了 21 世纪以来选举期间选民的意识，思考了以日本维新会创始人桥下彻为代表的 21 世纪日本民粹政治家们的特性，并总结了日本民粹主义的独特性。②

4. 政治体制改革

新冠疫情、俄乌冲突，背景下的日本国内政治矛盾凸显，这令日本学界对于冷战结束以来的政治改革进行了反思。例如，川上高志的《检证政治改革》一书评价了近年来日本政治改革措施的得失，作者简要回顾了平成时期政治改革的历史，分别探讨了首相权力的强化、自民党内派阀势力影响力的变化、在野党对执政党牵制能力的弱化、国会审议法案职能的缺失、官僚集团对首相的附和、媒体监督能力缺失等问题。以之为基础，作者总结认为，历次政治改革的结果，反而产生了更多问题，至第二次安倍政权和菅义伟政权时期，选民和政治家之间的信任关系面临断绝的危险。作者呼吁重新评估选举制度改革、政党改革、国会改革、政官关系，修复国民对政府的政治信任感。③ 随着学术界探索程度的不断深入，预计 2023 年会有更多相关作品面世。滨本真辅的《日本的国会议员：政治改革后的限界和可能性》一书将目光放在作为日本政治主体之一的国会议员身上，通过数据分析法对国会议员的培养、选举、决策、价值观、政治资金等进行了国际化比较，探讨了日本未来政治改革的方向。④

5. 其他论著

安藤优子的《自民党的女性认识："家庭中心主义"的政治指向》指出，长期以来自民党存在着将女性作为"从属政治因素"的认知，形成了"以家庭为中心"的政治取向。作者考察了在二战后特别是冷战后日本逐步保守化的潮流中，自民党这种女性政治认识是如何形成并产生影响的，从而进一步揭示日本国会中女性议员人数难以增加的原因。⑤ 中川右介的《世袭——政治·企业·歌舞伎》从社会整体的视角考察了日本的"世袭政治"，指出政界、歌舞伎界以及中小企业界是日本世袭现象最为明显的三个领域。作者认为，这种世袭现象可能不完全是传统思想作祟，而是这些行业存在的"高风险性"迫使其中的从业者采取了世袭方式来规避风险。但在全球化的冲击下，这种"避险"方式是否继续奏效，已经愈发充满不确定性。⑥ 三上直之的《气候民主主义——下一代的政治动向》认为，日本现有的政治体系，将无法采取有效的对策来摆脱气候危机。作者介绍，在欧洲地区，随机选拔型的"气候市民会议"和年轻人的"气候罢工"等新的尝试正在蔓延，从而大大提高了公民直接参与气候问题讨论和意见表达的积极性，日本也应从这些事例中寻找维护可持续世界的方式。⑦ 芦名定道、宇野重规、冈田正则的《学问和政治——否决学术会议任命的问题是什么》研究了 2021 年时任首

---

① 上脇博之『日本維新の会の「政治とカネ」「身を切る改革」の正体を暴く』、日本機関紙出版センター、2022 年。
② 松谷満『ポピュリズムの政治社会学：有権者の支持と投票行動』、東京大学出版会、2022 年。
③ 川上高志『検証 政治改革 なぜ劣化を招いたのか』、岩波書店、2022 年。
④ 濱本真輔『日本の国会議員：政治改革後の限界と可能性』、中央公論新社、2022 年。
⑤ 安藤優子『自民党の女性認識：「イエ中心主義」の政治指向』、明石書店、2022 年。
⑥ 中川右介『世襲政治・企業・歌舞伎』、幻冬舎、2022 年。
⑦ 三上直之『気候民主主義 次世代の政治の動かし方』、岩波書店、2022 年。

相菅义伟拒绝日本学术会议推荐的部分继任者人选事件。作者访谈了6名当事人，思考了该事件对于日本民主主义的负面影响。① 鹈饲健史的《与政治责任民主主义的契合方法》认为，在追究政治责任和忽视政治责任已经稀松平常、政治不信任感弥漫的今天，是否只能承认"民主政治中出现不负责任现象是不可避免的"这一现实。作者在结合汉娜·阿伦特和丸山真男思想的基础上，对政治责任的根源进行了思考。② 砂原庸介的《无法超域的民主主义：地方政治中的竞争与民意》思考了地方政府是否能解决"大城市病"、住民投票是不是地方民主主义的重点等问题。作者提出了日本地方政治存在的结构性问题，并认为推动地方政府的基层政治制度发展的关键是政党组织，不应由政治家个人组织"后援会"——这只会产生分裂的决策——而是应该利用政党组织，即使政治家个人辞职了，组织决定仍会存在并发挥作用。③

（二）日本政治学会《政治学年报》

《政治学年报》是日本政治学会主办的学术期刊。日本政治学会成立于1948年，是日本政治学研究的中心组织，承担与日本国内外学术界交流的任务，其宗旨是推进日本广义政治学科（包括政治学、政治学史、政治史、外交史、国际政治学、行政学等领域）的发展。10月1日，日本政治学会在龙谷大学举行了2022年度总会，《政治学年报》刊发与特定主题相关的专题论文或者是独立选题论文。

2022年《政治学年报》第一期的研究专题是"新冠疫情与性别平权"。编辑委员会会长、上智大学法学部教授三浦真理指出，该专题的研究目标是"分析造成女性窘境、对脆弱阶层的负荷偏颇、护理危机等的权力结构，预测后疫情时代所要求的政治和行政"。围绕该专题的论文有：武田宏子的《从性别视域看疫情下的生死政治》、申琪荣的《社会再生产理论视域下的疫情》、冈野八代的《介护实践与政治》、三浦真理的《"介护危机"的政治解读》、荒见玲子的《支援为何无法到达需要的群体》。在独立选题方面，值得关注的文章如下。秦正树的《影视中"邪恶政治家"形象对现实政治的影响》关注了媒体在政治形象塑造中起到的关键作用。五之井健、小川宽贵的《作为议会活动的情愿》思考了目前日本社会向议会请愿活动的利弊。原科飒的《明治前期宫中·府中关系的形成》从政治史角度就明治时代日本天皇宫廷对政府的影响进行了研究。门屋寿的《威权主义下的选举及其归结》试图使用计量分析探讨世界上一些后进"民主国家"的共性特征。金慧的《民主与表达的自由——限制表达权是否动摇了民主制的正统性》对民主体制下的表达权的边界进行了探讨。④

2022年《政治学年报》第二期的研究专题是"幕末·明治时期国际关系再考"。编辑委员会会长五百旗头熏强调"幕末、明治时期决定了日本的自我认知，应该多方探讨这一时期的外交史，并深化内政史的研究。在共同研究各种互相冲突的理念中提炼出鲜明的观点"。围绕该专题的论文有：福冈万理子的《谁是"日本的主权者"》、大西楠天亚的《联邦国家中"邦"的外交权》、松泽裕作的《开港场所与直辖县》、稻吉晃的《开港场行政的诞生》、市传

---

① 芦名定道·宇野重规·冈田正则『学問と政治 学術会議任命拒否問題とは何か』、岩波書店、2022年。
② 鵜飼健史『政治責任民主主義とのつき合い方』、岩波書店、2022年。
③ 砂原庸介『領域を超えない民主主義：地方政治における競争と民意』、東京大学出版会、2022年。
④ 日本政治学会（編集）『コロナ禍とジェンダー 年報政治学2022-Ⅱ』、筑摩書房、2022年。

智生的《明治时代日本海港检疫所涉政治外交》、鬴港聪史的《1896年围绕"日德通商航海条约"的日德关系》。在独立选题方面，值得关注的有塩田润的《深思熟虑的民主讨论和政党的组织化》、秦正树的《修宪舆论的高涨是因为朝鲜因素？》[①]。

2022年度的"日本政治学会青年优秀论文奖"颁发给金慧的《民主与表达的自由——限制表达权是否动摇了民主制的正统性》。该文章关注美国法理学家罗纳德·杜奥金（Ronald Myles Dworkin）的思想，探讨言论自由在民主中的作用。作者从杜奥金"只有公民行使发言权才能赋予法律正统性"的拥护言论自由论出发，通过重新诠释该主张中内在的要素，指出限制部分言论表达也有支撑民主的一面。作者经过缜密分析认为，杜奥金的理论虽支持作为法律正统性来源的"个人伦理独立权利"，但如果依照此理论容许"仇恨言论"等歧视性言论，反而是对于言论接受者的损害。评议组认为，在民主主义的表达自由和表达规制这一重要领域，该文章在理论和实践意义上都得出了具有重要启示的结论。

二、2022年中国日本政治研究的热点

2022年中国日本政治学界结合现实局势，对日本政党与政党政治、政府与治理等基础性研究进行持续探讨，并在日本政治路线的长时段宏观分析、日本政局变化和日本社会主义这三个主题上形成了热点。

（一）日本政治路线的长时段宏观分析

2022年是中日邦交正常化50周年。从1972年中日实现邦交正常化至今，随着国际环境及日本国内经济、社会结构的变化，日本的国家发展模式从赶超型模式向后现代模式转变。与之相对应，日本政治同样开启了变革转型的进程。20世纪90年代以后，冷战结束、全球化发展、中国崛起引发国际政治经济格局剧变，对转型中的日本产生了巨大冲击，日本的政治发展和国内政治环境持续出现变数，并进一步影响了中日关系。基于这一考量，李寒梅的《1972年以来日本政治的变革与"普通国家化"》（《日本学刊》2022年第4期）认为，20世纪70年代初，日本成为世界经济大国，基本实现了现代化赶超目标，日本的政治体制也开启了变革转型的进程。90年代以后，随着日本国家发展指导思想转向新保守主义和"普通国家"论，日本政治变革持续推进，政党结构、权力结构、政官关系、决策体制等诸多方面发生了深刻变化。日本的国家发展方向已显著转向"普通国家化"，以重视经济建设、轻军备为重心的战后"保守本流"路线已然终结，这也将使得中日关系的未来增加更多不确定性。王新生的《日本对华政策与国内政治》（《日本学刊》2022年第5期）将中日关系划分为五个时间段，即第一个十年是友好与合作时期，第二个十年是摩擦与合作时期，第三个十年是对立与合作时期，第四个十年是对抗与合作时期，第五个十年是冲突与合作时期。作者对于这五个时间段内日本国内政治的变化对外交决策的影响进行了深度梳理和分析，指出中日之间的经贸关系一直保持合作的态势，但政治关系变化很大，从友好到摩擦、对立、对抗、冲突。这一变化的背景原因既有地区局势及国际局势变化带来的影响，如冷战结束等国际格局变化、中美日共同对付来自苏联威胁的战略合作基础消失等因素；也有双方经济实力发生逆转且差

---

① 日本政治学会（编集）『幕末・明治期の国际关系再考 年报政治学2022-Ⅱ』、筑摩书房、2022年。

距越来越大所产生的效应；更有各自国内社会变迁带来政治结构的变化以及在此基础上决策过程发生变化所产生的作用。

（二）日本政局变化

2022年的日本政局虽大致保持稳定但仍暗流涌动。执政的岸田文雄政府在这一年经历了俄乌冲突爆发、安倍遇刺、第26次参议院选举和"统一教会"丑闻等多重考验，政局变化出现了诸多内在的深刻变动。中国学术界对此保持了高度关注，并集中形成了一系列成果。这方面的代表作品如下。张伯玉的《从总裁选举看自民党派系政治的变与不变》(《日本问题研究》2022年第1期) 通过对自民党总裁选举的分析，认为派系政治曾经是日本政治的代名词，自民党也被称为"派系联合体"。自民党长期单独执政时期（1955年至1993年），总裁选举以派系为单位进行，派系是总裁候选人拉票或争取多数派工作的工具，非派系领袖担任总裁是一种"非常态"——自民党的紧急临时避难措施。在小选举区比例代表并立选举制下，自民党派系政治表现出不同于中选举区制下的特点——派系功能及其约束力显著弱化。尤其是在总裁选举中，派系已经由"主角"沦为"配角"。非派系领袖出任总裁成为一种"新常态"，派系领袖出任总裁则是一种非常态。无论自民党派系政治的未来发展趋势如何，其不变的逻辑仍然是受不可见政治游戏规则的支配。徐万胜、张雨欣的《大选后的岸田文雄内阁：执政基础与政策取向》(《和平与发展》2022年第1期) 指出，岸田文雄内阁的成立是执政的自民党为应对大选而"临阵换帅"的结果。执政联盟利用广大选民对新内阁的"政策期待"，加之国内疫情趋缓、在野党势力孱弱以及选举对策缜密，从而赢得了大选。大选后岸田内阁的执政基础虽暂且趋稳，但在权力交接、路线调整及国政选举等层面上仍面临诸多严峻挑战，其政治稳定性不容乐观。随着岸田内阁施政渐次展开，其在疫情防控、强化日美同盟与推进"印太战略"上将保持较强的政策延续性，而在经济增长方式与国家安全保障上将实施政策调整，对外政策取向仍将保持涉华指向明显的惯性，经济安全保障、"人权外交"等政策主张或将加大中日关系摩擦概率。胡令远的《中日关系结构性矛盾的维度与日本政治生态及走势》(《刘岳主编南开日本研究2022》第1卷，天津人民出版社2022年版) 认为，岸田文雄在2021年年底举行的众议院选举，给日本的政治生态带来重大变化，影响深远。自民党所获议席数超出预料，主要在野党立宪民主党席位大减，在国会对自民党的制约能力明显弱化。同时，选举结果还引发了公明党的危机感，其在执政联盟内对日本右翼势力的牵制作用将被削弱。另一方面，无论是自民党总裁选举，还是众议院选举，日本政治家都将中国问题作为助选因素，这说明中日关系的现状对日本国内的政治生态投射非常浓重。在国内政治当中，在野党和执政党之间虽有博弈但多数政党在总体的对华负面看法上却保持一致，说明中日关系的严峻性。日本精英集团的基本共识是中国崛起会给日本的国家安全带来不确定性。这种不安全感和不信任感促使他们要做多手准备，以应对未来的不确定性。廉德瑰的《日本自民党内路线之争与中日关系》(《东北亚学刊》2022年第3期) 分析了岸田文雄上台后自民党内政治博弈对外交的影响，指出由于党内右派势力强大，岸田的对华政策还将继续受到党内外牵制，今后中日关系将呈现机遇与挑战并存的局面。

（三）日本社会主义研究

2022年恰逢日本共产党建党100周年，而且该年度持续的新冠疫情和突发的俄乌冲突等重大事件不仅对国际秩序和格局产生影响，更对各国国家治理造成巨大冲击。日本社会在此背景下暴露出空前的脆弱性，各种阶级矛盾凸显，为中国学者思考日本社会主义运动提供了重要契机，由此形成了一股新热潮。这方面的代表作品如下。李明的《日本民主青年同盟的发展困境、应对策略及未来展望》（《河北青年管理干部学院学报》2022年第1期）将目光投向了日本共产党领导的青年组织——日本民主青年同盟。由于日本社会少子化现象严重，青年人口占比不断减小，由此产生的青年生存压力加大及政治冷漠，使青年对参与各种政治性青年组织兴趣不大，加之日共在日本社会民调不高，日本民主青年同盟正面临吸收新盟员和组织发展等困境。该组织近年来始终维持一万人左右规模，社会作用和影响力不断减弱。为应对此困境，民青同盟重视青年的生活学习问题和日常困惑；通过学习科学社会主义理论和日共纲领，改造青年的世界观；呼吁青年参与政治，激发青年的参政积极性等。作者指出，民青同盟未来的健康发展需处理好自身建设与组织发展的关系、民青同盟与日共的关系及无产阶级青年组织与其他青年组织的关系。朱旭旭的《日本共产党二十四大以来适应性变革探析》（《当代世界社会主义问题》2022年第3期）认为，日本共产党二十四大以来采取了一系列适应性变革举措，但事实表明未达到预期效果，其主要原因是日本共产党作为发达资本主义国家典型的共产党组织，未能提高自身的反体制斗争能力。日本共产党二十四大确立了以志位和夫为核心的新领导集体。面对党内外各种挑战，日本共产党采取了一系列适应性变革举措：开展理论创新和调整政策主张、推动干部年轻化和吸纳青年入党、加强在野党统一战线、进一步拓展党际交往等。但是事实表明，日本共产党的适应性变革并未达到预期效果，这是在资本主义制度下党内外多种因素综合作用的结果。作为发达资本主义国家典型的共产党组织，日本共产党未来能否通过变革有效扭转衰退趋势，进一步提高自身的反体制斗争能力，依然是一个值得关注的课题。李明的《日本共产党与工人运动：历程、经验与挑战》（《工会理论研究》2022年第2期）指出，日本共产党成立至今百年，相继通过"评议会""全协""产别会议""全劳联"等全国性工会组织，为开展工人运动作出了不懈的努力。日共发展工人运动的基本经验是结合日本革命实际，坚持自下而上组织产业工会，坚持工会支持政党自由，坚持经济斗争与政治斗争相结合。然而，左翼工会难以扭转组织逐年萎缩趋势，改良主义工会挤压日共及其工会的发展空间，日共党势不断衰落进一步影响工人运动振兴，是为日共所面临的严峻挑战。徐拓的《21世纪日本社会主义运动的新态势》（《社会主义研究》2022年第3期）认为，随着21世纪以来国际和日本国内形势的变化，日本社会主义运动对重大理论与实践问题进行了新的探索，在对资本主义的批判、议会选举、党的建设和对外交往等方面有了新的发展。在新环境中，日本社会主义运动出现了地缘政治鲜明化、社会主义诉求弹性化、左翼格局联合化、运动形式多样化"四化并呈"的新特征。总体而言，日本社会主义运动已成为影响和制衡日本右翼势力不可或缺的因素，在日本政党政治中发挥不可低估的重要作用，仍具有一定的发展空间，不过由于整体力量不够强大，未来发展形势也面临严峻的考验。李书琴的《日本新自由主义与工人阶级的结构性分化——劳动力商品和劳动力再生产视阈下的考察》（《世界社会主义研究》2022年第8期）认为，日本新自由主义改革对工人阶级的结构造成了复杂的影响。从劳动力商品和劳动力再生产的视角来看，一方面，新自由主义改革依然是在劳动创造剩余价值基本规律下进行的，资本通过"增加并存工作日使资本增殖",且增加了突破劳动力年龄上限的方式;另一方面,新自由主义改革也暴露出资本主义在发展过程中更加不在意劳动力再生产的问题,而福利制度改革增加的是家庭保障劳动力再生产的主体责任。由此,工人阶级不仅整体人数增加,而且形成了正式员工—非正式员工、男性正式员工—女性非正式员工、老龄员工—非老龄员工的结构性分化。周永生的《岸田文雄的新资本主义政策及其对东北亚的影响》(《日本问题研究》2022年第5期)指出,日本首相岸田文雄主张新资本主义,是有干预,甚至是带有强力干预色彩的自由资本主义,侧重点在于发挥政府和国家的职能,调节二次分配。在大公司和中小公司之间,让中小公司有更高比率的获利。在资本和职员之间,让职员有更高比率的获利。其政策的倾斜度,偏重中产阶级,偏重中下阶层。政策做法主要包括:实现科技强国,振兴乡村、连接世界的"数字乡村城邦理念",经济安全和消除百岁的焦虑,加强对工人的分配功能,扩大中产阶级和应对出生率下降的措施,增加护理和育儿等领域的工作收入,改革财政分配等建设国家的问题。岸田文雄的新资本主义主要属于经济发展与民生方面的战略与政策,其核心内容是发展与分配问题。岸田文雄的新资本主义战略与政策,尽管可能会给日本带来一定的变化,但因为有太多的制约因素,很难实现和达到目标。马冰洁的《日本早期社会主义者的思想及其转向——以安部矶雄的思想转变为中心》(《社会主义研究》2022年第5期)研究了被称为"日本社会主义之父"的安部矶雄,作者认为,安部矶雄的社会主义思想深受基督教福音运动和伊利经济学的影响,安部矶雄认为只有在无产阶级掌握政权实现社会主义公有化之后,才能从根本上解决资本主义经济体制造成的日趋严重的社会问题。然而在追求理想的过程中,安部矶雄坚持议会主义,反对暴力革命,最终在日本天皇制国家观和军国主义的影响下,安部矶雄为法西斯主义辩护,成为战争的协助者。安部矶雄的思想在日本知识分子中极具代表性,对其思想的研究可以了解近代日本社会主义革命失败且被法西斯主义埋没的原因。

三、2022年中国日本政治学界相关研究成果与研究特点

2022年中国的日本政治学术研究界密切跟踪日本政治形势发展变化,在围绕研究热点探讨的同时,继续深入推进日本政党与政党政治、政府与治理等基础性研究,并涌现出一批以期刊论文和学位论文为代表的研究成果,反映出新形势下中国日本政治研究密切跟踪日本政治形势变化与持续深入推进基础性研究并重的研究特点。

(一)日本政党和政党政治研究

日本政党与政党政治研究一直是中国日本政治学科基础性研究中的一个重要领域,2022年日本政党研究的代表性研究成果主要集中在对自民·公明执政联盟的研究方面。蔡亮、李慎骢的《日本自公联合内阁长期化的影响因素研究》(《日本问题研究》2022年第6期)认为,自民党的执政基础主要有一党优势体系和混合选举制。其他潜在影响因素还包括利益诱导、"逆向说明责任制"和优势政党的政治需求。这些因素间的内在逻辑是自相矛盾和自我否定的,必然导致崩溃。而公明党凭借基本盘稳固、动员效率高、运营成本低等优势,能够向自民党提供稳定、可靠、充足的援助,成为后者的良好补充。此外,延续执政时间的焦虑,也刺激了自民党建立并维持与公明党的单独半数联合内阁的动力与意愿。宋芳芳的《自民党对支持非党公认候选人之地方党组织的处理——以2005年日本第44届众议院选举后的自民党

岐阜县联为例》(《西部学刊》2022年第7期)指出，自1994年日本政治改革实施后，自民党出现中央集权化趋势，为加强对其地方党组织的主导，2005年第44届众议院选举后，自民党本部处理了一批违纪支持非党公认候选人的地方党组织，其中，自民党岐阜县联被处理得最为严厉。岐阜县联由此而经历了从组织分裂到再融合的过程，最终实现了新老力量的融合。自民党中央对新的岐阜县联所选出的国会议员的领导力大大加强。孙小菲的《日本社会党的兴衰与转型研究》(山东大学2022年博士学位论文)，以日本社会党(社会民主党)发展的历史逻辑、理论逻辑、实践逻辑为基本线索，对日本社会党的兴衰历程、转型动因及表现、理论嬗变、实践发展进行了全面梳理，试图从中探寻该党走向衰落的具体原因，并尝试总结些许有益的镜鉴与启示。作者认为，该党内部对自身基本理论的认识长期存在分歧、派系斗争频繁、社会支持基础不断丧失、未能妥善处理坚持政治理念和适应执政环境的关系、党员队伍建设和组织建设长期薄弱。作者还试图总结其经验与教训，以期为该党摆脱当前困境提供思路，为资本主义国家的社会主义政党提供借鉴。

(二) 日本政治与对外关系

"外交是内政的延续"，国际体系的因素不能完全解释外交政策，国内政治的因素也非常重要。某项具体的外交政策的制定，不仅有国际体系的制约，也受国内政治因素的束缚。通过日本政治视角探讨日本对外关系，一直是中国日本政治研究者所擅长的领域。2022年度这方面的代表成果如下。李乾、李坤的《消极"安全化"与政治社会化：日本儿童版〈防卫白皮书〉的双重逻辑》(《日本学刊》2022年第1期)，其关注点是2021年8月日本防卫省首次发布面向中小学生的儿童版《防卫白皮书》。该白皮书采用儿童易于接受的形式，着力渲染了来自中国等各方面的威胁，而其背后则隐藏着消极"安全化"与政治社会化的双重逻辑。一方面，日本政府不遗余力地渲染威胁、塑造敌人、炮制各种安全问题，并将此类负面价值向儿童宣传灌输；另一方面，日本政府面对后疫情时代变数较多的国内外形势，着力推进儿童政治社会化政策，以通过保持政治文化的一致性来维护稳定。可以说，儿童版《防卫白皮书》是以上两者相交融的扭曲产物，必然会对日本本国儿童及地区国家关系产生十分消极的影响，其后续动向值得高度警惕。陶文婷的《关于影响中日关系的日本国会议员研究(1972—2022)》(北京外国语大学2022年博士学位论文)指出，从1972年至2022年这50年，无论是在中日邦交正常化、《中日和平友好条约》的签订推动中日友好关系蓬勃发展之际，还是由于日本首相等参拜靖国神社等导致中日关系跌入低谷之时，日本国会议员及日本国会议员联盟都在其中发挥着或促进或阻碍中日关系的作用，并体现了这两方阵营的人员数量、影响力等方面的变化。随着时间推移，日本促进中日关系发展的国会议员及议员联盟势力大减，而阻碍中日关系发展的国会议员及议员联盟势力大增，这也是从中日邦交正常化至今，中日关系从一片暖意到跌入冰点的重要因素之一。所以，要改善、发展中日友好关系，还是要"以民促官"，让日本民众、让日本国会议员多了解中国，了解中国特色社会主义，了解中华传统文化中的和而不同、互利共赢的思想，了解中国的和平发展理念。

(三) 日本政治体制研究

政治体制概念涵盖了政治制度的各个方面，既包括政权组织形式，又包括国家与社会，国家与人民的关系等方面的内容。2020年以来，日本政治体制受到外部冲击明显，在应激之下所展现出来的特性引起了学术界的关注。这方面的代表成果如下。张晓磊、从伊宁的《"后安倍时代"日本首相官邸主导决策困境探析》(《东北亚学刊》2022年第2期)指出，实现官邸主导决策是日本政府实行政治与行政改革的重要一环。安倍二次执政时期官邸主导决策得到显著强化，但进入"后安倍时代"，官邸主导却在疫情应对及规制改革上陷入诸多困境。究其原因，是制度、个人、国内政治环境共同作用的结果。这一现象也表明政治与行政改革依然存在不彻底、不完善之处。总体而言，尽管强化官邸主导已经成为当前日本政治体制转型的显著趋势，但在"后安倍时代"日本国内政治形势难言明朗的背景下，"强首相"决策机制能否有效延续，仍面临诸多因素的制约与影响。张伯玉、杨佳腾的《鸠山内阁时期"政治主导"改革失败原因探析——以委托代理理论为视角》(《日本问题研究》2022年第4期)，从选民—政治家和政治家—官僚双重委托代理关系出发，对鸠山内阁时期民主党政权的"政治主导"改革进行了全面分析，并认为其改革虽然取得了一定成效，但总体失败。何晓松的《日本选举制度设计缺陷及其影响分析》(《东北亚学刊》2022年第6期)指出，1994年日本选举制度改革没有实现多党制轮流执政的目标，其关键原因在于众议院和地方议会选举制度间选举区议席定数不统一的设计缺陷导致政党很难在地方建立稳固的地方组织。在学位论文方面，方珂的《战后日本"文民统制"型政军关系的建立（1945—1954）》(北京大学2022年博士学位论文)，从三个维度分析了日本国内政治因素在战后日本建立的"文民统制"型政军关系模式形成过程中所起到的作用。一是宏观层面，即从当时的国际体系变迁、地区安全格局演变等角度展开，探讨战后日本重新建构政军关系所面临的时代背景和影响因素；二是中观层面，即在日本国家体制转型和再军备进程中，日本文官集团、旧军人集团和美国方面出于各自利益诉求及政治需要，对战后日本政军关系模式的设计考虑及具体举措；三是微观层面，即战后日本主要政治人物，如吉田茂、旧内务省系统文官官僚等对于文官治军这一外来概念的理解、认知，以及其个人偏好对战后日本政军关系变化的影响。文章对"文民统制"型政军关系的特征、内在机理和评价有新的理解和认识。陈起飞的《"政治机会结构"视角下日本女性国会议员比例变化研究》(北京外国语大学2022年博士学位论文)研究认为，"政治环境"尤其政治制度对日本女性国会议员比例变化起主导作用，并长期阻碍日本女性议员比例提升。日本在社会、文化和政治领域的现代化发展不足，以及保守政党的长期支配地位导致日本社会出现了"民主贫困"和"政治腐败"两大弊病。进入平成时期后，政治主体不得不采取政治改革，但选举制度和政治献金并未动摇保守政治的根基，以上两大弊病未被彻底消除。不过，近年来日本政治在向多元化方向发展。日本国会女性议员身份多从"代理人""世袭议员"逐渐向通过自身努力从民众选举中脱颖而出的"草根议员"发展。在国际女性运动浪潮的长期影响下，经过长年积累，日本女性力量与战前相比已经取得了很大发展。因此，采取循序渐进的方式逐步扩大日本国会女性候选人、议员的选举基础，或者加强女性民间团体和半官方组织对政府政策的建言献策能力，有助于改变女性国会议员比例低的困境。

（四）日本"右倾化"和"修宪"问题研究

随着日本保守化、右倾化的不断加剧，2021年年底和2022年夏，日本先后举行了众、参两院选举，赞成修改宪法的势力在国会内已稳定获得了修宪所需的三分之二议席。日本修宪已经进入实质性落地阶段。在此背景下，孙宝坤的《日本"修宪"思潮的历史演变》(《华中师范大学学报（人文社会科学版）》2022年第1期）指出，修宪的本质是复活军国主义的政治图谋，推动日本国民更多更快走向觉醒、努力壮大日本政坛护宪政治力量、推动亚太各国结成维护世界反法西斯战争胜利成果统一战线，是遏制乃至粉碎日本修宪图谋的关键所在。翟一达的《当代日本社会"右倾化"研究及政策启示》（《日本研究》2022年第1期）区分了日本政治右倾化和社会右倾化两个概念，前者主要指政治精英和政党的右倾化言行，后者指日本社会中广大普通民众政治态度的右倾化趋势，即日本民众的主流民意对内呈现出民族主义或国家主义上升和历史修正主义趋势，对外表现出放弃和平主义与支持国家军事扩张的倾向。文章认为日本社会整体并未发生显著右倾化。在日本政治右倾化加剧的今天，客观认识多数日本民众的政治态度，不仅可以避免政策制定过程中误判局势造成非预期的后果，还可以在对日公共外交中"讲好中国故事"，赢得日本民众的理解，最终共同遏制日本政治右倾化及其负面影响。洪云鑫的《"加宪"与护宪：日本修宪现状论析》（《日本研究》2022年第4期）认为，"加宪"是安倍内阁以来修宪派多次修宪实践屡遭挫折又不断更新的最新修宪构想。推动"加宪"既是日本试图突破专守防卫政策的内在要求，又是配合美国"印太战略"、深化日美军事同盟合作范围的必然产物，同时也是岸田内阁谋求维持长期内阁的因应考量。揭示"加宪"背后的动因逻辑，既客观铺陈了日本图谋延展防卫张力与更新防卫理念，又有助于明确岸田内阁"加宪"政策的工具理性。在参众两院修宪势力已过三分之二的背景下，修宪派短期内不会冒险推动"加宪"，但日本防卫力量的建设及防卫理念的更新正日益为"加宪"实践做好前期保障。

（五）政治史领域

这方面的代表成果如下。陶信达、本田洋的《大正时期日本民主运动的发展及其影响因素》（《宁波大学学报（人文科学版）》2022年第2期）指出，在"天皇机关说"与"民本主义"的理论指导下，大正民主运动向藩阀专制发起前所未有的攻击，提出了"拥护宪政"的口号。以"大正政变"为起点的反对专制主义和扩军备战的群众运动，揭开了大正民主运动的序幕。由于大正天皇对政治体制的控制相对宽松，在资产阶级民主派的推动下，民主自由思想迅速传播开来，青年运动、学生运动、工农运动等相继而起，打破了藩阀势力独占政治阵地的局面。大正民主运动作为日本资产阶级民主派登上政治舞台的第一次表演，从实现"建立政党内阁"与"推行普选制度"两大政治课题来说，它是具有划时代意义的历史事件。但是，由于资产阶级民主派本身的软弱性和客观条件的限制，"护宪三派"组成的政党内阁未能对枢密院、贵族院、军部等特权机构进行实质性的改革，日本仍旧在天皇制军国主义的压迫之下，民主革命的任务并没有完成。蔡凤林的《东亚历史视域下的古代日本政治发展进程探析》（《日本文论》2022年第2辑）指出，7世纪以前日本的政治发展进程深受中国历史运行态势的影响，具体表现在中国周秦王朝与日本国家雏形的出现、中国汉魏王朝与古代日本广域王权的形成、中国南北朝与日本大和王朝的建立以及中国隋唐王朝与日本律令制国家的建设等几组关系中。在上述历史阶段，中国在政治、经济和文化等方面对日本古代国家和传统文化的形成、发展以及政治运行发挥了支撑和架构作用。

（六）行政（国家治理）领域

这方面的代表作品如下。朱祝霞的《公务员职位分类制的进路与分野——日本、韩国的经验教训及其启示》(《中国行政管理》2022年第6期）基于历史演进的视角，对日本和韩国公务员职位分类制的发展脉络进行梳理，阐述了两国照搬照抄式推行职位分类制面临的失败及选择适宜本国情况的分类模式的探索过程。文章指出，现阶段我国应加速推动公务员分类制度的科学化进程，在横向分类上，要基于职位性质的差异性进行分类；在纵向分级上，应注重建立统一的标准进行定级。董伟玮的《存在一种"东亚行政模式"吗？——基于行政生态视角的行政国家形态比较分析》(《理论探讨》2022年第3期）认为，某些研究成果中提出的"东亚行政模式"实际上是对行政国家一般特征的错置。尽管中、日、韩三国在治理传统上有诸多共性，但三国经历现代国家建构洗礼后在行政国家的形态上展现出各自不同的面貌。中、日、韩三国的行政国家形态存在巨大差异，因而并不存在一种"东亚行政模式"，要在实践上真正理解中国国家治理的本质特征和显著优势所在。王浩宇、张亦潇的《现代国家的语言教育政策与政治整合——基于日本与印度的比较》(《统一战线学研究》2022年第3期）认为，语言教育政策与现代国家的政治整合密切相关。在现代国家构建之初，日本和印度都没有法律意义上的国语，都面临着语言状况纷繁复杂的挑战。长期以来，日本积极推行统一的语言教育政策，迅速开启了国民塑造与国族构建的进程，为现代化与工业化发展创造了有利条件；而印度的"三语方案"及其在教育领域的投射，不仅固化了语言"马赛克"秩序，使地方民族主义拥有了滋生土壤，也始终制约着印度的政治经济整合，为印度的国家发展带来了难以估量的负面效应。日本与印度的案例表明，现代国家的语言教育政策只有切实解决国家和国民的发展问题而非语言本身的问题，才能有效发挥语言的作用，从而为政治整合和各语言群体的共同繁荣创造有利的条件。

四、2022年度中国社会科学院日本研究所日本政治学科发展评价

从整体上看，这一年来中国社会科学院日本研究所日本政治研究成果继续稳步发展，但也有进一步改进的空间，未来仍需继续努力。

第一，应用对策与基础研究齐头并进，保持良好态势。这种齐头并进的应对策略是学科发展的积极迹象，为日本政治研究带来了新的活力，拓宽了研究广度，加强了研究深度。具体来说，学界在2022年继续推动和扩展应用型研究，这是学科的传统优势之一。在这一领域，研究者们对日本政局的变动反应非常迅速，紧密关注热点问题，并提供深入分析。这种迅速而精准的反应不仅反映了其敏感性，还体现出其自主立场和独立思考的能力。这些研究成果为政府决策和引导公众认知提供了有价值的见解，有助于其更好地理解日本政治的发展趋势和挑战。同时，基础研究也取得了显著的进展。经过多年的不断积累，学界对政治学理论探索和方法运用日益成熟。研究者们在政治学的理论和方法上取得了新的突破，将其应用于日本政治研究，并采用跨学科方法，为我们呈现了更为全景的日本政治画面。这种全面性的研究不仅有助于我们更深入理解日本政治的各个层面，还激发了学界其他相关研究的兴趣。值得强调的是，这种齐头并进的研究态势不是割裂的。相反，它们在互补中相互推动。应用型研究为基础研究提供了实际案例和数据，从而丰富了理论探索的基础。而基础研究则为应用型研究提供了理论支持和方法指导，使其更具深度和广度。这种协同合作不仅有助于学科的进步，还为日本政治研究的未来带来了更多潜力。

第二，基础理论研究的发展仍然有更上一层楼的空间。相对于数量庞大的应用性研究，政治研究领域的高质量基础理论研究成果相对稀缺。虽然对研究对象的描述性分析已经取得了一定成就，但缺乏充分的学术意识和理论思维，这在很大程度上限制了研究的深入和延展。日本政治研究强调语言基础、实地调查和对一手材料的运用，由此导致的结果是日本政治研究脱离于学科研究的主流，形成了以日本政治研究为分界的窄小学术圈，限制了与学科研究的学术互通、彼此借鉴和理论创新的可能。许多研究成果在历史和现实的深入了解以及视野的广度方面，还有进步余地。基础理论研究应该更注重对复杂问题的系统性思考，以便更好理解日本政治的本质和动态。这需要我们在研究方法和方法论上持续创新，挑战现有的理论框架，寻找新的理论途径，以便更好地解释和预测日本政治的发展趋势。为了实现这一目标，应在高屋建瓴的"学科意识"和"学科视野"之下，从研究对象国的现实出发，扎实推进实证研究，然后在归纳、概括、比较、提升的基础上反思、修正和发展既有的社会科学理论。通过将我们的研究成果与政治学、区域国别学等一级学科的基础研究相结合，我们可以为这些一级学科的现有理论提供新的案例，同时也可以从这些学科的基础研究中探索有关日本政治研究的新理论视角。这种相互关联和相互启发的过程有助于推动日本政治研究的前沿理论创新，为学科融合注入新的动力。

第三，进一步保障本研究领域的人才培养及队伍建设。从目前情况看，日本政治研究的领军人物仍然保持着较强的创造活力，中青年一代日益成熟，其研究水平不断提高。我们要继续加强这一可喜趋势，让年轻一代的研究者承担起学科未来发展的重任。为了实现这一目标，日本政治研究学界应该致力于吸纳和培养有潜力的年轻研究者，为之提供良好的学术环境和资源，鼓励他们进行创新性的研究工作。此外，我们还将积极推动知识和经验的传承，使新一代研究者能够受益于前辈的经验和教导，从而做好更充分的准备迎接挑战，使其能够在学科研究的前沿保持竞争力。

日本政治研究领域的学术共同体积极促进学术交流和合作，为研究者提供更多机会分享其研究成果、讨论新理论和方法的应用，以及共同探索日本政治的未来方向。这种跨学科和跨领域的合作可以帮助我们更全面地理解和解释日本政治的复杂性。通过积极参与学术交流，我们可以为日本政治研究的未来吸引更多学者的关注，从而开辟更广阔的道路，为学科研究的稳定和进步贡献我们的一份力量。

（责任编辑：陈静静）

2022年日本经济研究综述

田正　邓美薇[*]

2022年在新冠疫情、俄乌冲突的背景下，国际政治经济形势日趋复杂，对日本经济发展形成严重挑战。国内外日本经济学界根据新形势下日本经济的发展变化情况以及中国经济发展、中日经贸合作的现实需要，对日本的经济增长、财政与货币政策、经济安全保障、产业数字化转型、经济绿色转型、强化人力资本投资、科技创新与初创企业发展、中日经贸关系、RCEP生效及其影响等问题展开了详细分析。日本经济的相关研究范围和领域不断拓展，研究视角新颖，研究方法持续创新。未来日本经济研究需要进一步强化理论与研究方法创新，推进实地考察调研，做到理论与调查相结合。

一、2022年研究概况

2022年日本经济的国内外研究成果不断涌现，研究主题紧跟时代变化，聚焦日本经济面临的长短期问题，积极运用社会科学和人文科学的研究手段，研究方法不断创新，可为中国经济发展提供参考。

（一）国外日本经济相关研究新动态

2022年日本经济研究问题众多，日本的经济增长等宏观经济问题持续受到关注，围绕岸田政府"新资本主义"经济政策的相关研究不断增多，日本的对外经贸关系始终是国外学者的关注重点。

1. 日本的经济增长与宏观经济政策

在泡沫经济崩溃之后，日本经济陷入长期低迷之中，被称为"失去的三十年"。国外学者从平均利润率下降、企业设备投资长期低迷、全要素生产率低等角度探讨了日本经济增长面临的结构性问题。小山大介、森本壮亮的《变化中的日本经济：实现真正富裕经济社会的课题与展望》采用马克思主义经济学的研究方法，指出20世纪90年代后日本经济陷入长期低迷这一现象符合马克思提出的"平均利润率趋于下降"的规律。日本需要通过促进信息技术发展、推动劳动方式改革、引入"无条件基本收入"等社会保障制度等才能够推动日本经济恢复自律性增长。[①] 小川一夫的《日本经济的长期停滞》采用计量经济学的分析方法，探究了日本经济陷入长期低迷的主要原因，其包括企业对未来经济发展的悲观预期、企业设备投资的长期低迷、居民消费增长缓慢、对于社会保障制度的信任度下降等，并提出了完善劳动市

---

[*] 田正，中国社会科学院日本研究所副研究员，中日经济研究中心秘书长；邓美薇，中国社会科学院日本研究所助理研究员，中日经济研究中心研究员。

① 小山大介、森本壮亮『変容する日本経済：真に豊かな経済・社会への課題と展望』、鉱脈社、2022年。

场环境、完善社会保障制度建设、消除经济政策的不确定性等。① 菅原晴之的《日本经济计量模型中的政策问题》分析了日本经济存在的结构性问题，包括企业设备投资比率下降、企业创新能力不高、全要素生产率增长持续低迷等，认为日本需要推进税制改革以及金融体系改革，加速产业结构转换、促进创新。② 邦法蒂等的《日本与老龄化世界的分配难题》构建了一个资本流动不完善的一般均衡模型，认为人口老龄化和全要素生产率下降会促使日本在 21 世纪中期转变为净借款国。③ 相关的研究成果还有大门实纪史的《温和且强大的经济学》④、本田丰的《基于长期产业关联分析模型的 2030 年日本经济展望》⑤ 等。

2022 年日本的经济增长还遭遇了新冠疫情冲击、俄乌冲突、日元贬值等现实问题。在新冠疫情对日本经济的影响方面，福田慎一的《疫情时代的日本经济》认为，在新冠疫情的影响下，网络会议、远程工作等信息通信技术得到进一步普及，改变了日本的工作方式。但是，新冠疫情也对日本的饮食业、旅游业等造成了严重冲击，并进一步加剧了少子老龄化、社会贫富差距扩大等疫情前就存在的问题。⑥ 国外学者认为俄乌冲突对日本经济发展造成负面影响。山冈浩巳的《对俄制裁使日本面临安全保障与金融双重困境》认为，在俄乌冲突背景下，欧美等西方国家对俄罗斯实施了包括金融领域在内的经济制裁。这不仅会对俄罗斯经济产生影响，而且会通过贸易和金融对国际经济产生影响，未来原油、粮食等大宗商品价格仍将维持在高位，日本经济发展将面临高通货膨胀问题。⑦ 志田仁完的《从新闻报道看日本对俄罗斯的经济制裁》指出，日本对俄罗斯制裁措施会产生反作用，日本与俄罗斯的经贸往来减少会对日本经济发展造成严重负面影响。⑧ 国外学者还对引发日元贬值的原因及其影响作出分析。福田泰雄的《受到考验的粮食、能源与日元政策》认为，日元持续贬值的原因在于 20 世纪 90 年代以来日本实施了错误的经济政策。日本需要调整经济政策，重构日本的国民生活，增强日本的经济实力。⑨ 寺岛实郎的《日元贬值的原因》指出，日元贬值的原因不仅在于日本和欧美国家间的利息差不断扩大，还在于日本产业实力的衰落，日本需要采取综合性措施，重构日本产业、技术基础。⑩ 山田博文的《受到日元贬值与物价高涨袭击的日本经济》认为，在日

---

① 小川一夫「日本経済の長期停滞：実証分析が明らかにするメカニズム」、『セミナー年報』、2022 年 3 月号、235—263 頁。
② 菅原晴之「日本経済計量モデルにおける政策課題」、『国際経営論集』、2022 年 3 月号、1—27 頁。
③ Andrea Bonfatti, Selahattin İmrohoroğlu, Sagiri Kitao, "Japan and the Allocation Puzzle in an Aging World", *Journal of Economic Dynamics and Control*, Vol.145, No.104544, 2022, pp.1-30.
④ 大門実紀史『やさしく強い経済学：逆転の成長戦略』、新日本出版社、2022 年。
⑤ 本田豊「長期産業連関分析モデルによる2030 年の日本経済展望」、『政策科学』、2022 年 10 月号、11—40 頁。
⑥ 福田慎一『コロナ時代の日本経済—パンデミックが突きつけた構造的課題—』、東京大学出版会、2022 年。
⑦ 山岡浩巳「対ロ経済制裁で安全保障と金融のオーバーラップが浮き彫りに：「返り血」覚悟の経済制裁に、先進国側も備えが必要」、『金融財政事情』、2022 年 3 月 29 日号、16—19 頁。
⑧ 志田仁完「新聞記事を通してみた日本の 対ロシア経済制裁に関する関心について」、『ERINA REPORT』、2022 年 4 月号、38—44 頁。
⑨ 福田泰雄「問われる食料・エネルギー・円安政策」、『経済』、2022 年 11 月号、14—23 頁。
⑩ 寺島実郎「なぜ今、円安が起きているのか。今こそ真の産業基盤づくりを」、『財界』、2022 年 11 月号、36—39 頁。

元贬值的背景下，日本的进口商品价格持续上升，但日本居民的工资收入水平不断下降，低于 OECD 国家的平均水平，恩格尔系数则达到了 40 年来的最高水平。①

在宏观经济政策方面，分析日本财政、货币政策的实施效果与可持续性的研究成果不断涌现，国外学者着力探讨岸田政府提出的"新资本主义"的政策实施方向。首先，国外学者指出日本财政的可持续面临严峻挑战。江口允崇等的《财政的持续可能性》回顾了财政可持续性的相关理论，指出当经济增长率大于利率时，政府债务与国民生产总值之比将实现收敛，由于当前日本经济并不满足上述条件，预期到 2030 年日本的国债与国民生产总值之比将持续扩大。② 吉川洋的《政治经济学视角下现代货币理论的问题》认为，在基础财政赤字为负的情况下，如果利率高于经济增长率，则会引发严重的财政信用崩塌问题。需要反思现代货币理论，不能认为只要通货膨胀率上升，就能够消除增税带来的影响。③ 森田浩史的《论日本财政乘数与人口老龄化的关系》采用理论和实证相结合的方法，探讨了人口老龄化对日本财政政策的影响，指出随着人口老龄化的发展财政政策的有效性下降。④ 其次，日本非传统货币政策的实施效果成为 2022 年度国外学者关注的重要问题。山本康裕的《基础货币扩大对地方经济的影响》运用结构性 VAR 模型的计量经济学分析方法，使用西日本地区 23 个都道府县的经济数据，分析了日本宽松货币政策对地方经济的影响。结果显示，日本宽松的货币政策改善了劳动力市场的雇佣情况，提升了通货膨胀水平，但是对提升工业生产水平的作用有限。⑤ 吉田桂的《截至 2021 年底非传统货币政策对日本经济的影响》回顾了 20 世纪 90 年代以来日本央行实施的非传统货币政策的历史，构建了一个包括失业率、汇率、国债收益率在内的 6 个变量的结构 VAR 模型，验证了非传统货币政策对日本经济发展的推动效果，认为其发挥了降低失业率、提高通货膨胀率等作用，但是对提振矿工业生产能力的作用并不显著。⑥ 克里斯滕森等的《日本货币改革与通胀预期：来自通胀指数债券的证据》认为，日本通过实施非传统货币政策，使得日本保持了长期通胀预期，取得了一定的政策效果。⑦ 此外，国外学者从理论与政策层面探讨了岸田政府的"新资本主义"政策。前原正美、前原鲇美的《现代日本的经济增长与分配的方向性》指出，岸田政府需要参考穆勒的经济理论，实施"新资本主义"政

---

① 山田博文「円安と物価高が襲う日本経済：その脆弱性の克服と21世紀の展望」、『経済』、2022 年 7 月号、74—92 頁。

② 江口允崇・畑農鋭矢「財政の持続可能性とは何か？」、『フィナンシャル・レビュー』、2022 年 12 月号、19—45 頁。

③ 吉川洋「MMTは政治的経済学から見て、まったく現実味がない：経済成長と財政健全化の愚直な取り組みが政府債務の発散を防ぐ」、『金融財政事情』、2022 年 2 月 1 日号、16—19 頁。

④ Hiroshi Morita, "On the Relationship between Fiscal Multipliers and Population Aging in Japan: Theory and Empirics", *Economic Modelling*, Vol.108, No.105772, 2022, pp.1-14.

⑤ 山本康裕「マネタリーベースの増大が地方の実体経済に与える効果：西日本編」、『人文社会科学論叢』、2022 年 8 月号、229—260 頁。

⑥ 吉田桂「非伝統的金融緩和政策が2021年末までに日本経済に与えた影響」、『彦根論叢』、2022 年 7 月号、22—36 頁。

⑦ Jens H.E. Christensen, Mark M. Spiegel, "Monetary Reforms and Inflation Expectations in Japan: Evidence from Inflation-indexed Bonds", *Journal of Econometrics*, Vol.231, No. 2, 2022, pp.410-431.

策，即国家应采取积极的经济政策防止社会陷入因贫富差距扩大形成的"停滞状态"。岸田政府需要改善大企业的经营环境，促使资本家实施经营业务改革，提升劳动生产率。① 经济形势研究会的《摆脱新自由主义：岸田政府新资本主义批判》探讨了当前岸田政府实施的"新资本主义"经济政策，指出日本的经济政策需要整体性转换，去除新自由主义经济政策的影响，充实社会保障，提升非正式员工的待遇，加强对中小企业和农林水产业的支持，推动经济实现绿色转型。②

2. 日本的对外经贸关系研究

在泡沫经济崩溃后，对外经贸关系成为驱动日本经济增长的重要因素，日本始终重视实施对外经贸政策，重视发展与亚洲国家之间的经贸关系。外务省经济局编纂的《我国的经济外交》分析了 2021—2022 年日本政府的对外经济政策，包括 G7 峰会、日英 EPA、数字贸易、日本企业的海外支援以及 WTO 改革等。③

首先，亚洲始终是日本开展对外经贸活动的重点地区。市村真一的《日本与亚洲》探讨了日本"失去的二十年"对亚洲国家经济发展的启示，通过企业调查案例以及统计分析数据，详细分析了近 20 年来日本企业在亚洲地区的海外经营情况，从技术转移、国际关系等角度探讨了日本与亚洲国家发展之间的紧密联系。④ 高桥俊树的《RCEP 对日本企业在亚洲太平洋地区的活动的影响》指出，RCEP 的生效对于日本企业在亚洲地区的经济活动将会带来积极的影响。生效 5 年后日本从中国进口产品的关税削减额将达到 8.6 亿美元，而生效 21 年后将进一步扩大到 24.1 亿美元，有助于扩大中日两国之间的贸易合作。⑤ 恩赫巴亚尔等的《日本与蒙古国的经济关系 50 年史》回顾了 50 年以来日本与蒙古国之间经贸交流历史，指出日本是蒙古国最大的政府开发援助国，同时也是唯一与蒙古国缔结经济合作协议的国家。20 世纪 90 年代以来，日本与蒙古国之间的经贸往来不断扩大，当前日本是蒙古国第五大出口对象国，是蒙古国第三大进口来源国，未来日蒙之间在气候变化、观光旅游等领域具有合作空间。⑥ 申尚浩等的《日韩贸易摩擦的量化分析》认为，日韩贸易摩擦为韩国造成了 10 亿美元的经济损失，而对日本造成了 3.5 亿美元的经济损失。⑦

其次，日本将印度视作扩大海外市场的重点国家。大泷拓马的《强化日本与印度的经济

---

① 前原正美・前原鮎美「現代日本の経済成長論と分配の方向性について：イギリス経済学説と現代の政治経済の行方」、『東洋学園大学紀要』、2022 年 2 月号、133—149 頁。

② 経済情勢研究会「新自由主義からの転換を：岸田『新しい資本主義』批判」、『経済』、2022 年 4 月号、16—27 頁。

③ 外務省経済局編『我が国の経済外交』、日本経済評論社、2022 年。

④ 市村真一『日本とアジア：経済発展と国づくり』、藤原書店、2022 年。

⑤ 高橋俊樹「日本企業のアジア太平洋での活動に与える RCEP の影響」、『国際貿易と投資』、2022 年 3 月、62—80 頁。

⑥ エンクバヤル・シャグダル「モンゴルと日本の経済関係の 50 年史」、『ERINA REPORT』、2022 年 4 月号、24—37 頁。

⑦ Sangho Shin, Edward J. Balistreri, "The Other Trade War: Quantifying the Korea-Japan Trade Dispute", *Journal of Asian Economics*, Vol. 79, No.101442, 2022, pp.1–13.

合作》指出，在后疫情时代日本需要与印度扩大数字化、绿色经济、制造业等领域合作，具体包括：信息技术领域人才交流、节能减排技术转让、扩大日印企业合作交流等。① 松本胜男的《印度的基础设施开发与日本的合作》指出，随着近年来印度经济的快速发展，印度对于基础设施建设的需求持续上升。日本通过政府开发援助等措施，持续加强与印度的基础设施领域合作，包括德里至孟买高速铁道建设、印度东北部地区公路网建设等。未来，日本需要进一步加强与印度的基础设施合作，慎重选择实施项目，加强政府的援助措施。②

最后，日本始终将中国视为重要的经贸合作伙伴。涌井秀行等的《东亚经济与日本》认为，当前东亚地区的经济发展面临着中美博弈的新问题，而日本需要对包括东南亚在内的东亚地区国家开展经贸合作，构建和平友好的关系。2022年是中日邦交正常化50周年，需要进一步深化中日两国间的经贸往来，共同促进全球化发展进程。③ 今村弘子的《日本与中国的经济关系》指出，在近20年，随着日本的出口竞争力的持续下滑，以及中国出口竞争力的持续提升，中日两国间的经贸关系已经从"互补"走向了"竞争"。但是，中国对日本而言仍然是重要的投资对象国和贸易伙伴，中日两国需要持续扩大经贸合作领域范围，加强中日第三方市场合作。④ 李春霞、董琪的《从中日贸易统计看中日经济关系》利用中日贸易统计数据分析了中日两国贸易的变化特征，文章认为在20世纪90年代，中国对日本的出口以劳动密集型产品为主，但是从2013年开始中国对日本出口的主要产品转变为电子机械等技术集约型产品，与此同时，对日本的半导体制造装置、汽车零部件等的进口需求持续扩大。⑤

3. 日本经济发展面临的课题研究

在国际政治经济形势日趋复杂的背景下，日本经济发展面临的问题不断增多，经济安全保障、产业数字化转型、经济绿色转型、强化人力资本投资、科技创新与初创企业发展等成为国外学者关注的重点话题。

其一，经济安全保障。面对日趋激烈的国家间竞争，日本在2022年制定"经济安全保障推进法"，对于日本经济安全保障的理论与实践分析持续增加。田村秀男、渡部悦和的《经济与安全保障》认为，需要将经济安全保障政策定位为提升日本国力的重要国家战略，其最终目的在于守护日本的国家利益，在防止技术流失的同时，还需要提高尖端技术水平，增强日本的威慑力。⑥ 远藤信博等的《确保经济安全保障》认为，在全球技术竞争日趋激烈、产业链供应链脆弱性凸显的背景下，不能再将经济与安全保障问题完全分开来看待。日本需要通过实施经济安全保障政策提升"战略自主性"和"战略不可或缺性"，加强官民合作，在自由贸易的前提下推进经济安全保障。⑦ 日本企业也需要强化经济安保意识，并采取相应措施。高市

---

① 大瀧拓馬「日印経済協力の強化に向けて」、『世界経済評論』、2022年5月6月号、59—66頁。
② 松本勝男「インドのインフラ開発と日本の協力」、『世界経済評論』、2022年5月6月号、31—36頁。
③ 涌井秀行・松野周治・坂本雅子「東アジア経済と日本：『米中対立』の中で」、『経済』、2022年9月号、16—45頁。
④ 今村弘子「日本と中国の経済関係」、『世界経済評論』、2022年7月8月号、55—60頁。
⑤ 李春霞・董琪「日中の貿易統計から見る日中の経済関係」、『ERINA REPORT』、2022年4月号、10—23頁。
⑥ 田村秀男・渡部悦和『経済と安全保障』、育鵬社、2022年。
⑦ 遠藤信博・片野坂真哉・小林鷹之・佐橋亮「経済安全保障の確保に向けて」、『経団連』、2022年12月、4—18頁。

早苗的《经济安全保障的课题与展望》认为，当前日本面临的网络攻击环境日趋复杂，需要将经济与安全保障问题统一考虑，提升日本的经济实力。日本企业也需要根据日本政府的要求，主动采取相关措施，在企业内部设置负责经济安全保障的专业部门，实施强化产业链供应链、防止技术流失等措施。① 北村滋的《经济安全保障的当前阶段》详细分析了"经济安全保障推进法"的主要内容，如维护特定重要物资供应、确保特定基础设施运营安全、加强尖端技术的研究开发、实施专利的非公开制度等，指出日本政府需要与民间企业加强合作完善尖端技术管理制度。② 平井宏治的《经济安全保障的困局》认为日本企业在技术流失、网络安全领域面临的风险持续增加，日本企业需要强化经济安全保障意识。③

其二，产业数字化转型。数字化转型对日本产业发展形成压力，国外学者从理论角度探讨了日本产业数字化落后的原因，并结合具体案例，给出相应对策。村上研一的《日本与世界的结构变化及日本产业经济的衰退》指出，在日本经济增长的长期低迷背景下，日本产业实力逐渐衰落。日本政府应该摆脱倾向于短期利益的新自由主义经济政策，制订基于中长期视野的投资与生产计划，缩小社会贫富差距，解决地区发展衰退问题。④ 田中宏和的《经济全球化背景下日本数字化转型的问题与对策》详细分析了日本制造业数字化转型落后的原因，指出日本为实现数字化转型，需要积极推进亚洲数字化人才雇佣，进而促进日本的制造业数字化转型进程，使得日本能够更好适应全球化的经济时代。⑤ 堀内英次的《全球化与数字化革命的冲击》，采用经济学与经营学的分析方法，探讨了20世纪80年代后日趋激烈的全球化和数字化进程对日本的机电产业的影响，分析了日本政府与日本企业所需采取的相应对策。⑥ 富士原宽的《日本是否为机器人产业先进国》指出，日本的机器人产业不仅在技术领域处于世界前列。在人口老龄化背景下，日本的机器人产业仍然有巨大的发展空间，需要进一步加强机器人的技术研发，完善机器人产业发展环境。⑦ 牧本次生的《国家应指明方向带领民间企业共同投资》认为，当前世界半导体供给严重不足，甚至影响了汽车、空调等工业品的生产。在20世纪80年代日本的半导体产业曾经在世界上占据重要地位，但此后则逐渐衰落。日本政府需要与民间企业一起合作，推动半导体与机器人产业融合发展，实现日本半导体产业的复兴。⑧ 相关的研究成果还包括西野寿章的《地方制造业的跃进》⑨、松村聪一郎的《日本需发

---

① 高市早苗「経済安全保障の課題と展望」、『経団連』、2022年12月号、22—24頁。
② 北村滋「経済安全保障政策の現段階」、『経団連』、2022年12月号、25—27頁。
③ 平井宏治『経済安全保障のジレンマ：米中対立で迫られる日本企業の決断』、育鵬社、2022年。
④ 村上研一「日本と世界の構造変化と日本産業・経済の衰退」、『季刊経済理論』、2022年10月、6—17頁。
⑤ 田中宏和「経済のグローバル化に伴う日本的DXの課題と対策」、『経営情報学会全国研究発表大会要旨集』、2022年1月号、277—280頁。
⑥ 堀内英次『グローバル化・デジタル革命のインパクト：日系電機の凋落と官民の改革』、中央経済社、2022年。
⑦ 富士原寛「日本はロボット先進国か」、『世界経済評論』、2022年5月6日、88—92頁。
⑧ 牧本次生「国が方向性を示し、民間もベクトルを合わせて投資する。官民が一体となった戦略を！」、『財界』、2022年1月号、29—33頁。
⑨ 西野寿章『地方製造業の躍進：高崎発ものづくりのグローバル展開』、日本経済評論社、2022年。

挥强项共同推动日本半导体产业复兴》①等。

其三，经济的绿色转型。日本高度重视气候变化问题，致力于推动经济的绿色转型，围绕绿色金融、可再生能源发展等领域的研究成果不断涌现，有研究者指出需要平衡能源供给安全与经济绿色转型之间的关系。平野信行等的《绿色转型：面向2050年碳中和的社会经济变革》认为，绿色转型是工业革命以来的一次重要的社会经济转型。为促进日本的绿色转型，需要大规模的财政与金融支持，包括绿色金融规则制定、吸引绿色转型资金、给予投资者明确的发展预期、推动绿色经济领域技术研发等。此外，在国际政治经济形势日趋复杂的背景下，日本需要在确保能源供应稳定的前提下，从供需两面推动绿色转型进程。②白井小百合的《中央银行在绿色转型中的作用》认为，全球变暖对通货膨胀、经济增长、金融市场等均产生了重大影响。以央行为首的日本金融机构，需要充分重视全球变暖给银行经营带来的影响，如气候变化对粮食生产造成负面影响，进而需要银行拓展财产保全业务等。③松尾琢己的《试运行的日本碳信用交易市场》指出，为落实经济产业省提出的"绿色联盟基本构想"，东京证券交易所在2022年9月首次建立了碳信用交易制度，并详细介绍了日本建立该制度的背景与交易状况。④陆冠宇等的《自愿行动计划的成功与失败》认为，日本商业联合会实施了自愿减排行动计划，但并未发挥明显的削减二氧化碳排放的效果。⑤青木大树的《面向脱碳化的产业结构变化》指出，日本的消费者与投资者对于环境与可持续性发展的重视程度日趋上升，这将推动海上风电、燃料氨、氢能、蓄电池、半导体等产业发展。日本企业面对绿色转型的发展契机，需要开展大胆的技术投资，重构经营业务内容，并将企业的发展战略与投资者共享，从长期内提升企业价值。⑥中野大吾的《日本地热能事业的现状与课题》指出，地热能是一种不被天气情况影响的稳定能源，不仅可以广泛应用于农业、畜牧业等领域，而且可以成为当地的支柱产业。日本地热能的储藏量在世界居于第三位，具有广阔的开发空间。日本政府需要消除开发地热能方面的技术困难，加大对地热能产业的支持力度。⑦相关研究还有野村综合

---

① 松村聰一郎「日の丸半導体復活へ、日本の強みを発揮して強者連携を」、『財界』、2022年1月26日号、34—36頁。

② 平野信行・大橋弘・隅修三・杉森務・山下ゆかり・久保田政一「グリーントランスフォーメーション：2050年カーボンニュートラルに向けた経済社会の変革」、『経団連』、2022年8月号、6—22頁。

③ 白井さゆり「グリーン促進に向け期待される役割：金融政策による気候変動対応の可能性：中央銀行」、『月刊金融ジャーナル』、2022年1月号、30—33頁。

④ 松尾琢己「試行取引ながら産声を上げた日本のカーボンクレジット市場：継続的なJ—クレジットの取引が成立、明らかに存在する取引所ニーズ」、『金融財政事情』、2022年11月29日号、14—18頁。

⑤ Guanyu Lu, Makoto Sugino, Toshi H. Arimura, Tetsuya Horie, "Success and Failure of the Voluntary Action Plan: Disaggregated Sector Decomposition Analysis of Energy-related CO2 Emissions in Japan", Energy Policy, Vol. 163, No.112850, 2022, pp.1-10.

⑥ 青木大樹「脱炭素に向けた産業構造の変化」、『経団連』、2022年8月号、36—37頁。

⑦ 中野大吾「日本における地熱開発事業の現状と課題：開発事業者にできること」、『世界経済評論』、2022年2月号、99—105頁。

研究所编的《碳中和》①、日本经济新闻编的《环境、社会和公司治理的潮流》② 等。

其四，强化人力资本投资。强化人力资源资本投资就是岸田政府"新资本主义经济"政策的重要组成部分，国外学者指出了强化人力资本投资对日本经济的重要性，并给出具体政策建议。大田英明的《日本非正式雇佣扩大导致经济低迷》使用广义矩估计的计量经济分析方法，证明非正式雇佣的扩大是造成日本经济陷入"失去的三十年"的重要原因。非正式雇佣劳动者数量的增加，导致职工的实际工资收入减少，使得日本居民消费下降，贫困率上升，结婚更加困难，加剧人口老龄化，阻碍日本经济增长。③ 大桥彻二等的《通过劳资合作实现可持续发展的社会 5.0》认为，在后疫情时代日本需要克服总人口减少问题，方法包括提高劳动生产率、增加劳动参与率、促进劳动力向高增长部门流动等。日本企业需要全面深化劳动方式改革，调整日本型雇佣制度，构建多样、包容的劳动雇佣制度。④ 砂原雅夫、金珉智的《职业再教育的历史变迁及对日本经济的影响》回顾了日本实施职业再教育的历史，认为通过扩充和完善职业再教育，可以提高日本的人力资本质量，促进日本经济发展。⑤ 永滨利广的《新冠疫情中的女性雇佣情况与问题》认为，在新冠疫情的冲击下，日本女性劳动者的雇佣情况愈发恶化。日本需要加强针对女性的职业教育培训，提升女性劳动者的信息技术技能，完善中小企业实习型雇佣制度等，改善女性的就业环境。⑥

其五，科技创新与初创企业发展。创新能力下降已经成为制约日本经济发展的重要因素。国外学界认为，初创企业的发展对于提升日本的创新能力、激发经济社会活力具有重要意义。

橘川武郎的《日本经济发展与创新》认为，日本从明治维新开始，就构建了以渐进式创新为主的创新模式，并涌现出以涩泽荣一、丰田喜一郎、松下幸之助为代表的企业家，帮助日本在后进国家中率先实现了工业化，实现了内需主导的高速经济增长。但是，在泡沫经济崩溃后，日本的创新模式不再适应以破坏性创新、突破性创新为主的世界科技创新潮流，使得日本经济陷入了长期低迷之中。⑦ 齐藤祐马的《通过成为初创企业大国实现新资本主义》认为，近年来日本政府持续促进初创企业发展，日本初创企业发展环境得到改善，2021年初创企业融资额达到7801亿日元，同比增长46%，但日本涌现的独角兽企业较少，需要进一步强化创业者的教育，设置相应的政府管理部门，推动日本初创企业发展。⑧ 增岛雅和的《日本创业企业缺乏"有特定指向的融资"》认为，日本的风险投资领域仍然存在投资知识不足、

---

① 野村総合研究所編『カーボンニュートラル』、日本経済新聞出版社、2022年。
② 日本経済新聞編『ESGの奔流：日本に迫る危機』、日本経済新聞出版社、2022年。
③ 大田英明「日本の非正規雇用拡大に伴う経済低迷：『失われた30年』の背景」、『立命館国際研究』、2022年6月号、107—135頁。
④ 大橋徹二・渡邉光一郎・篠原弘道・松浦民恵等椋田哲史「ポストコロナに向けて、労使協働で持続的成長に結びつくSociety 5.0の実現」、『経団連』、2022年3月号、6—20頁。
⑤ 砂原雅夫・金珉智「リカレント教育の歴史的変遷及び日本経済に与える影響について」、『教育経済学研究』、2022年1月号、50—61頁。
⑥ 永濱利廣「コロナ禍における女性雇用の実態と課題」、『NWEC実践研究』、2022年2月号、49—63頁。
⑦ 橘川武郎「日本の経済発展とイノベーション」、『経済研究所年報』、2022年4月号、117—153頁。
⑧ 斎藤祐馬「スタートアップ大国への挑戦で新資本主義を実現」、『経団連』、2022年6月号、28—29頁。

专业人才较少等问题，无法满足初创企业的资金需求，因此日本需要提高风险投资的业务水平，为初创企业提供充足资金。①

此外，经济史、制度经济学、政治经济学等相关领域的研究成果也颇丰。例如矶谷明德等编著的《制度和进化的政治经济学》②、羽田翔的《政治与经济的链接》③、日本经济新闻出版社编的《战后日本经济史》④等。

（二）中国日本学界相关研究成果

2022年，中国的日本学界在继续深化基础性研究的同时，针对日本经济研究的年度热点问题，进行了及时追踪与探究，在区域、国别及全球视角下，采用经济学理论与实证分析等方法，就日本宏观经济、金融、贸易、产业、科技、区域经济合作、经济外交等相关领域进行了深入探讨。专家学者在《日本学刊》《现代日本经济》《日本问题研究》《日本研究》《东北亚论坛》《东北亚学刊》《国际问题研究》《国际税收》《人民论坛》等期刊以及《世界知识》《人民日报》《环球时报》《中国社会科学报》等报刊媒体上发表了大量文章，取得优质成绩，反映出新形势下国内日本经济研究的新特点与新动向。

1. 日本经济增长及产业发展

在新冠疫情、俄乌冲突及中美博弈加剧等复杂背景下，日本经济发展面临严峻挑战，对科技创新、产业发展的重视程度持续上升，中国学者就日本经济增长、科技创新等相关课题积极展开研究。闫坤、汪川的《"失去"的日本经济：事实、原因及启示》认为，从长期发展态势来看，日本相较其他发达经济体并无系统性差异，日本并未陷入"失去二十年"甚至"失去三十年"的长期经济困境，对经济结构、人口结构、产业结构和金融结构等结构性因素进行比较分析，发现单纯的结构性因素不能解释日本经济长期的"失去"，日本经济的"失去"是经济结构与政策因素相互叠加的结果。⑤金仁淑、赵敏的《中美贸易摩擦对中日产业链重构的影响研究》指出，在中美贸易摩擦及新冠疫情的双重冲击下，中日产业链陷入短链化、萎缩化、多元化以及脱钩和分化的不利局面，但是中国提出的"双循环"新格局及RCEP生效优化了中日产业链合作的内外部环境，促进中日产业链数字化、去碳化发展，进而有助于中日实现产业优化升级、加深产业链深度融合。⑥田正、杨功金的《大变局下日本产业政策的新动向》通过梳理战后日本产业政策支持理论发现，"企业家型政府理论"是支撑日本产业政策的主要理论，日本产业政策概念发生从狭义向广义的转变。当前，日本产业政策表现出以解决经济社会发展问题为目标、注重促进制造业发展及产业链供应链安全、构建供给与需求

---

① 増島雅和「わが国スタートアップに足りない『色の付いた資金調達』：VCが提供できる人材・知識の質量がスタートアップの成否に直結」、『金融財政事情』、2022年8月号、16—19頁。
② 磯谷明徳、植村博恭編著『制度と進化の政治経済学：調整の重層性と多様性』、日本経済評論社、2022年。
③ 羽田翔、『政治と経済はどうつながっているのか：政治経済学の基礎』、日本経済評論社、2022年。
④ 日本経済新聞社編『戦後日本経済史』、日本経済新聞出版社、2022年。
⑤ 闫坤、汪川：《"失去"的日本经济：事实、原因及启示》，《日本学刊》2022年第5期。
⑥ 金仁淑、赵敏：《中美贸易摩擦对中日产业链重构的影响研究》，《国际贸易》2022年第9期。

并重的政策框架等新特征。①

还有一些学者关注新形势下日本货币、金融、财政政策变化，例如，裴桂芬、樊悦的《通货膨胀目标制下日本宽松货币政策及其传导"梗阻"》分析了日本通货膨胀目标制下货币政策时间及预期传导路径，基于其量化质化宽松货币政策中间目标及最终目标差异，从利率与投资等关系揭示了货币政策传导机制的"梗阻"。② 刘轩的《日本应对新冠疫情的经济刺激政策及其制度性扭曲》指出，为应对新冠疫情的严重冲击，日本通过空前财政政策支持，在一定程度上抑制了经济的严重衰退，但是过度财政刺激以及长期"超量化宽松"金融政策，不仅加大了日本政府的国债负担，而且扭曲了市场的资源配置功能，削弱了日本市场经济体制的政策应对弹性及抗压能力。③ 徐肖冰、陈庆海的《日本应对"新冠萧条"的财政政策及其面临的困境》指出，从中长期来看，日本有必要进行财政整顿，进一步明确社会保障改革等改革路径，中国应以此为鉴，保持适度财政政策空间，避免债务增长过快。④ 其他相关研究成果还有施锦芳等、吴学艳的《日本劳动力结构对劳动生产率影响的研究——基于ICT与人力资本的双重视角》⑤、胡霞、刘晓君等的《内生式发展理论在乡村振兴中的实践——以日本岛根县邑南町为例》⑥、孙晓冬的《日本产业政策研究的深层结构及其对中国的启示》⑦、刘瑞的《2021年日本金融：政策微调与持续宽松》⑧ 等。

科技成为新时代大国博弈的主题，随着美国拉拢日本对华进行科技围堵，日本科技创新、国际科技合作等也成为中国学者关注的焦点。崔健、王天尧的《日本军民两用技术研发政策与规范及其实际效果分析》指出，当前，尽管日本在军民两用技术研发及其政策与规范方面还存在一定争论，但是作为"政治大国化"国家战略的具体反映与表现，日本会愈加重视充分利用自身科研优势促进现实与潜在的军民两用技术发展。⑨ 李毅的《后起大国视角下中日企业本原性创新动力的比较研究》指出，通过中日比较研究可以发现，后起国家在其经济的崛起、追赶和转型等历史节点上，表现出强烈危机意识、赶超意识和以实现可持续发展为目标的强国意识，对本国企业创新形成激励。⑩ 徐博、王蕾的《日本半导体产业链升级的再思考——三个关键、二元悖论与政治工具》分析了日本自20世纪50年代以来半导体产业链的升级路径，发现日本利用控制关键技术与关键资源实现了半导体产业链的升级，但是对关键

---

① 田正、杨功金：《大变局下日本产业政策的新动向》，《日本学刊》2022年第6期。
② 裴桂芬、樊悦：《通货膨胀目标制下日本宽松货币政策及其传导"梗阻"》，《日本研究》2022年第3期。
③ 刘轩：《日本应对新冠疫情的经济刺激政策及其制度性扭曲》，《现代日本经济》2022年第1期。
④ 徐肖冰、陈庆海：《日本应对"新冠萧条"的财政政策及其面临的困境》，《日本研究》2022年第3期。
⑤ 施锦芳、吴学艳：《日本劳动力结构对劳动生产率影响的研究——基于ICT与人力资本的双重视角》，《日本研究》2022年第3期。
⑥ 胡霞、刘晓君：《内生式发展理论在乡村振兴中的实践——以日本岛根县邑南町为例》，《现代日本经济》2022年第1期。
⑦ 孙晓冬：《日本产业政策研究的深层结构及其对中国的启示》，《日本问题研究》2022年第3期。
⑧ 刘瑞：《2021年日本金融：政策微调与持续宽松》，载张季风主编《日本经济蓝皮书：日本经济与中日经贸关系研究报告（2022）》，社会科学文献出版社2022年版。
⑨ 崔健、王天尧：《日本军民两用技术研发政策与规范及其实际效果分析》，《现代日本经济》2022年第4期。
⑩ 李毅：《后起大国视角下中日企业本原性创新动力的比较研究》，《现代日本经济》2022年第4期。

环节控制的失利导致其半导体产业链上游优势及安全自主可控之间存在二元悖论，日本半导体产业链上游关键资源的竞争优势也成为大国地缘博弈的政治工具。① 其他相关研究成果还有常啸的《20世纪中后期日本技术进步与日美经济摩擦》②，王厚双、王柏的《日本处理日美贸易摩擦手段转换的动因与效果》③，李慧敏、陈光的《日本"技术立国"战略下自主技术创新的经验与启示——基于国家创新系统研究视角》④，邓美薇、张季风的《中日科技合作：演进历程、新挑战与破解路径》⑤ 等。

此外，针对中国加快构建国内国际双循环相互促进的新发展格局，加速科技创新进程，推动数字化发展等，探索日本经济发展过程中的经验教训。张乃丽、李明洋、封璐瑶的《日本双循环发展格局的经验及对中国的启示》认为，二战后日本构建了双循环发展格局，内外循环格局之间相互协调、联动发展，成就了日本经济高速增长，但是，20世纪90年代之后，随着日本泡沫经济崩溃后，日本双循环发展格局趋于失衡，鉴于中日两国在经济发展模式方面存在诸多相似之处，中国更应借鉴日本双循环发展格局的成败经验。⑥ 其他研究成果还有陈友骏、赵磊的《日本政府数字经济政策评析——基于"数字破坏效应"视角》⑦、田正的《日本经济"双循环"发展：演进历程、经验教训及其对我国的启示》⑧。而新冠疫情在全球的暴发加快全球产业链、供应链调整，关于日本供应链调整的研究也持续进行。苏杭、于芳的《全球产业链供应链重构背景下日本供应链安全保障的新动向》指出，受新肺疫情及贸易环境不确定性提升等影响，日本加大对供应链安全保障的重视程度，强化了政策支持及资金投入。日本在供应链安全保障领域的新动向及新调整对亚洲区域生产网络、中日经贸合作产生深刻影响。⑨

2. 日本经济安全保障与绿色转型问题

在国际政治经济局势复杂变化背景下，强化经济安全保障成为日本政府的重要举动，中国的日本经济学界也对此进行了持续关注。例如，陈志恒、孙世豪的《日本经济安全保障战略新动向及其对华影响》⑩、朱海燕的《日本经济安全保障战略及其对中国的影响》⑪、颜泽洋的《日本经济安全保障战略新动向》梳理了日本经济安全保障的演变过程及其新动向，并指

---

① 徐博、王蕾：《日本半导体产业链升级的再思考——三个关键、二元悖论与政治工具》，《日本学刊》2022年第6期。
② 常啸：《20世纪中后期日本技术进步与日美经济摩擦》，《东北亚学刊》2022年第4期。
③ 王厚双、王柏：《日本处理日美贸易摩擦手段转换的动因与效果》，《日本学刊》2022年第3期。
④ 李慧敏、陈光：《日本"技术立国"战略下自主技术创新的经验与启示——基于国家创新系统研究视角》，《科学学与科学技术管理》2022年第2期。
⑤ 邓美薇、张季风：《中日科技合作：演进历程、新挑战与破解路径》，《现代日本经济》2022年第1期。
⑥ 张乃丽、李明洋、封璐瑶：《日本双循环发展格局的经验及对中国的启示》，《日本问题研究》2022年第3期。
⑦ 陈友骏、赵磊：《日本政府数字经济政策评析——基于"数字破坏效应"视角》，《日本研究》2022年第2期。
⑧ 田正：《日本经济"双循环"发展：演进历程、经验教训及其对我国的启示》，《贵州省党校学报》2023年第6期。
⑨ 苏杭、于芳：《全球产业链、供应链重构背景下日本供应链安全保障的新动向》，《日本学刊》2022年第1期。
⑩ 陈志恒、孙世豪：《日本经济安全保障战略新动向及其对华影响》，《亚太经济》2022年第6期。
⑪ 朱海燕：《日本经济安全保障战略及其对中国的影响》，《国际问题研究》2022年第3期。

出其进行战略调整的原因,基本上均认为,日本经济安全保障的调整对中日经贸关系、中日科技合作及中国产业链调整产生一定负面影响,但是政策效果有待观察,或难以达到预期水平。[1] 丁曼的《日本经济安全保障立法的时代动因与"产业政策"特征》指出,日本《经济安保推进法》的本质在于政府积极介入市场无法解决的领域,实际上延续了以往以"产业政策"提升竞争力的日本国别特征。研判该法对中日经贸关系的影响,既要关注中日贸易结构与贸易惯性的重要作用,也要看到日本旨在平衡敏感技术保护和确保出口市场的战略意图。[2] 葛建华的《美欧日经济安全政策联动分析》指出,美欧日在经济安全政策制定与实施过程中形成联动,推动以美欧日为主导的国际地缘经济新秩序,将中国塑造成为"基于规则的国际秩序"挑战者,以此达到联合围堵中国的效果。[3] 尹晓亮、张嘉钰的《日本"经济安保法"的由来、内涵与指向》指出,日本"经济安保法"不仅造成由市场机制决定资源配置的经济规律被严重扭曲的负面效果,而且有悖于经济全球化发展的历史趋势。[4] 另外,也有学者在经济安全视角下探讨了日本的政策变化,如崔健的《经济安全视角下日本外资管理政策变化分析》指出,长期以来,放松规制是日本外资管理政策的主基调,但是,近年来,基于经济安全视角,日本不断强化外资管理。当前日本的外资管理政策面临如何平衡外国直接投资引进与管控、维护经济安全的技术政策与坚持自由贸易原则等问题。[5] 其他研究成果还有陈友骏、王星澳的《日本外资管理制度的演变及新动向》[6]、田正、刘云的《日本供应链安全政策动向及评估》[7]。

2021年日本政府提出了《2050年实现碳中和绿色增长战略》,将经济的绿色转型视为促进日本经济发展和产业升级转型的新机遇。李清如的《碳中和目标下日本碳定价机制发展动向分析》指出,随着碳中和目标的提出,日本不断推进新型碳税的设计、碳排放权交易系统的协调、信用交易市场的完善以及跨境机制等相关举措的探讨与实施,日本碳定价机制的发展对日本国内经济发展及对外经济关系产生重要影响,中国应借鉴日本的碳定价机制,加快探索碳税设计和碳市场的组合方案等。[8] 李东坡等的《日本实现"碳中和"目标的战略选择与政策启示》通过对日本提出碳中和目标的背景分析,聚焦其降低碳排量的措施及相关政策,提出对中国的政策启示。[9] 杜江、秦雨桐的《日本迈向"碳中和"的困境及其实现路径》指出,日本在迈向"碳中和"过程中面临能源结构不合理、企业绿色转型困难、无法回避国内经济增长几乎停滞、区域发展差异扩大及老龄化加深等困难及问题,并针对此分析了日本的

---

[1] 颜泽洋:《日本经济安全保障战略新动向》,《现代国际关系》2022年第4期。
[2] 丁曼:《日本经济安全保障立法的时代动因与"产业政策"特征》,《现代日本经济》2022年第3期。
[3] 葛建华:《美欧日经济安全政策联动分析》,《亚太安全与海洋研究》2022年第5期。
[4] 尹晓亮、张嘉钰:《日本"经济安保法"的由来、内涵与指向》,《南开学报(哲学社会科学版)》2022年第5期。
[5] 崔健:《经济安全视角下日本外资管理政策变化分析》,《日本学刊》2022年第1期。
[6] 陈友骏、王星澳:《日本外资管理制度的演变及新动向》,《日本学刊》2022年第5期。
[7] 田正、刘云:《日本供应链安全政策动向及评估》,《现代国际关系》2022年第8期。
[8] 李清如:《碳中和目标下日本碳定价机制发展动向分析》,《现代日本经济》2022年第3期。
[9] 李东坡、周慧、霍增辉:《日本实现"碳中和"目标的战略选择与政策启示》,《经济学家》2022年第5期。

具体解决路径。① 韩仁月、李润雨的《碳中和目标下日本促进能源转型的财税政策》指出，日本在《2050年实现碳中和的绿色成长战略》中制定了能源供应转型、能源需求转型以及能源相关产业发展目标，从这些目标可以看出，日本在20世纪70年代开始推动能源转型之后的50年中，通过财税政策的综合运用，在节能、新能源推广和普及技术上取得显著成就，构建了独特的能源转型社会共治模式。② 其他研究成果还有尹晓亮、徐康健的《新型能源安全问题与日本的政策因应》③，张莹、洪凌华的《日本碳排放的地区差距及结构分解》④，蒋瑜洁等的《日本推动氢燃料电池汽车产业发展的机制研究》⑤，张季风的《乡村振兴视阈下的城乡融合发展：日本的实践与启示》⑥等。

3. 中日经贸合作及日本对外经济交往

2022年是中日邦交正常化50年，诸多中国学者对两国取得的巨大经贸合作成就进行了深入探讨。张季风的《中日经贸关系50年：变迁与前瞻》认为，中国经济的蓬勃发展是驱动中日经贸合作健康发展的根本动力，而中日经贸合作也为中国经济进步作出贡献。当前，尽管中日政治关系比较紧张，世界经济不确定性及中国经济减速压力增大，中日经贸关系面临巨大挑战，短期走向不容乐观，但是从长期来看，随着中国经济高质量发展，中日经贸合作依然前景可期。⑦ 徐梅的《日本对华直接投资：中日建交50年回顾、思考与展望》认为，自1978年中国实施改革开放政策以来，日本对华直接投资便成为中日经贸关系的重要组成部分。几十年来，日本对华投资惠及两国企业与国民，促进了中日两国各自经济增长，在科技革命日新月异、国际经贸秩序深刻变革、中美博弈不断加剧、俄乌冲突爆发、新冠疫情跌宕起伏等背景下，日本积极调整产业布局，对华直接投资发生新的变化。面向未来，中日应妥善解决投资领域中存在的问题，进一步加强经贸合作。⑧ 姜扬的《中日建交50年经贸合作的发展与未来展望》指出，中日建交以来，两国经贸合作取得长足发展，中日经贸合作是东北亚区域经济合作的必然结果，也是两国经济互惠互补的双赢选择。面向未来，中日两国应共同应对逆全球化挑战，加快完善合作交流机制，深挖产业合作潜力，深化第三方市场合作等。⑨ 一些学者更进一步聚焦，探讨了中日建交以来两国在某些产业方面的合作情况，例如，陈治国的《中日环境产业合作发展回顾与展望》指出，自中日建交以来，中日在环境产业方面合作发展更为突出，在双边与多边合作机制路径下，从政府主导向市场主导模式升级，取得了突出成效。⑩ 丁红卫的《中日邦交正常化50周年与中日环保合作——回顾与展望》阐述了日本

---

① 杜江、秦雨桐：《日本迈向"碳中和"的困境及其实现路径》，《现代日本经济》2022年第3期。
② 韩仁月、李润雨：《碳中和目标下日本促进能源转型的财税政策》，《现代日本经济》2022年第2期。
③ 尹晓亮、徐康健：《新型能源安全问题与日本的政策因应》，《东北亚学刊》2022年第5期。
④ 张莹、洪凌华：《日本碳排放的地区差距及结构分解》，《日本问题研究》2022年第1期。
⑤ 蒋瑜洁、丁钰慧、关昕：《日本推动氢燃料电池汽车产业发展的机制研究》，《现代日本经济》2022年第1期。
⑥ 张季风：《乡村振兴视阈下的城乡融合发展：日本的实践与启示》，《中国农村经济》2022年第12期。
⑦ 张季风：《中日经贸关系50年：变迁与前瞻》，《日本学刊》2022年第4期。
⑧ 徐梅：《日本对华直接投资：中日建交50年回顾、思考与展望》，《现代日本经济》2022年第5期。
⑨ 姜扬：《中日建交50年经贸合作的发展与未来展望》，《现代日本经济》2022年第5期。
⑩ 陈治国：《中日环境产业合作发展回顾与展望》，《现代日本经济》2022年第6期。

对华环境ODA与中日环保合作历程，并探讨了中日环保合作面临的机遇与挑战，其认为中日两国作为环境技术与环保经验的出口国，通过加强合作不仅有助于解决各自社会经济问题，而且为"一带一路"共建国家和地区提供经验技术，挖掘多边国际合作潜力并在全球气候变化中起到示范作用。① 徐博、庞德良的《中日建交50年电子信息产业合作：回顾与展望》指出，中日电子信息产业形成了互利互惠的合作共赢关系，促进了双方产业升级与产业结构优化。随着第四次工业革命及日本的国家经济安全政策调整等，中日电子信息产业深度合作迎来新的机遇与挑战。②

在新冠疫情、中美博弈、俄乌冲突等复杂影响下，国际经济秩序深度变革，全球产业链供应链加速调整，依赖外部市场的日本更加重视对外经济战略调整、区域经济合作以提高经济增长动力、完善海外供应链布局。崔岩、富晨的《外部冲击背景下日本东亚区域供应链的调整》认为，在中美贸易摩擦及新冠疫情等外部冲击下，日本在东亚的供应链发生较大变化，中美贸易摩擦加速了日本对东亚直接投资向东南亚及南亚转移的进程，新冠疫情更多影响日本企业行为，使其从采购、生产、销售及技术等环节进行调整以摆脱经营困境及增强供应链韧性。③ 陈友骏等的《全球供应链重构背景下日印经济合作的前景分析》认为，日印经济合作提质升级，日本将印度视为经济合作潜力国与海外供应链布局的支点国，印度也将日本视为产业转移与供应链布局合作伙伴。日本对印贸易投资空间广阔，对印供应链投资布局提速，日印在数字、绿色等产业合作方面的动向值得关注。④ 常思纯的《疫情下日本对外经济战略新动向分析》指出，在新冠疫情加速国际秩序变革的背景下，日本对外经济战略不断调整，一方面更加重视争夺世界经济规则主导权与话语权，争取抢占国际经贸竞争"制高点"，另一方面重视经济问题与安全保障密切结合，重视经济安全保障以提升国际竞争力。⑤ 李俊久、姜美旭的《东亚区域生产网络演进中的日本角色变迁》利用社会网络分析方法，探讨了在东亚区域生产网络形成与发展过程中，日本所扮演角色的变化，其认为，自20世纪80年代以来，日本经历了从"雁阵模式"中的"领头雁"角色，向东亚"10+3"合作机制中的"重要参与者"角色，再向斡旋于中美之间的东亚"二元困境"下的"摇摆国"角色的转变。⑥ 除此之外，日本与其他地区及国家的经贸合作也是中国学者关注的重点，如潘万历、白如纯的《日本与非洲蓝色经济合作的现状、动因与挑战》⑦、张晏玶、邹博文的《日澳氢能源合作机制及合作环境分析》等⑧。其他相关研究成果还有平力群的《外部冲击影响日本跨国公司调整东亚生产布局的传导路径》⑨、李清如、常思纯的《印太视域下日本ODA的经济效应——基于

---

① 丁红卫：《中日邦交正常化50周年与中日环保合作——回顾与展望》，《国际论坛》2022年第4期。
② 徐博、庞德良：《中日建交50年电子信息产业合作：回顾与展望》，《现代日本经济》2022年第6期。
③ 崔岩、富晨：《外部冲击背景下日本东亚区域供应链的调整》，《现代日本经济》2022年第2期。
④ 陈友骏、王泽媛、赵磊：《全球供应链重构背景下日印经济合作的前景分析》，《现代日本经济》2022年第6期。
⑤ 常思纯：《疫情下日本对外经济战略新动向分析》，《东北亚学刊》2022年第3期。
⑥ 李俊久、姜美旭：《东亚区域生产网络演进中的日本角色变迁》，《现代日本经济》2022年第6期。
⑦ 潘万历、白如纯：《日本与非洲蓝色经济合作的现状、动因与挑战》，《现代日本经济》2022年第4期。
⑧ 张晏玶、邹博文：《日澳氢能源合作机制及合作环境分析》，《现代日本经济》2022年第5期。
⑨ 平力群：《外部冲击影响日本跨国公司调整东亚生产布局的传导路径》，《日本研究》2022年第1期。

OFDI 与区域供应链的探究》，① 常思纯的《对外开发援助的域外经验及国际镜鉴——以日本对外开发援助为分析中心》、② 马学礼的《结构性权力视角下日本海外基础设施投资战略研究》等。③

另外，日本加强国际经贸规则制定、构建高质量 FTA 网络等是日本对外贸易领域的重要动向，国内学者深入分析日本主导国际经贸规则制定权及数字贸易规则等领域动向。王厚双等的《日本构建面向全球高标准 FTA 网络的特点与动因》运用演绎推理、历史分析及比较分析等研究方法，从政治、经济、历史和国家战略等角度对日本构建高标准的面向全球的 FTA 网络历程、特点及动因进行了全面深入的分析。④ 施锦芳、隋霄的《日本数字贸易规则构建的动因及路径研究》认为，日本在数字贸易规则制定中呈现出条款全面翔实、先进性及开放性高等特点，并以广泛缔约对象形成了数字贸易网络，同时在数字贸易规则"东亚模块"、"欧式模块"及"美式模块"三大模块的经验方面，走在了全球数字贸易规则制定的前列。⑤

4. RCEP 生效及影响

2020 年 RCEP 协议的签署，对于强化亚洲区域的经济合作具有重要意义，有助于应对新冠疫情导致的全球不确定性的增加。2022 年年初，RCEP 正式生效，国内再次涌现出众多关于 RCEP 问题的研究成果。关于 RCEP 对中日韩经贸合作的影响，平力群的《中日韩 FTA 的进程与展望——以 RCEP 的影响为中心》认为，从短期来看，RCEP 的签署及生效为中日韩三国的贸易往来提供制度支撑，缓解了中日韩签署 FTA 的紧迫性；从长期来看，有助于推动中日韩之间签订更高质量的 FTA。⑥ 马文秀、李瑞媛的《RCEP 生效对中日货物贸易的影响研究》认为，RCEP 生效对中日货物贸易影响较大，主要通过中日相互减让关税的贸易创造效应、贸易转移效应、贸易逆转效应，以及原产地趋于累计规则的享惠门槛降低效应、海关程序和贸易便利化的贸易成本降低效应、服务贸易及投资协定的间接出口带动效应等发挥作用。⑦ 田正、刘飞云的《RCEP 生效背景下日本区域经贸合作动向及对中国的影响》认为，日本仍将继续加强与中国的经贸交往，深化与东盟的经贸关系，强化与美国及印度等区域外国家的合作，并通过积极参与新经贸规则制定来提升产业链供应链韧性，扩大经贸协议覆盖范围，争夺经贸规则制定权等。⑧ 陈慧的《RCEP 生效后中日双边经贸合作的趋势变化研究》认为，RCEP 生效使中日经贸合作在货物贸易、服务贸易、原产地原则和投资等诸多领域均面临新变化，中国应积极应对这种新变化，在货物贸易方面，扩大对日本优势产品的出口及对其

---

① 李清如、常思纯：《印太视域下日本 ODA 的经济效应——基于 OFDI 与区域供应链的探究》，《日本学刊》2022 年第 2 期。

② 常思纯：《对外开发援助的域外经验及国际镜鉴——以日本对外开发援助为分析中心》，《河南师范大学学报（哲学社会科学版）》2022 年第 5 期。

③ 马学礼：《结构性权力视角下日本海外基础设施投资战略研究》，《现代日本经济》2022 年第 4 期。

④ 王厚双、刘震、孙丽：《日本构建面向全球高标准 FTA 网络的特点与动因》，《现代日本经济》2022 年第 3 期。

⑤ 施锦芳、隋霄：《日本数字贸易规则构建的动因及路径研究》，《现代日本经济》2022 年第 4 期。

⑥ 平力群：《中日韩 FTA 的进程与展望——以 RCEP 的影响为中心》，《东北亚学刊》2022 年第 1 期。

⑦ 马文秀、李瑞媛：《RCEP 生效对中日货物贸易的影响研究》，《日本问题研究》2022 年第 4 期。

⑧ 田正、刘飞云：《RCEP 生效背景下日本区域经贸合作动向及对中国的影响》，《日本问题研究》2022 年第 5 期。

高质量产品的进口，提高中日贸易数字化水平并做好贸易风险的防范工作。在服务贸易领域，提升本国竞争力。[1] 谭红梅、王琳的《RCEP下中日韩经贸合作机遇、挑战及对策》认为，RCEP为中日韩三国深化经贸合作、释放经贸潜力等带来重要机遇，也使三国面临贸易结构变化加剧区域竞争、加大开放造成部分行业冲击、金融水平提高带来货币合作困难等挑战。当前，中日韩三国面临将RCEP变成经贸合作起点的课题，三国政府和企业可以通过RCEP引领自由贸易和多边主义，进而发挥促进世界经济复苏及增长的关键作用。[2]

关于RCEP生效后取得的成效，宋志勇等的《RCEP生效实施成效初步显现》指出，RCEP在带动区域整体贸易投资方面取得积极进展，一方面，RCEP成员国对世界贸易快速增长，RCEP区域内贸易发展总体向好，约半数成员国区域内部出口增速超过两位数；另一方面，多数成员国外商直接投资显著增长，但是受俄乌冲突、通货膨胀等因素影响，区域整体吸引绿地投资有所放缓。中国与RCEP区域货物贸易、服务投资合作均快速发展。[3] 另外，还有学者关注RCEP成员国合作路径及RCEP后续升级问题，如王厚双等的《RCEP框架下创建中日韩综合合作示范区研究》认为，中国应借助RCEP带来的重要契机，通过创建中日韩综合合作示范区来创造性推动中国的自由贸易区战略，助力打造中国的对外开放新格局。[4] 张永涛的《RCEP升级中的日本因素与中国应对策略》认为，推进RCEP生效是中国深化自由贸易区战略及实现高水平开放的重要里程碑，RCEP正式生效后面临进一步升级问题，即对其贸易规则条款进行重新审视与调整，日本高度重视在RCEP升级中掌握主动权，并已有所行动。中国应重视剖析日本推动RCEP成行的动因与路径、研判其针对RCEP升级的主要策略、分析其目标条款，从而及时制定针对性应对措施。[5]

二、研究热点

2022年国内外日本经济学界在追踪和分析日本宏观经济形势、经济政策发展变化的同时，重点关注和讨论的热点问题主要包括以下几个方面。

（一）复杂国际局势与日本经济增长

2022年，受新冠疫情形势延宕反复、俄乌冲突、中美博弈加剧等复杂影响，全球经济增长动力不足。依赖国际市场的日本在对外贸易、投资、企业海外生产经营及区域经济合作等方面喜忧参半，日本经济发展仍然承压。2022年，日本的实际GDP增长率为1%，低于2021年的2.1%，2022年四个季度的GDP增长率分别为-0.5%、1.2%、-0.3%及0，日本的经济增长势头有所减弱。新冠疫情、中美博弈、俄乌冲突等导致国际秩序加速调整，外部环境对日本经济发展造成的冲击，始终是日本经济研究者关注的重点问题。国内外学者在研究中，不仅探讨了外部冲击对日本经济社会的影响，而且梳理了日本的应对举措与角色选择，并从

---

[1] 陈慧：《RCEP生效后中日双边经贸合作的趋势变化研究》，《亚太经济》2022年第2期。
[2] 谭红梅、王琳：《RCEP下中日韩经贸合作机遇、挑战及对策》，《经济纵横》2022年第2期。
[3] 宋志勇、袁波、潘怡辰：《RCEP生效实施成效初步显现》，《中国外资》2022年第23期。
[4] 王厚双、孟霭禾、刘文娜：《RCEP框架下创建中日韩综合合作示范区研究》，《亚太经济》2022年第1期。
[5] 张永涛：《RCEP升级中的日本因素与中国应对策略》，《现代日本经济》2022年第3期。

微观和宏观两个层面详细讨论了复杂国际局势给日本经济增长、产业发展及海外企业经营带来的挑战。

此外，从中长期视野看，人口老龄化、全要素生产率降低、资本收益率下降、创新动力减弱等供给因素始终困扰着日本经济的增长，使得日本经济处于长期停滞的状态之中。对于日本经济增长因素的分析始终是日本经济学界关注的话题，2022年度学者从多个角度针对日本经济长期停滞的影响因素展开了详细分析。由于科技领域是中美博弈的重点，随着美国加速拉拢日本对华进行科技围堵，日本科技创新及对华科技交往也成为中国日本经济学界关注的焦点之一。

（二）经济绿色与数字化转型及其对日本产业发展的影响

2020年年末，日本政府提出了力争在2050年实现碳中和的目标，并提出《2050年实现碳中和的绿色增长战略》，发布了14个产业领域的详细目标值及其配套支持措施。日本将经济的绿色转型视为促进经济发展与产业进步的新机遇、新动力。日本在推进"碳中和"的政策支持中，制定了较为清晰的实施方案，明确了14个产业领域的具体工程表，而且自身技术优势围绕电力、氢能、碳循环逐层拓展，如提前研发和推广漂浮式风电技术，大力发展氢能，致力于构建"氢能源社会"等，日本在推进碳中和、加速绿色经济转型方面的经验和发展历程，对中国实现双碳目标的战略布局、政策制定、配套基础设施建设等具有重要参考意义。日本的产业发展，在传统上由日本国内的大企业所主导，通过产业上下游带动创新主体发展，培育拥有独特的技术优势的中小企业发展，从而为下游大企业提供所需的零部件。但是，在新冠疫情冲击和产业链供应链危机的影响之下，日本企业传统的管理和经营模式受到重创，以往建立的产业链、创新链受到很大影响，日本产业发展中数字化程度不高的问题凸显出来，在新一代信息技术的使用水平上也落后于其他国家，从而阻碍了日本产业提升生产率的进程。在此背景下，日本政府致力于推动产业数字化的转型进程，积极实施制造业数字化转型发展战略，注重采取强化工程链设计能力、推动5G技术在制造业现场使用、强化数字化人力资源系统保障等方式，力图实现日本制造业的数字化转型，搭建全新的数字化生产模式，保持和提升日本制造业的国际竞争力。

（三）经济安全保障与产业链调整

在国际政治经济形势复杂变化下，强化经济安全保障是日本首相岸田文雄的主要政策之一。2022年5月，日本通过《经济安全保障推进法》，标志着其经济安全保障战略体系构建进入新阶段。日本不仅在制度层面不断完善经济安全保障相关的法律法规，强化政府相关职能，完善配套政府机构，而且在关键领域，加强与欧美等"志同道合"国家的政策联动性，促进形成符合日本自身利益的经济安全保障规则。国内外学者加强了对日本经济安全保障问题的研究。

在新冠疫情冲击和地缘政治风险增强的背景下，保障产业链供应链的稳定、可持续性等问题持续受到日本关注。面对中美战略竞争和科技竞争，日本持续推动供应网络重组，提升供应链弹性，并推动核心产业回归本土和实现多元化分散供应。根据日本国际协力银行、日本贸易振兴机构等的调查，2022年度，日本海外企业中进行供应链调整的企业占比提升。受中美博弈深化影响，日本海外企业更为关注增强国内生产能力、分散采购对象国、在东南亚地区实现供应链的多元化布局、建立供应链的国际互补机制等。中国学者认为，日本产业链供应链调整对中国产生了一定影响，但是由于中国具有广阔市场优势，日本企业并不会完全放弃在华经营，在全球经济不确定性增强背景下，中日两国需要妥善处理分歧和矛盾，深化经济发展合作，促进中日两国产业链合作，推动全球经济摆脱产业链不稳定的影响。

（四）RCEP生效与区域经济合作

2022年1月1日，RCEP正式生效，意味着全球最大自由贸易区正式启航。RCEP是世界上参与人口最多、经贸规模最大、成员国结构最多元、发展潜力最广阔的自由贸易协定，涉及货物、服务、投资、人员自由流动等主要内容，具有全面性、先进性、包容性、互惠性等特征，为东亚经济发展和世界经济带来新动力。RCEP的生效不仅有助于加速推动亚洲区域经济一体化，应对逆全球化及抑制贸易保护主义的抬头趋势，而且为全球经济增添新动能，促进区域及世界投资、贸易自由化。特别是中国、日本、韩国相互签署了关税承诺，为推动中日韩三国的贸易合作提供了新的平台与基础，为系牢中日韩三国经贸合作关系带来了新机遇。以RCEP促进中日韩FTA也是中国学者持续关注的研究领域。

同时，依赖国际市场的日本十分看重对外经贸关系发展，日本经济学界也持续关注日本对外经贸关系的新动向及战略调整。2022年是中日邦交正常化50周年，在回顾中日经贸关系发展历程、解析其当前面临的挑战及展望发展前景方面，日本经济学界涌现出诸多研究成果。在新冠疫情冲击下，中日两国经贸关系保持相对稳定，RCEP的生效也为中日经贸关系发展注入新的动力，但是，随着中美博弈加剧等，中日经贸关系受地缘政治影响提升，如何在互惠互利基础上提升中日经贸关系韧性成为日本经济学界关注的课题。与此同时，日本积极加强与欧美、东盟、澳大利亚、印度等地区与国家的经贸交往，其战略动向值得持续追踪。

三、研究特点

第一，日本经济研究在中国日本研究领域中持续受到关注。2022年，在全国日本经济学会和中国社会科学院日本研究所的组织下，由张季风主编，李清如和叶琳担任副主编，社会科学文献出版社出版的《日本经济蓝皮书：日本经济与中日经贸关系研究报告（2022）》，汇集了2022年度中日两国日本经济领域知名专家学者的研究成果。该皮书以"日本的'三农'问题与'乡村振兴'"为主题，设有"总报告"、"分报告"、"中日经贸与区域合作篇"、"日本的'三农'问题与'乡村振兴'"以及"热点追踪"五个栏目。该皮书以总报告为基础，对新冠疫情冲击和国内外政治经济形势变化下的日本经济及其面临的问题、未来走势进行了全方位分析。在此基础上，该皮书还重点分析了中日经贸合作的现状和机遇、RCEP对供应链合作和贸易发展的积极影响等。同时，该皮书对日本"三农"问题、农村人口老龄化、"田园回归"现象、农村文化遗产保护、农村政策金融制度、"地方创生"政策、农业规模经营等课题进行了具体、深入的探讨，以期为我国全面推进乡村振兴、加快农业农村现代化提供一定的启示和借鉴。

第二，立足日本经济发展面临的问题展开前沿研究。岸田文雄上台后提出"新资本主义"政策，方向性调整新自由主义经济政策，希望通过缩小社会贫富差距的方式，改善社会分配的情况，提升消费者的消费意愿。为此，国外学者基于"新资本主义"政策的主要组成部分，就经济安全保障、产业数字化转型、经济的绿色转型、强化人力资本投资、科技创新与初创企业发展等展开详细研究，结合经济理论与实际数据，探讨日本经济安全保障政策动向，分析日本数字化转型落后原因，给出发展绿色金融与促进可再生能源产业发展，明确强化职业再教育与女性就业的意义，探索发展初创企业的具体方法等。在当前国际政治经济形势日趋复杂的背景下，中国日本经济学界立足于基础研究，不断追踪学科前沿动态，采用经济学理论与实证分析等方法，从区域、国别、全球等视角，分析日本经济增长、日本经济安全保障、绿色转型、中日经贸合作、RCEP 生效及影响等。

第三，研究方法持续创新。在研究方法上，国外学者不仅运用定性的分析方式展开分析，还积极使用计量经济学的方法展开对日本经济问题的研究。例如，日本学者采用计量经济学的方法，分析日本经济陷入长期低迷的原因。日本学者还构建结构性 VAR 模型等，使用日本经济的实际数据分析日本非传统货币政策的实际效果。美国学者则通过构建一般均衡模型、无套利期限结构模型等经济理论分析方法，探讨日本宏观经济政策对日本经济增长的影响。值得注意的是，在 2022 年度日本学者运用马克思主义经济学研究方法分析日本经济问题的相关研究有所增加。日本学者利用马克思主义经济学中"平均利润率趋于下降"等分析工具，探讨日本经济陷入长期低迷的原因，反思日本从 20 世纪 90 年代开始推行的新自由主义经济政策，指出日本需要实施雇佣制度改革，改善分配结构。中国学者也采用固定效应模型的分析方法，使用日本经济的实际数据，对日本的对外经贸关系展开分析研究。

四、未来发展趋向

第一，加强理论与研究方法创新。当前，区域与国别研究越来越受到重视，日本经济研究也是区域与国别研究中的一项重要组成部分，但是在理论与研究方法上还有很大的提升空间。一方面要积极引进、介绍国外的社会科学理论，构建具有中国特色的日本经济学科体系。要充分吸收和借鉴，日本经济研究界的边际分析、动态比较分析、静态分析、均衡分析、实证分析研究方法，积极跟踪国外经济研究界在一般均衡模型、动态随机一般均衡、存流量一致模型等理论分析模型上的进展，强化对于理论模型构建、理论模型阐释、研究方法等领域的创新，构建具有中国特色的日本经济研究分析方法。另一方面要实现人文方法与经济学研究方法的结合。在注重实用理论分析、比较分析、量化分析等分析方法的基础上，也要重视关于日本经济发展历史的材料收集与分析，注重描述、归纳和总结日本经济发展与经济政策的特点，找出日本经济中存在的一般性规律。

第二，强化实地调研与考察。2022 年是中日邦交正常化 50 周年，中日两国的经济相互依赖程度高，需要扎实推进务实合作，扩大数字经济、绿色发展、财政金融、医疗养老、维护产业链供应链稳定畅通等方面的合作对话，共同致力于构建契合新时代要求的稳定和建设性的中日关系。扩大两国间的相互交流，是中日两国的共同诉求。在后疫情时代，需要推动赴日实地考察与调研，有助于更好把握日本经济的实际发展情况，获得对日本经济的实际感受，弥补仅依靠专著、论文、报刊等资料开展分析的不足，并通过与日本学者的交流活动，了解日本学者的观点与意见。同时，中国的日本经济学界也需要扩大对中国国内的实际调研活动，深入中国经济发展的一线，了解实际情况，以更好地了解中国经济发展情况，开展有针对性的研究活动。

第三，进一步深化对日本现实问题的研究。开展日本经济研究，其目的在于为中国经济发展提供参考，从而实现服务中国经济建设的总体目标。2022年中国的日本经济学界虽然深入探讨了日本产业发展、日本经济安全保障、绿色转型、对外经贸合作等现实性问题，但仍需要进一步拓展研究视野。一方面，需要进一步深化对日本经济增长问题的研究，包括日本经济增长陷入长期低迷的原因、日本财政政策的可持续性、日本非传统货币政策问题分析等。另一方面，需要强化对岸田政府"新资本主义"政策的理论与内容的分析，包括主要政策理念、政策举措、实施效果等。

（责任编辑：王一晨）

2022 年日本外交研究综述

吕耀东　鞠佳颖*

外交是独立主权国家和国家联合体之间，以和平手段捍卫本国利益和实现对外政策的一系列制度化沟通活动、过程和形态的总和。① 日本外交研究则是新时代背景下日本对外行使主权的外交行为和实施对外政策的学术性探讨，其研究对象具体包括日本外交的本质和目标范式、外交政策与外交行为、对外决策模式等内容。全球治理新形势下非传统安全问题和全球性问题的凸显在一定程度上拓展了上述研究对象的范围。

在新冠疫情与百年未有之大变局的叠加冲击下，中美战略博弈持续深化，大国关系面临新一轮分化重组，地区安全风险持续上升。在此背景下，日本政坛不稳定性因素增多，日本国内政治生态亦出现变动。2022 年 7 月 8 日，日本前首相安倍晋三的突然遇刺身亡无疑是给日本国内政治带来重大冲击和深远影响的政治事件。可以说，因此日本首相岸田文雄在一定程度上摆脱了来自安倍晋三及其派系的牵制，但同时也面临支持率持续低迷等挑战，日本政坛的混乱局面持续发酵。

2022 年，国内外学者在关注日美同盟、中日关系等传统议题的基础上，针对热点问题展开动态分析。本文对这些日本外交研究成果进行梳理，在介绍国内外基本研究情况的基础上，重点尝试归纳国内日本外交研究的热点和特点，以期对今后日本外交研究的开展提供新思路。

一、2022 年日本外交研究概况

基于日本外交研究具有从属于国际关系、国际政治、外交等学科下进行国别研究的学科特点，运用社会学、心理学、国际政治经济学等综合研究视角和方法解析日本外交政策及对外关系已成为大势所趋，这一发展趋势正在改变当代日本外交研究的传统模式。2022 年国内外日本外交研究成果继续保持着蓬勃发展的良好趋势，研究成果更趋多元化。

（一）国外研究基本情况及主要研究成果

通过在日本国立情报研究所网站和日本科学技术信息集成系统 J-STAGE 网站的查询，可以发现，在日本外交研究领域，2022 年日本学者的研究主要聚焦于中日关系、日本外交的定位与发展方向、日美同盟、日本外交面临的课题等问题。

比如，佐藤明久《中日邦交正常化 50 周年：中日友好才是日本应走之道》注重考察新形势下的中日关系②，植木千可子《日美同盟再考察：同盟关系是否可靠？》关注日美同盟③，和

---

* 吕耀东，中国社会科学院大学国际政治经济学院教授，中国社会科学院日本研究所研究员、博士生导师；鞠佳颖，中国社会科学院大学国际政治经济学院博士研究生。

① 赵可金：《外交学原理》，上海教育出版社 2011 年版，第 6 页。
② 佐藤明久「国交正常化五〇年—日中友好こそ私たちの歩む道—」、『潮』2022 年第 10 号。
③ 植木千可子「日米同盟再考—同盟関係は頼りになるか—」、『安全保障研究』2022 年第 4 号。

田修一《关于如何发展与中国关系的研究报告》[1]和高原明生《中日关系的现在与未来发展方向》[2]侧重思考中美博弈下的中日关系，宫崎雅史《2022年的国际形势与日本外交课题》[3]、东野笃子《美欧的对俄交涉与日本外交的不可思议》[4]、谷内正太郎与金子将史《树立"日本外交志向"之时》[5]、谷内正太郎《日本外交的课题》[6]、药师寺克行《"温和的多边主义"时代：激变的日本外交底流》[7]、和田春树《是日本外交的危机？还是我们的危机？》[8]、五百旗头真《转型中的亚洲国际秩序与日本外交（上）》[9]、林芳正与田中明彦《2022年的日本外交展望——经济安全保障方面不可或缺的与同志国的国际协调》[10]等文章聚焦日本外交的定位与方向，武田悠《俄乌冲突与日本外交》侧重考察俄乌局势下的日本外交[11]，河边一郎《国体维护与日本外交：宪法施行75周年》注重分析日本宪法在外交中的作用[12]。此外，日本外交相关的研究著作主要有：汤川勇人《外务省与1930年的日本外交：东亚新秩序构想的探索》[13]、池上万奈《能源资源与日本外交》[14]、青井千由纪《战略沟通与国际政治——新安全保障政策的逻辑》[15]、小原雅博《战争与和平的国际政治》[16]、西原正《超越"吉田主义"——试析冷战后的日本外交与防卫》[17]、齐藤贡《伊朗是威胁吗？——霍尔木兹海峡的大国与日本外交》[18]等。

2022年，日本多次举办日本外交研究相关的国际学术研讨会。2022年10月27日，中国社会科学院日本研究所与日中友好会馆在北京和东京共同主办了线上"中日青年学者云对话"，中日两国多位青年学者在线上展开了广泛而深入的交流与探讨。同年12月7—8日，在北京、东京以线下和线上相结合的方式举行了以"维护世界和平与国际合作的中日两国责任——邦交正常化50周年之际的思考"为主题的第十八届"北京—东京论坛"。该论坛由中

---

[1] 和田修一「中国とどう向き合うべきか研究委員会報告（4）半世紀にわたる米中関係と国際秩序の変容—米中和解から半世紀を経る中で対立が深まる米中関係—」、『政策研究フォーラム』2022年第12号。

[2] 高原明生「日中関係の現在地と方向性」、『世界』2022年第4号。

[3] 宮崎雅史「2022年の国際情勢と日本外交の課題」、『立法と調査』2022年第2号。

[4] 東野篤子「米欧の対露交渉と日本外交の不思議」、『正論』2022年第4号。

[5] 谷内正太郎・金子将史「『日本外交の志』をたてるとき」、『Voice』2022年第4号。

[6] 谷内正太郎「日本外交の課題」、『学士会会報』2022年第3号。

[7] 薬師寺克行「『緩やかな多国間主義』の時代—激変する日本外交の底流—」、『外交』2022年第74巻。

[8] 和田春樹「日本外交の危機か、われわれの危機か」、『世界』2022年第1号。

[9] 五百旗頭真「変容するアジアの国際秩序と日本外交(上)」、『外交』2022年第72巻。

[10] 林芳正・田中明彦「二〇二二年の日本外交を展望する 経済安全保障に不可欠な同志国とのハーモナイゼーション」、『外交』2022年第71巻。

[11] 武田悠「ロシアのウクライナ侵略と日本外交」、『広島国際研究』2022年第28巻。

[12] 河辺一郎「国体護持と日本外交—憲法施行七五周年—」、『進歩と改革』2022年第3号。

[13] 湯川勇人「外務省と日本外交の1930年代—東アジア新秩序構想の模索と挫折—」、千倉書房、2022年。

[14] 池上萬奈『エネルギー資源と日本外交』、芙蓉書房、2022年。

[15] 青井千由紀『戦略的コミュニケーションと国際政治—新しい安全保障政策の論理—』、日経BP、2022年。

[16] 小原雅博『戦争と平和の国際政治』、筑摩書房、2022年。

[17] 西原正『「吉田ドクトリン」を越えて—冷戦後日本の外交・防衛を考える—』、内外出版、2022年。

[18] 齊藤貢『イランは脅威か—ホルムズ海峡の大国と日本外交—』、岩波書店、2022年。

华人民共和国国务院新闻办公室、日本外务省支持，中国外文局和日本言论NPO共同主办。论坛会集中日两国政界、经济界、企业界、学术界、传媒界等领域的嘉宾，就维护和平秩序、增进政治互信、深化经贸合作、强化安全保障、明确媒体责任与发展数字经济等重要议题展开深入讨论、凝聚共识。会上双方有识之士一致认为，中日双方应重温复交初心，把握和平友好正确方向，开展坦诚对话与深化合作。

（二）国内研究基本情况简述

2022年，中国学界对日本外交的研究取得了丰硕的研究成果。借助中国知网数据文献平台，以"日本外交"为检索词进行主题、关键词、篇关摘及全文搜索，截至2022年12月31日，相关成果数量分别为67篇、20篇、76篇和505篇；以"中日关系"为检索词进行关键词搜索，相关成果数量为143篇；以"日美同盟"为检索词进行关键词搜索，相关成果数量为33篇。[1] 从资源类型分布上看，2022年中国关于日本外交研究成果的主要载体依然为期刊，相关成果主要集中在《日本学刊》《日本文论》《日本研究》《日本问题研究》等专门期刊和集刊，以及《世界经济与政治》《国际问题研究》《世界知识》《东北亚学刊》《和平与发展》《太平洋学报》《现代国际关系》等综合性期刊上；从作者所属单位来看，主要集中在中国社会科学院日本研究所、外交学院、复旦大学日本研究中心、吉林大学、中国人民大学、南开大学、山东大学、上海国际问题研究院等单位。

2022年日本外交研究相关著作主要有贺平《国际日本研究述论》[2]、梁紫苏《涩泽荣一与近代日本对外关系》[3]、李凡《日俄领土问题历史渊源研究》[4] 等。

2022年，国内相关学术会议有：1月12日，中国社会科学院日本研究所联合中华日本学会召开"第三届日本研究高端论坛"；8月18日，在北京大学召开了由中华日本学会主办，北京大学国际关系学院、中国社会科学院日本研究所承办的中华日本学会2022年年会暨"邦交正常化50周年：中日关系回顾与展望"学术研讨会；10月12日，中国社会科学院日本研究所和清华大学战略与安全研究中心、中国社会科学院东海问题研究中心共同主办"国际变局下的亚太形势与中日韩关系"国际学术研讨会；11月20日，中国社会科学院日本研究所与国防科技大学国际关系学院主办"亚太地区形势与中日美三边关系"学术研讨会，国防科技大学国际关系学院、南京大学国际关系学院、上海环太国际战略研究中心、清华大学国家战略研究院、上海公共关系研究院、中国社会科学院日本研究所等相关机构的30余位专家学者出席会议；12月13日，中国社会科学院日本研究所、复旦大学日本研究中心、南开大学日本研究院、北京大学日本研究中心、中国人民大学东亚研究中心、天津社会科学院日本研究所以及商务部研究院亚洲研究所共同主办"日本与中日关系：形势分析及研究方法"研讨会，来自国内各高校、科研院所的专家学者共70多人出席会议并参与研讨。这些学术研讨会围绕当

---

[1] 受检索平台和检索条件等诸多因素限制，本文也许无法涵盖2022年所有的日本外交研究成果，仅尝试在有限条件下梳理2022年日本外交研究的基本情况，不当之处敬请批评指正。

[2] 贺平：《国际日本研究述论》，上海人民出版社2022年版。

[3] 梁紫苏：《涩泽荣一与近代日本对外关系》，武汉大学出版社2022年版。

[4] 李凡：《日俄领土问题历史渊源研究》，江苏人民出版社2022年版。

前国际局势、大国博弈日趋复杂背景下的日本外交及中日关系，为分析日本外交和对外战略重大的理论与现实问题提供了平台，在新形势下为增进中日双方沟通和理解发挥了作用。

二、日本外交研究热点

在问题意识的驱动下，日本外交研究学者逐步拓展日本外交的研究领域，日益趋向于对日本对外关系的全面探索。国际变局下的新时代中日关系、岸田内阁与日本外交政策、日本对中国"一带一路"倡议的认知及应对路径，以及日本"自由开放的印度太平洋"构想的最新政策动向等，成为2022年度国内日本外交研究的主要热点。

（一）针对国际变局下的新时代中日关系展开的研究

中日关系作为最重要、最特殊、最复杂的双边关系之一，一直以来都是国内日本外交研究的重要内容。2022年是中日邦交正常化50周年，值此重要节点，构建契合新时代要求的中日关系是中日两国领导人达成的重要政治共识。中国学界针对国际变局下的中日关系展开了研究。比如，江瑞平《中日关系：知命之年的新认知》（《日本学刊》2022年第1期）、王广涛《特征·议题·途径：构建契合新时代要求的中日关系》（《日语学习与研究》2022年第6期）、吴怀中《共建契合新时代要求的中日关系》（《人民论坛》2022年第9期）等着眼于分析契合新时代要求的中日关系的构建路径；汪鸿祥《中日关系的回顾与前瞻——中日邦交正常化50周年的思考》（《日本研究》2022年第4期）、江瑞平《中日美三边互动中的中日经济关系——半个世纪的三大转变》（《日本学刊》2022年第5期）、张季风《中日经贸关系50年：变迁与前瞻》（《日本学刊》2022年第4期）、杨伯江《中日关系50年发展演变与未来走势——兼论日本战略因素及其规定性作用》（《日本学刊》2022年第4期）、胡令远、王天然《战后中日关系的原点及其延长线——重温四个政治文件》（《日本学刊》2022年第4期），吕耀东《中日四个政治文件原则精神与两国关系50年历程》（《东北亚学刊》2022年第4期）、张玉来《中日经济关系50年：从友好合作到互惠共赢》（《东北亚学刊》2022年第4期）、晋益文《中日关系的原理、演变规律及评估》（《亚太安全与海洋研究》2022年第6期）等从政治、经济等角度回顾中日关系的发展历程与发展前景；孟晓旭《国际变局下日本的战略走向与中日关系》（《东亚评论》2022年第1期）、王伟《日本社会变迁及其对中日关系的影响》（《日本学刊》2022年第4期）、朱锋《地缘战略与大国关系：中日关系基本走势的再分析》（《日本学刊》2022年第1期）、廉德瑰《日本自民党内路线之争与中日关系》（《东北亚学刊》2022年第3期）等侧重分析国际变局、日本社会、国内政治等因素对中日关系的影响。这些研究成果在总结相关历史经验的同时，为未来思考中日关系等问题提供了有益参考。

（二）关于岸田内阁与日本外交政策的研究

"新时代现实主义外交"由维护"普遍价值"、积极参与全球治理、"守护国民的生命与生活"三大支柱构成，是岸田文雄内阁的执政理念和外交政策的体现，受到国内学界广泛关注，相关研究成果不断涌现。如周永生《岸田文雄的新资本主义政策及其对东北亚的影响》（《日本问题研究》2022年第5期）、孟晓旭《岸田政府强化日澳安全合作及其影响》（《现代国际关系》2022年第3期）、张伯玉《安倍"不在"的岸田政府将走向何方》（《世界知识》

2022年第19期)、朱海燕《日本"岸田外交"与中日关系的前景》(《东北亚论坛》2022年第5期)、庞中鹏《"岸田和平愿景"是什么》(《世界知识》2022年第14期)、张伯玉《2022年日本岸田政府面临的内政外交考验》(《东北亚学刊》2022年第2期)、徐万胜、张雨欣《大选后的岸田文雄内阁：执政基础与政策取向》(《和平与发展》2022年第1期)、刘江永《岸田文雄的"新时代现实主义外交"》(《世界知识》2022年第4期)、卢昊《岸田政权"印太战略"新一轮强化态势》(《世界知识》2022年第4期)、高洪《岸田政权的政治光谱与其对外政策走向》(《世界知识》2022年第4期)等。这些研究成果均围绕岸田政府执政后所面临的内政外交问题展开论述，对于岸田政府的外交政策本质、政策走向及影响均给予全面分析，为研判日本外交战略及有关动向提供了有益参考。

（三）围绕日本对我国"一带一路"倡议的认知及应对路径的研究

自中国提出"一带一路"倡议后，日本对此保持持续关注，对其认知与对策也经历了反复变化。及时掌握日本对中国"一带一路"倡议的态度以及日本采取的举措，有利于中国在推进"一带一路"建设中掌握主动权，推动"一带一路"建设的高质量发展。正因其具有的重要现实价值，该议题日益成为国内外研究热点，相关的高质量研究成果不断涌现。例如，常思纯、朱清秀《日本的"印太构想"及其对"一带一路"的竞争与合作》(《中国与周边国家关系研究》第一辑)、周石丹《日本在中亚的基础设施输出及其应对"一带一路"的策略》(《哈尔滨工业大学学报（社会科学版）》2022年第3期)、卢昊《"一带一路"推进背景下的日本角色与中日关系》(《日语学习与研究》2022年第6期)、王健《后安倍时代日本对"一带一路"的认知变化——基于语料库的分析》(《东亚评论》2022年第2期)等文章，均着眼于探讨日本对中国"一带一路"倡议的认知与应对策略。学者认为，日本对"一带一路"所采取的态度和行动是紧扣自身利弊得失来决定的，日本的认知与态度从强调地缘竞争到强调有条件地推进合作，其应对"一带一路"方针秉持高度现实主义思维，对策姿态频繁受中美日三边形势影响，体现出明显摇摆性。[①]

（四）日美同盟、"印太战略"、俄乌冲突等研究

2022年，日本外交研究领域的中国学者在密切关注前述外交战略及实践活动的基础之上，运用动态描述、事态分析、政策解析等研究方法对日美同盟关系、"印太战略"、俄乌冲突下的日本最新举措等问题进行了多角度、多层次研究，取得了丰硕成果。

日美同盟作为战后日本外交的"基轴"，一直以来都是学界的重要研究对象。相关研究成果包括：田凯、郭花《责任分担视角下日美同盟"关怀预算"的演变——缘起、机制化与扩大》(《日本学刊》2022年第6期)、王宁《新世纪日美同盟框架下日本对阿富汗外交政策述评》(《东北亚学刊》2022年第4期)、胡啸宇《日美同盟干涉台海问题：理论、方式及其趋

[①] 参见常思纯、朱清秀《日本的"印太构想"及其对"一带一路"的竞争与合作》，载谢伏瞻主编《中国与周边国家关系研究》第一辑，社会科学文献出版社2022年版；王健《后安倍时代日本对"一带一路"的认知变化——基于语料库的分析》，《东亚评论》2022年第2期；卢昊《"一带一路"推进背景下的日本角色与中日关系》，《日语学习与研究》2022年第6期。

势》(《台海研究》2022年第2期)，程蕴《日美同盟视角下日本的中东外交——自主外交与同盟义务的矛盾与协调》(《西亚非洲》2022年第2期)，陈静静《战后日本对琉球政策变迁与日美同盟强化——基于结构暴力的分析视角》(《国际政治研究》2022年第1期)，常啸《20世纪中后期日本技术进步与日美经济摩擦》(《东北亚学刊》2022年第4期)，王厚双、王柏《日本处理日美贸易摩擦手段转换的动因与效果》(《日本学刊》2022年第3期)，宋志艳《日美联合打造现实版"军事琉球弧"》(《世界知识》2022年第13期)，朱旭、韩文超《"印太战略"框架下美日基础设施合作》(《现代国际关系》2022年第12期)，项昊宇《美日同盟中日本对美战略依附性考察》(《东北亚论坛》2022年第6期)，胡娟《"印太北约化"背景下美日印澳四国合作态势及印度的参与限度》(《南亚研究》2022年第3期)等。

日本作为"自由开放的印度太平洋"构想的最早提出者与积极推动者，其战略布局近年呈现出诸多新的发展特点，学界对此予以密切关注，并产出丰硕的研究成果。相关研究成果有：国晖《"印太战略"背景下的日本区域性援助竞争》(《当代亚太》2022年第6期)，王竞超《重新审视日本"印太战略"：国内政治视角下的考察》(《太平洋学报》2022年第11期)，孙西辉、金灿荣《日本"印太战略"的演变逻辑》(《河北师范大学学报(哲学社会科学版)》2022年第6期)，乔亮《日本"印太"战略的生成、演变和发展的新趋势》(《东北亚论坛》2022年第4期)，陈拯、王广涛《对冲中的摇摆：三边互动下的日本"印太战略"演进》(《世界经济与政治》2022年第6期)，程智鑫《"印太战略"下的法国与日本关系、动力及局限》(《法国研究》2022年第2期)，曹鹏鹏《"印太"视域下小多边安全合作的联盟管理——以美日印澳"四方机制"为例》(《南亚研究季刊》2022年第3期)，焦健《战略跟随与外交主体性：印太视域下的日本对南亚外交》(《日本学刊》2022年第3期)，李清如、常思纯《印太视域下日本ODA的经济效应——基于OFDI与区域供应链的探究》(《日本研究》2022年第2期)，高文胜、刘洪宇《"印太"视域下的日法海洋安全合作及其对华影响》(《太平洋学报》2022年第2期)等。此外，张高胜、冯晨曦认为，美国仍是影响日本"印太战略"走向最为关键的外部因素，日本将继续完善与塑造自身"印太战略"框架，联合各相关国家从经济、安全两个层面围堵中国，同时在有限的范围内将中国纳入"印太战略"体系之中。[1]

俄乌冲突爆发后，日本以最大限度地维护国家利益为目标，积极推进国家战略。对此，王珊依据俄乌冲突爆发后日本在内政、外交等方面所采取的各项举措，通过分析日本推进国家战略的主导思想和行动过程，阐明了日本在俄乌冲突中所扮演的角色、利益指向，认为日本充分利用俄乌冲突的外溢效应，从内政外交等多方面推进国家战略，包括开展对美欧协调外交，通过制裁削弱俄罗斯实力，渲染东亚地区紧张局势，在地缘政治上牵制中国。同时，日本还加强与北约进行安全战略对接，加快修宪和构建军事大国的步伐。[2]唐家林从俄乌冲突以来日本在经济、防卫、外交方面对俄政策调整的动向入手，探究了岸田政府对俄政策的基本框架，认为日本对俄政策的调整以及大力渲染的"中国威胁论"不仅不能助力其战略目标

---

[1] 张高胜、冯晨曦：《日本印太战略的历史演进、实施路径与前景评估》，《西华师范大学学报(哲学社会科学版)》2023年第1期。

[2] 王珊：《日本应对俄乌冲突的举措及战略构想》，《现代国际关系》2022年第6期。

的实现，还具有较大的反噬作用，具体包括影响日俄和平谈判进程和领土争端的解决、难以借俄乌冲突在亚太形成"反俄遏中联盟"等，此外，日本还积极参与四边安全对话机制，这一具有明显地缘政治对立和军事对抗色彩的排他性小集团，会加剧大国战略猜忌，制造地缘政治对立，不利于亚太地区的和平、稳定与繁荣。①

上述成果基本涵盖了日本外交研究的热点问题，为全面把握2022年日本外交动向，进而明晰其外交战略内涵提供了有益参考。

三、日本外交研究特点

从总体来看，日本外交相关研究在延续以往研究议题的基础上，在当前俄乌武装冲突爆发、局部冲突对抗加剧、经济全球化逆流涌动、全球治理赤字持续加深等传统安全与非传统安全的风险性因素持续增加的背景下，日本外交领域的研究也随之呈现出一些新的特点。从宏观战略层面来看，2022年的日本外交战略研究更侧重于国际秩序变动下的国家安全战略研究，并有区域战略研究的转向趋势；从微观的具体外交政策层面来看，国内学界开始尝试运用体系化的理论、跨学科的研究方法多角度论述日本外交政策的演变逻辑。

（一）日本外交领域的安全议题研究比重持续增加

在中国综合国力迅速上升、中美战略博弈不断升级、地缘政治风险凸显的大背景下，日本对国内外安全形势的判断不甚乐观，日本政府根据安全形势的变化，加速推进安全政策的调整。在此情况下，及时跟踪掌握日本的国家安全战略及政策动向成为中国学界日本外交领域的研究重点。

关于日本国家安全战略的分析，樊小菊认为，日本国家安全战略的突破和转变显著加速，是战后日本安全战略在新的国际环境下发展演变的结果。日本的战略有显著的进攻性，其所表现出的"不安"往往是实施进攻性战略的借口，而且这种进攻性的战略一般在遇到严重阻碍和挫折时才会后退，但在战略遭遇挫折之后，日本反而能够产生更清醒的自我认识，并通过更加保守、内向的战略获得最初试图实现的目标。当前，日本急速转变安全战略，其背后也隐约有着自我膨胀的思想底色，它将给中国和地区和平带来负面影响。②颜泽洋指出，日本的经济安保战略是日本国际大战略的重要一环。日本通过经济安保战略的推进正逐渐形成重塑国际规则的"日本方案"，加速推进经济安保战略表明日本战略自主意识不断上升，在联系外部势力的同时，正更加积极主动地推行"日本优先"政策，着眼于后疫情时代的国际秩序构建，提供日本版新秩序理念和规则方案，实现日本长期国际战略目标。未来日本在发展军事打击能力的同时或将进一步利用经济打击手段，两者互相结合补充，"以攻为守"地增强日本安全保障能力。这既是日本实现安全利益的重要路径，也是"非正常国家"日本利用外力推动战后安全战略转型、实现军事和经济大国的重要手段。③

关于日本安全政策的分析，江新凤、朱春雨、徐康健合作撰写的《近期日本政府安全政

---

① 唐家林：《俄乌冲突视域下日本对俄政策的基本框架与效果评价》，《日本研究》2022年第4期。
② 樊小菊：《日本国家安全战略的特点与历史演变》，《国家安全研究》2022年第6期。
③ 颜泽洋：《日本经济安全保障战略新动向》，《现代国际关系》2022年第4期。

策及走向分析》认为，在日本看来，中国要"以实力改变现状"，因而日本对华政策趋于强硬，试图通过提升日本自身军力、强化日美同盟、拓展多边安全合作等方式联手制衡中国，遏制中国的"崛起"和影响力的提升，这在东海、南海、台海等问题上表现得尤为明显。但同时中日关系也有协调性的一面，如中日已建立并启动海空联络机制。日本应更加客观理性地看待中国的发展，才能确保其安全政策不跑偏，推动中日关系健康稳定发展。[①] 张帆则通过对美苏"新冷战时期"日本安全政策论争的背景回顾，分析了"日本型现实主义者"的"综合安全保障论"是如何形成并与既存的安全政策实现一体化的，并指出美苏"新冷战时期"日本的安全政策论争能给我们带来如下启示：第一，检验"望月—永井说"的有效性；第二，反思西方国际关系理论关于日本安全政策的论争；第三，思考日本安全政策的内在逻辑。张帆认为，日本政府虽未放弃"综合安全保障"，但"基础防卫力"这一核心概念已经从《防卫计划大纲》中消失，"综合安全保障论"的一角已经崩塌，"中国威胁论"正成为日本强化防卫力的重要借口，未来日本的安全政策可能迎来历史转折点。[②] 尹晓亮、徐康健针对新型能源安全呈现出的日益严峻的态势，指出资源禀赋先天不足的日本，按照因循相机原则，从国内与国际两个层面进行了一系列政策因应。在国内层面，以"科技创新路径"、"重启核能路径"和"变革需求侧路径"为主体，积极构建以增强"能源韧性"为核心的政策因应体系；在国际层面，日本为进一步强化海外能源稳定供应，积极构建"综合性资源外交"，即以"官主民从"为特点的推进体制、以"开拓多元化进口源"为中心的能源网络、以"多样化手段"为杠杆的工具策略。作者认为，日本的政策因应基本上是在"问题—应对"的逻辑框架下，以解决短期的、应急的、临时性问题为中心展开实施的。但在现实能源安全中，能源风险问题既有长期风险也有短期风险，而且是动态变化的，单纯以"问题驱动"的政策设计带有明显的短视性，能源政策取向极易发生变化，甚至出现前后矛盾的现象。[③]

（二）日本双边、多边关系研究的理论性增强

同其他行为体发展双边、多边关系是国家行为体外交战略在外交实践活动中的主要表现形式，因此日本双边、多边关系的研究也是学者的研究重点。相比以往，2022年，日本双边、多边关系研究呈现出理论性渐强的发展趋势。在诸多研究成果中，具有代表性的成果主要涉及如下几个方面。

关于日本对华战略及政策的分析，蔡亮认为，在"泛安全化"视域下，日本正倾向于将安全与地区局势、经济与安全保障、价值观与意识形态等诸多议题与所谓的"中国威胁"加以捆绑，从结构上形塑其对华政策的目标设定。日本对华政策的目标设定主要体现为：安全上，持续配合美国全面对华遏压，围绕中国形塑一个有利于日美的战略环境和价值观同盟；经济上，稳固以日美为主导的依附型共生体系，既确保日本的技术优势，又能将中国框限在产业链的中下游；价值观上，以"普遍价值"为遮掩，为持续"借台遏华"谋求正当性。日本专注于"泛安全化"下的过度对抗，既会加深中日两国的互信赤字，更会导致两国关系深

[①] 江新凤、朱春雨、徐康健：《近期日本政府安全政策及走向分析》，《东北亚学刊》2022年第2期。
[②] 张帆：《美苏"新冷战时期"日本的安全政策论争及启示》，《日本学刊》2022年第1期。
[③] 尹晓亮、徐康健：《新型能源安全问题与日本的政策因应》，《东北亚学刊》2022年第5期。

陷内外因素反向作用的恶性循环中。①

　　关于日美同盟关系，田凯、郭花认为，在日美非对称同盟中，美国的核心收益是维持霸权，而日本的核心收益是获取安全。随着美国经济霸权的衰落，美国的经济实力越来越不足以支撑其全球军事基地网络的运营及全球军事战略的展开，因此要求盟国以责任分担的方式支持美国的全球军事行动与霸权。然而，美国的战略要求远超日本的防卫需要，这也使得日本相应承担了额外的驻军经费。日美同盟正在倒转为保障美国对日本"搭便车"的机制。由此，日本的"驻日美军相关经费"也表现出更多地服务于美国全球战略的特征，日美责任分担在日本总体保守化过程中也将呈现出新变化。② 关于日非关系，王一晨、吕耀东在"发展—安全关联"理论框架下，围绕日本对非合作中的"社会、经济、安全"三大支柱，梳理了日本对非发展和安全政策及主要做法，对日本对非政策中发展与安全相互关联融合的战略意图及其本质进行了分析。作者认为，日本对非政策及其举措的本质，是基于其在非洲的战略利益、政治利益、经济利益和安全利益，以及提升其国际影响力等因素，是将自身的发展与安全置于首要和突出的位置，其目的是在非洲谋取实利。随着中非合作走深走实，将中国视为在非主要竞争对手的日本将再度加大对非投入，着眼深化双方发展与安全合作，加强与美欧在非协调配合，与中国在非洲开展战略对抗以对冲中国在非影响力的一面将会更加突出。③

　　除中日、日美、日非关系外，中国学者研究的重要领域还包括日韩关系、日俄关系、日印关系、日菲关系等双边关系，以及中日韩、美日印澳等多边关系研究。2022年国内相关研究成果有：凌胜利、朱翊民《"印太经济框架"：日韩的认知与回应》（《当代韩国》2022年第3期），潘万历、白如纯《乌克兰危机升级对日俄关系的影响及其未来走向》（《俄罗斯东欧中亚研究》2022年第5期），唐家林《俄乌冲突视域下日本对俄政策的基本框架与效果评价》（《日本研究》2022年第4期），李勇慧《美国"印太战略"背景下的俄日关系》（《世界知识》2022年第5期），王森、丁伊《日本与菲律宾的海上安全合作（2011—2022）》（《南亚东南亚研究》2022年第4期），高文胜、毕宁《合作博弈视角下阿联酋与日本太空合作模式探析》（《阿拉伯世界研究》2022年第6期），项昊宇《中日韩三边关系与东北亚安全秩序》（《东北亚学刊》2022年第5期），王璐《全球海洋治理新态势下的中日韩海洋合作：机遇、挑战与路径》（《中国海洋大学学报（社会科学版）》2022年第6期），李雪威、单天雷《中日韩综合海权观的演进发展、影响因素及实践展望》（《当代韩国》2022年第3期），兰江、姜文玉《议题密度、合作深度与美、日、印、澳"四边机制"的未来走向》（《区域与全球发展》2022年第6期），曹鹏鹏《"印太"视域下小多边安全合作的联盟管理——以美日印澳"四方机制"为例》（《南亚研究季刊》2022年第3期），杨思灵、任吉蕾《美日印澳（QUAD）：从松散协调到同盟行为体》（《南亚研究》2022年第1期）等。

---

① 蔡亮：《"泛安全化"视域下日本对华政策研究》，《日本学刊》2022年第6期。
② 田凯、郭花：《责任分担视角下日美同盟"关怀预算"的演变——缘起、机制化与扩大》，《日本学刊》2022年第6期。
③ 王一晨、吕耀东：《基于"发展—安全关联"观的日本非洲政策》，《西亚非洲》2022年第2期。

（三）多角度尝试研究方法的创新

在剖析复杂纷繁的日本外交战略及政策的过程中，研究方法作为分析工具无疑发挥着重要的作用。为此，中国学者不断尝试跨学科领域，以多学科的视野对日本外交领域议题进行研究，并产出了一些运用统计模型、博弈论模型、案例研究方法来进行逻辑推演的实证类文章，学界不断在研究方法上寻求突破。

第一，将跨学科理论与日本外交研究相结合。陆伟运用三角关系理论，将中美日三边关系纳入三角关系的结构框架，对日本在中美日三角关系结构中的脆弱性地位及其面临的风险进行了分析。他认为，日本根据中美战略竞争的态势，基于对风险来源和强弱的判断和感知，以预估成本作为参考临界点，在与中美的关系距离之间来回切换，做出倾向重心不一的动态平衡（对称和非对称）行为。由此，"中美竞争的态势→风险感知→成本算计（参考临界点）→对称或非对称平衡"这一因果链条便构成了日本对中美平衡外交的逻辑机理。他通过分析试图说明，虽然日本为追求对华战略优势和地区主导权而与美国及其盟友一起在地缘政治和某些高技术领域对中国进行联合围堵和遏制，但除非中美两国形成泾渭分明的两大敌对阵营和日本认为的国家军事安全受到威胁，否则日本通过在中美之间不断调整倾斜重心的来回钟摆来维持平衡的策略基本上会持续下去。① 陈拯、王广涛则强调中美两国战略选择的共同作用，以此解释美国亚太盟国对冲战略的摇摆。他们认为，结构要素不足以解释其他国家在权势转移和中美战略互动中的政策选择。对冲的动态并不是由单纯的"安全—经济"二元化结构所决定的，更直接的还是来自战略互动过程中多方策略选择间的交错作用。这是在其他条件基本稳定的情况下，权力变动与大国竞争时期美国亚太盟国对冲战略出现显著摇摆的关键原因。② 黄继朝运用"多元对冲"理论分析框架，试图解析中美亚太竞争加剧形势下日本如何在中美之间实施一种台海多元对冲策略，力图谋求降低风险与利益最大化的双重目标。他认为，在台海问题上，日本既没有完全遵循传统的"美主日从"模式，也没有适应中日关系回暖而采取明晰的"亲中"姿态，同时有别于一些学者所分析的"中间平衡"的两手策略，而是施行一种综合有限联盟、联盟示好、有限制衡、适当接触以及经济实用主义五种策略的台海多元对冲策略。其主要目标在于规避中美亚太博弈新格局下日本在台海地区面临的多重威胁风险，主要包括被美国牵连与抛弃的担忧，以及中国在亚太地区实力与影响力的增长。③

第二，研究日本外交的视角多元化。巩浩宇、周帝言认为，一国的对外战略，除对权力逻辑的理性权衡外，还需要充分探讨具有相对稳定性与倾向性的认知观念与思维模式。因此作者从战略文化理论出发，对日本在长期海洋实践中形成的战略文化内涵进行了阐述，指出日本的海洋战略文化是一种"敏感不安""渴望扩张""注重身份"的谋强性文化。④ 邓天奇、周亭聚焦日本科技外交政策的发展脉络与战略目标，分析了日本科技外交战略发展的现实动

---

① 陆伟：《风险管控、成本算计：日本在中美之间的平衡外交》，《日本学刊》2022年第2期。
② 陈拯、王广涛：《对冲中的摇摆：三边互动下的日本"印太战略"演进》，《世界经济与政治》2022年第6期。
③ 黄继朝：《中美亚太博弈新格局下日本的台海多元对冲策略》，《世界经济与政治论坛》2022年第1期。
④ 巩浩宇、周帝言：《战略文化视角下日本对华海洋战略的构想与实践》，《边界与海洋研究》2022年第5期。

因、历史演化以及路径选择,并在此基础上得出日本科技外交发展对于中国科技外交体系构建的有益启示,包括统筹优化科技外交的顶层设计、建构多元行为体合作实践网络、积极参与国际问题的全球治理、搭建国际科技领袖的合作网络。[①] 高梓菁总结了日本参与太平洋岛国区域合作的基本特点,包括注重政府开发援助、强化与域内本土合作机制的合作关系、重视双边经贸、构建地方政府网络,以及利用历史、文化、传统、岛国身份因素加强与太平洋岛国之间的情感纽带等,其背后动因包括经济、政治、战略竞争等多方面因素。作者认为,随着"印太战略"的发展,太平洋岛国在政治外交和地缘争夺等领域的地位不断上升,围绕该地区的大国博弈激烈,日本将面临更为复杂的局面。[②] 程蕴从同盟的视角对战后日本中东外交进行重新梳理,分析在非对称性同盟框架下,日本是如何追求自身利益并进一步塑造地区秩序的。他认为,同盟中的角色定位改变影响了弱势一方的利益认知,利益认知的改变重塑了自主外交的内涵,而自主外交内涵的变化则从根本上决定了其与同盟义务产生矛盾时的应对方式。作者根据这一规律,推演出未来日本中东外交的走向,即日本在同盟中的管理者定位并不会因首相的更迭而发生改变,其总体外交战略仍将保持积极进取的姿态。[③]

上述成果在及时追踪、把握日本外交战略及政策趋向的同时,对于研究方法也进行了创新性尝试,值得予以关注。

四、薄弱环节及未来发展趋向

回顾2022年日本外交的研究情况,可以发现,日本外交研究学界学者经过一年来的不懈努力,使得日本外交研究在总体上取得了较为丰硕的成果。一方面,学者结合这一年来错综复杂、变幻莫测的国际和地区形势,及时追踪日本外交最新动向,尝试对日本外交进行多层次分析;另一方面,学者将理论与外交实践相结合,使研究成果不断理论化、体系化。但需要指出的是,中国的日本外交研究仍然存在一些薄弱环节。

首先,日本外交的相关政策研究占比仍明显高于理论研究议题。诚然,这一现象的出现离不开现实因素的影响,但运用国际关系理论解析日本外交问题的理论研究成果数量较少的客观现实也不容忽视。早在1979年,邓小平同志在党的理论工作务虚会上就曾强调:"社会科学同自然科学一样,决不能忽视基础理论的研究,这些研究是理论工作的任何巨大前进所不可缺少的。"[④] 缺乏对于日本外交政策及国际战略的理论性探讨和分析,即使有个别著述,也大多缺乏日本对外战略研究的时代性或全面性,这已然成为日本外交研究中的突出现象。在2022年日本外交研究取得丰硕成果的背后,上述现象依然存在。这不仅不利于增强日本外交研究在学科范畴内进行学科深化、拓展的创新力度,也无益于对日本的对外关系形成准确、科学的认识。如果无法改善在理论层面的薄弱环节,上述现象持续膨胀下去,那么将难以形

---

① 邓天奇、周亭:《日本科技外交战略评析:现实动因、历史演化及其路径选择》,《中国科技论坛》2022年第9期。

② 高梓菁:《日本对太平洋岛国的区域合作政策:演变与发展》,《国际关系研究》2022年第6期。

③ 程蕴:《日美同盟视角下日本的中东外交——自主外交与同盟义务的矛盾与协调》,《西亚非洲》2022年第2期。

④ 邓小平:《邓小平文选》第二卷,人民出版社1994年版,第179页。

成对于日本外交系统研究的学术体系。

其次，学术分散化、碎片化现象明显。学者开始从不同学科视角关注日本外交领域中的具体问题，尝试从跨学科中寻找创新的灵感，提供了跨学科、多范式的创新研究，带来了许多新的学术研究增长点。但跨学科借鉴在为日本外交研究带来机遇的同时，也带来了挑战。这主要表现在，不同领域的跨学科融合尚不充分，跨学科之间的鸿沟依旧存在。学者已经开始注意到日本外交研究与经济学、政治心理学等的交互影响，随之而来需要面对的问题是，如何将其他学科的理论内化为日本外交研究的系统化理论。这就要求学者在进行日本外交研究时，在借鉴其他学科的概念和相关知识的同时，应该更加重视既有经验主义知识与国际关系理论和方法论的结合，推动日本外交研究与跨学科交叉研究的融合创新发展。

再次，日本外交系统研究的学术体系建设尚不完善。日本外交研究从属于国际关系、国际政治、外交等学科下进行国别性研究的特点，导致日本外交研究既没有像国际政治经济学、外交学、国际政治心理学等学科一样具备一定的学科理论基础，也不具备有别于国际关系学科专业的独立性。但在全球化思潮的影响下，学科交叉纷繁复杂，构建学术体系将是一个长期的历史性任务，创建并形成符合客观规律、反映日本外交客观实在的日本外交系统研究的学术体系任重而道远。

最后，研究层次与研究水平有待进一步提高。综观2022年中国的日本外交研究成果，可以发现，对具体外交状况进行概述性、评述性研究成果居多，而综合性、深层次研究成果则相对较少。这种就事论事式的研究既不利于研究成果的全面性、科学性，也不利于国内学者就相关议题掌握国际话语权。此外，随着国际形势的深入发展，日本外交相关研究议题的复杂程度也随之加大，单一研究方法在研究过程中的作用已然受到限制。基于此，国内学者开始采取定量或定量与定性相结合的研究方法，尝试将"人文科学"向"自然科学"靠拢，用科学的假定和关系逻辑将复杂的外交实践简化，从中提炼出理论分析框架，总结出规律。对此，需要指出的是，有必要对各种研究方法的适用性与局限性展开研究，提高学界关于研究方法效用的认识。

总之，学者在坚持以马克思主义的辩证唯物论和历史唯物论为价值规范和方法论指导的基础上，总体上推动了日本外交研究不断向前发展。但与此同时，知识结构、方法论及把握重大时代课题能力的相对欠缺也是目前国内日本外交领域研究者所面临的严峻挑战。对此，在未来的研究工作中，学者应基于日本外交研究的学科定位，不断深化和拓展日本外交研究的创新力度，在研究中将基础理论研究与应用对策研究充分结合起来，将日本对外关系放在国际格局变动中加以动态分析，不断突破现有的研究范式与研究方法，为将日本外交研究整体水平提升到新高度打下扎实的基底。

（责任编辑：李璇夏）

2022年中日关系研究综述

吴怀中 孟晓旭[*]

由于本身的重要性和特殊性，中日关系一向是学界的研究热点。2022年恰逢中日邦交正常化50周年，有关中日关系的相关研究成果较前更为丰富，主题也更为集中。如将时间限定在2022年1月1日至12月31日，并以"中日关系"为主题在中国知网进行检索（检索日期为2023年12月27日）的话，可以发现，2022年全年国内相关发文数量为361篇。正如杨伯江在《中国中日关系研究综述》一文中提出的那样，"中日关系研究又涵盖、包容着广阔的相关学科领域的成分——政治关系、经济关系、军事安全关系、文化交流关系等大大小小、包罗万象的两国间双边关系"[①]。本文即以上述领域为据，对中日关系领域的主要代表性研究论著进行学术回顾与研究总结。

一、研究概况

（一）关于中日关系的综合性研究

一是总结中日关系的经验及未来发展趋势。杨伯江在《中日关系50年发展演变与未来走势——兼论日本战略因素及其规定性作用》（《日本学刊》2022年第4期）中研究了日本国家战略特别是对外战略、安全战略对中日关系的演变和发展的规定性作用，提出50年来中日关系历尽坎坷、曲折前行，从实力对比到互动模式都有重大变化，是多元变量综合交叉作用的结果。文章认为，50年来伴随日本"政治大国"目标的确立、内涵的发展、路径的更新，基于日本战略自主性上升的背景及战略转型的内在特征，日本战略因素对中日关系的规定性作用越来越直接、越来越明显，二者之间的同步同频度越来越高。田庆立在《日本对华认知的演进脉络及典型特征》（《日本学刊》2022年第5期）中提出，中日邦交正常化50年来，日本对华认知的演进脉络大致可分为三个阶段："情感认知"主导下的友好合作（1972—1992年）、战略防范视域中的互动博弈（1992—2012年）、竞争协调转换期的战略制衡（2012—2022年）。日本对华认知的形成深受国际环境的变化、国家实力的消长、价值观念的迥异、地缘博弈的加剧、同盟体制的变化、区域合作的对冲及全球竞争的激化等多重变量因素影响，在不同阶段展现出特色各异的典型特征：依托冷战时代后期的"建设性接触"理念，中国被日本塑造为"朋友"角色；基于后冷战时代的"战略性防范"意识，日本将中国界定为互利合作的"伙伴"角色；因循新时代的"全方位制衡"思维，日本战略视野中逐步将中国设定

---

[*] 吴怀中，中国社会科学院日本研究所副所长、研究员；孟晓旭，中国社会科学院日本研究所研究员。
[①] 杨伯江：《中国中日关系研究综述》，《日本学刊》2015年第1期。

为"对手"角色。

二是基于地缘战略研究中日关系的基本走势。例如，朱锋在《地缘战略与大国关系：中日关系基本走势的再分析》(《日本学刊》2022年第1期)中认为，营义伟上台后中日两国关系发生逆转，岸田文雄首相更是提出了要把"对付中国"作为首要目标。2020年的"疫情外交"对改善和升温中日关系只起到短暂效应，已经清楚地说明了在美国实施对华战略竞争政策后，日本以制衡中国为国家安全利益定位的"国家利益论"和"国际贡献论"都变得越发清晰。日本已经成为在中美战略竞争中完全"选边美国"的少数亚太国家。自中日邦交正常化以来，两国的睦邻友好关系正在被日本政界似乎铁了心的"制衡中国论"所取代，已经完全超出"周边事态"、一心想要助力美国对华战略遏制的日本，给中国周边外交增加了新的变数。

三是研究影响日本对华关系的深层因素。吴怀中在《"同盟困境"管理与日本对华关系变迁》(《日本学刊》2022年第5期)中分析认为，日美同盟对复交50年来的中日关系一直产生着战略性与结构性的影响作用。日本对同盟关系中"被抛弃"困境的经典应对，即强固日美纽带、调整对华策略的双轨路径，对中日关系产生影响。"尼克松冲击"象征的同盟信任危机与中美日关系变动，是促使日本在1972年决定快速对华复交的外部重要推手。20世纪80—90年代，日美之间发生了贸易摩擦及同盟"漂流"危机，由于冷战结构及"西强中弱"的双重因素加持，日本双轨应对的对华影响总体呈正向或平稳态势。其后中国经济总量超日，日本担心美方"重华轻日"、对华"迁就"，在奥巴马第二个任期大幅强化同盟并开始摸索对华缓和，其双轨应对的效果从此日益呈现正反分化乃至对立。而"特朗普冲击"一度使日本对同盟可靠性产生严重危机感，遂行"拥抱美国"对策以及以对华接近为核心的阶段性"异常"战术对冲。拜登执政后，日本总体上对同盟恢复信心，但俄乌冲突事件使之担忧"东亚有事"时美国的介入方式及程度，遂以激进方式稳固并拴留同盟，在对华强硬的同时也注意规避正面冲突。吕耀东在《国家利益视域下日本对华政策历程及未来走向》(《日本学刊》2022年第5期)中指出，日本在中日邦交正常化之初的对华"和平友好"政策随国际环境而变，冷战结束后日本北方安全问题得以缓和，《中日和平友好条约》中涉及的安全问题和共同安全利益的重要度下降，历史、台湾、东海、钓鱼岛问题在中日关系中凸显。日本尽管一直强调中日关系事关地区和平稳定发展，但常常从自身利益出发违背中日四个政治文件的原则精神。中日关系中所涉及的安全利益、政治利益和价值观利益冲突是一种客观存在，这并不能成为日本频频违反中日四个政治文件原则精神的借口。未来日本对华政策能否坚持中日四个政治文件的原则精神、贯彻落实中日乃至地区"共同利益"，将成为维护、发展中日关系的关键所在。

(二) 中日政治外交关系

一是研究岸田文雄上台后日本政府的对华政策。朱海燕在《日本"岸田外交"与中日关系的前景》(《东北亚论坛》2022年第5期)中分析认为，"新时代现实主义外交"是岸田政府的外交新旗帜。在宏观层面，"岸田外交"是日本在国际格局大调整的时代背景下最大限度追求国家利益的产物；在中观层面，它是日本追求"政治大国"地位在对外政策领域的总体规划；在微观层面，它是岸田个人政治理念与国内政治力学结构博弈的结果。在实践中，日本以"价值观"为政策导向，拓展与"共享价值观"国家的政策协调，压缩价值观"异己"国家的政治空间；以追求国家利益为出发点，而非以解决全球问题、提供公共产品为价值追求，有选择地参与全球治理。日本外交将地区安全局势作为达成国家安全战略目标的政策工具，绑架了日本与周边国家的关系，使其成为国内政治议程的附属品，这从根本上决定了中日关系将难以转圜向好。文章认为，在俄乌冲突背景下，化解日本话语移植与政治挪用可能造成的风险，预防其摧毁中日关系的政治基础将成为中国外交努力的方向。

二是从日本国内政党政治、派阀政治的角度切入研究中日关系。廉德瑰在《日本自民党内路线之争与中日关系》（《东北亚学刊》2022年第3期）中提出，岸田文雄出任首相意味着日本自民党内温和派宏池会时隔28年重新掌权。现任首相岸田文雄与前首相安倍晋三之间的政治博弈，以及自民党内宏池会与清和会之间的权力争夺和政治路线对立，预示着日本内政外交将有可能出现调整。但从岸田执政半年多来的情况看，岸田内阁同样力主修宪强军，涉华消极动向也不少；安倍领导党内最大派阀，其政坛影响力和党内地位仍十分突出。与过去相比，当前日本朝野政党以及自民党内部的对华认知和政策主张具有明显的趋同性，只是在具体对华牵制施压的手法和程度上有所不同。由于党内右派势力强大，岸田的对华政策还将继续受到党内外牵制，中日关系将呈现机遇与挑战并存的局面。

三是在中美日的框架下研究日本对华外交与中日关系。赵全胜在《中美日大国博弈框架下的中日关系——兼论国际关系中的敌友转换》（《日本研究》2022年第1期）中，把中日关系在不同时期中的转变放在中美日大国博弈的动态框架下进行梳理，以大国战略制定为基本出发点，以内政与外交连接的理论框架为基础进行分析。文章主要关注国际关系中敌友转换的五个动态因素，即国家利益、力量对比变化、盟友关系、领导人决策、内政外交互动等五种变量，并选择近两个世纪以来三国之间互动中具有方向性的重大事件作为节点，将其总结为八个转折点，之后对中美博弈下的中日关系进行了分析。陆伟在《风险管控、成本算计：日本在中美之间的平衡外交》（《日本学刊》2022年第2期）中分析称，日本在中美两大国之间"两面下注"、更多地采取平衡的策略，是基于它在中美日三角关系结构中的脆弱地位而做出的选择。日本的平衡外交以规避风险和险中获益为首选目标，表现为在中美之间不断调整来回钟摆的重心倾向，多以不对称平衡为特征。中美之间处于包容性竞争抑或对抗性竞争，塑造了日本在三角中的角色地位，制约了日本平衡外交的选择范围，而"沉没成本"和"沉默成本"两种决策参考临界点的浮现则决定了日本向中美某一方倾斜的重心偏向，由此导致日本对中美的平衡外交呈现依美制华、离间中美、疏美近华、相对等距四种形态。

四是研究台海问题与中日关系。蔡亮在《中日矛盾中的"聚旗效应"：日本介入台湾问题的特征及影响》（《东北亚学刊》2022年第6期）中指出，现阶段中国台湾问题在中日矛盾中的"聚旗效应"日益凸显。这主要是日本在中美战略竞争背景下借势而为的一种外交选择。受此影响，日本处理中国台湾问题的"大小前提"正在遭受结构性冲击。日本与中国保持官方往来是"大前提"，维持与中国台湾地区的非官方务实性接触是"小前提"。文章认为，日本现阶段为实现"借台遏华"的目标，正积极跟随美国深度介入中国台湾问题。其特征体现为，以价值观为切入点，积极为介入中国台湾问题寻找"大义名分"；利用各种国际场合，制造国际舆论，为深度介入中国台湾问题造势；透过日本政界强大的"亲台"力量，屡屡掏空、虚化"一个中国"的原则。

（三）中日经济关系

一是整体研究中日经济关系现状及未来前景。张季风在《中日经贸关系："危""机"并存，前景可期》（《东北亚学刊》2022年第2期）中提出，随着经济全球化的深化，中日经贸合作呈现多元化、多样化、多渠道、高质量合作的新局面。但从中期视野来看，也出现了一些令人担忧的问题。例如，中日双边贸易回升乏力、日本对华直接投资持续下降，加之新冠疫情和中日关系复杂化的叠加影响，中日经贸合作面临新的挑战。2021年中日双边贸易和双向投资都出现较大幅度的增长，2022年RCEP生效和中日邦交正常化50周年纪念活动的展开，将给中日关系、中日经贸关系改善带来新的发展机遇。徐梅在《日本对华直接投资：中日建交50年回顾、思考与展望》（《现代日本经济》2022年第5期）中指出，1972年中日正式建交后，两国经贸关系开始步入正常轨道。特别是1978年中国实行改革开放政策以来，中日经贸关系快速发展，日本对华直接投资成为其中的重要组成部分。几十年来，日本对华投资惠及两国企业和国民，促进了各自经济增长。在科技革命日新月异、国际经贸秩序深刻变革、中美博弈加剧、新冠疫情突发和持续、俄乌冲突爆发的新形势下，全球产业链供应链重构加快，日本也积极调整产业布局，其对华直接投资出现一些变化和动向。面向未来，中日两国有必要进一步加强经贸合作，妥善解决投资领域中存在的问题，促进新时期日本对华直接投资再上新台阶。

二是基于东亚区域合作视角研究中日经济关系的重构。刘兆国在《中日两国共同推动东亚价值链重构的挑战、机遇与路径》（《现代日本经济》2022年第5期）中认为，东亚价值链正出现调整与重构，中国正逐步成为东亚价值链的"价值枢纽"，价值引领能力显著提升，而日本仍为东亚价值链重要参与者与国外增加值（FVA）域内主要提供者。当前，外部因素对东亚价值链冲击加剧，日本对华政策受美国影响程度不断加大，并不断升级对华价值链竞争与防范措施，东亚价值链重构面临一定的不确定性。RCEP生效为东亚价值链重构注入新动力，中日两国产业合作具有广阔空间和巨大潜力，未来可以立足互补性优势，以强大的区域市场新需求驱动东亚价值链创新升级，加快高水平经贸协定与行业规则标准制定合作，深入开展第三方市场合作，驱动要素在区域内实现优化配置，推动东亚价值链向多方互利共赢方向重构与升级。

三是研究具体经济领域内的中日合作关系。陈治国在《中日环境产业合作发展回顾与展望》（《现代日本经济》2022年第6期）中提出，环境产业是一种战略性新兴产业，是应对全球气候变化、保护自然环境并最终实现经济社会可持续增长的战略支柱产业。自中日邦交正常化以来，中日两国的经济合作便快速发展起来，其中环境产业合作领域的发展更是突出，沿着双边与多边合作机制的路径，从政府主导向市场主导模式升级，取得了突出的成效。面对世界经济形势变化带来的新机遇与新挑战，中日两国需要在进一步明确战略方向和重点领域的基础上，深化两国的环境产业合作。徐博、庞德良在《中日建交50年电子信息产业合作：回顾与展望》（《现代日本经济》2022年第6期）中提出，自1972年中日邦交正常化以来，中日电子信息产业因全球价值链分工差异形成了互利互惠的合作共赢关系，有效促进了两国产业升级与结构优化。新形势下日本调整国家经济安全政策，对两国电子信息产业深度合作带来一定影响。中日电子信息产业合作可谓机遇与挑战并存。机遇源于中国深刻把握第四次工业革命，新型举国体制的制度红利不断释放，全国统一大市场的加速推进，促成了电子信息产业高质量发展的良性循环与强大的市场竞争力兼吸引力。挑战源于日本等固守传统国际秩序、利益格局的西方国家，对中国和平崛起过程中电子信息产业不断向价值链高端跃迁的现实采取了非市场化竞争的限制政策。未来，中日双方应尊重市场规律，扩大电子信息产业市场开放与利益交汇，携手促进电子信息产业深度合作。刘红、郑晨笛在《碳中和背景下中日蓄电池产业合作：驱动因素及实现路径》（《现代日本经济》2022年第5期）中提出，长期以来，日本蓄电池产业通过产业转移同中国蓄电池产业建立了较为紧密的合作关系。随着碳中和背景下中日双方脱碳目标的提出，中日两国蓄电池产业发展方向的一致性、蓄电池技术的互补性以及蓄电池市场的互补性都将成为中日蓄电池产业合作的重要驱动因素。在持续推进碳中和目标实现的过程中，蓄电池产业将成为两国交流与合作的重点产业，未来两国有望在全固态锂电池技术、锂电池供应链国际标准制定、蓄电池回收利用以及亚洲第三方市场等领域展开更为深入的合作。邓美薇、张季风在《中日科技合作：演进历程、新挑战与破解路径》（《现代日本经济》2022年第1期）中提出，长期以来，在中日政府间科技合作机制框架下，双方在产学研联合研究、技术合作、人才交流等方面开展了多方位的合作，促进了中日两国经济的健康发展。通过长期的合作与磨合，中日科技合作形成了完善的合作机制与渠道，具有互补性强、合作领域广泛、潜力巨大、双赢共赢效果突出等基本特点，结出了累累硕果。但是，随着国际政治与大国间博弈的加剧，日本对华科技竞争与防范意识提升已然影响双方高科技领域的合作。鉴于此，中国应立足双方互补性，系牢与日本在前沿与关键科技领域的利益链条，降低日本对华局部"脱钩"的可能性；聚焦双方共同利益，力争在碳中和领域深化中日合作，拓宽科技合作的领域边界。

（四）中日安全关系

一是中日安全关系态势总体评估。孟晓旭在《国际变局下日本的战略走向与中日关系》（《东亚评论》2022年第1期）中指出，日本认为中美两国构筑稳定的关系对日本甚至整个国际社会都很重要，但同时对美国对华牵制外交表现出积极追随的意愿，强调在基于国际协调主义的"积极和平主义"下开展"兼有包容力和力量的外交"。文章认为，日本的战略动向可概括为"3+1+1"，具体如下。"3"个战略选择，即对美战略追随、对华战略制衡、战略性联合欧澳印等第三方力量；"1"个战略主线，即强化安全防卫能力和外交主导力；"1"个指导性的宏观战略，即塑造国际秩序。日本战略举措的背后有针对中国崛起的意图，导致中日关系更为复杂。在美国对华开展全面战略竞争的背景下，岸田政府在外交和安保方面延续前任政府的政策，有些方面甚至更显强硬，中日关系前景并不乐观。蔡亮在《"泛安全化"视域下日本对华政策研究》（《日本学刊》2022年第6期）中研究了在"美日主导对华遏压"的非对称竞争过程中，日本的对华政策也呈现出全方位、多议题交叠的"泛安全化"特征。作者认为，日本现阶段对华政策的目标设定主要体现为，安全上，持续配合美国全面对华遏压，围绕中国形塑一个有利于日美的战略环境和价值观同盟；经济上，稳固以日美为主导的依附型共生体系，既确保日本的技术优势，又能将中国框限在产业链的中下游；价值观上，以"普遍价值"为遮掩，为持续"借台遏华"谋求正当性。日本专注于"泛安全化"下的过度对抗，既会加深中日两国的互信赤字，更会导致两国关系深陷内外因素反向作用的恶性循环中。

二是日本军事动向与中日关系。孟晓旭在《岸田政府强化日澳安全合作及其影响》(《现代国际关系》2022年第3期)中提出，岸田政府将日澳安全关系提升为除日美同盟外最为密切的安全伙伴关系，并以对澳安全合作为首，加紧构建日美同盟之外的次级对外安全合作体系，作者认为，岸田政府强化日澳安全合作将密实美国亚太军事同盟体系，促动"四国机制"军事化，为美日澳三国深化"印太战略"的军事合作提供新助力，在海洋问题特别是台海问题上对中国构成新的挑战。吴限、高洪在《后安倍时代日本军事大国化追求与对华博弈加剧》(《东北亚学刊》2022年第5期)中提出，推进军事大国化，以应对国际秩序变动调整和地缘政治安全压力，成为"正常国家"，是后安倍时代日本最核心的政治议题。后安倍时代，日本政府通过渲染地区紧张局势、大幅增加防卫预算、强化日美同盟，以及修订"安保三箭"等策略，实质性地推进军事大国化目标。已将中国视为主要竞争对手的岸田政府，将会为加速推进日本军事大国化的进程，以强化对华博弈为借口，和美西方国家一起与中国展开从价值观、地缘政治到军事安保等多维度的对抗。

三是中日海上安全关系。李雪威、王璐在《日本对美国南海"航行自由行动"的认知、行动与中国应对》(《日本学刊》2022年第3期)中认为，日本作为美国在印太地区重要的军事盟国，其对美国的南海"航行自由行动"给予了支持，但表现出"言援行慎"的特点。日本之所以对美国南海"航行自由行动"采取积极政治声援、有限行动支持的立场，背后关乎其南海利益、日美同盟、中日关系等多方面的战略考量。可以预见，在日美同盟继续强化、日美遏制中国的意愿仍然强烈的态势下，日本会继续支持美国的南海"航行自由行动"，甚至有进一步强化在南海行动的可能性。巩浩宇、周帝言在《战略文化视角下日本对华海洋战略的构想与实践》(《边界与海洋研究》2022年第5期)中提出，日本的海洋战略文化是一种"敏感不安""渴望扩张""注重身份"的谋强性文化。随着中日海洋力量对比出现结构性变化，应对"中国海上威胁"在日本海洋战略中的排序迅速上升。为此，日本在能力、场域和合作三个层面设置外向性战略布局。在战略手段的运用上，注重对秩序的主导、突出身份与叙事、争夺话语权，形成综合海洋安全保障战略与"印太战略"互嵌的战略框架。

四是中日能源安全合作分析。胡芳欣在《中日能源安全合作：必要性、障碍与对策探析》(《现代日本经济》2022年第5期)中提出，在能源供需格局新变化与国际能源发展新趋势下，中国和日本都面临着缓解能源困境、应对全球能源结构性调整浪潮与全球治理在能源领域的缺位等共同挑战，能源安全合作是中日合作共赢的重要抓手，但同时存在美国干扰、能源进口竞争以及深层次的结构性矛盾与薄弱的战略信任等障碍。中日两国可从协调实施能源外交、共建东北亚能源共同体、携手塑造全球能源治理新体系、合作研发应用能源技术、加强能源企业之间的合作、减少美国干扰等方面，切实深化双方能源安全合作。

二、研究热点问题

由于2022年的特殊性，在中日关系的研究上也体现出以邦交正常化50周年为契机结合历史探讨中日关系的显著特点。

(一) 邦交正常化 50 周年与中日关系研究

一是政治外交领域的研究成果较多。胡令远、王天然在《战后中日关系的原点及其延长线——重温四个政治文件》(《日本学刊》2022 年第 4 期)中指出，1972 年中日邦交正常化以来，两国关系虽时有起伏，但相对稳定并不断发展，历史证明是两国之间达成的四个政治文件为此提供了政治基础和保障。《中日联合声明》《中日和平友好条约》所构建和形成的战后中日关系的精神原点和指导原则，是两国关系的出发点和归宿。在其延长线上，中日两国因时制宜，共同达成的《中日关于建立致力于和平与发展的友好合作伙伴关系的联合宣言》《中日关于全面推进战略互惠关系的联合声明》，均为中日在双边关系发展的重大历史关头对时代要求做出的及时回应，为确保两国关系的建设性发展提供了强有力的政治保障。当下中日关系又处于历史发展的十字路口，通过重温四个政治文件确立的战后中日关系的原点及其赓续，对于思考如何构建契合新时代要求的中日关系具有重要的启鉴意义。吕耀东在《中日四个政治文件原则精神与两国关系 50 年历程》(《东北亚学刊》2022 年第 4 期)中指出，中日邦交正常化 50 年的实践证明，两国只有坚持四个政治文件和四点原则共识，正确处理各种矛盾，通过积极对话与平等协商来处理分歧，就两国间的主要问题、地区秩序和国际问题进行积极对话，加强全方位交流与合作，不断增进政治互信，中日关系才能健康发展。如今中日关系仍然处在一个关键时期，应当继续坚持四个政治文件及四点原则共识的原则精神，有效化解两国战略分歧，寻求共同利益，保持双边良性互动的连续性。汪鸿祥在《中日关系的回顾与前瞻——中日邦交正常化 50 周年的思考》(《日本研究》2022 年第 4 期)中表示，中日邦交正常化 50 年是跌宕起伏的 50 年，经历了蜜月时期、结构变动时期和竞争加剧时期。当前，中日战略竞争加剧是内外各种因素交互作用的结果，既受中日关系结构性矛盾的影响，也受日本国内因素的影响，还受美国战略等外部因素的影响。中日关系既有趋冷降温的动向，也有向暖升温的势头，基本特点是冷暖交织。"竞合共生"是新时代中日关系的"新常态"。在"新常态"下，中日两国应该避免恶性竞争，进行和平竞争和文明竞争，在政治领域增进互信，在经贸领域深化合作，在安保领域管控危机，在民间领域促进交流，共同努力推动中日关系的升温回暖，构建契合新时代要求的中日关系。

二是集中梳理邦交正常化 50 年来中日经济关系演进历程。张玉来在《中日经济关系 50 年：从友好合作到互惠共赢》(《东北亚学刊》2022 年第 4 期)中指出，经济关系经常被形容为中日关系的"压舱石"，尤其在双边政治关系出现波折之际，经济关系就被寄予极大期待。但在事实上的双边关系中，政治与经济是一种相互依存、互为表里的逻辑关联，二者之间的短期偏差并不违背其长期趋同的基本规律。纵观 1972 年以来的中日经济关系，大致可划分为三个阶段：中日邦交正常化至 20 世纪 90 年代初，中日友好推动经济合作发展；冷战结束后的 10 年，经济全球化浪潮推动中日经济合作，出现日本第二次对华投资热潮；2001 年 12 月中国加入世界贸易组织，融入世界经济体系以来，全球价值链体系让中日经济形成互惠共赢的突出特征，日本对华投资出现第三次和第四次热潮。在当前世界面临百年未有之大变局的新形势下，中日经济关系走到新的十字路口，机遇与挑战并存，两国政治决策层的路线选择无疑将变得至关重要。姜扬在《中日建交50年经贸合作的发展与未来展望》(《现代日本经济》2022年第5期)中指出,从历史演进看,中日经贸合作历经曲折,但随着中日邦交正常化而进入良性发展轨道。从内在逻辑看,中日经贸合作是东北亚区域经济合作的必然结果,也是中日两国经济互惠互补的双赢选择。然而,中日经贸合作也面临一定的挑战,整体上处于一种竞争与合作并存的状态。展望未来,在新的发展形势下,为高质量推进中日经贸合作发展,中日两国应当共同应对逆全球化挑战,积极维护双边和多边贸易体制;增强两国政治互信,加快完善各领域中日交流合作机制;以RCEP正式生效为契机,加快东北亚区域经济一体化进程;深挖中日产业合作潜力,推动中日经贸合作迈上新台阶;把握"一带一路"建设机遇,深化中日第三方市场合作。

　　三是基于纪念中日邦交正常化50周年重新思考中日民间外交。刘江永在《破解钓鱼岛难题急需"知的外交"——纪念中日邦交正常化50周年》(《日本学刊》2022年第4期)中提出,通过"知的外交",就钓鱼岛列岛主权归属"澄清争议",是新时代摆在中日两国面前不容回避的现实课题。"知的外交"即通过正确信息的不断传播,防止在误判基础上出现一国对外决策失误和对他国感情恶化。"知的外交"作为公共外交的一种重要形式,其主体包括本国的官方、民间、学界与传媒等,其客体包括对象国的官方和民间乃至社会各阶层。开展"知的外交"是要通过平等对话与交流,防止谎言等不实信息导致民族感情对立甚至发生战争冲突。中日两国有识之士应相互合作进而以民促官,为中日破解钓鱼岛列岛主权归属认知争议的束缚、实现21世纪中日关系"再正常化"做出努力。李爽在《中日邦交正常化历程中的日本民间友好力量:组成及其驱动》(《日本研究》2022年第4期)中提出,在中日邦交正常化进程中,日本民间友好力量扮演了重要的历史角色。日本民间友好力量重点包含经济界、在野党、自民党以及精英舆论界中主张对华友好、支持中日复交的非政府力量。日本各界民间友好力量对应的核心驱动因素有所不同:主要受利益驱动(经济、政治)的民间力量是经济界、在野党;主要受到战争责任意识驱动的以"归还者"群体、归国日侨等为代表;主要受良好对华观驱动的包含自民党亲华派、精英舆论界等;主要受到官方驱动的多是政府背景的特定组织或个人。中国方面对于日本民间友好力量的壮大也起到了一定的能动作用,这是日本民间力量能够对中日复交作出贡献的重要因素。

　　四是聚焦研究中日邦交正常化中的台湾问题。杨伯江在《中日邦交正常化与台湾问题处理再考》(《东北亚学刊》2022年第1期)中提出,中日在1972年9月曾就"世界上只有一个中国"和"台湾是中国领土不可分割的一部分"达成协议,就废除"日台和约"、日台关系的处理方式达成谅解并在此基础上实现了邦交正常化。但在复杂严峻的国际环境及日本国内政治形势下,《中日联合声明》没有触及日美安保体制、"台湾条款"等,这就为日本借由强化日美军事合作介入台海局势留下了空间。文章认为,日本涉台政策受到"复合逻辑"的支配。受国内政治及战略利益影响,日方此后不忠实履行协议、违背联合声明宗旨和精神的动作时有出现,导致中日之间"台湾问题"反复凸显。鉴于无法正面挑战《中日联合声明》,日本遂将日美安保体制的运用作为介入中国台湾问题的重要路径。日美"以台制华"的共同利益增强。加之国内相关法制的调整,日本干预中国台湾问题的动机、能力无疑都在增大。

（二）国际形势变化与中日关系

一是研究中美战略竞争激化及美日"印太战略"影响下的中日关系。例如，陆伟在《中美竞争背景下日本的政策选择论析》（《亚太安全与海洋研究》2022年第1期）中提出，日本的战略环境在很大程度上是由中美两大因素共同塑造的。中美战略竞争对日本产生了重大影响。基于化风险为机遇，进而实现利益最大化的目标，日本采取三方面的政策举措：补齐军事力量的短板，推进联盟安全体系的多元化；实施经济安保战略，重组供应链和确保技术优势；推行体现日本价值观的制度战略，谋求国际规则制定的主导权，以便乘机达成引导国际秩序重塑的方向，成为名副其实的一流大国的夙愿，表现出浓重的机会主义和实用主义色彩。但对日美联盟战略基轴地位的顽固坚守和对中美不对称依赖脆弱性结构的存在，决定了日本无法从根本上平衡自主与追随、依赖与"脱钩"、改革与"辅成"的三重矛盾，要想利用中美战略竞争提供的"空间"来实现上述政策目标并不容易。

二是《区域全面经济伙伴关系协定》（RCEP）生效与中日关系。田正、刘飞云在《RCEP生效背景下日本区域经贸合作动向及对中国的影响》（《日本问题研究》2022年第5期）中认为，2022年RCEP的正式生效对于深化亚太地区经济合作具有重要意义。在全球价值链分工再平衡背景下，日本选择参与RCEP，不仅说明深化区域经济合作有助于促进日本经济增长，而且对完善其广域经济合作目标也具有重要意义。日本会继续加强与中国的经贸合作，深化与东盟的经贸关系，强化与区域外的美国及印度合作，并积极参与新经贸规则的制定，以提升其产业链供应链稳定性、扩大经贸协议覆盖范围、争夺经贸规则制定权。RCEP生效后，中日经贸相互依存将进一步深化，但日本调整产业链供应链布局、强化国际经贸与战略竞争，亦将对中国产生影响。

三、研究特点

2022年的中日关系研究基本涉及了中日关系领域内的方方面面，并对重大的研究问题进行了关注，在选题上特别关注了中日邦交正常化50周年节点和邦交正常化以来的中日关系中的重要问题，重点对日本军事安全战略、经济安全新政等对中日关系具有重要现实影响的研究领域进行了深入研究。另外，这些研究成果在丰富学科基础的同时，也体现出2022年度的研究特点。

（一）形成了重量级的专业系列成果

2022年度的中日关系研究基于时代背景和国际形势变化，形成了重要且有特色的系列成果。相关专业研究机构或者期刊平台组织知名专家通过专栏组稿或者研讨对中日关系中的某一重大问题进行了专门研究。《日本学刊》在2022年第4期刊载的有关中日关系的系列论文，是2022年8月18日由中华日本学会主办，中国社会科学院日本研究所承办的中华日本学会2022年年会暨"邦交正常化50周年：中日关系回顾与展望"学术研讨会中的重要发言形成的。相关成果包括杨伯江《中日关系50年发展演变与未来走势——兼论日本战略因素及其规定性作用》、胡令远和王天然《战后中日关系的原点及其延长线——重温四个政治文件》、李寒梅《1972年以来日本政治的变革与"普通国家化"》、张季风《中日经贸关系50年：变迁与前瞻》、王伟《日本社会变迁及其对中日关系的影响》、刘江永《破解钓鱼岛难题急需"知日的外交"——纪念中日邦交正常化50周年》等。此外，《日本学刊》2022年第5期以"邦交正常化以来的日本对华关系"为题开设专栏，发表成果包括吴怀中《"同盟困境"管理与日本对华关系变迁》、吕耀东《国家利益视域下日本对华政策历程及未来走向》、田庆立《日本对华认知的演进脉络及典型特征》。《现代日本经济》也在2022年第5、6期专门设立"纪念中日邦交正常化50周年"专题，从投资、产业、贸易等视角撰文阐释，专门研究邦交正常化50年来的中日经济关系，提出中日两国深化经济发展合作具有双赢、共赢性质，不仅有望带动中日两国各自经济的企稳增长，而且有助于全球经济摆脱疫情影响重回增长轨道。相关成果包括徐梅《日本对华直接投资：中日建交50年回顾、思考与展望》、姜扬《中日建交50年经贸合作的发展与未来展望》、陈治国《中日环境产业合作发展回顾与展望》、徐博和庞德良《中日建交50年电子信息产业合作：回顾与展望》等。

（二）注重基于国际关系理论开展相关研究

从国际关系理论的角度看，在中日关系研究中，中国学者的相关"自觉意识比日本学者明显地要强烈得多"[①]。陈拯、王广涛在《对冲中的摇摆：三边互动下的日本"印太战略"演进》（《世界经济与政治》2022年第6期）中，将对冲理论与日本的"印太战略"相结合进行了深度研究，发现日本的"印太战略"在近年出现了显著摇摆：从针对中国的制衡性举动，到一度表现出与中国合作的姿态，再到出现成为美国"印太战略"附从的趋向。作者进而以日本"印太战略"的波动寻求解释中美竞争背景下美国亚太盟国对冲战略摇摆的机理。作者认为除了既有研究所强调的体系与单元结构要素，美国亚太盟国在中美间采取的对冲战略还受美国同盟管理策略与中国对外战略姿态这两个进程性变量的共同影响。美国的同盟管理策略影响其亚太盟国对美国的追随动力。是否涉及中国核心利益则决定中国对这些国家是以克制安抚还是坚决斗争为主，进而影响它们配合美国制衡中国的强度。二者的组合促使美国亚太盟国的对冲战略在"促美制华""联美制华""随美制华""左右摇摆""左右为难""对华接触"之间摇摆变化。

（三）在日本核废水正式排海前一年对排废问题做了初步研究

张诗奡先后发表《福岛核污水排放方案的国际法义务检视》（《南大法学》2022年第4期）、《福岛核污水排放方案的国际法问题——基于放射性废物处置视角的考察》（《日本学刊》2022年第6期），认为日本政府利用其国内法制度存在的空白，通过专案规制的方式批准东京电力公司关于福岛核污水排放方案的做法可能对全球海洋环境造成代际风险，并涉嫌违反"合理性原则"和"放射性环境影响评价原则"等国际法原则，并指出现有国际原子能法存在的局限性和实效性缺陷问题。此外，王京滨、李扬、吴远泉也发表了《日本环境外交的历史演进与决策体制——兼论福岛核污水排放问题》（《日本学刊》2022年第3期）一文，认为日本的环境外交始终囿于中等强国定位、无法摆脱日美关系的钳制、国内政官财"铁三角"结构的约束，具有两面性和脆弱性，提出从环境外交视角来看，日本政府强制排放核污染水的

---

① 张小明：《理解中日国际关系学科建设的异同》，《国际政治研究》2018年第5期。

做法带有把国际事务内政化的机会主义倾向。

四、未来发展趋向

2022年，中国的中日关系研究取得了较大的成绩，但也存在着若干短板和不足。高洪在《30年来中国的中日关系研究综述》中提到："今后的中日关系研究应该在三个方面下功夫：第一，加强跨学科、多领域的宏观综合研究；第二，在微观上，做好实证性研究，力争拿出更高质量和价值的成果；第三，积极关注国际学界研究动态，把中国的中日关系研究推向世界。"这些观点仍能概括当前中日关系研究面临的不足，以及未来在研究上继续努力的方向。①

（一）面临的问题

一是基础研究尤其基础理论的研究仍然有较大的改进空间，方法论上也存在提质升级的余地。中日关系领域的研究，对社会科学等其他学科理论和方法的借鉴与运用，仍存在明显不足与滞后，一些跨学科的研究方法的使用更显得不够。总体上看，中国的中日关系研究在2022年虽然有部分运用国际关系理论的探索与创新，但尚未达到领先或齐平国际学界的水准。理论与方法论方面的缺陷，学科意识与学术视野的不足，成为制约中日关系研究进一步深化升级、实现可持续发展的瓶颈。

二是条件限制带来的影响。首先是受新冠疫情的影响，研究中日关系急需的实地调研或访谈未能充分展开，多采用二手文献或资料进行现象描述和原因分析，实地调研产生的上佳研究成果仍相对较少。其次，从人才队伍看，研究中日关系的第一梯队（20世纪50年代出生）、第二梯队（20世纪60年代出生）学者处于已经退休或即将退休的阶段，后续梯队（20世纪70年代及80年代出生）人员处于发力接棒阶段，尚未能及时跟进并形成整齐雄厚的人才队伍。

三是成果与产出方面，存在数量与质量的不匹配现象。描述性研究、时政性分析的成果和论文数量庞大，而高质量或厚重扎实的理论性研究成果相对不足甚至稀缺。更多的作品与成果，缺乏足够的学理思辨与学术规范意识，极大地影响了中国的中日关系研究的深度和价值。在既有研究成果中，与国际同行的研究能够进行比较和并肩的显得相对缺乏。与作为热门或显学的政治、外交、安全及经济等领域相比，有关社会文化领域内的中日关系研究比较少见。

（二）未来发展趋向

第一，在区域国别学成为一级学科的背景下，交叉研究、融合研究、跨学科研究成为趋势，中日关系研究也将迎来新的机遇和更大的发展前景。2022年9月，教育部、国务院学位委员会正式印发文件，认定区域国别学成为交叉学科门类下的独立一级学科。党和国家领导人也强调一定要把中国的区域国别研究向前推进。中日关系研究，属于典型的区域国别学范畴之一，无疑将会更加受到重视，并会出现更多更重要的成果。今后，中日关系研究将更加重视交叉学科及跨学科研究，将历史学、哲学、经济学、社会学、人类学、法学和军事学以

---

① 高洪：《30年来中国的中日关系研究综述》，《日本学刊》2011年第3期。

及所需的自然科学学科知识及方法等吸收进来，持续拓展中日关系研究视域，增进中日关系研究的深度。不但要重视和探讨对中日关系发展及走向产生规律性影响和规范性作用的重大理论问题，还要密切关注中日关系的热点、焦点和难点等重大现实前沿问题。

第二，在后疫情时代，中日关系研究亟待加强实地调研（田野调查）与对外交流。2022年是中日复交50周年，2023年是《中日和平友好条约》签订45周年，中日领导人达成共识即共同致力于构建契合新时代要求的建设性、稳定的两国关系。通过调研访谈，有助于更进一步切实掌握日本的发展动态以及中日关系的实际状态，弥补、改善在新冠疫情期间仅仅依靠书面沟通、网络资料或视频会议等交流方式的局限和不足。

第三，研究队伍及人才梯队也将进一步专业化、年轻化和国际化。近年来，中日关系研究领域的学术新秀已经开始崭露头角，他们既有国内高校本土培养的，也有从国外引进的人才。伴随着更高学历、更具有国际化教育背景的高学历人才进入相关教学和研究部门，中日关系研究在人才培养及队伍构成方面也必将带来国际化、学科化和专业化的新形势。今后，还可通过组织有关中日关系研究的学术共同体等平台，鼓励年轻学者积极参加重要学术活动并支持其申报国家社科基金项目等，打造覆盖面更广、体系性更强的研究梯队与人才队伍。

（责任编辑：陈祥）

2022年日本社会学科综述

胡澎 吴限[*]

受世界百年未有之大变局和新冠疫情的多重影响，2022年的日本社会显得尤为艰难。这一年新冠疫情延宕，3月"第6波"、7—9月"第7波"、10月开始"第8波"，感染范围极速扩大，仅12月21日一天全日本感染人数就超过了20万人。同时，乌克兰危机升级等国际因素导致日元贬值，能源、食品价格大幅上涨给日本社会特别是民众的生活带来了诸多影响。日本总务省于2022年12月23日发表的11月全国消费者物价指数显示，除去价格变动较大的生鲜食品外的综合指数同比上涨3.7%。这是自1981年12月以来历经40年11个月的首次增速。[①]此外，前首相安倍晋三街头演讲遇刺身亡给日本社会和民众心理带来强烈冲击，由此引发日本朝野对"世界和平统一家庭联合会"（原"统一教会"）的关注以及民众的不安全感。这一年，日本的少子老龄化程度再创新高，严峻的人口问题导致国民负担率与社会保障压力不断上升，再加上"格差社会"等结构性矛盾加剧，右倾保守化倾向和社会焦虑情绪蔓延，日本社会整体风险进程加速……这一系列社会问题均引起中日社会学研究界极大关注。2022年围绕少子老龄化、社会福利与保障、女性与家庭、"格差社会"、环境治理、乡村振兴、社会治理等诞生了一批值得关注的研究成果。

一、2022年日本的社会学研究管窥

2021年受新冠疫情影响，日本社会学领域学术团体的年会和研讨会多以线上形式举办。2022年，线下学术交流活动逐渐恢复。2022年11月，日本社会学学会召开了第95届年会，共计200多人参会。大会就社会学理论方法论、新冠疫情的影响、社会意识、家庭与人口等诸多议题展开讨论。值得关注的是，偏远地区农林山区未来发展以及生殖辅助技术与家庭亲密性的关系等议题成为新的亮点。2022年日本社会学会著作奖和论文奖分别颁给了京都大学的筈井俊辅和一桥大学的饭尾真贵子。[②] 2022年6月，日本人口学会在神户大学召开了第74届年会，共有117名代表与会。会议讨论了少子老龄化对策、人口的国际移动、"格差"以及地方人口等问题。2022年10月，日本社会福祉学会第70届秋季大会在关西福祉科学大学召开，会议论文涉及智力障碍者福祉政策史、地域福祉、对儿童学习和生活的援助、灾区育儿

---

[*] 胡澎，中国社会科学院日本研究所研究员；吴限，中国社会科学院日本研究所副研究员。

[①] NHK『11月の消費者物価指数 前年比3.7%上昇 40年11か月ぶりの水準』、https://www3.nhk.or.jp/news/html/20221223/k10013932091000.html［2023-4-15］。

[②] 参见筈井俊辅『なぜ特異な仕事は生まれるのか？—批判的実在論からのアプローチ—』、京都大学学術出版会；饭尾真貴子「米国移民規制の厳格化がもたらす越境的な規律装置としてのトランスナショナル・コミュニティ—メキシコ南部村落出身の移民の経験に着目して—」、『ソシオロジ』第65巻第3号。

支援、智力障碍者的生产与育儿、对残障女性的性暴力等问题。纵观2022年的日本社会学领域，人口与社会保障、社会治理与环境保护、灾后重建与地域振兴等依然是重要研究议题。

（一）人口与社会福利研究

2022年日本出生人口为79.9万人，创该统计实施以来新低。厚生劳动省认为这一人口减少现象"可以说是一场改变日本社会经济基盘的危机"。[1] 每日新闻研究团队撰写的《世界少子化思考——孩子增加了会幸福吗?》[2] 一书，将日本少子化课题置于世界范围去思考，分析和总结了韩国、中国、法国、以色列、美国、匈牙利、芬兰等国家的少子化现状、对策及特点。老龄化问题一直是日本社会学的研究热点，这与日本的老龄化进程密不可分。据日本总务省统计局的数据，截至2022年9月15日，日本65岁及以上的老年人比2021年增加了6万人，占总人口的比重为29.1%，再创历史新高。75岁及以上老年人比2021年增加了72万人，占总人口的15.5%，80岁及以上人口增加了41万人，占总人口的9.9%。[3] 人口老龄化必然伴随认知症（即阿尔兹海默病）的发生以及患认知症老年人群体的增大。老年人患认知症后，往往很难自行决定一些生活、财务方面的事情。近年来，日本社会学界对认知症的相关研究增多。2022年出版的《认知症老年人的医疗与生活保护》[4] 一书，围绕老年认知症患者群体的财务和生活管理问题以及与继承人的关系进行了探讨。老龄化问题不仅带给社会学界对老年人的医疗、养老护理问题的关注和研究，还迫使学者进一步思考与死亡相关的课题。2025年以后，日本将进入死亡人数激增的"多死社会"，如何面对死亡是一个严肃且残酷的问题。《实录·在家死亡 居家医疗的理想与现实》[5] 一书作者对多位在家中濒临死亡的病人进行了访谈。作者倾听老人们真实想法以及所见所想，描述了终末期医疗现场以及居家医疗的最新现状，思考究竟是在家还是在医院迎接死亡更人性化和更理想，同时，向死而生，引出"活着的人该如何活着"这一哲学命题。

2022年社会福祉领域的研究成果有《社会福祉协议会的转型与重生：社协重生了吗》[6]。社会福祉协议会是以促进地区福祉为宗旨的遍布全日本的社会福祉法人。该组织属半官半民性质，经费多来自政府，为日本的地域福祉作出了卓越贡献。该书对社会福祉协会现状及与行政的关系进行了分析和探讨，对社会福祉协会购买政府服务导致的官僚化深感忧虑，认为这种运营模式阻碍了福祉法人推进地域福祉作用的发挥。

（二）地域振兴研究

伴随出生率和总人口下降，在少子老龄化加剧、劳动力不足等社会背景下，日本的地方

---

[1] 厚劳省『去年の出生数は79万9728人 初めて80万人下回る』、https://www3.nhk.or.jp/news/html/20230228/k10013993601000.html［2023-1-15］。
[2] 毎日新聞取材班『世界少子化考 子供が増えれば幸せなのか』、毎日新聞出版、2022年。
[3] 総務省統計局「統計から見た我が国の高齢者」、https://www.stat.go.jp/data/topics/topi1321.html［2022-12-25］。
[4] 関ふ佐子「認知症高齢者の医療と生活保護」、『社会保障研究』2022年第6巻第4期。
[5] 笹井恵里子『実録・家で死ぬ 在宅医療の理想と現実』、中央公論新社、2022年。
[6] 塚口伍喜夫『社協転生—社協は生まれ変われるのか—』、大学教育出版、2022年。

出现诸多社会问题。一些研究成果聚焦如何让地方社会重新焕发生机。日本经济新闻社从女性就业、农业生产性、灾害应对能力、动漫圣地等指标对47个都道府县进行了调查和分类，①介绍了解决人口下降问题的一些县、市、町的经验。人口问题带来了制造业、服务业等领域劳动力的不足，而引入外国劳动力又带来了如何接纳外国劳动力的问题。《人口减少、超老龄社会与外国人的包容——外国劳动者、日语教育、民俗文化的继承》②一书，从如何吸纳外国劳动者的角度思考地域再生问题以及外国劳动者和当地居民如何"共生""共建"地方社会的可能性。

随着地方人口减少，不少城市的大量旧民居、空房子闲置。如何让这些老房子、空房子重新发挥作用，成为地方振兴的重要课题。2022年日本诞生了一部新的地方论著作《新地方论——在都市与地方之间思考》。③作者作为地区活动家，把福岛县磐城市作为研究对象，从旅游观光、居所、政治、媒体、艺术、体育、食物、育儿、死亡和书店10个视角记录了其挖掘当地历史文化、留住居民、吸引游客的实践过程。将旧民居和空房子重新改造利用成为旅店，日本有一个专门用语"NIPPONIA"。《NIPPONIA地域再生业务》④一书介绍了丹波篠山福住、爱媛大洲等地如何通过官民协作改造住宿设施，开展社区营造事业及地域再生事业。《首都东京的城市政策和社会资本》⑤一书创新性地运用大规模调查数据和多种分析方法，提出了迄今为止社会资本和本地治理研究中欠缺的系统性理论实证分析方法。该书荣获日本社会关系学会优秀奖和日本NPO学会奖励奖。

（三）家庭与性别研究

2022年，森本一彦、平井晶子、落合惠美子主编的《亚洲的家族与亲密圈》三卷本丛书⑥问世。该丛书从包括日本、中国、韩国、越南、泰国、印度等国家和地区的研究成果中精选出日本读者关心的学术论文，旨在以比较的视野对近现代家庭、家庭关系、家庭作用进行分析，以期构建以家庭连带为基础的亚洲知识共同体。主编认为传统的亲属网络中包含了家庭成员、婚姻、照顾和护理，但随着市场经济的发展，这一网络力量不断弱化。尽管如此，人们对家庭角色的期待依然存在，但这种期待中也隐含了对现代家庭的束缚。二宫周平的《家庭的变迁与相关法律制度的再建构：从性别、儿童视角的考察》⑦一书，从性别、儿童的

---

① 日本経済新聞社『地域報道センター データで読む地域再生』、日本経済新聞出版、2022年。
② 熊谷嘉隆主編『人口減少・超高齢社会と外国人の包摂—外国人労働者・日本語教育・民俗文化の継承—』、明石書店、2022年。
③ 小松理虔『新地方論 都市と地方の間で考える』、光文社、2022年。
④ 藤原岳史『NIPPONIA 地域再生ビジネス』、プレジデント社、2022年。
⑤ 戸川和成『首都・東京の都市政策とソーシャル・キャピタル—地域振興と市民活動政策のQOLを高め、23区格差を改善するガバナンスの実現』、晃洋書房、2022年。
⑥ 森本一彦・平井晶子・落合恵美子編集『家族イデオロギー リーディングス アジアの家族と親密圏』第1巻、『結婚とケア リーディングス アジアの家族と親密圏』第2巻、『セクシュアリティとジェンダー』第3巻、有斐閣、2022年。
⑦ 二宮周平『家族の変容と法制度の再構築—ジェンダー/セクシュアリティ/子どもの視点から—』、法律文化社、2022年。

角度，考察传统社会规范和家族观仍然根深蒂固的现代日本家庭及其变迁，针对现行法律制度的相关课题提出有必要重建一个包容性的社会。

东京大学名誉教授上野千鹤子作为知名女性主义学者，其一系列著作显示了她对20世纪90年代以后日本家庭结构巨变与传统观念变迁的深刻思考。2022年，《致生活在今后时代的你》[1]一书出版，围绕女性主义探讨了日本女性的家庭角色、责任与义务，倡导女性要鼓起勇气自我改变，更好地适应家庭与社会的变迁。近年来，上野千鹤子的大量著作被译介到中国，如《始于极限》《从零开始的女性主义》《身为女性的选择》《快乐上等》等书引起了广泛关注和讨论，堪称"上野旋风"。她的新作《在熟悉的家中向世界道别》《近代家庭的形成和终结》探讨了女性主义、婚姻与家庭、日本养老护理制度及由老龄化社会引发的一系列社会问题，引起了中国女性的共鸣。

在日趋多元化的社会背景下，日本女性深陷工作与育儿难以两全的困境。《女性的工作与日本的职场——均等法以后"职场氛围"与女性的劳动方式》[2]一书，从企业文化、职场氛围、雇佣习惯等角度阐述了对女性就业、生育的影响。《工作的母亲与阶层化》[3]一书访谈了多位母亲，深刻探讨家庭教育、父母的角色分担，实现工作与育儿平衡的途径等问题。

（四）社会阶层研究领域

新自由主义体制下资本主义全球化趋势在世界各国引发收入差距的问题愈发受到学界关注。《格差社会的经济学》[4]一书认为，可持续社会不是口号，而是关乎人类生存的问题。作者从独占资本权利与财富集中的观点探究当代资本主义为何会产生财富向少数人集中、资本主义体系存在哪些缺陷、如何消除贫困和社会差距等一系列问题。《来谈谈真正的贫困吧，改变未来的方程式》[5]一书，以社会最底层的年轻群体为样本，揭示其面临的难以想象的贫困现实，探讨"格差社会"的现状及其对弱势群体的支援方案。

在日趋不安定的现代日本社会，低收入家庭与高收入家庭在教育上的差距日趋明显，贫困问题、贫困的代际传递问题等引发越来越多的学者关注。《一亿总下流社会》[6]直面新冠疫情、乌克兰危机下的日元贬值、物价升腾等社会问题，认为这些问题背后都有美国因素的存在。日本教育社会学泰斗志水宏吉从教育的角度思考贫富差距问题，他在《家长制社会"父母差距时代"的冲击》[7]一书中，揭示了父母的经济能力和孩子的学习能力之间的关联性，认为这种关联性日益密切，教育领域已经成为阶层固化的重要角逐场，亟须制定未来实现教育

---

[1] 上野千鶴子『これからの時代を生きるあなたへ』、主婦の友社、2022年。
[2] 寺村絵里子『女性の仕事と日本の職場—均等法以後の「職場の雰囲気」と女性の働き方—』、晃洋書房、2022年。
[3] 額賀美紗子『働く母親と階層化』、勁草書房、2022年。
[4] 福田泰雄『格差社会の経済学』、22世紀アート、2022年。
[5] 石井光太「本当の貧困の話をしよう 未来を変える方程式」、『文藝春秋』2022年11月。
[6] 須田慎一郎『一億総下流社会』、エムディエヌコーポレーション、2022年。
[7] 志水宏吉『ペアレントクラシー「親格差時代」の衝撃』、朝日新書、2022年。

公平的社会对策。《低收入家庭的生活与教育战略——活在收缩的日本式大众社会的边缘》[①]一书，对30年公营住宅生活的贫困阶层以及对子女的培养进行了调查。围绕低收入家庭生活保障金领取的纠纷、育儿网络、教育的主体性志向等焦点，探讨低收入家庭的形成原因。社会学家三浦展十年前提出了"第四消费"的概念，他将1912—1937年划分为第一消费社会，是以大都市为中心的中产阶级消费和娱乐的时代；1945—1974年为第二消费社会，是以"三种神器"、"3C"和家用汽车为代表的时代；1975—1997年为第三消费社会，是以轻薄短小、追求名牌、高级化和杂志购物为代表的时代；1998年以来是第四消费社会，比起占有，人们更重视租赁、共享、分担付费。2022年他又推出了新著《永久孤独社会 分裂还是连续》[②]，基于"第四消费"社会考察了新冠疫情下人们的孤独、社会差距与分裂，探讨以新冠疫情为契机是否会迎来"第五消费社会"等问题。

（五）新冠疫情下的日本社会研究

新冠疫情对日本社会产生的影响较为深刻，也暴露了日本社会保障制度的脆弱性。2022年有关疫情与日本社会的研究成果较为丰富，出版《从新冠疫情看日本的社会保障、危机应对与政策课题》[③]、《从新冠疫情看保健、医疗和介护——超越新自由主义》[④]、《新冠疫情与女性贫困》[⑤]等著作，面对新冠疫情下医疗领域出现的诸多问题，对日本战后医疗保健的历程，从护理现场、贫困问题等现实状况与结构、医疗的数字化、全世代型社会保障改革等进行历史性的多角度分析和验证；思考医疗、保健公共卫生、护理、保育、雇用保障、生活保护、住宅等政策；思考为何日本应对病毒感染不力以及如何重建日本的医疗与福祉以及新冠疫情加剧社会对女性的不宽容和不友好，凸显了"女性贫困"等问题。

除著述外，还有多篇论文聚焦新冠疫情下的国民情绪、心理问题、生活方式、育儿等。NHK放送文化研究所持续开展有关新冠疫情的舆论调查。2021年第二次舆论调查[⑥]显示，约有九成受访者对疫情感到不安，且女性多于男性。被调查者中有15%的人承认自己"收入减少、生活艰难"，其中自营业者占39%。有24%的男性非正规雇佣者选择"收入减少、生活艰难"，约七成受访者感到"精神紧张"，中学生以下的低龄学童也较多感到"精神紧张"。《新冠疫情下各都道府县自杀率的影响要素研究》[⑦]一文，用数据分析了各都道府县疫情中自杀率的不同特点及原因。《家庭社会学研究》杂志刊登了从居家办公与工作生活平衡的视角探讨疫

---

① 山田哲也・松田洋介・小澤浩明、樋口くみ子『低所得層家族の生活と教育戦略—収縮する日本型大衆社会の周縁に生きる—』、明石書店、2022年。
② 三浦展『永続孤独社会 分断か、つながりか？』、朝日新聞出版、2022年。
③ 伊藤周平『コロナ禍からみる日本の社会保障 危機対応と政策課題』、自治体研究社、2022年。
④ 公益財団法人日本医療総合研究所『コロナ禍で見えた保健・医療・介護の今後—新自由主義をこえて—』、新日本出版社、2022年。
⑤ 樋田敦子『コロナと女性の貧困』、大和書房、2022年。
⑥ 「コロナ禍は暮らしや意識をどう変えたのか—『新型コロナウイルス感染症に関する世論調査（第2回）』の結果から—」、『放送研究と調査』2022年第7号。
⑦ 立瀬剛志・石若夏季等「コロナ禍における自殺率都道府県格差の関連要因」、『地域生活学研究』2022年第13巻。

情对日本社会和人们生活方式的影响的论文。① 作者认为，随着新冠疫情蔓延，居家办公的范围不断扩大，居家办公的实施与学历、职业、企业规模、收入等有关，因工作性质不同，社会经济地位的差距也随之拉大。居家办公增加了从事家务和育儿的时间，但也带来了工作时间和休息时间很难严格区分、生活时间被工作侵占等矛盾。从而进一步思考信息通信技术的利用和推广是否可以有效防范过劳、实现工作和家庭平衡。还有论文对疫情初期北海道札幌市"儿童宅食"利用者实施问卷调查②，发现疫情下育儿机构停止营业或减少营业时间，学校停止线下课程，年轻母亲比平常面临更多的家庭教育、家务、就业以及经济方面的压力和困境。

（六）核事故与灾后重建研究

2022 年是福岛核事故发生 11 周年，至今核事故的遗留问题仍未能很好地解决。同年出版了多部关于福岛核事故的学术成果，如《福岛核事故受灾者 困难与希望的人类学》③ 一书，对福岛灾民日常生活面临的多重困境进行了描述，揭示了灾民对日本政府和东电公司的抗争，以及自我寻求解决的途径。《零核电社会之路》④ 对原子能市民委员会系列读物"零核电社会之路"（2014—2017 年）的现状进行分析和归纳，对核电能源历史、能源转换、可持续社会等问题进行了深入的思考。2022 年有关日本地方灾后重建的研究依然热度不减。《社会学年志》第 63 期特设"东日本大震灾后十年间受灾地居民和社会学——以居所和生活为中心"专刊⑤，集中探讨了日本地域灾后重建与复兴课题。

（七）冲绳研究

2022 年是美国将冲绳施政权交给日本 50 周年，这一年围绕冲绳问题研究成为日本社会学界一个热点。有杂志对美军基地、日美安全保障体制、冲绳经济等实施了舆论调查，调查显示有近八成受访者认为冲绳今后的课题是"消除贫困与差距"⑥。日本社会流行的观点认为冲绳的贫困是其独特文化导致的，冲绳民众应对此负责。《为何基地和贫困集中在冲绳》⑦ 一书，对这一错误观点进行了驳斥，一针见血地指出冲绳的贫困问题在于"本土优先，冲绳劣后"这一不平等的结构性矛盾。

---

① 高見具広「在宅勤務とワークライフバランス—コロナ禍における変化と課題」、『家族社会学研究』2022 年第 1 号。
② 工藤遥「コロナ禍の子育て問題—子育て支援 NPO の『子ども宅食』利用者アンケートから—」、『現代社会学研究』第 35 巻。
③ 辻内琢也・トム・ギル、楊雪、堀川直子『福島原発事故被災者 苦難と希望の人類学』、明石書店、2022 年。
④ 原子能市民委員会『原発ゼロ社会への道』、インプレス R&D、2022 年。
⑤ 「特集 東日本大震災後 10 年間の被災地，住民と社会学—住まいと生活を中心に—」、『社会学年誌』第 63 号、2022 年 3 月。
⑥ 「沖縄の人たちは，本土復帰をどう評価し，今の沖縄をどうみているのか：『復帰 50 年の沖縄に関する意識調査』の結果から」、『放送研究と調査』2022 年第 8 号。
⑦ 安里長従・志賀信夫『なぜ基地と貧困は沖縄に集中するのか?』、堀之内出版、2022 年。

二、2022年中国的日本社会研究热点

2022年，受新冠疫情防控影响，中日两国社会学领域的交流与合作不够活跃，甚至可以说基本处于隔绝状态。即便召开有中日两国专家学者参与的国际学术会议，也是采取的线上线下相结合的方式。如2022年11月，由中国社会科学院社会学研究所、上海研究院主办，中国社会学会中日社会学专业委员会承办，中国社会科学院日本研究所、北京第二外国语学院日本语学院协办的"大都市的治理与参与"暨纪念中日邦交正常化50周年国际学术研讨会，采用线上线下相结合的方式召开。来自中日两国80余名专家学者围绕国际化大都市建设中的软实力、文化、生活方式等进行了深入研讨；中华日本学会2022年年会暨"邦交正常化50周年：中日关系回顾与展望"学术研讨会如期举行。此次会议上有多篇日本社会研究论文发表，议题涉及日本"2025年问题"、交通拥堵治理、"格差社会"、外籍劳动者政策等。同年，中国社会科学院日本研究所主办了"《分配制度、收入差距与共同富裕》《日本"积极老龄化"的经验及启示》智库报告发布会暨学术研讨会""社会学领域日本研究的热点与难点""中国职业教育的现状与改革学术报告会""中日青年学者对话""中国社会科学院日本研究所第二届硕博论坛（日本社会文化方向）"等学术会议；中国社会科学院欧洲研究所召开了第四届"国际社会文化比较研究"学术研讨会，将国际社会文化研究与外交、民族和宗教问题、乌克兰危机等结合进行跨学科、跨专业的研讨，日本及欧洲国家的社会及老龄社会治理、危机管控等议题备受关注；天津社会科学院日本研究所（现为"东亚合作与发展研究所"）举办的学术沙龙不定期讨论日本社会问题和社会现象。

中国的日本社会研究学者也积极参与相关学术活动，展示最新研究成果。如在第六届"东亚日本研究者协议会国际学术大会"上，北京日本学研究中心教授宋金文召集中日双方学者就"农村过疏化地域的发现和复兴的可能性"召开专题学术研讨会，并作了题为"过疏地域复兴的条件：社会科学能做什么"的学术报告。周维宏教授召集韩国学者张庆燮、日本学者吉见俊哉和落合惠美子召开"平成30年日本社会变迁"专题学术研讨会，探讨"压缩理论"在日本的应用问题。胡澎研究员在老龄社会30人论坛和盘古智库老龄社会研究院主办的专题研讨会上，分享了日本"积极老龄化"的经验及启示。

以下从少子老龄化、社会福利、社会治理、乡村振兴、环境问题等方面，对2022年度中国的日本社会研究的总体概况、热点问题、特点和存在的问题进行综述。

（一）少子老龄化研究

日本是世界上正在经受少子化和老龄化双重严峻考验并不断进行政策调整的国家。20世纪90年代以来，日本采取了制度支持、硬件建设及环境改善等一系列应对措施。《日本少子化的现状、对策与困境》[①] 一文，从政策和制度的结构性困境、少子化措施的现实困境、育儿环境思想意识的变化等几方面，探讨了日本政府出台了众多少子化对策却无法阻止低出生率的原因。

---

① 宋金文：《日本少子化的现状、对策与困境》，《社会政策研究》2022年第4期。

国家智库报告《日本"积极老龄化"的经验及启示》[1]，聚焦日本"积极老龄化"政策与措施，从社会福利制度、地域综合照护体系、智慧养老、老年人力资源开发等方面总结和归纳了日本实施"积极老龄化"的经验，并对中国的"积极老龄化"政策提出了诸多合理化建议。《日本"2025年问题"的提出背景及解决路径》[2]一文，分析了日本为解决"2025年问题"，提出建设21世纪全龄型社会保障制度、构建地域综合照护体系、建设地域共生社会三大路径的过程、作用和意义。《少子老龄化背景下日本外国护理人员政策探析》[3]一文，探讨了日本政府引进外国护理人员政策的效用和存在的问题。

日本在促进老年人就业方面已经进行了长期积极的探索。《日本促进老年人就业的政策改革与启示》[4]一文，将日本促进老年人就业政策的改革历程分为政策萌芽、政策形成、初步改革和深化改革四个阶段，并梳理了日本老年人就业政策改革的历程，其主要内容有：提高养老金领取年龄、延迟法定退休年龄、构建年龄友好的就业环境、拓展形式多样的就业途径和促进终身职业能力发展等。《日本单身经济研究》[5]一文基于相关数据，分析了日本单身群体的婚姻、就业、收入和消费等人口社会学与人口经济学特征，考察了日本单身经济发展现状与潜力等问题。

（二）社会福利研究

日本的社会保障制度是亚洲各国学习的对象，也是我国日本社会研究长久不衰的热点。近年来，中国的日本社会研究领域出版了多部关于日本社会保障制度的著述。中国社会保障学会推出了"日本社会保障丛书"。该丛书从2017年中国社会保障学会会长郑功成教授提出策划到2022年全套出版，历时五年，由日本女子大学沈洁教授任主编、20余名留日执教或学成归国的社会保障研究领域学者共同编撰而成，涉及日本公共养老保险、医疗保障、护理保险、社会救助、社会福利、儿童福利六个领域，完整系统地考察了日本社会保障的制度框架、制度内容、历史沿革、财政结构、管理体系、服务供给等。其中的《日本社会救助》[6]一书，全面、系统介绍了日本社会救助制度及其基本原理，解析该制度的标准制定、政府管理和护理救助的新动态。《日本社会保障制度及养老服务业发展研究》[7]一书从理念、介护保险制度、养老服务供给机制等诸多方面对日本的社会保障制度及养老服务业的发展进行了深入分析，总结了日本社会保障体系及养老服务业的发展经验。《日本社会保障与税收一体化改革回顾及成效分析》[8]一文，以少子老龄化加剧、社会保障费用支出增加和财政状况日益恶化为背景，梳理了日本政府实施社会保障与税收一体化改革过程及成效。作者认为，日本通过社会保障

---

[1] 胡澎、郭佩：《日本"积极老龄化"的经验及启示》，中国社会科学出版社2022年版。
[2] 田香兰：《日本"2025年问题"的提出背景及解决路径》，《日本问题研究》2022年第4期。
[3] 丁英顺、赵明：《少子老龄化背景下日本外国护理人员政策探析》，《东北亚学刊》2022年第3期。
[4] 谢立黎、韩文婷：《日本促进老年人就业的政策改革与启示》，《人口与经济》2022年第6期。
[5] 王磊、周家璇、陈银虎：《日本单身经济研究》，《日本问题研究》2022年第4期。
[6] 王海燕、焦培欣：《日本社会救助》，中国劳动社会保障出版社2022年版。
[7] 周扬：《日本社会保障制度及养老服务业发展研究》，中国社会出版社2022年版。
[8] 田香兰：《日本社会保障与税收一体化改革回顾及成效分析》，《日本研究》2022年第4期。

与税收一体化改革，在一定程度上稳定了社会保障资金来源，形成了对"未来的投资"的全社会共识，但客观而言，改革举措并未实现稳健财政的目标，反而加重了财政负担。

新冠疫情给日本劳动者的就业与生活带来了极大挑战。疫情下日本劳动就业市场失业率虽处于较低水平，但疫情对非正式员工、育儿女性、应届毕业生等群体仍造成较大影响。《疫情下日本就业保障体系的再构建与挑战》[1]一文，认为疫情下日本政府出台的一系列紧急措施，在减少失业、保护就业以及保障基本生活等方面起到一定作用，但日本劳动就业保障仍面临如何援助"雇佣转移"型就业，如何更有效加强对低收入人群的就业与生活援助，以及开展满足市场需求的职业培训等课题。《日本工作和照护两立支援体系及对中国的启示》[2]一文，认为日本政府以照护休假制度和介护保险制度为基础，通过建立政府、用人单位和劳动者之间的良好协作机制，融合时间配给、照护服务和经济补贴等福利手段构建了工作和照护兼顾的支援体系，提升了老年人照护服务的供给水平、减轻了劳动者的家庭照护压力，对抑制照护离职问题成效显著。同样，中国劳动年龄人口尤其是独生子女一代也正面临工作与照护"双肩挑"的挑战。日本的经验可以为中国提供借鉴。

（三）社会治理研究

目前，我国正处于社会治理模式转型升级阶段，党的二十大报告指出，"完善社会治理体系，健全共建共治共享的社会治理制度，提升社会治理效能，畅通和规范群众诉求表达、利益协调、权益保障通道，完善网格化管理、精细化服务、信息化支撑的基层治理平台，健全城乡社区治理体系。"在完善社会治理体系和治理能力现代化的历史进程中，社会组织作为国家治理的基本单元和社会治理创新的基础平台，其作用日益凸显。日本在发展社会组织助推社会治理方面成效显著，在制度、法律、政策和实施路径等方面积累了丰富经验。中国学者对此展开了深入和极富建设性的研究。《社会治理视域中的日本非营利组织》[3]一书，以中日比较为研究视角、采取实地调研、案例研究等研究方法，从"制度设计""制度实践"两个维度全面考察和深入剖析日本非营利组织参与社会治理的制度安排及实践经验。近年来，日本政府与国际组织、NGO之间形成了多元、多层、多途径合作的局面和相互依赖的合作模式。《日本政府与NGO国际教育援助合作机制分析——基于对"相互依赖性"与"组织身份"的考察》[4]一文，认为日本政府与NGO的合作是通过"政府购买服务""对话协商""助推NGO发展"三大制度来实现的，在具体实施过程中，双方结成"伙伴型""合同型""延伸型"合作关系，但一些NGO也存在过度依赖政府的问题。在日本非政府组织研究领域中，中国学者越来越注重案例分析。《日本非政府组织在缅甸的运作及对中国的启示》[5]一文，认为日本非政府组织在运作中回应缅甸社会的需求，发挥了促进缅甸民生与发展、塑造规范与价值、监

---

[1] 郭佩：《疫情下日本就业保障体系的再构建与挑战》，《东北亚学刊》2022年第5期。
[2] 赵建国、慕彧玮、李佳：《日本工作和照护两立支援体系及对中国的启示》，《现代日本经济》2022年第2期。
[3] 俞祖成：《社会治理视域中的日本非营利组织》，上海人民出版社、上海远东出版社2022年版。
[4] 姜英敏、王文静、杨岚：《日本政府与NGO国际教育援助合作机制分析——基于对"相互依赖性"与"组织身份"的考察》，《清华大学教育研究》2022年第1期。
[5] 刘喆：《日本非政府组织在缅甸的运作及对中国的启示》，《亚太安全与海洋研究》2022年第5期。

督与制约政府决策、引导与调解官方外交等功能，弥补了日本官方外交的不足。

日本拥有一批极具影响力的智库，但之前中国学术界对其研究有所欠缺。胡薇继出版《日本智库研究：经验与借鉴》一书后，于2022年又发表了论文《社会经济治理视角下的日本智库的"独特性"》[①]。文章指出在二战结束后相当长的时期里，由于日本官僚体系控制着公共决策过程，再加上相对保守的政治氛围，日本智库的功能主要体现在具体政策制定与执行的辅助工作上，影响了外界对于日本智库社会贡献的认知度。

对难民问题的研究是日本社会研究的一个薄弱地带。20世纪70年代中期，在国际社会尤其是美国的压力下，日本出于政治考量接纳了部分"印支难民"，并以此为契机加入了《关于难民地位的公约》和《关于难民地位的议定书》，建立了条约难民认定制度。《日本的难民接收制度：变迁、特征及作用》[②] 一文，梳理了日本难民接收制度的构建和发展进程，认为日本难民接受制度具有明显的外生型特征，其决定及实施方式是自上而下的，具有一定的功利性。另外，日本社会对难民的态度走向分化，且政府很难利用现行难民制度解决劳动力不足等社会问题。

（四）乡村振兴研究

日本的"三农"问题主要表现在乡村人口老龄化、农业劳动力减少、粮食自给率低下、土地减少和荒废问题严重、"空巢"现象、"过疏化"等方面。2022年的《日本经济蓝皮书：日本经济与中日经贸关系研究报告（2022）》[③] 将日本的"三农"问题与"乡村振兴"作为主题，收录了《战后日本"三农"问题与"乡村振兴"综览》《日本农村人口老龄化的进展及其影响》《日本的"田园回归"现象与农村社区振兴》《日本老龄化、过疏化地区乡村振兴的特征与启示——以岛根县宇贺庄町和海士町为例》《日本乡村振兴视域下的文化遗产保护利用政策与实践》《"农协"对解决日本"三农"问题发挥的作用分析》《日本"地方创生"政策探析》等经济学与社会学跨学科研究的论文，显示了中国中青年学者对日本农村问题的重视。

为破解乡村日益衰落的困境，实现乡村产业振兴、人才振兴和生态振兴，日本政府从2008年起正式实行"故乡税"制度。《日本乡村振兴模式："故乡税"的实践与启示》[④]《日本乡村振兴的别样手段：故乡税制度的实施路径、效果及争议》[⑤] 两篇论文围绕"故乡税"制度进行了论述。其观点认为，"故乡税"在实施过程中具有发展地方经济、缓解地方财政困难、促进乡村中小企业自主创新、改善故乡居民生活、连接捐款抵税人与故乡等作用，走出

[①] 胡薇：《社会经济治理视角下的日本智库的"独特性"》，《清华大学学报（哲学社会科学版）》2022年第1期。

[②] 李国辉、高梓菁：《日本的难民接收制度：变迁、特征及作用》，《日本学刊》2022年第5期。

[③] 张季风主编：《日本经济蓝皮书：日本经济与中日经贸关系研究报告（2022）》，社会科学文献出版社2022年版。

[④] 李淑一：《日本乡村振兴模式："故乡税"的实践与启示》，《当代农村财经》2022年第9期。

[⑤] 郭佩、刘莉：《日本乡村振兴的别样手段：故乡税制度的实施路径、效果及争议》，《世界农业》2022年第8期。

一条振兴日本乡村的创新之路。《日本乡村振兴发展模式创新的经验与启示》① 一文，对八头町、神山町和西粟仓村三个典型案例的创新实践进行了深入研究，指出因地制宜选择乡村发展模式、多层次协作网络和机制、六次产业多元化发展、挖掘和引进创新人才、打造绿色可持续发展体系对中国乡村振兴战略的实施和推进具有重要参考和启示意义。

日本从2016年开始推广"农福连携"的新型社会参与模式，使之成为农业改革的重要组成部分。《地域共生视野下日本的"农福连携"模式研究》② 一文，探讨了日本政府、非营利组织、农协、农业经济体、民间企业等多方主体参与"农福连携"的相关工作，肯定了"农福连携"模式在缓解人口老龄化和农业从业人员不足上发挥的作用。同时，受益于该模式，越来越多的残疾人、老年人等社会弱势群体在农业领域重拾生活自信，创造了相应的社会价值。

1990年后，在日本政府的大力支持下，日本农村女性创业飞速发展，极大地推动了乡村振兴运动。《日本农村女性创业与乡村振兴联动发展的实践与启示》③ 一文，聚焦日本农村多地积极吸引外来女性，开展新领域的创业活动。出现了本地女性创业、外来女性创业及合作型女性创业等不同类型的女性创业活动，多样化实践着与乡村振兴的联动发展。《应对收缩发展的日韩乡村社会政策与经验启示》④ 一文，基于政策研究与田野考察，分别介绍了日本和韩国为应对乡村收缩发展所提出的社会政策主要内容，评价了其实施效果，并指出我国应对乡村收缩应将重点放在乡村活力的营造和维持上，而不是仅仅导入人口，具体措施包括优化资源配置效率，探索制度创新，注重对"人"的价值挖掘，以及提升居民参与与政府支持的协同等。

（五）环境问题研究

伴随环境问题的日益凸显以及中日两国环境合作在实践层面的逐步展开，环境治理、能源合作等成为新的关注领域。2022年召开了第27届联合国气候大会，"变局之下的世界气候变化和环境治理"成为重要议题。中国《国家适应气候变化战略2035》的出台与日本"气候适应型社会"建设方针的提出，为两国环境治理合作提供了广阔前景，也成为中日两国学术界的研究热点。学者们关注环境治理、能源合作、碳排放合作的同时，也加强了跟进性的研究，形成了一些新的成果。《日本参与全球气候治理：从〈京都议定书〉生效至巴黎大会》⑤ 一书，着眼于全球治理的大视角，落脚于日本政府内部的行政关系运作和利益考量，从国际条约体系、全球气候治理的参与主体与组织机构、联合国气候大会三个层面阐述全球气候治理机制的构成、国际法层面的条约体系，既梳理了各国和国际组织等行为主体，也分析了各国在联合国气候治理进程中的政治、经济博弈。作者还阐述了日本参与气候治理的经纬及其历

---

① 韩克勇、孟维福、汪小愉：《日本乡村振兴发展模式创新的经验与启示》，《江西师范大学学报（哲学社会科学版）》2022年第4期。
② 吴沁哲、胡澎：《地域共生视野下日本的"农福连携"模式研究》，《日本研究》2022年第4期。
③ 乐燕子、周维宏：《日本农村女性创业与乡村振兴联动发展的实践与启示》，《日本研究》2022年第4期。
④ 张立、李雯骐、白郁欣：《应对收缩发展的日韩乡村社会政策与经验启示》，《国际城市规划》2022年第3期。
⑤ 毕珍珍：《日本参与全球气候治理：从〈京都议定书〉生效至巴黎大会》，世界知识出版社2022年版。

史演变过程。《日本环境外交的历史演进与决策体制——兼论福岛核污水排放问题》[1] 一文，认为受制于中等强国定位、日美关系和国内政官财"铁三角"因素的制约，日本环境外交具有两面性和脆弱性，尤其是决定将核污水排海的做法带有强烈的把国际事务内政化的机会主义倾向。

关于中日及东北亚环境治理合作，《中日环境产业合作发展回顾与展望》《中日韩环境合作的前景：路径与挑战》《东北亚环境治理合作动力机制探析》[2] 等论文提出以下观点：中日邦交正常化以来，中日通过双边与多边合作机制，从政府主导向市场主导模式升级，在明确战略方向和重点领域的基础上深化两国的环境产业合作；中日韩环境合作的具体路径多元、多层且朝着制度化的方向发展，尽管面临政治、军事安全等消极因素影响，但合作前景可期；东北亚环境治理合作动力机制的结构表明，尽管国家层面达成共识，但囿于经济社会发展不平衡与安全利益的切割，各自关注重点与利益诉求不尽相同，阻碍了东北亚环境治理合作水平的进一步提升。《日本环境问题与环境运动的内在逻辑关系》[3] 一文，从长时段的环境史视角，梳理分析了战后日本从反公害运动到地方环境保护运动，再到以实现"环境再生"为目标的新运动模式，弥补了以往单纯从政治、军事、经济等角度研究日本问题的不足。

三、2022年中国的日本社会研究的特点

2022年中国的日本社会研究具有以下特点。

一是研究选题广泛，关注日本社会发展过程中出现的诸多问题，特别是在人口问题、福利与社会保障、乡村振兴、环境与社会治理等方面力求对日本社会进行精准定位和全方位把握。2022年中国的日本社会研究与日本的社会研究关注的问题高度重合，显示了中国的日本社会研究水平正稳步提升。

二是中国的日本社会研究带有鲜明的中国立场、中国视角、中国意识，显示了学者希望通过研究日本社会寻求中国社会问题解决途径的愿望。2022年的日本社会研究依然延续了这一特征。例如，在日本人口问题研究方面有着强烈的中日比较视角。我国总人口在"十四五"期间将进入负增长阶段，生育水平持续走低，老龄化程度加深，人口发展区域不平衡，人口问题始终是我国面临的全局性、长期性、战略性问题。针对中国人口这一系列深刻而复杂的变化，2022年，中国学者对日本少子老龄化经验、路径的研究依然保持高度热情。2022年该领域的论文数量也是最多的。另外，鉴于我国社会保障制度覆盖面小、实施范围窄、社会化程度低、企业负担过重、管理体制分散、缺乏完整的立法和统一的管理等问题，日本社会保障制度研究一直是研究热点中的热点，成果也较为丰厚。六卷本"日本社会保障丛书"立足于中国社会保障制度处于逐渐定型阶段的时代背景，努力回答日本是如何积极应对少子老龄

---

[1] 王京滨、李扬、吴远泉：《日本环境外交的历史演进与决策体制——兼论福岛核污水排放问题》，《日本学刊》2022年第3期。

[2] 参见陈治国《中日环境产业合作发展回顾与展望》，《现代日本经济》2022年第6期；胡啸宇《中日韩环境合作的前景：路径与挑战》，《日本研究》2022年第2期；王豪《东北亚环境治理合作动力机制探析》，《东北亚学刊》2022年第2期。

[3] 陈祥：《日本环境问题与环境运动的内在逻辑关系》，《日本问题研究》2022年第1期。

化的挑战、如何实现社会保障高质量的发展。

自二战结束后，日本不断缩小"贫富差距"，实现了中产阶级占绝大多数的"一亿总中流"，社会长期稳定，民众的幸福感较高。日本在走向社会稳定和共同富裕方面有哪些重要举措，能为中国社会发展、中国式现代化提供可借鉴的经验？一些学术成果试图解答这一问题。国家智库报告《分配制度、收入差距与共同富裕——基于日本经验的考察》① 一书，对日本收入分配的总体情况及其相关制度安排进行了深入分析与研究，作者认为，日本实施的"以税收为基础的二次分配制度"有效地压平了收入差距曲线，较为完善的社会福利制度和社会保险制度对二次分配的结果进行了修正。此外，严格的就业预算保障制度、多元化政策体系和税收手段促进和充分保障了就业。《"弱化的三难困境"与战后日本经济社会稳定》② 一文，认为战后至今，日本借助限制自由化进程、构建均质社会、寻求缩小经济意识形态差异等路径，实现了某种"弱化的三难困境"，经由经济协调、社会减压、政治趋同的正向反馈和叠加效应，减轻了三个目标间的对立矛盾，实现了经济社会的相对稳定。《日本老年人收入演进中的分配政策变革与借鉴》③ 一文，侧重分析了日本养老保障、劳动工资等分配政策在实现老年人收入增长、收入结构更均衡和缩小收入差距方面发挥的作用。《平成日本的社会遗产：阶层与流动》④ 一文指出，平成末期，日本的资本家阶层略有壮大，新中间阶层保持了群体地位、数量与财富的稳定性，而劳动者阶层分化较为明显，中间层以下的日本社会阶层下移明显。贫困人口数量与收入均呈恶化倾向，特别是老年贫困成为难以逆转的社会趋势。

促进农民共同富裕也是日本战后以来长期坚持的基本国策，农村社会保障制度建设在消除社会阶层两极分化中发挥了重要的调节作用。《日本加强农村社会保障制度体系建设的实践研究》⑤ 一文，认为日本政府建立以行业和农民身份为基础的、多层次的社会保险制度和城乡一体化社会救助制度，实现了将城乡收入差距始终控制在合理范围的目标。这对于中国加强再分配制度建设，逐步缩小城乡社会差距，促进农民共同富裕，分阶段稳步推进城乡一体化，完善农村社会保障制度具有重要借鉴意义。还有日本的"故乡税"制度研究为我们探索实施相关个人税收激励措施，帮扶地方发展，促进"人"、"物"和"地方"的良性循环，实现共同富裕提供了启示。

三是发表多篇中日关系与日本社会研究的跨学科研究成果。2022 年是中日邦交正常化 50 周年，中日两国举办了多场纪念活动和各层级的国际学术研讨会，学者们围绕中日关系的历史、现状和未来，围绕国际关系、国际秩序、交流与合作等发表了相关研究成果，展开了深入和有建设性的研讨。《日本社会变迁及其对中日关系的影响》⑥ 一文，对中日实现邦交正常化以来的日本社会史进行了分期。作者认为，1972 年前后至 20 世纪 80 年代末，日本人口结构相对合理，家庭角色分工模式确立，日本式经营取得成功，人们生活富裕，总体上社会体

---

① 闫坤等：《分配制度、收入差距与共同富裕——基于日本经验的考察》，中国社会科学出版社 2022 年版。
② 贺平：《"弱化的三难困境"与战后日本经济社会稳定》，《日本学刊》2022 年第 3 期。
③ 张士斌：《日本老年人收入演进中的分配政策变革与借鉴》，《现代日本经济》2022 年第 6 期。
④ 李征：《平成日本的社会遗产：阶层与流动》，《南开日本研究》2022 年第 2 卷。
⑤ 曹斌、于蓉蓉：《日本加强农村社会保障制度体系建设的实践研究》，《现代日本经济》2022 年第 4 期。
⑥ 王伟：《日本社会变迁及其对中日关系的影响》，《日本学刊》2022 年第 4 期。

系运行和经济发展平稳。进入20世纪90年代，泡沫经济崩溃，日本社会进入新的发展阶段，人口、家庭、劳动就业、社会阶层等发生了很大变化，战后形成的社会体系开始动摇和瓦解，但新的体系尚未构建完善，这一历史转变时期对日本的社会心理带来冲击，中日关系也因此受到影响。《加强青年交流，促进中日友好》①一文，梳理了中日邦交正常化50年来中日青年交流的历史进程及其对两国友好发挥的重要作用。作者认为大力加强青年一代交流是促进两国相互理解、改善国民感情的有效途径。《中日两国社会治理领域的交流、互鉴与合作——写于中日邦交正常化50周年》②一文，聚焦邦交正常化50年间中日两国的社会治理之路，强调中日在社会治理领域互补性强，合作空间广阔，特别是在灾害治理、环境保护、疫情防控、老龄社会治理等领域的交流与合作将会给两国民众带来更多福祉，为中日关系增添助力。《中日邦交正常化历程中的日本民间友好力量：组成及其驱动》③一文，认为在中日邦交正常化进程中，日本民间友好力量扮演了重要的历史角色。日本民间友好力量包含经济界、在野党、自民党以及精英舆论界中主张对华友好、支持中日复交的非政府力量。日本各界民间友好力量分别受利益、战争责任意识、良好对华观、官方等因素驱动。

四是出现了一些颇有新意的研究成果。《平成时代：日本三十年发展轨迹与前瞻》④一书，会聚20多位专家学者，对平成30年日本的国家战略、政治外交、经济、社会、文化思潮进行了系统深入梳理，是基于社会史的长时段、多视角的综合性研究成果，展现了当今中国学术界对日研究的最高水平。该书收录了多篇日本社会研究论文，分别对平成时代日本的社会变迁和转型、平成时代的教育和社会保障制度改革以及日本右翼社会思潮等进行了剖析。《日本社会史研究》⑤一书，深入分析日本社会结构的历史变化，阐述日本社会史发展进程及其特征，并从中日比较研究的视野，分析近代以来中日两国社会走上不同发展道路的原因。

有关社会性别研究、青少年研究和社会思潮研究也有一定的创新。《日本性别制度之由来与特点》⑥一文，从性别制度思考日本社会生存结构的地缘特征和日本女性走向现代性的特殊路径。作者通过考察日本性别制度的起源、演变以及它在顺应时势变迁中的转向，李小江提出以下观点：日本的性别制度具有鲜明的本土特征，在外来文明的冲击下始终保持特立独行的姿态，其节点和要点主要体现在女性的生存状态及其与"家"的内在关系上。日本女性不只是如西蒙娜·德·波伏瓦（Simone de Beauvois）定义的"第二性"（the second sex），她们在民生领域始终发挥着潜在的主导作用，在日本文化的发展方面起到引领作用。

中国学术界对日本青少年问题一直较为关注，《日本校园欺凌数量变化趋势与应对研

---

① 刘德有：《加强青年交流，促进中日友好》，《日本学刊》2022年第4期。
② 胡澎：《中日两国社会治理领域的交流、互鉴与合作——写于中日邦交正常化50周年》，《东北亚学刊》2022年第4期。
③ 李爽：《中日邦交正常化历程中的日本民间友好力量：组成及其驱动》，《日本研究》2022年第4期。
④ 杨伯江主编：《平成时代：日本三十年发展轨迹与前瞻》，世界知识出版社2022年版。
⑤ 李卓：《日本社会史研究》，中华书局2022年版。
⑥ 李小江：《日本性别制度之由来与特点》，《清华大学学报（哲学社会科学版）》2022年第5期。

究——基于日本文部科学省统计数据》[1] 一文，以日本文部科学省公布的中小学生问题行为调查数据（2006—2016 年）为基础，对日本校园欺凌的数量变化特点及应对措施进行了分析。作者认为，日本校园欺凌低龄化现象较为严重，小学是校园欺凌高发阶段，初中次之，高中数量较少。作者也梳理了日本政府的应对措施，如不断出台专项法案，重新定义校园欺凌范围，普及预防校园欺凌相关知识，对家长进行指导等。作者认为日本已逐渐形成了政府、社会、学校和家庭等多方力量共同应对校园欺凌问题的预防体系。

2022 年，日本社会思潮方面的研究取得一些成果。《21 世纪日本民粹主义的特点》[2] 一文，从国政和地方自治体层面深入分析了民粹主义作为各种政治势力迎合大众的政治工具如何大行其道，指出在右翼民粹主义联动态势和排外性增强之下日本社会有被其裹挟的风险。战后 70 多年来日本保守势力一直在处心积虑修改乃至废除和平宪法，掀起的四次"修宪"浪潮将和平宪法推向岌岌可危的境地。《日本"修宪"思潮的历史演变》[3] 一文，指出日本"修宪"逆流愈演愈烈与日本政治右倾化和右翼势力重新抬头息息相关，也同美国出于冷战和反华需要采取放任乃至纵容态度密不可分。

四、2022 年日本社会研究存在的问题及发展方向

客观而言，2022 年中国的日本社会研究虽取得了相当成绩，但也存在诸多问题。相比日本研究其他领域，仍缺乏系统性、全局性、前瞻性研究，厚重的集体成果和专著偏少，论文总体质量还有待进一步提高。另外，研究方法上较为单一，多采用文献研究法、比较研究法，偏重现象描述和原因分析，较少采用实地调查和观察法、问卷法、访谈法、社会计量法等研究方法，理论也稍显薄弱。受疫情影响，中日两国线下的学术交流也未能展开，中日社会领域的合作研究乏善可陈。

从人才队伍来看，改革开放后第一梯队的日本社会研究学者（20 世纪 50 年代出生，即"50 后"）已基本退休；第二梯队（"60 后"）也陆续进入退休阶段；第三梯队（"70 后"、"80 后"）人员分布比较分散，没能形成合力，这对于今后的日本社会研究及人才培养不利；第四梯队（"90 后"）刚开始进入研究队伍。值得庆幸的是，2022 年的日本社会研究出现多位学术新人，他们中既有我国高等院校和研究机构培养的，也有从日本留学回国的，还有中日联合培养的，在日本社会研究领域呈现良好发展态势。2022 年中国社会科学院大学、北京外国语大学有多位日本社会学专业的博士研究生毕业，其毕业论文涉及日本的灾害治理、日本智库、日本社会的"性"观念、日本人的"中国观"等，已初步具备研究潜质。另还有相当数量日本语言文学方面的硕士研究生选择日本社会方向作为自己的毕业论文选题，为今后日本社会研究打下了一定基础。

目前，中国的日本社会学科在人才培养方面仍存在以下问题：一是日本社会研究的博士点少，报考者多为日本语言和国际关系专业的毕业生，缺乏社会学专业的本硕生。二是从事

---

[1] 郝春梅：《日本校园欺凌数量变化趋势与应对研究——基于日本文部科学省统计数据》，《西部学刊》2022 年第 18 期。
[2] 张建立：《21 世纪日本民粹主义的特点》，《东北亚学刊》2022 年第 3 期。
[3] 孙宝坤：《日本"修宪"思潮的历史演变》，《华中师范大学学报（人文社会科学版）》2022 年第 1 期。

日本社会研究的年轻人发表成果难，可供发表研究成果的学术期刊少。目前，日本研究成果主要发表阵地为《日本学刊》《日本问题研究》《东北亚学刊》《日本研究》等，这些学术期刊面向日本研究各领域，相较于中日关系、日本战略和安全、日本经济等领域，日本社会领域的论文发表难度大。而社会学期刊比较关注国内社会问题，研究方法注重社会调查、访谈、问卷等，由于受多方因素制约，很多学者难以赴日做田野调查，导致缺乏研究的一手资料，对投稿命中率产生很大影响。另外，多数学术期刊还对作者的职称有一定要求，希望刊登有学术影响力的名家、大家的论文，这也导致研究生发表论文非常困难。

随着中国经济社会的高速发展，区域国别学将迎来发展的新机遇。区域国别学主要针对特定国家或区域的人文、地理、政治、经济、社会、军事等进行全面深入研究，是多学科、跨学科、学科交叉融合的综合领域。国务院学位委员会、教育部于2022年9月13日印发了《研究生教育学科专业目录（2022年）》，区域国别学已正式成为交叉学科门类下的独立一级学科。区域国别学的诞生意味着日本社会研究也迎来了发展机遇，今后日本社会研究应重视交叉学科，将历史社会学、文化社会学、地域社会学等纳入进来；不断拓展日本社会研究视角，丰富日本研究的深度和广度。例如，从东亚视角开展中日韩社会比较研究，深入挖掘东亚社会共性和日本社会特性。在持续研究日本的少子老龄化、社会福利保障、环境治理、女性与青少年、婚姻家庭、乡村振兴、雇佣制度等课题的基础上，还要拓展移民社会、社会阶层、社会意识与媒体传播、社会运动、社会史等研究空间。要密切关注日本社会的焦点、热点问题，多角度追踪和探讨其对日本社会、中日关系的影响及发展趋向，真正做到用中国的日本社会研究回应中国的社会发展进程中出现的问题。

中国的日本社会研究应进一步拓宽研究视野，夯实研究基础，加强理论研究，不断创新研究方法，发表更多高质量研究成果。同时，也要重视应用对策研究，积极建言献策，推动研究成果及时有效转化，提高日本社会研究的学术水平以及决策影响力。

今后，还应进一步优化研究队伍，吸引更多年轻学者研究日本社会，培养跨学科人才。要积极鼓励年轻学者参加国际、国内重要学术活动，积极申报国家社科基金，国家社科基金也应对日本社会选题予以更多关注。在研究队伍建设方面，可考虑通过实施全国性调查，搭建起交流、合作平台，将各高校和研究机构的日本社会研究人员组织起来，形成较为全面、系统的研究梯队，在此基础上，探讨由研究人员相对集中的单位轮流举办日本社会研究沙龙和论坛，积极开展交流和共同研究，以此推动中国的日本社会研究走深走强。

（责任编辑：张耀之）

2022年日本文化研究综述

张建立*

2022年国内外学界发表的日本文化研究成果，主要聚焦于日本文化史研究理论、日本文化论、中日间文化认同、人生价值观、生活文化、乡村文化振兴、文化遗产、中日文明互鉴、文化软实力等问题。总体来看，相关成果既有对日本文化发展史等进行的宏观规律性探讨，亦有对日本文化构成要素微观精致的考察，为我们了解日本文化发展历史和现状提供了很多有价值的参考。

一、2022年日本文化研究动态

关于2022年的日本文化研究，首先从相关重要理论观点与方法来看，尽管我国的日本文化史研究成果积累已经十分丰富，但关于日本文化史研究理论和方法的探讨相对还比较薄弱。作为快速提高我们研究水平的一个有效路径，近年来学界在尝试翻译引进和借鉴海外学界相关论著成果。例如，《史学理论与史学史学刊》2022年第1期刊发了日本中世纪和近代史专家、日本立命馆大学教授、部落问题研究所所长奈良本辰也著，北京师范大学历史学院林翔译《文化史学的形成与意义——日本战后关于文化史学的反思》一文。该文是奈良本辰也教授在日本国历史研究会举办的"日本历史讲座"的演讲稿，从理论和史学史层面对日本的文化史学作了较为系统的总结和反思。该文指出，长期以来，实证主义史学在日本占据主导地位，文化史学未受到应有的重视。文化史并非从异于政治和经济领域的文化事象中汲取而来，它不只是一种特殊史。文化史学是一种相对于历史的观念。西田直二郎是现代日本文化史学最具代表性的人物。西田提倡通过意义性来把握时间，从而消解了历史与历史哲学的对立，由此建立了历史事件与全体时代及全体人类之关联。通过这种方式，实现了世界史和国别史的统一，亦引起学界关于审视历史的立场的反省。虽然文化史学因具有精神史的构造，被追究战争责任，且存在淡化历史学自身的主体性、弱化历史的实践性等缺点，但是其优点亦十分显著。文化史学以哲学性的考察为本，呈现观念论史学的最高阶段，它强调现实关怀、倡导综合性，恰好可以弥补实证主义史学之不足。

无独有偶，受2022年2月以来俄乌冲突影响，日本学界无论是国际政治学者，还是历史文化学者，在谈及俄乌冲突问题时，都会不同程度地提及对日本曾经发动侵略战争的反省。其中，较具代表性的是著名日本近现代史学者保阪正康的《世代的昭和史：来自"战争要员世代"与"少年国民世代"的告发》（每日新闻社2022年版）。该著作不同于既往侧重分领域叙大事的昭和史研究方法和撰写方式，而是将昭和时代的人分"世代"，即分成不同年龄

---

* 张建立，文学博士，中国社会科学院日本研究所文化研究室主任、中日社会文化研究中心副主任，研究员。

段,来解析不同世代的日本人的历史观、战争观。具体而言,该著作将昭和史分为"'遂行'战争的世代""被迫成为战争要员牺牲掉的世代""少年少女期经历战争且眼睁睁看着战后价值观瞬间发生颠覆性转换的少年国民世代""纯粹战后民主主义世代"这样四个大的年龄段,通过选取不同世代的代表人物为典型个案,对日本昭和史进行了系统梳理和深入探讨,旨在促使日本人重新认真思考何谓战争与和平。

2022年7月社会科学文献出版社出版的《简素:日本文化的底色》,则是一部对日本文化特点进行较为系统论述的译著。该著作的作者是当代日本著名儒学家、日本九州大学名誉教授冈田武彦,译者是其弟子、浙江省社会科学院哲学所研究员钱明。冈田武彦指出,什么是日本文化的特色?一言以蔽之,就是简素。日本人的世界观是以简素的精神为基石的。作者用深入浅出的笔触,结合诸多实例,讲述了简素的形态及精神、日本人与简素精神、日本文化与简素精神、日本的宗教思想、日本的崇物思想、简素的精神及其意义等方面的内容,涉及日本国民性、文学、绘画、建筑、庭园、料理、陶瓷、茶道、音乐等各个领域。其中也涵盖了中国传统文化对日本的影响、日本文化的演变、日本和西方文化的对比等内容。

除上述对日本文化发展史研究理论方法及日本文化内容特点予以系统宏观探讨的成果外,学界也发表了很多对日本文化从微观层面进行考察的专题性研究。中日文明互鉴问题一直是日本文化学科较为关注的研究内容。其中,多年来从日本接受中国古典书籍角度开展的日本文化研究一直颇受关注。2022年度依然可见该类研究成果。例如,乔磊的《我国古代典籍对日本文化发展的影响探索》(《时代报告(奔流)》2022年第8期)围绕中国古代典籍对日本文化的形成与发展产生的深刻影响进行了扼要梳理。既往相关研究大多是日本史专业的成果,2022年度出现了跨学科编纂研究该问题的成果,较具代表性的是日本古代中世汉籍受容史·汉学史、汉籍书志学家高田宗平主编的《日本汉籍受容史:日本文化的基层》(八木书店2022年版)。该著作对自古代至近世日本人如何接受和传播成为日本社会所有知识、信息根源的汉籍,又是如何在对其本土化的过程中创生日本独自文化等问题,聚集诸多学科的专家学者进行了系统的梳理,全面阐释了中国古代典籍对日本文化形成与发展的根本意义。

关于中日文明互鉴问题的研究中,直接解析中国传统哲学思想文化对日本文化影响的研究成果也比较多。如史文娟的《日本文化中对禅宗思想的借鉴与吸收研究》《北京印刷学院学报》2022年第2期)。比较而言,还是探讨儒家思想对日本文化影响的成果较为多一些。如东京大学人文社会系研究科小岛毅的《儒家传统文化对近代日本"自由"概念的影响——以中江兆民与江原素六的阐述为例》(《日语学习与研究》2022年第3期)、盛春的《儒家文化对近代日本汉字英译词的影响——以"自由"为例》(《山西大同大学学报(社会科学版)》2022年第5期)、尚婧的《俯瞰孔子及儒学在日本的文化命运》(《全国新书目》2022年第6期)等。"儒教国家""儒家社会"是长期以来评价日本的一种主流话语。南开大学日本研究院教授李卓的《"儒教国家"日本的实像——社会史视野的文化考察》(北京大学出版社2013年版)从以往学界涉及不多的社会史领域,具体从社会组织、社会集团、生活方式、人际关系、处世之道等方面,探讨日本究竟在什么样的层次和多大范围内吸取了儒家思想。本来"儒教国家"说已经日渐淡出学者视野,由于日本首相岸田文雄作为对新自由主义的修正,提出了缘起于涩泽荣一"论语算盘"说的"新资本主义",因而"儒教资本主义""儒教主义性质的福祉国家"等观点一时间再次引发关注。日本大学文理学部教授小浜正子与京都大学文学研究科教授落合惠美子合编《东亚是"儒教社会"吗?》（京都大学学术出版会 2022 年版），则将研究视野扩展到包括日本在内的整个东亚社会，来探讨反复建构和解构的东亚"儒教"的历史，进而展望了儒家思想在东亚社会未来的发展。日本关西学院大学教授陈立行的《试论日本的文化土壤与新自由主义的制度改革的矛盾》（《湖北社会科学》2022 年第 1 期）也指出，在美国的压力下，日本实施的新自由主义结构改革与基于儒家思想等价值观念的日本文化土壤特质不相容，构成解释"日本失去了 30 年"的社会学视角。随着社会的发展和内外环境的变化，各种政治制度改革和经济改革是必要的，但是这些改革应该符合大多数民众的价值取向，必须与该社会的文化土壤相互适应。

此外，关于日本生活文化中的饮食文化研究成果也比较突出。如奚金凤的《日本饮食文化的特点及传播研究——评〈盒之味：日本饮食文化的礼仪之道〉》（《食品安全质量检测学报》2022 年第 6 期）、谭培培的《跨文化传播视角下的日本饮食文化研究——评〈日本的餐桌〉》（《食品安全质量检测学报》2022 年第 10 期）、权玉华的《文化传承视角下的日本饮食文化研究——评〈和食：日本文化的另一种形态〉》（《食品安全质量检测学报》2022 年第 16 期）、罗佳颖的《理解日本食文化》（《中国食品》2022 年第 11 期）、徐晨露与陶星宇的《日本饮食文化中的中国文化分析》（《中国食品》2022 年第 16 期）等。饮食文化是一个国家和民族大众生活的直观映照。在日本《文化艺术基本法》中，日本饮食文化也被归类为"生活文化"。日本饮食文化在亚洲地区向来独树一帜，不仅有着鲜明的本土饮食特色，同时也受到亚洲乃至西方的影响。日本的饮食文化虽然原本是一种形而下的日常行为，但因其同时诉诸人的六根，通过视觉、听觉、嗅觉、味觉、触觉和心意来共同完成，因而被提升为一场审美的飨宴，突出表现了日本人的审美意识，变成一种发达的感觉文化。当下，日本饮食文化已然走向国际，很多国家和地区都出现了大量日本料理店，饮食文化已经成为日本以文化之力走向世界舞台的文化先锋。分析日本饮食文化特点，探讨日本饮食文化的当代传播特征以及主要路径，也自然成为探讨日本文化软实力建设的一个重要视角。除上述对日本饮食文化特色进行的精妙分析外，天津社会科学院日本研究所副编审胡亮的《日本怎样向世界推广饮食文化》（《世界知识》2022 年第 12 期）更是立意高远，从日本文化战略的层面和高度探讨了日本的饮食文化问题。

二、2022 年日本文化研究的热点

2022 年日本的新冠疫情仍未能平息，疫情、生死观及国家发展路径等问题依旧是日本学界的思想文化学者关注的热点问题。与之相对，我国日本文化研究者关注的热点问题，除了因复杂多变的国际形势再度引发的日本文化论、中日间文化认同、日本空间观等问题，则是基于国内时政参考意义上的日本乡村文化振兴战略问题。

（一）国外日本文化研究的热点

日本社会近年来少子老龄化等问题日趋严重，加上绵延不止的疫情，导致经济发展持续低迷，贫富分化严重，自杀率又有所上升。日本学界的思想文化学者除了比较关注当下的新冠疫情问题、关于"老"和"死"的问题，对日本社会发展路径的讨论也比较热烈。

关于新冠疫情问题，较具代表性研究成果有两部著作。一部是日本思想家内田树与神户大学大学院教授、感染症专业医生岩田健太郎合著的《活在风险中》（朝日新闻出版社2022年版）。该著作分析了新冠疫情暴露出来的包含日本政治、经济、学术、媒体在内的"日本的本质性弱点"，并探讨了相应解决方案的可能性。另一部是筑波大学名誉教授浪川健治的《"时疫"的社会史：18—19世纪的疾病与人类》（解放社2022年版）。该著作通过对18—19世纪发生的"时疫"（病名不明的流行病）的传播与饥饿、贫困等突出社会问题之间关联的考察，阐释了当人们处于生活基础设施丧失应有支撑功能时的处世态度和方法。

关于"老"和"死"问题，也是近年来日本学界讨论比较热烈的问题。2022年，日本杂志《中央公论》第6期刊发了一组特辑"衰老与丧失——面对死亡的思想"，邀请心理学、哲学、遗传学、社会学、民俗学、法学等领域的专家，分别以"为了与记忆衰退打交道""老与死的哲学文法""利己的生与公共的死""沉浸在回忆中时很可爱""面对死亡的悲哀与希望""高效率化导致葬送仪礼的变化"等题目撰写文章，探讨了人们该如何更理性、更从容地面对衰老和死亡等问题。

关于日本社会发展路径问题，2022年，日本国内外天灾人祸不断，各种不确定因素日渐增多，加剧了日本人的焦虑和不安，导致日本人文化认同分歧亦日趋严重。其中关于日本国家发展理念，面对国内外局势日益增强的不确定性，日本人在纠结是该继续坚持资本主义，还是该寻求后资本主义发展路线。坚持继续资本主义者之间，对应该坚持新自由主义还是追求新型资本主义争议难决；主张寻求后资本主义者之间也是各持己见，既有主张应该谋求马克思《资本论》中讲的"共产主义"者，也有主张应该回归日本进入资本主义之前的江户和明治时代者，莫衷一是。岸田文雄所谓的"新资本主义"，起初亦如很多日本人批评的那样，仅仅是一个空洞的政治口号。因此，为了回应"新资本主义空洞无物"的批判，岸田文雄在杂志《文艺春秋》2022年第2期发表了专门论述其关于新资本主义构想的文章。[①] 文章一经发表，便受到了很多有识之士尖锐的批评。如经济评论家山崎元撰文称：倡导空洞无物的"新资本主义"的岸田首相，一直就没搞懂资本主义的本质是什么。[②] 经济学家高桥洋一批评岸田论文称，该文在开头对何谓新自由主义的定义就错了，立论于错误定义基础上的论文也就没有什么阅读的价值了。[③] 岸田内阁的"新资本主义实现本部"自设立以来，截至2023年2月15日已经召开了14次例会，出台了一系列的政策，但其间很多政策摇摆不定，如迅速撤回的金融所得税政策、将最初的"所得倍增"政策变成了"资产所得倍增"政策等。在野党立宪民主党代表泉健太指出，新资本主义只是沿袭了安倍政权以来实施的政策而已。[④] 就连自民党资深议员、前众议院议长伊吹文明也表示，搞不懂岸田的"新资本主义"具体要干什么，

---

① 岸田文雄「私が目指す新しい資本主義のグランドデザイン」、『文藝春秋』2022年2月号、94—106頁。
② 山崎元「空っぽの『新しい資本主義』を掲げる岸田首相は『資本主義の本質』をわかっていない」、https://news.yahoo.co.jp/articles/1f98075bc0596db262d2fdbb1545bbbd5ec27af7［2022-01-15］。
③ 髙橋洋一「一行目から馬脚をあらわした 岸田首相の『文藝春秋』寄稿の笑止」、https://news.yahoo.co.jp/articles/0a2cf33c74e40ae817711b1ba035cb28b90e31ff［2022-01-31］。
④ 「与野党、足元に不安首相、実績作り急ぐ 野党間、対立あらわ 参院選」、『朝日新聞』2022年6月16日朝刊2頁。

如果是延续安倍的经济政策莫如讲得更明确一些好。① 恰如有学者亦研究指出，岸田文雄的"新资本主义"政策，"实际上并没有背离新自由主义的立场，只是在其基础上吸纳了一些凯恩斯主义的观点，并不具备理论创新性和独特性。"② 新自由主义弊端凸显，岸田新资本主义空洞无物，为了资本主义的可持续发展，部分学者提出了在历史上一度为日本经济作出巨大贡献的日本型资本主义基础上建构新资本主义的主张。《朝日新闻》自2022年8月至9月，刊发了围绕日本型资本主义的人事制度及其可持续性、日本型人才培育模式的升级方法、专业核心人才的雇佣模式、新的工会组织模式、佣金议定模式等主题，对一些日本有代表性的大企业进行的调研文章。③

面对新自由主义造成的当下日本社会发展的各种弊端，也有一些思想家干脆提出了放弃资本主义道路，寻求后资本主义发展道路的建议。但关于如何构建后资本主义社会则是各持己见，其中最受关注的是以东京大学副教授、年轻的马克思主义学者斋藤幸平为代表的主张应该谋求马克思《资本论》中讲的"共产主义"者。斋藤幸平在阐述其倡导日本人现在应该认真学习马克思《资本论》的理由时称，从日本现状来讲，正是因为"新资本主义"的无效，所以才要好好学习马克思的《资本论》。④ 政治学者白井聪、经济学者森永卓郎等也赞同斋藤幸平的观点。⑤ 与上述向外寻求建构日本后资本主义社会路径的观点相比，也有学者主张向内寻求即向日本传统文化、社会治理经验寻求建构后资本主义路径。例如，公共政策专家、京都大学教授广井良典2022年11月16日在《朝日新闻》发文指出，为了避免悲观的未来，最理想的状态是努力使日本人口出生率慢慢恢复到2.0左右的一个稳定状态。为此，当务之急是必须摆脱昭和时代那种一味追求人口和经济持续扩大的价值观。从出生率来看，47个都道府县中东京最低，冲绳最高。这说明一味追求经济效率的都市集中型，中长期来看会加速人口减少。为了日本社会的存续，国家发展必须从都市集中型向地方分散型转移。⑥ "3·11"东日本大地震后，东京的迁入人口一度有所下降，但近年来已经再次出现人口向东京集中的现象。据日本总务省2023年1月末公布的2022年人口移动报告，东京都"迁入者数"达43万9787人，比2021年的42万167人增加了1万9620人，即增加了4.7%。另一方面，"迁出者

---

① 「自民・伊吹文明元衆院議長、首相の政策に『よくわからない』」、『朝日新聞』2023年1月27日、4頁。

② 庞德良、李匡哲：《岸田文雄"新资本主义"政策的逻辑与前景》，《现代日本经济》2023年第1期。

③ 参见「（資本主義NEXT 日本型雇用を超えて：1）その人事制度、持続可能なのか」、『朝日新聞』2022年8月1日、19頁；「（資本主義NEXT 日本型雇用を超えて：2）デジタル化、スキル向上へ模索」、『朝日新聞』2022年8月22日、18頁；「（資本主義NEXT 日本型雇用を超えて：3）企業別労組に限界、代わる仕組みは」、『朝日新聞』2022年8月15日 朝刊23頁；「（資本主義NEXT 日本型雇用を超えて：4）賃金どう決める、「好循環」への道は」、『朝日新聞』2022年8月29日、18頁；「（資本主義NEXT 日本型雇用を超えて：5）会社を支える「プロ人材」たち」、『朝日新聞』2022年9月5日、25頁。

④ 正木伸城「『悲惨なほどの格差』『ボロボロの地球環境』…『資本主義の理不尽』に、何故みんな怒らないのか？」、https://news.yahoo.co.jp/articles/3571273eef149bc4060420d605b709bded5551b5［2023-2-17］。

⑤ 森永卓郎「マニュアル化で仕事つまらなく、『資本の奴隷』脱し『創造の海』へ」、『朝日新聞』2022年1月1日、31頁。

⑥ 広井良典「〈考論〉日本は過密、価値観転換を」、『朝日新聞』2022年11月16日、2頁。

数"减少了3.1%。而且，东京都圈也出现了迁入人口回流增加现象，这也令一度被看好的新冠疫情期间东京都推行的"逆城市化"政策早早地落下了帷幕。①

（二）中国学界日本文化研究的热点

我国学界关注的热点问题主要集中在日本人的文化认同、空间观以及乡村文化振兴等三个大的问题上。

关于日本人的文化认同问题的研究，作为日本国民性研究的主要内容一直受到学界关注。2022年相关研究主要集中在以下四个方面。

第一是通过梳理至今出现的日本学者的著名日本文化论，来探讨日本人探寻文化认同之路的思想历程的研究。例如，彭曦的《关于日本文化论的模式建构——以对外来文化元素的理解为中心》（载刘东波主编《南大日本学研究：日本文学中的城市书写》，南京大学出版社2022年版）指出，日本的文明化进程比较缓慢，外来文化构成其主要驱动力。日本在历史上不曾确立一种强固且超越的价值体系，因此对外来文化排异性小，这与一个心智还不成熟的人比较容易受他人影响似乎有相似之处。近代以来日本成为强国，作为强国的自信与原生的固有的文化缺失所导致的不自信这两者之间形成了巨大落差，而这种落差对于建构文化认同显然是一个障碍，成为关乎日本民族未来发展方向的重要问题。要减少甚至消除这种落差，必须对日本摄取外来文化的原理进行合理说明。因而，日本人在探寻日本文化的形成原理和结构的过程中建构了各种关于日本文化论的模型，以减少甚至消除这些落差，其中内藤湖南与石田一良的"借衣论"、九鬼周造的"三契机论"、加藤周一的"混合文化论"、丸山真男的"古层论"、梅棹忠夫的"平行进化论"均颇具代表性和现实影响力。从对待外来文化的态度来看，加藤周一的"混合文化论"最为诚实，对日本摄取的外来文化丝毫没有掩饰，而梅棹忠夫的"平行进化论"则试图通过强调日本原本就具备西欧的普适性来占据文化上的制高点；从逻辑上看，九鬼周造的"三契机论"最为缜密、精致，最有说服力，但他以三种神器象征三契机的做法成为一大瑕疵；内藤湖南、石田一良的"借衣论"更多关注何时有哪些外来文化传入日本，而对于新旧文化之间的内在关联的阐述不免有些薄弱；从价值取向来看，内藤湖南、九鬼周造、石田一良比较倾向于东亚文化的特殊性，而加藤周一、丸山真男、梅棹忠夫比较倾向于西洋文化的普适性；从对现状的判断来看，除了丸山真男的"古层论"采取批判性立场，其他学说基本上对现状加以肯定。总之，上述模型从一个侧面体现了日本人探寻文化认同之路的思想历程。通过这些模型，我们可以加深对日本文化论基本分析框架的理解与认识。

第二是关于日本文化对中国文化认同的探讨。例如，郑阳阳、张其成、梁秋语的《中医药文化在日本传播认同的影响要素》（《中医药导报》2022年第6期）通过整理中医药文化在日本传播认同的相关文献，从日本历史发展史和中国传统文化与日本认同中医药文化之间的关联性出发，梳理日本对中医药文化认同的历史，剖析影响日本认同的中医药文化要素。论

---

① 磯山友幸「移住しても『都会風を吹かすな』と注意される…田舎暮らしが不人気で、都会に流れる人が増え続ける根本原因」，https://news.yahoo.co.jp/articles/9e456611c9ff8191d99b601e4d72e2bc1c07c2c7［2023-2-24］。

文指出，日本的外交政策在一定程度上影响着日本对中医药文化的认同，催化了日本本土医学的发展；"渡来人"及包括朝鲜半岛在内的东北亚的媒介作用为日本的中医药文化认同提供了前提条件；佛教、儒学、明治维新等影响贯穿日本的中医药文化认同历程。

另外，汉字不仅是中日文化交流的主要载体，是中日间建构文化认同的重要工具，而且也是近代以来汉字文化圈吸收西方思想文化的主要媒介。基于大历史的背景，从微观层面考察作为日本文化关键词并且沿用至今的汉字在日本文化中的含义演变，既有助于精准理解日本吸收外来文化的特点，亦有助于为重构21世纪中日间文化认同提供一些有益的路径启示。张建立的《日本文化中对"侘"理念的认同及演变》（《日本问题研究》2022年第2期）选取自16世纪以来，历经日本近代汉字存废问题仍一直被沿用至今，作为最具代表性的日本美意识、人生价值观，尤其是作为日本茶道精神理念而广为人知的"侘"为典型个案，主要通过对《平安遗文》《镰仓遗文》《大日本古记录》《大日本古文书》等大量原始文献中关于"侘"的使用情况梳理，结合日本茶道古典文献以及现代理解等，从日本历史的视角和日本文化整体结构的视角，围绕日本文化中对"侘"理念的认同及演变情况进行考察。

第三是着眼于面临少子超老龄化的日本，对其在吸引国外优秀人才时化解文化认同问题举措的研究。如张梅的《文化融入视角下日本外籍劳动者政策衍变及困境》（《北京社会科学》2022年第2期）指出，20世纪90年代以来，受到劳动力市场变化、二战后重新建构起来的"单一民族神话"、欧美多文化主义思潮等因素的影响，日本的外籍劳动者政策发生了较大改变。从文化融入视角看，这些政策既包括对外籍劳动者进入日本劳动力市场进行限制和区隔的入境管理政策，也包括从地方到中央、从局部向整体扩散的包容性"多文化共生"政策。内在驱动力和外来变量使"单一民族神话"意识形态受到挑战。日本的移民政策把劳动力不足所带来的挑战同化进"单一民族神话"主导意识形态之内进行平息和安抚，同时把外来的多文化主义插入日本特定的社会关系中重新语境化，赋予其新的含义。目前，"单一民族神话"作为一种主导性的意识形态仍然根深蒂固，多文化共生社会尚处于理想形象的建构阶段，这是日本政府各省厅、地方自治体、经济界、维权团体、国民等国内不同势力之间围绕主导性意识形态，从经济、主权、人权等角度进行争论和妥协从而达成一种动态平衡的结果。今后，随着少子化、老龄化的进一步加剧，外籍劳动者的被迫引进与日本民族认同建构之间的张力将会进一步加大。

第四是探讨饮食文化是如何在日常生活中潜移默化地传承日本国族认同的研究。例如，施超的《饮食、文化与国族认同：社会史视角下日本料理的形成与变迁》（《日本问题研究》2022年第1期）指出，国族认同是在"群体认同化"和"族群类别化"的辩证互动中形成的，其中，国族的内在界定是群体认同化，国族的外在定义是族群类别化。在群体认同化方面，民族文化由国家建立并借由教育、科层网络向下散布。饮食是民族文化中十分关键的表达方式，能在日常生活中潜移默化地传承国族认同。食物具备呈现集体意识和表述集体认同的作用，也能够作为"我是谁"的判断和解释。日本的学校与家庭主妇借由每天准备的午餐，将日本文化重视集体秩序的价值观以及国族的疆界意识形态灌输到孩童心中。因此，民族料理最显著的特征，就是能够弭平不同地区与阶级之间的差异，创造出一种全民族的人都愿意认同且热衷的饮食文化。从日本中世传统的大飨料理、怀石料理到近世的折衷料理、战时的军事饮食体系乃至现代的"洋中和"多元料理，日本饮食体系在演变与建构的历史过程中受到国家政治、知识技术、帝国主义和经济扩张等驱动力共同模塑的影响。作为民族料理的典范，现代日本料理在承袭自中世以来各历史时期的饮食文化传统内核之基础上，也透过产业和文化政策的论述引导而成为认同的依据与工具，并最终达成了对内建立集体意识与国族认同、对外建构国家品牌与形象的目的。

关于日本空间观的研究，2022年度的研究成果不再局限于建筑、都市建构的物理空间，从文化艺术角度探索日本人空间观特点的成果明显增加。例如，日本濑户内海地区的改造建设至今已有30多年，从起初的单个建筑到单个的岛屿再到内海全域，从起初零零星星的艺术作品到艺术与设计相融合再到真正的艺术之岛，整个发展建设过程都有着许多可借鉴的经验。陈雨佳、邱景亮的《当代艺术对公共空间品质更新和提升的策略研究——以日本濑户内地区的艺术重塑为例》（《建筑技艺》2022年增刊）以日本濑户内地区的艺术重塑案例为研究对象，通过对艺术介入方式、艺术参与主体、艺术介入形式的分析研究，构建艺术对公共空间的重塑结构。提出可通过建立"艺术—设计—事件"的系统模式，实现"艺术家/设计师—居民—游客"的良性互动，发挥年展模式和可持续发展模式的共同作用来实现当地社会活力的提升和精神文化的发展，使公共空间的真正价值和意义能得以显现。而对公共空间而言，短时性的艺术介入往往产生的是迅速而强烈的即时性效果，在艺术重塑的过程中，建立可持续的发展模式是当代艺术介入必须考虑的课题，公共空间的魅力实质在于空间与公众的长期和谐共存。

除这种探讨具体物理空间与文化艺术融合的研究成果外，还有一些探讨文学影视作品及艺术作品中体现的抽象空间的成果。例如，胡杨媛的《浅谈〈喀尔美萝姑娘〉中的近代日本都市空间与空间中的身体》（《郭沫若学刊》2022年第2期），聚焦《喀尔美萝姑娘》中的都市空间与主人公"我"在空间中的行动轨迹、身体感知，解读小说中所展现的近代日本都市空间构造的表象特征，透视文中映射的近代日本都市中在日中国人群体的身体感知。文学作品中出现的都市表象并不一定是符合历史普遍陈述的，其中往往充斥着诸多书写者主观的对于现实都市的加工、变形与虚构。但不论怎样的书写者都无法摆脱自身所处社会、时代的影响，因而文学作品中的都市表象就总会或多或少有着该时代现实都市的影子。也正因如此，那些文学作品中出现的都市空间以及处于空间中身体的表象便不仅是书写者个人的文本。这些文本可以被当作时代的文本、书写者所属社会群体的文本来解读。作为描绘20世纪20年代日本都市的文本，《喀尔美萝姑娘》中呈现了一段近代日本都市空间的全景影像。日本近代都市的前方空间乍看之下光鲜亮丽且充满了希望，但通过解读小说中"我"的空间实践体验便可得知，在近代日本都市中，隐藏在光亮的近代化空间背后的是复杂的欧化符号与日式传统符号交织的混合空间以及更为破败的都市后方空间。同时，《喀尔美萝姑娘》也是一篇属于近代在日中国人群体的极具解读富饶性的文本，从中可以窥见近代在日中国人群体所感知的都市空间的一个剪影。作品中人物"我"由学生到都市游民的身份转变，从表面的故事情节来看或许只是单纯的个体的堕落，但借由作品中的"我"身体身份转变过程中所反映出的对都市空间的身体感知变化，却可以窥探文本背后隐藏的更加丰富的内容。近代在日中国人在都市空间中复杂的身体感知的变化过程得以明晰：从初到日本时充满希望的状态，到深入了解都市空间后所流露出的异国情绪与集体疏离感。通过这些，我们不难体味到存在于近代日本都市空间中的在日中国人群体的孤独与艰辛。

近年来，日本奇幻电影层出不穷，一上映便大受好评，涌现了类似《镰仓物语》《你的名字》《天气之子》等一系列作品。可以说这得益于日本动画高度的虚拟性和假定性特征，很多日本奇幻电影作品都以动画的形式，构建"第二世界"。肖怡娴的《日本奇幻电影中"第二世界"的空间建构》(《戏剧之家》2022年第15期)以托尔金的"第二世界"理论为基础，从虚拟与真实界限的消弭，传统与现代文化的融合以及巫术魔法元素的充溢三个方面来解读日本奇幻电影中"第二世界"的空间构建。电影空间是虚幻的，是由导演根据自身的艺术构思搭建的一个空间。日本奇幻电影中特有的"第二世界"与其他类型电影的空间相较，存在一个明显的特征：它是由魔法和巫术充溢而成的神秘世界，这个虚拟的神秘世界又与现实世界存在着交织和重合，二者是一种共存关系。奇幻世界光怪陆离的魔法想象和传统的日式情感表现手法使得日本奇幻电影中的"第二世界"深受大家的喜爱，赢得了全球观众对于其想象力和世界观的交口称赞。巫术相较于魔法而言，更带有日本传统文化的特色。巫术崇拜是一种古老的传统，形式多种多样的巫术活动遍布世界各地。进入现代以后，巫术和魔法幻化成为艺术生产的源泉。这一文化和艺术传统成功地经由奇幻文学传递到奇幻电影的生产和审美之中。

房浩楠的《试论日本浮世绘版画的空间表现方法与结构特征》(《美术界》2022年第1期)则主要以铃木春信、葛饰北斋、歌川广重等浮世绘艺术大师的作品为例，探讨浮世绘版画在空间表现上的手法、特征以及所呈现的意境美，并对该艺术发展中空间关系的转向进行了简单的梳理。

介于具体与抽象之间，张建立的《日本茶道专属饮茶空间的形成与演变》(《农业考古》2022年第5期)通过解析日本茶道专属饮茶空间的发展历程指出，日本茶道专属饮茶空间不仅在日本茶道形成初期曾深受中国茶道空间观影响，而且其饮茶空间面积的大小亦长时间取决于茶人拥有"唐物"茶器的多寡。比较而言，中国茶道更重视饮茶空间的境况，器随境转，因品茶场地变化会对茶器进行增减；日本茶道正相反，境因器变，四张半榻榻米茶室最初就是给仅拥有一种唐物茶器者设计的。原本供经济状况等欠佳的嗜茶者使用、面积小于四张半榻榻米的"小座敷"，却因日本茶道集大成者千利休及其弟子、儿孙们对逼仄饮茶空间的推崇，而成为最具日本特色、中日文化交融的日本茶道专属饮茶空间，并受世人追捧至今。

也有学者着眼于当下日本社会比较突出的女性问题，从性别空间的视角予以探讨。社会性别是女性主义研究的一个重要分析范畴和理论视角，认为性别差异不是由生理决定的，而是由社会文化构建的。目前有关"性别"与"空间"关系的研究大多基于父系社会语境展开，研究内容主要停留在揭示空间中存在的性别不平等现象及女性内部空间行为差异层面。袁媛、侯越的《日本性别空间生产模式演化及动力机制研究》(《世界地理研究》2022年第3期)借助列斐伏尔空间生产理论，从社会性别视角探讨日本性别空间生产模式的演化过程，着眼于性别空间生产的内在逻辑，将不断变化着的性别空间生产片段连接起来，探讨了不同历史时期日本性别空间生产模式演化及驱动机制。该文指出，日本性别空间生产模式演化分为基于自然分工的母权式性别空间生产、封建父权式"压倒性"性别空间生产、近代由"包容"转向"压制"的父权式性别空间生产、战后"男性限制"与"女性反抗"并存的性别空间生产四个阶段，性别空间生产呈现出"自然分工""自上而下""自下而上"三条路径交替或相结合的演化规律，以规训、沉默和反抗为主要方式的性别权力博弈成为空间生产的主要动力。该文通过分析性别空间生产模式演化机制，对以往研究进行了补充，并对列斐伏尔的空间生产理论进行了阐释。

关于日本乡村文化振兴问题的研究，各类研究成果主要聚焦于文化因素对日本乡村振兴战略的深刻影响等方面。例如，张颖的《当代日本乡村振兴战略的文化归因论——兼议我国民族地区乡村振兴的问题与可能》（《民族学刊》2022年第1期）指出，当代日本乡村振兴的战略实施及其显著成效，被公认走在世界前列。由于我国前期相关研究的理论线索大多建立在西方经济理性基础上，所以结论也如出一辙。即将日本乡村振兴之功，归因于"改造传统农业"的现代化路径，并将其作为我国社会主义新农村建设的模型范本。然而在人类学视域下，研究农民社会的问题，势必要涉及农民的总体气质与价值取向。从这一论点出发，重新检视当代日本乡村振兴之路，我们就会发现："农"的文化认知与认同，才是日本乡建战略从"扶贫强国"转向"活化创生"的关键所在。而"文化归因论"作为一种新的方法论视野，也能促使我们反求诸己，从"多元一体"的中国农本智慧出发，探求民族地区乡村振兴的可能。何璐、李佳怡的《日本乡村旅游与文化软实力发展研究》（《文化软实力研究》2022年第2期）探讨了文旅融合趋势下，日本通过规划乡村旅游，构建起村民与乡村在政治、经济、设施、环境、文化、理念等方面的密切联系，实现乡村全面发展的模式。

也有学者更具体地探讨了农民能否活用当地文化遗产来助力乡村振兴的影响。例如，胡亮、董顺擘的《日本乡村振兴中农民主体实践特点——以文化遗产活用为例》（《农业现代化研究》2022年第3期）基于主体实践生成过程与主体实践类型分析框架，以日本文化遗产活用为例，分析日本农民主体实践特点，探讨日本农民在促进乡村经济发展和延续传统村落生命力中发挥的作用，展示了积极发挥农民主观能动性活用文化遗产对乡村振兴的重要意义。日本的文化遗产地类型多样，日本文化遗产活用主要有重要传统建筑物群和无形文化遗产，以及融合有形文化遗产与无形文化遗产的历史文化街区。在对文化遗产进行活用的实践活动中，农民主体实践过程是从无到有、层层深入和以问题为导向的运行机制。主体实践类型有互助型、协同型和计划型。尽管各村庄的主体实践生成过程与类型各不相同，但存在一定的共性，即从纵向的维度看，农民主体实践具有动态变化的特点；从横向的维度看，农民的主体实践具有差异化的特点。日本案例启示我们在保护和利用农业文化遗产的过程中，首先，需要以发展的观点看待农民主体实践生成过程；其次，农民应因地制宜地构建主体实践类型。该文为我国农民参与农业文化遗产的保护与利用，助力当前乡村振兴工作提供了非常有价值的参考。

此外，围绕通过活用文化遗产推动乡村振兴这一主题还有如下论文值得研读，傅瑜芳的《日本传统民居保护对绍兴"美丽乡村"建设的启示——基于越文化遗产传承视角》（《居舍》2022年第4期），朱西寅的《日本乡村文化建设的"四大工程"》（《中国乡村发现》2022年第2期），程亮、阿部宇洋的《地方性知识的调查、保存与应用——以日本山形县农村文化研究所的实践为例》（《艺术与民俗》2022年第2期），苏畅、罗诗戈、郭诗怡的《日本里山农业文化遗产景观保护和利用政策实施与经验解读》（《中国园林》2022年第4期），石鼎的《日本文化景观保护制度的特征及其借鉴意义》（《复旦学报（社会科学版）》2022年第4期）等。

三、2022年日本文化研究的特点

这部分主要从内容与研究方法等方面，对2022年的日本文化研究成果特点、创新之处等，进行简要总结。

（一）内容特点

2022年的日本文化研究成果中，虽然不乏一些纯粹出于个人兴趣爱好对日本文化要素进行的探究，但大多是带着中国的问题意识，或为了借鉴经验，或为了吸取教训而开展的研究。

例如，天津社会科学院日本研究所副编审胡亮的《日本怎样向世界推广饮食文化》（《世界知识》2022年第12期），梳理了日本政府早在2004年提出了饮食文化品牌战略后，如何一步步通过法制化的手段等提升饮食文化在日本文化战略中地位的过程，并对日本政府在"酷日本战略"的饮食文化推广中一些具体案例进行了分析。该文分析了在中韩等国受到好评的《深夜食堂》《孤独的美食家》等描写百姓饮食生活的日本电视剧成为推广日本饮食文化走进邻国的成功案例。《深夜食堂》讲述的是凌晨时候来食堂就餐的顾客与店主之间交流的故事。剧中的小型食堂、大众饮食改变了人们对日本料理的刻板印象。随着人口减少，韩国百姓在生活中从大家庭聚餐变为常常是独自一人吃饭，描写中年男子独自品尝大众料理的《孤独的美食家》也引起了韩国观众的共鸣。这两部电视剧都以美食为素材，在大众料理的制作、品尝中演绎工匠精神、人间百态，这种融日常料理于众生百相的故事叙述方式直击人心，于无形中推广了日本的饮食文化。日本相关领域电视剧给人的这种感同身受的宣传效果，也反映了同样进入超老龄化社会的日本在推广其文化策略方面的娴熟技巧。

另外该文还介绍了日本文化厅打造日本饮食文化的另一重要举措，即2021年修订《文化财保护法》，设定饮食文化遗产的登录制度。日本文化遗产采取指定与登录两种保护制度。指定制度指将具有较高历史文化价值的文化资源指定为非物质文化遗产；而对于尚未达到指定标准的文化资源，从2021年开始设定登录制度，只要地方的饮食文化获得登录资格，即可被认定为非物质文化遗产。这一举措大大提高了各地饮食文化的知名度，使具有地域特色的饮食文化转变为当地的非物质文化遗产。2013年日本和食因其高端的食材、精美的拼盘、独特的哲学而成功申遗。2021年日本文化厅修订《文化财保护法》，允许地方上符合要求的饮食文化登录成为日本非物质文化遗产。以《文化财保护法》的修订为契机，日本政府转变由内阁府、文化厅等主导的模式，改由地方进行文化品牌建设，通过地域内、地域间的横向连接实现跨行业、跨地区的有机联系，寻找宣传推广点，以放大品牌的内在价值。特别是日本政府顺应数字化时代的发展，以内容为王、技术赋能，充分挖掘饮食文化背后的魅力，多种形式讲述日本饮食文化故事的成功经验，对我们全面立体地讲好中国故事均具有重要参考价值。

2022年日本文化研究成果中还出现了一些新的关注点。既往的日本文化研究多是对日本文化本身的发展以及构成要素等进行研究，2022年出现了探讨日本文化决策领域内容的论文。例如，发表于2022年4月30日出版的季刊《国别和区域研究》中的肖欢、李倩的论文《日

本智库在海外文化传播中的作用与影响》等。智库是一国政府决策、政策制定过程中的重要组成部分，同时也是一国软实力的重要体现。日本正式引进智库这一概念是在经济高速增长的20世纪60年代后半期。目前，日本已经形成了百余家有较大影响力的智库。21世纪以来，为了加强海外文化传播以提升国际形象，日本提出了"文化外交战略"，在此过程中日本智库发挥了不容忽视的作用。在日本文化向海外传播的过程中，智库在政策制定、实施和效果评估等阶段作用显著。该论文通过对国际日本文化研究中心进行个案研究指出，日本智库的构成形式多样，智库在海外文化传播中与政府部门关系密切，在海外传播中的参与处处可见，可以作为中国当前实施文化海外传播的有益借鉴。在推动中华文化"走出去"的过程中，中国智库必须提升能力、主动作为，做好海外文化传播理论的研究者、海外文化传播活动的实践者和海外文化传播人才的培养者，为我国发展营造有利的外部舆论环境，为推动构建人类命运共同体作出积极贡献。既往关于日本智库的研究大多关注其在日本政治、军事、外交、经济等领域发挥的作用，文章带着中国问题意识，较全面地分析了日本智库在海外文化传播中的作用与影响。

（二）理论和方法特点

日本文化研究一直以来都是以历史学方法为基础，同时兼用比较的方法以及其他学科的研究方法。近些年来，学界在不断推进学科的融合创新，不仅在探讨对日本文化的综合解释模式方面有进展，而且也在不断尝试探讨如何从文化的视角解释日本社会变迁，以及政治经济现象等。2022年，在这方面有一部格外值得推荐的著作是上海人民出版社2022年1月翻译出版的、现任日本同志社大学历史教授乔治·索尔特（George Solt）的著作《拉面：国民料理与战后"日本"再造》。

该著作是一部以食物为切入口探究日本社会变迁的研究性著作，是一碗拉面的成名史，是现代日本的进化论。醇厚、咸香、暖和的热汤拉面于19世纪末引进日本，因明治维新的城市化发展而被视为具有阶级色彩的大众食物。而一个多世纪后的今天，拉面已成为风靡全球的日本饮食标签。该著作以原料窥测国际局势：面粉、肉类、汤头，美国占领后输入大麦，为绝望与饥饿的战后日本带来新生；以制作透视文化象征：手作、慢食、在地特色，借禅意和风去中国化并抵抗西化，诠释传统，重述历史记忆；以消费推理身份认同：果腹、速食、潮流料理，新新食客和多种经营折射社会之变，走向世界，再造"日本"。该书将拉面的逐步流行归因于全球语境下的政治和经济变迁。借助近年解密的战后美国政府档案，及电影、漫画、电视节目、流行文学等多样化的日本历史材料，索尔特揭示了地缘政治局势演变和经济发展、媒体舆论、消费主义对社会生活及饮食的密切影响。

四、存在的问题与未来的发展趋向

篇幅所限，本文仅对2022年国内外公开发表的日本文化各研究领域较具代表性成果做了扼要介绍，对于各类相关学术会议上发表的成果未能顾及。但从笔者所掌握的情况来看，无论是学术期刊公开发表的成果，还是仅在学术会议发表的成果，都存在着一些共性的问题。

首先，研究理论和方法创新不足。以定性的方法为主，研究应然问题的成果较多；有机结合定量与定性的方法、科学地研究实然问题的成果相对少一些。从全球学术生态和学术潮流的层面上来看，学科间的边界日渐消弭，学科交叉思维亦渐趋泛化。学科边界的拓展将丰富我们对学科内涵的想象。落实到日本文化学科亦然，不同代际学者间的交流、不同学科领域的交汇、不同方法论和认识论的交锋，都将不断创生出新的"问题"，推进我们对日本文化研究的任务及其挑战的理解。

日本文化研究未来的发展方向，不仅是从研究理论方法上要积极探讨跨学科的研究方法，还有必要努力开拓研究视野，加强对日本战后历史、思想文化的系统研究，精心撰写融合创新的高质量文章，不断提升日本文化研究的高度、广度和深度。在学科融合创新方面，《拉面：国民料理与战后"日本"再造》这部著作的研究方法颇具启发意义。该书的作者乔治·索尔特出生于日本东京，后随父母迁至美国。2009年在加州大学圣地亚哥分校取得史学博士学位，曾任美国纽约大学历史系助理教授，现为日本同志社大学历史教授。研究领域为当代日本史，关注当代日本政经转型与社会再造之间的关联。该著作的译者李昕彦，是荷兰鹿特丹大学文化经济硕士。旅居德国，从事中英德口笔译。华东师范大学政治与国际关系学院教授、颇有建树的日本文化研究学者李永晶评价道，该著作不仅是一部出色的食物社会学分析，它还揭示了日本社会和文化中许多不为我们所知的秘密。从该著作的作者、译者的学术背景以及国内学界对该著作学术意义的评价来看，不仅说明了文化边际者和亲历者协同作业的重要性，也昭示了一条未来学科融合创新发展的重要路径。

其次，未来日本文化研究不得不面对的人工智能与机器智能赛跑的问题。计算机、互联网的出现为人们进行学术交流和查阅文献带来了极大的便利，也极大地推动了学术的发展。但是，科学技术的进步日新月异，甚至有些超乎人们的想象。自ChatGPT面世以来，人工智能时代正以日新月异的速度向我们走来。ChatGPT不仅仅是一个聊天工具，而且还是一个"生成性AI"。也就是说它会按照人工智能的而非人类智能的逻辑"创造内容"。毫无疑问，这将触及多个领域，其中"生成性革命"必然会极大地改变包括学术论文创作以及其他科研工作的方方面面的问题。教育界已经开始有老师担心学生会使用GPT写作文，教研部门为此在讨论如何适应新技术的到来，对高新科技比较敏感的教育工作者在考虑将AI技术融入今后工作——例如允许学生使用GPT创建第一稿，并在改写中将其个人化。截止到目前，ChatGPT或GPT写文科的学术论文虽未出现，虽然人工智能目前还只局限在模仿阶段，而尚未凸显真正意义上的创新，但恐怕已经为期不远。我们正站在历史性门槛，即将开启一个走向新增长的"智慧觉醒的时代"。如何才能做到不固守陈规旧制，未雨绸缪地学习新知，与时俱进地思考、谨慎地应对探索可能出现的各种情况，这对所有的日本文化研究者而言，都是需要高度重视和认真思考的大问题。

（责任编辑：张梅）

2022年日本历史研究综述

王新生[*]

2022年中国的日本历史研究，总体趋势是在已有研究成果的基础上稳步前行。在具体研究方向和选题上保持多元化的同时，通过扎实的实证研究或新颖的理论思考，产出了不少优秀的研究成果。尤其值得注意的是，2022年是中日邦交正常化50周年，相关学术团体和大学等科研机构举办了多场重要学术研讨会回顾半个世纪以来的中日关系史，多家学术刊物组织专题栏目并发表不少高质量文章，成为该年度日本历史研究界的盛况之一。本文主要介绍2022年发表的相关代表性论文，从几个侧面对2022年度日本历史研究进行回顾和思考，以期增益学界同人的后续研究。另外，受新冠疫情的影响，2020年、2021年的日本历史研究综述缺少日本史学界有关研究的介绍，在此一并加以补充。需要说明的是，由于时间等诸多因素，研究成果的搜集与选择可能挂一漏万，评价也存在不恰当之处，敬请诸位读者谅解。

一、日本学界的研究

（一）"介入式"研究

2020年进入"新冠时代"，各国的对外政策都发生了变化，日本从2021年11月开始实施暂停外国人入境日本的政策，这一段时间被日本民众及媒体称为"令和锁国"政策。从2022年3月开始，因为"锁国"政策经济上备受打击的日本开始逐渐缓和入境政策，直到2022年10月，日本开始大幅度缓和边境管控政策，撤销了入境人数的上限，基本回到了新冠疫情之前的状态。2023年2月10日，日本政府宣布自3月13日起日本民众可以自行选择是否佩戴口罩，似乎宣告了疫情在民众日常生活的结束。同时，全球经济的不景气、世界范围内的紧张国际局势以及局部地区爆发的战争，使封闭性、排他性的情绪在过去几年中弥散到了全球。

由于上述一系列社会新动向足以切入每个人日常生活的变动，日本的历史学研究领域大量涌入了"对现在介入"式的研究。例如，在日本历史学研究会编《新冠时代的历史学》（绩文堂出版2020年版）中对于"是否介入现在"做出了肯定的回答。灾害史、环境史、疾病史也成为近年来日本史研究中的热门话题。古代史领域中，天平时期的天花大流行成为研究的重点，仁藤敦史、市大树等人的论文对天平时期的疫病、治疗、人的卫生意识及灾害中的祭祀行为进行了研究。中世史领域主要集中在瘟疫与宗教信仰的关系上，如小山聪子在《中世前期的疟疾治疗》（《现代思想》2021年第49期）中指出疾病、疟疾的原因被视为疫神和疟鬼、灵狐从而视觉化、人格化的过程，将疾病与宗教、怪异研究联系在一起深化了中世

---

[*] 王新生，北京大学历史学系教授。本文撰写过程中得到首都师范大学历史学院教师崔金柱、北京大学历史学系博士研究生冉力帆的大力支持，在此表示感谢。

社会史的研究。近世史中具有代表性的研究是渡边浩一的《江户灾害史研究的现状与课题》（《关东近世史研究》第87期），该文总结了以江户为中心的灾害研究，并提出了通过灾害史面向全体史的构想。近代史领域中的灾害、环境与疾病史与都市史、全球史结合起来，如初田香成在《都市灾害史研究与疾病》（《都市史研究》2021年第8期）中指出要将现在分散的自然灾害和疾病研究从"都市与灾害、危机"的角度重新在都市史之中进行定位。

（二）断代史研究

史前史部分，在持续进行挖掘研究的基础之上，对于史前时代的社会构造、行动样式和文化进行了更加深入的研究。例如，因2021年进入世界文化遗产名录而备受瞩目的"北海道、北东北的绳文遗迹群"，其相关研究中不仅绳文时代土器的编年、型式、机能和用途受到了关注，土器在墓葬和祭祀中的复原，以及通过遗迹的变迁复原史前人生活的变迁、地域间的联系也成为研究的创新之处。近年来，关于弥生时代研究大量集中在水稻农耕的导入、墓制、战争、两性差别、从环境解读社会变化等研究之上。关于古坟时代出现了一些新的古坟时代观和理论架构。例如，加藤一郎的《倭王权的考古学》（早稻田大学出版部2021年版）讨论了倭王权的动态和古坟时代的社会变化，呈现了古坟时代初期作为中国王朝"亚周边"的倭王权，在钦明天皇时期向着"中心"变化的过程。这一"中心、周边、亚周边"的概念在北条芳隆、小茄子川步、有松唯的《社会进化的比较考古学》（雄山阁2021年版）中进一步扩展成一种世界性视角的议论。

同样，在古代史部分，利用东亚视角也成为研究的重点。近年来，古代日本对外交流的研究不断深化，作为综合性研究，铃木靖民监修的《古代日本对外交流史事典》（八木书店出版部2021年版）中收录了古代日本和中国、朝鲜半岛交流史相关的历史学、考古学、文学等领域的最新研究成果。同时无论是对外交流史还是古代政治史都呈现出了东亚的整体性视角。吉田一彦编的《神佛融合的东亚史》（名古屋大学出版会2021年版），将日本古代"神佛习合"放在了整体的东亚视域之中，进行了相对化的研究。大隅清阳在《"律令制"研究和"公民制"成立论》（载古濑奈津子编《古代日本的政治与制度：律令制·史料·仪式》，同成社2021年版）中指出日本的律令制具有二重构造，一是从魏晋南北朝时期到隋朝中国律令制经由朝鲜半岛传入日本的部分，二是以唐朝律令体系为基准的部分，在此基础之上作者对日本律令制的成立过程进行了多阶段的整理。即通过把东亚整体纳入研究范围的方式，打破了近年来把公民制的成立视为日本律令制成立的论调。

古代史中社会经济史也成为一个新的热点。除了此前提及的关于流行传染病的研究成果以及与此相关的环境史研究，对于古代人的社会经济生活也展开了具体的研究。最具代表性的是针对饮食生活的研究。日本《历史学研究》在2022年10月刊中以"围绕食物的历史"为题刊发了特辑，将饮食作为历史学问题进行考察，指出饮食发挥了在集团内部带来了共同性、在集团外部带来差异性的机能。即在身份制社会之中，饮食具有了身份秩序的确认机能和再生产与他者之间区别的机能。三舟隆之、马场基编的《再现古代之食》（吉川弘文馆2021年版）所收录的论文并没有停留在单纯的饮食生活考据层面，而是深入了古人生活和古代国家构建之间的联系。如马场基的《鲑与古代国家》从渔猎、上供地域和神馔品目之间的关联出发，考察了各地域和古代王权之间的联系。

在中世史和近世史中对村落的研究呈现盛况。《为新的历史学》第 298 号以"中世村落史研究的过去、现在、未来"为题刊登了坂本亮太、高木纯一、热田顺、村上绚一、向井伸哉等人关于中世村落研究的文章。历史学研究大会中世分会也以"日本中世的庄园和村落"为主题，组织了报告大会（《历史学研究》第 1015 号）。热田顺的《中世后期的村落自治形成与权力》（吉川弘文馆 2021 年版）、铃木哲雄的《日本中世的村与百姓》（吉川弘文 2021 年版），藏持重裕编的《日本中世社会与村住人》（勉诚社 2021 年版）、高桥裕文的《中世东国的乡村结合与地域社会》（岩田书院 2021 年版）都是近年来村落史研究的重要成果，其中村落的自治和村落的连续性研究成为中世史中村落研究的重点。

近世史中关口博巨的《近世村落的领域和身份》（吉川弘文馆 2021 年版）探讨了村落社会空间和身份的区别化，将这种无处不在的、带有区分功能的"渗透性"视为近世社会的特质。渡边尚至的《近世的村与百姓》（勉诚社 2021 年版）分析了百姓、领主和其他身份之间的关系，指出非领国地域、分给村落的特色和近世土地所有的特质，其中身份制社会和空间史成为近世史中村落研究的重点。在近世幕政与藩政的研究中，政治空间与地域空间等"空间"与"场域"也成为新的研究突破口。

中世村落和地域社会中的武士（在地领主）也一直是中世史研究的重点。田中大喜编的《中世武家领主的世界》（勉诚社 2021 年版）以石见国高津川·益田川下游流域为范围，阐明了在地域社会中武士所发挥的作用，深化了在地领主论的研究。五味文彦的《武士论》（讲谈社 2021 年版）是多年的研究成果，概观了武士的源流与发展，并评述足利政权是武士、武家政权的最终目的地。室町时代的研究近年来扩大了研究范围，从狭义的政治史研究扩展到了文学、艺术方面。芳泽元编的《室町文化的坐标轴》（勉诚社 2021 年版）及《日本文学研究期刊》第 19 号《室町战国的文艺与史料》是将政治史史料与文学、艺术史史料结合考察的研究成果。具有代表性的是入间田宣夫的《中世奥羽的自我认识》（三弥井书店 2021 年版），在研究中世奥羽地区的人们如何形成自我认识和系谱意识的过程中，不仅运用了近年来发掘与整理的中世古文书、古记录资料，还运用了文学作品，拓宽了传统研究的史料边界。除此之外，近年来考古学与地理学的结合也为中世的"城馆"及都市史研究贡献了诸多成果，如斋藤慎一的《中世东国的信仰与城馆》（高志书院 2021 年版），内堀信雄的《战国美浓的城与都市》（高志书院 2021 年版）等。

日本的近世研究者则在发掘新资料基础上，通过进行史料批判发现新的"事实"，破除种种定式化的通说和视角，对历史叙述进行修补。时代之间的连续性、东洋之中的日本、身份与性别都成为新兴的研究视角。在思想史领域，苅部直和前田勉编的《日本思想史的现在和未来》（鹈鹕社 2021 年版）不限于诸如时代、地域等各种固定的视角，试图再次反思传统的"日本思想史"结构。其中松田宏一郎所写的"从近世到近代"部分，以"把思想史研究从时代区分中拯救出来"为题，试图重新定义"近世"和"前近代"这一类概念。上白石实的《十九世纪日本的对外关系——克服名为开国的幻想》（吉川弘文馆 2021 年版）去除了"开国"的修辞，从海防、护照制度、外国船救助等多种问题意识出发，重新论述了基于"华夷秩序"的近世日本国际性构造直到日英通商航海条约"缓慢"变革的过程，把 19 世纪作为日本自我变革的时代。日本近世史的研究正在试图突破传统的研究定式，打破时间与空间的束缚成为近世史研究的核心。

1972年5月15日冲绳结束了由美军统治的27年历史，2022年时值70周年，但并不意味着冲绳从美军基地彻底解放，战争和占领的记忆也没有随着美军统治的结束而结束。2022年日本《历史学研究》发行特辑"日本复归50年：琉球·冲绳史研究的到达点"，重溯了琉球和冲绳的历史。指出冲绳的占领不仅使得象征"和平宪法"和"高度成长"的日本战后经验相对化，也作为以东亚冷战史为代表、打破地域式研究潮流和日本史研究的汇合点，提示了超越日本、美国、冲绳的结构，在东亚之中重新回到冲绳问题的观点。

近年来作为明治维新150周年总结性成果的著作陆续出版。2020年出版了《"明治"的遗产——围绕近代日本的比较文明史》（密涅瓦出版社2020年版），从政治史、社会史、思想史、建筑史多个方面探讨了明治维新。《肩负明治维新的人们》（密涅瓦出版社2022年版）系列于2022年4月开始出版，有伊藤之雄编著的《维新的政治变革与思想：1862—1895》、铃木淳编著的《经济的维新与殖产兴业：1859—1890》、岩下哲典编著的《"文明开化"与江户的残像：1615—1907》。其中伊藤之雄总结了近年来明治维新研究的特点，其一，将幕末期与明治前期视为统一、连续的发展过程；其二，不再将萨、长藩作为研究的核心，而是转向研究幕府以及其他雄藩联合等；其三，在国际性视野中捕捉明治维新。

（三）思想史研究

因为近些年来国际局势变化以及日本国内保守势力的抬头，日本的历史学家继续对战后日本思想及战后史学进行反思。如《日本史研究》杂志刊行的特辑《读战后历史学的著作》（2021年第708号），出原政雄、望月诗史编著的《"战后民主主义"的历史性研究》（法律文化社2021年版）等。《"战后民主主义"的历史性研究》将"战后民主主义"本身作为"历史性问题"，以"战前日本民主主义的展开"及"战后日本民主主义的诸相"为主题收录了一系列论文。前者通过分析明治时期接受西洋近代立宪主义和民主主义，自由民权运动时期天皇制和民主主义并存以及吉野作造的"大正民主"理论、松尾尊兊的"大正民主"研究，重新思考"明治民主"、"大正民主"与"战后民主主义"之间的关系；后者则以知识人的民主主义论、女性史观点、20世纪60年代对"战后民主主义"的再次思考为对象展开研究。

总结来说，日本史学界近年来在积极应对时代课题的同时，无论在哪个历史时期的研究都展现出打破范式、批判陈说、克服细分的研究趋向，学科交叉与世界、东亚、日本三个视角的转变成为日本史学界通向这些趋向的最重要手段。

二、2022年中国的日本历史研究概况

2022年的日本历史研究成果数量丰富，本文主要梳理对象包括正式期刊论文以及学术会议发表的未刊成果，其基本状况可以概括为以下几个方面。

（一）断代史研究

我国日本史学界最关注的研究时段是近现代史，其次是日本古代史和近世史，对日本中世史的研究略显薄弱。近年来，我国史学界对日本近现代史的研究在日本历史整体领域居主

导地位，例如有关日本明治时期的代表性论文有王卫善、舒健的《日本明治维新时期的军事人才培养》(《军事历史》2022年第1期)，宋时磊的《近代日本同业公会的肇始及一体化组织再造——以茶业组合为例》(《经济社会史评论》2022年第2期)，陈伟的《从〈帝国宪法义解〉看伊藤博文的宪政思想——以其国体观和政体观为中心》(《东北亚学刊》2022年第3期)，王静雪的《近代日本〈产业合作法〉与明治时期农业问题探析》(《晋阳学刊》2022年第3期)，许晓光的《明治日本思想界对劳动者的人文关怀——日本近代社会主义思想产生的前奏》(《社会科学战线》2022年第3期)，吴艳的《日本近代对华陶瓷业调查及其影响研究》(《南方文物》2022年第3期)，宋宁而、姜春洁的《"黑船"冲击与幕末日本的社会因应》(《南开学报(哲学社会科学版)》2022年第5期)，邢媛媛的《大津事件与俄国对日外交危机应对——基于俄国外交档案文件的考察》(《安徽师范大学学报(人文社会科学版)》2022年第6期)，商兆琦的《明治宪法体制下"多头一身"的政权构造》(《史林》2022年第6期)，史少博的《日本近代"公德"与文明》(《兰州学刊》2022年第8期)，林同威的《日本明治维新前后"均田"之议与田制改革思想之变迁》(《史学月刊》2022年第11期)，王新生的《日本明治时期近代化的得与失》(《史学理论研究》2022年第6期)等。

  近代中日关系史是长期以来中国学界着力研究的领域之一，2022年度的研究成果也很多，其中比较具有代表性的论文有刘岳兵的《近代中日关于东北问题的论争》(《南开学报(哲学社会科学版)》2022年第1期)，魏仕俊、郝祥满的《近代日本应对抵货运动的初试炼——以二辰丸事件后日本对外交涉为中心》(《北华大学学报(社会科学版)》2022年第2期)，褚静涛的《1930年代留日学人与战时日本研究》(《日本问题研究》2022年第2期)，李时雨的《甲午战前中日在朝鲜汉江围绕汽船业的博弈(1892—1894)》(《史林》2022年第3期)，李宁的《九一八事变后东北海关被劫与国民政府的因应》(《日本侵华南京大屠杀研究》2022年第3期)，霍耀林的《第一次世界大战的爆发与日本对华外交的展开》(《井冈山大学学报(社会科学版)》2022年第4期)，张而弛的《义和团运动时期日本的对华政策：以杉山彬事件为考察对象》(《东疆学刊》2022年第4期)，黄镔的《南京国民政府对日本渗透华南地区的应对——以福建事变为中心》(《史学月刊》2022年第4期)，张耀杰的《"五四"前后中日新文化界的合作交流》(《社会科学论坛》2022年第6期)，杨宇翔、程志燕的《济南惨案后的抵制日货运动与日本的因应——以日本外务省为中心》(《西南大学学报(社会科学版)》2022年第6期)，库德华的《20世纪上半期马克思主义在中日的译介传播研究》(《外语教学》2022年第6期)，李育民、匡艳的《宗藩之破：中日〈天津条约〉第一款朝鲜撤兵问题考述》(《史学月刊》2022年第7期)，孙锋的《黎兆棠与1875年中日修约交涉述论》(《中国国家博物馆馆刊》2022年第10期)等。

  战时日本国家控制与动员以及战后右翼势力研究也在一定程度上受到学界重视，代表性论文有史桂芳的《侵华战争时期日本民间智库的活动与影响——以昭和研究会为核心的考察》(《安徽史学》2022年第1期)，李亚航的《侵华战争时期日本〈电影法〉研究》(《日本侵华南京大屠杀研究》2022年第2期)，庞宝庆的《战时财政视阈下的日本黄金政策(1931—1945)》(《江汉论坛》2022年第6期)，谢任的《战争遗迹与精神动员：作为战时日本集体记忆的南京光华门》(《日本侵华南京大屠杀研究》2022年第4期)，孙宝坤的《日本"修宪"

思潮的历史演变》(《华中师范大学学报（人文社会科学版）》2022 年第 1 期)、张建立的《21 世纪日本民粹主义的特点》(《东北亚学刊》2022 年第 3 期)、牟伦海的《从"生长之家"到"日本会议"：战后日本右翼势力的演变》(《世界历史》2022 年第 5 期)、丁诺舟、张敏的《当代日本右翼势力的"历史战"及其社会影响》(《世界历史》2022 年第 5 期)、张跃斌的《从调查数据看日本对华负面舆论的原因及其变化的可能性》(《东北亚学刊》2022 年第 6 期)、刘燕、孙立祥的《日本右翼史观的发展演变与生成逻辑》(《南京社会科学》2022 年第 12 期)等。

有关日本古代史和近世史的研究成果也不少，但偏重日本对中国制度文明、文化技术等领域的吸收与借鉴，代表性论文有江新兴的《日本古代社会的养老政策探析》(《内蒙古师范大学学报（哲学社会科学版）》2022 年第 1 期)、娄贵书的《日本 7 世纪的内外危机与天皇制的构建》(《贵州大学学报（社会科学版）》2022 年第 2 期)、张维薇的《回顾与前瞻：日本遣唐使阿倍仲麻吕研究评述》(《日本问题研究》2022 年第 2 期)、张伟、韩宾娜的《从藤原京到平城京——日本古代都城形制的演进过程研究》(《外国问题研究》2022 年第 2 期)、李怡文的《九世纪中后期中日间的僧商互动——以〈风藻钱言集〉与"唐人书简"为中心》(《海交史研究》2022 年第 3 期)、郭娜的《古代日本移植唐〈户令〉乡邻诸法之研究》(《日语学习与研究》2022 年第 3 期)、潘伟利的《日本古代贡举对唐制的模仿与分解》(《中国文化研究》2022 年第 3 期)、钱露露、叶磊的《再论古代日本的稻作农耕——基于农业技术交流的视角》(《农业考古》2022 年第 3 期)、杨敬娜的《古代日本"歌垣"形式考析——以古代中日交流史为视角》(《日语学习与研究》2022 年第 4 期)、金洪培、王丹丹的《日本平安时代的海难救助政策》(《外国问题研究》2022 年第 4 期)、霍君的《日本天狗形象演化中的中日文化交涉》(《日语学习与研究》2022 年第 5 期)等。

对日本近世史的研究仍然以思想史领域为主，其中代表性论文有许晓光的《17—19 世纪日本的皇权主义思想》(《历史研究》2022 年第 1 期)、窦兆锐的《近世日本知识界的〈韩非子〉受容——以山鹿素行为中心的考察》(《首都师范大学学报（社会科学版）》2022 年第 2 期)、窦兆锐的《"日本中华思想"的理论建构与历史影响——以山鹿素行为中心的考察》(《社会科学战线》2022 年第 3 期)、高伟的《朱熹人欲思想在日本近世的误读——以古学派对"无欲说"的批判为线索》(《四川大学学报（哲学社会科学版）》2022 年第 3 期)、瞿亮的《18—19 世纪东亚贸易转型与日本内外意识的嬗变》(《外国问题研究》2022 年第 4 期)、顾卫民的《16—17 世纪日本南蛮绘画屏风和地图屏风》(《国际汉学》2022 年第 4 期)、侯雨萌的《江户儒者"王霸之辨"诠释中的"位""道"之争》(《世界历史》2022 年第 4 期)、万丽娜的《中国法典对近世日本的影响——以〈大明律〉为例》(《湖北社会科学》2022 年第 5 期)等。

对日本中世史的研究略显薄弱，代表性论文有马藤的《日本中世国家与寺社》(《日本问题研究》2022 年第 2 期)、康昊的《政治神学视域下的日本中世王权——祭司王与德治君主的属性复合》(《古代文明》2022 年第 3 期)、王安琪的《日本古辞书"倭玉篇"考述》(《湖南第一师范学院学报》2022 年第 4 期)、赵莹波的《浅谈宋朝时期日本"渡海制"禁令下的"派遣僧"与"偷渡僧"》(《史林》2022 年第 5 期)、魏志江的《东亚视域下的三别抄抗蒙战争与蒙丽日三国关系》（《贵州社会科学》2022年第12期）等。

（二）专题研究

日本侵华史与中国抗战史受到学者的关注最多，同时前近代时期中日文化交流史也有不少新成果发表。代表性论文有万亚萍的《从"文明象征"到侵略利器：近代日本在华图书馆的职能嬗变》（《北华大学学报（社会科学版）》2022年第1期），李理的《20世纪初日本谋划侵占中国南沙群岛之考察》（《军事历史研究》2022年第1期），刘萍的《性别维度下的"慰安妇"问题研究及其限界》（《史学理论研究》2022年第1期），田燕飞的《〈申报月刊〉对日本侵华问题的关注与探讨（1932—1935年）》（《社会科学论坛》2022年第2期），臧运祜的《"二十一条"与日本侵华战争》（《日本侵华南京大屠杀研究》2022年第3期），叶磊的《鸭绿江采木公司与日本对东北林业生产的殖民介入（1908—1931）》（《近代史研究》2022年第3期），陈健行的《吉见义明与"慰安妇"问题研究》（《史林》2022年第4期），黄攀为的《近代日本对四川经济侵略的代表——新利洋行初探》（《文史杂志》2022年第4期），李少军的《论巴黎和会后日本在山东势力的维护与扩张（1919—1931）》（《近代史研究》2022年第5期），邵红梅、嵩飞的《全面抗战爆发前日本对长芦盐区的侵扰》（《河北青年管理干部学院学报》2022年第5期），邱月悦的《1920—1940年代日本"东方文化事业"经费支出研究》（《佳木斯大学社会科学学报》2022年第6期），戴宇、王广源的《太平洋战争爆发前后日本学界发动的思想战论析——以两次座谈会为中心》（《吉林大学社会科学学报》2022年第6期）等。

中日之间有长达两千多年的文化交流史，其中在前近代的绝大多数时间里中原王朝的各种典章制度、文物技艺哺育促进了日本文化的发展，2022年在这一领域的主要代表性论文有李文明的《〈通航一览〉对中国浙江与日本交流史事的录撰》（《宁波大学学报（人文科学版）》2022年第2期），梁中效的《元代日僧雪村友梅的蜀道之旅研究》（《唐都学刊》2022年第2期），袁祯清、宋伟的《宋元时期蒸青制茶技艺东传及发展考略》（《中国农史》2022年第3期），孙凯的《明清长崎贸易与闽南文化东传——以福济寺的变迁为中心》（《佳木斯大学社会科学学报》2022年第3期），李铭敬、王荟媛的《〈盂兰盆经疏新记〉日本流传考》（《烟台大学学报（哲学社会科学版）》2022年第4期），王荟媛、李铭敬的《试论〈盂兰盆经疏〉在日本的传播与接受》（《中华文化论坛》2022年第5期），丁雨琪的《论日本遣唐使团在唐代文明传播中的作用》（《唐都学刊》2022年第6期），[日]国芳雅美子、李良松的《从飞鸟、奈良、平安时代医药状况论鉴真东渡》（《中华中医药杂志》2022年第11期）等。

（三）"纪念中日邦交正常化50周年"相关研究

以纪念中日邦交正常化50周年为契机，2022年，众多学术团体和研究机构纷纷召开专题研讨会，全面回顾了新中国成立以来中日两国在政治外交、经济文化等领域从隔离到接触，再到全面融通交往的历史进程。7月23日，由中国中日关系史学会、首都师范大学东亚历史研究中心主办，北京市中日文化交流史研究会、北京大学东北亚研究所承办的"休戚半世纪——纪念中日邦交正常化50周年学术研讨会"在北京召开。国内数十位学者分别就政治外交与中日关系、经济文化与中日关系、中日关系史等主题进行了深入研讨，其中北京大学国际关系学院贾蕙萱发表的题为"讲述我亲历的中日两国恋爱、结婚、蜜月——忆那时中国的对日外交"的报告,结合其自1966年开始在中日友好协会工作20余年的经历与感悟,回顾了新中国成立至1978年中日和平友好条约签订期间中国领导人的对日外交活动与思想,并以"宽容获得尊重,仇恨孤立自我"为结语。中国外文局亚太传播中心总编辑王众一发表的《〈人民中国〉：从创刊到见证邦交正常化》,以1953年6月创刊的日文版《人民中国》杂志为例,全面梳理了从创刊到见证中日邦交正常化关键节点的重要版面,以独特的视角展示了时代发展演进过程中大国博弈因素和日本政府因素对"以民促官""官民互动"直至实现邦交正常化历史进程的影响,以及新中国成立以来我国既坚持原则又积极灵活掌握主动开展对日工作的主要脉络。南京大学历史学院陈海懿发表的《中日邦交正常化前后的钓鱼岛问题处置——基于英国档案的考察》,通过解读英国外交档案关于中日复交前后的钓鱼岛问题等内容,可以发现,英国积极关注钓鱼岛争端再现了钓鱼岛存在主权与资源相互缠绕的"争议"历史；英国"避免介入"钓鱼岛争端的立场是其在重视东亚的传统性与退出东亚的无奈性之间纠结的历史表征。英国关于"搁置争议"的关注与评议不仅反映出中国政府"搁置争议"策略的智慧,而且在一定程度上表明"搁置争议"是一项"国际性"共识。

8月18日,中华日本学会联合中国社会科学院日本研究所、北京大学国际关系学院举办"邦交正常化50周年：中日关系回顾与展望学术研讨会",对50年来的中日关系变迁进行了梳理,围绕政治、经济、外交等各抒己见,探讨中日关系未来发展。与会学者指出,应从时代高度,以大视野、大胸襟应对当前国际形势与中日关系,将中日关系的曲折动荡化为激励我们加快发展的动力。8月27日,中国社会科学院主办"重温初心,面向未来——纪念中日邦交正常化50周年国际学术研讨会",从历史与现实维度对中日关系各领域发展的历程、现状、经验等展开深入分析。会上,前中国驻日大使程永华在主旨演讲中指出,50年前两国老一辈领导人以高超的战略智慧和非凡的政治勇气,作出邦交正常化的重大决断,产生了深远影响。政治上,迄今中日双方达成了四个政治文件和四点原则共识,成为50年来中日关系总体向前发展的政治基础和框架；经贸上,中日互利合作有力地推动了两国各自发展,互为重要的合作伙伴；人文交流上,两国在地方、文化、教育、媒体、青少年等领域交流合作取得丰硕成果。历史和现实充分证明,保持中日关系长期健康稳定发展不仅符合两国和两国人民的根本利益,也有助于维护亚洲乃至世界的和平稳定与繁荣。9月24日,上海交通大学日本研究中心主办"上海交通大学纪念中日邦交正常化50周年学术研讨会"；9月25日,上海市日本学会与上海市欧美同学会留日分会主办"不忘初心 面向未来——纪念中日邦交正常化50周年研讨会"；11月27日,中国日本史学会主办了"中日邦交正常化50周年纪念学术研讨会"。

三、2022年日本历史研究的重点领域

2022年中国学界对日本历史的研究,无论是在数量上还是在质量上都取得了令人欣喜的成果,回顾一年来的学术热点对于把握前沿动态、增进学术同行间的交流与互动,从而进一步推动中国日本历史研究的发展具有重要意义。总体看来,2022年的研究热点仍集中在日本近现代史领域,主要包括以下三个方面。

（一）近代日本外交史研究

日本外交史在研究界始终是热门领域。2022年关于这一课题的研究，在继承一直以来注重日本与大国间双边外交的传统的同时，还对多边外交问题给予了一定关注。

在日本对华外交史方面，张而驰在《义和团运动时期日本的对华政策：以杉山彬事件为考察对象》一文中以义和团运动时期日本在驻华官员杉山彬被杀后的外交处理过程为考察对象。作者认为这一时期日本的外交方针一开始是保持与欧美列强共进退，但随后认识到其在八国联军中出力甚多影响力上升，对华政策主动性增强，不仅坚持将己方诉求载入《辛丑条约》，还主动对清政府采取拉拢手段，并取得一定成果。文章在"亚洲主义"与"脱亚入欧"的思想论争脉络下提出，1900年前后日本的对华外交政策游移在"战"与"和"之间，体现出近代中日关系的复杂性。[1]魏仕俊、郝祥满的《近代日本应对抵货运动的初试炼——以二辰丸事件后日本对外交涉为中心》一文以1908年"二辰丸事件"引发的中国首次抵制日货运动中，日本方面的外交政策与应对手段为研究对象，指出日本首次应对抵制日货运动一时失措，随即调整策略开展对外多方交涉活动。然而，日本对清政府的交涉收效甚微。日俄战后日英关系的降温与抵制民意难犯，使英国对日态度不即不离，日英交涉难言成功。同时，日本试图通过威逼利诱革命党与保皇派来扼杀中国民意，但实际民间交涉扑朔迷离，日本所虑终成妄想。[2]霍耀林在《第一次世界大战的爆发与日本对华外交的展开》一文中以第一次世界大战爆发后日本对华外交政策为考察对象，通过综合分析日本陆军、内阁及外务省、日本国民外交同志会、中国北洋政府等主体的政策与行动，以及多方之间的互动竞合，指出日本将"一战"爆发视为在中国扩张权益的绝佳时机，持稳重态度的外务省地位不断恶化，其制定、讨论外交政策的职责也被剥夺，逐步成为内阁决议事项的执行机构，对外强硬派在对华问题上占据主导，最终将各派意见综合形成了"对华二十一条"。[3]

在日美外交史方面，张慧卿的《日军对长江下游地区美国教会医院的侵害与美日交涉（1937—1939）》一文考察了日本全面侵华初期，日美之间围绕日军侵害长江下游美国教会医院权益问题展开的外交交涉。文章认为，两国在相关损害事件交涉过程中，皆曾表现出克制、"理性"、各有进退的态度，极力避免美日关系陷入僵局。但随着侵略的扩大，日本军政当局日渐暴露出独霸中国的狂妄野心及外交短视行为使美日在华利益冲突逐步升级，并引发在华美国传教士及教会团体的强烈不满。他们通过各种渠道影响美国的公众舆论，成为促使美国政府着手调整远东战略的因素之一。[4]郭渊的《日占南沙与美国的外交应对》分析了1939年3月日本侵占中国南沙群岛后日美围绕此事件的外交交涉，尤其是美方的政策。文章指出日本在向美国通报兼并南沙的"理由"，美国因自身利益未直接受损，且受对日奉行妥协立场、不

---

[1] 张而驰：《义和团运动时期日本的对华政策：以杉山彬事件为考察对象》，《东疆学刊》2022年第4期。
[2] 魏仕俊、郝祥满：《近代日本应对抵货运动的初试炼——以二辰丸事件后日本对外交涉为中心》，《北华大学学报（社会科学版）》2022年第2期。
[3] 霍耀林：《第一次世界大战的爆发与日本对华外交的展开》，《井冈山大学学报（社会科学版）》2022年第4期。
[4] 张慧卿：《日军对长江下游地区美国教会医院的侵害与美日交涉（1937—1939）》，《日本侵华南京大屠杀研究》2022年第4期。

愿卷入南海问题等因素的影响，始终未采取实质性抗议和反制手段。这种姑息态度对南海局势造成了消极影响。① 董大亮、冯叶妮的《二战爆发前美国对日本在南海地区扩张行动的反应》一文同样关注了美国对日本侵占中国海南岛及南沙群岛的外交态度，并认为日本宣布吞并南沙群岛后，美国政府也并未在第一时间做出反应。美国对日本在南海地区扩张行动的回应依然属于对日绥靖政策的一部分，这也是由美国对南海地区的军事价值判断不足、军事实力相对有限以及"中立政策"的影响等因素共同决定的。②

在日英外交史方面，王小欧在《英国对英日通商态度探析（1844—1854）》一文中以英国在鸦片战争后未以同样方式叩开日本大门为主要问题意识，作者认为英国对日通商的要求并不迫切，如通过武力叩开日本国门，虽能够带来收益，但与为此将要付出的代价相比，却得不偿失。于是，在1844—1854年的利益评估与利弊权衡中，英国的对日通商计划始终处于被舍弃状态。③ 韩永利、王营宝的《英国对日本侵蚀南沙群岛的应对（1937—1938）》对日本侵占中国南沙群岛前夕的外交与军事应对进行了详细梳理，指出从1937年到1938年，英国实际上已对日本不断侵蚀南沙群岛的举动极为警惕和重视，主要采取了多方面的应对举措。不过，英国的利益考量主要是维护自身在亚太的殖民利益和欧亚海上航线安全，最终未阻止日本对南沙群岛的占领。④

在日俄（苏）外交史方面，邢媛媛的《大津事件与俄国对日外交危机应对——基于俄国外交档案文件的考察》一文以1891年日俄围绕"大津事件"的外交谈判及其背后政策考量为研究对象。通过对大量沙俄时期外交档案的爬梳，作者指出俄国出于国家整体外交目标和远东政策的战略考量，采取了比较灵活的应对措施。该事件顺利平息，俄日关系很快回到睦邻友好的传统轨道。俄国的危机应对体现出俄国对俄日关系的重视，但也暴露出对日本的傲慢与轻视。对俄日关系的"重视"与对日本的"轻视"构成这一时期俄国对日外交的特点。⑤ 吴启睿的《〈苏蒙互助议定书〉与中日苏外交博弈》一文以1935年后日苏中围绕外蒙的战略与外交博弈为研究对象，使用中、日、苏多方档案文献详细梳理了苏联跳过中国政府与外蒙当局签署《苏蒙互助议定书》所引发的三国间外交对抗与交涉。在此过程中，日方对中苏关系产生严重误判，将国民政府的亲日表现视为中苏默契的产物。在对苏、对华政策高度关联的认知下，日本为摆脱对苏备战困境，急于从中国寻找破局之道，出台了更为强硬的对华政策，中日冲突的全面爆发不可避免。⑥ 刘夏妮的《"日苏睦邻合作条约"构想探析》以冷战中期苏联为缓和对日外交，提出了作为缔结和平条约前"中间措施"的"日苏睦邻合作条约"构想以及两国就此构想的外交攻防为研究对象，指出在冷战结构变动期大背景下日苏两国在双边

---

① 郭渊：《日占南沙与美国的外交应对》，《历史教学问题》2022年第1期。
② 董大亮、冯叶妮：《二战爆发前美国对日本在南海地区扩张行动的反应》，《内蒙古民族大学学报（社会科学版）》2022年第2期。
③ 王小欧：《英国对英日通商态度探析（1844—1854）》，《长春师范大学学报》2022年第3期。
④ 韩永利、王营宝：《英国对日本侵蚀南沙群岛的应对（1937—1938）》，《军事历史研究》2022年第1期。
⑤ 邢媛媛：《大津事件与俄国对日外交危机应对——基于俄国外交档案文件的考察》，《安徽师范大学学报（人文社会科学版）》2022年第6期。
⑥ 吴启睿：《〈苏蒙互助议定书〉与中日苏外交博弈》，《抗日战争研究》2022年第1期。

关系中的诉求分歧巨大，尤其是"北方领土问题"让两国难以实现关系突破。两国在一系列交涉中虽然存在暂时性的关系缓和，但未能推动两国外交关系的真正进步。①

在日德外交史方面，李朋、罗一焜的《1941年纳粹德国对日政策的调整及其影响》一文利用多国档案考察和分析了《德日意三国同盟条约》签订后纳粹德国对日政策的三次调整，指出德国对日政策的直接目标由"利用日本牵制美国"转变为"鼓动日本对美国作战"，并分析了政策转向的原因。从结果来看，虽然德国在拉拢日本共同对付美国的政策上取得了成功，但促成了世界反法西斯同盟的形成，从而加速了自身的败亡。②

在日本参与的多边外交史研究方面，代表性论文是鹿锡俊的《从日德防共协定到中苏绝对密件的多边博弈及影响（1936.11—1937.8）》一文，从中、日、德、苏多边外交互动的视角，主要对日本全面侵华战争爆发前夕此四国的外交理念和政策进行了细致分析。③

（二）近代日本对华调查问题研究

明治维新后日本在构建殖民帝国的进程中，极为重视对其吞并、殖民、渗透和占领的区域进行各种层面的田野及文献调查。如早在1879年吞并琉球前后，明治政府即对琉球开展针对性的"旧惯"调查，并形成了大量文献资料。④此后，日本在殖民中国台湾、朝鲜，以及侵华战争时期对各占领区都进行了计划性、组织性极强的调查。近年来，国内整理出版了大量日本对华调查资料，为学界研究提供了丰富的文献，从而令近代日本对华调查问题日益受到学者们的关注。该问题也成为2022年中国日本历史研究领域的热点之一。

费驰、孟二壮的《近代在华日本商业会议所对中国经济调查研究》一文以在华日本商业会议所对中国进行的经济调查为研究对象，并指出日本商业会议所的调查活动一方面助推了日本国内经济和对外贸易的发展，另一方面也揭示出，它们在"合法"身份掩护下，通过提供"秘密"经济情报及建议对策等活动，配合支持日本军事和殖民侵略活动。⑤

逄增玉的《近现代日本的"满洲风土"暨自然与社会文化调查书写评析》一文研究了日俄战争至二战结束30余年时间里，日本对中国东北进行的所谓"满洲风土"的调查、书写与刊行，指出其总体性质和目的是为日本侵略中国的政治"国策"服务，但对国内边疆史地研究和地方志修撰也具有借鉴价值，因此可在历史唯物主义立场下甄别利用。⑥

石嘉的《抗战时期上海自然科学研究所在中国的调查与研究》一文以日本利用庚子赔款创办的上海自然科学研究所为案例，分析其在开展"纯粹学术研究"名义下刺探搜集中国资源与文化情报的侵略行径，指出该研究所在全面侵华战争时期蜕变为日本侵华的工具，为日

---

① 刘夏妮：《"日苏睦邻合作条约"构想探析》，《历史教学问题》2022年第2期。
② 李朋、罗一焜：《1941年纳粹德国对日政策的调整及其影响》，《世界历史》2022年第3期。
③ 鹿锡俊：《从日德防共协定到中苏绝对密件的多边博弈及影响（1936.11—1937.8）》，《抗日战争研究》2022年第1期。
④ 关于明治日本对琉球的调查，代表性研究有：平良勝保『近代日本最初の「植民地」沖縄と旧慣調査（1872—1908）』、藤原書店、2011年。
⑤ 费驰、孟二壮：《近代在华日本商业会议所对中国经济调查研究》，《史学集刊》2022年第4期。
⑥ 逄增玉：《近现代日本的"满洲风土"暨自然与社会文化调查书写评析》，《社会科学辑刊》2022年第2期。

军侵占中国领土起过"重要指导作用"。①

费驰的《清末日本对鸭绿江浑江流域的秘密侦察——以三浦稔的〈复命书〉为中心》一文对1907年以日本间谍三浦稔对鸭绿江及其最大支流浑江流域进行侦察活动以及其提交的《鸭绿江浑江两江流域视察复命书》进行了考察分析。作者指出该《复命书》对中国边境要地的军事、资源、商贸、农业、交通等进行了广泛刺探，具有较高情报价值。透过《复命书》可管窥近代日本人在中国边疆的秘密调查侦察活动及其对日本制定侵华政策的重要影响。②

孙波的《日本外务省及驻华领事馆对红军的调查研究（1928—1932）》一文主要利用日方档案资料，考察了1928—1932年日本外务省及驻华领事馆对红军情报搜集工作、内容及认识，并分析了其特点和目的。作者指出通过这些调查，日本逐步认识到红军的诞生、成长及发展是中共领导中国革命的现实需求和历史必然。③

（三）日本占领区（沦陷区）研究

日本占领区（沦陷区）研究是日本侵华史与中国抗战史领域的重要组成部分。侵华战争时期日本在中国本土的占领区，主要有东北（伪满洲国）、华北（包括蒙疆）、华中（长江中下游地区）和华南等地区。近年来，随着对各地方档案以及海外资料的收集与利用，我国学界对日占沦陷区的研究不断深化，优秀成果层出不穷。2022年我国学者对东北地区的关注尤多，首先在经济掠夺领域，曹雯在《日俄战争后日本在奉天的早期"经营"》一文中指出奉天在日俄战争以后发展成为日本殖民东北的重地之一。日本殖民机构通过各种经营改造活动，试图在短时间内建造起一个奉天中的"日本人城市"，并以它为中心将殖民活动伸向东北的腹地。④ 虞文俊、黄萃的《殖民统治下的伪满洲国纸荒问题研究》一文以全面抗战爆发后伪满洲国出现的白报纸短缺导致的纸荒问题以及日本与伪满当局的因应为考察对象，指出其背后的原因是日本的资源掠夺使得伪满缺乏自我调节报业用纸的能力，畸形的国际贸易使得伪满报业用纸依赖日本的资源分配，本质上遵从一种殖民政治运作的逻辑。⑤

喻大华、赵亮、闫海的《日本对鞍山钢铁基地产业控制的历史考察（1916—1945年）》一文根据产业链、产业组织的相关理论，剖析了1916—1945年日本对鞍山钢铁产业基地从鞍山制铁所时期到昭和制钢所时期的产业控制方式，指出日本对鞍山钢铁基地的产业控制，本质是日本国家垄断资本主义在中国东北实施的经济统制在钢铁产业的具化，其目的是最大限度地攫取和掠夺鞍山的钢铁资源。⑥ 在文化奴役领域，谷丽伟的《"关东州"及满铁附属地公学堂历史教科书的变迁》一文详细考察了日俄战争后日本在其东北殖民地以及占领区域内初

---

① 石嘉：《抗战时期上海自然科学研究所在中国的调查与研究》，《日本侵华南京大屠杀研究》2022年第1期。
② 费驰：《清末日本对鸭绿江浑江流域的秘密侦察——以三浦稔的〈复命书〉为中心》，《吉林师范大学学报（人文社会科学版）》2022年第3期。
③ 孙波：《日本外务省及驻华领事馆对红军的调查研究（1928—1932）》，《日本侵华南京大屠杀研究》2022年第2期。
④ 曹雯：《日俄战争后日本在奉天的早期"经营"》，《清华大学学报（哲学社会科学版）》2022年第3期。
⑤ 虞文俊、黄萃：《殖民统治下的伪满洲国纸荒问题研究》，《新闻大学》2022年第4期。
⑥ 喻大华、赵亮、闫海：《日本对鞍山钢铁基地产业控制的历史考察（1916—1945年）》，《辽宁师范大学学报（社会科学版）》2022年第3期。

等教育历史教科书的编纂与使用变迁，指出日本当局试图通过历史教科书的灌输，扶植亲日势力，进而切断东北与中国其他地区的联系，将中国东北历史与日本历史嫁接，其侵略满蒙的野心昭然若揭。①

徐志民的《日本政府的伪满留日学生政策》一文以"九一八"事变后日本政府选派、培养伪满洲国学生赴日留学政策为考察对象，指出日本政府既通过常规的课程教学传授科学文化知识和技术，也灌输亲日思想，以培养"日满融合"的"楔子"，服务于日本在中国东北的殖民统治和侵华政策，展现其"以华制华""分而治之"，吞并中国东北的战略企图。② 此外，戴宇、柳泽宇的《关东宪兵队特务系统在东北沦陷区实施的情报搜集活动——以对中国共产党东北党组织的情报搜集活动为中心》一文主要使用吉林省档案馆藏关东军"思想对策"档案，考察了具体负责实施该政策的关东宪兵队特务系统针对中国共产党东北党组织的情报搜集活动，指出了这一活动对中国共产党东北党组织的破坏性和局限性。③

在华北沦陷区研究方面，张利民、刘凤华的《抗战期间日本对长芦盐的统制与掠夺》一文对日本占领时期的长芦盐场经营体制与生产状况进行考察，认为日本通过恢复、改良和新建盐田，增设洗涤盐工厂及设备等多种方式保证原盐生产和运输，其目的是最大限度地掠夺华北的资源，以维持不断扩大的侵略战争。④ 邵红梅、蒿飞的《全面抗战爆发前日本对长芦盐区的侵扰》一文同样关注日本对长芦盐场的觊觎与侵扰，指出全面侵华前夕日本以军事震慑的行径，通过经济手段扰乱盐区正常的经济秩序，进而将势力渗透到长芦盐区，实现了其经济目的。⑤ 耿殿龙的《日军在河北农村的碉堡生活（1941—1945）》一文重点关注了1941—1945年日军在河北农村碉堡内的生活，指出日军在河北农村的碉堡生活逐步趋于枯燥乏味甚至绝望，难以为继。最终随着中共领导的河北抗日武装的反攻而趋于崩塌。⑥

在华东沦陷区特别是经济富庶的江南地区方面，周东华、黄梦迪的《另一种"宣抚"：杭州沦陷初期外侨对日交涉与日军因应》一文关注了杭州沦陷后旅居于此的欧美外侨与日本占领军及傀儡政权之间的交涉问题，作者认为外侨们凭借条约特权，利用宗教信仰，向日军谋求正常活动的权利且取得一定成效，但对于这些"成效"不应评价过高。日军的"形式主义"调查和对外侨的宽容与许可，本质是日军统治沦陷区的隐蔽"宣抚"手段。⑦ 赵岩、李彭元的《抗战期间江南地区被掠文献的去向》一文主要考察了日军攻占上海、南京、杭州、苏州、镇江等地后掠夺的江南地区文献的去向问题，作者指出许多重要文献被运到日本，部分被日军视为"违禁"的书籍予以销毁，还有一些文献"归还"汪伪政权后被"分让"给日伪机构，

---

① 谷丽伟：《"关东州"及满铁附属地公学堂历史教科书的变迁》，《外国问题研究》2022年第4期。
② 徐志民：《日本政府的伪满留日学生政策》，《近代史研究》2022年第2期。
③ 戴宇、柳泽宇：《关东宪兵队特务系统在东北沦陷区实施的情报搜集活动——以对中国共产党东北党组织的情报搜集活动为中心》，《史学集刊》2022年第5期。
④ 张利民、刘凤华：《抗战期间日本对长芦盐的统制与掠夺》，《盐业史研究》2022年第2期。
⑤ 邵红梅、蒿飞：《全面抗战爆发前日本对长芦盐区的侵扰》，《河北青年管理干部学院学报》2022年第5期。
⑥ 耿殿龙：《日军在河北农村的碉堡生活（1941—1945）》，《日本侵华南京大屠杀研究》2022年第1期。
⑦ 周东华、黄梦迪：《另一种"宣抚"：杭州沦陷初期外侨对日交涉与日军因应》，《历史教学问题》2022年第1期。

只有少部分战后归还中国。①

四、2022 年中国的日本历史研究的新特点

(一) 概念史的新尝试

概念史（history of concepts）是随着语言学转向而兴起的史学研究领域，自 20 世纪后半期以来备受国际学术界关注。近年来部分学者积极将其引入中国，并形成了一定的成就和影响力。目前国内学界对概念史手法的具体应用虽多集中于中国近代史领域，但也有少数日本史学者尝试使用该方法展开研究。例如，董灏智的《日本明治前期知识界接受西方"民族"概念的思想远因——以"日本优越论"为核心》一文指出，明治初期，日本知识人在引进和使用"民族"概念的过程中，直接把"日本优越论"置于其中，进而创造出"日本民族""大和民族"等词语，从中突出强调日本民族自古以来所形成的"优秀"特征。表面上看，这一思想的形成与以志贺重昂为代表的国粹主义密切相关，但事实上，由于明清鼎革和明末赴日乞师者的影响，江户前期的山鹿素行、山崎闇斋等人先后从日本皇统、日本水土两个特性构建了"日本优越论"。此后，该理论不止成为江户后期本多利明、佐藤信渊以及吉田松阴对外扩张设想的"思想动因"，还影响了明治前期日本知识人对西方"民族"理念的接受和使用。②

王旭的《日本侵华造词"满蒙特殊权益"分析》一文指出，"九一八"事变前后，以信夫淳平为首的日本御用学者将"特殊利益"与"特殊权利"合称，"制造"出"满蒙特殊权益"一词，以此渲染日本在中国东北和内蒙古东部的不同于一般或共同"条约特权"的特权。信夫淳平将"特殊权益"所在地等同于"特殊利害关系地域"，在等同势力范围（利益范围），日本追求"满蒙特殊权益"在传统国际法领域"合法化"的逻辑自洽就这样建立了。"满蒙特殊权益"本身就侵犯了中国领土主权、司法权、行政权、军事权等权益，因此日本对于"满蒙特殊权益"一词的种种解释和论证分析，不过是日本对于中国东北和内蒙古东部地区不同于"九一八"事变武力侵略的一种隐蔽侵略手法而已。③

刘孟洋的《从文本比对看马克思主义术语的中日共享与创出——以陈望道译〈共产党宣言〉为例》一文以陈望道译《共产党宣言》为语料，通过与日文底本比对，考察我国马克思主义术语的早期生成与日语文本之关联。作者指出陈译本中有 70% 的马克思主义术语与日文底本及日本早期社会主义出版物的术语形态相同，同时还有 30% 的新创词。这说明在马克思主义基本概念转换为汉语的早期阶段，中日间存在着较高的共享关系。新创词既有译者陈望道的个人贡献，也吸收了当时中国知识界的成果。因此，共享与创出在我国马克思主义术语体系的形成过程中发挥了重要的作用。④

---

① 赵岩、李彭元：《抗战期间江南地区被掠文献的去向》，《图书馆论坛》2022 年第 7 期。
② 董灏智：《日本明治前期知识界接受西方"民族"概念的思想远因——以"日本优越论"为核心》，《清华大学学报（哲学社会科学版）》2022 年第 5 期。
③ 王旭：《日本侵华造词"满蒙特殊权益"分析》，《历史教学》2022 年第 10 期。
④ 刘孟洋：《从文本比对看马克思主义术语的中日共享与创出——以陈望道译〈共产党宣言〉为例》，《辽宁师范大学学报（社会科学版）》2022 年第 4 期。

（二）积极关注和引介日本学界研究动态与方法

冷战后期开始，日本史学界逐渐对以马克思唯物史学为代表的战后历史学若即若离，并在后冷战时代出现警惕宏大理论但积极吸收欧美最新史学方法的学术氛围。与之类似，21世纪以来的中国日本史学研究者对历史理论与方法论的探讨也热情不减。近年来这一趋势有所加强，引进和介绍日本最新的史学研究动态与方法的优秀成果不断涌现。

张跃斌的《近年来日本学界近现代史研究中的若干动向》一文指出，日本近现代史学界对于侵略战争的阐释一直处于动态的变化之中，但近些年来变化更为剧烈，甚至出现了方向性的调整。一些日本学者试图在"九一八"事变、卢沟桥事变、太平洋战争等近现代史一系列重大历史问题上提出新的框架、新的思路，但其中相当一部分研究没有走向深入，而是走上了歧途：或者刻意模糊甚至忽略历史事件的背景，或者无端制造"持异见者"或者"反对派"，或者不动声色地将战时宣传材料"史料化"，等等。他们在相关研究上表现出来的这些动向，有着复杂而深刻的根源：民族主义情绪和优越意识，将历史认识问题与国家利益相关联，以及对国内右翼势力的屈从和迎合。作者认为，对于这些动向，中国学界应该提高警惕，加强揭露和批判，并着力在相关领域构建具有穿透力、影响力的话语体系。[①]

刘萍的《性别维度下的"慰安妇"问题研究及其限界》一文指出，性别维度作为分析框架正被广泛运用到日军"慰安妇"问题及战争性暴力研究中，由此带动研究方法及视角的转移，并促进研究领域的拓展及研究的深入和细化。但一些研究也出现对性别维度的过度依赖或盲目迷信，如以性别史代替政治史，提出超越国家与民族立场，以及由此导致的模糊甚至否认"慰安妇"制度实质等非历史主义倾向。"慰安妇"问题有其复杂性和特殊性，在使用性别维度时需要厘清其研究的限界，并保持应有的警惕。[②]

杨力的《日本二战史研究的性别转向：口述证言、记忆研究与历史学的革新》一文指出，第二次世界大战后伴随着民众史和社会史的勃兴，口述史开始为日本主流史学界所关注。从20世纪90年代起，伴随着历史研究的语言学转向和记忆转向，日本口述史研究的关注点，也从重构历史事实转变为考察历史叙事本身的建构与口述资料背后的语境、权力关系等，口述史的研究得到进一步发展和革新。战争性暴力由于其议题的特殊性，在很大程度上依赖于口述资料，成为日本口述史的一个中心议题。日本史学界通过聚焦"慰安妇"和"斑斑女"的口述证言，从受害者的角度重新审视战争性暴力，从性别视角推动和更新了战争史的研究。[③]

高燎的《唯物史观与近代日本乡村史研究演变》一文指出，第二次世界大战前，日本资本主义论争中的讲座派与劳农派，运用唯物史观分析近代日本乡村社会性质及其矛盾。二战后，日本马克思主义史学蔚然壮大，以地主制研究为代表的乡村史研究成为当时日本史学界的显学，日本史学界的阶级史观成形。20世纪60年代后，伴随经济发展与社会变迁，乡村史学者在既有领域深入的同时开拓出农民运动史、自治村落论等多元路径，研究范式受到修正。20世纪末，乡村史研究盛极而衰，渐趋碎片化，退为隐学，但呈现注重市场因素等新趋向。

---

① 张跃斌：《近年来日本学界近现代史研究中的若干动向》，《晋阳学刊》2022年第6期。
② 刘萍：《性别维度下的"慰安妇"问题研究及其限界》，《史学理论研究》2022年第1期。
③ 杨力：《日本二战史研究的性别转向：口述证言、记忆研究与历史学的革新》，《史学集刊》2022年第3期。

乡村既是日本近代史研究不可回避的重要对象，也是马克思主义剖析日本型资本主义社会的关键切入点。①

陈祥、塚濑进的《日本学界侵华战争研究的环境史脉络刍议》一文考察了日本学术界研究侵华战争的环境史趋向与发展脉络，指出其分为三个阶段：二战结束后至20世纪70年代，日本学界只是将环境作为历史事件与社会演变史的一个侧面或背景因素；20世纪80—90年代，随着环境问题日益突出，开始在侵华战争研究中建构"环境与社会"的关系，进而将环境元素作为侵华史研究的重要问题意识之一；21世纪后，新生代学者吸收或采用环境史研究方法，从跨学科、多维视角研究侵华战争对环境造成的影响以及环境对后续中国社会的影响。②

（三）结合现实，在日本医疗史方面填补空白

医疗史作为社会史研究的一个重要领域，在欧美学术界已经非常成熟，也被称为医疗社会史。尽管中国学者对日本医疗史、疾病史的研究起步较晚，但近年来人们认识了新冠疫情的威力，一定程度上促进了相关研究迅猛发展。

王玉玲的《疫病与日本古代的对外交流》一文主要考察疫病尤其是外来疫病与日本古代对外交流的关系。作者认为，当时的疫病存在由沿海向内陆，即由西海道及靠近日本海一侧的山阴道、北陆道地区向近畿传播的倾向性。该传播路线，与来自唐、新罗、渤海等国的人、物在日本国内流通的路径基本一致。因此在古代日本人尤其是贵族的观念中，"异国""藩客"成为疫病的重要源头。这样的疫病认识虽在相当程度上阻断了外来疫病在贵族社会中传播的途径，但也间接影响了古代贵族排外、封闭的对外意识。③

田妍的《明治天皇御医贝尔茨对日本医学近代化的反思》一文以近代西方医学与日本文化碰撞过程中的代表性人物德国人埃尔文·贝尔茨为案例，主要通过贝尔茨日记分析其对明治时期日本人科学认知转型特别是从汉方医学向西方医学转变的观察与反思，即确信医学研究和学习应当以解决实践中的问题为基轴；应当培养科学精神，吸取实证研究的方法；应当重视传统医学和文化的价值。贝尔茨认为日本当时的很多医师可与西方医师比肩，对日本传统医学和文化给予充分的肯定。④

王格格的《甲午战争时期日军军事医疗析论》一文考察了日本在甲午战争中构建的军事医疗系统。作者指出甲午战争不仅是日本开始外战军事医疗制度建设的起点，也配合日本侵略，通过舆论宣传在国际上骗取"文明国"声誉的重要手段。甲午战争后，日军不仅利用医学配合日本对外战争的舆论宣传，而且构建了包含诊疗、防疫、"宣抚"、调研、作战等功能，服务于日本殖民统治及侵略战争的多功能军事医疗网络，导致本应救死扶伤的医学成为侵略战争的帮凶。⑤

张蒙的《构建殖民医学：日本汉药研究在近代中国的展开》一文考察了20世纪上半期日

---

① 高燎：《唯物史观与近代日本乡村史研究演变》，《史学理论研究》2022年第5期。
② 陈祥、塚濑进：《日本学界侵华战争研究的环境史脉络刍议》，《史学理论研究》2022年第6期。
③ 王玉玲：《疫病与日本古代的对外交流》，《海交史研究》2022年第3期。
④ 田妍：《明治天皇御医贝尔茨对日本医学近代化的反思》，《南开学报（哲学社会科学版）》2022年第1期。
⑤ 王格格：《甲午战争时期日军军事医疗析论》，《抗日战争研究》2022年第2期。

本对中国大陆的药物调研，以及透过伪政权的科研机构推广日本汉药研究的过程，并指出近代日本在中国的汉药研究与其侵略扩张相始终，构成一种裹挟了传统医学的殖民医学，其主要有两个功能：资源掠夺和殖民地统制。①

石嘉的《日本对清末东北大鼠疫的观察与应对措施》一文主要利用日本档案资料，考察了1910年鼠疫席卷东北期间日本方面的防疫措施，作者指出，日本不惜投入大量人力、物力、财力开展防疫，其动机和原因在于：一是严防鼠疫蔓延至日本本土；二是"缓和"东北民众的排日情绪；三是尽早恢复中日交通和通商，以便抢夺东北的商业利益；四是部分医务人员出于"人道主义"考虑支援东北防疫。同时，日本借口防疫强行干预、践踏中国领土主权和歧视中国民众等粗暴行径不容忽视。②

孙艳华的《日本近代文学中的疫病书写》一文以近代日本文人的日记、信件或随笔中有关西班牙大流感的病症与病痛记录为研究对象展开文本分析，指出，一方面这些私人记录揭示出对他者的暴力、卫生观念欠缺、异国感染者的心理抚慰等社会问题；但另一方面，这些涉疫文学仅关注个体的生存状况与心理状态，鲜有对共同体和社会的宏观深入思考。③

五、2022年日本历史研究的新趋向

中国学界在2022年日本历史研究的新趋向主要体现在两个方面：加强对日本历史相关多元史料的收集、利用和提高对日本历史尤其是近现代国家发展史的实证研究水平。

（一）多元化史料的收集与利用

史料是历史研究的基本前提，只有最大限度地掌握多元化的材料，并对其进行综合考析，才能有深入、有见地而不偏狭的研究成果。得益于改革开放以来我国国力与对外融合度的提升，中国的大部分日本历史研究者有条件亲赴日本查阅史料文献，部分学者还能够到美欧俄以及东南亚等与近现代日本历史发展关系密切的国家搜集资料。不仅如此，目前为数众多的新锐力量不断加入日本史研究，他们在掌握日语的同时，往往还掌握英、法、俄等第二外语。这些客观条件为收集和利用与日本历史相关的多元化史料提供了保障。2022年在日本相关史料的整理与利用方面的代表性论文不少，如杨彦君的《七三一部队人体实验报告再解析——以美国馆藏史料为中心》一文主要使用美国馆藏的《费尔报告》《希尔报告》《A报告》《G报告》等史料，梳理了美国在二战之后记录和整理的日本生物战和医学实验数据资料。作者指出关于七三一部队人体实验犯罪史料，依文本来源可分为四类：一是日本保存的战时文献，既有公藏机构的收藏，也有民间私人保存的研究报告、日记、信件等手稿；二是中国境内留存的日本关东宪兵队"特别移送"档案，七三一部队原成员的口供笔供材料；三是俄罗斯保存的哈巴罗夫斯克审判相关史料；四是美国公藏机构保存的生物战调查总结报告，以及七三一部队战后提交的人体实验报告等。④

---

① 张蒙：《构建殖民医学：日本汉药研究在近代中国的展开》，《世界历史》2022年第3期。
② 石嘉：《日本对清末东北大鼠疫的观察与应对措施》，《重庆大学学报（社会科学版）》2022年第1期。
③ 孙艳华：《日本近代文学中的疫病书写》，《日本问题研究》2022年第1期。
④ 杨彦君：《七三一部队人体实验报告再解析——以美国馆藏史料为中心》，《抗日战争研究》2022年第3期。

郭永虎、闫立光的《美国有关1978年中日"钓鱼岛事件"应对决策初探——基于美国新近解密档案的解读》一文利用美国解密档案对1978年"钓鱼岛事件"展开分析，指出在"联华抗苏"和维系美日同盟背景下，卡特政府仍继续奉行尼克松时期美国对钓鱼岛政策的"中立"基本立场。在官方对外新闻发布文本措辞上，卡特政府拒绝公开承诺《美日安保条约》适用于钓鱼岛，不同意日本提出要求美国政府提供一份关于钓鱼岛"基本立场"的永久性文本的建议。卡特政府应对"钓鱼岛事件"的决策和立场阻止了日本将钓鱼岛纳入《美日安保条约》"防卫"义务的企图。[①]

龚娜的《昭和天皇对卢沟桥事变的认识与应对——基于〈昭和天皇实录〉的考证》一文对比既往史料解读日本官方的《昭和天皇实录》，指出昭和天皇对于卢沟桥事变的态度和决策存在表与里的两面性：在表面上，《昭和天皇实录》中更多的是强调天皇的慎重态度。但实际上，正是在天皇的主动建议下御前会议才决定向中国战场增兵、扩大侵华的，因此其战争责任不容淡化。[②]

秦永章的《日本外务省外交史料馆涉藏档案述略》一文重点介绍了日本外交史料馆所藏有关日本与我国西藏地方关系史的档案文献，主要有《成田安辉西藏探险关系一件》《关于西藏的中英交涉件——附尼泊尔事情》《西藏问题及事情关系杂纂》《西藏问题及其对策/1941年》《西藏"政府"代表访日成果及对西藏问题调查的看法——西藏代表招致报告》《西藏问题》《各国内政关系杂纂/中国/西藏新疆》《中华人民共和国内政及国情关系杂件/西藏问题》等，这些对于研究近代中日关系史具有重要价值。[③]

2022年体现多元史料收集与利用成为日本历史研究的趋势，国家社科基金重大项目"多国档案中的日本侵占华北史料整理与研究（1933—1945）"获批立项。该项目团队除中方档案外，还拟对日本、英国、美国、俄国、法国、德国等国馆藏涉及日本占领华北的未刊档案进行收集与整理。

（二）提高实证研究水平

随着中国日本历史研究团队获取多元史料的条件逐步改善，以及大批学者多语言能力的提升，利用丰富史料对日本史进行扎实的实证研究将成为未来的一个重要趋势。2022年中国学界对日本历史的各个时期的实证研究均有一定发展和突破。在日本古代史方面，李怡文的《九世纪中后期中日间的僧商互动——以〈风藻饯言集〉与"唐人书·简"为中心》一文以《风藻饯言集》与"唐人书简"中收录的唐海商写给僧侣的诗及信件为主要考察对象，深入分析9世纪中后期在中日间往返的僧侣与海商之间的交流。作者指出在海商与僧侣的互动中，表面上看，僧侣求助于海商的时候很多，但实际上僧侣所处的佛教网络对海商具有很大的吸引力。海商与僧侣的合作使得佛教网络与贸易网络开始展现出重叠乃至融合的趋势，这一趋

[①] 郭永虎、闫立光：《美国有关1978年中日"钓鱼岛事件"应对决策初探——基于美国新近解密档案的解读》，《中国边疆史地研究》2022年第1期。

[②] 龚娜：《昭和天皇对卢沟桥事变的认识与应对——基于〈昭和天皇实录〉的考证》，《东北亚学刊》2022年第3期。

[③] 秦永章：《日本外务省外交史料馆涉藏档案述略》，《西藏大学学报（社会科学版）》2022年第2期。

势在接下来数世纪得到延续及增强。①

张伟、韩宾娜的《从藤原京到平城京——日本古代都城形制的演进过程研究》一文综合日、唐两方史料及近年考古发掘成果，重新审视藤原京、平城京的都城形制变化与律令国家的政治体制、历次日本遣唐使入唐后情报获取的具体关联，进而指出日本以新都平城京作为宣扬国威的舞台装置，参照唐王朝的华夷观念，将列岛南部的隼人、夜久，北部的虾夷等少数民族集团视为夷狄，将新罗、渤海视为外蕃，将大唐视为邻国的"小中华"统治思想正式形成。② 金洪培、王丹丹的《日本平安时代的海难救助政策》一文使用《六国史》《权记》《小右记》《吾妻镜》等日本史料以及《渤海史料全编》《朝鲜史料汇编》等朝鲜半岛相关文献考察了平安时代日本对来自大陆及半岛的海难船及难民的政策。作者指出当时的日本以"弘恕"为原则积极救助海难者，其背后原因是日本官方试图以此彰显其"仁爱"政治形象，从而提高其国际地位。③

在中世史方面的实证性研究相对较少，魏志江的《东亚视域下的三别抄抗蒙战争与蒙丽日三国关系》一文主要利用朝鲜王朝官纂的《高丽史》考察蒙古对高丽的入侵和蒙丽关系变化的背景下高丽三别抄的抗蒙战争，指出历时四年的三别抄战争不仅对高丽王朝予以重大打击，而且也极大地打击和牵制了蒙丽联军对日本的征伐，尤其是三别抄建立自己的政权，并且遣使日本，试图与日本建立联盟以共同抗击蒙古，对东亚蒙丽日三国关系和东亚地缘文明的变化也产生了重大的影响。④

赵莹波的《浅谈宋朝时期日本"渡海制"禁令下的"派遣僧"与"偷渡僧"》一文主要利用《大宰府天满宫史料》考察唐末日本对华锁国政策下"派遣僧"和"偷渡僧"的出现，表明日本文化已经难以与中华文明割裂。与此同时，日本却频繁地向高丽派遣使者和僧人。因此作者认为所谓的"渡海制"禁令，其实是日本针对中国的禁令。⑤

如前所述，中国学者对近世日本的研究多为思想史方面的论文，但关于这一时期日本国内政治体制变迁、经济社会发展以及与周边国家关系史的实证性成果略显薄弱，不过发展潜力巨大，将是我国学者未来着力的领域之一。

有关日本近现代史的实证研究成果比较丰硕，如宋时磊的《近代日本同业公会的肇始及一体化组织再造——以茶业组合为例》一文使用日藏档案以及部分中文报刊的史料，考察了美国等国家对进口茶叶质量实施规制后，日本政府及茶业界出台《茶业组合准则》，通过茶业组合将日本各种从业主体组合成一个坚强的利益共同体，促进了日本茶业的发展，提升了与中国竞争的能力，满足了美国等西方国家的市场需求。日本还将其模式移植到其他行业和当

---

① 李怡文：《九世纪中后期中日间的僧商互动——以〈风藻钱言集〉与"唐人书简"为中心》，《海交史研究》2022年第3期。
② 张伟、韩宾娜：《从藤原京到平城京——日本古代都城形制的演进过程研究》，《外国问题研究》2022年第2期。
③ 金洪培、王丹丹：《日本平安时代的海难救助政策》，《外国问题研究》2022年第4期。
④ 魏志江：《东亚视域下的三别抄抗蒙战争与蒙丽日三国关系》，《贵州社会科学》2022年第12期。
⑤ 赵莹波：《浅谈宋朝时期日本"渡海制"禁令下的"派遣僧"与"偷渡僧"》，《史林》2022年第5期。

时的殖民地台湾。① 刘景瑜的《近代日本海军的对美战略观——以日本〈帝国国防方针为中心〉》一文利用《山县有朋意见书》《战史丛书》等日文材料通过考察日本《帝国国防方针》的制定及三次修订过程，勾勒出美国从日本海军的后备参照国到必战国的过程。日本《帝国国防方针》的制定与修订，清晰地反映出日本海军对美战略观的确立与变动过程。② 商兆琦的《明治宪法体制下"多头一身"的政治构造》一文指出，在《明治宪法》下，尽管天皇集各项大权于一身，但很少主动参与政治运营。天皇对统治权的行使是通过将其委托给各个国家机构来实现的。这导致政坛上存在多个山头。然而，与此同时，天皇尽管遵循了某些立宪君主的做派，但其作为绝对君主的性格根深蒂固，这导致了战前天皇制"一身双面"和政权构造"多头一身"的基本特征。③

（责任编辑：孟明铭）

---

① 宋时磊：《近代日本同业公会的肇始及一体化组织再造——以茶业组合为例》，《经济社会史评论》2022 年第 2 期。

② 刘景瑜：《近代日本海军的对美战略观——以日本〈帝国国防方针〉为中心》，《社会科学战线》2022 年第 3 期。

③ 商兆琦：《明治宪法体制下"多头一身"的政治构造》，《史林》2022 年第 6 期。

2022年日本战略研究综述

卢昊*

2022年，在乌克兰危机爆发并持续、中美博弈趋向深入的背景下，世界百年未有之大变局更加复杂深刻，大国战略博弈与地缘战略竞争显著升级，国际权力格局与秩序规则重构趋向加速，国际安全热点与国家间安全矛盾普遍升温，全球化发展与国际治理的思想交锋与政策竞争更加激烈。这推动各方特别是国际上主要战略力量积极因应外部战略环境剧变，调整内外战略及相关施策，以在国际战略竞争中确保或争取有利地位。其中，日本国家战略重大转型及相关政策的关键调整受到了学术界的高度关注。从外部视角看，国际战略环境的重大变化进一步刺激了日本的安全危机意识、国际博弈意识与战略主体意识，促使其积极调动内外资源加强战略应对；从内部视角看，日本国家战略转型及重要领域战略行动的推进，是后冷战时期日本战略自主意识与行动增强的延续发展。在日本国际问题研究界及政策界，"战略"一词早已不再是禁忌词语，而是日益成为热点概念。通过更积极的乃至超越以往常规的国家战略行动，应对前所未有的外部不确定性，确保日本在大国战略博弈中继续拥有较高排位和有利环境，已成为掌握决策方向的日本精英层的基本共识。

在日本战略自主性与战略活跃度持续提升、更积极参与国际战略竞争并主动影响其他战略行为体的背景下，围绕日本国家战略及其各分支战略、各领域重大战略性动向的理论与政策研究持续活跃。中日两国的国际关系、战略学界从各自视角出发，结合当前重大问题，对日本国家战略的表象体现、内在逻辑及发展趋势进行了各具特色的分析。

一、2022年日本战略研究概况

对于日本国家战略及其子战略领域动向、趋势，作为"当事方"的日本与作为"旁观方"的中国所持立场与视角不可避免地存在差异。总体而言，日本学界从战略行为主体立场出发，力图探索日本战略选择的可行空间与未来方向，并倾向于论证现有方向及对策的合理性与必要性；中国学界从外部观察主体立场出发，力图把握日本战略动向可能趋势及行为逻辑，尤其关注日本战略行动对中方的外溢影响。在2022年国际秩序剧烈变化，特别是乌克兰危机持续与中美博弈深化的背景下，两国学界立足形势，展开了以下研究活动。

（一）日本学界

基于乌克兰危机持续、国际安全形势紧张以及日本借此契机加速推动国家安全战略转型跃进等情况，2022年日本学界的战略研究高度聚焦安全领域，特别是传统军事安全战略问题。

---

* 卢昊，中国社会科学院日本研究所综合战略研究室主任、副研究员，中国社会科学院东海问题研究中心秘书长。

森本敏（日本前防相）、河野克俊（日本前海自幕僚长）、兼原信克（日本前助理内阁官房长官）、柳泽协二（日本前内阁官房副长官）、佐藤正久（日本自民党外交部会会长）等日本政府、军方前要员积极撰文发声，跟踪分析俄乌战场形势、有关各方军事及外交战略，并在此基础上分析展望日本国家安全战略动向。其中他们格外强调在"安全危机"背景下，日本应加速战略转型，增强主动态势，强化军备建设与对外防务关系。① 上述观点既反映了日本国内对乌克兰危机及国际安全形势的看法，也是日本精英层借当前局势推动国家安全战略转型，为实行更具进取性、突破性的军事政策寻求所谓合法性依据的表现。

日本学界对安全战略的关注聚焦自身周边，积极渲染危机气氛，意图支持主张。在"今日乌克兰即明日东亚"的逻辑下，日方强调了东亚地区潜在且巨大的"安全风险"，特别是台海冲突前景，将对日本的国家安全造成所谓的"直接威胁"。在此背景下，森本敏、小原凡司、德地秀士、沓脱和人等探讨了台海冲突前景下日本国家安全所面临的"紧迫挑战"，以及日本国家安全战略为应对这一局面而在体制法制、能力建设、部署态势等方面应采取的举措。② 村野将、宇佐美正行、长岛纯等依据当前东亚安全形势，分析了日美同盟转型的当前趋势，强调了在周边安全威胁上升情况下日美同盟对日本国家利益及安全的高度重要性，并对日本更有效地依托同盟强化防卫手段和应对威胁提出了建议。③ 千千和泰明等对战后日本安全政策、和平宪法与日美同盟的"双重规制因素"以及国家安保委员会的角色进行了历史分析。④

除传统军事安全外，日本学界的另一聚焦点为日益受到关注且见诸政策的经济安全领域。经济安全对于国家安全的意义以及国家战略竞争力的重要性被进一步发掘并强调，如何制定符合形势要求并能起到战略效果的经济安全战略成为日本国内战略研究的又一热点领域。茂木敏行（日本前外相）、世耕弘成（日本前经产相）、北村滋（日本前国家安保局长）、小林鹰之（日本前经济安保相）等日本政府前要员积极参与讨论，强调经济安全在当前日本国家战略中的关键地位，以及日本在现行国际经济秩序中维持"战略不可或缺性"的重要意义，并围绕供应链保障、尖端技术、信息安全、专利权保护等领域提出一系列政策设计。田村秀

---

① 参见森本敏「民主主義の危機もある中で、日本の安全保障をどう構築するか?」、『財界』2022年2月号；河野克俊「ウクライナ戦争と日本の安全保障」、『日本の息吹』2022年8月号；河野克俊「羅針盤なき日本の未来：今後の日本の安全保障」、『日本戦略研究フォーラム季報』2022年10月号；兼原信克「DIMEに基づく国家戦略を築け」、『Voice』2022年6月号；柳澤協二、伊勢崎賢治、加藤朗、林吉永『非戦の安全保障論：ウクライナ戦争以後の日本の戦略』、集英社、2022年；佐藤正久「我が国を巡る安全保障情勢」、『日本政治法律研究』2022年第4号；村野将「日本が直面する安全保障環境と戦略見直しの諸課題」、『外交』2022年第71号。

② 参见森本敏・小原凡司『台湾有事のシナリオ：日本の安全保障を検証する』、ミネルヴァ書房、2022年；德地秀士「米中対立の中の『台湾有事』：日本の対応について」、『国際安全保障』2022年9月号；沓脱和人「防衛分野における主な課題：国家安全保障戦略等3文書の改定に向けた動向と課題」、『月刊JADI』2022年5月号。

③ 参见村野将「リソース制約下での日米の防衛戦略」、『Voice』2022年6月号；宇佐美正行「変わる米国の戦略動向と日本の防衛(4)：『脅威対抗型』へと変貌する日米同盟と日本の課題」、『東亜』2022年7月号；長島純「変わる米国の戦略動向と日本の防衛(2)：人類の『公共財』を守る新たな戦い：宇宙、サイバー空間から気候変動、メタバースまで」、『東亜』2022年5月号。

④ 千々和泰明『戦後日本の安全保障：日米同盟、憲法9条からNSCまで』、中央公論新社、2022年。

男、渡部悦和、细川昌彦、香山弘文等学者就经济安全的理论与现实意义、大国博弈下国际经济博弈与经济安全问题的体现以及关系日本切实利益的经济安全重点领域进行了论述。① 三浦秀之、浦田秀次郎、筱田邦彦等从数字贸易规则、日本与亚太各国经贸合作等角度，对日本现行经济安保战略与贸易投资政策之间的关系进行了分析，建议在维护自由贸易原则和主要贸易伙伴关系的前提下，适度推进经济安保战略。② 武田靖在对当前国际科技竞争进行分析的基础上，建议进一步将科技战略上升为日本的国家战略支柱，在半导体等尖端技术产业领域重塑优势。③

同时，日本国家战略中的地缘战略考量不断提升，日本学界对地缘战略亦保持着关注与研究，并力图结合已成气候的印太地缘战略、重要性日益凸显的海洋战略等议题，加强对日本所处战略环境及地缘战略政策的分析研判。比如，山田吉彦从强化日本海洋战略角度，提出应在强化国家安全的思路下推动实施离岛振兴政策，加强对沿海大陆架及专属经济区的控制。④ 饭田将史梳理了近年来中国海洋活动，认为中国海洋战略的强化对日本的国家安全构成了多方面的竞争压力，进而为日本强化海洋战略的安全功能出谋划策。⑤ 岸川和马、细田健介、荒木千帆美通过梳理印太经济框架（IPEF）政策以及中国"一带一路"与日美"印太战略"关系，强调了中日日益增强的地缘经济竞争关系，提出了日本将印太地缘战略与对外经济战略结合实施的思路与具体方式。⑥ 佐藤隆信从科技竞争与现有国际秩序视角，对中美竞争下印太多边机制的情况以及日本在其中的角色进行了分析。⑦

（二）中国学界

中国学界有关日本国家战略的研究，重点关注其对中国及中日关系的影响。基于日本战

---

① 参见北村滋「日本の経済を含む安全保障体制をどう考えるべきか？」、『財界』2022 年 3 月号；北村滋、大藪剛史『経済安全保障：異形の大国、中国を直視せよ』、中央公論新社、2022 年；田村秀男・渡部悦和『経済と安全保障』、育鵬社、2022 年；小林鷹之「経済安全保障 日本としてどう在るべきか、明確な機軸の形成を」、『時評』2022 年 3 月号，；香山弘文「経済安全保障 経済安全保障の国際的背景と日本政府の取り組み」、『時評』2022 年 4 月号；細川昌彦「米中対立下での日本の経済安全保障を考える」、『わたし達の防衛講座：日本は安全か』2022 年、31—41 頁。

② 参见三浦秀之・浦田秀次郎「デジタル貿易のルールと経済安全保障（貿易投資政策と経済安全保障の新たな相克）」、『貿易と関税』2022 年 9 月号；篠田邦彦「経済安全保障とアジア地域協力：日本の役割と課題（貿易投資政策と経済安全保障の新たな相克）」、『貿易と関税』2022 年 11 月号。

③ 参见武田靖「科学・技術の国家戦略を考えるために：第三の立国のために」、『日本戦略研究フォーラム季報』2022 年 7 月号；武田靖「科学・技術の国家戦略を考えるために：立国は技術によるしかない」、『日本戦略研究フォーラム季報』2022 年 1 月号。

④ 山田吉彦「海洋安全保障の視点に立った離島振興施策を」、『しま』2022 年 1 月号。

⑤ 飯田将史「中国の海洋進出と日本の安全保障」、『日中経協ジャーナル』2022 年 9 月号。

⑥ 参见岸川和馬・細田健介「インド太平洋経済枠組み（IPEF）が日本にもたらすインパクト：力点は経済効果よりも経済安保」、『大和総研調査季報』2022 年第 48 号；荒木千帆美「中国の『一帯一路』と日米のインド太平洋への姿勢：経済的枠組みをめぐるインド太平洋戦略・構想との相互関係性」、『立法と調査』2022 年 11 月号。

⑦ 佐藤隆信「米中対立を背景としたインド太平洋における多国間枠組の役割と行方：先端技術分野の競争・協力と既存の国際秩序維持に向けたクアッドの取組」、『Waseda Asia review』2022 年第 24 号。

略活跃度持续增强以及中日关系正处于敏感时期等情况，中国学界结合2022年中日邦交正常化50周年纪念、2023年《中日和平友好条约》缔约45周年纪念，进一步加强了关于日本对华战略的历史与现实研究，并由此深化了对中日关系的历史阶段、运行规律、发展趋势等方面的认识。在日本对华战略研究方面，杨伯江对邦交正常化50年来中日关系，以及中日力量对比、互动模式进行了梳理，重点分析了日本国家战略，特别是对外战略、安全战略对中日关系的演变发展的重要规定性作用。① 朱锋对新冠疫情以来日美国家安全利益界定、对外战略及对华战略的演变和相互关联性进行了梳理，对日美联合遏华背景下中国周边战略环境形势及风险进行了分析。② 吴怀中梳理了日美"同盟困境"管理与日本对华政策变迁情况，重点阐述了日本为应对同盟关系中"被抛弃"困境而采取的强固日美纽带、调整对华策略的双轨路径。并对其中的深层逻辑进行了剖析。③ 吕耀东基于邦交正常化以来的中日关系史，阐释了事关中日关系政治基础的四个政治文件及其原则精神，就日本现行对华战略中违背四个政治文件及其原则精神的政策举措进行了批判性分析，点明其对中日关系产生的负面影响。④

在日本各领域战略动向方面，中国学界尤其关注其新出台的经济安保战略与关联政策，包括对华"经济脱钩""科技断链"趋势及其对中日经济关系产生的冲击，并就上述问题展开跟踪分析。比如，颜泽洋对岸田政府上台以来日本加速推进经济安保战略的战略目的、机构设置、具体政策和对外网络等方面进行了综合分析，对其趋势、局限及战略效果进行了预判与展望。⑤ 朱海燕从内外两个层次，对日本当前经济安保战略部署，包括国内法律、政策体系与管理机制构建，对外与"共享价值观"国家建立排他性的关键技术及产业联盟，推动供应链多元化等举措进行了分析，对上述部署所产生的效果及影响进行了评估，对日本谋求对华"经济脱钩"的意图及实现可能性进行了论证。⑥

另外，中国学者对日本科技战略，特别是在半导体、量子等尖端领域的动向及对外科技合作情况保持着较高关注。比如，邓美薇从战略制定与实施路径两个层次出发，梳理了日本人工智能战略的演进历程和当前日本为争夺技术优势而采取的举措，探讨了日本人工智能在经济、社会、军事层面的发展趋势及面临的挑战。⑦ 邹丽雪、刘艳丽对日本量子技术的科技战略部署、组织管理和发展举措进行了梳理与分析，对日本当前推进的量子技术发展战略进行了评估与展望。⑧ 邓天奇、周亭聚焦日本科技外交战略发展的主要历程，具体分析了日本科技外交战略发展的现实动因、历史演化和路径选择，并基于日本科技外交发展经验，提出了中国在统筹优化顶层设计、建构多元行为体合作网络、积极参与全球科技治理等方面可以采取

---

① 杨伯江：《中日关系50年发展演变与未来走势——兼论日本战略因素及其规定性作用》，《日本学刊》2022年第4期。
② 朱锋：《地缘战略与大国关系：中日关系基本走势的再分析》，《日本学刊》2022年第1期。
③ 吴怀中：《"同盟困境"管理与日本对华关系变迁》，《日本学刊》2022年第5期。
④ 吕耀东：《国家利益视域下日本对华政策历程及未来走向》，《日本学刊》2022年第5期。
⑤ 颜泽洋：《日本经济安全保障战略新动向》，《现代国际关系》2022年第4期。
⑥ 朱海燕：《日本经济安全保障战略及其对中国的影响》，《国际问题研究》2022年第3期。
⑦ 邓美薇：《日本人工智能的战略演进和发展愿景及其启示》，《日本问题研究》2022年第2期。
⑧ 邹丽雪、刘艳丽：《日本量子技术科技战略研究》，《全球科技经济瞭望》2022年第5期。

的行动。①

基于中日地缘政治经济上的密切关联性以及日本当前地缘战略的涉华针对性，中国学界持续关注日本的"印太战略"行动，特别是海洋领域的部署行动。比如，况腊生对日本在"海洋立国"战略指导下构建首相集权、军民结合的海洋战略体制，以及利用现有国际海洋法缺陷以维护海上安全为借口不断扩大自身海洋权益的行动进行了梳理，对日本以中国为海洋战略竞争对手配合美国"印太战略"强化对中国的海上围堵、遏制中国海洋战略发展的行动进行了分析。② 庞宝庆从地缘竞争战略视角出发，对日本在北极圈的战略动向进行了跟踪研究，对日本在北极遏制防备中国影响力扩大、进一步密切日美同盟、应对北极安全环境的变化、构筑有利于自己的安全保障体系、为建立新安保体制进行战略准备等战略意图进行了分析。③

二、2022年日本战略研究热点问题

2022年，全球新冠疫情持续、俄乌冲突爆发、中美博弈深化等热点问题贯穿全年，深刻影响国际形势，使得包括日本在内的各国面临更为复杂的外部战略环境。岸田政府强调目前日本面临"前所未有的重大挑战"，渲染危机气氛并构建"举国应对"态势。岸田在国会施政演讲中表示，日本目前"国难当头"，正处于"历史性困境"以及"新的历史转折点"，需要国民团结努力，克服困难。岸田宣称，在对外战略上日本需要"通过开展多层次外交，从根本上加强防卫力，坚决维护亚洲及世界的和平与稳定"，"必须抛弃以往的常识，以坚定信念和高度愿景去开创契合新时代的社会、经济和国际秩序"。④ 在执政基础有所动摇、执政手腕受到质疑的情况下，岸田政府力图通过强调危机意识、彰显改革姿态等方法，转移矛盾视线，挽回民意支持，并通过积极战略行动改善执政内外环境。基于上述形势，中外学界针对日本战略的研究主要围绕以下热点问题展开。

（一）内外风险下日本面临的战略压力及战略应对

2022年，国际政治经济环境加剧震荡，安全风险因素总体上升。乌克兰危机刺激引发国际市场连锁反应，能源等大宗商品价格上涨，加之日元贬值，导致日本对外贸易进口价格大幅上升，贸易逆差扩大。日本国内物价特别是食品和能源等生活必需品价格显著上涨，居民购买力下降。同时，日本企业原材料和零部件的进货成本增加，企业收益减少，投资动力减退。由此，决定经济增长的生产及需求两端均受到成本增加的传导而承压，加剧恶性循环。受少子老龄化等既有结构性问题，以及食品、燃料、原材料价格上涨的冲击，日本经济内需持续疲软，外需对经济贡献度降至负区间，量化宽松政策空间紧张，国家财政压力不断增大。在同期世界主要经济体大多已经超越疫情前水平的情况下，日本经济尚未恢复到疫情前水平。

---

① 邓天奇、周亭：《日本科技外交战略评析：现实动因、历史演化及其路径选择》，《中国科技论坛》2022年第9期。
② 况腊生：《论日本海洋战略及海洋体制的发展》，《日本研究》2022年第2期。
③ 庞宝庆：《地缘政治视角下的日本北极战略》，《渤海大学学报（哲学社会科学版）》2022年第3期。
④ 日本首相官邸「第二百八回国会における岸田内閣総理大臣施政方針演説」、https://www.kantei.go.jp/jp/101_kishida/statement/2022/0117shiseihoshin.html［2022-01-17］。

日本经济复苏和经济战略实施条件大幅恶化，岸田政府所面临的压力空前增大。基于这一背景，日本的战略应对，特别是如何在"强劲逆风"条件下继续推动国家战略转型和增强战略自主性、能动性受到了广泛关注。

围绕日本所面临的战略环境及应对，中日学界除了积极探讨其所面临的内外风险、战略条件外，还对岸田政府提出的经济、安全、外交战略进行了集中审视与评估。岸田政府对内宣称推进"日本式新资本主义"、改善投资及社会保障，谋求解决经济社会矛盾，实施积极主动的经济社会发展战略；对外则宣布将"立足于'普世价值'，坚决捍卫国家利益，开展积极且强有力的新时代现实主义外交"，实施强有力的外交与安全保障战略。正如不少研究所指出的，岸田政府在继承"安倍路线"及此前政策遗产的基础上，日益期望彰显自身特定的战略考量与思路，并试图在内外两条战线同时取得进展，凭借综合战略业绩巩固执政地位。但从目前情况来看，岸田政府的核心战略问题仍集中在"内线"，即解决日本国家经济发展瓶颈和民生下滑问题，但针对上述问题的经济社会发展战略并未取得实质成效，或者说无法解决新出现的风险问题。况且，日本自身陷入发展困境，"硬实力"持续下滑，也将影响其"外线"，即外交与安全保障战略的资源调动，限制其效果实现。

（二）日本国家安全战略的"历史性转型"

2022 年，岸田政府以应对乌克兰危机背景下多种安全威胁为名，加速国内政治动员，大力推动国家安全战略转型的筹划部署，并于 2022 年年底出台了新版《国家安全保障战略》等"安保战略三文件"。岸田在声称上述新战略文件不会改变日本"和平国家"身份的同时，也坦承它们标志着"日本安全保障战略的重大转变"。新版《国家安全保障战略》渲染日本面临的所谓"战后最为复杂严峻的安全环境"，主张"重新构筑充分的防御力量"，"从根本上加强防卫能力"，特别是构建具有先发制人色彩的"反击能力"（即"对敌基地攻击能力"），强化"西南方向"军事部署及体制安排，加紧太空、网络等新兴战略领域力量建设，加强海上保安厅与自卫队一体化，巩固国防工业的基础并推动对外装备转移等。新版《国家安全保障战略》除强调依靠自身手段强化军事能力外，还更加强调与盟国及"志同道合国家"的外交及防务合作。基于此，日本积极加强日美同盟体制，与美共同强化军事防务一体化建设；同时，与澳、印等"印太国家"以及英、法、德等欧洲国家积极构建"准同盟"或紧密安全伙伴关系，与北约发展"针对性的特殊战略伙伴关系"，在"印太战略"协调、部队交流及装备技术等领域，与北约重点深化具体防务合作。

对于日本国家安全战略，特别是传统军事战略的演变，中日研究界一直保持着关注与讨论。战后以来，日本日趋明确地追求"安全自主"目标，并在后冷战时期进一步发展为政治大国化方针下的"安全（军事）正常化"举措，而这一时期也成为中日安全关系趋向紧张、安全互信建构困难的阶段。可以肯定（且日方也承认）的是，由于其中诸多前所未有的内容，新的"安保战略三文件"对于日本国家安全战略的发展有重大标志性意义。可以预见，即使存在一定的法制与资源限制，在精英层战略共识的指引下，日本正更明确、更努力地增强国家安全战略的主动性、进取性与外向性，积极打造自身战略实力基础及外部战略网络。日本的国家安全战略将中国进一步定位为"迄今为止最大的战略挑战"，对华安全竞争态势由此更加凸显，实力主义姿态强化，这也显然将加剧中日间的安全矛盾乃至冲突风险。

（三）国际竞争下日本经济安全战略、科技战略的强化

与以往拓展市场与经贸网络不同，日本将维护安全、控制风险以及降低所谓对特定国家的依赖作为当前经济战略的核心目标，大力推进经济安全战略。2022年5月，日本《经济安全保障推进法案》经国会批准实施。该法案将强化供应链韧性、加强关键基础设施审查、敏感专利非公开化、官民协作强化尖端技术研发等作为重点领域，设立政府援助制度，通过政府补贴等方式提高半导体等重要物资的国内生产能力，针对通信、能源、金融领域的外部设备和系统引入，设立事先审查制度，为尖端技术研发提供更强有力资金与信息支持，并积极防止军民两用技术外泄，确保日本在关键领域的技术基础与独占优势。针对乌克兰危机引发的能源危机，2022年8月，岸田访问沙特等中东产油国，就控制油价、确保供应、加强能源合作等开展磋商。日本还与美国在"竞争力与韧性伙伴关系"的框架下，加强核能等清洁能源、蓄能设备等领域的合作，与欧盟加强天然气、氢能及新能源设备产业合作等。日本以维护经济安全为名，与以美国为首的西方国家以及亚洲大国（集团）广泛开展供应链合作，进一步拓展对外经济战略关系。2022年5月，日本正式参与美国主导的"印太经济框架"（IPEF），与其他成员就提升供应链韧性加强合作，同时与东盟、印度、澳大利亚、韩国推进供应链合作协议，确保矿产资源、半导体原材料等重要战略物资的供应。正如不少研究指出的，日本在经济安全战略的部署举措既有解决短期危机的考量，又有中长期系统性的布局。

为维护科技领域地位，日本还与美欧重点开展半导体、人工智能、量子技术、生物科学、下一代通信设备等领域的技术产业及供应链合作，力图构建科学与技术创新的新型战略伙伴关系，并伺机主导数据传输、人工智能应用等新领域的国际规则制定。其中受到高度关注的是日本谋求重夺半导体领域优势，在高制程芯片制造方面"弯道超车"，进而加强了与美国的合作。2022年5月，日美敲定了两国半导体合作基本原则。7月，日美召开首次经济版"2+2"部长级磋商，宣布设立日美尖端半导体联合研发机构。11月，丰田等8家日企出资组建半导体集团"Rapidus"，并于12月与IBM签署技术合作协议。可以预见，围绕日本再度提升科技战略优先级，积极强化国家科技竞争力，以及协同美、欧共同制定掌控相关国际规则，各方将有更密切的关注。

（四）中美博弈深化背景下日本的战略定位与应对

近年来，如何应对中美博弈已经成为日本对外战略中的核心问题。日本对美、对华战略的调整，已经完全置于中美日三边乃至综合性国际战略视角，力图在"大博弈"（great game）当中谋取最有利站位，充当所谓"关键的第三方"。当前，在对华战略竞争思维的驱动下，拜登政府更加重视亚太盟友特别是日本在制衡中国方面的作用，并进一步加强对日战略"牵引"。2022年，在乌克兰危机加剧美欧战略分歧的同时，日美间战略协作反而加强，同盟强化态势凸显。基于这一背景，日本倾向于将中美博弈与乌克兰危机联系起来，将后者视为美国主导的西方阵营与中俄阵营的对抗。日本认为，美国尽管不得不将一部分战略关注转向欧洲，但同时仍将中国视为中长期"压倒一切的威胁"，因此仍将努力聚焦亚太并压制中国；而中国尽管并未完全支持俄的军事行动，但仍为了应对美国的遏制而与俄保持紧密战略关系。① 从当前国际格局力量对比看，中美"两超"相对于其他战略主体的优势更趋明显，中美博弈仍是当前国际形势的"主要矛盾"。乌克兰危机及其背后国际秩序、格局的变化，仍将围绕这一主要矛盾而展开。

2022年，岸田政府在坚持既定对外战略总方针的同时，于对美、对华战略中表现出与以往的差别，更加趋向于依靠美国及以其为首的西方阵营，加大了对华综合制衡手段的力度。换言之，日本在中美之间的"平衡性"逐步被更为明确的"倾向性"所取代。在日本的战略判断中，乌克兰危机使得所谓国际上的"中立空间"受到了进一步压缩，由此日本必然紧密依靠以美国为首的西方阵营。而且，在中美矛盾前提下，美国对盟友价值及协调方式的持续重视将有助于日本在同盟体系中获得更多实质利益。② 因而一方面，日美战略联动密切，双方频繁展现"同盟团结"并力图拓展各领域战略合作；另一方面，日本在中国台湾问题、"印太战略"、经济安全等领域对华负面举措加强，日中之间敏感问题多发，摩擦矛盾进一步上升，关系趋向恶化。但与此同时，日本仍努力避免对华直接冲突，并密切关注中美之间的互动，特别是两国缓和关系乃至开展建设性交流的动向。日本难以承受与中国全面对抗的战略代价，又相当顾虑中美关系缓和前景下一心附美的自己面临的"战略困境"，因此也在尽量保全中日协调的渠道，并作出协调中美矛盾的姿态，以便为后续的战略调整确保空间余地。下一阶段，日本对于中美博弈的认知变化及可能的战略调整值得高度关注。

（五）日本印太地缘战略的进一步发展

当前，面向印太地缘区域的综合性战略已经成为日本对外战略的支柱。日本声称印太地区对于全球安全与繁荣"极为重要"，同时在秩序稳定方面又面临"日益上升的战略挑战"，因此急切寻求与盟国及印太国家加强战略合作，共同构建"自由开放的印太"。2022年5月，日美澳印在东京举行了第二次四边机制（QUAD）线下首脑会议，在气候、医疗、新兴技术和网络安全等领域加快实务合作，并发布了"四方债务管理资源门户""适应和减缓气候变化一揽子计划""四方卫星数据门户""印太人道主义援助和灾害救援四方伙伴关系"等新协议框架。③

不少研究指出，从内容系统性与对外影响力角度衡量，印太已成为日本新时期地缘战略的"成功范例"。为最大化战略效果，日本积极强化"印太战略"中的秩序建构色彩与普适价值内容，树立所谓道义地位，彰显国际秩序稳定者及公共产品提供者形象；拓展其经济及非传统安全功能合作，力图发挥自身在多边经济、安全协商机制中的枢纽作用，并进一步突出其海洋安全战略功能。尽管日本积极强调其战略的所谓"包容性"与"开放性"，但显然在战略推进过程中，日本明确将中国作为制衡对象，力图借"价值观外交"、多边海上合作及经济安全合作来排斥和压制中国的经济、军事及外交影响力。作为地缘战略，日本的"印太战略"

---

① 高原明生「ウクライナ危機と米中対立」、『国際問題』2022年10月。
② 辰巳由紀「さらに深化し拡大する日米同盟」、『外交』2023年1月。
③ 日本首相官邸「日米豪印首脳会合の概要」、https://www.kantei.go.jp/quad-leaders-meeting-tokyo2022/index_j.html［2022-05-24］。

在构思及实施上仍体现出实质上的竞争意识与阵营思维,中国作为本地区合作的中心国家,在该战略中却处于"缺位"状态,这也成为该战略的局限乃至不可持续的重要原因。下一阶段,日本的印太地缘战略会如何因应国际形势而发展,能否或在多大程度上兑现其所声称的战略成效,将是各方关注的重点。

三、2022 年日本战略研究代表性观点

围绕日本国家战略、重要子领域战略、重大战略动向,中日学界尽管视角及立场存在明显差异,但由于基本形势、热点问题的存在,双方所关注的重点领域存在较多交集,一些代表性观点也有共通之处。这些共通研究观点揭示出当前日本国家战略发展的一些重要特征。

(一) 日本总体国家战略态势更为主动,旨在利用综合手段提升自身战略能力

中日学界均认同,在推进国家战略方面,日本正力图转变以往相对保守的姿态,更为积极公开地采取战略行动。比如杨伯江指出,日本战略自主性的上升是长期趋势,日本当前通过安全战略突破推动国家战略总体转型的思路日益明确,积极的行动反映出日本期望转变战略姿态,变被动为主动,变防守为进攻,这在对华安全及外交政策中也得到充分反映,使得中日关系的政治安全性、战略竞争性进一步增强。[①] 中方学者普遍认为,日本当前的"战略活跃"集中在外交、经济及安全领域,其中安全领域的增量乃至突破最为明显,综合调动战略工具的意识日益增强。[②] 森本敏、河野克俊等指出,经过安倍及其后继者的推动,目前日本的战略主体性得到增强,应对危机的战略意识得到提升,应进一步加快以安全战略为首的国家战略的转型,增强主动态势。[③] 兼原信克从全面调动国家战略工具的角度提出,日本应基于 DIME(外交、情报、军事、经济)的综合手段构建国家战略,使各种手段彼此支持,发挥相乘作用,有效遏制潜在威胁或竞争对手。[④] 柳泽协二、伊势崎贤治等提出"非战的安全保障论",指出日本应在坚持和平主义方针的前提下,强化军事手段之外应对多种威胁的能力,特别是要积极促进外交与防务政策的结合,使得战略上的"硬手段"与"软手段"有效统合起来。[⑤] 尽管中日学者对日本国家战略主要实现路径的判断与评价存在差异,但均认为综合调动多种战略手段是日本发掘自身潜能、克服"硬实力"相对短板和在现有条件下扩大战略选择面的必由之路。

(二) 日本军事安全战略将在未来五年进入重要的、产生质变的时期

2022 年年底,日本政府出台新"安保战略三文件",并明确提出未来五年加大国防投入、

[①] 杨伯江:《中日关系50年发展演变与未来走势——兼论日本战略因素及其规定性作用》,《日本学刊》2022年第4期。

[②] 吴怀中:《"同盟困境"管理与日本对华关系变迁》,《日本学刊》2022年第5期。

[③] 森本敏「民主主義の危機もある中で、日本の安全保障をどう構築するか?」、『財界』2022年2月号;河野克俊「ウクライナ戦争と日本の安全保障」、『日本の息吹』2022年8月号;河野克俊「羅針盤なき日本の未来:今後の日本の安全保障」、『日本戦略研究フォーラム季報』2022年10月号。

[④] 兼原信克「DIMEに基づく国家戦略を築け」、『Voice』2022年6月号。

[⑤] 柳澤協二・伊勢崎賢治・加藤朗・林吉永『非戦の安全保障論:ウクライナ戦争以後の日本の戦略』、集英社、2022年。

加速防卫力量建设的计划，由此使得关于日本是否放弃"专守防卫"乃至和平国家路线、实现国家安全战略的"完全质变"的争论再度涌现。围绕上述问题，中日学界观点有明显差异。前者中极端者甚至认为日本此举意味着将重走军国主义老路，成为国际与地区和平的破坏者；而后者中大多数观点则积极为日方战略进行辩护，强调日本的和平主义国家与国际协调路线并未改变，即使存在安全政策调整，也是应对安全环境变化的合理之举。但中日学者总体上均认同，新的"安保战略三文件"确实包括一些以往未有的且已经引发争议的规定内容，比如基于远程反导及精确打击能力的"反击能力"、自卫队在海外使用武器、介入当地冲突限制的大幅放宽。这些争议性内容如何在具体情况下被应用，将关乎日本所声称的专守防卫原则能否得到遵守。从某种意义上来说，这意味着日本的安全战略相较过去确实正在发生质变。新的"安保战略三文件"聚焦于未来五年内显著提升日本的安全战略能力，这一方针是岸田政府所明确承认乃至强调的。如果日本政府能够克服阻力和资源限制，实现文件中提出的具体目标，日本安全战略转型的速度将超越以往时期。围绕这一点，中日学界的观点差异在于，后者强调日本安全战略的当前转型是渐进的、可控的（处于文官统制和理性方针下），且有其合理性；而前者则对日本安全战略未来可能趋向激进、失控的前景表示担忧，并明确指出日本是在刻意渲染所谓周边威胁，包括炒作"中国威胁论"，歪曲中国军事建设与海洋活动的意图与效果，来为自身的战略转型及政治军事大国追求提供依据。

（三）日本现行的经济安全战略利弊共存，是一柄"双刃剑"

针对岸田政府积极推进的经济安全战略，中日学界的评价差异较大，但均涉及该战略的正反两面。中国学界对于日本经济安全战略大多持消极评价，尽管承认日本相关举措有解决供应链不稳定、能源供应短缺等问题的考量，但也指出日本的相关政策具有鲜明的经济问题泛安全化、泛意识形态化倾向，跟随美欧设计及步调，很多情况下服务于政治目标而非遵守经济规律，甚至公然违背日本所声言的支持自由贸易、开放合作的立场。日本不仅难以凭借其实现预定的经济目标，反而会对国际经济安全体系的构建造成不利影响。而且，基于对华竞争思维，日本政府在经济安全战略下推动对华"经济脱钩"，必然会给中国科技进步、区域合作和参与全球治理带来阻碍。[①] 日方观点在肯定经济安保战略必要性和为其设计及行动辩护的同时，也承认其中一些强调自身防御、为阻断安全风险而降低对外经济依存度的举措对日本对外经贸、科技合作产生了不利影响。日本追随美欧，在半导体领域加强对华管制、限制对华科技合作的做法，也是在损害日本与其最重要贸易伙伴之间的关系。比如三浦秀之、浦田秀次郎、筱田邦彦等指出，日本现行经济安保战略与贸易投资政策间存在着一定程度的矛盾，经济安全战略被过度使用，将损害日本经济所依赖的外部网络，在经济上是效率低下的。日本应以维护自由贸易原则和主要贸易伙伴关系为基本前提，在强调开放性的背景下维护自

---

① 颜泽洋：《日本经济安全保障战略新动向》，《现代国际关系》2022 年第 4 期；朱海燕：《日本经济安全保障战略及其对中国的影响》，《国际问题研究》2022 年第 3 期。

身安全，推进经济安保战略。① 不过，日方主流观点认为，现行经济安保战略不应被削弱，而应继续增强，需要构建更为明确的中轴体制，采取更强有力的政策手段，并在构建供应链与战略物资网络时优先与"民主盟国"进行合作，将价值观因素充分纳入经济安全合作考量。② 同时，为确保本国的独立自主，反对所谓"经济胁迫"和在对华经济关系上"去风险化"仍是日本经济安全战略的目标之一。

（四）日本需要正视中美博弈给日本带来的风险，适度维持或回归平衡思路将是日本的出路

日方观点认为，在可预见时期，中美关系仍会以战略竞争为主基调，但关系的紧张和缓和程度将时刻处于动态变化之中。对于日本而言，不确定的中美关系本身就意味着风险，仍需加以高度关注。同时，基于台海两岸矛盾及中美围绕台湾问题所产生的矛盾同步上升的现况，日本需要切实应对"台海有事"前景，在履行与美国同盟义务、增强自身安全部署的前提下，尽可能地避免被动卷入军事冲突，防止中美矛盾爆发波及日本。③ 一些日方学者指出，日本目前在中美间明显的偏向性符合本国立场和短期形势，但中长期这可能使日本丧失在中美之间的灵活性，难以管理战略风险，富有弹性的对美和对华战略是更可取的目标。对此，中方学者指出，在中美矛盾趋向尖锐的情况下，日本得到了美国更多的同盟承诺，战略上获得了前所未有的"安全感"，但日本始终需要面对并管理"同盟困境"，在对美和对华战略上奉行"双轨路径"，同时展开博弈，由此也体现出其站位上的摇摆。在日本的战略观中，日美纽带已经具备了固有的重要性，形成了路径依赖，但在同时处理对美和对华关系时，自主意识和平衡思维也是日本行动的底层逻辑。④

（五）中日关系中的战略竞争因素仍然较强，战略互信与危机管控面临严峻挑战

中国学界认为，日本的"战略活跃"未必意味着中日对立，但当前日本强化安全战略及与美国等西方国家同盟关系的行动，往往以针对甚至遏制中国为前提。尽管国际及地区形势已发生重大变化，日本的对华战略心态却迟迟难以理顺，也始终未能兑现此前中日领导人达成的"互不构成威胁、互为合作伙伴"的关系定位。⑤ 在中国学者看来，中日关系并非注定陷入零和互损的战略竞争，但日本当前的对华战略存在问题，需要为中日关系目前的形势特别是双方战略互信的薄弱及危机管控的失灵承担责任。而在日本，大部分国际关系和战略领域的学者仍聚焦于中国对日本造成的"重大威胁"，倾向于强调乃至放大中日关系中的战略竞争因素。比如，佐藤正久将日本周边安全环境的恶化归咎于中国的崛起与"强势改变现状的行

---

① 参见三浦秀之・浦田秀次郎「デジタル貿易のルールと経済安全保障（貿易投資政策と経済安全保障の新たな相克）」、『貿易と関税』2022 年 9 月号；篠田邦彦「経済安全保障とアジア地域協力：日本の役割と課題（貿易投資政策と経済安全保障の新たな相克）」、『貿易と関税』2022 年 11 月号。

② 香山弘文「経済安全保障 経済安全保障の国際的背景と日本政府の取り組み」、『時評』2022 年 4 月号。

③ 参见徳地秀士「米中対立の中の『台湾有事』：日本の対応について」、『国際安全保障』2022 年 9 月号；森本敏・小原凡司『台湾有事のシナリオ：日本の安全保障を検証する』、ミネルヴァ書房、2022 年。

④ 吴怀中：《"同盟困境"管理与日本对华关系变迁》，《日本学刊》2022 年第 5 期。

⑤ 杨伯江：《中日关系 50 年发展演变与未来走势——兼论日本战略因素及其规定性作用》，《日本学刊》2022 年第 4 期。

为"，同时还强调中国"企图改变现有的地区乃至国际秩序"，而这将给日本带来巨大冲击，"如何管控作为风险的中国"是日本外交的首要问题。[①] 饭田将史指责中国海洋战略的强化"直接威胁到日本国家利益"，认为中日现行海上危机管控机制难以发挥作用，并强调中日海上权益矛盾是很难调和的。[②] 岸川和马等围绕"印太战略"，强调了中日日益增强的地缘政治与经济竞争关系，主张日本与其他"民主盟国"联合起来采取措施，抵御中国"不透明的非市场经济措施"和"经济胁迫"。[③] 上述观点通过强调中国对日本及日本所依托的现行秩序的"挑战"，突出中日关系中战略竞争的"不可回避性"，并为日本现行对华制衡手段的施行进行辩护。一些相对理性的日方学者则要求中日加强建设性对话，以修复战略互信，共同管控危机。但总的来看，中日双方在认同战略竞争现实的同时，对目前两国关系问题的责任归结以及如何摆脱目前局面的看法存在较大差异。

四、结论

总体而言，2022年，中日学界针对日本国家战略及重大战略动向的研究进一步趋向活跃。国际形势的重大变化、大国博弈的深化与安全热点的突出以及日本因应内外环境压力而采取的积极战略应对，均为相关研究提供了数量多、分量重的课题材料。在研究观点上，中日学界均认同日本正处于"战略活跃期"，且战略行动突破口集中于安全领域，战略主动性、外向性进一步增强。同时，中美博弈继续成为研究日本战略动向及行为逻辑的基本前提，国际及地区秩序与日本战略选择之间的逻辑关联性继续得到重视。基于中日关系正处于历史节点与敏感期的现况，有关日本对华战略及其对中日关系影响的研究趋向增多和深入。国家战略理论及实践方面，中日学界有其各自特定立场与主观倾向，且其观点分歧反映出两国在国家战略取向和对彼此战略意图理解上的差异。从中方角度出发，以确保应用对策研究针对性与科学性、支持中国新时期对外战略和周边方略构建运筹为目标，很有必要进一步加强对日本国家战略及重大战略动向的研究，包括日本学界对相关问题的看法与分析。

（责任编辑：周旭海）

---

① 佐藤正久「我が国を巡る安全保障情勢」、『日本政治法律研究』2022年第4号。
② 飯田将史「中国の海洋進出と日本の安全保障」、『日中経協ジャーナル』2022年9月号。
③ 参见岸川和馬・細田健介「インド太平洋経済枠組み（IPEF）が日本にもたらすインパクト：力点は経済効果よりも経済安保」、『大和総研調査季報』2022年第48号；荒木千帆美「中国の『一帯一路』と日米のインド太平洋への姿勢：経済的枠組みをめぐるインド太平洋戦略・構想との相互関係性」、『立法と調査』2022年11月号。

2022 年日本文学研究综述

王志松[*]

2022 年是不平凡的一年。新冠疫情终于有所平息，年底国内解除防控措施，社会生活逐步回归正常，但疫情对社会各方面造成极大冲击。是年 2 月 24 日，俄乌战争爆发，惨烈的战斗持续一年多，至今仍没有结束的迹象。如此社会情势对人文社会科学研究以及日本文学研究或多或少产生了影响。本文尝试梳理在此背景下展开的 2022 年度日本文学研究。因笔者能力和目力所限，难免疏漏，谨请方家批评指正。

一、2022 年日本文学研究动态

综合 2022 年度举办的学会和发表的论著，可以观察到以下研究动态。

（一）疫病与文学

疫病伴随着漫长的人类历史，给人类社会带来无数次巨大灾难，但人类在克服这些灾难的过程中不断取得社会进步。在此次新冠疫情的冲击下，现代社会再次暴露出许多问题。文学研究也关注到历史上疫病题材的文学作品。日本的学术杂志《昭和文学研究》（第 84 集）刊发了一组特辑论文，主题是"'感染'与文学的百年"。编者关于特辑主旨写道：此次新冠疫情暴露出的种种问题可谓是高度发达的现代社会的缩影。人类社会日益加速的生产活动侵害大自然不仅导致了病毒的产生，也把病毒迅即带往世界的各个角落，而发达的网络技术则将病毒的信息即时即刻在全世界扩散。历次疫情中出现的排斥异端的行径也大行其道，对感染者、病人家属以及特定区域表现出种种歧视性言行。该特辑发表了加藤梦三的《"物质"的范畴——初期的中河与一和卫生理念》、张永娇的《重读宫泽贤治的感染病文学——以疫病、战争、医疗的表象为中心》、北川扶生子的《生病和看护的内涵——战争期间的肺结核》和木村政树的《一九五〇年代的埴谷雄高的结核病和文学》等论文，从不同角度探讨近百年来日本文学作品描写对麻风病和结核病的歧视和排斥，从而反省当下的疫情状况。国内学者孙艳华在《日本近代文学中的疫病书写》（《日本问题研究》2022 年第 1 期）中以疫病为线索，分析了广津柳浪、森鸥外和夏目漱石等众多现代作家涉及疫病的作品，认为这些作品不仅触及人物的内心世界，还揭示出对他者的暴力、卫生观念欠缺、异国感染者的心理抚慰等社会问题。

（二）战争文学

战争文学历来是日本文学研究的关注点之一，2022 年或许受到俄乌战局的影响，关注度

---

[*] 王志松，重庆大学外国语学院教授。

有所增加。12月4日，南京师范大学外国语学院在网上举行了"日本民间和平反战记忆跨领域研究"国际学术研讨会。从会议题目看，不完全是文学研究的会议，但是关键词"记忆"将历史研究和文学研究交汇在一起成为可能。鹿儿岛大学名誉教授木村朗从多角度分析当今全球变局的原因及影响，强调避免战火重燃和维护东亚和平稳定的重要性。与会者大多是日本文学研究专家，以村上春树、三木卓、目取真俊等作家的作品为研究对象揭露战争罪行，弘扬反战思想。

关于战争文学的研究论文，首先是对助推侵略战争的日本帝国主义思想的揭露。杨佳嘉的《林芙美子的文化侵略思想批判——以1936年的北平之旅为线索》（《日语学习与研究》2022年第1期）通过考察林芙美子1936年北平之旅的相关文章指出，林芙美子的非战立场并不等同于反战，而是通过非暴力的文化渗透为侵略战争助纣为虐的思想。李炜的《论林芙美子侵华战争时期作品中的女性书写——以〈波涛〉为中心》（《日语学习与研究》2022年第3期）在分析《波涛》的产生背景及创作意图的基础上，也对林芙美子的"反战思想说"提出了质疑，具体探讨了《波涛》中的女性书写协助战争时局的问题。徐利的《"爱国者"的背面论小田岳夫〈鲁迅传〉中的鲁迅形象及其塑造逻辑》（《日语学习与研究》2022年第2期）指出，小田岳夫撰写的《鲁迅传》在否定"抗日民族主义"的基础上塑造了鲁迅的"爱国者"形象，以中日两国面对西洋冲击的主体性差异为基准，为日本赋予东亚的文化领导权。徐利的《"近代的超克"与"大东亚亲和"的幻灭——太宰治〈惜别〉中的"弃医从文"叙事再探》（《中国比较文学》2022年第4期）探讨了太宰治创作于太平洋战争期间的国策小说《惜别》。该文认为，太宰治将鲁迅弃医从文置于近代日本从明治维新到太平洋战争的历史脉络，在"近代的超克"的语境中重构了弃医从文叙事。这既反映出日本知识人卷入战时体制、为国效力的普遍事态，也体现了太宰治个人对战时天皇制国家的认同。黄彩霞的《"宣抚文学"中的"乡村""医疗"叙事——以熊谷康〈支那乡镇杂话〉为中心》（《日语学习与研究》2022年第3期）分析了熊谷康《支那乡镇杂话》，认为作品中借医"布道"的"医疗宣抚"的本质是以对民众肉体的"医疗"为诱饵，达到对民众精神"医疗"、精神渗透的政治目的。

还有两篇论文不约而同地质疑川端康成对侵略战争的政治立场。戴松林的《抽象审美意象下的国家主义文学价值观——〈雪国〉创作过程研究》（《日语学习与研究》2022年第5期）认为，迄今有关《雪国》的研究和鉴赏都有明显脱离时代背景的抽象审美倾向，甚至连作品创作过程研究也出现了只关注文本本身变化、忽视引起变化的外因以及变化得以实现的内因的倾向。该文指出，影响《雪国》创作进程和最终意义的始终是作者与战争意识形态的关系，支撑作品抽象审美意象的实际上是战争意识形态背后作家的国家主义文学价值观。常思佳的《昭和日本的"文坛政治家"——川端康成的文化活动考辨》（《外国文学评论》2022年第2期）认为，川端康成在第二次世界大战期间将文学创作与文化活动相结合，或隐或显地协助日本进行文化渗透；而战败后，为配合本国战后重建的文化外交，他相继扮演了战败悲情的宣传者、呼吁和平的倡导者以及日本传统美的代言者等多重角色。在上述角色转换中，川端康成承担起了重塑文化记忆、构建国家文化形象的"文坛政治家"任务。

其次，也有研究对日本文学中反战思想的探幽烛照。王升远的《永井荷风的洁癖与复仇——〈断肠亭日乘〉中的日常抵抗及其限度》(《山东社会科学》2022 年第 3 期) 通过考察永井荷风的《断肠亭日乘》认为，永井以执拗的"近代的自我"和"为时代作证"的自觉意识，带着世界主义文化视野和以史证今的眼光对日本剧变的社会展开持续批判，使他在战时以缄默的姿态拒绝主动与军国主义政治权力合作，以相对圆融的方式艰难地捍卫了知识人的良知底线。郭勇的《彼岸与地上的越境：〈D 市七月叙景（一）〉的空间表象》(《东北亚外语研究》2022 年第 4 期) 以中岛敦的《D 市七月叙景（一）》为研究对象，分析了在殖民者和两名中国苦力的戏剧性命运逆转中所表现的对日本殖民主义的批判。赵海涛、王玉华的《物叙事视角下的历史与书写——以石川达三〈活着的士兵〉为例》(《玉林师范学院学报》2022 年第 4 期) 从分析《活着的士兵》中的日规、纸币、照片、戒指、身体和尸体等物叙事入手，探讨了这些物品与小说人物、故事情节所共同建构的独具意义的作品世界。该文认为，小说中的物既是叙事的基本要素，也是中国被侵略的静默的见证人，记录了南京大屠杀期间侵华日军的兽行。邹双双的《战争叙事与文学翻译：石川达三〈活着的士兵〉在中国的传播》(《日本侵华南京大屠杀研究》2022 年第 3 期) 考察了《活着的士兵》在中国翻译和传播的历程，认为该作品的中译本在不同时期被赋予不同社会意义，并满足社会需求，其翻译、出版历程彰显出译者及出版机构在抗战时期及和平年代勇担社会责任的可贵精神。陈世华、柳田田的《复调叙事与镜像隐喻——〈伊丽莎白的朋友〉中的战争记忆书写》(《当代外国文学》2022 年第 2 期) 关注了战争记忆问题。该文认为，村田喜代子的《伊丽莎白的朋友》刻画了以不同方式经历过日本侵华战争的三位罹患认知症的女性老人。小说运用复调叙事的手法，呈现了日本侵华战争时期天津租界、伪满洲和日本国内的历史场景，构建出战争亲历者的回忆空间，揭示了日本在侵华战争时期所鼓吹的"共荣"的虚幻性与欺骗性。郑珊珊的《日据前期台湾女性汉诗综论——以〈汉文台湾日日新报〉为中心》(《清华大学学报（哲学社会科学版）》2022 年第 4 期) 认为，日据台湾前期的《汉文台湾日日新报》刊发了大量台湾女性的汉诗作品，展现了女性独特的个人情感与才华，显示了女性写作从私人生活走向了公共空间。虽然这份报纸隐藏着日本殖民当局文化怀柔的险恶用心，但台湾女性参与汉诗与汉学的振兴，也有着抵抗日本文化殖民的意义。

(三) 越境体验

近代以后，随着交通的发达和日本殖民扩张等，人员流动频繁，由此产生大量作品。越境不仅有短期的旅行，也有长时段的移居。书写越境既涉及书写者对异乡和他者的认识，也反映了书写者本人的世界观。近年来，相关作品受到学界的关注。10 月 15 日，韩国、中国、日本、印度尼西亚和澳大利亚的大学和研究机构联合在网上举办了"第十届东亚与同时代日语文学新生代研究论坛"（第 10 回東アジアと同時代日本語文学次世代フォーラム），其大会主题是"旅行书写——其可能性和局限性"。

关于越境的研究，国内有不少成果：刘楚婷的《"越境"体验与"里日本"视域下的都市空间叙事——以水上勉的沈阳书写为例》(《东北亚外语研究》2022 年第 4 期) 审视水上勉的"越境"体验，挖掘他的沈阳都市空间叙事与其"里日本"书写之间的内在逻辑关系，深度把握其文学创作的多元性与复杂性，反思和批判日本近代化进程中存在的问题。刘晓芳、孙萌的《溢出与回归：〈枣〉中的异质性景观与"混血"体验》（《东北亚外语研究》2022年第4期）以汤浅克卫的作品《枣》为研究对象，分析了嫁入朝鲜的日本"内地"女性人物的身份认同问题。该文认为，通过描写女主人公"剥离"日本国民身份以身体降格为代价的"逃离"，揭示该女性人物与朝鲜男性的混血儿后代身体的异质性，剖析"溢出者"混血儿的身份认同焦虑，呈现出一个充满悖论与张力的殖民地空间。宋武全的《"小说"与"游记"的越境变奏——媒体介入与芥川龙之介的长江叙事》（《日语学习与研究》2022年第5期）认为，芥川的长江书写经历了从"游记"到"小说"再到"游记"的越境变奏，其中既有媒体强势地位对创作的冲击，也流露出作者对中国的善意与眷恋。陈晨的《当代日本华人作家的中国城市书写与身份认同》（《日语学习与研究》2022年第3期）从历时与共时的角度追溯21世纪前后30年的日华文学史，选取多位代际不同的华人作家及作品，考察其中国城市的书写方式、城市意象的呈现形态，探讨文学文本的空间形式与身份认同的关系。林祁的《"非虚构"物语与人性的救赎——评日本华文文学女作家元山里子（李小婵）》（《海峡人文学刊》2022年第4期）探讨了日本华文文学女作家元山里子（李小婵）的《三代东瀛物语》《他和我的东瀛物语》《幸子太太眼中的幸福》的救赎主题，认为这些作品突破了海外华文文学司空见惯的"放逐""离散""乡愁"等主题。柴红梅、代欣的《水村美苗的"越境"体验与文学创作——以〈私小说：从左至右〉为中心》（《东北亚外语研究》2022年第4期）以水村美苗的代表作《私小说：从左至右》为研究对象，分析了跨越异质语言的双语写作，揭示其语言间的"不对称"张力关系，以及文本的"流动性"与"混血性"的特点。

（四）其他研究

在古代文学研究方面有以下论文。王晓平的《〈赵志集〉疑义试解——兼论中国典籍日本古写本精读》（《北方工业大学学报》2022年第4期）认为，《赵志集》写本是中国久已散佚而保存在日本的唐诗集，借此可管窥唐代诗歌盛行的一般风貌与东渐的悠久历史。卞东波的《诗悟必通禅：元代诗僧释英——〈白云集〉与东亚汉籍交流》（《华南师范大学学报（社会科学版）》2022年第4期）以元代诗僧释英及其《白云集》为个案，考察了其在日本的传播状况。

在现代文学研究方面有以下论文。杨伟的《日本文学研究关键词私小说》（《日语学习与研究》2022年第5期）对"私小说"这一基本术语进行了历史语义学的梳理和考察，以呈现私小说作为问题的起源、发展与流变，特别注重将其还原到日本近代历史的演进过程中，揭示了"私小说"成为日本近代文学关键概念的根本动因和历史脉络。曲莉的《德富苏峰〈新日本的诗人〉的内在旨趣和隐性理路——比较文学视角下的考察》（《日语学习与研究》2022年第5期）以德富苏峰的《新日本的诗人》为切入口，对苏峰"人生生活的批评"话语的意蕴内涵及浪漫主义和现实主义倾向在其文学思想结构中的关系位置作了考察。陈言的《作为"锚定点"的桥川时雄：他的交游与北京书写论考》（《中国现代文学研究丛刊》2022年第11期）探讨了桥川时雄在北京的文化实践，指出其亚洲主义与大多数日本近代的亚洲主义者不同，是以文字结盟的文化亚洲主义。单援朝的《创造社与日本左翼文学阵营的内部分裂——来自日本作家的证言》（《郭沫若学刊》2022年第3期）通过梳理《战旗》刊出的支健二的

《上海印象记》以及《文艺战线》刊出的前田河广一郎的《创造社的解散》《自扬子江畔》等作品揭示创造社与日本左翼文学的关系，为深化创造社研究提供了一个新的视角。王志松的《危机中的想象力——〈罪与罚〉与日本现代文学》（《俄罗斯文艺》2022年第4期）认为，陀思妥耶夫斯基的《罪与罚》在日本现代文学中影响广泛，明治时期北村透谷通过小说人物的犯罪行为剖析俄罗斯的社会问题，并以此警示日本的社会危机；大正时期的作家或从作品中洞察人性的神秘和丑陋，或发现人道主义博爱，而江户川乱步则借用其中的情节创作了侦探小说《心理实验》。丁莉的《〈源氏公子最后的爱情〉——东方文学经典在西方如何被续写？》（《外国文学》2022年第6期）探讨了玛格丽特·尤瑟纳尔《源氏公子最后的爱情》对《源氏物语》的续写，认为该作品不仅填补了《云隐》卷的"空白"，还为古代东方文学经典的接受和阐释注入了新的血液。

二、2022年日本文学研究的热点

（一）汉诗研究

汉文学是日本文学的重要组成部分之一。日本汉诗在中世纪、江户时期和明治时期有三个创作高潮，近年来受到国内学者的高度关注。相关研究概述如下。

1. 五山汉诗

张哲俊的系列论文多角度探讨了五山汉诗：《诗歌的日记化与长诗题：记忆张本即信史张本？——以日本五山文学为中心》（《四川大学学报（哲学社会科学版）》2022年第6期）认为，日记化诗歌来自中国唐宋诗歌，中日诗人需要以诗歌记录当时发生的种种事件，日本五山文学存在相当普遍的日记化诗歌，不同程度地体现了日记特质。《五山文学中的和汉唱和、和汉次韵》（《北方工业大学学报》2022年第1期）探讨了五山文学与和歌的交流关系。该文认为，五山诗人发明了两种和汉唱和方式：一是以意唱和；二是和汉次韵。尽管与中国文学或汉诗的同类方式存在差异，但是一种新的尝试。《五山诗僧的二度隐逸：官寺与山水、书画之间》（《中世纪与文艺复兴研究》2022年第2期）指出，五山诗人尽管都是佛教僧侣，但五山禅寺为官寺，未能完全脱俗，因此需要二度隐逸。二度隐逸的方式是不执着、不滞留，但执着于书画与山水，正因为存在这种矛盾，才不断地吟诵隐逸。

祁晓明的《虎关师炼〈济北集〉的类书化倾向》（《北方工业大学学报》2022年第1期）探讨了虎关师炼《济北集》呈现出的类书化倾向。该论文认为，这种类书化倾向主要反映于虎关汉诗的题材、用语，典故多出自类书和编辑仿类书体例两个方面。赵文珍的《日僧江西龙派生平若干问题考辨》（《日语学习与研究》2022年第6期）通过对五山诗僧江西龙派具有日记化特点的汉诗及其他史料的分析，考证了江西龙派的生年、离京流寓期间的行踪、返京定居的时间和居所、移居欢喜寺的时间等问题。罗宇的《审美代偿：日本五山诗歌中的"缺席"书写》（《国外文学》2022年第3期）考察了日本五山汉诗中的"缺席"书写，揭示了"审美代偿"的特殊心理。该文认为，日本五山诗人对缺席之物表现出高度关注，既有日本民族性格的原因，禅宗背景也起了推波助澜的作用。谢文君的《典范的流动——五山诗学畅销书与禅僧的黄庭坚诗接受》（《日语学习与研究》2022年第3期）探讨了宋代诗话与选本对五山禅僧的黄庭坚诗接受所产生的影响。

2. 江户汉诗

熊啸的《袁枚性灵诗学与江户后期汉诗的本土化转向》(《文学评论》2022年第6期)探讨了江户后期汉诗本土化的问题。该文认为，天明、宽政以降，日本江户诗坛的创作风尚由格调转向性灵。江户中期以降，汉诗人群体的出身渐趋"下沉"，一方面促使诗歌开始摆脱早期的性理之言，回归其艺术特质的呈现表达；另一方面则使得汉诗反映本土町人审美偏好的需求越来越迫切。袁枚性灵诗学对诗教权威的解构、取消诗歌写作的学问壁垒及对诗写男女之情的认可，皆为日本汉诗呈现本土的风物习俗及审美情趣提供了理论依据，从而使汉诗在此际表现出一种"本土化"书写的转向。王乐的《袁枚咏物诗在日本江户、明治汉诗坛的受容》(《南京师范大学文学院学报》2022年第3期)认为，在江户中后期对袁枚的接受中，由于日、清咏物诗观的差异和日本汉诗人咏物诗创作层面的需求，日本汉诗人对袁枚"寄托不深"的咏物诗表现出独特的青睐，体现了日人与清人的审美异趣，及其在接受清诗过程中的自主性。刘芳亮的《江户时代取材于中国选本的日本所编唐诗选本——以筱崎小竹〈唐诗遗〉为例》(《东北亚外语研究》2022年第2期)聚焦于江户时代的《唐诗遗》，探讨该选本取《唐诗别裁集》作为底本的缘由、与底本在选目上的异同以及其中体现的诗学观念、审美取向等，认为《唐诗遗》基本沿袭了《唐诗别裁集》的选目结构，但也做了不少调整和改变。严明、刘丝云的《江户萱园派的诗风承变——以服部南郭、仲英父子为枢纽》(《苏州教育学院学报》2022年第4期)认为，江户中期执掌萱园派的服部南郭师承获生徂徕古文辞学，继承复唐明古调的传统。其弟子论诗多所沿袭，然而其婿养子服部仲英的汉诗创作却变革家风，独辟蹊径，其诗作显示出隽永有趣的独特个性，是萱园诗派走向分化，乃至江户诗风与时俱变的一大征兆。李曼、冉毅的《论日本江户时代以诗为教的道德教育——以汉学私塾咸宜园为例》(《东疆学刊》2022年第4期)认为，日本江户时代民间最大的私塾咸宜园通过开设汉诗课程进行道德教育，一方面有利于维持德川幕府统治，另一方面又为日本近代化的发展准备了可加以利用的智力资源和道德资源。

3. 明治汉诗

郭颖的《日本明治汉学复兴的反思——再论〈东瀛诗选〉与日本近代汉诗的境遇》(《日语学习与研究》2022年第3期)结合明治时期的"俞樾热"与"汉诗热"现象重新考察俞樾编《东瀛诗选》。该文认为，"俞樾热"的背后可看到学界、政商界与传媒界等对俞樾"经学大师"之形象的打造与助推，使之成为当时日本人眼中代表中国19世纪的唯一一位学者。而"汉诗热"的背后，则包含着"自上而下"和"自下而上"的双重脉络，体现出各阶层不同的汉诗之"用"。董韦彤的《中日汉诗观视野下的俞樾诗学理念及其学养渊源》(《浙江学刊》2022年第1期)探讨了俞樾在《东瀛诗选》中体现的诗学观，认为他将日本江户诗风的演进概括为"二变三期说"，表现出明显的中日诗歌比较倾向，准确地抓住了二者的源流关系。史可欣的《古典与近代诗学的二重变奏——论森鸥外汉诗的近代价值》(《苏州教育学院学报》2022年第4期)探讨了森鸥外汉诗中的抒情与自我书写，认为其中反映出日本古典文学向近代文学转变的探索与创作实践。

(二) 东亚视角重审现代性

日本现代文学研究自诞生之时起就一直暗含西方中心主义视角，近年来国内学界对此有所警惕，尤其通过讨论日本的现代中国文学研究以及柄谷行人的文艺理论等不断反思现代性中的西方中心主义。

王钦的《主体、抵抗与革命的潜能——论竹内好的"终末"美学》（《中国现代文学研究丛刊》2022年第6期）关注竹内好思想中的"终末观"，认为在其"终末"视角下，处于弱者和被压迫者位置的中国和亚洲，才真正显示出新的政治和革命的潜能，甚至提示重新理解和塑造世界的想象力。高华鑫的《在亚洲思考普遍性：大江健三郎与柄谷行人的三次对话》（《文艺理论与批评》2022年第1期）认为，大江健三郎与柄谷行人在20世纪90年代的三次座谈，深刻触及后冷战时代以来日本文艺思想状况和文学功用的问题。基于对后现代批评理论的反思，柄谷重新评价曾被解构的旧左翼和战后民主主义思想传统。大江和柄谷对战后文学的探讨还涉及日本文学与"第三世界"的联系，提示着超越"西方—日本"二元结构的"普遍性"所在。朱幸纯的《作为"现代的超克"的共同制作——花田清辉与〈故事新编〉》（《文学评论》2022年第2期）指出，从"现代的超克"论出发，花田清辉在《故事新编》中发现了鲁迅"以前现代为否定性媒介超越现代"的文学和政治追求，并于晚年以共同制作的形式将《故事新编》改编成《戏曲：故事新编》。在二战后的时代背景下，花田清辉对《故事新编》特别是《铸剑》给予了新的独特解读，展现了他对传统与现代、个人与集体、失败与胜利、生存与死亡、知识者的责任等诸多思想课题的理解，并呈现出鲁迅作为东洋作家、作为20世纪作家超越时空的生命力。刘婉明的《文学主体的重建：论武田泰淳的鲁迅情结》（《外国文学评论》2022年第4期）认为，武田泰淳从鲁迅凝视黑暗现实、直面政治的文学姿态中获得启发，致力于重塑立足于亚洲民族现实的坚实文学主体，先后塑造出把文学的"影子"卖给政治"恶魔"的"政治鲁迅"、颠覆战后政治权力话语结构的"魔神鲁迅"和以文学方式容纳政治的"文学者鲁迅"形象。武田的这些创作寄寓了他重建日本现代文学主体的希望，也代表日本知识人从现代中国经验出发，探索亚洲独立现代化之路的努力。熊鹰的《"使文成为文"：〈言文论〉与森鸥外的国文构想》（《外国文学评论》2022年第3期）认为，日本作家森鸥外在1890年左右发表了一系列有关言文一致体的评论，在《言文论》等评论中，森鸥外反对山田美妙等言文一致论者将俗语语格提升为日文文法的做法，提出应当使用日文的旧语格。在此基础上森鸥外构想了理想的国文，并在同一时期以文语体创作了小说《舞姬》。森鸥外的主张致力于解决如何使经历了言文一致运动革新的"文"成为逻辑清晰、能描写人情事态的现代日本国文。他的国文构想是对文化翻译的践行，也是在与异文化的接触中对传统的再发现。

与此同时，在对东亚视角反思西方中心主义充分肯定的基础之上，也有论者提出须对此进行再反思。妥佳宁的《从本土语境的个体视角到东亚语境的国族视角——竹内好"回心"论述的语境重置与视角转换》（《文艺理论与批评》2022年第1期）探讨了竹内好的"回心"与时代背景的关系。该文认为，竹内好写作《鲁迅》提出"回心"，是珍珠港事件后日本将侵华战争扩大为对英美的太平洋战争时期。此时从事回教圈研究的竹内好，服务于日本对中国少数民族的煽动工作，并为日本发动战争寻得所谓带领东亚各民族反抗西方殖民者的理由。而战后竹内好写作《何谓近代——以日本与中国为例》，则是在日本反思战败的再度焦虑中，以近代化的欧洲为参照，重新思考中日的不同选择。因此竹内好将讨论"回心"的语境，从中国本土内部的"专制"语境，重置为日本外在的"殖民"语境，并将论述视角从鲁迅的个体视角转换为所谓东亚各民族的国族视角。这种语境重置和视角转换的洞见及其遮蔽，对反观中国思想界自身的焦虑，具有正向与逆向的不同启示。刘峰的《从历史视角看竹内好的"文学思想"及其"抵抗"原理》（《世界历史评论》2022年第3期）指出，竹内好的"文学思想"与文学实践展现出了既反政治又反文学、既反西方之近代又反东方之前近代的特质。然而其思想也曾受到过东西文明融合论、右翼的反官僚主张、近代超克论等言论学说的深刻影响，故对其携带的思想缺陷与时代局限性也应倍加留意、引以为戒。周琪的《伊藤虎丸〈鲁迅与终末论〉的逻辑图示》（《中国现代文学论丛》2022年第1期）认为，伊藤虎丸的《鲁迅与终末论》旨在将鲁迅作为战后日本的参照系、以期实现对明治维新以来日本现代化模式的反思。《鲁迅与终末论》的写作是伊藤虎丸将学术研究与实践需求统筹于一体的尝试，然而在"以鲁迅为方法"的研究框架下，作者或许面临着两难处境：以纯学术的评判标准来看，《鲁迅与终末论》存在着选择性使用材料、以譬喻和自由联想取代逻辑论证等现象；此外，若想使学术研究产生实际的社会变革动力，则需要进一步将抽象的形而上激情落实到具体的物质及制度层面。

（三）译介研究

译介研究在中日文学关系研究中一直充满活力。在日译汉研究方面，涌现了以下一些新成果：古大勇和翟勇的《论小田岳夫〈鲁迅传〉两个中文译本的差异——兼谈许广平在塑造鲁迅形象方面的作用》（《鲁迅研究月刊》2022年第12期）通过比较任鹤鲤和范泉译的小田岳夫《鲁迅传》认为，范译本除纠正了小田岳夫原著《鲁迅传》以及任译本仍然沿袭的细节错误外，还在许广平的引导下有意突出表现鲁迅的战斗精神和"文化战士"形象，凸显影响鲁迅人生道路和思想发展的广阔时代背景，特别重视时代政治风潮对鲁迅的影响。裴亮的《"上海体验"与大内隆雄对创造社的戏剧译介——以20世纪20年代在华发行的日语报刊为中心》（《首都师范大学学报（社会科学版）》2022年第4期）认为，大内隆雄20世纪20年代在东亚同文书院留学期间，以内山书店的文艺漫谈会及其会刊《万华镜》为"中介"，展开了对同时期创造社成员戏剧作品的日语译介活动。大内隆雄试图通过文学译介来理解同时代中国的理念，是作为文化中介者的译者在观察外部世界与审视内部语境之后所做出的一种通过同步体验来寻求交互理解的选择。国蕊和陈鹏安的《从叙述主体的角度考察近代译者对第一人称叙事特征的认知——以〈新蝶梦〉的译介为例》（《辽宁师范大学学报（社会科学版）》2022年第3期）以陈景韩译第一人称主角叙事小说《新蝶梦》为研究对象，考察中译对底本存在诸多修改中体现的近代译者对第一人称主角叙事的理解认知，把握该类型叙事在中国流传与接受的初期样态。李炜的《论〈不如归〉在中国的译介与传播》（《解放军外国语学院学报》2022年第3期）认为，德富芦花的长篇小说《不如归》，在译介到中国之后，原文本中的各要素出现了不同类型的"颠转"，如"肺结核"失去了原有的意义及地位，"甲午海战"被赋予了全新的功能及作用，"家族制度"丧失了日本特色。梁艳的《唐小圃生平译事考述》（《温州大学学报（社会科学版）》2023年第2期）考察了民国时期知名法学家、大学教授唐纪翔的童话翻译经历。该文认为，唐纪翔以笔名唐小圃翻译的日本文学作品以及借助日文转译的契诃夫、托尔斯泰作品，在20世纪20年代中国翻译文学史上留下了浓重的一笔，灵活运用与批判继承"合译""改译""改作"等晚清翻译范式。

在汉译日研究方面，有以下新成果。蒋永国的《吉村永吉译介李长之〈鲁迅批判〉考论》（《鲁迅研究月刊》2022年第8期）探讨了吉村永吉译介的李长之《鲁迅批判》，认为它是连接早期中日鲁迅研究的重要媒介，对竹内好的《鲁迅》产生了触发作用。王志松的《王瑶〈中国新文学史稿〉日译本考》（《文艺理论与批评》2022年第3期）认为，王瑶的《中国新文学史稿》于20世纪50年代中期被翻译成日语。日译本虽然以1953年版本为底本，却经作者若干增删修改，是一个新版本。该译本通过增加索引、年表与撰写《解说》等方式丰富了原著的内涵，在传播中国现代文学和新中国的文艺思想上发挥了重要作用。作者和译者协力突破了当时冷战结构下中国政治运动的影响和日本政府对中国信息的封锁。孙若圣的《日本知识分子对中国新时期文学"文学性"的认知》（《湘潭大学学报（哲学社会科学版）》2020年第6期）认为，日本在20世纪80年代接受中国新时期文学时，产生了四种对新时期文学"文学性"的言说。其中高岛俊男采用"二元对立"的评价框架，以与政治是否呈现对立姿态来定义文学性的高低，这种评价标准逐渐成为日本学界的较主流认知，并切实影响了日本学界对新时期文学的批评。

三、2022年日本文学研究的特点

（一）跨学科

2022年度日本文学研究的一大特点是跨学科。当然学术界受"文化研究"（Cultural studies）和后殖民主义思潮的影响早就呈现出跨学科的趋势，而近年教育部提倡"新文科建设"更进一步促进了"文史哲"的融合。上述的疫病与文学研究、日本汉诗研究和翻译文学研究等无不体现跨学科性质。尤其在日本汉诗研究方面，很多研究者是中文系古典文学专业的老师和学生。这些不同学科学者的加入无疑拓宽和丰富了日本汉诗研究。

此外，在翻译文学研究上值得关注的是横跨几种语言的转译研究。符杰祥的《何以"造人"？——鲁迅"造人术"译介源头考》（《鲁迅研究月刊》2022年第6期）考察了鲁迅翻译《造人术》的动机，认为原抱一庵将"并非科学的故事"转化为乌托邦的科学建构，成功吸引了中国留学生鲁迅，激发了其对科学小说的译介热情与启蒙之梦。国蕊的《上帝颂·造人术·吸血鬼——美国小说 An Unscientific story 跨文化传播中的变异与重构》（《济南大学学报（社会科学版）》2022年第4期）则在一个更大的时间范围考察小说的跨文化传播。该文认为，An Unscientific story 是美国女作家露易丝·斯特朗于1903年在著名杂志《大都会》上发表的短篇宗教小说，作品自此开启了非同寻常的东西方传播之旅。一方面是在近代东亚：小说发表同年，由日本翻译家原抱一庵以《造人术》的篇名进行了两度节译；后于1906年，再由鲁迅、包天笑先后自日文译本转译入晚清。近代东亚的译介映射了日本全盘西化与科幻流行的社会语境及文学风景，以及中国近代早期智识阶级对国民性与女性问题关注的伊始。另一方面是在西方：20世纪尾声，该作品收录到吸血鬼小说集《德古拉的后裔》当中，以与创作初衷相悖的崭新面目步入当下文学场域，并进而在欧美延展出"吸血鬼与爱情"主题译本与女性恐怖小说书写的两个维度，是当代消费文化施力于文学发展的缩影。An Unscientific story 的东西跨文化之旅,非常典型地说明了文学作品如何在多种文化形态中确立自身的价值与属性。陈凌虹的《跨越三种语言的文本旅行——包天笑译〈梅花落〉》(《中国比较文学》2022 年第 3 期)考察了《梅花落》的翻译底本,通过英、日、中 3 个文本的比较研究,阐明黑岩泪香日译本翻译和改编之"鬼斧神工"为包天笑中译本的"脍炙人口"提供了前提条件,而包天笑的巧妙译笔和文化植入使中译本彻底本土化,并成为清末民国时期小说界的明星。张秀阁的《林语堂〈古都北平〉在日本的译介与影响》(《日语学习与研究》2022 年第 1 期)认为,林语堂的日译文随笔《古都北平》包含对其他中国作家汉语文章的编译,因此该日译文可视为多重译介的结果。该论文结合"卢沟桥事变"的时代背景探讨了该文在日本翻译介绍的文化错位问题。杨国强、吕世生的《独在异乡为"译"客——美国汉学家华兹生寓居日本的翻译历程考察与反思》(《东北亚外语研究》2022 年第 2 期)考察了寓居日本六十余载的美国汉学家华兹生通过翻译推动了中日两国文学和文化在西方的传播和接受。

丁莉近年关于图像与文字文本关系的研究也是值得留意的跨学科研究。丁莉的《变异与新生〈长恨歌〉在日本江户时代的文图流播》(《日语学习与研究》2022 年第 4 期)考察了日本江户时代集中出版大量《长恨歌》的插图本和绘卷现象。该文认为,江户时代的插图本和绘卷既有对古抄本文的保留和对平安时代以来鉴赏传统的继承,又具有通俗性、趣味性等鲜明的时代特点,甚至出现了从"悲"到"喜"的审美转换,在文与图的互动中生发出不同的审美情趣与价值取向。

(二)历史语境下的文本解读和新资料的发掘

与第一点特色有关,由于受"文化研究"、后殖民主义思潮的影响,文学研究不再囿于文本内部的阐释,而是引入特定的历史语境解读作品。但这不是传统的社会批评理论的简单复活,而是运用话语分析理论研究文本中所包含的同一时期话语空间的互文性。上述的许多研究都体现出这样的特点,即更重视初出的文本形态及其话语空间,而不是全集定本。

在这样的研究背景之下,有的研究专门致力于新资料的发掘,其中潘世圣 2022 年度的工作颇具代表性。潘世圣、岳笑囡的《新见资料考论:改造社〈大鲁迅全集月报〉第 1 号》(《现代中文学刊》2022 年第 6 期)分析了《大鲁迅全集月报》第 1 号所载内容,其中载有日本文学名家佐藤春夫《鲁迅文学入门指针》《关于第一卷的翻译》、山本初枝《鲁迅先生的回忆》,以及责任编辑增田涉《编辑部后记》等,囊括了日本论者对鲁迅文学的总体认知、故交友人关于鲁迅的亲历回忆,以及全集编译出版的各种信息。1937 年 2—8 月,日本改造社出版了日文版 7 卷本《大鲁迅全集》。全集按惯例每月刊行一卷,每卷附带一册类似编辑出版通信的《大鲁迅全集月报》,共计 7 期。各期《大鲁迅全集月报》分别汇集有关该卷作品及其翻译、作者、译者、编者、出版者以及读者的各种信息,是了解该卷乃至整个全集的重要指南,具有珍贵的学术价值。《大鲁迅全集月报》以活页形式挟带于全集,极易散佚,以致留存至今者甚少。潘世圣近年入手全套《大鲁迅全集月报》,正逐一进行译介考论,这对于正确把握《大鲁迅全集》乃至日本鲁迅译介传播的历史形态具有确切而实在的意义。潘世圣、张哲瑄的《鲁迅与山本初枝:新见重要史料三则及其他》(《鲁迅研究月刊》2022 年第 4 期)完整译介披露日本女歌人山本初枝发表于 1936 年 11 月、1937 年 2 月和 1966 年 12 月的三则回忆鲁迅的史料，提供了一个同时代的日本视角。

此外，陈鹏安的《吴梼相关史料的新发现——兼与文娟〈试论吴梼在中国近代小说翻译史中的地位——以商务印书馆所刊单行本为研究视角〉商榷》（《明清小说研究》2022年第1期）挖掘全新史料对迄今的吴梼译作年表中的出版年份、所据底本等信息作了修正和匡补。吕慧君的《日本国策文学在海外的蔓延和变异——以沦陷期日文杂志〈上海文学〉为中心》《复旦学报（社会科学版）》2022年第2期，聚焦这份湮没已久的日文杂志《上海文学》，在揭示其文献价值的同时，依据原始文献，对其中表现出来的日本海外国策文学的底色和异色进行评析，以此来探讨这一时期海外日本文人对于这场战争和中日关系的认知。

四、存在的问题与未来的发展趋向

上述的这两大研究特色其实与计算机技术的迅猛发展存在一定关系。随着计算机技术和网络的日益发达，各种数据库和网络资源越来越多，日本文学研究对这些数据库和网络资源的利用也愈加频繁。新冠疫情期间之所以还能不断产出研究成果，可以说数据库和网络资源功不可没。

日本国立国会图书馆电子数据库（国立国会図書館デジタルコレクション）是电子资源最丰富的数据库。该数据库资源的开放状况分为三个等级，一是免费公开的资料；二是通过签约图书馆获取的资料；三是缴费申请传递的资料。2022年因疫情时常闭馆，无法满足读者的需求，于是降低公开资料的等级，将第二种类型的资料向有账号的一般读者开放，极大地方便了广大读者。这些电子数据有两大特点：其一，这些数据资源提供的是著作权已经过期的作品，因此以前难以接触的初版作品现在反而很容易就能阅读到。其二，呈现方式不像全集那样脱离特定语境仅有作品本身，而是将同时代的其他相关作品以及其他学科的作品也一起呈现出来。因此跨学科和同时代话语空间互文性的分析之所以成为研究趋势，可以说在一定程度上与这样丰富的数据资源有关。

另外，CiNii（サイニィ、Citation Information by NII）是日本国立情报学研究所运营的学术论文、图书和杂志的学术信息数据库。由"CiNii Articles""CiNii Books""CiNii Dissertations"三个数据库构成，可下载的原文资源越来越丰富。其他还有很多大学、研究机构等运营的数据库，种类繁多，给研究提供了越来越多的方便。但与此同时，在如此庞杂的数据资源中，如何迅捷找到合适有用的数据库也出现了新的问题。

比如，汉诗文研究是近年的一大热点，尤其是中文系学者加入，运用其熟悉的中国文学知识加深了对日本汉诗的理解。但是有些日本汉诗文的研究几乎只使用蔡镇楚编《域外诗话珍本丛书》（国家图书馆出版社2006年版）、马歌东编选《日本诗话二十种》（暨南大学出版社2014年版）等在中国国内出版的资料。有一篇研究津阪孝绰《夜航诗话》的论文，全部引自马歌东编选《日本诗话二十种》中的《夜航诗话》。然而该中文版本并不完整，缺少作者的自序。作者在自序中介绍了写作该诗话的缘由等。因此利用不完整的版本研究该诗话，其立论必然有局限性。当然，在国内展开这方面的研究确有查找资料不方便之处，但是就《夜航诗话》而言，日本版本其实可以在日本国立国会图书馆的电子书库中很容易查看到原书。因此，在电子资源越来越丰富的当下需要一些指南性介绍，以利于查找和有效利用数据库。

在这点上，村田祐菜、永崎研宣、大向一辉《近代短歌全文文本数据库的建构》的论文值得关注。该论文的作者参与了日本国立国会图书馆制作日本近代短歌制作全文文本数据库的过程，因此从数据库建构者的角度介绍了该数据库的基本功能，以及在短歌研究上的利用案例。该论文指出，数据库不仅方便查找原文，而且可以利用数据库的特点展开新的研究。以前关于近代短歌的研究，一般是对一首或数首短歌进行细致的分析，以评价和鉴赏为主要目的。而该数据库收录近代主要歌人的短歌近 15 万首，可以迅捷地获得相关数据。可以利用所获得的用例和出现频率等数据，进行更加客观和实证的研究，也可以和《新编国歌大观》数据库所收和歌的数据比较，研究古典和歌和近代短歌之间的连续性和断裂性等问题。[①] 该论文的意义在于没有停留于数据库内容的介绍，而是提供了一些新的研究思路。

电子数据库还有一个特点就是所收数据容量巨大。纸质出版物的容量是有限的，只能刊载一个版本，且这个版本经过编辑和印刷的工序，对作家提供的定稿会有一些改变。当然，作家在写作过程中也会有很多版本。相对于正式出版的版本，写作过程中的这些版本都被统称为"草稿"。这些"草稿"对于理解作者的创作意图无疑具有重要的参考价值，而在某些情况下有些"草稿"或许比作者因种种顾虑改订的定稿更有价值。户松泉『複数のテクストへ―樋口一葉と草稿研究―』（翰林书房 2010 年版）就是一个利用草稿考察樋口一叶创作动机和作品主题的尝试。这种研究方法被岛村辉称为"生成论的研究"。以往一般研究者很难接触到作者的"草稿"，但是随着电子技术的发展，这些"草稿"能够被收录到容量巨大的数据库中。现在宫泽贤治、小林多喜二等作家的"草稿"已经被制作成电子数据库。[②] 这些数据资源的新动向，必将会对作品和作家的重新理解以及对"文学观"的重新认识产生重要的影响。

（责任编辑：郭佩）

[①] 村田祐菜・永崎研宣・大向一輝「近代短歌全文テキストデータベースの構築」、日本デジタル・ヒューマニティーズ学会『デジタル・ヒューマニティーズ』2022 年 12 月号、17—26 頁。

[②] 岛村辉：《日本近现代文学研究目标和课题》，载王志松、岛村辉编《日本近现代文学研究》，外语教育与研究出版社 2014 年版，第 18 页。

2022 年日本教育研究综述

臧佩红[*]

2022 年，日本政府继续广泛而深入地实施各方面的教育改革。在综合教育政策方面，以首相岸田文雄为议长的内阁府综合科学技术创新会议于 2022 年 6 月正式批准了《面向实现 5.0 社会的教育・人才培养综合政策》，宣布为了适应 5.0 社会的"社会结构变化"而实施"重视多样性的教育・人才培养"政策，设立三大政策支柱为：创设多样化学习"时空"以重视学生特性、全社会支持探究・STEAM 教育、文理科融合及强化女生理科教育。[①]

在幼儿教育方面，从 2022 年开始实施"幼保小桥梁项目"，旨在培养幼儿的学习及生活基础能力，确保与小学教育紧密连接。在初等中等教育方面，积极建设"令和日本型学校教育"，旨在照顾到每个多样化的儿童、挖掘所有学生的可能性，一体化地实现个性化学习、协动性学习。[②] 在高等教育方面，于 2022 年 5 月颁布《国际卓越研究大学法》（同年 11 月实施），斥资 10 兆日元创设大学基金，重点资助将入选的"国际卓越研究大学"（每所大学每年资助数百亿日元），以期打造世界级一流研究大学，从而进一步提升日本的整体学术研究水平。[③]

2022 年，中日两国学界针对日本的教育问题，从各个层面、各个角度进行了广泛而深入的研究。中日两国最新的日本教育研究成果，凸显了日本教育发展的特征，呈现出国际教育发展的新趋势，可为中国的教育改革与发展提供有益的借鉴。

一、2022 年日本教育研究动态

（一）中国学界有关日本教育研究的动态

2022 年，在中国学术期刊网上，共检索出专门研究日本教育的学术论文 138 篇，分别发表于 101 种期刊。[④] 如表 1 所示，2022 年的论文总数较 2021 年大幅减少，但其中 CSSCI 期刊论文共 62 篇，约占论文总数的 44.6%，[⑤] 可见论文的总体质量处于较高水平。

---

[*] 臧佩红，南开大学世界近现代史研究中心、日本研究院副教授。
[①] 総合科学技術・イノベーション会議『Society5.0の実現に向けた教育・人材育成に関する政策パッケージ概要』，https://www8.cao.go.jp/cstp/tyousakai/kyouikujinzai/package_giyo.pdf［2023-11-27］。
[②] 文部科学省『文部科学広報』、2022 年 1 月号、3 頁。
[③] 文部科学省『ミラメク・未来の羅針盤 文部科学省の広報誌』、2023 年春号、2 頁。
[④] 检索截止日期为 2023 年 2 月 28 日。
[⑤] 笔者根据中国学术期刊网数据统计、计算所得。

表1　2020—2022年中国的日本教育研究相关论文发表期刊的总体分布及比例

2020年 期刊	数量（篇）	占比（%）	2021年 期刊	数量（篇）	占比（%）	2022年 期刊	数量（篇）	占比（%）
《外国教育研究》	14	4.0	《外国教育研究》	13	7.2	《外国教育研究》	10	7.2
《比较教育研究》	9	2.6	《比较教育研究》	9	5.0	《比较教育研究》	4	2.9
《上海教育》	9	2.6	《教学与管理》	7	3.9	《江苏高教》	4	2.9
《高教探索》	5	1.4	《全球教育展望》	6	3.3	《教学与管理》	4	2.9
《黑龙江高教研究》	5	1.4	《高教探索》	5	2.8	《黑龙江高教研究》	3	2.2
《职业技术教育》	5	1.4	《教育科学研究》	4	2.2	《教育与考试》	3	2.2
《东北师大学报》	4	1.1	《清华大学教育研究》	3	1.7	《教育发展研究》	2	1.4
《大连大学学报》	4	1.1	《中国教育学刊》	3	1.7	《教育科学研究》	2	1.4
……	……	……	……	……	……	……	……	……
共250种	351	100	共102种	180	100	共101种	138	100

注：2020年、2021年的数据转引自臧佩红：《2021年日本教育研究综述》，载杨伯江主编《中国日本研究年鉴》，中国社会科学出版社2022年版，第143页；2022年数据来源于中国学术期刊网数据。

从所涉及的研究领域来看，2022年国内学界的关注点主要在高等教育、中小学教育和职业教育三大领域；而有关社会教育·终身学习、教育信息化的研究成果则大幅度减少，如表2所示。

表2　2020—2022年中国的日本教育研究相关论文的分布领域及其比例

类别	2020年 数量（篇）	占比（%）	2021年 数量（篇）	占比（%）	2022年 数量（篇）	占比（%）
学前教育	16	4.6	10	5.6	5	3.6
中小学教育	91	25.9	50	27.8	31	22.5
高等教育	87	24.8	41	22.8	37	26.8
职业教育	36	10.3	12	6.6	19	13.8
社会教育·终身学习	11	3.1	16	8.9	9	6.5
家庭教育	5	1.4	0	0	0	0
特殊教育	6	1.7	2	1.1	2	1.4
教育政策	10	2.8	3	1.6	2	1.4
教育史	47	13.4	19	10.6	16	11.6

续表

类别	2020 年 数量（篇）	2020 年 占比（%）	2021 年 数量（篇）	2021 年 占比（%）	2022 年 数量（篇）	2022 年 占比（%）
教育国际化	—	—	10	5.6	13	9.5
教育信息化	13	7.2	4	2.9		
其他	42	12.0	4	2.2	0	0
合计	351	100	180	100	138	100

注：2020 年、2021 年的数据转引自臧佩红：《2021 年日本教育研究综述》，载杨伯江主编《中国日本研究年鉴》，中国社会科学出版社 2022 年版，第 143 页；2022 年数据来源于中国学术期刊网数据。

另据笔者所查，中国学者 2022 年出版的日本教育研究专著共有七部，分别涉及学前教育、中小学教育、职业教育、高等教育、教育政策、教育史、教育国际化等问题。

关于学前教育，李杰玲《日本幼儿保育与教育现场调查研究》[①]一书，论述了新冠疫情前的日本幼儿保育与教育、新冠疫情时期的日本幼儿保育与教育、日本幼儿绘本阅读教育等三部分内容，并介绍了 2019 年 10 月开始实施的幼儿教育免费政策、疫情期间日本幼儿保育面临的诸多问题及应对措施等日本最新幼教情况，进而以京都市洛西花园幼儿园为例，从中日对比的角度，论及日本幼儿园的教育理念、幼小衔接等诸多问题，提倡中日两国在幼儿教育方面应该互相取长补短。关于中小学教育，夏鹏翔《日本教师专业化研究》[②]一书，从教育学和历史学的角度，将日本中小学教师的专业化历程划分为二战前的忠孝型、二战后初期的技能型、20 世纪末的实践型、21 世纪以后的专业型等四个阶段，并指出，忠孝型教师是日本军国主义教育的产物，技能型教师强调对教师教学技能的培养，实践型教师关注对教师教学整体能力的培养，专业型教师则是在教师专业发展理论指导下注重中小学教师的专业素质。

关于职业教育，刘原兵《日本社会创业教育研究》[③]一书，利用大规模问卷调查与质性访谈研究相结合的方法，分析了日本社会创业教育的产生背景、政策制定过程、典型案例、供需过程，并总结了日本社会创业教育的发展理念、理论反思及研究展望等问题。关于高等教育，卞毓方、马成三《不求第一 但求唯一：日本科学家的诺奖之路》[④]一书，分析了日本大学的诺贝尔奖人才培养机制、日本诺贝尔奖人才的特质等问题，并具体考察了 24 位日本诺贝尔科技奖得主的成长历程、工作经历、钻研精神、科学成就等，揭示了日本"井喷式获奖"的原因及经验。

关于教育政策，王晓燕《日本教育改革的政策研究》[⑤]一书，以比较教育研究的视角，系统论述了日本在教师教育治理体系、基础教育改革、高等教育治理结构等方面的理论与实践，总结了日

[①] 李杰玲：《日本幼儿保育与教育现场调查研究》，四川人民出版社 2023 年版。
[②] 夏鹏翔：《日本教师专业化研究》，天津人民出版社 2022 年版。
[③] 刘原兵：《日本社会创业教育研究》，经济日报出版社 2022 年版。
[④] 卞毓方、马成三：《不求第一 但求唯一：日本科学家的诺奖之路》，广东高等教育出版社 2022 年版。
[⑤] 王晓燕：《日本教育改革的政策研究》，教育科学出版社 2022 年版。

本教育改革的政策特点以及实践策略。关于教育史，李应赋《论日本教育的摄取性及其变异——大和时代至二战结束日本教育研究》①一书，考察了日本从大和时代到江户末期摄取中国教育的基本情况，揭示了日本教育的主动开放性、创新性、利益选择性、两面性，进而作者论述了明治维新到二战结束日本摄取西方教育、并形成军国主义教育的历程，分析了日本教育摄取的变异性、近代对中国的"教育输出"及其对中国人民造成的巨大伤害等问题。关于教育国际化，牟宜武《日本当代外语教育改革研究》②一书，系统论述了日本"英语村"的理念与实践、提升英语交际能力的行动计划、全英语学位课程、英语教材等内容，分析了日本当代外语教育改革的社会背景、政策内容、改革特色、实施成效、经验借鉴等。

国内还出版了有关日本教育的三部译著。其中，斋藤茂男《日本世相05·何谓教育——光明中的黑暗》③一书，介绍了日本青少年自杀、"考试地狱"、教师工作重负、校外教育产业畸形发展等日本教育的诸多弊端，映射出日本经济繁荣下的教育问题。斋藤茂男《日本世相06·何谓教育——黑暗中的光明》④一书，通过记述"反对学力测试""爆笑课堂""大米生产学习""与人类的祖先见面"等生动活泼的教育方式，介绍了日本部分教育工作者及家长注重唤起儿童自主学习、独立思考、自我意识的不屈精神与实践，指出日本黑暗的教育现状中仍存在一线光明希望。川边翠《学在海边 海洋环境教育与社会学习》⑤一书，以环境教育和社会学习为主题，多角度地论述了日本的沿岸区域、千年生态系统评价与生态服务、海边环境的管理与对话、地域协作、环境教育实践等问题。

（二）日本学界有关日本教育研究的动态

日本国立国会图书馆联机目录显示，2022年出版的日本教育研究专著共计243部，在数量上远远低于2021年（专著多达469部）。⑥

如表3所示，日本学界关注的热点研究领域依次为中小学教育⑦、教育史、教育学理论、教育国际化、学前教育、特别支援教育、教育政策·教育改革、教育信息化、学习、职业教育、高等教育、教师教育和社会教育·终身学习等13个领域。

表3 2022年日本学界有关日本教育研究的专著及其占比

类别	数量（部）	占比（%）	类别	数量（部）	占比（%）
学前教育	17	7.0	教育政策·教育改革	15	6.2
中小学教育	41	16.9	教育史	38	15.6

---

① 李应赋：《论日本教育的摄取性及其变异——大和时代至二战结束日本教育研究》，光明日报出版社2022年版。
② 牟宜武：《日本当代外语教育改革研究》，中国水利水电出版社2022年版。
③ 斋藤茂男：《日本世相05·何谓教育——光明中的黑暗》，王天然译，浙江人民出版社2022年版。
④ 斋藤茂男：《日本世相06·何谓教育——黑暗中的光明》，张叶秋晓译，浙江人民出版社2022年版。
⑤ 川边翠：《学在海边 海洋环境教育与社会学习》，赵凌梅译，外语教学与研究出版社2022年版。
⑥ 臧佩红：《2021年日本教育研究综述》，载杨伯江主编《中国日本研究年鉴》，中国社会科学出版社2022年版，第150页。
⑦ 表3"学习"一栏中，相关研究成果几乎均是针对中小学教育，因此有关"中小学教育"的成果仍然最多。

续表

类别	数量（部）	占比（%）	类别	数量（部）	占比（%）
高等教育	12	4.9	社会教育·终身学习	7	2.9
职业教育	13	5.3	教育国际化	20	8.2
教师教育	11	4.5	教育信息化	14	5.8
特别支援教育	17	7.0	学习	14	5.8
教育学理论	24	9.9	合计	243	100

资料来源：根据日本国立国会图书馆联机目录检索结果分类整理、计算所得。

另外，日本国立国会图书馆联机目录显示，日本学术振兴会2022年共出版了4部研究报告，分别为《大学的世界发展力强化事业：2016年度采用：事后评价结果报告》《大学的世界发展力强化事业：促进形成亚洲高等教育共同体（暂称）：审查结果报告2022年度》《大学的世界发展力强化事业：日—EU战略的高等教育合作支援：中间评价结果报告2022年度》《大学的世界发展力强化事业：支援形成与印度太平洋地区等之间的大学交流：审查结果报告2023年度》。日本国立教育政策研究所出版了6部研究报告书，分别为《学校教育课程编成的实证性研究报告书3（项目研究调查研究报告书：2022年度，初等中等教育，47）》《学校教育课程编成的实证性研究报告书4（项目研究调查研究报告书：2022年度，初等中等教育，48）》《高等信息技术的教育冲击：教育实践·教育研究·教育行政的观点（教育研究公开学术研讨会，2022年度，初等中等教育，51）》《推进重视客观根据的教育政策的基础研究：成果报告书（项目研究报告书：2022年度，教育制度，50）》《18岁人口减少期的高等教育升学需求研究（项目研究报告书：2018—2019年度，高等教育，16）》《"指导与评价一体化"的学习评价参考资料 高中数理》。上述研究报告表明，日本政府正在着力研究高等教育的国际化发展、初等中等教育课程改革与评价、教育制度、教育需求等问题。

二、中国的日本教育研究热点问题

2022年，中国学界有关日本教育研究的热点问题，主要集中于高等教育、中小学教育、职业教育和教育史等四个方面。

（一）高等教育

关于日本的高等教育，研究成果主要涉及高等教育宏观政策、一流大学建设、大学治理、私立大学、本科教育改革、高考改革、研究生教育、大学图书馆、大学教师等诸多方面，如表4所示。

表4 2022年中国学界有关日本高等教育研究论文的内容及数量

分类	高教政策	一流大学建设	大学治理	私立大学	研究生教育	高考改革	本科教育改革	大学就业	大学图书馆	大学教师	合计
数量（篇）	3	5	3	1	4	8	3	3	3	2	37

资料来源：根据中国学术期刊网的检索结果分类整理所得。

137

关于日本的高等教育宏观政策，季玟希《〈日本面向 2040 年高等教育总体规划〉介评》（《高教发展与评估》2022 年第 5 期）一文，围绕高等教育设计的纲领性文件《日本面向 2040 年高等教育总体规划》指出，日本高等教育存在生源、定位、国际竞争力等三方面危机，其对策包括塑造多元价值观的校园、巩固大学知识权力中心地位、坚持"内优外留"，总结出该规划具有危机意识强、参考多国经验、执行效率高等特点。邬大光《日本高等教育有何"过人之处"》（《复旦教育论坛》2022 年第 5 期）一文，从日本大学的"诺奖现象"和"实验室现象"两个视角切入，分析了近代以来日本高等教育的发展历程，指出其具有重视本土化改造、注重保护精英教育、在社会发展中兼具"基础作用"与"引领作用"等特征。

关于世界一流大学建设，研究成果主要涉及"日本超级国际化大学计划""指定国立大学法人制度"等内容。其中，康乐、姚凯博《日本超级国际化大学计划的实施策略与个案分析》（《外国教育研究》2022 年第 9 期）一文，举例论述了日本超级国际化大学计划设定的国际化、行政管理改革、教育改革三项指标，指出大学国际化水平的真正提升需要长期战略投入和组织内生，后疫情时代的大学国际化转型需要新思路等。林祥瑜《日本世界一流大学建设新举措："指定国立大学法人"制度》（《江苏高教》2022 年第 5 期）一文，论述了日本"指定国立大学法人"制度出台的背景及法律规定、主要特征、实施过程等内容，指出该制度在"立法先行""信息公开透明""打破内外部壁垒""财务来源多样化"等方面对于中国高等教育的发展具有参考价值。

关于大学治理问题，研究成果主要涉及大学可持续发展战略、教授会自治制度、产学合作、高教联盟等内容。其中，吴寒天、刘柳《东京都市圈"高等教育枢纽"发展成效及其理论生发价值》（《比较教育研究》2022 年第 11 期）一文，分析了东京都市圈"高等教育枢纽"的理论性内涵、形成背景与动因、建设路径、发展成效及其理论生发价值等，指出东京都市圈"高等教育枢纽"的发展路径兼具"国家规划"与"传统内发"的双重属性，其在促进学生流动、人才流动、知识创新流动等方面取得了显著成效，具有理论与实践意义。

关于本科生教育改革问题，研究成果主要涉及通专结合、文理融合、国立教育大学的专业结构等问题。例如，黄福涛《普及化阶段日本本科教育的变革》（《江苏高教》2022 年第 10 期）一文，系统梳理了战后日本本科教育改革的阶段性及其特征，总结出普及化时代的日本本科教育不再完全是专业的职业技术教育，而是更加重视面向一般国民的通识教育和博雅（教养）教育，而且有关信息运用、身心健康、跨学科与综合内容的课程显著增多。杨瞳、吉田文《日本大学通专结合的三十年探索及启示》（《外国教育研究》2022 年第 1 期）一文，指出日本缓解通识教育和专业教育之间矛盾的方法和策略包括：以"能力"培养为目标，搭建通识教育与专业教育互通之桥梁；以"学士力"为核心，使通识教育与专业教育在跨学科能力的培养上有所重合；在管理体制上明确通识教育与专业教育的责任分配问题等。吕光洙《文理融合：日本大学教育之重构》（《高教探索》2022 年第 2 期）一文，系统梳理了近代以来大学教育的文理科从分离、分裂到重新融合的历程，指出文理融合是当今日本大学教育重构的特征，是当代社会需求、政府改革和大学治理激荡相生的必然，是实现 21 世纪前半期大学教育质量转换的重要举措。刘明维《秉承使命与权宜应变并行：日本国立教育大学本科专业结构的特征分析》（《复旦教育论坛》2022 年第 5 期）一文，论述了日本国立教育大学本科专业所具有的综合、细分、立体等结构特征，并介绍了日本政府创建"教师培养旗舰大学"的新动向。

（二）中小学教育

关于中小学教育，研究成果主要涉及基础课程与教学改革、中小学教育行政、各门课程教育、修学旅行、高中教育、中小学师资等多个方面，如表5所示。

表5　2022年中国学界有关日本中小学教育研究论文的内容及数量

分类	教育政策	教学改革	教育行政	课外教育	校园问题	国语教育	道德教育	劳动	美育	金融	传统文化	合唱	高中理科	师资	合计
数量（篇）	4	1	2	4	1	2	1	1	1	1	1	1	4	7	31

资料来源：根据中国学术期刊网的检索结果分类整理所得。

关于中小学教育政策，研究成果主要涉及教育质量与均衡发展、教育力、宽松教育、高中改革等方面。例如，李睿森、李曼丽《域外四国教育优质均衡的议题及政策旨趣》（《比较教育研究》2022年第10期）一文，分析了芬兰、日本、韩国和美国四个国家推进教育优质均衡的过程，指出其核心议题为关注资源投入与配置方式、教师发展与教师流动、学校治理模式、弱势群体补偿等四个方面，其政策旨趣是不断调适均衡本位与质量本位。李德显、徐亦宁《教育何以振兴地方——"地方创生"政策下日本人口减少地区普通高中改革的经验与启示》（《外国教育研究》2022年第11期）一文，分析了日本"地方创生"政策下普通高中教育改革的政策回应、具体改革措施、实施效果等，指出利用地区资源优势、实施初高中教育融合、建设社区学校等，能够切实增加区域实用型人才、重振地方产业、促进地方创生。

关于中小学教学改革，陈川、胡国勇《日本中小学课堂师生互动的社会情感支持研究——基于OECD全球教学洞察课堂视频测评的分析》（《比较教育学报》2022年第5期）一文，以"学生社会情感支持"（OECD"全球教学洞察"项目评定课堂教学质量的六大核心实践领域之一）作为研究对象，指出"日本课堂教学对学生的社会情感支持水平较高"，其表现为"教师充分给予学生鼓励、师生之间频繁互动以及愉悦的课堂氛围等"，其根源在于"尊重个性"的教育理念、重视学生社会情感的教师教育及培训、协作支持学生社会情感的校内外氛围等。

关于中小学师资问题，研究成果涉及教师的"授业研究"（即"教学研究"）、实践能力、资格更新等问题。其中，钟启泉《日本授业研究述评》（《教育发展研究》2022年第10期）一文，考察了日本"授业研究"的意义、发展历程、特质与价值、优势与缺欠、世界意义等问题，指出"授业研究"的意义在于它"不仅是旨在教师个人素质的学习，而且是形成教职员的同僚性的情结、共同秉持一种教育的愿景、面向学校创造的最有效的方法"。张恩铭《助力教师培育专家型学习者——日本"教后促思"与"三角度热议"模式的经验与启示》

（《外国教育研究》2022年第6期）一文，介绍了日本东京大学团队开发并配合运用的"教后促思"教学模式和"三角度热议"教研模式，指出该模式有利于培养"终身学习和个性化学习""培育专家型学习者"，从而有利于"提高教学与教研模式有效性""促进教师教学观念与能力的变革"。王卓、李昱辉《日本教师资格更新培训研究》（《外国教育研究》2022年第4期），徐程成、饶从满《日本教师资格更新制因何废止？——基于引入目的、制度设计和实施成效的探讨》（《外国教育研究》2022年第11期）两篇论文，分别考察了日本教师资格更新制的特点（大学承担、项目管理以服务为本、课程选择丰富多样、允许免修或延期、教师分批参训等），分析了其诸方面缺欠（如实施目的"表里不一"、制度设计"逻辑不明"、实施效果"得不偿失"等）。

（三）职业教育

有关职业教育的研究，包括职业教育发展沿革、学位体系、人才培养目标、职教衔接（中高、本专、普职）、产教合作、专门职业大学、单科专业职教等方面，如表6所示。

表6　2022年中国学界有关日本职业教育研究论文的内容及数量

分类	职教沿革	学位体系	人才培养目标	职教衔接	产教合作	专门职业大学	单科专业职教	合计
数量（篇）	2	2	1	3	3	6	2	19

资料来源：根据中国学术期刊网的检索结果分类整理所得。

专门职业大学，仍然是学界关注的重点，主要涉及专门职业大学的创设历程、制度特征、人才培养、技能培训等方面。其中，胡建华《日本高等职业教育新发展：创设职业大学制度》（《南京师大学报（社会科学版）》2022年第4期）一文，分析了日本专门职业大学的创立背景、制度化过程及其办学实践，指出专门职业大学设立的背景"是第四次产业革命的兴起与发展"，其特征是"课程设置突出职业导向，教师构成突出实务导向，教学实施突出实践导向"。王文利、苏月《日本本科层次职业教育的制度建构与人才培养实践——基于14所专门职业大学的考察》（《中国高教研究》2022年第7期）一文，考察了日本14所专门职业大学的职能定位、制度设计、人才培养模式等，指出该制度的人才培养目标是以"实践力和创造力"为核心、人才培养机制为校企"合作育才"、学科专业以"服务新兴产业和区域特色产业"为导向、模块化课程体系以"实践性"为特质、师资队伍以"实务型"与"研究型"并重为原则。

关于职业教育学位体系，朱文富、孙雨《日本职业教育学位体系的构建历程与经验》（《学位与研究生教育》2022年第5期）一文，梳理了日本职业教育学位体系中各类学位的设立动因、发展历程、历史影响及其相互之间的潜在关联，提出"对'重普轻职'问题的缓解应有必要前提、在职业教育框架内开发职业教育学位、保障职业教育学位的'学术性'"等可资借鉴的经验。

（四）教育史

关于教育史的研究，大致可分为古代、近代、战后三类，具体涉及古代道德教育、近代留学生教育及殖民地教育、战后美国对日教育政策等方面，如表7所示。

表7 2022年中国学界有关日本教育史研究论文的内容及数量

分类	古代	近代					战后	合计
	道德教育	军事教育	教育家	高等教育理念	留学生教育	殖民地教育	美国对日教育政策	
数量（篇）	1	1	1	1	6	5	1	16

资料来源：根据中国学术期刊网的检索结果分类整理所得。

关于近代日本的留学生教育，研究成果涉及日本的留学生政策、留日学生的留学经历与状况、留日学生的日本研究及报道等。其中，徐志民《日本政府的伪满留日学生政策》（《近代史研究》2022年第2期）一文，考证了"日本对伪满留日学生的对口接受、定向培养、特殊管理政策"等问题，指出："日本的伪满留日学生政策，是近代日本侵华战争的产物，违背了留学教育的宗旨，脱离了科学文化知识和技术传播的正常轨道，成为一场历史悲剧。"余子侠、贺云飞《东亚高等预备学校对华学生预备教育的殖民化转向》（《浙江大学学报（人文社会科学版）》2022年第4期）一文，从经费资助与办学宗旨、人事调整与师资配置、专业设置与课程安排、校园文化与课外活动四个方面，考察了日本的中国留日学生预备教育机构发生殖民化转向的实况，揭露了近代日本"民间教育机构被纳入法西斯政府事业运行轨道的宿命"。李新宇《鲁迅的留学学历》（《齐鲁学刊》2022年第5期）一文，考证了鲁迅留学日本的资助者、同行者、学校及专业选择，以及与秋瑾和章太炎的关系等问题，指出，鲁迅"走出了一条特别的道路，留学期间他为自己选定了终身事业：启蒙立人"，即"要通过自己的努力改变中国人的精神"。江曙《论清末民初留日学生报刊的编辑与出版》（《编辑之友》2022年第11期）一文，考察了近代之初留日学生报刊的数量及类型、出版及销售、所受日本之影响等，指出，"可考留日学生创办的报刊有86种，较前新增8种，其先导作用主要体现在同人刊物的初步实践、以东京和上海为轴心的出版销售体系的建构、明治日本报刊思想的中介作用以及印刷装帧技术的改进"等。

关于近代日本的殖民地教育，研究成果主要涉及日本女性教习、历史教科书等内容。其中，孙长亮、孙瑛鞠《日本女性教习对中国清代女子教育的渗透及影响》（《日语学习与研究》2022年第1期）一文，论述了近代日本在华女性教习的活动背景、职教状况、功过评价、退出中国教坛之原因等问题，指出，日本女性教习"成为清末中国实施日本'贤妻良母'教育理念的助推剂与近代中国女子教育观更迭发展的催化剂"，但同时其"看似'无私帮扶'的背后也同样裹匿着日本对中国'温柔'的欲殖民要素"。谷丽伟《"关东州"及满铁附属地公学堂历史教科书的变迁》（《外国问题研究》2022年第4期）一文，考察了"九一八"事变前后"关东州"及满铁附属地公学堂历史教科书的出版使用背景、种类、内容等，指出："日本对东北儿童的历史教育与其近代以来侵略满蒙的长期国策相一致。"

三、日本学界的日本教育研究热点

2022年，日本学界有关日本教育研究的热点问题，主要集中于中小学教育、教育理论、教育政策与教育改革、教育史、终身学习、教育国际化、教育信息化等几个方面。

（一）中小学教育

关于中小学教育，研究成果涉及中小学的学制与行政、各学科教育、教育弊端、中小学师资等方面，如表8所示。

表8　2022年日本学界有关中小学教育研究专著的内容及数量

分类	课程改革与考试	社会	道德	公民	国语	历史	地理	保健	体育	商业教育	艺术教育	教育弊端	师资	合计
数量（部）	4	3	6	4	4	4	1	2	1	5	2	4	1	41

资料来源：根据日本国立国会图书馆联机目录检索结果分类整理、计算所得。

关于中小学的课程改革与考试，渡边敦司《学习指导要领"下次改订"预测：验证教育课程改革》一书，以日本政府宣布的下一期（2027年）学习指导要领修订计划——"推进基于课程本质的教育内容重点化、教育课程编制弹性化"为背景，通过采访日本内阁府审议官、参与教育课程改革的大学教授，回顾了自1989年以来日本修改"学习指导要领"、实施课程改革的历程，批判了"宽松教育""生存能力""高大接续"等改革措施，并展望了今后课程改革的方向：用"教育项目"重新构筑教育制度、加强中小学的"STEAM教育"、发挥经济产业省对教育改革的影响、推行"最适合个性的学习"等。① 望月由起《小学考试：现代日本的"教育家族"》一书，通过调查采访家长及教师，论述了小学入学考试的背景、参与入学考试的家庭、考试经过、小学的校内外教育环境等内容，揭示了东京都选择参加小学入学考试的学生家长日益增多的现象，指出"极端的早期筛选将扩大差距、使阶层固定化"。② 有马心一郎《遗憾的教育环境：现任教师曝光"学力格差"的实态》一书，基于作者在教育现场的观察以及与教育同行的交流而获得的原始资料，揭露了在家线上授课、课外班、学校改革、填鸭教育、宽松教育等日本基础教育领域的诸多弊端，倡议为孩子们创设"保护学习权"

---

① 渡辺敦司『学習指導要領「次期改訂」をどうする：検証教育課程改革』、ジダイ社、2022年、http://jidaisha.co.jp/9784909124548.html［2023-10-27］。

② 望月由起『小学校受験：現代日本の「教育する家族」』、光文社、2022年、https://www.kinokuniya.co.jp/f/dsg-01-9784334046415［2023-10-27］。

"保护身体"的"理想教育环境"。① 牛玄《义务教育阶段学习权保障法制演变研究》一书，研究了日本教育机会确保法的制定过程、"个别学习计划"在义务教育法制中的意义、地方民间教育机构接收辍学学生的三种类型、保障学习权的学校教育法制体系及社会法制体系等，梳理了日本确保义务教育阶段儿童学习权的法律制度及社会实践。②

关于道德教育，山内干史《"道德教育与社会"笔记》一书，从教育社会学的角度分析道德教育问题，论述了学校教则中的道德教育、道德教育与欺侮问题、大学教职课程的"道德教育研究"教科书内容、小学的道德教科书内容等、网络欺侮问题、学力与欺侮之关系等问题。③ 田沼茂纪《道德科教育学的构想及其展开》一书，论述了道德科教育学的基础理论、日本道德教育的实施机制、道德科的授课过程、道德科的教育内容构成学、道德科的教育方法学、课题探究型道德科的学习指导方案等内容，并对令和新时代的道德科教育学提出了新的构想。④ 井口哲也《道德教育与中国思想》一书，论述了教科书中的儒教、稳定社会与家庭的中国儒教道德、近代日本《教育敕语》中的儒教道德、战后经济高速增长时期的"孝"与"信"、21世纪生存所需的"中庸"与"知足"等内容。⑤

（二）教育学理论、教育政策·教育改革、教育史

2022年，日本学界出版的有关教育学理论、教育政策·教育改革、教育史的研究著作共77部，约占总数的31.7%，如表9所示。

表9　2022年日本学界有关教育学理论、教育政策·教育改革、教育史研究专著的内容及数量

教育学理论（24部、9.9%）									
分类	教育学原理	教育心理学	教育经济学	教育社会学	教育方法论	教育行政学	教育与宗教	合计
数量（部）	5	4	4	1	2	6	2	24

教育政策·教育改革（15部、6.2%）						
分类	国际教育改革	教育政策	综合教育改革	地方教育改革	学校教育改革	合计
数量（部）	2	2	5	2	4	15

---

① 有馬心一朗『ざんねんな教育環境：現職教師が語る「学力格差」の実態』、新評論、2022年、https://www.kinokuniya.co.jp/f/dsg-01-9784794812223 ［2023-10-27］。

② 牛玄『義務教育段階における学習権保障法制の変容に関する研究』、風間書房、2022年、https://www.kinokuniya.co.jp/f/dsg-01-9784759923919 ［2023-10-27］。

③ 山内乾史『「道徳教育と社会」ノート』、学文社、2022年、https://www.gakubunsha.com/book/b596738.html ［2023-10-27］。

④ 田沼茂紀『道徳科教育学の構想とその展開』、北樹出版、2022年、http://www.hokuju.jp/books/view.cgi?cmd=dp&num=1197&Tfile=Data ［2023-10-29］。

⑤ 井ノ口哲也『道徳教育と中国思想』、勁草書房、2022年、https://www.keisoshobo.co.jp/book/b598300.html ［2023-10-29］。

续表

教育史（38部、15.6%）												
分类	文化教育史	教育思想史	社会教育史	各学科教育史	各级教育史	特殊教育史	女子教育史	军事教育史	教师教育史	殖民地教育史	战后教育史	合计
数量（部）	2	1	2	2	5	5	5	2	2	6	6	38

资料来源：根据日本国立国会图书馆联机目录检索结果分类整理、计算所得。

关于教育学理论，安彦忠彦《未来时代的教育与教育学：从能力开发到能力制御的重点转移》一书指出，人类正面临着严峻的地球环境问题，为了实现"可持续社会"，要求一种"新的教育与教育学"，即"教育不仅要追求'能力开发'，而且必须同时追求'能力制御'"，作者从教育的本质、教育与人的·物的·制度的环境之间的关系、教育目的、教育领域、教育内容、教育方法、教育效果、国家教育行政等多个角度，论证了未来的教育发展应该"由开发型向制御型'重点转移'"。① 内田树《复杂化的教育论》一书，从"复杂化的教育""单纯化的社会""教师的身体"三个视角，批判了日本学校制度性障碍、排名机构化、学校社团活动的竞争·排名·差别化、管理成本最小化的原理主义、学费上涨、学校教育市场化、教师"蓝领"化等教育弊端，倡导教育应该建立最优先知识资质、实践智慧的"愉快的学校"，重视学校现场的教育交流，利用新冠疫情这一"绝好机会"实现"教育的全球化"。②

关于教育政策与教育改革，儿美川孝一郎、前川喜平的《日本的教育、何以至此：总检点·闭塞30年的教育政策》一书，考察了自1987年"临教审"、经2006年修改《教育基本法》至今30年的教育改革历程，分析了教育政策中的"新自由主义"及"国家对教育的不断统制"、教师政策与教职状况、差距社会中的教育等方面，揭示了日本教育中存在的教师劳动时间过长、被评价及分数裹挟、划一性的学校现场等日本教育政策的弊端，进而提示了日本学校的未来走向。③ 小野元之《我国的教育改革：光与影》一书，分析了教育在日本国家发展中的作用，回顾了明治以后的近代教育、被占领时期的教育与战后学制改革、战后至今的教育改革历程等，论述了充实道德教育、保证大学生教育质量、纠正宽松教育、修改学习指导要领、国立大学改革、充实ICT教育、提高大学及研究生的教育研究能力、大学治理改革、改革教师政策等诸多教育改革课题，并简明扼要地分析了日本教育改革的现状，展望了"后疫情时代学校教育的发展样式"。④

---

① 安彦忠彦『来たるべき時代の教育と教育学のために：能力開発から能力制御への重点移動』、教育出版、2022年、https://www.kinokuniya.co.jp/f/dsg-01-9784316805047 [2023-10-30]。
② 内田樹『複雑化の教育論(越境する教育)』、東洋館出版社、2022年、https://honto.jp/netstore/pd-contents_0631316878.html [2023-10-30]。
③ 児美川孝一郎、前川喜平『日本の教育、どうしてこうなった？：総点検·閉塞30年の教育政策』、教育出版、2022年、https://www.kinokuniya.co.jp/f/dsg-01-9784272412631 [2023-10-30]。
④ 小野元之『わが国の教育改革：その光と影』、学校経理研究会、2022年、http://www.keiriken.net/wagakunino.pdf [2023-10-30]。

关于教育史，门胁厚司《大正自由教育的培育力："池袋儿童村小学校"与儿童们的轨迹》一书，以尊重儿童个性、重视儿童主体性为宗旨的大正自由教育运动为背景，考察了该运动的代表性学校所教授的教育内容、学生的家庭背景、毕业出路、学习能力、持续学习能力的获得等内容，批判了划一性、偏重知识的教育，倡导现代教育应该重视个性、发展自由。[①] 高桥裕子《津田梅子：开拓女子教育》一书，利用最新的研究成果以及丰富的资料，考察了近代女子教育家津田梅子留学美国、在家庭中学习、再度赴美、设立学校等历程，论述了津田梅子开创近代日本女子教育的足迹与思考。[②] 柏尾安希子《日军"慰安妇"、质问介入教育的政府：以史为鉴》一书，探讨了历史认识问题、将"从军慰安妇"转换为"慰安妇"的经过、责问日本政府的姿态、反省教育界的应对、对于修改教科书的抗议声明及谈话、反驳美国学者的论调、检证"历史战"等，严正声明"不允许政治介入教育"。[③]

（三）社会教育·终身学习、教育国际化、教育信息化

2022年，日本学界出版的有关"社会教育·终身学习""教育国际化""教育信息化"的研究著作共41部，约占总数的16.9%，如表10所示。

表10　2022年日本学界有关社会教育·终身学习、教育国际化、教育信息化研究专著的内容及数量

社会教育·终身学习（7部、2.9%）							
分类	地方建设与学习社会	教育福利社会建设	市民科学	终身学习	失足少年教育	在职青年人学校教育	合计
数量（部）	1	2	1	1	1	1	7

教育国际化（20部、8.2%）					
分类	日语教育	英语教育	其他外语教育	国际理解教育	在日移民教育	合计
数量（部）	7	6	2	2	3	20

教育信息化（14部、5.8%）						
分类	小学编程教育	GIGA学校建设	信息化教学手段	幼教数字化转型	大学信息教育	AI与教育	合计
数量（部）	2	6	2	1	1	2	14

资料来源：根据日本国立国会图书馆联机目录检索结果分类整理、计算所得。

---

① 門脇厚司『大正自由教育が育てた力：「池袋児童の村小学校」と子どもたちの軌跡』、岩波書店、2022年、https://pro.kinokuniya.co.jp/search_detail/product? ServiceCode = 1.0&UserID = bwpguest&isbn = 9784000615532&lang = zh-CN&search_detail_called = 1&table_kbn = A%2CE%2CF［2023-10-31］。

② 髙橋裕子『津田梅子：女子教育を拓く』、岩波書店、2022年、https://www.kinokuniya.co.jp/f/dsg-01-9784005009589［2023-10-31］。

③ 柏尾安希子『日本軍「慰安婦」、教育に介入する政府の対応を問い質す：歴史から学ぶとは何か』、世織書房、2022年、https://www.kinokuniya.co.jp/f/dsg-01-9784866800275［2023-11-01］。

有关社会教育·终身学习，日本学者提倡用终身学习的理念建设地方社会。例如，荻野亮吾《地方社会建设：形成社会关系资本的教育学方法》一书，针对日本现代社会所面临的"无缘社会""孤独·孤立"等问题，论述了地域社会政策的诸课题、社会教育学的基本构图与课题、"社会关系资本"论与社会教育学的接点、通过学校支援重构社会关系资本的例证等，围绕着将地区居民组织动员到"学习"中的建设理论与方法，提出"基于社会教育的立场，形成社会关系资本，重建地方社区"的崭新视角。① 辻浩《"共生与自治"的社会教育：教育福祉与地区建设的和谐》一书，论述了社会教育中的教育福祉与地区建设的关系、国民的学习权与"共生与自治"的社会教育论、克服生活课题与"共生与自治"的社会教育实践、"共生与自治"的社会教育与行动调查、"共生与自治"的社会教育的趋势等问题，提倡通过地区居民互相学习与交流而培养"共生与自治"的能力，从而建立所有人都能够自由学习、互助共生的社会。②

有关教育国际化，金兑恩《为何关注公共教育中的民族教育：民族教育与多文化共生教育：京都·大阪·川崎》一书，回顾了日本战后公共教育中实施民族教育的历史，并以田野调查的方法，考察了京都的"民族型"民族班、大阪的"折衷型"民族班、川崎的交流馆等具体实践事例，最后总结了各地区公共教育中民族教育的基本原则与精神、民族教育与文化共生教育之间的关系与相互作用等。③ 芝野淳一《"关岛成长的日本人"之人种学：新二世的生活方式与日本经验》一书，考察了移居关岛的日本人的移居特征、策略经验，以及日本关岛移民下一代人的日式生活，返回日本的留学通路、就职路径，返回日本后的住房建设等问题，从而揭示了移居国外的日本人下一代的受教育及生活情况。④

有关教育信息化，金洋太《发展学生探究力的编程教育：用 micro：bit 的 STEAM 教育》、户塚泷登《创造学生未来的编程教育：日本首批接受编程教育的小学生们——如何教育下一代、编程培育思考·创造力》两部著作，介绍了日本小学利用编程设计新课程、各门课程中对于编程的运用、有关小学编程课的基础资料、编程课例、编程教育的根源、编程教育的效果等，指出"通过编程课培养了学生的探究心、好奇心、思考力、创造力"。⑤ 高谷浩树《超越"GIGA 学校"：实现教育数字化转型的进程》一书，阐述了"GIGA 学校构想"的目的、"数字驱动型教育"的内涵、成为学习与生活之基础的认知功能等问题，指出今后应该致力于

---

① 荻野亮吾『地域社会のつくり方：社会関係資本の醸成に向けた教育学からのアプローチ』、勁草書房、2022 年、https://honto.jp/netstore/pd-contents_0631405665.html［2022-11-02］。

② 辻浩『〈共生と自治〉の社会教育：教育福祉と地域づくりのポリフォニー』、勁草書房、2022 年、https://www.kinokuniya.co.jp/f/dsg-01-9784845117765［2022-11-02］。

③ 金兌恩『なぜ、公教育における民族教育の場に注目するのか：民族教育と多文化共生教育：京都・大阪・川崎』、博英社、2022 年、https://honto.jp/netstore/pd-book_31574796.html［2022-11-02］。

④ 芝野淳一『「グアム育ちの日本人」のエスノグラフィー：新二世のライフコースと日本をめぐる経験』、博英社、2022 年、https://honto.jp/netstore/pd-book_31577288.html［2022-11-02］。

⑤ 参□金洋太『子供の探究する力を伸ばすプログラミング教育：micro:bitでSTEAM 教育』、ラトルズ、2022 年、https://www.kinokuniya.co.jp/f/dsg-01-9784899775294；戸塚滝登『子どもたちの未来を創ったプログラミング教育：日本最初のプログラミング教育を受けた小学生たちは一世代後にどう育ったか、プログラミングが育てた思考・創造力』技術評論社、2022 年、https://www.kinokuniya.co.jp/f/dsg-01-9784297128821［2022-11-02］。

克服"数字与教育的对立构造""利用ICT的'横向文化'""教育数字化转型的闭锁性""教育界的被动姿态""教育数字化转型的行政与社会应对"等方面的问题,主张应实现教育的数字化转型,以便更好地适应数字驱动型社会。[①]

四、2022年日本教育研究的特点

(一) 中国学界的研究特点

2022年,中国学界有关日本教育的研究有三个明显的特点:在研究理论与方法上不断创新、在研究内容上关注"人本"、在新兴教育领域方面推陈出新。

1. 研究理论与方法的创新

中国学界使用的新研究理论包括"政策工具理论""资源依赖理论"等。例如,金怡璇《政策工具视角下日本儿童课后服务研究》(《当代青年研究》2022年第3期)一文,以麦克唐纳和艾莫尔的"政策工具理论"为基础,分析了日本政府运用"命令、激励、能力建设、权威重组、劝诱"五种政策工具,将儿童课后服务政策落实为具体政策行动。姜英敏、王文静、杨岚《日本政府与NGO国际教育援助合作机制分析——基于对"相互依赖性"与"组织身份"的考察》(《清华大学教育研究》2022年第1期)一文,依据杰弗里·菲佛和杰勒尔德·萨兰基克的"资源依赖理论",分析了日本政府与NGO在国际教育援助领域的合作动力,并用布林克霍夫的"二维模型"概括了双方合作的三种关系类型。

中国学界使用的新研究方法包括"灰犀牛"分析法、"鱼骨图分析法"等。例如,季玟希《〈日本面向2040年高等教育总体规划〉介评》(《高教发展与评估》2022年第5期)一文,运用渥克提出的"灰犀牛"概念,将"生源危机""定位危机""国际竞争危机"这三种人们习以为常、容易忽视的潜在危机比喻为日本高等教育的"灰犀牛事件",并总结了其应对措施及特点。李莹、郄海霞《日韩高等教育国际化战略比较研究——基于东北大学和延世大学国际化战略的鱼骨图分析》(《外国教育研究》2022年第7期)一文,则运用"鱼骨图分析法"(又名"因果分析法"),分析了日韩两所代表性大学各自在"宏观理念指导""中观组织管理""微观项目实施"三个方面的特征,从而总结出日韩高等教育国际化战略的共同特征及各自特色。

2. 研究内容关注"人本"

中国学者开始关注受教育者,注重学生的自主学习能力、终身学习能力。例如,张恩铭《助力教师培育专家型学习者——日本"教后促思"与"三角度热议"模式的经验与启示》(《外国教育研究》2022年第6期)一文指出,日本中小学采用新的教学方法,将学生培养成"专家型学习者"(expert learner),注重学生在认知层面对各种概念的深度理解和迁移、较高水平的元认知能力、自我调节的思维习惯等,倡导培养学生的深度和自主学习能力。任平、欧丽贤《日本中小学生涯教育的课程改革》(《湖南师范大学教育科学学报》2022年第2期)

[①] 髙谷浩樹『「GIGAスクール」を超える:データによる教育DX実現への道程』、東洋館出版社、2022年、https://7net.omni7.jp/detail/1107314124〔2022-11-03〕。

一文，指出日本中小学在"生涯教育课程"中"积极推广探究性体验学习策略"，总结出日本在"生活自立、新型劳动、职业与社会、生存方式"四个方面注重培养学生有益于"终身"的各方面能力。

中国学者还关注学生的社会情感培养、个性发展等问题。例如，陈川、胡国勇《日本中小学课堂师生互动的社会情感支持研究——基于OECD全球教学洞察课堂视频测评的分析》（《比较教育学报》2022年第5期）一文，阐述了日本的中小学课堂注重支持学生"社会情感"的事例，分析其具体特征为"充分给予学生鼓励""师生之间频繁互动""愉悦的课堂氛围"，指出日本中小学的教育理念从"管理主义"逐步朝"尊重个性"转变。王廷波、卜庆刚、刘丹《逐步走向"育人为本"的班级管理——基于俄罗斯、美国、日本、韩国、中国中小学班级管理的分析》（《教育科学研究》2022年第6期）一文，分析了俄罗斯、美国、日本、韩国、中国的班级管理制度，指出各国班级管理均在逐步弱化"行为主义"的管理、控制倾向，更加重视"人本主义"的管理理念，强调班级管理应更加注重"指导"学生发展。

3. 新兴教育领域的研究成果推陈出新

有关"社会教育·终身学习"，中国学者的研究成果主要涉及"终身学习"素养教育、成人职业教育、老年教育等问题。其中，任平、欧丽贤《日本中小学生涯教育的课程改革》（《湖南师范大学教育科学学报》2022年第2期）一文，考察了日本中小学生涯教育课程改革的缘起、主要理念、核心内容、保障机制、成效与问题等方面，指出日本新型课程改革注重在"生活自立、新型劳动、职业与社会、生存方式"四个方面"积极推广探究性体验学习策略"。王国辉、杨红《成人的职业教育与发展支援：日本职业顾问制度的主要举措、问题与教育支援趋势》（《外国教育研究》2022年第12期）一文，考察了日本职业顾问制度的定位、制约因素、主要教育支援举措、面临问题、教育支援趋势等，分析了日本政府制度性支持在职成人"自主""持续"地进行教育与学习的经验及趋势。许寿童、沈宝生、敖小兰《积极老龄化视域下日本老年人的和平教育实践》（《东疆学刊》2022年第1期）一文，从政府、媒体、民间三个层面考察了日本老年人的和平教育实践活动，指出日本老年人以"积极老龄化理念"参与和平教育实践活动极具理论和现实意义。

有关教育国际化，研究成果主要涉及国际化战略、实践路径、人才培养模式、与国际组织衔接、归国子女教育、外语（汉语、英语）教育等问题。其中，李莹、郄海霞《日韩高等教育国际化战略比较研究——基于东北大学和延世大学国际化战略的鱼骨图分析》（《外国教育研究》2022年第7期）一文，通过日韩两所大学的个案研究，对比分析了两者在宏观理念指导、中观组织管理、微观项目实施三个层面上的特点，指出两所学校的共同特征是"国际化战略与大学愿景有机融合""通过不同的组织制度实现功能性治理""采取不同路径将国际化维度融入大学职能中"。李德显、徐亦宁《日本高等教育国际化的实践路径及启示》（《教育科学》2022年第4期）一文，分析了日本高等教育国际化的动因、实践路径、成效及启示，指出其路径为构建国际化课程体系、健全留学服务体系、多渠道完善保障机制、推动多边人才的培养与流动、形成高等教育合作网络等，从而有助于"提升综合国力、推动经济复苏、扩大文化交流"。

姜英敏、王文静、杨岚《日本政府与NGO国际教育援助合作机制分析——基于对"相互依赖性"与"组织身份"的考察》(《清华大学教育研究》2022年第1期)一文,分析了在日本实施国际教育援助过程中政府与NGO组织的合作动力、合作制度结构、合作类型等,指出:"NGO虽然自主却也受政府的条件牵制,在'延伸型'合作关系下NGO过度依赖政府,致其依附型发展。"刘敏、王莹琦《日本培养和输送国际组织人才策略研究》(《比较教育研究》2022年第8期)一文,考察了日本培养国际组织人才的策略、日本高校的相关课程及项目、人才选拔及输送机制等问题,建议"将培养和输送国际组织人才纳入国家外交战略""优化国际组织人才培养、输送和使用机制"等。

关于教育信息化,研究成果主要涉及教育信息化政策、信息素养教育、职业教育数字化改革等方面。其中,王倩、陈唤春《跨越数字鸿沟:美、日、英三国教育信息化政策的比较分析》(《比较教育学报》2022年第4期)一文,解读了2010年以来美国、日本、英国颁布实施的重大教育信息化政策,分析了三国教育信息化战略中存在着物理、技能、使用等方面的数字鸿沟问题及其解决措施,指出日本的特点是"注重高校与中小学的互联网连接""更强调应用信息技术的道德和责任问题""(加强)教师支持系统和多样化数字设备"等。原金彪、李后卿《日本中小学信息素养教育实践及启示》(《图书馆》2022年第6期)一文,考察了日本中小学信息素养教育的政策历程、课程设计、创新GIGA理念、ICT基础设施、社会力量协作等方面,提出"我国应从宏观上完善顶层设计、微观上创新发展理念,凝聚多方合力,构建'政—产—学—研'的多元格局,以完善适合我国国情的中小学生信息素养教育体系"。高益民、李宗宸《日本预防和减少教育信息化不良影响的基本对策》(《外国教育研究》2022年第8期)一文,考察了日本教育信息化不同发展阶段所关注的重点问题,分析其重点对策是避免儿童接触有害信息、实施信息伦理教育、改善学校ICT环境、综合防范信息安全威胁、国库补助ICT环境建设,并指出其政策特点是"循证决策""技术主义""新自由主义"等。

(二) 日本学界的研究特点

1. 研究成果关注"学习""能力"

2022年,日本学界继续关注有关"学习"的问题,共有14部专著出版,其内容包括四个方面:一是在学习内容方面(5部),主张培养学生时注重自律性、自然性、思考力、"个性"、社会性等方面的学习;二是在学习方法方面(4部),主张实施"体验学习"、"实践"学习、"校外学习"、兴趣学习等;三是在学习材料与途径方面(3部),主张使用音乐、单口相声、游戏等别开生面的材料;四是在学校硬件设施方面(2部),主张建设使学生安心的学校及班级、建设可视化学校等。

其中,宫川幸奈《何为自律教育:自然主义教育哲学的尝试》一书,论述了"自己决定自我行为"的"以自律为目的的教育",主张培养学生的学习"自律性"。中岛恒雄《最新差生变优等生的教育:我的体验性教育论》一书,"提倡不仅依赖背诵、记忆,而且培养'思考能力'的教育方法",认为"真正的教育是培养'思考力',教育的根本是教授有关生活的事情"、"面向福利时代、实施真正的福利教育"最重要的是培养"问题解决能力"。井上英之监译,丹尼尔·高尔曼、彼得·圣吉著,《21世纪的教育:发展儿童社会能力与EQ的3个焦点》一书指出,教育是为了拥有更好的人生,因此应该将社会行动与学力相联系,为此要从三个方面提高情商：自我管理、理解他人、社会技能，从而克服以往"工厂型教育模式"的局限性。①

2. 持续注重对"特殊教育"的研究

2022年日本学界仍然较为关注"特殊教育"问题，共有专著17部。其中，有关特殊教育理论与行政（3部），主要包括从"平等教育""共生教育""地方特殊教育行政"等视角研究特殊教育；有关特殊教育班级（4部），主要包括普通学校普通班级的"特别"支援教育、特殊教育班级的授课内容等；关于认知症、发育障碍等特殊儿童的教育（10部），主要涉及特殊儿童的教育权利保障、学习方法、授课方法等内容。

其中，萨利·汤姆林森著，古田弘子、伊藤骏监译《特殊教育·平等教育的社会学》一书，运用社会学的视角，论述了特殊教育及平等教育的产生，优生学与精神测定对教育政策的影响，战略性维持少数人的"卓越性"导致的"谁被排除"，医学专家、政治家及教育者的影响，家长的态度与政府的政策，就业中的包容与排斥等问题，最后总结了特殊教育中社会学的欠缺、低学力者及特殊者与劳动市场的关系等。②楠见友辅《重审儿童学习：社会文化路径的智力障碍特别支援学校授课研究》一书，通过在特殊学校的田野调查法、教室谈话分析法，探讨了对智力障碍儿童实施平等教育的可能性、智力障碍儿童学习的可能性、儿童自然差异对学习的影响、课程结构对儿童学习的影响、授课中儿童与环境的结构性互动等，指出，"新时代的智力障碍教育"应该本着"由个人主义转换为社会文化路径"的原则，建立"以学生学习为中心的学校与社会"。③

3. 积极引进国外学者的研究成果

2022年，日本学界颇为注重对于国外学术研究成果的引进，共翻译出版了17部有关日本教育的学术专著，约占总数的7.0%。有关教育理论方面（3部），包括教育心理学、教育社会学、教育现状学等；有关宗教教育方面（2部），包括神学教育原理、教会信仰教育等；有关教育改革方面（2部），包括联合国教科文组织的全球化教育改革、世界各国教育改革等；在"学习"方面（4部），包括幼儿语言学习、中小学生社会能力学习、有关"学习"的学校及班级建设等；有关其他方面（6部），包括职业教育师资、社会教育、特殊教育等。

其中，在埃伦·怀特《真正的教育》一书中，作者基于神学原则，指出"教育的过程便是救赎的过程"，强调家长与教师的作用便是让学生拥有神所赐予的能力个性，即思考、行动的能力。联合国教科文组织（UNESCO）《教科文组织·教育再考：全球化时代的参照轴》一

---

① 参见宫川幸奈『自律を目指す教育とは何か：自然主義的な教育哲学の試み』、春風社、2022年、https://www.kyoiku-press.com/post-245785/［2022-11-08］；中島恒雄『最新できなかった子をできる子にするのが教育：私の体験的教育論』、ミネルヴァ書房、2022年、https://honto.jp/netstore/pd-book_31677803.html#productInfomation［2022-11-08］；ダニエル・ゴールマン、ピーター・センゲ、『21世紀の教育：子どもの社会的能力とEQを伸ばす3つの焦点』、ダイヤモンド社、2022年、https://www.kinokuniya.co.jp/f/dsg-01-9784478104545［2022-11-08］。

② サリー・トムリンソン著、古田弘子・伊藤駿監訳『特殊教育・インクルーシブ教育の社会学』、明石書店、2022年、https://honto.jp/netstore/pd-contents_0632188051.html［2022-11-08］。

③ 楠見友輔『子どもの学習を問い直す：社会文化的アプローチによる知的障害特別支援学校の授業研究』、東京大学出版会、2022年、https://honto.jp/netstore/pd-contents_0631401969.html［2022-11-08］。

书，重新考察了21世纪全球化时代的教育目的与学习状态，从"可持续发展：关键课题""人本主义的再兴""复杂化世界中的教育政策制定""教育是否为共同善"四个方面进行了论述，内容涉及"变化的学习情景"（"学校教育模式是否会终结""学习空间的网络化""新学习场域的出现"）、"知识社会中教育者的作用"（"数字无法代替教师""教师的专业化""学术专业的课题""超越公共教育领域"）、"教育与就业的差距""在激变社会中对学习的评定""大规模学习评价的利弊""教育的全球统治与国家的政策制定"等问题。①

五、存在的问题与未来的发展趋向

（一）中国学界存在的问题

第一，研究内涵有待拓宽。

在2022年的研究论文中，有关幼儿教育、家庭教育、特殊教育、女子教育等方面的研究尚且薄弱。例如，有关"幼儿教育"的论文仅有5篇，涉及"家园共育""儿童照顾政策""幼小衔接""幼儿劳动教育"等内容。有关"特殊教育"的论文仅有两篇，涉及"残疾儿童教育权利""残疾儿童家庭教育支持"两个方面。另外，有关家庭教育、女子教育的相关研究成果并未出现。

第二，研究视角应更具国际广度。

在2021年的研究成果中，共有40篇论文（约占论文总数的22.2%）涉及国际比较，涉及国家多达24个。而在2022年的研究成果中，涉及国际比较的仅有13篇（约占论文总数的9.4%），涉及的国家有10个。（详见表11）当今世界，教育全球化正在如火如荼地展开，密切关注国际社会，特别是发达国家的发展动向，成为中国学界今后应当更加着力的方向。

表11　2022年中国学界有关日本教育之比较研究的对象国及研究内容

国家数（个）	国家名称	研究内容	国家数（个）	国家名称	研究内容
2	德、日	儿童照顾政策	2	中、日	高中物理实验插图
4	芬、日、韩、美	基础教育质量	4	德、美、英、日	职业教育学位设置
5	俄、美、日、韩、中	中小学班级管理	2	德、日	本科职业教育人才培养
2	中、日	中学校园合唱教育	4	德、澳、新、日	职业教育国际化发展
2	中、日	高中数学教材	2	日、韩	高等教育国际化战略

---

① 参见エレン・G・ホワイト著、鈴木聖二訳『真の教育』、福音社、2022年、https://www.fukuinsha.com/product-page/%E7%9C%9F%E3%81%AE%E6%95%99%E8%82%B2［2022-11-10］；ユネスコ著、百合田真樹人・矢野博之 編訳著『ユネスコ・教育を再考する：グローバル時代の参照軸』、学文社、2022年、https://www.gakubunsha.com/book/b616145.html［2022-11-10］。

续表

国家数（个）	国家名称	研究内容	国家数（个）	国家名称	研究内容
2	中、日	高中物理教材	3	美、日、英	教育信息化政策
2	中、日	高中物理课程标准			

（二）日本学界存在的问题

第一，有关高等教育、职业教育的研究有待深入。

2022年，日本学界出版的有关"高等教育""职业教育"的研究专著共25部，约占日本教育研究专著总数的10.3%。关于高等教育，主要涉及日本高等教育的机构模式（1部）、大学教育改革（3部）、大学的学术研究（2部）、STEAM教育（3部）、通识教育（1部）、各类专项教育（2部）等内容。然而，对于日本大学目前正在积极开展的大学知识产业化、全球化等高等教育的最新发展动态，却没有相应的学术成果。

关于职业教育，主要涉及高等专修学校等职业教育机构（3部）、普通学校教育中的职业素养教育（2部）、各类专门的职业教育（4部）、职业教育训练（2部）、企业内教育培训（2部）等内容。然而，对于日本从2019年开始大力推广实施的"专门职业大学"，却并未见相关研究成果；另外，对于日本的普通教育机构、职业教育机构与产业界共同培养职业人才的合作机制，也有待进一步更深入的研究。

第二，国际比较教育研究需要加强。

2022年，日本学者对日本与其他几个国家的教育进行了比较研究。例如，安迪·格林著，冈田昭人、堀尾辉久监译《教育与国家形成》一书，论述了西方国民教育制度的社会起源、不均等发展、与国家形成的关系，其中涉及普鲁士、法国、美国、英国以及东亚各国，对于各国的教育进行了概括性的对比。[1] 佐藤厚《日本的人才育成与职业形成》一书，从日、英、德比较的角度，探讨了日本人才培养中的职业教育问题。[2] 然而，日本学界尚缺少对于两个或几个国家的教育制度进行深入比较的论著。当今时代，教育全球化正在如火如荼地发展，各个国家的教育发展既存在共性，也具有个性。将日本教育与国际各国进行比较研究，将有利于更进一步探究日本教育的特征、全球教育发展的总体趋势，是今后日本学界进一步拓宽、深入开展研究的突破点。

总之，面对第四次产业革命时代、"超智能社会"（Society 5.0）的快速发展，日本政府正在采取诸多的应对措施。有关日本教育的研究，中日学界也呈现出重视"学习"个性化，关注教育的多样化、全球化及数字化等共同倾向。

（责任编辑：陈梦莉）

---

[1] アンディ・グリーン著、岡田昭人・堀尾輝久監訳『教育と国家形成』、東京大学出版会、2022年、https://www.kinokuniya.co.jp/f/dsg-01-9784130513579［2023-11-03］。

[2] 佐藤厚『日本の人材育成とキャリア形成：日英独の比較』、中央経済社、2022年、https://www.kinokuniya.co.jp/f/dsg-01-9784502438417［2023-11-03］。

2022年日本哲学与思想史研究综述

王青　刘莹

　　2022年是中日邦交恢复正常化的第五十年，也是全球新冠疫情逐渐平息的一年。虽然局部争端时有爆发，但回归正轨无疑是全球范围内的大趋势，日本亦不出其外。本文主要搜集了2022年国内学界有关日本哲学与思想史研究的代表性论文，并将之大体归纳为日本马克思主义思想、日本儒学思想、日本哲学与宗教、东亚视域的日本政治思想研究四个板块进行整理，同时对日本学界相关论文和专著进行了简要概述。由于精力、时间有限，相关研究成果搜集不尽全面，挂一漏万，评价抑或多有不当之处，还请各位专家同人批评指正。

一、日本马克思主义思想研究

　　2022年正值日本共产党成立100周年，有关日共的研究成为今年日本思想研究的热点之一。刘鑫《日本共产党百年党内教育的主要举措及其经验研究》一文主要从党内教育的角度对日本共产党的百年历程进行了整理和分析。该文指出，日本共产党从成立之初一直被日本政府视为"非法组织"，从1922年起遭到了多次残酷镇压，直至二战结束后才逐渐恢复了组织活动，在此过程中正是通过党内教育，使得日本共产党经受住了各种严峻考验，在艰难探索中不断发展。作者归纳了日本共产党党内教育的主要举措：建立"各级讲师资格考试制度"，选拔高素质的师资队伍；举办集中培训、主题讲座和学习会，拓展集体教育的形式；打造中央机关报刊群和网络媒体，创新自主学习的载体；适应青年党员的成长特点，调整党内教育话语体系。作者认为，日本共产党通过优化师资队伍、拓展教育形式、创新学习载体、调整话语体系等措施不断加强和改进了党内教育工作，总结这些经验对于我们在新时代加强党内教育具有借鉴意义。[1] 施娜《1920年代日本马克思主义者的思想溯源》一文的问题意识在于"日本是马克思主义传入中国的主要渠道之一，而日本的马克思主义思想又来自何处"[2]。作者考察了河上肇、山川均、堺利彦等早期日本马克思主义的代表性人物，指出他们是在多学科的思想背景下接受马克思主义的，由于他们的思想源自包括俄国在内的欧美国家，因此他们对马克思主义的理解也呈现出多元化乃至本地化的特点。

　　日本共产党的发展现状也是重要的研究方向。朱旭旭《日本共产党二十四大以来适应性

---

* 本文系2023年国家社会科学基金青年项目"日本儒学近代转型与中国哲学"（项目编号：23C2X036）的阶段性成果。

** 王青，中国社会科学院哲学院研究所、中国社会科学院东方文化研究中心研究员；刘莹，中国人民大学哲学院讲师。

① 刘鑫：《日本共产党百年党内教育的主要举措及其经验研究》，《当代世界社会主义问题》2022年第1期。

② 施娜：《1920年代日本马克思主义者的思想溯源》，《现代哲学》2022年第3期。

变革探析》一文主要探讨了日本共产党自第二十四次代表大会形成了以志位和夫为领导核心的战后第三代领导集体之后，所进行的一系列理论与实践变革。该文指出，在日本政治右倾化、国民保守化不断加强的形势下，日本共产党虽然采取了推进思想理论创新、推进党员干部年轻化、加强在野党统一战线、独立自主开展党际交往工作等措施，然而变革效果仍旧欠佳。①

新冠疫情在全球范围暴发后，世界各国采取了不同的应对措施，收效也各有不同。日本政府曾因应对不力引发民众强烈不满情绪，学界也以此为契机重新把目光转向深刻批判资本主义的《资本论》研究。实际上，日本的《资本论》研究也走过了百年历程，杨立国、田晓萌《日本百年〈资本论〉研究：历程与成就》一文即对日本学界百年来《资本论》的研究进行了回顾与总结。该文将日本《资本论》的研究分为初始（20世纪初至1945年）、繁荣（1945—1990年）以及成熟（20世纪90年代至今）三个阶段，指出日本的《资本论》研究在文本、理论、方法等方面取得了颇为丰硕的成果，具体体现在对《资本论》及其手稿等经典文献的收集翻译考证编撰、宇野学派的理论创新和数理学派的方法论创新以及运用《资本论》研究成果解读现代资本主义等方面。除了已经取得的成果，作者还指出日本右倾化发展致使以共产党为首的左翼力量不断弱化，20世纪50—60年代成长起来的《资本论》研究中坚力量因年龄老化逐渐淡出历史舞台，日本的《资本论》研究乃至整个马克思主义的研究都处在一个空间不断被挤压的境况下。②

2021年7月日本出版了全面修订后的《资本论》（12册），成为21世纪以来日本《资本论》研究非常重要的代表性成果之一。谭晓军《21世纪日本马克思主义的理论新发现与实践新探索——以日本新版〈资本论〉的修订为例》一文指出，日本新版《资本论》不仅对现行版《资本论》编辑中的一些理论问题进行了修订，而且修订者在研究中还发现马克思的理论转变与其开始领导国际工人运动的实践活动是同一时期，作者认为这些新发现成为21世纪日本共产党社会变革实践的理论依据，应该予以肯定。③

译本研究一直是日本马克思主义思想研究的重要方向。王倩《〈社会主义神髓〉4个早期中译本的变化逻辑（1903—1912）》一文通过比对日本社会主义者幸德秋水《社会主义神髓》的4个早期中译本，发现译者的思想取向在不断发生变化，"从纯粹的激昂革命情怀，到有意识地将社会主义和中国革命主题相结合，再到关注革命后的社会政策，将社会主义视为民生主义。"④ 周雨霏《国际左派汉学与日本的中国研究——以魏特夫〈中国的经济与社会〉在日本的介译与接受为中心》一文主要以德共党员魏特夫在1931年出版的《中国的经济与社会》为研究对象，作者指出此书于20世纪30年代传入日本后，日译本在1934年一经面世即各处售罄，不断再版，受众甚广。作者认为，此书在日本的译介、接受过程集中体现了20世纪30

---

① 朱旭旭：《日本共产党二十四大以来适应性变革探析》，《当代世界社会主义问题》2022年第3期。
② 杨立国、田晓萌：《日本百年〈资本论〉研究：历程与成就》，《当代世界社会主义问题》2022年第1期。
③ 谭晓军：《21世纪日本马克思主义的理论新发现与实践新探索——以日本新版〈资本论〉的修订为例》，《马克思主义研究》2022年第9期。
④ 王倩：《〈社会主义神髓〉4个早期中译本的变化逻辑（1903—1912）》，《思想教育研究》2022年第10期。

年代国际左派汉学与日本的中国研究相互接轨的过程。①库德华《20世纪上半期马克思主义在中日的译介传播研究》一文梳理了20世纪上半期马克思主义在中日两国间的双向互动译介过程。②刘孟洋《从文本比对看马克思主义术语的中日共享与创出——以陈望道译〈共产党宣言〉为例》一文聚焦陈望道所译《共产党宣言》，通过比对日文底本，指出"该译本中有近70%的马克思主义术语与日文底本及日本早期社会主义出版物的术语形态相同"③，由此展现共享与创出在我国马克思主义术语体系形成中的重要作用。

除了文献本身，通过文献回归历史现实也是重要的研究方法，这就要求研究者将注意力投射到重构近代日本的图景中去。许晓光在《明治日本思想界对劳动者的人文关怀——日本近代社会主义思想产生的前奏》一文中，将注意力集中在日本明治时期资本主义经济的迅猛发展与日益恶化的劳动者处境的悖论中，认为日本思想界表现出的对劳动者的人文关怀构成了社会主义思想在日本产生的前奏。④高燎一直关注近代日本农村图景的变迁，他的《唯物史观与近代日本乡村史研究演变》一文探究了近代日本乡村史研究与唯物史观之间的深刻联系，作者指出唯物史的基本论点广泛存在于早期土地制度性质讨论、战后土地制研究，直到20世纪60年代多元研究路径开辟以及90年代的鼎盛与转折之中，因此"乡村既是日本近代史研究不可回避的重要对象，也是马克思主义剖析日本型资本主义社会的关键切入点"⑤。

2022年刊发的论文中也不乏以人物思想为中心的研究佳作。廖钦彬《柄谷行人的"D的研究"：原游动性与普遍宗教》一文指出，如何挣脱或抵抗"资本—民族—国家"的宰制一直是日本左翼思想家柄谷行人的问题意识，为此他在《世界史的构造》中提出了完整的人类社会构成体图示以回应福山主张的"历史终结"。⑥马冰洁《日本早期社会主义者的思想及其转向——以安部矶雄的思想转变为中心》一文通过梳理"日本社会主义之父"安部矶雄的"转向"过程，挖掘出日本社会主义革命失败及其被法西斯主义埋没的原因。⑦

2022年也出现了分析日本学界如何理解中国马克思主义思想的文章。龙潇《毛泽东著作在日本的传播及其启示》一文主要介绍了毛泽东著作在日本的传播情况。⑧蔡文成、牟琛《日韩学界关于人类命运共同体理念的解读评析》一文主要讨论了人类命运共同体的理念在日韩

---

① 周雨霏：《国际左派汉学与日本的中国研究——以魏特夫〈中国的经济与社会〉在日本的介译与接受为中心》，《历史教学问题》2022年第5期。

② 库德华：《20世纪上半期马克思主义在中日的译介传播研究》，《外语教学》2022年第6期。

③ 刘孟洋：《从文本比对看马克思主义术语的中日共享与创出——以陈望道译〈共产党宣言〉为例》，《辽宁师范大学学报（社会科学版）》2022年第4期。

④ 许晓光：《明治日本思想界对劳动者的人文关怀——日本近代社会主义思想产生的前奏》，《社会科学战线》2022年第3期。

⑤ 高燎：《唯物史观与近代日本乡村史研究演变》，《史学理论研究》2022年第5期。

⑥ 廖钦彬：《柄谷行人的"D的研究"：原游动性与普遍宗教》，载赵世瑜主编《北大史学》2022年第1辑，社会科学文献出版社2022年版。

⑦ 马冰洁：《日本早期社会主义者的思想及其转向——以安部矶雄的思想转变为中心》，《社会主义研究》2022年第5期。

⑧ 龙潇：《毛泽东著作在日本的传播及其启示》，《湖南科技大学学报（社会科学版）》2022年第1期。

的接受情况。①

《中国社会科学评价》在2022年第3期中特辟"日本学者的马克思主义研究评介"专栏，邀请三位在日本具有代表性的马克思主义研究者从不同的视角探讨日本马克思主义研究的现状。江原庆著、陈世华译《日本马克思主义研究现状——以马克思主义经济学为中心》一文指出，日本马克思主义研究的最大特征在于以经济学为中心展开，二战前日本马克思主义经济学研究界的"日本资本主义论争"虽遭到统治镇压，但在战后却形成了垄断资本主义、市民社会派和宇野学派三个学派，其中宇野学派构建了"他律型价值形式理论"，曾经在相应的历史阶段发挥了作用，但也面临着如何克服语言问题向世界发声等问题，这也是今后日本马克思主义经济学发展的课题。② 大村泉在《论唯物史观成立初期的基本思想》一文中指出，大致可以将唯物史观的形成定位于手稿H5a 的M22-24页，可以说马克思在写《德意志意识形态》之前已经萌生了创建唯物史观的想法。作者认为，1845年成立初期的唯物史观与其说是恩格斯所谓的"人类历史的发展规律"，不如说是马克思指导他自身研究工作的"总的结果"。③ 渡边宪正《青年马克思的理论创见》一文归纳了青年马克思的四点理论创见，即"基础—上层建筑"理论，对市民社会进行的批判性剖析，主张异化会导向扬弃私有财产和无产的历史变革运动，以及转变以往理论对"理论和实践"的理解。④

二、日本儒学思想研究

2021年9月中国社会科学出版社出版了刘岳兵教授主编的四卷本《井上哲次郎儒学论著选集》，内容涉及井上儒学之"三部曲"以及从井上各类著作、论文、序跋、回忆录等作品中选编出的儒学相关著作《儒教中国与日本》。四卷本的井上论著选集既是井上哲次郎儒学思想的集中展现，也是编译者践行"回归原典，与史料肉搏"学术理念的明证。2021年10月16日，南开大学日本研究院与中国社会科学出版社、南开大学中外文明交叉科学中心共同主办了"井上哲次郎与近代日本学术生态"研讨会，专门讨论了井上哲次郎在近代日本学术思想史上的地位及其儒学研究的特色。《南开日本研究》2022第1卷专设"井上哲次郎研究"专题，刊出了唐利国、张政远、吴光辉三位专家的论文，这些论文代表了国内井上研究的最新成果。

作为近代日本学院哲学的代表性学者，井上不仅是明治政府官方意识形态的鼓吹者，更是倡导国民道德论的领军人物，然而包括中江兆民、和辻哲郎、丸山真男在内的诸多学者却对井上学问的价值提出了质疑以至批判。对此矛盾，唐利国在《井上哲次郎与近代日本的国家建构》一文中指出，井上所谓的"国民自卫"是以对抗为目标的思维方式，是近代日本国家构造在认识论上的反映；在其代表性的哲学观点"现象即实在论"中，"即"的思维方式并非不偏不倚，而是自有其偏重，其所谓的"东西文化调和论"也并非简单的折衷主义，而是

---

① 蔡文成、牟琛：《日韩学界关于人类命运共同体理念的解读评析》，《世界民族》2022年第6期。
② [日] 江原庆：《日本马克思主义研究现状——以马克思主义经济学为中心》，陈世华译，《中国社会科学评价》2022年第3期。
③ [日] 大村泉：《论唯物史观成立初期的基本思想》，盛福刚译，《中国社会科学评价》2022年第3期。
④ [日] 渡边宪正：《青年马克思的理论创见》，盛福刚译，《中国社会科学评价》2022年第3期。

一种暗藏重心的话术；而其一贯主张的普遍主义也从未掩饰日本特殊的优越性；总之"无论其哲学资质贤愚、学术成就高低，井上的思维方式与近代日本国家的认识论构造的一致性，构成了其思想影响力的根本原因"①。

张政远《井上哲次郎与东亚哲学的起源》一文以日本哲学的起源为问题意识，认为在思考这一问题时中国哲学在日本的发展也是应当引起重视的因素，强调有必要从整个东亚哲学的脉络来加以讨论。作者梳理了井上与东京大学的关系，并聚焦《哲学字汇》，将其中井上的63条按语从1952个翻译词条中抽出进行分析。作者指出井上虽然借用了不少儒学概念，但是并未独尊儒学，墨家、道家等思想也可见于其按语。作者认为，井上的翻译工作体现出一种跨文化哲学的态度，并得出结论"我认为井上哲次郎的翻译实践是东亚哲学的重要起源"。②

吴光辉《一种学术史的梳理与问题——写在〈井上哲次郎儒学论著选集〉（四卷本）中译本出版之后》一文指出，黑格尔的"历史意识"即"停滞的东洋"是井上哲次郎构筑儒学研究史的"宏大背景"，而"国家主义"的立场才是井上哲次郎最大的问题所在，作者指出井上的研究不只是"范式"而应该成为一种"方法"，而如何辩证地认识井上带给中国儒学的"负面价值"，构筑起主体性的批判思维则是接下来日本思想史研究的一大问题。③

井上哲次郎研究渐有成为国内日本思想史研究"显学"之势，试举代表性论文如下。董灏智《日本近代学者解读"江户古学派"的日本优越论取向——以井上哲次郎与丸山真男为中心》一文对井上哲次郎所造的"古学派"一词进行了概念考古。该文考证出，最早将山鹿素行、伊藤仁斋与荻生徂徕合称为"古学派"的正是井上哲次郎本人。自井上创出此词之后，其"道德性"的解读被明治以来的日本学者广泛接受，直至丸山真男以"近代性"取向解读之。作者认为，虽然井上和丸山以不同的方式对"古学派"进行了解读，但是"日本优越论"的价值取向却是二人的共同之处，其中存在着夸大之处值得警惕。④ 彭春凌《章太炎与井上哲次郎哲学的再会及暌离》一文指出，章太炎与井上哲次郎的再会贯穿在1905年章太炎阅读《哲学丛书》与1910年出版《国故论衡》之间，作者认为"章太炎和井上哲次郎各自思想的轨迹，特别是他们围绕'现象即实在论'在认识论、伦理观和政治哲学上的暌离，大体反映出走向革命的清末中国与走向绝对主义天皇制的明治日本两条道路的理论差异。"⑤ 王茂林《近代日本儒学史的成立——以井上哲次郎的"三部曲"为中心》与陈晓隽《话语批评视野下井上哲次郎"日本儒学史"的建构与虚构》都将注意力集中到井上儒学最为人熟知的"三部曲"上。前者从"返本"与"开新"两个维度揭示井上"三部曲"从经学到哲学的近代转

---

① 唐利国：《井上哲次郎与近代日本的国家建构》，载刘岳兵主编《南开日本研究》2022第1卷，天津人民出版社2022年版。

② 张政远：《井上哲次郎与东亚哲学的起源》，载刘岳兵主编《南开日本研究》2022第1卷，天津人民出版社2022年版。

③ 吴光辉：《一种学术史的梳理与问题——写在〈井上哲次郎儒学论著选集〉（四卷本）中译本出版之后》，载刘岳兵主编《南开日本研究》2022第1卷，天津人民出版社2022年版。

④ 董灏智：《日本近代学者解读"江户古学派"的日本优越论取向——以井上哲次郎与丸山真男为中心》，《外国问题研究》2022年第1期。

⑤ 彭春凌：《章太炎与井上哲次郎哲学的再会及暌离》，《抗日战争研究》2022年第4期。

型意义，认为现代意义上的"日本儒学史"正由此出。① 后者站在话语批评视角来分析井上所构建的日本儒学，认为"其实质不是为了彰显'儒学'本身，而是以此为媒介来实现'日本精神'的创造，从而体现'天皇制国体'的存在。"②

"古学派"并非日本江户时代实际存在的学术流派，而是井上出于"日本优越论"的考量而自造的概念，这一史实虽然早已引起日本学界的反思，③ 但由于至今仍无出井上日本儒学分类之右者，故其说在中国日本思想史研究学界仍有很大的影响力。2022 年发表的论文之中，虽然亦不乏以此为主题者，但是却体现出批判乃至超越井上分类的努力，高伟《朱熹人欲思想在日本近世的误读——以古学派对"无欲说"的批判为线索》一文即指出，"本文所考察的山鹿素行、古义学派的仁斋父子、古文辞学派的荻生徂徕与太宰春台，虽然常被称为反朱子学的古学派儒者，但他们对于宋儒的态度并不一致"。④《日本问题研究》在"江户儒学的复古思潮研究专题"中刊出了分别以素行、仁斋与徂徕为研究对象的三篇论文，特地避免使用"古学派"而以"复古思潮"代之，可以说代表了中国日本思想史学界对此问题的反思。张晓明《重新审视山鹿素行的日本思想史地位——临界与转向的双重意义》一文指出，山鹿素行虽被井上冠以"古学派之魁首"，然而中江兆民却将仁斋、徂徕归诸经学者而对素行只字未提，作者认为素行在日本思想史中"要么被当作是古学派之首，要么被忽略"的尴尬处境源于其自身思想的复杂性。⑤ 贾晰《德非性与性趋善——从德·性论探析伊藤仁斋古义学之返古开新》一文将古义学置于东亚"反理学"的视域进行考量。⑥ 石运《从"古文辞"到"六经"——徂徕学的理论构建与实践》一文将荻生徂徕置于 17—18 世纪居于日本社会主流的复古思潮中加以还原，不仅在很大程度上弥合了徂徕思想中由"古文辞"到"六经"的裂隙，而且颇具洞察地指出了"徂徕之后，江户儒者对明代思想的学习与接受，开始由'无意识'的行为转为了'有意识'的选择"⑦。

实际上，江户时期已有将仁斋和徂徕并称的传统，如"及伊藤仁斋唱复古说，物徂徕次

---

① 王茂林：《近代日本儒学史的成立——以井上哲次郎的"三部曲"为中心》，载赵世瑜主编《北大史学》2022 年第 1 辑，社会科学文献出版社 2022 年版。

② 陈晓隽：《话语批评视野下井上哲次郎"日本儒学史"的建构与虚构》，《福州大学学报（哲学社会科学版）》2022 年第 3 期。

③ 苅部直对此有较为深入的批判，"素行、仁斋、徂徕三人之间并没有师承关系。徂徕确实读过仁斋的著书，并且通过学习其经书读解的方法从而形成了自己的学问，但是二者的思想之中，更应该关注的是差异而非共性。虽然教科书之中还沿用了'古学派'这一分类，但是现在，在专门的思想研究者之中，已经没有人使用这一概念谈论仁斋或者徂徕。这是因为井上哲次郎之后，已经积蓄了百年以上的研究，对个别思想家的理解也大大加深，这当然可以说是理所应当的。"参见苅部直『日本思想史への道案内』、NTT 出版株式会社、2017 年、161 頁。

④ 高伟：《朱熹人欲思想在日本近世的误读——以古学派对"无欲说"的批判为线索》，《四川大学学报（哲学社会科学版）》2022 年第 3 期。

⑤ 张晓明：《重新审视山鹿素行的日本思想史地位——临界与转向的双重意义》，《日本问题研究》2022 年第 5 期。

⑥ 贾晰：《德非性与性趋善——从德·性论探析伊藤仁斋古义学之返古开新》，《日本问题研究》2022 年第 5 期。

⑦ 石运：《从"古文辞"到"六经"——徂徕学的理论构建与实践》，《日本问题研究》2022 年第 5 期。

起之。其说务辩宋儒之失古，再兴古义也。"① 因此要超越"古学派"的窠臼，关键的问题在于重新定位山鹿素行。就此而言，窦兆锐在2022年发表的两篇关于素行的论文值得参考。在《"日本中华思想"的理论建构与历史影响——以山鹿素行为中心的考察》一文中，作者认为"山鹿素行'日本中华思想'的理论基础是他在批判宋明儒学基础上建构的'圣学'，也正因如此，在日本遭遇欧风美雨剧烈冲刷时，他的思想成果及其'当代'价值被井上哲次郎等人'重新'发现，对近代日本思想和政治构建产生了深远影响。"② 而在《近世日本知识界的〈韩非子〉受容——以山鹿素行为中心的考察》中，作者另辟蹊径，以《韩非子》的受容为切入口，指出素行对《韩非子》的受容早于荻生徂徕的《读韩非子》，且其"礼""法"兼用、伦理与政治并举的思想体系超越了中国传统的儒法之争，是一种新的思想资源。③

2022年由北京大学历史学系主办的学术集刊《北大史学》（第23辑）"东亚思想与文化史专号"由社会科学文献出版社出版发行。执行主编为历史学系唐利国教授。该书汇集了国内外著名专家学者的前沿力作，研究内容涵盖东亚儒学、哲学、民俗学等诸多领域，全方位展示了东亚思想文化史的最新研究成果。在"专号"中涉及日本儒学的论文主要有小岛毅《儒教的圣人像——制作者还是人格者》、王明兵《日本中世五山禅僧的"儒化"倾向——以中岩圆月的政治关怀和"儒学"认知为中心》、杨立影《荻生徂徕经世思想的历史检视：兼对日本儒学思想史研究方法的初步反思》、王侃良《日本近世"素读吟味"汉文训读法标准考——汉文训读视角下对"日本儒学体制化"问题的探究》等。

2022年日本儒学史研究中，有关贝原益轩的研究也是热点问题之一。孙传玲《朱子格物致知论在日本的接受与实践——以日本朱子学者贝原益轩为例》一文指出，贝原益轩继承并发展了朱子的"即物穷理"说，将格致的对象从"事理"扩展至"物理"，且经世致用色彩明显增强。④ 刘莹《贝原益轩之"大疑"辩——以理之气化为视角》一文批判了丸山真男对贝原益轩"古学先驱"的定位，认为益轩对朱子学之"大疑"，实质在以理气"一物"反对朱子之"二物"，而这正是明代以降儒学中理之气化现象的呈现，也是理学趋向"主气"方向发展的明证。⑤ 除此之外，2022年发表的有关贝原益轩的论文还有翟笑甜《学贵有疑——论贝原益轩对朱子学的继承与改造》（《许昌学院学报》2022年第3期）、魏凤麟《日本儒学家贝原益轩的经济伦理思想研究》（《西部学刊》2022年第2期）等。

三、日本哲学与宗教研究

言及"日本哲学"，以西田几多郎为代表的日本京都学派当然最先被提及，然而在西田之

---

① 広瀬淡窓「儒林評」、日田郡教育會編『淡窓全集』中卷、共同印刷株式會社、1927年、1頁。
② 窦兆锐：《"日本中华思想"的理论建构与历史影响——以山鹿素行为中心的考察》，《社会科学战线》2022年第3期。
③ 窦兆锐：《近世日本知识界的〈韩非子〉受容——以山鹿素行为中心的考察》，《首都师范大学学报（社会科学版）》2022年第2期。
④ 孙传玲：《朱子格物致知论在日本的接受与实践——以日本朱子学者贝原益轩为例》，《阅江学刊》2022年第6期。
⑤ 刘莹：《贝原益轩之"大疑"辩——以理之气化为视角》，载이천승主编《한국철학논집》第72辑，韩国哲学史研究会，2022年。

159

前,日本是否存在哲学,"哲学"是如何成为希腊语"philosophia"的译词而固定下来,作为"日本"的哲学又如何自别于西方哲学,这些问题可以称为日本哲学的"元问题",既关涉包括日本在内的整个东方"哲学"的合法性问题,也与中日哲学今后的走向密切相关。林美茂教授等在2022年发表的三篇论文对这些问题做出了积极的回应。《近代以前"日本哲学"的有无之辨——以明治至昭和前期的代表性言论为线索》一文指出,类比于21世纪初广泛影响中国学界的"中国哲学合法性"大讨论,日本内部也存在"日本哲学"的有无之辨。该文通过对包括西周、西村茂树、中江兆民、井上哲次郎、有马祐政、村冈典嗣、西晋一郎等在内的近代日本学者进行分析,认为强调日本本土性与近代以前日本思想无法摆脱中国元素的"二难"困境是日本近代以前无法诞生"日本哲学史"的真正缘由。以1935年户弘柯三《近代日本哲学史》的出版为标志,"此后的日本学界,基本上把明治以前的传统学问作为'日本思想史'进行研究,而把近代之后出现的、与西方哲学相关的研究论著以及哲学著作作为'日本哲学'展开论述,从而在学界形成了近代以前归入'日本思想',近代以后才有'日本哲学'的一般性认识。"① 《为什么是哲学?——关于西周的选择与追求探因》一文揭示出,西周并未选择更为当时学界广泛接受的"理学"作为"philosophia"的翻译的深层原因,"实际上其中潜藏着近代日本人寻求改写东亚学术版图的宏大追求,那就是利用西学东渐的历史契机,通过一系列学术概念的创造性翻译,改变上千年'华夷秩序'中日本文化的弱势地位,从而达到主导东亚学界学术话语权的目的。"② 《和辻哲郎与"日语哲学"的探索》一文聚焦和辻哲郎对"日语哲学"的探索性尝试,指出和辻哲郎虽然试图用所谓"纯粹日语"思考"あるということはどういうことであるか"这一带有哲学根本意味的课题,但由于这一过程不仅难以剥离汉字,而且和辻哲郎的分析也仅停留在语言层面,因此作者认为其作为"哲学"的根本之问并不成立。即便如此,"和辻哲郎关于'伦理学'的探索具有'日语哲学'的显著特征,从而区别于西方的伦理学理论,在世界的现代哲学、伦理学界获得了独特的地位。"③

有关京都学派的研究一直是日本哲学研究的核心领域。2021年是西田几多郎代表作《善的研究》初版刊发110周年,《世界哲学》在2021年第6期首发了日本西田哲学研究大家藤田正胜关于西田研究的力作《西田几多郎的〈善的研究〉是一部怎样的著作?——〈善的研究〉在日本哲学历史上的影响和意义》,该文指出《善的研究》不是对西方哲学的概述,而是西田独自挑战各种哲学疑难,并尝试给出自己解答的著作,因此该书是日本哲学史上一部里程碑式的著作。作者通过分析"纯粹经验"等概念、论证了《善的研究》作为哲学著作所具有的普遍性价值。④ 此文也引起了中国学界西田研究学者的回应,2022年《世界哲学》专设"西田哲学研究"一栏刊发了两篇关于《善的研究》的学术论文。王青《关于西田哲学中的"东洋文化"——以〈善的研究〉为中心》一文指出,"西田在〈善的研究〉中提出了'纯粹

---

① 林美茂、葛诗嫣:《近代以前"日本哲学"的有无之辨——以明治至昭和前期的代表性言论为线索》,《社会科学》2022年第2期。
② 林美茂、赵淼:《为什么是哲学?——关于西周的选择与追求探因》,《中国人民大学学报》2022年第1期。
③ 林美茂、贾晞:《和辻哲郎与"日语哲学"的探索》,《学术月刊》2022年第9期。
④ [日]藤田正胜:《西田几多郎的〈善的研究〉是一部怎样的著作?——〈善的研究〉在日本哲学历史上的影响和意义》,魏伟译,《世界哲学》2021年第6期。

经验'的概念，试图给贯穿于老庄思想、儒学以及大乘佛教根底里的东方式直觉体悟加以哲学化的阐释，并以此与以逻辑学为基础的西方文化相抗衡。"[1] 王齐《世界哲学图景中的〈善的研究〉》一文指出，西田在《善的研究》中提出的"世界主义"概念"适用于我们对世界哲学图景的描绘——消除东西方哲学的对立，在互相学习、互相参照的前提下，让每一种哲学都展现出自己的特征，在此基础上共同创造出面向未来的新哲学。"[2]

王向远《西田哲学的东西方文化观及日本文化论》一文指出，"西田哲学中东西方文化的根本差异在于究竟是把'有'作为实在还是把'无'作为实在。而作为东洋文化的日本文化贯彻了东洋的'绝对无'，在'行的直观'中不断改变又保持统一，其鲜明表现就是'情'的艺术的文化。将东西方文化观及日本文化论予以哲学化的表述，是西田对于日本的东方学思想史的独特贡献。"[3] 廖钦彬《西谷启治的虚无主义论及海德格尔批判》一文指出，京都学派中除了西田之外，大多哲学皆由批判海德格尔产生，作者认为在京都学派的脉络下龙树的空性转变为了"实存论＝实践论"的空，"西田与西谷的是宗教实存式的艺术创造论，田边的是宗教实存式的救济实践论。空不仅在看待世界的方法上提供了一种可能性，它还开辟了创造世界、活出世界的另一种当代可能性。"[4] 赵熠玮《西田哲学中的阳明心学影响考释——以〈善的研究〉为中心》一文将阳明心学与西田哲学置于同一框架下进行比对，认为"行为与知行合一""统一一力与道""纯粹经验与实在""道德伦理的形而上"四个核心概念与阳明学有着紧密的逻辑关系。[5]

茶道研究也是日本哲学中颇受关注的研究领域，2022年《农业考古》刊出四篇有关日本茶道研究的代表性论文。张建立《日本茶道专属饮茶空间的形成与演变》一文指出，日本茶道有别于其他茶文化的主要特色之一即在于专属饮茶空间的确立，日本茶道之空间"境因器变"，而中国茶道则是"器随境转"。[6] 顾雯、马莉《日本镰仓时期的茶禅传播——以镰仓圆觉寺为例》一文以日本镰仓时代创建的圆觉兴圣禅寺为例，作者考证出圆觉寺从开山到第十世，出身于中国的住持有6位，占比60%，初期百年中来自中国的住持仍超30%。作者通过考察圆觉寺现存禅寺什物目录以及历代住持语录，论证出了赴日中国禅僧在移植茶禅文化中的意义。[7] 杨海潮《圆悟克勤的禅法与日本茶道的关联》一文通过比较圆悟克勤的三件传世墨迹与古籍所录文字的异同，指出目前所见资料与研究都不支持圆悟克勤本人与日本的"茶禅一味"思想之间有直接关联。[8] 冯璐《关于日本近代茶道精神的哲学思考》一文指出，"日本近代茶道在精神内涵方面的变化主要体现在：一是将茶道作为以非二元为特质的东方'文

---

[1] 王青：《关于西田哲学中的"东洋文化"——以〈善的研究〉为中心》，《世界哲学》2022年第1期。
[2] 王齐：《世界哲学图景中的〈善的研究〉》，《世界哲学》2022年第1期。
[3] 王向远：《西田哲学的东西方文化观及日本文化论》，《日语学习与研究》2022年第3期。
[4] 廖钦彬：《西谷启治的虚无主义论及海德格尔批判》，《哲学分析》2022年第1期。
[5] 赵熠玮：《西田哲学中的阳明心学影响考释——以〈善的研究〉为中心》，《南京理工大学学报（社会科学版）》2022年第5期。
[6] 张建立：《日本茶道专属饮茶空间的形成与演变》，《农业考古》2022年第5期。
[7] 顾雯、马莉：《日本镰仓时期的茶禅传播——以镰仓圆觉寺为例》，《农业考古》2022年第5期。
[8] 杨海潮：《圆悟克勤的禅法与日本茶道的关联》，《农业考古》2022年第5期。

化'向欧美国家进行宣传；二是强调茶道中蕴含儒教的人伦思想，因而具有道德教化的功用。"①

2022年的日本宗教研究主要涉及马克思主义者的宗教观、日本宗教机构、日本佛教以及日本神道教等。段世磊《从"马克思主义与宗教论争"到"日本战斗无神论者同盟"——日本马克思主义者的宗教观》一文指出，日本共产党的反宗教斗争经历了1930年前后的"马克思主义与宗教论争"与1933年的"日本战斗无神论者同盟"两个阶段，"最后发展成以川内唯彦和永田广志为中心的苏联式反宗教运动。"② 罗敏《利用、防范、妥协：占领期盟军对日本宗教行政机构改革》一文详细考察了二战以后盟军最高司令官总司令部（GHQ）对日本宗教进行的行政机构改革，作者指出初期盟总对文部省总务科主要采取了利用与防范相结合的政策，在废除与保留总务科之间摇摆不定，占领后期则做出妥协，使文部省总务科最终得以保留。③ 马勤勤《〈女狱花〉与近代日本佛教东来》一文主要以1904年问世的《女狱花》为考察对象，作者认为其作者"王妙如的女权思想源自佛教'众生平等、无二差别'的平等观，在实践层面秉持大乘佛教的'菩萨道'精神，同时融入日本佛教传统中的救国理念与兴学特色。"④ 殷晨曦《战后日本"神道教"的演变与国民信仰的变化》一文主要通过分析战后日本政府对神道教的政策、战后"神道活动"与"国家"之关联以及战后日本国民的神道信仰变化，直观地呈现出了神道教基本的政治走向。⑤

四、东亚中的日本政治思想研究

自丸山真男开创"日本政治思想史"以来，"丸山学"的研究范式一直占据着日本思想史研究的主流，2022年的日本政治思想研究中丸山真男依旧是学界的热点问题。《外国问题研究》在2022年第1期设立"丸山真男思想研究"专栏，刊出了韩东育、王明兵、董灏智三位专家学者的论文。韩东育《丸山真男对日本"超国家主义"的学理解构》一文指出，"丸山真男被誉为'战后宪章'的《超国家主义的逻辑与心理》，从学理层面上拆解了'超国家主义'的反近代属性，同时也为日本的宪政重建，赋予了近代性原理上的学理前提。这意味着，战后日本所面临的最根本任务，与其为新旧宪法的更迭问题，不如说是近代的重启问题。"⑥ 王明兵《"丸山模式"的东亚回响——有关朴忠锡、韩东育的相关研究》一文认为，"受业于丸山真男的韩国学者朴忠锡借其师丸山的理论和方法在对韩国思想史的研究中进行了较为系统的拟写和尝试，但不仅未能摆脱理论先行、民族主义等问题，还自陷于韩国殖民史观及其话语体系中。新近，韩东育在对丸山真男的系列研究中，入乎其内而又出乎其外，所采用的

---

① 冯璐：《关于日本近代茶道精神的哲学思考》，《农业考古》2022年第5期。
② 段世磊：《从"马克思主义与宗教论争"到"日本战斗无神论者同盟"——日本马克思主义者的宗教观》，《科学与无神论》2022年第4期。
③ 罗敏：《利用、防范、妥协：占领期盟军对日本宗教行政机构改革》，《世界历史》2022年第1期。
④ 马勤勤：《〈女狱花〉与近代日本佛教东来》，《复旦学报（社会科学版）》2022年第3期。
⑤ 殷晨曦：《战后日本"神道教"的演变与国民信仰的变化》，《日本问题研究》2022年第3期。
⑥ 韩东育：《丸山真男对日本"超国家主义"的学理解构》，《外国问题研究》2022年第1期。

历史实证主义手法和'东亚'视野,或可为'丸山学'及东亚研究开拓出一个新的境域。"①董灏智《日本近代学者解读"江户古学派"的日本优越论取向——以井上哲次郎与丸山真男为中心》一文在第二节回顾日本儒学时曾提及,再就丸山真男研究的角度而言,作者认为虽然井上和丸山对"古学派"的解读中都蕴含了"日本优越论"的价值取向,但是丸山并不赞同井上的"国民道德论",而以"中国停滞论"作为研究的前提。作者强调,"无论刻意夸大江户日本自身的优越性,还是太过强调中国朱子学对江户思想的影响,对古学派的研究都会走入极端。"②

许纪霖《"我是大正之子":丸山真男的思想史研究》一文指出,丸山对于中国思想界来说依然是一个陌生的存在,作者将丸山的经历和主要思想进行了串联:丸山将自己定位为"大正之子",大正时代自由的空气是丸山思想的底色。高中时期被捕的经历则让他感受到国家权力的暴虐,促使他思考与之抵抗的最有效方式,即"人的内在主体性的确立"。战时日本法西斯主义,是一个"无责任体系",其中的每个人都丧失了自我的主体性,才会成为国家主义的附庸。丸山的"古层"是一个相对主义的存在,并不内含任何绝对的价值,类似民族精神的深层结构,可以容纳各种互相冲突的思想观念。作为外来思想的儒教、佛教、道教乃至欧洲思想,都层级地堆在日本的历史之中,正犹如地质学上的分层结构。作者认为丸山学术上最大的贡献,是政治思想史研究领域独特的方法论,他将思想史分为教义史、观念史以及对时代精神或时代思潮的整体而历史的把握,将学者分为"体系建设型"和"问题发现型"两种。丸山最欣赏的日本思想家是福泽谕吉,他解读下的福泽谕吉有着"数理学的实验方法"、"状况性思考"和"强韧的独立精神",这也是丸山自身的写照。作者将丸山定位为一个具有世界价值的"普世"思想家。③

田庆立《丸山真男的民主主义观探析》一文指出,丸山真男民主主义思想蕴含的实践价值并未引起研究者们的足够重视。作者认为,丸山执着思考的课题是战后日本民主主义体制的本质,为此丸山提出了"自下而上"的主体建构,这反映出丸山所追求的民主权利从精英阶层向市民阶层释放。丸山主张战后日本必须进行精神改革,因此他将具有"主体性"的民智启蒙作为毕生志向,以塑造自主自信、自尊自立和自强不息的新型市民为己任。相比"自然""是",丸山更强调"作为""做",丸山在20世纪60年代的反安保斗争期间,走上街头发表演讲,号召群众参与请愿示威,虽然最终失败,但其中蕴含着强烈的"行动主义"取向。丸山对马克思主义抱有强烈共鸣,"永久革命"的民主主义是丸山民主主义的核心纲领,并提出"理念、运动与制度三位一体"的民主主义理解方式。作者认为丸山从理念到实践乃至目标的完整链条体现出"革命性"、"实践性"和"永恒性"的本质特征。④

孙歌《从"民众"到"人民"——丸山真男论三民主义》一文探讨了1946年丸山演讲

---

① 王明兵:《"丸山模式"的东亚回响——有关朴忠锡、韩东育的相关研究》,《外国问题研究》2022年第1期。
② 董灏智:《日本近代学者解读"江户古学派"的日本优越论取向——以井上哲次郎与丸山真男为中心》,《外国问题研究》2022年第1期。
③ 许纪霖:《"我是大正之子":丸山真男的思想史研究》,《读书》2022年第6期。
④ 田庆立:《丸山真男的民主主义观探析》,《南开学报(哲学社会科学版)》2022年第1期。

的《孙文的政治教育》，作者指出重新阐释三民主义的一条重要线索，即塑造民众成长为革命与建国过程中的政治性力量。丸山提出要"内在地理解孙文"，即主张把握孙文的问题意识而不是他在写什么或者说什么，是要看他用什么样的问题意识来面对现实。丸山认为打破"前近代"的连续性是日本现代思维的起点，而孙文却认为这种连续性思维是中国社会现代化的强大能量。丸山认为孙文对传统的态度是策略性的其中孕育着遮蔽革命性的危险性，而这也体现出丸山与孙文在对待传统问题上的差异。①

唐永亮《试析丸山真男的思想史研究方法论》一文通过对丸山关于思想史研究方法的相关论述进行梳理，指出丸山将思想史研究对象分为"感性经验""理论学说""主义""时代精神"四个要素，以及"教义史""观念的历史""范畴的历史"三种类型，并提出了分析思想史研究对象的两个不同维度，即逻辑性研究方法和功能性研究方法。作者认为，丸山的"思想史研究方法论具有内在逻辑性和合理性，其所提出的研究方法要么立足于对思想史研究对象、思想意义的深入分析，要么基于文化接触论视野下对日本思想史的宏观把握，既体现了学理化讨论的严肃性，也有落脚于日本思想史研究的民族主义情怀"。②

《日本书纪》的研究也是2022年日本思想史研究的热点之一。2022年《日本文论》第1辑刊出专题"《日本书纪》研究"，代表了中国学界《日本书纪》的前沿研究成果。刘晓峰《导读：〈日本书纪〉与东亚古典学》一文指出，公元720年的《日本书纪》既是日本最早的官修正史，也是日本古典学最核心的著作，"如果将日本古代文化传统视为一个连续的知识整体，那么《日本书纪》这类著作在多个层面上都构成某种共识性的知识。"③ 刘晨《〈日本书纪〉的双重性格与后世解读：以林罗山为中心》一文指出，《日本书纪》不仅具有"六国史"之首的"史书"性格，而且文本内容中的神话传说以及对政治文化的运用还造就了其"神书"性格。作者认为中世以降，其"史书"性格衰落而"神书"性格愈加凸显，而近世林罗山对《日本书纪》双重性格的明确认识，尤其是基于史学立场的解读，推动了其"史书"性格的回归。④ 龚卉《〈日本书纪〉"神代"卷的世界结构刍议》一文指出，《日本书纪》在文本上的一大特点是在"本文"之外有数量众多的"一书曰"，二者之间有补充、扩展、相异三种关系类型，"神代"卷的世界结构具有三个特点：第一是相较于《古事记》明确的高天原、苇原中国、黄泉国三部分的垂直型世界结构，《日本书纪》的世界结构更为模糊和多变；第二是《日本书纪》中的世界结构以神世七代为分界，可明确分为两个阶段；第三是《日本书纪》引用了不少中国古代典籍的记载，但整体上仍然具有鲜明的日本特点。⑤ 李健《〈日本书纪·

---

① 孙歌：《从"民众"到"人民"——丸山真男论三民主义》，蔡钰淩译，《文化纵横》2022年第5期。
② 唐永亮：《试析丸山真男的思想史研究方法论》，载赵世瑜主编《北大史学》2022年第1辑，社会科学文献出版社2022年版。
③ 刘晓峰：《导读：〈日本书纪〉与东亚古典学》，载杨伯江主编《日本文论》2022年第1辑，社会科学文献出版社2022年版。
④ 刘晨：《〈日本书纪〉的双重性格与后世解读：以林罗山为中心》，载杨伯江主编《日本文论》2022年第1辑，社会科学文献出版社2022年版。
⑤ 龚卉：《〈日本书纪〉"神代"卷的世界结构刍议》，载杨伯江主编《日本文论》2022年第1辑，社会科学文献出版社2022年版。

神代上〉第五段"一书曰"第七的断句与神谱》一文指出"《假名日本纪》的断句方式割裂了神谱的连续性,致使经津主神的神谱模糊不清,因而也使得《日本书纪·神代上》第五段'一书曰'第七失去了其存在的价值和意义。因此,《假名日本纪》的断句方式并不可取。"[1]

近代以来,日本思想界各种思潮纷起,呈现出"百鬼夜行"的状态,学者往往难理其要。2022年的文章中,出现了尝试对近代日本思想进行结构性分析的论文,主要代表有许晓光《17—19世纪日本的皇权主义思想》、王向远《日本"东洋学"的三种理论及其实质》、张士杰《日本汉学家"他者化"中国的路向与逻辑——以津田左右吉、内藤湖南、服部宇之吉为例》等。

许晓光《17—19世纪日本的皇权主义思想》一文主要考察的问题是,日本中世至近世长期被忽略的天皇在明治前后是如何被捧上至尊地位甚至居于近代"国体"的中心位置的。作者指出,8世纪编纂的"记纪神话"是日本神化皇权的最初来源;中世以来天皇权力衰落,《神皇正统记》是为数不多的通过宣扬"天神肇国"和"天皇神圣"呼唤皇权回归的著作;随着朱子学传入日本,以崎门学派为代表的日本朱子学家和国学家受"大义名分"思想的影响,宣扬一种违背史实的非理性的皇权主义思想;至幕末,面临内忧外患的复杂局势,以水户学为代表的日本思想界举起"皇权主义"的大旗,使天皇成为"尊王攘夷"运动的精神领袖,明治前夕还出现了"尊皇扩张"的政治主张;明治维新后,皇权主义思想被推向极致,成为日本对外侵略扩张的精神动力。[2]

王向远《日本"东洋学"的三种理论及其实质》一文指出,日本"东洋学"可以概括为三种主要的理论形态:"内藤湖南从文化学层面提出'文化中心移动论',认为近代东洋的文化中心已从历史上的中国移动到了日本;久米邦武等人强调日本属于亚洲民族,从民族学层面提出了日本民族的'南种—北种'来源论及'混合民族论',并由鸟居龙藏、江上波夫等东洋学家进一步发挥论证;津田左右吉不赞同上述两种理论的'东洋'立场,他从日本特殊论出发提出'国民思想论',并从'国民思想'的层面论证日本的独特性。'东洋学'的这三种理论相辅相成、相反相成,从不同侧面反映了日本'东洋学'的特点与实质。"[3]

张士杰《日本汉学家"他者化"中国的路向与逻辑——以津田左右吉、内藤湖南、服部宇之吉为例》一文指出,近代日本汉学家通过剥离、继承、取代三种路向对中国进行"他者化",以达到日本民族文化自我确证的目的。作者举出了三个代表性案例:"津田左右吉在日本文化构成意义上剥离中国因素,以发现自我;内藤湖南在文化中心意义上宣示日本对中国的兴替式继承,以确认自我;服部宇之吉在孔子教之文化主体性意义上以日本取代中国,以强化自我。此三种路向殊途而同归,其内在逻辑是在本土学术文化框架内,以研究中国为方法,介入日本本位的近代文化构建。"[4]

2022年《北大史学》"东亚思想与文化史专号"上也刊出了关于日本近代思想的四篇佳

---

[1] 李健:《〈日本书纪·神代上〉第五段"一书曰"第七的断句与神谱》,载杨伯江主编《日本文论》2022年第1辑,社会科学文献出版社2022年版。

[2] 许晓光:《17—19世纪日本的皇权主义思想》,《历史研究》2022年第1期。

[3] 王向远:《日本"东洋学"的三种理论及其实质》,《国际汉学》2022年第3期。

[4] 张士杰:《日本汉学家"他者化"中国的路向与逻辑——以津田左右吉、内藤湖南、服部宇之吉为例》,《孔子研究》2022年第5期。

作，主要有吴光辉《自中国考察到日本的"天职"——试析内藤湖南的日本文化论》、王超《历史囚徒的困境——和辻哲郎的天皇制伦理学探析》、罗敏《解构与重建：柳田国男"固有信仰说"解析》、顾菱洁《帝国日本语境中的"东亚"》等。

五、日本学界相关研究概述

日本思想史学会一直是日本学界日本思想史研究的重镇，2022年其会刊《日本思想史学》主要刊发了2021年度大会的特辑，主题为"进化·宗教·国家"，登载了クリントン·ゴグール《近代日本的进化论与宗教》、田中友香理《明治国家与"优胜劣败"的思想——以加藤弘之的国家与宗教为中心》、李セボン《明治日本的儒学与进化论——以中村正直的"天论"为中心》三篇论文。河野有理在特集的"导言"中对日本进化论的研究史提出批判，指出先行研究在很长时间一直将"进化"视为反面角色，以为进化论即代表了驱逐启蒙思想、天赋人权而导向弱肉强食的"帝国日本"思维模式，而刊登的三篇论文则从不同的维度展现出对先行研究的超越。[1]

クリントン·ゴグール《近代日本的进化论与宗教》是对其2017年出版的英文专著 *Darwin, Dharma, and the Divine: Evolutionary Theory and Religion in Modern Japan*（University of Hawai'i Press 2017）的概括性介绍，作者通过实证表明，近代佛教虽然一直持续对抗当时的基督教，但是也有"拥抱"进化论的尝试，从而超越了宗教＝反进化论这种简单的二元对立模式。作者还指出，日本进化思想的显著特征不在于将生物学上的优胜劣汰运用到社会学之中，反而在于将社会和政治的理念传达到自然中去，日本的思想家并不关心人是否出自动物，他们关心的是由进化论而关联到的形而上学、伦理学以及社会政治的问题。[2]

田中友香理《明治国家与"优胜劣败"的思想——以加藤弘之的国家与宗教为中心》一文以加藤弘之为中心论述了明治国家与社会进化论之间的关系。作者指出，明治宪法制定以前加藤的国家思想是以"优胜劣败"为内核的"万物法"为基础的，理想的政体是渐进式的立宪政体。然而宪法明确规定了天皇主权，统治的正统性在于"神敕"，受其影响，加藤倡导"日本人种"与"无穷皇统"应该被排除在"优胜劣败"的规定之外并作为"万古不朽之国粹"永久保存。甲午中日战争后，作为抑制"优胜劣败"的工具，加藤设定了"道德法律"与"宗教"。作者认为以上过程是以"物理的学科"为根据摸索明治国家说明原理的努力结果，加藤到最后并没有让立宪政体的理想从属于天皇的"神"性，由此他以社会进化论为基础的国家思想中就暗藏着否定明治中期到大正初期国体论根基的可能性。[3]

李セボン《明治日本的儒学与进化论——以中村正直的"天论"为中心》探讨了一个颇有深意的现象：作为与福泽谕吉并立的明治知识分子中村正直，在其思想中竟然几乎看不到进化论的影子。作者认为，中村的"天"的思想来自儒学，并且推论出，在接受进化论之前，虽然只是暂时的，但是存在着像中村一样以儒学之"天"为轴，来思考实现"文明开化"这

---

[1] 河野有理「進化・宗教・国家」、『日本思想史学』2022年第54号、1頁。
[2] クリントン・ゴグール「近代日本の進化論と宗教」、『日本思想史学』2022年第54号、3—11頁。
[3] 田中友香理「明治国家と『優勝劣敗』の思想—加藤弘之における国家と宗教をめぐって—」、『日本思想史学』2022年第54号、12—18頁。

一来自西洋问题的时代。①

除了这三篇主题论文,《日本思想史学》还刊发了与丰田天功、吉田松阴、平田笃胤、三上参次、丸山真男以及安丸良夫等相关的论文。②

除了《日本思想史》,日本东北大学的《日本思想史研究》③ 所刊论文也在一定程度上代表了日本学界有关日本思想史研究的最新成果,发表论文纵贯日本中世、近世以及近代。主要有丁济帙《道元禅师与高丽僧:关于道元禅师在庆元府会见的两个高丽僧》、蒋娜《中世人与怪异——围绕应永外寇的怪异消息》、ハンデンシ《中世后期三教一致论的一侧面——以清原宣贤的〈大学听尘〉为中心》、增田友哉《本居宣长之国心的成立——从普遍心性的发现到自国特殊心性的确立》、范帅帅《明治时代铃木大拙的思想与信仰的交错》、蓬田优人《襄田胸喜的"学术革命""学术维新"论——大学批判及其逻辑》等。

由日本哲学会主编的《哲学》杂志,发表了专题为"事实与虚构"的论文,主要有伊势田哲治《作为议论的虚构》、龟井大辅《德里达和虚构性的问题:历史、证言、谎言》、关谷直也《沟通"虚实"的"传闻""流言""风评"》。除此之外,为纪念《论考》一百年,还发表了"逻辑与伦理——以《论考》100 年为契机"的专题,刊发了板桥勇仁《维特根斯坦和叔本华——以无底意志的伦理为中心》、野村恭史《"逻辑是超越论的"(〈论考〉六·十三)——泛逻辑主义者维特根斯坦》、古田彻也《意志、幸福、神秘——以前期维特根斯坦的"伦理性之物"为中心》。除此之外,2022 年《哲学》发表论文的主题主要围绕柏拉图、尼采、黑格尔、斯宾诺莎、海德格尔、笛卡尔、康德等传统西方哲学人物思想展开,也有一篇论文讨论日本哲学家田边元的"种的逻辑"④。

继 2019 年出版了 *Tetsugaku Companion to Ogyū Sorai*⑤ 之后,Springer 出版社在 2022 年推出了 *Tetsugaku Companion to Nishida Kitarō*⑥,作为 *Tetsugaku Companions to Japanese Philosophy* 系列的第四册出版,该书会集了目前活跃在一线的全球西田哲学研究顶尖名家,代表了西田哲学研究的最新成果,对于西田哲学走向世界无疑是极为重要的研究成果。此书系统阐释了西田几多郎的诸多关键概念(Key Terms),包括"纯粹经验""绝对自由的意志""场所""行的直觉"等,通过对这些关键概念的考察来定位西田哲学在哲学史以及当代世界的意义。

---

① 李セボン「明治日本における儒学と進化論―中村正直の『天』論を中心に―」、『日本思想史学』2022 年第 54 号、19—26 頁。

② 代表论文有:廖嘉祈「『除奸』と『殉難』の間―江戸学者・豊田天功と吉田松陰における楊継盛受容―」、増田友哉「平田篤胤の語る大和魂―理想的心性における雅と武の統合―」、前田勉「平田篤胤における『陰徳』観念」、大川真「一八四八年改正オランダ王国憲法と日本の皇統論」、池田智文「三上参次の歴史認識―江戸時代史論・明治時代史論を中心に―」、平石知久「六〇年安保をめぐる丸山真男と安丸良夫の交錯―民衆の主体性と組織化に注目して―」。

③ 東北大学『日本思想史研究』2022 年第五十四号。

④ カクミンソク「田辺元の『種の論理』における帝国日本の民族的自己認識」、『哲学』2022 年 73 号、194—209 頁。

⑤ W. J. Boot, Takayama Daiki eds., *Tetsugaku Companion to Ogyū Sorai*, Switzerland: Springer, 2019.

⑥ Matsumaru Hisao, Arisaka Yoko, Lucy Christine Schultz eds., *Tetsugaku Companion to Nishida Kitarō*, Switzerland: Springer, 2022.

具体而言，该书分为两个部分，第一部分共有七章，每章处理一个关键概念。第一章中岛优太分析了"纯粹经验"的概念，他认为这一概念是西田后期哲学中更为精致的思维方式的基础，而这种发展起源于西田思想中"意识"的自我发展结构。第二章板桥勇仁考察了"绝对自由意志"，他将西田的"绝对自由的意志"概念的意义和功能相结合，以阐明其与赫尔曼·科恩和亚瑟·叔本华哲学中"绝对意志"（Absolute Will）的关联。第三章冈田胜明通过比较西田和费希特、海德格尔的"自我意识"后指出西田的"自我意识"具有如下特点。当世界变得有自我意识时，我们的自我也就有了自我意识。当我们的自我变得有自我意识时，世界也就有了自我意识。每个自我意识都是世界的一个焦点。第四章秋富克哉考察了"场所"概念的发展，梳理了从"纯粹体验"到"绝对意志"的"转变路径"，再从"自我意识"到"场所"的过程，并强调了"场所的逻辑"在西田思想中后期的重要作用。第五章美浓部仁考察了西田哲学中历史的"普遍"和"辩证法"的意义，他指出人类的经验不应该用客观化的事物来解释，也不应该用"主观化"的思想来解释。相反，它应该用我们所生活的世界来解释。第六章岭秀树指出"行的直观"概念使得西田的辩证普遍回到了"直接"经验。第七章嘉指信雄阐述了西田的"历史的实在世界"概念，他认为这与西田的理解方式相悖，并试图从批判的角度在当代语境中重新解释它。在第二部分，大桥良介、John C. Maraldo、张政远、Gereon Kopf、松丸寿雄、小林信之、有坂阳子、林永强等讨论了"西田哲学的意义和定位"，他们将西田的思想与宗教、科学、艺术等其他重要领域广泛地联系起来，并由此体现出西田思想在当前和未来的相关性。

2022年中国翻译出版了不少重量级的日本思想史佳著。生活·读书·新知三联书店计划出版"20世纪日本思想"译丛系列，其中丸山真男《日本政治思想史研究》（修订译本）和《日本的思想》被选入丛书系列得以修订再版和完整全译。前者既是丸山的成名之作也是最广为人知的著作，时至今日仍旧是日本思想史研究者必须正视的经典。不过，正如丸山所言，"本书的研究对象大致覆盖了德川时代的整个时期。但是，它绝非所谓网罗式的近世政治思想乃至政治学说的通史。实际上，本书三章中的无论哪一章，本质上都是问题史。"[①] 相较于细部分析，丸山的问题意识更值得不断重新审视和反复咀嚼。对于后者的写作意图，丸山清晰地交代："尝试整体性地把握与我们的现在直接相关的日本帝国的思想史的构造。我们实实在在地面对着的各种问题——知识人和大众、代际变迁、思想的'和平共存'、传统与现代、日本共产主义者的立场转变、组织与个人、叛逆或抵抗的形态、责任意识、社会科学的思维方式与文学的思维方式等——都曾在日本帝国之中发酵，并被其决定了发展的轨迹。我想揭示这一发展过程，以及这些问题的'传统的'结构关系。"[②]

末木文美士《日本思想史》由北京大学出版社翻译出版，"本书基于这样一个预设——那些思想绝非毫无秩序的凌乱存在，而是具有脉络的整体结构——尝试进行一种全景式的素

---

① ［日］丸山真男：《日本政治思想史研究》（修订译本），王中江译，生活·读书·新知三联书店2022年版，第308页。

② ［日］丸山真男：《日本的思想》（岩波全本），唐利国等译，生活·读书·新知三联书店2022年版，第200页。

描。"① 末木以王权和神佛作为日本思想史中相互对抗的两极，并将日本思想史区分为"大传统""中传统""小传统"三个时代。明治维新之前为"大传统"，王权代表着世俗的世界秩序，神佛则象征着超越世俗的"冥"或"幽"的秩序，双方的关系为既抗衡又互补。明治维新以后至第二次世界大战日本战败为"中传统"，此时大传统的两极结构转变为以天皇为顶点的一元结构。日本战败后"中传统"瓦解，代表皇权的天皇仅具有象征意义，神佛等宗教因素不再被考虑。

除了整体俯瞰日本思想史的研究译作，分期研究的重要译著也值得关注。江苏人民出版社翻译出版了美国学者罗纳德·托比（Ronald P. Toby）的《亚洲世界中的德川幕府》，该书著者从20世纪70年代起就聚焦"锁国"提出了重审日本近世的主张，"总体上，本书的论点是，日本的对外关系，尤其是与亚洲的关系，对于德川幕府的构建来说很重要。就整个德川时代而言也是一样，日本和亚洲密不可分。单单出于历史编纂的便利而认为日本'锁国'，从而将亚洲部分剔除出1640年之后的日本历史是不可以的。因为日本并未对亚洲封闭，更没有对欧洲完全封闭。"② 著者通过翔实的文献论证了近世日本并非消极的"锁国"，德川幕府推行的对外政策在确立起自身统治合法性的基础之上，也有效保障了日本的国家安全，并在观念上支撑起了"海禁兼日本型华夷秩序"。

继以丸山真男为代表的"第一世代"史家之后，作为典型的"第二世代"史家，鹿野政直出生于1931年战争前夜，并成长为日本近代思想史研究的代表学者之一，2022年民主与建设出版社出版了鹿野政直的《日本近代思想史》，此书延续了鹿野思想史研究重视民众意识的一贯风格，"将意识理解为思想发酵的要素""所有的作品都洋溢着思想性"③。相较于体系性分析，鹿野的思想史叙述因其"向下"的视角而更显丰富多彩，而贯穿其中的主线即是国与家、东与西。

近年来跨学科、跨领域开展综合研究成为人文科学发展的重要趋势，就此而言，小岛毅主持的特定领域项目研究"东亚的海域交流和日本传统文化的形成：以宁波为焦点的跨学科创生"（「東アジアの海域交流と日本伝統文化の形成：寧波を焦点とする学際の創生」）引起了广泛关注。2022年民主与建设出版社翻译出版的《从海洋看历史：东亚海域交流300年》即是该项目的重要研究成果之一。该书从海洋的视角出发描述东亚史，为凸显海域的历史特质，选取了三个"百年"，即1250—1350年、1500—1600年与1700—1800年，分别对应于开拓海疆、相互争夺与分栖共存三个时代。书中描绘的海洋以黄海和东海为中心，北至鄂霍次克海、南至南海的欧亚大陆东边海域，素描了包括基于海洋而产生的人员交流、港口与海洋贸易、技术、信仰、文化的传播等在内的全景图，打破了将陆地视为历史描述重点的传统思维，可以说为思想史的研究开辟出了新航路。④

---

① ［日］末木文美士：《日本思想史》，王颂、杜敬婷译，北京大学出版社2022年版，第23页。
② ［美］罗纳德·托比：《亚洲世界中的德川幕府》，柳一菲译，江苏人民出版社2022年版，第5—6页。
③ ［日］鹿野政直：《日本近代思想史》，周晓霞译，民主与建设出版社2022年版，第iii页。
④ ［日］羽田正编、小岛毅监修：《从海洋看历史：东亚海域交流300年》，张雅婷译，民主与建设出版社2022年版。

六、结语

　　以上，该文主要概述了2022年国内外有关日本哲学与思想研究的基本情况。从国内论文发表的情况来看，有关日本共产党以及《资本论》的研究是日本马克思主义思想研究的热点，有关井上哲次郎的研究则成为2022年日本儒学研究中的亮点。京都学派、丸山真男的研究依旧是日本哲学和日本政治思想研究的重点，其中《日本书纪》的研究可谓是2022年新的学术增长点。再就日本学界的研究而言，跨学科、跨领域的研究课题，尤其是全球范围内学者专家的共同研究，确实拓展了日本思想史研究的广度和深度，值得我们借鉴和学习。

（责任编辑：田正）

年度优秀论文

中日关系 50 年发展演变与未来走势

——兼论日本战略因素及其规定性作用

杨伯江[*]

以 1874 年日本入侵中国台湾为起点,中日关系走过了侵略与反侵略以及东西方冷战背景下隔绝与对立的百年历史,1972 年 9 月邦交正常化掀开了历史新篇章。此后 50 年,中日关系走过了恢复"正常"与合作发展(1972—1992 年)、合作升级与"政冷经热"(1992—2010 年)、矛盾扩散与战略竞争(2010 年至今)三个阶段。中日关系历尽坎坷、曲折前行,但中日合作为各自国家发展与国民福祉带来巨大利益,也为地区、世界和平与稳定作出了重大贡献。50 年来,中日关系从力量对比到互动模式都发生了巨大变化,其演变发展是多重因素综合交叉作用的结果。其中,日本的国家战略特别是对外战略、安全战略对中日关系的演变起到重要的规定性作用。在战后 70 多年的历史流变中,日本追求"大国化"的战略基因贯穿始终,经历了从"经济中心"导向到"政治大国"化目标导向的重要蜕变。伴随日本"政治大国"化目标的确立、内涵的发展、路径的更新,日本战略因素对中日关系的这种规定性作用越来越直接、越来越明显,二者的演变发展呈现出高度同步性。

一、中日邦交正常化开辟了两国关系新纪元,也为亚洲及世界的和平与发展作出了重要贡献

1972 年邦交正常化确立了现代中日关系的起点,两国关系进入 20 年的恢复"正常"与合作发展期,为两国创造了和平发展的战略机遇。中国实行改革开放、两国缔结《中日和平友好条约》,为中日各领域合作提供了新动能。日本对华提供政府开发援助(ODA),一定程度上解决了当时中国在一些领域建设资金方面的燃眉之急。中日合作还为中国改革开放和现代化建设积累了宝贵经验。日本在经济高速增长后面临市场消化力不足的问题,中日邦交正常化为日本打开了巨大的海外市场。现实利益的纽带将两国紧紧联系在一起,维护了中日和平合作的主基调与大方向。

中日邦交正常化大幅改善了亚洲地缘安全环境,维护了地区总体和平与长期稳定。中日通过邦交正常化给当时世界范围内的东西方冷战打开了一个缺口,有力维护了亚洲和平。加之此后中美建交,亚太地区形成了"美苏+"的"两个半"力量格局基础上的战略均势,这为亚洲的发展和崛起创造了条件。中日这两个不同社会制度的相邻大国和平共处、互利合作,其战略意义远远超出双边关系本身,构成"亚洲崛起"的重要组成部分,为推动东方文明的复兴、促进世界多极化发展作出了重大贡献。与中美建交、日苏建交以及日韩建交等相比,中日邦交正常化采取了特殊的处理和安排。一是综合性政治解决,而非单纯法律解决;二是

---

[*] 杨伯江,中国社会科学院日本研究所研究员。

分两步走，先由两国政府发表联合声明，然后签订《中日和平友好条约》并经两国立法机构批准。这些从侧面说明了当时日本国内、国际形势的高度复杂性。

中日邦交正常化是国际局势以及两国共同战略需求共同推动的结果。20世纪70年代初，美苏冷战攻守易位，中美两国为对抗苏联威胁而相互走近。至70年代末80年代初，苏联在军事战略上发起攻势，亚太局势紧张。对当时的中日关系来说，双方都面临着来自北方的现实军事压力，彼此建立和平友好的双边关系对争取一个和平稳定的周边环境极为重要。在中日邦交正常化的头20年里，日本的国家战略沿袭了以经济为中心的"吉田路线"。20世纪80年代，日本国家战略出现转型苗头，但仍处于构思阶段。加之冷战格局的严格制约，中日关系发展总体平稳，两国关系中出现的分歧和摩擦能够予以有效控制和妥善解决。1992年明仁天皇访华，中日关系的改善达到顶点。

二、中日关系维护了和平合作主基调，但进入后冷战阶段，矛盾分歧面越来越突出

冷战后，中日经济合作保持着强劲发展势头；但同时，随着苏联解体，中日关系战略基础弱化，两国矛盾分歧增多，进入合作与摩擦同步增长的"政冷经热"状态。这一时期，两国经济合作取得非凡成就，而且朝地区化、多边化方向迈进。作为对中日关系具有规定性作用的重要变量，日本国家战略在此阶段开始剧烈转型，不可避免地对中日关系构成冲击。20世纪80年代日本大国主义思潮泛起，至冷战结束，日本明确将成为"政治大国"作为新的战略目标。与此同时，随着亚洲地缘安全环境的变化，以及泡沫经济崩溃、滑入"失去通道"等一系列因素的交互影响，"悲情的民族主义"在日本兴起。从这时起，日本对外战略和政策开始走上美国学界所谓的"不情愿的现实主义"道路。

日本将"政治大国"化作为新国家战略目标，而安全领域成为战略转型的重点领域，这与冷战后日本战略精英层的形势研判直接相关。在日本战略精英层看来，在亚太地区，冷战结束并没有带来像在欧洲那样的剧烈变化，冷战结构残存，威胁认知多样，国家安全关系依然保持着多样化特征。

进入21世纪，日本对华竞争意识明显增强，并集中体现在地区多边问题上。一是围绕东亚区域合作主导权的竞争。日本认识到东亚区域金融以及经贸合作的必要性，从过去只追求世界贸易的自由化和单纯依靠WTO的政策转向谋求区域经济统合，开始积极疏通以自由贸易协定（FTA）为主轴的经贸合作渠道，参与和推动东亚经济合作。二是加强与亚太"民主国家"的战略合作。日本多届政府均致力于深化同印度、澳大利亚等"民主国家"的战略联系。安倍内阁还提出了"价值观外交"，重视民主主义的"价值"，与共享这一价值观的国家加强合作。日本学界认为，此举明显带有针对中国的意味。

三、伴随日本"政治大国"战略实施路径的多元化发展，中日关系进入战略竞争的新阶段

2010年中日钓鱼岛争端凸显后，中日关系进入了1972年邦交正常化以来的第三个阶段——矛盾多发的战略竞争期。在这一阶段，日本国力相对下降，战略从容与自信不再，国际存在感弱化，但对"政治大国"目标的追求愈加坚定。随着日本战略实施路径向包括安全军事手段在内的多元化方向发展，中日关系的政治安全性上升，结构性矛盾凸显，两国竞争呈现系统性、战略性特征。进入这一阶段，中日两国在经济合作持续发展、共同推动签署

《区域全面经济伙伴关系协定》(RCEP)的同时,在政治安全领域的矛盾开始超出双边,涉及战后体制的法理依据、国际及地区秩序的重构方向、联合国机构改革等关涉国际架构、国际规则的深层问题,"以双边格局再重构为最终结果的战略博弈由此拉开序幕"。

在日本官方对世界与周边战略安全环境的最新认知中,世界正式进入了中美竞争、国家间竞争的时代,过去以美国为首的先进民主主义国家主导世界秩序,现如今以中国为代表的新兴国家兴起,支撑国际社会和平与繁荣的普遍价值和国际秩序都面临着严峻的挑战,日本周边安全环境的严峻性和不确定性迅速增加。2012年以来,日本国家战略调整持续加速,"政治大国"化目标导向型战略的设计框架越来越清晰,系统完整性明显增强,路径选择也更加丰富多元。冷战结束30年来,日本的国家战略视角从重视经济、社会、生态等要素在内的综合视角,转变为强调外交、日美同盟特别是防卫政策以及价值观的推广、国际权力的获取。

展望未来,在自身战略自主性持续走强的背景下,日本战略因素对中日关系的演变发展将发挥越来越直接、明显的规定性作用。这既与日本战略自主性上升的趋势有关,同时也是由日本战略转型内在特点所决定的。第一,日本国家战略转型是以安全领域的突破为先导的,而政治安全领域恰恰是中日关系最薄弱、最敏感的领域。日本安全战略的外向化、进取性转型,导致中日矛盾上升、竞争对抗增多。第二,在日本新的安全战略、对外战略中,中国所占比重越来越大,其"锁定中国"的特征越来越明显。在美国,民主党拜登政府将中国定位为"唯一能持续挑战稳定开放的国际体系的竞争对手"。与此同步,2022年版日本《外交蓝皮书》也升级了"中国威胁"。第三,日本的新战略具有明显的"国际连带"特点,将增加地区国际关系的自助性质,加剧地区分裂与对抗。日本战略转型的基本要点,一是强化自身安全军事实力、国际战略行为能力;二是强化日美同盟框架下的军事体系化与战略协调性;三是强化"民主国家志同道合者联盟",构建"广域"盟伴网络。

美国前驻华大使芮效俭(J. Stapleton Roy)曾提到这样一个观点:面对中国的快速发展,"日本的民族主义绝不会允许日本在中国面前屈居第二"。从这一点看,中日关系确实又一次站在了历史性选择的十字路口。

学界评价与反响

日本国家战略特别是对外战略、安全战略对中日关系的发展演变有着重要的规定性作用,因此从日本战略因素的角度观察中日关系尤为重要。基于此,该文考察了1972年中日邦交正常化以来两国关系的演变历程,阐明了日本"政治大国"化目标确立后,日本战略因素对中日关系不断增强的规定性作用。文章发表后引起国内外学界的关注,苏杭和孙爱华《日本贸易政策的"泛安全化"及影响》(《现代日本经济》2023年第3期)、孟晓旭《日本国家安全保障战略调整评析》(《国际问题研究》2023年第2期)、国晖《日本对非政府发展援助研究——基于对华制衡视角》(《日本学刊》2022年第6期)、徐博和庞德良《中日建交50年电子信息产业合作:回顾与展望》(《现代日本经济》2022年第6期)等学术论文广泛转引文中主要观点。截至2023年10月底,该文在中国知网被下载1793次,引用7次,新华社、中国新闻网、北京日报、澎湃新闻等媒体分别通过作者专访、观点引用等形式广泛传播文中主要观点。

(该文原载于《日本学刊》2022年第4期,收入本书时做了适当修改)

日本思想史脉络中的中国

——以竹内好的中国论述为例

孙歌[*]

二战后，日本社会经历了对中国认识的大起大落。以日本与台湾当局签订"日台和约"为契机，有良知的日本人特别是那些有影响力的知识分子，纷纷发声质疑日本政府无视中国合法政府和中国人民的行径。尽管这时日本与中国断绝了外交关系，只保留了贸易往来，两个社会的交流遇到重重阻碍，但是，进步舆论对于新中国的关注却达到了史上最高点。1956年发生波兰、匈牙利事件时，中国对此事件的态度获得了日本知识界的善意解释。1958年，由于日本政府顺应台湾当局而断绝了与新中国的贸易往来，使得中日两国民间交往的渠道也被切断。此事引起日本民间的愤慨，中国政府的强硬态度得到了日本进步人士的理解。应该说，这种对中国社会的亲近感，在1960年的安保反对运动中达到了高潮。当时中国的民众也举行了支持日本民众反对安保运动的集会，两个社会的人民相互之间的连带情感，一度使得中国与日本走得很近。

但是，当1964年中国的核试验获得成功时，中日之间的隔阂开始呈现出来。作为原子弹受害国，1945年广岛、长崎民众的悲惨遭遇刚刚过去19年，原子弹受害者尚且在后遗症中挣扎，虽然美苏拥核的现实，让日本人在理性上可以理解中国不得不拥核的现实，但是在情感上，他们难以接受这一点。以此为转折，日本社会开始对其后的中国产生了疏离感，这也刚好与其后中国社会的剧烈变化相重合。可以说，从这时开始，剧烈变动的中国对日本社会来说，渐渐成为一个难解之谜。从20世纪60年代中期开始，日本社会与中国社会渐行渐远。中国社会的大起大落，即使对日本社会优秀的头脑而言，也仍然具有"谜题"的性质。

1963年6月，《世界》杂志刊登了国际政治学家坂本义和的《核时代的日中关系》。文章指出，战后日中关系面临的基本格局，是日本的战败和民主主义化、中国的内战和其后的社会主义化，两国各自完成了划时代的变革，这就给日中关系的调整这一传统课题增加了新的重压。在日本选择了片面和谈和投靠美国的安保体制之后，日本政府一直绕开与中国恢复邦交的课题，而中国的核试验则被其作为搁置恢复邦交的借口；另外，一直对抗政府、推进中日邦交正常化的革新势力也在中国核试验面前发生内部分歧。坂本在危机意识下对日本的中国观进行了整理，除了文化亲缘性与经济依存性，他还特别分析了围绕核试验产生的道德关系与政治力学关系的逆转。

坂本说："日本由于侵略了中国，在道义上显然处于劣势；同时，中国由于对侵略者显示

---

[*] 孙歌，中国社会科学院文学研究所研究员，北京第二外国语学院日语学院特聘教授。

了宽大的态度,决定性地占据了道义的优势。……在此意义上,毫不夸张地说,中国政治领导人的道义性,是日本民族良心的一个重要支柱。正因为如此,当中国的领导人迈出肯定核武装的一步时,不可能不超越单纯的政治后果,对日本民族的良心构成深刻的道义影响。"

坂本认为,支撑着战后日本民族良心的支柱,其一是无条件地对中国国民谢罪的战争责任,其二是无条件地否定核武器的精神。但是当中国开始进行核试验的时候,这两者之间有可能产生紧张关系。为了调整这种紧张,很可能会产生将中国的核试验在道德上正当化的需求。他认为这是危险的。他呼吁中国以拥有核实力但是不制造核武器的方式开辟新的外交途径,并且表明,中国革命具有的否定帝国主义、大国主义和权力政治的思想,让他心存深刻敬意,因此他期待着中国可以展开取代旧有权力外交的新的"人民外交"。这意味着期待中国不仅对于国内权力政治进行变革,也对于国际权力政治进行变革。

与坂本论文同时,竹内好发表了一系列评论,集中讨论了中日关系发生逆转的关键所在。如果说坂本的讨论代表了当时进步知识界的态度,那么竹内好的讨论则具有深刻的前瞻性。他首先指出:"最近在对大学生进行的一个关于中国印象的调查中,据说为数众多的回答是,中国是个看不清真面目的国家,是个让人不舒服的国家。当我听到这样的说法时,不禁浑身一震。这是因为,我看到了在我们历史上中国第一次将成为未知国度的征兆。"对于漠视中国的日本社会来说,即使恢复了邦交也无助于中日关系的改善。从20世纪50年代后期开始一直大声疾呼向下一代传承战争记忆的竹内好,看到了历史记忆断裂的危机。他在评论中指出,随着战争记忆的风化,一代代日本人不仅忘记了曾经侵略中国的战争责任,甚至也忘记了明治维新以来日本历史上曾经出现过的抵抗盎格鲁-撒克逊霸权的抵抗精神,变成了对美国言听计从的追随者。

在这个意义上,竹内好从中国的核试验中发现了重建历史记忆的契机。在《周作人与核试验》一文中,他痛斥了日本中国通的浅薄和奴性,呼唤着明治维新没有实现的革命性。竹内好说,在理性上,他反对包括中国在内的所有国家的核试验,但是在感情上,他却在心底悄悄喝彩。因为中国的核试验给了盎格鲁-撒克逊及其包括日本人在内的走狗们当头一棒。"历史真正是充满了悖论,而我们人也是一样。"

坂本认为中国的核试验可以通过"人民外交"的方式避免两难,与此不同,竹内好显然认为中国成为核国家是一个悖论。不仅如此,他对人的生存方式也同样持悖论性态度。正是这种基本的认识论,使得竹内好如同思想史家藤田省三所说的那样,成为提出需要自己独立思考的问题却不提供标准答案的"知识社会的一个定点"。

竹内好是战后日本思想界的一位特立独行的思想家。在20世纪60年代日本社会与中国渐行渐远时,他提出了这样一个观点:中国问题不存在于日本的外部,不能把中国视为与己无关的他者。竹内好承认,就学术客观性而言,这个说法当然有危险,不过仅就中国这个对象来说,比起尚未脱离主客未分状态的幼稚态度,那种把中国外在化所带来的损害要大得多。一直到离世为止,竹内好都把日本社会漠视中国作为最深刻的危机,他认为,这种漠视正是当年发动侵略战争的社会基础。

竹内好认为,在日本学术领域,中国不能只作为"中国研究"的对象,也不能只放在"国际关系""外交史"等领域处理,而应该成为日本研究的组成部分。这当然并不意味着研究日本的学问要讲授关于中国的知识，竹内好所希望指出的问题也并不仅仅是知识性的问题，他强调的是，中国与日本并不是相互外在的他者关系，中国社会内部发生的问题往往牵涉日本社会内在的问题。对这些"日本问题"的讨论，需要把"中国"纳入视野才能看清楚。

从20世纪60年代前期开始，中国在日本迅速地变成"未知的国度"。造成这种局面的因素有很多：日本政府对美国的屈从、大众文化的非政治性假象、中国社会发生的巨大动荡等，都使得日本人无法有效地面对中国。然而，其中最根本的原因在于，在战争时期体验了中日关系特殊状态并试图在战后改变它的一两代人，相继淡出论坛，而新生代并没有继承上一代人对战争责任的"感觉方式"，即使他们希望继续履行战争责任，在很大程度上也仅仅停留在观念层面。包括竹内好在内的、活跃于20世纪50年代的一两代人，没有来得及为"内在于日本的中国"奠定相应的学科研究基础，使日本学术的结构性机制难以把中国作为"自己的问题"。

早年竹内好第一次造访中国时就惊讶地发现，在中国生活着跟日本人同样的人。而关于这个最朴素的事实，日本的任何媒体、教科书都没有提到过。竹内好一生的思想研究工作都是从这个朴素的认知出发的，对中国是这样的，对其他国家也是这样的。

丸山在竹内好逝世之后说：有人说竹内好是民族主义者，假如只是强调他这一面，我是不赞同的。竹内好身上有一种世界主义的特质。他拥有一种日本知识分子所缺少的他者感觉，即把他者作为他者来对待，同时试图从其内部理解他者。相对根植于"内"与"外"区分的日本社会的同质性，竹内好的这种他者感觉突破了岛国内部集团式认同。

丸山指出，竹内好拥有"世界在日本的内部"这一视野，与他个人的气质固然相关，但是还有一个重要的原因，就是他一生与中国这个异质性的文化结缘，把中国作为媒介锤炼了他的他者感觉。

竹内好是如何与中国结缘的呢？秘密就在于鲁迅。在那个悖理而暴力的时代里，竹内好借助于鲁迅，回视自我，认识了中国，进而认识了日本。借助于鲁迅，竹内好挣扎在历史的漩涡之中，他依据的不是观念，不是立场，而是比这一切更为本源的也更为朴素的信念：在中国，生活着跟自己同样的人。

世界如何才能在日本内部呢？就竹内好而言，世界上所有人种都是"人类"的一部分，所以彼此之间没有无法跨越的鸿沟。为此，竹内好于1961年发表了《作为方法的亚洲》，提出了这样一个基本思路：人类在价值上是等质的，只是在不同的历史进程中形成了不同的文化形态。欧洲创造的优秀价值，因为近代以来推行世界霸权而无法上升到人类的高度，需要亚洲的"逆袭"才能被人类共享。这种逆袭，说到底就是亚洲文化反过来改变欧美文化，使其去中心化之后成为人类文化的组成部分。

竹内好提出"内在于日本的中国"，并不是把中国日本化，也不是使日本中国化，它的核心指向在于打破岛国区分自我和他者的实体性习惯，让自我与他者发生真实的关联。它意味着日本在把中国作为他者的过程中，以这个他者为媒介，真实地面对自己的问题。正是这一创造性思维，使竹内好不仅属于日本，也属于中国，属于人类。

学界评价与反响

该文是作者专著《竹内好的悖论》的一部分，2023年由生活·读书·新知三联书店出版了增补版，本文即为增补的部分内容。《竹内好的悖论》基本的问题意识在于，真正意义上的思想家有能力既深入他所处的国别文化，又跨越国别进入人类文化；越是深入国别问题的深处，就越有能力跨越国别拥有人类性。这种跨越国别的人类性并不是抽象的观念，而是在不同的历史语境中以不同的形态呈现的"人的问题"。突破实体性想象，拥有把悖论作为悖论对待的思想能力，是发现和继承人类思想问题的必要前提。

该文在《日本学刊》发表后，知网的下载量为488次。《竹内好的悖论》出版后，生活·读书·新知三联书店为该书举办了小型座谈会，超过十万人在网上同时收看了现场直播。座谈会充分肯定了该书在认识论方面的尝试，认为它给不同领域的研究提供了一定的启示。日本的岩波书店将出版《竹内好的悖论》日译本，书稿正在翻译过程中。

（该文原载于《日本学刊》2022年第1期，收入本书时做了适当修改）

中日高科技发展的比较与思考

——以半导体芯片制造技术为案例

冯昭奎[*]

自20世纪60年代中期以来,中日两国芯片制造技术和产业的发展走过了十分不同的道路。这主要由三个原因造成。第一是日本的芯片产业是在市场经济体制下发展起来的,政府虽有干预,但不是政府亲自抓芯片业;而中国虽然在改革开放14年后的1992年确立了社会主义市场经济体制的改革目标,但中国的芯片产业从20世纪60—90年代的发展都是以计划经济的手段实现的,包括引进技术和外资,都是各级政府亲自参与实施的。显然,不同的经济体制决定了不同的发展速度。在市场经济体制下,芯片业的发展速度是按照摩尔定律(芯片每18个月将更新一代)定义的,速度成为关乎企业生存的重要因素,而计划经济管理程序的速度显然跟不上摩尔定律定义的速度。

第二是工业化和引进成效的程度不同。日本是一个已经实现工业化的国家,在既有的工业化基础上,做到了对引进技术的迅速消化和进一步改善提高,迅速找到了大市场(如计算器、计算机通信等)。20世纪70—80年代日本建造一座大批量的超大规模集成电路制造工厂只需不到一年时间,迅速实现了大批量生产和低成本。而中国在当时还远未实现工业化,没有工业化的基础,即使自己研发了一种芯片或引进了一种芯片,也只能小批量生产或"试生产",以致在20世纪70年代后期,"全国共有600多家半导体生产工厂,其一年生产的集成电路总量,只等于日本一家大型工厂月产量的十分之一"。对于芯片业来说(除去军用芯片),不能迅速实现大批量和低成本的生产,不能赢得众多的最终用户,就没有什么意义,因为它是中间产品,只有赢得终端用户才能实现它自身的价值。

第三是中日企业文化不同。日本企业强调团队精神,强调员工对企业的忠诚,企业的凝聚力比较强,企业"寿命"比较长,据调查,日本企业的平均寿命是52岁,美国为24岁,而中国仅为3岁。日本的芯片企业基本上都是20世纪50年代从晶体管开始做起、接着做集成电路的"半导体老店",芯片企业及其员工的技术积累时间很长。而芯片业能够取得成功的最重要条件就是从管理者到工程师都有较长期的技术积累。正如张汝京所说:"好的半导体人才需要经历产品周期,可能需要五年、十年,因为基本开发周期两年,到市场上卖两年,再花时间观察和反馈。所以,基本上五年能够小成,十年有可能大成。"作者曾考察过许多家日本的中小电子企业,他们身怀绝技,富于团队精神,数十年如一日地刻苦钻研某项专门技术(也许会被人们认为是很小的技术),竟然在该技术产品的世界市场上占据很大份额。有统计

---

[*] 冯昭奎,中国社会科学院荣誉学部委员,日本研究所研究员。

表明，截至2015年，经营历史超过150年的企业在日本有21666家，而在中国只有5家。

长期以来，中国的芯片业依照本国国情和发展阶段，基本上走了一条在高科技领域加入国际协作的全球化潮流、加强和扩大与世界各国高科技企业的合作，以引进技术、引进外资、引进台资为主线的发展道路。中国巨大的芯片市场现在已经成了韩国三星、韩国海力士、中国台湾台积电、美国英特尔、美国格罗方德、美国万代半导体、欧洲意法公司、中国大陆互联网巨头等"百家争鸣"的舞台，外企在中国大陆设立的晶圆厂的总产能，与大陆本土厂商的总产能差不多。事实表明，欧洲、美国、中国台湾地区、韩国以及20世纪90年代日本等国的高科技企业进入中国，其带来的正面影响是多方面的，除了进入中国市场销售产品，在中国投资设厂，外资企业为了拓展市场，还会与中国客户、供应商伙伴寻求共同发展，形成芯片行业的良好"生态"。

就像中国举办奥运会，让世界各国选派优秀运动健将到中国来一展身手，有利于我们在扩大对外开放中不断学习创新半导体行业，在与外国队——外资企业同台献技、切磋技艺的过程中促使中国队——中国芯片企业变得日益强大。这种状况正是由中国芯片制造业发展的独特性所带来的结果，也是中国实行和扩大对外开放所导致的必然结果。

芯片产业是一个"超高技术（现已发展到5纳米）、超高投资（现建一座12英寸厂高达数十亿美元）、高度风险（搞不好就会亏损）、竞争激烈（跟不上就要出局）的行业"。为此，建设一座芯片厂（该文提及的晶圆厂、芯片厂、芯片生产线都是一个意思），一定要实行"精准"投资，把数以十亿计的资金投给真正有能力承担投资的可靠的技术团队，这要求从管理者到工程师，都必须是素质好、守纪律、能吃苦耐劳、有协调能力、经历过足够长的技术积累期的，而且芯片厂的每一个工序和环节都必须安排专精人才，缺一不可。在建设动辄耗费数十亿元资金的芯片厂，绝不能实施"边干边学""干中学""交学费"这种一般行业采用的培训员工的做法，因为在芯片行业这样做的成本太高了。

应设立有权威的专家委员会分秒必争地对项目申请、立项、建设乃至成果的审查、评估与监督（应吸取"908工程"审批时间过长的教训）。要严格防止一些没经验、没技术、没人才的"三无"企业加入芯片行业，防止一些地方对芯片发展的规律认识不够，盲目上项目，搞同质化竞争，低水平重复建设，甚至有个别项目建设停滞、厂房空置，造成资源浪费。要认真排查引进了昂贵却没能得到充分利用甚至不会使用的高技术设备，要大力推进"芯片廉政"，防止有人在巨额投资的强烈诱惑下以开发芯片的名义弄虚作假、侵吞钱财，以伪造成果骗取国家巨额经费。有专家指出："从1990年到2020年中国大陆建造了32座生产芯片的超级工厂，而全世界其他地区的超级工厂加起来也只有24座。"中国建立了这么多耗资巨大的"超级工厂"，却没有一家达到能生产先进芯片或高端芯片的水平。

中国既要追赶发展用于手机、笔记本电脑等拥有海量用户的高端通用芯片，建设芯片"超级工厂"，又要专注细分市场，大力发展所需投资要小得多的MCU、物联网芯片等"（目前的）专用芯片"，若干年后它们很可能转化为拥有超大市场规模的"（将来的）通用芯片"。中国还要促使芯片"需求侧"积极支持国产芯片扩散的商业化过程，进而通过大数据洞悉各种芯片的市场需求，发展多样化的芯片制造能力。要吸取日本超大规模集成电路研究组合的经验，形成政府、国家研究机构、民营企业联合开发的协同创新机制，培育产品制造企业和设备供应商之间的协作关系，共同推进制造设备的研制、工艺材料的开发、芯片制造工艺的改进等。

中国也需要一批中小企业作为"配角"生产晶体管等半导体分立器件，或者为大企业的芯片生产提供防尘服、空气过滤器、高纯气体、洁净水以及其他服务，不要形成人人争当主角的浮夸风；在环境保护方面，对每个项目必须进行严格的环境评估，半导体芯片制程中需使用各种化学物品，包括氢氟酸、腐蚀性极强的王水（浓盐酸和浓硝酸的混合物）等液体化学品及磷、砷、含放射性的硼、氯气等，要严防有害有毒化学品影响员工健康，污染周围环境和水质，依据半导体产业相关的环境标准对废气、废液、土壤等进行多重处理。20世纪70年代，东芝、日本电气、索尼、三菱电机等日本主要电子大企业陆续到日本的九州建设晶圆厂，将九州建成日本主要的集成电路生产基地，号称"硅岛"。日本电子大企业看中九州的不仅是那里的地价低（当时的日本九州属于不发达地区），自然条件优越，更注意到九州有优良的水源，这是芯片生产在自然条件方面的特殊要求。九州交通运输很便利，可以通过机场把产品运到国内外各地（芯片厂因为产品轻小，附加价值高，即使空运也很合算，也便于及时将产品送给用户）。此外，晶圆厂必须与已建或将建的铁路或地铁保持足够距离，以免因为车辆行驶引起震动影响芯片制造精度等，这些都是在晶圆厂选址方面值得注意的经验。

学界评价与反响

20世纪60年代初，日本引进美国为军事目的开发的集成电路（芯片）技术，通过市场的激烈竞争和政府的有效引导，有力推动了芯片技术的迅速发展，进而成世界上第一芯片生产大国。正是在日本芯片业发展达到鼎盛期的1984年，冯昭奎老师赴东京、九州等地考察了日本的芯片制造基地和中小企业，对迅速发展的日本芯片产业印象深刻。在号称"硅岛"的日本九州的芯片工厂进行深入考察时，冯老师认识到芯片生产的最大关键在于提高成品率，因此必须千方百计地在200多道芯片生产工序中抓住各种可能导致产生废品的负面因素。只要200多道工序中有一道出了问题，就可能使整个生产过程的努力前功尽弃。整个芯片厂从专家到工人都是人人尽责、追求做到最好。如今，芯片厂的生产规模不断扩大、技术水平和建厂成本不断提高，与20世纪80年代早已不可同日而语，然而，芯片厂必须拥有优秀的技术团队，这个道理依然适用。因为当今芯片业已发展成超高技术、超高投资、超多工艺的行业，为此一定要实行"精准"投资，把数以十亿计的资金投给真正有能力承担如此巨额投资的优秀技术团队。

众多各有所长的中小制造企业构成"日本制造金字塔"的基础。拥有众多各有所长的中小制造企业是日本制造业的一大特色，它们数十年如一日地发展看似"狭小"却不可或缺的专门技术，然后在某个具体技术产品领域占据不小的世界市场份额。这些中小制造企业以及它们组成的产业集群，正是日本制造技术实力的基础和底气所在，也是日本芯片业得以迅速赶超美国的一个重要原因。随着日本的半导体等高技术产业的迅速发展，日美贸易摩擦愈发激烈。美国通过贸易战迫使日本开放市场，让渡经济利益，从战略上遏制日本对美国的技术追赶，并利用市场武器，重点培植"对手的对手"。20世纪90年代中后期，韩国和中国台湾地区的芯片与电子产品开始大规模涌进世界市场，对日本构成全面挑战。2021年，日本在全球半导体市场的份额仅剩6%，而美国为54%，韩国为22%。

文章既全面具体地阐释了中国和日本几十年半导体芯片发展的历程，也分析了相关的一些技术内容，通俗易懂、清晰翔实。文章高屋建瓴，对发展中国集成电路芯片提出了全面系统的建议，极具指导意义，是一篇不可多得的好文章。冯老师查阅了大量文献，归纳总结评论，提出自己远见卓识的见解，年过八旬尚能有如此杰作，可喜可贺。截至2023年10月，根据中国知网统计，该文章下载量超1600次，被引用4次，学术影响力较大。

（该文原载于《日本研究》2022年第3期，收入本书时做了适当修改）

日本社会变迁及其对中日关系的影响

王伟[*]

1972年中日两国实现邦交正常化以来，日本社会发生了很大变化。从整体情况看，大致可以将20世纪80年代末90年代初作为一个时间节点来分析日本社会的变化。中日实现邦交正常化前后至20世纪80年代末，日本人社会体系平稳运行，支撑着经济平稳发展。20世纪90年代后日本社会进入新的发展阶段，战后形成的社会体系开始动摇和瓦解，处于旧的体系已经发生改变、新的体系尚待建设和完善的转型时期，这个过程会对日本的社会心理带来冲击，中日关系也会因此受到影响。

一、经济高速增长之后的日本社会稳定发展

1972年中日实现邦交正常化。从社会结构角度看，此时至1990年前后，日本社会各领域也大体维持了相对平稳的局面。

在人口方面，二战后初期，日本出现人口激增，而后进入平稳增长时期，总和生育率大致维持在更替水平以上或附近，人口规模持续壮大。由于战后出生率和死亡率的降低，日本开始了人口老龄化的历程。但在人口老龄化起始阶段，日本人口结构变化并不非常显著，日本的人口红利持续了40余年。在人口持续增长的条件下，日本人口结构相对合理，人口红利持续释放，日本经济历经战后复兴、高速发展、稳定发展直至泡沫经济，维持了较长的一个发展过程。

在家庭方面，二战后日本制定新宪法、颁布新民法，废除了专制的家长权和长子优先继承权，强调夫妻双方在婚姻、继承等问题上的平等，传统的"家"制度由此崩溃，日本家庭由直系家庭制走向夫妻家庭制。产业化的进展促进了家庭生活模式的转变，"男主外女主内"的性别家庭角色分工模式逐渐形成，父母与两个未婚子女构成的核心家庭成为战后日本的"标准家庭"，也成为日本制定家庭政策的基础。有车有房、家庭收入持续增加、生活富裕的四口之家作为"理想家庭"，成为大众追崇的目标，被称为"家庭的战后体制"或者说"战后家庭模式"。

从劳动就业方面看，20世纪60年代末70年代初形成了日本式雇佣体制。通过劳动就业、家庭生活、社会保障、教育等方面的制度措施，日本式雇佣体制不断得到强化并渗透至人们实际生活当中，要求员工及其家庭对企业忠诚成为一种规范或理念。日本式雇佣体制培养了大量高质量的劳动力资源，在战后日本经济复兴和高速发展时期发挥了极大作用，促进了日本经济发展，使日本成为科技水平很高的工业化国家，对战后日本社会稳定也作出了贡献。

---

[*] 王伟，中国社会科学院日本研究所研究员。

在阶层方面，战后日本经过经济高速发展，国民收入水平大幅度提高，物质生活得到了极大改善，国民大多过上了富裕生活，日本进入了"消费时代"。同时，教育的振兴在对日本经济社会的发展产生巨大影响的同时，也在某种程度上提高了一些人的社会地位。在这个过程当中，日本人普遍对生活感到"满足"，对人生感到"幸福"。"中流意识"作为一种生活意识得以形成和蔓延。而"中流意识"的蔓延又造成了日本中间阶层壮大、日本社会趋于平等的社会印象。

二、20 世纪 90 年代后的日本社会变动

进入 20 世纪 90 年代，泡沫经济崩溃，日本社会经济进入了新的发展阶段，战后形成的日本社会体系也开始动摇瓦解。

在人口老龄化加剧的过程中，日本的生育率持续下降，"少子化"趋势日益显著。同时劳动年龄人口开始减少，日本人口结构进入长期失衡状态，人口老龄化和少子化成为日本社会的长期性课题，人口结构失衡将持续困扰日本。支撑日本战后经济高速发展的人口结构已发生根本性变化，人口红利逐渐耗尽，日本经济发展面临人口负债的沉重负担。

一方面，随着"双职工家庭"的增加、家庭规模的缩小和单身家庭的增多，战后家庭模式即所谓"男主外女主内"的"标准家庭"不再是人们追求的目标，日本家庭出现了个体化、多样化发展趋势。随着时代的发展，日本女性的价值观念发生变化，她们不再安于"专职主妇"的家庭角色分工，走上社会参加工作的人日益增多，战后日本形成的夫妻分工模式发生改变。同时，随着生育率的持续下降，日本家庭规模进一步缩小。家庭结构也随之发生了较大变化，战后形成的"一对夫妻+两个子女"的典型家庭模式发生了动摇。

日本劳动力市场出现了"雇佣流动化"趋势，具体表现为非正式员工增多、转职率上升、受雇时间缩短等。在雇佣流动化趋势下，年功工资制也发生了变化。在日本大企业中，员工年龄、工作时间与工资的关联性出现松动，工资评定已从偏重年龄、工作时间转向偏重工作业绩，最后定位为偏重职责和工作角色。同时，随着派遣员工、临时员工等非正式员工增多，员工构成开始多元化发展，新老员工之间的交流减少，企业集团内部的凝聚力趋于减弱。同时，企业和家庭之间的纽带关系也逐渐消失。

"一亿总中流"形象开始改变，日本社会出现了中低收入人群增多、社会阶层差距拉大的现象。日本的相对贫困率，从 20 世纪 80 年代中期开始走高，进入 90 年代继续保持上升趋势。从国际比较来看，在发达国家当中，日本的相对贫困率处于较高水平。这些数据都说明，日本的低收入人群和贫困人群规模在扩大。日本社会中的差距，既有看得见的差距，也有看不见或难以看见的差距。劳动就业的不稳定性使低收入家庭增多，还有可能助长各种差距出现代际固化的恶性循环。

三、日本着力重构社会体系

面对 20 世纪 90 年代以来社会体系发生的变化，日本积极开展学术研究，政府采取相关政策措施，试图重新构建适应新形势的社会体系。

日本的社会保障等制度建立于 20 世纪 60 年代的人口增长期，如今其人口规模缩小、人口结构失衡，日本需相应进行制度调整和重建，以应对人口变化及其带来的社会经济影响。近

年来，日本出现了对"老年人"进行重新定义的动向。日本政府也着力实施应对人口老龄化政策，一是提高领取养老金年龄，二是延迟退休年龄。二者相辅相成，提高领取养老金年龄会推动老年人积极就业，养老金保费也会增加，有利于维持和提高养老金支付水平，保证养老金制度的可持续发展。

20世纪90年代后，个体化、多样化的家庭形态及家庭生活方式被人们所接受，战后所谓"标准家庭"不再是人们追求的主要目标。鉴于少子老龄化的严峻局面，日本政府的政策取向整体而言并不鼓励家庭的个体化和多样化。一方面，在社会保障、税制等制度措施上依然以战后"标准家庭"为单位；另一方面，日本政府还出台了鼓励三代同居的政策措施。从社会角度讲，日本还存在制约家庭个体化、多样化发展的各种有形或无形压力。

在新的经济社会条件下，日本正在向构建灵活多样的劳动就业体制方向发展。2018年日本国会通过"工作方式改革相关法案"，对劳动雇佣相关八部法律进行修改，并从2019年4月起陆续实行。该法案旨在推动工作方式改革，实现多样灵活的工作方式，保障各种雇佣形式的公正待遇，使劳动者可以根据自身情况选择就业形式。日本女性、老年人及外国人将更多地进入日本劳动力市场和日本企业，需要日本建立健全更加灵活多样的雇佣体制来应对。

工作方式改革是日本解决社会差距问题的一个契机。如果工作方式改革进展顺利，就可能在很大程度上缓解甚至消除工资收入差距，促进个人和家庭收入增加，消除劳动就业和生活上的不安全感，激发人们的工作和生活热情，进而提高生产率、促进社会的创新发展、降低社会的不平等程度并逐渐消除差距。岸田文雄出任日本首相后，多次强调没有分配就没有发展，要强化分配功能，提升中间阶层的收入水平，扩大中间阶层，实现发展与分配的良性循环。如相关措施能够得到很好的落实并取得实效，将有助于日本缓解收入差距扩大的问题。

四、日本社会变迁对中日关系的影响

日本社会处在由战后体系走向新的体系的转型期。社会体系转型的过程会对日本的社会心理造成冲击，中日关系也会因此受到影响。

在旧的体系开始瓦解、新的体系尚未构建起来的情况下，社会心理较多地表现为焦虑和不安。就日本而言，在其社会转型过程中所出现的上述几个变化，都与日本民众的日常生活紧密相连，关系到人们的切身利益，对日本社会心理的影响会更大。日本泡沫经济崩溃后，经济发展缓慢。日本民众希望革新，日本社会也需要改革，但日本社会仍处于坚持和打破"旧体系"的纠结当中，尤其是关系家庭、雇佣等制度方面的改革步履蹒跚。在日本民众希望革新的愿望难以实现的情况下，社会心理更为焦虑和压抑，进而不断强化日本民族主义的表现，将矛头转向国外。

20世纪90年代后，日本新生代政治家相继登场，他们缺乏对历史的正确认识，对华认识发生了与西方国家同频的转变。与此同时，日本经济发展停滞带来的诸多社会问题一直无法得到很好的解决，而中国社会经济稳定发展，中日两国综合实力发生逆转且差距开始拉大。面对这种情况，日本民众心理难免产生焦虑感和不平衡，以前形成的优越感在特定的政治氛围和舆论环境下很容易转变为"厌华"和"反华"情绪。

从日本社会心理可能对中日关系产生影响的角度讲，有两种倾向值得我们警惕。一是日本民众的群体心理与大众媒体等社会舆论相互影响，强化日本社会对中国的反感。二是日本政界的一些人利用社会心理和社会舆论推高反华气焰，当前日本民众焦虑的社会心理和"厌华"情绪在大众媒体的推波助澜下，有可能被日本国内反华势力作为"公共舆论"或"大众民意"加以利用，作为民众支持其对抗中国的"依据"。

学界评价与反响

该文从日本社会变迁下的中日关系的视角出发，紧密配合学术热点进行研究，结论具有一定的创新见解。文献资料丰富翔实，具有很强的应用价值。自发表以来，得到学术界的广泛关注，在知网的下载率和引用率较高，短期内下载率就超过 1000 次。该文相关观点被主流网络媒体多次引用。

（该文原载于《日本学刊》2022 年第 4 期，收入本书时做了适当修改）

国家利益视域下日本对华政策历程及未来走向

吕耀东[*]

该文对不同历史时期日本对华政策及其国家利益诉求的演变进行了总结分析，并探讨了国家利益在日本对华决策政治过程中的作用及影响，指出日本对华战略调整的核心内涵和本质就在于日本的"国家利益"诉求。其核心论点为"国家利益是日本对华政策演变过程中的重要因素，日本国家利益的确立和追求，决定了其对华政策的或然性、摇摆性、不确定性和不稳定性"。

一、日本关于国家利益取向及对华政策的认知和理念

国家利益是国家的根本，也是外交的根本。它是决定一个国家对外关系的最主要因素。一个国家的根本利益是指国家生存和延续的基本条件，包括国家领土及文化完整和国家主权的维护等。这些要素由国家本质决定，是事关一个国家战略目标的设定、发展与未来走向的关键所在。一般而言，国家利益具有两重要素，一个是逻辑上所要求的、必不可少的，另一个是由环境决定的、可变的。从二战后国际环境及日本时局的历史性变迁来看，日本的国家利益诉求具有不同于其他国家的侧重点和朝野呼声。

首先，日本日益改变、突破避谈"国家利益"的对外关系，根源于二战战败的战后安排及战后体制要随着时代变迁和国际环境变化加以改变的认知。二战战败后，因"和平宪法"的出台，日本对于国家利益的讨论始终保持低调状态。这是因为战后日本受"和平宪法"的限制，被禁止使用武力解决国际争端。然而，冷战结束后，日本有些媒体开始使用"追随""迎合""软弱"等词语来描述日本二战后一直奉行的"国际协调外交"政策，称其损害了日本国家利益。事实上，战后以来，日本外交并非避谈维护自身的国家利益，而是通过"国际协调"来追求国家利益。20世纪70年代，日本成为世界经济大国，日本官方开始频频使用"国益"表达国际政治诉求，反映出战后日本对于国家利益诉求的变化。

其次，冷战结束前后出现的"国家利益论"，逐步成为日本外交的基本方针及对华政策理念。冷战后期，随着日本成为世界经济大国、追求"政治大国"目标，"国家利益论"必然出现。日本以"国家利益"重新塑造对外关系与冷战后期的国际格局变动相伴而生。这种国际经济环境的变化，促使基于对外经济政策讨论的"国家利益论"日益升温，追求"国家利益"成为日本制定外交政策、处理对外关系的基本方针及理念。这一时期，中日关系在邦交正常化后迅速发展，与日本政府对华谋取政治及经济利益、构建"世界中的日中关系"的利益诉求不无关系。

---

[*] 吕耀东，中国社会科学院日本研究所研究员。

最后，日本的"国家利益"争论及对华利益认知倾向，使得冷战结束以来日本对华政策发生重大调整与转变。冷战后，随着国际局势的变化，对于"国家利益"的认知成为日本调整外交战略时不可回避的内容。日本国内存在的国家利益争论大致可以概括为三大立场。一是被称为"理想主义"立场的"国家利益论"，二是被称为"现实主义"立场的"国家利益论"，三是介于第一种立场与第二种立场之间的"折中主义"国家利益论。上述论争无不反映出日本在国际事务中鲜明的国家利益诉求，其中，基于改变战后体制的现实主义"安全利益"追求，亦有形成"中国威胁论"的认知倾向，并屡屡影响着中日关系的发展。

事实上，日本在冷战后对于国家利益的追求，日益明确地体现在不同历史时期和阶段的外交政策及对外关系之中，而不再如战后初期那样回避"国家利益"的政治诉求。回顾中日关系发展历史可以发现，"国家利益"诉求一直是日本对华政策演变过程中的重要因素，伴随着中日关系的曲折发展。

二、不同历史时期日本对华政策及其国家利益诉求的演变

冷战后期，中日两国都面临来自苏联的压力，双方共同的安全利益及诉求，为实现中日邦交正常化创造了条件。面对中方积极主动的姿态，日本各界人士充分认识到中日恢复邦交对两国人民都是有利的，从而以实际行动推动日本政府改变既往政策，促进中日互动。中日恢复邦交及其后的发展历程，无论是中日复交的政治过程，还是中国开启改革开放后的中日经贸合作，日本各届内阁都十分重视中日关系。中日复交到冷战结束的十多年里，日本维持长期稳定的中日友好关系的基本方针不变，既有安全及经济利益诉求，更有审时度势的战略考量。这一时期，日本政府从安全及经济利益大局出发，总体保持了对华"和平友好"政策的基本稳定性。

冷战结束后，随着国际格局的变动，日本对中日关系做出新的定位。由于苏联解体，中日共同安全威胁消失，双边问题和矛盾日益凸显，在对华"和平友好"框架下，日本的利益诉求逐渐通过外交政策表现出来。日本学者将这一时期称为中日关系的"结构性变动"，即"主要以友好和利益共存为基调的关系出现变化，中日关系在1995年、1996年前后进入了结构性变动期。中国经济迅猛增长，使得经济处于低迷的日本的一部分人开始把中国作为竞争对手来看"。历史问题、台湾问题、钓鱼岛问题以及日美同盟对华针对性等连续影响着中日关系的正常发展。这些中日之间业已存在的问题，被日本炒作为"中国威胁论"。可以说，冷战结束后的中日关系处于"结构性变动期"，"和平友好"的比重趋于下降。这就导致了日本对华政策日趋强硬，直接损害了两国关系的正常发展。

进入21世纪，日本既期望从中国经济的快速增长中受益，又担心中国与其争夺地区主导权，认为中日关系中业已存在的问题未来可能演变为冲突与摩擦，而且会在军事上对日构成威胁。这种对华矛盾心态，导致日本对华政策保持多手准备。日本对华战略体现为：一是加强日美同盟关系，借重美国力量来提高与中国对话及讨价还价的能力；二是提升日本自身实力，谋求对华施加直接影响；三是从均势论的角度，力求通过发展与中国周边国家间关系来抵消中国的国际影响力。日本的这种政策准备推动了其对华战略的调整，直接将"国家利益至上"作为处理中日关系的重中之重。

三、日本基于国家利益的对华政策取向及未来走向

如今，中日关系所涉及的安全利益、政治利益和价值观利益冲突是一种客观存在，并没有因为中日关系的缓和而得到根本解决。这也是中日关系反反复复的根源。加之"百年未有之大变局"的影响，未来中日关系仍然存在不确定性。从近年来日本对华"两面下注"政策的策略调整来看，中日关系出现缓和或将时有发生，但是日方能否坚持中日四个政治文件精神、认真落实中日四点原则共识，仍然存在不确定性。事实表明，中日关系在曲折中发展，是两国之间新旧问题交织存在使然。

首先，日本政府对华决策及政策的不确定性影响中日关系正常发展。中日邦交正常化以来，日本政坛逐渐从"官高政低"向"政高官低"发展，在总体保守化背景下，强势政治家的对华政策日趋强硬；同时，执政党内部的"知华派"、外务省、财界及利益集团也会影响日本对华决策，出于政治及经济利益诉求，在特定的历史时期，可能发挥缓和中日关系的作用。这是因为他们已经意识到，中日交恶有利于日美同盟深化，但日本的亚洲外交无法突破，更不利于中日两国经济关系发展，不符合日本的政治及经济利益。因此，日本国内常常出现要求日本政府调整对华政策、缓和日中关系的呼声。这也就形成了日本政府对华决策及政策的不确定性、不稳定性和周期波动性。

其次，日本从政治利益及安全利益出发，加强日美同盟的对华针对性，将严重影响中日关系的正常发展。基于政治利益和安全利益的日美同盟日益强化，直接影响中日关系的发展。美国是影响日本对华政策的国际因素，中美关系随时影响日本对华政策的调整，使得中日关系存在不确定性。日本是维护美国亚太、"印太"地区战略利益的主要盟友，美国从加强同盟体系的现实利益出发，突出美日同盟的对华针对性。在日美同盟主导和引领下，美欧一些国家逐步组建新的对华战略联盟，日本政府明知其所为会加剧中日关系的对抗却故意为之，其对华遏制的意图十分明确。

最后，日本对华政策的摇摆性导致中日关系的"不确定性"。日本政府的对华政策向来存在一定的"摇摆性"，这是因为，日本政府对华政策是在综合国内执政党联盟、经济界、外务省等官僚意见和国际局势后做出的外交决策，不同利益诉求使得日本对华政策具有不确定性。从安倍执政前期的"中国威胁论"到执政后期的"中日协调论"，菅义伟内阁、岸田内阁时期又回到"中国威胁论"，未来日本"将与近邻各国构筑稳定的关系"，恐怕仍然是句空话，其对华政策调整的意向不会脱离改变"战后体制"、"修宪"和"战后外交总决算"的既定战略目标。

纵观中日邦交正常化以后的两国关系发展，可以说中日关系随着日本片面强调追求"国益"而变得日益复杂。特别是日本原首相麻生太郎强调发展中日"友好"关系"只是获取利益的手段而已"，明确表达了日本对华战略调整的核心内涵和本质。这使得日本对华政策常常出现"两面下注"现象，时而对华采取强硬立场，时而采取"协调主义"政策缓和中日关系的恶化形势。未来，政治利益、安全利益与经济利益权衡将决定日本对华政策走向。可以说，日本国家利益的确立和追求，决定了其对华政策的或然性、摇摆性、不确定性和不稳定性。在日美同盟强化、日本谋求摆脱"战后体制"和修改"和平宪法"的政治右倾化背景下，日

本的历史修正主义已经外溢到国际社会，中日关系中业已存在的问题随时可能凸显和尖锐化，很难断言日本政府能够在对华关系上不犹豫、不退步，两国关系仍然存在反复的可能性。中日两国间依然存在不可预测的不确定因素，预示着中日关系的未来发展仍将曲折坎坷。中日关系所涉及的安全利益、政治利益和价值观利益冲突是一种客观存在。未来日本对华政策能否坚持中日四个政治文件原则精神，能否贯彻落实中日乃至地区"共同利益"口号，将成为维护和发展中日关系的关键所在。

（该文原载于《日本学刊》2022年第5期，收入本书时做了适当修改）

"同盟困境"管理与日本对华关系变迁

吴怀中[*]

复交 50 年来，中日关系一直受到日美同盟的影响乃至规范作用。即便日本的战略自主性呈逐渐上升趋势，日美同盟对日本对外战略也一直发挥着直接的规范作用。在日美同盟管理上，日本与许多次级盟国一样，一直在努力应对两大难题——"被卷入"和"被抛弃"的两难境地，中日复交 50 年来，中国取得举世公认的发展成就，并极大增强了与美国的战略博弈及议价能力，这实际上使得作为弱势盟国的日本从未彻底打消在日美同盟中遭算计及"被抛弃"的疑惧。日本为最大限度地减少"被抛弃"风险以及改变在三角架构中的弱势地位，根据不断变化的国内外形势对日美同盟以及中日关系进行调整和转型。或许正在悄然撬动日美同盟关系的属性和架构，其后果亦有可能极大地改变中日关系乃至东亚地缘政治格局。

一、管理同盟困境与复交早期日本对华关系

中日复交前后开始的近 30 年（1972 年前后至 20 世纪末），日美同盟至少经历过三次明显的矛盾与困境，日本的应对路径分别是再确认并强固日美同盟、改变或适度调整对华关系，共同点是由于冷战格局下存在"联合抗苏"需求或中国在中日美三角中居于相对弱势地位，这种双轨应对路径及方式的对华影响总体呈正向或大体平稳。

（一）20 世纪 70 年代：应对"尼克松冲击"下的三角关系变动

在尼克松越过日本恢复中美关系的"越顶外交"后，日本在 20 世纪 70 年代对同盟关系与对华策略进行了一系列调整和应对，对中日关系自然产生了直接或间接的影响。日本一方面加紧了追随美方，开启对华关系。另一方面，日本担心美国与中国和解后可能绕开日本的安全利益行事，故而相应地加强外交自主性，发展中日关系来影响和牵制美国。正是在这种情况下，中日缔结和平友好条约以来，两国关系发展极快，并在 20 世纪 80 年代达到顶峰。

（二）20 世纪 80 年代：处理同盟贸易摩擦与加强对华关系

20 世纪 80 年代到 90 年代前期，由于日美贸易摩擦和日本追求自主性与平等化，美日同盟的结构性矛盾凸显。对此状况，日本政府采取了大胆举措加以调整和改善，使用"同盟论""日美同甘共苦论""西方一员论""不沉航母论""命运共同体论"等，来强调日美同盟的强固性和紧密性。日美同盟的战略利益和战略选择很大程度上影响着中日关系的格局与走势，对日美而言，中国是其为遏制苏联可运用的有力工具。日美同盟的此种"反霸刚需"也是促使 20 世纪 80 年代日本对华态度友善、两国关系堪称"友好蜜月期"的原因之一。

---

[*] 吴怀中，中国社会科学院日本研究所研究员。

（三）20世纪90年代：管理"漂流"同盟与协调对华关系

20世纪90年代，随着冷战结束日美两国在战略及安全上暂失敌手，相互间矛盾和摩擦有所加剧，日美同盟一度陷入"漂流"状态。不过，日本认识到仍须遵从"以美国为中心"的主从态势和协调框架，才能应对各种全球性风险挑战，从而继续保持并深化拓展了与美同盟关系。这些动向中有针对中国的一面。但是，由于中国与日美之间存在巨大经济实力差距，加之克林顿政府对华施行"大接触"战略，所以日本对华实施的亦是有限防范战略和坚持友好的方针。

二、管理"奥巴马悬念"与对华关系两面性

中日美关系开始发生某种实质性变化，应是起自奥巴马执政时期的"亚太再平衡"政策。然而，日本对奥巴马的政策转向怀有疑虑，担心其对同盟承诺的不确定性和对华的"软弱"与"迁就"。在此种认知下，日本尝试大胆地强化针对中国的同盟关系纽带，并开始逐渐缓慢地转圜对华关系。

（一）同盟矛盾与日本对美国民主党的疑虑

奥巴马执政后，围绕中美日关系、历史认识问题、海洋与领土争端、"亚太再平衡"实效等，日美同盟内时常发生龃龉与不和谐现象。日本在奥巴马时期的同盟疑虑，主要源自并体现在以下几个方面。首先，就奥巴马在战略定位上对日本重视不够进而变相导致同盟遭轻视甚至"降级"待遇，日本持有潜在的不安与不满。其次，日本觉察到美国的对华宏观战略名不副实，政策执行不到位、欠缺力度，未能有始有终，因此屡感失望和担忧。日方认为，这位民主党总统对中国的"优柔寡断"和"软弱"态度，及其在处理朝核问题时的过度"战略耐心"，已经引起了同盟管理者日本对美国在该地区信誉和长期作用的深层担忧。

（二）日本的同盟管理及对中日关系影响

日本对奥巴马政府的政策姿态感到不安，并基于此种认知和心态采取双轨路径及方式进行应对，都对中日关系产生了重要影响。一方面，日本竭力拉拢美国、稳固同盟，以降低"被抛弃"的可能性。2012年上台的安倍晋三政府主要通过大力推进国内的安全政策改革议程来加强日美同盟，并以此应对"中国威胁"。这些改革实质上改变了日本"同盟困境"的本质，使其能够更为主动地弥补美国军事实力的下降，以"正和互动"向美国提供可信的安全保证，降低美国放弃日美同盟的可能性。另一方面，进入奥巴马第二任期后，日本开始小步摸索缓和对华关系，这与奥巴马对外政策的对日触动与压力应当不无关联，但更重要的一点是，日本目睹了在美国缺席的情况下中国推动以"一带一路"为中心的区域合作所取得的重要成就，受到了很大触动，产生了焦虑及"搭便车"心理。

三、应对"特朗普冲击"与调整对华关系

日美同盟因"特朗普冲击"受到了冷战结束以来最严峻的一次考验，日本在采取固有办法维系、巩固同盟的同时，鉴于"同盟困境"的严峻程度，还大胆开展了一些基于战略自主行为的尝试，其中最引人关注的是在战术上以大幅度的对华接近进行了对冲和保险。尽管如

此，"特朗普冲击"还是带来了远超之前危机效应的新紧迫性，并对日本处理对华关系产生了很大的甚至在后来可以说是戏剧性的影响。

（一）"特朗普冲击"与同盟管理困境

特朗普主要是从交易及盈亏的角度看待同盟问题。其就任总统后退出 TPP、对贸易谈判采取强硬态度，突然与朝鲜缓和关系，以及发表关于日本发展核武器前景的即兴言论等，都激起了日本的强烈反应与批评，使日本的同盟管理者产生了不确定感和不安全感。

安倍晋三政府通过在制度和个人关系上的投资，加大了对美日同盟的投入，增加了对美沟通与对话场次，以加强被特朗普的武断推文或错误声明损伤的日常关系。然而，从客观效果看，安倍的努力可谓事倍功半，在日本国内引发了关于同盟政策的辩论，这对日本、日美关系乃至地区形势都产生了复杂的影响。

（二）日本的应对及对中日关系的影响

特朗普的对日傲慢态度暴露了同盟内部不平等的现实，促使日本通过在同盟中扮演更积极的角色来展现承诺、维系盟邦，也激活了对于如何避免同盟管理中"丢脸"与屈辱状态的讨论。针对"特朗普冲击"的影响，日本在强化同盟的同时还采取发展对华关系这一明显的战术对冲策略。

首先，稳固和强化日美同盟，即开展直接的同盟管理，通过"拥抱特朗普"，牺牲日本利益以换取美国对同盟及防卫日本的保证。其次，构建补充、扶持同盟的地区友好伙伴关系网。其中的典型是美日印澳"四边机制"（QUAD）及日欧安全与战略合作群。最后，为对冲日美同盟的不确定性，日本开始对华靠拢，为两国改善关系提供了契机（经济上的深度相互依存是推动中日关系改善的长期结构性因素）。在此背景下，从 2017 年上半年至 2020 年上半年，中日关系出现了明显的改善趋势。

四、拜登时期的日美同盟态势与中日关系

2021 年 1 月，拜登出任美国总统后，对华战略的一大重点是联合盟友的力量，在对华问题上结成统一战线，实施全方位对华打压。日美同盟对中国这一对手的看法越来越一致，政策反应比之前更为协调，这也是日方"同盟困境"感知最弱的时期。但是，这并不意味着日本对日美同盟特别是其未来走向完全高枕无忧。第一，随着中美实力日趋接近及平衡，理论上美国越过日本谋划对华战略交易或中美两国战略避让的可能性也随之增大。第二，美国在俄乌冲突之际不直接出兵参战的事实，使得日本不禁对美国是否能直接介入中日冲突并出手的前景产生疑虑。日本对在"东亚有事"下的同盟作为仍感到没有很大的把握和信心。

基于以上的同盟认知，日本采取的仍是双管齐下的对策，第一是拴留、强固同盟并使之深度介入地区事务；第二是采取"主副"结合的两手对华策略，一方面采取前所未有的强硬与对抗之策——这无疑是当前日本对华政策的主流，另一方面也尽量规避对华正面冲突，谋求中日关系的基本可预期稳定。

近年中日关系总体上处于逆势与下行通道，但仍可以看到，中国作为日本的最大贸易伙伴，对日本经济的复苏与发展至关重要，至少短期内日方不太可能找到关键替代选项，其很

难摆脱对中国市场的依赖并与中国真正"脱钩"。这是中日复交50年后，日本面前展现的不争的强大现实。

学界评价与反响

综合各方意见，国内学界普遍认为，这篇文章系统地探讨了中日关系与日美同盟的交互影响，包括历史阶段的同盟困境、不同领导时期的对华政策调整以及当前的同盟态势。作者通过深入分析，揭示了日本在不同时期如何应对同盟困境、调整对华关系，并对未来可能的发展趋势进行了推测。

文章首先指出了中日复交50年来，中国取得的发展成就对中日关系和地缘政治格局的可能改变。接着，通过历史时期分段，详细解读了日本在应对同盟困境时的策略和对华关系的调整，特别是在不同领导人时期。

在对奥巴马时期的对华关系两面性进行讨论时，文章强调了日本对奥巴马政策的疑虑，以及日本如何努力强化同盟关系同时逐渐转圜对华关系。对特朗普时期的分析揭示了"特朗普冲击"对日美同盟的考验，以及日本通过战术对华接近进行对冲的努力。

最后，文章提到了拜登时期的同盟态势与中日关系，指出日美同盟对中国问题的一致性增强，但仍存在一些不确定性和担忧。作者认为，日本采取的对华策略仍然是双管齐下，既强固同盟，又采取两手对华策略，表现为强硬与对抗之策以及规避正面冲突，追求中日关系的基本可预期稳定。

总体而言，这篇文章通过深入分析历史时期，巧妙呈现了中日关系与日美同盟的交织发展，展现了深厚的学术功底和独立思考的能力。作者运用翔实的历史事实和政治理论，为读者呈现了一个丰富而深刻的国际政治画卷，对于理解和思考当代国际关系具有积极的推动作用。

(该文原载于《日本学刊》2022年第5期，收入本书时做了适当修改)

日本明治时期近代化的得与失

王新生[*]

一、政治革命与全面近代化政权

学界通常将日本江户时代的政治结构称为"双重二元政治体制",一方面是指同时具有两个最高统治者及其特有的"幕藩体制"。两个最高统治者一个是权威型政治人物朝廷的天皇,一个是权力型政治人物幕府的将军。尽管将军掌握日本的最高统治大权,而且通过《公家诸法度》等法律约束天皇及朝廷的行为,但其职位由天皇任命。也就是说,将军的权力基础来自天皇的委托。这种带有双向性的关系既是各藩大名臣服于将军的一个原因,也是将军在特定时刻失去其权力的基础。因为天皇的存在不仅限制了将军权力的无限扩大,而且朝廷赐予的官位意味着各藩大名同时也是天皇的家臣,从而成为批判幕府的动因。需要补充的是,正是由于天皇具有这种权威性影响力,而且在历史转折时期也会发生关键性作用,因而"幕藩体制"一词难以全面概括江户时代的政治结构,应该将其称为"朝(廷)幕藩体制"。

此外,双重二元政治体制还包括规定将军与大名关系的"幕藩体制"。大名是臣服于幕府将军、领地收获量在一万石以上的武士,德川时代大约有260家。大名分为三类,德川家族的大名称为"亲藩"大名,可以继承将军职位,但不能参与幕政。"亲藩"大名数量不多,最初为"御三家",后来又增加"御三卿"。另外还有松平姓氏的德川一族大名,共有17家。"谱代"大名是"关原之战"前跟随德川家康的大名,是将军的亲信,其后臣服德川家康的大名为"外样"大名,领地较大,但离江户较远,不能参与幕政。重要的是,尽管这种双重二元政治体制在锁国的状态下维持着微妙的平衡,但一旦有外来压力或冲击很容易解体,"黑船来航"后的历史典型地说明了这一点。

另一方面,思想文化的演变也适应了幕末的变化。在近世初期,德川幕府重视儒学特别是朱子学,将其作为强化幕府统治的思想基础。因为朱子学强调作为"理"的规范与名分,以君臣关系(忠义)和家族关系(孝行)维持社会秩序,正因如此,将之作为官方的意识形态十分合适;断言朱子学是异端、主张直接回到孔孟古典并加以施教的是"古学";"古学"重视实证性研究,受其影响,兴起寻求日本古代精神的"国学";"后期水户学"在上述诸多学说和思想的影响下形成,其提出的尊皇思想在外来压力的冲击下与"攘夷论"相结合,成为"尊王攘夷思想",即形成了利用天皇权威批判、抵抗幕府的运动。

二、学习西方与完善近代法治

岩仓使节团也看到了欧美政治制度的先进性,纷纷主张宪政体制,但在具体细节和实施

---

[*] 王新生,北京大学历史学系教授。

时间上有所不同。例如，在1873年10月公开的建议书中，木户孝允指出"当务之急是在五条誓文中增加制定政规（宪法）的条款"。大久保利通明确提出君民共治。大隈重信建议在1883年召开议会，主张建立英国式议会内阁制。为对抗大隈重信的主张，岩仓具视提出以普鲁士君主主义为范本制定宪法。

伊藤博文考察欧洲宪法之行的最大收获是宪法的相对化，即宪法大体上规定议会的组织形式、国民的权利与义务的界定、君主的权力等，最重要的是议会开设时能够保障其运转的行政机构。因此，伊藤博文从欧洲归来后首先引进内阁制度发挥行政机构的核心职能、组建东京帝国大学培养行政官僚、建立华族制度巩固天皇制基础等。

与权力精英相对应，非权力精英要求制定宪法、开设国会带有分享政治权力的目的，即通过立法机关（议会）影响政府决策，以扩大或保护自己的利益，因此，他们发起要求制定宪法、开设国会的自由民权运动。思想背景不仅是幕末时期出现的"公议制"，也来自纳税与选举权的关系之观念。

甲午战争前，代表纳税阶层的"民党"反对专权政治，要求休养民力、减轻税收、节约经费、大幅削减政府预算方案，与政府展开激烈对立，甚至迫使内阁总辞职或解散议会。但甲午战争爆发后，所有"民党"议员立刻转向，不仅在议会里完全赞成政府的战争预算，而且在社会上积极支持对外战争，从而体现了近代国民国家的本质。正如"国民国家论"所明确指出的那样，近代国民国家既有国民主权也有国家主权，民权和国权是对立的统一，自然会出现"对内立宪主义，对外帝国主义"的现象，即对内争取民权，对外争取国权，两者相辅相成。国家给予国民应有的政治地位和权利，国民就有义务去维护国家的利益或权利。

需要特别指出的是，明治宪法体制有两个致命的制度缺陷。一是没有规定首相的产生方式，在近代之初是明治维新元勋（元老）轮流担任，其后元老年事已高时推荐政党或军人首领，元老谢世后是由首相经历者、枢密院院长、内大臣等组成的"重臣会议"推荐的，难免做出错误判断。例如，太平洋战争爆发前，内大臣木户幸一力推坚决对美开战的东条英机担任首相，结果可想而知。二是天皇拥有军队统帅权，但天皇几乎不参与政治决策，独立于政府之外，而主要由参谋本部与海军军令部组成的军部缺少制度约束。1900年又规定"军部大臣现役武官制"，即陆海军大臣必须由现役中将或大将担任，更是成为军人迫使内阁集体辞职的法宝。尽管在明治时代具有权威性和协调性的元老尚能控制与协调各种政治势力，在赢得两场对外战争的基础上实现了世界性强国的梦想，但在元老几乎离世的昭和时代初期，军部的"暴走"成为现实，不顾一切的对外战争奔向灭亡之路。

三、忠君爱国意识与民粹主义

在明治初年，权力精英的国家设计构想是追求"国民"与"国家"力量均衡的"国民国家"形态，即地方政治权力集中到中央政府，同时激发国民的归属意识与自主权力意识，也就是所谓的"君民共治"，但作为后发型的近代化国家，当时的日本社会尚未成熟到如此程度。换句话说，如何使明治初期的普通日本人具备"国家"及"国民"的意识仍然是一个较为艰难的课题，因为当时的发展水平与民众的知识储备尚未具备"国民"与"国家"的观念。

虽然普通民众与非权力精英群体都有反对政府的诉求，但追求的目标截然不同，非权力精英要求分享国家权力，普通民众则要求改善自己的生活水平，因而目前日本学术界将自由民权运动分为"民权运动"和"民众运动"。

尽管民众运动在政府镇压下逐渐消失，但为使普通民众具有国家与国民的意识，明治政府一方面将天皇塑造为国家的象征（某种意义上的"造神运动"），另一方面利用国家暴力机器等强制性手段（强制性的义务教育和征兵）将普通民众纳入国家体系，并通过天皇直接与特定民众对话（主要是《教育敕语》与《军人敕谕》）的权威性向其灌输"忠君爱国"的观念。

1889年颁布宪法、召开国会之后，政府意识到应加强"忠君爱国"的道德教育，于是由天皇颁布《教育敕语》，其中要求"尔臣民应孝父母、友兄弟，夫妇相和、朋友相信，恭俭持己、博爱及众，修学习业以启发智能，成就德器"，其目的是"一旦有缓急，则应义勇奉公，以辅佐天壤无穷之皇运"。

1882年，天皇颁布《军人敕谕》，以第一人称的"朕"与第二人称的军人"汝等"展开对话，将作为日本国象征的天皇制与作为"臣民"的军人结合为一体，形象地体现了国家与国民的关系。通过对"皇祖""皇考"的阐述，不仅否定了七百年的武家政治，证实"朕即汝等军人的大元帅"的正确性，而且具有作为国家象征的主体性。

正如《明治宪法》不称"国民"而称"臣民"那样，政府将天皇塑造为国家的象征，同时对军人和学生灌输"忠君爱国"的意识，如此创造出的"国民"不是国家对峙者，而是国家奉献者。尽管在明治时代这一社会形态发挥了积极作用，日本迅速发展为世界性强国，但如果国家出现方向性决策失误，国民也很容易盲目地随从，疯狂地为天皇献身，最终结局只能是国破家亡，正如后来的历史发展所体现的那样。因此，从某种意义上可以说，日本的近代化是一种"拟似近代化"。即表面上看似乎近代化了，实际上含有许多前近代因素。

学界评价与反响

南开大学日本研究院刘岳兵教授对该文做出以下评价：新中国成立以来，国内对明治维新研究的关注重点，从20世纪60年代初对明治维新的性质探讨，到80年代后侧重于对明治维新与日本现代化关系的研究，再到21世纪以来对明治时代日本政治、经济、思想、文化各领域作深入系统的研究，每个时代的研究都从一个侧面反映了那个时代中国自身学术和思想文化的特点。这种研究可以追溯到甲午战争以来，中国知识分子为谋求实现中国现代化之路，借鉴、批评和研究日本的历程。因此，中国明治维新研究的历史，可以说是近现代中国日本研究史的一个缩影。该文既有宏观视野和通史性把握，也有对具体问题的深入解剖与分析，充分体现了作者明确的问题意识。近代日本为什么从成功到失败？该文从日本前近代社会的政治结构、思想文化演变中揭示其奥秘，指出明治政府在政治制度建设方面的努力和缺陷，特别是在意识形态领域，在强大的"造神运动"下，"国民意识"为"臣民意识"所淹没，"忠君爱国"演化为愚忠与盲从，从而认为日本的近代化是一种"拟似近代化"，即表面上看似近代化了，实际上含有许多前近代因素。这些问题给人启发，发人深省。

（该文原载于《史学理论研究》2022年第6期，收入本书时做了适当修改）

对冲中的摇摆：三边互动下的日本"印太战略"演进

陈拯　王广涛*

亚太地区正处于秩序转型重构的关键期，许多国家采取了"两面下注"的对冲战略（hedging strategy）。由日本首倡的"自由开放的印太战略"被认为是与中国"一带一路"倡议相竞争的战略构想。2017年11月，特朗普在安倍晋三推动下采纳了这一概念，推出美国版"印太战略"。日本却在中美摩擦升级之时将印太框架从"战略"改为"构想"，淡化其对华竞争色彩，甚至一度出现寻求同"一带一路"倡议合作的迹象。然而，2020年新冠疫情大流行以来，中日关系的不确定性增加。拜登上台后，日本"印太战略"与美国的印太框架进一步合流，对华遏制色彩明显强化。这一时期，中日美基本力量态势保持不变，日本在自民党长期执政下内政外交取向基本稳定，那么作为"印太"概念的首倡者与美国的支点盟国，日本的"印太战略"为什么出现了明显摇摆，这是该文的研究问题。

随着中美竞争的加剧，亚太国家将如何应对越来越受到关注。一般认为，东亚地区一定程度上形成了倚靠美国的安全体系与倚靠中国的经济体系并存的二元化态势。在此背景下，通过"两面下注"规避风险和争取利益的对冲战略成为东亚国家的普遍选择。日本"印太战略"被广泛认为是一种对冲战略，具有对华地缘竞争与寻求区域合作的两面性。区域国家对冲战略的差异及其成因已成为当前研究的一大热点。面对中美间的战略博弈，即便同属美国盟国，各国的战略选择也表现出不同的形态。学界从国际体系、地区权力结构、国内政治和心理认知等层面对这种差异性进行了解释。此外，各国对冲战略自身的具体实践也有历时性的差异，既有研究对于这种钟摆式变化也有所论及。然而，既有研究更多关注亚太区域国家对冲战略出现的原因与表现，而非其变化，对单个国家对冲战略摇摆的历时性比较也相对较少。同时，既有研究大多是从单向的对冲视角出发，关注的是（各层次）结构因素作用下区域国家对崛起国的认知和反应，却忽略了中美战略竞争环境下守成国及崛起国自身如何应对并主动影响区域国家的对冲战略，未能充分展示三方关联博弈的战略互动过程。

该文强调中美两国战略选择的共同作用，认为对冲的动态并不是由单纯的"安全—经济"二元化结构所决定的，更直接地还来自战略互动过程中多方策略选择间的交错作用。这是在其他条件基本稳定的情况下，权力变动与大国竞争时期美国亚太盟国对冲战略出现显著摇摆的关键原因。因此，该文分别分析了美国战略收缩下的同盟政策变换和中国在战略定力与底线思维下的对外战略，以此解释美国亚太盟国在不同中美策略组合作用下形成的对冲战略的摇摆趋向。该文认为，美国的同盟政策决定了同盟的紧密程度特别是美国亚太盟国对美国的

---

*　陈拯，复旦大学国际关系与公共事务学院青年研究员；王广涛，复旦大学日本研究中心副研究员。

追随动力，是否冲击中国核心利益等则影响到中国对这些国家采取安抚还是坚决斗争策略，进而影响到它们对"中国威胁"的认知和制衡中国意愿的强弱。可以预期，包括日本"印太战略"在内的美国盟国对冲战略的摇摆波动将出现"联美制华""左右为难""随美制华""对华缓和接触"等六种战略选择。由此，该文选择日本"印太战略"演进这一重要现实案例对上述命题进行实证检验。日本"印太战略"作为一种典型的对冲战略，经历了明显的摇摆波动。同时，由于国内政治与战略竞争等原因，中美两国的对日政策构想出现明显的变化调整，在不同时期呈现出不同的组合。中国、美国、日本三边关系与日本"印太战略"的一系列变化有助于检验日本的策略变动轨迹是否符合上述预期。

中日美三边关系是冷战结束后亚太地区具有重要影响的三边关系。中日美三国各自的外交战略与策略调整，无不以其他两方的战略或政策为参照。21世纪第一个十年，中日实力差距不断缩小并实现了地位的倒置。又由于历史问题、钓鱼岛归属及东海海洋权益争端等因素，中日外交摩擦和对抗不断。此后，中日差距继续迅速扩大，中美实力差距则加速缩小，中美竞争日渐显现。中日美三边竞争进入了一个新阶段，由传统议题逐渐转向围绕"一带一路"等就地区秩序与合作机制的塑造展开。在此中日美三边互动的背景下，"印太"作为一个跨区域或者巨型区域的地缘政治经济构想，涵盖了政治、安全及经济等领域。实际上，日本推进"印太战略"背后有两大考量：一是安全保障，即保障印太区域尤其是海洋秩序和海上通道的安全；二是经济利益，主要是扩大日企参与的基础设施建设、贸易和投资份额，与中国的"一带一路"倡议展开竞争。可以说，"印太战略"是日本因应周边环境变化刺激催生的地区战略，也是冷战后其地缘安全与经济战略的延伸。但在上述背景下，"印太战略"究竟是构筑排他性的集团以制衡中国还是建立包容性的地区合作架构存在不确定性，其具体实践在不同时期也各有偏向，反映了日本在中美两国间的微妙处境。

该文实证部分选择了中日美三边互动下日本"印太战略"的演进和日本政策的波动，对该研究的理论假设进行了检验。

日本的"印太战略"在一开始具有很强的对华安全防范和竞争的色彩，并积极拉拢鼓动美国介入。然而"特朗普冲击"使日本对其与美国的同盟关系感到空前的不确定，促使其调整"印太战略"并改善中日关系。然而，这一转机并未根本解决两国之间的深层问题，中日美三角关系下日本的摇摆也是有限度的。拜登上台后，美国全球及地区战略再次转向。盟国重新成为美国主导国际秩序所倚重的工具，美国与盟国的关系得到不同程度的修复和缓和。受此影响，进入2021年以来，日本逐渐成为配合美国"印太战略"的追随者。新冠疫情暴发特别是美国民主党政府上台后，中美战略竞争发展成围绕政治体制、治理方式、人权和意识形态等领域的"体系之争"，日本也在多方面深入参与其中，加剧了中日的矛盾摩擦。以上对日本"印太战略"三阶段波动的分析可以验证，由国内政治变化等带来的美国对日政策调整以及受中美战略竞争等影响的中国对日政策调整，对日本"印太战略"的摇摆有着关键影响。可以预期，如果日本追随美国的态势更加积极明显，那么中国当前的区别对待政策也将随之变化，对日本"印太战略"的斗争只会越来越坚决，中日关系也极有可能进入激烈对抗的状态。

东亚地区秩序转型的前景取决于地区内各国战略关系的调整组合。在当前亚太地区经济与安全"二元化"的背景下,利益关系的复杂性与战略态势的不确定促成了美国亚太盟国在中美两国间采取"两面下注"的对冲战略以及中美两国采取相对应的"两手"策略,共同塑造了各方战略的波动调整,因此结构性要素并不足以解释其他国家在中美战略竞争中的对冲和摇摆。日本"印太战略"的演进有力验证了该文对中美竞争背景下美国亚太盟国对冲战略摇摆机理的判断。当然,不同国家对冲战略的情况不同,该文对日本"印太战略"的考察只能覆盖其中的一部分摇摆轨迹。后续研究可将该文提出的命题应用于其他国家进一步加以检验。就中日美关系而言,中美已成为最主要的博弈方,未来日美关系出现明显波动的可能性依然存在。中日关系长期存在的结构性矛盾与历史遗留问题短期内难以化解,阻碍两国间正面认知的形成与战略互信的构建。对于日本而言,与中美两国的关系日益成为体系秩序选择的核心,其意义可能不再局限于外交层面,而是涉及国家身份和未来发展方向的大战略选择,由此加深了对西方主导的价值、规则和秩序体系的依赖。日本对华战略警惕感与竞争性始终维持在较高水平,其当前"随美制华"的举措显然将激化中日矛盾。不过,目前日本仍未完全放弃对华协调,且对华经济利益诉求仍然强烈。未来,随着中日美实力对比与战略取向的流转变化,日本的站位与取向仍将持续调整摇摆。中国既要对日本追随美国推动"印太战略"所带来的挑战有充分的心理准备,也要注重两国间仍存在广泛的合作空间,以"两手对两手",更好地维护并拓展自身利益。

学界评价与反响

该文发表于国际问题研究领域的权威刊物《世界经济与政治》。文章发表后在学术界产生广泛反响,复旦大学日本研究中心微信公众号、复旦大学国际问题研究院网站、国际合作中心网站等媒体相继转载。该文被中国人民大学复印报刊资料《国际政治》2022年第9期全文转载,截至2023年11月,在中国知网(CNKI)的下载量达2000次,被引用次数为14次,已经成为当前学界研究"印太战略"以及日本对外政策的重要参考文献。

(该文原载于《世界经济与政治》2022年第6期,收入本书时做了适当修改)

战后日本对琉球政策变迁与日美同盟强化

——基于结构暴力的分析视角

陈静静[*]

第二次世界大战后，为配合美国的安全战略并借助日美同盟实现大国志向，日本相继签署《旧金山对日和约》和《日美安全保障条约》。由此，日美在琉球地位问题上暂时达成一致，而琉球成为日美安保体制的核心，两国关于琉球问题的协商与解决均在该体制的框架内进行。此后，日美因琉球人民的反抗而进行了一些政策调整，如签订《新日美安保条约》、在保全基地的条件下的"回归"及"回归"后仍坚持将琉球作为安保体制，等等。但这些政策调整的根本出发点是如何加强同盟而非减轻琉球人民负担。从结构暴力视角看，日本对琉球的制度化歧视，使针对琉球的暴力结构得以建立且不断机制化，以便能够长期推行军事优先政策。在美、日、琉不平等结构中，日本将日美安保压力转嫁给琉球，将安保体制带给本土的负面影响最小化，从而稳定和强化日美同盟。

一、结构暴力是琉球"和平"无法实现的根源

战后至今，美日都在琉球推行军事优先原则，但两者并不完全一样。美国主要从军事角度考虑，力保军事基地的灵活性和有效性。日本主要从国家战略的角度考虑，视琉球为防御本土的关键。为了配合美国的安全战略并借助日美同盟实现大国志向，日本将日美安保压力转嫁给琉球，将安保体制带给本土的负面影响最小化，从而稳定日美同盟，因此琉球被迫承担着保护日本的重担。日本对琉球的歧视以及日琉的不平等地位成为日本推行"军事优先"政策的主客观条件。美国的亚太战略和日本的国家安全战略使得两国相互需要，这促使两者的军事优先原则相互配合。关于琉球在亚太和日本安全中的角色定位，日美认知基本一致，这使得两国在琉球问题上的矛盾可调和，日本整体上默认"回归"前美国的琉球政策，美国也支持"回归"后日本的琉球政策。

战后至今，美、日、琉权力对比关系决定着三者在系统中分别处于高位、较高和低位三个等级，并塑造着其角色，美日对琉球的角色定位在日美同盟中达成一致，两者共同向琉球施压，使其被迫接受该定位。美日、日琉、美琉之间的不平等关系一直存在，它们通过三元互动关系构建了垂直方向的不平等结构，美国对日琉、日本对琉球具有高度支配性，美日作为高位和较高等级行为体获益很多，这形成了对低位等级行为体琉球的暴力结构。该结构通过日美安保体制形成，之后处于优势地位的美日则采取各种措施，通过日美同盟的调整不断强化该暴力结构，进而获取更大收益。日美安保体制体现了日美依附关系和日本对琉球的结

---

[*] 陈静静，中国社会科学院日本研究所副研究员。

构歧视以及由此带给琉球的结构暴力。在该结构下，琉球等级始终最低，被支配的地位未变，美日的等级顺序没有发生根本变化，但是日本无论相对于美国，还是琉球，其位置都有所上升，因此在该结构形成和稳固过程中，日本的作用发生了重要变化。这种"国家内部和国家之间几乎各个方面的巨大的不平等"成为战后琉球安全困境的根源。

二、日本作用的变化及表现

《旧金山对日和约》、《新日美安保条约》、保全基地的条件下的"回归"以及"回归"后仍坚持将琉球作为日美安保体制的核心都成为日本向琉球施加结构暴力的典型例证。这种结构暴力无法确定某一个体为施暴者，也没有伤害琉球的主观意愿，其作用形式是间接和缓慢的，其影响具有隐蔽性，但破坏性是巨大的，即日美安保体制高于日本宪法、军事政策优先于民主原则、本土利益高于琉球岛内人民利益，其结果是琉球人只能被牺牲，被迫服从日美的安排。

战后以来，日本在针对琉球暴力结构中的作用逐渐发生变化。整体来看，1945—1952年，日本配合美国构建起该暴力结构；1952—1972年，日本在暴力结构中从配合转向主导；1972年至今，日本开始在暴力结构中发挥主导性作用。1972年前，日本政府的琉球政策更多的是对岛内形势及国内反对党和民众的一种回应，是一种被动应对。琉球岛内和日本本土对"回归"的态度逐渐变化，历届日本政府在不损害琉球基地的军事地位前提下，根据这些态度确定琉球政策。20世纪60年代中期，岛内民众期望通过"回归"摆脱美军统治，"返还"压力越来越大，琉球问题在日本政治中变得越来越重要，日本政府开始试探美国关于"返还"的态度，最终日美达成以维持军事基地为前提的"返还"协议。"回归"后，日本政府的琉球政策由被动应对转变为积极参与，使用各种措施协助美国推动琉球接受基地的存在，确保日美同盟不断深化。

三、琉球暴力结构的特征

虽然日美同盟是不平等的，但是两国都借助该体制实现了各自的战略诉求，美国获得了没有政治束缚的军事基地，日本在美国的保护下收获了和平与繁荣。而琉球却一直作为工具被利用，以战争为导向，成为日美依附关系的受害者，没有获得与牺牲相对等的权益。该体制体现了日美依附关系和日本对琉球的结构歧视以及由此带给琉球的结构暴力。暴力结构的受益者日美与琉球相比，占据政治、经济、军事、文化方面巨大的权力优势，它们千方百计维护既得利益，因此这种根植于体系的暴力结构很难改变。其基本特征如下。

第一，建立在军事优先原则之上的暴力结构逐渐制度化、系统化。日本在政治、经济、文化方面歧视琉球，不将琉球看作其民族共同体的重要组成部分，而是将其置于国家结构中的从属位置。在日美安保体制框架下，日本政府为了将其军事优先政策合法化，逐步制定了一系列政策和法律，将这种结构暴力制度化、系统化。第二，日美安保体制确立之后，两国关于琉球问题的协商与解决均在该体制的框架之内进行。虽然琉球人民的不断反抗促使日美不断调整政策，但是两国协商琉球问题的根本出发点不是减少琉球的基地，还琉球人民和平，而是如何加强同盟，以及在此过程中琉球应该扮演什么样的角色。第三，军事基地带来的直接暴力与军事优先政策导致的结构暴力高度依赖。在历史发展进程中，琉球与本土的差别越来越制度化，且积重难返，这使得结构暴力在社会体系中被再造，转而产生直接暴力来反对或维护它。

四、琉球暴力结构的解决前景

军事基地带来的直接暴力与军事优先政策导致的结构暴力高度依赖。大量基地遍布岛内，驻军带来的各种问题成为看得见摸得着的直接暴力，岛内民众和政府一直通过各种各样的方式进行反抗，鉴于他们处于绝对劣势地位，这种斗争基本上以非暴力的形式出现。为了应对这些压力，日本不断调整其琉球政策，但是这些政策仍建立在对琉球歧视的基础之上，而且日本利用其不断增长的权力优势，利用调整的机会将自己的利益渗透进去，结果导致了这种暴力结构越来越固化。因此，在历史发展进程中，琉球与本土的差别越来越制度化，且积重难返，这使得结构暴力在社会体系中被再造，转而产生直接暴力来反对或维护它。

战后以来，反战反基地是琉球斗争的主要目标，但是"回归"没有解决基地问题，冷战的结束也没有推动美军撤出或减少。日美两国的军事优先原则与结构暴力相辅相成，并随着亚太国际形势的变化不断制度化、复杂化。在当下中国崛起的背景下，琉球基地在日美安全战略中的地位不断上升。同时，畸形的依附经济恶化了岛内的政治生态，成为日美控制岛内政府和民众的一张王牌。这导致暴力结构逐步渗透到琉球内部的方方面面，造成了整个岛屿的基地化，要根除这种结构暴力极其困难。近代以来，琉球的命运与东亚国际秩序相伴相生，它作为日本实现帝国梦想的一枚"棋子"，在关键时刻数次沦为"弃子"而被迫做出巨大牺牲。琉球战后思想的核心是"痛苦"和"牺牲"的相互交织与碰撞，而要解决这一问题，势必要讨论琉球之于现代日本的意义，从而揭开日本对琉球实施结构暴力的"伤疤"。如此强大的暴力结构造就了战后琉球根深蒂固的、持久的反抗，这是其独具一格的特征。从结构暴力的角度来看，琉球人的反抗，挑战的不只是他们自己的命运，也触及日本的"附庸国"地位和美国施加的地区秩序。

学界评价与反响

在中美关系日渐恶化的状态下，日美同盟下的琉球问题再次成为学术界的焦点，如何界定其在日美同盟中的地位是重要课题，因而该论文具有较强的现实意义。论文使用系统、结构、权力、等级和角色等概念，从结构暴力的视角出发，梳理了战后日本中央政府对琉球政策的变迁，指出"回归"前日本政府的琉球政策更多的是对岛内形势及国内反对党和民众一种被动的应对，"回归"后日本政府的琉球政策由被动应对转变为积极参与，使用各种措施协助美国推动琉球接受基地的存在，确保日美同盟不断深化，并以此为幌子，逐步扩大其军事力量"借船出海"。论文认为"国家内部和国际社会中不平等的社会结构"成为琉球遭受各种暴力蹂躏的根源，琉球人的反抗挑战的不只是他们自己的命运，也触及日本的"附庸国"地位和美国施加的地区秩序。无论是从现实政策的角度还是学术研究的角度来看，论文的分析方法及其结论均具有较为明显的创新性。

（该文原载于《国际政治研究》2022年第1期，收入本书时做了适当修改）

战后中日关系的原点及其延长线

——重温四个政治文件

胡令远　王天然[*]

1972年中日邦交正常化以来，已历半个世纪。其间两国关系尽管起伏曲折，但总体相对稳定。究其根本，在于四个政治文件发挥了航标和稳定器作用。在世界直面百年未有之大变局、中日关系处在重要历史关头的今天，回顾战后特别是中日邦交正常化以来中日关系的发展历程，深入考察四个政治文件在其间发挥的重要作用，对于构建契合新时代要求的中日关系，无疑具有重要参考价值，也是对中日邦交正常化50周年的最好纪念方式。

一、战后中日关系"原点"的构成要素

四个政治文件的基本精神虽然一以贯之，但也明显可以分为两个类别。概而言之，第一、第二个政治文件《中日联合声明》和《中日和平友好条约》主要是解决两国间的战争遗留问题即战后处理，第三、第四个政治文件《中日关于建立致力于和平与发展的友好合作伙伴关系的联合宣言》与《中日关于全面推进战略互惠关系的联合声明》则主要是因应世界局势的变化擘画两国关系发展。前者在进行战后处理的同时，也确立了中日关系的基本精神与原则，形成战后中日关系的"原点"；后者则在这一原点的延长线上继承、发展，从而展现出战后中日关系发展的阶段性特征。

由前两个政治文件形成的战后中日关系的"原点"，主要由以下四个要素构成。一是以"前事不忘，后事之师"为内涵、基于惨痛的历史教训演绎出的和平友好精神。二是确认了《联合国宪章》精神与和平共处五项原则。三是确立了战后中日关系的三个政治基础，即台湾问题、一个中国原则和历史问题。四是在社会制度问题、两国文化传统要素方面达成的共识。

二、步武前绪、因时定位与擘画未来

因应世界格局变化和两国关系发展的需求，中日间于1998年和2008年又分别达成第三、第四个政治文件。

（一）因时定位与第三个政治文件达成的背景

从《中日和平友好条约》签署的1978年，到达成第三个政治文件的1998年，其间经过了20年的时间。当时的中日关系面对的是一个风云变幻的世界，主要表现在三个层面。首先是冷战的结束和经济全球化的到来引起世界规模的历史性巨变；其次在地区层面，区域集团化趋势成为潮流，区域合作方兴未艾；最后是中国的快速崛起，引起了日本保守势力的高度

---

[*] 胡令远，复旦大学日本研究中心教授、博士生导师；王天然，复旦大学发展研究院博士后。

关注和警惕。在此背景下中日关系如何调整与发展——中日间第三个政治文件正是因应这一历史和时代的需求而产生的。

（二）第三个政治文件的构成要素与基本框架

第三个政治文件主要包括六大要素，构成了中日关系定位的基本框架：（1）承继前两个政治文件的基本精神和原则规范；（2）中日两国在全球与地区问题上的责任、担当与合作；（3）中日两国增强政治互信；（4）扩大和深化两国经贸合作；（5）强化人文交流；（6）协商解决中日之间存在的问题。在这一基本框架下，中日双方强调要在经济全球化、联合国改革、无核化等全球性问题领域加强"协调与合作"。对于中日之间存在的问题，第三个政治文件指出从以下两个方面努力解决。其一是"增强政治互信"；其二是协商而非诉诸其他方式解决有争议的问题。

（三）签署第四个政治文件的背景

从中日达成第三个政治文件的1998年到第四个政治文件签署的2008年的十年间，中日经济总量发生了重大变化，对中日关系带来两种效应。一是在经济全球化时代，中日两国经贸合作，无论是在双边还是在地区乃至世界层面，都达到前所未有的广度和深度。二是伴随着这一变化，日本政界保守力量继1996年"台海危机"后对中国的警戒心理大幅增强，"中国威胁论"在日本渐有市场。在此背景下，双方签署了《中日关于全面推进战略互惠关系的联合声明》，尝试以"战略利益"为考量和抓手，推动两国关系长足发展。

（四）第四个政治文件的基本内涵与特色

第四个政治文件内容上在由六大要素构成的基础框架方面与第三个政治文件保持了一致，此外特别突出了在气候变化、能源保障等全球性课题领域中日双方的领导责任与合作，强调深化"10+3"框架下的区域合作，以及共同致力于朝核问题的解决。

回顾中日关系的发展历程可以看到，两国关系既有建设性发展的推动要素，也存在种种障碍，两者的对立与统一，构成中日关系的整体。两者随着内外条件的变化而互动，构成两国关系曲折发展的进程。因此，如何兴利除弊，特别是化消极因素为积极因素，就成为推动中日关系建设性发展的重要课题。而第四个政治文件在这方面所做的努力，彰显出重要特色，主要体现在两个方面。其一是强调对有着共源性的两国文化传统予以发扬光大，同时在价值理念方面善于"求同存异"，兴利除弊，使之内化为推动中日关系"行稳致远"的积极因素。其二是在解决中日间结构性矛盾方面，达成使东海成为和平之海、合作之海和友谊之海的共识，并推动进行政策实践的尝试。

三、构建契合新时代要求的中日关系

（一）四个政治文件的特定价值与恒定价值

构建契合新时代要求的中日关系，需要深刻认识四个政治文件的价值与意义。每一个政治文件，均具有特定与恒定两种价值：因时制宜，在某一历史时期发挥引领作用，为其特定价值；贯穿不同历史发展阶段始终发挥指导作用，体现的是其恒定价值。第三、第四个政治文件因应冷战结束与中日综合实力变化，对中日关系重新进行定位与调整，使中日关系不断适应变化了的外部世界和自身，为两国关系发展变化注入新内涵，自有其特定价值。第一、第二个政治文件所形成的中日关系的"原点"，则贯穿始终、不断赓续并被发扬光大，其所体现的价值的恒定性，也是不言而喻的。

（二）四个政治文件对破解结构性消极因素的路径探索

构建契合新时代要求的中日关系，必须直面中日间的结构性消极因素，特别是老问题的复杂化和新的结构性矛盾的凸显。这些结构性消极因素主要包括台湾问题、历史问题、钓鱼岛领土主权归属及海洋权益争议等，近年海洋安全问题亦呈凸显趋势。

《中日联合声明》及《中日和平友好条约》的签署，开创了战后中日关系崭新的历史，对两国政治、经济、社会带来了巨大效应，并对重塑地区与世界格局产生了重大影响，极具战略性和历史性意义。在第三个政治文件形成的过程中，中日两国对历史问题予以特别关注。第四个政治文件于克服作为中日关系主要障碍的东海领土及海洋权益争端方面，在理念与实践两个维度拓展了新的空间与方向。可以说，四个政治文件所体现的中日关系的原点和原则，历久弥新，在新形势下更显生机与活力。

（三）构建契合新时代要求的中日关系面临的挑战与机遇

近年来，中日关系面临诸多新的挑战。首先，随着中日综合国力的逆转，日本在安全方面对中国的战略疑虑不断加深。其次是国际体系变化与重塑的挑战。美日利用台海、东海及南海等问题，积极推进以美日印澳四国机制为基础框架的"印太战略"，并以俄乌冲突为刺激媒介，与欧洲、北约相勾连，企图对中国形成全球围堵的整体态势。

与此同时，中日邦交正常化50年来两国也形成了诸多共识，积累了应对国际体系与双边巨大、复杂变化带来的挑战的丰富经验，形成了由四个政治文件所构成的深厚基础。

中日因应已经深刻变化的世界，需要认真思考在新的历史条件下中日关系的未来发展大方向，擘画新的合作框架，探讨新的解决问题之策。因此，两国也出现了应该制定第五个政治文件的声音。在迎来中日邦交正常化50周年之际，在老一代领导人开创的基础上，构建契合新时代要求的中日关系，是时代的召唤和中日两国人民的历史使命。

学界评价与反响

论文发表之后，知网下载量近500次，搜狐等大门户网站予以转载，复旦大学国际问题研究院等大学研究机构予以转载，在学术界和社会上产生了很大影响。

（该文原载于《日本学刊》2022年第4期，收入本书时做了适当修改）

年度主要论文

中日经贸关系 50 年：变迁与前瞻

张季风[*]

2022 年是中日邦交正常化 50 周年，也是中日经贸关系的重要节点之年。回首过去 50 年，中日关系一波三折，经历了风风雨雨，但单就双边经贸合作而言还算风调雨顺，基本处于健康发展状态。1972—2021 年，中日双边贸易额增长了 300 多倍，日本对华直接投资累计金额已超过 1200 亿美元；2007 年起，中国就一直是日本最大的贸易伙伴，日本则是中国的第二大贸易对象国，也是中国外资的主要来源地；中日还在推进区域经济合作方面起了引领和带动作用，两国在国际社会责任共担、利益共享的新格局正逐渐形成。随着世界政治经济形势的变化和全球化的进展，中日开展经贸合作的领域越来越宽，呈现出多元化、多样化、多渠道、高质量发展等特点。历史经验证明，不管经历多少风雨，双边经贸合作一直是中日关系的压舱石和推进器，政治关系紧张时，经贸合作是压舱石、稳定器，政治关系顺畅时，经贸合作是推进器。中日邦交正常化 50 年来中日经贸合作取得的巨大成就是多种因素共同作用的结果，但中国经济的蓬勃发展是驱动中日经贸合作健康发展的根本动力，没有改革开放和中国的和平崛起，如此巨大规模的中日经贸合作根本无从谈起。与此同时，中日经贸合作也为中国经济的发展作出了相应的贡献，两者相互促进、相得益彰。

复杂多变的中日政治关系会对双边经济合作产生重要影响，特别是近年来，在中美矛盾日益突出的背景下，中日经贸关系面临诸多挑战。目前中日政治关系比较紧张、世界经济和中国经济减速压力增大，双边经贸关系面临的挑战大于机遇，短期走向不容乐观。但是，随着新技术革命蓬勃发展、数字经济不断兴起、"双碳"目标提出以及《区域全面经济伙伴关系协定》（RCEP）生效，中日经贸关系也将迎来新的发展机遇。特别是中国经济从高速增长走向高质量发展，将与过去 50 年一样，继续发挥巨大的引擎作用，拉动下一个 50 年的中日经贸关系行稳致远。

尽管当前中日经贸合作受到各种不利因素干扰而处于低潮期，但中日两国互为重要的经济合作伙伴的基本事实并没有变，经贸合作对于两国的重要性以及作为双边关系"压舱石"的作用没有变。"沉舟侧畔千帆过，病树前头万木春"，我们还应当看到，对中日经贸合作的利好因素也在上升。中国经济正在克服眼前的各种困难，稳字当头，稳中求进，在高质量发展的轨道上继续前行。在强化国家战略科技力量、增强产业链、供应链组织能力的基础上，继续实行高水平对外开放，不断扩大国内消费市场，将为包括日本在内的各国工商界带来更多机遇。在华日资企业在中国长期耕耘，对中国市场有更切身的理解，日本国际协力银行发

---

[*] 张季风，中国社会科学院日本研究所研究员。

布的"2021年度日本制造业企业海外经营情况调查"数据显示，关于"中期（未来三年左右）有可能开展业务的国家和地区"，中国得票率为47.0%，继续保持第一位。这说明日本企业对中国市场仍充满信心。

未来的中日经贸合作还会遇到各种挑战，但在RCEP框架下，中日经贸合作应对非经济因素带来的风险的能力将有所提高。中日两国具有长期的经贸合作历史和合作基础，促使前50年双边经贸关系健康发展的基本特点，如中日经济之间的互补性还将长期存在，中日经济合作的互惠互利性以及合作效应的外溢性将永远存在，特别是在中国经济高质量发展的牵引下，下一个50年的中日经贸关系依然前景可期。

学界评价与反响

文章以中国经济发展为主线，将50年来的中日经贸合作分为启动奠基期（1972—1978年）、拓展合作期（1979—1991年）、加速发展期（1992—2000年）、腾飞深化期（2001—2011年）和转型磨合期（2012年至今）五个阶段，并具体分析了不同阶段中国经济的发展对中日经贸合作的驱动作用，条理清晰，论证系统深入。研究的重要发现在于，中日经贸合作的主要指标与中国经济发展的主要指标在方向上几乎完全趋同，两者存在十分明显的联动关系；中日经贸合作自身存在的互补性、互惠互利性以及合作效应的外溢性也促进了中日经贸合作的健康发展。50年来，中日经贸发展的环境发生了较大变化，但与此同时双方的合作模式也明显升级，合作质量和合作水平不断提高。研究为理解中日经贸合作的历史、现状与未来机遇提供了新的视角，在中日经贸合作受到各种不利因素干扰而处于低潮期的当下，有助于双方坚定友好合作信心，持续做大共同利益蛋糕，努力实现更高水平的共同发展和互利共赢。文章自发表后，陆续被"中国社会科学院日本研究所""日本学刊"等高影响力微信公众号转载，产生了广泛的社会影响。截至2023年10月，根据中国知网统计，该文章下载量突破1300次，被引用5次，具有较强的学术影响力。

（该文原载于《日本学刊》2022年第4期，收入本书时做了适当修改）

经济安全视角下日本外资管理政策变化分析

崔健[*]

长期以来，放松规制是日本外资管理政策的主基调，但是近年来，从经济安全视角出发，为了防止重要技术外泄等，日本政府在 2007 年、2017 年和 2019 年分别进行的相关制度调整呈现出不断加强外资管理的迹象。

一、日本外资管理政策变化中的经济安全考量

近些年，日本正在不断加强外资管理，这可以从基于经济安全视角防止重要技术外泄等方面来理解。

1. 开始真正从经济安全视角关注外国直接投资问题。2007 年 9 月 28 日，日本开始实行修改后的政府各相关部门与《外汇法》有关的政令和告示，第一次真正关注引进外国直接投资中的国家安全问题。

2. 真正在法律层面明确从经济安全视角对外资进行管理。2017 年 5 月，日本国会审议通过内阁会议通过了"《外汇法》修正案"，真正把从经济安全视角加强外国直接投资管理在法律层面确定下来。

3. 从经济安全视角进一步强化外国直接投资管理。2019 年 11 月，日本国会通过了"《外汇法》修正案"，为了切实应对存在损害国家安全等嫌疑的外国直接投资，扩大受限制的外国直接投资行业范围，并大幅调低了接受审查的外国投资者所持股份比例的下限。

二、日本外资管理政策增强经济安全考量的原因

1. 国际经济秩序正在发生很大变化。当前，各国比以往更加重视将国家安全和经济视为一体，纷纷以本国产业为中心制定相关政策。

2. 国际社会对军民两用技术的重视度增强。进入 21 世纪，军用技术和民用技术的边界日益模糊。掌握军民两用的最先进技术已经成为赢得当前大国竞争的关键，因此世界各国纷纷重视军民两用技术的开发和保护。

3. 国际社会对外国直接投资的限制趋强。2018 年以来，美国、德国、韩国、OECD、欧盟等国家和国际组织纷纷制定相关法律、法规和政策等，强化从经济安全的视角对外国直接投资进行管理。

4. 日本初步形成经济安全战略思想。从 2018 年开始，日本防卫省、国家安全保障局、经济产业省以及自民党等机构和组织纷纷制定经济安全的相关政策、采取相应措施或提出对策

---

[*] 崔健，吉林大学东北亚研究中心、东北亚学院教授。

建议。初步形成了以"战略自主性""战略不可或缺性"为代表的经济安全思想。

三、日本外资管理政策面临的问题

1. 在外资的引进与管控之间实现平衡。面对老龄化、投资不足等社会经济问题，日本需要更多地引进外国直接投资。但是，出于国家安全考虑而不断强化的管控措施又一定程度限制了外国直接投资的进入。如何在二者之间寻求平衡，是日本在实施外资管理时面临的主要问题。

2. 在维护经济安全的技术政策与坚持自由贸易原则之间实现平衡。作为通商国家的日本，必须依靠的是坚持自由贸易原则，从技术层面来看就是要确保技术的自由流动和转移。在当前形势下，为了坚守自由竞争，适当的技术转移、合作和技术管理都不可缺少。即在实施经济安全政策时，必须考虑基于自由贸易原则的技术自由流动、转移与通过外资管控的技术管理之间的平衡。

学界评价与反响

该论文被作者在中华日本学会 2021 年年会（2021 年 4 月南京）上做了会议发表，得到了与会专家学者的好评。经过修改补充，该论文发表在《日本学刊》2022 年第 1 期，全文约 2 万字。2022 年 2 月 23 日在《日本学刊》网站的"重点推荐"栏目中，分别以"增强经济安全考量的日本外资管理政策面临诸多问题""日本增强经济安全考量强化外资管理"为题重点推荐，同时，被搜狐网转载。截至 2023 年 10 月 24 日，根据知网的数据，该论文下载量 396 次，被引用 4 次。

（该文原载于《日本学刊》2022 年第 1 期，收入本书时做了适当修改）

近代中日关于东北问题的论争

刘岳兵[*]

近代以来，日本对中国东北、西北的认识和重视，其视线有一个从朝鲜到东三省再到蒙古、新疆的转移过程，即沿着日本所谓的"满鲜""满蒙""蒙疆"这一条路线。在日本以维护朝鲜独立为名发动甲午战争后，中国东北地区成为其觊觎的对象。"满洲问题"或"满蒙问题"作为日本"大陆政策"的重要一环，不仅成为日本制定国防方针的议论对象，而且学术界、知识界也展开了对这一地区的研究和宣传，近代的中日学者甚至围绕东北问题产生论争与交锋。日俄战争前，以杨度为代表的知识分子看穿了日本对付俄国的目的旨在霸占中国东北，而牧野谦次郎、尾崎行雄等日本学者和政治家或认为俄国对东北虎视眈眈，中国面对外辱岌岌乎不可救药，或主张日本不要冒险与俄国去争"满洲"。华盛顿会议召开后，围绕收回包括旅顺大连在内的所有租借地的问题，中国全权代表顾维钧批驳了日本所建构的侵占中国东北的话语，明确了东三省作为中国领土的重要意义。与此同时，梁启超则对日本朝野所鼓吹的"满蒙观""中国疆土说""国际共管说"逐一进行驳斥。对此，作为御用文人的内藤湖南专门撰文与梁启超论辩，为日本侵占"满洲"赋予正当性和合理性。华盛顿会议之后，中日在1929年京都召开的太平洋国际学会、1932年年底到1933年年初日内瓦国联大会等国际公开场合就中国东北问题进行论辩，日方论争的主角松冈洋右将"满蒙"视作日本经济上国防上的生命线，并代表日本向世界发出退出国联的呼声。矢野仁一、内藤湖南等学者虽有作为严正的史家的一面，但作为御用学者，却叫嚣"满洲"非中国的领土，日本有膺惩中国的权利。面对日本人充斥着殖民扩张主义意识形态色彩的"满蒙观"，以梁启超、蒋廷黻为代表的南开大学师生不仅通过办刊撰文进行痛斥，而且成立"满蒙研究会"（后改名为"东北研究会"）进行调查研究，通过翻译日本人的著述揭露其"满蒙观"的实质。南开大学东北研究会的重要成果更是体现在傅恩龄编写的《南开中学东北地理教本》（上下册）这部教材上，它以扼要的科学知识使学生了解到东北之于中国的重要性。通过研究和分析日俄战争前后以来至九一八事变的不同历史时期中日双方就中国东北问题产生的相互论争，我们可以看到，一方面，中国学者对日本人的"满蒙观"展开了一系列的批驳，始终在东北地区的主权问题上坚持一贯立场，而在围绕"满蒙问题"所开展的争夺"话语权"的斗争中，中国学者也经历了一个认识的过程，尤其体现在对日本所惯用的"满洲""满蒙"这些用语的沿袭和警惕、更正上。另一方面，日本御用学者歪曲事实，变本加厉地为日本侵占中国东北赋予正当性，妄图夺得有关东北问题的话语权。这些考察有利于我们认清近代日本的政治生态与学术生态

---

[*] 刘岳兵，南开大学世界近代史研究中心教授，博士生导师。

的复杂关系，加深对内藤湖南、尾崎行雄等历史人物的多面性的理解。

学界评价与反响

《近代中日关于东北问题的论争》一文自公开发表以来，截至2023年11月7日，在"中国知网"已经被下载432次，在"国家哲学社会科学学术期刊数据库"被下载8次，在线阅读20次，被《中国社会科学文摘》2022年第7期"历史"栏目做了两页版面的摘编。该文主要内容和观点得到学界同人的认可。学界基本认为，该文视角新颖，叙述逻辑严密，中日学界对近代日本"满蒙问题"的发展线索及"满蒙观"的形态与变化虽然有一些研究，但多侧重于静态地研究日本单方面情况，而鲜见从近代中日文化交涉学的角度来反观中日学者在东北问题上的论争与交锋。该文通过深入挖掘相关史料，考察日俄战争前后以来至九一八事变时期，中日知识界和学术界围绕中国东北问题的相互论争，由此揭露了日本方面对中国东北从觊觎到占领的心态发展历程。该文对于深化中日关系史、中日文化交涉史、近代日本思想史的研究具有重要的学术价值。

（该文原载于《南开学报（哲学社会科学版）》2022年第1期，收入本书时做了适当修改）

中日邦交正常化50周年：回顾与前瞻

刘德有[*]

中日邦交正常化50年来，两国关系得到了长足的发展，各领域合作持续深化，其规模和范围超过了中日关系史上的任何时期。今天的中日关系早已是"我中有你，你中有我"，实实在在惠及两国的发展和人民福祉，而且促进了地区乃至世界的和平与稳定。如何在新形势下继续发展中日友好合作关系，是两国面临的共同课题。

一、发展中日关系要恪守四个政治文件确立的各项原则

纵观50年来的中日关系，其间尽管时有起伏，但总的来说是向前发展的，特别是前40年取得了迅速而长足的进步和巨大成果。这应归功于两国共同恪守联合声明、和平友好条约等四个政治文件所确立的各项原则。

对于中日关系来说，首要问题是应当始终坚持和平友好的大方向。作为良好愿望，中国愿与日本共同发展，永不再战，而作为客观现实，日本有背离和平发展方向的迹象，其追随美国搞干涉主义的危险性增大，中国需保持警惕。为此，需要两国坚持相互关系的原点。中日关系的原点，就是四个政治文件。这是发展两国关系的政治基础。

二、发展中日关系要友好合作、互惠共赢

中日复交50年来，两国在经贸和科技领域的交流合作不断拓展深化。中日两国应当十分珍惜经贸领域合作的大好局面，使之继续成为推动相互关系健康发展的强劲动力。

20世纪90年代以来，中日共同参与推动了东亚系列合作、亚太经合组织、亚欧会议、RCEP等区域多边合作进程。中日应继续共同致力于融入多边合作机制，谋求共同发展和推动开放性的区域一体化进程，这是朝向人类命运共同体的必经阶段。

三、发展中日关系要坚持两国人民友好

面对复杂多变的中日关系的现实，民间外交作为与政府外交并存的外交形式，仍然可以发挥不可替代的积极作用。这种作用包括，推进两国各领域合作继续发展，引导两国人民世世代代友好，加深相互理解和信赖，减少损害两国友好关系的不稳定因素等。在一定意义上可以说，今后推动中日关系发展的关键在民间。

尽管中日的国民感情有下滑的一面，但即使在当下，日本和中国的普通民众一样，仍然普遍认为中日关系重要或比较重要，有许多人仍极力想了解对方国家的情况，而且对对方的普通民众持友好善意的感情和态度。这也正是尽管目前中日关系遭遇困难，我们仍然对两国

---

[*] 刘德有，中国文化部前副部长。

关系的发展前景充满信心的原因所在。

四、发展中日关系要着眼于青年一代

中日两国的青年一代，代表着各自的未来。中日青年交流在增进两国国民感情的将来性、长远性方面独具特点。两国青年要更加积极地投身中日友好事业，加强交流互鉴、增进相互理解、发展长久友谊，为开创两国关系更加美好的明天作出积极贡献。

尽管国际局势风云变幻，但中日两国和平、友好、合作的大方向不会变。努力构建契合新时代要求的中日关系，是时代赋予两国的历史使命。"国之交在于民相亲。人民的深厚友谊是国家关系发展的力量源泉。"增进中日两国人民的感情，推动合作共赢，是在两国人民心灵上架设友好的桥梁、相互理解的桥梁。而在这座桥梁上来往的人越多，中日友好关系的发展就越有希望。

学界评价与反响

适逢纪念中日复交50周年，此文引起国内外学界和实务部门的反响。此文被国家哲学社会科学文献数据中心、中国知网、万方数据、维普期刊等多家数据库收录。在中国知网被下载1000余次。亚太安全与海洋研究微信公众号首发，点击量1000余次，人民中国等多家微信公众号转发。中国国际贸易促进委员会大连市分会和中国·日本商务理事会大连联络办公室联合编辑出版的《中日贸易投资合作报告（2022）》全文译出并予以转载。据编者反馈：此文"各界反响特别好！不但成为年度报告的亮点，更增强了报告的权威性和可读性"。中国外文局出版的日文版《人民中国》2022年9月号在"特辑·历史与回顾"中辟出四页篇幅，配图刊登了此文的详细摘要（题目改为"回到50年前的原点"）。中国驻大阪总领馆翻译日文全文，对日本公众宣介。

此文发表后，中国日本研究界学者认为，文章"很详细地记载了中日恢复邦交的原点和初心。当时中日两国不乏政治智慧的领导人、政治家"。原对日工作退休干部说，此文"讲得很全面、很深刻，提出的建议也很中肯可行。两国有远见的政治家应该认真读一读，会让他们清醒一些。如果老是这么磕磕绊绊，只能靠时间去打磨"。清华大学一位长期从事中日关系研究的学者在给编辑部的微信中写道："刘德有先生非凡经历、赤胆忠心、善解人意、才华横溢、谦虚谨慎、超强记忆和勤奋精神，充分体现出周总理时代成长起来的中国老一代对日工作者的精神风貌与政治底色。他作为一位'90后'的前辈，在中日邦交正常化50周年之际撰写2万字长文，既以亲身经历回顾了来之不易的中日邦交正常化前后的重要历程和中日双方的掘井人，又对50年来的中日关系做出全面深刻的解读分析，含有老一代中国对日工作者发自内心的呼唤与期待。大作文如其人，朴实严谨似写真，平衡周延有爱心，有理有德有原则，易读易懂易记忆。权威大作令人读后获益良多，值得传播并收藏！因疫情而难以当面再度聆听刘德有先生高见，通读大作字字珠玑，见字如面。"

（该文原载于《亚太安全与海洋研究》2022年第3期，收入本书时做了适当修改）

地缘战略与大国关系：中日关系基本走势的再分析

朱锋[*]

  2022年，中日两国迎来邦交正常化50周年。自中日两国恢复邦交关系以来，努力建设和推进两国"睦邻合作"关系、实现"世代友好"，让两国记取日本侵华战争的教训、保证两国"永不再战"，一直是中国对日关系的基本方针。2021年10月8日，习近平主席与日本新任首相岸田文雄通电话时，语重心长地提出"亲仁善邻、国之宝也"，推动构建契合新时代要求的中日关系。然而，从安倍晋三、菅义伟到岸田文雄，近十年来日本对华战略呈现出明显质变的态势。受两国久拖不决的钓鱼岛主权争端以及中国军事力量现代化进程的双重刺激，日本政界和战略界的主流认识越来越趋向于全面加强日美军事同盟、扩大与区域内外国家的防务合作、在美国"印太战略"下直接采取共同军事行动，其防卫法案的涉华解释也越来越具有直接军事对抗的性质。从2013年推出系统性的《国家安全保障战略》到2021年日本前副首相麻生太郎将"台湾发生大问题"直接同日本集体防卫法中的"国家兴亡事态"挂钩，日本安保外交和军事战略的"中国指向"已经完全确定。冷战结束30年后，日本的国家安全战略、军力发展规划和安保法制体制已经完成从"应对俄罗斯和中国"到完全"制衡中国"为主体的转变。岸田文雄在自民党总裁竞选中甚至直言不讳地公开表示，他上任后的首要目标是"对付中国"。我们无须惊讶日本地缘战略的这一战略性变化，国际关系理论大师肯尼思·沃尔兹（Kenneth N. Waltz）就曾明确指出，随着大国崛起带来的力量对比实质性变化以及"安全困境"效应的深化，地缘上邻近大国对崛起大国采取战略、军事和外交上"制衡"（rebalancing）战略，是常见的战略选择和地缘政治演变态势。

  2020年的"疫情外交"对改善和升温中日关系的短暂效应，已经清楚地说明了在美国实施对华战略竞争政策后，日本以制衡中国为国家安全利益定位的"国家利益论"和"国际贡献论"都变得越发清晰。2020年1月新冠疫情发生后，中日两国高层保持频繁互动，就抗疫、防疫等展开积极沟通和协商，曾一度开创了中日关系中的"疫情外交"，为两国关系注入了难得的温情。新冠疫情发生后，中日两国之间的相互支持对中日关系起到了明显的升温作用，"山川异域，风月同天"这一中日邻国之间守望相助的情感再度被"激活"。然而，疫情期间未能停止的钓鱼岛海域海警船进入之争和特朗普政府大肆炒作的"新冠溯源论"迅速恶化了日本政界和民间开始出现积极势头的"中国认知"。造成这一现象的原因是复杂多样的。具体来说，一是中国发展迅速，中日实力差距拉大。截至2021年年末，中国的国内生产总值（GDP）已经是日本的三倍，再加上中国军事力量现代化进程的长足进步，日本对于中国崛起

---

[*] 朱锋，南京大学国际关系学院教授。

的安全和战略担心在其政治和政策精英层中不断增强。日本还没做好准备去接受一个强大的中国。二是日本媒体与美西方的媒体和舆论基本同调。在信息化时代，美日欧媒体对于中国的报道在视角选择和问题判断上几乎一致。日本长期的"脱亚入欧"的观念、制度和心态传统，决定了日本的"西方国家"定位。三是中日两国存在钓鱼岛主权争议。2020年下半年，日本媒体多次密集报道中国海警船进入钓鱼岛附近海域。中方采取这一举措，是为了驱离试图登岛的日本右翼势力船只，但日本媒体和政府却动不动就指责中国"入侵"，对日本社会的对华认知有很大的煽动性和伤害性。此外，中日两国在政治制度、意识形态等多方面存在较大差异，导致两国在处理同一问题时往往采取不同做法，日本国民在情感上难以接受。其根本原因是"历史演变中中日两国实力对比的结构性变化"。进入21世纪后，中国的综合国力迅速增强，近20年里出现了"中日同强"局面。这在近代以来的中日关系史上尚属首次。随着中日两国实力对比的变化，日本对外加强与美国的安全与军事合作、对内积极修宪扩军，两国在亚太地区安全秩序调整进程中的努力事实上越走越远。

2020年的"疫情外交"也只是两国关系近年来难得的"温情"闪现。"以民促官"、大力开展民间交流在改善两国关系进程中曾发挥过重要作用。但在两国的力量对比、安全认知以及利益选择都发生了重大变化的事实面前，2020年"疫情外交"给中日关系带来的变化非常有限。正如中国驻日本大使孔铉佑指出的，"令人遗憾的是，由于种种原因，中日两国民众相互理解存在短板，日本社会存在的一些对华片面认识对日本民众对华感情造成消极影响"。这也从另外一个视角说明了改善中日关系的严峻性。从安倍晋三政府到菅义伟政府再到岸田文雄政府，日本已经在中美战略竞争中明确选择了美国这一边，即典型的"战略清晰"（strategic clearance）策略，而不是更多的东亚国家所采取的"战略模糊"（strategic ambiguity）策略。这两者的区别是，坚持在中美两国之间采取"战略模糊"策略的国家，即便继续保持对美军事同盟或者安全伙伴关系，但注重在保持与中国强大的经贸联系的同时警惕美国想要把"新冷战"强压给中国和东亚地区，因而倾向于在地区安全秩序建设和可能出现的中美战略对抗中不"选边站队"，更倾向于不直接参与美国的各种对华打压行动，以便与中美两国都保持友好与互利的关系；而"战略清晰"策略则强调对美国的同盟责任、认同美国对中国的政治妖魔化和战略打压、准备在中美未来可能出现的军事冲突中和美国采取共同行动。采取"战略清晰"策略的日本，为了应对未来在南海、东海和台海可能出现的冲突，必然将追随、配合甚至在个别问题上主动推动美国对华采取遏制行动。日本的对华经贸与科技合作的原有框架必然在这样的"战略清晰"策略的选择中逐步进行调整，以便降低未来涉华安全风险可能带来的经贸代价。从2020年9月开始，安倍政府就提出政府出资鼓励更多的在华日企转移投资，这就已经传递了明确的信号。岸田政府宣布设立经济安全保障担当大臣和首相办公室的"经济安全协调员"，都已经反映出在中美之间奉行"战略清晰"策略的日本，正在全面准备削减和降低"联美制华"的经济和社会成本。尽管疫情严峻，2020—2021年中日双边进出口贸易不仅没有衰退，反而继续增加。

2020年，中日贸易额达到3175.38亿美元，同比增长0.8%，其中日本对华出口增长2.1%，反映出中日经贸合作带来的收益仍然在明显上升。但在将安全优先于经济的大国政治中，日本对华"经贸转向"将是未来长期持续的过程。即便如此，面对把"制衡中国"作为国家安全战略中心目标与手段配置的日本，中国的战略反应不是简单地在"敌国"还是"睦邻"之间做出选择。中国崛起以及由此带来的权力、利益和财富再分配结构的调整，必然会导致地区和全球秩序的调整和变化。明确地选择"制衡中国"是作为世界第三大经济体、与中国存在地缘政治竞争、两国仍然存在未解决的领土纠纷和复杂的历史情结的日本做出的选择。在中美之间采取"战略清晰"策略的日本，也正在为日本的"大国化"注入新的国内政治动力。但日本政界和社会各界必须认识到，把日本"捆绑"到美国战船上，从长期来看是否真的有利于日本人民的福祉。冷战结束30年以来，世界经济中心之所以向东亚转移，东亚之所以成为这一时期战乱最少、发展最快的地区，根本原因是中国、东盟、韩国和日本等国家和地区共同致力于经济的发展和地区的稳定与繁荣。如果日本的"战略清晰"策略进一步助长美国在东亚的"新冷战"企图，东亚的繁荣与稳定前景可能难以避免地存在崩溃的风险。即便面对采取"战略清晰"策略的日本，中国仍然需要加强"战略协调"。我们需要鼓励日本在地区安全合作、稳定与繁荣这一共同目标上，拿出日本的智慧、眼光和决断。中国必须警惕的是，中短期来看，日本的这一"联美制华"的战略选择将有助于美国继续增强和巩固在亚太地区的霸主地位，加剧亚太地区力量对比的失衡，增强美西方在亚太权力、财富和利益结构中的主导地位，给中国致力于推动人类命运共同体建设带来新的阻力和挑战。事实上，中国的周边安全态势正在出现恶化。自冷战结束以来，中日两国已经形成了多层次和多样化的沟通交流机制，双方经贸和社会交流广泛而深入，但两国之间的差异同样是巨大的。日本把自己作为"美西方阵营坚定分子"的国家定位和利益选择，是中短期内中日两国发展"睦邻友好关系"仍然难以跨越的鸿沟。日本政界对美国实施对华竞争战略充分肯定、日中长期未能缓和领土争议以及地缘战略上日本对中国消极认知，都将继续成为中日关系改善难以顺利实现的严峻考验。东亚区域战略局势的尖锐性、复杂性将会长期化。

（该文原载于《日本学刊》2022年第1期，收入本书时做了适当修改）

口传与文字之间

——《古语拾遗》所见日本古代神话叙事体系的嬗变

刘晓峰[*]

古代日本神话有非常久远的口传过程。8世纪初，受到中国古代文化强烈影响，日本人开始使用汉字将日本神话整理成文字记录下来。这一过程实际上是熟习汉字以及汉字背后的时空观、价值观以及各种中国古代思想与文化知识的记录者们，对丰富而不断变化的口头传统进行筛选、改写、定型的过程。

以807年成书的《古语拾遗》记事为线索，我们可以考察日本古代神话从口传到文字的转变过程。《古语拾遗》是非常特殊的一部书。以天太玉命为祖先的忌部本来职掌朝廷祭祀，但在天武朝制定"八色之姓"（684年）时，得姓朝臣的中臣氏超越了得姓宿袮的忌部一格。从奈良朝开始，忌部慢慢失去了参与重大祭祀的机会。忌部与中臣氏围绕祭祀权争讼不已。在此期间平安初期的大同二年（807年），忌部代表人物斋部广成撰写了这部《古语拾遗》。是书成书时，《古事记》已成书95年、《日本书纪》已成书87年，而撰作者斋部广成亦年逾80岁。所以从时间上，广成的少年和青年时代依旧是旧的口头传统存在的年代，身边应当还有相当多口传资料。所以这是一本源于忌部口头传统的书，是与《古事记》《日本书纪》年代最为接近的历史典籍，而斋部广成根据忌部口传所撰写是书时，旧有的口头传承应尚多有存在。所以《古语拾遗》是讨论日本古代神话时，特别是在讨论日本神话从口头传统到文字文本之间的演进变化时，非常重要的参考资料。

比照日本早期文献《古事记》、《日本书纪》和《先代旧事本纪》，对于天地开辟"独化之外，俱生二代，耦生五代，所谓神世七代"的谱系化写作已经被经典化了。从《古事记》《日本书纪》到《先代旧事本纪》，从时间上看前后不到200年，日本的历史写作已经形成一个从开辟神话开始写起这样一个共同的传统。然而成书于其间的《古语拾遗》的神话叙事却将开辟神话以"开辟之初"四字一带而过，直接从伊弉诺、伊弉冉二神结合并生国生神讲起，显得非常特殊。斋部广成的《古语拾遗》如此开篇是值得我们认真追寻的口传特例。《古语拾遗》不讲"神世七代"，不是偶然或省略，而是"故录旧说，敢以上闻"的"旧说"，是80岁的广成坚守古老的口头传统一份最后的倔强。天地开辟阶段的"神世七代"是很靠后才被加入日本古代神话之中的，是"竟兴"的"浮华"，是"使人历而弥新，逐代而变改"的"新"和"改"的一部分。

从文本出发检讨一下《古事记》和《日本书纪》中的"神世七代"叙事，用中国古代的

---

[*] 刘晓峰，清华大学历史系教授。

阴阳思想理解这些神的奇偶属性，我们会发现《周易》作为一个潜在的结构性影响因素在发挥作用。《日本书纪》开篇出现的一大群神来如飘风，猝然出现在天地开辟一段之中，却又倏尔即隐，此后基本不再出现。现在看，"神世七代"中很多神很可能都是为了满足上述结构而硬加进日本神话的，所以这些神不再出现在后来的神话叙事中，处于和整个日本古代神话游离的地位。早期日本神话，很可能如《古语拾遗》所记载，是始自伊弉诺、伊弉冉二神为夫妇生大八州国及山川草木、日神月神和素戈鸣神。尽管期间有其他的神同时降临，但其重要程度应当不超过伊弉诺、伊弉冉二神，并且应当没有后来复杂的"神世七代"神谱。

从斋部广成所讲"国史家牒虽其由"这句话看，他一定是阅读过《古事记》《日本书纪》，并对这部分内容有清楚的了解。那么可以想到的理由可能是忌部的传承中，本来就没有"独化之外，俱生二代，耦生五代，所谓神世七代"的谱系，所以没有叙述。也就是说，忌部口传的日本神话的开端，就是始自伊弉诺、伊弉冉二神为夫妇生大八州国及山川草木、日神月神和素戈鸣神，而没有复杂的"神世七代"神谱，这很可能是日本神话一种比较原始的状态。

（该文原载于《民族文学研究》2022年第3期，收入本书时做了适当修改）

"泛安全化"视域下日本对华政策研究

蔡亮[*]

"泛安全化"意指国家对传统安全概念的边界进行过度扩张的主客互构进程。受此影响，日本对华政策的目标设定主要体现为：安全上，持续配合美国全面对华遏压，围绕中国形塑一个有利于美日的战略环境和价值观同盟；经济上，稳固以美日为主导的依附型共生体系，既确保日本的技术优势，又能将中国框限在产业链的中下游中；价值上，以"普世价值"为修饰，为持续"借台遏华"谋求正当性。

具体而言，日本把中国在钓鱼岛问题上的立场宣示和维权行动进行了现实主义安全倾向的"泛安全化"解读，即并不将之视为两国围绕领土争议所产生的矛盾，而是视为中国对日本领土的"入侵"和安全的"威胁"，进而认为是中国积极谋求构筑地区"霸权"的具体表现之一。进一步地，日本还将中国在台湾、南海的立场宣示和一系列的维稳、维权行为也定位为中国正在谋求以武力单方面改变现状，强调说这是对地区现有秩序的最大"威胁"。恰因为如此，在俄乌冲突爆发后，日本才不断地借助各种场合竭力渲染"中国威胁论"，并指出绝不允许中国在远东以武力片面改变现状。

在经贸领域，日本对华政策也呈现出越来越强烈的制度主义安全倾向，即在区域经济一体化过程中，推动同一制度框架内的良性竞争的政策重心让位于与所谓"志同道合的伙伴"构筑"小院高墙"，并将安全保障与经贸规制进行紧密联结，在推动对华部分产业"脱钩断链"，重组相应的供应链和确保日本的技术优势。

在建构主义的安全倾向上，日本将"自由与开放的国际秩序"美化包装成"普世价值"，就是给中国的不同发展路径贴上了违反"普世价值"的"异质性"标签。为此，日美将中国台湾问题纳入"印太战略"（FOIP）的对象中，将中国在台湾问题的原则立场和关联言行等同为对地区秩序的挑战，事实上将干涉中国内政与"印太战略"的目标挂钩。

对此，中国应倡导共同、综合、合作、可持续的总体国家安全观和践行共商共建共享的全球治理观加以积极应对。总体国家安全观体现了"以发展定义安全"的新型全球治理理念，以此为指导，中国一再强调应从战略高度把握好两国关系大方向，共同肩负维护国际地区和平与繁荣的责任，加强国际地区事务协调合作，努力应对全球性挑战。具体到双边关系，又该如何为中日关系的正确发展指引方向呢？中国指出，两国应"恪守中日四个政治文件原则，总结汲取历史经验，客观理性看待彼此发展，将'互为合作伙伴、互不构成威胁'的政治共识体现到政策中去。历史、台湾等重大原则问题涉及两国关系政治基础和基本信义，必须重

---

[*] 蔡亮，上海国际问题研究院中日关系研究中心研究员。

信守诺、妥善处之"，持续加强高层交往和对话沟通，不断增进政治互信，并持续加强经济合作和民间交流，共同致力于构建契合新时代要求的稳定和建设性的中日关系。

学界评价与反响

该文发表后在学术界和社会上取得了一定的反响，并被人大复印报刊资料《中国外交》2023年第4期全文转载。学术界认为，该文从中美大博弈的视角出发，分析了日本对华政策呈现"泛安全化"倾向的结构性原因，并提出中国相应的政策建议。此外，学术界还认为该文清晰地就中美日三国互动中的日本角色给出了定位，即随着中美战略性竞斗趋于全面化、长期化，近年来的日本对华政策就是在美国的对华布局中谋求相应角色。而其在积极构建"美日主导对华遏压"的非对称竞争模式的过程中，日本的对华政策也呈现出全方位、多议题交叠的"泛安全化"特征。日本这种专注于"泛安全化"下的过度对抗，不但会使得中日之间的互信赤字进一步加深，更会导致两国关系深陷国内政治与国际政治的反向作用的恶性循环中，最终使得两国关系有深陷"泛安全化陷阱"之虞。最后，学术界认为该文在政策建议部分，紧紧围绕我国的"安全、发展、文明"全球倡议，并站在总体国家安全观的高度，提出了具有战略性、前瞻性和可操作性的建议。

（该文原载于《日本学刊》2022年第6期，收入本书时做了适当修改）

构建新时代中日关系的多维思考

中日关系、亚太合作与全球治理

张宇燕[*]

2022年是中日邦交正常化50周年。2021年10月习近平主席同日本新任首相岸田文雄通电话时曾指出，希望双方重温初心，相向而行，共同迎接邦交正常化50周年这一重要历史节点，开辟两国关系新的发展前景。习近平主席还就中日关系提出了三个方面的希望。一是双方要认真汲取两国关系正反两方面经验，恪守中日四个政治文件确立的各项原则，切实践行"互为合作伙伴、互不构成威胁"的政治共识，妥善处理历史、涉台等重大敏感问题，管控好分歧，把握好正确方向，维护好两国关系政治基础和大局。二是双方应该加强治国理政交流和经济政策协调，共同维护公平开放的贸易和投资环境，实现更高水平的优势互补和互利共赢，更好造福两国人民。三是双方应该践行真正的多边主义，本着各自根本利益和人类共同利益，弘扬和而不同、和衷共济的东亚智慧，积极促进区域合作，协调应对全球性挑战，维护世界和平稳定发展。其中，维护好两国关系的政治基础和大局是前提，治国理政交流、经济政策协调、高水平优势互补和互利共赢是务实目标，践行真正的多边主义、促进区域合作、应对全球挑战是更高期待。这三方面内容，经受住了历史的检验，具有指引两国关系长期发展的重大实践价值。

从历史来看，在中日关系政治基础牢固、大局稳定的时候，双方的经济合作和共同推动的区域合作就能取得巨大成就，促进两国、地区乃至全球安全与繁荣。例如，在"10+3"机制下推进"清迈倡议"、多边化建设亚洲区域外汇储备库和成立"东盟+中日韩宏观经济办公室"过程中，中日两国合作就发挥了重要作用。两国在亚洲区域外汇储备库中承诺出资份额最多，并轮流派出人员担任"东盟+中日韩宏观经济办公室"主任，为构建地区金融安全网作出了重要贡献。再如，《区域全面经济伙伴关系协定》（RCEP）最终签署并顺利启动，结束了中日之间没有自由贸易区安排的历史。这些对区域繁荣与安全具有重大意义的成果的取得，都是在中日关系存在较好政治基础的前提下实现的。

当前中日关系出现波折，既与中日关系政治基础受到一定程度的损害有关，也与国家间重要政治承诺被掏空有关。在第九次高级别政治对话期间，中日双方一致同意以2022年邦交正常化50周年为契机，加强各层级对话沟通，共同构筑建设性、稳定的中日关系。这些共识要落到实处，还需回到习近平主席提出的三方面希望上来，具体可加强以下合作。

第一，通过国际比较和历史分析，讲清楚中日互信加强、双边关系稳定对于地区经济繁

---

[*] 张宇燕，中国社会科学院世界经济与政治研究所所长，博士生导师。

荣的极端重要性、必要性和可能性。当前全球经济增长疲弱甚至面临衰退风险，支持经济增长的资本、技术要素寻求避风港和增长极的愿望十分强烈。长期以来，亚洲特别是东亚地区的供应链、产业链最完整，高质量劳动力最充裕，增长速度最快，市场规模巨大，投资回报率最高。可以说，中日所在地区具备产生突破式创新、驱动超常规增长的有利条件。如果向这一地区投射生战生乱预期的阴影，势必会严重削弱前述各项有利条件，这显然不符合包括中日在内的亚太地区国家的共同利益。最近一个时期，亚太地区出现的一些集团化机制，名为保障地区安全，实则为地区制造或增添了麻烦、冲突和对抗的风险，特别是放任对华消极因素存在甚至变本加厉。作为亚太地区的两个大国，以邦交正常化50周年为契机，中日应致力于确保本地区的稳定与繁荣，努力排除外来扰动，管控风险，回归共同引领亚洲区域合作的轨道，最大限度地实现两国和本地区的最大利益。

第二，加强中日两国间经济政策协调。2022年以来，国际货币基金组织（IMF）连续两次下调全球经济增长率，从年初的4.4%下调至3.2%。导致全球经济增速下滑的主要原因，一是美国与欧洲出现的高通胀，其结果是美联储和欧洲央行货币政策转向。美联储连续四次提高联邦基金利率，加息幅度达225个基点，欧洲央行亦开始步美联储政策之后尘。二是全球供应链调整过程中出现的瓶颈，这一点在国际清算银行（BIS）2022年7月发布的报告中被特别强调。此外，乌克兰危机引发的大宗商品价格上涨也具有紧缩效果。无论是美欧政策转向还是供应链调整瓶颈，均对亚太地区特别是中日两国的经济前景产生直接或间接影响。中日两国货币政策与欧美的不同步甚至反向操作对本地区乃至世界经济产生何种影响？美国在亚太推行"印太经济框架"（IPEF）将对本地区供应链引发什么样的后果？愈发流行的"资源民族主义"对中日这两个最主要的资源能源进口国究竟意味着什么？解答这些问题都需要中日两国政府间、智库间以及企业间充分开展政策讨论与协调。

第三，以RCEP为主轴深化并拓展亚太经贸合作。半个世纪以来，亚太经济合作取得了长足进展，呈现出多形态、多维度、多交叉等特征，有人将亚太各类合作机制混杂并存称为"意大利面条"现象。比较而言，2022年正式启动的RCEP扮演着举足轻重的角色。从包含经济体数量看，RCEP由东盟和中日韩澳新等15个国家组成；从经济体量看，RCEP含有世界第二、第三大经济体及20国集团中的五个经济体；从贸易投资关联度看，RCEP各参与方之间的相互依赖堪比欧盟成员国和美加墨；从国际法地位看，RCEP是政府间协定，并经各国立法机构认可，这一点与IPEF明显不同。将RCEP作为亚太合作的主轴，还要进一步使其机制化，提升其以接受新成员为特征的开放性，加大其以不断包融新议题、新领域为特征的扩展性，让其成为推动及协调亚太地区其他现存合作机制的动力源。中日两国在巩固和拓展RCEP机制和功能方面肩负着重大责任，同时也是重要受益者，理应提出具备东亚智慧、体现真正的多边主义精神的研究课题和对策建议。

第四，加强关于中日双方如何更好地为全球提供公共产品的研究。全球问题形形色色，气候治理首当其冲。联合国政府间气候变化专门委员会（IPCC）于2021年8月发布报告《气候变化2021：自然科学基础》，对人类发出气候红色警报并指出，随着全球变暖，当年的残酷经历将成为新气候常态。时至今日，我们可以很轻易地证实，IPCC一年前做出的预言在一年后得到了验证，酷热、野火、水灾、旱灾、不一而足。该报告还指出，即使各国从现在开始大幅度减少碳排放，全球变暖的升温幅度仍可能在未来30年内达到1.5摄氏度，一个更加炎热的未来基本上已不可避免；如果"减排"失败，后果更不堪设想。考虑到全球治理这一全球公共产品供给问题涉及全球集体行动难题，故需要包括中日两国在内的全球主要博弈者在能源转换过程中发挥引领作用，同时处理好过渡期内对化石燃料进行合理有效使用。中日两国可以就形成气候治理目标、协同推进清洁技术创新、建立新气候俱乐部、妥善解决敏感且有争议的碳边境调节税等议题开展联合研究，帮助世界走出全球公共产品供给的集体行动困境。

国家间关系既简单又复杂。说简单，只要各国都依据和平共处五项原则行事，国家间的和平、发展、安全、治理、信任都可以实现；说复杂，各国在理解原则和践行原则上千差万别，其结果往往是各国间始终存在大小不等的和平、发展、安全、治理和信任赤字。这一点在过去半个世纪的中日关系中得到了充分体现。各种赤字的存在通常表现为国家间的矛盾、分歧甚至紧张。成熟的国家关系不是没有矛盾，而是出现矛盾后当事方能够坐下来，共同理性地寻找消除或弱化矛盾的途径。成熟的国家关系更应表现为在谨守和平共处五项原则的基础上共同努力实现互利共赢，这里所说的"互利共赢"，不仅指中日两国，还涉及亚太地区乃至世界各国的互利共赢。总之，面对世界复杂形势，中日关系的地区和全球意义更加凸显。中日两千多年交往史和邦交正常化50周年历程启示双方，和平共处、互利合作是发展两国关系的唯一正确选择。国际问题研究者应秉持高度责任感和使命感，深刻总结历史，提出有利于中日双方保持定力主见、排除内外干扰、构建契合新时代要求的中日关系的真知灼见。

中日邦交正常化的原点坐标之一：日本必须承认台湾是中华人民共和国领土不可分割的一部分

蒋立峰[*]

30年前，余曾跟从中日邦交正常化的直接参与者肖向前先生访日。访问团一行先后参观了位于冈山县的754年与鉴真和尚同行回到日本的遣唐副使吉备真备的纪念馆和纪念碑，鹿儿岛县鉴真和尚登陆地的鉴真纪念馆以及香川县的大平正芳纪念馆，又在冈山县为中国人民的老朋友、中日邦交正常化的有力推动者冈崎嘉平太先生扫墓祭拜。中日关系自古至今，在千万贤达的推动下，方得以友好互鉴为主流并成为历史大趋势。1972年的中日邦交正常化，正是顺应这一历史大趋势的重要转折点。先贤之功，彪炳史册。复念我等研究者众，半世纪中，亦为中日关系的发展尽心守责、贡献隙薄，穷"经"（中日和平友好之"经"）皓首，略感欣慰。

众所周知，1971年10月，中华人民共和国恢复了在联合国的一切合法权利。11月10日，周恩来总理在同日本访华团谈话时十分明确地指出："中日之间存在一个台湾问题"，"我们认为，单说台湾是中国的一个省，或者说是中国领土不可分割的一部分还不够，还要说台湾已经归还它的祖国——中华人民共和国。"彼时，中日欲实现邦交正常化，面临的主要难题就是

---

[*] 蒋立峰，中国社会科学院日本研究所研究员。

如何解决台湾问题，所以周恩来总理不失时机地就台湾地位问题向日方做出了以上明确表述。但有学者在研究中日邦交正常化问题时，认为台湾问题并未真正得到解决，今后仍可能成为中日关系发展的障碍。其理由之一是日本政府并未直接承认台湾是中华人民共和国领土不可分割的一部分，即在1972年中日两国政府发表的联合声明中，关于台湾问题的表述是："中华人民共和国政府重申：台湾是中华人民共和国领土不可分割的一部分。日本国政府充分理解和尊重中国政府的这一立场，并坚持遵循《波茨坦公告》第八条的立场。"此后在公开正式场合谈到台湾问题时，日本政府始终坚持这一说法。

1945年7月26日的《波茨坦公告》第八条规定"《开罗宣言》之条件必将实施"；1943年12月1日的《开罗宣言》则明确表示"三国之宗旨在使日本所窃取于中国之领土（英文原版为'一切领土'——笔者注），例如满洲、台湾、澎湖列岛等，归还中华民国"。事实是，日本无条件投降时，中国政府派行政长官陈仪在台湾主持受降仪式，时任日本驻台湾总督安藤利吉代表日本政府在投降书上签字，这标志着日本已将台湾、澎湖列岛等（当然应包括台湾的附属岛屿钓鱼岛群岛）归还给中华民国。虽然《旧金山和约》只写明"日本放弃对台湾及澎湖列岛的一切权利、权利根据及要求"，但这并不与日本无条件投降时已将台湾、澎湖列岛等归还给中华民国的既成事实矛盾，也根本不可能成为"台湾地位未定论"的依据。

中华人民共和国成立后，蒋介石集团虽盘踞台湾及附近岛屿，但已完全丧失了代表中国主权的资格，日本已归还给"中华民国"的台湾及附近、附属岛屿毫无疑问应处于中华人民共和国主权范围之内。1971年，中华人民共和国作为中国的唯一代表恢复了在联合国的合法席位，取代所谓"中华民国"出任联合国安理会常任理事国。这说明，国际社会至此已形成共识，认可代表中国的主权国家只能是中华人民共和国。由此可以说，日本战败时归还给"中华民国"的台湾，毫无疑问是中华人民共和国不可分割的领土。这就是前述周恩来谈话的本意。

问题的关键在于日本政府在《中日联合声明》中所谓"充分理解和尊重"的含义是什么。此问题的答案只能从准确无误的历史档案中寻找，而不能靠臆想和推测。日本政府早已解密公开的中日两国政府在北京进行邦交正常化谈判的全部记录，使我们深入了解这一问题的全貌有了可能。日本有关外交官员一再表示，这些档案是确凿可信的。

在1972年9月26日第一次中日外长会谈时，日本外务省条约局局长高岛益郎在说明日方草案时，尤为郑重地讲了如下一段话："关于日本政府对台湾问题的立场，借此机会概述如下。由于《旧金山和约》，我国放弃了对台湾的一切权利，不能对台湾现在的法律地位做出独自的判断。我们十分清楚中国对《旧金山和约》的见解与日本不同，但我国作为该条约的当事国不能放弃上述立场。然而与此同时，如果按照开罗、波茨坦两个宣言的精神，台湾依照这些宣言的规定应该归还中国，这是日本政府不变的见解。我国还全面尊重中国的'一个中国'一贯立场，当然毫无再把台湾变成日本的领土或支援台湾独立的意图。所以，我国也不设想将来（即中日邦交正常化后——笔者注）台湾具有中华人民共和国领土以外的任何法律地位。从这一见解出发，日本政府认为，台湾现在处于与中华人民共和国政府不同的另一个政权的统治下，由此产生的问题应由中国人自己即作为中国的国内问题来解决。另一方面，我国亦不否认与存在于台湾的国民政府维持外交关系的各国的政策，美中间的军事对抗应予避免，这是全体日本国民的愿望。基于此，台湾问题最终应和平解决。这是日本政府的基本见解。（日方）联合声明草案第四项第二款'日本国政府充分理解并尊重中华人民共和国政府的这一立场'即与中方立场相对应的、日方上述考虑的简洁表述。"请特别注意其中这句话："我国也不设想将来台湾具有中华人民共和国领土以外的任何法律地位。"其含义显然是，日本承认今后台湾只具有作为中华人民共和国领土的法律地位。

在两天后的9月28日，中日举行了第四次首脑会谈，大平正芳外务大臣就台湾问题做了一个专门发言，他按照事先准备好的稿子宣读如下："日本政府今后当然也不会采取'两个中国'的立场，完全没有支持'台湾独立运动'的想法，对台湾不抱任何野心。对于这一点，希望（中国方面）信赖日本政府。"

如此，中日双方在台湾问题上达成一致，其他问题经双方互谅互让、认真协商也都获得解决。需指出的是，根据《周恩来年谱》，1972年9月25日、26日晚，周恩来总理均到毛泽东主席处汇报情况并商议对策，27日陪同毛泽东主席会见田中角荣首相，28日主持中共中央政治局会议，讨论批准"中日联合声明草案"。显然，实现中日邦交正常化是毛泽东、周恩来以及中共中央的集体决策。至于日本方面，对于田中内阁推进实现中日邦交正常化的决策及结果，同年11月第70届日本国会上，众议院和参议院各自全场一致通过了认可《中日联合声明》、欢迎和祝贺中日邦交正常化的决议。显然，中日"彼此都需要"的邦交正常化是顺应历史潮流的上善之举，中日双方均让步而形成的《中日联合声明》是由中日两国总理和外长签署表明两国均已接受的、确立了此后中日关系发展基础的、两国政府在此后处理双边关系时都应遵守的正式文件。

在台湾问题上，中国政府既坚持原则，又具有灵活性。凡与中华人民共和国建立邦交的国家，与台湾只能维持民间关系。在中日邦交正常化后的1973年9月9日，周恩来总理对日本驻华大使小川平四郎讲："只有一个中国，不能有两个中国。一部分日本人一定要和台湾来往，这是题中必然出现的文章，我们并不重视。但是有一条，如果是代表日本政府或国会去的，问题就大了，那就不行，那就等于承认两个中国。如果是把台湾作为中国的一个部分看待，那就是另外一个问题。"

总之，50年前日本政府在台湾问题上做出的承诺，成为中日邦交正常化的"原点坐标"之一（除台湾问题外，还有日本对战争深刻反省、中国放弃战争赔偿要求、和平友好反霸三点）。"原点坐标"是不能改变的。否则，不仅要对50年来中日关系的发展重新评价，对今后50年乃至更长时期的中日关系发展也会造成非常不利的影响。纪念中日邦交正常化50周年，并不是要让中日关系回到原点——其也不可能回到原点——而是为使中日关系今后有更大的发展。

日本对华政策与国内政治

王新生[*]

中日邦交正常化已经50年了。其间，中日关系经历了阶段性变化，我个人将其分为五个

---

[*] 王新生，北京大学历史系教授。

阶段，第一个十年是友好与合作时期，第二个十年是摩擦与合作时期，第三个十年是对立与合作时期，第四个十年是对抗与合作时期，第五个十年是冲突与合作时期。简单地讲，中日之间的经贸关系一直保持合作的态势，但政治关系变化很大，从友好到摩擦、对立、对抗、冲突。探究这一变化的背景，既有地区局势及国际局势变化带来的影响（例如冷战结束等国际格局变化，中美日共同对付来自苏联威胁的战略合作基础消失等因素），也有双方经济实力发生逆转且差距越来越大所产生的效应（例如2010年中国国内生产总值超过日本，目前是日本的三倍左右，从而影响到两国的国民情绪等），更有各自国内社会变迁带来政治结构的变化以及在此基础上决策过程发生变化所产生的作用。

从国内政治对两国关系影响的角度看，在中日邦交正常化以来的50年间，日本的对华政策制定过程大体可分为三个阶段。第一个阶段是在20世纪90年代以前，准确地说，1972年到1992年基本上是自民党内"田中派"（后来演变为"竹下派"）与"宏池会"主导对华政策时期，而且在政党主导决策过程背景下，行政官僚也给予了较好的配合。具体说来，一方面，田中角荣执政时期，自民党内派系制度化，"田中派"与"宏池会"又是较大派系，具有较强的政治影响力，而且多数成员对华态度积极。另一方面，进入20世纪70年代，自民党长期执政造成党内出现了许多特定领域的政策专家，即"族议员"，政党主导决策过程模式逐渐取代了过去的官僚主导决策过程模式。正是在田中角荣首相与"宏池会"成员大平正芳的主导下，日本政府推动实现了中日邦交正常化。其后，尽管中日关系也有不协调的方面，如20世纪80年代的两次教科书事件、内阁成员集体参拜靖国神社事件、光华寮事件等，但基本上处在比较良性的时期。特别是在大平正芳内阁、中曾根康弘内阁、竹下登内阁时期，日本向中国提供了三次政府开发援助（ODA）项目，推动了中国改革开放的顺利进展；1984年，中国邀请3000名日本青年访华，1992年更实现了历史上天皇首次访华；中日关系整体呈现友好发展态势。

第二个阶段是20世纪90年代以后到21世纪初，即1993年到2001年。在这一时期，泡沫经济崩溃，长期执政的自民党下台，日本实施了一系列政治、行政、经济等领域的改革，特别是1994年国会两院通过的"政治改革四法案"，将过去实施的中选区制改为小选区比例代表区并立制，以及规定由国家向政党提供政治资金等。新规则改变了日本的政治生态，党首掌握了选区候选人的决定权和政党补助金的分配权，致使党内派系力量减弱。另外，自民党重新上台后，桥本龙太郎内阁大力推进行政改革，计划从1府22个省厅改为1府12个省厅，在减少行政机构、推动省厅重组的过程中削弱其权限。在这一过程中，行政官僚的主观能动性受到较大的限制。概言之，这一时期的日本政界、官界均处于调整期，遂造成日本对华政策出现摇摆，即使出身"竹下派"的桥本龙太郎、小渊惠三执政时，仍然在地区安全问题、历史认识问题上与中国发生对立乃至对抗，如在贸易方面出现摩擦、冻结无偿援助、钓鱼岛问题等。特别是1996年的《日美安全保障联合宣言》、1997年的新《日美防卫合作指针》以及1999年的《周边事态法》，均将矛头指向中国，由此也出现了"中国威胁论"等声音。

第三个阶段是21世纪以后，特别是小泉纯一郎执政时期，首相官邸主导决策过程的特征逐渐呈现。不仅表现为日本的对外政策更多体现了国家领导人的个人价值观，如何迎合或控制社会舆论也成为衡量首相能否发挥政治领导力的重要指标之一。之所以出现这种政治生态，其背后是日本社会变迁带来政治结构变化的影响。具体说来，尽管平成时代只有短短的30年，但它反映了一种社会变迁，也就是从工业化社会向后工业化社会过渡的开端时期。譬如平成时代有两大社会现象，即导致老龄化少子化的超单身主义与造成通货紧缩的低欲望主义，均体现了以工作、生活个人化为中心的后工业化社会特征。

从政治结构的角度看，从工业化社会向后工业化社会过渡的社会变迁造成了组织率大大降低，例如工会组织率只有15%左右，"农业协同组合"的内部凝聚力乃至政治影响力也逐渐减弱等。这样一来，利益集团在政治过程中的作用骤然降低，特别是其政治动员功能的减退，迫使各个政党党首成为选举的招牌，也就需要"剧场政治家"吸引选票，因而如何应对或控制社会舆论成为制定政策的重要选项依据。较为典型的是小泉纯一郎和安倍晋三执政时期，前者能够煽动舆论，但个人色彩浓厚，尽管当时中日经贸合作由于中国加入世界贸易组织而发展迅速，但中日关系因日本首相屡屡参拜靖国神社等问题而处于"政冷经热"状态，小泉长期执政的秘诀就在于其善于引导舆论。至于安倍晋三，其在第二次执政时期强化了首相官邸主导决策过程体制，也较好地控制了社会舆论，因而维持了长时间执政，在其任期内中日关系出现了逐渐转暖的现象。

具体说来，安倍晋三第二次执掌政权之初的对华态度强硬，迎合了2010年"撞船"事件、2012年钓鱼岛"国有化"事件以后的日本民众情绪。但经过数年的努力，安倍不仅稳定了自己的政权，而且较好地控制了社会舆论，因而在2017年后表现出积极接触中国的姿态，明确表示参与以中国为中心的"亚洲基础设施投资银行"和中国方面倡导的"一带一路"建设，2018年10月更率领500人的代表团访华，表示日方愿同中方在广泛领域加强合作，包括共同开拓第三方市场。他强调中日互为邻邦，应按照互利合作、互不构成威胁的精神，根据两国间四个政治文件确认的共识推进双边关系，并为国际和地区和平以及维护自由贸易作贡献，还提出了"化竞争为协调""成为合作伙伴而非威胁""推进自由公平贸易"的中日关系三原则。

概括地讲，首相官邸主导决策过程是一种强势政治领导人的制度设计，但对弱势政治家来讲，反而是一种约束其行为的桎梏。进入21世纪特别是2010年以后，日本国民对华持负面印象占比一直处在较高状态，甚至达到90%以上。弱势首相执政时期，对华政策容易摇摆甚至对两国关系产生负面影响，例如小泉纯一郎执政结束后直到安倍晋三第二次执政之前的六届政府，不仅自民党执政时期对华政策不太稳定，民主党执政时期中日关系更是大起大落。安倍晋三第二次执政结束后的两任政府大体也是如此，因为新冠疫情，菅义伟内阁时期中日关系基本处在停滞状态，岸田文雄内阁为迎合国内外的氛围也发表了诸多不利于中日关系发展的言论，并采取相应的行动。尽管安倍晋三遇刺有利于岸田文雄进一步稳固政权，但其在安倍"国葬"问题上的优柔寡断显示出弱势政治领导人的特征，未来日本的对华政策走向十分令人担心。

中日美三边互动中的中日经济关系——半个世纪的三大转变

江瑞平[*]

2022年既是中日恢复邦交50周年，也是尼克松访华推动中美走向建交50周年。半个世纪的中日经济关系，是在中日美三边互动中走过来的，"美国因素"始终在其中发挥着重大甚至决定性作用。以此观察半个世纪的中日关系，可以说，在中日美三边互动中，中日经济关系经历了三大根本性转变，而且每一转变进程都有其明显的拐点。

在中日美三边互动中，中日经济关系经历的三大转变，分别体现在经济实力消长、主要矛盾转化、连带反应变向等三大方面。

（一）经济实力消长

其基本转变态势是，从强势的日美对弱势的中国，转变为弱势的日美对强势的中国。转变进程的主要拐点出现在2010年前后。在这一年，中国经济总量首次超越了日本，并取代日本成为仅次于美国的世界第二大经济体。

1972年的中国，仍处于"文革"后期，连年"以阶级斗争为纲"，导致经济社会发展长期停滞，国民经济濒临崩溃，整个国家积贫积弱。反观日本，刚刚经历了长达20年的经济高速增长，并在1968年即明治维新100周年之际，超过联邦德国成为资本主义世界第二经济大国，繁荣昌盛、国强民富。再看美国，更是长期保持着绝对实力优势，并在全球格局中牢牢占据主导和支配地位。高速增长、国强民富的日本，实力强大、优势显著的美国，对长期停滞、积贫积弱的中国，即强势的日美对弱势的中国，构成中日邦交正常化、尼克松访华推动中美走向建交的历史原点和起始基础。

但在此之后，尤其是20世纪70年代末中国开启改革开放之后，中日美三方的发展态势开始出现逆转，相对于日美，中国越来越显现出经济增长的巨大优势。从1980年到2021年，中国国内生产总值（GDP）增长了56.6倍，日本和美国同期仅分别增长了3.4倍和7.0倍，即中国的增幅分别相当于日本的16.6倍和美国的8.1倍。结果是，中国经济总量相对于日本的比重由26.9%攀升至353.6%，相对于美国的比重亦由10.6%攀升至75.9%。这意味着，以长期保持的明显增长优势为基础，中国的综合经济实力越来越呈强化之势，不仅对日本的绝对优势越来越突出，而且对美国的相对优势也越来越明显。在这一转变过程中，2010年成为重要拐点，中国经济实力在这一年超过日本，之后把日本落得越来越远；更重要的是，在这一年，中国取代日本，成为美国最大的经济竞争对手。

经历了半个世纪的经济实力消长，尤其是2010年的重大转折之后，半个世纪前中日恢复邦交、尼克松访华推动中美走向建交的历史原点和起始基础已经发生了根本性转变，由强势的日美对弱势的中国，转变为弱势的日美对强势的中国。这一重大转变，加上意识形态分歧、社会制度差异以及地缘政治、历史问题、领土争端等因素，导致日美在对华外交和对华战略上越来越突出防范、竞争、遏制的一面，从而成为困扰中日美三边关系和中日双边关系的核

---

[*] 江瑞平，外交学院教授。

心或焦点问题。

（二）主要矛盾转化

受实力消长的直接影响，中日美三边互动关系，尤其是其中的主要矛盾或者说矛盾的主要方面，也发生了根本性转化。其基本转化态势是，从日美摩擦为主、中国从属，转变为中美冲突为主、日本从属。这在三边经济关系的演进中表现得尤为明显。此次转变进程的主要拐点，大约出现在2000年。在这一年，中国首次取代日本，成为美国第一大贸易逆差来源国。

再回到中日邦交正常化、尼克松访华推动中美走向建交的1972年，当时的中国，不仅国民经济濒临崩溃，而且处在近乎完全封闭状态，不可能成为国际经济竞争的主角。而日本则在1968年成为资本主义世界第二大经济体后，越来越成为美国在国际市场面临的最强有力的竞争对手。其主要标志之一是，日本给美国制造了巨额贸易逆差，并长期占据美国第一大贸易逆差来源国的位置，直到2000年被中国所取代。尤其是在1991年，来自日本的逆差一度占到美国全部外贸逆差的65.0%。因此，在2000年之前，日美经贸摩擦始终构成中日美三边互动的主要矛盾，而中国处于从属地位。标志性事件出现在1985年，著名的"广场协议"成为日本噩梦的开始，更是日本走向衰落的起点。

进入21世纪，中国经济实力快速增强。较之日本，中国用10年时间将经济总量从相当于日本的1/4实现反超，又用10年时间扩大至日本的3倍以上；对美国而言，中国则是用20年时间将两国GDP之比从1/10快速拉近至3/4。伴随经济实力的增强，中国的经济竞争力快速提升，直接结果是赢得巨额贸易顺差，尤其是对美贸易顺差。从2000年成为美国第一大逆差来源国之后，中国在美国外贸逆差中所占比重继续快速提升，到2015年最高时达到49.3%。由此导致的直接结果是中日美三边经济互动的主要矛盾越来越转向中美经贸摩擦，日本开始处于从属地位。标志性事件是2017年特朗普上台后，发起了规模空前的对华贸易制裁。

（三）连带反应变向

经济实力消长、主要矛盾转化导致的直接结果是，中日美三边互动对中日经济关系的作用方向发生根本性转变。其基本转变态势是，从日美摩擦促进中日合作，转变为中美冲突损害中日合作。转变进程的主要拐点，不是出现在某一个具体年份，而是一连串重大事件，包括2009年前后美国正式推出"重返亚太战略"、2010年中国经济总量超过日本、2012年中日钓鱼岛冲突、2013年日本加入（旨在从经贸层面围堵中国的）《跨太平洋伙伴关系协定》(TPP）谈判等。

在这一连串重大事件发生之前，日美摩擦是中日美三边互动的主要矛盾，日本对外经贸关系在美国方向遭遇巨大压力，拓展对华经贸关系成为缓解其压力的重要举措。受此影响，中日经贸关系显现全面展开、快速推进之势。在签署"广场协议"的1985年，对日贸易一度占到中国外贸的28.5%，以致在中国改革开放初期，一度形成"改革学日本，开放对日本"的独特景观。对华贸易在日本外贸中的地位更是快速提升，中国继2002年取代美国成为日本第一大进口贸易国、2007年再取代美国成为日本第一大贸易对象国之后，2009年又取代美国成为日本第一大出口对象国。

在这一连串重大事件之后，中美冲突越来越成为中日美三边互动的主要矛盾，日本越来越被动跟随甚至主动引导美国对华遏制,中日经济关系也因此越来越受到严重损害。尤其是2012年钓鱼岛冲突后,中日双边贸易连续五年负增长,其中2015年减少10.8%,日本对华直接投资连续四年负增长,其中2014年减少近40%。到2021年,对日贸易在中国外贸格局中的占比已降至6.1%;对华贸易在日本外贸格局中的地位也出现波动,日本第一大出口对象国的地位,又开始在中美之间转换。目前最值得关注的是,日本通过颁布"经济安保法案"、积极伙同美国推进"印太经济框架",谋求与中国"脱钩""断链",更将对中日经济关系产生严重损害。

(四)若干启示

2019年6月,中国国家主席习近平与时任日本首相安倍晋三就构建契合新时代要求的中日关系达成重要共识,但这一"新时代"的内涵是不断变化的,其中最大的变量之一就是中日美三边互动。

第一,经济实力消长未来还会进一步朝着中国相对走强、日美相对趋弱的方向演进。据国际货币基金组织(IMF)最新预测,到2027年,即五年后中国共产党第二十一次全国代表大会召开之际,中国经济总量将进一步达到日本的4.7倍和美国的94.1%,距离超越美国仅一步之遥,日本的经济总量则将进一步降到美国的1/5。

第二,由此导致的直接结果是,在中日美三边互动中,中美经贸冲突乃至总体战略冲突将继续激化,并进一步成为中日美三边互动的主要矛盾。日本如何选边站队,尤其是否会继续伙同美国强化对华遏制,将成为影响乃至决定中日双边经济关系走势的关键因素。

第三,未来中日经济关系,尤其是日本官方战略选择面临的主要考验,首先是IPEF的实际进展及日本在其中扮演的角色,其次是日本对待中国加入《全面与进步跨太平洋伙伴关系协定》(CPTPP)的态度,此外还有中日韩自贸谈判能否重新启动并顺利推进等。

(该文原载于《日本学刊》2022年第5期,收入本书时做了适当修改)

1972年以来日本政治的变革与"普通国家化"

李寒梅[*]

二战后，日本的国家发展指导思想是以日美安保体制为基轴，优先致力于国内经济的恢复与发展，全力实现国家现代化。与之相配套的政治体制是以自民党与社会党两大政党为主导、保守与革新相对抗的"1955年体制"。在国内两极政治结构相互牵制的背景下，日本的保守政治及其政权运营依靠各种政治力量间相互牵制而形成的平衡得以维持，形成一种权力分散的协调型政治运行体制，保证了自民党政策的平衡性、合理性和稳定性。保守势力内部这条现实主义的国家发展路线，以经济"奇迹"确立了在战后日本保守政治中的主导地位，形成"保守本流"路线。

一、新保守主义与"战后政治总决算"

1982年11月中曾根康弘执掌政权，提出"战后政治总决算"，将日本引上变革和转型的轨道。其执政时期大力推行新保守主义政策，实施了大刀阔斧的改革。

中曾根改革与战后经济中心主义的"保守本流"路线相比较，总体上显示出显著偏向政治外交和安全保障的大国主义倾向。日本的国家发展指导思想由此开始向新保守主义转变。在中曾根改革中，工会运动受到沉重打击，从根本上动摇了社会党的基础，成为左翼革新势力即社会民主主义路线走向衰落的开端。由于政党对抗弱化，原本由两极相互牵制形成的平衡开始失调，日本政治生态"右倾化"的趋势由此显现，日本政治的变革逐渐集中于保守政治内部两条路线的此消彼长。

二、"普通国家"论与两大政党构想

冷战终结，日本遭遇国际、国内政治经济格局巨变，这成为进一步推动日本政治变革、转型的大背景。时任自民党干事长小泽一郎于1993年出版《日本改造计划》，提出日本必须改变"三流政治"的状态，成为"普通国家"。为此要改革选举制度，建立两大政党轮流执政的体制。

1994年1月，日本众议院选举制度改为"小选举区比例代表并立制"。选举制度的改革必然推动政党势力重组。2009年8月众议院选举，日本民主党获胜，组成三党联合的鸠山由纪夫内阁，成功实现了一次两大政党间的执政轮替。但2012年12月第46届众议院选举，民主党惨败，自民党再度上台执政。此后日本政坛始终维持自民党与在野党"一强多弱"的局面，看不到再度出现两大政党轮替的可能性。政党结构中对自民党及自公联合政权的制约和竞争

---

[*] 李寒梅，北京大学国际关系学院教授。

力量未能形成，自民党对日本政治走向的主导日益强化。

在新选举制度下，伴随候选人转为政党本位以及《政治资金规正法》的修改、强化和《政党助成法》的实施，自民党内的派阀政治也发生变化。派阀凝聚力下降，派阀功能、族议员政治趋于弱化，自民党内的权力结构出现向总裁和党本部集中的趋势。

在政党格局维持"一强多弱"的情况下，自民党作为执政党，其受到的外部牵制和竞争进一步削弱；当内部派阀政治亦趋于弱化时，保守政治内外的牵制和平衡就都被打破，"政治钟摆"向右摆动之后很难再摆回原来的位置。

三、"官邸主导"的强化与决策体制的"一元化"

在战后传统保守政治体制下的协调型、分散的、关注利益分配和交换的权力结构，被认为难以产生"领袖型政治家"，弱化了从国家整体利益出发进行集中统一决策的强有力顶层核心领导能力。自民党在1996年重返执政地位后，即开始体制变革。其重点，一是调整权力结构，实现"官邸主导"的权力集中；二是调整政官关系，实现内阁与执政党的"一元化"，强化决策体制。

行政改革正式肇始于桥本内阁，通过实施省厅改革，重组中央省厅和强化内阁机能，明确首相主导权限及强化对首相的辅佐。小泉纯一郎就任首相后，进一步推进"结构改革"，强化首相官邸的决策权限。安倍时期则更加凸显"官邸主导"。由此，重要政策的决策权逐渐集中到官邸，"官邸主导"、权力集中的特征显现。在调整政府与执政党的关系中，首相官邸主导体制与执政党决策体制实现了一体化。

由此，从选举制度改革到行政改革、结构改革，日本形成了"一强多弱"、保守政党主导的结构，执政的自民党和政府的权力结构也趋于集中化和一体化。在"官邸主导"下提高顶层战略设计能力、实现"一元化"迅速决策的体制基础亦基本奠定。

经过对国内政治的重塑，日本战后以"低政治"为中心、专注经济发展的政治体制，朝着能够在"高政治"领域有所作为的新的政治体制转变；国家发展指导思想已从"经济中心"转向"政治中心"；国家发展目标也从"经济大国"转向"政治大国"；政党结构从保守与革新对立模式转向保守主导模式；决策过程从官僚主导、执政党主导向首相官邸主导转变，并与执政党的决策体制实现了一体化，权力结构呈现集中化趋势。随着保守与革新对立的消失，政党政治中的制约和竞争弱化，政治意识形态及政党理念走向趋同。在执政的自民党内，战后保守中右及右派势力逐渐占据主导地位，政治生态整体"右倾化"趋向日益显著。

日本政治的持续变革和转型，从其改革方向以及政治生态的变化可以判断，日本在战后特定国际、国内条件下，适应经济现代化指向而形成的"保守本流"路线已然终结，正在走向"普通国家化"。

（该文原载于《日本学刊》2022年第4期，收入本书时做了适当修改）

"弱化的三难困境"与战后日本经济社会稳定

贺平[*]

在全球化语境下,存在一个"扩展的三难困境":融入一体化的国民经济、民族国家、大众政治,三者难以同时有效满足。第二次世界大战之后,绝大部分国家都程度不一地涉足经济全球化,在此进程中,"扩展的三难困境"成为各国普遍面临的难题。当这一"扩展的三难困境"陷入重大僵局时,往往会在国内导致情绪激化、民意撕裂乃至社会动荡和政权更替。然而在发达经济体中,日本或许是该困境的表征最为隐性的国家之一。回顾战后70余年的历史,日本在不断融入经济全球化并从中充分获益的同时,相当程度上规避了"扩展的三难困境"所导致的巨大冲击。

整体而言,可以从要素国际流动、经济民粹主义、国内政治对立三个方面探究战后日本经济社会稳定的作用机理,亦可从其"补偿机制"循果推因,分析经济政策的内外平衡和双向互动如何促使日本实现了"弱化的三难困境"。

第一,就要素国际流动而言,首先,在移民政策上,日本政府较为谨慎乃至保守,采取了缓步微调的策略。其次,在投资政策上,尽管日本作为一个对外直接投资的资金来源国具有强烈的存在感,但其吸收的对内直接投资与前者相比极度失衡。最后,在贸易政策方面,与移民政策的"极度审慎"和投资政策的"外松内紧"相比,日本表现出保护主义与自由主义交错发展的态势。

第二,日本的"民粹主义"土壤相对稀释。首先,在"物质因素"方面,战后的日本社会,在"民主主义、经济高速增长和高度大众消费"的加乘作用下,逐渐成为一个均质化的大众社会。其次,在"文化因素"方面,20世纪六七十年代以后,西方发达工业化社会逐步从"物质主义"价值观转向"后物质主义"价值观,日本也发生了与西方社会类似的转型。

第三,战后至今,无论是在外交上还是在内政上,日本朝野围绕对外经济战略的政治对立都相对缓和。

经由经济协调、社会减压、政治趋同的正向反馈和叠加效应,战后日本减轻了"扩展的三难困境"三个目标间的对立矛盾,从而实现了经济社会的相对稳定。在上述三条彼此作用的逻辑链条背后是具体的战略设定和政策实施,其路径选择具有鲜明的内外互动的特征,主要表现在以下三个方面。

其一,在目标上,追求多重并行目标,而不过于强调单一目标,力争对外目标和对内目标的互补。其二,在对象上,注重战略实施和政策作用对象的"双重性"。其三,或许也是最

---

[*] 贺平,复旦大学日本研究中心教授。

重要的，在政策手段上，充分发挥缓冲和补偿机制的作用。其中，在经济上，战后日本通过多种直接或间接的途径实施补偿，力图实现经济收益和社会福利的"涓滴效应"。构建均质社会即与此息息相关。而在政治上，战后日本在自民党长期政权下，经济发展中处于劣势的群体通过政治手段得以获取经济成果的补偿。"政治参与中的收入偏差较小"，降低了政治极化的风险，也有助于政治稳定和社会安定。

学界评价与反响

该文创造性地将大部分国家在融入经济全球化时，往往面临经济一体化、大众政治、民族国家构成的"扩展的三难困境"这一国际政治经济学的经典概念应用于日本研究，试图探究日本案例在多国别比较中的共性与差异，认为日本经由经济协调、社会减压、政治趋同的正向反馈和叠加效应，减轻了三难困境间的对立矛盾，从而实现了经济社会的相对稳定。因此，这篇文章验证并适当修正了既有的理论，得到了学界的关注。文章刊出后在中国知网获得了700余次下载，并被多个国内学术界知名微信公众号转载。

（该文原载于《日本学刊》2022年第3期，收入本书时做了适当修改）

新形势下日本强化经济安全保障及其影响

徐梅*

在经济高度全球化、科技革命迅猛发展、国际秩序重构加快的形势下，政治、军事手段越来越难以保障国家安全，而需要更多地利用经济手段来达到目的。日本作为资源匮乏、市场狭小的岛国，二战后其经济发展所必需的能源、原料等在很大程度上依赖国际市场，其对外政策的一个重要目标是维护自由贸易体制，以确保国内资源的稳定供给，并将国内生产的工业制品等销往海外。因此，"保障经济安全的战略思想和政策运作，早就贯穿于日本的整个发展过程"。

一、日本经济安全保障的理论逻辑与战后政策演变

日本在不同时期所面临的安全问题及政策思维有所不同，其经济安全保障政策是着眼于形势发展变化、基于自身状况的战略选择，并随着时代变迁而调整变化。在战后很长一段时期内，日本实施防守型安全保障政策，其思路是以日美同盟为依托，依靠美国的核保护和援助，通过"贸易立国"获取海外技术、资源和市场，而美国是其中的主要供给方。这一政策和实践融入了经济安全的意涵。20世纪60年代中期以后，日本产业竞争力不断提高，对外贸易收支基本转为顺差，日美贸易摩擦随之逐渐增多。以20世纪70年代初布雷顿森林货币体系瓦解、石油危机爆发为契机，日本经济安全问题受到更多关注，经济安全保障开始成为日本讨论国家安全战略的重要议题，尤其能源安全保障成为一个重要的政策着力点。20世纪90年代初，随着冷战结束，传统意义上的军事威胁减少，核武器扩散、恐怖袭击等新的军事威胁以及环境变迁、难民移民、跨国犯罪等非军事威胁逐渐增多。同时，经济国际化的快速发展，使外部风险增大。此时，已跻身于世界经济强国的日本，也将经济安全保障作为其制定对外政策和国家战略的重要考量因素。21世纪伊始，虽然日本在世界经济中的地位相对下降，但争当"正常国家"的意愿却更加强烈。战后日本防守型安全保障政策发生重大变化，经济外交、经济安全保障政策亦显现出主动性，尤其在对外经贸领域。

二、新形势下日本强化经济安全保障动向及趋势

近年来，在新一轮科技革命席卷全球、大国实力对比变化、国际秩序重构加快、内外环境复杂多变的形势下，各国所面临的安全风险增多并以新的形式渗入。于是，包括日本在内的一些国家开始从安全保障的角度强化经济活动。近年来，日本已将经济安全作为国家安全保障及国家战略的核心内容之一。其强化经济安全保障动向及趋势表现为：强化经济安全保

---

* 徐梅，中国社会科学院日本研究所研究员。

障法规政策、健全完善经济安全保障职能、大力培育和管控敏感核心技术、产业政策强调"战略自主性"和"不可或缺性"以及与美国等"志同道合国"加强协作。

三、日本强化经济安全保障的影响

近年来,日本不断强化经济安全保障,谋求科技优势,维持产业竞争力,增强经济自主性,并通过与欧美等国家加强合作参与和引领国际规则、国际秩序重塑,以提升自身的存在感。这些趋向会给日本带来一些影响,也会波及相关国家以及地区乃至世界的发展。其一,维护日本国家利益,加快推进国家战略。其二,增强日本经济韧性,抵御风险和不确定性。其三,参与和引领规则重塑,提升地区及国际存在感。其四,降低对华经贸依存度,制衡并削弱中国影响力。其五,加剧大国竞争与矛盾,引发地区及国际局势紧张。

日本强化经济安全保障的根本目的在于获取国家利益、实现国家战略目标。无论今后日本政局如何变化,在大国科技竞争日益激烈、国际秩序重构加速、中国发展势头不可阻挡、日本谋求国家存在感和独立性的社会思潮升温的形势下,强化经济安全保障是日本未来发展的一大趋向。

(该文原载于《日本学刊》2022年第1期,收入本书时做了适当修改)

日本明治前期知识界接受西方"民族"概念的思想远因

——以"日本优越论"为核心

董灏智[*]

从19世纪70年代至90年代的20多年间,日本学者在未对西方"民族"概念作出充分解读的情况下,便直接使用"民族"一词,创造出"日本民族""大和民族"等词语,用以指代"日本"及"日本人",并把"日本优越论"置于其中。关键是,从长时段日本历史脉络考察,近代国粹主义者及其主办的报纸上所凸显的"日本优越论"并不是首创,而在江户时代早已有之。这意味着,近代日本人的"民族优越论"取向不可简单地归结为欧美诸国刺激的产物,显然与江户时代的"日本优越论"有着一定的关联。

事实上,由于明清鼎革和明末赴日乞师者的影响,江户前期的山鹿素行、山崎暗斋等人先后从日本皇统、日本水土两个特性构建了"日本优越论",进而解构了中国"华夷之辨"思想所给予日本的夷狄身份。在他们看来,日本人所居水土是天神选择的结果、日本天皇为天神的子孙是不容置疑的问题,正因如此,日本人自古以来接受的就是"天神"的教化,不会发生"易姓革命"之事,而日本历代天皇又重民之事、制民之产、尽农之利、除民之害、建民之长,使日本的政教尽善尽美,是故,日本及日本人的优越特性已是不言而喻,成为江户中后期的重要思想。

江户"日本优越论"不只体现了近代"民族"概念中的"自文化认同",还折射出一定的"民族主义"取向。它的出现,既是日本从文化上摆脱中国"华夷秩序"的开端,还是江户后期思想家挽救日本内外危机的"文化动因",更是明治知识界快速接受西方"民族"概念的思想远因。"日本优越论"与"民族"理念在日本明治前期得到了完美结合,尤其是"皇统优越论"刺激了日本"民族主义"的极度膨胀,加速了日本对外扩张的步伐,而日本在甲午战争中击败中国则进一步证明了日本民族的"优越性"。

江户—明治的历史脉络表明,明治日本知识界对西方"民族"理念的接受和应用,并不完全是西方思想冲击的结果,更与江户时代的"日本优越论"密切相关。这意味着,江户时代和明治时代不应该被"前近代"和"近代"的理念而人为地一分为二,事实上,形成于江户时代的"日本优越论"已经成为日本思想文化基因的一部分,它决定了近代日本的天下观念、外交策略,也部分规定了近代日本"脱亚入欧"的走向,而西方学说的传入更加刺激了近代日本的对外扩张行动。从这一层面来看,明治日本诸多看似费解的问题便极易理解,我们更可以清楚地了解到明治日本思想与行动的历史远因。

---

[*] 董灏智,东北师范大学历史文化学院院长,教授。

学界评价与反响

该文通过对江户时代和明治前期的日本知识界的分析，揭示了日本民族主义思想的形成过程和影响因素，对于我们理解日本历史和文化，以及应对当今世界上的民族主义现象具有重要的学术价值和现实意义。文章揭示了日本民族主义思想形成的历史背景和文化语境，为我们深入理解日本民族主义思想的本质和特点提供了重要的参考和启示。这对于学术界来说具有重要的价值，可以为相关领域的研究提供新的视角和理论基础。江户时代和明治前期正是日本民族主义思想形成的重要时期，而日本知识界则是这一时期的重要代表和推动者。因此，该文的研究对象具有代表性和典型性，对于我们深入理解日本民族主义思想的本质和特点具有重要的参考价值。文章采用了大量的历史文献和资料进行分析和比较，通过对日本知识界的思想和言论进行深入分析，揭示了日本民族主义思想形成的历史背景和文化语境，为我们深入了解日本历史和文化提供了重要的线索和视角。文章刊发之后被人大复印报刊资料《世界史》2022年第11期全文转载，还被中国知网（CNKI）引用3次。

（该文原载于《清华大学学报（哲学社会科学版）》2022年第5期，收入本书时做了适当修改）

推进东方外交史研究的他山之石

——重新审视近代以来日本的东亚史研究

宋成有[*]

东方外交史研究是个大课题。其空间范围广，时间跨度大。在整体研究布局上，需要有分有合。所谓"合"，即运用全球史的跨国别宏观研究框架，强调共性或普遍性。所谓"分"，即按照历史阶段、区域或国别专题，分别展开研究。东亚外交史历来是东方外交史重头戏。无论是古代中国主导的东亚册封体制，还是近代日本支配下的"东亚新秩序"或"大东亚共荣圈"，以及战后东亚外交史的异彩纷呈，均构成东方外交史的新内容。客观上看，无论是史料整理、研究成果积累，还是观点的提出，日本学者的东亚史即东洋史研究均先行一步，且不乏借鉴价值。

近代日本以"脱亚入欧""大陆政策"为基本对外国策，迈出发动中日甲午战争、割取中国台湾，挑起日俄战争、吞并朝鲜半岛，参加第一次世界大战、位列国际联盟"五常"等三大步，武力崛起为世界级的强国。正是在日本帝国不断扩张的背景下，那珂通世为日本的东洋史学奠基，白鸟库吉、内藤湖南分别成为东京帝国大学"东洋史学派"和京都帝国大学"支那学派"的领军人物。他们在来华考察、整理文献资料、展开学术研究的同时，按照日本政府对外扩张的需要，研究重点循"支那""日鲜""满鲜""满蒙"等问题依次展开，提出诸如中国史即"汉人的历史""崖山之后无中国""日鲜同祖""满洲非支那领土""日本东洋盟主论"等若干影响深远的理论与观点，为帝国对外扩张提供政策建议与历史依据。因此，近代东洋史学国策性与学术性兼具，对其认知也应持辩证的两点论，偏轻偏重均不可取。

1945年日本战败投降，东洋史学的国策性随着"大日本帝国"与"大东亚共荣圈"的崩溃而无可依附，一度销声匿迹于学术舞台。随着1968年日本重新成为世界经济大国，民族自信心、自豪感飙升，东亚史研究随之迅速升温，"东亚世界论"备受瞩目。从20世纪50—90年代，日本的东亚史研究取得进展，研究的资料序列化、理论方法多样化、研究视角多元化，成果累累，相关研究继续领跑东亚史研究。其中，50年代马克思主义史学理论盛行，东亚史与战前的"国策史学"划清界限，史学界面貌为之一变。60年代，美国的现代化理论风头正健，马克思主义史学逐渐失去主导地位，内藤的"文化波动说"等战前"东洋史学"的某些学术观点回潮。西嶋定生与堀敏一的"东亚世界论"引人注目。特别是西嶋的"东亚世界论"薪火相传，形成师承关系的链条。

20世纪90年代美苏冷战结束，促进了日本东洋史的新发展。其中，如沟口雄三等提出

---

[*] 宋成有，北京大学历史系教授。

"从外缘看中国论"、川平胜太提出"海洋文明论"等，突出日本的历史作用与地位，主张脱中国化。滨下武志对朝贡关系下的商业贸易活动与朝贡贸易网络展开研讨，提出海洋亚洲论；石母田正等强调中国为古代东亚世界的中心，日本是东亚世界的一部分。上田正昭批驳"日鲜同祖论"使日本侵略朝鲜并将其殖民地化的行径合理化，认为在今天不应重犯该错误。古厩忠夫将七世纪以来的东北亚国际关系架构的发展概括成古代的封贡关系体系、近代日本的殖民体系、冷战构造体系与冷战后的协生体系等。在日本文部省教科书事件频发、内阁"大臣狂言"不止、"新自由史观"等右翼势力歪曲历史、美化侵略史观抬头之际，日本有良知的进步史学家如上田、古厩等坚持批判日本军国主义发动的侵略战争，强调牢记历史教训，尤显难能可贵。

进入21世纪，东亚与世界进入新的发展时期。一是2010年中国国内生产总值实现对日本的百年超越，2013年中国提出"一带一路"倡议的经济开发构想，2015年呼吁建立"人类命运共同体"的宏大目标，国际影响逐步扩大。二是冷战后独步天下30年的美国发起对华强烈竞争与多方打压，继续维持"美国优先"的霸主地位。上述变局在日本引起强烈反应，对东亚史研究不无影响。日本各种理论与研究成果大量涌现，展示了日本东亚史研究的整体实力。其特点主要包括：（1）研究均基于现实需要或政府的委托，为当代日本外交提供思路，政治性明显，如田中明彦、川岛真的《20世纪的东亚史》称台湾为"民主国家"、香港为准"国家"，与"台独""港独"唱和；（2）"何谓亚洲""如何亚洲"，引起议论纷纷。若干论著为贯彻某种史观和研究方法，不太顾及历史进程的系统性与整体性，倾向于专题性研究的谋篇布局，或许是日本式学术研究细分化、碎片化的延续与扩大。（3）多国学者合作，推出大部头著作。羽田正等著的《全球史与东亚史》、三谷博牵头的《交响的东亚史》等，均采用了日本学者主导、中日韩三国学者合作的研究方式，"国际化"色彩鲜明。毋庸赘言，在上述东亚史的专著中，大量涉及自古至今的外交史内容。在有所扬弃的研读中，对思考东方外交史来说，开卷有益。可以说，日本学者的东亚史研究成果，堪为可资借鉴的他山之石。

学界评价与反响

在近代日本帝国武力崛起的过程中，"东洋史学"应运而生，兼具国策性与学术性。其奠基者白鸟库吉、内藤湖南等著书立说、提交研究报告，影响深远。该文将近代至新世纪日本东亚史的研究动向联系起来考察，为国内相关研究所不多见。2022年1月在《上海师范大学学报（哲学社会科学版）》发表，同年被人大复印报刊资料《世界史》2022年第5期全文转载。

（该文原载于《上海师范大学学报（哲学社会科学版）》2022年第1期，收入本书时做了适当修改）

"失去"的日本经济：事实、原因及启示

闫坤　汪川[*]

20世纪90年代以后，随着经济进入低速增长阶段，日本经历了一场经济社会的深刻转型，"失去十年"、"失去二十年"甚至"失去三十年"的讨论随之而起。作者认为，20世纪90年代，日本的经济表现较之其他发达经济体并未出现系统性差异，但其发展态势明显不如其他阶段，出现了很多不容忽视的问题，可以认为日本经济在20世纪90年代确实经历了相对"失去期"。但自2000年开始，日本经济增长已经回归潜在增速，2010年之后甚至处于发达国家中的相对较高水平，所谓"失去二十年"和"失去三十年"的说法不攻自破。

关于日本经济陷入长期"失去"的原因众说纷纭。该文通过将日本经济与美国和德国进行横向对比指出，日本经济在经济结构、人口结构、产业结构与金融结构等方面虽然与美国存在较大差异，但与德国的情况十分类似，因此不能单纯将日本经济在20世纪90年代的"失去"归因于结构性因素。就经济陷入衰退的导火索来看，20世纪90年代日本在经济政策上频频失误，使得结构性因素与政策因素相互叠加，造成了日本经济长达十年的"调整期"。

该文进一步提出，日本经济在20世纪90年代的"失去期"背后，是经济结构与经济政策失误双重叠加的结果。一方面，受宏观经济和金融结构双重失衡的影响，一连串宏观调控政策失当，对日本经济造成了多次负面冲击；另一方面，货币政策长期在产业政策和宏观调控目标之间徘徊，不仅加剧了货币政策失误的可能性，还保护了不当投资和僵尸企业，企业部门陷入漫长的债务型衰退是导致日本经济长期萧条的深层次原因。需要指出的是，出于恢复经济的需要，战后不少经济体的货币政策都带有浓厚的产业政策色彩，其核心是以低利率补贴企业，尤其是出口企业。充当产业政策职能的货币政策虽然在短期内有助于扶持和鼓励企业发展，但也造成了金融体制和货币政策的僵化，中长期来看造成了诸多恶果。例如，长期的低利率和低汇率的货币政策，造成了巨额的经常账户顺差。为了消除巨额的经常账户顺差，日本政府开始鼓励资本流出，日本的金融市场不得不与国际市场接轨。在"广场协议"之后，随着日元快速升值，为了缓冲外需下降的负面作用，日本央行实施了扩张型货币政策以扩大内需，结果形成了庞大的经济泡沫。

鉴于中日两国在经济金融体系下的相似性，日本在处理这一转型时期的经验教训或可为中国提供"前车之鉴"。就中国的情况来看，在经济结构方面，国民储蓄率明显偏高、居民消费占比偏低，尤其在2008年全球金融危机之后，外部经济环境的恶化使得过高的国民储蓄主要通过国内投资来消化，这与日本在20世纪80年代的状况十分相似。因此，应充分借鉴日本

---

[*] 闫坤，中国社会科学院日本研究所研究员，博士生导师；汪川，中国社会科学院财经战略研究院副研究员。

银行在宏观调控和货币政策上的得失，避免长时期的政策宽松造成经济泡沫。除此之外，应建立宏观调控与产业政策之间的"隔离墙"，明确宏观调控与产业政策的边界。最后，还应借鉴日本应对人口老龄化和海外投资的经验，在进一步推进对外开放的同时，加快国内企业"走出去"的海外布局。

学界评价与反响

总体而言，该文使用了国际比较的方式对日本经济的"失去"进行全面的分析，有助于完整地把握日本经济近30年的整体表现，厘清"失去二十年"以及"失去三十年"等学术谬误。该文提出了日本经济的长期"失去"的大背景是人均国民收入增长带来的经济增速下滑，是经济规律作用的必然结果。因此，评价日本经济增速不能简单地和其20世纪60年代高速增长相比较，更应该对标同期欧美发达国家经济增长。在此基础上，该文还对日本经济"失去"的原因进行深入剖析，驳斥了"消费不足说"、"产业空心化"、"人口老龄化"、"广场协议"和"泡沫经济破灭说"，并从结构性因素的背后挖掘日本经济"失去"的深层次原因，提出日本经济的"失去"是经济结构与经济政策失误双重叠加、相互促成的结果。

（该文原载于《日本学刊》2022年第5期，收入本书时做了适当修改）

战后日本国家战略演进及岸田内阁战略走向

刘江永[*]

二战后日本不得不放弃武力扩张的国家战略,但伴随形势变化,日本不同当政者的治国方略则不相同。围绕是维护宪法、优先发展经济、重视国际协调,还是修改宪法、增强军事力量、成为政治军事大国等,存在两种不同国家战略倾向。其背后则是两种不同的历史观。战后,日本在《日本国宪法》下走和平发展道路,经济、科技取得令世界瞩目的成就,但外交则受制于美国而缺乏自主性。日本成为经济大国后,开始借助美国,努力成为亚洲领导国家和联合国安理会常任理事国,而非所谓摆脱美国的"正常国家"。21世纪以来,安倍晋三的国家战略目标是对内推动修宪,使日本成为"能战国家";对外构筑"自由开放的印太",制衡中国。菅义伟内阁继承了安倍的国家战略。岸田文雄执政后在延续同一国家战略的同时,会展现何种特色,值得关注。

二战后初期,日本百废待兴,反战和平主义思潮兴起。美国占领日本后,通过制定新宪法改造了日本的天皇制及国家政体,推行非军事化和民主化。1948年以后,美国从全球战略出发改变了占领政策,转向从政治、经济上扶植日本,以防日本倒向苏联或中国。1950年朝鲜战争爆发后,美国又敦促日本重整军备,并于1951年签订"旧金山和约"和《日美安全条约》。

日本明治维新后的对外扩张战略不仅未能提升日本在世界经济中的地位,反而导致战争失败、国富尽失,日本国际经济地位大幅下降。二战后,日本在和平宪法下经过近20年的和平发展,通过推行贸易立国、技术立国战略,将人才优势、技术优势转化为强大的出口竞争优势,一跃成为第二经济大国。1991年12月苏联解体,引发二战后世界格局最深刻的变化。全球范围的美苏冷战结束,日本面临的"苏联威胁"消失,日美贸易摩擦突出,如何维系日美同盟面临挑战。日本"经济泡沫破灭",金钱政治导致政局动荡,政治右倾化抬头,政党两次轮替、首相频繁更迭,国策彷徨不定。直到2000年,日本受到国内外各种因素的影响与制约,似乎仍然处在经济、政治和外交等国家战略的彷徨之中。作者2000年出版的《彷徨中的日本》一书做过比较详细的论述,并指出日本潜藏着右翼极端势力对现体制的挑战,以及未来日本对外介入国际冲突并导致扩军危险,围绕领海、领土之争可能激化。

21世纪第一个10年,伴随日本政局变动,不同日本领导人的内外政策并不一致。一方面,福田康夫、鸠山由纪夫、菅直人、野田佳彦等,都是"短命"内阁,虽各有特定的政策倾向,但都未能形成完整的、得到官僚体制认同的国家战略。另一方面,自民党的小泉纯一

---

[*] 刘江永,清华大学社会科学学院国际关系学系教授。

郎内阁、安倍晋三内阁、麻生太郎内阁及菅义伟内阁，其政治理念、内外政策则一脉相承，逐步形成21世纪以来日本的国家战略基调。安倍晋三执政时间最长，对21世纪以来日本国家战略的形成与发展影响最大。在日本对外战略决策方面，长期担任安倍内阁外相的岸田文雄也参与其中。

2021年10月4日，岸田文雄当选日本首相后组阁。岸田文雄与菅义伟的共同点是，都曾作为安倍内阁重要成员参与决策；不同点是岸田既有自己"宏池会"的党内派系支撑，又有自己长期的政策设计准备。2022年对于岸田内阁来说，稳定并改善日中关系也将面临一些机遇。一是中日邦交正常化将迎来50周年，北京冬奥会欢迎日本选手积极参与。二是中国经济规模已是日本三倍以上，而中日关系落后于中美关系或日本成为同中国对抗的"最前线国家"，并不符合日本的国家利益。三是岸田力主缩小贫富差距，中国努力实现共同富裕，双方在治国理政方面可以相互借鉴。日本若沿袭安倍的国家战略增加防卫费而加重财政负担，将错失未来经贸、产业、旅游等中日合作给日本经济注入活力的机会。四是中日两国都需加强新冠疫情防控合作，两国就21世纪中叶实现碳达峰、碳中和作出各自的国际承诺，需加强再生能源、新能源领域的交流与合作。五是岸田文雄所在的"宏池会"若不忘本，就可抓住难得的执政机会，重温大平正芳生前留下的政治遗产，完成大平的未竟事业，为日本和中日关系带来美好的明天。何去何从，就看岸田内阁作何战略选择了。

（该文原载于《东北亚论坛》2022年第1期，收入本书时做了适当修改）

日本对华认知的演进脉络及典型特征

田庆立[*]

中日邦交正常化 50 年来,日本对华认知依循历史发展脉络,深受国际秩序演进转型、中日国家实力消长和日本国内政治动荡等多重因素的复杂影响。日本对中国的战略认知和角色定位,在不同阶段呈现出迥然有异的显著特征,友好、摩擦、对立、协调、竞争、制衡等特征不断游移翻转,折射出 50 年间曲折复杂、峰回路转的演进历程。冷战时代后期,日本对华认知基于情感认知主导下的友好合作,奉行"建设性接触"理念,将中国塑造为"朋友"角色,其核心内涵崇尚"情感互动";后冷战时代,随着国际秩序的巨大转型与分化重组,中国崛起态势日渐明朗,日本对华认知逐步从积极向消极方向演化,"战略性防范"意识潜滋暗长,日本将中国界定为"伙伴"角色,其实质是关注"现实利益";步入新时代的中日关系,随着"两强并立"格局在东亚地区趋于稳固,双方围绕领土争端、区域主导及全球层面的竞争凸显白热化状态,针对中国实施"全方位制衡"的思维进入日本战略视野,将中国设定为颇具敌意的"对手"角色的倾向日趋明显,其内在机理重在"权力博弈"。

纵观中日邦交正常化 50 年来日本对华认知的演变轨迹,可揭示出诸项鲜明的典型特征,其中最为引人注目的是逐步由"情感认知"向"利益互惠"方向嬗变。情感认知主导下的日本对华友好合作,主要依托政治考量形成日美中联合应对苏联的战略格局,仰赖中日资源互补助力经济领域形成利益共享关系,日本针对中国放弃战争索赔通过政府开发援助方式予以情感补偿,达成基于理性认知良性互动的友好合作目标。随着国际国内形势变化,日本开始对华形成"战略性防范"意识及"全方位制衡"观念,其关键因素之一是中国崛起导致中日两国在东亚地区及全球秩序格局中发生位置转换及权力转移。既往的"情感认知"主要从观念层面塑造了日本的对华友好认知,具有特殊的历史背景和时代条件。随着中日关系持续发展和不断深化,注重"利益互惠"的现实主义思潮逐步占据上风,成为中日关系走向互利共赢和战略互惠的思想基础。鉴于中国崛起态势日渐明朗,日本精英决策层重拾冷战思维,在后冷战时代反而大力倡导"价值观外交",以此彰显自身面对中国的"优越性",并力争将与其拥有共同价值观的所谓"民主国家"拉拢过来,旨在依托共有理念构建"民主国家联盟",进而形成对中国的合围与遏制。

贯穿中日复交 50 年来的发展逻辑主线是,日本秉持积极友好的对华认知时,倡导友好合作的行动抉择占据主流;日本保持消极负面的对华认知时,对抗制衡中国的行为取向旋即趋于活跃。

---

[*] 田庆立,天津外国语大学国别和区域研究院研究员。

学界评价与反响

天津社会科学院亚太合作与发展研究所所长田香兰研究员认为，有关中日两国相互认知问题研究乃是近年来国内外学界长盛不衰的热点课题，该文依循历史发展脉络，系统梳理了中日邦交正常化50年来日本对华认知的演进脉络，视野开阔，层次清晰，观点新颖，资料翔实，具有重要的理论价值和现实意义。

该文将50年来的日本对华认知史划分为前两个20年以及后10年的三个不同发展阶段，并提纲挈领地对每一阶段的显著特征予以归纳和提炼，深刻地揭示出不同阶段的认知特点及行动取向，对于深化和拓展我国中日关系史和日本对华认知史研究领域的深度和广度有颇多助益。

该文结论部分总结和概括了日本对华认知演变的典型特征，力争实现理论层面的思考与升华，体现出鲜明的创新意识和问题取向，且对未来中日关系发展的努力方向提出富有建设性和可行性的政策建议，显现出著者具备敏锐的学术创新意识和旨在咨政建言服务社会的学术情怀。

既往的中日关系史研究注重从双边层面开展实证研究，该文则突破中日双边关系单一研究框架的局限，而是将50年来日本对华认知的变迁轨迹置于东亚区域和全球视野的宏阔层面，依托历时性与共时性的有机融合，充分关注时间演进与空间转化的立体式呈现，从而凸显出"国别—区域—全球"层级递进的完整学术链条，具有可视化的立体感和层次性效果。

（该文原载于《日本学刊》2022年第5期，收入本书时做了适当修改）

美日"核共享"：历史基础、演进趋势与应对策略

金嬴[*]

在冷战思维、极限施压、集团政治明显抬头的背景下，2022年年初日本出现了寻求与美国建立"核共享"机制的言论。这是基于冷战时期北约核共享及美日核关系的历史经验，包含延续对社会主义国家的遏制战略、缔造新冷战时代西方霸权联盟、增加日本战略自主性等多重含义的政治宣示。

美日核关系起源于第二次世界大战末期，经过战后占领、冷战爆发、美日缔结安全保障条约等过程，在20世纪六七十年代以美国宣布对日提供核保护、日本确立核政策为标志走向成熟稳定。自二战末期，美日核关系先针对苏联后来又加上中国，根本是要遏制社会主义制度，经过冷战和后冷战时期一直持续至今。近80年来美日核关系的形成与发展沿着两条主线不断演进，一是美日安保同盟的结构调整，二是伴随国际环境的变迁及对主要对手威胁的判断，美日安保同盟中战略内容的调整，这两条主线相互交织、共同作用。核武器问世以来，美国是世界上有并且唯一使用过核武的国家，日本则是"唯一的被爆国"。二战结束后，美国以盟军的名义主导了对日占领。施爆与被爆、占领与被占领，这种上下主从、高低强弱的不对称成为战后美日关系、美日核关系的"原型"。

冷战结束后，美日关系不断提升同盟内涵，加强日常军事合作。1997年和2015年两版《日美防卫合作指针》及2005年美日同盟有关报告，都是美日同盟制度化取得重要进展的具体成果。在涉核方面，美国一方面把军控作为保持其军事超级大国和遏制地区强国崛起的重要工具与战略手段，选择性地推进核裁军外交；另一方面，进入21世纪后，美以反恐为由，采取"先发制人"战略，继而扩大核威胁认知范围，核力量发展转为强调攻防兼备、核常一体的新"三位一体"，增加防御系统和非核打击力量，降低核武器使用门槛。受此影响也与之呼应，2002年美日两国开始围绕朝鲜核问题讨论修改防卫政策协议，2003年日本决定引入美国导弹防御系统。美日核关系逐渐进入核同盟制度化的实质阶段，重要表现有三点：第一，美日开始延伸威慑对话；第二，日本主体性意识和对美影响力明显增强；第三，日本国内涉核法律出现军事解禁动向。

以俄乌冲突为契机，美日全方位深化安全合作，意欲打造亚太版"北约"，构建核共享机制，必将对亚太及全球安全局势产生深刻影响。中国应从统筹发展和安全两件大事的全局高度，识变应变，应对和化解由此带来的重大风险挑战。

---

[*] 金嬴，中国社会科学院日本研究所研究员。

学界评价与反响

截至 2023 年 11 月 25 日，知网下载 267 次，被引用 3 次。其中，尹晓亮在《日本学刊》2023 年第 4 期撰文指出，金嬴的文章是从日美同盟和国际环境变化的视角探究了日美"核共享"的历史基础、演进趋势与中国的应对策略。

（该文原载于《世界社会主义研究》2022 年第 12 期，收入本书时做了适当修改）

中日两国社会治理领域的交流、互鉴与合作

——写于中日邦交正常化 50 周年

胡澎[*]

邦交正常化 50 周年，中日两国在不同的历史时期出现了诸多社会问题，也都在致力于解决这些社会问题，并尝试走一条适合本国国情的社会治理之路。中日两国的社会治理既有失败的教训也有成功的经验，其社会治理经验的分享与相互借鉴，对于两国社会的发展、两国关系的改善具有积极的意义。

20 世纪 90 年代末期以来，随着一些新的社会问题的不断涌现，日本政府和民间开始正视这些问题，并寻找解决社会问题的途径和方案。非营利组织（NPO）、企业、志愿者组织等在社会治理中承担越来越重要的角色。日本各级政府、市民团体、企业、志愿者组织、居民，以及非营利组织正在形成一种新型的互助、互动的关系，即"多元协作"的关系。

中国自改革开放以来，社会治理体系不断健全，民众与政府主管部门、主管领导的对话渠道不断拓宽，社会治理的思路由被动应对社会问题转向前瞻性预防，正在形成党领导、政府负责、社会协同、公众参与的共建共治共享的社会治理格局。另外，大数据、云计算、物联网等数字技术创新被应用到社会治理之中，社会治理愈加精细化。

半个世纪以来，中日关系虽历经风雨坎坷，但在社会治理领域的交流与合作却未曾中断，中日在社会治理领域互补性强，合作空间宽广，特别是在灾害治理、环境保护和疫情防控、老龄社会治理等领域的交流与合作卓有成效。

邦交正常化 50 年来，中日两国经历了多次地震灾害，给两国造成了巨大的财产损失和人员伤亡，震灾后中日两国给予对方有力的支援，表现出了国际人道主义精神和对邻国民众的最大善意。中日两国不断深化防灾减灾救灾等领域的务实交流与合作，在救灾支援、救灾演习、举办会议等方面开展了卓有成效的合作，合作领域不断拓展。2003 年暴发的非典疫情和 2020 年暴发的新冠疫情，给中日两国的经济、社会造成巨大冲击。中日两国民众携手抗疫，守望相助，传递友谊，增进了两国民众之间的感情，谱写了中日友好的新篇章。中日邦交正常化 50 年间，中日在环保领域的交流与合作开展得卓有成效。未来，中日在"双碳"（碳达峰与碳中和）领域的合作，特别是在促进第三方市场合作方面具有广阔的前景。

中日两国在应对人口老龄化方面，交流与合作的深度和广度都是空前的。中日两国领导人十分重视老龄治理领域的合作。中国多个地方政府以"政府搭台、企业唱戏"的方式与日方联合举办老龄产业交流会、洽谈会、博览会、项目对接会等，推动两国养老企业的合作。

---

[*] 胡澎，中国社会科学院日本研究所研究员。

日本在应对老龄化问题方面积累了一些经验，如完善的医疗和老年护理制度，精细化、专业化、多元化的养老服务，种类繁多的老年辅具和智能设备产品，完备的护理人才培训体系等，对中国的老龄社会治理有着较强的借鉴意义。中日两国在老年人康养产业、医疗、看护、养老设施等领域互补性强，合作空间宽广。目前，日本已有多家资深的养老企业进入中国。另外，中日在老年护理人才培养以及医疗养老康复护理辅具生产领域的合作前景广阔。

当今世界正经历百年未有之大变局，中日两国都进入了发展的新时代，为形成中日携手合作、互利双赢的新格局，两国在社会治理领域的经验分享、信息交流与务实合作，显得尤为重要。中日两国在社会治理领域的互鉴、交流与合作是中日关系的基础，将会为中日两国民众带来更多的福祉，为中日关系的发展增添助力。

学界评价与反响

该文既是对邦交正常化50年中日社会治理领域交流与合作的回顾与总结，也是为了响应2019年6月习近平主席会见时任日本首相安倍晋三时，两国领导人达成的十点共识。双方领导人认为，中日两国都进入发展的新时代，双方应共同致力于构建契合新时代要求的中日关系，进一步深化两国利益交融，加强在科技创新、知识产权保护、经贸投资、财政金融、医疗康养、养老照护、节能环保、旅游观光等广泛领域互利合作。目前，国内学术界对中日社会治理的比较研究成果不多，特别缺乏对中日社会治理的交流与合作研究。该文选题具有创新性，发表后被多家网站和微信公众号转载，截至2023年10月30日，爱思想网阅读量已超1000次。

（该文原载于《东北亚学刊》2022年第4期，收入本书时做了适当修改）

东亚视域下的日本排外主义

——历史演变与政治逻辑

王广涛[*]

近年来，反全球化逆流滋生，以"反移民"为基调的排外主义思潮席卷欧美，逐渐在西方政治舆论空间中占据一席之地。欧美等国的排外主义聚焦于外来移民，而日本的排外主义则与明治维新后日本的殖民扩张有关，主要集中于以在日朝鲜人·韩国人为代表的东亚邻国人。进入21世纪以来，在日朝鲜人·韩国人整体数量呈减少趋势，而排外主义团体对该群体的攻击却呈激化态势，这一看似悖论的现象背后有着复杂的政治逻辑。从比较视野下的排外主义来分析，对欧美国家的既有研究并不符合日本的实际，因此需要对日本排外主义的产生根源以及反对的对象进行更细致的考察。

该文主要基于历史制度主义的视角，思考日本排外主义"如何形成"的制度性问题。日本排外主义不仅与历史上的某些时间节点存在着密切相关性，同时其变化发展也与日本的国家体制、近代化进程、政府政策以及制度惯性息息相关。

从历史演变来看，日本排外主义大概可以分为三个阶段：德川幕府"锁国令"颁布后至明治维新之前作为"恐惧论"的排外主义；明治维新至战败前作为"优越论"的排外主义；1945年至今作为混合体的排外主义。遵循这一历史发展的线性脉络，可以整理出日本排外主义的四层政治逻辑。首先，排外主义与日本政治有着密不可分的关系，它在大多数时候为政府政策背书，但又在某些时候与政策相背离。其次，排外主义还与经济社会发展相关：当一国国内政治稳定以及经济获得发展时，易产生基于"优越感"的排外主义；而当国内政治面临变革且经济发展受阻时，则易产生基于"恐惧感"的排外主义。此外，由于战后日本对于战争责任缺乏反省，冷战结束后，否定战争责任、美化侵略以及殖民统治的思潮更进一步席卷日本社会。1997年日本成立"新历史教科书编撰之会"，被认为是现代日本排外主义的起点。该会批评日本政府对"从军慰安妇"的论述，认为左翼学者所主导的"自虐史观"严重影响了日本的自尊心。进入21世纪后，以"反中""嫌韩"为代表的"仇恨言论"成为近20年日本排外主义的主要特征。排外主义还与日本所实际面临的国家安全威胁认知有关，日本所处的东亚地缘政治环境，以及外国人参政权等问题都因与国家安全相关而成为排外主义滋生的动因。

在21世纪，日本的排外主义愈演愈烈，开始呈现组织化和政治化相结合的倾向。极端排外主义在近些年快速发展的原因，可以用"恐惧论"和"优越论"所产生的相乘效应来解释。

---

[*] 王广涛，复旦大学日本研究中心副研究员。

2016年日本政府通过了《仇恨言论消解法》，但日本国内的排外主义并没有彻底消失。特朗普担任美国总统期间所主张的"美国优先"，2020年新冠疫情的暴发都促使日本的排外主义愈发活跃。此外，国家间关系与排外运动的烈度存在着明显的正相关关系。随着在日华人成为最大的外国人群体以及中日两国历史认识和军事安全方面潜在冲突的增加，以中国人为攻击对象的规模化排外运动亦有加剧的可能。

学界评价与反响

该篇文章有力证明了日本排外主义形成与发展的背后体现着鲜明的政治逻辑，东亚国家间关系的发展演变对此有着直接影响。当下的全球性排外主义思潮则进一步强化了日本排外主义的势头。该文刊载于上海市社会科学界联合会主办的刊物《探索与争鸣》，根据中国知网的检索，截至2023年11月，文章获得了200多次下载，并有2个转引。文章发表后被多家微信公众号转载。

（该文原载于《探索与争鸣》2022年第11期，收入本书时做了适当修改）

中日科技合作：演进历程、新挑战与破解路径

邓美薇　张季风*

科技领域的合作是中日经济合作中的重要组成部分，甚至是核心部分。中日两国在科技领域互补性强，合作基础深厚，在长期合作的过程中，形成了宽领域、多层次、官民并举的良好局面。

整体来看，中日科技合作可以分为四个阶段，第一个阶段即民间交流期（1950—1971年），以民间交流为主，而且交流规模很小；第二个阶段即官民并举启动期（1972—1980年），中日科技合作逐步走向制度化、机制化；第三个阶段即全方位合作期（1981—2009年），随着中国改革开放不断深化，经济迅猛发展，中日科技合作也进入了全方位、多领域合作期；第四个阶段即调整期（2010—2019年）。除中日关系起伏动荡外，近年来，中日的科技力量发展速度形成对比，中国的强劲衬托出日本的相对停滞，以及日本追随美国升级对华科技竞争与防范举措，中日科技合作也步入调整期。中日科技合作具有以下基本特点：第一，科技合作机制不断完善、合作渠道丰富；第二，科技合作互补性强；第三，科技合作领域不断扩展；第四，科技合作双赢效果显著等。

中日科技合作已形成了完善的合作机制与渠道，合作领域广泛，合作水平不断提高，取得了双赢和多赢的效果，但是自21世纪10年代之后，中日关系跌宕起伏，中日科技合作也逐渐步入新的调整期，中日科技合作又面临诸多新变化与新挑战。一方面，美国拉拢日本对华开展科技竞争。近年来，科技更是成为中美博弈的焦点。其实美国十分清楚，中国在亚太、欧盟、中东欧等地区具有广泛经济影响，打造全面的对抗中国的联盟不切实际，但携手日本等盟友在科技领域或关键技术领域建立针对性联盟则相对容易并可对中国产生很大威胁。另一方面，日本升级对华科技竞争与防范举措，如日本不断渲染中国科技、军事力量威胁，为双方前沿科技合作设置政治障碍；日本明显强化出口管制与外商投资审查等阻碍中日民间高科技企业交往；日本强化针对外国专家学者、留学生等的人员交流审查，影响中日人才交往，部分抵消近年来中日人才交流机制完善的正向作用等。除此之外，不排除日本深度参与美国的对华科技竞争，在亚太地区的经济和技术领域，日本有可能在美国对华精准打击方面被迫"冲锋陷阵"，或在国际标准与规则制定、国际治理等方面为美国"设谋献计"等。鉴于此，中国应立足双方互补性，降低日本对华局部"脱钩"可能性，聚焦共同利益，强化碳中和领域的中日科技合作等。

---

* 邓美薇，中国社会科学院日本研究所助理研究员；张季风，中国社会科学院日本研究所研究员。

学界评价与反响

当前，中日科技合作正面临前所未有的新挑战，形势十分严峻。在此背景下，中国更应保持清醒的头脑，积极应对挑战。与此同时，中日科技交往已经具有深厚基础，有些特点还会长期存在，应重视中日在科技领域的交往与合作，进一步创新思路，凝聚共识。该文以中日科技合作为研究主题，梳理了中日科技合作的基本演进历程及特点，并探讨了当前面临的风险与难题，提出了针对性建议。选题具有重要的现实意义，展望未来，中日科技优势互补也将长期存在，合作需求与潜力巨大，尽管面临的挑战与风险增多，但是，前景仍然可期。该文整体上结构完整，条理明晰，对现有研究提供了有益补充。

（该文原载于《现代日本经济》2022年第1期，收入本书时做了适当修改）

丸山真男对日本"超国家主义"的学理解构

韩东育[*]

1946年5月,丸山真男发表了题为《超国家主义的逻辑与心理》一文(以下简称《超文》)。从开宗明义处可知,《超文》几乎通篇都是针对美国以联合国名义对日本国家体制所作的定论而发,即对于日本是所谓"超国家主义"(ultra nationalism)或"极端国家主义"(extreme nationalism)等直觉而模糊的判词之回应。美国学者道尔认为,由知识人带头去反省那场错误的战争之所以能使日本的战后转向变得意义不凡,是因为这个群体特别是"进步文化人"丸山真男等人的发言,表达了学术精英们对未来的欣喜期待和对过去的深深悔恨心情。这也是知识界何以会决意重新开始,并将占领军当局"配给的自由"变成自发拥抱非军事化和民主化的原因。"在这个时代做一名受人尊重的知识者,就需要成为一名民主革命的传道者"。丸山无疑获得了这份尊重。

《超文》之所以能在战后享有崇高的地位,在于它给人们展示了迄今罕有并且是来自日本内部的历史逻辑和心理结构。在丸山看来,"超国家主义的逻辑和心理"之真实症结,存在于将政治法权和道德伦理无原则混一的"国体"。与形式上把法律机构从道德中分离出来并严格峻别公私畛域的近代不同,秉承《教育敕语》精神的"大日本帝国""国体",同时也还是"国法"之所自出的道德伦理实体。在这样的体制下,政治权力与道德伦理、公和私之间相互渗透,结果竟无法使人寻出能够承担责任的决断主体。而且,"国体"所承载的价值,在时间上体现为"万世一系"的皇统,空间上则是以天皇为中心的天下——"八纮一宇"。丸山把"超国家主义"这一使国家一步步滑向战争的支配装置,从价值意识和行动方式中抽取出来,其批判所向,则直接聚焦于支撑"大日本帝国"的思考方式,即被混一"法权"和"伦理"的"国体"所绑缚的思维定式。

问题是,战争过后,日本呈现给追责机关的居然是一个"无责任体制"。丸山真男的相关研究显示,他似乎从"原型"和"古层"中找到了古代日本"二元体制"的源头,找到了被天皇恶用的"无责任体制"的依据,也仿佛在赞誉徂徕学和批判朱子学的过程中隐微地实现了政治思维上的责任外推,但《超文》的最后一句,即"给日本军国主义打上终止符的八一五这一天,也将是作为超国家主义整个体系基础的国体丧失其绝对性并从此将国运托付给首次成为自由主体之日本国民的日子"等结论,却不啻对法西斯体制的宣判和开启战后新时代的宣言。政教分离、神道废止、国体解构、天皇虚位、主权在民,尤其是近代重启等粉碎"超国家主义"的理念和措施,即GHQ主导下的"新宪法"精神和对"旧宪法"的理论解构

---

[*] 韩东育,东北师范大学历史文化学院教授,中国历史研究院"韩东育工作室"责任人。

任务，几乎均在《超文》中一举完成。它之所以被进步知识界誉为日本国的"战后宪章"，可谓良有以也。

学界评价与反响

该文是韩东育对丸山研究颇具代表性的文章，学界认为他将中国的丸山研究及日本思想史研究推到了一个崭新的"范式"高度。丸山真男发表的《超国家主义的逻辑与心理》，从学理层面上拆解了"超国家主义"的反近代属性，同时也为日本的宪政重建，赋予了近代性原理上的学理前提。论文基于扎实的学术资料认为，依靠外力的"休克疗法"来帮助日本国完成大隈重信和福泽谕吉的"英式"设计，并实现丸山真男所谓由"近代化"向"近代性"的转变，事实上已成为日本国不可逆转的走势甚至宿命。文章发表后，引起学界关注，均认为该文对推动中国的丸山真男研究起到了重要作用。

（该文原载于《外国问题研究》2022年第1期，收入本书时做了适当修改）

关于西田哲学中的"东洋文化"

——以《善的研究》为中心

王青[*]

日本近代著名哲学家西田几多郎在《日本文化的问题》中说，哲学的逻辑或普遍性只有一个，这就是他所"发现"的历史世界自我形成的"辩证法"，但是有西方哲学和东方哲学两种历史形态。西田在《善的研究》中指出，西方哲学只能把自我作为对象来思考，不能彻底地把主体也包含其中，是一种"对象化或表象"的逻辑，西方近代哲学对知、情、意的分裂并不符合人心本来的要求。所谓实在并非独立于意识之外的认识对象，而是不分主客、知情意合一的意识的统一状态，纯粹经验也就是人对这种意识状态的直接经验。无论是客观世界还是主观意识，无论是自然世界还是精神世界，都是从同一个实在中分化出来的。因此"真正的实在是主观客观没有分离的，实际的自然不只是客观这一抽象的概念，而是兼具主客的意识的具体事实……因此我们是依据自己的理想及情意的主观的统一来理解自然的意义和目的的"。

西田认为这种主客合一的直觉主义是"东洋"的哲学以及宗教、道德、艺术的基础，因此西田在《善的研究》中推出了"纯粹经验"的概念，试图给贯穿于老庄哲学、儒学以及大乘佛教根底里的东方式直觉体悟加以哲学化的阐释，为以东方文化为精神本质的日本人寻找一条在哲学和宗教上同以逻辑学为基础的西方文化相抗衡的道路。但是西田认为互相异质的"东洋文化"和"西洋文化"实际上也不乏殊途同归之处，因此有必要对东西方文化"进行比较研究，让二者互相补充，以揭示人类文化的深刻本质"。从一即多这一关于实在的分化发展逻辑出发，西田认为作为"有形文化"的西方哲学与作为"无形文化"的东方哲学可以理解为是一个普遍逻辑的两种形态，就像一树两枝那样，共同形成一个更大的"一者"的世界性文化。

西田说尽管文化都有民族的背景，但还是需要警惕把日本精神夸大为所谓日本的特殊性，日本文化乃至东方文化不能停留在民族文化的层面，而应该成为世界文化。然而当西田把现实矛盾的同一性归结为皇室的权威时，不得不说他在哲学上的努力就在政治上遭到了失败。因此在这个多元主义与民粹主义角逐的时代，回顾西田在哲学上的尝试和他在现实中的失败，对于我们思考西方文化与东方文化、中国文化与世界文化的关系问题也许可以起到一些参考作用。

（该文原载于《世界哲学》2022年第1期，收入本书时做了适当修改）

---

[*] 王青，中国社会科学院哲学研究所研究员。

外部冲击背景下日本东亚区域供应链的调整

崔岩　富晨[*]

该文以中美贸易摩擦和新冠疫情两次重大外部冲击为背景，基于日本对东亚地区直接投资及贸易变化和企业的经营行为，从日本视角把握近年来东亚供应链的变化状况，并尝试分析后疫情时代东亚供应链的未来变化。为此，文章分别从"外部冲击与供应链的脆弱性"、"中美贸易摩擦对日本对东亚FDI及供应链的影响"和"新冠疫情冲击下日本东亚区域供应链受到的影响与调整"三个方面来展开研究。

在"外部冲击与供应链的脆弱性"部分，作者强调指出："在冲击发生时，调整供应链以保证供给及在冲击后构建更具强韧性和合理性的供应链，才是供应链动态变化的核心所在。"最后，作者对"外部冲击"进行分类并把"中美贸易摩擦和新冠疫情"这两大外部冲击分别归类为"贸易规则和流行病"风险因素，以引出后续的讨论。

在第二部分"中美贸易摩擦对日本对东亚FDI及供应链的影响"中，文章按时间顺序归纳了从20世纪90年代后期至2019年日本对中国及东亚对外直接投资的变化，并指出，日本企业对华直接投资减少不是近来发生的现象，而是延续了近10年的现象。其原因主要是中国生产成本的提高。而2019年以来对东亚和中国投资的变化，在很大程度上是受中美贸易摩擦的影响。最后作者总结道，"中国国内经济环境的变化是导致日本企业直接投资转向东盟等国的主要原因，而中美贸易摩擦明显加速了这一进程。"

在最后一部分"新冠疫情冲击下日本东亚区域供应链受到的影响与调整"中，文章从"新冠疫情对日本东亚供应链的冲击"和"日本的供应链调整策略"两个方面来进行分析。在"新冠疫情对日本东亚供应链的冲击"这一小节中，作者依次从"医疗卫生用品"、"汽车产业供应链"以及"东南亚地区的日资企业"等三个方面，来说明新冠疫情背景下日本供应链所受到的影响。紧接着，在"日本的供应链调整策略"中，作者指出，虽然日本政府针对新冠疫情的冲击，采取了一系列措施以鼓励在华日资企业撤回国内或向东南亚转移。但东南亚和南亚地区的日资企业进行供应链调整的比例明显要比在华日资企业进行供应链调整的比例高。最后，作者总结道："随着后新冠疫情时期的来临，针对疫情暴露出来的供应链脆弱性及国际关系格局的改变，将势必会引起新一轮的产业调整及国际生产配置的重组。"

学界评价与反响

该文发表于《现代日本经济》2022年第2期。由于选题非常具有现实价值和理论意义，所以发表后在国内学术界引起了很大的反响。在网络媒体有大量的摘要转引，在几家大的电

---

[*] 崔岩，辽宁大学日本研究所教授；富晨，辽宁大学国际经济政治学院博士研究生。

子期刊平台也有活跃的下载和转引。仅以中国知网为例，中国知网学术评价支撑平台《学术精要数据库》和《中国引文库》公布的数据表明，该文的总体影响力情况如下。总被引频次为 11，他引频次 11，文献他引频次在"企业经济"领域排名前 5%（1279/53152），其中被北大核心期刊他引频次为 6，被 CSSCI 核心期刊他引频次为 9；文献总下载频次为 649，在"企业经济"领域排名前 25%（9452/53152）。重要影响力方面："双一流"建设高校引用本文献 3 次，占总被引频次的 1.91%。引用学科领域方面：该文共被 5 个学科领域引用，分别是"经济体制改革"领域引频次 3，"中国政治与国际政治"领域引频次 1，"无线电电子学"领域引频次 1，"宏观经济管理与可持续发展"领域引频次 1，"工业经济"领域引频次 1。具体引用的重点学术期刊包括：（1）赵儒南：《岸田政府强化日本对东南亚地区政策研究》，《印度洋经济体研究》2023 年第 2 期；（2）刘红、刘洪钟：《东亚供应链调整背景下的中日合作》，《日本学刊》2023 年第 2 期；（3）李金锋：《美国对华半导体产业链竞争：东亚地区的视角》，《外交评论（外交学院学报）》2023 年第 3 期；（4）刘家国、许浩楠：《双循环视角下我国全球供应链韧性体系建设研究》，《中国软科学》2023 年第 9 期。

（该文原载于《现代日本经济》2022 年第 2 期，收入本书时做了适当修改）

日本"对敌基地攻击能力"讨论新动向

邱静[*]

2020年，日本政府再次推进"对敌基地攻击能力"讨论。相关讨论关系到战后日本的"专守防卫"方针是否将出现根本性变化，是日本政界保守势力突破《日本国宪法》的又一次尝试，需要从战略高度予以持续重视。

一、2020年的"对敌基地攻击能力"讨论

在基本主张上，2020年"对敌基地攻击能力"讨论与2013年、2017年两次相关讨论是一以贯之的。从法理角度看，主要存在以下四方面问题。

第一，在政策层面，"对敌基地攻击能力"讨论曲解了鸠山一郎内阁见解，对战后以来日本的"专守防卫"方针构成实质性挑战。第二，在宪法层面，"对敌基地攻击能力"讨论违反了《日本国宪法》中的和平主义等基本原则。第三，在国际法层面，"对敌基地攻击能力"讨论涉嫌违反以《联合国宪章》为代表的国际法精神。第四，在行为模式和思维方式层面，"对敌基地攻击能力"讨论反映了日本政界部分保守势力仍然缺失"法"的观念，这种与战前相关联的实用主义行为模式是对战后日本政治基础的根本性挑战。

二、影响"对敌基地攻击能力"讨论的因素

国际形势变化其实并非日本发展"对敌基地攻击能力"的动因，相关讨论是日本政界保守势力突破宪法约束、摆脱"战后体制"的长期战略性构想的一环。2020年的相关讨论未以首相官邸最初希望的方式结束，其根本原因是"对敌基地攻击"在法理上无法成立。此外，日本国内政治因素也影响该问题的走向，比如，自民党内不同论调、执政联盟公明党的态度以及在野党、学界、舆论的态度等。

三、"对敌基地攻击能力"讨论的未来走向

从日本国内看，"对敌基地攻击能力"讨论的走向主要有三种可能。相对更可能出现的动向是在实际推进装备力量发展的同时，尝试以更隐蔽的措辞继续推进探讨，不排除相关讨论被择机再次提上日程或进一步与宪法修改问题挂钩的可能性。

从国际方面来看，日本仍将可能继续利用朝核问题、"周边事态"、"国际局势"等作为其"强化威慑力"的借口。不排除有关势力在"自卫""先发制人"等国际法相关概念上做文章以诱导日本国内舆论的可能。

虽然美国近年始终重视日本导弹防御，但并非日本以撤回"宙斯盾"部署计划为借口推

---

[*] 邱静，中国人民大学国际关系学院副教授。

动"对敌基地攻击能力"讨论的主使者。但是，美日两国强化"威慑力"及相关合作应是趋势。

2020年"对敌基地攻击能力"讨论的危险性在于，将可能使得相关力量处于实际不受约束的状态。同时，相关讨论也更直接涉嫌挑战以《联合国宪章》为代表的战后国际秩序与国际法原则。有必要加强法理方面的研究，加以充分关注和防范。

学界评价与反响

该文被人大复印报刊资料《国际政治》2022年第7期全文转载。知网下载量及"日本学刊"微信公众号阅读量共计近千次。据知网统计被引用5次，包括发表于《日本学刊》《国家安全研究》《世界经济与政治论坛》《亚太安全与海洋研究》的期刊论文引用。

(该文原载于《日本学刊》2022年第2期，收入本书时做了适当修改)

后安倍时代日本军事大国化追求与对华博弈加剧

吴限 高洪[*]

后安倍时代，推进军事大国化以应对国际秩序变动调整、地缘政治安全压力和实现"正常国家化"成为日本最核心的政治议题，也是日本极力遵循的政治诉求和行动逻辑。日本将积极通过渲染地区紧张局势和"中国威胁论"、大幅提高防卫预算、深度强化日美同盟，以及全面、系统地修订安全保障战略等综合手段，予以加速推进。

自2010年中国超过日本成为世界第二大经济体后，日本把中国作为其主要战略竞争对手甚至是"假想敌"，"中国威胁论"在日本政坛甚嚣尘上。为此，日本极力发展自身军事力量以应对所谓"安全威胁"，对华战略性、主动性和强硬性在不断增强。为了提高军事对抗能力，突破和平宪法束缚制造借口，包括解禁集体自卫权，改变"专守防卫"，"增强对敌基地反击能力"等一系列举措在这一战略逻辑下系统有序展开。

为实现军事大国化，一方面，日本政府不断大幅提高防卫预算。尤其岸田内阁新出台的《经济财政运营和改革基本方针2022》中，明确提出要在5年内实现防卫力的根本强化，维护国家的安全保障，以应对国际局势深刻变化和权威主义国家的挑战。为此，日本将大力推进太空、网络、电磁波等新领域的能力强化。防卫预算的增加也让日美军事合作将变得更为紧密。另一方面，岸田政府在安倍推进的安全保障战略的基础上，试图对其进行调整、升级和增容，出台新版安保战略三文件，从法律和制度层面，实质性加速推进军事大国化进程。

在此背景下，"钓鱼岛问题""台湾问题""历史问题"等中日间"结构性矛盾"会不断激化，严重影响和制约着两国关系的发展。从安倍执政后期开始，尤其在中日两国向好发展态势遭受新冠疫情冲击以后，以安倍为首的保守右翼势力在上述问题上小动作不断，企图借此激发国民的民族主义情绪，转嫁国内矛盾，达到提升本国军事力量的目的。安倍辞职后，特别是岸田执政以来对中日结构性矛盾并没有实质性的改善之举，相反两国在钓鱼岛问题和台湾问题上的矛盾有上升之势。安倍遇刺后，岸田政府会适度做出调整，但不会根本放弃对华博弈这个重要抓手，还将延续安倍的强硬对华路线，甚至表现得更具攻击性。

后安倍时代，日本鉴于两国在抗疫、环保、科技、经贸等诸领域仍有合作的现实需要，特别是中国市场的巨大潜力以及由此给日本带来的红利和经济提振作用，其对华基本政策和态度不会发生根本改变，但同时，基于日美同盟和地缘政治利益考量，日本仍将奉行对华战略博弈之策，尤其因安倍遇刺身亡导致的社会焦虑情绪和不安全感，恐将刺激民粹主义抬头，加剧右倾保守化政治氛围，日本在战略焦虑和亢奋中，对华戒惧、防范、对抗的心理会变得

---

[*] 吴限，中国社会科学院日本研究所副研究员；高洪，中国社会科学院日本研究所研究员。

更加强烈，中日关系面临复杂考验。

学界评价与反响

文章刊出后，被中国知网、超星、万方、百度文库等主要学术期刊数据库收录，其中，中国知网的下载量为473次。文章同时被中国社会科学院、浙江工商大学东亚研究院等专业学术研究机构收录和转载，文章对认识和研判后安倍时代日本国家安保和军事大国化战略以及中日关系可能走向具有参鉴价值，也为中国如何予以应对提供政策参考，产生了一定的学术和社会影响力。

（该文原载于《东北亚学刊》2022年第5期，收入本书时做了适当修改）

日本数字贸易规则构建的动因及路径研究

施锦芳　隋霄[*]

步入数字经济时代，数字贸易规则成为国际经贸规则领域关注的焦点。日本也积极参与数字贸易规则制定，不仅踊跃参与 WTO 等多边框架下的数字贸易谈判，还依托 EPA/FTA 在双边和区域层面构建统一的数字贸易规则。截至 2022 年 4 月，日本已签署并生效的 20 个 EPA/FTA 中，有 11 个涵盖数字贸易规则，8 个设立数字贸易章节。日本积极构建 EPA/FTA 数字贸易规则旨在促进数字贸易发展、保障数字平台运营、深化与美欧数字经济伙伴关系、推动国内数字化转型。

梳理日本 EPA/FTA 数字贸易规则制定的现状，并分析其条款广度与深度，发现日本在多年探索中形成了较为完善的数字贸易规则体系。具体而言，2002 年日本与新加坡签署的 EPA 中首次引入无纸化贸易章节，可谓是日本数字贸易规则构建的开始。日本与菲律宾、泰国签署的 EPA 也设立无纸化贸易章节，但条款相对单一。2009 年日本与瑞士签署的 EPA 中开始设立独立的电子商务章节，主要涉及贸易促进条款和隐私保护条款，重视信息安全与数字交易环境，日本—澳大利亚 EPA 与之类似。2015 年 TPP 签署后，日本开始关注跨境数据流动条款，表现出构建高水平规则的意愿，数字贸易规则体系趋向成熟。在此基础上，日本又陆续签署日本—蒙古国 EPA、CPTPP、日本—欧盟 EPA、UJDTA（《美日数字贸易协定》）、日本—英国 EPA、RCEP，都将数字贸易规则作为重点议题进行探讨。其中，UJDTA 代表日本数字贸易规则的最高水平。

日本 EPA/FTA 对于数字贸易规则的"东亚模板""欧式模板""美式模板"三大模板均有涉猎。以 CPTPP 及以后签订的 EPA/FTA 分析日本的数字贸易规则构建路径，指出日本结合 FTA 网络，探索从三个层面入手构建数字贸易规则，采取阶梯式路径，逐步提升数字贸易规则水平。第一，以 RCEP "东亚模板"为基础获取东亚数字经济红利；第二，利用日欧 EPA、日英 EPA "欧式模板"构建数据流动域；第三，以 CPTPP、UJDTA "美式模板"打造高标准范本，向数字贸易规则高地迈进。日本在数字贸易规则制定中呈现出条款全面翔实、先进性及开放度高的特点，并以广泛缔约对象形成了数字贸易网络，同时吸纳数字贸易规则三大模板的经验，走在全球数字贸易规则制定的前列。

近年来，中国也在持续推进数字贸易规则体系建设，但现有规则的广度深度及国际影响力与数字贸易的规模还不匹配。借鉴日本经验，中国应充分利用现有 FTA 网络，积极参与 FTA 数字贸易谈判，依托 RCEP "东亚模板"拓展数字贸易合作，对标国际高标准 FTA 数字

---

[*] 施锦芳，东北财经大学东北亚经济研究院教授，博士生导师；隋霄，东北财经大学国际经济贸易学院博士研究生。

贸易规则，逐步推进数字贸易规则体系建设。

学界评价与反响

论文《日本数字贸易规则构建的动因及路径研究》紧跟数字贸易规则这一热点问题，聚焦日本EPA和FTA中的数字贸易规则，分析其规则制定的动因、现状、路径及特征并对中国提出启示，行文流畅，逻辑结构严密，具有充分的理论和现实意义。特别是论文在对比具体条款的广度深度基础上，从全球数字贸易规则三大模板的视角探讨日本数字贸易规则制定的路径及特征，具备一定新颖性。论文发表以来，截至2023年10月底，在中国知网已经被下载856次，被引用2次，相关观点也在学术会议发言中获得专家学者的认可。

（该文原载于《现代日本经济》2022年第4期，收入本书时做了适当修改）

日本乡村振兴的别样手段：
故乡税制度的实施路径、效果及争议

郭佩 刘莉[*]

党的十九大以来，中国提出乡村振兴战略，到"十四五"时期全面推进，旨在破除城乡"二元结构"，促进城乡协调发展，推动各类经济要素在城乡之间自由流动，实现更高质量、更有效率、更加公平、更可持续的发展。乡村振兴瞄准的是城乡等值化目标，包括产业发展、人才支撑、生态保护、文化传承等多方面的城乡均衡且充分的发展格局。围绕如何振兴乡村发展，各地从加大对农村的投资力度、改善农村人居环境、重视发展乡村教育等不同方面进行了积极有益的探索，但如何挖掘地方政府包括乡村自身的动力和特色，以自身的优势吸引财源提升本地经济社会活力值得深入探讨。

自20世纪90年代起，日本经济进入低速增长期，伴之城市化的快速发展，越来越多的年轻人从乡村涌入城市乃至东京等一线大城市，出现了"东京一极化"等问题。与此同时，在少子老龄化等人口结构的叠加变化影响下，日本众多偏远地区出现了年轻劳动力人口减少、产业衰落、经济萎缩、财政入不敷出等问题，甚至一些地方自治体的财政濒临破产。从20世纪50—60年代开始以中央为核心进行平衡地区间财力的制度也日益捉襟见肘。在这样的背景下，为了缓解地方财政压力，在"地方创生"战略的基础上日本政府于2008年推出了故乡税制度。

故乡税制度对提升日本地方活力，发展本地产业起到了积极作用。故乡税制度从起初试图平衡地区间财力的一项财政转移政策变化为各地方积极参与、互相竞争、广泛宣传和展示自己特色，从而带动地方经济发展，促进乡村振兴的一项政策。近几年无论是故乡税的捐赠人数还是故乡税的受益团体都取得了预想之外的较大发展。尤其受新冠疫情影响，在故乡税制度下，出现了越来越多关注偏远地方、愿意援助地方的都市居民。故乡税的"回礼品"成为连接"人"与"地方"的重要催化剂，而基于项目制明确捐赠用途的筹集方式带动了更多的人参与地方乡村振兴。

尽管故乡税制度在缓解偏远地区财政困难、促进乡村中小企业自主创新、重唤地方经济活力等方面发挥了积极作用，探索出一条别样的乡村振兴之路。但同时故乡税制度也存在过度的回礼竞争以及所带来的趋利效应，造成需求未满足的"真空地带"等问题。我国在实现共同富裕进程中，同样面临缩减地方差距和如何带动地方包括乡村高质量发展等课题。日本的故乡税制度为我们实现共同富裕提供了很好的借鉴意义，我们同样可探索实施相关个人税

---

[*] 郭佩，中国社会科学院日本研究所社会文化研究室助理研究员；刘莉，复旦大学经济学院博士后。

收激励措施帮扶地方发展，促进"人"、"物"和"地方"的良性循环。

学界评价与反响

该文选题紧扣当前中国推动乡村振兴战略的背景，体现了研究的时代意义和价值。通过日本故乡税制度的发展和效果分析，不仅阐明了故乡税制度对促进乡村振兴的积极作用，也指出了其存在的问题和不足，对于我国借鉴实施相关个人税收激励措施从而实现共同富裕有着积极的作用。同时，该文自刊发以来，得到了学界专家和研究者同人的普遍肯定，不仅在各种媒体平台上得到了推广和宣传，而且也得到了大量研究者的关注和转引。

（该文原载于《世界农业》2022年第8期，收入本书时做了适当修改）

碳中和背景下中日蓄电池产业合作：驱动因素及实现路径

刘红　郑晨笛[*]

　　蓄电池是电气化社会能源储存的重要载体，蓄电池产业作为大型可再生能源设备和新能源汽车发展的重要基础性产业，是各国能否实现碳中和目标的关键所在。日本自建立电池产业以来，凭借先进的制造技艺以及在高精尖技术方面出色的研发能力，一直在全球占据领先地位。而中国电池产业的发展起步较晚，改革开放后通过引进国外先进的技术和设备获得了初步发展，在中国加入WTO后电池产业迅速崛起。在这一过程中，中日蓄电池产业通过贸易和投资建立了较为紧密的合作关系，伴随双方技术实力的此消彼长，两国的合作也逐渐从日本主导向中日共同引领转变，双方在合作对象、合作技术、合作方式上形成的独特原则也将为未来的合作提供经验借鉴。

　　随着世界各国逐渐在"脱碳"问题上达成共识，2020年中日两国相继提出了基于各自国情的碳中和目标，在碳中和目标驱动全球蓄电池产业大发展的背景下，中日两国均将蓄电池产业视为未来经济绿色发展的关键一环，将蓄电池产业列为未来重点发展的产业，发展方向的一致性成为两国蓄电池产业合作的重要基础。此外，在产业发展过程中，中日两国逐渐在蓄电池技术和蓄电池市场方面形成了明显的互补性特点，这将有利于中日蓄电池产业合作的深入发展。在上述因素的驱动下，未来中日蓄电池产业将在多领域展开合作。第一，在全固态电池领域，中日两国无疑是下一代二次电池技术研发的引领者，两国如果能够发挥各自的比较优势，实现强强联合，则有望带来全固态电池技术的重大突破与创新。第二，中日有望在锂电池供应链国际标准制定领域展开合作。在碳中和背景下，国际社会针对锂离子电池供应链上游的锂材料国际标准制定的竞争日趋激烈，中日合作共同参与制定国际标准将有利于促进双方蓄电池及电动汽车产业的发展，提升两国在世界市场的份额。第三，在废旧蓄电池回收利用领域两国将具有广阔的合作前景，日本企业拥有先进的电池回收技术和多年的实践经验积累，而中国凭借庞大的新能源电动汽车市场在未来将拥有巨大的废旧蓄电池市场，双方凭借各自的比较优势，开展互惠互利合作，不仅有助于进一步提高废旧蓄电池的再次利用效能，而且有助于两国碳中和目标的实现。第四，在碳中和背景下，亚洲市场蕴藏着巨大发展潜力，中日电池企业组建战略联盟，携手在亚洲区域内的第三方市场开展业务，对中日两国及亚洲其他国家碳中和目标的实现都具有十分重要的意义，有助于实现多方共赢。

学界评价与反响

　　论文运用归纳分析、案例分析等研究方法，对碳中和背景下中日蓄电池产业合作的驱动

---

[*] 刘红，辽宁大学国际经济政治学院教授；郑晨笛，辽宁大学国际经济政治学院博士研究生。

因素与实现路径进行了系统性阐释,这是该文的主要创新点。首先,回顾中日蓄电池产业合作的发展历程,阐明两国推进深入合作的现实基础。其次,分析碳中和背景下中日推进蓄电池产业合作的必要性,即两国蓄电池产业发展方向的一致性、蓄电池技术的互补性以及蓄电池市场的互补性都将成为两国蓄电池产业合作的重要驱动因素。再次,指明两国深化蓄电池产业合作的具体路径,即两国有望在全固态锂电池技术、锂电池供应链国际标准制定、蓄电池回收利用以及亚洲第三方市场等领域展开更为深入的合作。最后,指出两国合作可能面临诸如中日关系紧张、中美贸易摩擦影响等挑战。为应对这些挑战,两国政府和企业应从加强政治对话、践行合作共赢发展理念、拓展合作领域等维度出发,推动两国蓄电池产业发展,进而为两国及全球碳中和目标的加速实现作出应有贡献。论文在研究视角、研究内容等方面都体现出一定的研究新意,论文发表一年来在中国知网已被引用 5 次,下载量近千次,且于 2022 年 11 月被"国研网"全文转载,受到学术界的广泛关注。

(该文原载于《现代日本经济》2022 年第 5 期,收入本书时做了适当修改)

日本学界侵华战争研究的环境史脉络刍议

陈祥　［日］塚濑进[*]

近年来，日本学界多从自然与人的关系视角对侵华战争展开环境史研究，重视研究侵华战争对中国的自然、社会环境造成的长期影响。日本学界的侵华战争研究虽未形成真正意义上的环境史研究的意识和方法，却已经对环境史趋向做出了积极回应。

一、日本侵华战争研究中导入"社会与环境"的探讨

20世纪80年代后，日本学界围绕"统治"与"掠夺"两个视角展开侵华战争研究，由此涉及人口锐减、洪涝灾害、干旱、饥荒、河流改道、传染病等环境问题，已经初步具备了环境史研究的自觉。对近代中国社会转型过程产生过重要影响的诸多环境要素而言，日本学界对中国东北大豆展开的论述最多，近代东北丰富的森林资源也进入日本学者的研究视野。20世纪八九十年代，日本学界对中国华北农村的村落共同体进行过较多研究，其中不少成果对华北农村环境展开过叙述。另外，日本学界还对日军在战争中采取的惨无人道的野蛮行径进行了相关研究，涉及"三光"政策、毒气战、细菌战等。日本学界还将鸦片作为重要切入点，研究日军在占领地积极推广鸦片种植和销售。对日本学界侵华战争研究的特点可以概括为三点：首先，将环境作为理解日本侵华的核心要素之一，指出日本侵华的一个重要目标就是掠夺资源；其次，部分地揭示了日本侵华战争对当地包括环境在内的社会、经济造成的深重灾难；最后，始终难以摆脱"战争史的影响"，缺乏批判性，从生态、区域视角就侵华战争对中国造成的深重生态影响的论述不足。

二、环境成为侵华战争研究难以回避的问题

21世纪后，日本学界的侵华战争研究形成更多元开放的学术氛围。

（一）对东北地区的研究体现为多元化的环境史趋向

日本学界对近代中国东北的研究出现一定程度的井喷现象，除了研究伪满洲国、满铁等传统的政治史、军事史、经济史，还加大了对东北的农业资源、矿业资源和人力资源的探讨力度。安富步、深尾叶子编著的《满洲的成立》一书，是日本学界从"生态社会史"视角对侵华战争研究进行解构的代表性成果。该书从近代东北拥有茂密森林和丰富野生动物资源的纯自然生态环境切入，勾勒出近代日本帝国主义侵略并殖民统治东北的社会形态，突破了以往日本学界注重社会经济领域的探讨路径。

---

[*] 陈祥，中国社会科学院日本研究所副研究员；塚濑进，日本长野大学教授。

（二）对华北地区的研究呈现为生态意识的增强

华北地区研究长期作为日本学界的关注热点，在21世纪受中国史研究中涌现出来的环境史成果的影响，相关论述与考察越来越多。比如，有白木泽旭儿、畠中茂朗、内田知行等。另外，日本学者开始从环境史视角对日本侵华战争下的中国农村展开研究，其中比较具有代表性的学者有本庄比佐子、内山雅生、弁纳才一、久保亨等。华北地区的河流既是侵华日军无法绕过的河，也是侵华战争研究环境史转向过程中无法绕开的研究对象，芳井研一探讨了黄河决口与难民问题。日本学者的研究方法没有像英国学者穆盛博那样提出十分抽象的"能量和能量流动"（energy and energy flows），却已在注重传统史学研究方法的基础上，有意识地加强了对战争与环境之间关系的思考。

（三）对华中、华南地区的研究出现经济、农业视角的环境史转向

日军在侵略华中、华南地区的过程中，受到战线过长的影响，对占领区的经济资源和农产品的掠夺尤为依赖，而且日军的残酷掠夺对占领区的环境及社会的影响也更深刻，日本学界对此展开的研究成果也较为突出。相关学者有荻原充、弁纳才一、高纲博文、柴田善雅、水野明等。此外日本学界还对日军侵华期间惨无人道的行为进行了研究。比如，有松村高夫、吉见义明等。

三、环境史视角研究侵华战争的学术反思

日本学界在侵华战争研究领域出现的环境史趋向或可对中国学界提供如下几点反思与启示。

（一）日本侵华战争研究不能缺少环境史视角

中国学界的侵华战争研究明显侧重于研究战争对人造成的伤害、战争对经济造成的损失、战争阻断社会的发展轨迹等，忽视了对侵华战争与中国自然环境之间关系的研究。

（二）日本侵华战争研究缺乏环境史趋向的原因分析

造成中国的侵华战争研究缺乏环境史趋向的原因存在以下几种情况。首先，史学工作者没有跳出侵华战争研究的传统窠臼，将目光牢牢地锁定于名人、战役、社会、经济等，不愿意也不想从环境视角对历史展开全面的探讨；其次，传统史学工作者缺乏环境意识和生态思维；再次，深受政治因素的影响，担心落入"地理环境决定论"；最后，与长期以来形成的现实工作需要有直接关系。

（三）亟待大力推动日本侵华战争研究的环境史趋向

日本侵华战争研究的环境史趋向是以中国生态空间遭遇的灾难为研究对象，从环境史维度和国际视野加以扩展，在马克思主义理论的指导下，在探究医治战争对生态环境的创伤与人类和谐发展的路径上进行的一种新的研究和学术趋向。

学界评价与反响

该文通过梳理日本学界的侵华战争研究学术史，试图探讨日本学界进行了哪些与环境史

相关的学术创新和努力，这些成果存在哪些共性的不足，这种趋向能够对中国的侵华战争研究多元化提供怎样启示。该文属于国家社会科学基金重大项目"环境史及其对史学的创新研究"（16ZDA122）的相关研究成果。文章发表之后，被《历史学文摘》2023年第2期收录。同时，在该文刊发后不久，中国抗日战争研究学界从环境史视角展开的研究和讨论呈现增多现象，比如，中国社会科学院中日历史研究中心主办的"抗日战争与中日关系史讲坛"第9讲就策划了"中共抗战的生态环境解释"专题讲座。

（该文原载于《史学理论研究》2022年第6期，收入本书时做了适当修改）

17—19世纪日本的皇权主义思想

许晓光[*]

日本从德川幕府统治初期，直到幕府统治末期，皇权主义思想重新流行。这种皇权主义思想宣扬天皇为神的后裔，天皇地位神圣至尊而不容怀疑，强调对天皇的盲目崇拜和绝对服从。

与世界各国流行的"君权神授"观念不同，古代日本史书曾将天皇描绘成天神的子孙，使"天皇即神的后代"的观念长期在社会流传。这种观念源于8世纪初编纂的《古事记》《日本书纪》二书。自从镰仓幕府在日本实际掌权后，天皇一直处于地位似乎很崇高，但没有丝毫政治权力的尴尬境地。正因为如此，天皇家族才能避免被杀戮和消灭，保持所谓"万世一系"、源远流长的血脉。

到了近世前期，日本吸收了从中国传入的朱子学所宣扬的君臣大义名分论。认为臣下只能绝对忠于君主，而不能议论君主的德才是非，君臣大义必须坚持，否则国将不国。这种理论使日本信奉朱子学的知识分子次第提出主张：天皇应是日本理所当然的最高统治者，幕府统治是不符合君臣大义名分的。他们继承了"记纪文化"有关天皇是神的子孙、万世一系而血统延绵不绝的传说，反对中国孟子的"汤武放伐"论，主张皇权至高无上，幕府将军应按照大义名分，将政权返还给天皇。

幕府末期，为了一致对外，应对日益加深的民族危机，急需一个能够凝聚民心的核心力量。于是一直被边缘化的天皇又重新被抬了出来。这时继承天皇和皇权神化观念有代表性的是后期水户学派。该派强调幕府只是代天皇摄政，天下大权实际上是属于天皇的。在当前形势下，天皇应当尽快回归实际掌权的地位。后期水户学的皇权主义思想，明显直接继承了日本中世纪的"记纪文化"的神话传说。但由于时代背景发生了剧烈变动，所以这些学者将其作了更加复杂的阐发，突破了以前的伦理道德范畴，而更趋向政治领域。

到明治前夕，天皇又在尊王倒幕运动中被抬了出来，并被神化为至高无上的"神器"。吉田松阴提出了天下是天朝之天下的原理，主张恢复久已废弛的天皇"临朝听政"。其目的是否定幕府统治的合法性，期待天皇出来凝聚民心，挽救民族危亡。大国隆正、矢野玄道、铃木雅之继续"记纪文化"的神化皇权观念，宣扬天皇神圣的地位至高无上。甚至不仅统治"神国"日本，还要统治全世界。这无疑为以后日本宣扬"八纮一宇"，鼓吹天皇应当统治全世界的主张埋下了伏笔，也为日本明治以后的民族扩张政策编造了似乎具有"正当性"的理论前提。

---

[*] 许晓光，四川师范大学全球治理与区域国别研究院教授。

明治时期塑造皇权神圣地位的不仅是知识分子，而且政府机构、宫廷本身、地方政府也都参与进来。统治机构甚至还以天皇自身的名义，发布各类诏令，继续神化天皇及其权力。

皇权思想家长谷川昭道、吉冈德明、内藤耻叟皆坚持神化天皇的传统观念，力图在日本建立天皇独裁的政治体制。强调维护至高无上的皇权的必要性。强调天下与人民生活相关的所有自然物，都归于天皇所有。继续宣扬自古以来不变的传统国体观，希望将其永久存续下去。甚至具有若干近代化意识的伊藤博文，居然也在宪法制定过程中强调树立天皇为政权核心的重要性，将君主权力的合法性依据溯源于神话中的日神"天祖"，而不是日本国民的委托。力图在全国人民中树立天皇神圣不可侵犯的权威，以维护藩阀政府统治的正当性。井上哲次郎对天皇的《教育敕语》进行了阐释和"衍义"。在其中极力神化天皇和日本国家，愚弄人民，维护以天皇为最高权威的藩阀政府的专制统治。德富苏峰主张天皇不仅在国内统治地位至高无上，而且还可进一步君临世界。

由于盲目崇拜天皇和皇权的思想在明治时期被普遍推广并深入民心，在以后的日本历史中产生了不可忽视的深远负面影响。导致日本的现代化进程误入歧途。

（该文原载于《历史研究》2022年第1期，收入本书时做了适当修改）

当代日本右翼势力的"历史战"及其社会影响

丁诺舟　张敏[*]

"历史战"是以历史认识领域为主战场的国际舆论战,近年来为日本右翼势力大为吹捧。历史战早期的假想敌主要是中、韩两国,宣称"中国与韩国长期以来使用南京大屠杀、'慰安妇'等捏造的历史事件为武器,有组织性地向日本发动历史战,而日本则处于被动挨打状态",号召舆论界积极展开反击,获取历史战的胜利。随着历史战概念的不断发展,历史战的对象逐渐从中、韩两国延伸为"敌国""盟国""中立国"等具有涵盖性的多重维度,日本政府也逐渐参与其中,作战对象与方法也发生了相应变化。在历史战视域下,历史认知是用于"打击敌国"的武器,认知的真伪并不重要,重要的是如何向目标群体进行有效输出,以实现打击、压倒敌方历史认知的目的,具有鲜明的针对性与对抗性特征。历史战将历史认知领域的攻防视为总体国家安全保障的组成部分,在"战斗"运营中强调持续性资金投入与目标选择的战略性,通过大量的、重复性的宣传获取认知输出成果(战果),与一般意义上的历史文化宣传存在较大差异。

"历史战"的本质是围绕历史认知的国际舆论战,通过重复性、对抗性的大规模信息攻势,诋毁他国的历史与国际信誉、宣传本国对人类历史的贡献,最终实现清除对本国历史的负面认知、强化正面认知的目的。历史战的参与人主要可分为两类,即主动参加者与被动参加者。右翼政治家、历史学家、论客是主动参与者,这一人群一般抱有明确的目的性,分别承担着确保财源、创作素材、传播宣发等各阶段工作,构成了历史战的主体力量。但需要注意的是,历史战还存在着被动参与者,这一人群并非有意参与历史认知的对外舆论战,而是在客观上推动了历史战的发展。根据斗争对象的不同,可以将历史战分为三种类型,即对本国历史战、对敌国历史战与对第三国历史战。其中,对本国历史战主要体现为向本国民众灌输右翼势力鼓吹的历史观,使其对既有的历史教育、历史观产生怀疑,最终在心理及行动上支持历史战行为。针对本国国民的历史战既是右翼势力获得政界支持的必要条件,也是发动对外历史战的基础。

历史战逻辑往往带有明显的诡辩色彩,通过逻辑陷阱误导宣传对象。历史战论客常用的逻辑主要有以下几种。第一,将关注点诱离问题核心,聚焦细枝末节,通过否定局部来推翻整体。第二,向对手进行同态反击,而非究明真相。第三,乱用"两论并记",弱化对自己不利的结论。第四,通过混淆概念,推导错误结论。第五,利用自身与读者的信息不对等性,选择性报道事实,甚至无中生有。

---

[*] 丁诺舟,南开大学世界近现代史研究所助理研究员、南开大学日本研究院讲师;张敏,河北师范大学外国语学院讲师。

历史战参与者广泛利用各种媒体平台与多种手段，向日本国内乃至国际社会渗透其历史主张，造成了不容忽视的社会影响。

学界评价与反响

该文发表后，得到了日本研究学界和其他各界的认可。有学者认为，该文非常详尽地涵盖了"历史战"的概念、本质、参与者、逻辑策略以及其在媒体中的表现。特别是在介绍其逻辑策略时，详细地列举了五种常见逻辑陷阱，有助于读者对其策略进行深入了解。文章结构清晰，首先定义了"历史战"的概念，然后分析其参与者和类型，其次详细探讨了历史战的逻辑策略，最后总结了历史战在媒体上的影响。这种逐步深入的结构有助于读者逐步理解复杂的议题。文中使用了诸如"历史认知领域""舆论战""右翼政治家"等专业术语，反映了对该议题有深入的研究和认识，对中国进行有效应对有较大参考价值。《历史评论》2023年第1期以"警惕日本右翼'历史战'的逻辑陷阱"为题，对该文进行了摘编，并转载于爱思想网（https://www.aisixiang.com/data/140754.html）。截至2023年10月20日，该文在中国知网被下载475次，被引用1次。

（该文原载于《世界历史》2022年第5期，收入本书时做了适当修改）

解析日本学界围绕钓鱼岛问题的歧见及启示

房迪[*]

  自 20 世纪 70 年代钓鱼岛问题再度浮出水面后,日本国内也开启了对钓鱼岛问题的一系列研究,其主张往往与我方形成鲜明对立。但值得注意的是,日本国内对于钓鱼岛问题的观点并非铁板一块。如在主权归属、搁置共识以及战后争端爆发的根源等问题上均有不同的看法,其中甚至不乏有利于我国立场的观点。因此,通过了解日方有关钓鱼岛问题的研究动态和多方观点,将对我国在钓鱼岛问题上开展更有针对性的研究和政策制定作出积极贡献。

  首先是有关钓鱼岛主权归属问题的歧见。日本历史学者井上清和高桥庄五郎是第一批通过对明清时代以来的中国文献记载给予客观认识,且在对比分析后得出钓鱼岛主权应归属中国这一结论的学者。近年来,不满日本政府"购岛"破坏中日关系的日本学者,再次对日本政府进行了批判。如村田忠禧通过对日本官方史料的分析,推翻了政府的错误主张;笘米地真理根据战后日本国会记录,揭示了日本政府在钓鱼岛问题上的态度演变等。然而,支持钓鱼岛主权归属日本无疑是日本国内的主流观点,并且日本政府企图利用此类研究对国内外进行错误的认知引导。但日方迄今的史料与证据并不能支撑其立场,所谓"依据"客观上存在大量漏洞和硬伤,是其曲解篡改历史以及相关法律依据的衍生产品。通过长期跟踪不断揭露其中隐藏的问题已成为我国学者必须承担的重要任务。

  其次是有关钓鱼岛搁置共识的歧见。一是认同存在搁置共识的观点。持该类观点的学者普遍认为,搁置争议的做法为中日两国在 20 世纪 70—80 年代和平处理钓鱼岛问题发挥了至关重要的作用。但即便在大原则上认同这一观点的学者之间,对于"搁置"也有着不同的理解。这也是导致讨论"搁置"相关问题时产生认知错位和脱节的重要原因之一。二是不承认存在搁置共识的观点。其核心论据则是不论中方如何表态,只要日方没有留下明确记录就不算达成共识。事实上,根据中日双方的官方史料以及相关重要人物的回忆录等,可以确认两国间至少三次就这一共识进行了确认。

  最后是有关引发战后钓鱼岛争端原因的歧见。一部分日本学者认为,战后美国在钓鱼岛问题上采取的所谓"中立政策"是引发钓鱼岛问题的关键所在。事实上,就是否要坚持所谓"中立政策"美国内部也曾出现过不同意见。而另一些日本学者则认为是因中国为争夺钓鱼岛周边海域资源而引发了争端,意图将责任转嫁给中国。但事实上是日方自己觊觎该海域丰富的石油资源才引发了钓鱼岛问题。除上述研究外,日本有关钓鱼岛及周边海域的自然科学研究以及有关钓鱼岛问题的军事视角研究也应引起我方的注意。

---

[*] 房迪,北京外国语大学北京日本学研究中心讲师。

分析日本国内相关研究可为我国研究带来一定的启示。一是需要进一步加强对日本提出的所谓"证据"开展更加及时和深入的考究工作。二是日本学者基于历史事实和日方文献的研究成果值得重视，可借助其声音向日本民众传递正确信息和澄清争议。三是提倡多样化研究视角，相关研究、认识和知识普及需要与时俱进。四是需要继续积累研究成果并加强人才培养。

学界评价与反响

该文是2021年度国家社科基金青年项目"日本国内关于钓鱼岛归属问题的观点解析与考证研究"的阶段性研究成果。对此相关领域专家指出，该文以对方的观点作为问题提出并进行论证，这对于积累我国相关证据，驳斥日方的谬误，正本清源具有较为重要的学术价值和现实意义。我国面临着严重的海疆危机，海洋权益不断受到损害。因此，维护国家领土主权和海洋权益的对策研究十分紧迫。中国学者不仅要加强有关钓鱼岛归属问题历史文献及法理依据的研究，同时还必须深入了解日本在钓鱼岛问题上的观点及其理论和法律依据，并且持续跟踪日本国内最新研究动态并对其进行深度剖析。当前，钓鱼岛问题对中日关系的影响在不断增大，鉴于这一问题的复杂性与长期性，需要不断积累相关的研究成果和人才储备，以配合我国外交斗争的近期与长远需要。

（该文原载于《太平洋学报》2022年第4期，收入本书时做了适当修改）

侵华战争时期日本民间智库的活动与影响

——以昭和研究会为核心的考察

史桂芳[*]

1933年12月，日本知识分子成立了具有智库性质的民间团体——昭和研究会。该会以"广泛汇集社会各界的智慧与经验，综合各种力量，充分凝聚政界、军界、实业界、学术界以及媒体等方面的人才，集思广益，协助政府制定内外政策"为目标。昭和研究会达成"既然摆脱不了必然的宿命，不如挺身而出，开展实际工作，为日本寻找出路"的共识。

昭和研究会确信近卫文麿"能够担当时局大任。应尽早筹划，协助近卫在政策方针等方面做好准备工作"。1937年6月，近卫文麿出任日本首相。昭和研究会成员因此进入政府中枢机构。1937年卢沟桥事变爆发后，昭和研究会建议政府就地解决事变，避免事态扩大。10月，后藤隆之助、酒井三郎等前往朝鲜，中国东北、内蒙古、华北、上海等地考察两个月，提出避免陷入长期战争的对策。

昭和研究会以事变来称呼日本发动的侵略战争，"如果发布宣战书，日本就率先破坏了不战条约而遭到国际社会的非难，没有必要这样做"。昭和研究会中有不少"中国通"，他们认为应该利用抗日民族统一战线中的矛盾，通过"协同""合作"等，使中国从抗日救亡转为对日"合作"。1938年10月，在昭和研究会的建议下，日本成立"对支院"，12月，改称"兴亚院"。"兴亚院"在中国的北京、张家口、上海、厦门、青岛等地设立联络部或派出所。

1938年12月22日，近卫文麿发表"建设东亚新秩序"的第三次对华声明，昭和研究会认为政府接受了其主张，活动更加积极。随着战争的扩大，日本国土面积小、资源匮乏之弱点日益暴露。昭和研究会提出建立中日经济协同体，经济协同"以日满为基础，加上北支组成为一个经济集团，北支以外地区从属于中国经济集团，其次包括部分亚洲大陆，一直到新喀里多尼亚，这个广义的南洋都包含在经济圈内，还要强化与澳大利亚、新西兰、印度、暹罗的关系，直到太平洋彼岸的美洲大陆各国"。日本后来提出的"建设大东亚新秩序"，就来源于这个经济协同体的设想。

1940年8月，日本制定《基本国策要纲》，将建设"东亚新秩序"发展为"大东亚新秩序"，要建立"大东亚共荣圈"。昭和研究会认为"建设大东亚共荣圈"，应在国内建立"一国一党"的国防国家体制。近卫文麿多次召见后藤隆之助等人，咨询建立新体制的各种政策。1940年10月12日，日本成立大政翼赞会，近卫文麿担任翼赞会总裁。1940年11月，昭和研究会宣布解散，投入新体制运动，成为日本"一国一党"法西斯体制的重要推手。昭和研

---

[*] 史桂芳，首都师范大学历史学院教授。

会"智力"协助战争,其危害并不亚于穷兵黩武的军阀,甚至更有过之。

学界评价与反响

昭和研究会是日本侵华战争时期知识分子自发成立的民间国策研究机构,其作为近卫文麿的智囊团,在日本社会有着比较高的知名度和影响力。论文重点研究了"九一八事变"日本退出国联后,知识分子对国家前途的忧虑,要主动为国家出力的初衷。论文揭示了昭和研究会成立的目的、宗旨、基本主张、活动和影响。昭和研究会不满意军部的飞扬跋扈和独断专行,并非反对日本侵略中国,而是担心公开与华盛顿体制告别会危及自身利益。卢沟桥事变后,昭和研究会频繁研讨日本面临的内外形势,成员多次到中国考察,提出对策建议。昭和研究会的知识分子作为日本社会精英阶层,关心国家前途本无可厚非。问题在于以什么样的方法维护本国利益。昭和研究会与普通百姓不同,他们清楚日本发动战争的动因与性质,却主动参与战争体制,为政府出谋划策,成为助纣为虐的侵略帮凶。中国学界抗日战争研究热已经持续近40年,成果层出不穷,但是,对日本知识分子在战争中的作用、对民间智库性质的国策机构研究还比较欠缺。论文充分挖掘日文史料,以新的视角研究知识分子与侵略战争的关系,指出知识分子主动以智力协助战争的本质和危害,拓展了国内学界关于抗日战争史、日本侵华史的研究,弥补了学术的不足。

论文发表后受到学界关注,《中国社会科学文摘》2022年第7期摘录3000多字。

(该文原载于《安徽史学》2022年第1期,收入本书时做了适当修改)

创述琉球：美军编制琉球民族志文献述评

孙家珅[*]

  1944年，太平洋战争接近尾声，美军需要选择一个登陆地点对日本本土发起最后的攻击，涉及登陆琉球群岛的方案最初在美军内部并未达成共识，主要经历了攻占台湾计划再到攻占琉球计划的转变。《琉球群岛的冲绳人：日本的少数民族》由战略服务局于1944年3月开始编写，6月在夏威夷发行。《民政手册：琉球群岛》由海军民政小组于1944年7月开始编写，9月完成，11月正式发放到海军高级军官手中，战时作为美军内部资料使用。

  对于海军民政小组而言，战略服务办公室在夏威夷琉球人社区的调查是一项重要成果，直接影响到美国参谋长联席会议对日登陆作战地点的选择。此前在美国人的印象中，日本是一个团结一心的单一民族国家，但通过对琉球人的调查和研究，美军发现了一个突破口：在空间上，日本领土包括冲绳县，但从族群的角度看，琉球人并不是日本人。《琉球群岛的冲绳人：日本的少数民族》报告分为三部分，分别是"日本的冲绳人"、"夏威夷的冲绳人"和"分歧"，明确指出日本对琉球人抱有种族歧视。报告详细论证了琉球和中国的历史渊源，揭露了日本和琉球的微妙关系，并尝试策划琉球独立运动。

  海军民政小组进一步搜集情报，并为实现美军的战略目标编制占领后的政治工作指导用书《民政手册：琉球群岛》。《民政手册》由三部分构成，第一部分为基础情报，第二部分为机构和公共设施，第三部分为经济。该报告更像是一部关于琉球的"百科全书"。基础情报部分收集了包括琉球的地理、资源、历史、人种、习性以及社会组织等方面的信息。在政治方面，《民政手册》概述了琉球王朝的政权以及日本的殖民地政策。在经济和基础设施部分，报告记录了琉球群岛农业、水产业、工艺产业详细的统计数据。

  如同《菊与刀》给美国人的"日本观"造成的影响一样，《琉球群岛的冲绳人：日本的少数民族》和《民政手册：琉球群岛》两部民族志是美国对琉球族群相关知识的"创述"，充分展现了该历史阶段美国人的"琉球观"。两部民族志是美国扶持琉球独立势力的首次尝试，在两部民族志的指导下，1945年4月1日以来，美军在琉球群岛上开始了"重塑"琉球人的具体实践，根据报告所制定的占领政策导致了琉球族群认同意识复杂化。此外，两部民族志也展示了美军在战争准备时期的情报搜集能力，体现了美国对于琉球族群独特性的认识，更体现了美国在太平洋战争后期给自诩为"单一民族国家"的日本制造分裂的战略考量。

---

[*] 孙家珅，中国社会科学院日本研究所助理研究员。

学界评价与反响

从太平洋战争末期1945年美军攻占琉球群岛，至1972年移交施政权予日本，前后约27年。美国的治琉施策一直深受各方面研究家的关注，但始终没有学者对于美国治琉施策制定的来源进行详细的论证和分析。综合来看，文章采取文本分析的方式和文化人类学的研究方法，详尽分析《琉球群岛的冲绳人：日本的少数民族》和《民政手册：琉球群岛》两部美军编纂的人类学民族志的内容，不仅弥补了琉美关系文献研究的空白，更成为国内外琉球学研究者的重要参考。

从话语体系建立角度看，"琉球人的过去属于谁"是中美日琉四方学者近年来热议的话题，琉球的历史也不断被各国学者建构和重塑，但四方学界始终没有对琉球的历史叙事进行过分析研究。文献资料是国际问题研究的基础，文章独到之处在于选取两个经典民族志文本，属学界较少提及的珍贵史料，揭示了美国人对于琉球的历史叙事方式和民族性的分析方式，更揭示了美国人的"琉球观"和将日本和琉球分离的战略考量。文章是建构中国琉球学研究话语的突破性尝试，注意强调琉球在其历史发展中的主体性，突破了日本学界冲绳学的话语桎梏。文章明确指出，两部民族志都强调了琉球人的独特的身份和文化认同，揭示美国制造日本和琉球分裂的战略意图和考量。

（该文原载于《世界民族》2022年第5期，收入本书时做了适当修改）

岸田政府强化日澳安全合作及其影响

孟晓旭[*]

日本岸田政府主张"新时代现实主义外交",其将日澳安全关系战略性地置于除日美同盟之外的首位,加紧构建次级对外安全合作体系。在美国对华战略竞争持续和"印太战略"深化的背景下,日本强化与澳安全合作,加速推动两国同盟化和合作军事化,必将产生复杂的影响。

日本尤为重视与"特殊战略伙伴"澳大利亚开展安全合作,两国具有除日美同盟之外最为全面的双边安全合作协议。岸田政府更是在框架、内容、领域及深度上拓展与澳安全合作,该安全合作体现出法律制度拓新化、目标针对地区化以及具体内容综合化等新特点。

第一,从法律上对日本战后对外安全合作进行了制度拓新,进一步将日澳安全关系提升为除日美同盟之外最为密切的安全伙伴关系,两国安全合作"准同盟"化。日澳《互惠准入协定》既为日本自卫队和澳军队互访、联合演习、合作抗震救灾等建立起有法可依的行政框架,也使澳在日本的对外安全合作中位居"准盟国"地位。

第二,高级别安全对话频繁且密切,安全合作议题和合作领域超出双边而更加注重地区层面,安全合作活动实操性更强。比较而言,日澳对地区安全议题更为关注。日澳联合军事演习频繁且有深度,军队联络呈机制化,操作互动接近实战。

第三,重点开始侧重经济安全合作,通过塑造经济规则谋求构建经济安全秩序,积极打造新的能源安全供应链。

大国战略竞争的长期化趋势及美国的战略主导,"新时代现实主义外交"下对"印太战略"的深化,自主性战略勃发下强化"准盟友"安全合作以增强威慑力等是岸田政府这一政策的深层动因,而中国则是其主要针对目标。

第一,针对实力相对衰弱的现实和国内事务优先的政策,美国注重与盟友合作并支持盟友间强化安全合作,希望其盟友日澳在对华政策上投入更多资源,发挥更大作用以分担美国成本。岸田政府利用美国深化"印太战略"之需,积极实施"诱导战略",提升美国履行安全承诺的信心,推动美国加强在"印太"地区的军事存在和安全参与。

第二,岸田政府主张"新时代现实主义外交",积极拉拢与自己有共同战略利益的澳大利亚深化"印太战略",既应对可能发生的因美国政策变动特别是对地区干预能力下降而产生的风险,又可在"印太"合作中推进日本所偏好的区域秩序,并通过协作共同应对中国崛起。

第三,对外经济安全合作是岸田政府的招牌政策,与澳深化经济安全合作更是日本拓展

---

[*] 孟晓旭,中国社会科学院日本研究所研究员。

"印太战略"的新举措和新战略抓手。立足能源安全，打造氢能供应链是日本"印太战略"在经济安全方面的新举措。

第四，意识到建立"不单独依附美国的安全体制"的现实性，岸田政府把澳大利亚视作"准盟国"首选。岸田政府对澳深化安全合作的战略构想就是，通过扩大对外安全合作，在地区发挥日本的主导性作用，打造出除美国之外的以日本为中心的次级复合型安全合作网络。

未来日澳安全合作还不太可能突破当前的安全合作框架，但会不断持续深化，同时也面临制约因素。一是日澳安全合作发展成为正式军事同盟的可能性不大。二是日本对澳安全合作将出现局部深化。三是日本对澳开展深度安全合作也将面临诸多内外因素制约。

岸田政府对澳安全合作的关注重点从非传统安全领域转向，聚焦"大国竞争"、应对"大国威胁"和共建"印太秩序"，并强化印太经济安全合作，将对地区安全构成复杂影响。一是横向密实美国亚太军事同盟体系，推动美日澳三国深化"印太安全战略"，促动"四国机制"军事化发展。二是推动日本构建除日美同盟之外的以己为中心的次级对外安全合作体系，提升日本在地区安全上的主导力和影响力，使地区安全环境更为复杂。三是在"三海"问题上对中国构成新的挑战。四是推动日本国内安全体制调整，进一步摆脱"战后体制"，加快"军事大国"转型。

（该文原载于《现代国际关系》2022年第3期，收入本书时做了适当修改）

日本碳中和战略及其前景

刘军红　汤祺*

2020年10月，日本菅义伟内阁宣布2050年实现"碳中和"。2021年4月，日本进一步提出"要在2030年前比2013年减排46%"的中期目标。2021年10月，日本首相岸田文雄明确表示，将继承菅义伟的减排承诺，继续推动2030年和2050年减排目标的实现。2011年福岛核事故后，日本应对气候变化政策的态度从消极转向积极。

为落实2030年中期目标及2050年碳中和目标，日本政府打出政策组合拳，制定了"绿色增长战略"，修订《地球温暖化对策推进法》以及与之配套的"地球温暖化对策计划"，修订《能源基本计划》等，试图同时运用财政与金融两手，推动能源革命、产业转型、技术换代，在全球绿色转型大变局中重新确立全球产业竞争力，参与制定新规则，主导国际经济新秩序。一是推动能源结构转型，在大幅提升电力部门中"零排放电源"占比的同时，加速推动非电力产业部门的"电动化转型"并推进节能工程转型。二是加速产业结构调整，广泛提升日本企业在全球产业分工中的地位和水平，如强化对清洁能源产业的扶持力度，推进汽车产业"电动化"，加速碳捕集、利用与封存技术（CCUS）的实用化和普及化等。三是构建绿色金融体系，为能源转型、绿色经济输血。四是与地方自治体合作打造"示范区"。五是积极参与国际合作。

日本提出碳中和目标及调高2030年减排目标的考量大致有四。一是呼应美国的政策转向。二是希望创造经济增长的新动能。菅义伟曾呼吁经济界转换思路，将应对气候变化视为调整产业结构、促进经济社会发展的增长机遇；岸田文雄进一步将"绿色转型"作为其"新资本主义"的重要内容之一，继续引导全社会加大对清洁能源的投资。三是提升国际影响力，实现"政治大国梦"。四是凸显争夺构建全球气候新秩序主导权的雄心。气候治理涉及脱碳技术、产业、贸易、金融等多个领域，亟待制定新标准、新规则和新体系。日本早早制定相关战略，计划动用财政、税制、金融、制度创新、国际合作等多种手段，在重塑全球气候治理新秩序中争取主动。

目前，日本社会各界对2050年能否实现"碳中和"态度不一，但多数意见认为2030年的减排目标即使努力也难以达成。首先，日本的减排目标脱离实际，其公布减排目标前并未进行充分论证，尤其是2030年目标的设定不是基于日本能源结构、产业现状等实际，而是深受欧美施压影响。其次，日本面临能源结构的巨大制约，短期内难以摆脱对火电的高度依赖。再次，日本产业转型困难，特别是应对气候变化政策的核心由"低碳"转为"脱碳"后，曾

---

* 刘军红，中国现代国际关系研究院东北亚研究所研究员；汤祺，中国现代国际关系研究院东北亚研究所副研究员。

经的优势化为负担。最后，日本对同中国开展"脱碳"合作态度消极。日本政府在气候变化问题上更多地从"竞争意识"角度出发考虑问题，对发展中国家甚至表现出更多的"攻击性"，使应对气候变化这一本应在合作中实现"双赢"或"多赢"的问题呈现出"你死我活"之感。

虽然日本实现碳中和面临种种困难，但未来较长一段时期内，日本政府不会改变"绿色转型"的改革方向。日本的战略调整即使进展不快，也将使中国企业未来在国际市场遭遇来自日本企业更加激烈的竞争，在围绕全球气候治理的国际政治博弈中，中国甚至还将面临日美欧的"合围"压力。

学界评价与反响

《日本碳中和战略及其前景》是国家社科基金项目（项目号：20VGQ004）的阶段性研究成果。文章梳理日本的碳中和目标与计划路径，分析日本提出碳中和目标的战略考量，评估日本实现碳中和目标的前景，对中国积极稳妥推进碳达峰碳中和工作，顺利实现"双碳"目标提供借鉴参考，也对中国未来在围绕全球气候治理的国际政治博弈中可能遇到的风险与挑战进行战略预警，具有较高的理论意义和实践意义。文章主要观点获得学术界广泛认可，自公开发表以来，截至2023年11月1日，在中国知网被引用3次、下载735次。文章还被国务院发展研究中心信息网收录，被中国现代国际关系研究院微信公众号全文推送。

（该文原载于《现代国际关系》2022年第4期，收入本书时做了适当修改）

日本应对俄乌冲突的举措及战略构想

王珊[*]

面对俄乌冲突，摆在日本政府面前的课题是，如何应对这场突如其来的政治危机，如何实现本国利益最大化。为此，日本充分利用俄乌冲突的外溢效应，从内政外交等多方面推进国家战略，包括开展对美欧协调外交，通过制裁削弱俄罗斯的实力，渲染东亚紧张局势，在地缘政治上牵制中国，加强与北约安全战略对接，加快修宪和构建军事大国步伐。

一、应对俄乌冲突的主要做法

从日本对俄乌冲突最初的反应看，日本虽然对俄行为大加谴责，但还是留有回旋余地，这主要是缘于日俄关系的特殊性。俄乌冲突爆发后，日本政府在俄乌冲突中的反应相较于G7其他国家"慢半拍"。但鉴于美欧对俄外交姿态，日本很快又从"迟缓"状态中缓过神来，迅速调整立场，极力与美欧保持一致，并多次同美欧私下沟通，并要求美欧对俄制裁措施不要损害日本的利益。总体上看，在制裁俄罗斯问题上，日本既不愿当"出头鸟"，又不想与美欧拉开政策距离。随着俄乌冲突升级，事态呈现长期化，美欧对俄制裁力度不断加大，日本对俄战略焦躁心态开始显现，并紧跟美欧对俄制裁节奏，采取多种措施，强化"制裁外交"。可以说，后期日本调整对俄乌冲突的政策方针，除与美欧保持协调一致外，也与国际局势变化以及战略重心调整有关。

二、把俄乌冲突作为推进本国战略构想的重要契机

日本政府力图撬动和颠覆战后国际秩序，摆脱战后体制，重构以美日欧军事、科技、经济为主导的新的国际秩序。从海湾战争到"9·11"事件，再到美国中东反恐战争，日本都将对美协调作为对外政策的出发点，不顾国际舆论反对，配合美国发动战争，为美国提供资金和后勤援助。冷战后，日本或是选择沉默，或是充当美国的帮凶，从未在道义层面质疑过美国发动战争的合法性，甚至还把对美援助称作"为国际社会作贡献"。俄乌冲突最初，日本就把解决国际争端和推进本国战略构想联系起来，确保对俄制裁、对美协调服从或服务于其内外战略，充分利用冲突事件本身的"外溢效应"，全方位推进国家战略：一是试图扭转在北方领土问题上的被动局面，为日俄领土争端谈判积累政治筹码；二是渲染东亚紧张局势，在战略上制衡中国；三是挑动地区对立，谋取地缘政治利益；四是加速推动修宪、扩军、入常等国内政治议程。

---

[*] 王珊，中国现代国际关系研究院研究员。

三、国家战略走向渐趋明朗

随着俄乌战局呈现长期化胶着化态势，短期内难以出现和平前景，日本也陷入了战略困境，即日本既不能放弃对美欧追随政策，又难以实现预期目标，不得不硬撑着将更多的精力和资源投入对俄制裁当中。自安倍内阁时期，日本就试图改善对俄关系，但因受制于日美同盟，日本改善对俄关系的势能难以超出日美同盟的政策限定。换句话说，日俄关系的发展从属于美国的对日战略需求，日本难以推行独立的大国外交，只能在日美同盟的框架内采取自主与追随相协调的外交策略。尤其是，俄乌冲突后日美的共同战略利益增多，指向更趋一致，这些无疑成为日本对外战略的主导性因素。为此，日本将极力抢夺国际话语权，以标榜"维护国际秩序"作为对外政策牵引，积极参与并引领未来国际秩序构建，协助美欧实施大国制衡策略，重视以军事手段作为化解国际争端的政策选项。

学界评价与反响

该文作者从对照、比较日本在俄乌冲突爆发后不同时期的态度表现入手，采用定量分析法，剖析隐藏其背后的战略动机，表明在俄乌冲突局势不甚明朗的条件下，日本既要与美欧保持政策协调，又要最大限度地谋取国家利益，在东亚构建对日本有利的战略态势。为此，日本在俄乌冲突爆发之初的表现似有"迟疑"，但很快就跟上了美欧的政策节奏。作者从多个侧面深度分析了日本借俄乌冲突推进国家战略构想的主要做法，其研判结论在近期日本政府对外政策主张中也得到了印证。同时，作者结合中美战略博弈、美日澳印四边安全机制新动向、北约向亚太渗透，指明了未来日本对外战略走向及其影响，相关论断具有一定的理论说服力。该文在中国知网下载量达到1100多次，并被多次引用，表明该文在相关研究领域获得了较高的关注。

（该文原载于《现代国际关系》2022年第6期，收入本书时做了适当修改）

日美同盟视角下的日本中东外交

——自主外交与同盟义务的矛盾与协调

程蕴[*]

日美同盟是一种非对称性同盟。而在非对称性同盟中，弱势一方经常会面临自主外交与同盟义务协调的问题。文章分四种情境探讨了非对称性同盟中强弱双方博弈的特点。

其一是在威胁情境下，弱势一方陷入"被牵连"的恐惧。在这种情境下，弱势一方想要在博弈中获得较为理想的结果必须具备两个条件：同盟各项议题之间具有可分割性；在分割后的单项议题中，弱势一方的行动自由对于强势一方来说不具有很高的敏感性。

其二是在威胁情境下，弱势一方陷入"被抛弃"的恐惧。在这种情境下，弱势一方可以采取"两面下注"的政策。但这一政策成立需要弱势一方令人信服地证明，其与同盟对手之间的有限合作并不影响盟友间在安全问题上的高水平承诺，也不会对同盟的威慑行动构成负面影响。

其三是在共同利益情境下，弱势一方采取搭便车的结盟策略。此种模式下，乍一看自主外交与同盟义务似乎并不存在矛盾。但在实践中很容易造成同盟义务对自主外交的吞噬，即强势一方很有可能完全按照自己的设想来设计同盟战略并为盟友分配任务，弱势一方因缺乏话语权而很难将自身的政策主张上升为同盟理念。在这种情况下，弱势一方必须向强势一方证明其自主外交符合同盟的利益与战略，才能实现二者协调。

其四是在共同利益情境下，弱势一方采取主动寻求定义同盟战略的结盟政策。此种情况下，自主外交与同盟义务的协调取决于，弱势一方的谈判能力和弱势一方的秩序构想、治理理念在多大程度上能够展示其可行性。前者取决于弱势一方能够在何种程度上对强势一方进行支援，且这种支援在物质上和外交上对于强势一方来说是否必不可少；后者则反映了弱势一方在软实力方面能够对强势一方施以影响的程度。

案例研究部分，作者认为战后日本的中东外交至少反映了以上所列情境中的三种。第一，1973—1985年的日本中东外交，陷入了被牵连的恐惧之中。在应对第一次石油危机的过程中，日本将同盟义务与阿以问题进行切割，并将该义务转换为协助建立石油消费国共享体系与抵御苏联对中东的渗透。而在对待以色列的问题上，日本注意避免触及美国政策的敏感区，不对美国在中东地区的政治安排做出实质性伤害。因此最终实现了同盟义务与自主外交的协调。第二，1986—2012年的日本中东外交，处于日本在中东搭乘美国便车的状态之下。日本通过与同盟进行政治捆绑来增强自己在中东地区的影响力。不过在同盟中缺乏话语权的日本很难

---

[*] 程蕴，南开大学日本研究院副教授。

将自身的政策主张上升为同盟的共同理念。这进而导致自主外交不仅无法覆盖同盟义务的增量，反而需要其在同盟协调框架下不断对本国的自主外交进行修正。这导致了日本在巴以问题和伊朗问题上的进退两难。第三，2013—2020 年的日本中东外交，是日本在中东尝试重新定义同盟战略的时期。在奥巴马执政时期，日本在中东问题上成功将同盟定义为"公共产品提供者"。不过特朗普上台后，美国中东政策发生改变。日本为使同盟义务与自主外交重归协调，不断在巴以问题和伊朗问题上展示其谈判能力。虽然在巴以问题上日本尚能游刃有余，但在伊朗问题上它却表现出谈判能力不足和治理理念缺乏可行性缺点。这也导致其自主外交与同盟义务始终未能找到合适的平衡点。

学界评价与反响

文章将国际政治中的同盟理论与日本外交实践相结合，清晰、明快地阐释了战后日本中东外交的演进历程，为探讨日本的中东外交提供了全新视角。从另一方面来看，文章不仅是对历史事实的梳理，更力求从这种梳理中总结出更具一般性的规律。这也体现了当前区域国别研究的一个重要发展方向。

（该文原载于《西亚非洲》2022 年第 2 期，收入本书时做了适当修改）

中日关系：知命之年的新认知

江瑞平[*]

自 1972 年恢复邦交，中日关系已度过半个世纪岁月，迎来知命之年。步入知命之年的中日关系，依然存有事关重大的诸多"未知"，亟待重新认知。

一、围绕双方发展态势的新定位

中日关系首先是建立在中日两国各自发展态势的基础之上，为双方国家发展战略目标服务的。从 50 年前恢复邦交，到 50 年间发展演进，再到 50 年后重新定位，整个历史进程都首先要受双方发展态势的影响乃至决定。

长期停滞、积贫积弱的中国与高速增长、国强民富的日本，构成中日恢复邦交、开启半个世纪发展进程的历史原点和起始基础。步入 20 世纪 90 年代后，中日两国的经济发展态势发生巨大变化，出现明显分化：中国经济逐步形成持续高速增长势头，日本经济却因泡沫破灭陷入了长期萧条。经济增长态势根本逆转，带来中日经济实力对比发生显著变化，中日经济相互依存关系在强度不断提升的同时，位势却发生了彻底转变，形成"日本经济更加依赖中国，中国经济越来越不依赖日本"的明显态势。

但在中国对外经济关系的总体布局中，对日经济关系依然十分重要，中国对日经济关系发展还有广阔空间和巨大潜力。但中日之间日趋强化的经济互利，未能促成相应的政治互信，尤其是日本从中国获得巨大经济利益，却未能促成其对中国的相应政治信任。其根源在于，伴随中国经济实力乃至综合国力的快速增强，两国之间始终存在的历史问题、领土争端、意识形态对立、政治制度差异，在日本方面都被视为所谓"中国崛起的挑战"而日益凸显，从而对双方政治互信造成越来越严重的损害。

中日关系半个世纪的发展、演进，在经济互利与政治互信之间，经历着从良性互动到恶性循环的显著变化。半个世纪之后，构筑契合新时代要求的中日关系，所面临的艰巨任务，主要是如何摆脱政治互信与经济互利恶性互动。首先要重建政治互信，关键是如何切实践行中日"互为合作伙伴、互不构成威胁"的政治共识，尤其是日本方面，更要彻底扭转把中国快速崛起视为挑战或威胁的错误认知。

二、基于东亚地区秩序的新观察

中日关系发展与东亚秩序演变密切关联、高度互动。当今世界正经历百年未有之大变局。大变局的每一重要层面，均能看到浓重的东亚身影：东亚引领新兴市场整体崛起、聚焦大国

---

[*] 江瑞平，外交学院教授。

实力对比变化、担当全球治理变革重任，并越来越成为世界经济增长中心。在东亚整体崛起，推动世界经济中心向东亚快速转移的历史进程中，中日两国发挥着重要作用，东亚在中日两国全球战略布局尤其是对外经贸布局中地位也快速提升。

东亚地区的整体快速崛起，建立在经济持续高速增长基础之上。东亚经济持续高速增长，可分为"奇迹创造"和"奇迹再造"两大阶段。其显著变化表现为，"东亚奇迹"从其经济持续快速增长的"增长奇迹"，转变为伴随区域合作的全面展开、快速推进甚至后来居上、逆势而上的"合作奇迹"，并从主要靠日本主导转变为越来越靠中国引领。未来"东亚奇迹"再造若要取得重大进展，越来越需要中日两国的协调促进。

三、立足世界百年变局的新思考

中日关系步入知命之年，适逢世界格局迎来百年之变。百年变局遭遇世纪疫灾，演变进程因此全面提速，中日关系受到深广影响。

中日关系始终是在与世界变局的多重关联和强烈互动中展开和演进的。同样选择开放型发展模式的中日两国，作为大国基础的经济持续高速增长，都在很大程度上得益于世界变局中形成的相对稳定的国际环境。世纪疫灾加速世界变局，给后疫情时代的世界提出了一系列更加重大、紧要和严峻的问题，也呼唤中日两国发挥世界大国应有担当。

新兴市场与发展中国家群体快速崛起，为步入知命之年的中日关系提供了更大的发展空间；加强协调合作，在全球治理体系完善和变革中共同发挥积极作用，越来越成为世界百年未有之大变局对步入知命之年的中日关系提出的迫切要求；伴随大国实力对比深刻变化，大国战略竞争尤其是中美战略冲突不断恶化，美国对华战略遏制愈演愈烈，日本是美国的战略盟友，中美战略竞争势必冲击中日关系，这是中日关系面临的严峻挑战。

（该文原载于《日本学刊》2022年第1期，收入本书时做了适当修改）

福岛核污水排放方案的国际法问题

——基于放射性废物处置视角的考察

张诗昇[*]

  2021年4月日本政府做出将福岛核污水排放入海的决定后，各方围绕该决定的合理性与合法性争议不断。日本政府与东京电力公司表示，福岛核污水排放方案与对正常运营所产生的废液加以排放的做法并无差别；反对意见认为，不应依照针对正常情况下产生的核废液的处理方式来解决福岛核污水问题。总体而言，国际法原则上不鼓励国家通过排放的方式来处置含有放射性的物质，但如果严格遵循了相关技术标准，则这种排放亦可被视为合法行为。这就意味着，讨论福岛核污水排放方案涉及的海洋环境保护相关法律问题时，难以回避对相关涉核国际机构制定的技术标准或法律文件进行考察。就目前国际原子能法整体情况而言，适用于通常情况下产生的放射性废物处置的相关技术标准，能否适用于事故产生的放射性物质的处理与排放问题，尚需进一步梳理与讨论。国际原子能机构将"有可能超出已有废物管理系统的正常或批准能力"的废物定义为"异常废物"。由于核事故产生的放射性废物具有不可控特征，为常规放射性废物处置设计的相关机制可能难以针对此类放射性废物的处理有效发挥作用。异常废物的处理对于全球核安全治理而言并非新问题，然而国际原子能法对此的相关规则尚未完善。首先，在具有法律约束力的条约层面，《核安全公约》明确规定不要求缔约国承诺适用详细的安全标准，而《联合公约》对于异常废物处理问题的效力须基于公约规定的相关要件，结合各国实际监管规定和事例的现实情况进行个案分析。其次，由于目前国际原子能法层面并不存在对各国产生天然法律约束力的一般性法律文件或技术文件，包括国际原子能机构、国际辐射防护委员会和联合国辐射科委会在内制定的技术文件，只有在《联合公约》适用的情况下方可产生部分实际效果。即便如此，各标准文件针对异常废物的适用问题亦在很大程度上体现出局限性和复杂性，须进行个案讨论。日本政府和东京电力公司认为经ALPS技术处理后的核污水所含核素的浓度，经稀释后可以达到日本原子能规制委员会规定的浓度限定标准，属于日本法律认可、符合豁免排放标准的放射性废液。这可以被认为是日本政府和东电公司在讨论福岛核污水排海方案时所考虑的法律逻辑。然而，日本政府批准东电公司制定的福岛核污水排海方案的这一行为，在忠实且严格贯彻对国际原子能机构自身活动亦具有法律拘束力的合理性原则层面存在被质疑的空间。除在严格执行合理性原则方面存在被质疑的空间外，福岛核污水排海方案在环境影响评价程序方面亦存在瑕疵。

---

[*] 张诗昇，南京大学国际关系学院、中国南海研究协同创新中心助理研究员。

学界评价与反响

该文自 2022 年 12 月于《日本学刊》发表后，受到学术界高度关注。截至 2024 年 7 月在中国知网下载量已超过 3000 次，被引用 11 次。该文是目前学术界针对福岛核污水排放方案法律问题进行的诸多讨论中，少有基于国际原子能法，或称国际核法角度展开讨论的研究成果之一。福岛核污水问题自身亦是同时涉及国际环境法与国际核法的跨领域问题，其复杂性超出了通常意义上的涉海洋环境保护相关国际法律规则的研究。特别是日本政府对于该排海计划的合法性进行了周密的设计，使其法律实践尽可能地利用了目前国际环境法的"灰色空间"，且有指向性地规避了相关法律规则的细节要件。这进一步提升了对排放方案合法性问题讨论的难度。而涉国际核法相关程序义务的规定，则是讨论这一问题的重要突破口。目前我国学者针对国际原子能法的研究方兴未艾，国际核法与国际海洋法、国际环境法的跨领域协同研究亦存在进一步发展与强化的空间。在此背景下，该文对于相关法律规则进行了相对全面和细致的梳理，不仅对于讨论福岛核污水的合法性问题具有重要的现实意义，对于围绕国际环境法、国际核法以及国际海洋法等跨领域国际法规则近年来显示出的融合趋势开展相关研究而言，亦具有一定的开创性和基础性意义。

（该文原载于《日本学刊》2022 年第 6 期，收入本书时做了适当修改）

日本如何构建互联网平台市场公平竞争环境

裴桂芬　樊悦[*]

在世界各国聚焦互联网平台反垄断的背景下，日本选择了通过"共同治理"增强互联网平台市场的透明度和公正性，构建互联网平台市场的公平竞争环境。全新出台的法规和成立的机构，构成了日本公平市场环境建设的顶层设计，反垄断机构的市场调查和行动指南，明确了互联网平台市场存在的垄断或反竞争行为，经济产业省、消费者厅和个人信息保护委员会等日本行政主管部门各司其职齐抓共建平台市场环境，平台运营商自我评估和整改的敏捷治理模式保证了"共同治理"有效性。其特点主要体现在以下两个方面。

一是成立数字市场竞争总部和出台法律，强化顶层设计。2019年9月日本内阁成立了数字市场竞争总部，作为数字市场竞争的最高决策机构，内阁官房长官任部长、经济再生大臣任副部长，成员包括信息通信技术大臣、负责网络安全的国务大臣、负责公正交易委员会的内阁大臣、负责个人信息保护的内阁大臣、总务大臣以及经济产业大臣等。其职责是调研和评估数字市场平台的交易行为，规划和起草数字经济领域的竞争政策。数字市场总部经过工作会议、听证会、竞争会议，于2020年通过了《关于提高特定大型数字平台透明度和公正性的法律》，成为互联网平台公平市场竞争环境的根本大法。

二是确立了齐抓共管的"共同治理"模式。首先，作为日本竞争执行机构的公正交易委员会通过市场调查把握平台市场的不当竞争现象，发布平台企业行动指南，事前规范互联网平台的经营行为，这是将传统的事后的反垄断处罚前移，避免了严重垄断事件的发生。其次，作为行政主管部门的经济产业省、消费者厅和个人信息保护委员会各司其职。经济产业省负责监督和检查特定平台的经营活动，消费者厅负责保护数字平台消费者权益相关工作，个人信息保护委员会负责个人信息保护工作。最后，作为"共同治理"的核心就是平台运营商的自我评估和整改，这成为平台治理成功与否的关键，日本设立的敏捷治理模式为建立公平市场竞争环境建设奠定了坚实基础。敏捷治理是适应人工智能、物联网、大数据等网络空间和物理空间高度融合的环境，各经济主体快速、灵活应对环境变化共同提高治理效能的模式。平台企业的敏捷治理机制包括平台企业对经营环境和风险的分析—设定公司的经营目标—设计实现标流程—实施过程监控阶段—自我评价—评价结果应用。

学界评价与反响

根据中国知网的统计，截至2023年11月，该文被下载214次，被引用2次。

2023年5月13—14日，作者在武汉大学主办的中国美国经济学会上围绕这个主题作了发

---

[*] 裴桂芬，河北大学日本研究所教授；樊悦，河北大学经济学院应用经济学博士生。

言，作者近年研究发现，主要国家或地区都在从源头上规范数字平台行为，为数字平台企业设立"红绿灯"，并在事前监管法律体系、监管机构设置和监管内容等方面出现了不同特征。该文重点介绍了日本平台市场的监管模式设计，在此基础上对日本第一年的监管实践进行了分析，证实日本的监管实践既显示了事前监管的有效性，同时也暴露了事前监管的局限性。

（该文原载于《东北亚学刊》2022年第2期，收入本书时做了适当修改）

东亚海域中日渔业互动及展望

陈秀武[*]

1972年中日实现邦交正常化后，两国在东亚海域的渔业互动也走向了正常化。50年来，作为中日关系有机构成的渔业互动，经历了由民间主导向政府主导进而在《联合国海洋法公约》框架下展开的过程。以中日关系变化为背景，2010年"撞船事件"发生后，中日渔业互动在两国关系"斗而不破"与"遏制对冲"的形势下展开，以日本政府针对中国渔船提出的苛刻入渔条件为特点。为缓解这种局面，中日应该积极利用两国的民间组织、联合国海洋大会及相关决议以及国际海洋安全合作对话机制等，争取在"安全与信赖"上达成共识，早日走出中日关系的"安全困境"，走出渔业困境。

一、东亚海域与中日渔业关系

一般来说，渔业关系发展越久，国家行为体的相互作用和依赖越强，而走向相互作用和依赖的过程就是渔业互动。在渔业互动过程中所形成的结构关系与运行方式，就是互动机制，即包括相关国家行为体设置的渔业互动对接机构、他国渔港避难的请求机构和管理机构、协商对话平台等。渔业互动涉及海洋渔业资源的捕捞、鱼苗的养护与投放、海域环境的保护等诸多问题。在处理此类问题时，各国往往强调本国渔民的生存权，不时发生海域内渔船冲撞与渔业纠纷，为海域安全埋下了隐患。东亚海域的渔业互动，从属于海域内的国际关系，也是影响海洋安全乃至于国际安全的主要变量。

二、战后初期的中日民间渔业互动

20世纪50年代开始，以民间渔业协会为主体，中日民间渔业互动结束敌对状态，进入了持续近20年的由民间主导的渔业合作时期。1955年，中日渔业民间组织（中华人民共和国渔业协会、日本国日中渔业协议会，简称"双渔协"）开始接触、谈判，并签署了《中华人民共和国渔业协会和日本国日中渔业协议会关于黄海东海渔业的协定》。截至1972年中日实现邦交正常化前，两国民间渔业协会曾签署了12次民间渔业协定，目的在于"协调两国在东海区的渔业生产，调解两国间的渔业纠纷"。两国渔业代表团多次检查协定的执行情况，实时监控违约事宜，处理海损事故。这些渔业协定的签署，使得原本对立的零和博弈的中日国家关系有所缓解，达成了在东亚海域共同生存、共同成长，以确保渔民权益的目的，中日渔业乃至中日关系进入相互依赖的阶段。

---

[*] 陈秀武，东北师范大学日本研究所所长，博士生导师。

三、政府主导及纳入国际法框架下的渔业互动

1972年，中日两国实现邦交正常化。在友好的时代氛围下，1975年中日渔业关系发生了由竞争对手向友好合作的转变，亦即1975年以后进入了政府主导渔业的发展时期。1996年中日先后批准《联合国海洋法公约》，两国渔业关系进入了国际法与国内法结合发展的新阶段。从1975年到2010年，中日渔业关系发生了由民间主导向政府主导（1975—1997年），进而向国际法框架下转换的两个阶段（1997—2010年）。在这两个阶段，中国树立了负责任大国的良好形象，渔业实际获利虽有减少，但是换来了东亚海域和平发展及渔业的稳定。中国不仅体现了大国担当，而且在处理中日渔业纷争上，始终以友好合作为准则。在前一阶段，中日政府创造出以中日渔业联合委员会为监管机构的互动体制。在后一阶段，中日东亚海域的渔业互动机制逐渐得到完善。

四、"斗而不破"与"遏制对冲"关系下的渔业互动

2010年中国GDP超过日本的事实，给日本带来了前所未有的压力。两国关系从邦交正常化以来的友好合作出现了倒退，相关领域争端不断升级甚至有恶化的危险。东亚海域的中日渔业互动在这种国家关系的背景下发生了新的变化。以2017年为分界线，2010年以来的中日渔业互动经历了"斗而不破"关系下的渔业互动和"遏制对冲"关系下的渔业互动等。前一阶段，虽然中日双方渔获额度每年有所不同，但政府相关部门和渔业联合会等组织机构承担起确保中日渔业可持续增长的责任。后一阶段，2017年特朗普政府提出"印太战略"和安倍政府推出"印太战略"（2018年改为"印太构想"），日本及其盟国完成了"三海"（东海、台海、南海）、"两洋"（太平洋、印度洋）的包围圈，以遏制中国的海上力量，与中国的"一带一路"形成对冲态势。在这种国家关系下，中日渔业互动进入了新阶段。

五、中日渔业互动机制建设及展望

上文分析已经告诉我们，中日东亚海域的渔业互动与中日关系的阶段性变化密切相关，是中日关系的重要组成部分。当中日关系逆转时，受其影响两国的渔业互动可能会成为增强相关海域安全隐患的重要变量。为促进中日渔业互动的良性发展，具体可以从以下六方面做起。

1. 继续强化民间渔业互动机制。
2. 构建东亚海域"安全复合体"，完善中日政府间渔业互动机制。
3. 维护两国渔民的切身利益。
4. 执行好作为渔业互动机制构成因素的法律法规。
5. 理解世贸组织第12届部长级会议达成的《渔业补贴协定》精神，为将中日渔业关系纳入《渔业补贴协定》的法律框架而努力。
6. 利用好东亚峰会（EAS）、东盟地区论坛（ARF）、东盟防长扩大会议（ADMM Plus）、慕尼黑安全会议、香格里拉对话会等现有国际框架的海洋合作对话机制，以达成相互信赖为目标。

中日关系的发展要在"安全取决于相互依赖"的共识中求得发展，这是引领国家行为体

走出"安全困境"的有效手段之一。在此基础上，两国的渔业互动才能得到良性发展。

学界评价与反响

2022年是中日邦交正常化50周年，2023年又迎来《中日和平友好条约》缔结45周年，中日关系正处在关键的历史节点。作为中日关系有机构成的中日渔业合作有空间也有分歧，研究如何走出渔业困境，对助推中日关系向好发展具有重要意义。《东亚海域中日渔业互动及展望》以中日关系的发展变化为背景，考察东亚海域的中日渔业关系、从历史上梳理中日渔业互动情况、提出中日渔业互动机制建设及展望，可谓恰逢其时。

文章是中日关系、中日经济领域的重要研究成果，学术分量厚重，具有很强的学术价值和实践指导意义。文章总结了中日渔业互动相关学术成果，在此基础上提出新的思考路径。通过对东亚海域和渔业关系概念的阐释，以时间为主线，较为全面系统地梳理了中日渔业的互动情况，有助于推动中日渔业发展、中日海洋战略等学术领域研究更为深入地开展，为后来学者提供了研究基础和理论范式，体现了重要的学术价值。文章刊行后，得到国内外相关领域专家学者的广泛关注和一致好评，文章在国内最大的学术期刊资源总库"中国知网"下载量达到350余次，被引用次数为3次，并被百度文库、维普期刊、知网阅读等网站引用和转载多次。此外，文章具有很强的实践指导意义。近年来，中日外交政策不断调整尤其是"一带一路"倡议与"海洋命运共同体"理论的提出、国际形势的变化与全球海洋治理的演进，都给中日渔业的发展带来新的机遇。但是，由于中美博弈不断升级，日本紧随"印太战略"在东亚海域对中国进行战略围堵、坚持向海洋排放核污水等一系列行为，导致中日渔业合作与发展面临不少的问题和困难。文章提出了促进中日渔业互动良性发展的对策建议，对于推动构建契合新时代要求的中日关系，包括推动构建稳定发展的中日海洋关系具有现实指导意义。

（该文原载于《亚太安全与海洋研究》2022年第5期，收入本书时做了适当修改）

重新审视日本"印太战略":国内政治视角下的考察

王竞超[*]

在安倍晋三第二次执政后长达 7 年多的时间中,"印太战略"是日本政府贯彻始终、着力推进的战略构想,其形成与嬗变过程为观察这一时期的日本对外政策提供了一个较好的剖面。

当前,学界对于日本"印太战略"的研究基本聚焦于国际体系层面,从国内政治层面分析其形成及演进机理的研究尚不多见。该文在梳理安倍第二次执政期间影响日本对外政策国际体系因素基础上,着重以国内政治视角考察日本"印太战略",剖析其形成与嬗变的内在机理。该文认为,日本"印太战略"是体系变量与国内变量共同作用的结果。一方面,国际体系结构、中美日三边关系是安倍晋三构建、调整对外政策的逻辑起点,决定了日本"印太战略"的轮廓。另一方面,国际体系压力也需通过两大中介变量——安倍战略认知与日本政府力量的"过滤"与传导,方能形成最后的对外政策。在领导人战略认知层面,与战后,特别是冷战后历任日本首相相比,安倍"强首相"特征不断强化,其战略认知不仅直接决定了"印太战略"的主要内核与理论框架,也决定了该战略不同阶段的调整方向。而日本政府力量层面同样不可忽视。尽管相比安倍战略认知,日本政府力量在"印太战略"内涵、框架塑造方面作用相对次要、间接,但却为安倍实施"印太战略"奠定了基础。一方面,安倍汲取国内政治资源的能力得以明显加强。安倍第二次执政后,通过加速推进政治改革,不仅对原有各省厅掌控能力提高,也夯实了首相官邸决策力量,并专门构建了国安会,重启了海洋政策本部等机制。以上举措为安倍强化对外政策决策能力、贯彻自身战略认知以实施"印太战略"提供了客观条件。另一方面,安倍对外政策决策效率显著提升。安倍执政伊始,日本除了首相辅佐机制薄弱,外务省、防卫省等相关省厅也存在明显的各自为政、决策效能低下等弊端,安倍通过首相官邸、国安会、海洋政策本部等统合性机制,有力破除了各省厅之间的行政藩篱,建立了高效的政策分析、决策、执行体系,得以及时应对印太地区错综复杂的安全局势,进而为推进、调整本国"印太战略"赢得了时机。因此,意图(安倍战略认知)与能力(日本政府力量)成为日本制定对外政策的两大中介变量,对"印太战略"的形成与嬗变产生了较大影响。

经过安倍时代的长期实践,除了国际体系压力,领导人战略认知与政府力量等国内政治因素对日本"印太战略"等对外政策的构建与调整已形成较固定的影响机制,这也为分析、研判"后安倍时代"日本对外政策走向提供了独特视角。就岸田内阁而言,在其明确将继续推进甚至强化"印太战略"的背景下,政府力量将可能成为影响岸田文雄施行外交政策的关

---

[*] 王竞超,华中科技大学外国语学院副教授。

键变量。

学界评价与反响

国防科技大学国际关系学院徐万胜教授对该文进行了点评，具体观点如下。

日本"印太战略"是近几年学界热点研究议题之一。现有研究多以国际安全局势变化、日本对外政策转型等为切入点开展分析，以日本国内政治视角探讨的成果比较少见。王竞超老师撰写的《重新审视日本"印太战略"：国内政治视角下的考察》一文则独辟蹊径，结合日本国内政治结构与国际体系因素对日本"印太战略"的形成与嬗变进行了重新解读。综合来看，该文有如下几点值得肯定。

首先，文章问题意识突出，具有较强的创新性。作者敏锐地发现两个疑问，即为何日本在其国力最鼎盛的时期并未形成具有全球影响的对外政策，而在安倍晋三执政期间日本却能构建起"印太战略"，进而影响了国际格局的走向；为何日本国内政治改革的加速期与"印太战略"的形成期基本形成了时间上的重叠。以上问题为作者提出新的解释变量、做到学术创新提供了可能。

其次，因果逻辑链条较为完整，论述比较充分。作者在借鉴了新古典现实主义、日本政治决策过程等相关理论视角的同时，构建了分析框架，有力论证了日本"印太战略"是由国际体系压力经日本领导人战略认知、国内政府力量的传导后形成、调整的。

最后，文章具有较强的现实意义。在岸田内阁继续推进甚至强化"印太战略"的局势下，该文的研究视角与分析框架对我国观察后安倍时代日本"印太战略"乃至对外政策走向具有较好的参考价值。

（该文原载于《太平洋学报》2022 年第 11 期，收入本书时做了适当修改）

多元认知视域下的日本皇位继承问题研究

徐万胜　张雨欣[*]

在日本，围绕 2019 年皇位继承过程中产生的问题，国内社会持有多元认知。

关于天皇生前退位问题，2016 年 8 月明仁天皇发表讲话并委婉地表达生前退位的意愿，直接引发了日本社会关于天皇生前退位的讨论，产生了赞成或反对、生前退位应"常态"还是"特例"的意见分歧。大多数意见都认为应当实现生前退位，其理由主要是基于基本人权与人道主义的考虑。但即使是赞成天皇生前退位者，也指出应采取措施规避天皇生前退位可能造成的隐患。并且，在赞成派中，对于天皇生前退位应是"常态"还是"特例"存在分歧。大部分国民不仅赞成天皇生前退位，而且赞成使之常态化。在明仁天皇本人的强烈意愿以及广大国民的舆论压力下，安倍内阁以"特例法"的形式实现了明仁天皇生前退位。

关于减轻天皇负担问题，日本设想出多种制度路径并展开了社会讨论。设想路径之一，设置摄政来代替天皇行使职责。如果设置摄政，可以在避免退位的前提下解决天皇负担过重的问题，似乎是一种省时省力的制度路径。设想路径之二，减少天皇的工作行为种类和数量。天皇的行为可分为国事行为、公务行为与私人行为。为减轻天皇负担，有学者主张应酌情减少公务行为的数量，并认为公务行为在法律上并无明确规定，不属于天皇的义务。设想路径之三，创设女性宫家或皇女制度减轻天皇负担。日本政府曾有意通过创设女性宫家来减轻天皇负担，但遭到保守势力反对与社会质疑。

关于稳定皇位继承问题，伴随着明仁天皇生前退位，日本国内有关女性天皇及女系天皇的争论再次趋于活跃。女性天皇及女系天皇的设想，获得了广大国民的较高支持，但在自民党及保守势力内部遭到强烈反对。在固守男系男子继承制度的基础上，反对派提出的稳定皇位继承方案，是通过让旧宫家的男系男子恢复皇籍或者以入赘的方式回归皇室，进而保证皇室中男子的数量。该方案遭到社会舆论的普遍质疑。2021 年 3 月 16 日，菅内阁宣布成立有识者会议，继续讨论稳定皇位继承的对策。围绕女性天皇及女系天皇的设想，鉴于赞成派与反对派的对立根深蒂固、难以协调，在可预期的一段时间内日本仍将延续男系男子的皇位继承制度。

上述多元认知，今后将在相当程度上左右着日本天皇制的改革进程。对各种天皇制改革议题，广大国民大体上持相对"宽容"与"积极"的态度，而日本政府及学术界则持相对"严苛"与"消极"的态度。日本政府应摒弃功利主义态度，在力争获得社会舆论支持的基础上，勇于推进适应时代需求的制度改革。

---

[*] 徐万胜，中国人民解放军战略支援部队信息工程大学教授；张雨欣，中国人民解放军战略支援部队信息工程大学硕士研究生。

学界评价与反响

皇位继承，既是近年来日本的政治实践，也是天皇制研究的重要课题。因此，论文选题具有较强的理论价值与现实意义。该文基于国内政策认知的视域来探讨日本皇位继承问题，视角较为新颖。此前，有关日本皇位继承问题的研究成果，大多是基于政治制度及历史、法律的视角来加以阐释的，且侧重于政界的政策主张。该文则在此基础上运用舆论调查数据，进一步分析了广大国民的政策认知。

该文注重将多元政策认知与政府应对策略结合起来论述，阐释较为有力。围绕日本皇位继承过程中所产生的天皇生前退位、减轻天皇负担及稳定皇位继承问题，该文系统梳理了广大国民、学界及政界的多元政策认知，进而有助于探寻日本政府应对策略的原委，增强了决策过程的阐释力。

该文注重多元政策认知的内涵比较及相关制度概念辨识，论断较为精准。通过深入比较多元政策认知的内涵异同，并辨识诸如女性天皇、女系天皇等相关制度概念，该文对各种政策认知的价值属性及日本天皇制的改革趋向，都做出了较为精准的论断。

因此，该文在相当程度上丰富了学界有关日本天皇制改革的研究成果。

（该文原载于《东北亚学刊》2022年第1期，收入本书时做了适当修改）

责任分担视角下日美同盟"关怀预算"的演变

——缘起、机制化与扩大

田凯 郭花[*]

日美同盟是美国东亚战略的基石，也是日本国家安全战略的核心。"责任分担"（burden-sharing）一直是日美同盟关系的直接反映，并制约着同盟效用。"关怀预算"（sympathy budget、日文为"思いやり予算"）是日本政府分担同盟责任的主要形式，是保障日美同盟有效运转的重要手段。广义上的责任分担概念是盟国分担共同防御中的安全责任，关系到盟国在同盟中的贡献。责任分担的核心内涵则指美军海外部署的经费分担，即"成本分担"。对于实力不对等且以基地为核心的同盟而言，"成本分担"特别指"接受国"对驻军成本的财政贡献，通常也被称为"东道国支持"。

自 1978 年起，日本正式开始以支付美军基地日籍职员福利费等的形式承担了部分美军基地运营经费、该项经费被日本人习惯性称为"关怀预算"。作为《日美地位协定》所规定的日美责任分担模式的例外，"关怀预算"涵盖了"基地劳务成本"与"设施改善费用"等费用。对于美国而言，日本政府的财政支持是驻日美军基地得以维持运营的重要资金来源，这也成了美国盟友中"以提供物质补偿来确保基地稳定"的"补偿型政治"的典型案例。1978 年以来，日本对美国的"关怀"不断增加，从 1978 年的 62 亿日元增至 2022 年的 2056 亿日元。尽管 2001 年以后日本"关怀预算"的金额不断降低，但是由于"冲绳特别行动委员会"（SACO）相关经费及美军整编相关经费的存在，日本支付美军运营基地经费的总额不降反升。随着 SACO 相关经费、美军整编相关经费等被编入"驻日美军相关经费"。2022 年，"驻日美军相关经费"的预算总额为 6328 亿日元，特别是 SACO 相关经费与美军整编相关经费，甚至不被算在防卫预算范围，而以独立预算的形式加以确定。日本政府通过这样的方式转移国内舆论的关注，掩盖了日本的同盟责任分担不断扩大的事实。

根据 2004 年美国国防部发表的数据，日本实际上已承担了驻日美军财政成本的 74%，远超韩国（40%）及德国（32%），位列美国所有盟友之首。"关怀预算"的扩大进程表明，日本提供的经费帮助并支撑着驻日美军的稳定运营及自由行动，已是美国军事战略展开的必需。日本的"驻日美军相关经费"也表现出更多的服务于美军全球战略的特征，而不止于保障日本的安全。日美同盟正在倒转为保障美国对日本"搭便车"的机制。对此，在修宪受阻的情况下，日本政府将同盟责任分担视作迈向"正常国家"的重要手段。2022 年 6 月，岸田文雄领导的自民党承诺在未来五年内使防卫预算提升至 GDP 的 2%，这意味着日本朝着军事大国

---

[*] 田凯，辽宁大学俄罗斯东欧中亚研究中心研究员、辽宁大学国际经济政治学院教授；郭花，辽宁大学国际经济政治学院硕士研究生。

的目标又迈进一大步。

学界评价与反响

作为国内学界首篇系统阐述日美同盟责任分担与"关怀预算"演进过程的研究，文章从同盟关系的微观层面切入，来洞察日美同盟特质与趋势。文章通过梳理同盟责任分担与"关怀预算"的演进历史与特征，来揭示美国对盟国"逆向搭便车"的本质。与一般研究中使用"基地换安全"来定义日美同盟关系不同，文章关注的是军事同盟背后的财政问题，提出盟国的财政支撑越来越成为美国维持全球基地网络及展开全球军事战略的关键。文章在最后提出，日本政府事实上也在利用同盟责任分担的方式，绕过修宪以实现其军事大国化的目标。文章不仅能够加深学界对于日美同盟及日本国家战略的理解，而且能为美国全球军事战略及同盟研究提供新的见解。当然，如要更为深入地理解美国对盟国的"逆向搭便车"问题，还需要进行更多的比较研究，如美日同盟、美韩同盟、美德同盟等责任分担的比较研究。文章为后续研究的展开提供了研究线索。自刊登起，文章受到了学界、媒体的广泛关注，被多家网络媒体介绍或全文转载，并在知网上被多次下载及引用。当然，作为日美同盟的基础性研究，文章从发表到产生更大的效应还需要相当长的时间。而随着时间的推移，该文定会成为日本研究学界重要的参考文献。

（该文原载于《日本学刊》2022年第6期，收入本书时做了适当修改）

中美日大国博弈框架下的中日关系

——兼论国际关系中的敌友转换

赵全胜[*]

  该文以大国战略制定为出发点、内政与外交连接理论为基本框架，针对过去两个世纪的中美日大国博弈下的中日关系进行了分析和思考。具体而言，文章分别从"影响敌友关系转换的动态因素"、"中美日互动的八个节点"和"中美博弈格局下的中日关系"三个方面来进行分析。

  该文主要关注五大核心动态变量，即"国家利益"、"实力对比变化"、"盟友关系"、"领导人决策"和"内政外交互动"。在国际形势变化（也称结构性变化）所引起的外交政策上的转变方面，作者分别从"国家利益""实力对比变化""盟友关系"来加以分析。在"国家利益"方面，作者指出"每个国家的国家利益都有优先顺位，而这个顺位一旦改变，国家的外交政策也会随之发生重大变化"；在"实力对比变化"方面，文章结合了"权力转移理论"及"修昔底德陷阱"来进行分析；在"盟友关系"方面，作者指出"一个国家和哪些国家结盟决定了它和别国是合作还是对抗的关系"，并以"冷战时期的盟友关系"为例来加以说明；在外交战线的重要性所引发的外交政策上的转变即"外交领域的合纵连横"方面，作者提到"中国自古以来就有通过外交工作进行公开的或秘密的沟通与谈判，从而实现敌友关系的转换的合纵连横的策略，并且强调了它对改变国际关系进程和促使敌友角色转换上的关键作用。在"内政外交互动"方面，作者以"20世纪90年代的美日经济摩擦"为例，说明了任何国家的外交政策都是其国内政治的延伸，不能充分理解一国内政往往会误解该国在外交政策上的变动。最后，在"平衡者的作用和重要性"方面，作者提到在中美博弈中，日本必然成为"兵家必争之地"。

  紧接着作者选取了近两个世纪以来中美日三国之间互动的八个具有方向性的重大事件作为节点，详细论述了中美日三国的历史互动，包括如下八个节点。第一节点：从西方入亚到日本的明治维新（1839—1868年）；第二节点：从日本崛起和美日密约到日本侵华战争的开始（1868—1931年）；第三节点：从第二次世界大战中的中美同盟到日本投降（1931—1945年）；第四节点：从冷战开始到两大阵营之间的对抗（1945—1971年）；第五节点：从对抗苏联到中美日短期蜜月期的出现（1971—1978年）；第六节点：从中国的改革开放、日本的经济奇迹到三国之间的全面合作（1978—1989年）；第七节点：从冷战结束到三国战略调整期（1989—2011年）；第八节点：从中美双领导体制的出现到竞争日益加剧的大国博弈（2011年至今）。

---

[*] 赵全胜，美国美利坚大学国际关系学院教授。

作者通过深入分析最后总结指出，中美日三国关系经历了重大的高峰和低谷，以至于敌友关系的反复转换。

最后，作者从中美博弈格局的视角分析了中日关系。作者再次强调，日本在亚太国际关系格局中，特别是在中美两国博弈之间发挥着平衡者的作用，并且新时期的中日关系和以往不同，对华政策关键词也从"对手"和"竞争"，转向"稳定"和"和平"，而中美日三边关系仍然要从三边角度进行处理。

学界评价与反响

作者是国际知名的国际关系问题专家，该文发表之后很快在学术界以及社会上引起了强烈反响。国内外网络媒体纷纷进行摘要转载，中国国内以知网为代表的几大电子期刊平台上也纷纷下载或引用该文。根据中国知网数据，截至2023年10月20日，该文文献总下载频次为1322，被期刊及学术论文多次引用。

网上的一些评论指出：该文视角新颖，分析全面。作者由史及今，不仅回顾了中美日三角关系的发展历史，而且还结合过去一个多世纪的八个历史节点，针对中美日敌友关系的转变做了系统性梳理，并提出导致敌友关系转换的"国家利益的优先排位"、"实力对比的变化"、"盟友关系作用"、"领导人决策和外交折冲"以及"内政外交互动"这五大因素，为后续学者分析国家间博弈关系提供了新的分析方法和研究视角。

（该文原载于《日本研究》2022年第1期，收入本书时做了适当修改）

外部冲击影响日本跨国公司调整东亚生产布局的传导路径

平力群*

技术、经济、思潮等的变化与企业行为的调整具有高度相关性。网络型对外直接投资（foreign direct investment，FDI）可以将区域内各国（地区）的"贸易联系"扩展为"生产联系+贸易联系"，并增进贸易关系的紧密化。网络型 FDI 被认为是构建区域生产网络的有效手段与基础。该研究以影响跨国公司 FDI 决策要因的外部约束为视角，以"外部冲击—约束改变—影响 FDI 决策要因—调整生产布局"为分析框架，从技术约束、制度约束和政策约束的三个维度阐释约束条件改变对贸易成本、市场规模、生产要素比较优势等跨国公司 FDI 决策要因的影响，揭示约束条件改变下日本跨国公司调整生产布局与东亚生产网络变动的关系。

一、技术约束改变的影响

依据鲍德温（Baldwin）对拆分概念的解释，拆分是通过技术创新对距离问题的克服。在技术进步的推动下，在过去的一百年间，实现了三次拆分。东亚生产网络的不断深化，正是对第二次拆分的充分而有效的利用。以第四次产业革命背景下涌现出的大量颠覆性创新为基础，数字技术的快速进步，使人们在网络环境下，可以利用视频实现面对面的交流，从而降低了人们面对面交流的成本，支持了 2015 年前后出现的"第三次分拆"。新技术应用改变了距离、边境和国家（地区）间经济发展水平不平衡约束下的贸易成本、劳动力价格比较优势等影响日本跨国公司向东亚开展 FDI 的决策因素，不仅改变距离和边境对日本跨国公司生产布局调整的约束，还降低劳动力要素价格比较优势在 FDI 决策中的重要性，激励了日本跨国公司调整东亚生产布局。

二、制度约束改变的影响

国际经济贸易生态环境与各经济体的经贸政策和自由贸易协定的谈判、签署、生效相互影响。日本政府为支持日本跨国公司规避国际贸易投资风险，积极签署两国间及区域自由贸易协定。日本政府自 2017 年签署"全面与进步跨太平洋伙伴关系协定"（CPTPP）后，又分别签署了"日欧经济伙伴关系协定"（日欧 EPA）、"日美货物贸易协定"（TAG）、"日美数字贸易协定"、"日英经济伙伴关系协定"（日英 EPA）、"区域全面经济伙伴关系协定"（RCEP），完成了以北美、欧洲和亚太三大市场为中心的三个大型自贸区的"组网"任务，与欧洲、美洲和亚洲的连接改变了日本跨国公司调整东亚生产网络的制度约束。自由贸易协定改变规模经济的约束和贸易成本的约束，为日本跨国公司调整东亚生产布局提供了制度支撑。

---

* 平力群，天津社会科学院亚太合作与发展研究所研究员。

三、政策约束改变的影响

在技术经济范式颠覆性转型、世界经济政治格局大调整的背景下，贸易保护主义为政府介入企业商业活动提供了社会基础，政府政策成为日本跨国公司调整东亚生产网络的新约束。新冠疫情的冲击，再次暴露了供应链的脆弱性，放大了供应链安全问题，也为日本政府出台支持调整生产网络的政策提供了正当性。供应链改革计划就是在新冠疫情暴发的背景下提出的。在2020年4月7日通过的《新冠紧急经济对策》中日本政府决定通过设立专项预算资金直接为日本跨国公司对单一国家依存度过高的产品、零部件和材料的生产回迁和向东南亚国家迁移提供补贴。这是战后日本政府第一次利用国家预算为跨国公司布局生产网络提供直接资金支持。这也意味着政府对企业商业行为的介入，国家政策成为日本跨国公司布局东亚生产网络的新约束。

学界评价与反响

该研究注意到枢纽国跨国公司是推动区域生产网络、供应链、价值链形成的主体和重要力量。外部冲击会通过影响枢纽国跨国公司的决策和行为改变区域生产网络。新技术革命推动的数字化、贸易保护主义的抬头，正在改变国际贸易环境和世界经济格局。新冠疫情的全球流行强化了上述变化趋势，加速了约束各国跨国公司开展国际投资决策条件的改变，推动了跨国公司对全球生产布局的调整。该研究以影响跨国公司FDI决策要因的外部约束为视角，以"外部冲击—约束改变—影响FDI决策要因—调整生产布局"为分析框架，从技术约束、制度约束和政策约束的三个维度阐释约束条件改变对贸易成本、市场规模、生产要素比较优势等跨国公司FDI决策要因的影响，揭示约束条件改变下日本跨国公司调整生产布局与东亚生产网络变动的关系。

（该文原载于《日本研究》2022年第1期，收入本书时做了适当修改）

大变局下日本产业政策的新动向

田正　杨功金[*]

在国际政治经济形势日趋复杂的背景下，日本出现了再次重视产业政策的新动向。当前，日本政府推动产业政策与环境、经济安全、分配等问题相协调，表现出以解决社会经济发展问题为目标、注重促进制造业发展与提升产业链供应链安全、构建供给与需求并重的政策框架等新特征。

在战后日本经济发展的不同阶段，支撑产业政策的理论依据不断调整变化。20世纪50年代至70年代初期，为快速实现工业化、促进重点产业发展，日本政府主要依据"幼稚产业保护理论"，指导产业政策的实施。70年代初期以后，"市场失败理论"对于日本产业政策的影响日趋显著。面对新形势的挑战，支持日本产业政策的理论再次发生变化，"企业家型政府理论"成为当前日本产业政策的主要支持理论。为此，日本产业政策的概念范围有所扩大。从广义角度看，日本的产业政策可以理解为，为解决经济发展中面临的各种经济社会课题，日本政府所实施的一切关于产业的政策的总和。所谓的社会经济课题包括但不限于发展新兴产业、改善资源要素配置、提升科学技术水平、应对气候变化、保障经济安全、防范社会贫富差距扩大等。当前，日本产业政策的主要内容包括：经济与环境相协调、经济与安全相协调、经济与分配相协调。

当前，日本产业政策呈现出如下特征与趋势。一是以解决经济社会发展问题为主要目标。日本在实施产业政策的过程中，将不仅以促进重点产业发展或完善市场竞争环境为主要政策目的，而是把解决社会经济发展中面临的各种课题放在突出位置，包括但不局限于环境、经济安全、分配等问题。二是将促进制造业发展与提升产业链供应链安全放在显著位置。推动国内制造业发展，激励制造业企业投资，促进制造业企业实施生产方式变革。基于经济安全保障因素，突出强调供应链多元化，以应对摩擦和冲突可能带来的供应链断裂风险。三是供给与需求政策并举的产业政策实施新框架。在吸收传统产业政策促进特定产业发展的经验做法的基础上，积极推进规制改革、参与国际规则构建，并从供给和需求两个层面入手，在实施产业政策这一供给政策的同时，也要实施大规模、长期性、有计划性的财政资金投入，配合积极的需求政策，以实现既定的经济社会政策目标。在政策评价手法上，将采取更为准确的评价措施，给予政策实施更为坚实的实证基础。

学界评价与反响

该文自发表后，被"中国社会科学院日本研究所""日本学刊"等高影响力微信公众号

---

[*] 田正，中国社会科学院日本研究所副研究员；杨功金，湖南有色黄沙坪矿业有限公司高级会计师。

转载，获得了广泛的社会影响力。截至 2023 年 10 月，根据中国知网统计，该文章被引用 3 次，具有一定的学术影响力。该文章的学术贡献体现在：详细梳理了战后以来支持日本产业政策的相关经济理论，如 20 世纪 50—70 年代的"幼稚产业保护论"、20 世纪 90 年代的"政府失败理论"，以及支撑当前日本产业政策的"企业家型政府理论"等，详细分析了这些理论之间的演变关系，并对日本产业政策的概念给出了新的界定，即从狭义角度看，日本的产业政策是一种选择性产业政策，即针对特定产业或企业给予扶植或保护，同时配合财政金融等政策资源支持，以达到缩短产业结构演变进程、加快企业经营业务重组的目的，推动经济有序平稳发展。从广义角度看，日本的产业政策可以理解为，为解决经济发展中面临的各种经济社会课题，日本政府所实施的一切关于产业的政策的总和。所谓的社会经济课题包括但不限于新兴产业发展、改善资源要素配置、提升科学技术水平、应对气候变化、保障经济安全、防范社会贫富差距扩大等。

（该文原载于《日本学刊》2022 年第 6 期，收入本书时做了适当修改）

日蒙经济关系 50 年：从援助到战略合作

乌兰图雅[*]

自 1972 年日本和蒙古国建交以来，两国间经济关系发展大致可划分为三个时期：日蒙经济关系的缓慢发展期（1972—1989 年），冷战时期以日本援助建设"戈壁"羊绒厂为主，双方维持松散的经济交往；日蒙经济关系的迅速发展期（1990—2010 年），冷战结束后的 10 年在蒙古国制度转型与经济全球化浪潮下，日本对蒙援助推动了蒙古国民主化改革进程，双边经济关系迅速升温和发展；日蒙经济关系的升级与战略发展期（2010—2022 年），2000 年以来日蒙关系逐步走向新阶段，2010 年两国建立战略伙伴关系，特别是 2016 年签署经济伙伴关系协定后双边经济关系提升到战略合作层面，不仅双边贸易额增长、日本对蒙援助领域扩大，而且开始向基于投资和贸易互惠的合作方向转变。

当前，日蒙关系为战略伙伴关系，日本是蒙古国的重要"第三邻国"和第一个经济伙伴合作协定对象，蒙古国则是日本的"战略性邻国"。日蒙经济关系显示出以下特征。第一，在日蒙两国的高层交往及双边协定中，价值观、民主化、市场经济成为两国加强双边关系的基础。第二，政府开发援助（ODA）是维系日蒙经济关系的重要形式，是强化日蒙关系的重要工具，双方各取所需。一方面，日本对蒙援助几乎覆盖蒙古国社会经济的所有领域，为蒙古国市场经济转型、基础设施建设等作出了贡献。另一方面，通过 ODA，蒙古国成为日本展示其国家形象的工具和推动联合国改革的合作伙伴。第三，双边实际贸易规模小、投资力度不大，但为了保障各自的资源安全，双方都很重视保持长期稳定的合作关系。第四，双边经济关系的战略意味日渐增强。日蒙两国继续将西方价值观作为双边经济合作的基础，并将包括安全、国防在内的政治关系与经济合作相关联，日方还有意将蒙古国拉入其"自由开放的印太战略"之中。

值得一提的是，日本对蒙援助的性质已经从经济合作转变为战略合作。如果说 1977 年签署协议、1981 年投产的"戈壁"羊绒厂是日蒙建交后作为两国实质性经济合作开端的象征，那么 2013 年开工建设、2021 年 7 月投入使用的成吉思汗新国际机场就是日蒙当前战略合作时期经济合作深化的象征。今天，世界面临百年未有之大变局的新形势，在东北亚地缘政治格局下，日蒙双边经济关系也变得复杂起来，正在被卷入全球价值链重构的潮流中。

学界评价与反响

从二战结束以来的东北亚地缘政治历史发展轨迹看，日蒙关系中贯穿始终的线索是如何应对与周边大国的关系问题，特别是当前包括经济关系在内的日蒙关系，具有鲜明的对华指

---

[*] 乌兰图雅，天津社会科学院东北亚研究所副研究员。

向性，这是该文研究日蒙经济关系的现实意义所在。

该文将1972年日蒙建交以来50年的双边经济关系划分为松散的经济交往、迅速升温、走向新阶段三个时期，并强调ODA在日蒙经济关系中发挥了关键作用。

该文分析得出的一个结论值得关注。该文提出：日蒙两国越来越强调在价值观、民主化、市场经济的基础上加强合作，而且日方有意将蒙古国拉入其"印太战略"之中。这一判断，与该文发表两周后的2022年11月29日日蒙两国公布的共同声明《关于日本国与蒙古国建立为了和平与繁荣的特别战略伙伴关系的共同声明》的主旨相一致。该声明指出："今后在进一步加强日本和蒙古国双边关系的同时，作为未来合作的形式，在地区及国际场合，两国各自在'自由开放的印度太平洋'愿景下，为解决全球性课题而加强合作和共同行动，双方一致同意建立'为了和平与繁荣的特别战略伙伴关系'。""两国首脑达成共识，今后50年，将继承两国合作成果，以'自由和民主的精神'，作为拥有共同价值观的伙伴，建立更加互惠的关系，共同发展。"

（该文原载于《东北亚学刊》2022年第6期，收入本书时做了适当修改）

日本外资管理制度的演变及新动向

陈友骏　王星澳[*]

在战后经济发展过程中，日本既受到来自欧美发达资本主义国家"投资自由化"的种种压力，也存在吸引外资以发展本国经济的需求。但是，在利用外资的过程中，为了维护本国经济命脉的独立自主，日本政府一直高度重视管理外资。日本管理外资的基本法律依据是《外汇法》。从1949年《外汇法》出台到2019年《外汇法》修正案通过，日本的外资管理制度经历了多次修改，呈现出"紧—松—紧"的基本发展态势。根据这一管理制度在不同时期的特点，可以将二战后至2016年这70余年大致划分为严格管控外汇外资时期（1945—1959年）、推进资本自由化时期（1960—1998年）和重新确立管理制度时期（1999—2016年）等三个历史阶段。

2017年以来，日本三次修改《外汇法》，使得日本外资管理制度发生了重大改变。尽管日本政府出台的部分政策放松了对部分领域外资的管控，但日本外资管理制度所涉及重点行业的范围不断扩大，而且对相关重点行业领域的外资管理政策也在收紧，总体呈现出审查对象范围扩大化、外资管理精细化、管理制度完备化等三大特点，标志着日本外资管理制度进入新的发展时期。

日本政府此番修改外资管理制度主要出于三大战略考量。第一，通过强化技术管控及出口管制、强化对涉及核心技术的外资审查及限制、强化对高校等的人才管理等方式应对技术及人才竞争压力，防止重要技术外泄，以此维持技术领先地位。第二，加强包括经济、军事、网络及公共卫生领域在内的综合安全保障能力以应对来自中美技术主导权竞争和新冠疫情叠加所导致的全球不确定性挑战。第三，放松对发达经济体金融机构投资的审查，以此顺应CPTPP等自由贸易安排的自由化改革要求，提升日本对外国资本的吸引力。受日本外资管理政策收紧的影响，中国对日投资将呈现短期严重受阻、长期曲折发展的总体态势，涉及重点领域的对日投资或将受到日本政府更为严苛的管制。

此轮日本外资管理制度调整具有较为明显的对华"针对性"，在短期内中国对日投资将受到较为明显的负面影响。但从长期视角看，预计中国对日投资仍将持续增加。值得注意的是，在QUAD首脑联合声明中提及"将重点推进合作"，但尚未被纳入日本外资审查范围的去碳技术及产业、生物等重要技术及产业可能在此后受到更为严格的投资管控。日本也可能要求外资企业必须在日本设立数据中心，以加强对数字领域投资的管控。此外，日本还可能根据《土地法》，责令外国资本拆除相关"重要土地"上的建筑或出售所持有的土地。

---

[*] 陈友骏，上海国际问题研究院世界经济研究所研究员；王星澳，上海国际问题研究院硕士研究生。

学界评价与反响

在对日本的外国直接投资问题研究当中，对日本引进和利用外资的成果相对较少，近几年来随着日本经济安全战略的转变，以及日本对引用外资的重视，与日本引用外资有关的问题逐渐得到学者的重视，因此该论文选题具有现实意义和理论意义。该论文运用了大量最新资料数据就日本引用外资问题进行论述分析研究，总体框架清晰。截至2023年10月27日，该论文在知网上的下载量达277次，在日本研究界具有一定的影响力。

（该文原载于《日本学刊》2022年第5期，收入本书时做了适当修改）

日本处理日美贸易摩擦手段转换的动因与效果

王厚双　王柏[*]

　　面对始于20世纪50年代中期跌宕起伏的日美贸易摩擦，日本处理日美贸易摩擦的手段转换过程经历了完全依赖双边谈判手段处理日美贸易摩擦时期（1956—1977年），以双边谈判手段为主、被动使用法律手段为辅处理日美贸易摩擦时期（1978—1994年），以法律手段为主、双边谈判手段为辅处理日美贸易摩擦时期（1995—1997年）和两种手段相互配合对美国实施"进攻"时期（1998年至今）四个时期。这四个时期的转换过程并不只是出于日本的一厢情愿，而是日美两国围绕贸易摩擦处理问题进行博弈的结果，也是日本在深刻的经验教训中意识觉醒、理念升华的痛苦过程，较好地达到了捍卫本国核心利益的目的。

　　从运用双边谈判手段处理日美贸易摩擦的效果来看，其积极效果表现在：双边谈判桌上的妥协为日本赢得了政策调整、产业发展的回旋时间。其消极影响表现在：双边谈判中过多的妥协招致了多米诺骨牌效应，使20世纪90年代以前的日本不但是美国对外贸易摩擦的焦点，也成为全球贸易摩擦的飓风眼；双边谈判极易使贸易摩擦由"低级政治"问题转变成"高级政治"问题，进而干扰国家关系的正常发展；双边谈判中过多的妥协让步，使日本相关的产业发展受到严重的冲击。

　　从运用法律手段处理日美贸易摩擦的效果来看，其积极效果表现在：彻底改变了日本在处理日美贸易摩擦过程中只会唯唯诺诺、一味妥协的懦弱的国家形象；谈判的拖延战术成功地为日本政策调整和产业发展争取了时间；理念的升华使日本逐渐掌握了处理日美贸易摩擦的主动权。其消极影响表现在：法律手段是处理贸易摩擦最后的撒手锏，是迫不得已的选择；运用法律手段处理贸易摩擦，可能使自己陷入被动的境地。

　　从两种手段相互配合提高了日本处理日美贸易摩擦的效果来看，通过两种手段的相互配合处理日美贸易摩擦，既可以放大积极效果，也可以压缩消极影响。例如，在"日美汽车和汽车零部件案"中，日本在双边谈判中对美国的要求说"不"，同时将美国起诉到WTO；日本这种"破天荒"的行为使日美关系处于剑拔弩张的状态，美国不惜损害日美同盟关系、以空前的力度加大对日制裁；面对这种状态，目的基本达到的日本迅速回到双边谈判的轨道，并同美国达成了双边协议。日本的这种做法既在一定程度上保护了本国汽车产业的利益，又维护了日美同盟关系，彰显了两种手段相互配合产生更大合力的突出效果。

　　日本处理日美贸易摩擦手段转换的经验值得中国借鉴。一是中国应尽快地调整较多地运用双边谈判手段、较少地运用法律手段处理对外贸易摩擦问题，避免使自己陷入被动的境地，

---

[*]　王厚双，辽宁大学金融与贸易学院教授；王柏，辽宁大学国际贸易学专业博士研究生。

应善于运用两种手段处理中美贸易摩擦。二是要坚决维护WTO体制、规则，为运用"法治反制"处理中美贸易摩擦提供依托。即中国要通过坚决维护WTO体制、规则，提升中国在全球贸易治理中的话语权、抢占国际贸易投资规则制定的制高点，为中国运用"法治反制"措施处理中美贸易摩擦提供法律规则依托和主动权。三是要进一步完善国内相关法律，为"法治反制"提供法律支持：要快速完善"法治反制"的国内相关法律框架；要尽快构建中国法律域外适用的法律体系。四是要大力培养具有处理包括中美贸易摩擦在内的中外贸易摩擦丰富实战经验的复合型人才。

学界评价与反响

该论文研究视角具有突出的创新性。一方面，该论文突破了对日本处理日美贸易摩擦问题现有研究的常规视角，从"事中行为"的全新视角来深度研究日本处理日美贸易摩擦手段选择的经验，即从双边谈判手段和法律手段两种手段相互配合的角度对日本处理日美贸易摩擦手段选择的经验进行深度的创新研究。另一方面，根据"事中行为"的全新视角，构建起研究日本应对日美贸易摩擦经验新的研究框架。

该论文多维度的研究视角具有创新性。一是该论文从历史、经济、政治、社会、国际关系等多个维度，二是从宏观和微观两个视角，对日本处理日美贸易摩擦手段转换的经验进行了全面深入的创新研究。该论文的上述创新，获得了学术界的关注和好评。

（该文原载于《日本学刊》2022年第3期，收入本书时做了适当修改）

日本与非洲蓝色经济合作的现状、动因与挑战

潘万历　白如纯[*]

　　日本与非洲国家都将海洋视为经济社会发展的重要战略空间，均有发展蓝色经济的强烈意愿。在这种背景下，蓝色经济逐步成为双方合作的重要领域和日本深化日非经济合作的新抓手。

　　日非蓝色经济合作初步形成了以涉海基础设施建设为优先方向，以海洋渔业合作为重点，并积极向海洋能源等新领域拓展的合作格局。日本将提高非洲港口处理能力、提升地区间的连通性视为发展蓝色经济的关键，广泛参与到了非洲的港口建设之中。在海洋渔业合作方面，双方合作内容涵盖从捕捞到储存、再到销售等各个环节，旨在通过整备与海洋渔业相关的基础设施，改善水产品的流通及贩卖环境来释放渔业资源的潜力。此外，非洲海洋能源开发也是日本的重点关注领域，日本的一些大企业积极进军非洲海洋能源市场，与欧美、印度等国（地区）公司合作开拓非洲海洋油气资源。

　　日本与非洲加强蓝色经济合作，有助于带动涉海基础设施的出口以及造船等产业的发展，有利于维护日本能源安全，是日本谋取海洋经济利益，带动国内经济增长的新切入点。日本希望通过参与非洲港口建设等来谋取经济利益以提振国内经济。从短期来看，港湾投资可直接带动相关产业的发展，提高港口处理能力，加深日非双边经贸合作。就长远利益而言，还可以为当地日企创造良好的投资环境。加强与非洲海洋渔业合作则有利于扩大非洲海产品出口日本，并带动日本国内造船业的发展。日本将海洋能源作为重点合作领域，旨在打造从陆地到海洋的日非能源合作新格局，以更好地满足日本能源来源多元化的战略需求。

　　为了更好地与非洲国家开展蓝色经济合作，在国际竞争中占据优势，日本积极回应非洲国家发展蓝色经济的战略诉求，利用东京非洲开发会议这一现有合作机制，将蓝色经济纳入会议议程。同时，注重将政府开发援助与民间资金相结合，推动政府、企业共同参与相关合作。

　　总体而言，日非蓝色经济合作是日非双方各取所需，形成互补的结果，是日本与相关非洲国家基于各自国家利益作出的战略选择。日非海洋合作本质上仍是发达国家与发展中国家的合作，在这个过程中，由于日本与非洲所处发展阶段不同，在经济实力、科技水平等领域存在较大差距，日非蓝色经济合作具有不对称性，总体呈现出日本更为积极主动、扮演主导角色的特征。虽然日本与非洲国家在蓝色经济领域展开了较为广泛的合作，但双方合作也存在一些问题和挑战。日非已将蓝色经济纳入了东京非洲开发会议的议程，但在该框架下尚未

---

[*] 潘万历，中国社会科学院当代中国研究所助理研究员；白如纯，中国社会科学院日本研究所研究员。

建立具体的专门合作机制，并且日非双方比较缺乏在维护海洋可持续发展方面的合作。整体来看，在日非蓝色经济合作过程中，日本显示出重"经济"、轻"蓝色"的功利主义倾向。同时，日非蓝色经济合作也面临日企投资动力不足的问题。此外，新冠疫情使非洲经济和社会的脆弱性进一步凸显，后疫情时代日非在蓝色经济领域的合作也将受到不同程度的负面影响。

学界评价与反响

近年来，随着非洲在日本外交战略中地位的提升，日非关系已成为国内学界重点关注的领域之一。在这种背景下，学术界从经济、政治、安全等多个层面对日非关系的相关动向进行了追踪研究，并涌现出了大量研究成果，但专门研究日非蓝色经济合作的成果还相对较少。吉林大学东北亚学院庞德良教授认为《日本与非洲蓝色经济合作的现状、动因与挑战》一文具有一定的学术价值。

该文以日非蓝色经济合作为切入点，较为全面地梳理了日非蓝色经济合作的主要领域及进展，在此基础上分析了日本与非洲开展蓝色经济合作的战略动因，及其为了在国际竞争中占据优势所采取的基本策略，为理解日本对非洲外交提供了崭新视角，有利于读者以点带面了解日本对非外交的全貌。此外，该文还分析了日非蓝色经济合作面临的问题与挑战，对我们深入了解日非关系的走向具有一定的参考价值。

（该文原载于《现代日本经济》2022年第4期，收入本书时做了适当修改）

日本半导体产业链升级的再思考

——三个关键、二元悖论与政治工具

徐博 王蕾[*]

在数字经济、新冠疫情和地缘政治三重因素叠加作用下，半导体产业已成为当今大国战略竞争的制高点。该文以半导体产业链升级的"三个关键"即关键技术、关键环节、关键资源为线索，回顾日本半导体产业发展脉络及现实问题发现——

一是日本通过有效控制关键技术进而占据了全球半导体产业链上游的关键位置。关键技术指半导体产业每发展至不同阶段时，引领半导体产品市场的核心技术工艺。半导体产业发展至今，其引领市场的主要工艺依次为晶体管技术、动态存储器技术、微处理器技术、系统级芯片技术，日本几乎掌握了推动半导体产业链升级的全部关键技术。

二是日本通过提前规划布局掌握关键资源，从而实现了半导体产业链升级。关键资源指为满足中游集成电路及下游终端产品生产所必需的上游半导体材料和设备。无论是20世纪70年代开启超大规模集成电路计划，还是21世纪初日本重启多个官产学项目，半导体产业链上游一直是日本覆盖的关键领域之一。21世纪以来，日本产业界相关研究所与政府通力合作，通过明确半导体发展方向、投入大量预算，深耕纳米级半导体与新一代半导体材料，最终日本在关键资源领域占据了领先优势。

三是日本对关键环节控制失利，导致其半导体产业链上游优势与半导体产业链安全自主可控之间存在二元悖论。这种二元悖论是指日本在半导体产业链上游领域的全球竞争力、影响力优势，与半导体产业链体系实现自主可控、降低对外依赖度两方面难以兼得，关键环节则指半导体产业链中游设计与制造水平分离的分工模式。自20世纪80年代开始，集成电路设计公司、代工制造厂数量日益增加，半导体产业设计与制造分离的趋势愈发明显。在新的分工结构下，日本经营层坚持认为设计和制造结合才能维持企业的整体优势，固守纵向联合型经营方式。结果，高度分工的无厂化经营成效显著，规模经济效应下营业利润不断上升，持续挤压日本传统垂直一体化分工模式的利润，造成日本半导体产业产值下降、半导体产业国际市场份额落后，进而出现半导体材料设备占据垄断性地位而半导体产业链整体日渐式微的现实问题。

四是日本半导体产业链上游关键资源的竞争优势已沦为大国地缘博弈的政治工具。一方面，半导体产业链上游优势成为日本对韩实现政治诉求的制裁手段。2018年，日韩围绕二战强征劳工的赔偿问题引发争议，为逼迫韩国在劳工征用赔偿诉讼问题上松口，日本率先采取

---

[*] 徐博，吉林大学东北亚研究中心副教授；王蕾，吉林大学东北亚学院硕士研究生。

对韩国出口氟聚酰亚胺、光刻胶和高纯度氟化氢三种半导体材料限制出口的措施；另一方面，日美同盟框架下日本提高对华"竞争、防范和牵制"意识，半导体产业迎合美国对华政策。2019年年末美日等国家主导修订的《瓦森纳协定》提高出口管制标准，新增对光刻软件技术和大硅片技术的出口管制。由于我国十二英寸大硅片研磨设备95%以上从日本进口，大硅片减薄设备100%从日本进口，抛光设备也严重依赖日本厂商，可以说，《瓦森纳协定》新增内容直指当下我国国内正在寻求突破的十二英寸大硅片生产技术。

学界评价与反响

该文自刊发以来得到日本半导体问题学术界的广泛关注，并于2023年3月31日被国务院发展研究中心信息网全文转载。文章以日本半导体产业链发展为考察对象，聚焦剖析其产业链升级的关键因素，大胆提出半导体产业链升级"三个关键"的概念，指出日本半导体产业发展存在"二元悖论"，即上游优势明显与体系韧性不足的问题，论证了日本半导体的上游优势已经成为地缘博弈的政治工具。文章的主要贡献在于突破日美半导体贸易摩擦的历史思维框架限制，以关键技术、关键环节、关键资源为核心线索，集中探讨二战后至今日本半导体产业链升级的历史路径，同时客观审视日本半导体产业链升级面临的双重现实问题并分别予以阐述，希望对推动中国半导体产业链体系建设及安全发展有所助益。

(该文原载于《日本学刊》2022年第6期，收入本书时做了适当修改)

九一八事变后国联外交与国民政府对日政策

侯中军[*]

　　九一八事变爆发后,"不抵抗"决策下的诉诸国联是国民政府结合国内政治和自身实力的综合衡量,并非单纯的外交决策。中国虽然在事变之初提议派员调查事变真相,但国联是在接受了日本的提议后方决定正式组建调查团。国联调解中日冲突的目的是维持国联的权威和体面,英法一再试图获得美国支持的原因也在于增强国联的威望。美国原则上支持国联,但在具体行动上保持了相对的独立性。国民政府不抵抗政策是有阶段性的,经过三次决议后,国民政府已经认识到中日问题非经决战不能解决。从九一八到一二八,最终国联决定派遣调查团,这体现了复杂的国际关系,既有国联内部英法之间的协调,也有国联与美国、英国与美国的协调。

　　在上诉国联的过程中,中国内部已经认识到下列两点:一是中国不可能依靠国联把日本驱逐出东北,国联在本质上是一个欧洲的机构,如果英法在远东的利益没有直接损害,不可能对日强加施压;二是中国不可能依靠自身的力量将日本驱逐出东北,中国不具备相应的军事实力。如果中国希望国联主持正义,采取行动,中国需要几个主要大国的背后支持,如美、苏、德,"必须寻求结盟"。中国在九一八事变后的"不抵抗"方针是针对国联采取的最初决策,目的在于寄望于国联,促使国联采取强有力的措施,当然在中国内部,批评不抵抗政策的声音一直存在。至第二次决议后,由于日本投票反对,中国内部在全力配合国联的同时,已经认识到只有采取武力方能制止日本的侵略,一·二八事变的心理准备已经酝酿完成。国联出台第三次决议后,特种外交委员会已经认识到无法依靠国联完成收复东北的任务,在东北问题不离国联的前提下,对日本实际的侵略行为做积极抵抗的准备。

　　英法是国联决策的主导国,两国在维护国联权威上具有一致性,均不愿日本挑起事端,但在具体的对日外交上有各自的考虑。英法均认为,国联不具备强制力,只是一种正义力量的象征。为了维护国联的形式上的权威性,英法事实上在寻找一种能为日本接受而又能满足中国基本诉求的方法。国联第一次决议并无强制力,在中方催促国联督促日本撤兵的情形下,第二次决议终于明确了撤军日期,但日本显然不愿接受此类决议。经过前两次决议及其相关交涉,又经对若干历史问题的研议,国联对于如何介入九一八事变,如何把握与中日交涉的"强度"有了新的认识。在犹豫如何启用国联盟约第 15 条时,恰逢日本提出了派遣国联调查团的提议,国联于是乘机说服中方接受了经过修正的调查团提议。

　　美国参加国联理事会会议,目的在于探索与国联新的合作模式,虽然从原则上支持国联

---

[*] 侯中军,中国社会科学院大学历史学院岗位教师,中国历史研究院近代史研究所研究员。

决议，但美国一直强调了自己相对独立的行事风格。国联内部也认为，出于维护自身声望的需要，国联的决议不需要美国出面予以支持。正是基于此种认识，国联与美国的相处各自预留了相当的步骤。美国起初对于日本内部军部与政府的分歧存在误判，寄望于军部的激进势力能够被制止，日本外务省也充分认识到这一现象，有意加以利用。日本在外交上与各国周旋的同时，积极部署兵力，步步为营，占领了东北全境。可以认为，日本内部表面上的分歧干扰了英美对事变的认识。

学界评价与反响

外审专家认为，该文重点展现了九一八事变后中外交涉的国际因素，将国联及英美之间的相关交涉作为主线加以展现，并将该条主线与中国内外应对的主线互相交叉，展现中外互动的国际背景，文章具有宽广的学术视野。论文在中英文的史料方面做了较为深入的挖掘，比较充分地使用了各种档案资料和其他文献资料，特别是近年来刚刚纳入学者视线的新材料。文章发表后，立即引起学界关注，在研究李顿调查团及国联历史时，均认为该文推动了相关领域的研究，为进一步深入研究相关问题奠定了基础。

（该文原载于《历史研究》2022年第1期，收入本书时做了适当修改）

江户儒者"王霸之辨"诠释中的"位""道"之争

侯雨萌[*]

"王霸之辨"是近世日本思想史上的经典议题之一。江户时代的各派儒者就"王霸之辨"各执己见并相互驳斥,争论主要集中在"王与霸在性质上到底是指'位'而言还是指'道'而言"这一问题上。

中国历代儒者解"王霸之辨"之际向来着重论述王霸两概念间有何差异,而非王与霸的性质究竟如何;江户初期日本儒学界的情况同样如此。当伊藤仁斋率先论及"王霸之辨"时,学界尚无关于王霸性质的专门讨论;仁斋就王霸做出的"行其道者必就其位,在其位者必有其道"的诠释虽然同时涉及"位""道"两方面,但仁斋并未有意识地在性质上区分二者。这种诠释虽大体贴合孟子德政合一的思想特色,可也因对"位""道"的混同而产生了"以德行仁的西伯侯为霸"这一逻辑矛盾。古文辞学派的开创者荻生徂徕及其弟子太宰春台对仁斋的诠释展开了全面的批判:仁斋认为"王霸之辨"兴于桓文,徂徕和春台认为"王霸之辨"始于孟子;仁斋解"王霸之辨"时不分孔孟、不分"位""道",春台以"位"解孔子的王霸,徂徕以"道"解孟子的王霸;仁斋对霸总体上持否定态度,春台肯定作为"王之未就"的霸,徂徕肯定作为国交之道的霸。在三人的论战中,"位"与"道"两概念由模糊逐渐转向清晰,进而成为江户儒学界诠释"王霸之辨"时的关注焦点。

朱子学者薮孤山相较于先学的进步,在于其通过区分字音和字义的方式,成功将"'位'层面的王霸"和"'道'层面的王霸"分隔开来,并述明了其间的关系。折中学派儒者冢田大峯在孤山分"位""道"别论王霸的基础上进一步引入了时代的要素,将王霸再次细化成了"春秋时期指'位'而言的王霸"和"战国时期指'道'而言的王霸"。大峯既解释了王者与霸者、王道与霸道间的不同,又阐明了春秋时期的王霸与战国时期的王霸间"位"与"道"的区别,还结合历史背景厘清了王霸两概念由"位"至"道"的变化过程,其解读中既能看到徂徕、春台、孤山等先学的影响,又体现出大峯对先学的超越。

在江户时代后期,"位""道"之争脱离了传统经学的范畴。徂徕学派的藤泽东畡以"道"解孔子的王霸、以"位"解孟子的王霸,是想通过论述"王霸之辨"自带的革命性问题来"尊孔黜孟",进而达成其"尊日黜中"、美化日本皇统的根本目的。阳明学者吉田松阴以"道"解王、以"位"解霸并将二者两极化,是想强调修养之于事功、道德之于名位、王道之于霸术的优越性,进而让"王霸之辨"成为其劝说统治者推行仁政的理论依据,以达成其维持国体的根本目的。持"日本优越论"的东畡与松阴二人对王霸性质的独特诠释,可以

---

[*] 侯雨萌,上海师范大学外国语学院日语系讲师。

说是在日本主体意识的不断增长与幕末社会现实需求的逐渐增强之下,"位""道"之争所必然会演化出的形态。

学界评价与反响

相较于既往研究,该文主要有两个方面的突破。(1)从研究对象的学派归属上讲,该文选取的七名近世日儒中有三人同属徂徕学派,其余四人分属古义学派、朱子学派、折衷学派和阳明学派。同类研究往往以某一学派整体作为考察对象,致力于挖掘派内诸儒观点上的共性,以及该派学说与他派学说间的歧异。相较于此,该文并未以学派归属作为区分儒者观点的唯一依据,文中既能看到不同学派儒者学说间的承续与发展,又能看到同一学派之中、后学对先学观点的驳斥与超越。突破"学派"这一框架的限制,使得该文对"王霸之辨"诠释史的梳理更加细致、准确,从而匡正了既往研究中的部分谬误。(2)该文第三节敏锐地指出,进入19世纪后,藤泽东畡、吉田松阴等日儒在"王和霸到底是指'位'而言还是指'道'而言"这一问题上做出与先学完全不同的论述,目的是要以孟子思想作为其确立"日本优越论"之手段、解决社会现实问题之工具,至此"位""道"之争已不再是单纯的儒学问题。这提醒我们,研究日本儒学史中的相关问题时,不仅要对问题本身给予足够关注,也应该结合历史时代和社会背景,注意考量日儒的学说背后是否有亟须满足的现实需求与儒学之外的真正目的。

(该文原载于《世界历史》2022年第4期,收入本书时做了适当修改)

东方历史视野下的海上丝绸之路

——以日本学者研究为中心的考察

陈奉林*

丝绸之路作为中国人开辟的重要的交流交往活动，不仅在中国历史上，而且在整个东方历史上都留下创造性的记录，推动社会的整体发展。人类的历史总是在不断地突破自然的、社会的和技术的诸多限制之后向前发展的。公元前2世纪，中国即已开辟到达日本、东南亚和印度洋的海上航线，与世界各国建立了海上初步联系，也是中国走向世界的第一步。公元前1世纪，日本列岛出现了许多部落小国，与汉朝有密切交往的国家30余个，这说明其与中国大陆的海上交通开展较早，中国到日本的海上航线已经开辟。

日本的海上丝绸之路研究时间长、跨度大、涉及的内容领域众多，形式多样，成果丰硕，已经构成相对完整的海上丝绸之路研究的知识体系，无论是从总结人类活动经验的角度还是从当前学科建设的角度，都应该加以详细的总结与梳理，从中引出值得我们学习、借鉴与超越的东西。他们所做的并非简单的材料加工、整理与收集工作，而是在既有的材料中重新发现价值，在考史、证史中完成了修史工作，做到了人类精神遗产的总结与传承，从多方面反映了日本学术史发展的基本行程。海上丝绸之路研究涉及海上贸易、交通、港口城市、市舶制度、造船技术、外商管理、移民、文化传播与物种交流等许多方面，完成了从欧亚大陆到东亚海域研究的历史性跨越，把更多的力量投入了海上丝绸之路研究。他们总结了丝绸之路上交流的经验与方法，作为一个大规模的学术活动，积累和凝聚了现实的需要，可以成为反观我们自己研究的一面镜子。近一百年来的一系列重大研究成果，在日本的学术发展史上有着特殊的意义。

在对东方史籍把握上，日本学者明显高于欧美国家学者。这与他们的历史传统有关，也与他们长期受中国文化文字影响有关，因此他们有条件博通经史，取得卓荦的学术成就。日本学者不仅提出"海上丝绸之路"概念，更为重要的是对这一概念做出了科学的解释，赋予其丰富的内涵，学术史论中寓有许多可贵的观点，诸如"丝绸之路问题在本质上就是东西方交流"的观点，"丝绸之路是世界主要文化的母胎"的观点，"人类的文化因交通而得以发达"的观点等，都异常珍贵和值得进一步发掘。在学术探索上，日本学者强调实地考察的重要，不做空疏文章，更不做咬文嚼字、寻章摘句的文章，但这并不意味着他们不坐书房里的冷板凳，更不意味着他们的研究没有意义。看到日本学者当时探讨的那些问题，看到那些在今天应该剖垢磨光的思想得到珍视和发掘，以及他们达到的深度与广度，温故知新，不亦

---

* 陈奉林，北京师范大学历史学院教授。

乐乎？

　　日本学者对丝绸之路的研究，是把它作为人类交往的宝贵经验加以总结和介绍的，对海洋属性认识不断深化。在日本，这显然已不是一个单纯的学术问题，而是与整个国家和社会生活紧密联系在一起的，是从东西方交往中汲取人类文明的精华，从历史经验中寻求社会进步的力量，从而不断把社会引向进步。日本学者的丝绸之路研究极为复杂，既有纯粹的学问学术，也有为现实政策服务的种种努力，战前战后两个时期有明显不同，不宜猝然定性，亦不能不加分析地一概而论。在日本丝绸之路研究的一百年时间里，取得的成就有目共睹，反映了日本学界思想发展的基本历程，尽管不是很全面，但是其成就是值得肯定的，值得我们认真总结和梳理。他们不仅使用东方本土材料，把研究建立在坚实的材料基础之上，而且更为重要的是他们有东方史观，对横亘东方历史若干世纪的丝绸之路做出了许多有益的解释，完全不同于欧美学者的历史观和亚洲观。

　　必须指出，日本学界对中国人在古代西太平洋贸易网中的作用始终估计不足，而对阿拉伯人的作用估计偏高，认为在 16 世纪欧洲人来东南亚之前执太平洋—印度洋贸易之牛耳者为阿拉伯人。上田信甚至认为，唐代基本上没有留下什么有关当时在东亚造船的线索，中国人没有可在东海、南湾等海洋安全航行的船只，对远洋航行并不积极。这样的观点显然是不正确的。把日本近百年的丝绸之路研究作为一份珍贵的材料进行再研究，既要看到他们取得的成就，也要看到他们研究上的一些不足，只有认真总结、吸收与借鉴，我们才能完成丝绸之路研究的历史性的跨越，把中国的研究引向深入。

（该文原载于《社会科学战线》2002 年第 5 期，收入本书时做了适当修改）

日本"修宪"思潮的历史演变

孙宝坤[*]

"和平宪法"即《日本国宪法》的颁行,不但为战后日本走和平发展道路并崛起为世界经济大国奠定了制度基础,而且为维护东北亚区域和平乃至亚太地区安宁提供了政治保障。然而,自"和平宪法"问世以来,日本保守势力却一直处心积虑想要予以修改乃至废除。战后日本"修宪"思潮的演变,大致经历了以下五个时期。

一、战后初期:日本"修宪"思潮的缘起

1946年11月3日,《日本国宪法》颁布,翌年5月3日正式生效。这部新宪法之所以被誉为"和平宪法",主要在于第九条彻底贯彻了"和平主义"精神,其规定:"日本国民衷心谋求基于正义与秩序的国际和平,永远放弃以国权发动的战争、武力威胁或武力行使作为解决国际争端的手段。为达到前项目的,不保持陆海空军及其他战争力量,不承认国家的交战权。"然而,由于"和平宪法"是由美国占领当局主导制定并施压日本政府颁布的,加之"芦田修正"对宪法第九条形成了解释上的歧义,为日本保守势力日后一再掀起"修宪"恶浪提供了口实。

二、冷战前期:日本"修宪"思潮的发轫

冷战前期(1948—1960年),随着美苏冷战愈演愈烈,美国对日政策由"惩罚"改为"扶植"。20世纪40年代末50年代初,自由党、民主党、绿风会中的保守派议员首先发出"修宪"杂音。1954年12月,鸠山一郎上台组阁,将"修宪"纳入政府议事日程,成为战后打开"修宪"潘多拉魔盒的首位日本首相。1957年2月,甲级战犯嫌疑人岸信介组阁,很快掀起了第一次"修宪"浊浪。第一次"修宪"浊浪的掀起,既缘于日本保守势力的推动,也是国际冷战格局变化影响的结果。

三、冷战后期:日本"修宪"思潮的蔓延

冷战后期(1960—1991年),日本"修宪"主张和活动主要集中在池田勇人和中曾根康弘主政期间,尤其在中曾根出任首相的20世纪80年代中期,掀起了第二次"修宪"浊浪。如果说第二次"修宪"浊浪的始作俑者是岸信介及其主导的"宪法调查会",那么中曾根康弘首相及其内阁就是第二次"修宪"浊浪的主角。日本第二次"修宪"浊浪的形成,同样是由国内经济大国地位重建、国外配合美国全球战略需要两方面因素促成的。

四、后冷战前期:日本"修宪"思潮的泛滥

后冷战前期(1992—2006年),日本保守势力掀起了第三次"修宪"浊浪。如果说宫泽

---

[*] 孙宝坤,北京师范大学历史学院世界史博士研究生。

喜一是第三次"修宪"浊浪的始作俑者，那么小泉纯一郎就是日本新老保守势力即修宪派的行动领袖。日本保守势力此间掀起第三次"修宪"浊浪，主要缘于日本政治右倾化的影响，以及来自美国、德国和联合国秘书长的支持和误导。

五、后冷战后期：日本"修宪"思潮的践行

后冷战后期（2006—2021年），日本保守势力掀起了第四次"修宪"浊浪。这次"修宪"逆流的始作俑者和关键人物非安倍晋三莫属。他不但定出"修宪"时间表、明确"修宪"重点、降低"修宪"门槛，而且通过颁布相关法案和解禁集体自卫权架空和平宪法。第四次"修宪"浊浪的掀起，主要由安倍晋三的家庭出身和政治谋略、日本经济大国地位的重新确立、美国的默认和纵容等因素影响所致。

通过对日本"修宪"思潮的历史演变及其影响因素的纵向梳理和横向分析，至少可以得出四个基本结论。第一，需认清日本保守势力"修宪"的政治图谋和精神实质，不被其欺骗性言辞所迷惑。第二，日本国民是决定和平宪法存亡的关键因素，应推动他们更多更快地走向觉醒。第三，日本政要是决定和平宪法命运的重要因素，应努力壮大日本政坛护宪政治力量。第四，应充分发挥国际因素的制约作用，有效遏制日本"修宪"思潮的继续蔓延。

学界评价与反响

该文在CSSCI刊物《华中师范大学学报（人文社会科学版）》2022年第1期发表后，产生了较大的学术影响。不但被权威刊物《新华文摘》2022年第8期论点摘编，而且被中国历史研究院、山东大学《中国历史评论》、北京师范大学历史学院京师世界史等多个权威官方微信公众号全文转载。

（该文原载于《华中师范大学学报（人文社会科学版）》2022年第1期，收入本书时做了适当修改）

美国有关 1978 年中日"钓鱼岛事件"应对决策初探

——基于美国新近解密档案的解读

郭永虎 闫立光[*]

在中美建交和《中日和平友好条约》缔结谈判的关键阶段，发生了中日"钓鱼岛事件"。1978 年 4 月 12 日，中国百余艘渔船进入钓鱼岛附近海域捕鱼，日本海上保安厅进行了有组织的拦截。日本巡逻船以中国渔船进入所谓的日本"领海 12 海里内"为由，要求中国渔船退出。中国渔民在木板上写出"这是中国的领土""我们有权在此作业"等字样进行抗议，这种状况一直持续到晚上 8 点钟。"钓鱼岛事件"发生后，美国政府高度关注，在中央情报局对事件的经过、起因、中日两国的反应等方面全方位分析的基础上，对事件的起因以及影响进行了评估。美国政府解密文件显示，关于事件发生的起因，美国中情局认为这次事件是"意外"突发事件。关于事件的影响，中情局认为，尽管北京方面做出了这样的解释，但该事件还是在东京激起了强烈的反应。无论怎样，此事件已经延缓了《中日和平友好条约》谈判的进程。中国的行为可能还会影响日本国会通过立法履行日韩大陆架协议的进程。1978 年 4 月 14 日，美国国家安全委员会中国事务助理米切尔·奥格森伯格在给美国总统国家安全事务助理布热津斯基的备忘录中指出，"钓鱼岛事件"令其震惊，认为"这与中日缓和的气氛相冲突，该事件已经成为日本面临的一个重要政治外交问题，无疑将推迟《中日和平友好条约》的谈判，并且很可能在此时会将公众的注意力从（日苏）'北方领土'问题转移到该事件上来"。

基于对"钓鱼岛事件"的评估分析，美国政府采取了"中立"立场，即不介入中日主权纷争。1978 年 4 月 17 日，美国国家安全委员会负责东亚与中国事务的官员阿马科斯特给布热津斯基拟定了美国关于钓鱼岛立场的指导原则。他建议，"美国应继续重申 1972 年的立场；作为占有日本的一部分，我们对这个区域只行使行政管辖权，丝毫不影响日本对其权利的主张。日本外务省正在认真谨慎地向美国寻求一个对其立场更为有利的答复。美国的利益是既无损于日本的立场，但同时又要远离中日关于该领土问题潜在的纷争"。

美国之所以采取上述"中立"立场，是基于以下原因：首先，保持美国钓鱼岛政策的连续性和一致性。"钓鱼岛事件"发生后，美国对钓鱼岛的立场基本是不介入中日钓鱼岛主权纷争，这是尼克松政府时期美国钓鱼岛政策的延续。再次，出于平衡中美、美日关系的需要。面对一个是其冷战盟友，另一个是即将正式建交的中国，卡特政府采取"中立"立场，力争在中日之间做出平衡和妥协。美国政府对"钓鱼岛事件"决策的影响是多方面的：首先，美国是推动中日搁置钓鱼岛主权纷争签署《中日和平友好条约》的重要促进因素。在遏制苏联

---

[*] 郭永虎，吉林大学马克思主义学院教授，博士生导师；闫立光，吉林大学马克思主义学院讲师。

大背景下，为推动中美尽早建交，同时继续维系美日同盟关系，美国不希望"钓鱼岛事件"危及《中日和平友好条约》成功签署。美国最终如愿以偿，一方面，美国在中日争端之间保持了所谓"中立"立场，旨在避免与中日交恶；另一方面，日本接受了美国的建议，搁置钓鱼岛争端与中国缔结了《中日和平友好条约》。再次，美国的立场在一定程度上遏制了日本侵犯钓鱼岛的野心。为了在与中国的钓鱼岛主权争端中获得更多筹码，日本迫切希望美国在钓鱼岛问题上予以更深的介入，以便借助《日美安保条约》框架为日争取更多"私利"。日本政府自尼克松时代开始一直想获得美国关于钓鱼岛适用于《日美安保条约》的承诺。然而，由于美国坚持对钓鱼岛问题基本立场不变，使得日本的计划没有实现。最后，从交涉主体来看，卡特政府首次和中国政府正式讨论钓鱼岛议题，开启了中美交涉钓鱼岛事件的先例。

学界评价与反响

该文在一定程度上弥补了学界在该领域研究的不足。目前学术界对这个领域尚未有专题论著，只有关于"钓鱼岛事件"经过及其对《中日和平友好条约》影响的相关论文。该文作者使用了美国新近解密的档案文献，包括美国国家档案馆藏档案文献、美国国家安全档案数据库、美国解密档案参考系统、美国中情局解密档案，具有一定原创性。

（该文原载于《中国边疆史地研究》2022年第1期，收入本书时做了适当修改）

复交以来里千家对中日茶文化交流的贡献

张建立[*]

里千家是日本乃至世界上规模最大的民间茶道文化团体。中日邦交正常化以来，里千家长期坚持中日友好，秉承"一碗茶中出和平"的理念，积极开展与中国的文化交流，自1979年以来已派遣130多次访华团，曾多次受到邓小平等党和国家领导人的亲切接见。里千家对中日茶文化交流的贡献，受到了中国政府的高度评价和中国人民的尊重。早在1991年，中日友好协会就授予了里千家第十五代家元千玄室"中日友好文化交流使者"的光荣称号。1996年，千玄室被天津市政府授予"天津市荣誉市民"称号。2002年，文化部授予千玄室"文化交流贡献奖"。2010年5月30日下午，国务院总理温家宝在日本东京亲自向千玄室颁发了"中日友好贡献奖"。温家宝在颁奖仪式致辞中称："今天这个颁奖仪式非同寻常。在这里见到各位日本友人，我心里很激动。中日邦交正常化走过了一条艰难曲折的道路，在这个过程中，其实起重要作用的是人民，你们是中日友好的功臣。历史将记住你们，中日两国人民将记住你们，我代表中国政府和人民向你们表示崇高的敬意。"(《人民日报》2010年5月31日"要闻版"。)

中日邦交正常化50年来两国间的茶文化交流，是一个从最初单一的茶叶栽培技术及制茶技术交流，不断拓展为涵盖政治、经济、宗教、文学艺术、品茶方法及各类茶器等领域的过程。其交流的内容和形式等由单一到丰富，不断叠加、交融。其中，里千家对中日茶文化交流的贡献主要体现在如下三个大方面。

首先，在推动中日茶文化学术交流方面，里千家作出的最大贡献，即千玄室在中日邦交正常化初期的1983年就在日本出版了专著《茶经与日本茶道的历史意义》，首次充分肯定了陆羽及其著作《茶经》对日本茶道的影响，并明确指出"茶道之源头在陆羽的《茶经》，应该回归《茶经》来建构今天的茶道精神所当追求的理想境地"。中日邦交正常化初期，也正是国际社会日本文化特殊论、日本文化优秀论最为盛行期。具体到茶文化学术研究而言，中国的茶文化学术研究积累尚浅，在中日邦交正常化之初甚至还不知道早在中国唐代文献中就已经出现了"茶道"一词。今天人们比较熟悉的"茶艺"概念，其实是20世纪70年代才被作为"茶道"代名词而启用的新词。在国际社会各种日本文化特殊论、优秀论甚嚣尘上的中日邦交正常化初期，在中国学界对我中华茶文化尚且信心不足这样一个大的历史文化背景下，千玄室作为一个日本茶道文化传承者，作为一位在日本国内外具有重要影响力的文化人，能够不陷入这种日本文化特殊论的误区，出版《茶经与日本茶道的历史意义》，既坚持了对其自

---

[*] 张建立，中国社会科学院日本研究所研究员。

身民族文化的自信，又尊重历史事实积极坦诚地肯定了唐代陆羽《茶经》对日本茶道的影响。此举意义重大，对中日茶文化交流影响深远，其学术贡献理当予以高度评价。

其次，推动民间交流方面，1980年里千家派出访华的"日中友好文化交流里千家青年之船"可谓是日本文化界首次真正民间自发组织的中日茶文化交流活动。在中日邦交正常化之初，里千家此举亦可谓是率先垂范，开了中日青年茶文化交流之先河。

最后，里千家为维护中日关系充分发挥了"中日友好文化交流使者"的作用。在中日关系面临困难出现低谷时，里千家为了维护中日关系促进其健康稳定发展尽心尽力。2001年小泉执政时期，因小泉执意参拜靖国神社等历史认识问题导致中日关系跌入"政冷"期，两国国民感情也出现波动。虽然在20世纪90年代中日"友好之船"这种交流方式就已经退出历史舞台，但是，里千家为了让日本年轻人切身体会中日两国一衣带水的关系，为了促进中日青年的相互了解和增进彼此的友谊，同时也是为了纪念里千家第100次访华团，特意于2001年6月派遣"日中友好文化交流 第九次里千家青年之船"访华。里千家第十六代家元亲自率船、作为小泉首相特使携带者小泉的亲笔信访华，受到江泽民总书记的接见。

学界评价与反响

该文在发表后，不仅在中日茶文化界引起很大反响，而且获得了很多中日关系研究学者的好评。2023年4月19日是里千家第十五代家元千玄室的生日，现已年逾百岁的老茶人依旧秉持着其"一碗茶中出和平"的理念，健朗地奔走在促进中日友好、世界和平的第一线。

（该文原载于《日本学刊》2022年第4期，收入本书时做了适当修改）

日本战后主体性理论的高峰

——梅本克己哲学研究综述

杨南龙[*]

梅本克己（1912—1974年）是战后日本著名的马克思主义学者、哲学家，他基于战后日本特定的历史情境，横跨经济学、政治学、伦理学等多个学科领域，糅合日本宗教思想、"京都学派"哲学、存在主义、马克思主义等东西方诸多理论资源，率先在哲学领域提出了主体性问题，并引起日本思想史上有名的主体性论争，对日本学界产生了广泛而深远的影响。可以说，梅本的哲学思想代表着日本战后主体性理论的高峰。

该文把国内外学界研究梅本主体性理论概括为以下几个方面。

一是梅本主体性理论的阶段研究。比如，田边典信认为梅本终身的哲学主题是马克思主义中的人的问题，以1960年"安保斗争"为界限，将梅本的理论活动划分为两个时期。第一个时期是从观念论转向唯物论的"过渡期的意识"时期。梅本在哲学领域首次提出主体性理论，致力于探讨历史中个人存在的意义之类的"伦理的主体性"问题。第二个时期的理论活动主题更加多元丰富，同宇野弘藏讨论经济学、与丸山真男讨论政治学等，但是始终离不开探讨作为变革主体的人的问题，试图构建"人之伦理学"。

二是梅本主体性理论的具体研究。比如，小林敏明介绍称，梅本主体性理论是对当时占支配地位的"反映论"和"模范说"的挑战，提出了马克思主义哲学中人的自由及其背后的可能性问题，主张把个人的创造自由因素，即人的"主体性"置于历史的动力中来理解，自由的背后的根据就是作为"理性自身的绝对否定"的"无"，这种带有宗教色彩的结论正是来源于"京都学派"哲学。

三是把梅本置于战后主体性论争中进行考察。比如，古田光介绍了日本战后主体性论争的背景与意义，详细分析了梅本与松村一人之间关于马克思主义的唯物史观是否存在"空隙"的论争。古田光指出，梅本从主体自觉的视角来批判当时日本共产党僵化的马克思主义解释，松村一人则认为所谓的"空隙"是梅本哲学自身的"空隙"，严厉批判了梅本小资产阶级的立场。古田光还论述了主体性论争的展开情况，包括清水几太郎和宫城音弥站在科学主义的立场批判主体性论，以及武谷三男的技术论、梯明秀的物质主体性论、赤岩荣的宗教主体性论。

四是梅本克己同其他人主体性思想的比较研究。比如，田中理史分析比较了丸山真男、梅本克己和荒正人的"民主主体性"概念话语。丸山真男认为日本战后的民主课题是构建能

---

[*] 杨南龙，中国社会科学院大学马克思主义学院马克思主义哲学专业博士研究生。

承担民主国家建设、具有自由独立精神的主体人格，"正统派"马克思主义因始终囿于分析意识形态斗争而无力解决这一课题。梅本则把构建统一的世界观作为战后民主的课题，而这一世界观是革命主体的基础。梅本批判了"正统派"马克思主义基于反映论式的科学主义而轻视这一主体维度，指出具有"自我否定"意识的个人是构建民主主体性的条件。对于荒正人来说，战后日本民主主义的课题是克服日本传统社会的"纵向联系"，最终使"横向联系"扎根于日本社会。

学界评价与反响

该文系作者博士毕业论文的一部分，由于国内学界尚无人对梅本克己主体性理论进行专题研究，发表后立即得到了学界关注，并被中国知网收录。据统计，截至2023年10月20日，该论文在中国知网上被下载37次，被多次引用。与此同时，中国社会科学网、今日头条等网站和"日本学刊"等多个微信公众号推送转载了全文或缩略版，收获浏览2000余次。此外，作者还得到了国内专家的肯定和鼓励。

(该文原载于《日本文论》2022年第2辑，收入本书时做了适当修改)

日本经济界中国观的变迁与中日关系

管秀兰[*]

国家之间的关系包括政治关系、经济关系和文化关系等多个方面,经济活动是影响国家间关系发展的最重要因素。日本经济界中国观的发展变化,与中日经济合作状况密切关联,很大程度上影响着日本政府的对华政治与经济政策。纵观1949年以来的中日关系发展,日本经济界作为具有代表性的压力集团,利用其在日本社会的特殊重要地位步步为营、稳扎稳打地实现其对上影响国家政策、对下引导以舆论界为代表的日本国民对华认识生成的作用。

经济界对中日关系发展变化的高度关注,究其原因还在于两国政治关系对经济活动的影响。1949年以来的不同时期,中日两国在经济方面的互补性合作需求,往往成为直接或间接推动双方关系发展的重要力量。从中日关系的发展进程看,当双方经济发展水平差距较大时,比较容易建立稳定的互补性合作关系。21世纪之前,特别是中日关系"蜜月期"的良好合作推进,基于当时两国不同层次的互补性经济发展需求,该阶段双方政治关系的良好互动对经济合作的内容和程度具有积极影响;21世纪以来,随着中国在全球影响力的不断提升,双方在竞争与合作并存的国际环境中,探索新的经济合作机会;随着共建"一带一路"理念的推进,日本经济界重新认识到中国在其经济发展链条中的重要地位,以及抓住中国经济发展机遇对其自身经济发展的重要意义,不断调整同中国的合作模式与内容,这也为新时期双边关系的发展创造了新机遇。可以说,经济合作方面的互补性需求,属于促使两国跨越意识形态差异,推动双边关系在不同时期打破僵局、求同存异、踟躅前行的最重要因素;此外,日本中国观的发展变化,无疑会受到作为认识客体的中国本身的客观变化的影响;同时,我们还不得不认识到,由于日美同盟伙伴关系的影响,研究二战之后的中日关系和日本的中国观,美国是一个无法回避的话题。如何摆脱日美关系的负面影响,建立起独立自主的地区双边关系,属于中日关系研究界和政府都必须认真思考的问题。

中国正在成长为当之无愧的世界大国,今后要有意识地以大国气魄主导中日关系走向。在推动中日关系发展走向方面,更要有主导局势进程的魄力和凸显大国风范的行动。理性处理中日关系中诸多问题,需要集合社会各界力量,开展对中日关系、对日政策方面的认真研讨。通过解读中日关系最重要的影响主体——日本经济界的中国观,我们应该认识到,尽管进入21世纪以来中日两国关系已无法重复20世纪80年代的"美好",但是双方关系发展到今天,两国在国际上的相互影响力,以及经济、人文交往方面"你中有我,我中有你"的现状,促使双方政府对双边关系的考量越来越理性务实。中日斗而不破的事实也表明:经济利

---

[*] 管秀兰,山东青年政治学院外国语学院副院长,教授。

益属于推动国与国关系稳定发展的决定性因素,中国应该从自身发展需求出发,推动由我方把握发展方向的中日经济合作。对于符合国家长远利益的合作项目要持理性保护的态度,也让日本经济界感受到与中国合作的现实利益,促使其从保护中日经济健康发展的角度发挥强大压力集团的作用,对日本政府的涉华政策产生影响。中国经济界也要利用经济交流的机会,通过公开渠道向世界和日本传递积极的中国声音。从长远看,无论面对什么样的分歧,顺应经济社会的发展趋势,通过和平方式寻找妥善解决问题的路径,建立新形势下积极稳定的双边关系,应是两国具有长远眼光的负责任的历史选择。

学界评价与反响

该文于2022年6月在《中央社会主义学院学报》发表后,得到学界同行的广泛认可与关注。大家普遍认为,该文从对日本经济界中国观的认识生成过程和其对日本社会各阶层中国认识、中国海外形象建构影响力的研究出发,总结其对推动中日关系发展的重要作用,属于具备理论意义与现实意义的研究。日本经济界的中国观在整个日本社会的中国认识形成方面起着承上启下的作用,日本经济界是仅次于政界的最重要影响力量。该文的研究内容和研究观点,对于新时期研究如何"通过合作共享利益,构建契合新时代要求的中日关系",为两国关系赋予新的内涵和动力,具备重要参考价值。

(该文原载于《中央社会主义学院学报》2022年第3期,收入本书时做了适当修改)

日本国策文学在海外的蔓延和变异

——以沦陷期日文杂志《上海文学》为中心

吕慧君[*]

在日本侵占上海时期诞生的日文杂志《上海文学》是沦陷期上海唯一的日本文学杂志，被称为"虚幻的杂志"湮没已久，直至近年，它的面纱才被日本研究者揭开。这份杂志是研究这一时期日本海外国策文学、沦陷期上海的日文文坛以及变异的中日文学关系的重要日文文献。从根本上说，它是日本国策文学的产物，是战时日本所谓海外"文化工作"的一部分，主旋律是对"大东亚战争"的鼓吹。然而，在核心人物内山完造的影响下，《上海文学》在所谓的主旋律之外，还表现出了各种异色甚至多元的倾向。

《上海文学》为上海文学研究会的同人刊物，研究会成员在以内山完造为中心的老上海文化人的代表之外，吸收了池田克己、小泉让、黑木清次等新上海文化人，以及多田裕计等活跃在日本的文人，集结3位日本芥川奖获奖或提名作家，因此，不仅在中国上海，在日本国内文坛的影响也不容忽视。

通过对《上海文学》刊载作品的分析，可以认识到：出于不同的背景（比如武田泰淳早年就具有左翼背景）和思想认识，在上海的日本文人试图借助《上海文学》这一园地，在对国策文学做出响应的同时，也力图在国策的枷锁下表现出自己的文学追求和对人性的解读，因而在灰暗的国策基调中，也不时跃现出星星点点的异色和光亮。由此，我们可以了解海外的日本文人的思想变化，对于战争和中日关系的真实认知。《上海文学》同人立足中国的土地，接触真实的中国人，他们的作品就是对当时中国人和日本人生活状态的一个最好的映射，体现了比较浓郁的时代和地域色彩。作家们脱离了日本本土压抑的政治环境，具有相对的自由，即使戴着镣铐也可尽力施展自己的舞姿。

该文的学术价值在于：第一，《上海文学》是研究近代日本海外文学的重要文本。它是日本作家发表日文作品的园地，自然是日本战时文学或者日本近现代文学的一部分，但它却诞生于日本本土之外，严格而言属于日本的海外文学，虽然具有那个特殊时代的畸形样态，却仍然不失为日本近代文学的重要部分，缺少了这一部分，日本的近代文学就是不完整的，从这一意义上来说，《上海文学》具有其特殊的价值；第二，《上海文学》是我们解读1940年代前期上海乃至中国的重要文学、历史文献。通过对杂志文本的研读，可以窥察居住于当地的日本文人眼中的上海和中国，以及他们对于中国的认知；第三，《上海文学》也是研究日本侵华战争的重要文献。杂志上发表的不少作品，直接描绘了当时日本在中国展开的战争，从当

---

[*] 吕慧君，上海外国语大学日本文化经济学院副教授，硕士生导师。

时日本文人对战争及战场之外的描述，可挖掘当时一般日本人对于这场战争的认知，以及这场战争在当时日本人心灵中烙下的精神履历。总体而言，论文发表于中日邦交正常化50周年之际，对于推动构建新时代两国文化交流与发展，提供了一定的理论基础和现实意义。

学界评价与反响

该文发表在CSSCI来源期刊《复旦学报（社会科学版）》2022年第2期，且被中国人民大学复印报刊资料《外国文学研究》2022年第11期索引转载。另，中国知网显示，截至2023年10月30日，该文被下载182次，并且被刊载于CSSCI来源期刊（扩展版）《新闻春秋》2023年第2期的李兴博、刘欣欣的《砥砺深耕：2022年中国的新闻传播史研究》引用，摘录如下："吕慧君对沦陷时期上海日文杂志《上海文学》的研究发现，主旋律上该杂志鼓吹'大东亚战争'，又呈现出上海地域色彩。"

该文发表后得到国内外学界的广泛关注，产生了一定的学术影响。作者受邀在2022年10月15—16日举行的上海市比较文学研究会第十三届年会"比较文学与文明互鉴"学术研讨会上汇报该文内容，并担任分论坛主持人，得到学界一致好评。还引起日本研究者的关注，作者以研究协助者的身份，受邀加入日本学者大桥毅彦教授主持的日本国家级科研项目"战时北京、上海及周边城市的日文出版物和文艺文化网络形成"，与日本学者共同开展更加广泛和深入的学术研究与交流。

（该文原载于《复旦学报（社会科学版）》2022年第2期，收入本书时做了适当修改）

日本的难民接收制度：变迁、特征及作用

李国辉　高梓菁[*]

当前国际形势风云变幻，地缘政治冲突多发，难民问题引发国际社会广泛关注。2022年3月2日，俄乌冲突一周后，日本首相岸田文雄高调表示，将接收来自乌克兰的"避难民"。与以往谨慎应对国际难民问题的做法不同，日本政府在乌克兰难民问题上采取了罕见的开放性操作。不过，不容忽视的一个问题是，日本在接收难民上存在制度性障碍，按照现行难民接收制度，日本无法向乌克兰难民直接发放难民签证。赴日的乌克兰人不是以"难民"的身份，而是通过"短期签证"和"特定活动签证"等资格入境日本的。

日本的难民接收制度可以追溯到20世纪对印支难民的接收。20世纪70年代中期，在国际社会尤其是美国的压力下，日本出于政治考量接纳了部分印支难民。以此为契机，20世纪80年代，日本加入了《关于难民地位的公约》和《关于难民地位的议定书》，建立了条约难民认定制度，以接收条约难民。针对海外难民营的难民，2008年日本决定引入第三国定居制度。也就是说，日本现行的难民接收制度包括条约难民认定制度和第三国定居制度。不过，这两者之间缺乏综合政策的统合，但另外又有一定的灵活性。条约难民认定制度下，日本政府除按照标准化的难民认定程序外，还可以基于人道主义考虑，接收一定数量的难民。该项制度设计使日本可以根据国际局势、双边关系等各种实际需要来灵活调整所要接收的难民。第三国定居制度是依据内阁会议决定的，并没有伴随日本现行难民法制的更改，一般由相关省厅负责实施，这反而增加了该项制度的弹性。

日本难民接收制度在构建、发展过程中，在国际层面表现出明显的外生型特征，日本接收印支难民可以说是外部影响下的权宜之策，而非基于人道主义主张、重视难民权利而做出的决定。日本加入"难民公约"和"难民议定书"，并逐步建立条约难民认定制度同样是在美国的动员之下。而日本导入第三国定居制度则与联合国难民署的在日积极推动不无关系。在国家层面，日本现行难民接收制度的决策及实施主要取决于内阁府、中央级的各省厅及其外围团体，呈现出自上而下的特点。同时，作为日本推行难民外交的后盾，日本难民接收制度不免带有较强的功利性色彩。在社会层面，日本社会对难民的态度呈现出分化的特点，且日本政府难以利用现行难民制度解决劳动力不足等社会问题。日本政府试图在可控的范围内利用难民来补足劳动力，但在放宽制度限制和大规模接收难民方面又极其谨慎，呈现出一定的矛盾性。日本严苛的难民接收制度虽备受批判，但在一定程度上推动了日本人道外交的展开和国家形象的构建，也为其国家行为提供了制度性解释依据。

---

[*] 李国辉，山东大学国际问题研究院助理研究员，山东大学东北亚学院讲师；高梓菁，山东大学国际问题研究院助理研究员，山东大学东北亚学院讲师。

当前难民形势持续恶化，相互矛盾的政治性与人道性使难民治理更加艰难。日本作为一个非移民国家，在难民接收制度设计上有一定的封闭性。现行难民接收制度下，日本难以向乌克兰难民直接发放难民签证。尽管日本政府称正在探讨创设针对冲突地区避难民的"准难民"制度，但俄乌冲突能否真正成为日本开放其难民接收制度的转折点，日本根据外交和现实需要又将如何处理难民问题，仍需进一步观察和探讨。

学界评价与反响

外审专家对该文章的学术贡献评价如下：日本的难民制度这一问题在国内的研究较少，文章对日本难民制度的内容、特征及作用进行了比较全面的论述，综述了在日难民分类及相关文献，初步搭建了一个了解和把握日本难民制度的学术对话平台，具有重要的学术价值和现实意义。《日本的难民接收制度：变迁、特征及作用》一文公开发表后，截至2023年10月31日，在中国知网已被下载215次；被日本研究专业机构及相关媒体网站，如中国社会科学院日本研究所、今日头条、搜狐网等网站和微信公众号全文推送。

（该文原载于《日本学刊》2023年第5期，收入本书时做了适当修改）

日本"对敌基地攻击能力"构建进程分析

栗硕[*]

"对敌基地攻击能力"是日本在"和平宪法"束缚下讨论军事力量建设时形成的特有概念，一般指能够对敌方导弹发射基地进行攻击的武器装备实力。自卫队成立之初，鸠山一郎政府与岸信介政府相继确立了"宪法允许在毫无他法的情况下对敌方基地发起攻击，但不允许拥有'对敌基地攻击能力'"的法理解释。基于此，日本在一定程度上限制了导弹实力的发展。冷战后，日本政府以"只有具备完整的装备体系才算是拥有了'对敌基地攻击能力'"为借口，在没有修改上述法理解释的情况下，逐步强化了个别武器装备的"进攻"性能。安倍晋三自2012年年底再次上台后，大力推动日本军事战略朝着"主动进攻"的方向发展，从而使得日本战后以来在"和平宪法"下形成的国家安全思想体制受到严重冲击。在此背景下，自民党部分议员希望趁势进一步架空"和平宪法"，开始要求政府修改上述沿承近70年的法理解释。安倍政府、菅政府以及岸田政府均流露出想要突破上述法理解释的政策意向。

在此之前，虽然每当朝鲜试射导弹，日本便会出现关于"对敌基地攻击能力"的讨论热潮，但日本历届政府均表示继承原有见解。然而，2020年以来这一波讨论热潮的背景却与以往不同。第一，安倍内阁的一系列举措使得日本在"和平宪法"下形成的安全思想体制受到严重冲击。第二，日美军事一体化不断加深，同盟责任分担模式持续变革。第三，在中美战略竞争日益加剧的百年大变局下，日本对华军事遏制意图明显加强。新背景下出现的讨论热潮呈现出异于以往的发展态势。预计，岸田政府若能成功应对2022年7月参议院选举的话，将有较大可能在2022年年底结合新版《国家安全保障战略》的出台而修改"宪法不允许拥有'对敌基地攻击能力'"的统一见解，并且还会在新版《防卫力量整备计划》中规划如何构筑"对敌基地攻击能力"。

"对敌基地攻击能力"本身并没有一个明确的衡量指标，日本政府以往一直用作借口的"不具备装备体系"也并非一个具体标准，日本在特殊政治环境下形成的"对敌基地攻击能力"概念更加强调军事战略思想上的"攻击"性质。实际上，岸田政府相关动向是安倍政府"战败束缚总清算"的延续，上述统一见解若被修改，日本"和平宪法"对军事力量发展的限制将会进一步受到冲击。此外，美国退出"中导条约"后，多次透露出要在驻日美军基地部署中程导弹的设想。日美两国联合提升攻击能力、强化遏制态势的行动，将对中国周边安全造成一定威胁，并会严重破坏东北亚地区安全形势，值得密切关注。

---

[*] 栗硕，中国人民解放军国防大学国家安全学院博士后。

学界评价与反响

该文章大量引用日本国会讨论记录、日本政府《防卫力量整备计划》等一手资料，结合自卫队相关装备建设的具体案例，从历史角度系统研究了日本构建"对敌基地攻击能力"的进程。首先，文章论证了鸠山一郎政府与岸信介政府关于"对敌基地攻击能力"的法理解释及其对战后日本军事力量发展的约束作用。其次，文章结合日本自卫队配备 F-4E 战斗机、F-1 支援战斗机、F-15 战斗机的实际案例，分析了冷战期间自卫队炮弹打击力量发展受限的历史过程。再次，文章通过梳理自卫队关于 F-2 支援战斗机、KC-767 空中加油运输机、F-35 战斗机、防区外巡航导弹的发展计划，论证了冷战后日本政府以"不具备装备体系"为借口逐步强化个别武器装备进攻性能的现实情况。最后，文章在分析国际背景及日本国内政治动态的基础上，研究了菅政府、岸田政府推动构建"对敌基地攻击能力"的具体举措，并准确预判了岸田政府接下来的相关动向。

文章引证充分、内容翔实、结构紧凑、逻辑清晰、判断准确，创新性地对日本构建"对敌基地攻击能力"的历史进程进行了梳理和分析，文中"'对敌基地攻击能力'是日本在和平宪法束缚下讨论军事力量建设时形成的特有概念""冷战期间，在陆基炮弹与海基炮弹的实力建设方面，自卫队被禁止拥有对地导弹；在空基炮弹实力建设方面，日本对战斗机的续航能力以及空投炸弹与空对地导弹的配备进行了限制"等总结性论断均为首次提出，并获得学界认可和引用。

（该文原载于《日本学刊》2022 年第 2 期，收入本书时做了适当修改）

日本对非政府发展援助研究

——基于对华制衡视角

国晖[*]

过去十余年，日本在自身经济增长停滞的同时，却持续强化对撒哈拉以南非洲的政府发展援助。日本政府采取这样的战略援助方式旨在增强日本在撒哈拉以南非洲地区的竞争力、缓解因国际环境和域内结构实力变化带来的压力，以经济援助为手段巩固和扩展本国在第三世界的影响力的同时，制衡中国在非洲影响力的快速提升。

冷战后的国际环境为日本创造了与非洲地区加强联系的机会。加之日本彼时已经成为世界经济大国，争做政治大国的欲望随其经济实力增长而膨胀，非洲被日本选为推动援助事业发展的重要根据地。进入21世纪，中国的迅速崛起给包括日本在内的发达国家造成极大震动，促使日本进一步思考其政府发展援助在未来该何去何从。最终，日本选择在自身经济实力相对下降的情况下，从国家战略高度不惜投入高额成本，对非洲提供大量援助。

概言之，日本对非投入政府发展援助是基于国内因素与国际因素的综合考虑。就国内因素而言，日本对非洲国家提供发展援助，体现了日本承担国际重任、充当国际领袖的迫切心情。日本政府多次在《外交蓝皮书》中谈到非洲国家的资源对日本发展的重要性，以及非洲的地理位置具有重要战略价值。日本选择对非洲进行援助，意在争取非洲国家支持，抢占与非洲国家开展政治与经济合作的先机。就国际因素而言，在非洲投入巨额发展援助是日本履行"与美协同"战略方针的具体表现之一。基于中国崛起撼动了美国领导的现行国际秩序的认知，作为美国的盟友，日本在"印太战略"背景下实施"团结"非洲国家的发展援助战略，实际上是在帮助美国承担制衡中国发展的任务。而日本对非发展援助的对华制衡体现在多个层面，显现出复合型特征。首先，政治外交目标是日本在非洲实施对华制衡援助战略的根基，并催生出日本的"选择性援助"模式，应对中国的对非外交实践。其次，经济合作目标是日本在非洲实施对华制衡援助战略的主体内容，也可以称为核心内容。其主要以"机制应对机制"的方式展开，即日本依托东京非洲发展国际会议及后续部长会议机制，确立援助非洲的具体经济方案，以此应对"中非合作论坛"的稳步发展。最后，日本借在非洲参与维和行动与安全援助的机会，利用现有经济实力扩军强武，谋求突破宪法第九条的限制，意在最大限度提升自身军事实力，为最终谋求政治大国地位铺平道路。

学界评价与反响

作为中国学界首篇以制衡为视角阐释日本对非洲提供发展援助的文章，揭示了日本在21

---

[*] 国晖，南开大学日本研究院博士研究生。

世纪重视对非援助的目的。文章采用案例分析法，通过分析日本援助蒙巴萨港的案例进一步明确了日本选择利用复合型制衡援助战略对抗中国在非援助影响力基于多方面综合考虑：第一，为实现日本的国家利益与对非发展援助的战略契合，即平衡南非与其他非洲国家的援助政策，在撒哈拉以南非洲国家推广机制化援助以及在东非洲国家推广"选择性援助"。第二，对非发展援助要兼顾大国博弈协调，即日本在协调日美同盟关系、七国集团内多边关系以及与新兴国家发展多边外交关系的同时，还要针对这些国家的对非外交战略及时调整自身对非方针。第三，日本对非发展援助徘徊于对华竞争或合作之间。在百年未有之变局下，非洲所需要的不仅仅是大国支援其基建、医疗、安全等方面的发展，更需要大国间广泛合作来推动这些援助项目的良性循环与完善。若大国间一味竞争搞重复性建设，则对非洲有害无益，对大国自身发展而言也将得不偿失。若日本在非洲可以摒弃零和思维，对中日两国及非洲国家发展或将产生新的突破。

自刊载后，该文为后续相关研究提供了可行性研究线索，受到了日本学界及国际政治研究领域的广泛关注，被多家网络媒介刊载摘编或转载全文，并在知网被下载近400次。随着时间的推移，该文章也将成为学界研究日本政府发展援助的重要参考文献。

（该文原载于《日本学刊》2022年第6期，收入本书时做了适当修改）

从日本对非洲援助看其软实力外交

张梅*

国际变局下世界主要大国对非洲政策正进行着深刻调整，在非博弈呈现新的态势。非洲是日本"印太构想"的西翼，战略安全和经济合作地位不断上升。政府开发援助（ODA）被日本视为落实"印太构想"的重要手段。对非援助实践在形式上是物质和资金援助，但也体现了服务于日本安全、经济、政治等战略目标的软实力外交。日本对非援助软实力外交经历了从被动挨骂到主动发力、积极作为的不同阶段。20世纪90年代开始，日本利用东京非洲发展国际会议平台，主动输出自身关于援助的价值观和理念，积极开展软实力外交。2016年以来，日本软实力外交进入服务于"印太构想"的新阶段。

日本对非软实力外交在机制构建方面有三个特点：第一，在项目设计上注重草根性；第二，在人力资源上注重专业性；第三，注重与西方国家和国际机构的合作。日本外务省等中央省厅、日本国际协力机构（JICA）、非政府组织、各领域专家、海外协力队等多元实施主体实现官民合作，共同参与，使对非援助成为日本把文化、价值观传递给非洲国家的有效渠道。同时日本在价值观方面加强与西方国家的协调，凸显与包括中国在内的其他对非合作国家的差异性。

在实施路径上，日本积极推动日语、经营理念、"清洁文化"等特色文化的传播，推广日本式认同建构方式，赋权非洲弱势群体，输出社会和经济发展经验。一方面，日本充分挖掘了其各类软实力资源的功能性，并努力渗透到非洲地区。软实力资源既包括日本特色文化和日本经济和社会发展经验，又包括"人类安全保障"和可持续发展理念等日本认为国际社会通行的规范。这些都被用作解决非洲国家的贫困、落后的医疗、战乱、恐怖主义等具体问题的功能性手段。另一方面，日本的软实力外交具有战略性。软实力资源具有"润物细无声"的渗透性和隐蔽性，日本诸多援助项目背后的真正战略意图和动向值得关注。其软实力外交的实施地域从个别重点国家发力向非洲全境扩散，直接服务于日本"印太构想"的建构和落实。

一方面，日本对非软实力外交取得了一定的效果。首先，日本从非洲能源进口得以保障。其次，文化渗透取得成效，日本人的技术、工作方式、"改善"经验等受到好评。最后，从形塑国际秩序角度讲，日本通过精细化、草根化、网络化的软实力外交，客观上对美国"印太战略"起了查漏补缺的作用。而且，构建了日本在非洲较为积极的国家形象。但另一方面，日本对非软实力外交具有明显局限性。它无法掩饰日本整体对非政策中强烈的实用主义和功

---

* 张梅，中国社会科学院日本研究所助理研究员。

利主义色彩，对促进日非经济关系所起作用有限，也不可能对非洲经济发展取得立竿见影的效果。日本的软实力外交明显带有对冲中国在非影响力的战略考量。但是，日本图谋很难得逞，中国在非洲的受信赖程度和合作重要程度都远超日本。

学界评价与反响

国内外学者从政治、外交、经济等多个层面对日非关系历史和发展趋势进行了卓有成效的研究。但是，目前尚缺乏从文化软实力层面对日非关系的深入剖析，而且对作为"印太构想"实现手段的文化价值观因素的研究尚待深入。日本的对非援助很有特色，该文关注日本对非援助中软实力外交的战略目标、机制、实施路径及效果，选题有新意，对于十分重视人文交流和软实力建设的中国对非关系很有现实意义。

软实力外交是近几年国际问题研究领域的热门概念。该文是一篇有功底的论文，通篇逻辑合理，紧扣主题。具体而言，以下方面值得肯定。

第一，视角相对较新。软实力外交为日本外交的重要特色之一。在战后和平宪法限制下，日本在对外援助上进行了较多制度设计，在降低政治敏感性的同时，达到很好的外交效果。作者选择软实力外交为切入口，系统分析日本对非援助具有一定的创新性。第二，作者对很多具体案例的材料收集、数据整理方面下了一番功夫，从微观层面支持了作者的相关论述。如对非女性儿童的赋权、在非日语教育、日本企业理念在非传播等。第三，作者的一些概括比较准确，分析了日本通过文化功能建构自身国际威望和身份认同、实现其对非战略目标的过程，体现出作者对这一研究领域进行了较长时间的积累与沉淀。

（该文原载于《现代国际关系》2022年第4期，收入本书时做了适当修改）

科学与军事：日本科学共同体对军事研究的态度形成与演变

瞿一达[*]

一、日本学术会议有关军事研究的三次声明

日本学术会议（Science Council of Japan）成立于1949年，是代表日本科学共同体的全国性组织。出于对二战时期科学家协助军国主义侵略战争的反思和受到世界科学家和平运动的影响，日本学术会议采取了反对科学家参与军事和国家安全保障相关研究的立场，这一立场长期约束了日本科学与军事的关系。

日本学术会议自战后至今共发布过三次声明。第一次是1950年4月28日，日本学术会议第6次全会通过了《绝不从事以战争为目的的科学研究的声明》。第二次是1967年10月20日，日本学术会议第49次全会通过了《不进行为了军事目的的科学研究的声明》。第三次声明发表于2017年3月24日，此次声明提及"科学研究受到政治权力的制约，被动员服务于政治"的历史经验，指出必须保证科学家的"自主性、自律性"和研究成果的公开性。

比较日本学术会议针对军事研究的三次声明，可以发现日本学术会议对军事与科学关系的态度存在微妙变化。第一次声明使用了"绝不从事以战争为目的的科学研究"的表述，第二次声明使用了"不进行为了军事目的的科学研究"的说法。第三次声明虽然也表示要"继承"前两次声明中有关反对科学家参与军事研究的立场，但具体措辞与前两次相比，立场已经有所弱化，并未明确地表述反对科学家从事军事研究的立场。

二、日本科学共同体对军事研究态度演变的动因

第一，保守化加剧的政治环境是影响日本学术界对军事研究态度转变的国内宏观因素。日本国内的保守势力不断突破军事活动的限制，设置各种激励制度，呼吁和鼓励科学家参与军事研究。第二，在与周边国家的互动中，日本国内对国家安全的威胁认知不断增强。外部安全形势的复杂化，促使日本更加重视发展军事能力。美国出于全球战略的考虑，也支持日本科研机构对军事技术研究的解禁。第三，日本国内科研环境的重构是日本科学共同体对军事研究态度转变的微观因素。国立大学财政压力的增大造成科学家获得研究资金的难度不断提高，科学家对军事研究的伦理考量以及对二战时期科学家协助对外侵略战争的反思的弱化，成为日本科学共同体对军事研究态度转变的原因之一。第四，日本科学共同体内部对"军事研究"的理解产生了不同意见。

---

[*] 瞿一达，上海交通大学国际与公共事务学院副教授。

三、结语

科学与军事的关系是日本科学共同体关注和讨论的核心问题之一，这不仅仅是科学界内部对待军事研究的态度以及思想争论，还是一个政治问题，与时代的政治脉搏相呼应。目前日本的科学与军事的关联，虽然规模不大，但是在多方面得到实质性推进，科学研究的"军事化"在暗中进行。此外，在认识到日本国内保守政治势力决意提升国家军事力量的同时，还需要理性地看到日本社会力量的存在。日本学术会议对政府政策的批评、对科学家参与军事和安全保障研究的警告等，都反映了日本存在与国家意志保持距离的社会力量。

学界评价与反响

该文发表后，受到了学界的认可。被刘超、代玉的论文（《论知识生产"举国体制"的兴起——国家、竞争与"计划科学"的演生》，《清华大学教育研究》2023 年第 3 期）和崔健、李诗悦的论文（《论日本经济安全战略对大学科研的冲击》，《日本学刊》2023 年第 1 期）所引用，也被中国人民大学复印报刊资料《国际政治》（2022 年第 7 期）全文转载。

（该文原载于《日本学刊》2022 年第 2 期，收入本书时做了适当修改）

美国加紧遏华背景下日本的战略选择

卢昊[*]

2021年年初美国拜登政府上台后，意图在管控中美冲突风险的同时，维持乃至强化对华战略竞争态势，导致中美关系持续恶化，并由此驱动美日、中日关系发生变化。在此背景下，日本将应对中美关系变化作为自身对外战略首要问题，在中美日三边中表现活跃，在中美日三边关系中有着相对独立的战略考量与利益诉求。

一、中美日关系基本形势

当前中美关系相对平稳，但美对华遏制持续深化。拜登政府延续特朗普政策，将中国视为竞争对手，实施全领域遏制。尽管中美关系总体平稳，拜登更倾向于多边制衡，但依然实施全面遏制。美日关系升温，拜登政府修复与日本关系，加强同盟合作。高层对话频繁，重申对日本的安全支持，呼吁日本在同盟中承担更多责任。中日关系趋冷，矛盾增加。中日高层交流有限，战略对话停滞，磋商主要集中在经济、海洋事务。日本对华政策受美国牵引，矛盾上升。岸田政权深化与美国合作，强调与中国构建"稳定关系"，但内外压力使中日关系不确定性增强。

二、中美日三边关系焦点领域及日本的角色

美日在对华战略中的合作日益深入，主要聚焦在意识形态、经济技术、台湾问题和"印太战略"等领域。在意识形态上，两国通过强调人权议题等对华施压，日本支持美国的"价值观外交"但保留一定余地。在经济技术领域，美日合作构建"制华同盟"，尤其在半导体领域加强合作，但日本相对谨慎，保留对华经济合作。在台湾问题上，美日联手牵制中国，共同加强军事合作和支持台湾当局，日本逐渐深化与台湾当局的实质关系。在"印太战略"领域，美日共同强化在印太地区的军事存在，加强对印太地区的战略合作。整体而言，尽管美日在对华态度上存在一些差异，但双方在战略合作中保持紧密联系，对中国构成战略遏制。

三、日本在中美日三边关系中的战略考量

近期，日本在中美关系中扮演着重要角色，强调谨慎应对中美对立，同时增强与美国战略合作。日本认为中美关系长期对立，难以解决，因此力求维持现状，拓展自主性。尽管日本依托美国同盟，但追求相对灵活的立场，以维护国际秩序和强化自主防卫。在外交战略上，日本加强与美国的同盟，同时谋求与其他国家合作。重要的是，日本致力于强化"价值观外交"，与美国一道在国际秩序、意识形态领域合作。在安全战略方面，日本正重整安全战略，

---

[*] 卢昊，中国社会科学院日本研究所副研究员。

强调对朝、俄、中国台湾等问题的定位，同时注重自主防卫力量的建设。岸田政府计划修订国家安全保障战略，将经济安保纳入国家安全范畴，特别关注半导体供应链等关键领域的稳定。总体而言，日本在中美日三边关系中追求最大战略利益，并在复杂的国际形势中保持相对独立的战略考量。

在国际局势变动，特别是美国加紧遏华背景下，中美日三边关系呈现新的态势与特征，引导国际形势进一步发展。日方战略的根本出发点仍是在中美关系的不确定性环境下维持战略自主与能动。但目前日本更倾向于借重美国的战略资源，为自身提供安全保障与战略操作空间。基于中日间难以切割的地缘与经济关系，日本仍需确保中日关系基本稳定，为后续操作保留余地。日本在中美间的战略选择将对中美日三边关系发展，乃至东亚地区形势产生重要影响。

学界评价与反响

该文章对中美日三边关系的演变进行了详细而全面的分析，涵盖了政治、经济、军事等多个领域，展现了对国际局势的深刻洞察。作者在阐述中美关系、美日关系和中日关系的同时，突出了日本在这一格局中的独特地位和战略选择，为读者提供了深入了解三边关系动态的视角。文章对于日本在中美日三边关系中的战略考量和作用进行了深入挖掘，强调了日本在保持战略自主性的同时与美国加强合作的复杂平衡。对于日本的外交、安全和经济政策进行了详细解读，为读者提供了深刻理解中美日三边关系全貌的良好视角。文章发表后获得业界较高关注，知网下载量已达到约500次。

（该文原载于《东北亚学刊》2022年第4期，收入本书时做了适当修改）

日本对美国南海"航行自由行动"的认知、行动与中国应对

李雪威　王璐[*]

作为美国在"印太"地区的重要盟国,日本对美国的南海"航行自由行动"给予支持,但表现出"言援行慎"的特点,这在安倍晋三第三次组阁后表现得尤为明显。日本的这一态度基于其自身的战略考量。

一、日本对美国南海"航行自由行动"的"言援行慎"

2014年年底安倍第三次组阁后,改变对美国南海"航行自由行动"的观望态度,在国际场合高调支持美国的"行动"。其后,菅义伟政府和岸田文雄政府基本沿袭了安倍政府对此所持的支持态度。

第一,日本片面地以《联合国海洋法公约》规定的外国船舶均享有无害通过领海的权利为由,认为美国的行动符合国际法,有意忽略《公约》第二十一条规定的行使无害通过领海权利的外国船舶应遵守沿海国关于无害通过的法律和规章。

第二,日本《在领海等区域内有关外国船舶航行的法律》和《不符合国际法中无害通过的外国军舰在我国领海及内水航行的应对》内阁决议规定都证实了日本关于外国军舰在领海无害通过的主张,外国军舰未在日本领海"停留"或"在内水通过"的情况下日本不强调事前通报,这也是日本声援美国的重要依据。

第三,日本针对"中国在南海是否存在单方面改变现状的行为"等国际法问题也坚定地支持美国。

即便如此,日本在南海"航行自由行动"中的实际参与仍然是有限的、克制的。

第一,日本以应对"灰色地带事态"为由,修订和出台了一系列法律和政策文件,为自卫队赴南海支援美军行动提供便利。

第二,日本没有直接参与美国在南海的"航行自由行动",但通过派遣舰艇开展常态化舰机巡航、举行常态化双边联合军演等方式表达对其"行动"的声援和支持。

第三,日本还积极拉拢东盟国家、澳大利亚、印度和欧洲国家等共同声援美国南海"航行自由行动",为其造势。

第四,日本虽口头声援,但从未派海上自卫队参与其中;在南海的巡航活动与联合训练也保持着谨慎和收敛;还回避可能导致中日关系恶化的争议行为。

---

[*] 李雪威,山东大学东北亚学院、山东大学国际问题研究院海洋战略与发展研究中心教授;王璐,山东大学东北亚学院国际政治专业博士研究生。

二、日本的战略考量

日本积极支持美国南海"航行自由行动",源于日本获取南海重大战略利益、履行同盟义务、遏制中国发展、缓解钓鱼岛争端压力等战略考量。

同时,日本从行动上有限支持美国南海"航行自由行动",源于日本与美国在《公约》缔约国身份上存在一定差异、中国与日本在非传统安全领域拥有共同利益,以及维持其与南海周边国家之间关系的战略考量。

学界评价与反响

该文作为《日本学刊》的重点文章,在2022年第3期的"东亚秩序变动与中日关系"专栏中刊发。该文关注日本对美国南海"航行自由行动"的认知与行动,清晰展现日本对美国南海"航行自由行动"的认知变化和积极政治声援、有限行动支持的立场及行动依据,分析日本"言援行慎"的战略考量,引发学界对该问题的广泛关注。根据中国知网统计,截至2023年10月24日,该文已累计被下载1004次,多次被引用。

(该文原载于《日本学刊》2022年第3期,收入本书时做了适当修改)

日本环境外交的历史演进与决策体制

——兼论福岛核污水排放问题

王京滨 李扬 吴远泉[*]

  环境外交是伴随着二战后各国经济复苏与增长，工业化大生产所造成的全球环境问题凸显，而逐渐被提上日程的新型国际关系，其本质上并未脱离国际政治问题的范畴。

  该文将20世纪60年代至今的日本环境外交史划分为四个发展阶段。第一阶段（20世纪60年代至1989年）为日本环境外交的萌芽时期，在国内公害问题与国际形象恶化的双重压力下，地方自治体等民间组织积极推动日本政府开展环境外交；第二阶段（1990—1997年）为日本环境外交的兴起时期，日本主动利用冷战结束后的国际政治空白，力图主导国际环境外交，加快塑造国家形象；第三阶段（1998—2010年）为日本环境外交的深化时期，也是产业界抵制日本政府过度推行环境外交的阶段；第四阶段（2011年至今）为日本环境外交的保守时期，由于对核电安全性和环保性的质疑以及对碳减排能力的信心丧失，日本再次回归到经济增长优先的外交战略。

  日本开展环境外交有以下四个特征：其一，日本的环境外交并非其全球战略的产物，而是公民运动压力下的"被动外交"；其二，日本的环境外交具有明显的以经济利益为重的功利主义倾向，并不具有可持续性；其三，日本环境外交的重点区域为东北亚和东盟地区，具有明显的地缘主义色彩；其四，环境ODA是日本推进环境外交的主要抓手。

  日本的环境外交决策始终囿于中等强国定位、无法摆脱日美关系的钳制以及国内政官财"铁三角"结构的约束，具有两面性和脆弱性。环境外交决策是日本政治决策框架的一部分，阶段性的环境外交策略反映了国内各个利益集团的博弈结果，同时根据各利益集团在不同时期的战略目标又表现出不同特征。此外，全球环境问题的复杂性也影响着日本环境外交战略的决策与定位。相互制衡的"政官财铁三角"结构是日本政治决策体系的中心，其中，政党对官僚具有人事任免权，官僚对财界形成行政控制，财界则通过政治献金左右政党和官僚的外交决策并从中攫取利益，而民众和非政府组织在决策系统外围的支持（或反对）则影响了政策输出的效果。

  在"排污入海"的决策过程中，执政党、官僚和财团虽各有立场，但最终聚焦于经济利益，各方博弈空间有限。其中，外务省极力压低了全球环境保护的"嗓门"，环境省积极研究"合理的"排污方案，政治家集体沉默，而促进经济增长正是财界长期以来希求的目标。与此同时，日本民众、非政府组织等在政治决策体系中的影响力下降。日本罔顾民众、媒体和国

---

[*] 王京滨，天津理工大学管理学院教授；李扬，天津理工大学管理学院硕士研究生；吴远泉，天津理工大学管理学院硕士研究生。

际社会的强烈反对，充分利用美国"背书"，单方面把国际事务内政化，以内阁决议的方式做出"排污入海"决定，体现了日本基于功利主义和机会主义理念把环境外交当作攫取经济利益和政治利益的手段，而所谓的"重视全球环境保护和加强国际环境合作"不过是不堪一击的"玻璃外衣"。

学界评价与反响

文章于2022年6月公开发表于《日本学刊》，随后被人大复印报刊资料《生态环境与保护》2022年第9期全文转载；并于2023年3月1日被中国海洋发展研究中心官网的学术研究——专家视点板块转载；截至2023年10月31日，文章在知网下载量1297次，被引用5次。学术界对文章所提出的观点表示赞同，并对文章的学术价值表示肯定，认为文章一针见血地指出了日本在环境外交以及福岛核污水的排放问题上的功利主义和"双重标准"。

陕西师范大学政法与公共管理学院的朱海燕赞同文中所论证的"日本在包括气候变化在内的环境领域，以双重标准为基本指导理念，以经济、战略利益为优先考虑，而非以改善全球环境、为人类贡献更多切合实际需求的、性价比最优的公共产品为目标，而在将福岛核电站污水排放入海问题上，日本的决策是最佳例证"。南京大学国际关系学院的张诗羿肯定了文中所提出的"日本的决策逻辑更倾向于在诸多方案中单纯选择经济成本更低的方案，而没有考虑到除经济成本之外的环境风险成本，尤其是跨境环境风险成本"。山东大学东北亚学院的单天雷同意文中所指出的"日本罔顾民众、媒体和国际社会的强烈反对，最终仍然做出了'排污入海'的决定，体现出其在环境外交上的功利主义倾向"。南京信息工程大学国别与区域文化研究院、新加坡研究中心的孙传玲认为文中对环境外交历史阶段的划分具有参考价值，即"20世纪80年代后期至90年代是日本环境外交的积极活跃期，进入21世纪后开始退步，2011年东日本大地震发生后彻底进入消极保守期"。

（该文原载于《日本学刊》2022年第3期，收入本书时做了适当修改）

日本对巴基斯坦政府开发援助述论

白如纯[*]

日巴建交以来，日本向巴基斯坦提供了大量政府开发援助，是巴基斯坦的主要援助国之一。根据日巴关系的变化以及援助规模、援助内容的调整等，日本对巴援助的历史演进大致可划分为起步、加强和深化三个阶段。从1952年两国建交到20世纪70年代末，日本对巴援助形式日益丰富，援助成为日本加强对巴外交的重要手段，为维护日巴友好关系发挥了重要作用。但这一阶段的援助内容较为单一，且大部分日元贷款带有附加条件。进入20世纪80年代以来，随着日巴双边关系的提升，日本对巴ODA无论是在援助规模还是在援助范围方面都得到了进一步的发展。同时，日本援助巴基斯坦的政治动因显著增强，服务于日本外交战略的色彩日益浓厚。进入21世纪后，日本继续强化与巴基斯坦的关系，致力于构筑从政治到经济、再到安全的全方位、多层次的双边合作关系，推动对巴援助不断深化，形成了以经济、社会和安全领域为主的对巴援助新格局。

日巴建交以来，日本以政府开发援助为手段，并辅以首脑外交等形式，不断深化与巴基斯坦的双边关系。尤其是进入21世纪以来，日巴关系被提升到一个新层次，形成了新的对巴援助格局。日本之所以重视对巴援助外交，是出于政治和经济利益考量，分担所谓的日美同盟责任等多重原因叠加的结果。从国际政治层面来看，日本谋求以援助换取巴基斯坦在国际和地区等事务上的对日支持。从经济层面来看，对于以贸易立国的日本而言，保障原材料的稳定供应，确保海外市场对其经济发展至关重要，抢占巴基斯坦的消费市场和基础设施投资市场是日本加强对巴援助的重要经济动因。此外，日美同盟是日本外交的基轴，对巴援助也是日本分担同盟责任的重要方式之一。同时，巴基斯坦连接南亚和中东，邻近海上交通要道，在维护地区和平稳定方面的地缘价值日益凸显，日本援助巴基斯坦，促进其国内稳定，有利于维护日本的航道安全。

从援助效果来看，日本对巴援助对改善巴基斯坦教育、基础保健医疗服务、卫生环境等有一定的成效。从援助带来的外交波及效果来看，政府开发援助这一经济手段是日本实现国家战略目标的重要方式，日本以援助为手段强化日巴双边关系，可促使巴基斯坦在国际和地区问题上支持日本立场，符合其谋求"政治大国"地位的内在需求。

虽然日本对巴援助取得了一定成效，但其面临的外部影响因素也不可忽视。一方面，日本对巴援助受到美国对外政策调整的影响；另一方面，日本对巴援助还受到印度因素的影响，其底线是不能引起印度的不满。总体而言，日本对巴基斯坦奉行以维护自身国家利益和日美

---

[*] 白如纯，中国社会科学院日本研究所研究员。

同盟为导向的援助政策，总体上服务于日美同盟及日本外交的战略大局。

中日两国目前都是巴基斯坦的主要援助国，两国对巴基斯坦提供的经济援助在不同程度上促进了巴基斯坦的经济和社会发展。日本应放弃零和博弈的思维，与中国一道在国际援助等方面探索合作空间。

学界评价与反响

近年来，日本在南亚的外交动向引起了学界的关注，并涌现出大量研究成果。然而，既有研究多集中于印太语境下的日印双边关系或日美印澳多边合作，对日本与南亚地区的另一重要国家巴基斯坦关系的关注相对较少。事实上，日本与巴基斯坦自1952年建交以来，两国长期保持着友好关系，合作领域不断扩展，合作层次不断提升。吉林大学东北亚学院庞德良教授认为，《日本对巴基斯坦政府开发援助述论》一文在一定程度上填补了学界在日巴关系研究方面的空白，具有一定的学术价值。

该文以政府开发援助为切入点，较为系统全面地梳理了日本对巴援助的历史演进，为理解日本与巴基斯坦的关系提供了崭新视角。在此基础上，文章分析了日本强化与巴基斯坦关系的战略动因，并对日本对巴援助外交的成效做了简要评价，全文行文流畅，结构合理，对我们全面理解日本对南亚外交，把握日巴关系走向具有重要的参考价值。

（该文原载于《东北亚学刊》2022年第5期，收入本书时做了适当修改）

日本国家安全战略的特点与历史演变

樊小菊[*]

2022年年底出台的新版日本国家安全战略从两个方面完成了战后日本安全战略的历史性突破：一是大幅增加军费，目标是GDP的2%；二是突破"专守防卫"原则，发展进攻性武力。大幅增加军费主要源于美国方面要求日本增加军费以遏制中国的压力，而发展进攻性武力、成为"能战"之国则反映了日本强军势力"自主防卫"的诉求。日本首相岸田称根本性强化军力就是"购买战斗机和导弹"，若按当前计划发展，5年后日本的进攻性武力将达到相当规模，实战能力也将显著增强。日本之所以能够在短期内实现安全战略的历史性突破，与日本国内舆论环境的变化分不开。日本反战民意在牵制保守势力推动军事大国化中长期发挥重要作用，但以乌克兰危机为首的国际环境的变化加上日本政府和媒体对"中国威胁"的渲染，使得日本民众对安全环境的认识发生改变，反战民意被削弱。

历史性突破背后反映了日本安全战略演变的几大趋势。一是日本强化美日同盟的深层逻辑正在改变。日本长期面临同盟困境：一方面担心被迫卷入盟国的战争，另一方面又担心被盟国抛弃。历史上看，在美国收缩战略力量时期，日本更担心"被抛弃"，而在美国力量扩张时期，日本则更担心"被卷入"。中日领土争端激化背景下，日本对"被抛弃"的担心超过了对"被卷入"的担心，甚至希望"主动卷入"，这成为日本解禁集体自卫权、发展进攻性武力等安全战略转变的重要原因。二是"重经济、轻军事"的吉田路线逐渐式微，主张强军修宪的政治势力占据主导。岸田政府在经济低迷情况下仍决定大幅增加军费，反映实力至上的战略思维已在日本大行其道。尤其是岸田来自忠实执行"吉田路线"大本营的宏池会，这预示着日本强化自主防卫、走向军事大国的势头也将难以改变。三是现实主义的地缘政治思想再次在日本复兴。当前日本地缘政治思想的显著特点就是强调"中国威胁"，并以中国为对手设计战略。有代表性的是试图将国际政治格局塑造为"维持现状阵营"与"改变现状阵营"间的对抗，日本站在"维持现状阵营"一边，"押注"美国，获取战略利益。

尽管"不安"长期存在于日本战略文化中心，但考察历史可知，日本的安全战略具有显著的进攻性，其所表现出的"不安"往往是实施进攻性战略的借口，近代以来尤其如此。从长周期看，日本具有产生进攻性战略的土壤，其进攻性战略来自自我膨胀。日本急速转变安全战略，其背后也隐约有着自我膨胀的思想底色，在当前复杂的国际环境下，该战略可能会给中国和地区和平带来的负面影响值得密切关注。

---

[*] 樊小菊，中国现代国际关系研究院东北亚研究所所长，研究员。

学界评价与反响

该文是日本政府出台新版"安保三文件"、实现国家安全战略重大突破后，最早对此进行分析和评估的学术文章之一，时效性强，学术价值和现实意义突出。文章问题意识明确，合理解释了当前日本安全战略调整的历史方位及背后原因，见解独到。文章反映出作者在日本安全战略的研究方面具有较全面的知识储备，且能密切跟踪研究动态，并进行了深入的战略思考。文章对日本安全战略调整的内容进行了客观评估，对岸田政府实现安全战略突破的原因进行了深入分析，并通过考察日本国家安全战略发展演变的过程，总结出日本国家安全战略的特点、发生变化的原因、当前的主流战略思想，以及今后的发展趋势。文章还从更长的历史周期考察日本战略文化及其思想根源，得出日本安全战略具有进攻性的思想色彩，以及善于借助"不安"心理实施进攻性战略的行为特征。上述研究实证性强，论据充分，论证角度和得出结论具有显著的创新意义，对理解当前日本的国家安全战略及其演进具有重要的参考价值。

（该文原载于《国家安全研究》2022年第6期，收入本书时做了适当修改）

日本对太平洋岛国的区域合作政策：演变与发展

高梓菁[*]

近年来，随着太平洋岛国地区能源资源的开发与战略地位的升级，域外大国围绕该地区的政治与经济博弈日益凸显。其中，加强区域合作是日本参与太平洋岛国地区事务的重要切入点。

二战结束后，现代意义上的太平洋岛国区域主义开始诞生。伴随着太平洋岛国地区的区域一体化发展，日本在南太地区的区域合作政策也出现了阶段性演变，包括"边缘期""互动期""发展期""加速期"四个阶段。首先，在边缘期，二战后，日本对该地区的合作仅停留在渔业资源及单一的政府开发援助层面，与其他西方大国相比，日本处于相对的"边缘位置"。其次，在互动期，随着20世纪70年代初南太地区自主合作意识的觉醒，日本逐渐意识到该地区发展的巨大潜力。在20世纪80年代急于追求世界政治大国目标的日本，开始将南太地区纳入其宏观的战略构想中，并于90年代正式搭建了日本与太平洋岛国政府间合作交流平台——"太平洋岛国峰会"（Pacific Islands Leaders Meeting，简称PALM），为双方高层互动提供机制保障。再次，在发展期，进入21世纪以来，域外大国围绕亚太的战略竞争愈演愈烈，特别是美国提出"重返印太"战略后，日本追随美国不断拓展其在南太地区的综合影响力，在参与太平洋岛国区域合作进程中逐步提升政治外交议题的比重。最后，随着"印太战略"的推进，日本对南太地区的区域合作政策发展进入加速期，并通过多种手段积极拉拢太平洋岛国加入印太框架，扩大"印太战略"的影响力。在这一时期，日本对太平洋岛国的区域合作政策已超出了单纯的区域经济层面的合作范畴，朝着更为综合性、战略性的方向迈进。

2012年年底安倍晋三第二次执政以来，日本参与太平洋岛国区域合作政策的基本特征已逐渐成形，包括注重政府开发援助、强化与域内本土合作机制的合作关系、重视双边经贸、构建地方政府网络，以及利用历史、文化、传统、岛国身份因素加强与太平洋岛国之间的情感纽带等，其背后具有多方面的考量，除了觊觎该地区丰富的自然资源、对冲中国影响力、拉拢诸岛国加入"印太战略"、把握地区经贸规则制定权、寻求国际政治外交议题合作等都是其内在动因。同时，日本参与南太地区的区域合作也存在诸多现实困境。其一，太平洋岛国地区存在传统权力格局，日本很难发挥主导作用。例如美国只是寻求日本在"印太战略"的框架下，为美国的南太政策分担更多责任，而不希望日本在该地区建立没有美国存在的合作框架与地区秩序。其二，太平洋岛国区域合作的自主性提高，寻求自立于国际社会。例如2017年，太平洋岛国提出了"蓝色太平洋"理念，为太平洋区域主义提供了一种反叙事武

---

[*] 高梓菁，山东大学国际问题研究院助理研究员。

器，以对抗全球大国的主导性话语。其三，太平洋岛国本身具有脆弱性，区域连接性不强，不论是客观层面海上基础设施建设的不足，还是主观层域内岛国间时而意见难以统一的"分裂"，都给日本在其中发挥作用带来阻碍。

学界评价与反响

《日本对太平洋岛国的区域合作政策：演变与发展》自刊登以来，截至2023年10月26日，在中国知网已被下载332次，被引用1次；被国际问题研究专业机构，如上海社会科学院国际问题研究所等网站和微信公众号全文推送。另外，匿名审稿专家对该文章给予较高评价：当前学界对于日本与南太岛国区域合作的研究，在关注度与学理性探讨方面仍然有所欠缺，因此该文选题具有一定的研究价值，且该文在历史资料收集与整理方面十分翔实与完备，为当下的现实解读提供借鉴意义。

（该文原载于《国际关系研究》2022年第6期，收入本书时做了适当修改）

日本自民党内路线之争与中日关系

廉德瑰[*]

国际关系的研究，从国内政治角度入手十分重要，因为国内政治的状况反映了国内各政治集团表现出来的主导权的变化和政治理念的影响变化，这些必然对外交政策产生外溢效果。中日关系的研究除了国际因素，也应该从国内政治入手，从日本各政党以及各政党内的政治派阀之间的关系、各政治集团的权力分配以及不同政治理念角度进行分析。主要有三个内容：战后日本政治的两条路线与中日关系；近期日本政治的新变化；国内政治的外溢与中日关系。

一、战后日本政治的两条路线与中日关系

战后的日本政治划分为两条路线，基本上可以分别为鸽派和鹰派，也被称为"保守本流"路线与"保守非本流"路线。两条路线都对中日关系产生不同影响。战后中日关系可以划分为四个时期：民间交流时期、和平友好时期、战略互惠时期和中日关系新阶段。在民间交流时期，鸽派的保守本流派发挥指导作用；在和平友好时期，属于保守本流派的大平正芳支持田中角荣，为邦交正常化作出重要贡献，两国关系进入和平友好时期；在战略互惠时期，细田派的安倍晋三上台，尽管他在第一次执政期间打破了小泉执政时期对华外交关系的冷淡状态，使中日关系出现破冰，并与中国领导人共同提出构建战略互惠关系的设想，但是当他第二次执政时，已经无力抵制党内右派的干扰，中日两国关系受到阻碍；新时期中日关系面临百年未有之变局，日本尚未调整好对华战略，保守本流派受到右派的保守非本流派影响，"中日关系新阶段"的前景至今无法开启实现的进程。

二、近期日本政治的新变化

从2021年开始日本政局发生了微妙变化，执政的自民党内两大势力，保守本流派和保守非本流派再次发生了反转，温和的鸽派宏池会领导人岸田文雄获得了麻生派和茂木派支持掌握了政治的主导权，成为日本首相，意味着保守本流派再次占据日本政治的主导地位。右派的保守非本流派影响力开始下降，2021年的众议院选举，右派又不少人落选，安倍虽然当选，但得票大幅度缩水，倒是属于鸽派的议员以及与宏池会有历史渊源的议员有不少是高票当选。乌克兰危机使岸田内阁受到美国和党内亲美派牵制，无法像安倍那样继续保持与俄罗斯接触，岸田正在寻找一种新的政治平衡。

三、国内政治的外溢与中日关系

当前日本国内政治的外溢对中日关系的影响也是保守本流派与保守非本流派两条路线对

---

[*] 廉德瑰，上海外国语大学日本文化经济学院教授。

立的反映，具体表现在岸田和安倍各自代表的两大集团及其政治外交理念上。今后属于鸽派亦即保守主流派的知华派与右派反华派势必在对华政策上有一番较量，2021年12月18日，茂木敏充虽然拒绝了高市早苗提出的反华"人权法案"，但拒绝的理由并非该法案是否正确，而是时机问题，呈现了某种妥协。2021年12月1日，安倍在台湾智库会议上表示"台湾有事就是日本有事"，是右派亲台派的反扑。3月24日，日本官房长官松野一搏代表官方出面来澄清，表示"日方希望用和平手段解决台湾问题，这是日本的一贯政策"，并未迎合右派，但今后岸田内阁在保守本流派与保守非本流派之间维持平衡的特点将愈加明显。

四、结论

中日关系的稳定对地区和中日双方都有利，特别是对日本国内政治来说，将为岸田内阁推行稳健的内外政策奠定基础。战后中日关系一直呈现"日日关系"的特点，这主要是指日本国内政治中以宏池会为代表的保守本流派与以清和会为代表的保守非本流派之间的政治博弈。岸田文雄掌握主导权，对于推动中日和平友好关系的发展有重要意义，安倍路线本质上有反华倾向，他的下台意味着保守非主流派的衰落。但是，岸田的上台，并未对保守非主流派占据绝对优势，意味着保守主流派有恢复主导权的可能性，但非主流派的影响不可忽视，岸田派实际上也重视安倍派的影响力。所以，今后中日关系机遇与挑战共存。

（该文原载于《东北亚学刊》2022年第3期，收入本书时做了适当修改）

见证与思考

武寅[*]

中日邦交正常化的50年间，中日关系出现的动荡下滑现象值得高度重视。

邦交正常化初期，"中日两国要世世代代友好下去""中日永远不再战"的口号不绝于耳。然而杂音也很快断断续续地响起，特别是在对待侵华战争的态度包括参拜靖国神社等方面的"失言"和"犯规"行为频频出现。

但与此同时，日方也在释放对华善意。1991年8月，海部俊树首相访华，成为西方制裁中国以来第一个排除阻力来华访问的国家领导人。次年10月，日本天皇访华。这是日本历史上天皇第一次踏上中国的土地。中日友好也达到了顶峰。

然而下滑接踵而来。1995年，日本自民党历史研究委员会出版了《大东亚战争的总结》，对日本的侵略历史进行全面、系统的翻案。1996年，桥本龙太郎以现任首相的身份参拜了靖国神社。2001年担任首相的小泉纯一郎，更是不听中方反复劝阻，年年参拜靖国神社。

为了缓和紧张的双边关系，继任首相安倍晋三就任伊始便访问了中国。他向中国领导人表示，要构筑基于共同战略利益的互惠关系，把面向未来的中日关系发展到更高层次。安倍的访华及其表态，使紧张化的双边关系再次得以缓解。

进入21世纪后，日本对华立场明显趋于强硬，中日关系动荡的幅度加大，下滑的现象愈加明显。2006年，安倍提出了日美澳印"四国安保对话"构想，后被称为"亚洲版小北约"。2022年度日本的防卫费预算首次突破了防卫费占比不超过GDP 1%的红线。

在对华政策上，日本一面加大制衡力度，遏制中国发展；一面又见机行事，留有余地。2012年，日本政府不顾中国的严正警告，公然将钓鱼岛"收归国有"，打破了中日两国在钓鱼岛争端问题上已经维系了40年的现状。就在中日关系急速下滑的关口，日本首相安倍来了个急转弯。2019年12月23日，安倍与习近平主席会面，表示要与中国"互为合作伙伴，互不构成威胁""化竞争为协调"云云。话音未落，同一个安倍，在次年9月卸任前发表讲话，调子已经完全相反。继任的菅义伟内阁和现任的岸田文雄内阁全盘继承前任的对华强硬立场，把中日关系再次推入下滑的轨道。美国拜登政府上台后，日本迅即加入了美国主导的抗中联盟，并成为超级活跃的骨干成员。但紧接着又是急转弯。

日本在对华政策上采取的这种机会主义做法，是中日关系动荡下滑的重要原因。但下滑现象的出现并没有改变一个基本事实，即中日关系是最重要的双边关系之一，是中国大国外交战略格局中的重要一环。今后，要以经济关系为抓手，维护中日两国经济关系的彼此刚需

---

[*] 武寅，中国社会科学院前副院长。

与互利共赢,发挥政治交往无法替代的特有作用;要站在时代的高度,以发展的眼光,宽领域、大视野地认识和处理中日关系;要看到中日两国一衣带水,命运相关,这一点是永远也不会改变的。

(该文原载于《日本学刊》2022年第4期,收入本书时做了适当修改)

中日经济关系50年：从友好合作到互惠共赢

张玉来[*]

经济关系常被形容为中日关系的"压舱石"，尤其在双边政治关系出现波折之际，经济便被寄予极大期待。但事实上，双边关系中的"政治"与"经济"却是一种相互依存、互为表里的逻辑关联，二者之间的短期偏差并不违背长期趋同的基本规律。

一、中日友好氛围下政府援助与对华投资

相对于政治关系而言，中日经济交往更早了20年。但民间外交毕竟空间有限，到1971年为止，中日贸易总额仅9亿美元。

经济力量推动中日邦交正常化。在中日邦交正常化过程中，日本经济界发挥了重要作用。1972年，经团联副会长稻山嘉宽访华，积极策划成立"中国亚洲贸易结构研究中心"。中曾根康弘则提出创建"日中经济中心"构想，1972年成立了"日中经济协会"。

"资源换技术"与ODA项目。"资源换技术"是初期中日贸易的显著特征。1975年中国对日出口石油占比超过一半，日本对华则以大型成套生产设备和钢材出口为主，技术特征显著。中国外汇短缺阻碍了两国贸易发展，稻山嘉宽建议日本政府支持经济建设。1979年，邓小平和谷牧先后访日推动了中日关系，日本决定对华日元贷款。

邓小平访日与第一次日企对华投资热潮。邓小平访日时明确表示向日本学习，邀请松下幸之助帮助中国建设。1987年北京松下彩色显像管有限公司成立，通过技术培训、赴日研修、共同经营等方式，松下为中国电子工业培养了大批技术和管理人才。广场协议后，日元升值推动了日本对华投资热潮，1987年对华投资规模超过12亿美元。

二、全球化浪潮下的"中国机遇"与"政冷经热"

"南方谈话"与第二次投资热潮。邓小平南方谈话再次确定中国改革开放基本路线，天皇访华也推升了中日关系，中国基础设施建设开始走向成熟，经济全球化大背景之下，迎来了日企第二次对华投资热潮，1995年日本对华投资突破31亿美元。1996年中日贸易额突破600亿美元。

中国加入WTO与第三次投资热潮、政冷经热。中国加入世界贸易组织便融入了世界经济体系。作为发达国家，日本最早同意中国"入世"。在中国走向"世界工厂"之际，日企又掀起第三次对华投资热潮，2005年日本对华投资65亿美元，2007年中日贸易额达2360亿美元。然而，中日关系却遭遇波折。钓鱼岛之争和靖国神社事件都成为隐患，致使中日关系迅速冷

---

[*] 张玉来，南开大学世界近现代史研究中心教授、日本研究院副院长。

却，出现罕见的"政冷经热"现象。

东日本大地震后出现第四次对华投资热潮。大地震严重恶化了日本产业环境，大量企业选择"离开日本"，对华投资成为热点。2011年对华投资达126亿美元，占比12%。

三、互惠共赢是中日经济关系的基本特征

经济被称为"中日关系的压舱石"。中国不仅是日本最大贸易伙伴，也是最重要投资目的国，而中国需求则成为日企利润的重要来源，在华3万多家日资企业不仅是中国经济运行重要构成，在就业、税收、技术进步等方面都有重要贡献。

中日贸易具有全球价值链特征。贸易的全球价值链特征，充分印证了中日两国深度融入全球价值链体系的事实，中国扮演着"世界工厂"的角色，而日本既是"世界工厂"的一部分，也成为其重要"供应商"。

中日产业链互补、供应链相互依存。伴随着中国经济增长以及"世界工厂"产能扩大与升级，日本也全方位地加深了与中国的经济关联，多渠道化和多自变量成为显著特征。

区域一体化拓展中日合作新空间。除了2022年生效的区域全面经济伙伴关系协定（RCEP），中日韩FTA等也在推进，拥有3成世界人口、3成世界GDP、3成贸易总量的经济圈诞生，区域合作显示出勃勃生机。

四、新时代的中日经济合作面临严峻挑战

突如其来的新冠疫情，中美竞争格局的形成，不断涌现的地缘政治危机等，世界大变局之下的中日经济合作步入转折点，机遇与挑战造成了更多的不确定性。美国为首掀起全球产业链和供应链重塑行为，从脱钩断链到去风险化都把矛头指向中国。日本政府也积极推进"经济安保"，对华安全成为政策核心。2022年通过《经济安全保障推进法》，对供应链、核心基础设施、尖端技术与专利进行保护。战略互惠型的中日经济合作面临严峻考验。

学界评价与反响

论文发表以来，作者围绕供应链问题受邀参加了相关学术活动，包括全国日本经济学会2022年会、天津外国语大学举办的"国别和区域研究高端论坛·2022"、辽宁大学主办的"中日经济社会发展与合作"等学术研讨会，就中日经济关系50年及其特征等进行了深入阐述和分析，得到与会学者的关注并进行深入交流；作者受邀在山西财经大学等高校就此专题作了专门的学术报告等。论文发表后，被维普数据库、百度学术、中国知网、参考网等学术平台全文转载。

（该文原载于《东北亚学刊》2022年第4期，收入本书时做了适当修改）

日本的东南亚研究：学科特征和地区构想

毕世鸿[*]

一、日本东南亚研究的兴起与发展

二战前，日本对东南亚的研究基本依靠官方研究机构进行，从而为日本军国主义提出的"南进论"造势助威。二战期间，日本东南亚研究作为"国策"沦为军国主义对外侵略扩张的工具。

二战后，日本陆续成立从事东南亚研究的各类机构。主要分为三类：一是由官方设立的研究机构；二是以公益财团法人的形式设立的研究机构；三是在各大学内设立的研究机构。

其后，日本通过文理兼容等方式，促使其研究方法和理论范式更加多元，促进了对东南亚的比较研究以及对区域国别研究的整体把握。日本的区域国别研究并不属于人文社会科学，而属于综合性交叉学科领域。在分配科研经费时，区域国别研究被视为"文理融合"的交叉领域。

二、日本东南亚研究的学科特征与主要方法

第一，东南亚研究的东西融合。二战后的日本东南亚研究虽然模仿美国并依靠其扶持，但也极力排除美国地区研究的政治影响。日本学界鼓励学者在对象国长期开展田野调查，重视对当地语言的信息收集。近年来，日本学界迫切感受到认真考虑东西融合问题的重要性，鼓励青年学者前往欧美国家学习较为成熟的分析方法及新的研究方法。

第二，东南亚研究的综合性和跨学科性。日本东南亚研究的方法并不局限于社会学等特定学科，而是多学科交叉，即东南亚研究的方法论是"综合性"和"跨学科"的。日本学界提倡对东南亚这一"地区"进行划分，在此基础上利用交叉学科的方法开展跨学科研究。

三、日本的东南亚"地区"：整体性、多层性和分散性

首先，就整体性而言，东南亚研究的目的在于"整体性理解"，并非将研究对象分成政治、经济、社会等领域来加以单独理解，也需要自然科学领域学者的参与。日本对东南亚的区域国别研究（Area Studies）正朝着"区域国别科学"（Area Science）的方向转变。

其次，以整体性为基础，东南亚又可划分为若干个下属单位，下属单位还可进一步划分为更细小的社会单位，即多层性。对东南亚研究而言，最重要的是明确该地区的范围，同时也要重视区域国别研究的多层性。

最后，东南亚域内不同地区都具有独立性，并呈分散性。东南亚在地理上分为大陆地区

---

[*] 毕世鸿，云南大学"一带一路"研究院、周边外交研究中心、国际问题研究院教授。

和海岛地区两大板块，存在诸多王国，也有众多少数民族部落，难以形成一个完整的东南亚世界体系。

四、日本东南亚研究面临的挑战

第一，东南亚研究面临的首要难题是"要事实还是理论"。即应该优先历史事实，还是重视构建理论框架。学者如何保持平衡，这是深化东南亚研究必须解决的重要课题。

第二，学者分属不同机构和学科，学科间对立难以调和。多数学者分散在大学不同机构之中，没有较大机构支撑的东南亚研究难以形成合力。而对同一地区进行研究时，不同专业有时会得出相互矛盾的结论。

第三，日本学者的一些学说难以反映东南亚国家现实。这需要对目标地区的关注、与当地民众产生共鸣、居住在当地的经验、对当地情况的了解、朋友和熟人关系、历史和习俗知识、语言能力等。

第四，日本东南亚研究成果大多用日语发表，鲜为国际学界所熟知。很多日本学者虽精通东南亚区情国情社情，但其有关东南亚的很多研究成果过于纠结细枝末节，无法纵览全局。

学界评价与反响

针对该文研究的主题及观点，学界给予很高评价，主要观点如下。一是根据中国目前的学科分类以及高校与科研院所的实际情况，很难建设一批类似日本京都大学东南亚研究所的综合性研究机构，宜把国别与区域研究的范围限定在人文社会科学领域，但是应提倡文理交叉、协同攻关。二是在区域国别学成为一级学科后，有必要进一步细化研究方向，可以从国别与区域、学科领域两个维度设计。三是要想实现东南亚区域国别研究的真正发展壮大，必须推动设立实体性研究机构，否则难以实现可持续发展。

（该文原载于《东南亚研究》2022年第3期，收入本书时做了适当修改）

从移民输出到侨裔回流：日本的巴西日裔政策历史演变和现状评估

陈梦莉[*]

历史上的移民扎根巴西是日本对巴西外交的基石，现在作为感情纽带也是日巴关系的"搭桥者"，是日本在巴西"社会公信力"的基础。日本移民及日裔社区的存在，增进了巴西当地民众对日本的认知和了解，对形塑日本国际形象发挥积极作用。日本政府也意识到，巴西日裔作为日本宝贵的人力资源和社会资产，是日拉关系发展的重要人际纽带，在日本与巴西的交流过程中发挥着桥梁和纽带作用。

二战前，为缓和国内矛盾日本出台和制定了奖励移民的政策和措施，向巴西输出大规模移民。二战后，随着日本经济的发展，国内劳动力市场供给不足，日本移民方向开始发生逆转，从移民输出国变为输入国，巴西日裔逐渐回流日本。日裔作为感情纽带对近现代日本与巴西的关系产生重要影响。日裔与日本政府建立起较为密切的联系，使用"感情牌"也是日本对巴西外交的良好资源，在促进国际合作和交流方面发挥重要作用。近年来，日本针对在巴西的日裔日侨，在就业、教育、文化交流等方面采取一系列措施。

对于回流日裔，日本政府颁布新移民法，向与日本人有血缘关系的巴西日裔及其亲属提供就业机会，并允许其从事不需要技术和语言培训的非技术性工作，以迎接巴西日裔回流潮。针对在日本就业的巴西日裔群体，厚生劳动省、法务省等出台了相关日裔优先的外国人就业政策，并为其提供社会保障。日本政府还积极培养回流日裔人才，加深其与"母国"日本的交流，促进其对日了解和认同。

日本移民巴西已有百年史，现在的巴西日裔已经完全融入当地社会。巴西日裔是日本和巴西两国关系的桥梁，也是多国间改善关系的纽带，对日本来说还是拥有血缘关系的可靠伙伴。近年来，日本通过政府、企业、社会组织团体以及民间力量等方式不断加深与日裔联系，努力使其发挥更大作用。日本实施的一系列日裔政策在改善日巴关系、增加日裔亲近感和认同感等方面取得了一定成效。越来越多的巴西日裔以及海外日裔"寻根问祖"，关心日本、学习日语、传播日本文化，对日本"母国"的认同意识和亲切感增强。多年来，日本外务省定期举办针对拉美日裔的侨务工作会，探讨如何发挥日裔的桥梁作用，促进日拉经贸和文化关系，切实扩大在拉影响力。

日本的巴西日裔政策对中国也有一定启示和借鉴意义。中国要积极发挥海外侨胞在宣传中国形象、促进中国与世界各国的相互了解等方面的作用，最大限度地开发利用海外华人资

---

[*] 陈梦莉，中国社会科学院日本研究所助理研究员。

源。积极引进华裔华侨人才回流，缓解中国高端人才严重不足。

学界评价与反响

该文发表后，被中国知网收录，并被山东大学移民研究所等高校官方网站转载了全文或缩略版。目前，国际国内学界对日裔研究多侧重在北美地区，对拉美地区的日裔研究偏薄弱。日本移民巴西已有百余年历史，巴西有规模最大的日本海外侨民社区，研究巴西日裔对于认识日巴关系有重要研究价值。既有研究大多从历史视角对日本移民巴西的历程、原因以及同化与融合问题进行了系统论述，而缺少对日本的巴西日裔政策尤其是二战后日裔政策的研究。该文试图从国家战略的角度研究巴西日裔，系统阐述日裔的重要性、日本的巴西日裔政策的出台以及实施效果。并发现，日本通过政府、企业、社会组织团体以及民间力量等方式不断加深与日裔联系，实施的一系列日裔政策在改善日巴关系、增强日裔对母国的亲近感和认同感等方面发挥了一定成效，使用日裔"感情牌"已成为日本对巴西外交的良好资源。中国海外侨胞绝对数量占世界第一，他们在推动中国与其他国家和地区的交流和合作等方面发挥重要作用，日本针对巴西日裔的政策对中国也有一定的启示和借鉴意义。

（该文原载于《拉丁美洲研究》2022年第5期，收入本书时做了适当修改）

新时代中俄日三角关系新变局与中国的策略

金仁淑*

长期以来中俄日三国关系基于国家利益、意识形态、战略目标、地缘政治等因素的考量，表现出十分微妙的动态演变的三角关系。2013年乌克兰危机之前，中俄日三角关系表现为"中日关系恶化、俄日关系良好、中俄关系复杂"的格局，但乌克兰危机后中俄日三角关系发生了变化，尤其是中美贸易摩擦愈演愈烈的国际环境下，中俄日三角关系呈现出既竞争又合作的竞合格局。

首先，中俄关系在政治互信下进入了全面战略协作伙伴关系。2010年中日钓鱼岛撞船事件以后，中日关系由"政冷经热"转向了"政冷经冷"的局面。中日之间经贸合作规模和速度明显下降。相反，在美国特朗普政府大搞单边主义，发动对华经贸摩擦，对俄罗斯实施经济制裁的背景下，中俄之间政治互信日益升温，成为全面战略伙伴关系。尤其是中国倡导的"一带一路"与俄罗斯主导的欧亚联盟的合作，创造巨型的区域经济合作市场，并非简单的一加一等于二，而是具有巨大的"乘数效应"。即中俄经济效应超过日俄经济合作效应。

其次，俄日关系由"政经合一"进入到"政经分离"新阶段。在俄日关系中，收回"北方四岛"是日本对俄外交的重心。虽然对领土问题上日本由强硬到放松、俄罗斯从温和到强硬，但是近年来随着中国的迅速崛起，日本认为有必要和俄罗斯合作实施围堵中国的长远战略，而加强与俄罗斯之间的合作成为安倍上台后俯瞰地球仪外交的出发点。俄罗斯在绝不放弃领土的前提下，希望在中日两个大国间维持平衡，并与日本合作实现自身利益最大化，因此，俄日关系进入了"政经分离"的新阶段。

再次，中日关系由"政冷经冷"迈向契合新时代的中日关系。进入21世纪后中国逐步成为日本最大的贸易伙伴，但钓鱼岛撞船事件使中日关系由"政冷经热"跌入"政冷经冷"的不利局面。2017年中日首相互访，中日关系回暖，尤其是2019年G20大阪峰会前两国元首会面时明确指出"中日两国要共同致力于构建契合新时代要求的中日关系，使中日关系成为维护世界和平、促进共同发展的重要积极因素"。

最后，美国为影响中俄日三角关系的关键外因。在美日同盟机制下，美国是影响中日关系重回正常轨道、俄日关系不断深化的关键阻力。同时，美国又是促进中俄之间"蜜月"关系的"加速器"。

值得关注的是，2022年俄乌冲突的爆发对中俄日三角关系带来了巨大的冲击。在美日同盟下日本全面加入对俄的制裁，从而使日俄关系陷入"冰点"；同时进一步提升了中俄全面战

---

* 金仁淑，中国政法大学商学院教授。

略协作伙伴关系。未来，应构建中俄日自贸区等合作机制，加快"一带一路"倡议和"欧亚联盟"的衔接，共同破解美国的霸权，应对复杂多变的国际格局。

学界评价与反响

该论文从2018年开始构思和撰写，通过整理在日本访学期间（2017—2018年）收集到的日本和俄罗斯的著作和论文，经过几次修改，于2022年最终完成发表。论文成稿后作者先后在全国世界经济学会、全国日本经济学会等主办的学术会议上就文章内容发言，并与学者们进行了广泛的交流。专家学者对论文给予充分肯定，对论文的有些观点给予了高度的认可。

学术会议点评环节中专家们认为，该论文研究视角独特，观点明确，逻辑清晰。论文基于国际政治经济学的视角，运用迪特莫跨国三角关系模型，构建了中俄日关系中的三种类型及演变，并以乌克兰危机为转折点，深刻分析中日、中俄、俄日关系转折的政治经济要素，具有较强的学术价值。学者们指出，论文所阐述的影响中俄日三角关系的因素中，美国为最关键的外部变量的观点，其论证有力，结论客观。论文所提出的对策将对加强中俄日三角关系、破解中美博弈、研究东北亚以及全球格局的走势具有重要的现实意义。

该论文发表后在维普期刊、参考网、百度文库、微博等网站被多次转载。该文于2022年3月20日首发在中国知网上，截至2022年12月31日，被下载594次。

（该文原载于《日本研究》2022年第1期，收入本书时做了适当修改）

风险管控、成本算计：日本在中美之间的平衡外交

陆伟[*]

  梳理1972年以来中美日三角关系的历史不难发现，在中美处于对抗性竞争的背景下，日本不一定选择与美合谋制华。而在中美处于包容性竞争的背景下，日本也未必以良好的中日关系作为外交议程的优先方向，相反，"使绊子"、挑起纠纷的行为屡见不鲜。对日本来说，美国是最重要的盟国，中国是最大的邻国，处理对中、对美关系是其外交的核心议题。日本采取的策略是拖延最终选边站队、通过向一方适度倾斜来平衡另一方的来回钟摆，以求规避风险和险中获益，即"动态平衡"。"风险"指向正在演进中的危险，国际关系中的"风险"是指损失或收益的可能性。由于日本是以美国盟友的身份参与三角关系博弈，它在三角关系中的角色状态在很大程度上取决于自身在日美双边联盟中的位置，因此日本在三角关系结构中的风险处境首先来自日美联盟的不对称性，并由此引发其在三角关系结构中角色变化的连锁反应，从而导致双重风险的叠加。

  对日本来说，尽管来自中美的风险程度和表现方式各不相同，但均涵盖了安全、外交、经济、规则和威望等国家互动的主要领域，所感知风险的大小也因情境的不同而发生变化，需要对之进行动态评估，并在此基础上实施有效的平衡。

  日本根据中美战略竞争的态势，基于对风险来源和强弱的判断和感知，以预估成本为参考临界点，在与中美的关系距离之间来回切换，做出倾向重心不一的动态平衡（对称和非对称）行为。由此，中美竞争的态势→风险感知→成本算计（参考临界点）→对称或非对称平衡，这一因果链条便构成了日本对中美平衡外交的逻辑机理。日本所认知的中美风险和成本投入具有完全不同的性质，"沉默成本"和"沉没成本"分别成为其决策的"参考临界点"。

  日本对中美实施平衡外交具体可以分为以下四种情形。情形一，当中美处于对抗性竞争时期，如果日本的风险感知主要来自美国，其决策便以沉没成本为参考临界点，所展现出的平衡外交是疏美近华，其平衡性为次强（因为日本依然是美国的盟友）。

  情形二，当中美处于对抗性竞争时期，如果日本的风险感知主要来自中国，其决策便以沉默成本为参考临界点，所展现出的平衡外交是依美制华，其平衡性为最弱（增加对华博弈的筹码，但不会轻易地对美一边倒，因为日本不想失去在中美间发挥杠杆作用的有利条件）。

  情形三，当中美处于包容性竞争时期，如果日本的风险感知主要来自中国，基于以沉默成本为参考临界点的驱动，其所展现出的平衡外交是离间中美，其平衡性为次弱（为避免沦为"孤雏"而竭力拉拢美国）。

---

 * 陆伟，同济大学副教授。

情形四，当中美处于包容性竞争时期，如果日本的风险感知主要来自美国，基于以沉没成本为参考临界点，叠加受到中国缘于以美为外交重心的战略性轻视的驱动，日本为确保见机行事的自由而采取中立的立场，所展现出的平衡外交是在中美之间保持相对的等距离，其平衡性为最强。分析20世纪90年代前半期的日本对中美平衡外交、20世纪90年代中后期的日本对中美平衡外交、21世纪初期的日本对中美平衡外交、进入21世纪20年代前后的日本对中美平衡外交，可以有效验证上述四种情形的存在。

该文的研究表明，随着中美竞争的展开，虽然日本为追求对华战略优势和地区主导权而与美国及其盟友一起推行在地缘政治和某些高技术领域对中国的联合围堵和遏制，但除非中美两国形成泾渭分明的两大敌对阵营和它认为的国家军事安全受到威胁，否则日本通过在中美之间不断调整倾斜重心的来回钟摆来维持平衡的策略基本上会持续下去。

学界评价与反响

该文的理论创新和现实意义引起了学术界的很大关注和积极评价，被中国人民大学复印报刊资料《中国外交》2022年第8期全文转载。

（该文原载于《日本学刊》2022年第2期，收入本书时做了适当修改）

岸田文雄的新资本主义政策及其对东北亚的影响

周永生[*]

新资本主义不是岸田文雄发明的，而是 20 世纪 80 年代由美国学者 W. E. 哈拉尔提倡的。当时，哈拉尔认为新资本主义就要致力于兴建"民主的自由企业"，实际上是要吸收新自由主义的精华——"自由企业"，即全面彻底的自由化、私有化、市场化，让企业最大限度地发挥自主性与能动性，最大限度地在追求个人和企业的利益当中，促进全社会的经济增长；再加上政府照顾到大众利益的调节与再分配——"民主"。这就是 W. E. 哈拉尔提倡的新资本主义的内涵与核心。

岸田文雄的新资本主义战略与政策产生于日本资本主义的发展弊端越来越明显，社会矛盾突出，人们对日本社会未来发展充满了不安全感的社会背景当中。日本新任首相岸田文雄主张新资本主义，本质是有干预，甚至是带有强力干预色彩的自由资本主义，侧重点在于发挥政府和国家的职能，调节二次分配。在大公司和中小公司之间，让中小公司有更高比率的获利。在资本和职员之间，让职员有更高比率的获利。其政策的倾斜度，偏重中产阶级，偏重中下阶层。政策做法主要包括实现科技强国，振兴乡村、连接世界的"数字乡村城邦理念"，经济安全和消除百岁的焦虑；加强对工人的分配功能，扩大中产阶级和应对出生率下降的措施，增加护理和育儿等领域的工作收入，改革财政分配等建设国家的问题。

岸田文雄认为，第一，旧资本主义以及新自由主义带来了严重的贫富分化；第二，"增长和分配的良性循环"和"新型冠状病毒后新社会的发展"，是新资本主义的核心；第三，针对未来高科技发展的前景领域和日本社会的不足，关注了可以增长的广泛领域，包括数字化的前景、农业领域、旅游领域及应对老龄化和少子化；第四，为了落实新资本主义的战略与政策，将成立"实现新资本主义会议"，通过这样一个宏观战略和政策指导机构，既出台关于新资本主义的战略，也出台相关的政策，并督促实行，从而促进这一愿景的实现。

岸田文雄能提出新资本主义的战略与政策，说明其战略视野和理论高度不仅高于前首相安倍，甚至高于近几十年来日本所有的首相。日本的首相及其领导人大多数都类似于事务性官僚的层次，鲜有大理论、大战略的内涵。岸田文雄的新资本主义主要属于经济发展与民生方面的战略与政策，其核心内容是发展与分配问题。岸田文雄的雄心壮志，是要为日本资本主义的发展开辟出一条新的道路。他的这种政策一旦获得成功的话，就会在日本、东亚和印太地区产生溢出效应。岸田文雄的新资本主义战略与政策，尽管可能会给日本带来一定的变化，但因为有太多的制约因素，很难实现和达到目标。

---

[*] 周永生，外交学院国际关系研究所教授、博士研究生导师，日本研究所中心副主任。

学界评价与反响

该论文在中国知网上下载量为285次。评审专家认为文章整体质量较高。总体来看，论文对岸田政府新资本主义政策进行了全面、综合、系统的分析，重点是对日本国内影响的分析，内容重点分析的是对东亚和印太地区的影响，比较宏观。

上海国际问题研究院中日关系研究中心秘书长、研究员蔡亮接受21世纪经济报道采访全面引用了作者的观点指出，岸田文雄是在批判"安倍经济学"的基础之上，提出了"新资本主义"的概念和政策。"岸田文雄指出，要通过'新资本主义'改变大企业和中小企业之间巨大的收入差距，同时要改变高收入人群和普通职员之间的收入差距。也就是说，岸田要两个轮子走，一个轮子是要大规模推动经济的发展，把蛋糕做大，另一个轮子就是要做好蛋糕的分配工作。所以，岸田的'新资本主义'恰恰是针对'安倍经济学'没分配好的那一部分而提出的。"

国内著名智库第一智库摘要介绍该论文的主要观点，并全文引用。

（该文原载于《日本问题研究》2022年第5期，收入本书时做了适当修改）

战略跟随与外交主体性：印太视域下的日本对南亚外交

焦健[*]

在印太视域下，南亚地区的地位愈发凸显，逐渐受到各方重视。自日本提出"自由开放的印太战略"以来，南亚国家更是成为日本建立印太地区秩序的重要一环，日本对南亚外交被纳入其"印太战略"框架下通盘考量。日本并非"印太"概念的起源地，却是将"印太"战略化的发起者。由于二战战败之后，日本的安全战略长期从属于美国，因而原本由日本积极推动的"印太战略"，往往被美国的声光所掩盖。然而，美日各自的"印太战略"虽然有着趋同的目标指向，但也存在一定差异。日本的"印太战略"从缘起到发展成型持续了较长一段时间，并且经历了从"战略"到"构想"再到"愿景"的转换过程。

日本希望加强与印太地区各国的合作。日本政府推行"俯瞰地球仪外交"，不断加大对南亚国家的外交投入和布局。但是，该地区各国的立场有所偏差。南亚国家之间的国力、政策取向等殊为不同，日本对于其所采取的外交政策自然不尽相同。首先，日本与印度之间的关系日趋紧密，一方面两国之间的互动愈发频繁，首脑外交与经贸往来更加密切；另一方面，在美日印澳四边机制等小多边机制下，日印各领域合作逐步加深。日印关系呈现出战略互动加强、区域合作扩展、军事合作深化、对华指向性显著四大基本特征。其次，日本与南亚其他国家的选择性合作。例如，日本认为巴基斯坦是连接亚洲和中东的要冲，其政治稳定和经济发展对地区稳定和增长至关重要，同时也是国际反恐最重要的国家。在阿富汗战争持续期间，日本追随美国，对巴基斯坦进行了一定的军事与经济援助。然而，日本对巴基斯坦留有戒心。尤其是在"印太战略"推行的大背景下，日本着力推进与印度的关系，自然与作为印度宿敌的巴基斯坦不可能交往过密。

日本对南亚外交的特点主要有以下几个方面。第一，战略跟随特征明显，"9·11"恐怖袭击事件发生后小泉政府就立即宣布支持布什政府所推行的"反恐战争"，并在阿富汗战争时期跟随美国援助巴基斯坦以打击恐怖组织。2017年在美国推行"印太战略"之后，日本也选择战略跟随，表态较为积极。此外，无论是参与"美日印澳"四边机制，还是参加印度主导的"马拉巴尔"联合军演，日本都跟随美国的脚步继而较为积极地参与其中。第二，逐渐重拾外交主体性。在印太视域下的日本对南亚外交方面，外交主体性表现得尤为明显。一方面，日本与美国在印太地区的战略目标并不完全相同。另一方面，印太视域下的日本对南亚外交并非完全出于遏制中国发展的目的。

整体来看，日本与美国的"印太战略"旨在拉拢少数国家制衡中国，形成一个集团作为

---

[*] 焦健，中共中央党校国际战略研究院助理研究员。

遏制手段。印太视域下日本对南亚外交有着较为明确的目标指向，尤其是在 2022 年以来南亚国家经济普遍遭受挫折的时候，中国应高度重视其外溢性可能产生的对华影响，从理论与实践上做好相关知识储备与政策应对。

学界评价与反响

该文选题具有一定创新及现实意义，自日本提出"自由开放的印太战略"以来，南亚国家成为日本建立印太地区秩序的重要一环，日本不断加大了对南亚国家的外交投入，该文对此进行了详细阐述，并分析了其深层次动因与特点。除此之外，对日本版"印太战略"的理念与实践也进行了阐述。整体来看，该文逻辑清晰，结构完整，研究内容较为翔实。

(该文原载于《日本研究》2022 年第 3 期，收入本书时做了适当修改)

消极"安全化"与政治社会化：
日本儿童版《防卫白皮书》的双重逻辑

李乾 李坤[*]

2021年8月16日，日本防卫省首次发布面向中小学生的儿童版《防卫白皮书》。该白皮书封面色彩明艳，内容图文并茂，而其实质与此前日本防卫省发布的2021年版《防卫白皮书》如出一辙，不过是清爽外皮下包裹的陈词滥调，且面向低龄受众推出，更加包藏祸心。儿童版《防卫白皮书》大肆渲染来自包括中国在内的周边国家的安全威胁，引发多方不满，其背后存在的政策逻辑亦值得深思。一方面，该白皮书的主题仍然是渲染威胁，折射出日本对于安全问题的错误认知日益深刻；另一方面，该白皮书不同于完整版《防卫白皮书》，其受众由普通大众转向儿童，这意味着其出台必然与日本儿童政策有所关联。由此，消极"安全化"与政治社会化即儿童版《防卫白皮书》两个重要的出台逻辑。

"安全化"意味着一些问题作为"存在性威胁"被提出来，并对之采取紧急措施，甚至这些措施固然超出了政治程序的正常限度但仍然不失为正当。其中，"过度安全化"和"安全化他者"是比较常见的消极"安全化"。儿童版《防卫白皮书》在明显的"过度安全化"和"安全化他者"之余，还存在着对于"安全化"受众的消极选择，这三方面构成儿童版《防卫白皮书》的三条内部逻辑，共同导致其虚构安全困境与刻意误导儿童的现实结果。

政治社会化是指一个政治共同体内部传播政治文化的过程。然而，相对于即将进入政治共同体的新一代成员而言，政治共同体本身无疑拥有压倒性的话语权。因此，政治社会化的过程中存在着一种明显的"施动—受动"或"教化—学习"的结构，更多呈现出自上而下的状态，共同体中的政治文化由此得以传播。鉴于日本儿童和青年对于政治的热情持续低迷，"新有选举权者"的投票率高开低走，政治文化的传播受到阻碍，日本政府认为有必要以制定政策大纲为中心，发动各省厅着眼于政治社会化调整儿童政策。儿童版《防卫白皮书》的出台正是其应有之义和必然结果。

不同于日本，二战后在德国存在着"第二罪"的说法，即将希特勒当年所犯下的罪行称为"第一罪"，而将从心里否认"第一罪"称为"第二罪"。也就是说，对于战争彻底的反思，需要对两重罪恶都进行清醒的认识。其中，"第一罪"从时间上看是历史问题，从领域上看是政治问题；"第二罪"则更多是观念上的、教化上的，是可能延续的。且不说"第一罪"，透过儿童版《防卫白皮书》可以看到，日本政府甚至想要将"第二罪"一同消解掉。对此，中国在特别警惕之余，一方面，要在政治上做出努力，推动中日两国官方和民间的交流，求

---

[*] 李乾，中山大学国际关系学院博士研究生；李坤，北京师范大学教育学部博士研究生。

同存异，共同前行；另一方面，要在教育上特别是学术上做出努力，有理有据地驳斥其错误历史认识，防止教育被利用，成为日本的政治工具。

学界评价与反响

学界对于这篇论文给予了较好的评价，认为其选题新颖独特，富有洞察力，理论选择扎实且有效，对日本儿童版《防卫白皮书》的内容进行了详尽且深入的分析，揭示了其背后的出台逻辑和真实目的，展示了适当的解释力和严谨的学术态度。二战结束以来，日本政府始终继承并延续着错误的历史认知，并采取了一系列逃避、辩护、洗白甚至维护的行为，给本国的稳定发展、国民心态、地区关系带来了阴影。对此，日本政府并未彻底进行反思，乃至今日催生出儿童版《防卫白皮书》之类的事物，势必对日本下一代的成长、国家的政策与思想走向、同周边国家的关系产生严重的影响。从这个意义上来看，这篇论文在理论的应用与创新之余，更为突出的是其实践意义和价值。魏志江教授认为，这篇论文的贡献在于，它不仅为我们理解日本儿童版《防卫白皮书》提供了更广阔的视角，同时也拓宽了我们对于日本防卫政策的理解深度，提供了对于日本防卫政策新的思考维度。因此，对于日本研究在未来可以探讨更多的研究方法、视角和领域。总的来说，这篇论文不仅在学术上具有较高的价值，同时也为人们了解日本儿童版《防卫白皮书》和日本防卫政策提供了更为全面和深入的视角。

（该文原载于《日本学刊》2022年第1期，收入本书时做了适当修改）

印太视域下日本 ODA 的经济效应

——基于 OFDI 与区域供应链的探究

李清如 常思纯[*]

长期以来，ODA 作为一种战略工具，在日本拓展对外政治经济关系中发挥着重要作用。印太地区不仅是日本提供政府开发援助（ODA）的重要对象，也是日本获取海外经济利益的重点区域。根据日本官方文件对于"自由开放的印太"的说明，其核心内容是"使得两洋与两洲联结产生的活力成为国际社会安定与繁荣的关键"。东南亚、南亚和非洲均为日本"印太构想"的重要实施地区。2016 年日本正式推出该战略后，日本政府更加强调 ODA 的战略性，提出向印太地区进一步倾斜，并借机刺激有效的民间投资，通过官民合作产生援助的协同效应。目前，日本对印太地区的 ODA 将增强以东南亚、南亚为中心的印太区域"连接性"作为援助重点，为此提出：不仅要通过开发高质量的基础设施（如港口、机场、铁路和公路）来增强"物理连接性"，还要在便利通关（制度连接性）和人员交流（人的连接性）等方面实现高质量增长，"软""硬"兼施地改善印太地区的投资环境，提升日本企业在该地区进行投资的竞争力。

基于经济学理论，分析日本 ODA 影响投资和供应链的途径，以东南亚和南亚国家为主要研究样本，并在稳健性检验中加入非洲国家，使用固定效应模型，实证检验日本 ODA 支出额对日本投资流量、企业网点数量和区域供应链的作用效果，得出如下主要结论。

第一，以投资流量和企业网点数量作为被解释变量，以 ODA 支出额作为主要解释变量，在所有回归中，解释变量的系数均显著为正，控制变量的逐渐加入没有对系数的符号和显著性水平产生影响，说明 ODA 对日本在东南亚和南亚的投资流量和企业网点数量具有显著的正向作用。因此可以认为，日本 ODA 的增加，不仅促进了日本企业对这些国家的投资，也促进了日本企业在当地生产和经营网点的铺开。第二，随着日本对东南亚和南亚 ODA 的投入，当地日资企业采购的原材料和零部件来自东盟地区的占比显著上升，在东盟全域范围内的区域供应链有所延伸，说明日本企业更加注重深入当地的生产网络，拓展所在区域的供应链。第三，在加入非洲国家的稳健性检验中，日本 ODA 对投资流量和企业网点数量仍具有显著的正向作用，不仅表明回归模型的稳健性，也进一步验证了日本 ODA 在包括东南亚、南亚和非洲在内的印太沿线地区的经济效应。第四，随着日本 ODA 的投入，在东盟日资企业采购的原材料和零部件中，相对于来自企业所在国本身的占比，来自除所在国以外的东盟其他国家的占比显著上升，也正是这一因素使得企业来自东盟全域的供应比有所提高，说明日本供应链延

---

[*] 李清如，中国社会科学院日本研究所副研究员；常思纯，中国社会科学院日本研究所副研究员。

伸的方向更注重整个区域范围,而非仅注重企业所在国本身。

日本着力支持印太地区的基础设施建设,通过打造连接东盟内部并进一步发展为通向印度洋的陆海空大动脉,积极推进"印太构想"下跨区域互联互通,意图为日企投资打破物流瓶颈、创造更优环境,确保供应链畅通,并"带领作为世界增长中心的亚洲强势复苏"。随着印太地区经济及地缘影响力不断上升,日美欧均加大在该地区的战略投入,并有联手对华制衡的趋势。可以预见,处于印太中心地区和供应链最密集区域的东南亚、南亚各国将成为日美欧在印太地区推动供应链和基础设施建设合作的重点拉拢对象,以对冲中国"一带一路"倡议,中国需采取积极措施加以应对。同时,继续推动中国对"一带一路"共建国家的投资,促进中国企业扎根当地市场。进一步夯实与"一带一路"共建国家在政治安全、经济与可持续发展、社会人文等多方面的合作,增强"一带一路"倡议的内生动力与发展潜力,使得中国企业不仅能够"走出去",还能"融进去",深入当地市场和生产网络,与投资所在国和所在区域共同发展。

学界评价与反响

文章以导入实证研究为特色,从定量和定性两种方式出发,考察了日本对印太地区(特别聚焦了东南亚和南亚地区)ODA 的经济效应,得出结论:日本 ODA 对于日企对东南亚及南亚投资流量、企业网点、原材料与零部件本地化采购以及区域延伸性等方面产生了正向作用,这些都将服务于日本政府的"印太构想",不仅具有战略意图,更兼具经济效益,这些都值得中国密切关注并采取积极应对措施。该文被中国人民大学复印报刊资料《中国政治》2022 年第 7 期全文转载,并被多篇期刊发表文章转载引用。

(该文原载于《日本学刊》2022 年第 2 期,收入本书时做了适当修改)

全球产业链、供应链重构背景下日本供应链安全保障的新动向

苏杭 于芳[*]

受地理环境以及历史因素等的影响，日本一直是一个高度重视安全保障的国家。2018年美国特朗普政府单方面掀起对华贸易摩擦，加剧了全球贸易环境的不确定性，日本政府和企业开始强化对供应链安全保障的重视和投入。2020年新冠疫情在全球大暴发，进一步推动了全球产业链、供应链布局的调整和发展理念的革新，激发了包括日本在内的世界主要国家对产业链、供应链安全保障的关注，全球产业链、供应链进入重构期。

全球产业链、供应链重构凸显出新变局下全球产业链、供应链发展理念的新变化，效率不再是唯一的发展目标，安全性与可控性已成为不确定条件下供应链国际竞争优势的新来源。对于高度依赖全球产业链、供应链的日本而言，强化供应链安全保障不仅关系到日本整个生产体系的稳定性和持续性，而且决定着未来日本在全球产业链、供应链竞争中的地位。因此，日本政府积极采取措施，力争在强化供应链安全性的竞争中先行一步。整体来看，日本强化供应链安全保障的举措呈现出主动性和多边性的特点。地缘风险的上升以及新冠疫情带来的供应链断裂唤起了日本的危机意识，推动日本政府主动作为，不仅加快了经济安全保障机制建设和立法进程，而且直面日本数字化发展落后的现状，大力提升日本供应链的数字化、智能化水平。除了自身主动作为，日本还积极参与多边及区域合作，在夯实供应链发展基础的同时，强化自身在新一轮供应链国际竞争中的存在感和影响力。

通过梳理日本强化供应链安全保障的举措可以发现，此次的调整动向呈现出以下几个突出特点。第一是"官民携手"。日本政府先后推出"供应链改革"项目、海外供应链多元化项目等，鼓励日本企业实现多元化的供应链布局；日本企业则主动研讨，根据自身的经营实际判断供应链结构和布局的调整方向。第二是"去中国化"。新冠疫情放大了日本对依赖中国供应链的担忧，借全球产业链、供应链重构的契机，日本希望在供应链领域拉开与中国的距离，避免地缘政治关系恶化可能给日本供应链安全保障造成的冲击。第三是"政治化"。增强供应链韧性原本是一个纯经济问题，然而由于美国等外部力量的介入，供应链安全保障问题变得越来越"政治化"。日本政府赋予供应链安全保障更多的战略和外交考量，这也导致日本强化供应链安全保障的举措兼具经济和政治影响。

在强化供应链安全保障的过程中，日本政府再次选择与美国保持政策的一致性和协同性。日本政府此举的战略动机显而易见，既强化了日美同盟关系，又达到了防范、打压中国的目

---

[*] 苏杭，东北财经大学国际经济贸易学院教授、博士生导师；于芳，东北财经大学国际经济贸易学院博士研究生。

的。然而，战略动机与经济现实之间却存在巨大落差。实际上，不仅是日本，即使是美国，也无法彻底实现与中国供应链"脱钩"。对依赖中国市场的日本制造业企业而言，要与中国"脱钩"又谈何容易？因此，日本政府在供应链安全领域的新动向表现为在政策层面提升供应链安全在日本经济安全保障中的地位，但在微观层面真正拉开与中国的供应链距离仍有难度。

学界评价与反响

《全球产业链、供应链重构背景下日本供应链安全保障的新动向》一文发表在《日本学刊》2022年第1期，收录于《中华日本学会2021年年会暨"新冠疫情冲击下的日本与东亚区域形势"学术研讨会论文集》、知网百科"全球产业链和供应链的变化"，并被国研网转载。

(该文原载于《日本学刊》2022年第1期，收入本书时做了适当修改)

RCEP生效后中日双边经贸合作的趋势变化研究

陈慧[*]

2022年1月1日全球最大自贸区RCEP正式生效，中日两国作为世界第二大和第三大经济体在RCEP生效后，双边经贸合作在货物贸易、服务贸易、原产地原则和投资等领域都将面临新变化和新影响。

RCEP生效后中日双边货物贸易领域的新变化及影响。首先在轻工业领域，中日对部分相对薄弱的轻工业品均采取协定生效后第11年或第16年降为零关税，对香水、化妆品、护肤品、纸张等不削减关税。这些措施可为中国相对薄弱的轻工业获取宝贵发展时间。日本在轻工业设计、技术及品牌管理上具有优势，而中国在产业规模和成本上具有优势。两国轻工业品将在各自优势领域和不同的消费者群体中进一步分割市场。在机械工业领域，由于日本机械科技实力较强拥有较大优势，因而中国对日本机械贸易长期处于逆差。中国在RCEP协定中为较薄弱的机械设备及零件企业争取了宝贵发展时间，但对日本的自动扶梯、移动式走道的进口则给予立刻零关税，因此这些产品在中国市场的竞争力将会提升，给中国企业带来较大压力。在纺织服装领域，中日对双方的纺织服装分别在第11年、第16年和第21年降为零关税，这不仅可稳定中日企业长期合作的信心，还可为双方纺织服装贸易构建有利政策环境。在电子电器领域，中国在RCEP生效后第11年、第21年对部分电子电器产品给予零关税，RCEP会显著提高日本电子电器在中国市场的价格竞争力，中国相关的市场份额会受到较大影响。此外在RCEP协定中，中国为国内生产逆变器、激光熔接机器人等高端电子电器行业争取到了宝贵的发展时间。

RCEP生效后中日双边服务贸易领域的新变化及影响。中国在日本高度关注的金融领域，首次引入新金融服务、自律组织、金融信息转移和处理规则，对金融监管透明度做出了高水平承诺，还提高了房地产业和养老服务业的开放水平。日本则提高了中国重点关注的房地产、金融、运输等领域的开放水平。同时，RCEP还鼓励双方在教育、考试、专业发展及认证、执业范围等领域制定专业标准和准则。

RCEP生效后原产地规则的新变化及影响。RCEP实行区域累积原则，该规则通过促进生产要素在区域内的自由流动，降低生产成本，带动中日贸易的发展。RCEP原产地规则将推动中国中间品生产并扩大其对日本出口。RCEP原产地规则可减缓中国全产业链对外转移。

RCEP生效后投资领域的新变化及影响。中国首次在自贸协定中用负面清单形式对非服务业投资领域进行承诺。日本除少数敏感领域外，基本全面开放农林渔和采矿业领域的投资。

---

[*] 陈慧，厦门大学南洋研究院世界经济博士研究生，广西财经学院副教授、硕士生导师。

RCEP大大提高了中日市场的准入，提升了两国投资政策的透明度，这不仅有利于中国投资者进入日本市场，改善中日之间投资不平衡的问题，而且也有利于日本企业进一步扩大对中国投资，巩固已有的投资。

RCEP生效后进一步扩大中日经贸合作的策略。在货物贸易方面，应扩大对日本优势产品出口和高质量产品进口；进一步提升中日贸易数字化水平，加快形成新的贸易动能；做好贸易风险防控，为可能产生的中日贸易摩擦做好充分准备。在服务贸易方面，鼓励中国企业在先进技术、管理咨询、研发等领域与日本开展合作；探索与日本开展跨境金融与证券服务合作；深化老年康养服务合作和运输服务贸易合作。在原产地累积规则方面，扩大中间品生产规模，满足日本对中间品的进口需求；加强科技创新，提升产业链供应链地位。在投资领域方面，利用RCEP投资规则，加强日本投资中国的虹吸效应；拓展中日绿色低碳投资合作空间，实现绿色低碳高质量发展。

学界评价与反响

该文自发表以来，不仅得到了学界专家的普遍肯定，而且还得到了大量研究者的关注和转引，截至2022年12月31日论文在中国知网被引用11次，下载量达1841次。该文作为RCEP生效后国内较早关注中日双边经贸合作新趋势的研究成果，为新时期中日经贸合作健康稳定发展提供了更多科学路径。

（该文原载于《亚太经济》2022年第2期，收入本书时做了适当修改）

经济安全视阈下日本确保核心行业安全的途径和方法

葛建华*

百年变局下国际形势发生深刻变化，不稳定性、不确定性和不安全性明显增多。日本认为确保核心行业与技术安全在维护国家经济安全中具有重要作用，日益将经济技术问题安全化。日本国会通过《日本经济安保法》，以国家安全的名义官民一体形成"统一战线"的方式确保这些核心行业与技术的安全，将其从企业微观层面的治理上升到国家战略和全球治理宏观层面，成为维护日本经济安全、参与大国博弈和提升国际竞争能力的重要内容和手段。

日本核心行业的指定主要从经济安全保障视角对限制外国直接投资的指定行业、为防止尖端技术外泄而加强出口管制的核心行业范围给予界定。自制定《经济安保法》后，还对"特定重要物资"、"特定社会基础性劳务"和"特定重要技术"给予指定。

日本主要从战略自主和战略不可或缺性两个维度推进对核心产业的保护。从立法、机制建设、产官研相结合等立体多维度完成培育日本关键行业和技术的不可或缺性、重要基础设施的战略自主性、产业链、供应链弹性和韧性。特别是针对半导体、数据中心、生物技术等新兴高科技领域采取"了解"、"保护"和"促进"的整体一体的方法，通过政府行政令、财政资金、加强监管审查等手段和措施，对涉及国民经济和民生重要物资的供应链、重要基础设施相关设备、通过非公开专利保护促进尖端敏感技术的发展等方面，以国家安全的名义给予保护、扶持和促进发展。日本保护核心产业的方式主要体现在立法层面，为核心行业的了解、保护设置防火墙，通过立法限制外资对核心行业的并购；通过出口管制限制核心产业技术外流；通过立法对"认定供应确保企业"进行官方支援。在机制建设层面，政府通过顶层设计加强统筹协调；在政府内部陆续设立了一些与经济安全议题相关的机构，重点是防范核心行业的技术外流。在企业层面，官民一体加强核心行业的风险管理。为此，识别供应链中的阻塞点；制定相关措施，增强管控风险的能力，从而使重要行业具有战略自主性和不可或缺性。在监管层面，强化对高等教育和科技交流的监管。在国际合作层面，加强与盟友的联系，强化核心产业供应链安全。

当前国际局势非常严峻，各种挑战层出不穷，在全球经济遭遇逆流的情况下，日本积极配合美国企图建立一个不依赖中国、互相竞争、割裂且封闭的体系，以此维护和巩固美国主导的国际秩序。其通过配合美国有选择性的脱钩政策，有选择性的"去中国化"，减少对中国供应链依赖，从而促进日本核心产业竞争能力的提升。为此，日本对核心产业赋予更多的国家安全含义，产业政策日益安全化，势必对经济活动产生许多不利影响。

---

* 葛建华，天津社会科学院东北亚研究所研究员。

学界评价与反响

《经济安全视阈下日本确保核心行业安全的途径和方法》这篇文章，比较有创新地从经济安全的视角将日本对核心行业的界定进行梳理，从而通过研究分析出日本对这些核心行业，以国家安全的名义官民一体，形成"统一战线"的方式确保这些核心行业与技术的安全，将其从企业微观层面的治理上升到国家战略和全球治理宏观层面，成为维护日本经济安全、参与大国博弈和提升国际竞争能力的重要内容和手段。为此，对我们在研究日本确保核心行业安全的相关政策的基础上，摸清我们自己在核心行业的优势和短板，牵制其脱钩举动具有借鉴意义。同时在知己知彼的角度上，对于坚持构筑我们自主创新体系，不搞一家独大、排他性安排，不断扩大经济科技伙伴关系朋友圈，积极为全球经济治理提供中国方案提供了可供参考的政策依据。

该文从"为国谋策"的角度，紧密配合学术热点进行研究，结论具有一定的创新见解。文献资料丰富翔实，具有很强的应用价值。自发表以来，得到学术界的关注，在知网的下载率和引用率较高。同时值得关注的是，该文引起《人民日报》关注，作为"经济安全政策"主干部分刊发于2022年5月的《人民日报内参》，为国家的决策参考提供了一定的学术支持。

（该文原载于《日本研究》2022年第3期，收入本书时做了适当修改）

竞争与差异化：日本对东南亚基础设施投资的策略选择

黄继朝　陈兆源*

随着"一带一路"倡议的提出和推进，日本也调整了其对东南亚基础设施的投资策略，呈现出三大新特征。一是突出高质量叙事。日本强调其基础设施在物理层面的便利舒适性、经济耐用性及安全性等方面的优质表现；强调其基础设施投资对高质量经济增长的贡献；强调对基础设施包容性、可持续性和韧性的追求。二是推进公私伙伴关系（PPP）发展。日本政府利用JICA日元借款、海外投融资及日本出口和投资保险等手段提供公共金融支持；改进与完善PPP相关的体制环境；动员更多民间资本参与。三是积极利用主导的多边开发银行。日本推动一系列亚洲开发银行改革举措来充分利用其投融资功能，包括整合完善亚开行内部基础设施基金；加强扩大与日本政府协调融资；促进资金调拨制度的高效化改革。

日本对东南亚基础设施投资策略调整的国际政治动因主要在于与中国竞争。"一带一路"倡议提出前，日本在东南亚基础设施投资领域长期"一家独大"，其竞争压力并不突出，因而其调整策略的动力与决心不足。面对"一带一路"倡议提出后中国在东南亚基础设施投资领域的活跃表现，日本感知到的竞争压力大幅提升，开始着力调整策略以确保竞争优势。"一带一路"倡议对日本调整其对外基础设施投资策略起到了催化效果，中国对东南亚基础设施市场的踊跃进入是刺激日本调整相关策略的重要动因。

为制衡"一带一路"倡议，在东南亚基础设施投资方面获得较之中国的竞争优势，日本采取了一种差异化的竞争方式，即有意识地与中国相区分。借鉴产业组织理论，该文为日本对外基础设施投资策略的调整提供一种基于形式模型的新解释。这有助于理解日本为何选择差异化策略，及其策略调整中对高质量叙事、公私伙伴关系和多边开发银行的重视。其一，相比中国的成本价格优势，日本通过对高质量叙事的强调和对高质量标准的推广来塑造东南亚国家对其"高质量"优势的感知。其二，差异化策略的成功需要日本投入足够资金以保障该策略的可持续性，故公共财政不足的日本选择大力推进公私伙伴关系，力图动员更多私营资本以充实资金。其三，为了避免被竞争对手模仿，日本利用其"在位者"优势积极挖掘亚开行作用，为其差异化策略制造更高模仿门槛。

面对日本在东南亚基础设施投资领域实施的差异化策略，中国不仅需继续巩固和挖掘自身性价比优势，还可在适当借鉴日本的基础上探索各类资本参与对外基础设施投资的新模式，如完善PPP相关政策支持与制度环境，积极稳妥地引入更多私营资本，同时还应采取开放包容的合作策略拓展中日务实合作。

---

* 黄继朝，深圳大学社会科学学院助理教授；陈兆源，中国社会科学院世界经济与政治研究所助理研究员。

学界评价与反响

文章搜集了较为丰富的日文文献资料，在梳理日本相应政策演变的基础上，系统考察了"一带一路"背景下日本对东南亚基础设施投资策略的新特征，具有重要现实意义。学界同人在引证时接受了该文对相关策略调整的特征概括，同意推动"高质量基础设施"、推进公私伙伴关系、强化亚开行作用是日本寻求在海外基础设施投资领域主导权和话语权、应对"一带一路"倡议的主要手段。

在理论层面，文章将对华竞争作为日本调整其在东南亚基础设施投资策略的主要国际政治动因，这一论点也得到引证文献的一致呼应。尽管多数学者都承认日本策略调整的背后存在对华竞争考量，但对来自中国竞争的认知如何影响日本策略调整的具体理论机制有待进一步挖掘。该文提出的"差异化竞争"机制为理解日本在东南亚基础设施投资的策略调整提供了具有一定理论深度的回答，获得学界及政策界认可。新华社"新华丝路"平台、中国贸促会北京分会、山东省商务厅在援引或转载该文时均注意到该文所提出的"差异化竞争"机制。这一机制有助于拓展并深化日本对华竞争策略的动因认识，对促进中国对外基础设施投资合作及高质量共建"一带一路"具有理论和政策价值。

（该文原载于《日本学刊》2022年第2期，收入本书时做了适当修改）

日本经济安全保障立法的时代动因与"产业政策"特征

丁曼[*]

2021 年岸田文雄执政后，经过一系列酝酿与讨论，日本政府于 2022 年 2 月 25 日的内阁会议通过了《关于通过一揽子经济措施强化安全保障的推进法案》（以下简称《经济安保推进法》），此后分别于 4 月 7 日和 5 月 11 日在日本众、参两院表决通过。《经济安保推进法》的时代特征、国别特征备受关注，该文旨在回应关注，全面评析《经济安保推进法》的出台背景与内核、本质，借此管窥日本经济安全保障立法的时代动因和"产业政策"特征，后者又是极易被忽视的。

《经济安保推进法》脱胎于《经济安全保障战略建议》，该建议是由岸田文雄任自民党政务调查会会长期间创立的"新国际秩序创造战略本部"制定的。这份建议既回应了经济界、经产省的呼声，同时兼顾了自民党内各派势力的妥协与平衡，也被视为践行"新资本主义"执政理念的重要支柱。

《经济安保推进法》由新立法部分和附则组成，涉及重要物资安全保供制度、关键基础设施安全保障制度、关键技术开发支援制度、专利申请保密审查制度四个领域，体现了首相官邸主导型决策方式，旨在统筹管理涉及经济安全保障类的财政补贴及政策性金融，并以法律形式明确了经济团体在推进经济安全保障中的作用及安全保障手段对日本国内产业保护的作用。

《经济安保推进法》的出台，意味着日本政府基于《国家安全保障战略》框架、整合产业政策及安全保障战略、突出顶层设计、自上而下的范式重构。《经济安保推进法》与安倍内阁通过的"新安保法案"同属于《国家安全保障战略》框架下，旨在分别从经济、安全等不同路径推进《国家安全保障战略》，维护国家利益。《经济安保推进法》为下一步修订《国家安全保障战略》奠定了基础，指明了方向。

《经济安保推进法》在《国家安全保障战略》中明确的保障国家利益、促进繁荣发展的方向上，在《国家安全保障战略》既有框架与制度惯性下，形成了日本国内各界"求同存异"的土壤。日本国内各界围绕《经济安保推进法》的共识大于争议。

从经济角度看，《经济安保推进法》的本质是政府积极介入市场无法解决的领域，延续了以往以"产业政策"提升竞争力的日本国别特征，强调了经济在《国家安全保障战略》中的重要性。《经济安保推进法》强化了首相官邸主导型决策方式和预算分配权，提供了以"安保"名义支援"战略性必备"新兴产业、保护"战略性自立"基础产业、保护日本国内中小

---

[*] 丁曼，外交学院外语系副教授。

企业的法律依据。研判《经济安保推进法》对中日经济关系的影响，既要看到中日贸易结构、贸易惯性在日本重要物资安全保供中的重要作用，也要看到日本旨在平衡敏感技术保护和确保出口市场的潜在战略意图。

学界评价与反响

该文刊载于CSSCI所收《现代日本经济》2022年第3期卷首，截至目前已有570余次下载量及5次被引量。引用该文生成的论文分为4篇学术论文和1篇硕士学位论文，其中4篇学术论文均为《日本学刊》《现代日本经济》等CSSCI所收核心期刊论文。可见，该文的研究成果对于中国学者开展高质量日本经济安保领域研究具有学术价值和参考借鉴意义，对于研究生教育也具有教学价值。经《现代日本经济》学术编委会推荐，该文被遴选为该刊优秀论文，经编译为英文长摘要后在国际上宣传推广，肩负着中国学术成果"走出去"的使命。该文经季卫东先生审读后全文转载于上海交通大学日本研究中心"东亚研究"微信公众号，在关注东亚研究的学者及普通读者中具有良好的知识启蒙意义和学术推广应用价值。该文辩证唯物地全面分析了日本经济安全保障立法的"经济方略"思想和"产业政策"表征，对于中国政企准确预判情势、及早筹谋对策提供了理论支持和翔实依据，具有咨商咨政意义与价值。

（该文原载于《现代日本经济》2022年第3期，收入本书时做了适当修改）

内生式发展理论在乡村振兴中的实践

——以日本岛根县邑南町为例

胡霞 刘晓君*

  内生式发展理论诞生于对外生驱动型发展的反思。这是一种由区域内的居民和地方政府等主体主导，以区域内要素禀赋和文化资源为基础，辅以引进的资金和技术等要素，通过建立地方产业关联的方式自下而上实现地区内经济、社会和文化综合发展的发展理论。作为内生式发展理论的诞生地之一，日本不少农山村自20世纪70年代末就开始探索依靠自身力量实现乡村振兴的方法。考察日本乡村的内生式发展实践，不仅有助于完善我国对内生式发展理论体系的研究，更能够为我国推进乡村振兴、实现乡村社会、经济、生态、文化的全面、可持续发展提供有益的经验借鉴。该文较为全面地阐明了内生式发展理论内涵，并分析了日本岛根县邑南町乡村振兴中的实践方式和成效，在此基础上，结合我国乡村地区的实际情况，提出了促进我国乡村内生发展的政策建议。

  作为一个严重老龄化、过疏化的地区，岛根县邑南町的居民为改变当地经济衰退、人口减少和乡村社区衰败的状况，自发开始了内生式发展的探索。根据侧重点的不同，可以将其探索历程划分为两个阶段。在市町村合并前，当地侧重于以产业振兴带动乡村振兴。由村内留守老人和妇女自发组织的有机农业生产起步，到利用乡村自然、人文资源开发乡村旅游服务业，当地逐步打造出具有地方特色的乡村产业体系，并基于乡村产业建立"研修生制度"吸引外来青年女性定居。然而，由于在这一时期当地的人口对策缺乏力度和针对性，未能遏止当地老龄化和过疏化的趋势，且人力资本和劳动力的严重短缺最终制约了当地产业的发展。市町村合并后，为解决过去遗留的问题，邑南町的内生式发展重点转向以综合性措施提升发展质量。当地通过召开居民大会制定出"A级美食町"和"第一育儿村"两大发展战略，并在地方政府的协助下将其制度化为当地政策，将乡村产业振兴与促进人口增长、提高生活质量的对策紧密结合，全方位地增进当地民生福祉和吸引力，以此吸引人口定居。经过30多年的发展探索，邑南町不仅促进了乡村产业体系的形成和壮大，还实现了人口回流，提高了居民的生活满意度，使当地乡村得以发展存续。

  在脱贫攻坚之后的5年过渡期内，如何使乡村振兴由外力驱动转变为内生发展是我国当前亟待解决的问题。从日本邑南町内生式发展的经验中，可以得到如下启示：其一，重视对乡村居民主体性的培育，以教育和组织化等方式提升乡村居民参与发展的意识和能力；其二，构建城乡生产要素互动的制度机制，畅通城乡要素流动渠道；其三，合理发挥地方政府的积

---

* 胡霞，中国人民大学经济学院教授；刘晓君，中国人民大学经济学院博士研究生。

极作用，打造服务型政府。

学界评价与反响

该文章发表前曾在2021年10月召开的全国日本经济学会年会上作为重点报告进行汇报，获得了与会学者的好评。一方面，该文所涉及的日本社会老龄少子化、农业发展与乡村振兴是当前日本社会的前沿问题、热点问题，选题具有重要的意义。另一方面，文章采用了多样化的研究方法，通过文献分析和田野调查相结合，深入地分析了文章所探究的问题。该文章的学术贡献体现在以下三个方面。首先，梳理了当前国内外学界关于内生式发展理论不同派别的研究，并综合各个流派的观点，提炼出了一个针对乡村振兴的内生式发展理论框架。其次，基于对日本岛根县34年以来的田野追踪调查，以生动翔实的事例，分享了岛根县邑南町内生式发展的缘起、路径和经验，有助于我国相关领域的学者更直观、更清晰地了解日本乡村振兴的历史与现实。最后，文章根据岛根县的案例，以小见大提出了对我国未来乡村振兴的启示——重视居民参与，提高居民的学习能力和组织化程度，建设服务型政府，以此实现城乡的互利共赢和共同富裕，这些经验有助于为我国乡村发展政策的转变提供参考。截至2023年10月，根据中国知网统计，该文章被引用20次，下载量2224次，表明该文具备了一定的学术影响力，为我国学界的日本乡村发展研究作出了边际贡献。

（该文原载于《现代日本经济》2022年第1期，收入本书时做了适当修改）

昭和天皇对卢沟桥事变的认识与应对

——基于《昭和天皇实录》的考证

龚娜[*]

通过解读昭和天皇的唯一官方记录——《昭和天皇实录》（以下简称《实录》），并对比既往史料，着重考察卢沟桥事变后有关昭和天皇的记录，发现天皇认识和应对该事件的几个细节，一是天皇认为"干岔子岛事件"是卢沟桥事变的起点，二是天皇的关注重点仅在于防范苏联和统合军政，三是天皇自诩和平的"对蒋妥协说"实为辩解之词。卢沟桥事变发生后，昭和天皇为了统合政战两略，要求召开御前会议，意图积极打开局面。昭和天皇从一开始就了解、关注、掌控事态，积极主动介入了对事变的处理，并亲自批准了向华北派兵与增兵的命令，从而使事变迅速扩大并演变为全面侵华战争。

结合《实录》和相关史料的记载，大致可以确定：卢沟桥事变发生之前，昭和天皇已经预判到会与中国开战。但与"九一八事变"的事前预谋不同，卢沟桥事变是在日军不断增兵的情况下频繁制造冲突所引发的。昭和天皇在事变发生前后，首先最为担忧的，不是与中国开战，而是防备苏联。苏联的崛起令日本产生危机感，日本经过多次试探，确认苏联不会出兵后，遂掀起了全面侵华战争。

从《实录》的文本选取和内容分析，天皇对于卢沟桥事变的态度和决策存在表与里的两面性：在表面上，《实录》中很少提及天皇积极督战的一面，更多的是强调天皇的慎重态度。但实际上，正是在天皇的主动建议下御前会议才得以实现；也是在天皇自主召见参谋总长，反复确认和苏联的关系后，才决定向中国增兵、扩大侵华的。相关史料亦可为佐证，这些决策是基于昭和天皇的主体意志决定的，其战争责任不容淡化。

《实录》中关于卢沟桥事变爆发后的记录将天皇刻意书写成"和平主义者"，只是迫于战场形势才继续派兵，淡化天皇在天皇制权威结构中的作用。通过史料比对，昭和天皇是在反复确认对苏战备状况，并得到对中国开战的乐观预测后，才决定增兵、对中国开战的，并非形势所迫。并且，在这一决策过程中，天皇和他的军队领导层持有错误的乐观主义，他们过于蔑视中国的军事能力，并由此产生了错误的战胜希望。这种错觉使他们一面回避惹上强大的苏联，一面幻想趁机迅速击败中国。昭和天皇则在其中扮演了冒险的机会主义者的角色，而非"和平主义者"。

发动战争的历史罪责，无法也不能通过美化史料来逃脱。日本政府竭尽全力地妄图通过《实录》达到淡化天皇战争责任的目的，但历史不容篡改，天皇作为国家最高统帅，对日本全

---

[*] 龚娜，天津社会科学院亚太合作与发展研究所副研究员。

面侵华战争的爆发负有不可推卸的责任。

学界评价与反响

该文是国内首篇利用《昭和天皇实录》分析昭和天皇与卢沟桥事变关系的论文。关于卢沟桥事变的起因，中日学界存在较大分歧。日本学界倾向于强调卢沟桥事变最初的枪击事件是"偶然发生的"，将研究重点放在对"第一枪"的追查中，有些学者甚至推断是由于中国第二十九军士兵偶然开枪引起的。中国学界则普遍认为卢沟桥事变的发生在很大程度上与日本的侵华政策相关、与天皇制相关，其发生具有必然性。关于卢沟桥事变，我国学者认为还有很多方面值得继续研究。特别是关于昭和天皇在卢沟桥事变前后发挥了何种作用的研究相对缺乏。随着日本宫内厅编纂的《实录》的问世，关于天皇的研究再次引起了日本学者的关注和讨论，一些学者利用这部新史料，又一次将昭和天皇塑造成"和平主义者"，认为天皇在卢沟桥事变发生前后的应对中，只是迫于战场形势才继续派兵的。然而，正如有研究者注意到的，《实录》的编纂本身就有"扩大及再制造"昭和天皇即"和平主义者"之嫌。那么，昭和天皇作为统率陆海军的大元帅，他对卢沟桥事变是怎样认识并应对的？究竟在其中发挥着怎样的作用？这些问题，仍值得我们借助新史料、通过比对进行深入探究。该文利用《实录》等史料，重新对卢沟桥事变前后昭和天皇的思想和行动进行了考察，借以对昭和天皇在卢沟桥事变中所发挥的作用，做出了更接近历史真实的解读。

（该文原载于《东北亚学刊》2022年第3期，收入本书时做了适当修改）

从"生长之家"到"日本会议":战后日本右翼势力的演变

牟伦海[*]

步入后冷战时代,日本政治整体呈现加速右倾化趋势。当下日本"最大右派"的日本会议正是日本政治右倾化国民舆论基础的典型体现。日本会议起源于以"天皇信仰"为核心理念的宗教保守势力生长之家。战后生长之家借助战后日本民主体制的外衣,开创了直接发动国民大众以增强影响力的"国民总自觉运动",其思想本质是战后日本民族主义借助宗教势力复活及其趋向极端化的体现。步入 20 世纪 60 年代,以生长之家信徒为核心的"民族派"新右翼势力迅速崛起。但新右翼在行动方式上则是延续传统右翼,因而与战前右翼类似,很快便陷入无尽的分裂重组。在此过程中,以生长之家信徒为核心的日本青年协议会引领了摸索克服战前右翼弊端的实质性路线转变。即放弃暴力反体制,向合法渗透体制的大众运动转向。在日青协的领导下,以日本守护会、日本守护国民会议为核心的日本会议前身组织日渐成型,并迅速发展成了右翼界的新主流。20 世纪 90 年代,日本会议在前身组织核心人物椛岛有三和神社本厅的外山胜志合作推动下,以日青协为主导,在合并日本守护会与日本守护国民会议基础上,于 1997 年 5 月 30 日正式成立。日本会议将分散的保守运动进行统合,在全国范围内形成了强大的组织影响力,成为"全国极右组织的中心",成为当今日本"唯一一个综合性的极右组织"。生长之家原教旨主义派与神社本厅是主导、支撑日本会议组织运营的两大支柱。通过制造强大的舆论影响力来实现政治主张是日本会议国民运动模式的基本原理。自成立以来,这种独特的"国民运动"模式取得了诸多重大"成果"。日本会议影响力的关键在于其利用战后民主体制下国民舆论,推动以合法的"国民运动"方式影响乃至左右日本政治。

以和平非暴力方式从体制内部合法地攫取政治权力的日本会议"国民运动"路线,是日本右翼界适应战后民主体制基础上战术转向的产物,代表了战后日本右翼主流的新动向。但应当看到,"国民运动"只是日本会议实现目标的战术手段,重建以天皇为中心的日本国体才是其终极目标。当今日本,相比于忧虑战前右翼暴力夺权路线的重演,更应当警惕民主体制下以合法形式夺取政权的"纳粹化"路线。日本会议崛起的轨迹彰显出战后日本国民大众民族主义狂热的日渐高涨态势,潜藏着近代"国民右翼化"现象在战后重现的危机。即日本会议"国民运动"和平的表象与右翼本质的精神属性的扭曲现象正是战后日本制度民主化与国民精神层面前近代性延续扭曲构造的缩影。

学界评价与反响

该文作为目前中国学术界首篇系统考察日本会议这一当今日本最大右翼组织的专题研究,

---

[*] 牟伦海,武汉大学历史学院、武汉大学日本研究中心副教授。

为更深入认知战后右翼势力的转型及其内在本质提供了有益的学术价值。尤其是将对日本右翼的关注，以及对日本修宪历史进程的考察，从传统的政治上层转向了日本国民大众的底层，这一新视角的提出，为认知战后日本国家重建进程及其相应应对有着颇为有益的现实参考价值。文章刊出后获得了学界的较高认可，受到多次引用，以及武汉大学历史学院、万维书刊网等相关机构的网站、微信公众号推介。根据中国知网统计，截至2023年10月19日，该文下载量达402次。

（该文原载于《世界历史》2022年第5期，收入本书时做了适当修改）

日本台湾研究：沿革、特色及局限

蔡曾*

日本的台湾研究，虽非中国大陆及中国台湾地区外最有成就者，但其独立完善的研究体系和深厚的学术积累使其成为该领域的一个重要支点。日本对台湾研究的历史可以追溯到明治时期，其研究体系在培养体系、经费自主和学术交流等方面形成了独特的风格。日本的台湾研究范畴广泛，包括政治学、经济学、社会学和文学等多个学科，研究对象横跨从晚清至今的广泛时期。

日本的台湾研究，在方法论和研究视角上展现出独特性。与中国大陆和台湾地区的研究相比，日本研究者往往采取"第三者"视角，这使得他们的研究在某种程度上更加客观和全面。与美国的台湾研究相比，日本的研究则更加注重"东方色彩"，这体现在对于历史文化背景的深入挖掘和对现代政治经济情况的具体分析。日本学者在台湾殖民历史、"台日关系"以及产业经济等方面的研究，特别是对殖民时期的历史文献和资料的整理和研究，为台湾研究领域增添了重要的视角和资料。此外，日本学者在政治学和经济学的研究中，往往能够把宏观的政治经济理论与台湾地区的具体情况结合起来，从而提供更为深入的分析。

然而，日本的研究也存在一定的局限。首先，在两岸关系的研究中，部分日本学者可能会带有一定的先入为主的观点。其次，在研究方法上，一些学者的方法可能显得相对保守和僵化，这在一定程度上限制了研究的创新性和深度。这些局限性提醒了大陆学者在借鉴日本对台研究的同时，也要注意其不足之处。

整体上，关于日本对台研究的总结性文献在中文领域仍然较少。大陆学者在研究台湾问题时，有必要更加深入地了解和研究日本学者的研究成果，以丰富和完善自己的研究视角和方法。日本的台湾研究不仅为中国大陆提供了学术参考和借鉴，也为两岸关系的研究提供了一个独特的视角。通过对日本的研究成果的深入分析，中国大陆学者可以在台湾问题上获得更为全面和多元的理解，从而更好地服务于国家统一和地区稳定的大业。

首先，大陆学者应深入了解日本学者在台湾研究方面的成就和特色，尤其是在殖民史、台日关系以及产业经济等领域的研究。这些研究不仅丰富了台湾问题的历史维度，也为理解当下的两岸关系提供了宝贵的历史背景和经验教训。

其次，大陆学者在吸收日本研究成果的同时，也应注意其局限性。例如，对于两岸关系的研究，大陆学者应警惕日本学者可能存在的先入为主的观点，以及在方法论上的保守和僵化。由此观之，大陆学者应积极探索新的研究方法和视角，将政治学、经济学等社会科学的

---

* 蔡曾，浙江大学公共管理学院社会学系博士研究生。

前沿研究方法引入台湾研究。通过跨学科、跨领域的研究，不仅能弥补现有研究的不足，也能为台湾问题的研究注入新的生命力。

除此之外，大陆学者还应主动与日本学界进行更为深入的交流和合作。通过参与国际研讨会、共同开展研究项目等方式，不仅可以深入了解日本的研究动态和趋势，也可以在交流中提升自身的研究能力和视野，从而在国际学术界中占据更有利的地位。

学界评价与反响

该文是继作者与耿曙研究员合作《日本的香港研究综述》一文之后，又一次对日本对华研究脉络的补充。自刊发以来，该文不但得到了日本学界专家和研究者同人的不少赞誉，也唤起了中国台湾研究界对于日本文献的重视。日本学者对于台湾的研究，直接反映了科研圈对于中国台湾问题的看法，也会间接影响政治圈、经济圈的对华态度。因此，知己知彼，事先充分了解其观点与看法，就我们的对日交流工作而言，无疑是积极的、有效的。

（该文原载于《台海研究》2022年第3期，收入本书时做了适当修改）

日俄战争后日本在奉天的早期"经营"

曹雯[*]

作为东北地区的首府,奉天既是东北政治中心,也是地区经济商业中心。甲午战争,尤其八国联军侵华后,东北成为日、俄欲在华拓展其殖民政策的首要目标,俄国铺设东清铁道的行为就极大影响了东北地区的格局。日俄战争后,因战败,俄国将东清铁道支线长春以南段的相关权益全部转让给日本,而日本人将其新获得的东清铁道部分段支线称作南满线,南满线所经过的重要城镇中就有奉天以及终点大连。

日俄战争后,在日本对东北所进行的殖民活动中,作为南满线中央枢纽的奉天发挥了重要作用。就像俄国人以哈尔滨为中央枢纽,打造了一个向东可直达出海口海参崴,向西与西伯利亚铁道线相衔接,向南可直达辽东半岛出海口大连的"丁"字形铁道网络一样,日本在加筑奉天至安东的安奉线后,以奉天为中央枢纽,也将南满线扩张成一个"丁"字形铁道网络。在日本打造的这个殖民性铁道网络中,最北端之长春为东辽河平原的重镇,中央枢纽站奉天不仅是中国东北的政治中心,也是该地区最大的消费城市,"丁"字横线的另一端是已变成日本殖民城市的出海口大连,"丁"字竖线的末端,即由奉天分出的支线终点安东位于中朝边境,且随着安奉线与朝鲜京义线的接轨,朝鲜甚至日本同"南满"连接在了一起,这为日本进一步在东北推进其殖民活动提供了极大便利,而奉天无疑起到盘活整个殖民计划的中枢作用。

奉天在日俄战争后虽对西方列国开放,但根据中日《会议东三省事宜正约》,日本可在奉天划定租界。因奉天车站及其附属地权益已转为日本人所有,日本在划定租界时充分考虑到奉天站的地理位置,最后确定将自奉天外郭之大小西边门土墙一线与满铁附属地即奉天站附属地之间、面积约10500亩的地区划为奉天日租界。除了这片区域,奉天城内以日本奉天总领事馆所在地为中心的一块区域亦被划为租界,故奉天日租界由城外、城内两块区域构成。若此,奉天一半的天下都掌控在日本人手中,不折不扣成为一个半殖民地城市。

1905年7月15日,管理租界内公共事务的奉天居留民会成立。奉天居留民会虽是一个民间组织,但受到日本奉天总领事馆的严格管控,22名行政委员会委员中的12名委员必须由总领事馆任命,且经由行政委员会决议的公共管理事项须获得总领事馆的承认方可生效。为吸引更多的日本人在奉天创业,日本总领事馆领导下的奉天居留民会在教育、卫生、消防等各个方面推动租界公共事务的发展。比如,成立于同年10月的奉天公立小学校,最初就读的学生仅为8人,1年后就增加至49名;到1908年,修学年限由4年改为8年,与日本国内的小学

---

[*] 曹雯,中国人民大学历史学院清史研究所副教授。

教育目标保持一致。又如，创办于1906年的公立医院在翌年2月开始接待病人，在1909年并入红十字会医院后，粗具规模，患者收治能力可达80人以上，已发展成为一家现代医院，且收治对象不再局限于日本人，而是面对所有奉天人。又如，为能给来奉天发展的日本人创业者提供更多的商业机会，1907年，奉天商业会议所在日本总领事馆的指导下成立。又如，奉天居留民会可在租界内征税以保证民会稳定运转所需的费用，税赋大致分为商业营业税和风俗、娱乐业营业税两类。需要注意的是，奉天居留民会并不能管理满铁奉天站附属地的民事事务，但无论是民会，还是满铁，均要接受总领事馆的管理。在几年内，奉天居留民会与满铁合作，就在奉天日本租界区与满铁奉天附属地初步营造出一个集商业、教育、卫生、娱乐等于一体的殖民发展区域，将奉天推上南满铁道网络中央枢纽的地位。

通过检讨各项经济数据可知，奉天确实起着货物集散地的重要商业作用。一言以概之，以奉天为中央枢纽的南满线铁道网络在日本殖民东北期间曾发挥过巨大作用，即大量的东北原材料源源不断通过满铁被运抵出海口，再输往日本；同时，日本国内的工业制造品抑或地方杂货又通过满铁被不断送往满铁所经过的各个东北城镇，而奉天恰恰处在这个殖民经济结构中的心脏地。如此，日本大力"经营"奉天的用意不揭自破：只有将"心脏地"殖民成"自己的城市"，才能盘活对"南满"地区的殖民。

学界评价与反响

该文自刊发以来，不仅在各种媒体平台上得到推广，而且得到研究者的大量关注和转引，被学界同人普遍肯定。这是因为，关于日俄战争后日本在东北殖民状况的研究，学者们多关注新建贸易城市大连在日本殖民东北活动中所发挥的作用，甚少将目光投向奉天。然而事实是，日俄战争后，奉天在日本殖民东北活动中也占据着重要作用。奉天在满铁"丁"字形网络中所处的中心点位置以及奉天作为中国东北地区政治中心所具有的现实地位，都成为日本要把奉天打造成"日本天下"的缘由。即日本驻奉天总领事馆领导下的"奉天日本居留民会"，携同负责奉天站铁道附属地事务的满铁公司，竭尽所能改造着奉天日本租界及满铁奉天站附属地，试图在奉天建造起一个"日本人城市"。经过营造的奉天，在日本以南满丁字形铁道网络为依仗、辐射东北腹地殖民活动中，显而易见起着骨干作用。该文正是揭示了上述历史事实，在补足相关历史研究方面有所贡献。

（该文原载于《清华大学学报（哲学社会科学版）》2022年第3期，收入本书时做了适当修改）

东亚历史视域下的古代日本政治发展进程探析

蔡凤林[*]

关于中国古代历史发展进程及运行态势对东亚历史前行及其内在联系机制的形成所发挥过的主导作用,以及这一发展进程及运行态势在东亚历史发展进程中一以贯之地占据的主体、主线地位,需要进行深入系统的研究;古代中日两国间乃至古代东亚地区内部的焦点问题之一来自朝鲜半岛,围绕这一焦点问题,7世纪以前日本的政治发展进程深受中国历史运行态势的影响。

一、中国周秦王朝与日本国家雏形的出现

自古以来,中原与辽东地区和朝鲜半岛或地域毗连或水路相通,这些地区皆可梯航而至。周秦社会动荡时期,大量中国稻作民经由陆路或海路移居朝鲜半岛,他们把稻作技术和青铜器制造技术传入那里,不仅改变了朝鲜半岛的社会文化面貌,也推动日本社会进入早期国家形成阶段。

二、中国汉魏王朝与古代日本广域王权的形成

汉魏时期中国政局深刻影响东亚地区,客观上促使中原王朝对倭国给予高度的政治关注。倭王定期朝贡乐浪郡或积极寻求汉魏王朝的册封,是为了得到中原王朝的政治支持,从而在日本列岛政治多元发展格局中构筑、宣示自己超越列岛各国首领的特殊政治地位。汉魏王朝对倭国的政治影响,推动了日本广域王权形成的进程。

三、中国南北朝与日本大和王朝的建立

中国南北朝历史不仅在5世纪东亚历史中占据主线地位,而且主导了5世纪东亚历史的发展进程,也深刻影响了日本大和王朝的建立,集中反映出以中国历史为核心的东亚历史内容环环相扣的运行规则。

四、中国隋唐王朝与日本律令制国家的建设

在古代,除非如同汉魏和南朝刘宋王朝那样,在错综复杂的东亚国际环境中出自对王朝安全的考虑而关注日本,一般来讲,隋唐以后中国传统封建王朝对日本的政治关注度不及对朝鲜等毗邻国,更无意将日本列岛纳入统治范围。隋唐王朝为平定高句丽而对朝鲜半岛产生的冲击力,客观上促进了日本律令制国家的建设。

---

[*] 蔡凤林,中央民族大学外国语学院教授。

五、中国对古代日本的政治影响

（一）政治方面的影响

古代日本人抱有强烈的大陆情结和大陆文明情结，他们使出浑身解数试图控制朝鲜半岛。中国历史对朝鲜半岛产生的冲击力和日本以朝鲜半岛为主要目标的大陆政策的交互作用，是推动古代日本政治、文化发展的主要动力。

（二）经济方面的影响

唐朝之后传统中原王朝对周边民族和国家的政治影响力减弱，但依然是经济和文化大国，唐朝之后的"东亚世界"是依靠以中国为中心的东亚（包括东南亚）贸易和中国思想文化打造出来的国际体系。

（三）文化方面的影响

自汉魏王朝至 8 世纪，为了与中国有效开展政治交往和建设律令制国家，日本高度重视对中国语言文字、典章制度和思想文化的学习吸收。日本社会使用汉文撰写外交文书以与中国交往，依靠汉语和汉字，日本登上了古代东亚地区的国际政治舞台。汉字、汉语、汉文、汉学为日本语言及日本民族、国家的形成发展发挥了不可估量的推进作用。

学界评价与反响

该文有以下学术创见和亮点。1. 关于中国古代历史发展进程及运行态势对朝鲜和日本等东亚国家历史前行所发挥过的主导作用，以及这一发展进程及运行态势在东亚历史发展进程中一以贯之地占据的主体、主线地位进行了较系统的学理性阐释。2. 系统阐述了古代中国历史发展态势和自然张力对朝鲜半岛产生的巨大冲击力与古代日本以朝鲜半岛为主要目标的大陆政策的交互作用成为推动古代日本政治、文化发展的主要动力。同时阐述了古代中日两国间乃至古代东亚地区内部的焦点问题之一来自朝鲜半岛。3. 从政治、经济和文化等方面高屋建瓴地系统阐述了古代中国对日本的政治影响，并公允地提出："日本与中国为邻，在其民族文化和国家形成发展的进程上走了许许多多的终南捷径，无论在其历史发展进程中还是文化机体中都有众多的中国影响要素存在。无论日本怎样试图'脱亚入欧'，其历史文化永远也无法真正'脱亚'，更无法'去华'。"总之，该文是作者在近年东亚区域史诸多实证研究的基础上的一次较好的学术总结和理论提炼，是一篇关于古代中日关系史和东亚区域史研究的佳文。该文刊载后，得到了学界和相关媒体的良好评价和转载，百度、搜狐、中图网、中国社会科学院日本研究所网站、《日本学刊》网站和微信公众平台、先晓书院等网络媒体均登载了其摘编，且全文收录于中国知网、一带一路数据库、百度文库。

（该文原载于《日本文论》2022年第2辑，收入本书时做了适当修改）

论巴黎和会后日本在山东势力的维护与扩张（1919—1931）

李少军*

该文基于中日档案与其他相关史料，论述日本从巴黎和会后到"九一八事变"前维护和扩展其在山东势力的问题。

第一，揭示日本在巴黎和会后、中日交涉因"山东问题"而陷入僵局的情况下，为通过条约维护其在山东势力而推行系列步骤，特别是利用美英为召开华盛顿会议需要日本合作，而与之交易、促成"山东问题"中日谈判，并认为这是1922年中日《解决山东悬案条约》及相关协定订立的主要促因。对于该条约有关胶济铁路的规定，认为日本从所谓"合办"退为向中方索要赎金，固然与中方抗争相关，但主要是顾忌美英压力所致，且在谈判前就有预案；而巨额赎金在条约中规定下来，便成为日本继续控制胶济铁路的凭借，也使美英对该铁路无法与日本有同样地位。

第二，通过考察日本与美英围绕各自在山东权益展开博弈的实情，证明：日本当时尽管表面上不反对"机会均等主义"，但也绝不愿收缩其在山东的地盘，故以条约规定其在占据胶州湾与胶济铁路期间所获一系列所谓"既得权"，尤其是要长期保持其在胶东半岛所占大量土地，从而为在山东维持其相对于美英的巨大优势打下了基础。

第三，论证日本在对华"交还"胶州湾、"移交"胶济铁路之后，仍将山东作为其"经济势力圈"，指出，日本占据胶州湾与胶济铁路期间长期"主政"的军方、其后派驻山东的领事及其本国高层，对于将山东作为其"经济势力圈"有共同欲望。为此，日本政府在"交还"后竭力维护集中于胶州湾与胶济铁路沿线的经济势力，其在青岛、济南之间密集设立领事机构及大肆操控胶济铁路与沿线矿山等举措，可谓突出体现；而大量日企在山东继续经营，也引来众多日本人，以至于这里的日侨人数在关内各区域中仅次于长江三角洲；此间美英在山东的经济势力虽有所扩展，但在贸易、交通、采矿、制造、金融等方面，都一直远不及日本。

第四，阐明日本在"交还"胶州湾后对山东继续保持着军事威胁态势，并在其认为需要时以海陆军入侵，指出，在辽东、天津及日本国内、朝鲜的日军，都有开往山东的便捷通道，且如1927年、1928年对山东出兵所显示的那样，在实施入侵时还彼此联动；即使中日在非战争状态下，日军也动辄采取深度入侵山东的军事行动。日本海军对"交还"的胶州湾从未放松钳制，1925年后强化在山东沿海的"警备"，在出兵山东过程中充当了先锋与后卫，后来其在中国北方沿海的舰队一直以青岛为旗舰常泊港，而日本的主力舰队在"九一八事变"前数年中，也将青岛、烟台作为春季必至之地。

---

* 李少军，武汉大学历史学院教授、博士生导师。

学界评价与反响

中国历史研究院官网"史学前沿 中国史"栏目2023年9月27日转载了该文。该文在中国知网下载量接近1200次。

（该文原载于《近代史研究》2022年第5期，收入本书时做了适当修改）

利用、防范、妥协：占领期盟军对日本宗教行政机构改革

罗敏[*]

第二次世界大战后，以美国为主的盟军占领日本，成立盟军最高司令官总司令部（GHQ，以下简称"盟总"），在日本推行了一系列"非军事化""民主化"改革。由于占领期盟军对日本施行间接统治，以上改革主要是通过日本官僚系统推行。但宗教制度改革的实践证明将日本官僚当作技术工具加以利用的政策过于理想化。在宗教行政机构的改革中，盟总民间信息教育局对文部省宗务科实际上采取了利用与防范相结合的政策，在废除与保留宗务科之间多次反复，呈现"钟摆化"的特点。间接统治对日本官僚虽然具有强制约束力，但占领政策与官僚自身利益相冲突，因此占领前期文部省官僚扮演了被动合作者的角色。占领后期，受冷战格局影响，盟总与日本官僚的对立性减弱，盟总民间信息教育局也做出妥协，面临被废除危机的文部省宗务科最终得以保留。

该文主要使用了占领期盟军的官方档案、日本国会记录、新闻报纸等多份史料，呈现出盟总为了实现占领目标，与日本官僚反复交涉、不断变化具体政策的历史过程。二战后以美国为主的盟军所推行的改革对现代日本产生了深远影响，是学界广泛关注的重要问题。

关于占领期盟总对日本行政机构的政策，既有研究多强调盟总采取了利用政策，但实际上除了利用，盟总民间信息教育局还采取了防范和妥协政策。不同时期采取不同政策主要是因为盟总需要确保自身利益、实现改革目标，并针对内务省、文部省等日方行政机构的具体行动进行调整。在行政机构改革问题上，盟总无疑将自身置于一种进退维谷的两难困境，因此其政策呈现出"钟摆化"的显著特点。冷战格局形成后，美国国家利益的变更导致其对日政策几乎全面转向，盟总与日本官僚的对立性减弱，双方利益开始趋向一致，行政机构改革的保守化正源于此。需要注意的是，与其他领域相比，占领期日本宗教制度改革受冷战的影响更为隐蔽。

关于占领期日本官僚所扮演的角色问题，目前学界存在较大分歧，有忠实助手说、主动合作说、能动说、非合作说和必要说等多种说法。该文在史实的基础上结合马克斯·韦伯的官僚制相关理论研究，指出间接统治结构对日本官僚具有强制约束力，但日本官僚自身利益与占领政策相冲突，他们的行动是在强制约束力下的被动应对。从盟总控制日本官僚的形式和效力来看，占领前期文部省官僚实际上扮演了被动合作者的角色。该文探讨了美日两国从战时敌对关系向战后同盟关系转换过程中日本官僚被动合作的姿态与间接统治、冷战格局之间的关系，既有助于加深对日本战时战后连续性问题的理解，也可窥见日本在占领期改革和日

---

[*] 罗敏，中央民族大学历史文化学院讲师。

美同盟中寻求自身主体性的尝试。

学界评价与反响

该文通过对史料的细致梳理还原了占领时期盟军在日本推行改革的复杂过程，也彰显出战后日本"非军事化""民主化"改革的不彻底性和服务于美国国家利益的本质。该文史料功夫扎实，问题意识明确，阐释了日本官僚在战后与盟军总司令部的交锋和互动，对于理解日本官僚制具有启发意义。结合马克斯·韦伯官僚制相关论述，该文指出由于间接统治结构的强制效力和日本官僚的保守立场，占领初期日本官僚扮演了被动合作者的角色，在冷战格局形成后，日本官僚的活动空间开始变大。这为理解目前学界众说纷纭的论说提供了新的思路。文章发表后，中国历史研究院微信公众号、《世界历史》编辑部微信公众号、中国世界史研究网等进行了全文转载。

（该文原载于《世界历史》2022年第1期，收入本书时做了适当修改）

日本政府的伪满留日学生政策

徐志民[*]

"九一八事变"后，日本对伪满留日学生的对口接受政策，既不同于战前中国留日学生可以相对自由地选择就读学校和所学专业，也不同于战时日本对其他伪政权的留日学生接受政策。一是无论战前中国留日学生，还是战时其他伪政权留日学生，虽也受日本政府和学校政策的影响，但仍有一定的自由选择权。伪满留日学生从1936年实施留学生认可制度后，基本失去了入学的自主选择权，主要通过日本的对口接受。二是战时日本接受其他伪政权的留日学生，至少形式上由日本与伪政权进行"协商"，而日本与伪满的"协商"，其实是日本人与在伪满的日本人之间"协商"，所谓当地"满洲国"人只是点缀而已。三是日本学校根据自身类别、教育分工等，相对大规模、普遍性地接受伪满留日学生，确实"与众不同"。

日本政府高度重视伪满留日学生的教育与培养。一是除与其他伪政权留日学生相同的常规课程教育、修学旅行外，还有流动研究、设置学席等"定向培养"，尤其注意传授适应中国东北"产业开发"和资源掠夺的知识与技术。二是对伪满留日警察、教员、社会教育指导者、官员、海军士兵和士官生、陆军士官生的培养，无论是教育机构、教育内容、教育模式，还是教育方针、教育宗旨、教育目标，都与其他伪政权留日学生教育有所不同，且这种以职业或行业分块的"定向培养"，既为日本在伪满的殖民统治输送和培养"合作者"，也为日后吞并中国东北的"无缝对接"提供"人才"储备和思想准备。三是随着1938年学席制度运营，直至1945年8月日本战败投降，伪满向设置学席学校选派留日学生的人数、就读学科专业大体固定，既实现了日本对伪满留日学生人数和留学方向的周密"统制"，也便于集中管理和指导。

日本对伪满留日学生的管理政策，既沿用清末以来对中国留日学生"恩威并用"的两手政策，也采取与对待其他伪政权留日学生相同或相似的调查与监控政策，更从"日满融合"角度实施特殊管理政策，如利用伪满留日学生会馆、伪满留日学生会和日本的社会团体等，在所谓"辅导""指导"中潜移默化地影响伪满留日学生。伪满政权及其驻日使领馆，既有监管留日学生反"满"活动的现实需要，也有吸引留日学生支持和拥护的主观诉求，但作为傀儡政权，只能配合日本的伪满留日学生管控政策而无力保护他们。日本对伪满留日学生的肆意逮捕即为明证。在此环境下，伪满留日学生虽不得不配合调查与监管，但他们内心与其他伪政权留日学生同样潜藏着炽热的反日爱国热情。这是日本对伪满留日学生无论采取何种特殊管理政策终将失败的根本原因。

---

[*] 徐志民，中国社会科学院历史理论研究所研究员。

近代日本对中国东北的侵略，在留学教育方面既不同于对伪中华民国临时政府、维新政府及汪伪政府留日学生以"养成日华亲善的基石人才"为主的奴化教育，也不同于对伪蒙疆政权留日学生加强"蒙古史教育，煽动蒙古族人的民族主义情绪"的分化教育，而是"依据日满两帝国一德一心不可分之关系"，培养"体得日本真精神，相提携于次代，成为日满两帝国之不动摇的结合分子"的同化教育。日本对伪满及其他伪政权留日学生"分而育之"，不仅体现了其对中国"以华制华""分而治之"的侵华策略，而且反映其妄图同化东北、分化蒙疆、奴化关内地区，即肢解中国、永霸东亚的阴谋与意图。

学界评价与反响

该文发表后被中国人民大学复印报刊资料《中国现代史》2022年第7期全文转载；还相继被中国社会科学网、腾讯网等门户转载，受到学界和民众关注。

（该文原载于《近代史研究》2022年第2期，收入本书时做了适当修改）

东亚共同体与东亚共同价值的可能性

刘峰[*]

对东亚共同体的摸索,早在冷战结束之初便已开始。政治上的向前迈步和东亚各国之间经济关系的日益强化是密不可分的。然而却又不得不承认,经济未必能解决一切问题,其存在局限性也是无法否认的事实。共同体始于利益交换,成于身份认同。若要让东亚共同体的构建真正从功能性路径(functional approach)向制度性路径(institutional approach)发生转变,就需要在东亚经济一体化不断走强的今天思考这样一个问题:能够对制度性路径发展提供支撑性作用的"东亚共同价值"究竟是什么,应该怎样发掘并予以阐释。

目前东亚各国日益紧密的经济关系和频繁的人员往来,可被理解为一种客观上自然形成的区域化(Regionalization)现象,它和基于某种共同价值或理念、主观上试图联合起来并走向一体的政治意愿,即区域主义(Regionalism),构成了一组客观与主观的关系。两者相辅相成、彼此促进,才有可能使东亚共同体真正诞生。换言之,区域化的推进需要得到区域主义的支撑,对东亚共同体来说,其内部共同价值的发掘与确立是不可或缺的。

被发掘出来的"东亚共同价值",无论是何形态、有何内容,都应具备两种特性:对内普遍性、对外特殊性。两者彼此关联、辩证统一。具体而言,这一价值首先要能够超然于国家概念,作为一种跨国境、超民族的理念为共同体内部成员所共有(普遍性);同时又应具备一定界限,与共同体外部的"他者"存在较为显著的差异以明确其主体性(特殊性)。它和国家或地区的面积大小、力量强弱、贫富差距、意识形态及社会制度无关,是超脱于这些因素而存在的东亚意识和身份认同。或许只有发掘并确立了这一性质的共同价值,东亚才有可能真正作为"东亚"而存在。该文认为,若将"东亚以外"尤其是西方这一"他者"作为镜子来进行比照,东亚人或许能够更加清晰地看到"自我"之所在。比如,与西方的"家庭"(family)这一小家族观念不同,东方的"家族"不仅规模更大,拥有多代人之间的传承关系,而且还和人们的社会活动乃至政治行为密切地缠绕在一起。此种"家族"所具有的广泛影响,显然与西方有着显著的不同,是特殊的、东方文化孕育的产物。又如,西方的价值中确实存在着改造或征服"他者"的要素,这在近代的殖民主义与帝国主义战争中体现得淋漓尽致,甚至展现出了极端的形式。而在东亚,近代以前的传统社会发展而来的"自他关系"更强调敬重他者、尊重不同,以及彼此之间的互助意识。它向世界表明,对自我获利与发展空间的追求,除了竞争对抗和暴力压迫之外并非没有他途,而是存在更好的选择。

当然,这并不意味着东亚传统社会里所有的价值都可以不加甄别地拿来使用。在近现代

---

[*] 刘峰,上海师范大学人文学院世界史系副教授。

面对西方文明冲击乃至侵袭的过程之中，一些优秀的传统价值如大浪淘沙一般经受了筛选、考验与锤炼，并最终在新的时代背景中凝聚、沉淀。可以说，唯有脚踏实地地去发掘优秀的、属于东亚的普遍而特殊的共同价值并以此形成"东亚模式"，才有可能构建起真正意义的东亚共同体。未来要建立的东亚共同体，势必是一种基于经济密切往来的、拥有彼此身份认同的、与外部"他者"互通有无并取长补短以共同推动人类社会发展的共同体。

学界评价与反响

该文自刊发以来，得到了学界专家和研究者同人的普遍肯定，不仅在各种媒体平台上得到了推广和宣传，而且也得到了大量研究者的关注和转引。我国提出"人类命运共同体"这一重要理念后，中外学界开始广泛关注并深入探索构建"人类命运共同体"的具体路径。而东亚的共同体，正是"人类命运共同体"中不可分割的重要组成部分。因此对共同体背后能够持续发挥支撑性作用的共同价值展开学理性的分析和探讨，是极为必要的一项工作。

（该文原载于《日本学刊》2022年第3期，收入本书时做了适当修改）

太平洋战争爆发前后日本学界发动的思想战论析

——以两次座谈会为中心

戴宇　王广源[*]

  思想战作为一种独立的战争形式，与武力战、经济战等共同构成所谓的总体战。"九一八事变"后，日本愈发重视思想战对国民思想统治和精神动员的作用。日本思想战的显著特征是极力鼓吹所谓的"日本精神"，并将其作为凝聚全国力量的精神动力，由此形成的"日本精神论"构成了思想战的主要内容。

  在"日本精神论"出现之前，"大和魂""大和心""日本魂"均是"日本精神"的"同义异语"。1924年，安冈正笃和大川周明正式使用"日本精神"一词，此后诸多学者开始将其用于战争宣传。"九一八事变"后，高须芳次郎宣称"西力东渐的时代已经过去，东力西渐的时代已经到来"，而"日本精神"的觉醒正是"东力西渐"的标志；"七七事变"后，藤泽亲雄在题为"日本精神与思想战"的演讲中指出，思想战在今天发挥着决定性作用，但首要条件是要认识到"日本精神"的本质，因为未来将通过"日本精神"进行思想战。近卫内阁还发起了"国民精神总动员"这一国民思想教化运动。该运动以"日本精神的昂扬"为中心，表明"日本精神"已经成为思想战的主题。

  1941年，日本发动太平洋战争。在此前后，日本学者为配合政府的对外侵略战争，召开了臭名昭著的"两次座谈会"。在"世界史的立场与日本"座谈会上，京都学派站在所谓"世界史的立场"对西方展开批判。他们指责西方尚未形成真正意义上的世界意识，并试图揭开西方"近代"的神秘面纱。而在面对亚洲各国时，他们又以唯独日本拥有"近代"为由，欲确立其在东亚的主导地位。为构建"大东亚共荣圈"理论，京都学派提出"道义的生命力"这一概念。在他们看来，日本此次发动的战争本质上是思想战，为取得胜利必须发挥"日本精神"的强大力量。

  在"近代的超克"座谈会上，京都学派和《文学界》同人历数西方"近代"对日本的"毒害"，并讨论如何从各个领域实现对西方"近代"的超越。他们指出，近代日本面对西方的威胁，不得已引入西方的"近代"，结果导致日本人精神上出现混乱、逐渐丧失独立思考的能力。与会者对西方"近代"的责难，一方面是为了煽动民众对西方的敌视情绪；另一方面则是为倡导日本传统精神的回归作准备。如何重塑纯粹的"日本精神"，成为此次会议的重要内容之一。京都学派代表西谷启治通过"主体的无"的立场这一哲学"中介"，最终在"日本精神"那里找到了超越"近代"的精神根源。他的"日本精神论"摆脱以往的民族主义范

---

  [*] 戴宇，吉林大学东北亚学院世界史教授；王广源，吉林大学东北亚学院世界史博士研究生。

畴，具有了世界意义，这意味着一种新的"日本精神论"由此创出。

学界评价与反响

目前学界对日本思想战的认识较为薄弱，对作为其主要内容的"日本精神论"更缺乏专门研究。该文首先梳理了"日本精神论"的思想渊源，之后重点介绍了"日本精神论"的主要内容及其与思想战的勾连过程。从该文的梳理、考察中可以看到，"日本精神论"兴起伊始就有日本学者参与其中，并在理论构建方面发挥着举足轻重的作用。这一点，在太平洋战争爆发前后召开的两次座谈会中得到集中体现。

以往学者大多关注"近代的超克"座谈会，该文则将"世界史的立场与日本"座谈会与"近代的超克"座谈会综合起来考察，且从"日本精神论"的视角对两者进行了重新解读。结果发现，两次座谈会都将"日本精神"作为超越西方"近代"的精神武器，特别是京都学派西谷启治提出的新"日本精神论"在理论上实现了"巨大突破"。该文作者认为，日本学界将太平洋战争明确定义为一场思想战，他们推出的新"日本精神论"满足了未来思想战的理论需求。在此意义上可以说，日本学界对此次战争负有不可推卸的责任。

该文发表后引起学界的关注，如何更好地认识日本的思想战成为一个重要课题。此外，关于战前日本兴起的"日本精神论"尚有诸多值得探讨的内容，如其发展过程、具体内容、法西斯主义本质。对以上问题的考察，或将有助于我们进一步了解战前日本社会的精神风貌。

（该文原载于《吉林大学社会科学学报》2022年第6期，收入本书时做了适当修改）

日本阿依努民族语言同化与民族认同问题研究

王璐 袁振东*

阿依努族作为唯一一个获得日本政府官方承认的少数民族，百余年间，在国家主导下的民族归一化进程中，日本政府实施了强有力的民族语言同化政策。当前，日本政府对阿伊努族的语言同化已基本实现，对阿依努族的语言同化政策，深刻影响着阿依努人的语言生活和民族认同。

语言同化深刻影响着民族认同，但语言同化和民族认同不是同频共振、同步进行的。语言同化可以通过政策的强力执行，在一定的时间内完成，但民族认同则需要经过较长的历史洗刷与沉淀。明治维新至二战以前，日本政府通过各种强制性的语言教育法令，在教育领域和家庭领域实现了对阿依努族的他者同化和自我同化，阿依努族的母语使用者骤降至寥寥无几。日本战败以后，国内民主政治氛围高涨，阿依努人率先开始语言复兴。进入21世纪，迫于国际及国内压力，日本政府通过了多项保护阿依努族权益的法案。

近代日本政府通过推行"无视"色彩的同化政策，剔除阿依努人的民族性，现代日本政府通过贯彻柔性色彩的"异化政策"，"增添"阿依努人的民族性。本质上两种政策取向并不矛盾，前者是在阿依努人的国民性尚未建构完成之时，结合近代国家建设所需的结果，后者是在阿依努人的国民性已然建构完成之时，结合现代国家建设所需的结果，两者皆为在保证国家统一基础上的民族关系处理之策。

民族认同概念源自社会心理学，民族认同是以民族存在为基本前提，没有民族存在，也就无所谓民族认同。民族存在并不具有天然性。民族可以通过地域、血缘、语言、习俗等形成传统型共同体，也可以通过媒体、出版物、教育等形式培育现代型共同体，无论哪种模式的共同体，都离不开"想象"。通过"想象"，使群体内部互相不识之人彼此关联。想象过程中，语言作为想象的重要载体，发挥着关键影响。民族语言是民族历史发展中天然进化的产物，纽系着民族的历史、信仰、文化、宗教、习俗等。民族语言的消失，造成民族共同体历史记忆与现实想象的消亡，易于发生民族认同的失却匹配结果。语言忠诚降低，语言维持努力减少，对本族语言承载的历史文化关心弱化，对国家语言承载的进步发展关注增加。在国家整合过程中，阿依努人的民族认同弱化，国家认同增强，这与阿依努人使用的语言由民族语言转至国家语言的方向一致。

民族认同并非原生静止，而是具有动态性的。日本政府对阿依努族实施的语言同化政策，推进了阿依努人的民族同化进程。语言是民族特性的重要表现手段之一，当民族语言不再使

---

* 王璐，北京语言大学博士，新乡医学院医学人文学院讲师，中国语言文字规范标准研究中心兼职研究员。

用，民族语言的凝聚、排他功能便无法正常发挥。社会化程度越高，阿依努人越容易受到国家主体语言的掣肘。出于现实需求，无论是否拥有民族认同意识，阿依努人多数自觉或非自觉地成了国家主体语言单语者。教育领域的语言同化政策影响着家庭语言传承意识，阿依努家庭已由国家主体语言困难演变为自身民族语言困难。民族母语能力丧失，意味着今后阿依努族继承语的消失，语言遗产也随之消亡。

学界评价与反响

该文自刊发以来，得到了学界专家和研究者同人的普遍肯定和关注。考察阿依努民族语言同化政策的制定、实施和调整，阿依努人对相关政策的接受、改变和抵制，剖析语言同化政策的要因及其对阿依努人语言生活和民族认同的影响，深入讨论语言同化的结果及其与民族认同的关系，为我国阿依努民族问题研究提供重要的参考价值。

（该文原载于《日本问题研究》2022年第6期，收入本书时做了适当修改）

明清时期妈祖文化在琉球的传播与接受

林晶

  妈祖文化传入琉球，是以中琉朝贡关系的确立为宏大背景，并在琉球与中国以及日本之间建立"两属关系"这样复杂的东亚环境之中进行的。

  首先，历届《使琉球录》中"动态的""发展的"妈祖形象，为我们展示了明清时期作为海洋文化代表之一的妈祖文化，在宋元时代的基础上进一步走向发展与成熟的历史过程。国之正神形象的确立、官方祭祀礼仪的完备，使得妈祖文化在明清时期的对外交往、朝贡贸易中具备了巨大的传播力，并发挥出深远的影响力。以妈祖作为主神的多元化海神体系的建构，彰显出中华海洋文化强大的包容力，这一特性为妈祖信仰在东亚海域的广泛传播，以及琉球王室对妈祖信仰的接受提供了深厚的土壤。

  其次，通过对琉球官方文献的梳理，可以看出琉球王室通过创建下天妃宫、共建天后宫、推动祭典的制度化等三个方面的举措树立起妈祖在琉球作为官方信仰的重要地位。在长达500年的宗藩交往中，册封使团所崇信的海神妈祖，成为琉球王室学习、引进中华文化的一大要素；册封使团祭祀妈祖的各项仪式，亦为琉球王室模仿、构筑自身礼仪的一大标准。

  尤为重要的是，琉球王室进一步将妈祖信仰和本土信仰相互融合，使妈祖信仰成为国家祀典的组成部分，创造出具有琉球特色的独特文化，为琉球自我认同的形成和发展注入了新的要素和内涵。换言之，琉球王室通过吸收和引入妈祖文化，不仅使自己保持对华夷秩序的向心力，更通过将妈祖信仰融入国家祀典的方式，树立起强大的文化自信。

  最后，日本历史文献中关于琉球妈祖的记载，不仅揭露了近世时期中国、琉球、日本之间复杂的关系，更佐证了妈祖信仰在中琉关系史中不容忽视的重要地位，反映出妈祖信仰作为中华的海洋文明、礼乐文明东渐琉球，进而影响东亚的历史经纬。事实上，日本在观察与转述的同时，也潜在地接受了妈祖信仰——14世纪末到17世纪以琉球为跳板，妈祖信仰进一步传播到日本的萨摩、长崎，扩散到更为广阔的东亚世界。

  如果说两属关系下的琉球王室面对日本幕府的控制是一种妥协与适应，那么，妈祖文化在琉球的传播则反映出琉球王室对中华朝贡体系的认同与融入。妈祖文化借由中华册封活动、朝贡贸易的方式，不仅在东亚海域树立起妈祖信仰这一"共同信仰"，彰显出琉球自身作为"域外中华"的身份认同，更突出了以妈祖文化为代表的东亚一隅"和平交往、共同发展"的格局。作为中国文化海外传播的一大成功案例，妈祖文化或许能为当下整个东亚文明的对话，乃至世界性的文明互鉴提供历史性的、实证性的参考与借鉴。

学界评价与反响

  《明清时期妈祖文化在琉球的传播与接受》一文发表于2022年《云南师范大学学报》第

12期，知网显示下载379次。该文论证视角新颖，论据史料扎实，站在中国、琉球、日本三国史料相互印证、相互诠释的立场来就妈祖在琉球传播的历史加以梳理，深度解读历届使琉录、琉球官方文献、日本地域文献，阐明妈祖信仰的原型及其在琉球王室的存在样态，揭示琉球王室奉祀妈祖的动机与目的所在——通过接受和引入妈祖文化，琉球王室不仅保持了对华夷秩序的向心力，更树立起强大的文化自信。较之以往学界的研究，该文指出妈祖文化在传播之际，琉球与中国以及日本之间处于复杂的"两属关系"之中，琉球王室面对日本幕府的控制是一种妥协与适应，而妈祖文化在琉球的传播则反映出琉球王室对中华朝贡体系的认同与融入。通过比较性研究的视角，多国相互印证的史料，该文构筑起妈祖文化作为"海洋文明"的话语体系，赋予了妈祖文化在琉球的传播更大的历史内涵与学术意义。明清时期妈祖文化在琉球的传播与接受，是中国文化海外传播的一大成功案例，将为当下整个东亚的文明对话，乃至世界性的文明互鉴提供历史性的、实证性的参考与借鉴。

著作目录

综合

书名	作者/编者	出版社
国际日本研究	杨玲	社会科学文献出版社
国际日本研究述论	贺平	上海人民出版社
南大日本学研究：日本文学中的城市书写	刘东波	南京大学出版社
南开日本研究 2022	刘岳兵	天津人民出版社
南洋与日本（上、下）	［日］井上清	文物出版社
平成时代：日本三十年发展轨迹与前瞻	杨伯江、胡澎、唐永亮	世界知识出版社
日本概况	盛勤	上海外语教育出版社
日本国情	蓝春敏、杨新华	中国商务出版社
日本国情与文化概况	金文峰、吴红哲	上海交通大学出版社
日本近代中国学的形成：汉学革新与文化交涉	陶德民	江苏人民出版社
日本网络安全问题研究	付红红	时事出版社
日本文论	杨伯江	社会科学文献出版社
日本学	北京大学日本研究中心	世界知识出版社
中国日本研究年鉴 2022	杨伯江	中国社会科学出版社

政治·外交

书名	作者/编者	出版社
21世纪日本的地方治理观察：二元代表制下的地方改革	宋一正	中国财政经济出版社
旷世骗局：日本右翼势力翻案评析	黄振位	广东人民出版社
日本地方自治法	肖军、王树良	上海社会科学院出版社
日本陆上自卫队的新体制	费建华	九州出版社
日本死刑控制研究	陈海平	法律出版社
同盟的真相：美国如何秘密统治日本	［日］矢部宏治	漓江出版社

经济

书名	作者/编者	出版社
不求第一 但求唯一：日本科学家的诺奖之路	卞毓方、马成三	广东高等教育出版社
当代日本经济九讲	马学礼	河北大学出版社
稻盛和夫：什么是经营者？	［日］日经领袖	东方出版社
第四次工业革命改变日本	［日］竹中平藏	广西师范大学出版社
FTA进程中日本农业议题谈判模式研究	黄金宇	经济科学出版社
繁荣与停滞：日本经济发展和转型	［日］伊藤隆敏、星岳雄	中信出版集团

427

续表

书名	作者/编者	出版社
改变日本酒历史的创新战略："One CUP 大关"的成功秘密	[日] 株式会社钻石商业企划	广西师范大学出版社
赶超或升级：日本商用飞机产业的后发挑战	[日] 木村诚志	上海交通大学出版社
固体废物管理立法与借鉴：欧盟和日本	余毅、赵爱华	中国环境出版集团
国家、市场与社会关系视野下的食品安全治理——日本生协经验与中国模式研究	韩丹	吉林大学出版社
劳动法的世界	[日] 中洼裕也、野田进	商务印书馆
奇迹的终结：日本经济倒退了吗？	[日] 加谷珪一	中国科学技术出版社
日本经济与中日经贸关系研究报告（2022）：日本的"三农"问题与"乡村振兴"	张季风	社会科学文献出版社
日本百年中药企业传奇	[日] 古田茂美	社会科学文献出版社
日本典型担保法	[日] 道垣内弘人	北京大学出版社
日本反垄断法详解：逐条解说及案例百选	日本神奈川县律师协会反垄断法研究会	法律出版社
日本工业设计发展历程（1868—2021年）	丁一	中国纺织出版社有限公司
日本货币史	[日] 瀧本诚一	中国金融出版社
日本林业动态	刘笑非	中国社会出版社
日本企业"走出去"战略中的协同支持体系研究	程永明	人民出版社
日本通商产业政策史（1980—2000）：总论	[日] 尾高煌之助	中信出版集团股份有限公司
三井帝国在暗战——揭开日本财团的美国博弈	白益民、乔梓效	中国经济出版社
失去的三十年：平成日本经济史	[日] 野口悠纪雄	机械工业出版社
失去的制造业：日本制造业的败北	[日] 汤之上隆等	机械工业出版社
通产省与日本奇迹	[美] 查默斯·约翰逊	四川人民出版社
现代日本管理哲学研究	刘韬	光明日报出版社
现代日本经济治理：百年变局的转型探索	刘云	时事出版社
欲望资本主义-2-黑暗力量觉醒之时	[日] 丸山俊一、NHK"欲望资本主义"制作组	浙江人民出版社
在场：21个故事讲述日本的女性经济学	[英] 比尔·艾默特	南京大学出版社
战后日本供给侧结构性改革研究	田正	时事出版社
昭和解体：日本国铁分割、民营化的真相	[日] 牧久	上海译文出版有限公司

历史

书名	作者/编者	出版社
畅销书里的日本国民史:"大和民族"的形成	黄亚南	东方出版社
大夏世界史研究:日本工作站文集	徐显芬、李臻	东方出版中心
道家思想与日本近代知识人	张谷	上海三联书店
帝国时期(岩波日本史·第八卷)	[日]由井正臣	新星出版社
东大教授漫画日本史	[日]本乡和人	中国友谊出版公司
东京大学日本史	[日]山本博文	浙江人民出版社
东医管窥	周吉海、武玉欣	辽宁科学技术出版社
飞鸟·奈良时代(岩波日本史·第二卷)	[日]吉田孝	新星出版社
古代中国与日本	陈乐素	研究出版社
国民政府审判日本战犯研究	严海建	江苏人民出版社
哈佛极简日本史	[美]阿尔伯特·克雷格	现代出版社
华族	[日]小田部雄次	社会科学文献出版社
简读日本史	张宏杰	岳麓书社
江户时代(岩波日本史·第六卷)	[日]深谷克己	新星出版社
近代天津日本租界研究	万鲁建	天津社会科学院出版社
近代日本报界的政治动员	安平	广西师范大学出版社
近代日本汉文文献丛刊-第一辑,第十三册-翻译米利坚志 法兰西志	章清等	上海古籍出版社
近代日本学者对华学术调查与研究	张明杰	上海交通大学出版社
近代西医日本汉译文献丛书	李勇先	巴蜀书社
军国前史:明治维新到大正时代	萧西之水、赤军	团结出版社
跨越国界的大爱——日本遗孤与中国家庭的历史记忆	冯建勇等	黑龙江教育出版社
美国解密	高玉宝等	黑龙江朝鲜民族出版社
明治维新(岩波日本史·第七卷)	[日]田中彰	新星出版社
平安时代(岩波日本史·第三卷)	[日]保立道久	新星出版社
平城京奈良	[日]宫本长二郎	上海人民出版社
日本"大陆浪人"与侵华战争	赵军	江苏人民出版社
日本车站史:作为公共空间的近代铁路	[日]原田胜正	社会科学文献出版社
日本大败局-Ⅳ-干掉山本五十六	[日]关河五十州	现代出版社
日本大败局-Ⅴ-占领东京	[日]关河五十州	现代出版社
日本的凯恩斯——高桥是清传:从足轻到藏相	[美]理查德·斯梅瑟斯特	中国华侨出版社
日本帝国衰亡史	[美]约翰·托兰	浙江文艺出版社

续表

书名	作者/编者	出版社
日本对滇西沦陷区的统治	雷娟利	江苏人民出版社
日本对抚顺煤矿殖民经营研究	郑超	辽宁人民出版社
日本对中国东北的殖民统治	贾小壮	江苏人民出版社
日本扶植汪伪政权研究	张展	江苏人民出版社
日本激荡三十年：平成经济 1989—2019	［日］小峰隆夫	浙江人民出版社
日本激荡三十年：平成企业 1989—2019	［日］伊丹敬之	浙江人民出版社
日本激荡三十年：平成政治 1989—2019	［日］御厨贵、［日］芹川洋一	浙江人民出版社
日本及其历史枷锁	［美］R.塔格特·墨菲	中信出版社
日本考（上、下）	（明）李言恭、（明）郝杰	文物出版社
日本美术简史	戚印平	浙江大学出版社
日本明治时期的阳明学研究	徐倩	中国社会科学出版社
日本情报中的近代中国报刊史料汇编	秦绍德	复旦大学出版社
日本全史	陈恭禄	应急管理出版社
日本社会的诞生（岩波日本史·第一卷）	［日］吉村武彦	新星出版社
日本史：律令国家的兴衰与武家政权的建立	［英］乔治·贝利·桑瑟姆	社会科学文献出版社
日本史 1：从上古神话到飞鸟时代：岛国的晨钟	［日］樱雪丸	重庆出版社
日本史 2：奈良与平安时代：繁华的盛宴	［日］樱雪丸	重庆出版社
日本史 3：镰仓与室町时代：武士集团的崛起	［日］樱雪丸	重庆出版社
日本史 4：战国时代：信长的雄心	［日］樱雪丸	重庆出版社
日本史 5：战国时代：逐鹿关原	［日］樱雪丸	重庆出版社
日本史 6：战国时代：丰臣的覆灭	［日］樱雪丸	重庆出版社
日本史 7：战国时代：德川的喜与忧	［日］樱雪丸	重庆出版社
日本史 8：江户时代：幕末血风	［日］樱雪丸	重庆出版社
日本史 9：明治时代：脱亚入欧	［日］樱雪丸	重庆出版社
日本史 10：明治时代：甲午之路	［日］樱雪丸	重庆出版社
日本史的路标：要素和真相	冯玮	生活·读书·新知三联书店
日本书纪	［日］舍人亲王	四川人民出版社
日本思想史	［日］末木文美士	北京大学出版社
日本文学史	高鹏飞、［日］平山崇	苏州大学出版社
日本小史	［英］肯尼斯·韩歇尔	九州出版社
日本一鉴 穷河话海（上、下）	（明）郑舜功纂辑	文物出版社

续表

书名	作者/编者	出版社
日本早期社会主义思想史：大杉荣与他的时代	[日] 梅森直之	上海译文出版社
日本战后左翼文学研究	刘玮莹	九州出版社
日本殖民统治时期台湾共产党再研究	宋帮强	九州出版社
涩泽荣一与近代日本对外关系	梁紫苏	武汉大学出版社
神风与铜钱：海岛日本遭遇世界帝国 1268—1368	康昊	上海人民出版社、光启书局
神怪日本史·古代篇	陈路、赵路	东方出版社
审判从这里开始——日本战犯在上海的审判	徐家俊	生活·读书·新知三联书店
受容与变容：近现代日本基督教思想发展变化研究	路邈	宗教文化出版社
图文精讲日本史	杜小军、郭小鹏	九州出版社
王金林日本史研究著作选集（全5册）	王金林	浙江工商大学出版社
武士革命	[美] 罗米拉斯·希尔斯伯勒	光明日报出版社
武士时代（岩波日本史·第四卷）	[日] 五味文彦	新星出版社
西方日本研究丛书：亚洲世界中的德川幕府	[美] 罗纳德·托比	江苏人民出版社
细菌战	谢忠厚、谢丽丽	知识产权出版社有限责任公司
17—20世纪日本学者研究中国宋元数理科学的历史考察	吕变庭等	科学出版社
一本就懂日本史	洪维扬	九州出版社
以史为鉴：日本友人和平实践口述	凌曦	江苏凤凰文艺出版社
游历日本考查商务日记	（清）刘学询	文物出版社
战国时期（岩波日本史·第五卷）	[日] 今谷明	新星出版社
中日史学史胜论	李军	中国社会科学出版社

社会文化

书名	作者/编者	出版社
不平等的形成	[日] 佐藤嘉伦、[日] 木村敏明	社会科学文献出版社
畅谈日本	汶莎	天空数位图书有限公司
从日本汉文小说的"唐话"看中日语言的接触与文化交流	王佳璐	吉林出版集团股份有限公司
大岛渚与日本	[日] 四方田犬彦	北京大学出版社
大杉荣自叙：一个叛逆者的独白	[日] 大杉荣	上海人民出版社

续表

书名	作者/编者	出版社
东亚汉字文化圈日本语研究	王宝锋等	暨南大学出版社
敦煌写本医籍与日本汉籍比较研究	王亚丽	上海古籍出版社
多元视角下的日本文化研究	柴宝华	中国华侨出版社
故乡七十年	［日］柳田国男	上海人民出版社
关西初识	聂华、姚洋	中信出版集团股份有限公司
和风物语	［日］石田结实	江苏凤凰美术出版社
和魂汉神：中国民间信仰在德川日本的本土化	吴伟明	生活·读书·新知三联书店
简素：日本文化的底色	［日］冈田武彦	社会科学文献出版社
江户时代日本人身份建构研究	向卿	中国社会科学出版社
日本"积极老龄化"的经验及启示	胡澎、郭佩	中国社会科学出版社
日本近代思想史	［日］鹿野政直	民主与建设出版社
日本茶道一千年	周朝晖	文化发展出版社
日本当代外语教育改革研究	牟宜武	中国水利水电出版社
日本的思想	［日］丸山真男	生活·读书·新知三联书店
日本的文化	［日］村井康彦	海洋出版社
日本电影的黄金时代	［日］春日太一	上海人民出版社
日本动漫中的人物动态绘画技法	［日］斗使	电子工业出版社
日本非物质文化遗产的法律保护	吴佳欣	科学技术文献出版社
日本歌舞伎	［日］堀口茉纯	陕西人民出版社
日本教育改革的政策研究	王晓燕	教育科学出版社
日本教师专业化研究	夏鹏翔	天津人民出版社
日本今世相	［德］威兰德·瓦格纳	华龄出版社
日本近代学校体育研究（1868—1936年）	刘春燕、白少双	人民体育出版社
日本镜中行	［英］艾伦·麦克法兰	商务印书馆
日本濂溪志	王晚霞	岳麓书社
日本纳西学论集	白庚胜	贵州民族出版社
日本社会保障制度及养老服务业发展研究	周扬	中国社会出版社
日本社会保障重要法规译介	杨勇	中国社会科学出版社
日本社会创业教育研究	刘原兵	经济日报出版社
日本社会史研究	李卓	中华书局
日本社会文化入门	邵红	华东师范大学出版社
日本世相	胡一平、喻杉	上海交通大学出版社
日本推理文学史	钱晓波	上海人民出版社

续表

书名	作者/编者	出版社
日本文化与日语教学综合探究	张壮	吉林出版集团股份有限公司
日本学者汉字译音研究论文选	郑伟	上海古籍出版社
日本学者卷	韩立新	北京师范大学出版社
日本妖怪	[日] 岩井宏实	湖南文艺出版社
日本幼儿保育与教育现场调查研究	李杰玲	四川人民出版社
日本语言文化研究	林乐常	大连理工大学出版社
日本育儿支援政策及实施研究	金熳然	天津教育出版社
日本哲学与思想研究：2020—2021卷	林美茂、李红军	延边大学出版社
日本政治思想史研究	[日] 丸山真男	生活·读书·新知三联书店
日本之阳明学	[日] 高濑武次郎	山东人民出版社
社会治理视域中的日本非营利组织	俞祖成	上海远东出版社
透视日本养老	赵晓征、[日] 田中王里	中国建筑工业出版社
文明的比较：中国、日本、欧洲以及英语文化圈互鉴	[英] 艾伦·麦克法兰	中国科学技术出版社
武士道	新渡户稻造	商务印书馆
新型日本阶级社会	[日] 桥本健二	上海译文出版社有限公司
雅乐在日本	张云驹、[日] 上野庆夫	中国社会科学出版社
中国的日语教育及日本人教师	施京京	武汉大学出版社
中国与日本的跨文化教育研究	陈卓君	重庆出版社
作为思想的"国语"	[韩] 李妍淑	生活·读书·新知三联书店
作为自我的稻米	[美] 大贯惠美子	商务印书馆

文学艺术

书名	作者/编者	出版社
东京罪恶：一个美国记者在日本的警方报道实录	[美] 杰克·阿德尔斯坦	上海译文出版社有限公司
清代小说《虞初新志》在日本的传播与接受研究	李飒	吉林大学出版社
日本道观及其收藏的珍贵文物分类研究	詹石窗等	人民出版社
日本的设计在中国	王达	江苏凤凰科学技术出版社
日本的诗歌	[日] 大冈信	商务印书馆
日本古代大陆移民的文学研究移民、文学、王权	王凯	南开大学出版社
日本古代名园	[日] 龙居松之助	清华大学出版社
日本古典文学十五讲	刘德润、刘淙淙	外语教学与研究出版社

续表

书名	作者/编者	出版社
日本古园风土记	陆少波	同济大学出版社
日本建筑集成-数寄屋门	林理蕙光	华中科技大学出版社
日本近代建筑	［日］藤森照信	中信出版集团股份有限公司
日本近现代文学多维探析	燕青	吉林大学出版社
日本民间故事	［日］田中贡太郎等	湖南文艺出版社
日本生态文学作品导读	杨晓辉	北京大学出版社
日本庭园图鉴	［日］宫元健次	江苏凤凰科学技术出版社
日本文学概论-近现代篇	高洁、高丽霞	上海外语教育出版社
日本现代文学研究——昭和、平成的文学	吴艳	南开大学出版社
日本现当代文学概览	郝金梅	上海世界图书出版公司
日本艺术美学研究：町人美学	［日］阿部次郎	上海译文出版社
日本原爆文学研究	刘霞	武汉大学出版社
日本战国时代服饰图鉴	［日］植田裕子	机械工业出版社
司马辽太郎日本游记·奈良近江纪行	［日］司马辽太郎	陕西人民出版社
宋僧诗文集在日本的刊刻流传研究	许红霞	北京大学出版社
物语与日本哲学	张政远	五南图书出版股份有限公司
夏目漱石与中国	黎跃进等	商务印书馆
现代日本语文法研究	韩增德	延边大学出版社
中国文集日本古注本丛刊-第五辑-第三册	卞东波	上海社会科学院出版社
最想知道的日本汉诗	［日］宇野直人	凤凰出版社

国内涉日研究机构及学术动态

● 学术团体

上海市日本学会

一、基本情况

上海市日本学会（Shanghai Association for Japanese Studies，以下简称"学会"）成立于1985年9月，是由上海市从事日本研究和对日交流的人员自愿组成的学术性非营利社会团体法人。学会的宗旨是严格遵守宪法、法律、法规和政策，遵守社会道德风尚，贯彻理论联系实际的原则，发扬学术民主，广泛联系上海市各高校、研究机构和实际工作部门的日本问题研究人员，促进有关日本政治、经济、思想文化的研究，促进中日两国学者的相互交流和友好合作，为我国的改革开放和社会主义建设服务。

近40年来，学会始终站在时代前沿，发展有海派特色的日本研究，多次荣获上海市社联"优秀学会"称号。学会团结上海市广大日本问题研究工作者和从事对日交流实际工作的人士，深入开展对日本经济、政治、外交、军事和历史、文化和语言等多个领域的研究；坚持"洋为中用"的方针，针对我国改革开放的需要，借鉴和利用日本在经济、社会发展方面的成功经验；加强与日本有关学术团体、民间友好人士的往来，促进中日两国的相互理解和友谊。

学会的业务范围是推进日本问题研究，开展学术交流，编写书刊，举办讲座和提供咨询服务等。

学会组织机构如下。

会长：

胡令远，复旦大学国际问题研究院日本研究中心主任、教授

副会长：

陈子雷，上海对外经贸大学日本经济研究中心主任、教授

苏智良，上海师范大学人文学院历史系教授

陆慧海，上海日本研究交流中心前常务副主任

蔡亮，上海国际问题研究院中日关系研究中心秘书长、研究员

季卫东，上海交通大学日本研究中心主任、教授

武心波，上海外国语大学国际关系与公共事务学院教授

金永明，中国海洋大学国际事务与公共管理学院教授

吴宇桢，《新民晚报》时政新闻中心主编、国际部副主任

马利中，上海大学东亚研究中心主任、教授

杨立群，《解放日报》首席编辑、"国际报道"栏目主编

秘书长：
蔡亮，上海国际问题研究院中日关系研究中心秘书长、研究员
副秘书长：
姜咪红，上海日本研究交流中心常务副主任
贺平，复旦大学国际问题研究院日本研究中心副主任、教授
理事：包霞琴、蔡敦达、蔡亮、陈鸿斌、陈子雷、杜勤、傅钧文、高洁、高兰、葛涛、管建强、郭洁敏、洪伟民、贺平、胡令远、季卫东、金永明、李秀石、廉德瑰、刘军、刘国华、陆慧海、马利中、施小炜、苏智良、吴保华、吴四海、吴宇桢、武心波、徐敏民、俞慰刚、张雪娜、周国荣、邹波（按姓氏拼音首字母排序）
监事：许慈惠
地址：上海市徐汇区田林路195弄15号
邮编：200233
联系电话：021-54614900转8510
电子邮箱：yuakira2003@aliyun.com

二、重要会议举办情况

2022年7月11日，学会与上海日本研究交流中心以线上方式，合作举办"日本参议院选举与中日关系走势评估"研讨会，与会专家对后疫情时代，如何抓住中日邦交正常化50周年契机，进而改善中日关系提出了务实的建议。

2022年9月25日，在上海市人民对外友好协会、上海市欧美同学会指导下，由学会与上海市欧美同学会留日分会主办，上海日本研究交流中心协办的"不忘初心　面向未来"——纪念中日邦交正常化50周年研讨会在上海锦江饭店举行。国务院新闻办原主任、全国政协外事委原主任赵启正，中国日本友好协会常务副会长、原中国驻日本国大使程永华，日本国驻上海总领事赤松秀一，上海市欧美同学会会长、中科院院士裴钢，全国政协委员、中华日本学会会长高洪，外交部原国家领导人高级日语翻译官员周斌，上海市人民对外友好协会副会长景莹，上海市日本学会原会长、上海市外办原副主任俞彭年，上海市社联社团处主任杨琳、上海市欧美同学会专职副会长兼秘书长朱玲玲，以及致力于中日友好交流的相关团体、组织主要负责人或代表50余人以线上线下相结合的方式出席会议。

2022年9月26日，以"中日经贸合作的回顾与展望"为主题的纪念中日邦交正常化50周年学术研讨会在线上顺利召开，学会与全国日本经济学会联合参与指导。此次会议在中日即将迎来邦交正常化50周年之际召开，对50年来中日关系和经贸合作进行回顾，总结了中日经贸合作取得的成就，并对未来的中日经贸发展给予了多维度深层次的研讨和展望。

2022年11月26—27日，学会与复旦大学日本研究中心联合举办"留日学人和中日关系：纪念中日邦交正常化50周年"国际学术研讨会。与会专家学者围绕"留日学人与中日人文交流""留日学人与中日关系的发展""留日学人与中国现代化建设""留日学人与日本学研究"等四个专题，进行了深入研讨，取得了丰硕成果，达到预期目标。

2022年12月7—8日，由中国外文局、日本言轮NPO共同主办的第18届"北京—东京

论坛"以线上线下相结合的方式分别在北京和东京举行，此次论坛主题为"维护世界和平与国际合作的中日两国责任——邦交正常化50周年之际的思考"。学会与上海公共外交协会合作，设立论坛上海分会场。

三、机构要闻

2022年3月29日，学会与上海日本研究交流中心以线上方式，合作举办2022年第一次青年学术沙龙活动。该活动围绕"印太构想下的日本安全保障战略定位"展开交流讨论，来自上海、天津、南京等地高校和智库的青年学者，在读本科生，硕、博士研究生20余人与会。

2022年9月24—25日，学会与复旦大学日本研究中心联合举办日本研究青年学者论坛，主题为"面向新时代的国际日本学研究：理论与方法"。

四、承担的省部级及以上课题

序号	课题名	主持人	课题类型
1	"彳亍而行"：中日邦交正常化50周年的回顾与展望	胡令远	上海市社会科学界联合会课题

（供稿人：蔡亮）

中华日本学会

一、基本情况

中华日本学会（以下简称"学会"）是由中国日本研究者自愿结成的全国性、学术性、非营利性社会组织。成立于1990年2月20日。学会宗旨为联络和团结中国各地研究日本的学者，协调全国的日本研究，推动国内外学术交流，建立和加强同国外有关团体和机构的联系，增进中国人民对日本的了解，促进中日关系的发展，为中国的社会主义现代化建设事业服务。

学会现有会员1000多人，近100个团体会员，遍布全国主要地区的高等学府和研究机构。

历任会长有刘德有、李慎明、武寅、李薇；现任会长为高洪；常务副会长为杨伯江（法人代表）；秘书长为胡澎。

学会会刊为《日本学刊》（双月刊）。学会每年定期出版《日本蓝皮书：日本发展报告》。

学会自成立以来，每年召开学术年会，并就日本政治、外交、经济、社会、文化、历史等召开专题讨论会、座谈会、报告会等，举办各种类型的学术活动，在组织、协调课题研究以及对外学术交流等方面，发挥了全国性日本研究学术团体的领导作用。

学会举办的主要学术活动如下。1990年举办了"走向21世纪的日本"国际学术讨论会；1995年召开了"战后日本50年"国际学术讨论会；1997年召开了中日邦交正常化25周年纪念会；1999年与湖南大学联合举办了"面向21世纪的日本学"国际学术讨论会；2000年召开了"新世纪的中日关系"国际学术讨论会；2002年，举办了"中日资深外交家恳谈会"和纪念中日邦交正常化30周年中日政经论坛国际讨论会；2003年与全国日本经济学会、中国社会科学院日本研究所共同举办纪念《中日和平友好条约》缔结15周年报告会；2004年举办了"世界中的日本文化研究"国际学术研讨会；2010年与全国日本经济学会共同举办了"中国的日本研究"学术讨论会；2014年联合中国日本史学会、全国日本经济学会、大连大学共同召开了"甲午战争以来的中日关系"学术研讨会；2017年在长春东北师范大学召开了"中华日本学会2017年年会暨日本视域中的东亚问题"学术研讨会；2018年在复旦大学召开了"人类命运共同体的愿景与实践——纪念中日和平友好条约缔结40周年暨池田倡言50周年"国际学术研讨会；2019年与南开大学日本研究院共同举办了中华日本学会2019年年会暨"回望日本平成时代"学术研讨会；2020年召开了中华日本学会2020年年会暨"从平成到令和：日本的发展历程与未来展望"学术研讨会；2021年与南京大学中国南海研究协同创新中心、南京大学历史学院共同举办了中华日本学会2021年年会暨"新冠疫情冲击下的日本与东亚区域形势"学术研讨会。

地址：北京市东城区张自忠路3号中国社会科学院日本研究所

邮编：100007

电话：010-64014021

电子邮箱：zhrbxh@cass.org.cn

二、重要会议举办情况

2022年6月15日，学会与中国社会科学院日本研究所以线上线下相结合的方式召开了中华日本学会2022年理事会暨《平成时代》出版座谈会。中华日本学会常务理事、理事90余人参加了会议。理事会由学会秘书长、中国社会科学院日本研究所研究员胡澎主持，《平成时代》出版座谈会由中国社会科学院日本研究所研究员唐永亮主持。

2022年8月18日，在北京大学举办中华日本学会2022年年会暨"邦交正常化50周年：中日关系回顾与展望"学术研讨会，来自全国各地的百余名专家、学者出席会议，围绕"邦交正常化50周年：中日关系回顾与展望"展开深入讨论。北京大学副校长王博，中日友协常务副会长、原驻日大使程永华，原驻美大使、原驻日大使、外交学会理事会顾问崔天凯，中国社会科学院原副院长、中日关系史学会原会长武寅出席会议并致辞。

三、机构要闻

1.《平成时代——日本三十年发展轨迹与前瞻》于2022年1月出版。《平成时代——日本三十年发展轨迹与前瞻》为国家社科基金社科学术社团主题学术活动资助课题"平成时代：日本的发展轨迹与展望"的研究成果。该书会聚20多位专家学者，对平成30年日本的国家战略、政治外交、经济、社会、文化思潮进行了系统深入梳理，展现了当今中国学术界对日研究的最高水平。该书也是献给2022年中日邦交正常化50周年的一份贺礼。著者期待世界充满和谐与光明，也希望近邻日本在平成之后，迎来一个"初春令月，气淑风和"的新时代。

2. 2022年10月19日，中国社会科学院日本研究所党委书记闫坤、中华日本学会高洪会长率队赴北京市月坛中学展开调研和交流活动。此次活动是日本研究所纪念中日邦交正常化50周年系列活动之一，由日本研究所与中华日本学会联合举办。日本研究所吕耀东副所长、社会研究室胡澎主任以及吴限副研究员、王瓒玮助理研究员、郭佩助理研究员参与了调研。

四、承担的省部级及以上课题

序号	课题名	主持人	课题类型	课题编号
1	平成时代：日本的发展轨迹与展望	杨伯江	国家社科基金社科学术社团资助项目	20STA011

（供稿人：程玉洁）

中华日本哲学会

一、基本情况

中华日本哲学会（Chinese Society for Studying Japanese Philosophies）成立于1981年4月1日，原名为中华全国日本哲学学会，1991年10月获国家民政部批准重新登记时改名为中华日本哲学会，2001年3月再次获国家民政部批准登记。

中华日本哲学会（以下简称"学会"）是全国性研究日本哲学、思想与文化的群众性学术团体，由全国各地大专院校、科研机构及其他政府机关、企事业单位、社会团体中的专业或业余爱好研究日本哲学、思想与文化的人员自愿组成，不以营利为目的。学会接受中国教育部的业务指导和民政部的监督管理。挂靠单位是延边大学。学会由延边大学已故知名教授朱红星先生、中国社会科学院哲学研究所刘及辰先生、东北师范大学华国学先生等发起创立，朱红星先生为第一任理事长。1992年朱红星先生病逝，选举产生以中国社会科学院哲学研究所丘成先生为理事长、以延边大学李宗耀教授为副理事长、以吉林省地方志编纂委员李君超先生为秘书长的第二届理事会，法人代表为延边大学的李宗耀教授。2002年5月，延边大学潘畅和教授任第三届理事长兼法人代表，武汉大学的徐水生教授、山东大学的牛建科教授任副理事长，吉林大学朴今波副教授任秘书长。2005年8月，学会根据发展的需要，选举中国社会科学院哲学研究所教授、博士生导师卞崇道先生为第四届会长，延边大学的潘畅和教授为副会长兼秘书长，武汉大学的徐水生教授、山东大学的牛建科副教授、中国社会科学院哲学研究所的王青副研究员任副理事长，法人代表仍为潘畅和教授。2011年9月，北京外国语大学北京日本学研究中心郭连友教授被选举为第五届会长，延边大学的方浩范教授为副会长兼秘书长，法人代表为方浩范教授。2015年8月，中国社会科学院哲学研究所王青研究员被选举为第六届会长，法人代表仍为延边大学方浩范教授，山东大学李海涛博士被选举为秘书长。2019年7月，中国人民大学哲学院林美茂教授被选举为第七届会长，延边大学李红军教授被选举为第七届法人代表兼秘书长。

学会设置如下。

会长：林美茂教授（中国人民大学）

副会长：郭连友教授（北京外国语大学）、王青教授（中国社会科学院）、韩立红教授（南开大学）、吴光辉教授（厦门大学）、牛建科教授（山东大学）、赵晓靓教授（广东外语外贸大学）

秘书长：李红军教授（延边大学）

秘书处及副秘书长：唐永亮教授（中国社会科学院）、孙宝山教授（中央民族大学）、孙彬副教授（清华大学）、刁榴副教授（北京工业大学）、顾春副教授（北京工业大学）、贺雷助理研究员（中国社会科学院）、李建华副教授（北京理工大学）、张晓明副教授（北京第二

外国语学院）、魏伟助理研究员（中国社会科学院）

地址：吉林省延吉市公园路977号

邮编：133002

联系电话：0433-2732150

负责人：李红军

电子邮箱：cssjp@ybu.edu.cn

公众号：中华日本哲学会

网址：www.cssjp.org

二、重要会议举办情况

2022年10月29—30日，在清华大学召开了"西学东渐：近代东亚思想的转折"学术研讨会暨中华日本哲学会2022年年会。

三、机构成果

林美茂等在《中国人民大学学报》2022年第1期发表《为什么是"哲学"？——关于西周的选择与追求探因》。

林美茂等在《社会科学》2022年第2期发表《近代以前"日本哲学"的有无之辨——以明治至昭和前期的代表性言论为线索》。

林美茂在日本学术期刊《文明21》第48号发表「現代中国における『散文詩』の境遇に関する考察」。

林美茂在《光明日报》2022年3月7日哲学版发表《尊严、幸福与人的伦理性自觉》。

林美茂在《光明日报》2022年5月11日文学理论版发表《在万物的情绪里审美》。

林美茂等在《学术月刊》2022年第9期发表《和辻哲郎与"日语哲学"的探索》。

林美茂在福建人民出版社出版专著《越境与乡愁》。

林美茂与刘晓峰在清华大学出版社合编出版《日本哲学与思想研究（2020）——近世与近代的多元视角》。

林美茂与李红军在延边大学出版社合编出版《日本哲学与思想研究（2020—2021卷）》。

王青在《世界哲学》2022年第1期发表《关于西田哲学中的"东洋文化"——以〈善的研究〉为中心》。

刘晓峰在《日语学习与研究》2022年第6期发表《符号、变异体与东亚民俗比较研究》。

刘晓峰在《民族艺术》2022年第6期发表《真子飞霜镜：来自古代时空文化体系的解读》。

刘晓峰在《探索与争鸣》2022年第7期发表《怪异与边界——对唐人小说中边界与秩序的个案分析》。

刘晓峰在《世界宗教文化》2022年第3期发表《古代时空文化体系中的八主祭祀》。

刘晓峰在《民族文学研究》2022年第3期发表《口传与文字之间——〈古语拾遗〉所见日本古代神话叙事体系的嬗变》。

吴光辉与陈晓隽在厦门大学出版社合编出版卞崇道著《简明近现代日本哲学史》。

吴光辉、王殊璟在『東アジア文化交渉研究』2022年第15号合著发表《西田哲学溯源古学派的理路探究》。

吴光辉在《日本学研究》2022年第1期发表《天皇制研究的当下》。

任萍、吴光辉在《东南学术》2022年第3期发表《生态系统视域下明代中央官学的现代诠释》。

吴光辉在《北大史学》2022年第2期发表《自中国考察到日本的天职——试析内藤湖南的日本文化论》。

吴光辉在《南国学术》2022年第12卷第4期发表《一种中国学术史的梳理、批评与开启——从岛田虔次〈中国思想史研究〉说开去》。

李美莹、吴光辉在《南通大学学报（社会科学版）》2022年第3期发表《人与世界相遇的方式：语言哲学观照下的跨文化交际》。

熊娟、吴光辉在《台湾研究集刊》2022年第3期发表《重层化的"他者"台湾——论西川满的台湾书写》。

熊娟、吴光辉在《中国高等教育评论》2022年第1期发表《历史语境下日本高等教育学科理念的沉思与反省》。

吴光辉在《鼓浪屿研究》2022年第15辑发表《日本学者"厦门研究"的视域与境位》。

吴光辉在《南开日本研究》2022年第1期发表《一种学术史的梳理与问题——写在〈井上哲次郎儒学论著选集〉（四卷本）中译本出版之后》。

熊娟、吴光辉在《日本语教育与研究》2022年第1期发表《革命语境下文学者的集体命运——评陈朝辉〈文学者的革命：论鲁迅与日本无产阶级文学〉》。

吴光辉、王嘉在《朱子学研究》第39辑发表《"明治朱子学"发微》。

吴光辉、王星月在《日本学研究》2022年第2期发表《"酷日本战略"的日本特色与文化互鉴》。

刘峰在《南京师范大学学报（社会科学版）》2022年第1期发表《特殊个体的原理价值及其局限性——论泽柳政太郎的亚洲主义思想》。

刘峰在《日本学刊》2022年第3期发表《东亚共同体与东亚共同价值的可能性》。

刘峰在《日语学习与研究》2022年第4期发表《日本思想研究关键词　亚洲主义》。

刘峰在《世界历史评论》2022年第3期发表《从历史视角看竹内好的"文学思想"及其"抵抗"原理》。

刘峰译著武田晴人、关口薰《三菱财阀的形成》出版。

张晓明在《汉籍与汉学》2022年第1辑发表《日本的〈孟子〉接受史考论——从中世禅林到近世儒学》。

张晓明在《日本学研究》2022年第1辑发表《儒学日本化的一个典型——以古学对〈孟子〉评价的分歧为中心》。

张晓明在《日本问题研究》2022年第5期发表《重新审视山鹿素行的日本思想史地位——临界与转向的双重意义》。

刘莹在《퇴계학보》2022年第152辑发表「주자학 심성론과 예학의 관계 고찰Ⅱ」。

刘莹在《퇴계학보》2022 年第 151 辑发表「주자학 심성론과 예학의 관계 고찰Ⅰ」。

刘莹在《한국철학논집》2022 年第 72 辑发表《贝原益轩之"大疑"辨》。

刘莹在《北大史学》2022 年 10 月发表译文小岛毅《儒教的圣人像》。

刘莹在《国际儒学论丛》2022 年 8 月发表译文小岛康敬《荻生徂徕之"学"》。

耿子洁在 ICCS Journal of Modern Chinese Studies Separate，Vol.15, Sept.20，2022 发表《加加美光行先生的学思与风范——兼评"现代中国学方法论"的意义》

耿子洁在《日本哲学与思想研究（2020—2021）卷》发表《从"粹"到偶然性问题——九鬼周造偶然性的内在化问题》。

侯雨萌在《世界历史》2022 年第 4 期发表《江户儒者"王霸之辨"诠释中的"位""道"之争》。

侯雨萌在《原道》2022 年第 1 辑发表《孟子关于政治权力更迭正当性的理论建构》。

张士杰在《孔子研究》2022 年第 5 期发表《日本汉学家"他者化"中国的路向与逻辑——以津田左右吉、内藤湖南、服部宇之吉为例》。

王晚霞在《上海地方志》2022 年第 3 期发表《以〈濂溪志〉为例管窥志书编纂方法的创新》。

王晚霞在《中国社会科学报》2022 年第 6 期发表《濂溪先生与濂溪学的东亚环流》。

王晚霞在《东南学术》2023 年第 1 期发表《韩国儒学的图说学与周敦颐〈太极图〉》。

王晚霞出版专著《日本濂溪志》。

张维薇等在《贵州社会科学》2022 年第 12 期发表《斡旋与交涉——客卿朝衡与 8 世纪中叶唐日关系的构建》。

张维薇等在《唐都学刊》2022 年第 6 期发表《日籍客卿朝衡与李白交往考释——以相关诗文及和歌为中心》。

张维薇在《日本问题研究》2022 年第 2 期发表《回顾与前瞻：日本遣唐使阿倍仲麻吕研究评述》。

张维薇在『東アジア言語文化』2022 年第 5 期发表 「阿倍仲麻呂による在唐科挙及び進士及第」。

刘争出版『「例外」の思想—戦後知識人加藤周一の射程』。

周江在《日本学研究》2022 年第 1 辑发表《〈朱子家礼〉在近世日本的接受与实践——评田世民〈近世日本儒礼实践的研究〉》。

黄越泓在《东亚汉学研究》2022 年发表《"书籍之路"与中日"唐决"的交流互鉴》。

王侃良在《北大史学》2022 年第 23 辑发表《再考近世日本的儒学体制化问题》。

王侃良在《域外汉籍研究集刊》2022 年第 22 辑发表《荻生徂徕〈文理三昧〉中的"文理"论考》。

张厚泉在『言語と交流』2022 年 7 月发表「渋沢栄一の中国観—『渋沢栄一伝記資料』を中心に」。

张厚泉在《中华思想文化术语学术论文集》2022 年第 5 辑发表《"理"在近代抽象概念形成过程中的作用》。

张厚泉在《日本学研究》2022年第33辑发表译文平石直昭「徳川体制と儒教との関係」。

四、荣誉称号与进修经历

张晓明2022年获得日本学术振兴会外国人研究员项目，于2022年5月25日至2024年5月25日在日本京都国际日本文化研究中心担任外国人研究员。

张晓明入选2022年度北京市属高校优秀青年人才培育计划。

刘莹2021年获得"博士后国际交流计划"派出项目（PC2021001），2021—2022年在韩国成均馆大学担任哲学系·客座研究员。

刘莹获得2022年儒家人文思想暨第三届国际青年儒学论坛三等奖。

刘峰担任全国本科毕业论文抽检工作评审专家。

刘峰担任上海市高校本科毕业论文抽检工作评审专家。

淘金获得2022年西浦全国大学教学创新大赛三等奖。

淘金获得2022年第五届《人民中国》杯日语国际翻译大赛（笔译研究生组）"优秀指导教师奖"。

淘金获得2022年辽宁省普通高等教育本科教学成果奖一等奖。

邓习议作为国家公派访问学者，于2022年7月16日至2023年1月18日在日本东北大学文学部进修。

范晓雅2019年10月1至2023年9月30日在日本京都国际日本文化研究中心进行博士进修。

周江2019年10月1日至2023年9月30日在日本京都国际日本文化研究中心进行博士进修。

五、承担的省部级及以上课题

序号	课题名	主持人	课题类型	课题编号
1	日本朱子学文献编纂与研究	林美茂	国家社科基金重大项目	17ZDA2
2	井上哲次郎《东方哲学史》的缘起、理路与影响研究	林美茂	国家社科基金重点项目	20AZX011
3	日本朱子学文献编纂与研究的子课题：海西学派朱子	王青	国家社科基金重大项目子课题	17ZDA01
4	《杨春时：中华美学概论》	吴光辉	国家社科基金中华学术外译项目	20WZXB008
5	朱子学在日本的在地化	吴光辉	国家社科基金重大项目子课题	21QZD051

续表

序号	课题名	主持人	课题类型	课题编号
6	日本江户时代《孟子》文献的整理与研究	张晓明	国家社科基金青年项目	19CZX031
7	日本中世、近世《孟子》文献的整理与研究	张晓明	北京市优青计划项目	BPHR202203147
8	儒学日本化进程研究	刘莹	教育部人文社科研究青年项目	22YJC720009
9	柳田国男民俗文学与日本神灵记忆的建构研究	孙敏	国家社科基金一般项目	20BWW015
10	日本近代国家道路探索问题研究	邢雪艳	国家社科基金后期资助项目	20FSSB023
11	马克思主义文献的早期汉译路径及特征研究（1900—1920）	仲玉花	天津市哲学社科规划项目	TJYY21-006
12	《孟子》日译匡谬补缮研究	侯雨萌	上海市浦江人才计划	19PJC080
13	百团大战以后日本对中共敌后抗战的观察与因应	刘峰	上海市哲学社科规划一般课题	2022BLS001
14	近代以来至二战结束期间日本涉华宣传史料的整理与研究	刘峰	国家社科基金重大项目子课题	20&ZD237
15	日本《论语》学研究	张士杰	国家社科基金重大项目子课题	16ZDA108
16	日本孔子书写的现代性重构研究	张士杰	国家社科基金一般项目	20BWW018
17	17—20世纪日本文化哲学的转型及启示研究	邓习议	国家社科基金一般项目	21BZX072
18	东亚视阈下日本宗教对话的理论与实践研究	淘金	国家社科基金一般项目	19BZJ008
19	日本近世孔庙祭祀研究	李月珊	国家社科基金后期资助项目	21FSSB011
20	东亚濂溪学诠释研究	王晚霞	国家社科基金重点项目	22AZX011
21	阿倍仲麻吕在唐任职与8世纪唐日关系的演进	张维薇	国家社科基金后期资助项目	22FZSB026
22	汉文训读视角下的日本汉文教育研究（1793—1928）	王侃良	教育部人文社科研究青年项目	21YJC740054
23	16—17世纪西人东来与多语种原始文献视域下东亚海域剧变研究	王侃良	国家社科基金冷门绝学专项	22VJXT006

续表

序号	课题名	主持人	课题类型	课题编号
24	儒学思想在《百学连环》抽象概念译词形成过程中所起作用的研究	张厚泉	教育部人文社科研究规划基金项目	21YJA740049

（供稿人：张晓明）

中国日本史学会

一、基本情况

中国日本史学会（China Society of Japanese History，以下简称"学会"）成立于1980年7月10日，第一任会长由著名亚洲史专家吴廷璆先生担任，第二任会长由中国社会科学院万峰先生担任，第三任会长由中国社会科学院汤重南先生担任（2000—2012年），第四任会长由天津社会科学院张健研究员担任（2012—2017年），第五任会长由南开大学杨栋梁教授担任（2017—2022年），第六任会长由东北师范大学韩东育教授担任（2022年至今）。

作为中国研究日本史的唯一全国性学术团体，目前学会有正式会员340余人，分布于全国各省、市、自治区。学会的宗旨是，团结中国日本史研究工作者，大力开展对日本历史的科学研究活动，以期有所成就，有所创造，多出人材，多出成果；增进中日两国人民和两国史学工作者的相互理解和友谊，发展中日两国学术界的交流。

学会的任务是，（1）广泛联系、组织国内研究日本史的有关机构、专业人员；协调研究、促进交流、加强合作；组织切实可行研究项目；接受、承担国家及有关单位委托的科研任务。（2）组织学术讨论，开展学术（包括图书资料）交流活动，推动专题研究和历史资料的收集、编译和出版工作，并向出版单位推荐优秀科研成果。（3）鉴定本学会和委托单位的重要科研成果。（4）加强日本史研究队伍的建设，调动一切有利于开展日本史研究的积极因素，发现和培养人材。（5）出版会刊。（6）广泛积极地开展国际学术交流活动。

学会自成立以来，积极组织和开展各种学术活动，召开了30余次学术年会；先后举办了"大化改新""中日交流史上的友好使者""日本人与国际化""东亚区域意识与和平发展""战后日本五十年""传统文化与中日经济发展""日本与东北亚""明治维新与近代世界"等大型国际学术讨论会；举行了"邪马台国""日本历史人物评价""日本封建社会分期""日本传统文化与现代化""中日近代化比较""战后日本及东亚经济发展"等30余次专题学术研讨会。

学会团结中国日本史研究工作者，大力开展对日本历史的科学研究活动；主要研究领域有日本的古代史、近代史、现代史、战后史、政治史、社会史、经济史、科技史、对外关系史、思想文化史、日本女性史、日台关系史以及日本侵华史等。

目前学会共有340余名正式会员，由各高校、各科研机构的日本史相关研究学者组成。

负责人为会长韩东育，副会长为宋志勇、程永明、张跃斌、江静、唐利国、赖正维、毕世鸿、王铁军，秘书长为张艳茹。

地址：天津市南开区迎水道7号天津市社科院日本所

邮编：300191

二、重要会议举办情况

2022年11月27日召开了"中国日本史学会2022年年会暨中日邦交正常化50周年纪念学术研讨会",会期一天,会议采取线上与线下方式进行。会议由学会主办,北京大学历史学系与天津社会科学院日本研究所共同承办。有90余位学者参加了会议,分日本古代史、近代史、战后史等专题进行了分组研讨,其间召开了会员代表大会,进行了换届选举,产生了第九届中国日本史学会理事会。

三、机构要闻

2022年5月14日,由南开大学日本研究院与学会共同主办的"新时期日本古代史研究的方法与课题研讨会——暨南开大学日本研究院日本古代史研究中心成立大会"以线上、线下结合的方式召开。来自北京大学、中国社会科学院、清华大学、浙江大学、东北师范大学、浙江工商大学、复旦大学、山东大学、四川师范大学、上海师范大学、北京理工大学等高校与科研单位的专家学者受邀出席会议,围绕新时期日本古代史的研究方法及课题进行了深入的交流与探讨。

2022年6月29日,由中华日本学会、中国日本史学会、中国社会科学院日本研究所共同主办的"中日邦交正常化50周年讲座",北京大学历史学系宋成有教授以"研究中日民间交流的几个视角"为题作了精彩演讲。两学会会员、日本研究所研究人员及日本研究系学生线上线下参与,中华日本学会秘书长、中国日本史学会副秘书长、日本研究所胡澎研究员主持讲座。中华日本学会常务副会长、中国社会科学院日本研究所所长杨伯江研究员致辞,中国日本史学会副会长、北华大学东亚历史与文献研究中心主任郑毅教授在线上对讲座进行了精彩点评。

2022年7月24—27日,在东北师范大学召开了"中国日本史学会2022年度工作会议",由学会主办,东北师范大学历史文化学院承办,20余位学会相关负责人就学会近期工作安排、学术年会筹备情况、学会换届工作安排等事宜进行了研讨和交流。

2022年7月29—31日,由学会、浙江工商大学东亚研究院共同主办,浙江工商大学日本研究中心承办的"中日邦交正常化50周年纪念学术研讨会"于杭州召开。数十位学者对中日关系的现状与未来发展前景开展了充分的研讨。

四、承担的省部级及以上课题

序号	课题名	主持人	课题类型	课题编号
1	日本重大突发公共卫生事件应对体系的历史考察——兼论新冠肺炎疫情的应对	程永明	国家社科基金社科学术社团主题活动资助项目	20STA007

(供稿人:程永明)

中国日语教学研究会华南分会

一、基本情况

中国日语教学研究会华南分会（以下简称"华南分会"）成立于2012年12月7日，会长为广东外语外贸大学日语语言文化学院院长陈多友教授。

华南分会现在已经吸纳域内的广东外语外贸大学、中山大学、暨南大学、华南师范大学、深圳大学、华南理工大学、广州大学、广东工业大学、广东财经大学等45所广东地区高校，厦门大学、福建师范大学、福州大学、厦门理工大学等13所福建地区高校，广西壮族自治区的广西大学、广西师范大学等12所高校，海南省的海南大学、海南师范大学等3所高校以及香港、澳门地区的香港中文大学、澳门大学等高校作为成员，目前共有会员校73所。

华南分会下辖中国日语教学研究会湛江分会及广东民营大学日语教学联合会等社团。

华南分会注重与总会及各分会之间的合作。业已与上海分会、江苏分会建立战略合作伙伴关系，实现了跨区域的合作与交流；与华南日本研究所、广外东方学研究中心、中国日本文学研究会、中国东方文学研究会、韩国日语日文学会、日本近代文学研究会等社团及研究机构合作，举办大型国际学术研讨会，形成国际化的协作机制与平台。华南分会还与人民中国杂志社、广东省新闻出版集团、香港天地图书有限公司、中国对外翻译出版公司等新闻出版机构建立战略合作伙伴关系；同时与日本国际交流基金等日方机构密切合作。华南分会还致力于政产学研一体化工程，凝聚本地区人才培养及学术研究特色，先后与卡西欧（上海）贸易有限公司、东风日产乘用车公司、日发投资有限公司等企业紧密合作，促进了华南地区高等院校与社会资源的整合。

华南分会积极开展日本语言、文学、文化、社会等方面的学术研究。

一、每年举办一次高质量的学术研讨会。会议承办单位（视该校日语学科在相关领域的研究特色）由理事会商定。继续以"日语教育与日本学国际论坛"为平台对外开展学术活动。

二、协助有关部门组织会员开展定期或不定期的教学经验交流会、学术讲座等活动。

三、促进各院校之间的人员交流，加深相互了解，取长补短，提高教学质量和学术水平。

四、与国内外其他有关机构在教学科研方面开展交流与协作。

华南分会现设名誉会长1人、名誉副会长1人、会长1人、副会长15人、秘书长1人、副秘书长3人、常务理事32人、名誉理事1人、理事83人。

地址：广东省广州市白云区白云大道北2号第一教学楼341
邮编：510420
负责人：陈多友（会长）、张志刚（秘书长）
联系电话：020-36207109
电子邮箱：200411029@oamail.gdufs.edu.cn

二、重要会议举办情况

2021年11月28日，华南分会承办第四届人民中国杯日语国际翻译大赛颁奖仪式暨翻译实践研讨会。

2021年9月25日，华南分会协办2021全国日语高考趋势研讨会。

2021年7月18日，华南分会主办2021年度高中日语教育改革与发展高峰论坛。

2022年7月2—3日，华南分会联合主办2022年度东方学及区域国别研究国际学术研讨会。

2022年7月28日，华南分会联合主办教育部日语专业虚拟教研室启动仪式暨第一次日语专业建设研讨会。

2022年11月5日，华南分会联合承办第十一届文学伦理学批评国际学术研讨会平行论坛暨日本文学文化研究峰会。

三、承担的省部级及以上课题

序号	课题名	主持人	课题类型	课题编号
1	"东方学"体系建构与中国的东方学研究	王向远	国家社科基金重大项目	14ZDB083
2	海上丝路与东方海洋文学研究	陈多友	国家社科基金重大项目子课题	19ZDA290
3	《文心雕龙》日本百年传播史研究	陈多友	国家社科基金一般项目	16BZW032
4	日本核电文学与生态安全问题研究	杨晓辉	国家社科基金一般项目	14BWW014
5	《中国宗教与文化战略》（日文版）	丁国旗	国家社科基金中华学术外译项目	15WZJ001
6	《走中国特色的新型城镇化道路》（日文版）	张志刚	国家社科基金中华学术外译项目	16WJY007
7	日本东洋学中的中国神话研究	刘燕	国家社科基金一般项目	22BZW016
8	日本西宫神社的民族志研究	刘劲聪	国家社科基金后期资助项目	22FMZB011
9	《当代中国建设》（日文版）	杨晔	国家社科基金中华学术外译项目	16WSH002

（供稿人：张志刚）

中国中日关系史学会

一、基本情况

中国中日关系史学会（以下简称"学会"），于1984年8月31日在北京成立。

学会是由研究中日关系史和关心中日两国关系发展的人士自愿组成的全国性非营利性民间学术团体，主要研究领域为中日关系史、中日关系等。

学会接受中国社会科学院、民政部的业务指导和监督管理。

学会的宗旨是广泛团结我国从事研究中日关系史的知识界人士以及其他关心中日关系发展的有关人士，推动对中日关系史和两国间有关问题的研究，增进与日本有关团体和人士的学术交流和友好往来，以提高中日关系史的研究水平，为促进中日两国人民世代友好和两国关系的健康发展作贡献。

学会首任会长是已故全国政治协商会议副主席、中国佛教协会会长、著名社会活动家赵朴初；第二任会长是已故国务院发展研究中心主任孙尚清；第三任会长是全国人民代表大会原常委、全国政治协商会议原常委、现任全国政协经济委员会副主任、北京大学社会科学学部主任、北京大学光华管理学院名誉院长厉以宁；第四任会长是中国社会科学院原副院长武寅；现任会长是北京大学历史系教授王新生。

学会积极开展国内外交流活动，与日本有关团体及日本驻华机构有良好的交流关系。学会经常举办中小型座谈会、研讨会、学术报告会，邀请日本及中国的专家、学者、政治家、外交官等，就中日关系史和当前中日关系进行学术交流和研讨。学会多次组团出访日本，加强中国人民与日本人民的友好交流，促进中日民间友好往来。

多年来，学会编辑出版了《友谊铸春秋：为新中国做出贡献的日本人》卷一和卷二、翻译出版了《大平正芳》、《日本通商产业政策史》全十七卷等，在国内外受到广泛好评。

学会的会刊是《中日关系史研究》，季刊，每年出版四期（目前休刊中）。

学会地址：北京市朝阳区北四环中路33号 北京市社会科学院科研楼10层

邮编：100101

电话：010-64872202 010-64874388 010-64843697

电子邮箱：zrsxh2016@163.com

二、重要会议举办情况

2022年7月23日，由中国中日关系史学会与首都师范大学东亚历史中心联合主办，北京市中日文化交流史研究会与北京大学东北亚研究所承办的"中国中日关系史学会2022年年会暨纪念中日邦交正常化50周年学术研讨会"在北京金龙潭大酒店举行。在京几十名专家、学者出席会议，外地专家、学者通过视频连线方式出席会议。

在开幕式上，中国中日关系史学会会长王新生、首都师范大学副校长雷兴山、中华日本学会会长高洪分别作了发言；在高峰论坛环节，中国社会科学院原副院长武寅，中国外文局亚太中心总编辑王众一，南京大学国际关系研究院院长朱锋，东北师范大学副校长韩东育，中国日本史学会会长杨栋梁，广东外语外贸大学日语语言文化学院暨亚非语言文化学院院长陈多友，中国社会科学院日本研究所所长杨伯江，中日关系史学会副会长吕小庆，中国现代国际关系研究院副院长胡继平，复旦大学日本研究中心主任胡令远，清华大学当代国际关系研究院副院长刘江永，中国国际问题研究基金会世界经济研究中心主任姜跃春，分别围绕跨世纪50年的中日关系、新时期中日关系构建与教育者的责任、基督教在战后美国对日政策中的作用、《人民中国》从创刊到见证邦交正常化、当前国际经济格局新动向与中日经贸合作新变化等主题作了演讲；在分组研讨环节，来自全国各地的专家、学者分别就政治外交与中日关系、经济文化与中日关系、中日关系史等主题进行了深入研讨，取得丰硕成果。会议闭幕式由首都师范大学东亚历史研究中心主任史桂芳教授主持。中国中日关系史学会会长王新生、首都师范大学历史学院党委书记董增刚分别做了总结发言，此次会议圆满落下帷幕。

三、机构要闻

2022年2月9日，副会长刘江永应邀出席外交部亚洲司座谈会，并作重点发言。

2022年3月4日至10日，常务理事王众一参加第十三届全国政协第五次全体会议。

2022年3月14日，副会长刘江永接受日本国际交流基金会北京事务所采访。

2022年3月20日，副会长刘江永出席太和智库主办的俄乌冲突问题中日专家线上研讨会，并作重点发言。

2022年4月16日，副会长吕克俭出席中国外经贸企业协会年会，介绍RCEP与中日经贸合作情况。

2022年4月28日，会长王新生会见日本驻华使馆野村公使、石飞节参赞，就举办中日邦交正常化50周年纪念活动交换意见。

2022年5月8日，会长王新生线上参加武汉大学日本研究中心主办的国际会议"琉球'时代更替'之历史与东亚国际秩序的变迁——'冲绳返还'50周年学术研讨会"并作评论。

2022年5月18日，副会长刘江永应邀为国防大学讲课，题目为"日本安全战略的调整变化"。

2022年6月26日，会长王新生在华语智库作"日本对华政策与国内政治"讲座。

2022年7月9日，会长王新生接受日本《朝日新闻》采访。

2022年7月23日，学会主办中国中日关系史学会2022年年会暨纪念中日邦交正常化50周年学术研讨会。

2022年8月27日，会长王新生、副会长刘江永、常务理事王众一等参加中华日本学会主办的"重温初心，面向未来"纪念中日邦交正常化50周年国际学术研讨会，并作点评发言。

2022年9月12日，会长王新生、常务理事王众一等参加中国驻日本使馆、日本经济团体联合会主办，中国社会科学院、日本日中友好七团体协办的"不忘初心，开创未来"纪念中日邦交正常化50周年国际学术研讨会。

2022年9月14日，会长王新生接受日本《每日新闻》采访。

2022年10月25日，会长王新生、副会长刘江永出席华南理工大学"中日邦交正常化50周年"国际学术研讨会，并作重点发言。

2022年11月4日，副会长刘江永出席山东大学亚太研究所国际研讨会，并作重点发言。

2022年12月，学会通过民政部年检。

（供稿人：张玉霞）

中国外国文学学会日本文学研究分会

一、基本情况

中国外国文学学会日本文学研究分会（以下简称"分会"）曾名"中国日本文学研究会"，成立于1979年9月，最初为一级学会，现为中国外国文学学会下设二级研究分会，挂靠中国社会科学院外国文学研究所，旨在为中国日本文学研究者提供互相交流、共同提高的学术平台。分会积极发挥全国性学术团体的优势与作用，自1979年成立以来，已经成功举办17届全国大会，培养挖掘了一大批中青年日本文学研究者，有力地促进了中国日本文学研究事业的不断进步。

人员构成如下。

首任会长是林林，名誉会长是夏衍、楼适夷；第二任会长是李芒；第三任会长是高慧勤；第四任会长是谭晶华；现任会长是邱雅芬。

历届副会长：吕元明、金中、李德纯、陈喜儒、竺祖慈、王晓平、郑民钦、林少华、刘春英、魏大海、李征。现任副会长：高洁、王成、周阅。

首任会长林林（1910—2011年），1933年赴日本早稻田大学留学，曾任中国作家协会顾问、中国人民对外友好协会副会长，有随笔集《扶桑杂记》（1982）、《扶桑续记》（1996）等；代表译著《鲁迅致增田涉书信选》（1974）、《鲁迅全集第一版书信集》（1981）、《日本古典俳句选》（1983）、《日本近代五人俳句选》（1990）等。

第二任会长李芒（1920—2000年），中国社会科学院外国文学研究所研究员，中国作家协会会员，编译《山头火俳句集》（1991）等，有评论集《日本文学古今谈——投石集》（1987）、代表译著德永直《没有太阳的街》（1958）、《黑岛传治短篇小说选》（1962）、广津和郎等《港湾小镇》（1986）等。

第三任会长高慧勤（1934—2008年），中国社会科学院外国文学研究所研究员、中国作家协会会员，编著《东方现代文学史》（上、下，1994），代表译著《木下顺二戏剧集》（1980）、《日本短篇小说选》（1983）等，还曾先后主持、翻译《森鸥外精选集》（2005）、《川端康成十卷集》（2000）、《芥川龙之介全集》（2005）等。

第四任会长谭晶华，1951年出生，文学博士，上海外国语大学教授、博士生导师，曾任上海外国语大学常务副校长、教育部高校日语教学指导委员会主任、上海翻译家协会会长，著有《日本近代文学名作鉴赏》（1992）、《川端康成传》（1996）；译有《冻河》（1991）、《地狱之花》（1994）、《山之声》（2000）、《二十四只眼睛》（2018）等译著共计70余种、300余万字。

现任会长邱雅芬，1967年出生，中国社会科学院外国文学研究所研究员，兼任中国社会科学院大学（研究生院）教授、博士生导师，日本文学博士（福冈大学）、中国文学博士（中山大学），著有《日本小说发展史》（2021）、《芥川龙之介学术史研究》（2014）、《中日傀儡戏因缘研究》（2013）、『芥川龍之介の中国：神話と現実』（2010）；译有《罗生门：芥川龙之介经典作品集》（2022）、《万延元年的 Football》（2021）等，并在《外国文学评论》《外国文学研究》等中外学术期刊发表学术论文 50 余篇。

地址：北京市建国门内大街 5 号中国社会科学院外国文学研究所

邮编：100732

负责人：邱雅芬、唐卉

电子邮箱：yafenqiu@vip.sina.com；tanghui@cass.org.cn

二、重要会议举办情况

2022 年受新冠疫情影响，分会主要以协办、支持高校日本文学研究的方式开展活动，主要工作如下。

2022 年 10 月 15 日，以线上形式举办"日本文学与区域国别交叉研究论坛"，会议由深圳大学外国语学院主办，分会协办，邱雅芬会长作了题为"区域国别视野下的日本文学研究"的主旨发言。三位副会长高洁教授、王成教授、周阅教授亦应邀参会并作主旨发言。

2022 年 11 月 5 日，广东外语外贸大学日语语言文化学院以线上形式主办"第十一届文学伦理学批评国际学术研讨会平行论坛暨日本文学文化研究峰会"，邱雅芬会长应邀在开幕式致辞并宣读论文《对日本现代文学伦理性的思考》。

2022 年 11 月 13 日，杭州师范大学外国语学院以线上形式主办"新文科背景下日本文学教学与研究高端论坛"，邱雅芬会长应邀在开幕式致辞并作了题为"对新文科背景下日本文学研究的一点思考"的主旨发言。三位副会长高洁教授、王成教授、周阅教授亦应邀参会并作主旨发言。

2022 年 12 月 4 日，南京师范大学外国语学院东方研究中心以线上形式主办"民间和平反战记忆回顾与展望"学术研讨会，邱雅芬会长应邀参会并宣读论文《论中山省三郎的沦陷期广州书写策略》。

三、机构要闻

为进一步提升新文科背景下我国日本文学教学与研究水平，促进日语专业的转型和高质量发展，11 月 13 日，杭州师范大学外语学院主办的"新文科背景下日本文学教学与研究高端论坛"以线上形式顺利召开。来自中国社会科学院、广东外语外贸大学、上海外国语大学、四川外国语大学、中国人民大学、南京师范大学、同济大学、清华大学、南京大学、北京师范大学、厦门大学、北京语言大学、杭州师范大学等研究机构和高校的专家、学者应邀参加了此次论坛并作了主旨报告，来自全国近 30 所高校的 350 名师生参加会议。

论坛开幕式由杭州师范大学外语学院副院长孙立春教授主持，教育部高校外语专业教指委日语分委会主任委员、天津外国语大学原校长修刚教授，中国外国文学学会日本文学研究分会会长邱雅芬研究员，杭州师范大学外语学院院长周敏教授分别致辞。修刚教授首先祝贺杭州师范大学外语学院日语专业获批国家一流本科专业，然后指出新文科的建设和发展需要在文理交融和人文性的回归等方面下足功夫。邱雅芬研究员强调我们身处新时代、面对新挑战,需要始终怀抱中国学术意识,开展富有中国特色的文学研究,使我国的日本文学研究成为新文科建设的生力军之一。周敏教授指出新文科建设为中国的日语专业转型、日本文学教学与研究带来了机遇和挑战,在建设过程中应注重拓宽学生视野,培养学生的创新能力。此次论坛会聚了日语教育研究界和日本文学研究界首屈一指的专家学者,将为日语专业的转型发展和新文科建设提供宝贵的经验和启示。

四、承担的省部级及以上课题

序号	课题名	主持人	课题类型	课题编号
1	中日郑成功题材叙事文学比较研究	寇淑婷	国家社科基金一般项目	22BWW017
2	日藏元代赴日禅僧诗文整理与研究	王川	国家社科基金一般项目	22BWW018
3	日本江户时代民间文学的中国文化表征研究	陆薇薇	国家社科基金一般项目	22BWW019
4	鲁迅文学对日本现代文学的影响研究	霍士富	国家社科基金一般项目	22BWW020
5	日本二战后战争儿童文学研究	何建军	国家社科基金一般项目	22BWW021
6	苏轼对日本五山文学之影响研究	罗宇	国家社科基金青年项目	22CWW008
7	日本《新青年》的杂志空间研究	穆彦姣	国家社科基金青年项目	22CWW009
8	骈文在日本的受容与变容研究	蒙显鹏	国家社科基金青年项目	22CWW010
9	文化生态视域下日本俳画诗学功能建构研究	胡文海	国家社科基金青年项目	22CWW011
10	林语堂作品在日本的译介与传播研究	张秀阁	国家社科基金青年项目	22CWW023
11	井上靖和陈舜臣的中国叙事比较研究	谢淑媛	教育部人文社科研究规划基金项目	22YJA752021
12	现当代日本词学文献整理与研究	王睿	教育部人文社科研究规划基金项目	22YJA752018
13	日本女性主义文学批评研究	李先瑞	教育部人文社科研究规划基金项目	22JYA752012
14	日本侵华时期上海的日语文学研究	李庆保	教育部人文社科青年项目	22YJC752008
15	"明治维新"的文学书写与日本国家认同建构研究(1868—1968)	常思佳	教育部人文社科青年项目	22YJC752001
16	战争记忆视域下战后日本"慰安妇"文学研究	李敏	教育部人文社科青年项目	22YJC752007
17	战后日本儿童文学的战争记忆研究	魏晨	教育部人文社科青年项目	22YJC752012
18	文学伦理学叙事转向视域下山崎丰子文学研究	徐婷婷	教育部人文社科青年项目	22YJC752014

(供稿人:邱雅芬)

中国抗日战争史学会

一、基本情况

中国抗日战争史学会（以下简称"学会"）成立于1991年1月23日，胡乔木任名誉会长，刘大年任会长，白介夫为执行会长，从事抗日战争史研究的学者和工作者近百人任理事。学会聘请萧克、杨成武、吕正操、杨得志、郭化若、张震、邓力群、胡绳、周谷城、程思远、郑洞国、侯镜如、张国基为名誉顾问。学会设学术委员会，由丁守和、马齐彬等14人组成，刘大年为召集人。学会办事机构设于北京中国人民抗日战争纪念馆，2022年转设于中国社会科学院近代史研究所。历任会长为刘大年、何理、步平，现任会长为王建朗，高士华担任秘书长。

学会是一个全国性的民间非营利群众性学术团体。其主要工作是组织、推动、协调各地抗日战争史研究工作者从政治、军事、外交、文化等各个方面展开抗日战争史的研究，以尊重历史、遵循科学为原则，促进抗日战争史研究工作的繁荣。

学会的主要业务范围如下。

（一）组织、推动、协调各地抗日战争史研究工作者从政治、军事、外交、文化等各个方面展开抗日战争史研究。

（二）征集、调查、收藏有关抗日战争的文物和文献、口述资料，促进抗日战争史研究的科学著作、文献资料、调查报告等的撰写和出版。

（三）主办专门学术刊物，发表相关研究成果。

（四）开展同台港澳地区及海外华人从事抗日战争史研究团体和个人的学术交流，加强国际抗日战争史研究学术交流。

（五）组织、协同有关机构进行抗日战争史学术研究。

（六）调查抗战遗迹，向有关地方政府提出保护方案的建议。

学会在1991年9月创办《抗日战争研究》。作为推动抗日战争研究的学术阵地，《抗日战争研究》现由学会与中国社会科学院近代史研究所共同主办，是国内唯一以"抗日战争研究"命名的专门刊载抗战史研究成果的学术刊物。在海内外抗战研究者的支持下，刊物的学术质量与社会影响力不断提升，成为抗战史研究的一块不可或缺的重要阵地。该刊积极主办和参与主办各类国内国际学术会议，注意发现新的学术增长点，并予以扶持和引导；在大力培养年轻人才方面，该刊也做出了积极努力。从2013年起，已经举办了九届"抗日战争史青年学者研讨会"，很多青年学人在此平台扶持下，脱颖而出，形成了规模可观的青年学人群体。《抗日战争研究》在推动和引领抗战史研究的发展上发挥了重要作用。

学会在1995年组织编辑出版了《中国抗日战争史丛书》。这套丛书由学会和中国人民抗日战争纪念馆合作完成，刘大年为丛书编辑委员会主任。丛书包括《中国复兴枢纽：抗日战争的八年》《中国抗战军事史》《抗战时期的国共关系》《抗战时期的经济》等共计19种，涵盖面广、史料丰富，丛书的核心著作《中国复兴枢纽：抗日战争的八年》产生了深远的影响，将抗日战争视为"中国复兴枢纽"的观点，逐渐为学界和社会所接受，成为评判抗日战争的最有力最简明的表述，有力推动了抗日战争研究的深入。

学会组织各种学术讨论会和每年的年会。其中比较重要的有1991年9月在沈阳召开的"九一八事变60周年"国际学术讨论会、1995年7月在北京召开的"纪念抗日战争暨世界反法西斯战争胜利50周年"学术讨论会、1997年7月在北京召开的"抗日战争爆发60周年"国际学术讨论会、2017年7月在北京召开的纪念全面抗战爆发八十周年国际学术研讨会。学会还与国外学术机构合作，先后在奥地利、英国、澳大利亚、日本等国家联合主办了有关抗日战争史的学术研讨会。

学会从2016年开始参加抗日战争研究专项工程的学术组织工作。同年国家社会科学基金设立抗日战争研究专项工程，其学术组织工作，主要依托学会进行，学术委员会的成员主要由学会的常务理事构成。学术委员会负责审议新课题的立项、已立项课题的中期检查和最终结项。专项工程已产生重大的社会影响，在抗日战争与近代中日关系文献数据平台建设、南京大屠杀、慰安妇、731部队与日军细菌战、国联李顿调查团等专题的资料搜集与研究上，均产生了数量可观的新成果。

从2017年开始，学会积极参加了推动海峡两岸抗战史研究的交流。在国务院台湾事务办公室的支持下，学会与台湾中华民族抗日战争纪念协会建立了密切的合作关系，共同组织了每年一届的两岸抗战史研究论坛。首次论坛于2017年在南京举行，150余名两岸学者、退役将领及学生参加了会议。截至2022年，论坛已经举办了四届，坦诚的交流进一步弥合了分歧，对于推动两岸共享史料、共写史书，共同弘扬抗战精神具有很大的推动作用。

二、重要会议举办情况

1. 召开第四届中华民族抗日战争史与抗战精神传承研讨会

为纪念全民族抗日战争爆发85周年，强化和加深两岸中国人并肩抵抗外敌、取得民族独立的历史记忆，继承和弘扬抗战精神，该研讨会于2022年7月7日在中国历史研究院中流厅开幕。研讨会由学会、中华民族抗日战争纪念协会共同主办，在北京、台北同时举办。海峡两岸退役将领、专家学者、教师学生代表一百余人通过线上线下方式与会。在研讨会开幕式上，中国社会科学院副院长、中国历史研究院院长高翔，台湾中华民族抗日战争纪念协会会长黄幸强，中国抗日战争史学会荣誉理事戚建国，中国抗日战争史学会会长王建朗，台湾中华民族抗日战争纪念协会理事长黄炳麟，台湾世新大学副校长李功勤先后发表致辞，希望两岸与会学者集思广益、凝聚共识，通过研讨交流，增进两岸青年一代对抗战历史的认知，增进两岸同胞心灵契合，推动两岸关系和平发展，共创两岸美好明天，夯实实现祖国统一的人心根基。研讨会历时一个上午，顺利圆满落幕。通过研讨会的交流，两岸学者与青年学生对抗战历史有了更多的共识和了解，大家期待着今后能有更多的交流。

2. 召开"纪念全国抗战爆发85周年学术研讨会暨中国抗日战争史学会年会"

2022年8月14—15日，由学会、哈尔滨师范大学主办，哈尔滨师范大学历史文化学院、黑龙江省历史学会承办的"纪念全国抗战爆发85周年学术研讨会暨中国抗日战争史学会年会"在哈尔滨举行。来自中国社会科学院近代史研究所、世界历史研究所，北京大学、北京师范大学、南开大学、南京大学、浙江大学、西南大学、辽宁大学、首都师范大学、南京师范大学、上海师范大学、河北师范大学、华南师范大学、哈尔滨师范大学、苏州大学、苏州城市学院、南京理工大学、黑龙江省社会科学院等科研机构和高等院校的近40名学会理事在线上线下参会。

在开幕式上，哈尔滨师范大学党委常委、副校长张喜田教授，中国抗日战争史学会会长王建朗研究员，黑龙江省历史学会副会长、哈尔滨师范大学历史文化学院院长李淑娟教授先后致辞。开幕式由学会副会长、近代史研究所副所长金以林研究员主持。

王建朗会长作学会年度工作报告。他详细回顾了过去一年学会的各项日常工作与学术活动，重点报告了三项内容：一是第四届中华民族抗日战争史与抗战精神传承研讨会的召开情况；二是协助推进国家社科基金抗日战争研究专项工程的情况；三是抗战史话丛书项目开展情况。为庆祝中国人民抗日战争胜利80周年，学会决定将于2025年推出一套面向社会的学术普及读物——抗战史话丛书。该丛书计划获得了抗战史学界的广泛响应，一大批对抗战史有精深研究的资深学者欣然应邀执笔，近年来崭露头角的中青年学者也多有参与。"大家写小书"，将其研究成果以普及读物形式推向社会，成为该丛书的一大亮点。

会议的第一场学术讨论会由社会科学文献出版社总编辑杨群主持。中国社会科学院世界历史研究所汪朝光研究员的报告题目是"抗战史研究的国际观"。他指出，抗日战争史研究不仅需要兼顾中国和日本两方的资料、视角，还需要考察苏联、美国、英国、法国、德国和东南亚各国的情形，利用多国史料，扩大研究视野，形成真正的抗战史研究国际观，与国际学术界同行展开深入、平等对话。上海师范大学历史系苏智良教授的报告题目是"日军'慰安妇'问题研究的新进展"。他率领的研究团队历经30年，全面深入地调查了日军强征中国妇女充当"慰安妇"的历史，足迹遍及黑龙江、山西、湖北、云南、广西和海南等20余省市，目前已确认400多位幸存者，并统计了上海等14个省市的日军"慰安所"数量。近年来的"慰安妇"问题研究，不仅在学术上取得重大进展，也在国际社会产生了广泛影响。

第二场学术讨论会由南京师范大学副校长张连红教授主持。河北师范大学党委书记戴建兵教授的报告题目是"浅谈河北抗日根据地研究"。他认为，此前晋察冀和晋冀鲁豫根据地的资料编纂和研究积累已比较丰厚。目前他的研究团队正对两个根据地的档案资料进行系统整理和研究，重点关注中共中央如何具体领导两个根据地，根据地如何将政治、经济、文化等方面的措施贯彻到基层乡村社会。资料整理内容涉及政权建设、民众动员、军事斗争、经济政策及其执行、文化宣传、妇女问题等。李淑娟教授的报告题目是"'中日亲善'幌子下的日伪影像宣传"。她收集了大量日伪海报、明信片等资料，探讨了"满铁附属地"影像资料宣传的"中日亲善"思想、"满洲风物"影像资料鼓吹的"王道乐土"、日本"军民融合"影像资料美化的"民族协和"，以及政治海报中虚假的"王道政治"宣传。她总结了日伪影像宣传的四个特点：一是侵略主题鲜明，视觉冲击力强；二是题材寓意大同小异，极力宣扬日本的"建设成就"；三是宣传内容具有欺骗性和诱导性；四是应用范围广泛，印刷数量大。

学会副会长兼秘书长、苏州城市学院马克思主义学院院长高士华主持自由讨论环节和闭幕式。与会理事纷纷认为，近年来抗日战争史领域的新资料大量出版，新的研究方法运用到研究实践中，专题研究深入开展，研究视野不断拓展，青年优秀人才涌现。不过，学科建设和人才培养依然任重道远，国际对话能力仍然需要提高。王建朗会长致闭幕词，布置下半年工作，并报告2023年的工作计划。

3. 2022年8月14日是学会前会长步平先生逝世六周年的日子。学会理事们参加了纪念步平先生逝世六周年座谈会，深情回忆了与步平先生交往中的点点滴滴，充分肯定了步平先生的学术贡献、道德文章、人格魅力，缅怀了这位可亲可敬的学术前辈。

三、承担的省部级及以上课题

序号	课题名	主持人	课题类型	课题编号
1	日本《战史丛书》翻译工程	高士华	国家社科基金抗日战争研究专项工程	16KZD008
2	两岸共同编写中国抗日战争史	王建朗	国家社科基金抗日战争研究专项工程	16KZD002
3	中外合作新编抗日战争史	王建朗	国家社科基金抗日战争研究专项工程	16KZD003

（供稿人：高士华）

吉林省日本学会

一、基本情况

2016年，吉林省日本学会经吉林省民政厅批准成立，学会法定代表人为郭洪茂研究员（吉林省日本学会会长、理事长，原吉林省社会科学院日本研究所所长），学会暂由负责人李倩研究员（吉林省日本学会副会长、吉林大学中共党史党建研究院副院长）主持日常工作。

自2014年3月，经刘信君研究员、郭洪茂研究员、程舒伟教授、陈景彦教授、周颂伦教授、郑毅教授、刘晓东教授、范立君教授、李力研究员、李小白教授等共同发起，组织筹备成立吉林省日本学会。

2014年8月，预备成立材料上报吉林省民政厅相关部门。

2014年12月，在吉林省社会科学院（社科联）学会处的组织下，由刘信君、程舒伟、陈景彦、郭洪茂等代表学会筹备委员会到省民政局进行现场答辩，就吉林省日本学会的筹备事项进行说明。

2015年3月，吉林省民政厅下达了相关文件，允许筹备吉林省日本学会成立的相关工作。

2015年12月，吉林省民政厅向吉林省外事办征求意见，并通过吉林省外事办上报国家外交部进行请示。

2016年1月，吉林省日本学会的筹备工作得到外交部的肯定性批复。

2016年3月，吉林省民政厅正式下发了成立吉林省日本学会的批复文件。

2016年12月24日，在吉林省社会科学院召开吉林省日本学会成立大会暨2016年学术年会。大会选举了吉林省日本学会领导机构，选举吉林省社会科学院原日本所所长郭洪茂研究员为会长，选举吉林省社会科学院副院长刘信君研究员、吉林省社会科学院日本研究所所长李倩研究员、东北师范大学马克思主义学部部长程舒伟书记、东北师范大学历史文化学院院长刘晓东教授、东北师范大学历史文化学院周颂伦教授、吉林大学东北亚研究院陈景彦教授、伪满皇宫博物院副院长赵继敏研究员、延边大学民族历史研究所所长金春善教授、北华大学东北亚研究院院长郑毅教授、吉林师范大学历史文化学院院长范立君教授10人为副会长，选举吉林省社会科学院满铁研究中心常务副主任武向平研究员为秘书长，选举东北师范大学历史文化学院高乐才教授、东北师范大学历史文化学院刘景岚教授、吉林省社会科学院日本研究所李力研究员、吉林大学东北亚研究院戴宇教授等35人为常务理事，选举吉林省社会科学院日本研究所王晓峰研究员等16人为理事。

吉林省日本学会主要研究领域涉及中日关系史、日本外交史、东北抗联史、满铁史、东北地方史、伪满宗教文化、抗日战争、日本近现代史、日本经济、现代国际关系等日本历史、政治、经济、文化等方面。

吉林省日本学会成立至今，始终按照自身的业务范围，积极开展日本相关问题的学术研究及各项活动，在法律法规的有关政策规定的范围内，通过开展学术研究、学术交流、学术论著的发表、出版研究成果等，积极向中央及省委省政府有关部门提供决策咨询及对策建议，推动日本相关问题研究的学科建设。代表性成果有《东北抗日联军第一军》《文明视野中的日本政治》《美国对日占领史（1945—1952）》《近代日本武士道思想研究》《〈东亚联盟〉杂志研究》等。

地址：吉林省长春市自由大路5399号

邮编：130033

联系人：王晓峰

联系电话：15143095829

电子邮箱：33660783@qq.com

二、重要会议举办情况

受新冠疫情影响，2022年上半年吉林省日本学会没有举办会议。2022年12月，李倩所长积极筹备并举办"东北地区中日关系史研究会第21届年会暨中国共产党与东北抗战学术研讨会"，吉林省日本学会协办。

三、机构要闻

2022年，吉林省日本学会继续紧紧围绕党和国家的大政方针以及省委省政府的重大战略部署，积极贯彻落实中央及省委的指示精神，积极开展课题研究和战略咨询服务。

2022年度，在中美对抗的大局势下，围绕中美博弈、台海问题及中日关系等热点问题，吉林省日本学会负责人李倩所长组织部分会员向中央提交了24篇咨询报告，截至2022年8月，已反馈在《特色智库专报》等发表研究报告4篇，5篇被吉林省国安办采用、2篇被中央相关部委采用、3篇被中宣部舆情局综合采用。同时，李倩所长带领学会部分会员积极完成吉林省外事办公室委托的"日本海洋战略、海洋政策研究"课题研究以及研究报告的撰写和修改工作。此外，吉林省日本学会还积极完成"吉林省与日本海洋经济合作研究"大报告以及小报告的撰写工作。其他会员也都通过《智库专报》《亚洲要报》、省国安办、省委网信办等处提交了多篇咨询报告，向党和政府建言献策，为国家处理对外关系提供了智力支持。

2022年度，吉林省日本学会不断加强思想政治建设、参加研修学习，其中李倩所长参加的活动最具代表性。

8月，李倩所长参加国家社会科学基金项目结项评审鉴定工作。

12月，李倩所长积极筹备并举办"东北地区中日关系史研究会第21届年会暨中国共产党与东北抗战学术研讨会"，该研讨会由吉林省日本学会协办，王晓峰、李晓晨参会。李倩所长参加"建设具有强大凝聚力和引领力社会主义意识形态研讨会"并作大会发言。

四、承担的省部级及以上课题

序号	课题名	主持人	课题类型	课题编号
1	东北抗联档案文献资料整理、翻译与研究	李倩	国家社科基金重大项目	16ZDA136

续表

序号	课题名	主持人	课题类型	课题编号
2	东北抗日老战士口述史资料整理与研究	李倩	国家社科基金抗战专项项目	19KZD001
3	从日本馆藏资料看中共在抗战中的地位与作用	李倩	中宣部重大项目	—
4	吉林省红色资源与文化旅游业融合发展研究	李倩	吉林省社科基金项目	2022JLSKZKZB028
5	日本有关东北抗战活动资料收集、翻译与研究	李晓晨	吉林省社科基金项目	2022B17

（供稿人：王晓峰）

全国日本经济学会

一、基本情况

全国日本经济学会经民政部批准，于1978年8月19日正式成立。该学会是由全国从事日本经济研究、教学、新闻出版及相关工作的企事业单位、社会团体和个人自愿结成的全国性、学术性、非营利性社会组织。该学会作为研究日本经济和中日经济关系的民间学术团体，致力于为改革开放、经济的和谐发展、中国特色社会主义现代化建设服务。该学会现有会员（含团体会员）近千人，遍布全国主要地区的高等学府和研究机构。

该学会接受业务主管单位中国社会科学院和民政部的业务指导和监督管理，并挂靠在中国社会科学院日本研究所。

该学会的宗旨是广泛团结我国关心和从事日本经济和中日经济关系研究的学者及其他有关人士，推动我国日本经济及其相关问题的研究，增进与日本有关团体和人士的学术交流和友好往来。成为向我国介绍日本经济和向日本介绍中国经济的窗口，成为促进中日友好和中日经贸关系健康发展的桥梁。

该学会设理事会和常务理事会，学会的最高权力机构是会员代表大会。理事会是会员代表大会的执行机构，在其闭会期间领导该学会开展日常工作，对会员代表大会负责。该学会的日常工作机构设有秘书处、学术部、外联部、出版部、财务部。

该学会的业务范围包括：举办全国性和地方性学术活动；组织国际学术交流活动；协调会员单位的有关研究工作；组织会员编辑、翻译、撰写日本经济研究成果和有重要价值的学术材料；为社会提供有关咨询服务；为社会培养有关专业人才服务。

全国日本经济学会成立40多年来，每年围绕日本经济研究开展以学术年会为首的各类学术交流活动，接待了许多日本学者和企业界人士来访，并多次组团出访日本，促进了中日学术界的交流和民间友好往来。此外，该学会积极统筹国内日本经济研究资源，在全国日本经济研究工作的协调及研究方向的引导上发挥着重要作用。

该学会的会刊是《现代日本经济》，双月刊，每年出版6期，编辑部设在吉林大学。同时，每年出版研究年刊《日本经济蓝皮书》。

学会领导机构成员如下。

名誉会长：

沈觉人

顾问：

王洛林、李培林、冯昭奎、孙新、李薇

会长：

尹中卿，全国人大常委会委员、全国人大财经委员会副主任委员常务副会长：

张季风，中国社会科学院日本研究所原副所长、研究员

副会长：

闫坤，中国社会科学院日本研究所党委书记、副所长

江瑞平，外交学院原副院长、教授

康书生，河北大学原副校长、教授

庞德良，吉林大学东北亚研究院原副院长、教授

陈子雷，日本经济研究中心主任、教授

秘书长：

刘瑞，中国社会科学院日本研究所经济研究室研究员

学会秘书处设在中国社会科学院日本研究所内。

地址：北京市东城区张自忠路3号东院

邮编：100007

联系电话：010-64014021

二、重要会议举办情况

2022年9月25日，由全国日本经济学会主办，中国社会科学院日本研究所承办的"全国日本经济学会2022年会暨中日经济交流50年研讨会"在北京召开。

2022年是中日邦交正常化50周年，是中日关系和中日经贸合作关系的重要节点之年。在外部环境更趋严峻复杂和不确定背景下，中日经贸合作面临诸多风险和挑战。但是，50年来中日经贸合作取得巨大成就，《区域全面经济伙伴关系协定》（RCEP）的生效、世界经济复苏等对中日经贸合作的利好因素也在上升。100多位学者及媒体代表以线上线下结合的方式出席了此次研讨会，意在对中日经济交流的过去、现在和未来进行系统的回顾和前瞻，对其中具有理论意义和实践价值的课题进行深入探讨，为中日经贸关系的发展提供有价值的思路与方案。

三、机构要闻

11月22日，中国社会科学院日本研究所、全国日本经济学会与社会科学文献出版社共同主办的"《日本经济蓝皮书（2022）》新闻发布会暨日本经济形势学术研讨会"在北京举行。

《日本经济蓝皮书》全称为《日本经济蓝皮书：日本经济与中日经贸关系研究报告》，由中国社会科学院日本研究所和全国日本经济学会组织编写。作为分析日本经济与中日经贸关系的"年度出版物"，自2008年问世以来，《日本经济蓝皮书》已经连续出版了15册，其间曾多次获得各类奖项，受到社会各界的好评。2022年版《日本经济蓝皮书》以"日本的'三农'问题与'乡村振兴'"为专题，设有"总报告"、"分报告"、"中日经贸与区域合作篇"、"日本的'三农'问题与'乡村振兴'"以及"热点追踪"五个栏目，共收录国内外专家学者和各界专业人士学术论文21篇。全书以总报告为基础，对新冠疫情冲击和国内外政治经济形势变化下的日本经济及其面临的问题、未来走势进行了全方位分析。在此基础上，该书还重点分析了中日经贸合作的现状和机遇、RCEP对供应链合作和贸易发展的积极影响等。

同时，该书对日本"三农"问题、农村人口老龄化、"田园回归"现象、农村文化遗产保护、农村政策金融制度、"地方创生"政策、农业规模经营等课题进行了具体、深入的探讨，以期为我国全面推进乡村振兴、加快农业农村现代化提供一定的启示和借鉴。此外，该书还收录大量来自权威机构的日本经济长期数据，以供读者参考使用。

四、承担的省部级及以上课题

序号	课题名	主持人	课题类型	课题编号
1	日本收入分配制度及对中国推动共同富裕的借鉴启示研究	闫坤	国家社科基金社团资助项目	22STA034

（供稿人：程玉洁）

● 研究机构

上海社会科学院国际问题研究所

一、基本情况

上海社会科学院国际问题研究所（以下简称"研究所"）于2015年3月经上海市机构编制委员会批准，由汪道涵先生创立于1985年的上海市人民政府上海国际问题研究中心更名组建而成，原上海社会科学院国际关系研究所整建制并入，核定编制60个。研究所现任所长、党总支书记王健，副所长刘阿明，党总支副书记姚勤。

作为其专门从事国际关系和全球问题研究的重要机构，研究所注重国际关系理论、外交战略以及亚太、欧洲、俄罗斯中亚、环印度洋等区域的相关研究，努力构建具有中国特色的国际关系理论体系，提升决策咨询和服务社会的功能，不断提高国际交流与合作水平。

研究所现有近50位专职研究人员，分设7个研究室（国际战略与中国外交研究室、东亚研究室、美洲研究室、欧洲研究室、俄罗斯中亚研究室、中东研究室、南亚印度洋研究室）、《国际关系研究》编辑部和行政办公室。

地址：上海市淮海中路622弄7号
邮编：200020
负责人：王健
联系电话：021-53068384
电子邮箱：iir@sass.org.cn

二、重要会议举办情况

2022年1月24日，"纪念中以建交30周年：回顾与展望"研讨会在上海召开。当年中以建交亲历者和从事中以关系研究的学者们齐聚一堂，追忆往事，展望未来。

2022年7月5日，研究所在中国驻韩大使馆、韩国驻上海总领事馆的支持下，召开主题为"而立之际：中韩建交三十周年"学术研讨会，邀请来自中国与韩国的知名学者以线下和线上相结合的方式，对相关议题进行了研讨。

11月8日上午，研究所联合中日韩合作秘书处、韩国东西大学东亚研究院、日本庆应义塾大学东亚研究院举办了第13届东北亚合作论坛。论坛围绕"强化地区机制：东北亚合作的当前挑战与未来前景"主题，以线上线下相结合的方式进行了交流。

11月15日，研究所与中国国际关系学会联合举办了"美国对华战略竞争背景下中国—东盟关系新发展"学术研讨会。来自北京、上海、广州、三亚、昆明、南宁、长春等地的20余位专家学者以线上线下相结合的方式，就新形势下中国与东盟在政治、经济、安全、文化等各领域的合作与互动进行了深入研讨。

11月29日上午，研究所举办第二届"亚太地区战略论坛"。该届论坛的主题为"美国'印太战略'及其对东北亚局势的影响"，来自美国、韩国、日本、中国等国家的10余位专家学者通过线上与线下相结合的方式，围绕该主题进行了深入交流与探讨。

2022年12月15日，研究所举办"新历史关头的中美关系"国际研讨会，来自复旦大学美国研究中心、美国波士顿学院、宾夕法尼亚大学外交政策研究所、哈佛大学费正清中国研究中心的专家学者进行了线上研讨。

2022年12月12日，上海社会科学院与三菱商事（中国）有限公司合作成功举办"2022中日碳中和论坛"。论坛主题为"中日碳中和互鉴：战略、政策与技术创新"。上海社会科学院院长王德忠、日本驻沪总领事赤松秀一（大使衔）、上海市人民对外友好协会副会长景莹出席论坛开幕式并致辞。

三、机构要闻

2022年6月，上海合作组织秘书长授予上海社会科学院上合组织研究中心主任、研究所潘光研究员"上海合作组织20周年"奖章。2021年是上海合作组织成立20周年，成员国商定设立奖章并批准奖章条例。奖章授予对上合组织建立与发展作出贡献的上合组织成员国部级（含）以下公务员、社会活动人士。

2022年3月，研究所与韩国东西大学中国研究中心签署《合作备忘录》。双方将共同推进各个研究领域的研讨，加强学者之间的交流，开展线上或线下学术论坛。

2022年3月7日，中国进出口银行一带一路金融研究院（上海）副主任李晓炜女士，研究院副处长王一剑先生等到访国际所，与所长王健研究员、副所长李开盛研究员等举行座谈，就各自机构发展状况和合作意向、区域国别研究，尤其就近期俄乌局势对"一带一路"高质量发展的影响等问题进行了研讨。

四、承担的省部级及以上课题

序号	课题名	主持人	课题类型	课题编号
1	欧亚地区竞合及其全球影响研究	顾炜	国家社科基金后期资助项目	22FGJB011
2	伊拉克战争后中东地区的权力扩散研究	赵建明	国家社科基金后期资助项目	22FGJB015

（供稿人：束必铨）

上海国际问题研究院中日关系研究中心

一、基本情况

上海国际问题研究院中日关系研究中心（以下简称"中心"）前身是上海国际问题研究院日本研究中心（2009—2018 年）和上海国际问题研究所日本研究室（1960—2008 年），于 2019 年正式成立。中心主要研究领域包括中日关系、日本政治、日本经济、日本外交等。中心构成人员：蔡亮（研究员）、陈友骏（研究员）、周生升（助理研究员）、蒋旭栋（博士后）。中心秘书长由蔡亮担任，并暂行中心主任工作职责。

地址：上海市徐汇区田林路 195 弄 15 号
邮编：200233
联系电话：021-54614900 转 8510
电子邮箱：yuakira2003@aliyun.com

二、重要会议举办情况

2022 年 7 月 30 日，上海国际问题研究院、日本东亚共同体研究所主办，日本早稻田大学现代中国研究所协办举行"纪念中日邦交正常化 50 周年"国际学术研讨会。会议邀请了来自中、日、美三国的十多位专家学者，分别就"东亚地区的政治形势"和"东亚地区的经济形势以及中日合作的可能性"两大议题进行了深入讨论。

会议首先由日本前首相、东亚共同体研究所（日本）理事长鸠山由纪夫进行主旨演讲。他强调说现阶段世界面临 7 大危机，而中日之间需要加强沟通合作予以应对，且站在日本角度看，日本人需要考虑日本为了亚洲的未来到底能够贡献什么力量。尤其值得一提的是，鸠山担忧，美国和西方国家排挤俄罗斯、中国的做法，可能引发世界经济分裂。对此，借由东亚共同体这一概念，他提倡东亚地区应该以更开放的姿态迎接与全球各国的经济合作，共同维护和平稳定。

对此，上海国际问题研究院院长陈东晓总结指出，国际社会进入了新的动荡变革期，特别是新冠疫情、俄乌冲突加剧了这一形势，世界的和平与发展面临着更加复杂严峻的环境，中日关系在战略互信、经济安全等方面存在着多重危机和挑战。最后，他提出三点主张：第一，中国和日本都是具有很强历史纵深感的国家，双方需要从大的历史纵深、大的世界格局变化来看待中日关系的走势；第二，中日双方需要进一步提高彼此的战略互信，特别是战略对话的能力建设和水平；第三，中日双方合作，除了要保持克制理性，来进一步减少双方之间热点问题的降温，更要采取积极的态度，通过务实合作来塑造中日关系的前景。

三、机构要闻

2022 年 6 月 13 日，上海国际问题研究院与日本言论 NPO 共同举办"第四届中日安全保障对话"（年度会议）视频会议。来自中日两国的20多位学者参加了会议。上海国际问题研究院院长陈东晓和言论NPO代表工藤泰志分别致开幕词。正式讨论环节分基调报告和主题讨论两个部分。中日友好协会常务副会长、中国前驻日大使程永华和日本宫本亚洲研究所代表、日本前驻华大使宫本雄二作基调演讲。

在主题讨论环节，与会学者们围绕"俄乌冲突与未来的世界秩序"、"如何管控台海危机"及"中日邦交正常化50周年的思考"这三个主题，坦诚地展开了激烈、深入的讨论。

四、承担的省部级及以上课题

序号	课题名	主持人	课题类型	课题编号
1	日本对华外交的战略意图与实践困境研究	蔡亮	国家社科基金一般项目	22BGJ057
2	冷战后日本经济外交战略与中日关系研究	陈友骏	国家社科基金一般项目	18BGJ008

（供稿人：蔡亮）

天津社会科学院东北亚研究所

一、基本情况

天津社会科学院东北亚研究所（以下简称"研究所"）长期致力于以日本为主的东北亚地区国际关系研究，并为各级政府、社会和企业提供咨询服务。研究所紧紧围绕"当代国际关系研究"学科建设，取得了丰硕成果。研究所成立于1999年，并于2000年1月创办《东北亚学刊（内刊）》（季刊）。2011年年底，经国家新闻出版总署批复，《东北亚学刊》（双月刊）获准公开出版发行，实现了由内部刊物向公开刊物的跨越。该刊物是专门研究东北亚地区各国政治、经济和国际关系的学术理论刊物。2014年4月，《东北亚学刊》被列为中国社会科学院创新工程科研评价核心期刊。2016年5月又被中国社会科学院中国社会科学评价中心《中国人文社会科学期刊评价报告（AMI）》引文数据库收录为来源期刊。

2020年6月，国家哲学社会科学文献中心发布2019年度《国家哲学社会科学文献中心学术期刊数据库用户关注度报告》。作为政治学领域204种参评期刊之一，《东北亚学刊》关注度指数位列第12，取得历史最好成绩，实现了新的跨越。2021年5月，国家哲学社会科学文献中心发布2016—2020年最受欢迎期刊，继2018年、2019年后，2020年《东北亚学刊》连续第三次入围国家哲学社会科学文献中心学术期刊数据库政治学最受欢迎期刊。

所内有专业人员9人，其中研究员2人、副研究员2人、副编审1人、助理研究员2人、行政人员2人。另有一批特聘专家和兼职研究人员。

地址：天津市南开区迎水道7号

邮编：300191

负责人：马焰

联系电话：022-83710766

电子邮箱：dbyxkbjb@sina.com

二、重要会议举办情况

2022年8月12日，研究所邀请习近平外交思想研究中心秘书长、中国国际问题研究院党委书记、院长徐步研究员和中共中央党校（国家行政学院）国际战略研究院副院长吴志成教授，在天津社会科学院"辉煌前路"迎接宣传贯彻党的二十大理论讲坛上分别作题为"习近平外交思想与中国特色大国外交"和"积极参与全球治理体系改革和建设"的报告。

2022年9月23日，由天津社会科学院与韩国仁川研究院共同主办，研究所承办的第六届"东亚门户城市政策论坛"顺利召开，研究所研究人员参与并作重要论文发言。

2022年10月25日，为学习宣传党的二十大精神，进一步提高《东北亚学刊》办刊质量及编辑业务水平，研究所邀请知名刊物《亚太安全与海洋研究》副主编林昶作题为"关于中国国际问题期刊发展的若干问题——浅谈《亚太安全与海洋研究》和《东北亚学刊》的办刊"的线上讲座。11月8日，研究所邀请《国际安全研究》主编谭秀英为《东北亚学刊》编辑部举行了题为"提高办刊质量的几点思考"的线上讲座。

三、机构要闻

《东北亚学刊》在2022年设置专栏"中日邦交正常化五十周年"。

四、承担的省部级及以上课题

序号	课题名	主持人	课题类型	课题编号
1	打造"一带一路"支点城市：以天津国际友城合作为平台	葛建华	天津市哲学社科规划项目	TJZZ18-005
2	东北亚地缘政治视域中的战后日蒙关系研究	乌兰图雅	国家社科基金一般项目	21BSS060

（供稿人：乌兰图雅）

天津社会科学院亚太合作与发展研究所

一、基本情况

天津社会科学院亚太合作与发展研究所前身是中国科学院天津历史研究所日本史研究室。天津历史研究所成立于1958年，日本史研究室设于1962年，主要开展日本史和日本侵华史研究，是中国最早的日本研究机构之一。1979年3月天津社会科学院成立，天津市历史研究所日本史研究室并入，称日本问题研究所。1983年8月日本问题研究所更名为日本研究所。"当代日本"学科于2005年被确定为天津社会科学院重点扶持学科，2012年被确定为天津社会科学院重点学科，原院长张健研究员任学科首席专家。2022年5月，被确定为天津社会科学院重点特色学科。2022年12月，日本研究所变更为亚太合作与发展研究所。

根据中国和天津市经济、社会发展的需要，亚太合作与发展研究所加强"当代日本"学科建设，围绕"日本现代化进程"和"日本社会治理"两个分支开展研究。目前，在日本综合战略研究、东北亚区域研究、日本现代化进程中的经验与教训研究、日本社会治理研究等方面凸显特色。

亚太合作与发展研究所现有专职研究人员13名，其中正高级职称人员3名，副高级职称人员8名，中级职称人员2名。

田香兰研究员为亚太合作与发展研究所所长，兼任中国日本史学会常务理事、全国日本经济学会副秘书长、中华日本学会常务理事。主要从事日韩老龄事业及老龄产业研究。

程永明研究员为东北亚区域合作研究中心执行主任、天津社会科学院重点学科"当代日本"学科带头人、天津市宣传文化"五个一批"人才、天津市"131"创新型人才培养工程第一层次人选、中国日本史学会副会长、中华日本学会常务理事、全国日本经济学会执行常务理事、天津世界经济学会常务理事等。主要从事日本企业经营、日本企业海外发展战略、中日经贸关系等研究。

平力群研究员为东北亚区域合作研究中心执行副主任，兼任中华日本学会理事、全国日本经济学会常务理事、中国日本史学会理事、天津国际贸易学会副秘书长、天津市欧美同学会理事。主要从事日本经济、区域经济研究。

师艳荣副研究员为天津市"131"创新型人才培养工程第二层次人选、中国青少年研究会会员、中国日本史学会理事、中华日本学会理事、全国日本经济学会理事。主要从事日本社会问题、青少年问题研究。

龚娜副研究员为中国日本史学会理事、中华日本学会理事、全国日本经济学会理事。主要从事日本皇室、日本近现代史研究。

董顺擘副研究员为中国日本史学会理事、全国日本经济学会理事、中国朝鲜史研究会会员。主要从事日本智库、日本政治外交研究。

刘树良副研究员主要从事日本国家战略、军事安全政策研究。

周晓霞副研究员主要从事日本思想史、女性史研究。

胡亮副编审主要从事日本社会文化、文化遗产研究。

季泓旭副研究员主要从事日本"总体战"论与殖民地政策、日本近代军事与外交、日本对外形象建构研究。

邹圣婴助理研究员主要从事日本自卫队参与联合国维和行动、日本参与非洲安全治理研究。

万亚萍副研究馆员主要从事中日思想文化交流史、公共文化服务研究。

邹宇助理研究员主要从事近代日本外交史、日俄战争史、天津城市史、新中国史研究。

地址：天津市南开区迎水道7号

邮编：300191

负责人：田香兰

联系电话：022-23075330

电子邮箱：tjshkxyrbyjs@163.com

二、重要会议举办情况

2022年7月7日，天津社会科学院东北亚研究所和亚太合作与发展研究所联合举办中日关系专题讲座及交流会，邀请日本经济研究院主任研究员伊集院敦作题为"岸田内阁的外交安保政策与日中关系"的讲座。

三、机构要闻

2022年4月25日，上海社会科学院国际问题研究所调研团队与亚太合作与发展研究所、东北亚研究所举行座谈。

2022年6月17日，日本国际交流基金会野田昭彦主任一行与亚太合作与发展研究所座谈。

2022年6月19日，中国社会科学院日本研究所所长杨伯江一行赴天津社会科学院调研，与亚太合作与发展研究所、东北亚研究所举行座谈。

2022年6月20日，韩国东亚研究所所长崔官教授（原韩国日本学会会长、高丽大学日本研究中心主任）应邀为亚太合作与发展研究所和东北亚研究所作讲座。

2022年7月4日，中国社会科学院日本研究所张季风研究员应邀来天津社会科学院，作了题为"东京疏解非首都功能的经验与教训——兼论对京津冀协同发展纵深推进的启示"的学术讲座。

2022年9月18日，吉林大学东北亚研究院、东北亚学院副院长崔健教授应邀来天津社会科学院，作了题为"日本技术经济安全政策的历史演变与现实剖析"的学术讲座。

2022年9月26日，日本早稻田大学大学院亚洲太平洋研究科李钟元教授应邀来天津社会科学院，作了题为"'中日韩'与'美日韩'：在东亚展开'共同体'与'新冷战'博弈"的学术讲座。

2022年10月17日，日本新潟县立大学东北亚研究所三村光弘教授应邀来天津社会科学院，作了题为"后全球化时代的东北亚地区的交流"的学术讲座。

2022年11月17日，天津社会科学院东北亚研究所、亚太合作与发展研究所和东北亚区域合作研究中心联合举办"当前朝鲜半岛局势分析"讲座，特邀辽宁大学东北亚研究院院长张东明教授主讲。

四、承担的省部级及以上课题

序号	课题名	主持人	课题类型	课题编号
1	日本重大突发公共卫生事件应对体系的历史考察——兼论新冠肺炎疫情的应对	程永明	国家社科基金学术团体主题学术活动	20STA007
2	日本侵华战争决策机制与过程研究	刘树良	国家社科基金一般项目	18BSS034
3	象征天皇制与战后日本政治的关系研究	龚娜	国家社科基金一般项目	19BSS052
4	日本乡村振兴的智库参与及其对我国的启示研究	董顺擘	国家社科基金一般项目	21BGJ060
5	在华日本图书馆人的角色嬗变研究（1901—1945）	万亚萍	国家社科基金青年项目	19CTQ004
6	侵华战争时期日本在中国东北的战争动员体系研究	季泓旭	国家社科基金青年项目	21CZS042
7	天津城市形象的影视塑造：借鉴日本经验	季泓旭	天津市哲学社科规划青年项目	TJZZQN20-006
8	近代以来日本的"世界史"话语体系构建与历史认识问题研究	周晓霞	国家社科基金一般项目	22BSS053
9	打造天津生物医药产业集聚区实践研究	平力群	天津市哲学社科规划重点项目	TJGL23-022

（供稿人：胡亮）

中国社会科学院日本研究所

一、基本情况

中国社会科学院日本研究所是中国社会科学院下属的专门从事当代日本问题研究的学术机构和智库单位，在全国日本研究领域居于引领地位，在全球国际问题特别是日本国别研究界亦享有学术声誉并具有重要影响力。

1981年5月，经国务院批准，中国社会科学院日本研究所（以下简称"日本研究所"）成立。建所之初，日本研究所在院党组领导下克服重重困难，筹备建立了以日本政治、经济、外交、社会文化研究为主攻方向的学科框架与研究队伍，随后又设立了中国社会科学院研究生院日本研究系。

20世纪80年代中后期开始，在全国日本学科规划领导小组指导下，日本研究所规划、协调全国日本研究，多次组织全国性日本研究工作会议并展开课题协同攻关，编撰出版了国内第一本《日本政治概况》、第一部《日本概览》、第一部《简明日本百科全书》，并率先组织编写"战后日本丛书"，与中华日本学会、全国日本经济学会共同组织撰著《日本蓝皮书》、《日本经济蓝皮书》。

20世纪90年代中期以后，特别是进入21世纪以来，根据形势发展与任务要求，日本研究所进一步完善学科建设，形成了日本政治研究室、日本经济研究室、日本外交研究室、日本社会研究室、日本文化研究室、综合战略研究室的学科布局，基础理论研究与综合政策研究同步深化。

经过40余年的发展，日本研究所的研究已全面涵盖当代日本政治、经济、外交、战略、社会、文化等领域，夯实了日本研究学科发展和应用研究的基础，推出了众多高水平科研成果。据不完全统计，建所以来，日本研究所共出版《日本战后70年：轨迹与走向》、《平成时代：日本三十年发展轨迹与前瞻》、中国社会科学院日本研究所"登峰战略"系列研究成果、"日本社会文化研究丛书"等学术著作和工具书360余部，译著100余部，学术论文1800余篇以及大量政策研究报告。其中，众多科研成果获得国家级、省部级优秀成果奖、院优秀信息对策奖。

日本研究所主办《日本学刊》《日本文论》两种学术刊物，建有多元多种网络信息平台，编撰《日本蓝皮书》《日本经济蓝皮书》等年度皮书，从2022年起创办《中国日本研究年鉴》。这些学术载体均成为国内外了解中国当代日本研究学术前沿及最新研究成果的重要窗口。

日本研究所与日本等多个国家的学术机构、知名高校、政府部门、立法机构（国会）、基金会（财团）、新闻界等保持着广泛、密切的交流关系，在信息共享、合作研究、学术研讨等方面取得了大量高质量成果。日本研究所每年利用各种形式派出多批次团组出国调研、访学和参会，举办大型国际学术研讨会，邀请日本等国知名专家学者及政要出席。

日本研究所承担中国社会科学院研究生院日本研究系教学职责，招收培养从事当代日本研究的硕士研究生和博士研究生，具有国际关系、国际政治、世界经济专业的硕、博士学位授予权，为中国的当代日本研究培养和输送了大量优秀人才。目前已毕业博士研究生60人、硕士研究生95人，在读博士、硕士研究生29人。日本研究所设有博士后流动站。

日本研究所领导机构成员如下：

闫坤，党委书记、副所长、研究员、博士生导师

杨伯江，所长、研究员、博士生导师

吴怀中，副所长、研究员、博士生导师

吕耀东，副所长、研究员、博士生导师

王开虎，副所长、纪委书记、研究员

地址：北京市东城区张自忠路3号东院

邮编：100007

联系电话：010-64014021

二、重要会议举办情况

2022年日本研究所共举办学术会议28次，其中7次为国际学术研讨会，2次为日本研究所代管学会举办的学术会议。举办纪念中日邦交正常化50周年系列活动15次。接待国内外机构到访10次，出访调研4次。其中重大学术活动如下。

2022年4月28日，"东亚国际关系中的琉球（冲绳）学"国际学术研讨会在北京召开。会议由中国社会科学院东海问题研究中心、日本研究所联合举办。中日双方十余位专家学者以线上线下相结合的方式与会。会议围绕琉球（冲绳）学的历史与现状、东亚国际关系中的琉球（冲绳）学两个议题展开了坦率热烈的讨论。

2022年8月18日，在北京大学举办中华日本学会2022年年会暨"邦交正常化50周年：中日关系回顾与展望"学术研讨会，来自全国各地的百余名专家、学者出席会议，围绕"邦交正常化50周年：中日关系回顾与展望"展开深入讨论。北京大学副校长王博，中日友协常务副会长、原驻日大使程永华，原驻美大使、原驻日大使、外交学会理事会顾问崔天凯，中国社会科学院原副院长、中日关系史学会原会长武寅出席会议并致辞。

2022年8月27日，举办中国社会科学论坛（2022）"重温初心，面向未来"——纪念中日邦交正常化50周年国际学术研讨会，中国国务院原副总理、国际儒学联合会会长刘延东，日本国前首相福田康夫，中国社会科学院院长石泰峰，日本国驻华大使垂秀夫，中国驻日大使孔铉佑通过线上线下结合的方式出席开幕式并致辞。

2022年9月12日，协助我驻日使馆举办"不忘初心，开创未来"——纪念中日邦交正常化50周年研讨会，日本研究所负责北京会场相关工作。会议设东京会场和北京会场，以线上线下的方式同步召开。国务委员兼外交部部长王毅、日本外务大臣林芳正分别发表视频致辞；中国驻日本大使孔铉佑、日本国前首相福田康夫出席开幕式并作主旨讲话；日本经济团体联合会会长十仓雅和，中国社会科学院秘书长赵奇，日本众议员、前自民党干事长二阶俊博，

日本国际贸易促进协会会长、前众议院议长河野洋平出席开幕式并作嘉宾致辞。

2022年9月25日，全国日本经济学会在北京举办"全国日本经济学会2022年年会暨中日经济交流50年研讨会"。近百位学者及媒体代表以线上线下结合的方式出席了此次研讨会，围绕中日经济交流的过去、现在和未来进行系统回顾和前瞻，对其中具有理论意义和实践价值的课题开展深入探讨，为中日经贸关系的发展提供有价值的思路与方案。

2022年10月12日，举办"国际变局下的亚太形势与中日韩关系"国际学术研讨会，来自中国社会科学院、中国国际战略研究基金会、北京大学、清华大学、中国人民大学以及东京大学、早稻田大学、檀国大学、明治大学、日本佳能全球战略研究所、韩国世宗研究所、韩国全球战略合作研究院的24位专家学者出席会议并围绕当前国际局势以及中日韩关系展开热烈研讨，受到中日韩各界的广泛关注。

2022年10月27日，日本研究所举办2022年中日青年学者云对话活动，邀请中日双方10余名青年学者围绕当前世界格局下的中日两国关系、教育、老龄福祉以及未来合作方向进行深入交流和探讨。该活动自2019年正式开展，已成功连续举办三届，双方青年学者通过线上线下的深入交流增进了相互理解。

2022年12月13日，"日本与中日关系：形势分析及研究方法"研讨会顺利召开。会议以线上方式举行，由日本研究所联合复旦大学日本研究中心、南开大学日本研究院、北京大学日本研究中心、中国人民大学东亚研究中心、天津社会科学院日本研究所以及商务部研究院亚洲研究所共同主办。来自国内各高校、科研院所的70余位专家、学者与会。

2022年12月14日，"纪念中日邦交正常化五十周年暨中日经济合作回顾与展望"国际学术研讨会以线上线下相结合的方式召开。会议由中国社会科学院日本研究所与日本经济产业研究所联合主办。中国社会科学院日本研究所所长杨伯江研究员、日本经济产业研究所矢野诚理事长出席并分别致辞。外交学院前副院长江瑞平教授，东京工业大学特聘教授、日中经济协会前专务理事杉田定大，全国日本经济学会常务副会长张季风研究员作主题演讲，南开大学日本研究院副院长张玉来教授、中国社会科学院日本研究所刘瑞研究员，津上工作室代表、日本国际问题研究所客座研究员津上俊哉分别作了精彩点评。

2022年12月18日，由日本研究所主办、"当代中日安全关系研究"创新项目组承办的"日本安全战略调整与中日关系"线上研讨会成功举行。参会代表主要来自北京大学、清华大学、复旦大学、国防大学、军事科学院、海军研究院、海军指挥学院、战略支援部队信息工程大学、中国现代国际关系研究院、新华社、上海国际问题研究院等国内有关涉日研究机构的知名专家学者。日本研究所所长杨伯江研究员出席并致开幕词，创新项目组成员高洪研究员、孟晓旭研究员、朱清秀副研究员承担主题报告或主持会议，副所长吴怀中研究员作闭幕总结，日本所相关科研人员出席会议。

三、机构要闻

2022年1月18日，日本朝日电视台驻中国总局长千千岩森生访问日本研究所，与该所科研人员进行了座谈交流。

2022年1月19日，日本国际交流基金会北京日本文化中心野田昭彦主任、野口裕子副主任及黄海存主任助理一行到访日本研究所，与该所研究人员就中日邦交50周年、疫情下青年学者交流研修等议题进行交流座谈。

2022年3月2日，日本研究所中日社会文化研究中心、中国社会学会中日社会学专委会共同邀请中国社会科学院社会学所罗红光研究员作了题为"社会学领域日本研究的热点与难点"的学术讲座。

2022年3月15日，日本研究所举办"区域国别研究学科建设研讨会——以日本问题研究为例"，来自北京外国语大学、外交学院、北京大学的学者以及日本研究所的全体科研人员参加。

2022年3月31日，"中日学者对话会"以线上形式成功举行。中日学者围绕当前国际形势动态、俄乌冲突及其外溢影响、东北亚大国关系调整及中日关系发展等重要议题，进行了坦率的讨论与交流。

2022年4月20日，日本国际协力银行业务企划室调查部课长代理成宫仁等与日本研究所专家举行线上座谈。该机构驻北京代表处首席代表北川善彦、代表高见昌树、高级主管李金福等以线上形式参与座谈。

2022年5月24日，日本研究所杨伯江所长等科研人员受邀线上出席由韩国全球战略合作研究院发起的中日韩"战略合作研讨会"。

2022年6月21日，日本研究所召开《中国日本研究年鉴》编撰工作座谈会。会议邀请中国社会科学出版社年鉴分社社长张昊鹏出席，日本研究所所长杨伯江研究员、副所长吴怀中研究员以及《中国日本研究年鉴》编辑部成员20余人参加会议。会议由日本研究所科研处处长唐永亮研究员主持。

2022年6月29日，中华日本学会、中国日本史学会、日本研究所共同举办"纪念中日邦交正常化50周年讲座"，北京大学历史学系宋成有教授以"研究中日民间交流的几个视角"为题作了精彩演讲。

2022年6月29日，日本朝日电视台驻中国总局局长千千岩森生到访日本研究所，与该所科研人员围绕日本参议院选举形势及中日关系未来走向等双方关心的问题进行了深入交流。

2022年7月15日，日本研究所杨伯江所长应松下电器（中国）有限公司邀请，赴松下纪念馆调研。

2022年7月20日，日本研究所综合战略研究室、中日关系研究中心与院东海问题研究中心共同举办"纪念中日邦交正常化50周年系列讲座（之二）"，吉林大学行政学院教授、东北亚地缘政治经济研究所所长刘雪莲作题为"关于东北亚地缘政治时空变迁的思考"的学术报告。

2022年7月26日，日本研究所经济研究室、中日经济研究中心共同举办"纪念中日邦交正常化50周年系列座谈（之三）"，日本贸易振兴机构（JETRO）北京代表处所长高岛龙祐作题为"新形势下中日韩三方经贸合作潜力探索"的学术报告。

2022年8月4日，日本研究所杨伯江所长受邀出席中日韩合作秘书处主办的"第七届中日韩媒体交流项目"并作主题演讲。

2022年8月7日，日本"为了自主、和平、民主的广泛国民联合会"采用线上线下相结合的形式举办"以冲绳为枢纽构建东亚和平网络"国际研讨会。

2022年8月17日，日本朝日电视台驻中国总局长千千岩森生拜访日本研究所，与该所科研人员座谈。千千岩与该所长期保持着交流关系，这是其卸任驻中国总局长前与该所举办的最后一次座谈会。

2022年9月21日，日中经济协会北京事务所新任副所长伊藤季代子、新任所长代理清水绫及秘书安琦一行三人来日本研究所拜访座谈。

2022年9月20日，中宣部人权发展和交流中心秦亮副主任等一行三人来日本研究所开展交流座谈。该所所长杨伯江研究员主持座谈。

2022年9月28日，由日本研究所主办，日本政治研究中心、中日经济研究中心和中日关系研究中心承办的纪念中日邦交正常化50周年系列活动——"亚太区域一体化与中日合作"报告会在日本研究所举行。

2022年10月19日，日本研究所党委书记闫坤、中华日本学会高洪会长率队赴北京市月坛中学展开调研和交流活动。

2022年11月2日，由日本研究所、中国社会科学出版社主办的《分配制度、收入差距与共同富裕》《日本"积极老龄化"的经验及启示》智库报告发布会暨学术研讨会在北京召开。

2022年11月15日，由日本研究所社会研究室与文化研究室主办，日本研究所中日社会文化研究中心协办的"日本研究所第二届硕博论坛（日本社会文化方向）"以线上线下结合的形式成功举办。

2022年11月16日，日本国际交流基金北京日本文化中心野口裕子副主任、黄海存老师到访日本研究所，播放该中心制作的中日邦交正常化50周年纪念影片"风月同天，携手共进——中国日本研究50年回顾与展望"。

2022年11月20日，由日本研究所与国防科技大学国际关系学院主办，日本研究所中日关系研究中心与国际关系学院东北亚研究中心承办的"亚太地区形势与中日美三边关系"学术研讨会以线上线下相结合的形式顺利召开。

2022年11月22日，由日本研究所、全国日本经济学会与社会科学文献出版社共同主办的"《日本经济蓝皮书（2022）》新闻发布会暨日本经济形势学术研讨会"在北京举行。

2022年11月24日，由日本研究所日本学刊杂志社主办的第五届"日本研究青年学者论坛"在北京举行。

四、承担的省部级及以上课题

序号	课题名	主持人	课题类型	课题编号
1	战后日本历史进程与国际影响力研究	杨伯江	国家社科基金中国历史研究院重大历史问题研究专项2022年度重大招标项目	22VLS014
2	日本收入分配制度及对中国推动共同富裕的借鉴启示研究	闫坤	国家社科基金社科学术社团资助项目	22STA034

续表

序号	课题名	主持人	课题类型	课题编号
3	全球史视野下日本的国际秩序认知模式演变研究（1853—1952）	熊淑娥	国家社科基金一般项目	22BSS025
4	日本对非洲政策走势及中国的应对研究	王一晨	国家社科基金青年项目	22CGJ037
5	日本"军事崛起"与我国对策研究	吴怀中	国家社科基金重点项目	17AGJ009
6	日本自民党体制转型研究	张伯玉	国家社科基金重点项目	17AGJ008
7	日本印太战略研究	朱清秀	国家社科基金青年项目	18CGJ022
8	日本海洋战略及政策研究	吕耀东	国家社科基金后期资助项目	20FGJB006
9	汉语文字学史（增订本）	陈祥	国家社科基金中华学术外译项目	19WYYB003
10	"一带一路"建设下日本对华政策调整及中国的应对研究	孟晓旭	国家社科基金一般项目	18BGJ056
11	战后日本经济内外循环关系的历史、理论与政策研究	田正	国家社科基金一般项目	21BGJ057
12	平成时代：日本的发展轨迹与展望	杨伯江	国家社科基金社科学术社团资助项目	20STA011

（供稿人：程玉洁）

中国社会科学院世界历史研究所日本与东亚史研究室

一、基本情况

日本与东亚史研究室是中国社会科学院世界历史研究所下属的专门从事日本与东亚近现代史研究的学术机构。现有科研人员 6 名，其中研究员 1 名、副研究员 4 名、助理研究员 1 名，都拥有博士学位。研究领域覆盖东北亚、东南亚等地区，涉及政治史、史学史、思想史等。

2019 年，日本与东亚史研究室（以下简称"研究室"）正式成立，成员均来自世界历史研究所原亚非拉美史研究室。亚非拉美史研究室成立于 1964 年，是世界历史研究所最早的研究室之一。日本史研究是该研究室主要方向之一，万峰研究员、汤重南研究员、武寅研究员等代表性学者都享誉国内外。自 20 世纪 70 年代以来陆续推出一系列厚重的研究成果，如万峰研究员著述的《日本近代史》《日本资本主义史研究》等，汤重南研究员撰写或主编的《日本通史》、《日中近代化比较》、《日本侵华密电·九一八事变》（全 59 册）、《日本侵华密电·七七事变》（全 51 册）、《日本侵华档案·侵占台湾》（全 64 册）等，武寅研究员著述的《从协调外交到自主外交》《近代日本政治体制研究》等。

研究室自成立以来，承袭亚非拉美史研究室注重国别史研究的传统，拓展了跨国别的地区综合性专题，并注重探讨当代热点及其根源问题。经过 4 年的发展，研究室目前承担多项中国社会科学院与国家社科基金项目，如"近代以来的东亚政治史研究""近代日本两党制的构想与挫折研究""日本应对 1918—1920 年世界性流感的历史考察""韩国独立运动时期'联中抗日'思潮研究"等；持续推出高水平研究成果，如《半藤一利的昭和史叙事评析》《原敬关于立宪君主制改革的构想与实践》《寺内内阁的"区域经济一体化"政策与西原借款》《20 世纪日本学界的"古代虾夷族群"论争》《中苏分裂后的北三角关系考察（1959—1989 年）——以朝鲜为视角》等；与国内外学界保持广泛的交流关系，已主办大型学术研讨会 4 次，邀请日本史领域知名专家学者讲座十余次。

与此同时，研究室在中国社会科学院大学世界史系招收、培养从事日本史研究的硕士研究生与博士研究生。目前在读博士生 1 人、硕士生 3 人。

研究室人员构成如下：

张跃斌，室主任、研究员、博士生导师

陈伟，副研究员、硕士生导师

文春美，副研究员、硕士生导师

李文明，副研究员、硕士生导师

许亮，副研究员

郑立菲，助理研究员

地址：北京市朝阳区国家体育场北路1号院1号楼中国历史研究院

邮编：100101

联系电话：010-65270215

二、重要会议举办情况

3月24日，研究室与世界历史研究所离退休干部党支部联合邀请中国日本史学会名誉会长汤重南研究员在世界历史研究所作题为"从日本政府的对华政策看疫情后中日关系走向暨东北亚形势"的学术报告。在此次讲座中，汤重南研究员全面分析了疫情前后日本官方、民间的对华政策与态度，深入阐明了其发生转变的内在动因，并对中日关系的未来走向作出预测。

9月1日，研究室邀请北京大学历史系宋成有教授在世界历史研究所作题为"再议研究中日民间交流的几个视角"的学术报告。在此次讲座中，宋成有教授系统梳理了中日民间交流两千年的历史，透彻分析了目前两国民间交流所处的困境与原因，并为推动该领域研究的发展提出建议。

三、机构要闻

2022年研究室始终服务于党和国家工作的大局，贯彻执行世界历史研究所深入开展区域、国别史研究的政策，推出了一系列重要研究成果，如译著《意大利史10讲》，论文《〈通航一览〉对中国浙江与日本交往史事的录撰》《从〈帝国宪法义解〉看伊藤博文的宪政思想：以其国体观和政体观为中心》《原敬内阁的殖民地统治政策述论》《从调查数据看日本对华负面舆论的原因及其变化的可能性》《近年来日本学界近现代史研究中的若干动向》《韩国"单一民族"的神话与现实》等，受到国内外学界的关注与好评。与此同时，研究室广泛地开展对外交流活动，邀请学者讲座2次，应邀出席国内学术会议或座谈会近10次。

3月24日，研究室与世界历史研究所离退休干部党支部联合邀请中国日本史学会名誉会长汤重南研究员在世界历史研究所作题为"从日本政府的对华政策看疫情后中日关系走向暨东北亚形势"的学术报告。

7月24—27日，室主任张跃斌研究员前往吉林省长春市参加中国日本史学会工作会议。

8月18日，室主任张跃斌研究员在线上参加"中华日本学会2022年年会暨'邦交正常化50周年：中日关系回顾与展望'学术研讨会"，并作题为"日本学界现在如何阐释侵略历史"的发言。

9月1日，研究室邀请北京大学历史系宋成有教授在世界历史研究所作题为"再议研究中日民间交流的几个视角"的学术报告。

10月16日，室主任张跃斌研究员前往天津市参加由南开大学日本研究院、浙江工商大学东亚研究院共同主办的"日本史研究的学脉传承与守正创新高端论坛"，并作题为"万峰先生的日本近代史研究"的发言。

10月28—31日，室主任张跃斌研究员前往海南省海口市参加由海南大学外语学院主办的"近代以来的中国和日本"学术研讨会，并作题为"近年来日本学界近现代史研究中的若干动向"的发言。

11月27日，室主任张跃斌研究员、陈伟副研究员、文春美副研究员在线上参加"中国日本史学会2022年年会暨中日邦交正常化50周年纪念学术研讨会"，分别作题为"浅析二战战后初期日本的选举政治""日本政党内阁时期两党与地方政治之关系""论大隈重信与伊藤博文的近代日本官吏任用构想"的发言。

四、承担的省部级及以上课题

序号	课题名	主持人	课题类型	课题编号
1	近代以来的东亚政治史研究	张跃斌	中国社会科学院世界历史研究所创新工程B类项目	—
2	近代日本两党制的构想与挫折研究	文春美	国家社科基金后期资助项目	19FSSB019
3	1920年世界性流感的历史考察	李文明	国家社科基金一般项目	21BSS041
4	韩国独立运动时期"联中抗日"思潮研究	郑立菲	国家社科基金青年项目	21CSS022

（供稿：中国社会科学院世界历史研究所日本与东亚史研究室）

中国社会科学院亚太与全球战略研究院

一、基本情况

中国社会科学院亚太与全球战略研究院（以下简称"全球战略院"）（National Institute of International Strategy, CASS; NIIS, CASS）是从党和国家大局出发，为落实中国社会科学院三个定位要求而组建的跨学科、综合性、创新型学术思想库。全球战略院在中国社会科学院党组领导下，以马克思主义为指导，坚持正确的政治方向和学术导向，遵循党中央的对外方针政策，体现中国意识与全球视角，以我国对外关系领域、国际关系领域中的重大理论与现实问题为主攻方向，集中院内外力量开展综合性国际战略研究，以代表国家水准、具有世界影响的研究成果服务于党和国家的决策，扩大我国在国际社会的话语权。

全球战略院的研究任务为：着力研究世界经济社会发展，全球治理机制及我国国际战略中的全局性、综合性、趋势性和长期性问题，为党和国家决策及时提出具有科学性、前瞻性、针对性的建议。具体研究领域包括：世界经济、政治与社会发展趋势；全球治理机制；世界范围内资本主义和社会主义制度面临的矛盾与发展趋势；国际热点和难点问题；与国际战略相关的理论与思潮；我国的周边环境与战略；我国对外战略的综合性问题；等等。

全球战略院设院、室（处、部）两层管理架构。在中国社会科学院党组领导下，实行党委领导下的院长负责制。

全球战略院管理和代管六个研究中心和两个社团。研究中心包括：中国社会科学院亚太经合组织与东亚研究中心；中国社会科学院南亚研究中心；中国社会科学院澳大利亚、新西兰与南太平洋研究中心；中国社会科学院地区安全研究中心；中国社会科学院亚太与全球战略研究院东北亚研究中心；中国社会科学院亚太与全球战略研究院东南亚研究中心。社团包括：中国亚洲太平洋学会、中国南亚学会。

全球战略院承担中国社会科学院研究生院亚洲太平洋研究系硕士、博士研究生培养任务，现有博士生导师11人，硕士生导师8人，授予世界经济、国际政治和国际关系等专业硕士和博士学位。全球战略院设有博士后科研流动站。

全球战略院现有编制为68个。按照中国社会科学院创新工程的精神，不足的科研力量将通过聘用制方式补充。

现任领导为院长李向阳，副院长叶海林、刘历彬、沈铭辉。

地址：北京市东城区张自忠路3号东院

邮编：100007

联系电话：010-64039024（办公室）　010-64063922（科研处）

传真：010-64063041

二、重要会议举办情况

2022年全球战略院采取线下和线上相结合的方式举办、承办4次国际学术会议，促进国际学术交流，扩大国内外影响。

7月26日，由中国社会科学院国家高端智库主办，全球战略院、国际合作局承办的"俄乌冲突后国际格局的演变趋势与中国角色"国际研讨会在北京举行，会议采用线上与线下结合的形式召开。

8月19日，由全球战略院、韩国对外经济政策研究院共同举办的"秉持初心 面向未来：纪念中韩建交三十周年国际研讨会"以线上与线下相结合的方式举行。

11月18日，"中国社会科学论坛（2022）：共建'一带一路'、全球发展倡议和周边合作"在北京举行。论坛由中国社会科学院主办，全球战略院承办。

12月7日，由全球战略院与韩国产业研究院共同举办的"全球价值链重构背景下的中韩合作前景"研讨会以线上线下相结合的方式举行。

7月4日，全球战略院主办了"2022年'一带一路'建设面临的新形势"学术研讨会。

9月16日，全球战略院主办了"最近朝鲜半岛形势及对中国周边局势的影响"学术研讨会。

10月18日，全球战略院主办了"中美博弈背景下的中韩关系"学术研讨会。

11月15日，全球战略院主办了"新时代人文交流与中国周边环境塑造"学术研讨会。

11月23日，全球战略院与中山大学国际关系学院联合主办了"中国与东盟：和平与繁荣的命运共同体"学术研讨会。

2022年全球战略院就"俄乌冲突"热点问题举办了一系列讲座，邀请国内知名专家主讲，讲座受到广泛好评。

三、机构要闻

2022年全球战略院共出版皮书1部、专著2部，发表顶级和权威期刊论文6篇、核心期刊论文53篇、外文期刊论文4篇（含3篇SSCI期刊论文）。此外，2022年全球战略院接待驻华使馆官员来访6批7人次，外国学者、企业代表来访3批4人次。

1月9日，全球战略院叶海林副院长、王俊生研究员应邀与韩国驻华大使馆政务参赞柳寅植、二等秘书延东铉餐叙。

4月11日，全球战略院张洁研究员、王俊生研究员应约会见俄罗斯驻华大使馆一等秘书币雷克辛、二等秘书李保尔。

4月14日，全球战略院张洁研究员、秦升博士、屈彩云博士应约会见澳大利亚驻华大使馆一等秘书柯会铭。

6月24日，全球战略院董向荣研究员、李成日助理研究员就举办"纪念中韩建交30周年"国际研讨会与韩国对外经济政策研究院北京代表处李尚勋所长进行工作会谈。

7月11日，日本国驻华大使馆一秘岩本茂久会见全球战略院李成日助理研究员。

7月27日，欧盟驻华代表团拜会全球战略院许利平研究员。

8月22日，俄罗斯驻华大使馆拜会全球战略院王俊生研究员。

8月24日，全球战略院董向荣研究员在钓鱼台国宾馆参加中国人民对外友好协会和韩国驻华大使馆联合举办的纪念中韩建交30周年活动。

8月31日，全球战略院许利平研究员受邀参加马来西亚驻华大使馆举办的马来西亚国庆日庆典活动。

9月9日，全球战略院许利平研究员受邀出席越南驻华大使馆举办的国庆招待会。同日，王俊生研究员会见韩国驻华使馆政务部新任参赞柳寅植。

四、承担的省部级及以上课题

序号	课题名称	主持人	课题类型	课题编号
1	后疫情时期亚洲全球价值链重构：越南的地位及中越关系前景	李向阳	国家社科基金研究专项重大项目	20VGQ014
2	建立健全我国海外利益保障体系研究	王玉主	国家社科基金研究专项重大项目	18VFH008
3	深化稳定周边国家关系、打造周边命运共同体研究	许利平	国家社科基金年度重点项目	22AZD107
4	未来5—10年中国周边安全：风险评估与防范研究	张洁	国家社科基金年度重点项目	18AGJ010
5	身份认同与增长分享：中国与发展中国家关系研究	董向荣	国家社科基金后期资助项目	22FGJB001

（供稿：中国社会科学院亚太与全球战略研究院）

中国社会科学院哲学研究所东方哲学研究室

一、基本情况

中国社会科学院哲学研究所东方哲学研究室筹建于 1983 年，筹建小组组长为巫白慧，成员为丘成、卞崇道；1984 年经院部批准，东方哲学研究室（以下简称"东方室"）正式成立。历任室主任有巫白慧、卞崇道、徐远和、李甦平、孙晶、成建华。

东方哲学兼容并包、源远流长、博大精深，积淀着东方各民族最深层的精神追求，代表着东方各民族独特的精神标识，为东方各民族生生不息、发展壮大提供了丰厚的滋养。东方室的主要研究方向包括：印度哲学、日本哲学、越南及东南亚哲学、阿拉伯—伊斯兰哲学、朝鲜半岛哲学。

东方室自成立以来先后承担过多项国家社科基金、院级和所级等各类重点研究课题，先后发表或出版了数量众多且具影响力的学术专著和论文，并积极组织开展各类学术活动。1997 年以哲学研究所为依托成立了"中国社会科学院东方文化研究中心"，东方室积极配合、参与中心工作，与东方文化研究中心组织出版了"东方哲学与文化丛书"、《东方哲学》辑刊、《东方哲学史》（五卷本）等系列著作，并共同主办了"迈向 21 世纪的东方文化""中韩儒释道三教关系学术研讨会""世纪之交东方文化走向座谈会""东方文化国际学术研讨会""东方社会哲学国际学术研讨会""日本哲学研究的历史成就与前沿课题"等学术研讨会，并持续举办"思辨东方系列学术讲座"以及"东方文化青年学术沙龙"等学术活动。

东方室专注于哲学原典研究，各研究人员发表了大量一手文献研究成果，致力于推进国内东方哲学研究。除日本哲学方向以外，东方室研究人员的主要代表作有印度哲学方向的《印度哲学》、《印度吠檀多不二论哲学》、《梵动经译著研究》（英文）、《佛学义理研究》等；越南及东南亚哲学的《儒学南传史》等；阿拉伯—伊斯兰哲学的《当代阿拉伯哲学思潮》、《文明对话——中国伊斯兰哲学案例研究》（英文）等；朝鲜半岛哲学的《四端七情之辨——朝鲜朝前期朱子学研究》等。比较哲学视域下亦著有《洛学原流》《理学与元代社会》《中国·日本·朝鲜实学比较》《东亚与和合——儒释道的一种诠释》等。

作为全国唯一拥有日本哲学研究方向博士点的机构，日本哲学研究一直是东方室的重点方向之一。主要学术著作有《西田哲学》《日本近代哲学思想史稿》《战后日本哲学思想概论》《日本近世儒学家荻生徂徕研究》《日本江户时代初期儒学思想研究——以山鹿素行与中江藤树为中心的考察》等。此外，2011 年起由哲学所与日本哲学会共同组织召开的"中日哲学论坛"迄今已成功举办 6 届，东方室一直承担中日哲学论坛中国方面的组织协调工作，该论坛已经成长为中日哲学界间的重要交流窗口。

东方室现有在职研究人员 8 人，其中研究员 3 人、副研究员 2 人、助理研究员 3 人，分别在上述相关研究领域中承担着不同的专业研究工作。8 人均为博士学位获得者，其中 4 人在中国接受学术训练并获得博士学位，4人持海外（含港澳台）博士学位（1人为中国香港博士学位，3人为日本博士学位）。现任室主任为成建华研究员，副主任为王青研究员。在编在岗研究人员有刘一虹研究员、张捷副研究员、范文丽副研究员、贺雷助理研究员、米媛助理研究员、魏伟助理研究员。

地址：北京市建国门内大街5号中国社会科学院科研大楼949室

邮编：100732

联系电话：010-85195526

负责人：成建华、王青

电子邮箱：jhcheng118@sina.com（成建华）

wangqing-zxs@cass.org.cn（王青）

二、重要会议举办情况

2022年9月24—25日，由中国社会科学院哲学研究所东方哲学研究室和东方哲学研究中心主办的"中国传统思想与日本哲学的建构"学术研讨会在中国社会科学院密云绿化中心举行。来自中国社会科学院、北京大学、清华大学、中国人民大学、南开大学、北京理工大学、北京工业大学、北京外国语大学、国际关系学院、北京第二外国语学院、天津外国语大学、天津商业大学等多所高校的20余位学者参加了会议。共有15位学者在此次会议上进行学术报告，其中5场主题发言尤为值得关注：北京大学哲学系的魏长海教授作了题为"阳明心学在东亚近代的精神价值"的发言，指出王学作为一种传统哲学思想，在中国和日本的近代变革史上曾经起了特殊的积极作用，在历史的事实面前，我们应当对王学进行一番认真反思，正确评价王学的作用；中国人民大学哲学系林美茂教授作了题为"和辻哲郎与日语哲学的探索"的发言，他指出中国学界近来为构筑中国特色社会主义哲学"三大体系"提倡进行"汉语哲学"的探索，而日本哲学家早在100年前就对日语哲学的可能性进行过研究，对我们有巨大启发意义；清华大学人文学院的刘晓峰教授作了题为"东亚地区的灶神故事"的发言，从民俗学的角度比较了中日韩三国传统灶神形象的相似点与不同点，并对灶神神话传播做出了推测；北京大学中文系、国际汉学家研修基地刘玉才教授作了题为"日本古钞本与五山版汉籍研究"的报告，介绍了日本流传的海外汉籍的情况；北京大学中文系顾歆艺副教授作了题为"从《四书集成》看东亚汉籍整合的学术意义"的报告，指出通过拼凑中国国内各图书馆、日本国立公文书馆、中国台湾地区"国立图书馆"馆藏，可以推测出已经失传的元刻本《四书集成》的原貌。

三、机构要闻

2022年，东方室和中国社会科学院东方文化研究中心继续举办"思辨东方"系列学术讲座活动和"东方青年文化沙龙"学术活动，全年共计举办5次；东方室王青研究员、魏伟助理研究员继续参与北京大学国际汉学家研修基地牵头组织的《中华文明传播史》项目的"日本思想文化"部分撰写工作，共出席学术工作坊2次。

1月17日，王青研究员、魏伟助理研究员应北京大学国际汉学家研修基地邀请出席"中华文明传播史"思想文化方向第三次工作坊，魏伟作了题为"儒学在日本江户时代的传播与发展"的学术报告，王青参与工作坊并对全体发言人员进行了评议。

2月16日至5月16日，闽江学院讲师高薇在东方室进行为期3个月的访学交流，在访学期间就"《六谕衍义》在日本的传播与接受研究"及"社会文化史视域下劝善思想在日本的地方实践"等课题展开研究。

4月23日，王青研究员、魏伟助理研究员应北京大学国际汉学家研修基地邀请出席"中华文明传播史"合同工作坊，王青主持了单元会议，魏伟作了题为"儒学与近世日本的秩序观"的学术报告。

9月2日，"东方文化青年学术沙龙"第5讲"明代相术与古希腊医学的东西对谈"在线举行，中国社会科学院哲学研究所副编审刘未沫和复旦大学历史学系副教授王兴分别作了题为"普纽玛/气、灵魂与经脉的发现——亚里士多德与希腊化早期医学"和"气与形——明代相学技术中的身体建构"的学术报告。

9月22日，"思辨东方"系列讲座第29讲在哲学研究所举行，中国人民大学哲学院教授，佛教与宗教学理论研究所副所长张文良以"伊字三点的诠释与涅槃观念的嬗变"为题作了主题学术报告。

9月30日，"东方文化青年学术沙龙"第6讲在线举行，南京师范大学社会发展学院副教授杨剑霄和山东大学历史文化学院助理研究员武绍卫分别作了题为"西行的技艺——魏晋南北朝佛教僧众的地理观念与实践"和"玄奘的手稿——唐初西游文献的编撰"的报告。

10月14日，"思辨东方"系列讲座第30讲在线举行，滁州学院教授韩传强以"晚明北宗禅的再兴"为题作专题讲座。

10月26日，"思辨东方"系列讲座第31讲"中世纪阿拉伯哲学原典研读之阿维森纳《论灵魂》"在哲学研究所举行，北京大学哲学系副教授沙宗平和中国社会科学院哲学研究所研究员刘一虹分别作了学术报告。

11月9日，王青研究员、魏伟助理研究员参加日本国际交流基金会日本文化中心主办的日中邦交正常化50周年/日本国际交流基金会成立50周年纪念视频影像《风月同天，携手共进——中国日本研究50年回顾与展望》上映会。

四、承担的省部级及以上课题

序号	课题名	主持人	课题类型	课题编号
1	日本朱子学文献编纂与研究	王青	国家社科基金重大项目子课题	17ZDA012
2	比较哲学视角下的阿拉伯特色地域文化研究——以阿拉伯海湾跨文化研究为例	刘一虹	国家社科基金冷门绝学国别区域重大研究专项	19VJX003
3	中国佛学知识体系演变史	范文丽	国家社科基金青年项目	20CZJ006

（供稿人：魏伟）

中国现代国际关系研究院东北亚研究所

中国现代国际关系研究院东北亚研究所前身是 1980 年成立的中国现代国际关系研究所东北亚研究室，2003 年中国现代国际关系研究院成立后，更名为日本研究所，2018 年更名为东北亚研究所。主要从事东北亚地区日本、朝鲜、韩国、蒙古国四国的内政、外交、经济、社会研究，以及东北亚安全、东北亚区域合作等研究。设所长 1 名、副所长 1 名、研究人员 15 名、研究辅助人员 1 名。该所自成立以来积极开展国内外学术交流活动。

地址：北京市海淀区万寿寺甲 2 号
邮编：100081
负责人：樊小菊
联系电话：010-68418640（电话）　010-68418641（传真）
电子邮箱：fanxj@cicir.ac.cn

（供稿：中国现代国际关系研究院东北亚研究所）

吉林省日本侵华历史研究中心

一、基本情况

吉林省日本侵华历史研究中心（吉林省社会科学院满铁研究中心，以下简称"中心"）成立于2016年，是吉林省社会科学院（社科联）所属财政全额拨款事业单位。中心核定事业编制9个，主任由吉林省社会科学院院长、党组书记兼任，常务副主任（正处长级）主持中心日常工作。

中心现有科研、科辅人员7名，主任为吉林省社会科学院院长、党组书记、吉林省委宣传部副部长（正厅长级）刘立新同志，负责人为常务副主任佟大群研究员。

中心是目前我国首个专门从事满铁研究的实体机构，主要负责满铁问题的研究与规划、满铁资料的整理及研究成果的汇总以及满铁学术交流活动的组织等职能，填补了我国满铁研究长期以来缺乏专门机构的空白，同时也为我国日本侵华史研究等提供了又一个颇具特色的学术交流的平台。中心收藏各类满铁调查资料、地图、图书、缩微胶片等文献资料逾3万种，是研究日本侵华历史等重大历史事件及问题的一手珍贵史料。

解学诗、宋玉印等专家学者早在20世纪50年代末开始从事满铁史料整理与研究，60余年间，已初步构建起科学、完整的满铁研究体系，并培养了一支高素质科研团队，研究领域涉及满铁史、中日关系史、日本外交史、东北地方史、抗日战争史、历史文献学及图书情报等学科方向，并推出诸如《伪满洲国史新编》《满铁与中国劳工》《隔世遗思——评满铁调查部》《中日关系史》《满铁调查期刊载文目录》《满铁调查报告目录》等论著，以及《满铁史资料（路权篇、煤铁篇）》《满洲交通史稿（20卷）》《近现代日本涉华密档·海军省卷（1872—1933）（70卷）》《近现代日本涉华密档·陆军省卷（153卷）》《满洲交通史稿补遗（8卷）》，以及5辑《近代日本对华调查档案资料丛刊》等一系列大型史料汇编，在国内外学术界有一定影响。

地址：吉林省长春市自由大路5399号

邮编：130033

联系电话：0431-84658149；18686616081

电子邮箱：tongdaqun@163.com

二、承担的省部级及以上课题

序号	课题名	主持人	课题类型	课题编号
1	日本对华兵要给水调查档案资料整理、编译与研究	孙文慧	国家社科基金青年项目	22CZS073

续表

序号	课题名	主持人	课题类型	课题编号
2	日本有关东北抗战调查资料整理与研究	谭忠艳	吉林省社科基金研究基地项目	2022J35
3	日本殖民统制大连港研究（1905—1945）	王玉芹	吉林省社科基金研究基地项目	2022J34

（供稿人：佟大群）

吉林省社会科学院日本研究所

一、基本情况

(一) 历史沿革与任务职能

吉林省社会科学院日本研究所（以下简称"日本所"）是吉林省社会科学院建院伊始就设立的研究所，成立于1978年，既是吉林省社会科学院资格较老、起点较高的一个研究所，也是国内最早成立的日本问题研究机构之一。建所以来，日本所始终坚持正确的政治方向和学术导向，以吉林省社会科学院的发展和智库建设为发展目标，紧紧围绕党和国家关注的重大理论和现实问题开展全局性、战略性、系统性研究。多年来，日本所共承担和完成国家社科基金重大项目、国家社科基金项目、省社科规划项目、中日合作研究课题、中国社会科学院中日历史研究中心课题、中央党史研究室委托课题及院招标课题等200多项。应邀赴日本研修、讲学和参加国际学术会议50多人次。众多科研成果获得国家级、省部级优秀成果奖。孙继武、金泰相、高书全、郭洪茂、李倩（现任）研究员为历任所长，解学诗、张声振、董果良等资深研究员都是国内学界知名学者。该所已发展成为吉林省社会科学院学科体系较强、专业水平较高、在海内外学界影响较大的研究所之一。

经过44年的学术积累和数代学人的不懈努力，日本所的研究全面涵盖日本历史、东北抗战史、中日关系史、满铁研究、当代日本经济、社会、外交、战略与文化等领域，取得了丰硕研究成果。

(二) 代表性科研项目

日本所成立至今，承担了众多国家、省级重大、重点等各类项目，代表性科研项目如下。

国家社科基金重大项目"东北抗联档案文献资料整理、翻译与研究"；

国家社科基金重大委托项目"吉林省档案馆藏日本侵华档案整理研究"；

国家社科基金"九五"重点项目"满铁调查部研究"；

国家社科基金"八五""九五"重点项目"日本帝国主义侵华档案资料选编"；

国家社科基金"七五"重点项目"中日关系史资料丛刊"；

国家社科基金专项项目"满铁对中国东北林业资源的调查与掠夺"；

国家社科基金项目"东北抗联精神及其当代价值研究"；

中国社会科学院中日历史研究中心项目"满铁与'九·一八'事变研究"；

中国社会科学院中日历史研究中心项目"伪满后期的劳务统制政策与'特殊工人'研究"；

中国社会科学院中日历史研究中心项目"日德民间受害赔偿比较研究"；

中国社会科学院中日历史研究中心项目"沦陷时期的华北经济研究"；

中日合作研究项目"侵华日军细菌战研究"；

中日合作研究项目"满铁劳工问题研究";

日本国际交流基金项目"中日满铁研究的现状和比较";

吉林省"十三五"智库规划基金招标项目"东北抗联精神对吉林实现全面振兴发展的当代价值研究";

吉林省社科规划重大项目"吉林名人传";

吉林省社科规划重大项目"近代吉林与日本关系史";

吉林省社科规划重点项目"吉林蓝皮书·东北亚卷（院内合作）";

吉林省社科规划专项项目"东北抗联第一路军党的建设问题研究";

吉林省社科规划项目"伪满时期日系宗教活动研究";

吉林省社科规划项目"伪满时期日系宗教活动研究";

吉林省社科规划扶持项目"日伪时期的《东亚联盟》杂志研究"。

（三）代表性科研成果

专著类：《东北抗日联军第一军》《日伪时期吉林人民抗日武装斗争研究》《日本侵华与中国全面抗战》《满铁与中国劳工》《战争与恶疫——七三一部队罪行考》《隔世遗思——评满铁调查部》《伪满洲国史新编》《伪满洲国的劳务管理机构与劳务政策研究》《伪满时期日本对东北的宗教侵略研究》《近代日本武士道思想研究》《〈东亚联盟〉杂志研究》等。

译著类：《圣西门选集》（3卷本）、《日本政治史》（全四卷）、《中国派遣军》、《"九·一八"事变》、《外国经济法·日本国卷》、《我的半生》（山口淑子）、《关东军秘史》、《日本帝国主义对中国东北的掠夺》、《拉康》、《永乐帝：华夷秩序的完成》等。

资料类：《近现代日本涉华密档·陆军省卷》（全153册）、《近现代日本涉华密档·海军省卷》（全70册）、《中国朝鲜族史料全集》（全100册）、《日本涉华密档总目录》、《满铁资料·路权篇》（四分册）、《满铁资料·煤铁篇》（四分册）、《九·一八事变纪实》、《日本帝国主义侵华档案资料选编·华北事变》（合作）、《吉林省社会科学院满铁资料馆馆藏资料目录》（全3卷）、《满铁调查期刊载文目录》（全3卷）、《满铁调查报告目录》（全2卷）等。

咨询报告类：《关于加强吉林杨靖宇干部学院软件建设的调研报告》（获得吉林省委书记巴音朝鲁等领导同志肯定性批示）、《日本有意与中国增进战略互信，如何应对？》、《关于当前朝鲜社会经济情况的综合分析与研判》等。

此外，还在《社会科学战线》《世界历史》《史学集刊》《光明日报》等期刊报纸上发表学术论文近300篇。

（四）人员结构

日本所现有人员3人，原所长李倩研究员已调任，现暂由王晓峰研究员主持工作。王晓峰研究员，兼任吉林省日本学会秘书长、东北地区中日关系史研究会常务理事、吉林省中国共产党历史与理论研究会常务理事，主要从事东北抗联史、满铁科技史、中日关系史、日本宗教侵略问题研究。出版学术专著6部，担任分卷主编2部，合著5部，参编《近现代日本涉华密档陆海军省卷及目录卷》200余卷，在《光明日报》等发表学术论文30余篇，科研成果获得省政府一等奖等科研奖项10项，代表性成果有专著《伪满时期日本对东北的宗教侵略研究》《近代日本武士道思想研究》等。

李晓晨副研究员，主要从事东北抗战史、中日关系历史与现实等问题研究，代表性成果有专著《〈东亚联盟〉杂志研究》等。马丽利助理研究员，主要从事中日关系、现代国际关系、东北亚区域合作等问题的研究。

二、重要会议举办情况

受新冠疫情影响，2022年上半年，日本所没有举办会议，2022年12月，李倩所长积极筹备并举办"东北地区中日关系史研究会第21届年会暨中国共产党与东北抗战学术研讨会"。

三、机构要闻

2022年8月，李倩所长参加国家社会科学基金项目结项评审鉴定工作、参加吉林省党建学会第七届理事会会议。

2022年12月，李倩所长积极筹备并举办"东北地区中日关系史研究会第21届年会暨中国共产党与东北抗战学术研讨会"，王晓峰、李晓晨参会。李倩所长参加"建设具有强大凝聚力和引领力社会主义意识形态研讨会"并作大会发言。

四、承担的省部级及以上课题

序号	课题名	主持人	课题类型	课题编号
1	吉林省红色资源与文化旅游业融合发展研究	李倩	吉林省哲学社科智库基金项目	2022JLSKZKZB028
2	日本有关东北抗战活动资料收集、翻译与研究	李晓晨	吉林省哲学社科基金一般项目	2022B17
3	日本国立国会图书馆藏东北抗联相关文献的搜集、整理与研究	李晓晨	吉林省社会科学院重点项目	2022ZD107
4	世界史视域下东北抗联的历史贡献	李倩	吉林省社会科学院一般项目	2022YB42
5	日本对"满洲"共产党活动调查资料整理与研究	王晓峰	吉林省社会科学院一般项目	2022YB41
6	"经济安全保障"视域下的日本经济外交战略研究	王家曦	吉林省社会科学院一般项目	2022YB43

（供稿人：王晓峰）

国家记忆与国际和平研究院

一、基本情况

国家记忆与国际和平研究院（Institute for National Memory and International Peace Studies，（以下简称"研究院"）），是经中共江苏省委宣传部批准，由侵华日军南京大屠杀遇难同胞纪念馆主办的江苏省首批重点高端智库，于2015年11月成立，是中国智库索引（CTTI）来源首批智库。

研究院以习近平总书记出席南京大屠杀死难者国家公祭仪式的重要讲话和指示精神为遵循，贯彻党的三个历史决议和党中央有关中国人民抗日战争暨世界反法西斯战争的有关精神，积极融入爱国主义教育与国家大外宣格局，服务构建人类命运共同体，旨在做国家记忆的固化者、国际和平的传播者、民间外交的践行者。聘有国内外专家100余人，其中二级教授、教育部"长江学者特聘教授""青年长江学者"、江苏社科名家、国务院政府特殊津贴获得者近20人，首席专家、南京大学人文社科荣誉资深教授张宪文担任学术委员会主任，形成了"大外围+小核心+助理"的专家团队，推进专业化、实践型智库建设。

聚焦国家公祭系列研究，强化决策咨询功能。累计向党政部门报送《专报》百余份，承接中宣部、国家文物局、省委宣传部等部门交办课题20余项，研究成果获江苏省哲学社会科学优秀成果、江苏智库研究十佳成果、江苏智库实践十佳案例、江苏省智库研究与决策咨询优秀成果奖一等奖、江苏省疫情防控专项研究优秀成果奖、江苏省社科应用研究精品工程优秀成果奖等10多个奖项。参与起草《南京市国家公祭保障条例》，推动国家公祭首部地方立法施行，入选中国社会科学评价研究院颁发的"2021年中国智库特色案例（咨政建言）"，是江苏省唯一入选咨政建言类案例的智库。

承接国家外宣任务，推动构建人类命运共同体。以习近平总书记有关加强南京大屠杀史料外译的重要批示为根本遵循，以智库外交推进南京大屠杀史实与和平理念国际传播。首席专家张宪文教授的学术代表作《南京大屠杀史》已在海外出版英文、西班牙文、韩文、希伯来文、哈萨克文、波兰文、印地文7个外文版本，成为外译语种最丰富的抗战史研究专著。在中宣部指导下，承办第三届人权文博国际研讨会，18个国家近百名反法西斯战争博物馆和专家代表参与研讨会并联合发表《南京共识》。在中联部指导下，承办2018年国际和平日纪念活动，50多个国家的政要、和平组织领导人、安全智库专家代表参会交流。举办"历史认知与东亚和平论坛""中日和平学对话会"等高端学术会议，发布《南京共识》等智库研讨成果，不断提升南京大屠杀档案作为世界记忆遗产的影响力。

二、重要会议举办情况

2022年，研究院采取线上线下相结合的方式主办、承办学术会议3场，举办政策沙龙11

场，有效推动学术交流与智政对接。

10月18日，参与"道德的力量：南京大屠杀期间拉贝和他的朋友"国际学术论坛，论坛由哈佛（上海）中心和南京大学中华民国史研究中心共同主办，邀请了国内外学者、拉贝后人、南京大屠杀幸存者、侵华日军南京大屠杀遇难同胞纪念馆人员等参会。研究院研究员张生、张连红、王卫星、姜良芹等专家与美国哈佛大学费正清东亚研究中心主任柯伟林教授、德国海德堡大学托马斯·拉贝教授线上交流，围绕南京大屠杀时期的人道主义救援分享学术研究成果，得到行业主流媒体关注。

11月13日，承办2022年度江苏青年智库学者沙龙"以中国式现代化全面推进中华民族伟大复兴——党的二十大精神学习研讨会"，推动青年学者兴起党的二十大精神研究的热潮。会议由江苏省社科联主办，研究院与东南大学中国特色社会主义发展研究院联合承办。来自北京大学、中共江苏省委党校、南京大学、江苏省社会科学院等有关单位的专家及青年学者围绕"以中国式现代化全面推进中华民族伟大复兴"主题，对党的二十大提出的新思想新论断、作出的新部署进行学习研究。

12月7日，主办品牌论坛"勿忘国耻，圆梦中华"学术研讨会，该会是国家公祭主题教育的组成部分。来自南京大学、南京师范大学、江苏省社会科学院、中国第二历史档案馆、侵华日军南京大屠杀遇难同胞纪念馆、南京市档案馆等单位的专家学者30余人参加会议。与会学者围绕"论许传音在南京大屠杀事件中的多重身份""日军在江北的暴行""面对南京大屠杀的中国人民""南京大屠杀档案申遗与日方立场之观察"等展开学术交流。

此外，研究院邀请相关党政部门人员与研究院专家共同交流研讨，就中日邦交正常化50周年与中日关系、国家公祭仪式筹备保障工作规范、南京国际和平中心建设、中国特色世界一流博物馆建设等议题交换意见，沟通政策需求，使政策沙龙成为智政对接的有效平台。

三、机构要闻

2022年12月1日，在侵华日军南京大屠杀遇难同胞纪念馆举行"铭记历史勇毅前行——2022年度系列新书发布会"，发布年度新书《南京大屠杀国际安全区研究》《以史为鉴——日本友人和平实践口述》《侵害与交涉：日军南京暴行中的第三国权益》等与国家公祭系列研究报告。

一是连续出版国家公祭系列研究报告。2022年出版《国家公祭·解读南京大屠杀死难者国家公祭日资料集⑨》，由南京出版社于12月出版，入选国家新闻出版广电总局培育和践行社会主义核心价值观主题出版重点出版物。该书由"国行公祭""海外同祭""祀我国殇""精益求精""警示醒世"五个部分组成，全景式记录了2021年度国家公祭仪式和系列主题教育活动。

二是连续出版南京大屠杀史研究学术外译成果。2022年推出研究院署名的《南京大屠杀史》西班牙文版，由南京大学出版社和墨西哥自治大学出版社联合在海外出版。此次由国外高校出版社出版西班牙文版，进一步丰富了研究院学术代表作的外译语种，增强了国际学术影响力。

三是连续出版口述史研究报告，推出《以史为鉴：日本友人和平实践口述》。由江苏凤凰文艺出版社于 2022 年 12 月出版,体现了中日邦交正常化 50 周年来民间交流的生动实践,是研究院系列口述史之一,相关成果于 2023 年 1 月获江苏省档案馆收藏。

四是连续出版"南京保卫战史料与研究"系列丛书,推出《南京保卫战·日方资料》。该书由研究院研究员、江苏省社科院历史研究所研究员王卫星主编,2022 年 11 月由南京出版社出版,收录了一批与南京保卫战相关的日军文件,包括军方高层和基层联队的作战命令、战斗报告、阵中日志、作战计划以及参与进攻南京的日军官兵日记,从不同角度记录了日军进攻南京的真实情形,具有较高的史料价值。

五是由研究院研究员张连红、王卫星、杨夏鸣、刘燕军合著的《南京大屠杀国际安全区研究》是当前学术界有关南京安全区研究的最全面成果。该书由江苏人民出版社于 2022 年 6 月出版,对南京大屠杀期间的人道主义救援特别是中国同胞彼此相助的历史进行深度挖掘,已纳入"中国抗日战争专题研究"丛书,是国家社科基金项目成果、教育部"哲学社会科学研究重大委托项目"成果。

六是推出《侵害与交涉:日军南京暴行中的第三国权益》。该书为研究院的课题成果,由研究院研究员、江苏省社科院历史研究所研究员崔巍撰写,江苏人民出版社 2022 年 6 月出版,该书是国内学术界首部就日军在南京大屠杀期间侵害第三国权益及其由此引发的受害方与日方交涉的学术专著。

四、承担的省部级及以上课题

序号	课题名称	主持人	课题类型
1	南京国际和平中心建设研究	周峰	江苏省重点智库课题
2	习近平总书记有关和平发展的重要论述研究	凌曦	江苏省重点智库课题
3	维护南京大屠杀史实的日本友人口述史研究	芦鹏	江苏省重点智库课题
4	国际和平主题对接江苏传播能力建设研究	陈云松	江苏省重点智库课题
5	革命纪念馆陈列展览标准规范研究	王立	江苏省重点智库课题

(供稿人:王立)

黑龙江省社会科学院东北亚研究所

一、基本情况

黑龙江省社会科学院东北亚研究所（以下简称"东北亚所"）创建于1989年。东北亚所以研究黑龙江省与东北亚各国、各地区的经贸合作为主，侧重全省经济社会发展的应用对策研究，为黑龙江省的对外开放和经济建设服务。经过30余年的发展，东北亚所现已成为省内和国内东北亚问题研究领域具有较高智库地位、知名度和学术影响力的科研机构。2002年东北亚所的"东北亚区域经济"获批省级重点学科（2013年更名为"亚太经济"省级领军人才梯队）；2004年，东北亚所被授予黑龙江省东北亚区域经济研究基地，这是省内唯一的科研机构所属国际问题研究基地。2016年被授予中日韩思想库网络研究黑龙江基地。

近年来，围绕建设"思想库""智囊团"和全国一流地方社会科学院的发展目标，东北亚所与时俱进，调整内设机构。现设有日本研究室、朝韩研究室、"一带一路"研究室、《中国—东北亚国家年鉴》编辑部4个研究部门，侧重地缘区域和国别特色，覆盖东北亚国家政治、外交、经贸、文化等诸多领域。同时，黑龙江省社会科学院日本问题研究中心、黑龙江省东北亚研究会、黑龙江省年鉴研究会日常管理挂靠东北亚所，省级高端智库东北亚战略研究院秘书处也设在东北亚所。东北亚所现有研究人员14人，其中研究员4人（含1名二级研究员）、副研究员2人、助理研究员7人、研究实习员1人。现任党支部书记为张秀杰研究员，所长为笪志刚研究员，副所长为张凤林研究员。

建所至今，东北亚所单独或联合承担国家社科基金特别委托项目、国家社科基金一般项目、省社科规划（重大、一般、青年、专项）项目、国务院东北办项目、日本国际交流基金课题、政府委托项目、中外合作项目等各级各类项目100余项；出版和参与出版《朝鲜经济》《蒙古经济》《韩国经济》《封贡关系视角下明代中朝使臣往来研究》《日本农业问题研究》《跨越战后——日本遗孤问题的历史与现实》《走向东瀛——对黑龙江省企业投资日本前景的中日综合研究》《赤血残阳映黑土——一个日本少年的"满洲国"经历》《国际旅游与合作》《中国自然资源通典·黑龙江卷》《东北亚蓝皮书》等专著、编著、译著50余部；连续11年编辑出版《中国—东北亚国家年鉴》（2009—2019）；发表论文、研究报告、对策建议等近千篇。其中，A类期刊论文2篇、B类期刊论文30余篇、中文社会科学引文索引来源期刊论文50余篇，在《光明日报》《环球时报（中英文版）》《社会科学报》《中国日报》《黑龙江日报》等报刊发表文章100余篇，在日、韩、俄、蒙古等国期刊发表外文论文100余篇，获中央及省主要领导批示和有关部门采用的研究报告及信息建议60余篇；获黑龙江省哲学社会科学优秀成果奖二等奖、三等奖及佳作奖20余项；被政府主要职能部门及社会组织、民间企业采纳的优秀应用研究成果30余项，创造经济效益近100万元；获国家级学会、省市级学会优秀科研成果奖100余项。

经过多年发展，东北亚所已经基本确立了省内领先、国内一流、国际有影响力、周边有渗透力的学术地位，在建立中国特色新型智库方面成就显著。目前，东北亚所主要研究领域和职责集中在如下四个方面。一是承担东北亚区域双边和多边经贸合作、区域合作、人文交流的规律与现实的研究工作，承担促进学术交流与人才培养等合作与教学任务，服务黑龙江省高水平开放和推动黑龙江全面振兴决策与发展。二是聚焦东北亚日、韩、朝、蒙古等重点国家的开放发展战略、双多边政策走向等，提出学术和智库成果，为省委、省政府开放决策及党中央、国务院国际政策制定等提供信息分析、政策建议和咨询意见。三是适应日韩等重点国别和区域学发展学科需要，开展国别现状及横向比较研究；突出应用研究，兼顾基础研究；侧重现状与发展，兼顾实践与咨询；优先服务省委和国家，为东北亚周边及次区域合作提供理论支撑与实践引领。四是整合优化省内东北亚研究与交流各种资源，合力开展新格局下针对东北亚交流与合作、黑龙江开放发展的全局性、综合性、战略性、长期性问题及热点、焦点、难点问题等的联合研究、智库合作、多元交流，推动智库建设和学术影响力同步提升。

继 2021 年面对新冠疫情下的挑战和机遇，取得较好的学术和智库业绩、行业和社会评价、区域和国际影响力后，2022 年东北亚所适应新变化、聚焦新阶段、贯彻新理念，立足新格局、践行奋进新时代、勇担新使命、展现新作为，在以俄为中心的东北亚等国际问题理论摸索、服务"开放龙江"建设等领域的应用对策研究、服务国家东北亚区域交流与合作战略博弈、为构筑向北开放新高地鼓与呼等方面实现了新的突破，实现了学术支撑、智库建设、社会互动、媒体影像、国际发声等方面的稳步推进，可持续发展。展望未来，东北亚所将围绕国别和区域学研究，省委、省政府中心工作，解放思想、开拓进取，为把东北亚所建设成为具有较高学术地位和广泛影响力的新型智库而努力。

地址：黑龙江省哈尔滨市松北区世博路 1000 号黑龙江省社会科学院 21 楼
邮编：150028
负责人：杜颖
联系电话：15104584837、0451-58670212
电子邮箱：15104584837@163.com

二、重要会议举办情况

东北亚战略研究院 2021 年年会

2022 年 1 月 14 日，东北亚战略研究院 2021 年学术年会在黑龙江省社会科学院以线下、线上相结合方式举行。省社科院主要领导及各研究所专家、学者和线上研究生等 60 余人参加会议。该届年会以学习贯彻习近平新时代中国特色社会主义思想为引领，以贯彻落实党的十九大以来历届全会关于对外开放政策精神为抓手，聚焦习近平外交思想，以"践行国际研究使命，助力龙江开放发展"为主题，以国际问题研究服务国家顶层设计、助推龙江高水平开放高质量发展、服务我国与东北亚交流合作为己任，响应省委、省政府领导关于构筑立体化开放大通道、打造外贸加工产业链、大力推进开放式发展的开放部署，从亚太、东北亚区域合作大视角，俄罗斯、日本等重要国别，到聚焦黑龙江省对以俄罗斯为中心的多元化开放，彰显了国际大视野下的小切口、多层次的研讨定位。东北亚所所长、研究员笪志刚作了题为

"现阶段东北亚区域合作的新机遇与新挑战"的大会发言，东北亚所助理研究员刘懿锋作了题为"疫情背景下日本经济发展及中日经贸合作的机遇"的发言。二位对现阶段日本及东北亚的研判论述充分、蕴含学理、突出现实、对策有力，与东北亚战略研究院国际问题研究服务黑龙江省高水平开放乃至"十四五"规划暨2035年远景目标高度契合。

三、承担的省部级及以上课题

序号	课题名	主持人	课题类型	课题编号
1	蒙古国家安全战略及中蒙发展战略对接研究	张秀杰	国家社科基金一般项目	19BGJ057
2	黑龙江省收缩型城市发展研究	刘懿锋	黑龙江省哲学社科研究规划青年项目	20JYC151
3	新时代我省对俄经贸合作中的数字化通道建设研究	宋琳琳	黑龙江省哲学社科研究规划青年项目	20GJC198
4	疫情下黑龙江省开放立省的路径研究	笪志刚	黑龙江省经济社会发展重点研究课题（战略委托课题）	21005
5	黑龙江省多元化国际经济格局和经贸关系	笪志刚	黑龙江省经济社会发展重点研究课题（战略委托课题）	22104

（供稿人：李扬）

- 高等院校

大连外国语大学日本研究院

一、基本情况

机构名称：大连外国语大学日本研究院
地址：辽宁省大连市旅顺南路西段 6 号
邮编：116044
联系电话：0411-86111048
负责人：于飞、赵彦民
电子邮箱：yufei2010fromdw@126.com
　　　　　zhaoyanmin@dlufl.edu.cn

1964 年，在周恩来总理的亲切关怀下，大连日语专科学校成立。经过大外人五十余载的不懈努力，大连外国语大学在教学、科研、师资队伍建设、办学规模、人才培养、国际交流等方面都取得了跨越式的发展。

近年来，国际形势有了新的变化，高校的人才培养和科学研究要进一步服务国家战略的要求越来越高。新形势下，为了进一步推进学科发展，整合学校日语相关各专业教师跨学科的协同研究，2020 年 9 月，大连外国语大学成立了日本研究院。

研究方向：

大连外国语大学日本研究院以"文献调查""田野调查""共同研究"等地域研究的基本要素为基础，全面展开对日本的政治、经济、历史、社会和文化的研究与交流，通过对日本的深度研究与交流，深入地正确认识和理解日本。主要研究方向有日本社会文化、日本语教育、日语语言政策、日本文学和日本企业文化。

人员构成：

日本研究院采取以专职人员为主，以校内外兼职研究人员为辅，两者有机结合的科研体制。校内专职研究员 8 人，其中教授 2 人、讲师 6 人。8 人均为博士学位获得者，8 人均有在日长期留学背景，其中 1 人在中国获得博士学位，7 人在日本大学获得博士学位。现任院长为于飞教授，副院长为赵彦民教授。校外兼职研究员 11 人分别来自东京大学东洋文化研究所、名古屋大学、早稻田大学、关西学院大学、神奈川大学、立命馆大学、南山大学、关西外国语大学、和山口大学。

二、重要会议举办情况

2012 年，中日韩三国发起了携手打造国际性文化城市命名活动，创建了重要国际区域文化合作品牌——"东亚文化之都",其目的是促进东亚地区的相互理解和团结,加强东亚不同文化的国际传播。值此文都创建工作十周年及2022年大连市成功当选2024年"东亚文化之都"之际,进一步弘扬"东亚意识、文化交融、彼此欣赏"的"东亚文化之都"精神,推动中华文化与亚洲文明在交流互鉴中共同前进,将有助于夯实中日两国间的文化联系与历史纽带,持续激活东亚文化交往、交流、交融,不断提炼"亚洲价值"。鉴于此,大连外国语大学东亚文化研究中心、日本语学院、日本研究院在2022年11月12日成功举办了第一届"东亚文化交流互鉴大连论坛"。论坛的举办有助于夯实东亚文化联系、历史纽带与合作关系,持续激活东亚文化交往、交流、交融,不断提炼"亚洲价值"。面向未来,大连外国语大学将始终秉持开放包容、互学互鉴的国际文化交流合作理念,为大连市"东亚文化之都"建设和辽宁省深度参与东亚区域合作提供理论支持、智力支撑和人才保障。

三、机构要闻

1. 2022年4月19日,日本立命馆大学周玮生教授作题为"中国'3060'目标的挑战与中日合作"的学术报告。会议由日本研究院主办,日本研究院于飞教授主持。

2. 2022年4月23日,日本神奈川大学周星教授作题为"关于世事变迁、追问生活革命的民俗学"的学术报告。会议由日本研究院承办,日本研究院赵彦民教授主持。

3. 2022年4月27日,复旦大学邹波教授作题为"信息的理解与再现——以《我是猫》的翻译为例"的学术报告。会议由日本研究院主办,日本研究院孟海霞副教授主持。

4. 2022年4月29日,日本县立广岛大学友定贤治教授作题为"濒危语言与临床方言学研究——拯救方言与方言拯救"的学术报告。会议由大连外国语大学中国东北亚语言研究中心主办,科研处、日本研究院承办,日本语学院罗米良副教授主持。

5. 2022年5月10日,上海外国语大学徐旻教授作题为"翻译的精准度与时效性问题——以新一轮上海市疫情信息的翻译实践为例"的学术报告。会议由日本研究院主办,日本研究院孟海霞副教授主持。

6. 2022年5月18日,日本立命馆大学周玮生教授作题为"日本的绿色发展战略与中日合作"的学术报告。会议由日本研究院主办,日本研究院于飞教授主持。

7. 2022年5月30日,东北师范大学陈秀武教授作题为"挑战与应战:思想史视角下的'黑船事件'"的学术报告。会议由日本研究院主办,日本研究院赵彦民教授主持。

8. 2022年10月13日,中山大学中国非物质文化遗产研究中心王霄冰教授作题为"海外藏中国民俗文献与文物资料研究的构想与方法"的学术报告。会议由日本研究院主办,日本研究院赵彦民教授主持。

9. 2022年10月27日,南开大学乔林生教授作题为"日本的'世袭政治'"的学术报告。会议由日本研究院主办,日本研究院赵彦民教授主持。

10. 2022年11月17日,中国社会科学院日本研究所唐永亮研究员作题为"新世纪以来的中日学术交流——以日本研究为中心"的学术报告。会议由日本研究院主办,日本研究院赵彦民教授主持。

11. 2022年11月30日,原里千家谈交会副理事长关根宗中教授作题为"茶道与易经、阴阳五行"的学术报告。会议由日本研究院主办，日本语学院宋岩副教授主持。

12. 2022 年 12 月 13 日，鹿儿岛国际大学战庆胜教授作题为"汉日语敬语对比研究"的学术报告。会议由日本研究院主办，日本研究院姚艳玲教授主持。

四、承担的省部级及以上课题

序号	课题名	主持人	课题类型	课题编号
1	基于语料库的大学日语教材书面语词汇研究	于飞	辽宁省教育科学"十三五"规划一般课题	JG20DB118
2	O-PIRTAS 翻转课堂模式在初级日语教学中的实践研究	王辰宁	辽宁省教育科学"十三五"规划课题一般课题	JG20DB117
3	社会语言学视阈下辽宁省大学生日语语言态度实证研究	赵宏	辽宁省社科规划基金一般项目	L21BYY014
4	"越境"体验与辽宁都市空间中的日本文学研究	柴红梅	辽宁省经济社会发展研究项目	—

（供稿人：于飞）

大连民族大学日语系（日本研究所）

一、基本情况

大连民族学院（现大连民族大学）日本研究所自 1996 年 1 月初设，1997 年 7 月外语系成立，下设日语专业，1999 年 12 月日语专业被评定为大连民族学院首批重点建设学科；2000 年 4 月王秀文教授被评定为大连民族学院优秀学科带头人；2001 年 8 月王秀文教授被评为大连市政府优秀专家；同年 10 月日语专业被评定为国家民族事务委员会首批重点建设学科；2002 年 6 月以日语专业为核心设立校级国际语言文化研究中心，王秀文教授兼任首届中心主任，中心下设日本研究所，依托日语系骨干教师，日本研究所正式成立。

日本研究所贯彻落实学院"以教学为中心，以科研为先导"的办学主导思想，结合国际化社会发展及市场经济建设的需求，积极开展专业建设和学科建设。以科研促进学科建设，以学科建设促进专业建设，以保证人才培养目标的实现。

在研究活动上，以国际化、跨学科及中外比较研究为着眼点，加强与国内外大学和研究机构及企事业团体的交流与合作，寻求共同发展。定期召开国际学术会议，邀请国内外专家、学者开展共同研究。编辑出版中心（日本研究所）学术文集《东方文化论丛》（世界知识出版社）。

日本研究所建立以来便吸纳了一批日本语言文学研究的高端人才，优秀成果不断涌现，为中国日本文学研究作出了一定的贡献。较早的开拓者：王秀文、王锐、徐冰、范崇寅等前辈学者，又有已经退休但依然奋战在日本研究第一线的刘振生教授、孙丽佳副教授、宋义淑副教授、张淑英副教授，还有当下活跃在我国日语教学、科研一线的学者金山教授、周晓杰教授、孙文教授、刘俊民副教授、季红副教授也出自该研究所。目前，日本研究所在职的中青年学者有秦颖教授、刘容副教授、孙宁副教授、张春梅副教授、元明松、张红 6 位研究人员；年轻的博士（生）研究员有高希敏、黄英兰、杨柏宏、张冬梅、马莹石、喜君、王怡冰等 7 位，共计 13 位研究员。

地址：辽宁省大连市开发区辽河西路 18 号
邮编：116600
负责人：秦颖、孙宁
联系电话：0411-87656159
电子邮箱：20010385@dlnu.edu.cn
主要研究领域：日本近现代文学（文艺理论）研究、中日文学与历史文化比较研究、中日韩民间散佚和刻本整理与研究、二宫尊德思想与实践研究、日语语言与跨文化交际研究、中华民族共同体、亚洲共同体研究

主要人员构成如下。

刘振生：顾问、原所长，研究员
秦颖：日语系主任、日本研究所所长，研究员
孙宁：副所长，副教授、研究员
刘容：副所长，副教授、研究员
张春梅：副教授、研究员
元明松：研究员
张红：研究员
杨柏宏：研究员
高希敏：研究员
郭勇：研究员
黄英兰：研究员
张冬梅：研究员
马莹石：研究员
喜君：研究员
王怡冰：研究员

目前日本研究所有教授2人、副教授3人、讲师10人（其中博士4人、硕士11人）。

二、机构要闻

2022年3月5日，孙宁副教授指导的学生刘铭同学荣获第十六届日本语作文比赛演讲辩论赛佳作奖。

2022年3月10日，研究员高希敏博士获得大连民族大学教学成果奖二等奖，课题名："瞄准能力标准回归人文素养创新外语专业课程生态群建设的实践探索"。

大学生创新项目"人工智能技术对外语专业大学生就业带来的冲击与挑战的对策性研究"（课题号202112026253）顺利结项。（指导教师：孙宁、张冬梅）

2022年7月28日，孙宁副教授在线参加教育部日语专业虚拟教研室启动仪式暨第一次日语专业建设研讨会。

2022年9月，高希敏博士获得"扬茗杯"首届全国大学生茶文化外语知识竞赛优秀指导教师奖，高希敏博士一直致力于产学研服务学生的科研工作，与上海译国译民服务有限公司合作业绩颇丰。

2022年10月，高希敏博士获得第四届全国高校大学生外语水平能力大赛（日语赛道）一等奖优秀指导教师。

2021年度辽宁省普通高等学校大学生日语技能大赛，张春梅、孙宁、元明松、高希敏、张冬梅等研究员指导学生获得特等奖3名、一等奖10名、二等奖15名、三等奖20名。

2022年3月「中国と日本の大学生におけるSNSの使用状況に関する調査」，「ポストコロナ時代における中国オンラインツアー産業の現状と展望」，日本日中関係協会，日本僑報社，由高希敏博士指导杨皓然同学的论文比赛。

2022年12月，韩贤敏在首届"人民中国杯"日语才艺大赛中获演讲组二等奖，高希敏研

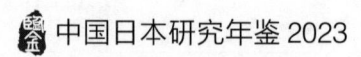

究员荣获优秀指导教师奖。

三、承担的省部级及以上课题

序号	课题名	主持人	课题类型	课题编号
1	近代日本文人在华活动、对华叙事表象与战争责任研究（1874—1945）	刘振生	国家社科基金一般项目	17BWW036

（供稿人：孙宁）

上海对外经贸大学日本经济研究中心

一、基本情况

上海对外经贸大学日本经济研究中心（以下简称"中心"）成立于2008年5月，现为上海市日本学会理事单位之一。中心开展的主要业务有：与日本相关科研机构、高校展开科研合作与国际学术交流；加强与全国各省市的横向科研合作与学术交流，为推动日本经济研究提供一个切实可靠的科研与学术交流基地；每年举行若干次国际（内）学术研讨会，邀请国内外知名专家学者共同探讨中日两国以及东亚各国在经济发展中所存在的突出问题；为培养21世纪中日经贸领域的研究和应用人才，中心不定期邀请国内外专家学者来中心讲学，为广大日本经济研究工作者、上海对外经贸大学研究生、本科生创造良好的研究、学习条件，同时为该校研究人员在日本经济领域的科研提供良好的研究和工作环境。

中心长期从事世界经济、中日经贸关系与亚太自贸区建设研究，主任陈子雷教授带领团队曾主持撰写《日本经济研究专辑》等上海市高校智库及上海市人民政府决策咨询基地年度系列研究报告，研究成果荣获上海市决策咨询研究成果奖并多次获得各级领导批示，参加编写中国社会科学院《日本经济蓝皮书》年度系列报告。在《当代亚太》《日本学刊》《现代日本经济》《世界经济研究》《国际经济合作》等国内核心学术期刊以及《日本经济新闻》《经济学人》《大公报》《解放日报》《文汇报》《新民晚报》理论版等国内外媒体发表论文和评论文章百余篇。在日本经济和中日经贸合作动态研究方面，中心与商务部亚洲司以及国际贸易经济合作研究院亚洲研究所、中国社会科学院日本研究所、上海市人民对外友好协会等机构和组织展开合作，研究成果通过全国日本经济学会主办的年度《日本经济蓝皮书》发布。

地址：上海市长宁区古北路620号新图书馆4楼
邮编：200336
负责人：陈子雷
联系电话：18616771376、021-67703045
电子邮箱：zlchen@suibe.edu.cn

中心以开展日本经济研究为重点，推动中日两国之间在政治、经济、社会、文化等领域全方位的研究和交流。通过平台，"以点带面"，进一步充实上海对外经贸大学在东亚经济领域方面的研究。

中心目前拥有研究人员8名，国内外兼职研究人员十余名。研究领域主要涉及日本宏观经济政策、日本产业政策、日本对外直接投资和贸易、中日经济合作、中日环境与能源合作等。

中心主任为陈子雷，教授，全国日本经济学会副会长、中华日本学会常务理事，上海市日本学会副会长，日本千叶商科大学政策学（经济）博士学位，研究方向为世界经济日本经济与中日经贸关系。

中心成员如下。

叶作义，副教授，名古屋大学发展经济学博士学位，研究方向为国际贸易和环境经济学。

刘东华，教授，日本广岛大学货币经济学博士学位，研究方向为货币理论、货币政策。

李桦佩，副教授，法学博士学位，研究方向为国际法。

麻瑞，外交学硕士，研究方向为国际贸易政策、日本外交。

王家俊，法学博士学位，研究方向为财税法、国际税法、信托法。

赵玲，副教授，经济学博士学位，研究方向为劳动经济学、国际贸易。

刘莹，京都大学法学博士学位，研究方向为中日社会保障制度。

二、机构要闻

2022年2月13日，陈子雷教授受邀参加察哈尔学会"变化中的中日关系与经贸合作前景"专题研讨会，并与与会学者共同研讨交流。

2022年7月11日，上海市日本学会和上海日本研究交流中心组织"日本参议院选举与中日关系走势评估"在线研讨会，中心主任陈子雷受邀出席并作专题发言，就如何抓住中日邦交正常化50周年契机，改善中日关系提出了务实建议。

2022年7月15日，上海市商务委联合上海社会科学院、上海对外经贸大学、上海财经大学、同济大学等高校智库，成功举办"全面提升经济的竞争力、创新力和抗风险能力：2022上海产业国际竞争力提升"系列论坛第一场。中心主任陈子雷教授受邀参会并作了题为"国际经贸规则新变化及企业的选择"的专题演讲。

2022年9月24日，陈子雷教授受邀出席上海交通大学举办的"纪念中日邦交正常化50周年"学术研讨会并发言，从全球化、区域化以及中日两国多角度讨论国际经贸合作的现状与展望。

2022年9月25日，陈子雷教授受邀参加"不忘初心，面向未来"纪念中日邦交正常化50周年研讨会并担任了研讨环节主持人。会议在上海市友协、市欧美同学会指导下，由上海市日本学会与上海市欧美同学会留日分会主办、上海日本研究交流中心协办。

2022年9月26日，以"中日经贸合作的回顾与展望"为主题的纪念中日邦交正常化50周年学术研讨会在线上顺利召开。此次会议由中心主办，全国日本经济学会、上海市日本学会参与指导。中日友好协会、中华日本学会、全国日本经济学会、中华人民共和国驻日本国大使馆、中国社会科学院、中国商务部国际贸易经济合作研究院、上海市公共外交协会、北京大学、南开大学、复旦大学、辽宁大学、上海国际问题研究院等国内外十多个政府机构、学术组织和研究机构的几十位专家学者出席会议。会议由全国日本经济学会副会长、中心主任陈子雷教授主持。此次会议在9月29日中日即将迎来邦交正常化50周年之际召开，对50年来中日关系和经贸合作进行回顾，总结了中日经贸合作取得的成就，并对未来的中日经贸发展给予了多维度深层次的研讨和展望，具有非常特殊的意义。

2022年11月3日，陈子雷教授受邀出席第二届沪江公共外交论坛暨2022年世界城市日全球主场活动分论坛，并围绕"从主权外交到公共外交，让世界了解真正的中国"等话题与各位学者做了专家对话。

2022年12月4日，由上海日本研究交流中心主办的第9届中日关系上海研讨会暨年度优秀课题报告表彰会在上海锦江饭店锦江小礼堂以线上线下结合的方式举行，中心主任陈子雷教授受邀出席并担任自由讨论环节主持人。

2022年12月7—8日，由中国外文局、日本言轮NPO主办的第18届"北京—东京论坛"以线上线下结合的方式分别在北京和东京举行，此次论坛主题为：维护世界和平与国际合作的中日两国责任——邦交正常化50周年之际的思考。上海公共外交协会和上海市日本学会合作设立论坛上海分会场。中国人民大学新闻学院院长、国务院新闻办公室原主任赵启正，上海市政协副主席、上海公共外交协会会长周汉民，上海市政协对外友好委员会主任李文辉，上海市政协对外友好委员会常务副主任、上海公共外交协会副会长祝伟敏，上海公共外交协会副会长道书明，上海市政府参事蔡建国，以及上海市有关大学、研究机构等的20余位专家、学者与会。中心主任陈子雷教授受邀出席并与各位学者对话交流。

2022年12月20日，由复旦大学日本研究中心主办的复旦大学—三井物产高端讲座在复旦大学日本研究中心一楼会场举行，讲座邀请全国日本经济学会副会长、上海市日本学会常务副会长，中心主任陈子雷教授作了题为"长三角一体化国家战略与日资企业的发展机遇"讲座，受到广泛好评。

2022年，中心主任陈子雷教授多次作为特邀嘉宾，围绕"RCEP的意义和影响""日本国会参议院正式通过《经济安全保障推进法案》""日本首相安倍晋三遭枪击事件""日本经济复苏问题""纪念中日邦交正常化50周年"等话题接受《环球时报》《新民晚报》《第一财经》《上观新闻》等媒体采访，并走进第一财经进博会演播室，聚焦中日经贸合作接受现场访谈。此外还在《新民晚报》等主流媒体围绕RCEP的影响和中日经贸合作发表署名文章。

（供稿人：程琳）

上海交通大学日本研究中心

一、基本情况

上海交通大学与日本的交流可以追溯到清末的南洋公学（上海交通大学前身）译书馆，并在其后一直不断加强与日本的学术纽带。近些年来，为了适应加强新时代中日相互理解、促进亚太区域合作的需要，上海交通大学决定继往开来创立实体化研究和交流平台日本研究中心。

上海交通大学日本研究中心（以下简称"中心"）是入选2017年教育部备案国别和区域研究中心的校级跨学科基地，直接隶属学校，采取独立核算制。中心的基本宗旨是弘扬"海派日本研究"的风格，坚持海纳百川的特色和包容性，强调在更广阔的国际视角中认识和定位中日关系，侧重法政高端对话、经济深度合作、科技共同创新、城市新型治理、海洋开发政策这五个维度的实证分析和交流。力图通过整合校内外的各种资源、在不久的将来建成一个国内顶尖、国际著名的日本综合研究机构和政策智库。此外还借助百贤亚洲未来领袖项目、相关学院国际学生项目等网络，招收和培养优秀的日本及东亚研究生，为21世纪中日两国以及亚太区域的和平与繁荣形成杰出人才的纽带和沟通桥梁。

上海交通大学文科资深教授季卫东担任中心主任。

上海交通大学原党委书记、博鳌亚洲论坛咨询委员会委员姜斯宪担任理事长，上海交通大学原副校长、上海市政协副主席黄震担任副理事长。中日友好协会副会长王秀云、中华日本学会原会长李薇、上海市日本学会名誉会长吴寄南、华东政法大学原校长何勤华、在日中国企业协会会长王家驯、香港永新企业有限公司副董事长及上海交通大学校董曹其镛、万科集团创始人兼董事会名誉主席王石、上海交通大学文科资深教授季卫东、上海交通大学外国语学院党委书记丁剑、上海交通大学国际与公共事务学院教授翟新、上海交通大学国际合作与交流处原副处长蔡玉平担任理事。

日本原首相福田康夫、亚洲调查会会长五百旗头真担任名誉顾问，中国社会科学院学部委员张蕴岭、北京大学国际关系学院副院长王逸舟、外交学院副院长江瑞平、东洋大学理事长福川伸次、日本福井县立大学名誉教授凌星光、日本经团联原会长榊原定征、日本原驻华大使谷野作太郎、庆应义塾大学客座教授国分良成、日本原驻华大使宫本雄二、亚太法律协会原主席小杉丈夫、日本经团联经济外交委员会企划部会长清水祥之、昭和女子大学理事长坂东真理子、东京大学原总长滨田纯一、诺贝尔医学及生理学奖获得者大村智、日本经济同友会副代表干事横尾敬介、复旦大学日本研究中心主任胡令远、三井不动产株式会社顾问岩沙弘道、住友商事株式会社会长中村邦晴担任顾问。

上海市日本学会名誉会长吴寄南、东京大学公共政策大学院院长高原明生担任联袂主席。上海交通大学文科资深教授季卫东、中国社会科学院日本研究所副所长吴怀中、中国人民大学国际关系学院副院长黄大慧、北京大学国际关系学院副院长归泳涛、中国社会科学院日本研究所所长杨伯江、南开大学日本研究院原院长宋志勇、南开大学世界近现代史研究中心主任杨栋梁、清华大学法学院教授林来梵、上海对外经贸大学日本经济研究中心主任陈子雷、上海交通大学国际与公共事务学院教授翟新、上海交通大学法学院副教授崔香梅、上海交通大学东京审判研究中心主任程兆奇、上海交通大学法学院教授朱芒、上海交通大学国际与公共事务学院教授陈映芳、京都大学法学院教授中西宽、东京大学法学院教授大村敦志、中国经济评论家津上俊哉、神户大学法学院教授角松生史、中国海洋大学国际事务与公共管理学院教授金永明担任学术委员。

上海交通大学外国语大学党委书记丁剑、上海交通大学国际与公共事务学院教授翟新、上海交通大学国际合作与交流处原副处长蔡玉平担任副主任。

中心主要成员有：上海交通大学文科资深教授季卫东、上海交通大学国际与公共事务学院教授陈映芳、上海交通大学国际与公共事务学院教授翟新、上海交通大学东京审判研究中心主任程兆奇、上海交通大学国际与公共事务学院教授吕守军、上海交通大学国际与公共事务学院教授王郁、上海交通大学化学化工学院教授张万斌、上海交通大学海洋工程国家重点实验室副主任马宁、上海交通大学安泰经济与管理学院教授朱保华、上海交通大学电气学院计算机科学与技术系主任过敏意、上海交通大学外国语学院副教授林子博、上海交通大学凯原法学院教授朱芒、上海交通大学法学院副教授顾祝轩、上海交通大学法学院副教授其木提、上海交通大学法学院副教授崔香梅、上海交通大学法学院副教授于佳佳、上海交通大学法学院讲师陈韵希、上海交通大学法学院副研究员刘丹、上海交通大学日本研究中心副研究员郑志华、上海交通大学日本研究中心助理研究员尹月、上海交通大学日本研究中心助理研究员朱翘楚。此外还有12名校外兼职研究员、26名海外兼职研究员。

地址：上海市徐汇区淮海西路125号上海交通大学北四楼

邮编：200030

联系方式：021-62932659

电子邮箱：sjtucjs@sjtu.edu.cn

二、重要会议

中心自2018年以来多次主办大型国际论坛、定期研讨会、系列讲座以及市民LED演讲会，在新冠疫情期间这些活动也没有中断；创办了学术期刊《东亚研究》、内刊《工作论文》和《政策简报》两个系列，定期推送微信公众号"东亚研究"。这些制度化平台有力促进了中心学术活动的开展和国际声誉的提升。

（一）国际论坛

"创新与共创"中日企业创新合作论坛由中心与日本国驻上海总领事馆于2019年创办，2022年以"面向经济数字化和智慧城市的政策动向与企业变化"为主题顺利举办了第五届"创新与共创"中日企业创新合作论坛，围绕"数字化时代的中日新合作"进行了深入研讨和广泛交流。

"中日关系研讨会"作为中心制度化会议，旨在整合国内各单位、各学科的学术资源和研究优势，为中日关系的发展贡献智慧。自 2018 年开始，至今已举办四届，探讨了"中日关系的战略定位和改善关系的路径对策""中日外交政策""国际环境和中日关系""日本经济和中日合作""疫情下的中日关系与东亚区域经济""中日邦交正常化 50 周年"等话题。2022 年度，由中心主办，凯原法学院、国际与公共事务学院、外国语学院协办的上海交通大学纪念中日邦交正常化 50 周年学术研讨会成功举行，回顾中日邦交正常化 50 年来的风云变幻，对于中日关系与东亚风险管控、东亚经济区域整合与挑战、中日海上风险防范与合作等议题进行深入研讨和广泛交流。

中日企业法务论坛由中心与日本经营法友会于 2018 年创办，每年轮流在东京和上海举行。2022 年 12 月，中心与日本经营法友会、中国法与社会研究院合作举办第四届中日企业法务论坛，围绕"数字时代下的个人信息保护"这一议题进行了深入的研讨和交流。

（二）系列讲座

1. "亚洲海洋政策"系列讲座

"亚洲海洋政策"系列讲座由中心于 2020 年创办。2022 年，该系列讲座举办了第六讲，以"中日防空识别区实践与危机管控机制建设"为主题，由武汉大学国际法研究所教授、国际公法教研室主任、国际法治研究院航空法与外空法团队首席专家苏金远与中国国际问题研究院海洋安全与合作研究中心副研究员曹群担任主讲人，上海政法学院东北亚研究中心副主任杨震与上海社会科学院国际问题研究所助理研究员陈永作为与谈人参与会议。150 余名专家学者和研究生参加了此次系列讲座。

2. Nitto 专题讲座

中心于 2018 年在日东电工（中国）投资有限公司赞助下创办 Nitto 专题讲座。2022 年度，该系列讲座成功举办第九讲，以"中日关系的美国因素及其嬗变"为主题，邀请北京大学国际关系学院副院长、国际战略研究院副院长归泳涛教授，上海外国语大学日本研究中心主任、中日韩合作研究中心执行主任廉德瑰教授担任主讲人。上海国际问题研究院资深研究员、上海交通大学日本研究中心学术委员会联袂主席吴寄南，第十一届、第十二届全国政协委员、全国政协外事委员会委员、同济大学教授蔡建国担任评议嘉宾。此次讲座吸引了 150 余名中日学者、企业家和实务界人士在线参加。

3. "日本海洋法实践"系列讲座

"日本海洋法实践"系列讲座由中心于 2022 年创办。2022 年，中心成功举办第一讲至第四讲，分别以"日本的外大陆架主张：冲之鸟礁个案研究""联合国海洋法公约第 121 条的双重标准""从海域划界司法实践看日本大陆架主张的未来""《联合国海洋法公约》的国际海峡制度：日本国内法实践和问题"为主题进行了探讨。

三、机构要闻

2022 年，中心持续推进与国内国外研究平台、相关机构的密切交流合作。2022 年 4 月 21—22 日，由中国南海研究院主办，中国—东南亚南海研究中心、武汉大学中国边界与海洋研究院、博鳌亚洲论坛秘书处协办的博鳌亚洲论坛 2022 年年会南海主题分论坛在博鳌国际会议中心顺利开幕。来自 20 多个国家和地区的 200 多名专家学者、驻华外交官、前政要及政府官员代表以线上和线下相结合的方式参加了此次分论坛，中心郑志华副研究员受邀以视频连线方式出席此次论坛，并以"南海行为准则需要何种争端解决机制"（What type of dispute settlement mechanism shall be included in the South China Sea Code of Conduct?）为题作大会发言。2022年9月16日，中心接待了日本国驻上海总领事馆新任副总领事森裕一郎和佐藤隆亮领事，就中心和日本驻上海总领事馆的重要合作项目"中日企业创新合作论坛"第六届的主题与举办时间进行探讨。2022年11月3日，中心接待了复星医药集团商业管理委员总经理助理周勇、整合协同总监章轶凡以及复红康合副总经理李利锋，就中心和复星医药未来的合作前景进行了探讨。2022年11月15日，中心接待了日本贸易振兴机构JETRO上海事务所副所长福山光博和经济信息与机械环境部部长神野可奈子，介绍了中心在中日关系趋稳向好发展的2018年时的成立契机以及中心作为学术研究机构和国际交流平台所致力于的各类活动，并对中日进一步的密切合作交流与积极往来表达了期待。2022年12月13日，由亚洲商事法论坛、日本亚洲法律友好协会、国际民商事法中心、商事法务研究会共同举办的研讨会"中日对话：互联网3.0、NFT、元宇宙改变世界和法律的课题"在线上召开，上海交通大学文科资深教授、中心主任季卫东应邀出席，并作题为"元宇宙经济圈及其法律应对——中国的社会实验"的演讲，介绍了中国数字经济与法律发展的前沿动向，同时阐述了元宇宙所带来的主要变化。这些国际国内交流合作进一步提升了中心的影响力。

四、承担的省部级及以上课题

序号	课题名	主持人	课题类型	课题编号
1	南海诸岛位置图的国际法性权利研究	郑志华	国家社科基金一般项目	14BFX188
2	提升中国参与全球海洋治理的制度	郑志华	上海高校智库内涵建设计划项目	—

（供稿人：许月）

山东大学外国语学院日语系

一、基本情况

山东大学外国语学院日语系（以下简称"日语系"）成立于1970年，1971年开始招生，1994年起与山东大学文学院联合招收硕士研究生，2000年获得硕士学位授予权。2011年获得博士学位授予权。2010年被评为山东省特色专业，2019年入选省级一流本科专业建设点，2020年入选国家一流本科专业建设点，2013年起，招收日语方向博士后。日语系在强化传统的日语语言文学专业优势的同时，开设了翻译特色专业，充分利用综合大学的优势资源，实现了"日语+"的多元化发展。日语系现为中国日语教学研究会常务理事单位。教育部高等学校外语专业教学指导委员会日语分会成员，在国内拥有很好的声誉。

日语系拥有一支结构合理、教学经验丰富、学历学位层次较高的教学和科研队伍。包括山东大学日本研究中心成员在内共有专职教师16名，其中教授5名（含博导4名）、副教授8名、讲师3名。在日本语言学、日本文学、日本文化、日本社会等研究领域各具专长，近5年来，主持国家级科研项目、省部级科研项目十余项，出版著作十余部，在国内已经形成一定的科研优势，中青年学者也显示出蓬勃之力。

学科建设和人才培养的目标是在保持传统学科优势的前提下不断创新，培养适应社会发展所需要的高素质、复合型人才。日语专业现有本科生165名、研究生50余名。利用国际合作优势，每年约有一半的学生赴日进行长期或短期的交流。日语系的毕业生受到社会的广泛好评。

日语系十分重视国际学术交流，已与日本东京大学、早稻田大学、神户大学、山口大学、九州大学、和歌山大学、大东文化大学等建立了交流关系。不仅为山东大学教师提供了海外进修学习的机会，而且通过邀请国外大学的著名学者来校讲学，拓宽了学生的视野，努力与世界学术接轨。

日语系成立以来，已经为社会输送出大批优秀人才，他们活跃在外交部、省市外事部门，以及国内、国际的教育科研机构，以及日资企业、日本驻华机构等，为我国的对外友好事业的发展，为日语教育、日本研究作出了巨大的贡献，受到社会的一致好评。日语系的发展，凝聚了几代山大人的努力，也得到了社会各界及校友们的大力支持。日语系将在新的时代中，发挥外语人的历史使命，传播中国声音，促进中日友好，为中国、为世界作出山大日语人的贡献。

地址：山东省济南市洪家楼5号
邮编：250100
联系电话：0531-88378227
负责人：邢永凤

电子邮箱：xingyf@sdu.edu.cn

二、重要会议举办情况

2022年8月20—21日，由中国汉日对比语言学研究（协作）会主办，山东大学外国语学院、东方文化研究中心和人文社会科学青岛研究院承办的"第十三届汉日对比语言学研讨会"于山东大学顺利召开。会议采取线上的方式进行，来自国内外60余所高校和研究机构的1600多名专家、学者和青年学子参加研讨会。

2022年8月27—28日，由外国语学院、东方文化研究中心、人文社会科学青岛研究院主办的"第三届多元文化研究与跨学科教育国际研讨会"通过ZOOM软件平台于山东大学顺利举行。会议共邀请到了来自海内外的120余名专家、学者作主旨演讲或分科会发言，众多听众远程聆听，引起了学术界的广泛关注。

2022年3月6日，山东大学第一届日本文学翻译研讨会借助腾讯会议线上平台顺利开幕，来自国内翻译界的11位专家学者和校内外近600名师生参加了会议。会议由山东大学特聘教授、东方文化研究中心主任时卫国主持。

三、机构要闻

2022年5月21日，第十三届"外教社杯"全国高校外语教学大赛山东省决赛在云端举办，此次比赛由山东省教育厅高等教育处指导，山东省本科教育大学外语教学指导委员会和上海外语教育出版社联合主办，青岛理工大学承办，共有来自省内62所高校的335名教师和49个教学团队参加比赛。日语系教师李月珊在首次设立的日语综合课组比赛中荣获山东赛区二等奖。

2022年6月18日，软科正式发布"2022年软科中国大学专业排名"。山东大学外国语学院日语专业获得A+评级。

2020年12月3日，山东大学外国语学院在线上举办了主题为"跟党走，争做新时代好青年"小语种专场学术经验分享会，共邀日语语言文学专业焦涵、日语笔译专业王新雨和俄语笔译专业刘俊宇三位优秀的同学进行经验分享。

为落实立德树人根本任务，深入推进"三全育人"，加强师生交流，密切师生联系，提高人才培养质量，外国语学院从2022年秋季学期开始推行师生交流"office hour"工作制，学院师生积极参与。2022级日语系李辰洋自主预约日语系博士生导师邢永凤教授，针对"学习日本历史的必要性""研究日本历史应具备的素养""日语系学生如何提升自我综合素养"等问题进行咨询。邢永凤教授建议，同学们应多听讲座、多读书，增大知识的输入量；重视出国交换的机会，以此在日本真切感受日本社会与文化。

（供稿人：王慧荣）

广东外语外贸大学东方学研究院

一、基本情况

广东外语外贸大学东方学研究院（以下简称"研究院"）成立于2021年3月21日，其前身为2017年10月获批的广东外语外贸大学校级重点人文社会科学基地"东方学研究中心"。研究院依托大学教育及研究机构日语语言文化学院、亚非语言文化学院、外国文学文化研究院、西方语言文化学院、中国语言文化学院、英语语言文化学院、高级翻译学院及非通用语种教学与研究中心等单位开展学术研究及学科建设等工作，同时，亦与国内外教育机构、学术组织、行业协会及科研院所间建立了广泛的协同关系。经过多年的经营与建设，研究院已成为广东外语外贸大学国际化人才培养、科学研究、学术交流与合作、社会服务及文化创新的重要平台，对广东外语外贸大学学科建设发挥着重要的作用，在国内外影响广泛。

从学科架构与学术渊源看，研究院将自身定位为以东方（亚洲）为研究对象、以西方（欧美）为参照系的跨学科的研究机构。它将发挥以下主要功能。

（一）学科统合功能

研究院对各个"小语种"专业，具有聚合、化合的作用。就现状而言，以语种为基础单元的东方学研究尚驻足于语言文化本体研究，且处于各自为政的状态，缺乏区域国别学视野的整体意识与格局。因此，研究院致力于体系性的东方学学科建立与建设，搭建各语种专业（学科）团结协作、共建共享的高端平台——东方学研究学科。

（二）超学科的综合研究与比较研究的功能

东方学内涵丰富、体系博大精深、学科谱系发达，发展空间广阔。在国家提倡新文科的语境下，研究院可以充分发挥交叉学科的优势，打破学科藩篱，在敞阔的知域中推动超学科的综合性研究与比较研究。换言之，东方学研究是一种国别之间、区域之间、学科之间的"关系研究"，而关系研究的主要方法是比较研究。因此，毋庸讳言，东方学具有形塑汇通性、体系性、高阶性及前沿性学术理论方法，促进世界规模的比较文化比较文学研究的学术功能，同时，也能够坐实东方学本体研究成果的社会性转化，服务于社会经济发展及国家战略需求。具言之，它可以通过区域性乃至全球性的互为观照、沟通、对话，体现"自者化""他者化""对象化"三种视角，使得学术研究的民族立场、国别特色以及共通价值得到充分发挥。

（三）服务现实的应用功能

研究院主动顺应经济社会发展大势，对接国家战略需求，具有强大的社会服务功能。当下，我们正在经历百年未有之大变局，工业4.0向人类提出了新的命题，学术环境与生态发生了巨大变化，置身于复杂多变的"东方/亚洲/亚太"大博弈局势之中，来自东西方世界的挑战随处可见，且日益严峻。在如斯情势下，研究院要以"东方学"的学术方式，以回溯历史、事实还原的方式及理论创新的方式，直接或间接地介入这些问题，展开"应用东方学"的研究，力图从学术学理的角度、历史与现实相关联的角度，对将来"东方"的分合聚散做出预测和回答。特别是在"一带一路"倡议构想的推进与实施的过程中，无论是对历史上的丝绸之路、海上丝绸之路的研究，还是对现实中的共建"一带一路"的东方各国、各地区的研究，都可以发挥东方学独特的学术优势与学术文化功能，为经济社会发展提供学术支持。

总之，研究院将利用多学科、多语种的综合优势，创新人才培养机制，着力培养参与全球治理急需的国别与区域研究人才，为广东外语外贸大学建设国际化特色鲜明高水平大学提供有力保证，为经济社会发展赋能。

研究院设院长1人（陈多友），学术院长1人（王向远），常务副院长2人（张志刚教授、杨晓辉教授），行政秘书1人，专兼职研究员12人，其中教授4人、副教授5人、讲师3人。同时，将面向全社会延揽各方学术翘楚担任研究院名誉研究员或客座研究员。

地址：广东省广州市白云区白云大道北2号第一教学楼335

邮编：510420

负责人：陈多友

联系电话：020-36207109

电子邮箱：200411029@oamail.gdufs.edu.cn

二、重要会议举办情况

2022年7月2—3日，研究院与日语语言文化学院、亚非语言文化学院（筹）、中国日语教学研究会华南分会、教育部日语专业虚拟教研室等单位联合主办了2022年度东方学及区域国别研究国际学术研讨会。

2022年11月5日，研究院承办了第十一届文学伦理学批评国际学术研讨会平行论坛暨日本文学文化研究峰会。

2023年9月3—6日，研究院与敦煌研究院联合举办"'一带一路'视域下的敦煌佛教民俗学国际研讨会"。

2023年9月9—10日，研究院与日语语言文化学院、敦煌研究院佛学研究中心联合主办了2023年度东方学与区域国别研究学术研讨会。

三、机构要闻

2022年3月5日，研究院举办了"东方学与亚洲共同体"系列讲座之一——郑俊坤教授："亚洲共同体的构建与意义"。

2022年6月28日，研究院举办了著名教授论坛第563讲之姜景奎教授："冈仁波齐之于中印关系"。

2022年7月3日，研究院与敦煌研究院佛学研究中心初步达成交流合作意向。

2022年9月3日，研究院举办了严绍璗先生追思会暨中日比较文学比较文化研究学习成果交流会。

2022年11月30日，研究院举办了海外名师系列讲座暨2022年东方学研究论坛"东亚民俗学"之第一讲——佐野贤治教授："日本民俗学"。

2022年12月1日，研究院举办了海外名师系列讲座暨2022年东方学研究论坛"东亚民俗学"之第二讲——佐野贤治教授："比较民俗研究"。

2022年12月7日，研究院举办了海外名师系列讲座暨2022年东方学研究论坛"东亚民俗学"之第三讲——佐野贤治教授："佛教民俗学"。

2022年12月8日，研究院举办了海外名师系列讲座暨2022年东方学研究论坛"东亚民俗学"之第四讲——佐野贤治教授："民具学研究"。

2022年12月15日，研究院举办了高端学术系列讲座之唐永亮研究员："日本思想史研究方法论"。

2023年2月2日，研究院院长陈多友教授应邀出席日本"湾区振兴与产官学合作"国际学术研讨会，并作题为"中国粤港澳大湾区人才培养与产官学合作实践"的演讲。

2023年2月18日，研究院院长陈多友教授在东亚语言文化学会第四届年度大会上作题为"中国的'东方学'"（日文名为"中国における東方学のあり方について"）的基调演讲。

2023年3月2日，研究院举办了青年学术沙龙系列讲座第九讲之周雯博士："谈社科学术期刊编辑工作"。

2023年3月31日，研究院举办了青年学术沙龙系列讲座第十一讲暨大江健三郎纪念讲座之高华鑫博士："冷战时代的想象力——重读大江健三郎《广岛札记》与《冲绳札记》"。

2023年4月5日，研究院举办了青年学术沙龙系列讲座第十二讲坂本龙一纪念讲座之赖菁菁副教授："晚安，坂本龙一先生"。

2023年5月13日，研究院院长陈多友教授当选第十届中国日语教学研究会会长，并受邀在文学组圆桌论坛中发言。

2023年6月25日，研究院举办了著名教授论坛第604讲暨2023年东方学研究论坛（民俗学类）之岛村恭则教授："重读折口信夫：连接'现代'与'古典'的民俗学理论"。

四、承担的省部级及以上课题

序号	课题名	主持人	课题类型	课题编号
1	"东方学"体系建构与中国的东方学研究	王向远	国家社科基金重大项目	14ZDB083
2	海上丝路与东方海洋文学研究	陈多友	国家社科基金重大项目子课题	19ZDA290
3	《文心雕龙》日本百年传播史研究	陈多友	国家社科基金一般项目	16BZW032
4	日本核电文学与生态安全问题研究	杨晓辉	国家社科基金一般项目	14BWW014
5	《中国宗教与文化战略》（日文版）	丁国旗	国家社科基金中华学术外译项目	15WZJ001
6	《当代中国建设》（日文版）	杨晔	国家社科基金中华学术外译项目	16WSH002

续表

序号	课题名	主持人	课题类型	课题编号
7	《走中国特色的新型城镇化道路》（日文版）	张志刚	国家社科基金中华学术外译项目	16WJY007
8	日本东洋学中的中国神话研究	刘燕	国家社科基金一般项目	22BZW016
9	日本西宫神社的民族志研究	刘劲聪	国家社科基金后期资助一般项目	22FMZB011
10	中日韩多语种复合型人才培养计划	杨晓辉	广东省专项人才培养计划	—
11	基础日语教研室	陈多友	教育部日语专业虚拟教研室	—

（供稿人：杨晓辉）

天津外国语大学日语学院

一、基本情况

天津外国语大学日语学院本科教育始于1973年，现有国际商务、翻译、日本文化3个方向；硕士研究生教育始于1979年，现有日语语言、日本文学、日语教育、日本文化、日本经济5个方向；博士研究生教育始于2013年，重点培养"党和国家重要文献对外翻译研究"人才。日语学院现有教职员工47人，其中博士后导师1人、博士生导师3人、硕士生导师22人，国务院特贴专家2人，国家级优秀教师2人，全国五一劳动奖章获得者1人，天津市教学名师4人，共有24人次获省部级人才称号。在国内各类日语专业综合排名中，天津外国语大学日语专业近年来一直名列前茅，依据中国科教评价研究院等权威发布的《中国大学及学科专业评价报告（2023—2024）》，天津外国语大学日语专业蝉联全国同专业排行榜首。

天津外国语大学日语学院是教育部外语教学指导委员会日语分委会主任单位、中国日语教学研究会副会长单位，集全国教育系统先进集体、天津市五一劳动奖状先进集体、天津市"工人先锋号"、天津市师德建设先进单位、天津市三八红旗集体等众多荣誉于一身。天津外国语大学日语专业获批国家级特色专业、国家级一流专业建设点、国家级专业综合改革试点、天津市专业综合改革试点、天津市品牌专业、天津市优势特色专业以及天津市一流本科专业建设点，日语学科入选了天津市重点学科、天津市重中之重学科。2次获得国家级教学成果奖二等奖，获天津市教学成果奖一等奖4次、二等奖多次，获批2门国家级精品课、1门国家级一流课程、1门国家级精品视频共享课，2门天津市精品课、4门天津市一流本科建设课程、8门校级一流课程。

学科专业带头人修刚教授曾任天津外国语大学校长、中国日语教学研究会会长；兼任教育部高等学校外语教学指导委员会副主任委员、教育部高等学校外语教学指导委员会日语专业教学指导分委员会主任委员、中国日语教学研究会名誉会长；受聘中央编译局博士后导师；先后荣获国务院政府特殊津贴专家和天津市劳动模范等称号，在全国乃至世界日语学界均有重要影响。

现任专业及二级学科带头人朱鹏霄教授曾获天津市五一劳动奖章、天津市优秀共产党员、天津市教育系统劳动竞赛"示范岗"先进个人、天津市师德先进个人、天津市德业双馨十佳教师提名奖，入选天津市"131"创新型人才培养工程第一层次人选、天津市宣传文化"五个一批"人才、天津高校"中青年骨干创新人才培养计划"。

地址：天津市河西区马场道117号
邮编：300204
负责人：朱鹏霄
联系电话：022-23288631、022-23288532

电子邮箱：riyuxueyuan@tjfsu.edu.cn

二、机构要闻

天津外国语大学日语专业2022年再获中国科教评价网全国日语专业排行榜首；天津外国语大学日语学院教授荣获"资深翻译家"称号；天津外国语大学日语学院成功获批国家级一流课程；天津外国语大学教师荣获第十六届天津市高等学校教学名师奖；天津外国语大学日语专业教师在2022年天津市教学成果奖评选中获得佳绩；天津外国语大学参与编写的"理解当代中国"系列教材正式出版。

三、承担的省部级及以上课题

序号	课题名	主持人	课题类型	课题编号
1	"理解当代中国"日语系列教材编写	修刚	国家社科基金重大项目	—
2	基于语料库的习近平著述日译文本语言特征研究	朱鹏霄	国家社科基金项目	20BYY216
3	近代中国抵制日货运动日方资料的整理与研究	王耀振	国家社科基金项目	21BZS087
4	君子必论世：荻生徂徕经世思想研究	杨立影	国家社科基金项目	19FSSB008
5	基于语料库的中国高校日语专业教材量化评测研究	朱鹏霄	教育部人文社科研究项目	19YJA740088
6	中介语视域下中国日语学习者语篇衔接的历时性研究	刘泽军	教育部人文社科研究项目	20YJA740029
7	基于叙事学视角的大江健三郎未收录作品研究	田泉	教育部人文社科研究项目	18YJC752031
8	近代日本商业会议所对华经济调查的网络建构与机能研究	王耀振	教育部人文社科研究项目	19YJC770051
9	司马辽太郎历史小说与近代日本"东洋史"关系研究	李国磊	教育部人文社科研究项目	21YJC752009
10	习近平系列重要论述日译研究	修刚	国家部委级其他项目	16CGW701
11	战后日本的返迁文学及其思想史位相研究	蔺静	国家部委级其他项目	2021M700856
12	习近平著述及讲话日译策略研究	朱鹏霄	天津市哲学社科项目	TJWY2ZDWT1801-04
13	中日"同形同义词"差异特征多维描述模式建构研究	叶栩邑	天津市哲学社科项目	TJYY20-015
14	日本战后第一代女诗人——茨木则子、石垣麟——的书写空间	罗丽杰	天津市哲学社科项目	TJYY20-008

续表

序号	课题名	主持人	课题类型	课题编号
15	习近平依法治国论述日译研究	修刚	天津市哲学社科项目	TJWYZDWT1801-08
16	超越"哀史":战后日本的"满洲"返迁文学研究	蔺静	天津市哲学社科项目	TJWW20-009
17	培养日语学习者交际语言能力的理论与实践探究	闫慧	天津市哲学社科项目	TJYYQN20-005
18	新时代外语学科人文性特征及其实现研究	席娜	天津市哲学社科项目	TJWW19-018
19	中国古典诗歌对江户时期日本咏物诗集的影响研究	任颖	天津市哲学社科项目	TJZWQN18-005
20	社会文化视阈下中国外语学习者身份认同研究	赵冬茜	天津市哲学社科项目	TJWW18-026
21	东亚视域下日本江户古学派经世思想及其启示	杨立影	天津市哲学社科项目	TJSL18-003
22	中国日语词典编纂史研究	邵艳红	天津市哲学社科项目	TJWW16-021

(供稿人:孙琦)

天津师范大学比较文学与比较文化研究所

一、基本情况

天津师范大学比较文学与比较文化研究所的前身为天津师范大学比较文学研究小组，成立于20世纪70年代末，后扩大为比较文学研究室，曾于1982年成功发起并组织了全国首次比较文学会议——天津会议。先后主办"中法文化交流国际研讨会""全国高校第二届伊朗文学研讨会""环太平洋地区文化与文学交流学术研讨会""中日文学比较国际研讨会""东亚文化与文学交流研讨会"等大型学术会议，并与韩国、日本、越南、伊朗、英国、美国、法国、德国、俄罗斯等国的多所高校进行学术交流。1993年成为继北京大学、复旦大学、南京大学等高校之后第四个取得比较文学硕士学位授予权的单位，也是全国师范院校第一个取得比较文学硕士学位授予权的单位。2003年取得博士学位授予权。20余年来该所规模不断壮大，师资力量日益雄厚，科研成绩硕果累累，逐渐发展成一个在国内外都产生了广泛影响的学术研究机构。

现任所长为王晓平教授。王晓平出版专著、译著十余部，发表论文近百篇，代表作有《近代中日文学交流史稿》《佛典·志怪·物语》《亚洲汉文学》《梅红樱粉——日本作家与中国文化》等。王晓平精通古代日语，直接参阅大量韩、俄语原文文献，目前进行的我国散佚的汉唐文学典籍的日本抄本的综合研究，对推动各国文化交流与我国古籍的整理研究，都具有重要价值。王晓平多次在国际会议上用日语宣读论文并在日本一级学术刊物上发表日文论文，受到日韩学者的高度评价。国际比较文学学会会长、日本比较文学学会会长称王晓平"仅以其对中日古典诗歌的渊博知识与独到研究，便足以证明他作为杰出学者的实力"。

王晓平现任中国比较文学学会常务理事、东亚比较文化会议中国分会会长、中国诗经学会理事、中国日本文学研究会学术委员会主任等职。同时任日本多所大学兼职教授、延边大学兼职教授、中国社会科学院比较文学研究中心顾问。

负责人：王晓平

电子邮箱：wxp_tj@126.com

主要研究领域：中日文学与比较文化

机构现有人员如下：

孟昭毅，主要研究领域为东方文学与比较文化；

赵利民，主要研究领域为比较诗学、中国近代文化；

高恒文，主要研究领域为中国现代文学与西方文学；

曾艳兵，主要研究领域为当代西方文学与比较文学；

马凌，主要研究领域为西方文学与文化；

郝岚，主要研究领域为比较文学与翻译研究。

二、重要会议举办情况

2022年12月10日,天津师范大学比较文学与比较文化研究所联合天津师范大学汉文写本工作坊举办"第六届汉文写本研究国际学术论坛",邀请中外学者60余人。与会专家们进行了基于写本学研究的各国域外汉籍课题和项目的交流。会议共收到论文60篇(含译文),与会者就"中国典籍日本写本文献研究""中国典籍域外(非日本藏)写本文献研究""中国典籍国内公私收藏之珍稀写本文献研究""与中国典籍写本文献相关的出土文献或传世文献语言文字研究"等议题展开热烈研讨。大会主题报告由文学院副院长刘传宾副教授主持,京都大学高田时雄教授、香港中文大学洪涛教授、南山大学梁晓虹教授、延边大学赵季教授、天津师范大学李玉平教授、四川外国语大学陈可冉教授分别作了主题报告,展示了中日学者当前对中国典籍日本写本文献、敦煌文献、朝鲜写本文献等领域的前沿思考。随后,王晓平教授主持了大会报告的评议和讨论。分组报告共有八个小组讨论,展示了中日学者从文献学、历史学和书法学角度对中国典籍日本写本文献和朝鲜写本文献的研究思考。王晓平教授作闭幕式致辞,他总结说,为了中国典籍日本古写本研究,有必要有计划地影印中国典籍古写本、翻译介绍相关序跋及研究著作、编纂写本学相关的工具书,目前最急迫的工作是对写本进行搜集和整理,推进写本文献的数字化,对它们进行深度解读,展开传世文献与周边各国汉文写本比较研究,与此同时各国汉文写本可相互借鉴、彼此促进、展开协作。

三、承担的省部级及以上课题

序号	课题名	主持人	课题类型	课题编号
1	日本汉文古写本整理与研究	王晓平	国家社科基金重大项目	14ZDB085

(供稿人:徐川)

天津科技大学外国语学院日语系

一、基本情况

天津科技大学外国语学院日语系成立于2004年，2013年获批日语语言文学二级学科硕士点，2014年其所属的"外国语言文学"学科成为"校级重点支持学科"，2017年成为天津市重点学科。

根据《普通高等学校本科专业类教学质量国家标准》和2020年《普通高等学校本科外国语言文学类专业教学指南》，日语专业开设有"人文日语"和"科技·商务日语"两个方向的模块课程，一方面在传统的语言、文学、文化等方向持续深入挖掘，努力做好人文研究，为中日交流和中国"文化走出去"服务；另一方面调整师资力量和教学设备，从经济社会发展需求、区域和天津科技大学特色入手，开设IT日语、现代科技日语、科技日语翻译等日语课程，培养实用复合型专业日语人才，以更好地为区域和国家经济建设服务。

天津科技大学外国语学院日语系立足京津冀、面向全国，培养德、智、体、美、劳全面发展的社会主义事业合格建设者和可靠接班人。日语专业学生应具备过硬的日语语言基本功，不仅要学习人文社科基础知识，还要学习中日科技及科技·商务翻译相关知识，能够在人文交流、科技生产、商务谈判等领域做好翻译、沟通工作；熟悉中日文学、文化基础知识，能够熟练阅读日本文学作品，并理解时代背景、创作思想，具备进一步深入学习和研究的基础；能够理解中日文化差异，坚定文化自信，从自己的角度理解和解释日本文化；能够用日语介绍中国，实践中国"走出去"战略。

日语专业目前共有专任教师12人，长期聘任外籍教师3人、外聘教师1人，专任和外聘教师全部具有在日留学、研修和研究的经历。专任教师中，教授1人，副教授4人，讲师7人；博士9人，占比75%；硕士3人。日语专业教师以中青年为主，是一支朝气蓬勃的教学和科研队伍。

1人入选天津市"用三年时间引进千名以上高层次人才"计划，2人入选天津市高校"131"创新型人才计划，1人入选天津市高校"中青年骨干创新人才培养计划"。目前，该专业教师主持完成国家社科基金项目1项、教育部人文社科项目1项、天津市哲学社科项目2项；主持在研教育部人文社科青年项目2项、天津市哲学社科项目1项，其他各类科研项目多项；在国内外期刊发表学术论文60余篇，出版学术专著4部、译著20余部。

研究方向主要有：日本语言和教育（汉日拟声拟态词对比、中日常用汉字对比研究等）；日本古典文学、中日比较文学（孝思想对日本古代文学的影响等）；日本近现代文学（女性文学研究等）；日本近现代诗歌（金子光晴研究、日本反战歌谣研究等）；日本社会和文化（"慰安妇"问题及文学研究等）；文献翻译（政治文献的翻译与研究等）。

地址：天津经济技术开发区第十三大街9号

邮编：300457

负责人：赵俊槐

电子邮箱：zjh_lx2072@tust.edu.cn

二、重要会议举办情况

2022年年底，天津科技大学与河北工业大学联合举办了首届"卡西欧杯"高校联合日语研究比赛。

三、机构要闻

1. 学生获奖

1名硕士研究生在第三十四届韩素音国际翻译大赛中获日译汉优秀奖；

2名本科生获第五届"人民中国杯"日语国际翻译大赛本科组日译汉二等奖；

2名硕士研究生获第五届"人民中国杯"日语国际翻译大赛研究生组汉译日二等奖；

2名硕士研究生获第五届"人民中国杯"日语国际翻译大赛研究生组日译汉三等奖。

2. 2023年年初，杨珍珍副教授的译著《杜甫私记》《脑髓地狱》出版。

四、承担的省部级及以上课题

序号	课题名	主持人	课题类型	课题编号
1	语言学视阈下中日儿歌对比研究	王莹	天津市哲学社科项目	TJYY21-002
2	战争记忆视域下战后日本"慰安妇"文学研究	李敏	教育部人文社科研究青年项目	22YJC752007
3	中国孝子故事在日本古代文学中的接受研究	赵俊槐	教育部人文社科研究青年项目	20YJC752026

（供稿人：赵俊槐）

中国人民大学日本人文社会科学研究中心

一、基本情况

中国人民大学日本人文社会科学研究中心（以下简称"中心"）成立于2000年，以中国人民大学外国语学院日语系教师为主要成员，同时聘请国内外知名日本研究专家为兼职成员。中心以日本人文社会科学问题为主要研究对象，以促进中外日本学学术研究和交流为宗旨。

中心自成立以来，以日本学研究工作为中心，开展了多种多样的学术交流活动，如日本文化节、日本海报展、日本文化产业国际论坛、日本动漫文化国际研讨会等。尤其是2010年以后，每年均邀请国内外知名日本学研究学者来中心举办讲座，定期召开高端学术论坛和大型国际学术研讨会，截至2022年，先后举办了"2010年北京国际日本学学术研讨会""国际协作与日本学研究""中国题材的日本文学研究""中国人民大学日本学名师讲坛""中日关系与钓鱼岛问题""第六届汉日对比语言学研讨会""佛教与文学——日本金刚寺佛教典籍调查研究""日本与东亚'环境文学'国际学术研讨会""中国古文献的投影与展开——日本古典文学研究的新地平线""2019年日语偏误与二语习得研究国际研讨会""文明互鉴——日本与东亚的异文化交流"等十余次国际会议和学术讲座，探讨了"东亚视角下的中日研究""中日语言比较研究""中日文学比较研究""东亚环境文学研究""异文化交流研究"等诸多学术研究课题，成为推动中日学术研究和交流的重要平台。

中心主要人员构成及主要研究领域如下。

李铭敬，中心主任，中国人民大学外国语学院教授，主要研究领域为日本古典文学研究、佛教文学研究、域外汉籍传播研究。

王轶群，中国人民大学外国语学院副教授，主要研究领域为日语语言学、日汉语对比研究、日语教学研究。

钱昕怡，中国人民大学外国语学院副教授，主要研究领域为近代日本政治思想史、战后日本史学史、近代中日关系史、日本文化论。

徐园，中国人民大学外国语学院副教授，主要研究领域为日本漫画史、中日漫画交流史、日本大众文化。

戴焕，中国人民大学外国语学院讲师，主要研究领域为日本现代文学研究、比较文学。

刘妍，中国人民大学外国语学院讲师，主要研究领域为日本近现代文学、殖民地文学。

柳悦，中国人民大学外国语学院讲师，主要研究领域为日语教育学、日语语音教育研究。

邹文君，中国人民大学外国语学院讲师，主要研究领域为日语词汇、日语史、中日词汇交流。

地址：北京市海淀区中关村大街59号中国人民大学明德国际楼外国语学院

邮编：100872

电子邮箱：limingjing@ruc.edu.cn

二、重要会议举办情况

2022年，中心共举办三次线上讲座，详情如下。

1."《鸟兽戏画》——动物们的乐园及其崩坏"讲座

时间：2022年5月10日

讲演者：小峯和明（中国人民大学高端外国专家、日本立教大学名誉教授）

主要内容：此次讲座主题为"《鸟兽戏画》——动物们的乐园及其崩坏"，讲座内容由"《鸟兽戏画》介绍""《鸟兽戏画》甲卷的复原与解读""《鸟兽戏画》乙卷的动物们""《鸟兽戏画》丙卷的表里""《鸟兽戏画》丁卷的模仿""拟人化创作的意义""《鸟兽戏画》的前后"等七个部分组成。

2."圣德太子的宗教史·信仰史"讲座

时间：2022年11月8日

讲演者：近本谦介（日本名古屋大学教授）

主要内容：此次讲座围绕"圣德太子的宗教史·信仰史"这一主题，对圣德太子的著作《三经义疏》相关联的《维摩经》在日本的接受状况进行了考察，并对《今昔物语集》卷十一第一则所收录的圣德太子故事进行了年谱式的梳理，引出了圣德太子转世的传说，并将文本与绘卷资料《圣德太子传》相结合，就南岳大师慧思转世传说与太子转世传说的重合性问题进行了细致分析。

3."《金藏论》与因缘"讲座

时间：2022年11月18日

讲演者：本井牧子（日本京都府立大学教授）

主要内容：讲座总结了东亚学界对《金藏论》的研究状况，并对中日韩三国流传的《金藏论》写本进行比较，并探讨了日本说话文学中的《金藏论》，指出《今昔物语集》卷二所收的《须达长者苏曼女生十卵语第十五》一则故事直接取材自《金藏论》卷五《塔缘第十五苏曼女十子过去治故塔得报缘》，日本现存最早的佛教说话集《日本灵异记》的标题也受到《金藏论》的影响。

三、承担的省部级及以上课题

序号	课题名	主持人	课题类型	课题编号
1	日本当代学者"帝国史"书写及其史观研究	钱昕怡	教育部人文社科研究规划基金项目	18YJA770011
2	日本《改造》杂志及其中国叙事研究（1919—1944）	刘妍	教育部人文社科研究青年项目	19YJC752018
3	日语近代汉字词的词史研究	邹文君	国家社科基金青年项目	19CYY047

（供稿人：王顺鑫）

中国人民大学东亚研究中心

一、基本情况

中国人民大学东亚研究中心（以下简称"中心"）成立于1995年9月，以中国人民大学国际关系学院相关领域的专家、学者为主，结合全校东亚区域研究方面的专家、学者共同组成。主要研究领域包括：东亚地区政治、外交及安全保障问题；东亚区域合作、东亚传统安全与非传统安全问题；美国、日本、俄罗斯、东南亚等国家的东亚政策和战略；朝鲜半岛核问题、东亚区域内海洋、边界争议问题；东亚区域合作研究；通过对上述东亚地区热点问题进行长期的跟踪研究和发掘，提出相应的政策咨询和科研成果。在影响国内传媒的同时，积极致力于促进国际社会对中国的了解和认知，进一步提高中国在世界的地位和影响力。

中心现已成为中国人民大学东亚问题研究及对外合作与交流的主要平台。中心每年举行"东亚合作论坛"至2018年已连续举办十四届，该论坛已成为中国人民大学为海内外学者探讨东亚地区问题所搭建的一个高层次、机制化的学术交流平台，有来自中国、日本、韩国、美国、俄罗斯、东盟国家等近500人次的学者参与相关问题的研究与讨论，深受亚太区域内各国学者的广泛关注。此外，中心还举办其他小型会议和多边对话平台，大力推动了中国与亚太区域内国家学者之间的相互交流。目前与中心建立稳定交流机制的有日本国际问题研究所、日本早稻田大学、日本庆应义塾大学、日本防卫研究所、韩国政治学会、韩国世宗研究所、俄罗斯远东问题研究所、越南社会科学院等20多家高等院校及智库机构。

中心已出版"当代东亚与中国丛书"和"东亚合作论坛丛书"两套丛书，其中包括《日本大国化趋势与中日关系》《构建和谐东亚》《变化中的东亚与美国》《中国改革开放与东亚》等。目前中心成员出版的著作包括《日本大国化趋势与中日关系》《东亚地区发展研究报告》《金融与债务危机的国际政治经济学分析——理论模型、实证检验及政策选择》《东北亚地区合作的制度分析》《冷战后日本政治思潮研究》等。其中代表性著作如下。《日本大国化趋势与中日关系》（专著）是日本外交与中日关系研究领域代表性成果之一，获北京市哲学社会科学优秀成果奖二等奖；《东亚地区发展奖报告》（年度报告）是东亚地区研究的核心报告之一，关注东亚区域和周边的政治经济发展变化趋势。中心主要成员在国内外各类期刊上发文数十篇，其中多篇论文被《世界经济与政治》《现代国际关系》《国际问题研究》等期刊以及中国人民大学复印报刊资料《国际政治》《中国外交》等转载并广泛引用，在学术界内产生相当影响力。中心成员还完成了有关中国周边外交、朝鲜半岛核问题、中日关系、东亚区域合作、钓鱼岛领土争议、日本政治现状等相关内容的内部报告和决策咨询多篇，受到国家领导人批示及中央外办、国安委、中宣部、外交部等多个部委的高度评价。

中心研究人员构成如下。

黄大慧，教授，中心主任，国际关系学院，主要研究领域为东亚区域秩序与安全治理。

保建云，教授，中心研究员，国际关系学院，主要研究领域为国际贸易、区域经济合作机制研究。

李庆四，教授，中心研究员，国际关系学院，主要研究领域为美国政治、外交研究。

宋伟，教授，中心副主任，国际关系学院，主要研究领域为东亚安全与战略。

韩彩珍，教授，中心研究员，国际关系学院，主要研究领域为东亚区域合作。

李巍，教授，中心副主任，国际关系学院，主要研究领域为亚太政治经济、东南亚地区问题。

成晓河，教授，中心研究员，国际关系学院，主要研究领域为朝鲜半岛问题研究。

王星宇，副教授，中心副主任，国际关系学院，主要研究领域为日本政治、外交与中日关系。

邱静，副教授，中心研究员，国际关系学院，主要研究领域为日本问题研究。

朱晓琦，讲师，中心研究员，国际关系学院，主要研究领域为东亚海洋问题研究。

金晓文，讲师，中心秘书长，国际关系学院，主要研究领域为海外利益保护问题研究。

李夏菲，讲师，中心研究员，国际关系学院，主要研究领域为东南亚地区政治、外交问题研究。

二、承担的省部级及以上课题

序号	课题名	主持人	课题类型	课题编号
1	亚太地区形势演变及中国亚太战略研究	黄大慧	教育部重大攻关课题	12JZD049
2	亚太自贸区建设与中国国际战略研究	保建云	国家社科基金重点项目	15JZD037
3	新型国际关系构建进程中的中国角色研究	宋伟	国家社科基金重点项目	19AGJ001
4	新中国援越抗法顾问团档案整理和研究（1950—1954）	成晓河	国家社科基金项目	18BGJ036
5	"一带一路"建设与周边外交方略	黄大慧	国家社科基金重大项目	17VDL009

（供稿人：王星宇）

中国海洋大学日本研究中心

一、基本情况

中国海洋大学日本研究中心（以下简称"中心"）是山东半岛沿海地区唯一的综合性日本研究机构，2010年3月成立，并于当年5月15日举行中心揭牌仪式。中心以学校文科院系研究人员为主体，组建了由20余名研究人员构成的跨学科研究团队，多年来在中日关系史、中日文化交流史、中日海洋问题、日本语言文学、翻译学、日本历史文化、日本政治、日本经济等诸多领域取得一批重要的研究成果，有的成果在学术界影响较大，多份研究咨询报告得到中央领导同志和有关部门的批示和采纳。

在高起点整体推进的同时，中心突出"海洋"和"地域"特色。在"海洋研究"领域，重视海上邻国日本的海洋历史和文化、海洋战略以及中日海洋和岛屿问题的研究；在"地域研究"领域，深入研究历史上青岛地区与日本关系的"遗产"，探究现代青岛与日本在政治、经贸、文化、教育诸领域关系的新问题，为山东省、青岛市构建与日本和东亚区域合作新型关系提供政策咨询。

2011年，中心学术辑刊《海大日本研究》创刊，搭建起国内外日本研究的学术平台，面向海内外公开发行。

2016年，中心入选中国智库索引（CTTI）首批来源智库，并持续入选。中心积极发挥海洋日本问题智库作用，围绕东亚海洋历史与文化遗产、日本海洋战略、日台关系、日本与朝鲜半岛、日本与南海等，开展课题研究，出版专著、论文，提交咨询报告，有效发挥了海洋日本问题的智库作用。

中心重视与国内外的学术交流，与多家日本研究机构和学者建立起融洽的工作关系，通过举办国际研讨会、教师互访、共同研究、选派推荐留学生赴日学习和交流等措施，推进对日交流工作。先后邀请数十位中日著名学者来中心演讲或进行学术报告，主办或联合主办了"中国的日本研究高端论坛"（2010年）、"东海安全形势与中日关系研讨会"（2012年）、"第二届日本学论坛"（2014年）、"第十七届中琉历史关系国际学术研讨会"（2019年）、"冲绳社会与冲绳社会问题研讨会"（2023年）等。中心先后选派30人赴日留学，其中十余人获得两国政府博士奖学金或学校奖学金等。

地址：山东省青岛市崂山区松岭路238号
邮编：266100
负责人：修斌
联系电话：0532-66787078
电子邮箱：hdrbyj@126.com
人员构成及主要研究领域见下表。

序号	姓名	职称	主要研究领域
1	修斌	教授	中日文化交流史、中日关系史、东亚海洋问题
2	赵成国	教授	东北亚关系史、海洋历史与文化
3	牛月明	教授	中日文论互动研究
4	林少华	教授	日本文学翻译与研究
5	聂友军	教授	东亚文学与文化关系、欧美日本学
6	修德健	教授	日语语言学、日汉语对比研究与口译
7	张韶岩	教授	日本社会与文化、跨文化交流日汉语比较研究
8	张小玲	教授	日本近代文学、中日比较文学
9	姜春洁	教授	日本近代史、东亚海洋史
10	管颖	副教授	中日关系、亚太关系研究、海洋与岛屿问题研究
11	宋宁而	副教授	中日关系、日本海洋战略与海洋政策
12	黄英	副教授	日本近现代文学、比较文学与文化
13	郭新昌	副教授	国际关系、东海及钓鱼岛问题研究
14	徐晓红	副教授	日本精神医学交流史
15	郭晓丽	副教授	日本近现代文学
16	王爱静	讲师	日本文化
17	王新艳	讲师	中日民俗学、中日海洋文化
18	陈琳琳	讲师	近代中日学术交流史、东亚海域交流史
19	景菲菲	讲师	中日关系史
20	姜柳	讲师	日语语言学
21	武倩	讲师	日语语言学、日本古辞书、中日典籍交流
22	孙瑾	讲师	中日医疗文献传播
23	俞鸣奇	讲师	中日海洋民俗、海洋史

二、重要会议举办情况

1. 学术研讨会

2022年1月24日，由中心主任修斌教授主持的2021年国家社科基金年度项目"琉球通史"开题报告会在线上举行。福建师范大学谢必震教授、东北师范大学韩东育教授、福建师范大学赖正维教授、清华大学刘晓峰教授、中国社会科学院唐永亮研究员等5位专家作为开题评议专家参会。另有琉球史、日本史、东亚史研究领域的专家学者，课题组成员，学校有关部门负责人等30余人出席会议。项目负责人修斌教授作开题报告。报告围绕"琉球通史"的框架结构、内容安排、研究思路、重点难点等进行了详细汇报。5位开题评议专家及北京大学徐勇教授、湖南师范大学陈小法教授等专家学者就课题框架结构、内容安排及琉球史研究中的一些重要问题从多个角度提出意见建议。

2. 学术沙龙

2022年1月14日，由中心主任修斌教授主持的中国海洋发展基金会—中国海洋发展研究中心重点课题"琉球历史与中国文化研究"第二期学术沙龙在青岛举行。会议采取线下和线上结合的方式，中国海洋发展基金会副理事长潘新春、中国海洋发展研究中心常务副主任高艳等相关专家及课题组成员20余人参加会议。项目首席专家修斌教授代表课题组作了开题报告并主持学术沙龙，中国海洋大学博士生郭有志、青岛滨海学院讲师李甲分别作主题报告，与会人员围绕相关话题进行了热烈讨论。与会专家也就如何做好课题研究提出了宝贵的意见建议。

2022年6月25日，中心举办学术沙龙，主题为"海洋文化遗产的当代价值转化——日本经验的借鉴和启示"。中心研究员王新艳老师主讲，从空间、故事、时间三个角度分析了日本在海洋文化遗产开发方面的先行经验，就渔村空间营造、文化符号建构、海洋文化场馆等内容进行了详细论述。中心的修斌教授、赵成国教授、陈琳琳博士等针对日本经验与中国实际结合、海洋文化的特性、历史与文化的关系等内容进行了热烈讨论。

三、机构要闻

2022年1月14日，由中心主任修斌教授主持的中国海洋发展基金会—中国海洋发展研究中心重点课题"琉球历史与中国文化研究"第二期学术沙龙在青岛举行，会议采用线上线下相结合的方式，共计20余人参会。

2022年1月24日，由中心主任修斌教授主持的国家社科基金年度项目"琉球通史"开题报告会在线上举行。来自清华大学、中国社会科学院、福建师范大学和东北师范大学的5位专家参会。另有琉球史、日本史、东亚史研究领域的专家学者和中心成员等30余人出席会议。

中心研究员景菲菲博士主持的"中日胶济铁路货物运价交涉研究（1914—1937）"获批2022年度山东省社科规划青年项目，项目号为22DLSJ08，进一步丰富了中心的研究方向。

2022年11月4—5日，由中心协办"东亚海域的网络、空间与节点：2022东亚岛屿海洋文化论坛·海港都市国际学术研讨会"（线上会议）举行，来自日本神户大学、长崎大学、鹿儿岛大学、琉球大学等高校的近10名日本学者与来自中国、韩国等国家的共计50余名学者围绕东亚海洋历史文化、海港文化、岛屿问题等问题进行了深度探讨和交流。

四、承担的省部级及以上课题

序号	课题名	主持人	课题类型	课题编号
1	海洋与东亚文明	姜春洁	科技部外国专家引智项目	G2021151003L
2	日本近代国家形成期海运与海权的关系研究	宋宁而	教育部人文社科研究规划基金项目	18YJA770013
3	柳原前光《使清日记》研究与校注	聂友军	国家社科基金后期资助项目	20FWWB002
4	日本近代反战文学研究	张小玲	国家社科基金一般项目	0BWW017

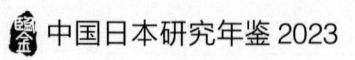

续表

序号	课题名	主持人	课题类型	课题编号
5	琉球通史	修斌	国家社科基金一般项目	21BSS008
6	中日胶济铁路货物运价交涉研究（1914—1937）	景菲菲	山东省社科规划研究青年项目	22DLSJ08

（供稿人：王新艳）

中国海洋大学日语系

一、基本情况

中国海洋大学日语系（以下简称"日语系"）成立于1988年，当年设置日语专科并开始招生，1996年设置日语本科，2000年获批日语语言文学硕士点，2015年获批MTI日语口、笔译硕士点。2017年中国海洋大学外国语学院获批外国语言文学一级学科博士点，日语系2019年开始招收博士研究生，形成"本—硕—博"一体化培养机制，2021年日语系获批国家级一流本科专业建设点。

日语系拥有一支教学经验丰富、学历学位层次较高的教学和科研队伍。现有教师16人，其中教授6人（含博士生导师2名、"海大教学名师"1人）、副教授3人、讲师7人。另聘请日籍客座教授3人。

日语系以一级学科博士点为支撑，深挖专业内涵，构建起日语语言学、日本文学、翻译学、区域国别四大方向的研究和教学体系。注重科研与教学融合，增强了专业教学的内驱力，通过科研成果转化，提高了人才培养质量。近年来，共承担国家社会科学研究基金项目、中华学术外译研究项目，山东省、教育部等各级各类科研项目20余项；指导学生承担多项国家级SRDP项目研究。承办中国日语教学研究会年会、芥川龙之介研究暨日本文学国际学术研讨会、第五届全国高校日语专业院长/系主任高级论坛，主办第一届、第二届日语语言学国际研讨会、第十四届汉日对比语言学研讨会及各类专业讲座60余次。依托日本文学翻译—科研团队，出版日本文学译著近百部，打造出日汉文学翻译等特色课程，培养了一批具有卓越传播能力的高水平翻译人才。

日语系以实践活动促进人才成长，拥有青岛市人民政府外事办公室、上海译文出版社、青岛海洋科学与技术试点国家实验室涉海外语人才联合培养基地等20余处实习实验基地。为学生实践能力的培养创造了必要的条件。学生先后在"卡西欧杯"全国硕士论文大赛、"笹川杯"日本研究论文大赛、"外研社"外语大赛等活动中获得优异成绩。

日语系注重拓展国际化办学，培养具有国际视野的日语人才。与日本名校展开各类合作交流，为学生的国际化培养创造了条件。与日本北海道大学、东北大学、新潟大学等建立了长期的合作交流关系，学生通过留学等形式可完成学业，并可获得双学位。邀请日本知名学者加入课程建设团队，开设国际合作课程。

地址：山东省青岛市崂山区松岭路238号
邮编：266100
负责人：修德健
联系电话：0532-66787076
电子邮箱：djshuu@ouc.edu.cn

人员构成及主要研究领域见下表。

序号	姓名	职称	主要研究领域
1	修德健	教授	日语语言学、日汉语对比研究与口译
2	林少华	教授	日本文学翻译与研究
3	张小玲	教授	日本近代文学、中日比较文学
4	姜春洁	教授	日本近代史、东亚海洋史
5	张韶岩	教授	日本社会与文化、跨文化交流日汉语比较研究
6	王文贤	教授	日语教育、日语语言学
7	黄英	副教授	日本近现代文学、比较文学与文化
8	王光民	副教授	日本近现代文学
9	郭晓丽	副教授	日本近现代文学
10	王爱静	讲师	日本文化
11	姜柳	讲师	日语语言学
12	武倩	讲师	日语语言学、日本古辞书、中日典籍交流
13	李瑞华	讲师	日本近现代文学、文化交涉学
14	刘川涵	讲师	日语语言学、区域国别研究
15	路秀丽	讲师	日本文化
16	陈琦佳	讲师	日语教育

二、重要会议举办情况

2021年12月18日，第二届中国海洋大学日语语言学国际研讨会在中国海洋大学崂山校区举行。会议采取线上形式召开。主题为"文章及谈话的语言单位性"。会议由日语系修德健教授主持，邀请教育部日语教职分委主任修刚教授、日本东北大学名誉教授兼中国海洋大学绿卡教授斋藤伦明、一桥大学国际教育交流中心主任庵功雄教授、上越教育大学鲸井绫希博士作了主题报告。

三、机构要闻

2022年度日语系入选国家级一流本科专业建设点，软科排名进入A等级。

2022年4月16日，日语系姜柳博士参加第一届日语学术交流与发展高峰会议，并作题为"NPヲシテイル属性构式的句法结构与形势分析"的演讲。

2022年4月23日，日语系李瑞华博士参加由《外国文学》杂志主办，江西师范大学承办的"文学与危机叙述"全国学术研讨会，并作题为"与战争记忆展开肉搏的'取材之鬼'——论山崎丰子战争三部曲"的演讲。

2022年6月29日，日语系王爱静博士参加中国高校第五届教学学术年会，并作题为"翻转课堂对培养日语自主学习能力的效果考查"的演讲。

2022年8月19—21日，日语系姜春洁教授参加中国日本史学会2022年年会暨中日邦交正常化50周年纪念学术研讨会，并作题为"近世后期日本回船贸易的发展及其对幕藩体制的冲击"的演讲。

2022年9—10月，日语系姜春洁教授邀请神户大学名誉教授石原享一作关于日本文化的系列讲座，具体内容有：（1）9月16日，"战后日本的经济发展、经济高速增长的主要原因"；（2）9月23日，"战后日本的挫折、环境污染与核电事故"；（3）9月30日，"日式资本主义的特征：与美国的比较"；（4）"日式资本主义的再建：泡沫经济的破灭和新途径"。

2022年11月4—7日，日语系姜春洁教授参加"东亚海域的网络、空间与节点：第十二届世界海洋文化研究机构联席会暨2022东亚岛屿海洋文化论坛·海港都市国际学术研讨会"，并作题为"近世后期日本回船贸易的发展及其对幕藩体制的冲击"的演讲。

四、承担的省部级及以上课题

序号	课题名	主持人	课题类型	课题编号
1	日本近代反战文学研究（1894—1945）	张小玲	国家社科基金一般项目	G2021151003L
2	二十世纪东亚抗日叙事文献整理与研究子课题——东亚抗日叙事比较研究	张小玲	国家社科基金重大项目子课题	15ZDB090
3	海洋与东亚文明	姜春洁	科技部外国文教专家项目	G2021151003L

（供稿人：张小玲）

东北师范大学日本研究所

一、基本情况

东北师范大学日本研究所（以下简称"研究所"）按照周恩来总理的指示在1964年成立，是我国最早的专业日本研究机构之一。下设世界经济、国际政治、世界史、日语语言文学四个研究室，并拥有四个专业的硕士点，其中日语语言文学专业有博士学位授予权。现任所长陈秀武。

研究所在国内外享有很高的知名度。20世纪90年代，研究所在国家教委涉外研究机构的评估中荣获第一名。2004年3月，教育部成立了"日本教育专家组"，尚侠教授当选专家组成员，研究所成为东北三省唯一的专家组成员单位。2006年，研究所成为日本国际交流基金对华学术援助最大项目"中期计划"的执行机构。

研究所现有教授1人（世界史研究室陈秀武），副教授4人（世界史研究室郭冬梅、世界经济研究室付丽颖、国际政治研究室钟放、日语语言文学研究室尚一鸥），讲师1人（世界经济研究室宋悦），副编审1人（冯雅），职员1人（办公室主任宋文广）。自2007年以来，以研究所现有专职教师为作者主体的"东北师范大学日本研究丛书"由商务印书馆陆续出版，此举是对我所老一代学人之学养和精神的继承与发扬。连同付梓中国社会科学出版社等出版机构的成果，研究所15年来已有20余部专著问世。近5年来，研究所教师获得各类项目总计20余项。其中国家社科基金5项（含1项重大、1项后期资助），国家自然科学基金1项，教育部人文社会科学项目5项，吉林省社科基金项目3项，国际合作项目8项，译介项目1项。

研究所在学生培养方面，提倡硕士研究生做前沿性选题、对开题报告的质量严格把关；鼓励博士研究生充分利用外文资料阐发中国对伪满洲国史的学术立场，已有多部相关博士学位论文在国内公开出版。2001年以来，总计170余人的毕业生中，博士学位获得者10余人，硕士学位获得者150余人，主要就业于科研单位、高等院校、重点中学、外事机构、知名企业等。

研究所设有专供教学和科研使用的日文资料室，藏有日文图书2万余册及10多种日文杂志。从2012年开始，又陆续接受了国内外的多批赠书，并在图书资料建设方面开始了数字化管理。

研究所全体教师将迎接中日关系变化给科研工作带来的挑战，适应国内文化新常态和东北师范大学总体改革布局，继续走科学研究与人才培养并重的发展道路。

地址：吉林省长春市人民大街5268号东北师范大学本部校区外语楼一层

联系电话：0431-85099741

网址：http://rbyjs.nenu.edu.cn/index.html

二、重要会议举办情况

以吉林省社会科学伪满历史研究基地与集刊《日本研究论丛》（原刊名为《近代中国东北与日本》）为依托，不定期举办国内外学术会议。主要有"日本研究海内外名师大讲堂"、"伪满历史研究基地"对外学术交流活动、"近代中国东北与日本"学术研讨会等。2022年12月承办了东北师范大学第三十六场"东北大讲堂"视频讲座。

三、承担的省部级及以上课题

目前，研究所正在承担的课题有世界史研究室陈秀武教授的国家社科基金（重大）项目"东亚历史海域研究"、国家社科基金项目"日本'海上帝国'建设研究"，世界经济研究室付丽颖副教授的国家社科基金项目"日本对伪满洲国的金融统治研究"，日语语言文学研究室尚一鸥副教授的吉林省社科基金项目"日本女性作家的'满洲'体验与文学书写研究"，编辑部副编审冯雅老师的吉林省社科基金项目"伪满时期东北民众的对日殖民抗争"。已结项课题有郭冬梅副教授的教育部人文社科项目"近代日本的内务省研究"，尚一鸥副教授的国家社科基金项目"村上春树与莫言小说比较研究"，宋悦讲师的国家自然科学基金（青年）项目"我国社会化养老服务异质性需求研究"，退休教师刘荣老师的国家社科基金（后期资助）项目"日本企业文化新论"。

研究所主办的学术集刊《日本研究论丛》于2023年1月首次入选中国人文社会科学学术集刊评价入库集刊。

序号	课题名	主持人	课题类型	课题编号
1	东亚历史海域研究	陈秀武	国家社科基金重大项目	18ZDA207
2	日本"海上帝国"建设研究	陈秀武	国家社科基金项目	15BSS011
3	日本对伪满洲国的金融统治研究	付丽颖	国家社科基金项目	17BZS071
4	日本女性作家的"满洲"体验与文学书写研究	尚一鸥	吉林省社科基金项目	2021J61
5	伪满时期东北民众的对日殖民抗争	冯雅	吉林省社科基金项目	2020J76
6	村上春树与莫言小说比较研究	尚一鸥	国家社科基金项目	13BWW026
7	日本企业文化新论	刘荣	国家社科基金后期资助项目	18FGL028
8	我国社会化养老服务异质性需求研究	宋悦	国家自然科学基金项目	71804022
9	近代日本的内务省研究	郭冬梅	教育部人文社科研究项目	19YJA770005

（供稿人：陈秀武）

东北师范大学东亚研究院

一、基本情况

东北师范大学东亚研究院前身为东亚文明研究所，成立于 2004 年，后于 2010 年改称为东亚文明研究中心。2014 年，入选吉林省人文社科重点研究基地，2016 年，入选中国智库索引（CTTI）首批来源智库。2017 年，东亚文明研究中心入选教育部国别和区域研究中心备案名单后，更名为"东亚研究院"，是教育部在东北师范大学设置的首家国别区域研究机构，2019 年入选高等学校学科创新引智基地（"111 引智基地"）、国家民委"一带一路"国别和区域研究中心。

东亚研究院秉承"淡化时代区隔"、"突破国界限制"和"打破专业壁垒"的研究理念，使以往的中国明清史、日本江户史和朝鲜王朝史等研究领域摆脱了古代近代的划分、国家主义的国族切割和现代学科的分类阻隔，不仅促进了中国古代史、日本史、朝鲜史、越南史、中外关系史、中国边疆史地研究的发展，还在"文明生态"的意义上，恢复了东亚史牵连互动的历史本然。东亚研究院全面探讨和把握东亚地区各个不同时段区域结构的共性与殊性，在"融接中西优秀文明"与"构建新型大国关系"的交融互动中，尝试性地创建既能绍承优长，又能克服病理的"新文明体系"。同时，东亚研究院还主动承担起保护中国东北边疆安全与"学术戍边"的重任，承担起为国家战略和文化政策提供学术咨询的义务。

人员构成：大田英昭、韩宾娜、卢丽、王明兵、董灝智、齐畅、胡天舒、董俊、彭涛、刘丹、王屾、洪仁善、卢静达、孙佳、吕品晶、汪力、高悦、黄彪、黄滢

地址：吉林省长春市南关区人民大街 5268 号东北师范大学历史文化学院
邮编：130024
负责人：韩东育
联系电话：13069048162
电子邮箱：hdybd@aliyun.com

二、重要会议举办情况

2022 年 5 月 20—21 日，举办"斯文在兹，同坐问道：东亚中道文明的世界意义"国际学术会议。

2022 年 8 月，举办"中国近代史与东亚研究"学术座谈会。

三、机构要闻

2022 年 5 月 20—21 日，为纪念中韩建交 30 周年，东北师范大学东亚研究院、国际合作与交流处、历史文化学院与韩国东亚大学孔子学院、大韩中国学会、东亚大学国际大学院、釜庆大学国际中国研究所共同主办的"斯文在兹，同坐问道：东亚中道文明的世界意义"国

际学术会议以线上形式召开。此次国际学术会议是东北师范大学东亚研究院和东北师范大学支持和管理下的韩国东亚大学孔子学院共同举办的第三次学术性高峰论坛，不仅得到了大韩中国学会的全力支持，也得到了东亚大学国际大学院、釜庆大学国际中国研究所的通力协作。东亚大学孔子学院韩方院长文哲珠教授对此次会议的召开给予了高度评价，希望东北师范大学和东亚大学进一步展开交流与合作，推动中韩双方的共同学术发展。

2022年8月，"中国近代史与东亚研究"学术座谈会在东北师范大学召开。东北师范大学副校长韩东育教授，吉林省社会科学院原院长邵汉明研究员，《社会科学战线》主编郭永智研究员，中国社会科学院近代史研究所原所长王建朗研究员，中国社会科学院世界史研究所原所长汪朝光研究员，中国社会科学院近代史研究所副所长金以林研究员，浙江大学蒋介石与近代中国研究中心主任陈红民教授，《抗日战争研究》原主编、苏州城市学院马克思主义学院院长高士华特聘教授，中国社会科学院近代史研究所综合处处长、《抗日战争研究》主编杜继东研究员，辽宁大学历史文化学院院长王铁军教授，苏州大学社会学院历史系武向平教授以及东北师范大学历史文化学院韩宾娜教授、周颂伦教授、李小白教授、董灏智教授、王明兵副教授和汪力讲师参加了座谈会。座谈会由韩东育主持。研讨会上，与会专家围绕"中国近代史与东亚研究"的主题展开交流，认为中国近代史与东亚史虽在学科划分上互相独立，但在具体问题的研究上不应局限于某一时段或区域，而应将二者结合起来才能真正做到研究的扎实和全面。

四、承担的省部级及以上课题

序号	课题名	主持人	课题类型	课题编号
1	"学术戍边"与中朝韩关系研判	韩东育	中央其他部委规划项目	2059999
2	21世纪社会主义国家与资本主义国家的相处之道	韩东育	教育部人文社科研究项目	18JF034
3	东亚世界与"新文明体系"的形成研究	韩东育	教育部人文社科研究项目	20JJD770003
4	中国历史研究院学者工作室项目	韩东育	中央其他部门委托项目	—
5	江户日本的"日式区域秩序"构想研究	董灏智	国家社科基金一般项目	19BSS048
6	2019年文化名家暨宣传思想文化青年英才	董灏智	中央其他部门委托项目	—
7	金朝多重路制研究	孙佳	教育部人文社科研究项目	17JHQ040
8	辽金北族王朝边疆治理问题研究	孙佳	国家社科基金冷门绝学研究专项	19VJX035
9	前近代东亚国家所贡宦官研究	齐畅	国家社科基金一般项目	18BSS029
10	日本越南研究史	王明兵	国家社科基金后期资助项目	20FSSB002

续表

序号	课题名	主持人	课题类型	课题编号
11	中日关系视野下的长崎唐馆历史沿革研究	吕品晶	国家社科基金一般项目	20BSS024
12	侵华战争时期日本知识分子中国认识研究	汪力	国家社科基金青年项目	20CSS014

附：学术论文

1. 韩东育：《走近朱舜水》，《读书》2022年第11期。

2. 韩东育：《新时代"三大体系"建设与历史唯物主义新知》，《史学理论研究》2022年第2期。

3. 韩东育：《朱舜水"东夷"褒贬的初衷与苦衷》，《东北师大学报（哲学社会科学版）》2022年第1期。

4. 韩东育：《变局时代的世界："单边主义"与"多边主义"的立场对调?》，《探索与争鸣》2022年第8期。

5. 韩东育：《历史研究与区域国别学建设》，《全球史评论》2022年第2期。

6. 韩东育：《徐喜辰先生与东师史学》，《外国问题研究》2022年第3期。

7. 韩东育：《丸山真男对日本"超国家主义"的学理解构》，《外国问题研究》2022年第1期。

8. 韩东育：《区域国别学研究的他山经验与自我实践》，《学海》2022年第2期。

9. 韩东育：《法家平议》，《中国文化研究》2022年第1期。

10. 董灏智：《日本明治前期知识界接受西方"民族"概念的思想远因——以"日本优越论"为核心》，《清华大学学报（哲学社会科学版）》2022年第5期。

11. 董灏智：《日本近代学者解读"江户古学派"的日本优越论取向——以井上哲次郎与丸山真男为中心》，《外国问题研究》2022年第1期。

12. 卢丽：《南原繁在政治哲学理论上对纳粹法西斯意识形态的批判》，《外国问题研究》2022年第3期。

13. 王明兵：《"丸山模式"的东亚回响——有关朴忠锡、韩东育的相关研究》，《外国问题研究》2022年第1期。

14. 洪仁善、姜言胜：《近代日本敬语政策的嬗变及其影响》，《东方论坛》2022年第4期。

15. 吕品晶：《夹缝求存：在日中国人研究（1858—1871）》，《四川大学学报（哲学社会科学版）》2022年第2期。

16. 汪力：《日本学界的尾崎秀实研究》，《东北师大学报（哲学社会科学版）》2022年第6期。

17. 黄彪：《明朝与朝鲜封贡关系形成实态》，《外国问题研究》2022年第4期。

18. 黄滢、董灏智：《从"化道为术"到"体用一如"——东亚哲学传统的局部演进与全球前景》，《社会科学战线》2022 年第 5 期。

(供稿人：董灏智)

东北师范大学国际与比较教育研究所

一、基本情况

1964年5月12日,中共中央国际问题研究指导小组和国务院外事办公室批准了高等教育部提出的《关于高等学校建立外国问题机构的报告》,要求各大学根据本校的外语和研究能力申报成立外国问题研究机构。东北师范大学申请成立了一批研究机构,如日本政治研究室、日本历史研究室、日本经济研究室、日本文学研究室、日本教育研究室等,后来,又补充成立了朝鲜教育研究室。东北师范大学国际与比较教育研究所就是在日本教育研究室和朝鲜教育研究室基础上发展而来的。

1975年,东北师范大学把"文革"前即已经设立的日本问题研究室和朝鲜问题研究室合并,另又增加了一个苏联问题研究室,成立了外国问题研究所,由原政治系主任李明湘任所长、原教育系总支书记赵春元任书记。下设办公室、苏联问题研究室、日本政治经济研究室、日本历史研究室、日本文学研究室、日本教育研究室和朝鲜教育研究室。

1979年,随着国内高校兴起教育科学研究浪潮,东北师范大学成立了以日本教育研究室与朝鲜教育研究室为主体的教育科学研究所。所长由当时的校长刘光兼任、副所长由刚刚从政治教育系分出来的教育系负责人张希哲兼任。所以,曾经一段时间里日本教育研究室和朝鲜教育研究室横跨外国问题研究所和教育科学研究所两个机构。

进入20世纪80年代之后,随着改革开放的逐步扩展与深化,国家日益重视对外研究,各高等院校都加强了外国问题研究机构建设。在此背景下,原来的外国问题研究所下的日本政治经济研究室、日本历史研究室和日本文学研究室等合并成立日本问题研究所;苏联问题研究室合并到外语系,改为苏联问题研究所(后来又转到地理系的东北亚研究中心);日本教育研究室与朝鲜教育研究室组成了独立的教育科学研究所,为校直属研究机构。教育科学研究所成立后又增设了苏联教育研究室、基础教育研究室、高等教育研究室,研究队伍也进一步壮大。1983年,教育部批准在东北师大成立东北高等院校干部培训中心,高等教育研究室被并入该中心。后来,基础教育研究室又被划归教育系,成立了基础教育研究所。由此,原来的"教科所"剩下了研究外国教育的三个研究室,于是就更名为"外国教育研究所"。1987年,更名为"比较教育研究所",1995年又更名为"国际与比较教育研究所"。

地址:吉林省长春市南关区人民大街5268号东北师范大学田家炳教育书院
邮编:130024
负责人:饶从满
主要研究领域:东亚教育、欧美教育
人员构成:专任教师10人(其中教授2人、副教授5人、讲师2人、师资博士后1人),《外国教育研究》编辑部编辑人员3人。

二、机构要闻

1. 举办"芬兰教育与素养发展"系列讲座

2022年9月7日至10月12日,"芬兰教育与素养发展"系列讲座在线举办。讲座邀请芬兰赫尔辛基大学教育科学学院副院长、赫尔辛基大学教学中心主任 Auli Toom 教授,赫尔辛基大学教育科学学院原副院长 Jari Lavonen 教授,芬兰坦佩雷大学教育与文化学院 Petri Nokelainen 教授以及芬兰坦佩雷应用科学大学专业教师教育学院教师 Annukka Tapani 博士共四位专家学者参加。讲座内容既包括对芬兰教师教育的政策解读和促进教师素养发展的影响因素分析,同时也涵盖了对职业技术教育领域教师和学生素养发展的讨论。此次活动共吸引来自国内外高校机构450余人次参加,加深了东北师范大学和芬兰高校在教师教育和教师/学生素养发展等研究领域的交流,深化并拓展了广大师生在相关研究方面的知识和认知,开拓了大家开展比较研究的国际视野,并为进一步强化东北师范大学和其他国内外院校的合作奠定了基础。

2. 参加"2022年中青年比较教育学者研讨会"

2022年9月23—25日,东北师范大学国际与比较教育研究所部分师生线上参加了中国教育学会比较教育分会2022年中青年比较教育学者研讨会。此次研讨会主题为"大变局下中青年比较教育学者的使命与挑战",开幕式及主旨报告直播观看量达5200余人次,反响热烈。此次研讨会引导中青年比较教育学者聚焦百年未有之大变局下的使命与挑战、作为与担当,交流展示最新研究成果,为中国比较教育学科的建设与发展作出新的贡献。

3. 参加"第二十一届比较教育学术年会"

2022年11月19—20日,东北师范大学国际与比较教育研究所部分师生线上参加了中国教育学会比较教育分会第二十一届年会。此次年会以"生态文明与全球教育变革"为主题,旨在学习党的二十大精神,贯彻中国式现代化的本质要求,促进人与自然和谐共生,推进美丽中国建设。来自全国各地133所高等院校、科研机构、中小学校、学术期刊的528名专家学者和研究生在年会上作了报告,社会各界人士约3.7万人次在线观看了会议直播。此次学术年会的顺利召开必将有力推动比较教育学科不断发展,中国比较教育学将在走向世界的过程中更加成熟自信,为全面建设社会主义现代化国家作出更大贡献。

三、承担的省部级及以上课题

序号	课题名	主持人	课题类型	课题编号
1	高质量教育体系建设的国际比较与中国的战略选择研究	饶从满	教育部人文社科重点研究基地重大项目	22JJD880006
2	新时代教师专业标准研究	饶从满	国家社科基金"十三五"规划教育学重点课题	AFA190007
3	东亚国家教育减负政策比较研究	梁荣华	国家社科基金"十四五"规划教育学一般课题	BDA230231

续表

序号	课题名	主持人	课题类型	课题编号
4	世界一流大学本科生批判性思维培养研究	谢晓宇	国家社科基金"十四五"规划教育学一般课题	BDA220035
5	中韩一流大学建设政策比较研究	索丰	国家社科基金"十三五"规划教育学一般课题	BDA190072
6	文化转型背景下英、美、俄学校价值观教育变革研究	付轶男	国家社科基金"十三五"规划教育学一般课题	BEA190113
7	小学女教师职业生涯发展轨迹及其影响因素研究	吕文华	国家社科基金"十三五"规划教育学一般课题	BHA180155

（供稿人：谢晓宇）

东北财经大学国际经济贸易学院世界经济教研室

一、基本情况

东北财经大学国际经济贸易学院世界经济教研室是从事日本经济问题教学与研究的科研组织，在国内日本经济研究领域具有较高的影响力。

东北财经大学国际经济贸易学院世界经济教研室成立于1999年，是年，原东北财经大学世界经济研究所并入外贸系后成立国际经济贸易学院，并设立世界经济教研室。

20世纪80年代中后期，以金凤德教授和刘昌黎教授为代表的日本研究资深学者启动了东北亚区域经济合作研究，提出"东北亚国际经济合作""东北亚经济圈"等构想，并撰写了一系列咨政建议，在学术界和政府部门产生了深远的影响。进入21世纪，世界经济教研室逐步形成一支实力雄厚的研究团队，并积累了大量研究成果。随着东北亚区域经济一体化、新兴经济体与转轨国家经济合作、全球价值链和中国经济发展等问题深入发展，世界经济教研室研究人员又加深了对上述领域的研究，且研究水平处于国内领先位置。近五年，在《管理世界》《财经问题研究》《日本学刊》《现代日本经济》《经济社会体制比较》《国际贸易》《经济学动态》《东北亚论坛》《俄罗斯东欧中亚研究》《国外社会科学》等CSSCI期刊发表文章多篇，获得国家社科基金重大项目1项、一般项目6项，省部级课题多项。世界经济教研室下设的"区域经济一体化与上海合作组织研究中心"获批教育部2017年度国别和区域研究中心备案。

东北财经大学国际经济贸易学院世界经济教研室承担世界经济专业教学职责，招收培养世界经济专业硕士研究生和博士研究生，具有世界经济、国际贸易学专业的硕、博士学位授予权，培养了一大批包括日本经济在内的世界经济高水平人才。世界经济教研室共有教师11人，其中教授4人、副教授6人、讲师1人。

联系人：苏杭

地址：辽宁省大连市尖山街217号

邮编：116025

联系电话：13109825655

电子邮箱：suhangyouxiang@163.com

二、重要会议举办情况

2022年12月17日，东北财经大学国际经济贸易学院世界经济教研室参与举办"构建新发展格局推进高水平对外开放"2022东北亚经济论坛暨东北财经大学第七届星海论坛。

论坛以"新发展格局下的东北金融再造""RCEP下的东北高水平对外开放""产业转型升级与高质量发展"为主题，分三个分论坛成功举行。多名专家学者围绕东北加快构建以国内大循环为主体、国内国际双循环相互促进的新发展格局，实现更高水平对外开放展开深入研讨，为新时期推动东北全面振兴取得新突破献计献策。

三、机构要闻

2022年4月，施锦芳教授承接黑龙江省人民政府外事办公室委托项目"借鉴日韩经验发展黑龙江数字经济"。

2022年4月，郭连成研究员关于俄乌冲突特殊国际环境下推进东北海陆大通道建设的建议被教育部采纳。

2022年5月，施锦芳教授承接中共大连市委、大连市人民政府委托项目"大连创建中日韩地方经贸合作示范区的对策研究"。

2022年5月，蓝天副教授承接大连市发展改革研究中心委托项目"拓展'一带一路'对外合作新通道　推动大连市海外仓布局建设研究"。

2022年12月，苏杭教授关于"抢抓后疫情市场先机　深化大连对日产业合作"的建议获辽宁省委副书记、大连市委书记胡玉亭批示。

四、承担的省部级及以上课题

序号	课题名称	主持人	课题类型	课题编号
1	建设面向东北亚开放合作高地与推进新时代东北振兴研究	郭连成	国家社科基金重大项目	20BZD098
2	以"RCEP+东北亚"促进东北经济外循环研究	施锦芳	国家社科基金一般项目	21BGJ056
3	中美科技竞争与中国高技术供应链安全发展研究	苏杭	国家社科基金后期资助项目	22FGJB003
4	新兴市场跨国公司国际化扩张对企业经营绩效的影响研究	郑磊	国家社科基金后期资助项目	21FJLB008
5	中国贸易投资自由化政策强度测评及提升策略研究	孙玉红	国家社科基金一般项目	18BJY183
6	全球价值链背景下中国增加值贸易要素含量与就业拉动效应研究	蓝天	国家社科基金青年项目	15CJL041
7	外部创新和区位选择视角下中国企业国际化—绩效关系的研究	郑磊	教育部人文社科研究项目	18YJC790234
8	全球价值链背景下中国与东亚贸易真实利益解构及分配机制研究	蓝天	教育部人文社科研究项目	14YJC790058
9	南北型FTA非贸易问题演化趋势及中国的对策	孙玉红	教育部人文社科研究项目	11YJAGJW014

（供稿人：苏杭）

东南大学日本语言文化研究所

一、基本情况

东南大学日本语言文化研究所是东南大学唯一以日本为专门研究对象的学术研究机构，以本校日语专业教员为骨干，以校内研究日本专门问题的专家、学科为依托，构成了一个推进对日研究、交流、深化相互理解与合作的学术平台。现有研究人员12名，所有研究人员均有2年以上赴日访学研修经历。该所的主要研究方向为"日本语言学""日本文化与社会""日本文学""日语教育学"等方面。尤其在日本文化与社会方面科研成果显著，成功举办了多场有影响力的学术讲座。

近年来该研究所主持国家社科基金项目4项、省部级项目9项、厅局级等项目11项；出版专著、教材、译著等十余部；发表学术论文50余篇（其中核心期刊20余篇）；派出30余人次参加国内外学术研讨会并作大会发言，在国内外学界产生了一定的影响。该所重视学术交流、坚持科研与教学并重，近几年应邀前来进行学术交流的国内外知名学者50余人次。其中较大规模的有2019年8—9月举办的"东大×东大"东京大学名师系列讲座，该系列讲座邀请了日本最高学府东京大学的三位著名学者：小森阳一教授、上野千鹤子教授、菅丰教授前来举办公开讲座，获得了热烈反响。2021年9月举办的"中日民俗学前沿论坛——21世纪中日民俗学展望"获得了教育部通报表扬。

该研究所现有研究人员12名。其中教授2名、副教授7名；博士生导师2名，硕士生导师6名；拥有博士学位者8名；研究方向涉及"区域国别研究""日本语言学""日本文化与社会""日本文学""日语教育学"等。

地址：江苏省南京市江宁区东南大学九龙湖校区外国语学院426室
邮编：211189
联系电话：025-52090800
所长：陆薇薇
电子邮箱：rikubibi@163.com

二、机构要闻

2022年4月，第十七届国家图书馆文津图书奖公布，该奖项是在国家图书馆的倡导下，由全国图书馆及读者、专家、媒体共同围绕建设学习型社会和倡导全民阅读举办的公益性优秀图书奖项，此次仅有3种译著类图书入选，东南大学日本语言文化研究所任佳蕴老师、魏金美老师翻译，陆薇薇老师校译的上野千鹤子著作《一个人最后的旅程》（浙江大学出版社2021年版）名列其中。

8月，2022年度国家社会科学基金艺术学项目立项结果公布，东南大学日本语言文化研究所刘克华教授"日本动漫文化的国民性建构及影响力输出研究"（课题编号：22BC041）获得立项；9月，2022年度国家社科基金项目立项结果公布，陆薇薇副教授"日本江户时代民间文学的中国文化表征研究"（课题编号：22BWW019）获得立项。

11月，新京报书评周刊出版《开场：女性学者访谈》（新京报书评周刊、新星出版社2022年版）一书，东南大学日本语言文化研究所陆薇薇副教授作为特约译者协助对日本著名学者上野千鹤子进行了专访，访谈全文收录于该书中。

12月，经专家评议，2021年度由教育部审批召开的在华国际会议中，10所高校35场会议"政治立场正确，议程设置合理，内容充实，中外参会嘉宾比例适当，发言嘉宾具有一定代表性，会议总结资料提交及时，内容规范完整，能起到较好的示范作用"，特此表扬。东南大学外国语学院日本语言文化研究所"21世纪中日民俗学展望研讨会"在列。

三、承担的省部级及以上课题

序号	课题名	主持人	课题类型	课题编号
1	独生子女时代老龄社会伦理风险的实证研究	周琛	国家社科基金一般项目	14BZX102
2	芥川龙之介《中国游记》中的江苏书写研究	刘克华	江苏省社科基金项目	14WWD001
3	国际视域下大运河江苏段自然再生的环境伦理学研究	陆薇薇	江苏省社科基金项目	15ZXC006
4	互联网时代日本新兴宗教的传播及应对研究	黄绿萍	国家社科基金青年项目	16CZJ0
5	中国"伦理表情"图库及分析研究	周琛	江苏道德发展智库项目	—
6	多源流理论视角下的日本外语战略形成过程研究	吴未未	江苏省社科基金项目	17YYB009
7	心理语言学视角下基于口译能力结构的日语口译测试方法研究	韩晓	江苏省社科基金项目	17YYB008
8	伦理表情库建设	周琛	江苏道德发展智库重点项目	3213009304
9	中日外语复合型人才培养的国家战略对本科课程的影响研究	杨瞳	中国高等教育学会外语教学研究分会"外语教育研究"课题资助重点项目	2021J61
10	日本动漫文化的国民性建构及影响力输出研究	刘克华	国家社科基金艺术学一般项目	22BC041
11	日本江户时代民间文学的中国文化表征研究	陆薇薇	国家社科基金一般项目	22BWW019

续表

序号	课题名	主持人	课题类型	课题编号
12	近30年来日本本科教育通专融合的政策与实践研究	杨瞳	教育部人文社科研究项目	22YJC880100
13	中日本科教育通专融合政策与实践比较研究	杨瞳	江苏省社科基金项目	22JYB016

（供稿人：赵杨）

东南大学外国语学院日语系

一、基本情况

东南大学外国语大学日语系（以下简称"日语系"）的创设可追溯至1902年三江师范学堂的日语科目，专业复建于1994年、并于当年9月招收商务日语专科生，1999年重设四年制本科专业，2003年9月获批成立日语语言文学硕士点。2020年外国语学院"外国语言文学"获批新增为博士学位授权一级学科，2021年日语系获批江苏省一流专业，新增日语翻译硕士点（MTI）。2022年成功入选"国家级一流本科专业建设点"。目前在校本科生104人，在校研究生21人。该系与日本东北大学、北海道大学、广岛大学、爱知大学、爱知工业大学建立了长期合作关系，每年能派遣数十名本科生前往日本进行为期一年的交换留学，出国率达90%，研究生出国率达100%。

近年来获国家社科基金项目4项、省部级项目7项；在日本顶级期刊、国内CSSCI期刊上发表高水平论文20余篇。多名教师在国家级、省级青年教师授课竞赛中获奖。2017年成为中国日语教学研究会江苏分会会长单位。2021年6月22日，高等教育评价专业机构软科正式发布2021"软科中国大学专业排名"，这是软科首次发布本科专业排名，是迄今为止规模最大的中国大学本科专业排名，东南大学日语专业评级为A。另在2018—2019年中国科教网日语专业排名中位列全国第十。

日语系的主要研究方向为"区域国别研究""日本文化与社会""日本文学""日本语言学""日语教育学"等方面。下设日本语言文化研究所和海外中国史料研究中心。成功举办了多场有影响力的学术讲座。目前硕士培养方向有日本语言文学、日本社会文化、日语笔译等。博士培养方向主要是日本社会文化。

日语系重视学术交流、坚持科研与教学并重，近几年应邀到该系进行学术交流的国内外知名学者50余人次。

日语系拥有一支科研成果丰厚、年龄结构合理、教学经验丰富的师资队伍。现有教师12名。其中教授2名、副教授7名、博士生导师2名、硕士生导师6名；拥有博士学位者8名；所有教师均有2年以上赴日访学研修经历；此外，长年聘请日籍外教2—3名、客座教授5名。

地址：江苏省南京市江宁区东南大学九龙湖校区外国语学院426室
邮编：211189
负责人：陆薇薇
联系电话：025-52090800
电子邮箱：rikubibi@163.com

二、机构要闻

2022年4月，第十七届国家图书馆文津图书奖公布，该奖项是在国家图书馆的倡导下，由全国图书馆及读者、专家、媒体共同围绕建设学习型社会和倡导全民阅读举办的公益性优秀图书奖项，此次仅有 3 种译著类图书入选，日语系任佳蕴老师、魏金美老师翻译，陆薇薇老师校译的上野千鹤子著作《一个人最后的旅程》（浙江大学出版社 2021 年版）名列其中。

6 月，根据《教育部办公厅关于公布 2021 年度国家级和省级一流本科专业建设点名单的通知》（教高厅函〔2022〕14 号），东南大学日语专业成功入选"国家级一流本科专业建设点"。

8 月，2022 年度国家社会科学基金艺术学项目立项结果公布，东南大学日本语言文化研究所刘克华教授"日本动漫文化的国民性建构及影响力输出研究"（课题编号：22BC041）获得立项；9 月，2022 年度国家社科基金项目立项结果公布，陆薇薇副教授"日本江户时代民间文学的中国文化表征研究"（课题编号：22BWW019）获得立项。

11 月，新京报书评周刊出版《开场：女性学者访谈》（新京报书评周刊、新星出版社 2022 年版）一书，日本语言文化研究所陆薇薇副教授作为特约译者协助对日本著名学者上野千鹤子进行了专访，访谈全文收录于该书中。

12 月，经专家评议，2021 年度由教育部审批召开的在华国际会议中，10 所高校 35 场会议"政治立场正确，议程设置合理，内容充实，中外参会嘉宾比例适当，发言嘉宾具有一定代表性，会议总结资料提交及时，内容规范完整，能起到较好的示范作用"。由日语系主办的"21 世纪中日民俗学展望研讨会"在列。

三、承担的省部级及以上课题

序号	课题名	主持人	课题类型	课题编号
1	独生子女时代老龄社会伦理风险的实证研究	周琛	国家社科基金一般项目	14BZX102
2	芥川龙之介《中国游记》中的江苏书写研究	刘克华	江苏省社科基金项目	14WWD001
3	国际视域下大运河江苏段自然再生的环境伦理学研究	陆薇薇	江苏省社科基金项目	15ZXC006
4	互联网时代日本新兴宗教的传播及应对研究	黄绿萍	国家社科基金青年项目	16CZJ0
5	中国"伦理表情"图库及分析研究	周琛	江苏道德发展智库项目	—
6	多源流理论视角下的日本外语战略形成过程研究	吴未未	江苏省社科基金项目	17YYB009
7	心理语言学视角下基于口译能力结构的日语口译测试方法研究	韩晓	江苏省社科基金项目	17YYB008
8	伦理表情库建设	周琛	江苏道德发展智库重点项目	3213009304

续表

序号	课题名	主持人	课题类型	课题编号
9	中日外语复合型人才培养的国家战略及对本科课程的影响研究	杨瞳	中国高等教育学会外语教学研究分会"外语教育研究"课题资助重点项目	2021J61
10	日本动漫文化的国民性建构及影响力输出研究	刘克华	国家社科基金艺术学一般项目	22BC041
11	日本江户时代民间文学的中国文化表征研究	陆薇薇	国家社科基金一般项目	22BWW019
12	近30年来日本本科教育通专融合的政策与实践研究	杨瞳	教育部人文社科研究项目	22YJC880100
13	中日本科教育通专融合政策与实践比较研究	杨瞳	江苏省社科基金项目	22JYB016

（供稿人：赵杨）

北华大学东亚历史与文献研究中心

一、基本情况

北华大学东亚历史与文献研究中心（以下简称"东亚中心"）前身是成立于1984年的吉林师范学院古籍研究所，2004年在原有基础上改建为东亚中心，是北华大学有处级建制的科研实体单位。依托中心建设的世界史学科是吉林省"十二五"重中之重学科、省"十三五"优势特色学科A类、省申博立项建设学科；历史学专业为省级一流专业建设点，是东三省首家通过历史学师范专业认证专业。东亚中心拥有5个省级科研平台，在国内外学术界享有较高声誉的《长白丛书》是史学界公认的标志性文献整理与研究成果，为国家制定东北亚外交政策提供文献与学术支撑，发挥了重要"学术戍边"作用。

东亚中心经过30余年发展建设，形成3个研究方向。1. 东亚区域国别史方向，以东亚区域内的日本与朝鲜半岛为研究对象，侧重研究日本对华外交政策、日本侵略中国东北史、近代日本汉学史等，关注朝—韩在近代以来大国博弈中的国家历史命运演变过程。2. 东亚区域历史文献学方向，自20世纪80年代以来致力于东亚区域历史文献整理，拥有一支集日本、朝鲜文献以及中国东北地方文献整理与研究的专业团队，历经40年整理出版的《长白丛书》在东北疆域、朝鲜汉籍文献以及中日关系文献整理与研究方面形成自己特色和优势，受到国内外学界的广泛认可。3. 世界近现代史方向，以世界近代战争与和平问题、日本的历史认识问题、近代东亚的国际秩序演进为重点，注重东亚近现代国际关系史、战后中韩日三国战争记忆形成、日本的殖民统治体系、美国的东亚政策等问题研究。

东亚中心现有在职研究人员12人（其中11人拥有博士学位，1人为在读博士），其中博士生导师1人（东北师范大学兼职）、硕士生导师10人。团队成员职称、年龄结构合理，均具有一定的海外学术经历，近三年承担国家社科基金项目7项（其中重大项目、重点项目、重大专项项目各1项），所在党支部是教育部遴选的全国首批党建工作"标杆支部"。中心与国内外高校学术机构的联系紧密，先后与韩国成均馆大学、高丽大学，日本大阪大学、一桥大学，南开大学、清华大学等相关学术机构开展长期高层次的学术交流。经过近40年的建设和发展，东亚中心已发展成为省内知名，在国内和韩日学界有一定影响的东亚史教学和研究重镇。

中心学术带头人郑毅教授，兼任中国日本史学会副会长、北华大学校学术委员会主任、东北师范大学兼职博士生导师（日本史方向）、国家社科基金重大项目首席专家，主要从事日本近现代史、日本侵略中国东北史研究。

地址：吉林省吉林市丰满区吉林大街15号北华大学南校区
邮编：132013
联系电话/传真：0432-64602765

二、重要会议举办情况

2022年9月17日，与国际日本文化研究中心联合举办线上学术会议，讨论东亚中心与国际日本文化研究中心在近代东北殖民文献整理方面的合作问题，东亚中心郑毅、李少鹏、马冰和国际日本文化研究中心刘建辉副所长、刘影博士线上参会。

三、机构要闻

学术交流与学科建设方面。2022年1月，东亚中心申报的"松花江流域历史文化数字人文实验室"（负责人：郑毅）获批培育建设；5月，郑毅教授发表在《历史评论》的论文《游就馆：更恶劣的军国主义招魂所》被《新华文摘》2022年第8期全文转载；6月，中国社会科学院日本研究所主办，北京大学宋成有教授举办线上学术讲座，郑毅教授担任评议，中国社会科学网等媒体予以报道；10月，郑毅赴海南大学参加"近代以来的中国与日本"学术研讨会。

研究生培养等方面。2022年6月，举办硕士学位答辩会（线上），邀请东北师范大学董灏智教授、北京大学宋成有教授分别担任日本史组和朝鲜史组的答辩委员会主席；该年度毕业硕士生卢娇、师文帅均考上延边大学世界史专业博士研究生；硕士研究生赵培文《伊藤博文韩国殖民史观研究》（指导教师：郑毅）获省优秀硕士学位论文。

团队建设方面。2022年度刘景瑜获评教授；马冰讲师赴国际日本文化研究中心（京都）研修；张晋讲师于北京外国语大学开展博士后研修；郑璐讲师于韩国世翰大学获得博士学位；冯栋柱讲师考入长春师范大学攻读博士学位。截至2022年，东亚历史与文献研究中心所有成员均取得博士（或在读博士）学位。

四、承担的省部级及以上课题

序号	课题名	负责人	课题类型	课题编号
1	近现代日本对"满蒙"的社会文化调查书写暨文化殖民史料文献的整理研究（1905—1945）	郑毅	国家社科基金重大项目	19ZDA217
2	明清时期中朝边务问题域外文献整理与研究	宫健泽	国家社科基金冷门专项	19VJX041
3	中韩日三国战争记忆与历史认识问题	郑毅	国家社科基金重点项目	15ASS004
4	南京政府社团与民众政策的制度建构与实施路径研究	宫炳成	国家社科基金一般项目	16BZS089
5	朝贡体系的震荡与明清对朝鲜外交变通论研究	李善洪	国家社科基金一般项目	18BZS069
6	打牲模式下的清代东北边疆治理研究	王雪梅	国家社科基金一般项目	18BZS115

续表

序号	课题名	负责人	课题类型	课题编号
7	朝鲜半岛地区高句丽陶器资料整理与研究	孙颢	国家社科基金一般项目	20BKG039
8	唐代货币流通与乡村民众生活研究	钟兴龙	国家社科基金一般项目	20BZS034
9	近现代日本对"满蒙"的社会文化殖民史料文献整理	李少鹏	国家社科基金重大项目子课题	19ZDA217
10	国际史视阈下的近代阿拉斯加问题研究	梁立佳	国家社科基金青年项目	18CSS006
11	日本"满蒙学"视域下的中国东北边疆史论批判研究	李少鹏	国家社科基金青年项目	19CSS031

(供稿人:李少鹏)

北京大学日本研究中心

一、基本情况

北京大学日本研究中心（以下简称"中心"）成立于1988年4月22日，是北京大学跨院系（所）、综合性的日本研究机构。中心的宗旨是，加强和促进北京大学的日本研究；推进中国日本研究的发展，增进中日两国人民之间的相互了解与理解；促进中日两国社会的繁荣与东亚地区的和平与发展。中心的任务是，协调和组织与日本学相关重要课题的研究及研究成果的出版；举办学术会议和学术讲座等学术活动；编辑出版学术论文集《日本学》；组织和推进同校外、国外日本学研究机构以及学者的学术交流与合作。

中心已经走过了34年的历程。34年来，中心成员撰写、出版了大量专著、译著和论文。另据不完全统计，以中心名义召开的国际、国内学术会议共有31次，其中有代表性的有：国际文化交流——大化革新、中日民俗比较研究、第二次世界大战与战后世界发展、东亚传统文化与现代化、21世纪中国与日本、中日民间交流的未来——以经济和文化为中心等国际学术研讨会和中日关系与东海紧张局势的管控、日本的战略文化、安保政策与中日安全关系以及"一带一路"与中日经济合作等国内学术研讨会。

中心举办的学术讲座共有50次，香山健一、十时严周、梅原猛、安藤彦太郎、岸阳子、本泽二郎、村田忠禧、竹中平藏、波多野澄雄、若宫启文、小熊英二、毛里和子、周季华、周永生、汤重南、卓南生等国内外著名学者、评论家应邀到中心作学术报告和讲座。中心还与卡乐B日本研究基金会合办了"解读日本"系列讲座，邀请了竹中平藏、藤原归一、立花隆、小熊英二、榊原英资、川胜平太、堺屋太一、石原信雄、田中康夫等日本著名学者和政治家，就日本的政治、经济、文化等领域的重要课题作学术讲演。

中心编辑的《日本学》已经出版了21辑，共收入论文349篇、译文64篇，研究范围涵盖了日本政治、经济、外交、历史、社会、法律、语言、文学、文化、宗教、教育、科技以及中日关系等非常广泛的领域。中心还与卡乐B日本研究基金会合作，资助和指导青年教师、研究生和本科生进行课题研究，推进人才培养。自1994年以来，共资助教师68名，完成科研项目68项；资助和指导研究生397名，完成课题396项；资助和指导本科生144人，完成课题144项。另外，中心有多位学者参加了中日共同历史研究，撰写研究报告5篇，高质量地完成了国家交给的任务。此外，中心还在2001年设立了"池田大作研究项目"，并召开了《21世纪东方思想的展望》等国际学术讨论会，出版了会议论文集和《池田大作研究论文集》，并与港澳台有关团体进行了学术交流。自2016年以来，与商务部、复旦大学等每年召开一届中日经济研讨会，截至2021年年底已举办6届。

34年来，中心通过中日学者互访讲学及与国内科研机构、兄弟院校等密切合作，努力开展学术交流，推进了北京大学日本研究的发展。

中心人员构成：由北京大学各院系（所）从事日本政治、经济、文化、历史、社会、语言、文学和思想等各领域的教学和研究人员组成。

地址：北京市海淀区颐和园路5号北京大学王克桢楼513

邮编：100871

负责人：初晓波

联系电话：010-62754362

电子邮箱：chuxiaobo@pku.edu.cn

二、重要会议举办情况

2022年8月18日，中心协同中国社会科学院日本研究所、复旦大学日本研究中心、南开大学日本研究院、中国人民大学东亚研究中心、天津社会科学院日本研究所、商务部研究院亚洲研究所在北京大学共同举办了中华日本学会2022年年会暨"邦交正常化50周年：中日关系回顾与展望"学术研讨会，中日友好协会常务副会长、原驻日大使程永华，原驻美大使、原驻日大使、外交学会理事会顾问崔天凯，中国社会科学院原副院长、中日关系史学会原会长武寅，南京大学国际关系学院执行院长朱锋，中国社会科学院日本研究所党委书记闫坤，中华日本学会会长高洪，中国社会科学院日本研究所所长杨伯江，复旦大学日本研究中心主任胡令远，教育部高等学校日语专业教学指导分委员会主任委员、天津外国语大学教授修刚，现代国际关系研究院副院长胡继平，南开大学日本研究院院长刘岳兵，吉林大学日本研究所所长庞德良，中国人民大学国际关系学院副院长黄大慧等出席会议或致辞或发言或主持会议。北京大学党委书记郝平，北京大学副校长王博，北京大学国际关系学院院长唐士其，北京大学贾庆国、初晓波、李寒梅、白智立、归永涛、于铁军、董昭华等出席了会议。学者们通过对两国政治、外交、安全、经济、社会、文化等领域的变迁进行梳理，重温了中日关系的初心，探讨了中日关系的未来。

2022年12月13日，中心与中国社会科学院日本研究所、复旦大学日本研究中心、南开大学日本研究院、中国人民大学东亚研究中心、天津社会科学院日本研究所共同举办了线上"日本与中日关系：形势分析及研究方法"研讨会。来自国内各高校、科研院所的70余位专家、学者与会。北京大学初晓波作了题为"日本'新冷战'话语与对华政策"的报告，归泳涛作了题为"东北亚政治经济秩序与中日关系"的报告并代表北京大学作了闭幕总结。

三、承担的省部级及以上课题

序号	课题名	主持人	课题类型	课题编号
1	中国崛起与国际发展秩序的变革	陈沐阳	国家社科基金青年项目	20211227（在研）

（供稿人：曹宝萍）

北京大学日语系

一、基本情况

北京大学日语学科历史悠久，最早可追溯到京师东文馆（1897年）时代。1946年，北京大学组建"东方语文学系"，日语专业从1949年开始招收本科生，在"文革"前已开始研究生教育。1981年成为国内日语语言文学专业首批硕士点之一，1986年成为国内该专业领域第一个博士点。1987年，设立日本文化研究所，1997年该学科增设日本文化专业方向，成为国内高校中首个集语言、文学、文化三个专业方向，并具有学士、硕士、博士三级学科学位授予权的日语专业。1999年随着北京大学外国语学院的成立，升格为"日本语言文化系"。2011年获准增设翻译硕士专业方向，并组建日语翻译教研室。

自改革开放以来，北京大学日语系秉承北京大学优秀的人文传统，坚持教学与科研并重的办学方针，在学科建设、教学实践、学术研究、教材开发、人才培养、对外交流、国际合作等方面取得了优异的成绩。北京大学日语系主办的学术刊物《日本语言文化研究》已出版11辑。

北京大学日语系现设有语言、文学、文化、翻译四个教研室，专职教师15名，其中教授6名、长聘副教授2名、副教授4名、助理教授3名，有博士生导师8名，全体教师均具有博士学位。北京大学日语系年均招收本科生、硕士研究生及博士研究生共约60名。其中，本科生约20名，培养精通日语的各类人才；硕士研究生约30名，博士研究生约10名，分语言、文学、文化、翻译四个方向培养学术研究及高端创新型人才；近年设有博士后流动站，吸收海内外优秀人才，开展学科前沿性课题研究。

学科建设方面，北京大学日语系现有四个研究方向，即语言学、文学、文化和翻译。早在20世纪80年代，日语专业就成立了话语语言学研究小组，之后相继开展的汉日语言对比研究、语用学研究和认知语言学研究也在国内开展较早。文学研究方面，先后经历了日本文学的译介和拓展阶段，如今在广度和深度上进一步推进。文化研究方面，所涉及范围覆盖日本思想文化、宗教哲学、民俗艺道及日本亚文化等各方面、各领域问题。

据不完全统计，北京大学日语系迄今共承担并完成30余项国际国内科研项目，获国家社科基金项目、教育部人文社科项目等总计10余项；举办大型国际学术研讨会80余次；出版学术著作教材译著等180余部。教师中有一半人次获得过"孙平化日本学学术奖励基金"专著一、二等奖及论文奖。

北京大学日语系与日本多所著名大学及学术研究机构保持着密切的合作交流关系，曾邀请金田一春彦、加藤周一、大江健三郎等著名学者前来讲学或进行学术交流。自2010年开始，北京大学日语系与日本明治大学开展国际合作，每年举办两期"日本动漫高端讲座"，邀请日本动漫界的代表人物前来讲学和交流。北京大学与日本东京大学、早稻田大学、庆应义塾大学、明治大学、法政大学、九州大学、日本大学、关西大学、创价大学、东北大学、筑波大学等签有校际交流协议，依据协议北京大学日语系选派教师或学生赴日进行学术交流或留学。

地址：北京市海淀区颐和园路5号北京大学外国语学院（新楼）

邮编：100871

系主任：孙建军

联系电话：010-62753141（办公室）

电子邮箱：sunjianjun@pku.edu.cn（系主任）

二、重要会议举办情况

1. 2022年4月27日

Edward Kamens（美国耶鲁大学东亚语言文学系住友讲席教授）作题为"欢喜至此处：西行与法乐和歌"的讲座（北京大学东方文学研究中心主办，北京大学外国语学院日语系协办）。

2. 2022年7月31日

北京大学兰园学术基金项目"日本的性别研究与女性文学"第一次线上读书会举办。

3. 2022年8月21日

北京大学兰园学术基金项目"日本的性别研究与女性文学"第二次线上读书会举办。

4. 2022年8月14日

"中日玄幻文艺与数字人文"研究班（北京大学日语系师生组建）线上启动仪式暨第一次报告会举办。

5. 2022年9月23日

上野千鹤子作题为"父权制与资本主义"的讲座（北京大学兰园书院与北京大学日语系联合主办，北京大学东方文学研究中心协办）。

6. 2022年10月28日

李逾求作题为"中国玄幻文艺发展：从野蛮生长到自成一派"的讲座（中日玄幻文艺与数字人文研究班与北京大学日语系联合主办）。

7. 2022年10月21日

杨伯江作题为"正常化50年的中日关系：现状与课题"的讲座。

8. 2022年11月19日　第16届SGRA中国论坛

山室信一作题为"'现代'之冲击与百年亚洲：异中有同、嬗变而流转之全球化"的演讲［渥美国际交流财团关口全球研究会（SGRA）、北京大学日本文化研究所、清华东亚文化讲座共同主办］。

9. 2022年12月1日

"国际合作下的东亚古典学新生代发展"北京大学系列讲座第四讲举办。

道坂昭广作题为"中日宴席赋诗序之变迁"的讲座（北京大学日语系、北京大学东方文学研究中心和东京大学大学院人文社会系研究科共同举办）。

10. 2022 年 12 月 3 日

北京大学外国语学院日语系与日本明治大学国际日本学研究科联合举办第三届国际日本学学术集会。

三、承担的省部级及以上课题

序号	课题名	主持人	课题类型	课题编号
1	东方文学与文明互鉴：多语种古代东方文学插图本比较研究	丁莉	教育部人文社科重点研究基地重大项目	22JJD750002

（供稿人：潘钧）

北京外国语大学日语学院

一、基本情况

北京外国语大学日语专业始建于1956年，1981年独立建系，1986年获批设立日语语言文学二级学科硕士点，1993年被教育部确定为二级学科博士学位授权点。2008年，被教育部评为全国日语学科中唯一的国家重点学科（培育）。2013年开始招收日语翻译专业硕士（MTI）。2018年11月，日语系更名为日语学院。2019年获立首批国家级一流本科专业建设点。

日语学院下设本科教研部（下设低年级组和高年级组）、学术研究生教研部、翻译专业（MTI）研究生教研部；分设中日人文交流中心、汉日语言对比研究中心、中日比较文学与比较文化研究中心、日本传媒和大众文化研究中心、翻译研究中心，以及学院办公室、学生辅导员办公室。

日语学院拥有一支高水平、专业化的师资队伍，学院教师均拥有国内外知名大学博士学位，此外，长期聘请多名日籍专家及客座教授为学生授课。学院教师的研究领域涵盖日语语言学、日本文学、日本文化、日本社会、中日翻译并各具专长，主持数十项国家级和省部级科研项目并参与国家社科基金重大项目和重点项目的研究工作，出版专著、译著、教材和工具书百余部，每年在国内外高水平学术期刊上发表学术论文数十篇。

日语学院与早稻田大学、庆应大学、上智大学、东京外国语大学、神户大学、青山学院大学、立教大学等近30所日本著名高校签有校际交流协议，常年开展教师学术交流和学生交换留学。

地址：北京市海淀区西三环北路2号北京外国语大学

邮编：100089

党总支书记：殷悦

院长：周异夫

党总支副书记：周异夫、孙晓英

常务副院长：徐滔

副院长：熊文莉、费晓东

二、重要会议举办情况

1. 举办第六届东亚日本研究者协议会国际学术大会
2. 举办理解中国、沟通世界：第八届全国高校日语专业教学改革与发展高端论坛
3. 举办内涵与实施原则：外语类课程思政研讨会
4. 举办逆行于绝望的文学与思想：追思大江健三郎座谈会
5. 举办中日人文系列讲座

6. 举办日语语言与教育系列讲座

7. 举办2022年北京外国语大学外国语言文学学科研究生高端学术论坛——"中国日本学研究前沿"分论坛

8. 举办研究生云端研学系列讲座

9. 举办翻译专业硕士系列讲座：相互理解正当时——邦交正常化50周年

三、机构要闻

在科研方面，全体教师共完成或参编学术专著1部、各类译著10部、教材及教参9部，论文集1部。在国内外刊物上公开发表论文65篇，其中CSSCI来源刊（含扩展版）9篇，北外A类期刊2篇，被省部级单位采纳研究报告4份。获2项中国外语战略研究中心委托项目，1项民政部社会福利与社会进步研究所委托项目，6项校级科研项目。2022年12月，经CTTI（中国智库索引）系统核算与权威专家评审，教育部区域和国别研究培育基地北京外国语大学日本研究中心成功入选"CTTI2022年度高校智库百强榜"。

在学术活动方面，积极邀请国内外著名专家学者，举办各类学术讲座近20场。长期聘请多名日籍专家及客座教授为学生授课。组织硕士研究生、博士研究生以线上和线下相结合方式参加各类国际、国内学术研讨会以及工作坊等，研究生共发表论文18篇，编著译著4部，工具书1部。组织研究生参加学术论坛或会议活动40余人次；教师参加国内外线上、线下学术研讨会80余人次。

在教学改革创新方面，院长周异夫主编出版日文版《理解当代中国日语读写教程》。教师魏然、陈慕薇、董海涛组建的团队荣获首届"外研社杯"全国高校日语专业课程思政教学设计大赛一等奖。"日语演讲与辩论"在慕课平台结项，并在高校外语慕课联盟上线。日语学院学生积极参与各类大赛并取得优异成绩，获2022年"笹川杯日本研究论文大赛"文化组特等奖、"永旺杯"第十五届多语种全国口译大赛交传组二等奖、同传组优秀奖等。成功举办"用日语讲好中国故事"大赛等。

四、承担的省部级及以上课题

序号	课题名	主持人	课题类型	课题编号
1	日本国内关于钓鱼岛归属问题的观点解析与考证研究	房迪	国家社科基金项目青年项目	21CGJ028
2	《近代中国社会的新陈代谢》（日文版）	宋刚	国家社科基金中华学术外译项目	20WZSB019
3	日本新宗教运动对当前中日关系的影响研究	暴凤明	国家社科基金项目一般项目	20BZJ061
4	战后初期中国对日传媒的文献整理与综合研究	秦刚	北京市社科基金项目	19WXB003
5	《超越市场与超越政府》（日文版）	丁红卫	国家社科基金中华学术外译项目	18WJL003

续表

序号	课题名	主持人	课题类型	课题编号
6	基于大规模自建语料库的日本近现代文学作品中爱情隐喻模式系统性研究	韩涛	国家社科基金项目一般项目	18BYY225
7	日本朱子学文献编纂与研究子课题	郭连友	国家社科基金重大项目子课题	243061100007
8	在京留学生学习生活状态调查与成功留学对策研究	费晓东	北京市社科基金项目	17JYC030
9	德富苏峰译介西方文艺思想对明治日本以及清末中国留日知识分子的影响	曲莉	北京市社科基金项目	16WXC022
10	当代日本对华舆论形成的结构和机制研究	周维宏	国家社科基金项目一般项目	16BXW051
11	日本城镇化进程中的公共治理及其启示	周维宏	教育部重点研究基地重大项目	13JJD810002
12	日本古代政治史和家族史中天皇制的研究	潘蕾	北京市共建项目	—
13	日本语言中汉字词汇使用现状研究	谯燕	教育部哲学社科研究重大课题攻关项目	12JZD014

（供稿人：徐滔）

北京外国语大学北京日本学研究中心

一、基本情况

北京日本学研究中心成立于1985年，隶属于北京外国语大学，是北京外国语大学下设的多个实体科研机构及培养硕士以上高层次人才的教学机构。2008年，被教育部评为全国日语语言文学重点（培育）学科，同年被评为北京市重点学科。北京日本学研究中心的前身，是根据1979年12月时任日本首相的大平正芳访问中国时代表日本政府与中国政府签订的文化交流协定，在北京建立的"全国日语教师培训班"（被中日教育界称为"大平班"）。1985年9月，中国教育部与日本国国际交流基金会合作创建了北京日本学研究中心，地点设在北京外国语大学。北京日本学研究中心目前有语言学、日语教育、日本文学、日本文化、日本社会和日本经济六个研究室。每年招收硕士生40名左右，博士生6名左右。

北京日本学研究中心与日本东京大学等知名高校、研究机构、民间团体建立了交流合作关系，每年派遣硕士、博士研究生赴日学习和研究，为师生交流、学术研讨提供国际资源保障。目前与日本神户大学、广岛大学、冈山大学建立了硕士双学位制度，硕士生在学期间按照双学位协议要求，完成中日两所高校的课程学习以及硕士学位论文撰写，可获得中日两校的双硕士学位。

北京日本学研究中心在北京外国语大学和日本国际交流基金会的资助下，每年引进多名学界高水平外籍专家担任客座教授，搭建顶级国际学术互动平台。目前，正在执行与日本国际交流基金会的第十个三年计划。2022年申报的"中日人文研究青年领军人才国际联合培养项目"成功通过国家留学基金委"创新型人才国际合作培养项目"遴选。该项目通过中日双方一流导师、一流人文学科研平台和人文研究项目的紧密结合，推进新形势下的中日人文交流，对接国家战略，服务国家需求，培养具有全球视野的高层次战略拔尖型中日人文研究和交流人才。

北京日本学研究中心作为全国首批两个从事日本研究的教育部国别和区域研究培育基地之一，于2017年成功入选中国智库索引（CTTI）来源智库，并于2022年12月成功入选"CTTI2022年度高校智库百强榜"。作为全国唯一入选的日本研究高校智库，北京日本学研究中心以科研、教学、图书信息为三大支柱，构筑了全方位发展的办学模式与科研体制。在巩固扎实的基础学科基础之上，积极发展日本文化、日本社会、日本经济研究等应用领域的研究，基于综合性研究视角的科研成果不仅为国内外的日本研究作出巨大贡献，也为服务国家政策和社会发展发挥了积极的作用。

北京日本学研究中心图书馆作为国内日本学研究重要的资料馆被广大学者熟知，面向全国各高等院校、科研机构和日本学界开放，承担着为本校日本研究相关的师生以及全国日本学教学及研究人员提供文献服务的职责。现有中日文各类图书14万余册，日文期刊200余种，中文期刊 70 余种，日文报纸 3 种。其中，由中日双方民间友好人士及友好团体捐赠的日文图书，也是馆藏的一大亮点，主要有高崎文库、孙平化文库、小孙文库、大平文库、德川文库、野村文库、松村文库、桐山文库、丹宇文库、米井文库、昭惠文库等。该中心图书馆馆藏的独特性和高度的开放性，在国内学界享有极高的声誉。2022 年 3 月，日本国际交流基金会佐藤百合理事来访时表示，北京日本学研究中心图书馆是全球日本研究专业性图书馆中，藏书最多、专业领域最广、社会服务辐射面最广的图书馆。

北京日本学研究中心国际化的办学理念、高水平的师资科研团队、丰硕的科研成果、丰富的日文图书馆藏、先进的软硬件设施，使其成为国内屈指可数的集教学、科研、智库、文化交流于一体的综合学术平台。为我国教育、科研和对外交流部门培养、输送了 2000 余名硕士、博士、讲师以上高层次、高质量、高素质的日语教育和日本研究的专业人才，为中国现代化建设、中日两国教育文化交流、中日友好作出了重要贡献。面向未来，北京日本学研究中心将以建设国内一流、国际上具有重要影响的日本研究机构为总体目标，把世界优秀的日本研究成果介绍给中国，把中国优秀的日本研究成果介绍给世界。

地址：北京市海淀区西三环北路 2 号北京外国语大学

邮编：100089

主任：中方主任为周异夫，日方主任教授为园田茂人

常务副主任：徐滔

副主任：熊文莉、费晓东

二、重要会议举办情况

2022 年 11 月 4—6 日，第六届东亚日本研究者协议会国际学术大会以线上线下相结合的形式召开。大会共进行了 2 个主题圆桌论坛、10 个国际日本学研究热点高端论坛及日本语言、文学、文化、教育、政治、外交、社会、经济等 10 个主题论坛和 30 多个分论坛。来自中国、日本、韩国、美国等国家各高校和研究机构 220 余名专家学者进行发言，大会参会人数超过 300 名。

2022 年 11 月 12 日，"2022 年北京外国语大学外国语言文学学科研究生高端学术论坛之日本研究分论坛"成功举办。该届分论坛主题为"中国日本学研究前沿"，设有 6 个方向：日语语言、日本文学、日本社会、日本文化、日语教育、中日翻译，共 15 个分会场。

2022 年参加国内外线上线下学术性会议 50 余次。另外，北京日本学研究中心克服新冠疫情影响，共举办研讨会、讲演会、公开讲座等 26 场。其中，中日人文大讲堂高端讲座 2 场，语言与教育系列专题讲座 5 场，引智项目外国专家高端讲座 19 场。

三、机构要闻

2022 年度全体教师共完成或参编学术专著 1 部、各类译著 10 部、教材及教参 9 部，论文集 1 部。在国内外刊物上公开发表论文 65 篇，其中 CSSCI 来源刊（含扩展版）9 篇，SSCI 期刊 1 篇，北外 A 类期刊 2 篇，被省部级单位采纳研究报告 4 份。获 2 项中国外语战略研究中心委托项目，1 项民政部社会福利与社会进步研究所委托项目，6 项校级科研项目。

2022 年北京日本学研究中心主办学术期刊《日本学研究》获得两项殊荣。一是荣获《中

国人文社会科学期刊 AMI 综合评价报告（2022年）》区域国别学类入库集刊称号，二是荣获社会科学文献出版社 CNI 名录集刊、优秀集刊（2022—2023）称号。《日本学研究》在全国的学术影响力日趋提升，这也是北京日本学研究中心学术能力的重要体现。

2022 年是第 10 个三年计划执行的承上启下之年，对北京日本学研究中心的发展至关重要。一年来，在北京外国语大学、日本国际交流基金会、北京日本文化中心、日本大使馆、阿含宗、日本伦理研究所、茶道里千家、卡西欧（中国）贸易有限公司、东芝国际交流财团、积水化学等政府和民间组织的大力支持和帮助下，全体教职员工齐心合力，努力克服新冠疫情的影响，实现了各项工作的基本正常运转。2021 年度开始实施的"专家计划""平台计划""教材计划""学术计划""优胜计划""VOICE 计划""保障计划"等七大计划进一步发挥指导性作用，2022 年度各项工作成绩显著。

四、承担的省部级及以上课题

序号	课题名	主持人	课题类型	课题编号
1	当代日本对华舆论形成的结构和机制研究	周维宏	国家社科基金项目一般项目	16BXW051
2	日本朱子学文献编纂与研究子课题	郭连友	国家社科基金重大项目子课题	—
3	《超越市场与超越政府》（日文版）	丁红卫	国家社科基金中华学术外译项目	18WJL003
4	基于大规模自建语料库的日本近现代文学作品中爱情隐喻模式系统性研究	韩涛	国家社科基金项目一般项目	18BYY225
5	日本新宗教运动对当前中日关系的影响研究	暴凤明	国家社科基金项目一般项目	20BZJ061
6	《近代中国社会的新陈代谢》（日文版）	宋刚	国家社科基金中华学术外译项目	20WZSB019
7	日本国内关于钓鱼岛归属问题的观点解析与考证研究	房迪	国家社科基金项目青年项目	21CGJ028
8	日本语言中汉字词汇使用现状研究	谯燕	教育部哲学社科研究重大课题攻关项目	—
9	日本城镇化进程中的公共治理及其启示	周维宏	教育部人文社科重点研究基地重大项目	—
10	日本古代政治史和家族史中天皇制的研究	潘蕾	北京市共建项目	—
11	德富苏峰译介西方文艺思想对明治日本以及清末中国留日知识分子的影响	曲莉	北京市社科基金项目	16WXC022

续表

序号	课题名	主持人	课题类型	课题编号
12	在京留学生学习生活状态调查与成功留学对策研究	费晓东	北京市社科基金项目	17JYC030
13	战后初期中国对日传媒的文献整理与综合研究	秦刚	北京市社科基金项目	19WXB003

(供稿人：房迪)

北京第二外国语学院日语学院

一、基本情况

北京第二外国语学院日语专业创建于1964年，2019年入选国家级一流本科专业"双万计划"，是教育部第一批特色专业建设点、北京市特色专业建设点、重点建设学科和品牌专业。杰出校友从专家、学者到国务委员、部长、大使等遍及海内外各个领域。

从最初的亚非语系日语专业、日语系发展到今天的日语学院（以下简称"学院"），经过近60年对专业不断改革探索与创新，日语专业在本科人才培养中设立"中日人文交流、中日同声传译、中日漫画文创"三个专业方向，在硕士研究生人才培养中设立"语言学研究、文学研究、社会文化研究、翻译研究"四个研究方向，以培养"新外语、国际化、复合型"的人才培养目标和学科定位服务学校办学定位和首都四个中心发展。

主要研究领域为日语语言学、日本社会文化、日本文学、中日同声传译、日本漫画文创。

学院有专业课教师35名，其中教授9人、副教授15人、日籍专家4人（其中1人为日籍专任）。拥有博士学位的教师达80%，教授及副教授占比为68%，外籍教师占比为10%。

地址：北京市朝阳区定福庄南里一号
邮编：100024
院长：杨玲
联系电话：010-65778435
电子邮箱：ryxy@bisu.edu.cn

二、机构要闻

学院通过国际日本学研究中心的"一体两翼"平台，开展围绕中心建设的"知识共同体"系列学术交流活动和集刊《国际日本研究》的学刊学术交流活动。2022年，"知识共同体"系列学术活动开展了一系列以国内日本学研究青年学者群体为主体对象的学术交流活动，不仅丰富了在校师生的科研视角和科研路径，也拓宽了校内外学术交流的平台。

2022年"知识共同体"系列学术活动共包含以下八项活动。

第一讲：日本江户儒学的复古思潮：山鹿素行·伊藤仁斋·荻生徂徕
第二讲：近代东亚的知识脉动：章太炎·李叔同·袁犀
第三讲：妖怪与东亚的精神世界：《山海经》·石头传说
第四讲：中日漫画的"流动"与"越界"：时间、空间、媒介
第五讲：日语语言研究中的新工具与新问题：数据学习与脑认知
第六讲：日本历史褶皱处的远观近觑：战国道德伦理·东亚海域危机·江户捕鲸认知
第七讲：追寻大江健三郎文学的足迹

第八讲：日语语法化研究的理论与课题

以研究生为主体对象的学术大讲堂包含以下四项活动。

第一讲：东亚的语言空间——汉文所书写的与日语所书写的

第二讲：诗歌的跨文化翻译——以俳句、川柳的汉俳式翻译为中心

第三讲：后安倍时代——战略觉醒下的日本经济走向

第四讲：数据挖掘技术在日本学研究中的应用与拓展

同时，学院以北京漫画协会为依托，举办全国范围的文化创意活动。主要活动有第二届"海棠杯"全国大学生创意漫画大赛、助力朝阳区消防安全宣传"消防文创"、喜迎党的二十大漫画创作等。

教科研方面，学院教师积极参与教材出版，2022年共出版教材5本、专著2本。主要信息如下：

1. 《CATTI 汉日词汇手册》，新世界出版社。
2. 《"理解当代中国"日语系列教材——汉日翻译教程》，外语教学与研究出版社。
3. 《日语口语教程》，北京大学出版社。
4. 《日语入门》（小语种入门系列），旅游教育出版社。
5. 《基础日语2（第2版）》，国家开放大学出版社。
6. 《受容与变容：近现代日本基督教思想发展变化研究》，宗教文化出版社。
7. 《中国大学日语教学研究：以日语学习者学习动机研究为主》，朝华出版社。

三、承担的省部级及以上课题

序号	课题名	主持人	课题类型	课题编号
1	从传统向现代社会转型的日本养老问题嬗变和启示	江新兴	国家社科基金一般项目	18BSS033
2	日语国际传播人才翻译基础能力提升研究——以日语MTI入学考试为核心	李成浩、林曌	其他省部级项目	21CATL14
3	中日文学经典的传播与翻译	马骏	国家社科基金中华学术外译项目	19WZWB014
4	近代在华日侨文人的北京书写与文化认同研究	彭雨新	北京市社科基金项目	21WXC012
5	基于语料库的日语动名类转机制研究	沈晨	教育部人文社科研究一般项目	18YJC740082
6	日本文学的核危机书写与命运共同体构建	王丽华	北京市社科基金青年项目	20WXC012
7	大江健三郎文学中的共同体思想研究	王丽华	国家社科基金青年项目	19CWW005

续表

序号	课题名	主持人	课题类型	课题编号
8	国际中文通用翻译能力测试命题信效度及专用教材建设研究	杨玲、路邈	其他省部级项目	21CATL04
9	《翻译论集》（修订本）	杨玲	国家社科基金中华学术外译一般项目	20WYYB005
10	信息化时代移动智能终端在大学日语教育中的应用模式研究	张文颖	北京市教育科学规划项目	CHDB19395
11	日本城市进程中的文学书写研究	张文颖	国家社科基金一般项目	28BWW028
12	近代以来中日文学关系研究与文献整理（1870—2000）"子课题"当代卷五"	张文颖	国家社科基金重大项目	17ZDA277
13	日本江户时代《孟子》文献的整理与研究	张晓明	国家社科基金青年项目	19CZX031

（供稿人：高钰洋）

四川外国语大学日语学院

一、基本情况

四川外国语大学日语系（现日语学院）始创于 1973 年，1975 年开始招收本科生，1979 年开始招收硕士研究生，2017 年开始招收博士研究生。2021 年，日语系更名为日语学院。20 世纪二三十年代曾活跃在日本现代诗坛的黄瀛教授是四川外国语大学日语学院日语专业的首任研究生导师。历经近半个世纪的历史沉淀和内涵发展，四川外国语大学日语学院（以下简称"日语学院"）现已建设成我国日语教育及日本学研究的一大重镇。2015 年，四川外国语大学日语系获得日本国政府"外务大臣表彰"；2019 年，该专业首批入选教育部"国家级一流本科专业建设点"。四川外国语大学日语专业现为"重庆市高等学校特色专业"，该学科是"重庆市重点学科"。日语学院承担着本科生、硕士生、博士生的教学任务，目前已经与法政大学、广岛大学等 11 所日本高校及境外教育机构建立了校际友好交流的合作关系，通过联合培养的教育模式，每年派出 30 名以上本科生和 10 名左右的研究生赴日留学深造。

日语学院秉承四川外国语大学的人文传统，坚持"内涵发展，质量为先，中外合作，分类培养"的办学路径，作为国家一流专业建设点，一直坚持以立德树人为根本任务，把教育放在人才培养的核心地位，聚焦教学创新、深化教学改革，全力打造各类一流课程，全面提升日语专业人才的培养质量。日语学院的主要研究方向有日语语言、日本文学、日汉翻译学、中日对译、中日比较文学、中日比较文化。日语学院师资力量雄厚，历任主任有陈桂钧、王廷凯、姚继中、晋学新、罗国忠、黄芳。现有专职教师 25 名。其中教授 5 名、副教授 9 名，博士生导师 2 名、硕士生导师 10 名，外籍教师 3 名，另有客座教授 1 名，特聘教授 3 名。日语学院现任书记为曾珍，院长为黄芳，副院长为陈可冉。在编在岗教师人员有黄芳、陈可冉、姚继中、杨伟、赵晓燕、唐先容、冯千、王宗瑜、吴扬、丁世理、张颖、张丽霞、杨玲、郭娜、管尹莉、董春燕、赵婉、杨羽、何荷、李娜。

地址：重庆市沙坪坝区烈士墓壮志路 33 号

邮编：400031

负责人：黄芳

联系电话：023-65385261

电子邮箱：ryx@sisu.edu.cn

二、重要会议举办情况

近年来日语学院组织主办了多次高水平、深层次的日本文化交流和文学研究会议。2022 年 12 月 17 日由中国日语教学研究会重庆分会主办，日语学院承办的"第四届重庆市日语专业研究生论坛"在四川外国语大学顺利召开。开幕式由日语学院副院长陈可冉教授主持。副校长王仁强教授代表学校向与会嘉宾表示欢迎，并指出市内各高校的合作对该校日语学科建设具有重大意义，希望今后该地区日语专业间能够进一步加强联系，以提升地区日语学科建设的总体水平。中国日语教学研究会重庆分会会长、西南大学外国语学院彭玉全教授在致辞中表示，希望每年一度的研究生论坛能真正成为重庆市日语专业研究生提高学术水平的重要平台。此次研究生论坛拓宽了学生研究选题和内容的范围，同时令学生认识到在今后做研究和撰写论文的过程中需要注意的问题。论坛的开展和重庆各高校日语专业师生间的互动和交流也为今后继续开展同类校际活动提供了借鉴。

三、机构要闻

日语学院自创立以来，在学科建设、学术研究、教材编写、人才培养、对外交流等方面都取得了令人注目的成绩。日语学院日语专业在科研方面获得丰硕的成果，日语学院在国内外专业期刊上发表学术论文60余篇，其中部分论文发表在《日语研究》《日语教育》《日本文学解释与鉴赏》《日语与日本文学》《比较文化研究》《语文》等日本各大专业性研究杂志以及《国外文学》《中国比较文学》《日语学习与研究》等中国核心期刊上。该院教师的主要学术专著有《〈源氏物语〉与中国传统文化》《日本文化论》《文化·越境·表象——中日文化交流研究》《作为区域研究的日本学——从跨学科的角度进行思考》等，学术译著有《源氏物语》《人间失格》《日本文化论》等。近五年来，日语学院出版专业著作及教材30余部，承担了2项国家社科基金重点项目、9项国家社科基金一般项目、14项省部级科研项目、33项校级项目，不少成果获得了国家级、省部级科研成果奖和重庆市或校级教学奖项。日语学院积极参加教学设计比赛，在全国教学创新大赛、"外研社杯"全国高校日语专业课程思政教学设计大赛、"外教社杯"全国高校外语教学大赛等高层次比赛中斩获佳绩。每年学院还独立或与日本多所大学合作举办多次国内国际日本学研讨会，密切了学界交流，促进了教学科研的迅速发展。2022年6月8日，"景星讲坛"第二讲于立德楼日本文化体验室准时开启，此次讲坛的主讲人为现代日语语法研究领域著名学者、日本冈山大学文学部宫崎和人教授，我院吴扬副教授担任讲座主持人，讲座的题目为"日语语法研究的课题"。部分硕士研究生到场参加，同时还有来自国内外多所高校共100余人线上参加了讲座。2022年12月14日，四川外国语大学特聘教授、中国日语教学研究会副会长宋协毅为日语学院全体师生作了题为"新文科、新视野、新课程——口笔译能力的培养与教学方法的实践"的线上讲座，讲座由日语学院教师丁世理主持，重庆地区相关兄弟院校的师生也在线参加了讲座。

四、承担的省部级及以上课题

序号	课题名称	主持人	课题类型	课题编号
1	作为意识形态的私小说话语研究	杨伟	国家社科基金重点项目	21AWW003
2	日本思想中的中国传统文化记忆研究	姚继中	国家社科基金重点项目	20AWW002
3	日本近现代女性文学的精神记忆与肉体记忆研究	黄芳	国家社科基金一般项目	17BWW035

续表

序号	课题名称	主持人	课题类型	课题编号
4	日本古代土地制度史研究	郭娜	国家社科基金西部项目	21XSS001
5	日军"慰安妇"研究	丁世理	国家社科基金中华学术外译项目	20WSSB001

（供稿人：李娜）

外交学院日本研究中心

一、基本情况

外交学院日本研究中心（以下简称"中心"）成立于2008年，中日和平友好条约缔结30周年之际。中心以外交学院外语系日语专业的教师为主体，整合院内各专业有关日本方面的教学与研究力量，以增强在日本研究方面的整体实力。

中心涉及日本的政治、经济、外交、社会、历史、法律、思想、语言、文学和文化等诸领域。特别是在日本的政治外交等研究领域，如果能够在中心的平台上得到整合，无疑会凸显外交学院以外交为特色、以外语为优势的办学方针，加强院内在教学、研究等方面的合作，强化教师和研究生层面与外校及相关研究部门的交流。

在中心的平台上，通过学术活动以及各种诸如外请讲座、讲演、研讨会等交流，将会对教师层面的教学与学术水平的提高起到积极的促进作用。同时，鉴于外语系每年定期或不定期地举办中日青少年的友好交流活动，包括组织学习日语的学生赴日本访问、定期派遣在校生赴日交换留学等实践经验，中心举办的各种活动，必将进一步对学生层面有所波及和影响，这对于增进两国青少年之间的了解，加强在校学生对日本的全面认识和了解，增强日语的应用与实践机会，无疑是大有裨益的。这是教育机构的立脚点之一，也是外交学院日本研究中的重要使命之一。

中心的宗旨是在中日关系新的阶段和新的起点上，以增进中日的互信和互利为前提，通过以学术交流为主要内容的各种活动，提高教学质量和研究能力，培养更多出色的对外交流人才。

地址：北京市西城区展览路24号外交学院
邮编：100037
联系电话：010-68323904
中心组织机构如下。
主任：周萍萍
副主任：周永生、任远喆
秘书长：李濯凡
副秘书长：史兆红
秘书：代红光、李占军、秦石美

中心共有13位成员，包括正高级职称人员4人、副高级职称人员5人，其中拥有博士学位人员12人，占比为92%，均为日本早稻田大学、北京大学等国内外著名大学博士，其中1人是中国社会科学院博士后出站人员。

研究领域及科研队伍如下。

日本政治与外交：周永生、任远喆、丁曼、代红光

日本社会与文化：周萍萍、李濯凡、马铭、秦石美

日本文学与语言：史兆红、王源、张玉玲、李占军、马如慧

日本历史与概况：周永生、周萍萍、李濯凡、代红光

二、机构要闻

2022年3月14日，中心副主任周永生为《环球时报》供稿《对华ODA停了，但日本别忘了初衷》。

2022年5月9日，中心副主任周永生教授受瞭望智库邀请发文《一项急迫任务？日本豪砸5万亿，要从这国拿到什么?》。

2022年10月9日，《长江新闻号》连线中心副主任周永生教授，深入解读"日本在中国遗留的化学武器危害巨大，中方已经多次提出交涉。然而，日本的实际行动却一直很缓慢，总是以各种借口拖延处理"。

2022年11月22日，中心副主任周永生教授为大连外国语大学开展题为"岸田文雄政府的外交政策及中日关系的未来"的学术讲座。

2022年12月9—11日，中心副主任任远喆教授受邀参加厦门大学主办的"区域国别学视野下的东南亚研究：范式·体例·动力暨《南洋问题研究》《南洋资料译丛》两刊选题会"并对议题进行了点评。

三、承担的省部级及以上课题

序号	课题名	主持人	课题类型	课题编号
1	印太战略视阈下南海问题新态势与我国应对策略研究	任远喆	国家社科基金重点项目	18AGJ006

（供稿人：周萍萍）

宁波大学外国语学院日本研究所

一、基本情况

宁波大学外国语学院日本研究所成立于2000年，是专门从事日本研究的学术机构。研究所下设日语语言学、日本文学、中日文化交流史、日本社会与文化、中日比较文学与跨文化研究、翻译学等6个研究方向。

该所现有研究人员17人，包括：教授1人、副教授3人、讲师13人，其中博士8人。张楠，教授，博士，硕士研究生导师；杨建华，副教授，硕士研究生导师；刘永岚，副教授；吕明剑，讲师；朴东兰，讲师；宋珊珊，讲师；丁玉龙，讲师；刘静，讲师；周知，讲师；蔡凤香，讲师，博士；李雪，讲师，博士；冯英华，讲师，博士；黄利斌，讲师，博士；陈雯，讲师，博士；陈梦夏，讲师，博士；王一兵，讲师，博士。

该所所长李广志主要研究方向为中日文化交流史。著有《万里波涛东瀛路——南宋临安海商谢国明与中日交流》，译著夏目漱石《我是猫》等。主持国家社科基金项目"日本遣唐使研究"。

地址：浙江省宁波市江北区风华路818号

负责人：李广志

电子邮箱：2428623089@qq.com

二、重要会议举办情况

2022年11月26—27日，举办"第五届海洋文学与文化国际学术研讨会"。会议由宁波大学外国语学院、《外国文学研究》编辑部、宁波大学世界海洋文学与文化研究中心、宁波大学文学跨学科研究中心、中国社会科学院—宁波大学外国语言文化与宁波国际化发展战略研究中心联合主办，海洋出版社协办。会议的主题是"海洋强国"语境下的海洋文学与文化研究，与会专家和学者为大家呈现了一场丰盛的学术盛宴。

会议有6个专题小组，其中，日本研究所开设了一个与日本有关的会议专场，主题为"日本海洋文学与'海丝之路'文化交流研究"。

三、机构要闻

2022年宁波大学外国语学院设立日语翻译硕士并开始招生，即"日语笔译"（MTI）专业，截至2023年已有18名硕士生入学。

2023年在研课题有两项，（1）2023年浙江文化研究工程重点课题："'宋韵'文化与日本佛教"，负责人：李广志；（2）2023年浙江文化研究工程重点课题："'宋韵'文化与日本社会生活"，负责人：刘永岚。

（供稿人：黄利斌）

宁夏大学·岛根大学国际联合研究所

一、基本情况

宁夏大学·岛根大学国际联合研究所（以下简称"研究所"）成立于2004年，是宁夏大学和日本岛根大学以欠发达地区的社会开发、学术交流和人才培养为目的共同设立的学术研究机构。研究所的创建，不但为两校教学科研领域的合作和人才培养以及各类学术交流活动构建了一个平台，而且也为高等院校国际间的学术交流与合作创建了一个新的模式。研究所贯彻基础理论研究与现实对策研究并重的原则。通过开展研究工作，增进中日两国人民的相互了解，促进中日两国友好关系的发展，为中日两国的欠发达地区的可持续发展和解决环境等问题作出贡献。

研究所的主要学术研究活动如下。

（一）研究方向

针对联合国可持续发展目标（SDGs）开展两国相关领域问题的跨学科研究；

推进信息技术、新材料开发、可再生能源等科学技术的发展及其实际应用，开展有利于社会发展和环境保护的尖端技术的研究；

在中日两国欠发达地区开展生态环境保护、城镇化建设、自然灾害预防与应对等具有地方特色的人文社会、自然科学及人才培养的研究。

（二）工作内容

联合研究：在进一步促进以两校研究人员为主的国际合作研究的同时，充实相关领域的客座研究员；

社会贡献：推进问题研究型的重点项目的跨学科研究，推动研究成果转化应用；

人才培养：通过互相访问进修或交换留学等项目，为两校的教职人员和学生提供国际化学习机会；

学术交流：在进一步推进两校研究人员交流的同时，定期举办国际学术会议和研究型学术讲座；

成果推广：为更好地推广研究成果，促进两校间的相互理解，应进一步整合研究资源，提高信息交流渠道和质量，借助多种媒体平台进行信息交流；

完善交流研究平台：为保证两校师生学术交流合作的顺利进行，应不断完善各项制度，积极争取来自中日两国的多方研究经费。

研究所中日双方人员构成如下。

中方成员

顾问：陈育宁　教授

所长：赵晓佳　教授
副所长：朱海燕　副教授
专兼职研究员：2 名
工作人员：1 名

日方成员
顾问：保母武彦　名誉教授
所长：一户俊义　教授
副所长：关耕平　副教授、松本一郎　教授
常驻研究员：若干名
邮编：750021
联系电话：0951-2061882

二、重要会议举办情况

2022年4月28日，宁夏大学、岛根大学共同主办的第十九届中日国际学术研讨会在宁夏大学以"线上+线下"形式召开。该届国际学术研讨会围绕"从脱贫攻坚到全面建成小康社会的中日两国减贫成果和可持续发展研究"主题开展交流研讨。宁夏大学党委常委、副校长史金龙出席会议并讲话，岛根大学副校长大谷浩和研究所中方顾问陈育宁分别为研讨会开幕式致辞。此次大会承办方为研究所、宁夏大学外国语学院，协办方为宁夏大学经管学院，学校有关学院和单位师生参加了研讨会。宁夏大学和日本岛根大学于1997年正式建立合作交流关系，2004年成立宁夏大学·岛根大学国际联合研究所。此次研讨会的成功举办有利于两校进一步深化和拓展交流合作，为宁夏大学的"双一流"和国际化建设作出新贡献。

三、承担的省部级及以上课题

序号	课题名	主持人	课题类型	课题编号
1	以宁夏为例的西北民族地区精准扶贫对策研究	藏志勇	国家社科基金一般项目	17BMZ114
2	基于《日本语言与文化》课程思政教学提升中华民族国家意识与文化自信	藏志勇	宁夏回族自治区"思政课程"项目	NXSZ20203074

（供稿人：李杨）

辽宁大学日本研究所

一、基本情况

辽宁大学日本研究所是我国最早的日本问题研究机构之一。该研究所的历史可以追溯到1964年5月，当时根据中共中央关于加强外国问题研究的指示精神和东北局的决定，辽宁省日本研究所正式成立。作为我国最早的综合性日本问题研究机构，该研究所的成立也意味着我国学术界日本研究的正式开始。然而，由于历史原因，该研究所曾一度被解散。但在周恩来总理的两次过问下，该研究所于1971年春得以恢复，并更名为辽宁大学日本研究所。

辽宁大学日本研究所下设多个研究室和图书资料中心，包括日本经济、文学文化、历史等领域。《日本研究》杂志的创刊也是该研究所的一项重要性成果标志。该杂志于1971年创刊，1985年开始公开发行，是我国第一家公开出版的综合性日本研究学术刊物。

近60年来，辽宁大学日本研究所取得了卓越的科研业绩和丰硕的研究成果。该研究所与日本30余个学术团体、友好组织和大学建立了合作联系，还邀请了众多日本国内知名学者来所讲学和进行共同研究。辽宁大学日本研究所已经成为国内日本研究的重镇之一，对于我国与日本的学术交流与合作发挥着重要作用。

地址：辽宁省沈阳市沈北新区道义南大街58号
邮编：110136
负责人：陈维东（书记）　韩春虎（所长）
联系电话：024-62202254
电子邮箱：japanstudies1964@126.com

二、重要会议举办情况

1. 创意城市国际学术研讨会。为了促进创新和数字经济发展，辽宁大学日本研究所在2022年7月举办了一场"创意城市国际学术研讨会"。此次研讨会的目标是通过充分发挥该研究所的学术资源优势，树立学术品牌，并遵照《沈阳市建设创新创业人才高地的若干政策措施》等相关要求来推动数字经济的发展。此次会议围绕数字经济的各个关键环节展开了讨论，包括要素流通、核心技术产业发展、数字化转型、数字治理、数字经济基础设施建设等。会议中，与会者共同探讨了如何强化数字经济的创新要素高效配置，如何充分发挥数据作为数字经济重要生产要素的价值以及如何适度超前布局新型基础设施体系，着力提升数字化生产力。此外，该研讨会还深入探讨了5G、移动互联网、物联网、人工智能、大数据、云计算、区块链等新一代信息技术的融合应用，以及如何培育新业态新模式，加快经济社会各领域数字化转型步伐等。研讨会共邀请了50余名中日知名学者共同为区域发展建言献策。该研讨会在社会上产生了较大影响，为数字经济的创新发展提供了新思路、新模式和新路径。

2. "2022日本研究论坛"系列讲座第一讲。辽宁大学日本研究所于5月14日下午举办了一场线上讲座，主题为"当下外国文学研究中的几个问题"。此次讲座由黑龙江大学文学院马汉广教授主讲，韩春虎所长主持。辽宁大学日本研究所及其他部分师生参加。马汉广教授以亲身经历为引，吸引同学们对外国文学作品的思考，循序渐进地提出了第一个命题：文学本身是一种差异性存在。通过司汤达与福楼拜的创作差异、卡夫卡的《城堡》、马尔克斯的《百年孤独》和艾略特的《荒原》等经典作品所描写的只言片语和现实世界，以及对未来趋势的展望，推论出作品表现出历史意识、现实世界和未来拯救之间的矛盾。从以往的文学作品回到当下，马教授指出当下文学实践与传统的文学有差异，不可通约，这些文学作品都不能用一种固定的理论模式来加以解读。当把文学看作差异性存在之时，用不同的理论模式解读一部作品会得出不同的结论。马教授以王敦教授的"打开文学的方式"为题目说明每一部文学作品相当于一把不同的锁，用不同的方式也就是钥匙来打开不同文学作品的锁。由此马教授便以"钥匙"与"锁"生动形象的比喻引导出第二个命题：一种文学理论就意味着一种文学观念，不同的文学观念研究文学现象之时以自己独特的方式形成了一把独特的钥匙。上述两个命题便是本讲座中所述当下外国文学研究中的第一个问题，即文学与理论的问题。第二个问题是文学与文本的问题，马教授由浅入深地讲述了20世纪以来对文本关注的趋势，探究从作品到文本观念转变的理论趋势，从英美新批评到俄国形式主义文论，再到后结构主义罗兰·巴特的七个特征。第三个问题是文学与翻译的问题，举例说明两者的关系，生动而深刻。

三、机构要闻

辽宁大学日本研究所成功举办了第二届三菱商事奖学金授予仪式。该仪式于2022年11月17日下午在辽宁大学日本研究所会议室以线上和线下相结合的形式举行。出席此次仪式的主要有三菱商事（大连）有限公司总经理龟山直明先生、辽宁大学日本研究所陈维东书记以及韩春虎所长。共有来自辽宁大学日本研究所和外国语学院的10名研究生获得了这一殊荣。三菱商事奖学金作为一项重要的学术奖励，旨在鼓励和支持优秀研究生的学习和研究。

四、承担的省部级及以上课题

序号	课题名	主持人	课题类型	课题编号
1	基于《资本论》视角下的沈阳经济发展新动能研究	许悦雷	辽宁省社科规划基金重点项目	L18AJL004
2	社会心理学视角下的顾客测评的构造分析	刘兵	辽宁省社科规划基金项目	L17CJY005
3	石桥湛山的小日本主义思想研究	周致宏	教育部人文社科研究青年项目	18YJC770048
4	"小日本主义"对中日关系的影响	周致宏	辽宁省社科规划基金青年项目	L18CSS001

续表

序号	课题名	主持人	课题类型	课题编号
5	后疫情时代全球经济结构大调整对中日经济关系的冲击、影响与对策	崔岩	教育部年度课题	2021N-07
6	新时代文学意识形态论	韩春虎	辽宁省社科规划基金重点项目	L18AZW001
7	近代日本国体论与殖民地同化问题研究	于洋	辽宁省社会科学规划基金青年项目	L22CSS001

（供稿人：许悦雷）

吉林大学日本研究所

一、基本情况

吉林大学日本研究所是吉林大学直属的重点研究日本问题及中日关系的综合性学术研究机构。1964 年经国务院批准，吉林大学成立日本研究室，1979 年经教育部批准，更名为吉林大学日本研究所。1987 年被教育部批准为教育部直属高校文科重点研究所。1994 年，伴随着吉林大学国际问题综合研究需要，日本研究所与吉林大学校内其他国别研究所合并共同组建东北亚研究院，作为其中的核心部分日本研究所继续开展日本问题的教学与研究工作。2001 年根据需要将吉林大学日本研究所调整为吉林大学日本研究中心，2011 年 11 月应国务院和教育部进一步加强国别问题研究的工作要求，重新组建吉林大学日本研究所。2017 年吉林大学日本研究所入选教育部国别与区域研究备案中心。

吉林大学日本研究所现有科研人员共 16 人，其中教授 11 人、副教授 4 人、讲师 1 人，主要研究领域为日本经济、政治、历史与文化。

地址：吉林省长春市前进大街 2699 号
邮编：130012
负责人：庞德良
联系电话：0431-85166382
电子邮箱：pangdl@jlu.edu.cn

二、重要会议举办情况

2022 年 11 月至 12 月，吉林大学日本研究所、东北亚研究中心、东北亚研究院、东北亚学院邀请日本高校以及研究机构的知名学者专家，通过线上和线下相结合的方式举办了"东北亚国别与区域研究高端讲坛"系列学术讲座。

开展系列讲座共 12 场，就东北亚国别与区域研究视角下的国际关系、经济合作等领域进行了深入交流和成果分享。讲座涉及内容较为广泛，如"中日 50 年——世界经济的历史转变与东北亚区域合作的意义"（松野周治）、"东北亚跨境经济合作及其紧张局势缓和"（小川雄平）、"日韩关系的决定因素"（三村光弘）、"日俄经济关系 30 年史"（新井洋史）、"经济制裁下的俄罗斯经济"（志田仁完）、"东北亚交通与物流"（町田一兵）、"从交通的角度看东北亚地区互联互通的建立"（町田一兵）、"跨国公司的发展及其在东亚经济中的作用"（王忠毅）、"后疫情时代的日本中小企业金融"（西田显生）、"日本经济全球化的现状与问题"（藤川升悟）等为主题，日本学者专家与该所、院师生分享了新的观点和研究成果。

三、机构要闻

2022 年吉林大学日本研究所研究人员参加国内外具有影响力的学术会议，并作主题演讲、学术报告等情况如下。

2022年8月18日，吉林大学日本研究所所长庞德良教授出席了在北京大学召开的中华日本学会2022年年会暨"邦交正常化50周年：中日关系回顾与展望"学术研讨会，并作了主题演讲。此次会议由中华日本学会主办，中国社会科学院日本研究所、北京大学国际关系学院承办，旨在重温中日关系的初心，探讨中日关系的未来。庞德良教授以"后疫情时代中日经济关系面临的机遇和挑战"为题展开学术观点，随后与会学者就构建契合新时代要求的中日关系，进行了热烈讨论和意见交流。

吉林大学东北亚学院·东北亚研究院副院长崔健教授共参加4次国际学术会议，依次为2022年8月18日召开的中华日本学会2022年年会、2022年9月25日召开的全国日本经济学会2022年年会、2022年11月19日召开东北亚地区和平与发展论坛2022、2022年12月3日召开的北京大学·吉林大学东北亚论坛2022等，发表论文题目分别为"日本的大学科研在'经济安保'战略中的作用与表现""日本军民两用技术政策历史演变与现实问题""日本从经济安全政策向经济安保战略的转变"等，其学术观点得到与会学者专家的认同，对该研究领域产生了一定的影响。

四、承担的省部级及以上课题

序号	课题名	主持人	课题类型	课题编号
1	中日韩国家关系新变化与区域合作战略	庞德良	教育部重点研究基地重大项目	16JJDGJW006
2	新时代中日韩国家关系变化与中国战略对策研究	庞德良	国家科技部引智项目	G2021129013L
3	东北亚区域合作的现状与未来	吴昊	教育部国际司委托项目	SKZ2021095
4	中日第三方市场合作的挑战与对策研究	陈志恒	国家社科基金一般项目	19BGJ050
5	战后日本史学与史观研究	戴宇	国家社科基金重点项目	18ASS006
6	联合国与"慰安妇"为题研究	王玉强	国家社科基金后期资助项目	18FSS020
7	增长与平衡视角下收缩型城市融入双循环路径研究	徐博	国家社科基金重点项目	SKZ2021058
8	日俄北极战略转变及其对中国战略选择的影响研究	李红梅	国家科技部引智项目	G2022129007L

（供稿人：李红梅）

西安外国语大学日本文化经济学院

一、基本情况

西安外国语大学日本文化经济学院（以下简称"学院"），创立于1975年，是全国较早开设日语专业的教学单位之一，是西北地区唯一的一所日语语言文学类本、硕、博三级培养体系健全的教学单位。目前，学院有在校生千余人，办学规模位居全国第二。

学院始终坚持"西部一流，全国领先"的办学目标，努力培养日语基础实、专业素质高、实践能力强的复合型国际化人才。日语专业2003年获批陕西省名牌专业，2011年获批陕西省特色专业，2017年入选首批陕西省一流专业建设项目，2019年获批国家级一流本科专业建设点。学院在编在岗教师60余人，其中博士生导师2人，硕士生导师24人。

学院本科阶段有日语、国际经济与贸易两个专业。日语专业下设翻译、日英复语、经贸、语言和人工智能、师范等5个方向，开设专业必修课程和选修课程超过百门。国际经济与贸易专业是学院为增强学生就业竞争力，奠基学生终身职业发展而开设的"语言+"模式教改班，授经济学学位，2019年首批毕业生100%就业。2019年9月，学院开设"卓越国际贸易人才实验班（日语+国贸+英语）"，锚定卓越拔尖人才培养，积极探索复合型人才培养新模式。2021年9月，我院开设日语高级翻译人才教改班，培养学生用日语讲好中国故事的能力，以服务中国更好地走向世界、世界更好地了解中国。学院研究生硕士阶段开设日语语言学、日本文学、日语教育、翻译学、国别和区域（日本国情研究）研究等5个研究方向，共开设课程80余门。翻译硕士（MTI）为全国第一批开设单位，有笔译、口译2个方向，共开设专业课程近50门。博士阶段设日语语言文学一个专业，每年招收博士生1—2人。

经过数十年发展积累，学院在区域国别研究方面形成鲜明的特色，设有教育部国别和区域研究中心—东北亚研究中心、西安外国语大学日本研究所等高级别研究机构。东北亚研究中心自2017年挂牌以来，充分发挥地域优势，积极挖掘本地题材，在中日韩古代文化交流、中日当代民间交流研究方面逐步形成独自特色，2020年进入CTTI智库名录。中心主办的区域国别研究刊物《东北亚研究辑刊》于2023年3月被评定为"2022年度中国人文社会科学集刊AMI综合评价"入库集刊。

学院国际合作交流蓬勃开展，先后与京都府立大学、日本东北大学、名古屋大学、筑波大学、东京外国语大学、关西学院大学、东洋大学等近40所日本知名高等院校建立友好合作交流关系。

学院主要信息如下。

党委书记：高万辉

院长：毋育新

地址：陕西省西安市长安区文苑南路6号西安外国语大学

邮编：710128

联系电话：029-85319061

二、重要会议举办情况

2022年1月19日，在"2022年共抗疫情云端学术周"活动中，西安交通大学霍士富教授题为"大江健三郎文学的时空美学——场所的相位与历史时间"、金中教授题为"日语专业学生如何应对时代挑战"的学术讲座顺利举办。

2022年4月11日，学院邀请欧洲学院齐赵园博士举行了区域国别研究咨询报告撰写座谈会。

2022年4月19日，中国教育国际交流协会原常务理事林佐平博士于线上为学院师生带来题为"公共外交的光和影——对于中日教育外交的观察与思考"的学术讲座。

2022年10月27日，南京农业大学外国语学院李红教授题为"近代日语词汇体系型化过程中汉语同构关系分析——基于农科词汇的实例解释"的学术讲座顺利举办。

2022年11月4日，对外经济贸易大学外语学院日语系吴英杰副教授题为"日语专业学生如何'职'面未来"的学术讲座顺利举办。

2022年11月10日，上海外国语大学毛文伟教授题为"数据挖掘技术在日本学研究中的应用及拓展"的学术讲座顺利举办。

2022年11月18日，日本早稻田大学应用语言学博士、复旦大学外文学院刘佳琦副教授题为"语音学与外语语音习得——不可思议的声音世界"的学术讲座顺利举办。

2022年12月17日，由西安外国语大学和中国外文局翻译院联合主办，学院承办的"2022年度全国高校日语MTI教育论坛"通过线上平台顺利召开。

三、机构要闻

2022年4月10日获悉，学院获批10项研究生科研基金项目，立项数创历年新高。

2022年4月28日，学院教师与亚非学院朝鲜语专业教师开展科学研究交流活动。

2022年6月，学院党委入选第三批陕西省党建工作标杆院系培育创建单位名单。

2022年7月22日获悉，学院杨晨副教授在国际著名能源期刊 *Applied Energy* 上发表了题为"Running Battery Electric Vehicles with Extended Range：Coupling Cost and Energy Analysis"的学术研究论文。该期刊为SCI一区期刊，2022年度影响因子为11.446。

2022年7月27日，中国社会科学院日本研究所杨伯江所长一行来访，就日本研究特别是区域国别研究的进一步开展进行了深入交流。

2022年8月，学院参与编写的"理解当代中国"系列教材《汉日翻译教程》正式出版。

2022年9月8日获悉，学院教师韩思远以第一作者的身份在国际SSCI期刊 *Frontiers in Psychology*（2022，Vol. 13）正刊上发表了题为"Impact of Foreign Language Classroom Anxiety on Higher Education Students Academic Success Mediating Role of Emotional Intelligence and Moderating Influence of Classroom Environment"的学术研究论文。

2022年10月22日，学院召开"民族团结一家亲"少数民族新生座谈会。

2022年10月26日，由陕西省对外友好协会、咸阳市人民政府、日本宇治市政府及日本成田市政府联合举办的中日历史文化名城对话会顺利召开，学院作为特设分会场参与会议。

2022年10月29日，由学院承办的第二十三届长安杯·中国大学生日语才能演示大赛成功举办。

2022年11月2日，学院召开学习贯彻党的二十大精神专题会议。

2022年11月22日，学院毋育新教授及其团队举办了课程思政示范课教学观摩活动。

2022年12月10日，在西安外国语大学庆祝建校70周年的喜庆氛围中，学院举办了以"情系母校忆芳华，薪火相传谱新篇"为主题的青年校友与师生"云座谈会"。

四、承担的省部级及以上课题

序号	课题名	主持人	课题类型	课题编号
1	面向人机对话系统的日语语用距离调节机制研究	毋育新	国家社科基金项目	21XYY009
2	基于语料库的汉日程度范畴主观性对比研究	陈建明	国家社科基金项目	21BYY191
3	社会学与中国社会巨变	葛睿	国家社科基金中华学术外译项目	20WSHB006
4	基于《抗战日语读本》的中国共产党早期外语教育思想研究	毋育新	教育部人文社科研究项目	20YJA740044
5	面向计算机辅助第二语言语音习得的日语长短音感知线索研究	张琰龙	教育部人文社科研究项目	19YJC740119
6	日本西夏学史研究	王玫	教育部人文社科研究项目	22YJCZH173
7	日本江户时代地方政治体制演变研究	许文英	教育部人文社科研究项目	22YJC770029
8	国际传播视域下的《玛纳斯》史诗翻译研究	孙逊	国家民委一般项目	2019-GMD-050
9	日本对中国朝礼的跨时空接受与重构研究	聂宁	贵州省哲学社科规划国学单列课题	22GZGX26
10	日本核废水处理与东北亚环境安全治理	郜枫	教育部高校国别区域研究课题	2021-N18
11	美联储货币政策演变及对中国央行货币政策有效性的启示	白晓光	教育部高校国别区域研究课题	2021-G37

续表

序号	课题名	主持人	课题类型	课题编号
12	"文艺团体走出去"对策研究——以古丝绸之路沿线地带为对象	陈曦	教育部高校国别区域研究课题	2020-N14

（供稿：西安外国语大学日本文化经济学院）

苏州大学东亚历史文化研究中心

一、基本情况

苏州大学东亚历史文化研究中心成立于2021年10月，由中国社会科学院近代史研究所作为学术指导单位。该研究中心将充分发挥苏州大学世界史研究的学科发展优势地位，以日本史、东亚史、中日关系史、华侨史、殖民地史研究方面研究为主要特色，还进一步提升日本侵华史和满铁研究，尤其是在日本对华资源调查及盗绘图表方面、日本对中共调查方面将陆续出版一批重要的研究成果。该中心的发展目标是把握历史趋势，构建科学发展体系的新目标；推进学科建设与发展，打造学术研究与交流新高地；加强学术交流，提升学科体系的话语权。

地址：江苏省苏州市苏州大学独墅湖校区二期1005栋5421

邮编：215123

负责人：武向平

联系电话：13104449118

电子邮箱：1196206858@qq.com

苏州大学东亚历史文化研究中心共有专职人员5人，其中正高级职称3人、副高级职称1人、讲师1人。兼职人员2人，其中正高级职称1人、副高级职称1人。

序号	姓名	出生年月	职务/职称	研究方向	所在单位
1	武向平	1974.11	学科带头人、教授	东亚史、中日关系史、日本侵华史	苏州大学
2	姚传德	1963.2	教授	东亚文化史、日本城市史	苏州大学
3	徐志民	1977.12	研究员	东亚国际关系史	中国社会科学院
4	徐翀	1983.11	特聘教授	全球城市史、比较帝国史	苏州大学
5	张传宇	1983.10	副教授	日本史、华侨史	苏州大学
6	年旭	1987.5	副教授	东亚国际关系史	华南师范大学
7	杨峻懿	1990.11	讲师	东亚海洋史	苏州大学

二、承担的省部级及以上课题

序号	课题名	主持人	课题类型	课题编号
1	近代日本在华资源"调查"及盗绘图表整理与研究（1894—1945）	武向平	国家社科基金重大项目	18ZDA204

续表

序号	课题名	主持人	课题类型	课题编号
2	"吉林省档案馆藏日本侵华档案整理（第二期）"子课题"日本对中国矿产资源掠夺档案资料整理与研究"	武向平	国家社科基金抗日战争研究工程项目	19KZD001
3	"满铁资料整理与研究"子课题"战后日本满铁会研究"	武向平	国家社科基金抗日战争研究工程项目	17KZD001
4	日本对中共调查档案资料汇编	武向平	国家民保中心民国文献保护整理项目	—
5	上海法租界的公共安全治理研究（1849—1919）	徐翀	国家社科基金后期资助项目	22FZSB069
6	近代上海法租界的安全防控体系建构研究（1849—1921）	徐翀	教育部青年项目	22YJC770026

（供稿人：武向平）

武汉大学日本研究中心

一、基本情况

武汉大学日本研究中心（以下简称"中心"）成立于 2007 年 11 月 20 日，挂靠于武汉大学国际问题研究院，是跨学科的日本问题研究机构。中心研究人员由从事日本政治、经济、外交、历史、文化等方面教学和科研的专职、兼职人员组成。现有核心成员 11 人，其中教授 6 人、副教授 3 人、讲师 2 人。中心聘请了一批国内外知名学者担任顾问和客座教授，包括武汉大学特聘教授、日本前首相鸠山由纪夫博士等。中心自 2019 年起与日本早稻田大学每年合办中日关系国际学术研讨会，自 2022 年起每年主办琉球研究研讨会，此外，还不定期举办各种与日本相关议题的学术会议。同时，也邀请国内外相关学者来访讲学。

地址：湖北省武汉市武昌区八一路 299 号

邮编：430072

负责人：胡德坤

联系电话：027-68756726

电子邮箱：whuiis@whu.edu.cn

中心主要研究领域有中日战争、中日关系、日本历史文化、日本政治外交史、日本思想文化、日本经济与管理、日本语言文学等。每年都招收来自国内外从事日本研究的硕士、博士研究生。

中心由人文社科研究领域资深教授胡德坤先生创立。胡德坤担任中心主任，依田憙家教授为名誉主任。

主要成员如下。

胡德坤，武汉大学人文社科研究领域资深教授，国家领土主权与海洋权益协同创新中心主任，武汉大学国际问题研究院、中国边界与海洋研究院名誉院长。主要研究第二次世界大战与中日战争史研究、边界与海洋历史研究等。主要著作有《第二次世界大战史》（第二作者）、《七七事变》、《中日战争史（1931—1945）》、《第二次世界大战史纲》（主编）、《第二次世界大战与战后世界性社会进步》（第一作者）、《中国抗战与世界反法西斯战争》（第一作者）、《战时中国对日政策研究（1937—1945）》（第一作者）、《中国抗日战争与日本世界战略的演变》等。

林泉忠，中心执行主任，武汉大学国际问题研究院教授，博士生导师，法学博士，毕业于东京大学，历任台湾"中研院"近代史研究所副研究员、琉球大学国际关系学系副教授、哈佛大学费正清东亚研究中心富布赖特学者等。主要研究领域为东亚国际关系，侧重于中美日关系、琉球研究、钓鱼岛研究、台湾问题等。主要著作有《中日国力消长与东亚秩序重构》、《21 世纪视野下的琉球研究》、《"边陲东亚"的认同政治：冲绳、台湾、香港》（日文）

等，发表学术论文40余篇。

李圣杰，中心副主任，武汉大学外国语言文学学院院长、日文系教授、博士生导师。入选湖北省"楚天学者计划"、武汉大学"351人才计划"，获得武汉大学"我心目中的好导师"荣誉称号等。兼任中国日本文学研究会常务理事、日本早稻田大学特聘研究员、日本法政大学客座研究员、武汉大学人文社科青年学者学术团队负责人等。主要研究方向为日本近现代文学、中日比较文学与文化，主持国家社科基金项目等十余项，出版日文专著1部、译著1部，发表学术论文40余篇，曾获全国日本研究优秀论文奖、武汉大学人文社科研究优秀成果奖一等奖等。

牟伦海，中心副主任，武汉大学历史学院副教授，主要研究方向为国际文化关系、日本对外文化政策、日美文化关系等。主要著作有『戦後日本の対外文化政策―1952年から72年における再編成の模索』，译著有《国际联盟的世界和平之梦与挫折》（篠原初枝著）等。

李少军，武汉大学历史学院教授，专业方向为近代中日关系史，2020年12月获批国家社会科学基金重大项目"1912年至1937年日本驻华使领商务报告整理与研究"。主要著作有《鸦片战争史》（主要撰稿人）、《迎来近代剧变的经世学人：魏源与冯桂芬》、《甲午战争前中日西学比较研究》等。

聂长顺，武汉大学中国传统文化研究中心教授、博士生导师，历史学博士，主要研究方向为日本文化史、中日近代文化交流史等。代表作有《近代汉字教育术语生成研究》《明治日本"文明开化"风潮下的儒学》等。

王萌，武汉大学历史学院教授、博士生导师，主要研究方向为近代中日关系史、抗日战争史。主要著作有《战时环境下日本在华棉纺织业研究（1937—1941）》《战时日本对华货币战》《谋心：日本在中国沦陷区的"宣抚工作"（1937—1945）》等。

王竞超，华中科技大学外国语学院副教授、博士生导师，华中科技大学国别（区域）研究中心主任，主要研究方向为日本政治与外交、日本海洋战略与政策、亚太国际关系等。主要著作有《东亚非传统安全多边合作机制研究》等。

张鹏飞，武汉大学政治与公共管理学院讲师，哲学博士，主要研究方向为日本外交与安全政策等。主要著作有『中国における対日イメージに対するSNS利用の影響：「北京大学生調査」に基づいて』『新聞から見る小泉政権における靖国神社参拝問題―朝日と産経の検証結果をもとに―』等。

二、机构要闻

1. 举办"琉球'时代更替'之历史与东亚国际秩序的变迁"国际学术研讨会

2022年5月7—8日，由中心主办的"琉球'时代更替'之历史与东亚国际秩序的变迁"国际学术研讨会在线上成功召开。来自中国和日本的30余名专家学者与会。中心主任胡德坤教授致开幕词，执行主任林泉忠教授致欢迎词，表示今后将积极与国内琉球·冲绳研究领域的专家学者一道，结集优势研究资源，共同携手推动中国在琉球·冲绳研究领域的全方位发展。中国社会科学院日本研究所所长杨伯江研究员和琉球大学名誉教授、法文学部原部长上里贤一分别致辞。

此次研讨会设有5场主题演讲、4场专题演讲和讨论。各位专家学者围绕中琉历史文化交流、东亚区域秩序对琉球·冲绳的影响、美日"冲绳返还"交涉、冲绳战后政治与身份认同、中美关系下围绕冲绳的地缘政治等议题，从历史、国际关系、国际法、社会学、文学等多学科视角共议琉球·冲绳研究。

《人民日报》、《中国社会科学报》、日本共同社、《冲绳时报》、《琉球新报》等都报道了此次会议。中心成为中国琉球研究的一个新平台。

2. 举办"日本与东亚讲座系列"第十三期、第十四期、第十五期

2022年度，中心继续举办"日本与东亚讲座系列"，先后由武汉大学日本研究中心执行主任林泉忠教授、复旦大学日本研究中心主任胡令远教授和京都大学经营管理大学院前特命教授杉本孝教授于5月28日、6月18日、9月29日作专题讲座。讲座主题分别是"五十年来冲绳社会群体认同的变迁"、"中日邦交正常化50周年回眸与展望——中国的日本研究：特色与课题"和"我亲历的中日经济关系50年"。讲座因疫情原因在线上举行，由林泉忠教授主持，面向全国对日本研究感兴趣的师生。其中第十四期讲座吸引了来自国内各大高校以及海外高校的200余名师生参加。讲座环节结束后，中华日本学会会长、原中国社会科学院日本研究所所长高洪老师也对胡令远教授的专题演讲内容进行了点评。他认为胡教授对中国的日本研究现状的历史梳理十分清晰，总结的问题点一针见血，这对国内日本研究学生而言也是收获颇丰。随后他也对胡教授提出的诸多学术建议进行了回应。评议环节结束后，林泉忠老师向胡教授转述了参会师生的问题，胡教授一一进行了解答。

3. 学术交流

2022年度中心执行主任林泉忠教授多次受邀参加国际学术会议并作会议报告。如以评议人身份出席第6届东亚日本研究者协议会研讨会"中日关系的过去、现在、未来"；受我国台湾"中研院"社科中心邀请出席第18届中琉历史关系国际学术会议，并担任主持。此外，受中国科学院、福建师范大学、香港科技大学、台湾中国文化大学、"新台湾国策智库"，以及美国"哈佛沙龙"、日本东京大学、日本法政大学、日本亚太论坛、日本参议院议员会馆等邀请作演讲。

此外，林泉忠教授做客凤凰卫视《一虎一席谈》节目2次、接受的专访包括凤凰卫视、香港中国通讯社、凤凰网、台湾《龙行天下》、日经新闻、俄罗斯国际通讯社、BBC等国内外媒体专访超过10次。

三、承担的省部级及以上课题

序号	课题名	主持人	课题类型	课题编号
1	世界反法西斯战争（含中国抗战）档案资料收集整理及研究	胡德坤	国家社科基金抗日战争研究专项工程项目	16KZD020
2	中日关于琉球地位的认知与交涉	林泉忠	国家社科基金一般项目	21BZS077

续表

序号	课题名	主持人	课题类型	课题编号
3	全面抗战时期日本在华宪兵的组织、职能与暴行研究	王萌	国家社科基金一般项目	22BZS127

（供稿人：郁艳琴）

青岛大学日语系

一、基本情况

青岛大学于 1985 年开设日语专业，至今已有 37 年的日语教育史。1998 年成为中国日语教学研究会理事单位。为了创建全国名牌日语专业，进一步满足社会需求，于 2001 年 6 月 20 日正式成立日语系。2004 年起招收"日语语言文学"研究方向的硕士研究生，具有"日语语言文学"硕士学位授予权。2006 年日语语言文学获批山东省"'十一五'重点学科"。2012 年设立翻译硕士（MTI）专业学位点，有日语口译、日语笔译两个培养方向。2019 年成为中国日语教学研究会山东分会会长单位，同年成为首届高校日语 MTI 教育联盟理事。2021 年成为首届高校日语国际化人才培养联盟理事，获批 2021 年度国家级一流本科专业建设点。2022 年成为中国日语教学研究会常任理事单位。目前在校本科生及研究生 266 名。建有专用图书资料室，藏书 7000 余册。

青岛大学日语系旨在培养具有全球视野和家国情怀、跨文化交际能力和社会责任感、综合素质与专业素养的日语复合型人才。经过专业学习与训练，能够从事教学、科研和旅游、经贸、管理等翻译工作以及在出版机构从事编辑工作。

青岛大学日语系拥有一支科研成果丰厚、年龄结构合理、教学经验丰富的师资队伍。现有教师 15 名，其中教授 2 名、副教授 5 名，博士 3 名，日籍外教 1 名，日籍客座教授 3 名。一贯坚持学术研究与教学并重的方针，近几年主持和参与国家级科研项目 2 项、省部级项目 10 项、厅局级项目 13 项，获日本外务省资助项目 1 项；出版专著、教材、译著等 10 余部，发表学术论文 30 余篇，在国内外产生了一定的影响。

青岛大学日语系重视学术交流，经常邀请国内外知名学者专家来校举办学术讲座，提升教师教学科研水平。已与日本下关市立大学、山口县立大学、梅光学院大学、鸣门教育大学、松山大学等建立了亲密友好交流关系，从 1992 年开始，每年派遣约十名学生进行为期一年的学习。此外，与梅光学院大学建立了双学位交流项目，已有几十名研究生获得了研究生双学位。日语系与多家日资企业建立了友好合作关系。设有三菱奖学金、永旺奖学金、三荣电器国际奖学金等，奖励品学兼优的学生。通过举办学科专业竞赛，为学生创造免费短期赴日历史文化考察机会，并为学生就业提供大力支持。

地址：山东省青岛市宁夏路 308 号博文楼 326
邮编：266071
负责人：杨剑
联系电话：0532-85953527
电子邮箱：shamozhihu-101@163.com

二、机构要闻

2022年5月27日下午，青岛大学第八届"永旺杯"日语演讲比赛决赛在学校会议中心举行。2022年恰逢中日邦交正常化50周年，是中日友好关系继续发展、共创未来的契机。比赛第一项为定题演讲，演讲主题为"关于中日友好交流——我力所能及的事情"。比赛第二项为即兴演讲。选手赛前随机抽取题目，准备15分钟后随即进行两分钟的即兴演讲。参赛选手们在赛场上侃侃而谈、对答如流且语言得体、表达流畅，并将自己的真情实感融入演讲当中，从全新的视角发掘主题背后的深意，打动人心。日本驻青岛总领事馆首席领事井川原贤先生进行了视频致辞，青岛永旺东泰商业有限公司董事长、总经理谷直知先生首先代表赞助方永旺集团对此次比赛的成功举办表示热烈祝贺。

在6月12日举行的第二十届"山口银行杯"日语演讲比赛大学生组决赛中，青岛大学日语系学子获得了大学生一组二等奖、大学生二组特等奖和三等奖的优异成绩。此次比赛为促进中日交流作出了积极的贡献，增进了中日两国人民之间的友谊，激发了青岛大学学生学习日语的热情，拓宽了学生的国际视野，对中日友好具有重大意义。

12月6日，青岛大学日语系学生与下关市立角仓小学六年级学生进行了第一届线上交流会。会上，青岛大学日语系学生代表介绍了青岛大学的概况，并介绍了自己的大学生活。角仓小学的学生代表介绍了下关市和角仓小学的概况，并于线上与大学生进行了游戏互动。双方开展了广泛深入的交流，大家畅所欲言，虽然隔着屏幕，但气氛十分热烈。

三、承担的省部级及以上课题

序号	课题名	主持人	课题类型	课题编号
1	李渔《笠翁十种曲》在日本读本文学中的接受研究	任清梅	教育部人文社科研究青年项目	19YJC752023
2	我国日汉辞典结构优化研究	张科蕾	教育部人文社科研究规划基金项目	20YJA740057
3	吕熊《女仙外史》对日本文学的影响	任清梅	山东省社科规划项目	18DWWJ16
4	我国日汉学习词典的编纂研究	张科蕾	山东省社科规划项目	15CWXJ24
5	基于线上线下混合式教学的日语视听说课程建设	冯静	教育部高等教育司企业支持的产学合作协同育人项目	201901292022

（供稿人：范碧琳）

河北大学日本研究中心

一、基本情况

机构名称：河北大学日本研究中心
地址：河北省保定市五四东路 180 号河北大学
邮编：071000
负责人：裴桂芬
联系电话：0312-5090778
电子邮箱：guifenpei@126.com
研究领域：日本经济、日本教育、日本文化、日本历史
人员构成：校内专职教师 9 人，其中高级职称 6 人、中级职称 3 人，全部拥有博士学位；兼职教师 18 人，来自国内外高校和企业部门。

河北大学日本研究中心（以下简称"中心"）由日本研究所、教育学院、外国语学院、历史学院、期刊社等相关人员整合而成，于 2017 年 7 月成功获批第一批教育部国别和区域研究备案中心，2020 年顺利通过教育部的评估。

日本经济研究力量集中在河北大学日本研究所，这是根据周恩来总理的批示，依据国务院外事办公室和教育部文件，于 1964 年成立的中国最早的日本问题研究机构之一。2000 年日本研究所与经济学院合并，保留了日本经济研究领域的研究力量，日本教育、日本文化等领域的研究人员转入教育学院、外国语学院，继续从事日本问题研究。在日本经济研究领域，围绕战后日本垄断资本、财政税收制度与政策、金融政策与金融监管、对外经贸关系等问题形成了自身特色，影响广泛。1994 年被评为河北省重点学科，同年获批世界经济硕士学位授权点；2003 年获批世界经济博士学位授权点，实现了河北省经济学博士学位授权点零的突破，2016 年动态调整为应用经济学一级学科博士点。

日本教育研究人员分布在日本研究所和教育学院。1986 年教育学院获批教育史博士学位授权点，日本教育史成为重要的研究方向之一；1994 年外国教育史专业被评为河北省重点学科。经多年发展，已确立了日本教育史、日本教育现状、中日教育比较等稳定的研究方向，取得了丰硕的研究成果。

日本文化研究力量集中于 1972 年成立的日语专业，是全国较早、河北省最早设置的日语专业。2004 年获批日语语言文学硕士学位授权点，2010 年获批外国语言文学一级学科硕士学位授权点和翻译硕士专业学位授权点，形成了日本语言文学、日本社会文化和日语翻译等三个稳定的研究方向，出版了一系列研究成果。

日本历史领域研究人员分布在历史学院和教育部人文社会科学重点研究基地——宋史研究中心，依托于 2005 年获批的历史学河北省强势特色学科和 2010 年获批的世界史一级学科硕

士学位授权点，形成了日本现代化研究、中日文化交流史、日本外交史三个稳定的研究方向。

河北大学主办的《日本问题研究》的前身是1964年伴随日本研究所成立而创刊的《日本问题研究资料》，是国内最早的日本学术研究内部资料之一。后于1987年改为国内外公开发行，2009年并入河北大学期刊社。

二、机构要闻

在共同努力和长期积淀的基础上，中心保持了日本问题研究领域旺盛的生命力，学术视野和研究领域不断延伸和拓展。同时，中心注重学术研究和咨政服务的有机融合，密切关注并积极服务于国家战略任务和重大需求。

裴桂芬教授的系列研究成果获得了第十八届河北省社会科学优秀成果奖二等奖。其中《美国两次"再工业化"及中国制造业的战略选择》系国家社科基金重点项目"美国'再工业化'与中国制造业对策研究"的研究成果，由经济科学出版社出版发行，其核心观点是发达国家从工业化到"去工业化"又到"再工业化"的发展历程是社会经济发展的产物，是技术范式、生产方式和消费方式共同作用的结果，而这一看似对立的发展历程是发达国家不断提升国际竞争能力，执掌全球经济、社会、科技发展主动权的过程；现代科学技术的发展为制造业和服务业融合奠定了坚实的物质基础，发达国家先期尝试中的经验教训可为中国推进两业融合提供宝贵的借鉴与启示。

中心成员在中国高水平对外开放、全球与区域经济合作、雄安新区建设等领域追踪前沿发展，开展科研探索。成新轩教授成功申报国家社科基金重大项目"RCEP对亚太区域价值链重构的影响机制及应对策略研究"，咨政报告《应对美国〈通胀削减法案〉挑战提升中国清洁能源产业链韧性》和《雄安新区公共教育服务体系管理模式创新的政策建议》被教育部采用，相关研究成果获得省部级领导的肯定性批示。马文秀教授承担了河北省教育厅重大课题攻关项目"'两业'融合推动河北省制造业高质量发展研究"、河北省商务厅等五部门联合研究课题"RCEP生效对河北省重点行业影响研究"。

三、承担的省部级及以上课题

序号	课题名	主持人	课题类型	课题编号
1	RCEP对亚太区域价值链重构的影响机制及应对策略研究	成新轩	国家社科基金重大项目	22&ZD178
2	中国自由贸易区网络一体化水平与我国产业国际地位提升研究	成新轩	国家社科基金一般项目	20BGJ029
3	战后日本职业教育史	朱文富	国家社科基金教育学一般课题	BOA190037
4	中国企业境外直接投资合规风险及应对研究	马文秀	国家社科基金一般项目	19BGJ019

续表

序号	课题名	主持人	课题类型	课题编号
5	战后日本对非洲政府开发援助研究（1957—2020）	连会新	国家社科基金一般项目	21BSS038
6	"数字丝绸之路"推进中的合规风险及中国的应对研究	马学礼	国家社科基金青年项目	20CGJ027
7	双循环格局下中国企业境外上市对资本配置效率的影响研究	乔敏健	国家社科基金青年项目	21CGJ045

（供稿人：裴桂芬、吴宇）

河北大学日本研究所

一、基本情况

河北大学日本研究所成立于1964年，其前身为河北大学日本问题研究室，是根据国务院外事办公室《关于在高等学校建立外国问题机构》和中华人民共和国教育部《关于高等学校建立研究外国问题机构有关事项的通知》精神，专门设置的研究日本问题的综合性机构，也是我国高等院校中最早研究外国问题的专门机构之一。

纵观河北大学日本研究所近60年的发展历程，大致经历了以下几个阶段。

第一，起步阶段（1964—1966年）。建所初期，主要开展了两项工作。一是加强中青年研究人员的业务学习和培训。为了提高研究人员的日语水平，专门开办了"日语进修班"，使研究人员的业务能力在短期内有了较大提高。二是从实际出发，编辑出版了《日本问题研究资料》（内部发行），这是当时国内最早研究外国问题的刊物之一，不仅扩大了研究室的影响，还向政府有关部门提供了决策建议。这一时期卓有成效的工作对该机构后来的发展具有重要意义。

第二，动荡阶段（1967—1977年）。十年动乱，河北大学日本问题研究室受到了巨大冲击，研究人员有的被迫离开了研究室，科研工作处于停滞状态。随着1972年中日邦交正常化，特别是在周恩来总理的亲切关怀下，一批外国研究机构相继得以重生。1973年3月，河北大学日本问题研究室正式恢复，研究人员陆续归队，科学研究工作又逐渐步入正轨。

第三，重建阶段（1978—1999年）。河北大学日本问题研究室于1978年更名为河北大学日本研究所，组织管理体系得以充实和完善，下设日本经济研究室、日本教育研究室、日本政治研究室、《日本问题研究》编辑部、资料室和办公室。在科学研究方面，这一时期日本研究所学术团队围绕日本的国民收入倍增计划、财政税收体制、物价问题、泡沫经济、经济周期、教育史、国家教育政策与措施、政治史、政府机构与政党等方面进行了系统、深入研究，为我国改革开放事业和经济社会发展提供了不可或缺的借鉴与参考，充分发挥了政府决策的高端智库作用。在学科建设和人才培养方面，1992年创办了四年制日语（经济）本科专业；在河北大学相关学科的共同努力下，1994年世界经济学科被评为河北省首批省级重点学科，同年又获批世界经济专业硕士点。自此，河北大学日本研究所的科学研究、学科建设和人才培养工作齐头并进。

第四，调整与快速发展阶段（2000年至今）。为适应高等教育改革的需要，河北大学日本研究所于2000年与原经济学院、人口研究所合并，成立新的河北大学经济学院，同时河北大学日本研究所对外仍保留其称号。此后，日本研究所只保留其经济研究方向，教育等研究方向的一批学科带头人则转入其他院系。

调整后的河北大学日本研究所秉持"资源共享，合作共赢，开放办学科"的发展理念，坚持以日本经济研究为传统特色领域，学科的研究视野不断延伸和扩展。

在原有硕士点和省级重点学科的基础上，2003年世界经济专业获批博士学位授权点，实现了河北省经济类博士学位授权点零的突破，2016年世界经济博士点校内动态调整为应用经济学一级学科博士点，至今仍是河北省唯一一个经济类博士点，培养了一大批经济社会发展急需的高素质、复合型人才。总之，河北大学日本研究所坚持以科学研究为龙头，以学科建设和人才培养为基础，全面开展了卓有成效的建设。

河北大学日本研究所现有人员18人，其中教授（研究员）7人、副教授6人、讲师5人；博士生导师4人、硕士生导师10人；15人拥有博士学位。

地址：河北省保定市七一东路2666号B1三层

邮编：071000

负责人：成新轩

联系电话：0312-5073180

二、重要会议举办情况

举办"经济学名家系列讲座"。2022年河北大学日本研究所共举办了7场"经济学名家系列讲座"，邀请了中国社会科学院张宇燕教授、倪红福研究员、中国科学院巩馥洲研究员、杨翠红研究员、上海社会科学院赵蓓文研究员、北京师范大学蔡宏波教授、南开大学施炳展教授等经济学名家来校开讲，让师生们享受了经济学的饕餮盛宴。

举办"第六届企业家精神与农村经济发展国际会议"（6th International Conference on Rural Development and Entrepreneurship）。2022年9月24—25日，"第六届企业家精神与农村经济发展国际会议"在河北大学成功召开。"企业家精神与农村经济发展国际会议"（ICORE）由河北大学、马来西亚北方大学（Universiti Utara Malaysia）以及印度尼西亚苏迪曼将军大学（Universitas Jenderal Soedirman）联合主办，大会旨在通过增强各国间的学术交流与沟通，为推进农村发展研究的进程、解决农村经济发展问题，助力乡村振兴提供帮助。河北大学经济学院院长、日本研究所所长成新轩教授担任大会主席，河北大学校党委常委、副校长申世刚教授代表学校在开幕式致欢迎词，印度尼西亚苏迪曼将军大学校长Akhmad教授、马来西亚北方大学Roslina教授线上出席开幕式并讲话。来自中国、马来西亚、印度尼西亚等国的150余位专家、学者、研究生通过线上线下形式参会。该所教师裴桂芬、马文秀、侯珺然、徐永利、王立军等多位老师及其研究生在会议上作了主题报告。

参加组织河北大学经济学院"经济视界"学术论坛。河北大学经济学院的"经济视界"论坛每周四定期开展，在凝聚学术氛围、提升学术成果质量、开展院系所间、校际学术合作交流等方面扮演着越来越重要的角色。2022年，该所组织承办了"RCEP与中日经贸合作""国际政治经济学：理论流派与学术前沿""通货膨胀目标制视角下的巴西金融稳定研究""全球价值链与区域贸易协定"四个"经济视界"专题学术论坛。

三、机构要闻

2022年成新轩教授主持的"RCEP对亚太区域价值链重构的影响机制及应对策略研究"获国家社科基金重大项目立项，是该所承担科研项目的历史性突破。

2022年成新轩教授荣获河北省文化名家暨"四个一批"人才称号。

2022年裴桂芬教授的专著《美国两次"再工业化"及中国制造业的战略选择》获第十八届河北省社会科学优秀成果奖二等奖。

2022年《加快京津冀自贸试验区协同发展的措施建议》等2篇咨政报告获中央领导肯定性评价；《应对美国〈通胀削减法案〉挑战提升中国清洁能源产业链韧性》等6篇咨政报告获省部级主要领导肯定性批示。

2022年，在学术交流活动方面积极邀请校内外著名专家学者，举办学术讲座15场；组织博士研究生、硕士研究生以线上线下方式参加各类国际、国内学术会议，研究生在国际或国家二级以上学术会议汇报12人次；该所学者应邀出席国际或国家二级以上学术会议16次；指导研究生获河北省研究生创新项目1项、参加"挑战杯"河北大学大学生课外学术科技作品竞赛2项。

2022年，该所教师共发表论文15篇，其中，包括4篇CSSCI论文，1篇SSCI一区论文，2篇CSSCI扩展论文，2篇北大核心论文；6篇普刊；在人民出版社等出版专著2部。在教学改革创新方面，出版教材1本；完成教研活动3次；开展教研组活动2次。

四、承担的省部级及以上课题

序号	课题名称	主持人	课题类型	课题编号
1	RCEP对亚太区域价值链重构的影响机制及应对策略研究	成新轩	国家社科基金重大项目	22&ZD178
2	中国自由贸易区网络一体化水平对我国产业国际地位的影响研究	成新轩	国家社科基金一般项目	20B0GJ29
3	美国再工业化与中国制造业对策研究	裴桂芬	国家社科基金重点项目	13AJL007
4	中国企业境外直接投资合规风险及应对研究	马文秀	国家社科基金一般项目	19BGJ019
5	我国供给侧结构性改革中金砖国家产能合作研究	徐永利	国家社科基金一般项目	16BJL080
6	双重冲击下中国进口高质量发展机制与路径研究	王立军	国家社科基金一般项目	21BJY009
7	"数字丝绸之路"推进中的合规风险及中国的应对研究	马学礼	国家社科基金青年项目	20CGJ027
8	经济学类国家级一流本科专业融入理工要素的人才培养模式改革研究	成新轩	教育部新文科研究与改革实践项目	2021050022
9	新文科下经济类研究生课程思政高质量推进的理论研究与实践探索	成新轩	河北省研究生教育教学改革研究项目	YJG2023144

续表

序号	课题名称	主持人	课题类型	课题编号
10	大数据时代经济学类国家一流本科专业"开放式"创新人才培养模式研究	成新轩	河北省高等教育教学改革研究与实践项目	2020GJJG003
11	中拉跨境人民币结算与金融合作研究	杨茜	教育部国别与区域项目	2022-N37
12	RCEP框架下河北融入东北亚区域产业链的路径研究	刘超	河北省社科基金项目	HB22YJ2020

(供稿人：马文秀)

河南大学外语学院日语语言文学研究所

一、基本情况

河南大学日语语言文学研究所系科研机构之一，所长为兰立亮副教授。现有专职研究人员12人，其中，副教授6人、讲师6人；博士学位获得者5人，研究人员均具有在海外访学经历。该研究所是一个由学术骨干组成的科研队伍。

主要研究领域有日语语言学、日本文学和日本文化。

日语语言学研究以郑宪信副教授、王铁桥教授（校外兼职研究员）为主。

郑宪信副教授参与完成国家"九五"社科基金项目"日汉篇章法比较"，出版了专著《汉日篇章对比研究》，在《河南大学学报（社会科学版）》等期刊、专业论文集发表相关论文数篇，在日语篇章研究领域具有填补空白的意义。外聘研究员王铁桥教授多年来在《解放军外国语学院学报》《外语研究》及日本学术刊物发表论文20余篇，出版专著3部，在日语文化语言学等领域取得了丰硕的成果。

日本文学研究以兰立亮副教授、何晓芳副教授为主。主要研究方向为日本现代文学。

近年来，兰立亮博士获批国家社科基金项目"日本现代小说个体叙事与伦理建构研究"，教育部人文社会科学研究项目"叙事学视野中的大江健三郎小说研究""大江健三郎小说理论研究"，中国博士后基金项目"大江健三郎小说诗学研究"和厅级课题多项，在《国外文学》《解放军外国语学院学报》《外语研究》《日本研究》《外国文学》等期刊发表论文20余篇，个别成果在发表后被人大复印报刊资料《外国文学研究》全文转载，受到了国内同行专家的好评。出版专著《大江健三郎小说叙事研究》《大江健三郎小说诗学研究》，在国内同类研究中居于前列。

日本文化研究以孙文副教授、张博副教授、赵刚研究员（校外兼职研究员）、王方博士为主。

孙文副教授主要从事日本文化比较研究，关注焦点为跨地域、跨文化的民族、语言、文献的交流问题。参撰国家社会科学规划"七五"重点项目（"中国古代北方民族文化史"）1项，主持国家社会科学基金青年项目（"阿伊努语言与文化的综合研究"）1项、一般项目（"《舶载书目》研究"）1项，教育部人文社会科学研究项目（"'舶载书目'研究"）1项。发表专著《唐船风说：文献与历史——〈华夷变态〉初探》、合作翻译出版《探访〈西游记〉的计谋世界》（原著：中野美代子）、主编专题学术论文集1部，在《日本学刊》《文献》等期刊发表论文数篇。

张博副教授主要从事日本近世文学文化研究，出版学术专著1部《浮世绘、武士道与大奥——日本江户时代的大众文化》，合著学术论著2部，译著3部，在《世界文明》《外国问题研究》《日本问题研究》等专业期刊发表论文数篇，在国内具有一定的影响力。

赵刚研究员在《日本学刊》《皇学馆论丛》等国内外权威期刊发表有关日本历史文化的论文十余篇。专著《林罗山与日本的儒学》是国内第一部研究林罗山的专著在国内这一领域具有开拓性的意义。研究范围涉及文献学、文化学、历史学、民族学等诸多学科，研究态势呈全方位、多角度的研究模式。

该研究所的突出特色是方向齐全、研究独到，研究方向包括语言、文学、文化三个领域，在国内同类研究中处于领先地位。王铁桥教授的文化语言学研究、郑宪信副教授的篇章语言学研究、兰立亮副教授的大江健三郎研究、孙文副教授的日本文献学研究、张博副教授的日本近世文化研究在国内日本学研究领域处于前沿。该学科近年来的学术成果丰硕，在国内外学术期刊上发表论文40余篇，其中在日本学研究期刊《日本学刊》《日语学习与研究》《日本研究》《日本问题研究》《外国问题研究》《南开日本研究》等权威日本学研究期刊发表论文十余篇，在《文献》《解放军外国语学院学报》《外语研究》《河南大学学报（社会科学版）》等专业核心期刊上发表论文多篇，出版专著、译著多部，形成了三个覆盖面广、各具特色的研究方向。

二、承担的省部级及以上课题

序号	课题名	主持人	课题类型	课题编号
1	日本社会宋学的接受与展开研究	王方	河南省社科专项	2023XWH103

（供稿人：兰立亮）

陕西师范大学外国语学院日语系

一、基本情况

陕西师范大学外国语学院日语系（以下简称"日语系"）成立于2004年，2013年获批日语语言文学二级硕士学位点，2021年12月获批陕西省一流本科专业建设点，成为陕西乃至西北地区重要的日语人才培养基地。日语系的培养目标是造就掌握扎实的日语语言技能，具有广博的日本历史、文学和文化知识素养，能够从事教育以及外交外事工作的高素质复合型人才。目前有日语语言文学二级硕士学位点，外国语言文学一级博士学位点，国别与区域研究方向设有日本研究方向，形成了完备的教学培养体系。日语系依托世界一流学科建设高校、教育部直属师范大学的优势条件，铺设以日语教师教育为特色、以国别与区域研究为重点的专业发展之路。

日语系拥有一支专业能力过硬、教学经验丰富、充满活力的高质量师资队伍。现有专职教师8人，其中副教授5人、讲师1人、外籍专家2人（拥有博士学位的教师7人，硕士生导师4人）。外国语学院副院长曹婷兼任日语系主任，许赛锋副教授任系副主任。曹婷副院长、许赛锋副教授和乐燕子博士的研究方向分别为日本社会文化、日本历史以及中日关系交流史。王红、席卫国、史曼三位副教授的研究方向分别为日语语言学、日语教育以及日汉翻译。外籍专家冈田和一郎博士研究方向为中国古代史，玉冈敦博士研究方向为马克思主义经济学、日本马克思主义。

日语系坚持以雄厚的科研实力引领教学，近年来，先后取得国家社科基金项目5项、教育部项目2项、省级科研项目多项。其中曹婷副院长获批2015年度国家社科基金一般项目和国家社科基金中华学术外译项目立项；席卫国副教授获得2015年度国家社科基金一般项目立项；许赛锋副教授和史曼副教授分别获得2016年度和2018年度国家社科青年基金项目立项。日语系迄今出版了《日语泛读教程》《实用日语交际课程》等多部系列教材，在《世界历史》《现代日本经济》《日语学习与研究》等核心期刊上发表论文数十篇，研究成果丰硕。

日语系为师生搭建了广阔的学习交流平台，实现了教学与科研活动的常态化运行。如定期邀请国内外知名专家开展日本文学、历史、日语语言学等领域的专题讲座，每月举办日语学术沙龙等。日语系还广泛开展了国际合作办学模式，与日本广岛大学、创价大学、长崎大学、大分大学、武藏野大学、爱知教育大学、中央大学等知名院校建立了友好合作关系，每年选拔优秀学生参加海外交换生项目以及海外带薪实习项目，助力学生的国际化发展。

地址：陕西省西安市雁塔区长安南路199号陕西师范大学外国语学院
邮编：710062
联系电话：029-85308892
电子邮箱：sdwy@snnu.edu.cn

二、承担的省部级及以上课题

序号	课题名	主持人	课题类型	课题编号
1	致使交替现象的汉日对比研究	史曼	国家社科基金青年项目	18CYY056
2	大同学园研究	许赛锋	教育部人文社科研究一般项目	23YJA770011
3	近代以来日本人对西安的文本书写与印象生成研究	许赛锋	陕西省哲学社科重大理论与现实问题研究项目	2023QN1130

（供稿：陕西师范大学外国语学院日语系）

南开大学日本研究院

一、基本情况

1964年，遵照周恩来总理加强高校国际问题研究的指示和高教部的部署，南开大学历史系内新设了美国史、拉丁美洲史和日本史等三个研究室。如今这三"点"已分别成长壮大为美国历史与文化研究中心、拉丁美洲研究中心和日本研究院。仅就日本史研究室的发展而言，50年间完成了从研究室到研究中心，再从研究中心到研究院的跨越式发展。

研究室初建时有吴廷璆、俞辛焞、米庆余、王敦书等四位教师，因著名亚洲史、日本史专家吴廷璆教授先生擎旗，成立伊始便引起国内外关注。研究工作在"文革"期间一度中断，但在20世纪70年代中期便逐步恢复。1974年，开始编印学术刊物《日本历史问题》，连续编印8期，为"文革"后我国全面恢复日本研究起了铺路奠基的作用。在"科学的春天"到来的1978年，武安隆、王家骅、刘予苇、王振锁调入研究室，80年代前期又有杨兴国、廖隆干、杨栋梁、李卓先后加盟，研究力量不断壮大。1980年中国日本史学会成立时，吴廷璆先生当选首任会长。80年代中期历史研究所行政单独建制后，日本史研究方向进一步明确，即在强调断代史研究的同时，每位成员都侧重一个独立的专门史研究方向。当时，在日本通史和日本外交史、日本思想文化史研究方面，研究室的成果数量和水平均居全国前列。1984年，日本史研究室与美国史研究室一起构成的世界地区国别史学科获得博士学位授予权，1988年成为国家重点学科。

1988年，俞辛焞教授以其敏锐的国际意识，组创了南开大学日本研究中心并担任理事长兼主任，王振锁任秘书长。日研中心以日本史研究室成员为基干，以日本史研究为重点，联合全校各系、所的数十名日本研究人员，共同开展学术研究和国际学术交流活动。在此期间，宋志勇、赵德宇、臧佩红等先后留研究室工作。1994年，在俞辛焞教授等的努力下，日研中心利用外援建成专用研究楼，发展步伐加快，国际影响迅速扩大。1995年，日研中心成为日本国际交流基金重点资助的"中国华北日本研究基地"。2000年，日研中心成为校属独立实体研究机构。2001年全校实行学院管理体制后，划归历史学院领导。

2003年4月，学校决定日研中心脱离历史学院，独立组建日本研究院（以下简称"研究院"），从而使发展空间骤然扩大。研究院在首任院长杨栋梁的领导下，大胆进行体制改革，积极开展学术研究与交流，提高研究生培养质量，使研究院成为国内领先、国际知名的综合性日本研究与人才培养基地。研究院在继续重视日本史研究的同时，依托国家重点学科世界经济及博士点学科国际政治，积极引进专职研究人员，建立了日本经济、日本政治与对外关系等两个新的研究方向，使日本研究的学科扩大到了三个，成为名副其实的综合日本研究机构。

截至 2021 年，研究院的专职研究人员人数达到 19 人，全部拥有博士学位。其中教授 8 人、副教授 7 人、讲师 1 人、博士后 3 人。

2011 年，在李卓院长的组织下，研究院又成功争取成为教育部首批国别与区域研究基地，为研究院的进一步发展创造了条件。

研究院走过的近 60 年，是不断发展壮大、谱写辉煌的历程。在科研方面，50 多年来，全体研究人员承担了近百项国家、省部委及其他国内外研究课题。特别自 2003 年日本研究院成立以来，全院共主持近 30 项国家和省部级科研课题，其中包括教育部哲学社会科学研究重大攻关项目 1 项，国家社科基金重大课题 1 项，教育部人文社会科学重点研究基地重大项目 4 项，纵向科研经费近 500 万元。

地址：天津市南开区卫津路 94 号

邮编：300071

院长：刘岳兵

联系电话：022-23505186

电子邮箱：jyz@nankai.edu.cn

二、重要会议举办情况

2022 年 3 月 12 日，研究院与北京大学现代日本研究中心、复旦大学日本研究中心共同组织了第十六届"南开大学·北京大学·复旦大学博士生日本研究论坛"。

2022 年 3 月 19 日，研究院与冈山大学健康系统综合科学研究科通过 ZOOM 平台，进行了第二次线上学术交流。

2022 年 5 月 14 日，研究院与中国日本史学会共同主办的"新时期日本古代史研究的方法与课题研讨会暨南开大学日本研究院日本古代史研究中心成立大会"以线上、线下结合的方式顺利召开。

2022 年 9 月 29 日，在中日邦交正常化 50 周年之际，第三届日本研究青年高端人才论坛在研究院举办，此次论坛主题是"令和时代的日本经济与中日经济合作"。

"日本史研究的学脉传承与守正创新高端论坛"成功举办。此次论坛于 2022 年 10 月 16 日，由研究院和浙江工商大学东亚研究院共同主办，以线上、线下结合的形式顺利举办。

三、机构要闻

2022 年 3 月，新学期伊始，研究院再添新力量，博士后李郭俊浩入站。

2022 年 3 月 12 日，由北京大学现代日本研究中心、研究院、复旦大学日本研究中心共同主办，复旦大学日本研究中心承办的"博士生日本研究论坛 2022"以视频会议形式在线上召开。

2022 年 3 月 16 日，天目新闻以"一次地震如何'撼动'全球经济？"专访副院长张玉来教授。

2022 年 3 月 19 日，研究院与冈山大学健康系统综合科学研究科通过 ZOOM 平台，进行了第二次线上学术交流。

2022年5月14日，由研究院与中国日本史学会共同主办的"新时期日本古代史研究的方法与课题研讨会暨南开大学日本研究院日本古代史研究中心成立大会"以线上、线下结合的方式顺利召开。

2022年6月，研究院程蕴副教授获聘国际政治专业硕士研究生导师。

2022年6月8日，研究院应邀与天津市城市国际化研究中心共同举办座谈交流会。

2022年6月21日，研究院2022届硕、博士毕业典礼暨毕业欢送会召开。

2022年8月，研究院再迎两位新人：博士后王瑞、庾凌峰。

2022年8月14日，俞辛焞先生在天津逝世，享年90岁。

2022年9月初，研究院四名博士生张诚、李亚楠、殷晨曦、石璞收到了国家留学基金委颁发的"通过专家评审、获得国家公派出国留学资格"的贺信。

2022年9月8日，研究院召开2022级研究生迎新会。

2022年9月29日，第三届日本研究青年高端人才论坛在研究院举办，此次论坛主题是"令和时代的日本经济与中日经济合作"。

2022年10月，全国哲学社会科学工作办公室正式公布2022年国家社科基金年度项目及青年项目立项名单，研究院共有3个项目获批立项。

2022年10月16日，由研究院和浙江工商大学东亚研究院共同主办的"日本史研究的学脉传承与守正创新高端论坛"以线上、线下结合的形式顺利举办。

2022年10月27日，"南开大学TPR奖学金颁奖仪式"在日本研究院顺利举行。

2022年11月，中国博士后科学基金第72批面上资助名单公布，我院委托培养博士后庾凌峰申请的项目"贺川丰彦社会主义经济思想在近代中国的接受与影响研究"喜获资助。

2022年11月5日，研究院大楼电梯安装工程通过验收投入使用。

2022年11月6日，由日本古代史研究中心主办的学术沙龙顺利举行。

2022年11月19—20日，研究院刘岳兵院长率领负责日本学术交流的邹灿主任和负责欧美学术交流的丁诺舟副主任，参加了国际日本文化研究中心举办的"海外日本研究机构负责人会议"。

2022年12月4日，研究院举办第十七届学术节。

四、承担的省部级及以上课题

序号	课题名	主持人	课题类型	课题编号
1	战后日美核关系研究（1945—2021）	尹晓亮	国家社科基金重点项目	22ASS009
2	第一次世界大战后日本的"教育备战"体制研究	臧佩红	国家社科基金一般项目	22BSS021
3	省际产业政策差异对国内跨区域投资的影响研究	常露露	国家社科基金青年项目	22CJL015

续表

序号	课题名	主持人	课题类型	课题编号
4	贺川丰彦社会主义经济思想在近代中国的接受与影响研究	庾凌峰	博士后基金面上资助项目	2022M721709

（供稿人：周志国）

南开大学外国语学院日语系及东亚文化研究中心

一、基本情况

南开大学外国语学院日语系（以下简称"日语系"）创设于中日恢复邦交正常化的 1972 年，现任国际奥委会副主席于再清为其首届毕业生，1986 年获硕士学位授予权，2011 年获博士学位授予权，2014 年获 MTI（日语口译、日语笔译）翻译专业学位授予权，2021 年入选国家级一流本科专业建设点，经过 50 年的发展，已经具备本硕（含 MTI）博完整的人才培育体系，设有日语语言文学博士后科研流动站。现有专职教师 13 人，其中教授 4 人、副教授 7 人、讲师 2 人，博士生导师 3 人、硕士生导师 11 人，日本外教 3 人，主要从事日本语言学、文学、翻译及社会、历史、文化的教学与研究，现任系主任为韩立红教授，系副主任为王新新教授。韩立红教授担任教育部外语教学指导委员会日语分委员会委员、中华日本哲学会副会长，刘雨珍教授担任东亚文化交涉学会（SCIEA）会长、东亚比较文化国际会议中国分会会长及中国日语教学研究会副会长等。2022 年 6 月，韩立红教授主持的日本社会与历史文化课程虚拟教研室入选教育部第二批虚拟教研室。

南开大学外国语学院东亚文化研究中心（以下简称"中心"）创设于 2015 年，现有研究人员 23 名，以日语系教师为主体，兼及外国语学院其他各系的相关教师，主要从事东亚文化研究，现任中心主任为刘雨珍教授，秘书为于君副教授。

中心自创设以来，广泛开展与国外著名学术机构如京都大学、东北大学、金泽大学、早稻田大学、国学院大学、国际日本文化研究中心、伦敦大学亚非学院等的学术交流与合作，已聘请原大阪女子大学校长中西进教授、京都大学文学部吉川真司教授、早稻田大学文学学术院吉原浩人教授、国学院大学文学部辰巳正明教授、小川直之教授等担任客座教授。中心与国学院大学定期举办国际学术研讨会，共同编辑出版国际学术期刊《东亚文化研究》共计九期（ISSN 2423-8422，每年 2 期）。

地址：天津市南开区卫津路 94 号南开大学外国语学院 305 室

邮编：300071

负责人：刘雨珍

联系电话：022-23507732

电子邮箱：liuyzhnk@nankai.edu.cn

二、重要会议举办情况

2022 年 11 月 19 日，由中心主办，日本国学院大学大学院文学研究科协办的第八届东亚文化研究国际学术研讨会在天津顺利举办，会议采取线上线下同步、云端交流的方式进行，两校师生共 60 余人参加。

2023年5月6—7日，由中心、东亚文化交涉学会（SCIEA）主办，南开大学中外文明交叉科学中心、历史学院、日本研究院、韩国研究中心协办的第15届东亚文化交涉学会国际学术研讨会顺利举行。大会以"东亚文化的互融与创新"为主题，来自中国、日本、韩国、美国、英国、德国、法国、俄罗斯、加拿大、澳大利亚等十余国的360余名代表以线上线下相结合的方式参加了此次会议。

2023年7月29日，由日本国学院大学大学院文学研究科主办，中心协办的第九届东亚文化研究国际学术研讨会在日本东京顺利举办，这是自2019年以来时隔4年再次实现面对面学术交流，两校师生共60余人在线上线下参加。

三、机构要闻

2022年2月19日，日语系师生应金泽大学人文学系、国际学系邀请，在线上参加了金泽大学主办的"日本关系领域日中·中日国际研究交流大会"。

2023年3月27日，日本关西大学外国语学部教授、东亚文化交涉学会（SCIEA）事务局长沈国威教授在111学术报告厅，为日语系师生作了题为"汉语的现代化与东亚语言接触"的精彩学术报告，翻译专业及文学院师生也参与其中，体现了跨学科学术交流的魅力。

2023年3月27日，日本国自治体国际化协会北京事务所（Clair北京事务所）一行到访南开大学，与日语专业师生代表就中日两国地方交流开展座谈。近松茂弘所长详细介绍了日本自治体国际化协会的相关情况，并对日本的地方制度以及中日地方交流现状进行了说明分享，与会师生就所关心的两国经济、教育、文化等方面的民间交流情况与嘉宾进行了探讨交流。

2023年4月13日，日本国驻中华人民共和国特命全权公使小泉勉先生、参赞前泽绫子女士一行到访南开大学，并与日语系师生代表进行了友好交流。小泉特命全权公使以"回首日中交流的历史"为题，通过讲解日本和服起源、和制汉语词发展以及天津板栗热销等生动形象的生活实例，介绍了中日两国交往的悠久历史，并与学生就所关心的中日两国经济合作、教育交流、现当代文化等方面问题进行了探讨交流。

2023年9月23日，广岛大学人间社会科学研究科上野贵史教授做客东亚文化名家讲坛，为南开师生作了题为"语言类型学视野下的名词句研究——以上代日语和现代日语的比较为中心"的线上学术讲座。

四、承担的省部级及以上课题

序号	课题名	主持人	课题类型	课题编号
1	日本平成时代文学经典消费的跨媒介研究	王新新	国家社科基金一般项目	20BWW020
2	中国小说理论史	刘雨珍	国家社科基金中华学术外译一般项目	21WZWB018
3	中国艺术：历程与精神	韩立红	国家社科基金中华学术外译重点项目	22WYSA001

续表

序号	课题名	主持人	课题类型	课题编号
4	中日同形词搭配关系的异同与习得研究	王灿娟	国家社科基金青年项目	17CYY066
5	日本假名草子文学对中国古代文学的接受研究	蒋云斗	国家社科基金青年项目	18CWW006
6	中国古代小说类书在日本江户时代的流播与影响研究	蒋云斗	贵州省哲学社科规划国学单列课题	21GZGZ25
7	旅日华侨华人的语言生活与母语继承研究	王秀芳	天津市社科基金一般项目	TJWW17-003
8	日本中世文学里的武士形象研究	于君	天津市社科基金青年项目	TJWWQN18-002
9	日本主要政论性杂志的中国形象研究（1991—2020）	郑琳	天津市社科基金规划项目	TJWW20-001

（供稿人：刘雨珍）

南京大学日语系

一、基本情况

南京大学日语系（以下简称"日语系"）历史悠久，是江苏省最早的日语专业人才培养基地。2022年被评选为国家级一流日语专业建设点。早在1912年金陵大学外国文学系成立时，任教的日语教授即有刘元思先生、顾青虹先生等，至1935年，汪扬宝先生等任教外国文学系，1942年后王烈先生等加盟。1944年外国语文系设有两个日文班。1972年中日邦交正常化后，外文系筹建日文专业，由陈德文先生、凌大波先生、戴玉仙先生等组建，1975年正式成立日语教研室。全国高考制度恢复后，于1978年1月招收首届本科生。1994年获得硕士学位授予权。2002年南京大学建校100周年时改为现名。2011年设立东亚语言文学博士点。现有教师11人，学历层次高，专业方向均衡，所有教师均具有国内外著名高校博士研究生学历，其中教授2人、副教授3人、讲师2人、助理研究员3人、日籍专家1人。1人担任博士研究生导师，5人担任硕士研究生导师。定期聘请东京大学、奈良女子大学等日本名校的知名教授开设专业课程或举办专题系列讲座。

日语系教师潜心钻研，研究成果甚丰，在日本文学、日本语言学、日本文化领域有一定建树，承担国家社科基金、教育部人文社科基金、江苏省社科基金等各类纵向基金项目及横向基金项目多项，在国内外学术刊物发表论文百余篇，学术译著百余部，主编教材十余部，参考教材多部。其中主要由日语系教师翻译、南京大学出版社出版的"日本社会与文化"系列丛书、"阅读日本"书系等在国内外日本学研究领域引起广泛关注。

日语系教师还积极参与南京大屠杀史的资料编译工作，代表性成果有《东史郎日记》（江苏教育出版社）、《南京大屠杀史料集》72卷（江苏人民出版社、凤凰出版社）、《南京大屠杀史研究与文献》系列丛书（南京出版社、南京出版传媒集团）、"世界记忆遗产"《程瑞芳日记》日文版（南京出版社、南京出版传媒集团）等。

主任：王奕红

副主任：李斌

联系电话：025-89682353

电子邮箱：japnju@163.com

微信公众号：NJUNIPPONGO

二、重要会议举办情况

2022年日语系举办了多种形式的国际学术会议、高端学术讲座、专题研讨会议等，加强了与国内外各界的学术机构、国际团体、属地日企的交流与合作，同时也增强了南京大学日本学研究相关学术成果在国内外的影响力。

5月26日，第十届"中国藤村文学奖"颁奖典礼以线上线下结合的方式在南京大学举行。南京大学党委常委、副校长王振林，日本长野县小诸市市长小泉俊博出席颁奖典礼并分别致辞。小诸市日中友好协会会长笹本常夫及江苏省人民对外友好协会代表线上出席活动。典礼由日语系主任王奕红教授主持。"中国藤村文学奖"是为了纪念日本小诸市文化名人、著名文学家岛崎藤村先生而设立的。岛崎藤村是日本著名诗人和小说家，在日本近代文学史上具有重要地位。迄今为止，颁奖仪式已在南京市和南京大学举办八次，在小诸市举办两次，日语系已有百余名学生获得此项奖励，"中国藤村文学奖"已经成为日语人才培养中经典的交流载体。

8月23日，南京大学国家级一流日语专业建设专题研讨会在线上召开，来自教育部高等学校外国语言文学类专业教学指导委员会的专家、南京大学外国语学院领导，以及日语系全体教师参加了此次专题研讨会。会议开幕式由日语系主任王奕红教授主持。院长何宁教授致欢迎词。教指委日语专业分委员会主任委员、天津外国语大学修刚教授，教指委日语专业分委员会委员、中国日语教学研究会会长、北京外国语大学周异夫教授分别致辞。会议围绕"服务国家""课程体系架构""人才培养模式""教材建设""外语人才优势""特色培养方向""人才引进""教师发展"等主题展开研讨，旨在解决日语专业在国家级一流专业建设中遇到的困难。日语系李斌副主任、吕斌副教授、雷国山副教授、庄倩博士等介绍了相关情况，各位专家与日语系的教师展开细致探讨，对具体问题进行了逐一的分析。会议闭幕式由日语学科带头人叶琳教授主持，学院党委书记高方教授致闭幕词。

三、机构要闻

2022年1月2日，日本日中关系学会主办的国际论文比赛"第10届宫本奖"宣布评审结果，日语系学生再创佳绩，获得本科生组最高奖项"最优秀奖"（郭秋栾、魏文君）1项、"优秀奖"（陈傲）1项。

2022年1月17日，邀请日本奈良女子大学社会学领域专家水垣源太郎教授、文化领域专家武藤康弘教授开展学术讲座。讲座以线上的形式开展，内容涉及日本社会问题、日本流行文化的变迁等主题。

2022年2月20日，由优秀青年教师团队建设的"日语学习难点解析"慕课上线中国大学慕课平台，广受欢迎。

2022年6月9日，日语系承办了南京大学建校120周年校庆人文社科高端前沿讲座，邀请了南京师范大学教授、江苏省特聘教授林敏洁老师为南大师生开展了题为"践行人类命运共同体理念、推动东亚和平友好交流"的学术讲座，讲座由刘东波助理研究员主持。

2022年7月1日，中文学术集刊《南大日本学研究》正式创刊，第1辑由南京大学出版社出版发行，日语系教师刘东波博士担任主编。该集刊以日本语言文学、社会文化为主，兼顾历史学、经济学等其他日本学研究领域，主要刊发南京大学主办或承办的各类学术会议的优秀论文，亦收录国内外学者、科研人员关于日本语言文学和日本社会文化研究的优秀学术成果。重点关注的议题包括日本国语史研究、日语语言学研究、中日比较文学研究、日本社会文化研究、国别与区域研究等。全文收录于中国知网CNKI等各大数据库。

2022年9月28日，外国语学院陈兵副院长、日语系王奕红主任、彭曦老师、庄倩老师和日语系的研究生与本科生共24名，前往南京富士通南大软件技术有限公司（FNST）进行参观学习。双方共同商议了持续完善日语人才课外实践基地的建设工作。

2022年11月12日，第十三届"外教社杯"全国高校外语教学大赛微课比赛江苏省赛区比赛在常州成功举办。日语系刘东波老师团队（成员：王奕红、李斌）荣获日语组"一等奖"。

2022年11月23日，在南京大学国际会议中心举行了南京大学聘任长仓浩士学生生涯规划导师暨首届FNST（富士通南大）奖学金颁奖仪式。南京富士通南大软件技术有限公司副董事长兼总经理长仓浩士一行应邀出席活动，外国语学院党委书记高方、院长何宁、党委副书记孔剑锋以及日语系师生代表共同出席仪式，仪式由外国语学院副院长陈兵主持。仪式结束后，FNST高层管理人员与日语系师生举行了座谈会。

四、承担的省部级及以上课题

序号	课题名	主持人	课题类型	课题编号
1	平成时代日本女性文学研究	叶琳	国家社科基金一般项目	18BWW029
2	《生死秦始皇》	王奕红	国家社科基金中华学术外译项目	21WZSB023
3	三卷本中文译著《物语岩波书店百年史》	王奕红	教育部社科基金后期资助项目	19JHQ42
4	江苏文化名人传：罗振玉传	刘东波	江苏省社科基金一般项目	21WMB003
5	江苏古代文学在日本研究	黄一丁	江苏省社科基金一般项目	22WMB024

（供稿人：刘东波）

南京信息工程大学文学院日语系

一、基本情况

2001年南京信息工程大学应大气科学学科的国际化发展需求创建日语系，2002年获批本科专业，同年开始招生。日语专业以厚基础、宽口径、高质量为人才培养宗旨，旨在培养具有扎实基础知识、熟练专业技能，能较熟练使用日、英两门外语的复合型高端人才，在培养计划和课程设置中，既注重学生知识面的拓宽和基础的积累，又力求提高学生应用和实践能力。

南京信息工程大学文学院日语系（以下简称"日语系"）2014年以气象科技、环境工程为特色，获批翻译专业硕士学位点，2018年获批外国语言文学一级学科硕士学位点，形成了本硕一体的培养体系。自成立以来，共为社会培养输送了千余名日语人才。

日语系现有专任教师19名，其中教授1名、副教授3名，博士7名，在读博士2名，40岁以下教师9名，江苏省"双创博士"3名，另外还常年聘请外教2—3名。

地址：江苏省南京市宁六路219号

邮编：210044

负责人：孙传玲

联系电话：18013307880

电子邮箱：sunchl@nuist.edu.cn

主要研究领域：日本思想史、东亚国际关系史

二、重要会议举办情况

2022年12月3日，日语系举办"'新文科背景下日语学科的转型与发展'国际学术研讨会暨2022年中国日语教学研究会江苏分会"。

2022年4月22日，日语系举办明德·语言文学跨学科高层论坛系列讲座："东北亚汉字文化交流的源与流"（主讲人：广东外语外贸大学陈多友教授）。

2022年4月30日，日语系举办明德·语言文学跨学科高层论坛系列讲座："走进'它们'的世界：《自然》杂志科幻小说中的非人类叙事"（主讲人：上海交通大学尚必武教授）。

2022年10月25日，日语系举办明德·语言文学跨学科高层论坛系列讲座："钩帘归乳燕——儒家'敬畏生命'思想"（主讲人：江苏省社会科学院胡发贵教授）。

三、机构要闻

2022年12月3日，由中国日语教学研究会江苏分会主办，南京信息工程大学承办的"新文科背景下日语学科的转型与发展"国际学术研讨会暨2022年中国日语教学研究会江苏分会年会以线上线下相结合的方式在南京信息工程大学召开。

南京信息工程大学校长李北群，教育部高等学校外语专业教指委日语专业分委会主任委员、天津外国语大学原校长修刚教授，教育部高等学校外语专业教指委日语专业分委会委员、中国日语教学研究会会长、北京外国语大学日语学院院长周异夫教授，中国日语教学研究会江苏分会会长、东南大学外国语学院副院长刘克华教授出席开幕式。开幕式由该校副校长韦忠平主持。

李北群在开幕式上致辞。他向与会专家学者表示热烈的欢迎，介绍了该校学科和专业建设的总体思路和发展情况。他说，人文社会科学是学校学科和专业建设发展的重要组成部分，目前该校社会科学总论已跻身ESI学科排名全球前1%，今后学校将进一步加大支持力度，系统谋划，整体推进，加强学科专业交叉融合，不断做大做强人文学科，从而更好地支撑学校"一流特色研究型大学"的建设目标。

周异夫指出，在学科融合大背景下，日语专业学科转型与发展极为重要，此次年会为探索日语专业改革和人才培养的新发展提供了交流平台，是凝聚力量、团结智慧、共同探讨的重要学术会议。

刘克华说，江苏日语教学研究分会今后将继续举办高端研讨会和各项赛事，以提高日语教学质量，更好地服务国家发展战略。

研讨会上，修刚教授，周异夫教授，东京大学名誉教授、名古屋外国语大学藤井省三教授，国家重大人才计划特聘教授、教育部高等学校外语专业教指委日语专业分委会委员、南京师范大学林敏洁教授作主旨发言。此次研讨会还设有三个分论坛，与会专家学者和研究生围绕"语言·翻译·文学前沿问题研究""日语教育教学前沿问题研究""日本文学·文化研究""日语语言·翻译研究"等主题各抒己见，分别结合自己的相关研究作了报告分享。

该届研讨会的召开为中国专业日语教育、高校日语专业建设提供了新思路，为探索日语学科发展、日语专业建设和人才培养模式改革提供了重要交流平台。

四、承担的省部级及以上课题

序号	课题名	主持人	课题类型	课题编号
1	近世日本儒家生态哲学思想研究	孙传玲	国家社科基金青年项目	20CZX035
2	老龄化背景下日本安乐死信仰和临终关怀研究	陈甜	国家社科基金青年项目	19CSH066
3	商民运动研究（1924—1930）	赵霞	国家社科基金中华学术外译项目	18WZS009
4	"三精"新要求下中外环境空气质量标准体系对比研究	曲佰玲	中国气象局软科学研究重点项目	2021ZDIANXM22
5	全面深化气象改革背景下局校融合育人模式研究	吴波、鲁晶石	中国气象局软科学研究重点项目	2020ZDIANXM23

（供稿人：孙传玲）

南京航空航天大学日语系

一、基本情况

南京航空航天大学日语系于2002年成立。2006年，获批"日语语言文学"硕士学位点。2011年，获批翻译硕士（MTI）专业硕士学位点。2012年，日本语言文学研究所成立。2021年，被评为江苏省一流专业。专业特色为民航业务方向。主要研究领域为日语语言、日本文学、日本文化、日语教育。南京航空航天大学日语系有6名中方教师，另有2名日方教师。中国教师中5名为海归博士，5名教师拥有具有副高级职称，所有教师都有赴日研修经历。

南京航空航天大学日语系实行小班化教学，每年招收25名本科生、4—6名研究生。

地址：江苏省南京市江宁区胜太西路169号

邮编：211106

负责人：窦硕华

联系电话：025-84893252

电子邮箱：doushuohua@163.com

二、重要会议举办情况

2022年7—9月，南京航空航天大学日语系邀请日本专家围绕日本儒学举办了四期海外名师讲坛。

三、机构要闻

2022年3—5月，南京航空航天大学日语系组织了五期精品企业课程讲座。

2023年4月，南京航空航天大学日语系学生获南京航空航天大学第十三届本科生学术论坛二等奖一项。

2023年3月，南京航空航天大学日语系组织了两期精品企业课程讲座。

（供稿人：窦硕华）

贵州民族大学外国语学院日语系

一、基本情况

贵州民族大学外国语学院日语系成立于2004年，是贵州省继贵州大学后第二所开办日语教学研究的大学。日语系现有专任教师9人，其中高级职称6人，4名教师在日本名校分别取得文学、语言学、社会学、经济学的博士学位。研究领域包括日中比较文学、日本经济、日语语音学、中日比较民俗学、翻译学等。2019年10月成立池田大作王蒙研究中心，该中心是贵州省继贵州大学之后第二家池田大作思想的研究机构。近年来贵州民族大学日语系着眼于贵州民族文化的翻译出版，与日本研究出版机构亚欧综合研究所开展交流合作。

地址：贵州省贵阳市花溪区贵州民族大学十里河滩校区
邮编：550025
负责人：李海
电子邮箱：aishiteiru@163.com

二、机构要闻

2022年1月，黄景贤副教授在经济日报出版社出版《世界快递产业发展史》。2月，黄景贤副教授在经济日报出版社出版《跨境电商物流供应链创新与发展研究》。

2022年10月，李海主任在日本侨报社出版《中国的日语教育实践与今后的展开》（合著），在五南书局出版《中国外交论》等译著。

2022年12月，贵州民族大学与日本佐贺大学在线上举行交流合作签约仪式。

（供稿人：李海）

复旦大学日本研究中心

一、基本情况

复旦大学日本研究中心（以下简称"中心"）成立于1990年7月，位于复旦大学本部。中心负责人为胡令远教授。中心现有专职研究人员与行政人员7人，其中教授2人、副教授1人、助理研究员1人、博士后2人，主要研究领域包括中日关系、日本政治外交、日本经济、日本社会文化等。

中心的根本宗旨是，深入研究日本实现现代化过程中的经验和教训，为我国的现代化事业提供借鉴；通过学术研究和交流，进一步加深对日本的了解，增进两国人民的友好关系。

中心地处中国的经济中心——上海，因此确立以中日经济关系、日本经济为主攻方向，同时以中日关系为主轴，全面开展对日本政治、经济、社会文化的综合研究和交流。

复旦大学是一所历史悠久、文理医工各学科齐全的国家重点大学，有一大批从事日本问题研究的资深学者和十分活跃的中青年专家。中心以此为依托，以专职研究人员为主干，组织和协调全校相关专家学者，共同开展对日本和东亚的研究和交流活动。中心现有校内外兼职研究员80余名，聘请国内外著名学者、实业家担任顾问教授。

中心专兼职研究人员代表性成果收录于《复旦日本研究丛书》，已出版40余册；累计发表中、日、英文学术论文300余篇；共举办大型国际学术研讨会近40次，出版会议论文集近30部；中心成员作为首席专家承担国家社会科学基金重大攻关项目1项、教育部哲学社会科学重大课题攻关项目2项、省部级及日本政企团体委托课题50余项。中心积极发挥大学智库作用，与日方学者联合撰写的年度《中日关系战略报告书》在中日两国产生了广泛影响。

中心专职研究人员开设面向全校本科生、硕博士研究生有关日本政治、经济、文化课程多门；培养日本研究方向的博士、硕士研究生近百名，其中来自日本、韩国、美国、东南亚及欧洲的留学生近30名。中心与中国社会科学院日本研究所、北京大学现代日本研究中心、南开大学日本研究院以及日本东京大学、京都大学、庆应义塾大学、早稻田大学、创价大学、成蹊大学等国内外著名高校、研究机构建立了密切的学术交流关系。此外，中心积极为国外访问学者提供合作研究条件。

中心长期得到日本国际交流基金会、日本国驻上海总领事馆、日本卫材株式会社、三井物产、三菱商事、东芝国际交流财团、日本万国博览会纪念协会等机构、企事业单位的大力支持，共同为深化中日两国人民的交流与友好事业作出贡献。

中心图书馆现有中文、日文和其他外文藏书约9万册，订阅中文和外文期刊、报纸近50种，并与校内外各大图书馆及各院所资料室建立了共同利用网络。中心于1991年创办定期刊物《日本研究集林》，该刊现为半年刊。

地址：上海市邯郸路220号

邮编：200433

电话：021-65642577

网址：http://www.jsc.fudan.edu.cn/

二、重要会议举办情况

2022年，中心举办多场重要国际国内学术会议。

9月24—25日，由中心主办、东芝国际交流财团资助的"第三届中日关系青年学者论坛"在上海举行。在纪念中日邦交正常化50周年的重要节点，40余位中日两国青年学者通过线上线下相结合的方式，围绕"面向新时代的国际日本学研究——理论与方法"进行研讨。在分科讨论会环节，与会学者就国际日本研究的方法与议题及其四个具体领域——思想与文化、外交与安全、政治与经济、历史与语言交流研究心得。此外，会议还特设博士生论坛，两国博士研究生结合各自的研究方向，从方法框架、理论建构、资料获取等视角相互切磋。

11月26—27日，中心主办第32届国际学术研讨会，主题为"留日学人和中日关系——纪念中日邦交正常化50周年"，来自中国、日本等国的近50位学者参加了会议。中国社会科学院高洪研究员、东京大学丸川知雄教授发表特别演讲；东京大学川岛真教授、浙江大学王勇教授、早稻田大学青山瑠妙教授、国际日本文化研究中心刘建辉教授发表基调演讲。会议共设四场分科讨论，主题分别为"留日学人与中日人文交流""留日学人与中日关系的发展""留日学人与中国现代化建设""留日学人与日本学研究"。

三、机构要闻

除上述会议外，2022年中心活动还包括以下主要内容。

2月28日，由中心牵头组织、中日两国一线学者共同撰写的《冷暖交织：新冠疫情持续下的中日关系2021》报告书正式发布。这是《中日关系战略报告书》系列的连续第八份年度报告。

3月12日，由复旦大学、北京大学、南开大学联合主办的"博士生日本研究论坛2022"在线上召开。此次论坛的主题是"纪念中日邦交正常化50周年——中日关系的发展与中日互鉴"，来自三校的11名教师代表和28名博士研究生参会。

5月25日，中心举办庆祝复旦大学成立117周年校庆报告会，主题为"邦交正常化50周年视野下的岸田政权与中日关系走势评估"。

12月13日，中心与中国社会科学院日本研究所、南开大学日本研究院、北京大学现代日本研究中心、中国人民大学东亚研究中心、天津社会科学院日本研究所共同主办"日本与中日关系：形势分析及研究方法"研讨会。

此外，2022年全年中心举办多场"复旦大学·三井物产高端讲座"和"复旦·三井系列讲座"，上海市外商投资协会黄峰会长、上海对外经贸大学陈子雷教授、复旦大学周桂发研究员、复旦大学袁堂军教授、上海大学章莉莉教授等嘉宾分别作演讲。

四、承担的省部级及以上课题

序号	课题名	主持人	课题类型	课题编号
1	中日海洋安全与合作研究	胡令远、王广涛	中国海洋发展基金会、中国海洋发展研究中心课题	CODF-AOC202104
2	军工利益集团视角下的日本国家安全政策、战略走向及应对策略研究	王广涛	教育部人文社科研究规划基金项目	21YJAGJW005

（供稿人：贺平）

首都师范大学日本文化研究中心

一、基本情况

首都师范大学日本文化研究中心，成立于 2007 年 12 月，以文化发生学和多元文化内共生为基本思维路径，坚持以超越一般知识论的姿态和方式，寻求日本文化、文学的生成性过程和原理，尝试从跨学科、跨文化的视角下，即在结构性的层次上回答日本历史和文化之现象与特质，并进而回归生成自我的文化语境，以建构中国与日本以及世界其他地区的深度理解与对话。

截至 2022 年年底，已成功申报或完成国家级课题 6 项、省部级课题 4 项；出版专著 21 册，发表论文近百篇，其中核心及国际期刊 36 篇。培育了日本汉诗和日本中国学（汉学）两个重点研究方向和团队，在文学发生学的基础上，提出了日本文化生成与发展的多元文化内共生之假说。创办并经营三份极具特色的学术期刊，其中《语言文化学刊》（ISSN 2188-2185）为国际期刊，《国际中国学论丛》为学术集刊，并有不定期出版国际学术期刊《中国学论丛》（ISSN 0918-3299）。

主要成员：
周阅，北京语言大学教授、《汉学研究》副主编
陈言，首都师范大学日语系教授
荣喜朝，河南科技大学外国语学院副教授
张静宇，首都师范大学日语系讲师
地址：北京市海淀区西三环北路 83 号首都师范大学外文楼 509
邮编：100089
负责人：王广生
联系电话：010-68901954
电子邮箱：fengze80@163.com
主要研究领域：日本中国学（汉学）史、日本诗歌翻译与研究、中日比较文学

2022 年，首都师范大学日本文化研究中心主要围绕以下几个方面开展工作。

第一，开展国际期刊《语言文化学刊》（东京白帝社出版）复刊以及《国际中国学论丛》第二辑的编审出版工作。

第二，2022 年度在《中国现代文学研究丛刊》《世界社会科学》《光明日报》等权威及核心、国际期刊发表论文 9 篇；一般期刊和报纸文章 3 篇，出版学术专著 2 部，参与组织、举办学术讲座"经典重读与日本文学研究漫谈""原典翻译与历史研究""道教对古代日本文明的影响""日本童谣、诗歌与民间传说""《万叶集》与日本上代的精神世界""人工智能作诗能否超越人类——AI 诗歌的和歌创作"等 6 次学术讲座，参加国际学术会议 2 次，参加重要国

内会议3次。

二、承担的省部级及以上课题

序号	课题名	主持人	课题类型	课题编号
1	13—19世纪中期日本文学中的中国形象研究	张静宇	北京市社科基金项目	20WXC014
2	"多卷本《中国文化域外传播百年史（1804—1947）》"子课题日本卷	王广生	国家社科基金重大项目子课题	17ZDA195
3	"东方文化史"子课题"日本文化史"	王广生	国家社科基金重大项目子课题	11&ZD082
4	"近代以来中日文学关系研究与文献整理"子课题	陈言	国家社科基金重大项目子课题	17ZDA277

（供稿人：王广生）

首都师范大学外国语学院日语系

一、基本情况

首都师范大学外国语学院日语系前身是创建于 1962 年的北京市外国语学校（白堆子外语学校）日语专业，1980 年更名为北京外国语学院分院日语系，设置本科日语专业；1985 年更名为北京联合大学外国语师范学院日语系，1993 年并入北京师范学院，更名为首都师范大学外国语学院日语系。1998 年获批设置日语语言文学硕士研究生招生点。2022 年起招收"日语+世界史"双学位学生。

地址：北京市海淀区西三环北路 83 号首师大北一区，外语楼
邮编：100089
负责人：刘健
联系电话：010-68901911、13699206018
电子邮箱：5907@cnu.edu.cn
主要研究领域：语言、文学、翻译、文化、区域学研究
人员构成：教授 2 人、副教授 5 人、讲师 9 人

二、机构要闻

首都师范大学外国语学院日语系近年来在口译及笔译教学实践中取得突破性进展，2022 年度本科及研究生在"韩素音国际翻译大赛"中斩获佳绩，在"人民中国杯"系列翻译比赛中获得优秀组织奖及优秀指导教师奖等荣誉。2022 年，在职教师获批省部级以上项目 3 项，翻译出版著作 7 部，主编、参编国家级规划教材 5 部，获得省部级教学奖 1 项。

三、承担的省部级及以上课题

序号	课题名	主持人	课题类型	课题编号
1	"多卷本《中国文化域外传播（1804—1947）》"子课题日本卷	王广生	国家社科基金重大项目子课题	17ZDA195
2	现代日语汉语动词的语法功能研究	刘健	教育部人文社科研究一般项目	20YJC740030
3	13—19 世纪中期日本文学中的中国形象研究	张静宇	北京市社科基金项目	20WXC014

（供稿人：刘健）

浙江工商大学日本研究中心

一、基本情况

浙江工商大学日本研究中心（以下简称"中心"）成立于2004年，是浙江工商大学直属的教学科研机构。2017年，被评定为教育部国别与区域研究备案中心，接受教育部国别与区域研究中心秘书处的指导，依托学校外国语言文学一级学科以及浙江省哲学社会科学重点研究基地"东亚研究院"，全面开展日本及东亚研究本硕博一体化人才培养和科学研究工作，在2021年教育部高校国别和区域研究工作内部评估中，中心成功入选区域和国别研究全国高水平建设单位，综合评估结果为备案中心Ⅰ类。

中心的宗旨是以"立足浙江，面向全国，放眼世界"为建设理念，秉承"通过梳理东亚文化脉络，解决区域历史与现实问题"的学术方针，贯彻"组建一流的研究队伍、形成独具特色的研究体系、立足浙江面向全国开展社会服务、致力高端人才的培养、多渠道开展国际文化交流"的发展目标，结合学校"大商科"办学特色，走"多学科融合、特色发展"之路，汇聚校内各学科优质资源，继续做强做优日本历史文化基础性研究。除学术研究外，中心以"知古鉴今、以史资政"为导向，致力于解决中日政治、经济、文化等领域的现实问题，承担着浙江省政府和国家相关部门交办的委托研究课题及地方服务合作项目，积极发挥资政服务的作用。

中心坚持内外有机结合的团队建设体制，通过内部整合浙江工商大学东方语言与哲学学院、东亚研究院、外国语学院、人文与传播学院、经济学院、管理学院等校内研究人员，外部引进浙江大学、复旦大学、南开大学、厦门大学、中国社会科学院、日本早稻田大学、日本国立冈山大学、韩国高丽大学等国内外知名研究机构的研究力量，打造了一支专职兼职互补、学科交叉融合的研究团队。团队现有28名研究人员，主要从事中日关系史、中日文化交流史、东亚国际关系、东亚经济贸易和日语语言文学等五个方向的研究和教学，在日本历史文化、中日文化交流史等研究领域特色鲜明、独树一帜。此外，中心还承担着浙江工商大学学科建设职责，拥有博士学位授予权，招收外国语言文学（日本及东亚方向）的博士研究生，着力培养具有国际视野和多学科背景的高素质研究人才。

面向未来，任重而道远。中心将抓住中华民族伟大复兴这一历史机遇，坚持"科研服务社会"的价值导向，从经济、科技、文化等多领域视角，开展中日两国的互动模式、理论与方法论体系创新研究。同时，立足浙江和区域文化研究，放眼全国，借鉴历史经验和日本经验，发微兴衰机理，为各级政府决策建言献计，提供智慧和参考。

地址：浙江省杭州下沙高教园区学正街18号
邮编：310018
负责人：江静

联系人：薛晓梅、谢咏

联系电话：0571-28008393

电子邮箱：ryzx@zjgsu.edu.cn

二、重要会议举办情况

由浙江工商大学东方语言与哲学学院主办，中心承办的"纪念中日邦交正常化50周年日本学青年论坛"于7月10日在杭州成功举办。论坛聚焦日本学研究的各领域，设置日本语言文学和日本历史文化两个分论坛，东语学院的8位青年教师进行了相关发言。发言的内容涉及中日文化交流、文学、日语教育等多方面。论坛邀请了北京大学宋成有教授、南开大学刘岳兵教授、杭州师范大学王忻教授、台州学院高平教授对各位青年教师的发言进行点评。论坛采取线上、线下相结合的形式举办。

由中国日本史学会、浙江工商大学东亚研究院、浙江省中日关系史学会联合主办，中心承办，上海大学文学院历史系协办的"中日关系的历史、现状与未来：中日邦交正常化50周年纪念"学术研讨会正式召开。此次会议于7月30日至31日在杭州举办。受疫情影响，会议采取线上、线下相结合的形式举行，来自中国社会科学院、北京大学、清华大学、复旦大学、浙江大学、南京大学、南开大学、中山大学、厦门大学、四川大学、上海大学、东北师范大学、湖南师范大学、福建师范大学、日本庆应义塾大学等国内外知名高校及研究机构的50多名学者正式参会，另外有百余名相关领域的学者报名观看了线上会议。

三、机构要闻

为纪念中日邦交正常化50周年，浙江工商大学东亚研究院、日本研究中心以"中日文化交流史"为主题举办视频征集活动。在学院老师的认真指导下，同学们积极参与，活动共收到来自东亚研究院本科生和研究生团队的16组视频。此次活动很好地展现了东亚研究院学子们的精神风貌。

2022年5月31日，浙江省政府办公厅静冈福井事务局局长金国庆一行到浙江工商大学东亚研究院访问并出席座谈会。静冈福井事务局主任朱立民、干部胡杰，浙江工商大学东方语言与哲学学院院长助理贾临宇、外事秘书丁之群、日语系教师徐磊、东亚研究院教师姚琼等参加座谈会。

2022年10月，张新朋老师在"之江青年谈体会"第八期发表文章《以中华优秀传统文化为根基，向世界展现可信、可爱、可敬的中国形象》，得到读者热烈好评。

2022年11月，浙江省教育厅发布《关于公布2022年省级一流本科课程、省级一流本科国际化课程及首批省级劳动教育一流本科课程（教学团队）认定结果的通知》（浙教办函〔2022〕352号），中心江静教授担任课程负责人的《中日文化交流史》获省级一流本科课程认定。

四、承担的省部级及以上课题

序号	课题名	主持人	课题类型	课题编号
1	清代浙江的对日交往与长崎通事研究	许海华	浙江省哲学社科重点研究基地重点项目	2022JDKTZD21
2	日本江户时代阳明学的流变及其影响研究	关雅泉	国家社科基金青年项目	22CSS034
3	中国史学对日本历史物语的影响研究	彭溁	浙江省哲学社科规划一般项目	23LMJX04YB

(供稿人：谢咏)

浙江工商大学东亚研究院

一、基本情况

浙江工商大学东亚研究院（以下简称"研究院"）成立于2011年12月，是一所以"以历史文化脉络解决东亚现实问题"为宗旨，专门从事东亚问题研究的省级综合研究机构。

研究院下设"日本研究中心""韩国学研究中心""东亚佛教文化研究中心""东亚阳明研究中心""稻盛和夫商道研究中心"，同时作为"浙江省中日关系史学会"会长单位，设有学会秘书处。此外，研究院还拥有浙江省哲学社会科学重点研究基地（A类）、日本国际交流基金海外日本研究重点支援机构、"东亚研究与周边外交"校级协同创新中心、舟山基地等国内外研究平台，研究方向为东亚历史文化、东亚历史与丝路文明、东亚文化圈，三者和而不同，有机组合，协调发展。研究院目前有专职研究人员15名（均拥有博士学位，其中教授4名、副教授5名、讲师6名），同时聘请国内外知名学者担任兼职研究员20余名，另聘用海外驻站研究专家多名。

研究院秉承"立足浙江，放眼东亚，走向世界"的发展目标，贯彻"以文化传播为核心，以历史脉络梳理为途径，对东亚世界展开全方位、深层次的研究"的学术方针，在继续做强"中日文化交流与文化比较"传统研究的同时，全面开展东亚政治、经济、文化等领域的研究。研究院人员首倡的"书籍之路""东亚学""东亚笔谈"等学术新理路，更是引领着国内外学术界的研究方向。此外，研究院在东亚岛屿争端问题、日本在华侵略神社、东亚童蒙读物、欧美的日本研究等研究领域也有不俗成果。

研究院同时也承担着人才培养的职责，招收亚非语言文学专业（韩国研究、日朝交流研究、东亚研究方向）的硕士研究生，实施国际化办学，先后与日本早稻田大学、神奈川大学，韩国首尔市立大学、仁荷大学、檀国大学、江原大学等12所海外大学签订了院（所）级学术交流协议，每年互派教师、留学生开展学术研究与交流，共同举办学术会议，办学质量在全国同专业中处于领先地位。此外，研究院还设有"梅田善美日本文化基金""东亚研究奖励基金"等奖学金，用于资助研究生出国访学、留学，学生在学期间均有赴日本、韩国留学半年或一年的机会，研究生出国率达到百分之百。

研究院现有藏书3万余册，其中日文、韩文、英文原版书籍2万余册。文献涉及东亚历史、政治、经济、教育、文化、艺术、文学、法律、地理、宗教等多个领域。尤其富藏东亚历史文化、宗教思想以及汉文典籍等基础文献，已成为国内建设规模相对成熟、特色藏书丰富的专业性图书资料中心，初步完成了"全国东亚研究图书资料中心"的建设架构。

研究院与中国社会科学出版社、上海交大出版社、浙江人民出版集团、浙江工商大学出版社等出版机构联合打造"浙商大日本研究丛书""东亚笔谈文献资料""东亚研究书系""中日文化交流文库"等多套丛书，成果将陆续面世。

地址：浙江省杭州下沙高教园区学正街 18 号
邮编：310018
负责人：江静
联系人：谢咏
联系电话：0571-28008393
电子邮箱：dyyjy@mail.zjgsu.edu.cn

二、重要会议举办情况

2022 年 1 月 16 日，由研究院与日本早稻田大学日本宗教文化研究所、早稻田大学日本古典籍研究所、韩国蔚山大学校人文大学日本学科共同主办的"东亚文化交流——古代·中世佛教的相互往来"国际学术研讨会在日本早稻田大学成功召开。

由浙江工商大学东方语言与哲学学院、东亚研究院和日本神奈川大学联合主办，东亚研究院承办的 2022 年度中国高校教师日本历史文化（民俗研究）高级讲习班，于 2022 年 7 月 19 日以线上会议的方式成功举办。

2022 年 7 月 23—24 日，"天童寺与东亚世界"国际学术研讨会在浙江省宁波市成功举办。此次研讨会由研究院、宁波天童禅寺共同举办。此次研讨会采取线上线下相结合的方式举行，来自中国社会科学院、北京大学、中国美术学院、浙江工商大学以及日本驹泽大学、日本国际禅文化交流协会等国内外知名高校及研究机构的 30 余位佛教学者与会。

2022 年 10 月 29—30 日，由研究院与北京大学佛教研究中心、天台山文化交流中心联合主办的"天台与东亚世界：第二届国际天台学学术研讨会"在浙江省台州市成功举办。来自中国、日本、韩国、新加坡、英国等国内外知名高校及研究机构的 40 多位中外佛学研究者与会。

2022 年 11 月 12—13 日，"第二届稻盛商道国际学术研讨会暨浙江稻盛商道研究院成立大会"在浙江省杭州市顺利召开。来自中国、日本、韩国等国，以及中国台湾、香港地区的多位专家学者和企业家代表参加了此次盛会。

三、机构要闻

2022 年 1 月 8 日，"第十六届中华全国日语演讲比赛华东区预赛"在浙江工商大学成功举办。该项赛事是目前国内最具影响力的日语演讲赛事，来自华东地区上海、浙江、江苏、江西 4 省（市）32 所高校的 32 位选手在线上通过直播同台竞技。

2022 年 2 月 14 日，由日本国际交流基金举办的「次世代日本研究者 協働研究ワークショップ」圆满落幕。研究院 2021 级博士研究生陈缪全程参加此次研讨会，并作报告。

2022 年 5 月，研究院名誉院长、浙江大学亚洲文明研究院副院长王勇教授担任首席专家的国家社科基金重大招标项目"东亚笔谈文献整理与研究"（批准号：14ZDB070），经全国哲学社会科学工作办公室审核，准予优秀等级结项（结项证书号：2022&J090）。

2022 年 9 月 8 日，由世界汉学中心与北京语言大学一带一路研究院联合举办的"世界文明与中国道路论坛——欧洲汉学与文明对话"区域论坛成功召开。研究院特聘教授、韩国汉学家全洪奭在会议中作题为"明末清初西欧知识分子的东亚形象和知识结构"的主旨发言。

2022年10月16日，由南开大学日本研究院和浙江工商大学东亚研究院共同主办的"日本史研究的学脉传承与守正创新高端论坛"以线上线下相结合的形式顺利举办。

四、承担的省部级及以上课题

序号	课题名	主持人	课题类型	课题编号
1	关于日本中世说话集中中国故事的整理与研究	刘潇雅	浙江省哲学社科重点研究基地重点项目	2022JDKTZD09
2	中日韩佛教外交的历史作用与当代意义	尹虎	浙江省哲学社科重点研究基地重点项目	2022JDKTZD11
3	古希腊哲学在近现代东亚地区的容受研究	陈郑双	浙江省哲学社科重点研究基地一般项目	2022JDKTYB12
4	日藏智者大师著述整理与研究	悟灯	教育部规划基金项目	22YJE730001
5	前近代日本传染病史料整理与研究	董科	国家社科基金一般项目	22BSS058

（供稿人：谢咏）

浙江财经大学日本文化经济研究所

一、基本情况

浙江财经大学日本文化经济研究所（以下简称"研究所"）坐落在浙江财经大学下沙校区。由第一任所长王丽萍教授于 2007 年牵头成立。研究所现有教授 2 名、副教授 4 名、讲师 8 名，其中博士 6 名。成员年龄结构、学缘结构、职称结构、学历结构合理，科研实力较强。主要研究领域为日语语言学、日本文学、日本历史文化、中日对比等研究。

研究所自成立以来一直致力于日本相关研究，取得了丰硕成果。成员主持完成多项国家社科基金项目、省部级和市厅级以上项目；在国内外出版和发表了多部专著和论文。其中，王丽萍教授的著作《成寻〈参天台五台山记〉研究》入选 2016 年《国家哲学社会科学成果文库》，并获浙江省第二十届哲社科优秀成果奖一等奖。凭借卓越的学术贡献，王丽萍教授入选全国第三方大学评价研究机构艾瑞深校友会网公布的"2022 中国高贡献学者"榜单。此外，方小赟博士的著作《中日人体词汇惯用语的比较研究——以认知语言学视阈下的"头部"表现为中心》被评为浙江省外文学会 2015 年理论研究优秀成果奖三等奖。

在学术交流方面，研究所协同日语系于 2016 年至 2020 年成功举办了"亚洲的多文化共生与和平"系列讲座共 29 场，主讲人多为国内外知名学者、高校教授、博士生导师，从语言文字、跨文化理解、中日政治经济社会关系等诸多方面阐述亚洲的和平与共生。主要有中央外事领导小组办公室参事官杨仁火（「中日海洋紛争の歴史と現状」），中国社会科学院日本研究所前所长高洪（「アジア太平洋地域における中日関係」）、副所长吕耀东（「対中政策の調整及び中日関係の未来」），清华大学教授赵蓉（「女性用語と日本社会変遷」），浙江大学教授王勇（「『一帯一路』と中日関係」），复旦大学教授徐静波（「日本の『お寺』と『神社』」），日本大阪大学山下仁教授（「アジアにおける多文化共生のための諸条件」）等。

在图书建设方面，研究所"荻野文库"藏有约 1.2 万册日文原版书籍，主要涉及日语语言学、文学艺术、政治经济、文化社会等诸多领域。学院也大力支持研究所的图书建设，资料室订购了《日语学习与研究》《人民中国（日文版）》《外语教学与研究》《译林》《外国文学研究》等 50 余种外语学科相关的权威杂志。另外，浙江财经大学图书馆也设有"早稻田文库"，藏书 1.3 万余册，几乎包含所有门类，以文史类居多。这些都为师生查阅日本一手资料和科研研究提供了坚实的图书储备。

地址：浙江省杭州市下沙高教园东区学源街 18 号外国语学院楼四楼
邮编：310018
负责人：方小赟
联系电话：18868765025

电子邮箱：binlinmusashino@163.com

二、重要会议举办情况

1. 研究所协办浙江财经大学外国语学院第七届"学涯外语"学术年会

学术年会是浙江财经大学外国语学院着力打造的"学涯外语"科研品牌中的重要一环。"学涯外语"主要涵盖"学涯外语讲坛""学涯外语读书会""学涯外语课题申报会""学涯外语学术年会"四个方面。通过学术年会，交流学术，启发思维，形成共鸣，取得进步。研究所成员积极参加2022年第七届"学涯外语"学术年会的投稿和现场汇报工作。主要内容如下。

（1）研究所成员作的主旨发言

①《上海翻译》主编傅敬民"翻译作为独立学科的新时代中国翻译教育"

②《浙江外国语学院学报》常务副主编李建波"外国文学学者如何开展国别和区域研究"

③对外经济贸易大学外语学院院长李运博"中国时政文献的翻译与传播"

④中国社会科学院语言研究所副研究员杨萌萌"生成语法视角下的古今汉语句法结构变异研究"

（2）研究所成员就"语言与翻译研究方向"主题作的演讲

王丽娟"从语言接触看'阴极''阳极'电学意义的产生及稳定"

（3）研究所成员就"文学与文化研究方向"主题作的演讲

①陈鹏安"'强横尼采'在日本：论登张竹风的文学活动与'个人主义'的误读方式"

②朱赛利"从'坪庭'看中国文化对日本庭园的影响"

（4）研究所成员就"外语教学研究方向"主题作的演讲

①董青"浅析《商务日语阅读》课程教学的思政元素"

②方小赞"日语口译教学中的偏误现象研究"

2. 研究所开展的学术活动

2022年5月17日，毕雪飞教授以"七夕诗宴：古代日本文化政治中的牵牛织女传说叙事"为题，开展了精彩的学术讲座。此次讲座由方小赞博士主持，副院长曹道根教授及研究所成员、研究生参加了此次讲座。

3. 研究所成员发表的核心期刊论文

（1）毕雪飞：《丝绸之路的开拓、往来与牵牛织女传说在日本的传承——以九州宗像大社中津宫牵牛织女传说为中心》，《民俗研究》2022年第4期。

（2）毕雪飞：《日本牵牛织女故事的叙事形态研究——以七夕传说型天鹅处女故事为中心》，《日语学习与研究》2022年第4期。

（3）陈鹏安：《吴梼相关史料的新发现——兼与文娟〈试论吴梼在中国近代小说翻译史中的地位——以商务印书馆所刊单行本为研究视角〉商榷》，《明清小说研究》2022年第1期。

三、机构要闻

2022年，研究所成员积极参加校内外举办的学术讲座和交流活动。参加情况如下。

3月22日，参加"学涯外语讲坛"第四十七讲：浙江大学李旭平教授"Syntax of place

names".

4月19日，参加"学涯外语讲坛"第四十八讲：四川外国语大学刘玉梅教授"以新文科为引领的外语院校人才培养体系创新与实践"。

4月26日，参加"学涯外语讲坛"第四十九讲：浙江大学聂珍钊教授"文学伦理学批评与《哈姆雷特》文本分析"。

4月28日，参加"学涯外语讲坛"第五十讲：浙江大学郭国良教授"漫谈文学译家的眼光"。

5月26日，参加"学涯外语讲坛"第五十一讲：浙江大学徐慈华博士"隐喻研究：从理论到应用"。

9月27日，参加"学涯外语讲坛"第五十二讲：上海交通大学朱一凡教授"基于语料库的观念翻译研究——以 Lady Windermere's Fan 两民国译本为例"。

10月27日，参加"学涯外语讲坛"第五十三讲：中山大学龙海平教授"'是'类小品词：话语语法视角和形容词来源"。

11月1日，参加"学涯外语讲坛"第五十四讲：上海财经大学 Sandro Jung 教授 "Reading Robinson Crusoe in 1722: Considering the E. Midwinter Edition"。

11月15日，参加"学涯外语讲坛"第五十五讲：浙江大学张慧玉教授"跨学科视角下的国际组织语言政策研究"。

5月11日，全国第三方大学评价研究机构艾瑞深校友会网公布了"2022中国高贡献学者"榜单。研究所王丽萍教授入选。

艾瑞深是得到社会各界认可的、有良好公信力的第三方大学评价研究机构，已经连续20年发布校友会中国大学排名。此次评选是国内首次提出"中国高贡献学者"指标，引入校友会2022中国大学排名评价指标体系，旨在破除大学排名唯论文、重理轻文等导向。

四、承担的省部级及以上课题

序号	课题名	主持人	课题类型	课题编号
1	牵牛织女传说在日本的传播演化与活态传承研究	毕雪飞	国家社科基金后期资助一般项目	20FZWB028
2	《高级日语1、2》	宋翔	省级课程思政示范课程	—
3	《国际商务谈判（日语）》	宋翔	省级一流课程	—

（供稿人：方小赟）

清华大学人文学院外国语言文学系东亚语言与文化学科群

一、基本情况

清华大学人文学院外国语言文学系东亚语言与文化专业成立于1970年，2002年开始招收研究生，2012年建立博士学位点。所在一级学科在全国第五轮学科评估中进入A-，2016年进入全国"现代语言学"一流学科建设行列。现有教师13人（含语言教学中心教师以及外教），其中教授1人、副教授9人、助理教授1人，拥有博士学位教师10人。

该专业传承清华大学"中西融会、古今贯通"的办学传统，践行"价值塑造、能力培养、知识传授"三位一体的育人理念，以日语语言学与日本文学为学科核心，培养综合素质优良、专业基础扎实、具备跨文化交际能力、具备高水平研究能力的优秀人才。主要研究领域为日本古典文学、日本近代文学、日本语言学、日本文化等。

主要人员构成：王成（学科带头人），研究方向为日本近现代文学、中日比较文学、翻译研究；陈朝辉，研究方向为日本近代文学、鲁迅研究；孙彬，研究方向为日本哲学、概念史；赵蓉，研究方向为日本语言学；高阳，研究方向为日本古典文学、中日比较文学；仓重拓，研究方向为日本近现代文学、鲁迅研究；藤本灯，研究方向为古辞书、语言学研究。

地址：北京市海淀区清华大学文南楼
邮编：100084

二、重要会议举办情况

2022年11月20日，清华大学外国语言文学系东亚语言与文化学科群2022年度学术研讨会通过线上线下相结合的方式在清华大学文南楼116举行。此次研讨会由"细读竹内好：文学的自觉与战争的经历"和"东亚的日本近代文学越境"（東アジアにおける日本近代文学の越境）两个工作坊构成。来自国内外十多所高校和研究单位的8名专家学者作了学术报告，清华大学外文系及各兄弟院校师生累计近400人参加。

三、机构要闻

2022年5月20日下午，第十四届中国日本学研究"卡西欧杯"优秀硕士论文颁奖典礼在线上举行，清华大学外文系日语专业2018级硕士研究生贾兆昆、肖羿分别获语言组、文学组一等奖（最高奖项）。

四、承担的省部级及以上课题

序号	课题名	主持人	课题类型	课题编号
1	道教文化十五讲（第二版）	高阳	国家社科基金中华学术外译项目	20WZJB001
2	《大唐西域记》在日本的传播与影响研究	高阳	北京市社科基金重点项目	21WXA004
3	《中国现代学术之建立》	陈朝辉	国家社科基金中华学术外译项目	21WZWB016
4	"日本鲁迅学"谱系化研究与编年体论文资料汇编	陈朝辉	北京市社科基金重点项目	20WXA001

（供稿：清华大学日语专业）

湖北大学历史文化学院中日社会文化比较研究中心

一、基本情况

机构名称：湖北大学历史文化学院中日社会文化比较研究中心

地址：湖北省武汉市武昌区友谊大道368号

邮编：430062

联系电话：18164044546

负责人：郝祥满

电子邮箱：haoxiangman2010@sina.com

湖北大学历史文化学院中日社会文化比较研究中心（以下简称"中心"），由李崇义、孙光礼、李家政等教授创建于1985年5月，由历史系日本文化研究室改建而成，最初称"日本问题研究所"。历任中心负责人有李崇义、孙光礼、葛金芳、郝祥满。中心成员的主要研究方向包括日本史、中日关系史、中日社会比较、中日文化比较、日本美学等。中心招收培养世界史专业（日本史方向）硕士研究生、中国史专业（中日关系史方向）博士研究生。

中心主要研究成果及学术活动如下。

成立以来，中心成员先后主持和参与过多项国家社科基金、省部级、厅级、校级和横向课题和项目，先后发表、出版了一些较有影响力的学术专著和论文，并积极组织开展各类学术活动。同时参与相关学校日本研究机构的科研项目等。

中心近年来的代表性科研成果如下。

著作有郝祥满教授主持完成的2017年国家社科基金后期资助项目"禅宗东渐与中世日本的社会转型"、2012年国家社科基金后期资助项目"中日关系史（894—1170）"，均已结项并出版。其中，《中日关系史（894—1170）》（46.6万字），湖北人民出版社2016年3月出版；《禅宗东渐与中世日本的社会转型》（50万字），中国社会科学出版社2021年3月出版。以及《奝然与宋初的中日佛法交流》（30万字），商务印书馆2012年6月版。

代表性的论文有：《日本近代绘制地图对清末地图学的影响》，《社会科学战线》2017年第1期；《日本民族意识下的国家间文化竞争——以平安时代的语境为视角》，《世界民族》2015年第5期；《晚清时期日本对华茶国际市场的侵夺》，《安徽师范大学学报（人文社会科学版）》2019年第5期；"Ten Lectures on Cultural Circulation in East Asia"，*World History Studies* 2019年6月等。

中心现有在职研究人员2人，其中教授1人、科研助理1人，其他为文学院、外语学院等单位的兼任人员，以及中心招收的中日关系史方向博士研究生（皋峰、周承智、魏仕俊、潘晓玲4名在读）、日本史方向硕士研究生（秦茵科、王莹莹、卢水雄、卢雨松等在读）等。

在编在岗研究人员有郝祥满教授、刘娟助理（办公室电话：027-88660028）。

二、机构要闻

以下主要为2022年中心成员参与日本研究、中日关系史研究相关学术会议、论文发表情况。

1. 人才培养

2022年6月,中心的硕士研究生高熠琼,完成并通过学位论文《五世纪日本大和王权的建构》答辩,顺利毕业,参加工作。

2022年9月,中心招收2名日本史方向硕士研究生卢水雄、卢雨松。

2. 学术交流

2022年1月,郝祥满教授参加了东亚视野下的湖南与日本国际学术研讨会,作了题为"古代日本的湖南意象与近代日本的湖南调查"的发言。

2022年7月2—4日,郝祥满教授参加了雪窦山首届慈氏学学术研讨会暨雪窦山慈氏学研究中心揭牌仪式,并作了题为"平安中后期日本的弥勒信仰与浙江"的发言。7月4日赴雪窦山考察巡礼。

2022年9月,郝祥满教授与博士研究生魏仕俊一同参加了"茶商与万里茶道:第四届'万里茶道'国际学术研讨会",在大会上作题为"东亚同文书院对汉口茶叶贸易的调查"的主旨演讲。

因为新冠疫情关系,郝祥满教授参加了一些线上的学术交流活动。

2022年7月29—31日,郝祥满教授参加了"中日关系的历史、现状与未来:中日邦交正常化50周年纪念学术研讨会",作了题为"日本二战前推动移民巴西运动的综合服务措施"的发言。

2022年9月16日,博士研究生魏仕俊参加了2022年中国"二战"史学会年会暨学术研讨会,就"近代日本侵占中国水电能源"作了发言。

2022年10月28—30日,郝祥满教授参加了"西学东渐:近代东亚思想的转折"学术研讨会暨中华日本哲学会2022年年会,并作题为"从思想文化'去中国化'开始的日本'脱亚'政略"的发言。

2022年10月14—16日,郝祥满教授参加了在东北师范大学举行的"世界中世纪专业委员会2022年学术研讨会",提交参会论文《中世日本新佛教影响下的社会新形态》。

2022年11月5日,博士研究生魏仕俊参加了浙江大学研究生院主办的"中国与全球史"博士生论坛,并作题为"近代日本对中国东北水电资源的掠夺"的发言。

2022年11月12日,博士研究生魏仕俊参加了南开大学外国语学院第二届研究生学术论坛,就"日本与近代中国东北的能源问题"作相关发言。

2022年11月26—27日,郝祥满教授与博士研究生魏仕俊参加了北京大学召开的"中国日本史学会2022年年会暨中日邦交正常化50周年纪念学术研讨会",分别提交参会论文《一战后日本对华外交策略的权变》和《战前日本对中国东北水电资源的掠夺》。

3. 研究成果

2022年1月,郝祥满教授在《中华思想文化术语学术论文集(第四辑)》上发表独撰论文《中华思想文化术语国际传播中的张力——以"国""和""本"等汉字在日本的音、形、义解构为例》。

2022年8月，郝祥满教授在《东方丛刊》上发表论文《东方道艺之美感——以中日剑道与禅的修行为例》。

2022年10月，郝祥满教授与刘娟助理在《文化发展论丛》上发表论文《中国茶与茶文化的国际传播》。

2022年11月，郝祥满教授在林美茂、李红军主编的《日本哲学与思想研究》（2020—2021卷）上发表论文《禅宗修行与中世日本的教养文化——作为修养手段的禅宗》。

2022年3月，博士研究生魏仕俊、郝祥满教授在《北华大学学报（社会科学版）》第23卷第2期发表论文《近代日本应对抵货运动的初试炼——以二辰丸事件后日本对外交涉为中心》。

2022年4月，博士研究生魏仕俊在《边疆经济与文化》2022年第4期上发表论文《吉林临江门沿革考略》。

2022年9月，博士研究生魏仕俊在《法音》2022年第9期上发表论文《贯通、沟通与会通——读〈禅宗东渐与中世日本的社会转型〉》。

2022年12月，皋峰、郝祥满合作发表英文论文"The 'Leave Asia' Strategy of Japan Starting from 'De-Sinicization' in Ideology and Culture"，发表于英文杂志 Cultural and Religious Studies（文化与宗教研究）2022年第12期。

三、承担的省部级及以上课题

序号	课题名	主持人	课题类型	课题编号
1	中日语言接触中的日本国语建构及其民族意识研究	郝祥满	国家社科基金后期资助重点项目	20FSSA001

（供稿人：郝祥满）

湖南大学日本研究中心

一、基本情况

湖南大学日本研究中心（以下简称"中心"）成立于2010年，挂靠于湖南大学外国语学院。中心学科方向覆盖语言学、文学、文化，积累了丰富的研究成果。同时立足湖南，与国内外多所著名高校、研究机构、出版社有着广泛的交流与合作。

地址：湖南省长沙市岳麓区麓山南路2号湖南大学外国语学院

邮编：410082

负责人：张佩霞

二、重要会议举办情况

1. 2011年，举办纪念辛亥革命100周年国际学术研讨会。
2. 2012年，举办第四届汉日对比语言学国际研讨会。
3. 2013年，举办第一届中南地区日语教学与研究国际研讨会。
4. 2014年，举办"日本語教育現場におけるコーパスの開発と利用"长沙工作坊（湖南大学）。
5. 2015年，举办"日本語教育現場におけるコーパスの開発と利用"日本工作坊（名古屋大学）。
6. 2016年，举办数据库与日语教学研究国际学术研讨会。
7. 2017年，举办日语误用及第二语言习得研究国际学术研讨会。
8. 2019年，举办第四届中南地区日语教学研究学术研讨会。
9. 2022年，举办"语料库研究的深化与扩大"日语国际学术研讨会。
10. 2023年，举办中国日语教学研究会2023年度年会暨新文科新国标新形势下日本学研究与日语专业建设学术研讨会和中国日语教学研究会理事会、常务理事会。

三、机构要闻

近年来，中心成员积极开展各种学术活动，收获了多项成果。在《外语教学与研究》《中国翻译》等国内外重要学术期刊上发表论文40余篇，出版著作3部、译著2部，国家级及教育部研究课题8项。

在学术交流方面，中心邀请了曹大峰、周异夫、谭晶华、修刚、玉岗贺津雄、砂川有里子等国内外知名学者举办讲座，同时中心成员也应邀在北京大学、澳门大学、日本国立国语研究所等知名高校及研究机构进行学术讲座及学术论坛发表等，并多次应全国学会、出版社主办的全国性学术会议邀请做嘉宾，参加圆桌论坛。此外，中心成员还多次赴日本京都大学、东京大学、早稻田大学、千叶大学、关西大学、关西学院大学进行访学，开展合作研究。

四、承担的省部级及以上课题

序号	课题名	主持人	课题类型	课题编号
1	《红楼梦》日译研究	宋丹	国家社科基金后期资助项目	21FWWB009
2	日藏林语堂《红楼梦》英译原稿整理与研究	宋丹	国家社科基金后期资助项目	16CWW006
3	汉文典籍在日本的误读模式实证研究	罗明辉	教育部人文社科研究一般项目	7YJA740033
4	汉日复句构式的跨语言认知研究——以条件、因果复句为中心	苏鹰	教育部人文社科研究一般项目	16YJC740062
5	《易经》在日本的双基重构经典化研究	瞿莎蔚	教育部人文社科研究青年项目	18YJC740078
6	日本移民侵略中国东北海外资料编译整理与研究	谢小建	教育部人文社科研究一般项目	19YJCZH197
7	近代日本"中国文学"学科史生成研究	曹莉	教育部人文社科研究青年项目	20YJA752001
8	隋唐净土思想在日本的嬗变与发展研究	刘丽娇	教育部人文社科研究青年项目	20YJC730004
9	《伤寒论》在日本的翻译、接受与影响研究	白杨	教育部人文社科研究青年项目	23YJCZH002

（供稿人：刘丽娇）

福建师范大学中琉关系研究所

一、基本情况

福建师范大学中琉关系研究所（以下简称"研究所"）成立于1995年12月15日，首任所长王耀华教授（1995年12月至1998年12月）；第二任所长徐恭生教授（1998年12月至2000年12月）；第三任所长谢必震教授（2000年12月至今）。

研究所行政上隶属于福建师范大学社会科学处，研究人员主要由校内各学院以及研究中心的兼职人员组成。

自成立以来，研究所先后与日本琉球大学法文学部（今人文社会学部）、日本法政大学冲绳文化研究所、冲绳国际大学南岛文化研究所建立了学术交流关系。先后接收并共同指导了来自东京大学、京都大学、琉球大学、冲绳国际大学等多所日本高校的访问学者与留学生，亦多次派遣师生前赴琉球大学、冲绳国际大学访学与研修交流，培养了一批从事琉球研究的青年学者，并向日本琉球大学、名樱大学、御茶水女子大学、清华大学、武汉大学、南开大学、厦门大学输送了多位攻读琉球研究方向的博士研究生。

自1986年始，中琉历史关系国际学术会议隔年在中国大陆、中国台湾以及日本冲绳三地轮流举办，迄今已成功举办18届，是学术界公认的中琉关系研究领域连续性、高水平的学术交流平台，其中四届由研究所主办。此外，研究所还与日本冲绳高校以及相关研究机构进行合作调查研究，足迹遍及福建、浙江、江苏、山东、河北以及日本冲绳各地。

研究所先后承担了国家社科基金重大项目5项、国家社科基金一般项目9项、省部级项目10余项。已出版《清代中琉历史关系档案选编》（7部）、《琉球史料文献汇编》（2卷）、"中琉历史关系丛书"（已出版6部，计划出版15部）等关于中琉关系研究的学术著作与文献资料近20部。2010年，研究所呈送的报告《关于保护福州地区中琉友好关系历史遗址》被福建省政府采纳，并得到时任福建省省长黄小晶的批示，使得福州地区的中琉关系遗址得到妥善的保护。

研究所主要研究领域为中琉历史关系、中琉经贸关系、中琉文化交流史、冲绳社会问题研究、琉球历史文献研究。

地址：福建省福州市仓山区上三路32号福建师范大学邵逸夫楼401
邮编：350007
负责人：谢必震
联系电话：18950407126
电子邮箱：xiebizhen@sina.com
人员构成如下。
教授：王耀华、谢必震、方宝川、赖正维、刘富琳、吴巍巍、丁春梅

副教授：徐斌、陈硕炫、倪霞、孙清玲

讲师：李致伟、黄颖、许可、谢忱、范志泉、张沁兰

二、重要会议举办情况

2022年12月25日，研究所主办了"中琉青年学者论坛"线上国际学术研讨会。来自福建师范大学、武汉大学、中国社会科学院日本研究所、南开大学以及日本冲绳地区的13位青年学者进行了热烈的发言和深入的讨论。这也是中琉历史关系研究领域的第一次青年学者论坛，对加强今后两地青年学者交流具有里程碑的意义。

三、机构要闻

2022年12月25日，由研究所主办的纪念中琉关系研究所成立25周年纪念活动之"传统与创新：中琉关系史研究展望"线上交流会圆满结束。会上，研究所与日本冲绳方面的相关代表共14人就今后中琉关系研究的新发展进行了精彩的发言和深入的交流。

2022年12月27日，研究所与冲绳国际大学南岛文化研究所缔约20周年纪念交流会在线举行，双方共同回顾了两研究所20年来的合作研究交流，感怀提及了为两研究所的深入交流作出贡献的诸多先学和前辈，并对新冠疫情之后重启合作调查研究进行了深入的讨论。

四、承担的省部级及以上课题

序号	课题名	主持人	课题类型	课题编号
1	琉球王国金石铭文的收集、整理与研究	张沁兰	国家社科基金青年项目	22CSS018
2	中国古代海上丝绸之路图像资料的收集、整理与研究	刘义杰	国家社科基金重大项目	18ZDA186
3	日本藏涉闽涉台历史档案的收集、整理与研究	方宝川	国家社科基金重大项目	16ZDA127
4	中琉关系通史	赖正维	国家社科基金重大项目	16ZDA128
5	来华琉球留学生与中琉宗藩体制之嬗变研究	谢忱	国家社科基金青年项目	19CZS075

（供稿人：谢必震、陈硕炫）

期刊信息

刊　　名	太平洋学报
英文刊名	Pacific Journal
刊　　期	月刊
刊　　号	ISSN 1004-8049 CN 11-3152/K
主　　管	中华人民共和国自然资源部
主　　办	中国太平洋学会
主　　编	丁磊
创刊时间	1993 年
出版日期	每月 28 日
地　　址	北京市丰台区马官营家园 3 号院 国家海洋局第二办公区
邮政编码	100161
电　　话	（010）68575728
电子邮箱	taipingyangxuebao@oceanpress.com.cn
网　　址	http://www.pacificjournal.com.cn/
微信公众号	太平洋学报
出　　版	海洋出版社
国内订阅	全国各地邮局
国内发行	北京报刊发行
邮发代号	82-873
国外发行	中国国际图书贸易集团有限公司
国外代号	M5271
印　　刷	鸿博昊天科技有限公司
定　　价	38.00 元

刊物简介

《太平洋学报》创刊于 1993 年，由中华人民共和国自然资源部主管、中国太平洋学会主办、海洋出版社出版，著名经济学家于光远先生曾长期担任主编，是中国海洋等自然资源领域综合性人文社科学术期刊，现为月刊。学报先后入选《中文核心期刊要目总览》核心期刊、《中文社会科学引文索引》（CSSCI）来源期刊、《复印报刊资料高转载期刊名录》、《中国学术期刊评价研究报告》（RSSC）核心期刊等。

《太平洋学报》开设"特稿""政治与法律""经济与社会""海洋强国建设""21 世纪海上丝绸之路建设""海洋生态文明建设""热点问题笔谈""综述与评述""学术动态"等栏目，注重选题的理论性、现实性和政治性，以"洋为中用，古为今用""面向现代化、面向世界、面向未来"为指导思想，秉承"立足中国海，探索太平洋，关注国家发展，理论世界大局"的办刊宗旨，以服务国家、服务海洋事业发展为价值追求，通过学术研究为重大理论问题和现实问题提供智力和学理支撑，努力实现关怀现实、经世致用。

刊　　名	日本文论
英文刊名	Collection of Japanese Studies
刊　　期	半年刊
刊　　号	学术集刊
主　　管	中国社会科学院
主　　办	中国社会科学院日本研究所
主　　编	杨伯江
创刊时间	2019年6月
出版日期	一年两辑，每年6月、10月出版
地　　址	北京市东城区张自忠路3号东院
邮政编码	100007
电　　话	(010) 64039045
电子邮箱	rbyjjk@126.com
网　　址	http://www.rbxk.org/
微信公众号	日本学刊
出　　版	社会科学文献出版社
国内订阅	全国各地邮局
国内发行	社会科学文献出版社
国外发行	中国国际图书贸易集团有限公司
印　　刷	北京盛通印刷股份有限公司
定　　价	68.00元
备　　注	原名《日本问题资料》

刊物简介

《日本文论》为中国社会科学院日本研究所于2019年6月创办的学术集刊，前身是日本研究所曾创办的学术期刊《日本问题资料》(1982—1997年)。《日本问题资料》由中国社会科学院日本研究所于1982年2月创办，1997年因经费原因停刊。《日本文论》继承《日本问题资料》发展脉络，秉承重视基础研究的办刊思路，以学术集刊的形式呈现，一年两辑。

《日本文论》与日本研究所学术期刊《日本学刊》为姊妹刊，两个出版物的基本定位是"相互关联、互为补充、各显优长、相得益彰"。相对于《日本学刊》侧重日本政治外交、经济社会等前沿动态和战略研究，《日本文论》以"长周期日本"为研究对象，秉承日本研究所重视基础研究的传统，将历史研究与现实问题研究相结合，通过长时段、广视域、深层次、跨学科研究，深化分析日本与中日关系。自创刊以来，《日本文论》以历史唯物主义为指导，坚持正确的政治方向与办刊方针，坚持"以史为鉴"，同时强调中国问题意识与全球视野，立足基础研究，关照重大问题，兼顾交叉、边缘以及新兴学科，注重刊发具有全球和区域视角的综合性比较研究成果，尤其是论证深入而富于启迪的厚重成果、以问题研究为导向的创新性研究成果。

截至2022年年底，《日本文论》已经顺利完成八辑的出版发行，并被收入中国知网和超星数据库，连续四年被社会科学文献出版社收入"CNI名录集刊"。

刊　　名	日本问题研究
英文刊名	Japanese Research
刊　　期	双月刊
刊　　号	ISSN 1004-2458　CN 13-1025/C
主　　管	河北省教育厅
主　　办	河北大学
主　　编	康书生
创刊时间	1964 年
出版日期	双月 25 日
地　　址	河北省保定市五四东路 180 号
邮政编码	071002
电　　话	（0312）5977038
电子邮箱	rbwt@hbu.cn
网　　址	http://www.rbwtyj.hbu.cn
微信公众号	日本问题研究
出　　版	《日本问题研究》编辑部
国内订阅	全国各地邮局
国内发行	保定市邮政管理局
邮发代号	18-502
印　　刷	保定华泰印刷有限公司
定　　价	10.00 元

刊物简介

《日本问题研究》1964 年创刊，2009 年由河北大学日本研究所并入河北大学期刊社，刊物随之全新改版，现为河北省教育厅主管、河北大学主办的研究日本相关问题的专业期刊。双月刊，80 页，国内外公开发行。现任主编为康书生，常务副主编为闫树涛。

《日本问题研究》是《中国人文社会科学期刊（AMI）综合评价报告》A 刊扩展期刊、全国高校社科精品期刊、《中国学术期刊评价研究报告》（RCCSE）核心期刊（扩展版）、中国科技论文在线优秀期刊、河北省高校社科学报优秀期刊。

《日本问题研究》坚持"为人民服务、为社会主义服务"的政治导向，坚持"百花齐放、百家争鸣"的办刊方针，强调学术性，突出时代感，注重"洋为中用"，结合中国的实际需要研究日本。"重名人，不薄新人；重独创，不喜平庸"是本刊的一贯作风。

《日本问题研究》设置的主要栏目包括"政治研究""经济研究""社会研究""教育研究""历史研究""文化研究""哲学研究""文学研究"。

刊　　名	日本学
英文刊名	Japanese Studies
刊　　期	年刊
刊　　号	学术集刊
主　　管	北京大学日本研究中心
主　　办	北京大学日本研究中心
主　　编	北京大学日本研究中心
创刊时间	1989 年
地　　址	北京市海淀区颐和园路 5 号北京大学王克桢楼 513 室
邮政编码	100871
电　　话	（010）62753505
电子邮箱	chuxiaobo@pku.edu.cn
出　　版	世界知识出版社
国内订阅	新华书店经销
国内发行	世界知识出版社发行
印　　刷	北京虎彩文化传播有限公司
定　　价	39.00 元（第 21 辑）
备　　注	北京大学出版社出版第 1—7、12 辑，国际文化出版公司出版第 8—11 辑，世界知识出版社出版第 12—21 辑

刊物简介

《日本学》是北京大学日本研究中心编辑的学术论文集。其宗旨是，对日本进行综合研究，探索其与他国不同的特点，尤其是民族性格、历史传统和深层文化方面的特点，故命名为《日本学》。

研究日本学必须站在科学的立场上，全面观察日本而不失之偏颇，才有助于人们深刻地了解日本、客观地评价日本。《日本学》即采取这种态度。一国的特点只有在与他国的比较中才能显现出来，而且这种比较必须是多角度、多方面、多层次的。比较的方法既可以采用人文、社会学科的一些传统方法，也应该吸取自然科学、边缘科学的崭新方法和现代化手段。《日本学》提倡并突出比较研究、学际研究，重视新方法、新手段的运用。科学的态度就是实事求是。按照某种主观意图去剪裁甚至曲解事实，这种削足适履式地为现实服务的方法是不足取的。提供确切的事实和对事实的正确解释，是学术发挥其社会效益的唯一正确途径。《日本学》坚持这一原则。

日本学的定义、内涵乃至其能否构成一个学科，人们的意见未必一致。尽管如此，日本学已经成为国际学术界广泛研究的对象，并且积累了大量有价值的成果。我们应该积极吸取国内外各学派的日本研究成果，这是毫无疑问的。但是，不应照搬，不应人云亦云、做传声筒。历史证明，照搬、当传声筒只会扼杀创造性。《日本学》的目标是建立中国自己的日本学。这是一个艰巨的任务，需要全国日本研究者坚持不懈的努力。

刊　　名	日本学刊
英文刊名	Japanese Studies
刊　　期	双月刊
刊　　号	ISSN 1002-7874 CN 11-2747/D
主　　管	中国社会科学院
主　　办	中国社会科学院日本研究所、中华日本学会
主　　编	高洪
创刊时间	1985年5月20日
出版日期	单月10日
地　　址	北京市东城区张自忠路3号东院
邮政编码	100007
电　　话	（010）64039045
电子邮箱	rbxk@cass.org.cn；ribenxuekan@126.com
网　　址	http://www.rbxk.org/
微信公众号	日本学刊
出　　版	社会科学文献出版社
国内订阅	全国各地邮局
国内发行	社会科学文献出版社
邮发代号	80-437
国外发行	中国国际图书贸易集团有限公司
国外代号	BM911
印　　刷	北京盛通印刷股份有限公司
定　　价	40.00元
备　　注	原名《日本问题》，1991年1月改现名

刊物简介

　　《日本学刊》系中国社会科学院主管、中国社会科学院日本研究所和中华日本学会主办，面向国内外发行的综合性日本研究学术期刊。《日本学刊》创刊于1985年5月，前身是《日本问题》双月刊，1991年1月更名为《日本学刊》，并成为全国性日本研究学术团体中华日本学会会刊。

　　《日本学刊》坚持基础理论和现实对策研究并重的原则，既及时组织发表关于日本时局动向的专题评析，也发表学者对日本政治、外交、经济、社会、文化等进行深入理论分析的学术论文，刊物的时效性、综合性和学术性突出。随着日本研究和中日关系问题的升温，《日本学刊》更加关注重大现实问题，运用新的角度特别是全球体系和东亚框架观察战后日本社会经济发展，对"日本模式"及以往国际日本研究的流行看法进行重新审视；海外学者的参与，不仅使研讨趋向深入，也使刊物的"国际特色"更加突出。

　　多年来，《日本学刊》入选了《中文社会科学引文索引》（CSSCI）来源期刊、《中国人文社会科学期刊（AMI）综合评价报告》核心期刊、《中国学术期刊评价研究报告》（RCCSE）核心期刊、人大复印报刊资料重要转载来源期刊等多种人文社会科学事业发展与研究评价体系。

刊　　名	日本学研究
英文刊名	Journal of Japanese Studies
刊　　期	半年刊
刊　　号	学术集刊
主　　管	北京外国语大学
主　　办	北京外国语大学北京日本学研究中心、教育部国别和区域研究基地——北京外国语大学日本研究中心
主　　编	郭连友
创刊时间	1991年12月
出版日期	6月30日和12月31日
地　　址	北京市海淀区西三环北路2号北京外国语大学216信箱
邮政编码	100089
电　　话	（010）88816584
电子邮箱	rbxyjtg@163.com
网　　址	http://bjryzx.bfsu.edu.cn
微信公众号	日本学研究
出　　版	社会科学文献出版社
国内发行	社会科学文献出版社
印　　刷	三河市龙林印务有限公司
定　　价	128.00元

刊物简介

《日本学研究》是北京日本学研究中心于1991年创办的日本学研究综合学术集刊。从创刊至2017年，作为年刊连续出版了27辑，受到了国内外日本学研究界的广泛好评，为中国日本学研究的发展作出了贡献。2018年，为满足中国日本学研究以及国别和区域研究的迫切需要，《日本学研究》改为半年刊，由北京外国语大学北京日本学研究中心与教育部国别和区域研究基地——北京外国语大学日本研究中心共同主办。

《日本学研究》的常设栏目有"特别约稿""热点问题""国别与区域研究""日本语言与教育""日本文学与文化""日本社会与经济""海外日本学""书评"等。

《日本学研究》于2018年进入知网查询系统，2019年、2021年入选社会科学文献出版社"CNI名录集刊"，2021年被收入《中文社会科学引文索引》（CSSCI）来源期刊（集刊），同年获评"人大复印报刊资料转载来源期刊"。

刊　　名	日本研究
英文刊名	Japan Studies
刊　　期	季刊
刊　　号	ISSN 1003-4048 CN 21-1027/C
主　　管	辽宁大学
主　　办	辽宁大学日本研究所
主　　编	崔岩
创刊时间	1985年1月
出版日期	季度末月20日
地　　址	辽宁省沈阳市沈北新区道义南大街58号
邮政编码	110136
电　　话	（024）62202254
电子邮箱	Japanstudies1972@126.com
网　　址	http://www.cbpt.cnki.net/
微信公众号	日本研究
出　　版	《日本研究》编辑部
国内订阅	全国各地邮局
国内发行	《日本研究》编辑部
国外发行	中国国际图书贸易集团有限公司
印　　刷	沈阳中科印刷有限责任公司
定　　价	20.00元

刊物简介

　　1972年，在国际关系局势变化的背景下，中国开始缓和与美日的紧张关系，并谋求实现国家关系正常化。在这一背景下，辽宁大学《日本研究》在中央领导的关怀下以内刊形式发刊，开始向国内传播相关研究成果。1985年1月成为国内外正式出版发行的学术期刊。如从内刊算起，该刊已经走过了50年的历程，和中日邦交正常化是同步的。成为正式期刊以来，《日本研究》发表了大量国内外学者关于日本问题的研究成果，对相关学术领域的学术成果传播和交流发挥了重要作用。

　　近年来，国际局势发生了重大的变化，新冠疫情更加速了百年未有之变局，对相关的学术研究也提出了新的要求。为此，《日本研究》已对刊物的定位进行调整，进一步调整和凝练办刊方向，突出特色。鉴于国际问题的日趋复杂化和国别与区域关系的紧密化，该刊的未来方向是立足于日本研究领域，同时将重点相关区域问题包括在内；在以区域国别学科为基础、兼顾社会科学和人文科学的同时，发文重点转向区域国际关系、国别现实问题的研究文章。

刊　　名	日本研究论丛
英文刊名	Collection of Japanese Sduties
刊　　期	半年刊
刊　　号	学术集刊
主　　管	东北师范大学
主　　办	东北师范大学日本研究所
主　　编	陈秀武
创刊时间	2018年5月1日
出版日期	6月、10月
地　　址	吉林省长春市南关区人民大街5268号
邮政编码	130024
电　　话	（0431）85099741
电子邮箱	rbyjlc@nenu.edu.cn
网　　址	http://rbyjs.nenu.edu.cn/
微信公众号	日本研究论丛
出　　版	社会科学文献出版社
国内订阅	当当网、京东、社会科学文献出版社天猫旗舰店等网络平台
国内发行	社会科学文献出版社
印　　刷	三河市东方印刷有限公司
定　　价	88.00元
备　　注	原名《近代中国东北与日本研究》，2021年6月改现名

刊物简介

　　为响应《"十四五"规划和2035年远景目标纲要》中提出的"深度参与海洋开发"的对外战略、强化东北师范大学外国语学院"国别与区域研究"二级学科建设，东北师范大学外国语学院日本研究所在国别研究传统优势的基础上，依托《近代中国东北与日本研究》办刊经验，于2021年将《近代中国东北与日本研究》改为面向国内外公开发行的学术集刊《日本研究论丛》，每年出版两期。本刊于2018年创刊，由社会科学文献出版社出版。每期根据稿源情况及稿件质量，设置"日本政治、外交与安全""日本历史、哲学与文化""日本社会、经济与管理""日语语言与日本文学"等栏目。《日本研究论丛》以日本问题为中心，以海洋问题为重点，涵盖学术领域广阔，可读性强。

　　《日本研究论丛》为《中国人文社会科学学术集刊（AMI）综合评价报告》入库集刊。

期刊信息

刊　　名	日本研究集林
刊　　期	半年刊
刊　　号	准印证号：K0392 号
主　　管	上海市新闻出版局
主　　办	复旦大学日本研究中心
主　　编	胡令远
创刊时间	1993 年 10 月
出版日期	6 月、12 月
地　　址	上海市邯郸路 220 号
邮政编码	200433
电　　话	（021）65642577
电子邮箱	wangguangtao@fudan.edu.cn
网　　址	http://www.jsc.fudan.edu.cn/view.php?id=382
微信公众号	复旦大学日本研究中心
国内订阅	内部资料 免费交流

刊物简介

《日本研究集林》创刊于 1993 年，旨在为国内外日本研究界同人探讨中日政治、经济、社会、文化等提供一方交流切磋的学术平台，突出展示复旦大学日本研究的最新成果和学术动态。作为一本综合性刊物，《日本研究集林》本着"百花齐放、百家争鸣"的方针，致力于对日本研究领域开展多视角、多层面的研究和探讨。

《日本研究集林》现为半年刊，于每年 6 月和 12 月下旬出版。每册近 90 页，16 开本，自办发行。发行范围主要包括国内政府机关、科研机构、高校等相关部门。

《日本研究集林》设"特稿""政治·经济·外交研究""社会·历史·文化研究""复旦大学日本研究中心大事记"等栏目，在近 30 年的发展中形成了三方面的特色：第一，对重大议题进行系统研究；第二，"不拘一格降人才"，积极创造条件，为青年学者提供发表园地；第三，加强理论分析，探索方法创新。

《日本研究集林》已出版 61 期，累计发表论文近 780 篇，参与、见证了中日友好，赢得了学界的好评，为推动中日关系的健康发展作出了努力和贡献。

刊　　名	日本侵华南京大屠杀研究
英文刊名	Journal of Nanjing Massacre Studies
刊　　期	季刊
刊　　号	ISSN 2096-4587 CN 32-1877/K
主　　管	中共南京市委宣传部
主　　办	侵华日军南京大屠杀遇难同胞纪念馆
主　　编	张生
创刊时间	2018年1月
出版日期	每季度末
地　　址	江苏省南京市建邺区水西门大街418号
邮政编码	210017
电　　话	（025）86898667
电子邮箱	ppcpalm@126.com
网　　址	http://www.19371213.com.cn/research/rbqhnjdtsyj/
微信公众号	日本侵华南京大屠杀研究
出　　版	南京出版社有限公司
国内订阅	全国各地邮局
国内发行	江苏省邮政局
邮发代号	28-496
国外发行	中国国际图书贸易集团有限公司
国外代号	C9398
印　　刷	南京艺中印务有限公司
定　　价	22.00元
备　　注	原名《日本侵华史研究》

刊物简介

《日本侵华南京大屠杀研究》（原《日本侵华史研究》）于2018年正式创刊。该刊是面向国内外公开发行的专业学术性期刊（季刊），主管单位为中共南京市委宣传部，主办单位为侵华日军南京大屠杀遇难同胞纪念馆。

该刊秉承真实、客观、理性的办刊理念，立足学科前沿，保持专业特色，整合海内外关于日本侵华史及近现代中日关系史研究资源，为国内外研究日本侵华史的学者打造一个新的学术交流平台。该刊刊载内容广泛，包括南京大屠杀、日本侵华、抗日战争、近现代中日关系、战争遗留问题、和平学等。

2021年5月，《日本侵华南京大屠杀研究》被收入南京大学《中文社会科学引文索引》（CSSCI）来源期刊（扩展版）；2021年9月，被收入中国社会科学院《中国人文社会科学期刊AMI综合评价报告》A刊入库期刊。目前该刊已经成为人大复印报刊资料、北京大学核心期刊目录、国家哲学社会科学学术期刊数据库、中国知网、万方数据、重庆维普等多家期刊数据库的全文收录期刊。

刊　　名	东北亚论坛
英文刊名	Northeast Asia Forum
刊　　期	双月刊
刊　　号	ISSN 1003-7411 CN 22-1180/C
主　　管	教育部
主　　办	吉林大学
主　　编	吴昊
创刊时间	1992 年 1 月 1 日
出版日期	单月 1 日
地　　址	吉林省长春市前进大街 2699 号
邮政编码	130012
电　　话	(0431) 85168728
电子邮箱	dbylt2009@qq.com
网　　址	http://dbyl.cbpt.cnki.net
微信公众号	东北亚论坛
出　　版	《东北亚论坛》编辑部
国内订阅	全国各地邮局
国内发行	吉林省报刊发行公司
邮发代号	12-123
国外发行	中国国际图书贸易集团有限公司
国外代号	BM715
印　　刷	吉林省诚信印务有限责任公司
定　　价	30.00 元

刊物简介

《东北亚论坛》创刊于 1992 年，是教育部主管、吉林大学主办的权威学术期刊，重点刊发关于东北亚地区政治、外交、经济、历史文化、区域合作和国际关系等领域的高水平研究成果。《东北亚论坛》始终坚持正确的政治方向和学术导向，坚持以习近平新时代中国特色社会主义思想为指导，坚持以服务国家外交战略和理论创新为宗旨，在国内外学术界和期刊界均享有较高的声誉，取得了良好的社会效益，并获得了一系列重要奖励和荣誉。《东北亚论坛》为国家社会科学基金资助期刊、中文社会科学引文索引（CSSCI）来源期刊、全国中文核心期刊、中国人文社会科学期刊 AMI 综合评价核心期刊、RCCSE 中国权威学术期刊、人大复印报刊资料重要转载来源期刊。《东北亚论坛》曾四次被评为国家社会科学基金资助优秀期刊，其中 2019 年是全国哲学社会科学工作办公室综合国家社会科学基金资助期刊七年来的办刊情况，遴选了 21 家优秀期刊，《东北亚论坛》从 190 家受资助期刊中脱颖而出。2014 年"东北亚区域合作"栏目入选教育部高校哲学社会科学学报名栏，2015 年荣获第三届吉林省新闻出版优秀集体奖，2019 年荣获全国高校社科名刊，2020 年荣获第四届吉林省新闻出版奖期刊精品奖，2022 年入选国家哲学社会科学文献中心 2016—2021 年"最受欢迎期刊"。

刊　　名	东北亚学刊
英文刊名	Journal of Northeast Asia Studies
刊　　期	双月刊
刊　　号	ISSN 2095-3453 CN 12-1427/C
主　　管	天津社会科学院
主　　办	天津社会科学院东北亚研究所 天津社会科学院出版社有限公司
主　　编	刘哲
创刊时间	2012年3月13日
出版日期	单月15日
地　　址	天津市南开区迎水道7号
邮政编码	300191
电　　话	（022）23360182
电子邮箱	dbyxkbjb@sina.com
出　　版	天津社会科学院出版社有限公司
国内订阅	全国各地邮局
国内发行	天津社会科学院出版社有限公司
印　　刷	天津中图印刷科技有限公司
定　　价	15.00元

刊物简介

《东北亚学刊》由天津社会科学院主管，天津社会科学院东北亚研究所和天津社会科学院出版社有限公司主办。《东北亚学刊》（内刊）创办于2000年年初，2011年下半年获国家新闻出版总署和天津市新闻出版局同意公开出版发行的批复，于2012年3月正式对外公开发行。

刊物定位：以习近平新时代中国特色社会主义思想为指导，坚持正确的政治导向和舆论导向，致力于日本及东北亚国际问题研究的国际政治类学术期刊。该刊致力于为东北亚国际学科话语体系建设提供学术交流平台，发挥建言献策作用。

刊物特色：刊载有关东北亚地区的政治、经济、外交、社会、文化、历史等领域的研究成果。

刊物重点栏目：特稿、东北亚安全战略。

获得的荣誉：2014年4月被列入《中国社会科学院创新工程科研评价核心期刊增补名录》；2016年5月被中国社会科学院中国社会科学评价中心《中国人文社会科学期刊评价报告（AMI）》引文数据库收录为来源期刊；2018年11月被《中国人文社会科学期刊AMI综合评价报告（2018年）》收录为A刊扩展期刊；2018年首次被列入国家哲学社会科学文献中心学术期刊数据库，2018—2022年连续五年被列入"政治学最受欢迎期刊"；2021年5月获评国家哲学社会科学文献中心发布的2016—2020年200家"最受欢迎期刊"。

期刊信息

刊　　名	外国问题研究
英文刊名	Foreign History Studies
刊　　期	季刊
刊　　号	ISSN 1674-6201 CN22-1398/C
主　　管	教育部
主　　办	东北师范大学
主　　编	韩东育
创刊时间	1964 年
出版日期	每季度末
地　　址	吉林省长春市人民大街 5268 号
邮政编码	130024
电　　话	(0431) 85098761
电子邮箱	wgwtyj@nenu.edu.cn
微信公众号	外国问题研究
国内订阅	全国各地邮局
国内发行	吉林省报刊发行分公司
邮发代号	12-398
国外发行	中国国际图书贸易集团有限公司
国外代号	Q4331
印　　刷	吉林省文林印务有限公司
定　　价	20.00 元
备　　注	原名《日本学论坛》，2009 年改现名

刊物简介

《外国问题研究》是教育部主管、东北师范大学主办的世界史领域学术期刊，国内外公开发行。该刊为季刊，每季度末出版。自 2016 年改版以来，该刊得到了学界的广泛关注和支持。2021 年入选《中文社会科学引文索引》(CSSCI)（扩展版）来源期刊。

办刊宗旨及业务范围：刊载东亚、欧美和其他国家的历史问题及相关研究成果，为中国世界史研究提供一个学术交流平台。

办刊方针：尊重学术传统，凸显学科特色，会集中外学术名家，在充分关注新时期中国国家战略的基础上，以全球视野和开放的眼光，研究域外历史重大理论问题和实证问题。

办刊理念：突破国别限制，淡化时代区隔，打通专业壁垒，强化基础研究，兼顾智库建设。从文明生态的视角，动态观察域外各国的政治、经贸、文化等领域的历史演进过程，借以展现人类文明多元互动的古今本然，增进不同文明之间的相互了解与理解。

主要栏目："东亚文明研究""古典文明研究""欧美文明研究""丝路古今研究"。

刊　　名	亚太安全与海洋研究
英文刊名	Asia-Pacific Security and Maritime Affairs
刊　　期	双月刊
刊　　号	ISSN 2096-0484 CN 10-1334/D
主　　管	国务院发展研究中心
主　　办	国务院发展研究中心亚非发展研究所、南京大学中国南海研究协同创新中心
主　　编	朱锋
创刊时间	1994 年
出版日期	单月 15 日
地　　址	江苏省南京市汉口路 22 号南京大学中国南海研究协同创新中心
邮政编码	210093
电　　话	025-83597212
电子邮箱	nanhaibjb@nju.edu.cn
网　　址	http://yfzh.cbpt.cnki.net
微信公众号	亚太安全与海洋研究（YTAQ-HYYJ）
出　　版	《亚太安全与海洋研究》编辑部
国内订阅	全国各地邮局
国内发行	北京报刊发行局
邮发代号	80-455
国外发行	中国国际图书贸易集团有限公司
国外代号	C8387
印　　刷	北京荣泰印刷有限公司
定　　价	25.00 元
备　　注	原名《亚非纵横》，2015 年 5 月改现名

刊物简介

《亚太安全与海洋研究》前身为《亚非纵横》，由国务院发展研究中心亚非发展研究所主办。2015 年改现名，由国务院发展研究中心亚非发展研究所与南京大学中国南海研究协同创新中心共同主办。经过多年的发展，业已成为中国亚太安全与海洋研究重要成果汇集平台。

《亚太安全与海洋研究》以战略性、创新性、专业性和学术性为宗旨，定位亚太传统与非传统安全的理论与实践，突出关注区域安全与海洋问题，同时聚焦国际秩序变革、大国关系、周边外交以及地区热点问题。主要栏目包括"亚太热点透析""区域安全探讨""海洋动态观察""南海专题研究""国际政经聚焦"等。

《亚太安全与海洋研究》现为中国人文社会科学期刊 AMI 综合评价核心期刊、《中国学术期刊影响因子年报》统计源期刊、《中文社会科学引文索引》（CSSCI）来源期刊、人大复印报刊资料重要转载来源期刊等。《2022 年中国学术期刊影响因子年报》"世界政治"类期刊影响因子排名进入第二方阵（Q2），列第 18 位。入选《2022 年度复印报刊资料高转载期刊名录》。"亚太安全与海洋研究"微信公众号关注用户数近 2700 人，载文篇均点击率近 500 次。

2019 年实现中国知网"网络首发"（提前出版）。2021 年实现中国知网"期刊双语工程"、"长摘要"和"精彩段落"中英文双语出版。被国家哲学社会科学学术期刊数据库、维普、万方等知名数据库收录。

刊　　名	抗日战争研究
英文刊名	The Journal of Studies of China's Resistance War Against Japan
刊　　期	季刊
刊　　号	ISSN 1002-9575 CN 11-2890/K
主　　管	中国社会科学院
主　　办	中国社会科学院近代史研究所、中国抗日战争史学会
主　　编	杜继东
创刊时间	1991年9月
出版日期	季末月28日
地　　址	北京市朝阳区国家体育场北路1号院2号楼3层
邮政编码	100101
电　　话	(010) 87420901
电子邮箱	krzz-jd@cass.org.cn
微信公众号	抗日战争研究
出　　版	近代史研究杂志社
国内订阅	全国各地邮局
国内发行	社会科学文献出版社、北京报刊发行局
邮发代号	82-473
国外发行	中国国际图书贸易集团有限公司
国外代号	Q187
印　　刷	三河市龙林印务有限公司
定　　价	30.00元

刊物简介

《抗日战争研究》是国内唯一专门刊登抗日战争研究论文的核心期刊。1991年1月中国抗日战争史学会成立，9月《抗日战争研究》杂志创刊，由中国抗日战争史学会主办，中国社会科学院近代史研究所编辑。2009年，《抗日战争研究》改为中国社会科学院近代史研究所和中国抗日战争史学会共同主办，《抗日战争研究》编辑部编辑。

自创刊以来，《抗日战争研究》杂志始终坚持以繁荣抗日战争研究、探索历史真相、总结历史经验为办刊宗旨；以兼容并包、推陈出新，立足中国、放眼世界为办刊方针；以近代以来的中日关系史为研究重点，举凡有关抗日战争史、近代中日关系史、战后中日历史遗留问题的论文，以及探讨与这些主题相关的理论和方法的文章，均属于该刊用稿范畴。目前主要栏目有"特稿""特约论文""中国共产党与抗战""马克思主义与抗日战争研究""青年论文""问题讨论""理论探索""学术史回顾""海外译介"等。《抗日战争研究》刊发的学术论文普遍具有较高学术价值和创新价值，在国内外学术界获得广泛好评。历年跻身《中国人文社会科学期刊AMI综合评价报告》核心期刊、《中文核心期刊要目总览》、《中文社会科学引文索引》（CSSCI）来源期刊等评价目录。

刊　　名	现代日本经济
英文刊名	Contemporary Economy of Japan
刊　　期	双月刊
刊　　号	ISSN 1000-355X　CN 22-1065/F
主　　管	教育部
主　　办	吉林大学
主　　编	庞德良
创刊时间	1982 年
出版日期	单月 1 日
地　　址	吉林省长春市前进大街 2699 号
邮政编码	130012
电　　话	（0431）85166391
电子邮箱	xdrbjj@163.com
网　　址	https://xdrj.cbpt.cnki.net/WKG/WebPublication/index.aspx? mid=xdrj
微信公众号	xdrbjjsince1982
出　　版	《现代日本经济》编辑部
国内订阅	全国各地邮局
国内发行	中国邮政集团有限公司吉林省报刊发行分公司
邮发代号	80-437
国外发行	中国国际图书贸易集团有限公司
国外代号	BM1847
印　　刷	长春新华印刷集团有限公司
定　　价	20.00 元
备　　注	《现代日本经济》由廖承志题写刊名，为"全国日本经济学会"会刊

刊物简介

　　《现代日本经济》创刊于 1982 年，是中国唯一一份公开发行的专门以日本经济问题为研究对象的专业性学术期刊，是国家一级学会"全国日本经济学会"会刊，由廖承志题写刊名。

　　自创刊以来，《现代日本经济》始终坚持正确的政治方向与学术导向，对日本经济进行全面、系统、深入的研究，介绍日本发展经济、提高技术、改进经营管理的经验与教训，以推动中日经济文化交流。《现代日本经济》设有"宏观经济管理""财政与金融""对外贸易""产业经济""企业经营""环境保护""区域经济合作"等重点栏目。

　　经过多年的建设和发展，《现代日本经济》在研究日本经济发展的经验与教训、促进学术交流方面发挥了积极的作用，在中国的日本经济研究领域具有广泛的影响力与传播力。《现代日本经济》入选《中文社会科学引文索引》（CSSCI）来源期刊、全国中文核心期刊、《中国人文社会科学期刊（AMI）综合评价报告》核心期刊、《中国学术期刊评价研究报告》（RCCSE）核心期刊。《现代日本经济》刊文有多篇被《中国社会科学文摘》、《高等学校文科学术文摘》、人大复印报刊资料等文摘期刊全文转载、摘编。2021 年度期刊组织申报的编辑学项目获评全国高等学校文科学报研究会"重点项目"。

期刊信息

刊　　名	国际日本研究
英文刊名	International Japanese Studies
刊　　期	半年刊
刊　　号	学术集刊
主　　管	北京第二外国语学院日语学院
主　　办	北京第二外国语学院日语学院、国际日本研究中心
主　　编	杨玲
创刊时间	1995年12月12日
出版日期	上半年5月15日
地　　址	北京市朝阳区定福庄南里1号
邮政编码	100024
电　　话	(010) 65778263
电子邮箱	guojiribenyanjiu@bisu.edu.cn
网　　址	http://www.riyu.bisu.edu.cn
出　　版	社会科学文献出版社
国内订阅	全国各地邮局
国内发行	社会科学文献出版社
定　　价	68.00元
备　　注	原名《日语语言文化研究》，2020年12月改现名

刊物简介

《国际日本研究》的前身是北京第二外国语学院日语系、日本研究所主办的《日语语言文化研究》。2020年12月12日日语学院在将原日本研究所更名为国际日本研究中心的同时，将《日语语言文化研究》更名为《国际日本研究》。

《国际日本研究》主要致力于国际视野下日本问题的前沿研究。所谓"国际视野"，并非仅包含地理概念和学术意义上的"国际"，更重要的是在顺应全球发展变革中，在顺应新时代、新文科、新外语的学科变革中，需要去努力展示出的一种新的视野和发展的态势。《国际日本研究》正是立足日语语言文学学科的未来发展，立足"语言"并不拘泥于"语言"的界限，通过复合、多元、全球化三个维度的国际视野推动日本问题研究的进一步发展。《国际日本研究》能够在传统的《日语语言文化研究》的基础上迈出这一步，也正源自北京第二外国语学院"复语复合"的人才培养理念和学科构建与发展理念。

日语语言、文学、文化、翻译、漫画等5个子学科方向的跨学科研究为《国际日本研究》的常设栏目，另设"汉学钩沉""历史观察""教育教学现场""比较语言""文学研究前沿"等栏目。

刊　　名	南开日本研究
英文刊名	Naikai Japanese Studies
刊　　期	半年刊（至2021年为年刊）
刊　　号	学术集刊
主　　管	南开大学日本研究院
主　　办	南开大学日本研究院、教育部国别和区域研究基地——南开大学日本研究中心
主　　编	刘岳兵
创刊时间	1996年11月
出版日期	2021年前为年刊。2022年开始改为半年刊，计划每年5月、11月出版
地　　址	天津市南开区卫津路94号
邮政编码	300071
电　　话	（022）23505186
电子邮箱	nkrbyj@126.com
网　　址	http://www.riyan.nankai.edu.cn/12847/list.htm
微信公众号	南开日本研究
出　　版	天津人民出版社
国内订阅	全国各地邮局
国内发行	天津人民出版社
国外发行	中国国际图书贸易集团有限公司
定　　价	68.00元
备　　注	原名《日本研究论集》，2010年改现名

刊物简介

《南开日本研究》前身为《日本研究论集》，创办于1996年，2010年改为现名，由南开大学日本研究院、教育部国别和区域研究基地——南开大学日本研究中心主办。从2022年起，每年出版两期，迄今已出版27期，是中国知网等的收录集刊。

该刊以日本历史、日本政治、日本外交、日本经济、日本社会文化等为主要内容。该刊公开向国内外学者征稿，国内外公开发行，读者为国内外日本研究者、研究生以及对日本感兴趣的普通民众。

该刊创刊以来，积极进取，及时反映学界的研究动态，发表了不少具有引领性的高水平创新性研究成果，不仅受到国内学界的高度评价，也在国际学界受到关注和好评。国际著名历史学家、东京大学加藤洋子教授和北冈伸一教授，以及庆应大学山田辰雄教授、早稻田大学依田熹家教授、美国哈佛大学入江昭教授、英国伦敦政经学院珍妮特亨特教授等都曾给该刊投稿，日本国立国会图书馆、东京大学、早稻田大学等著名大学图书馆都一直收藏该刊，扩大了其在国内外学术界的影响。

该刊的主要栏目包括"日本经济""日本政治""日本外交""日本历史""日本社会""日本思想与文化"等。

大 事 记

---

* 本栏目由吴限、孙家珅、沈丁心、周旭海整理。

1月

1日

《区域全面经济伙伴关系协定》（RCEP）正式生效。中日两国由此建立自贸协定关系，双边贸易促进效应快速显现。

6日

日本与澳大利亚正式签署《互惠准入协定》（RAA）。该协定将分别简化日澳联合军演期间人员、装备弹药等入境方面的相关手续。

7日

日美两国政府召开"日美安全保障协议委员会（2+2）"会议，双方签署防卫装备合作研究协定。该协定旨在抗衡中国和朝鲜推进研制高超音速导弹等新型武器。

9日

日本原首相海部俊树去世，享年91岁。海部生前一直关心支持中日友好事业，为推动中日关系改善作出积极贡献，并曾就南京大屠杀"向南京人民表示深深的道歉"。

10日

日本政府统计，截至2022年1月1日，日本国内达到20岁的"新成人"有120万人，比上年减少4万人，创历年最低。

12日

日本财务省公布国际收支初步统计结果显示，日本2021年11月经常项目收支顺差为8973亿日元，同比减少48.2%，贸易逆差为4313亿日元。

日本首相岸田文雄就"关于天皇退位等皇室典范特例法案附带决议"作了国会报告，主要探讨稳定皇位继承和创设"女性宫家"等议题。

17日

日本防卫省决定在2022年度预算案中投入65亿日元用于研发拦截5倍音速及以上的高超音速导弹的电磁炮技术。

日本政府向国会提交2022财年预算案，预算案总额达107.5964万亿日元，比上一财年增加0.9%，连续10年创新高。

18日

日本首相岸田文雄在首相官邸以线上方式出席了达沃斯2022年年会，并就世界形势、新资本主义、推进数字化等议题发表演讲。

21日

日本首相岸田文雄与美国总统拜登举行电视电话会谈，就2022年上半年拜登访日和召开日美澳印首脑会议达成协议。

日法两国政府以视频会议方式举行外长与防长"2+2"会议。双方就"自由开放的印太"、朝鲜核问题以及日法联合演习等深入交换意见。

22日

日本奥委会表示参加北京冬奥会的日本运动员人数达到124名，创造日本参加海外冬奥会运动员人数之最。

25 日

日本政府决定将北海道、大阪府、京都府等 18 个地区纳入"防止新冠疫情蔓延等重点措施"实施地区，期限为 1 月 27 日至 2 月 20 日。

26 日

日本为年内完成对《国家安全保障战略》《防卫计划大纲》《中期防卫力整备计划》三文件的修订举行听证会。前国家安全保障局局长北村滋、谷内正太郎、原防卫大臣森本敏等人就攻击敌方基地、经济安全等议题发表意见。

28 日

日本总务省公布的 2021 年人口迁移报告显示，东京都净迁入人数为 5433 人，较上年减少 25692 人，创下自 2014 年有可比统计以来的最低纪录。

2 月

1 日

原东京都知事、众议院议员石原慎太郎去世。石原慎太郎为日本右翼保守派政客，顽固秉持错误"历史观"，曾掀起"购买"钓鱼岛及其附属岛屿闹剧，对中日关系造成严重破坏。

日本总务省公布报告显示，2021 年度日本平均完全失业率为 2.8%，较上年度下降 0.1%，2 年来首次得到改善。

3 日

据日本广播协会（NHK）报道，东京都 2 日新增新冠肺炎确诊病例 21576 例，刷新此前 1 月 28 日新增 17631 例的最高纪录。

4 日

日本首相岸田文雄与美驻日大使拉姆·伊曼纽尔举行会谈，双方确认将进一步加强日美同盟的紧密合作。

8 日

日本众议院全体会议通过"要求改善乌克兰令人担忧状况的决议"。

日本财务省公布国际收支初步统计结果显示，日本 2021 年 12 月经常项目逆差 3708 亿日元，第一次所得收支盈余 3988 亿日元，盈余额缩小。

13 日

日美韩外长在美国檀香山举行会谈，时隔 5 年再次发表联合声明，强调三国将扩大在安全保障和经济领域的合作。

15 日

日本内阁府公布报告显示，2021 年第四季度，日本实际 GDP 按年率计算增幅 5.4%，为半年以来的首次正增长。

日本首相岸田文雄与乌克兰总统泽连斯基进行电话会谈，双方就通过外交努力缓解紧张局势、加强日乌合作达成一致。

16 日

日本防卫装备厅约谈川崎重工、三菱电机、富士通等 15 家军工企业，向其宣介政府新的军工扶持政策，并听取了相关企业的诉求。

日本首相岸田文雄与英国首相约翰逊就乌克兰问题举行电话会谈。双方就支持乌克兰主权与领土完整、不允许俄罗斯凭借实力改变现状的方针达成共识。

17 日

日本厚生劳动省最新统计显示，截至 2 月 9 日，日本全国居家疗养的新冠肺炎患者人数达 543045 例，与前一周相比增加约 10.8 万例，连续三周刷新历史最高纪录。

日本首相岸田文雄与俄罗斯总统普京就俄乌形势举行电话会谈，表示要积极寻求外交途径缓解目前的紧张局势。

22 日

日本首相岸田文雄表示将对俄罗斯承认"顿涅茨克人民共和国"和"卢甘斯克人民共和国"独立实施相应谴责和制裁。

24 日

日本量子科学技术研究开发机构（QST）将在 2022 年秋季正式运行新一代热核聚变实验装置（JT-60SA）。该技术不仅可用于核聚变反应堆，还有望用于制造锂离子电池。

日本首相岸田文雄召开有关乌克兰局势的国家安全保障会议，要求最大限度确保居住在乌克兰的日本人的安全；对俄罗斯进行强烈谴责的同时将与以美国为首的国际社会联合，迅速作出应对。

25 日

日本财务大臣铃木俊一宣布，日本政府决定冻结俄罗斯三家银行的资产，冻结俄罗斯个人及团体资产并停止发放签证，限制对俄军事相关团体的物资出口。

日本首相岸田文雄出席 G7 电视电话会议，就乌克兰形势、对俄实施制裁以及强化 G7 成员国合作等交换意见。

26 日

日本政府将俄乌冲突定义为俄罗斯对乌克兰的"侵略"。

27 日

日本首相岸田文雄表示，日本将参与对俄罗斯的制裁，将俄部分银行排除在环球银行金融电信协会（SWIFT）成员之外。

日本首相岸田文雄宣布加入 SWIFT，实施对俄制裁和冻结普京等俄官员资产，并宣布向乌克兰提供价值约 1 亿美元的紧急人道主义援助。

28 日

日本政府宣布，作为对俄罗斯的追加制裁，将对包括俄罗斯准军事团体瓦格纳组织在内的 21 个团体实施禁运。

3月

3日

日本外务省宣布将暂时关闭日本驻乌克兰大使馆,在靠近波兰的边境城市利沃夫设立临时事务所,负责确保滞留日侨安全并协助撤离。

4日

日本总务省公布报告显示,全国1月完全失业率为2.8%,较上月上升0.1%,就业人数较上月减少19万人。

日本首相岸田文雄召开日美澳印四国视频会议,就乌克兰当前局势及对俄罗斯实施制裁等交换意见。

7日

日本内阁官房长官松野博一通过外交渠道就俄罗斯政府将日本指定为"非友好国家和地区"向俄罗斯政府表示强烈抗议。

10日

日本厚生劳动省的统计数据显示,2021年日本最低生活保障申请约235000件,较2020年增加了约11000件,增长5.1%,连续2年呈增长趋势。

14日

日本内阁府公布2021年12月至2022年1月实施的"治安相关舆论调查"结果。结果显示,过半数受访者认为"近10年来治安恶化"。

15日

日本厚生劳动省公布的数据显示,2021年日本国内自杀者人数达21007人。其中,男性有13939人,连续12年下降;女性有7068人,连续2年呈增长趋势。

16日

日本福岛县附近海域发生里氏7.4级地震,福岛、宫城两地震感强烈,截至当日已造成4人死亡。

17日

日本陆上自卫队成立电子作战部队,总部设在朝霞驻地。该部队约有540人,除应对网络空间攻击外,还将负责人才培养、实战训练支援和信息通信网络的管理运营等。

日本央行公布报告显示,截至2021年12月,日本家庭金融资产总额达2023万亿日元,约为日本经济规模的4倍,较上年同期增长4.5%。

19日

日本首相岸田文雄同印度总理莫迪举行会谈并发表联合声明。声明对"乌克兰的人道危机"表示严重关切,但并未直接提及俄罗斯。

22日

日本参议院通过2022财年财政预算案,总额达107.6万亿日元,连续十年创新高。其中,国防预算较上一财年增长542亿日元,达到历史最高的53687亿日元。

日本前首相安倍晋三与台湾当局领导人蔡英文进行视频会晤,共同指责俄罗斯对乌克兰动武是对国际秩序的严重挑衅,表示将进一步密切日台合作。

23 日

乌克兰总统泽连斯基通过视频方式在日本国会发表演讲，请求日本政府进一步加强对俄制裁和对乌援助。

24 日

日本警察厅公布的数据显示，2021 年日本查处大麻案件涉案人数达 5482 人，比 2020 年增加 448 人，连续五年刷新历史最高纪录。

日本首相岸田文雄出席 G7 首脑峰会，并先后与欧洲委员会主席、欧洲理事会主席、英国首相、美国总统、北约秘书长、加拿大总理以及波兰共和国总理等进行会谈。

25 日

日本国会通过未来 5 年驻日美军费用分摊协定。根据协定，2022 财年至 2026 财年日本需承担驻日美军经费约为 1.055 万亿日元，增加的费用将主要用于提高日本自卫队和美军的协同作战能力、购买新军事系统及基地设施维护等。

26 日

日本首相岸田文雄与美驻日大使拉姆·伊曼纽尔视察广岛和平纪念资料馆，并在原子弹死难者慰灵碑前献花并默哀。

28 日

《读卖新闻》公布的日本社会等级差别现状调查结果显示，八成以上受访者认为日本等级差距严重，半数人认为差距仍将拉大。

29 日

日本政府决定自 4 月 5 日起禁止向俄罗斯出口高档汽车、珠宝等 19 种奢侈品。

30 日

日本福岛县和宫城县的四个民间团体向日本经济产业省和东京电力公司递交了约 18 万人的联合署名请求，坚决反对核污水排海。

31 日

日本经济产业省召开本部会议，列出 7 种对俄依赖程度高的重要物资，分别为石油、液化天然气、动力煤、焦煤、生产半导体所需的气体、钯和铁合金，旨在摆脱对俄依赖。

4 月

1 日

日本外务大臣林芳正访问波兰。

5 日

日本外务大臣林芳正与来自乌克兰的 20 名难民同乘专机抵达日本。日本政府初步决定，将为抵达日本的乌克兰难民提供临时住所，发放生活费和医疗费。

日本央行公布的企业短期经济观测调查结果显示，2022 年第一季度日本大型制造业企业信心指数近两年来首次下滑 14 个百分点。

8 日

日本外务省要求俄驻日外交官及通商代表部职员共计 8 人离境。

日本首相岸田文雄宣布把俄罗斯储蓄银行和阿尔法银行列入制裁名单，对俄实施新投资禁令，对俄煤炭供应实行全面禁运，并将减少对俄能源依赖。

日本首相岸田文雄会见菲律宾外务大臣和国防大臣，就强化两国经济和地区安全合作等深入交换意见。

9日

日本、菲律宾两国政府举办首次外长与防长"2+2"会议，菲律宾成为第九个同日本实施"2+2"机制的国家。双方同意就缔结RAA（互惠准入协定）和ACSA（物资劳务相互提供协定）展开讨论。

12日

日本央行公布报告显示，2021年度日本国内企业物价指数初值为107.5，较上年度上升7.3%，为历史最高水平。

14日

日本民众在东京举行日中邦交正常化50周年集会，呼吁政府践行《日中联合声明》精神，推动日中友好合作。

15日

日本京都大学医学部附属医院和日本移植学会联合宣布，该院成功实施全球首例不同血型的活体肺移植手术。

16日

日本首相岸田文雄在首相官邸与美国超党派议员联盟一行进行会谈，就乌克兰当前局势交换意见。

18日

日本大阪高等法院宣布"森友学园"案二审判决结果，维持一审对森友学园前理事长笼池泰典有期徒刑5年的判决结果，其妻刑期则从3年改判为2年6个月。

日本首相岸田文雄同首次访日的瑞士联邦主席卡西斯举行会谈。双方围绕朝鲜局势交换意见，并一致同意将继续对俄罗斯实施强有力的制裁。

19日

日本福岛县发生5.3级地震，包括福岛县、茨城县、宫城县在内多地有明显震感，地震未引发海啸。

20日

日本有识之士组成的"中国文物返还运动推进会"在东京举行集会，要求日方返还战争期间从中国掠夺的文物。

日本财务省公布贸易统计初值数据显示，日本2021年度贸易逆差为5.3749万亿日元（约合人民币2660亿元）。

21日

日本首相岸田文雄以"内阁总理大臣岸田文雄"之名向靖国神社供奉真榊，日本前首相安倍晋三和自民党政调会长高市早苗参拜靖国神社。

日本首相岸田文雄与新西兰总理阿德恩举行会谈，就信息共享协议展开谈判，并发表共同声明，要求俄罗斯立即从乌克兰撤军。

22 日

日本制定量子技术和人工智能发展新战略，此类尖端技术被视作应对重大灾害和保障经济安全的重要力量。

23 日

日本首相岸田文雄出席"亚太水峰会"，表示日本政府将在 5 年内提供约 5000 亿日元的资金支持，用于亚太地区小型水力发电和下水道等基础设施建设。另外，岸田文雄分别与南太平洋岛国图瓦卢、柬埔寨和老挝首脑举行会谈，相互确认将合作应对乌克兰局势。

25 日

日本外务大臣林芳正与韩国"政策磋商代表团"举行会谈，双方一致同意进一步加强合作。

日本首相岸田文雄在首相官邸接见世界经济论坛（WEF）主席施瓦布。双方确认将就俄乌局势及后疫情时代相关问题展开协作。

26 日

日本首相岸田文雄与乌克兰总统泽连斯基举行电话会谈。岸田表示将向乌提供 3 亿美元援助，并提供无人机、食品和医药品等装备物资。

日本内阁会议决定根据物价上涨的情况紧急出台包括向石油企业及低收入育儿家庭增加支付补助金等措施。

27 日

日本政府和东京电力公司宣布，福岛第一核电站共计约 137 万吨核污水储存罐存满时间推迟到 2023 年秋季。

日本警察厅发布报告，2021 年共破获网络犯罪案件 1.2 万余起，较上年增加 2300 多起，创历史新高。

28 日

日本首相岸田文雄与德国总理朔尔茨举行首脑会谈，双方表示针对俄乌局势继续加强两国间的紧密合作。

29 日

日本首相岸田文雄访问印度尼西亚，与印度尼西亚总统佐科举行首脑会谈。双方同意加强对新能源、可再生能源和基础设施建设等领域的投资与合作。双方还就彼此关心的地区和全球问题进行了讨论。

5 月

1 日

日本首相岸田文雄访问越南，与越南总理、国家主席举行会谈，并出席"日越技术革新、数字化转型（DX）、供应链多元化合作研讨会"。

2 日

日本与泰国举行首脑会谈并签署《防卫装备品及技术转移协定》。日本政府希望借此加强与泰国的安全合作，牵制中国在东南亚地区的影响力。

3 日

日本国家安全保障局局长秋叶刚男与美总统国家安全事务助理沙利文在白宫举行会谈。双方认为亚太地区的安全环境日益严峻，必须提升日美同盟威慑力。

4 日

俄罗斯外交部宣布永久禁止日本首相岸田文雄、众议院议长细田博之、读卖新闻社主编渡边恒雄等63人入境俄罗斯。

日本首相岸田文雄访问意大利和梵蒂冈，谒见罗马教皇方济各后与意大利总理德拉吉就包括支援乌克兰、对俄制裁等问题进行磋商。

5 日

日本总务省公布全国儿童人口推算数据。数据显示，截至4月1日，日本全国不满15岁的儿童人口总数为1465万人，与上年同期相比减少25万人，再次刷新历史最低纪录。

日本首相岸田文雄与英国首相约翰逊举行会谈，双方一致确认将继续对俄罗斯实施严厉制裁，对乌克兰提供进一步支援。双方还就深化安保合作达成意向。

6 日

日本东京电力公司启动海底挖掘作业，为福岛第一核电站核污染水排海做准备。此举引发日本各界强烈反对。

7 日

日本防卫省发布消息称，朝鲜向日本海方向先后发射的四枚导弹均坠入"日本专属经济区"，日本对此表示强烈抗议。

8 日

日本东京都一项调查结果显示，东京都23区内无家可归者平均年龄为65.1岁，无家可归者呈现老龄化趋势。

9 日

日本首相岸田文雄出席G7领导人线上会议。岸田表示将进一步采取措施制裁俄罗斯和加强对乌克兰的援助。

10 日

日本财务省公布报告显示，截至3月底，日本国家长期债务余额达到1017.1万亿日元，首次突破1000万亿日元大关。

11 日

据日本警察厅统计，2021年由75岁以上高龄驾驶员驾驶汽车或摩托车引发的死亡事故达346起，较上年增加13起，占年度全部死亡事故的15.1%，再次刷新历史最高纪录。

日本首相岸田文雄与芬兰共和国总理马林举行首脑会谈。双方就地缘政治形势交换意见，并达成共识，将就敏感区域内"尝试改变现状""极速且不透明地强化军事力量"等做法采取一致与坚决的反应。

日本参议院全体会议表决通过了《经济安全保障推进法》，包含强化供应链韧性、确保基础设施安全、推进尖端技术官民协作研发、特定专利非公开化等四项内容。

12日

日本财务省公布的2021年度国际收支初值显示，经常项目盈余为12.6442万亿日元（约合人民币6550亿元），较上年度减少22.3%。

日本首相岸田文雄与欧盟（EU）欧洲理事会主席以及欧盟委员会主席举行定期首脑磋商。日方表示将与欧盟合作实施强有力的对俄制裁。

13日

日本知名就职信息网站公布调查结果显示，截至5月1日，2022年春季应届大学毕业生就职内定率为58.4%，与上年相比增长了7.1个百分点，创下2017年以来的最高纪录。

18日

23岁青年作家荒木茜获得日本推理作家协会主办的第68届"江户川乱步奖"，创下获奖者最年少纪录。

日本内阁府发布GDP初次速报结果显示，2022年第一季度，日本实际GDP同比增长0.18%，连续三个季度同比增速下降，换算成年率则下降了0.98%。

日本外务大臣林芳正与中国外交部长王毅举行视频会议。双方同意进一步促进对话，强化民间经济交流。

19日

日本参议院法务委员会审议通过包括实现民事审判和离婚调解全面IT化的民事诉讼法等修订案。

20日

日本首相岸田文雄会见国际原子能机构（IAEA）总干事格罗西。双方表示将为确保乌克兰核电站安全进行合作，并讨论了东京电力公司福岛第一核电站核污染水排海问题。

22—23日

美国第46任总统拜登首次访日，与日本首相岸田文雄举行会谈。双方表示将在乌克兰局势、安全保障和经济等多方面进一步密切合作，尤其要加强日美同盟的威慑力量和应对力量。

24日

日美印澳"四方安全对话机制"首脑会议于东京举行。四国首脑发表领导人联合声明，就乌克兰局势、东盟印太展望、欧盟的印太参与、东海与南海局势、朝鲜导弹试射、气候治理和新冠疫情等进一步加强合作。

26日

日本首相岸田文雄会见新加坡总理李显龙，表达对双方在"自由开放的印太"、乌克兰局势以及数字问题等方面加强合作的愿望。

日本首相岸田文雄与泰国总理兼国防部长巴育举行首脑会谈。双方就扩大经贸合作，促进全方位战略伙伴关系等议题达成共识。

27日

日本财务省公布报告显示，截至2021年年末，日本对外净资产高达411万亿日元，连续31年居世界首位。

日本首相岸田文雄与马来西亚总理萨布里举行首脑会谈。双方就俄乌冲突问题将开展人道主义合作。双方还确认维持和强化基于法治的自由开放的国际秩序的重要性。

31 日

日本国会通过 2022 年度补充预算案，总额为 2.7 万亿日元，其中一部分将被用于应对物价高涨。

6 月

2 日

日本首相岸田文雄会见美国议会日本研究组访日议员团一行。

3 日

日本厚生劳动省发布数据显示，2021 年日本新生儿数量不足 81.2 万人，自 1973 年达到 209 万高峰后，呈逐年减少趋势。

5 日

日本防卫省宣布朝鲜有六枚弹道导弹落入日本海。

7 日

日本国家安全保障局局长秋叶刚男与中共中央政治局委员、中央外事工作委员会办公室主任杨洁篪举行电话会谈，双方就中日关系、乌克兰和朝鲜局势等交换意见。

日本政府通过《2022 年经济财政运营和改革的基本方针》与"开拓未来的新资本主义"实施计划。

8 日

日本内阁府发布的 2022 年第一季度 GDP 修正值显示，剔除物价变动因素后的实际 GDP 比上季度下降 0.1%。

9 日

日本第 12 次当选联合国安理会非常任理事国，成为联合国会员国中当选次数最多的国家。

10 日

"日本永青文库捐赠汉籍"专题数据库在中国国家图书馆"中华古籍资源库"正式上线。该数据库包含汉籍资源 36 部 793 种，共计 37 万余页。

11 日

日本防卫大臣岸信夫与美、韩国防部长举行会谈。会后三国防长发表联合声明，强调台湾海峡和平稳定的重要性，并强烈谴责朝鲜接连发射弹道导弹，三国将为此实施联合训练。

13 日

日本刑法修正案获通过，该修正案旨在遏制网络诽谤中伤行为，对"侮辱罪"追加了"1 年以下徒刑或监禁、最高罚款 30 万日元"的条款。

日元兑美元汇率持续下跌，一度跌至 135.22 日元兑换 1 美元，创下自 1998 年 10 月以来新低。

15 日

日本 10 年期国债期货盘中大跌 2.01 日元至 145.58 日元，创 2013 年以来最大单日跌幅，并两度触发大阪交易所熔断机制。

16日

日本2022年版《男女共同参与白皮书》指出，2021年日本结婚登记51.4万对，比1970年的102.9万对减少了一半，在30多岁单身男女中，每4人就有1人没有结婚意愿。

日本财务省公布数据显示，2022年5月贸易逆差扩大至2.38万亿日元，为有可比统计以来的历史第二高位。

17日

日本最高法院对福岛核事故灾民提出的4起集体诉讼作出统一判决，认为政府无须承担赔偿责任。判决结果引发灾民强烈不满。

日本首相岸田文雄出席主要经济体能源与气候论坛（MEF）领导人会议。岸田表示，日本将在国际社会，尤其是印太地区的脱碳方面发挥主导作用，日本不仅要改变能源供应结构，还要推进整个经济社会的变革。

23日

日本警察厅统计数据显示，2021年日本全国共有17636人因认知障碍失踪，刷新历史最高纪录。

中日两国政府举行海洋事务高级别磋商团长级会谈。双方就尽快开设防卫热线并于年内召开海洋事务高级别磋商全体会议达成一致。

冲绳迎来战后第77个"慰灵日"。冲绳县政府举办战争死难者追悼仪式，重温和平誓言。首相岸田文雄和众参两院议长为死难者默哀。

26—28日

日本首相岸田文雄出席七国集团首脑会议。七国集团将共同致力于实现全球经济稳定、推进经济转型，加强供应链韧性，确保公平竞争，并重申要维护一个基于包容和法治的"自由开放的印太地区"和支持东盟发挥中心作用。

28日

日本经济产业省发布2022年度《通商白皮书》，强调在全球不确定性增强的背景下，必须着力应对包括数字化变革、地缘政治风险加剧、共同价值重要性提升和产业政策转换在内的四大趋势，实现新资本主义附加价值创造型的商业模式和产业结构。

29日

日本首相岸田文雄出席北大西洋公约组织（NATO）首脑会议。峰会期间，岸田与美国总统拜登和韩国总统尹锡悦举行三方会谈。三国领导人确认将推进安保合作，共同应对朝鲜核问题。

7月

1日

日本全国渔业协会联合会召开大会，一致通过"重申坚决反对福岛核污水排放入海立场"的特别决议。

日本财务省公布报告显示，日本2021年度税收达67万亿日元，创历史新高，较2020年度增长 10%。

8 日

日本前首相安倍晋三在奈良市遭枪击不治身亡，享年 67 岁。

9 日

中国国家主席习近平、国务院总理李克强就日本前首相安倍晋三逝世向日本首相岸田文雄致唁电。

10 日

日本举行第 26 届参议院选举。自民党、公明党、日本维新会等修宪势力议席达 166 席，满足修宪所需三分之二以上的议席数。

11 日

美国国务卿布林肯访日，与日本首相岸田文雄举行会谈，并对安倍去世表示深切哀悼。此前，两人曾就美日共同捍卫和平民主以及如何继承安倍政治遗产等问题进行了讨论。

12—13 日

日本首相岸田文雄分别与澳大利亚、法国、加拿大和英国等国元首举行电话会谈。上述国家元首对安倍去世表示深切哀悼。

14 日

日本首相岸田文雄召开记者会表示，将重启 10 所火力发电厂和多地老旧核电站，以应对 2022 年冬季可能存在的电力紧缺风险。

日本首相岸田文雄在新闻发布会上表示，要积极深入讨论修改"和平宪法"问题，推动尽快促成修宪提案。

日本首相岸田文雄会见联合国开发计划署（UNDP）署长阿希姆。双方讨论了非洲新冠病毒传播和乌克兰局势等问题。

18 日

日本外务大臣林芳正与韩国外长朴振举行会谈。双方同意尽早解决强征劳工索赔问题。

19 日

日本首相岸田文雄会见韩国外长朴振，双方就改善日韩关系方案进行了协商。

日本首相岸田文雄会见沙特阿拉伯外交大臣费萨尔。岸田向沙特方面寻求协助以稳定原油市场，费萨尔对此表示积极响应。

20 日

日本首相岸田文雄与爱尔兰总理马丁举行首脑会谈。双方就俄乌冲突加强团结和继续支援乌克兰达成一致，还确认将为实现"自由开放的印度太平洋"积极展开合作。

21 日

日本共同社调查结果显示，2020 年，日本约有 956 万名中小学生，比 2010 年减少近百万人，中小学校数量 10 年内减少了 3000 所。

日本财务省公布的贸易统计显示，2022 年上半年日本贸易逆差达 7.92 万亿日元，创有可比统计以来的历史新高。

22 日

日本原子能规制委员会正式认可东京电力公司福岛第一核电站的核污水排海计划。如再获地方政府同意，东京电力公司将于 2023 年春开始排放核污水。

日本防卫省发布《2022 年度防卫白皮书》。新版《白皮书》再次提及"中国利用武力单方面改变现状"以及涉台话题，并加入与俄乌战争、信息战和网络战相关内容。

23 日

日本东京地方检察厅特搜部以涉嫌收取贿赂分别对东京奥组委原理事高桥治之和日本西装品牌 AOKI 公司前会长青木扩宪的住宅展开搜查。

26 日

日本政府公布 2022 年度《厚生劳动白皮书》，预计到 2040 年，日本医疗福利领域共需 1070 万就业者，届时只有 974 万人在岗，将出现近百万人才缺口。

27 日

日本首相岸田文雄与印度尼西亚共和国总统佐科举行首脑会谈。双方同意将在包括能源和海上安全在内的多个领域开展合作。

29 日

日美两国政府首次召开"日美经济政策磋商委员会"（经济版"2+2"）会议。会议出台了以强化半导体等重要物资供应链、共同开发尖端技术、对抗经济施压等 4 项为主要内容的行动计划。

日本内阁府发布 2022 年度《经济财政报告》，指出为应对物价上涨的局面，需要持续稳定地提高工资水平，稳步缩小 GDP 缺口，实现"物价和工资同时上涨的经济"。

8 月

1 日

日本首相岸田文雄出席第 10 届核武器不扩散条约（NPT）讨论会议。岸田提出实现"无核武世界"的行动计划，其中包括不使用核武等五项内容。

日本厚生劳动省中央最低工资审议会决定将 2022 年最低工资（时薪）平均上调 31 日元，达到 961 日元，上涨 3.3%。

4—5 日

美国众议院议长佩洛西访日。双方就加强日美同盟等合作事务、俄乌冲突等地区形势交换了意见，并确认将继续为维护台海和平与稳定密切合作。

6 日

日本首相岸田文雄陪同联合国秘书长古特雷斯等国际机构代表出席广岛市原子弹爆炸死难者慰灵及和平祈愿仪式。

日本外务大臣林芳正发表声明，要求中国立刻停止在台湾地区周边的军事演习，并且谴责中国发射的弹道导弹落入其宣称的"专属经济区"。

10 日

日本首相岸田文雄进行内阁改组。经济再生大臣山际大志郎和外务大臣林芳正继续留任，加藤胜信任厚生劳动大臣，滨田靖一再次担任防卫大臣。出于平衡和分化党内派阀势力的考虑，岸田任命河野太郎为数字化大臣，高市早苗为经济安全保障担当大臣。

11日

日本总务省公布的人口动态调查结果显示，截至2022年1月1日，日本总人口约为1.23亿人，同比减少近62万人，连续13年负增长。

13日

日本经济产业大臣西村康稔参拜靖国神社，成为自2021年10月首相岸田文雄上任以来，首位参拜靖国神社的阁员。

15日

日本战败并宣布无条件投降77周年日，市民走上东京街头，发出反对战争、反对修改和平宪法的呼声，表达维护和平的愿望。

日本政府在武道馆举办全国战争死难者追悼仪式。德仁天皇和皇后、首相岸田文雄、死难者遗属等共约1000人参加了仪式。

日本首相岸田文雄以"自民党总裁"名义，向靖国神社供奉了"玉串料"。经济安全保障担当大臣高市早苗、复兴大臣秋叶贤也、自民党政务调查会长萩生田光一和前环境大臣小泉进次郎等前往靖国神社参拜。

16日

日本厚生劳动省发布消息称，截至8月10日，日本全国现有居家疗养新冠病毒感染患者1544096人，已连续4周刷新历史最高纪录。

日本新任防卫大臣滨田靖一与美国国防部长奥斯汀举行电话会谈。双方就日美韩三国合作应对朝鲜达成一致。

17日

据东京大学的研究团队调查，从2020年3月至2022年6月，日本国内受新冠疫情影响增加的自杀者达8000多人，自杀者中以20多岁的女性居多。

18日

日本国家安全保障局局长秋叶刚男与中共中央政治局委员、中央外事工作委员会办公室主任杨洁篪举行会谈。双方同意要构筑建设性且稳定的双边关系，强调开展多层级沟通至关重要。

21日

日本首相岸田文雄确诊感染新冠病毒，其夫人及长子被确认为密接者。

23日

日本与蒙古国召开建交50周年纪念交流会，双方就加强日蒙关系展开协商。

24日

日本政府计划新设规模数千亿日元基金，加大对培养理工科人才的大学和高等专门学校的支援力度。

26日

日本政府决定，从2022年度预备费中支出2.494亿日元，作为前首相安倍晋三的"国葬"费用。

27 日

日本首相岸田文雄在线出席在突尼斯举行的第八届非洲开发会议，承诺将继续扩大对非投资和援助，并宣布今后 3 年以农业和医疗卫生领域为中心为非洲培养 30 万人才。

29 日

日本全国新增新冠病毒感染确诊病例达 157966 例，新增死亡病例 221 例，现有重症病例 627 例，新冠病床使用率为 53.4%，重症病床使用率为 30.7%。

30 日

日本福岛第一核电站所在的福岛县双叶町部分地区于当地时间 8 月 30 日零时解除避难指示。这是双叶町自 2011 年福岛核事故后首次解除避难指示。

日本著名实业家、京瓷名誉会长稻盛和夫去世，享年 90 岁。

日本外务省公布数据显示，截至 2021 年年底，在联合国相关机构工作的日本人职员有 956 人，比上年增加 38 人，创历史新高，其中女性职员有 588 人，占全体人数的 61.5%。

31 日

日本防卫省在 2023 财年预算申请中列入创纪录的 5.5947 万亿日元的防卫预算，相比 2022 财年增加 3.6%。

9 月

2 日

日本首相岸田文雄会见美国海军陆战队司令伯格。双方讨论了涉及中国和多次试射导弹的朝鲜问题，以及强化日美安全保障和防卫合作等。

5 日

俄罗斯联邦政府宣布废除南千岛群岛（日称"北方四岛"）交流和自由访问协议。

8 日

受安倍晋三枪击事件影响，日本自民党干事长茂木敏充公布所属议员中与世界和平统一家庭联合会（旧"统一教会"）有关系者多达 179 人。

日本内阁府发布的 2022 年第二季度 GDP 修正值显示，剔除物价变动因素后的实际 GDP 较上季度增长 0.9%，换算成年率为增长 3.5%。

9 日

日本厚生劳动省公布的 2021 年国民生活基础情况调查显示，有 53% 的家庭感到"生活很辛苦"，其中有 60% 以上是育儿家庭，比例高于整体和老龄家庭。

"物价·工资·生活综合对策总部"会议在日本首相官邸召开，正式决定向低收入家庭每户发放 5 万日元补贴。

日本与印度的防长和外长"2+2"会议在东京举行。双方就实现"自由开放的印度太平洋"构想发表了联合声明，并同意举行两国战斗机联合训练，在国防装备和技术上继续推进合作。

日本首相岸田文雄与帕劳总统惠普斯举行首脑会谈。双方确认将为实现"自由开放的印度太平洋"而加强合作。

12日

日本厚生劳动省公布的人口统计数据显示,日本2022年上半年出生人数约38.5万人,较上年同期下降5%,首次跌破40万人,再次刷新2000年以来最低值。

日本神奈川县横须贺市就驻日美军横须贺基地向海中排放的废水中含有超标有害物向美军提出抗议。

13日

日本央行公布的初步统计结果显示,8月企业物价指数上升至115.1(2020年平均=100),同比上涨9.0%,创有统计以来的新高。

14日

日本首相岸田文雄会见越南共产党中央组织部部长兼越日友好议员小组主席张氏梅。岸田强调双方应在"自由开放的印度太平洋"、东海、南海以及应对朝鲜导弹等方面密切合作。双方就推进议员和地方间交流也达成共识。

16日

"一衣带水 共创未来"纪念中日邦交正常化五十周年庆典晚会在日本东京举办。中国驻日大使孔铉佑、日本前首相福田康夫出席并致辞。

18日

据日本总务省推算,日本65岁以上老年人口为3627万人,同比增加6万人,在总人口中的占比(老龄化率)达到29.1%,均创历史新高。

20日

日本总务省公布的人口估算数据显示,2022年日本75岁以上老龄人口较前一年增加72万人,达1937万人,占总人口比例首次超过15%。

日本国土交通省公布的2022年基准地价显示,日本全国住宅用地和商业用地均价比2021年上涨0.3%,三年来首次出现上涨。

日本首相岸田文雄出席联合国大会第77届会议,并发表一般性辩论演讲,其间还与英国首相特拉斯、土耳其总统埃尔多安举行会谈。

22日

日本政府与日本央行为阻止日元急剧贬值,首次实施汇率干预措施。

日本首相岸田文雄与韩国总统尹锡悦举行会谈。双方就改善两国关系,加快推进外交部门对话进程,继续保持沟通协调达成一致。

中国国务院总理李克强同日本经济界代表举行高级别视频对话会,双方就中日关系以及经贸合作、应对全球经济金融挑战、气候变化、老龄化等广泛议题对话交流。

23日

日本外务大臣林芳正与韩国外长朴振、美国国务卿布林肯举行会晤,就朝鲜第七次核试验动向等交换意见,并商定进一步加强三边合作。

26日

日本政府宣布从10月11日起原则上撤销入境时的新冠病毒防疫检查,但入境人员需要提交第三针新冠疫苗的接种证明或 72 小时内核酸检测阴性证明。

27 日

日本武道馆举行安倍晋三国葬仪式，来自国内外的 4183 人列席了仪式。安倍成为吉田茂之后首位获得国葬待遇的首相。

28 日

东京电力公司以远程操作方式开始拆除设置在福岛第一核电站 1 号机组的应急冷却装置。

29 日

中国国家主席习近平、国务院总理李克强与日本首相岸田文雄互致贺电，积极评价 50 年前中日实现邦交正常化的重大历史意义和 50 年来双边关系发展成就，为两国关系未来发展作出展望、指明方向。

日本文部科学省发布的一项调查结果显示，受新冠疫情影响，大三或大四的学生受访者精神状态和朋友关系都呈现下降趋势。

30 日

日美韩三国在日本海区域举行了反潜联合演习，意在抗议朝鲜高频率发射导弹。

10 月

3 日

日本首相岸田文雄接见美国印太司令部司令阿奎利诺。双方围绕中国以及朝鲜局势交换意见，并就日美紧密合作应对的方针达成一致。

4 日

朝鲜向太平洋方向发射导弹，日本启动瞬时警报系统。

5—6 日

日本众参两院一致通过《抗议朝鲜发射弹道导弹的决议案》。

6 日

日韩首脑举行电话会谈。双方就提高日美同盟和美韩同盟的威慑力，强化日美韩三边安全保障合作达成共识。

11 日

日本首相岸田文雄出席七国集团（G7）首脑视频会议，呼吁 G7 要加强对乌克兰的支援和对俄罗斯的制裁以及维护基于国际法支配的国际秩序。

12 日

日本全国新增新冠病毒感染确诊病例 46389 例，当日新增死亡病例 77 例，现有重症病例 135 例。

中国人民对外友好协会与日本自治体国际化协会共同举办中日友城"合作共赢 共同发展"论坛。

13 日

日本首相岸田文雄会见加拿大外交部部长乔利。双方就加强安全保障领域合作达成一致，将尽快启动有关《情报保护协议》的正式谈判。

14 日

日本全国渔业协会联合会召开集会，反对东京电力公司福岛核污水排海，要求其新设大型基金支援全国渔业人士维持业务。

17 日

日本首相岸田文雄表示将依据《宗教法人法》对世界和平统一家庭联合会（旧"统一教会"）实施调查。

日本首相岸田文雄在靖国神社举行"秋季例行大祭"之际，以"内阁总理大臣"名义供奉"真榊"供品。

18 日

《永远的邻居——纪念中日邦交正常化50周年摄影展》日本巡回展在东京多元文化会馆开幕。

日本首相岸田文雄与卢森堡大公国首相贝泰尔举行首脑会谈。双方就加强人文交流、经贸合作以及应对俄乌冲突等问题达成一致。

19 日

日本厚生劳动省公布的统计数据显示，截至10月19日，一周内全国新增新冠病毒感染确诊病例约24.8万例，时隔两个月再次呈现增长趋势。

20 日

日本东京外汇市场日元汇率一度跌破1美元兑换150日元，创下过去32年来新低。

21 日

2022年9月，日本全国消费者物价指数同比上升3.0%。排除上调消费税率的影响，自1991年9月以来物价指数涨幅首次达到3%。

22 日

日澳举行首脑会谈。双方签署有关安全保障合作的新版联合宣言，就可能给两国及周边地区造成影响的紧急事态展开协商和探讨应对措施。

24—25 日

受"统一教会"问题影响，日本经济再生担当大臣山际大志郎向首相岸田文雄递交辞呈，该职位由前厚生劳动大臣后藤茂之接任。

25 日

日本外务省事务次官森健良和美国常务副国务卿舍曼举行会谈，确认七国集团（G7）将团结一致实施强力的对俄制裁和支援乌克兰。

26 日

日本首相岸田文雄与立陶宛总理希莫尼特举行首脑会谈。双方发表了战略伙伴关系的联合声明，并就俄乌冲突以及实现"自由开放的印太"交换意见。

28 日

为实现到2050年温室气体净零排放目标，日本政府成立官民基金"去碳化支援机构"，将大力支援可再生能源、保护森林等广泛项目。

日本央行决定维持大规模货币宽松政策，并将2022财年核心消费价格指数上涨预期由7

月的 2.3%上调至 2.9%。

日本首相岸田文雄与乌拉圭总统波乌举行首脑会谈。双方就加强联合国职能，包括联合国安理会改革达成共识。

31 日

日本就向印度出口海上自卫队"独角兽"通信天线一事与印度达成初步意向。此举将推动日本武器出口和强化与印度的防务关系。

11 月

1 日

日本政府决定对全国的家庭和企业实施冬季节电措施，节电期从 2022 年 12 月 1 日到 2023 年 3 月 31 日。

日本经济产业大臣西村康稔宣布，日方正式决定保留在俄罗斯"萨哈林 1 号"油气项目中的股份。

2 日

日本农林水产省通报，日本香川县观音寺市一家农场发生禽流感疫情，病毒基因检测结果显示为 H5 亚型高致病性禽流感病毒。

日本首相岸田文雄与德国总统施泰因迈尔会谈，确认将为实现"自由开放的印度太平洋"而加强合作，还就继续制裁俄罗斯达成共识。

日本防卫省与自民党国防小组举行联席会议，提出了 2022 年度第二次补充预算案。该补充预算案总额为 4464 亿日元，包含鹿儿岛县马毛岛的自卫队基地建设项目和灾害应对等。

3 日

日本自民党副总裁麻生太郎出访韩国，与韩国总统尹锡悦举行会谈。双方就被征劳工问题和修复双边关系交换了意见。

4 日

日本首相岸田文雄与新任英国首相斯纳克举行首次首脑电话会谈。两国将就应对朝鲜核武器、导弹研发以及朝鲜绑架日本人等问题继续携手合作。

日本与德国召开外长防长"2+2"会议。双方表示，俄罗斯"入侵"乌克兰的行为严重动摇了国际秩序的根基，将在与国际社会合作的情况下，继续对俄实施制裁并向乌克兰提供支援。另外，双方对中国海洋军事活动和朝鲜核试验表示严重关切。

日韩两国议员联盟举行联席大会。大会通过了为改善日韩关系而举行两国领导人会谈的联合声明。

6 日

日本首相岸田文雄出席纪念海上自卫队创建 70 周年"国际阅舰式"，随后对其进行检阅和训示。

日本外务大臣林芳正与加拿大外交部长乔利举行会谈，再次确认将合作应对朝鲜和中国。

7 日

日本防卫大臣浜田靖一表示，日本正式加入北约合作网络防御卓越中心，进一步加强与北约成员国在网络领域的合作。

日本政府决定将改良陆上自卫队地对空导弹"03式中程防空导弹",以应对中国和俄罗斯推进研发高超音速武器。

9日

日本海上自卫队和美澳印三国海军启动"马拉巴尔"联合训练。此举旨在加强日美澳印"四边机制"(QUAD)合作,向世界展现四国紧密团结的重要性。

12日

日本首相岸田文雄访问柬埔寨、印度尼西亚和泰国,并出席东盟领导人峰会、G20峰会和亚太经合组织领导人会议。

13日

日本首相岸田文雄同美国总统拜登在柬埔寨首都金边举行会谈。双方一致同意,进一步加强日美同盟的威慑能力和应对能力。

日本首相岸田文雄与越南总理范明政举行会谈。双方就东海和南海局势确认合作意向,还商定将携手实现岸田提倡的"无核武世界"。

15日

日本内阁府公布的2022年第三季度GDP数据显示,剔除物价变动因素后的实际GDP比上季度减少0.3%,换算成年率则减少1.2%。

16日

日本国家观光局公布数据显示,10月访日外国人数达49.8万人,其中游客约为29万人,是9月的15倍以上。

日本首相岸田文雄出席七国集团(G7),并参加NATO紧急首脑会议,与美国、加拿大、法国、德国等国共同商讨波兰遭俄制导弹袭击事件。

17日

中国国家主席习近平在亚太经合组织(APEC)第二十九次领导人非正式会议期间会见日本首相岸田文雄。双方一致同意,加强各个层级密切沟通,努力改善两国关系。

18日

日本防卫省宣布,朝鲜从平壤近郊向东发射了一枚洲际弹道导弹,导弹最终落在了北海道渡岛大岛西侧的"日本专属经济区"内。

日本总务省公布报告显示,剔除生鲜食品的消费价格指数同比上涨3.6%,是自1982年2月以来最大涨幅。

国际原子能机构宣称,机构技术工作组14日至18日访问日本,并对福岛第一核电站进行实地考察,审查东京电力公司提交的修订版核污水排海方案及排放设施建设情况,机构将于三个月内发布此次考察评估报告,并将于明年日方启动排放前发布最终安全评估报告。

20日

日本首相岸田文雄更换接连曝出政治资金问题的总务大臣寺田稔,随后起用原外务大臣松本刚明接任该职位。

22日

日本厚生劳动省紧急批准盐野义制药的新冠口服药"Xocova"上市,日本国产新冠口服药首次投入使用。

日本外务省宣布,日本将向乌克兰提供相当于257万美元的发电机和太阳能灯作为紧急无偿援助,以帮助乌克兰解决越冬电力问题。

23日

中日启动海洋事务高级别磋商机制第十四轮磋商。双方举行了全体会议和海上防务、海上执法与安全、海洋经济三个工作组会议,就涉海问题及海洋领域交流合作广泛深入交换意见。

28日

日本茨城县发布一项有关"未成年护理人"的调查结果,9.6%的小学生需要照护家人,日常生活和学业因此受到很大影响。

日本首相岸田文雄召见防卫大臣浜田靖一和财务大臣铃木俊一,指示其实施有力预算措施,使2027财年防卫费总额达到GDP的2%。

29日

日本首相岸田文雄与蒙古国总统呼日勒苏赫举行会谈。双方就两国建立"致力于和平繁荣的特别战略伙伴关系"达成共识。

日本防卫省宣布,与美军新成立"日美共同情报分析组织",旨在对自卫队和美军所收集的情报进行综合分析。

12月

3日

日本首相岸田文雄与摩尔多瓦总统马娅·桑杜举行首脑会谈。日本将在卫生、粮食、能源等领域向摩尔多瓦提供2700万美元的援助。

日本首相岸田文雄出席在东京举行的国际女性会议WAW,呼吁维护妇女权益,出台有利于妇女发展的政策。

5日

日本参议院通过涉华人权决议,对新疆维吾尔自治区等中国的人权状况表达了"关切",无端指责和粗暴干涉中国内政。

日本首相岸田文雄会见比利时阿斯特里德公主。双方表示将强化海上风力发电、氢能、下一代半导体等领域的合作。

日本首相岸田文雄召见防卫大臣浜田靖一和财务大臣铃木俊一,正式下达未来5年防卫费总额达到43万亿日元的指示。

7—8日

第18届"北京—东京论坛"在北京、东京两地举行。来自中日两国各领域的近百名嘉宾,围绕"维护世界和平与国际合作的中日两国责任——邦交正常化50周年之际的思考"主题展开坦诚交流和深入研讨。

693

8 日

日本经济产业省审议会决定在核能政策上实施重大转变，包括改建已确定要销毁反应堆的核电站、延长过去规定的最长60年运转期限等。

日本内阁府发布的2022年第三季度GDP修正值显示，剔除物价变动因素后的实际GDP较上季度减少0.2%，换算成年率则减少0.8%。

9 日

日本、英国、意大利三国达成《全球作战航空计划》（GCAP），决定联合开发第六代战机。

日本首相岸田文雄会见澳大利亚副总理兼国防部部长马尔斯及外交部部长黄英贤。双方就中国加强海洋活动、印度太平洋地区的安全局势、朝鲜核武器与导弹研发问题等交换意见。

日本与澳大利亚举行外长和防长"2+2"会谈。双方同意推进安全保障合作，提高自卫队与澳大利亚军队联合训练能力。

10 日

日美澳等14国将围绕由美国主导的新经济圈构想"印度太平洋经济框架"（IPEF）召开首席谈判代表会议。

日本自民党政务调查会长萩生田光一窜访台湾，与台当局领导人蔡英文举行会谈，双方确认将在安全保障领域加强合作。

11 日

日本首相岸田文雄出席在广岛召开的旨在实现"无核武器世界"的国际贤人会议第一次会议。

12 日

日本汉字能力检定协会公布，"战"字为2022年最能代表日本社会情绪的年度汉字。

15 日

日本财务省公布的11月贸易统计初值显示，贸易收支逆差为2.0274万亿日元（约合人民币1040亿元），已连续16个月呈现逆差走势。

16 日

日本政府内阁会议审议通过新版《国家安全保障战略》《国家防卫战略》《防卫力量整备计划》，提出日本将致力于拥有对敌攻击能力等政策主张，并将在未来5年大幅增加军事开支。三份文件的出炉，意味着日本防卫战略的重大蜕变，完全抛弃了"专守防卫"原则，彻底背离了日本宪法的和平理念，将给地区和平与稳定带来新的威胁。

日本首相岸田文雄在首相官邸召开第12次全世代型社会保障构筑会议和第5次全世代型社会保障构筑本部会议，并就会议报告书交换意见。

日本首相岸田文雄召开关于强化海上安保能力的阁僚会议。会议围绕周边海域形势，强化海上安保体制和安保能力等进行深入讨论。

18 日

世界卫生组织（WHO）的新冠疫情统计数据显示，12月12—18日，日本新增确诊病例数较前一周增长23%，达到1046650例，已连续七周居全球首位。

19 日

日本首相岸田文雄与塞内加尔总统萨勒举行会谈。两国领导人就开发塞内加尔国内的石油、天然气资源和支持日企进驻塞内加尔达成一致。

20 日

日本央行决定调整大规模货币宽松政策，把长期利率上限从 0.25% 左右上调至 0.5% 左右。

纽约外汇市场上，美元兑日元汇率骤升，一度达到 1 美元兑换 130.58 日元，处在 8 月上旬以来的高位。

22 日

日本总务省公布 2022 年 12 月全国消费者物价指数为 104.1，较上年同期上涨 4.0%。是 1981 年 12 月以来的最大同比涨幅。

23 日

日本内阁会议确定 2023 年度预算案，一般会计支出总额达到创新高的 114.3812 万亿日元（约合人民币 6 万亿元）。包括 4.8 万亿日元防卫费及其他经费在内，整体预算较 2022 年度原始预算增加了 6.7848 万亿日元。

中共中央对外联络部部长刘建超同日本公明党党首山口那津男举行视频通话，双方就发挥两国执政党作用，推动落实两国领导人达成的重要共识，加强对话交流，妥善管控分歧，促进地区和平稳定等交换意见。

24 日

日本外务大臣林芳正与乌兹别克斯坦、哈萨克斯坦、吉尔吉斯斯坦、塔吉克斯坦、土库曼斯坦等中亚五国外长举行会谈。六国外长就加强食品、能源和人才投资等诸多领域开展合作达成一致。

26 日

2022 年度设备投资动向调查显示，日本全部产业投资额比上一财年增长 25.1%，增至 30.8048 万亿日元，创 2007 年度以来新高。

27 日

日本复兴大臣秋叶贤也因政治资金丑闻向首相岸田文雄递交辞呈。秋叶贤也成为岸田内阁改组以来第四名辞职的大臣。该职位由前复兴大臣渡边博道接替。

30 日

日本国立社会保障和人口问题研究所公布的最新调查结果显示，日本全国 50 岁仍未结婚者平均占比男性为 28.25%、女性为 17.81%。

日本研究主要数据

2022年度日本社会数据

郭佩

表1 家庭类型、家庭户数及数量（1990—2020年）

单位：1000户

年份（年）		普通家庭						
		家庭成员数量（人）						
		总数	1	2	3	4	5	6
平成2年	1990	40 670	9 390	8 370	7 351	8 788	3 805	1 903
7	1995	43 900	11 239	10 080	8 131	8 277	3 512	1 713
12	2000	46 782	12 911	11 743	8 810	7 925	3 167	1 449
17	2005	49 063	14 457	13 024	9 196	7 707	2 848	1 208
22	2010	51 842	16 785	14 126	9 422	7 460	2 572	985
27	2015	53 332	18 418	14 877	9 365	7 069	2 403	812
令和2年	2020	55 705	21 151	15 657	9 230	6 630	2 126	629

年份（年）		普通家庭						入住机构的家庭
		家庭成员数量（人）				家庭人员	每户家庭人数（人）	家庭数量
		7	8	9	10人以上			
平成2年	1990	815	199	38	12	121 545	2.99	104
7	1995	731	174	33	9.9	123 646	2.82	101
12	2000	594	145	28	9.1	124 725	2.67	102
17	2005	467	121	26	9.5	124 973	2.55	100
22	2010	359	101	24	9.6	125 546	2.42	108
27	2015	280	80	21	7.5	124 296	2.33	117
令和2年	2020	204	58	15	5.4	123 163	2.21	125

年份（年）		入住机构的家庭						
		家庭人员						
		总数	入住宿舍·寄宿舍的学生·学徒	入住医院·疗养所的人数	入住社会福利设施的人数	自卫队营房居住者	矫正设施入住者	其他
平成2年	1990	1 742	332	738	434	121	49	68
7	1995	1 794	317	735	525	105	46	66
12	2000	1 973	267	788	701	95	61	60
17	2005	2 312	264	758	1 070	95	80	46
22	2010	2 512	236	623	1 450	86	74	43
27	2015	2 798	235	549	1 830	87	60	38
令和2年	2020	2 983	185	526	2 094	92	46	38

资料来源：日本总务省统计局《人口普查结果》。

表 2　家庭类别统计（2005—2020 年）

单位：1000 户

年份（年）		总数	亲属家庭 计	核心家庭 夫妻二人	核心家庭 夫妻与子女	核心家庭 父亲与子女	核心家庭 母亲与子女	核心家庭以外的家庭 夫妻与双亲
				总数				
平成 17 年	2005	49 063	34 246	9 625	14 631	605	3 465	246
22	2010	51 842	34 516	10 244	14 440	664	3 859	232
27	2015	a) 53 332	34 315	10 718	14 288	703	4 045	191
令和 2 年	2020	a) 55 705	33 890	11 159	13 949	738	4 265	159
				未满 18 岁成员的家庭				
平成 17 年	2005	12 410	12 352	0.9	8 398	115	1 033	0.2
22	2010	11 990	11 902	0.4	8 327	121	1 133	0.1
27	2015	a) 11 472	11 376	0.5	8 311	112	1 098	0.1
令和 2 年	2020	a) 10 734	10 679	0.2	8 122	107	1 080	0.0
				65 岁及以上家庭				
平成 17 年	2005	17 220	13 280	4 774	2 039	261	1 324	205
22	2010	19 338	14 443	5 525	2 532	329	1 625	204
27	2015	a) 21 713	15 655	6 420	2 998	402	1 919	177
令和 2 年	2020	a) 22 655	15 807	6 848	3 083	451	2 146	151

年份（年）		亲属家庭 核心家庭以外的家庭 夫妻与单亲	夫妻、子女与双亲	夫妻、子女与单亲	其他	包含非亲属的家庭	单独家庭
				总数			
平成 17 年	2005	737	1 177	1 819	1 939	360	14 457
22	2010	731	920	1 516	1 910	456	16 785
27	2015	676	710	1 214	1 770	464	18 418
令和 2 年	2020	609	499	918	1 594	504	21 151
				未满 18 岁成员的家庭			
平成 17 年	2005	0.2	900	917	988	38	20
22	2010	0.1	674	707	940	47	40
27	2015	0.0	508	544	802	55	41
令和 2 年	2020	0.0	350	399	622	47	8.0
				65 岁及以上家庭			
平成 17 年	2005	703	1 007	1 669	1 298	75	3 865
22	2010	705	796	1 402	1 325	104	4 791
27	2015	659	640	1 139	1 300	131	5 928
令和 2 年	2020	598	464	871	1 195	131	6 717

a）家庭类型包含"不详"。

资料来源：日本总务省统计局《人口普查结果》。

表3 社会保障给付费以及对国民收入比（2005—2020年度）

单位：亿日元

区分	平成17年度 F.Y. 2005	22年度 F.Y. 2010	27年度 F.Y. 2015[1]	30年度 F.Y. 2018	令和元年度 F.Y. 2019	2年度 F.Y. 2020
社会保障给付费	888 540	1 053 660	1 168 144	1 214 000	1 239 244	1 322 211
医疗[2]	287 456	336 453	385 651	397 494	407 242	427 193
年金[3]	461 194	522 286	540 929	552 581	554 520	556 336
福利及其他[4]	139 891	194 921	241 564	263 926	277 481	338 682
人均社会保障给付费	695.4	822.8	919.1	960.1	982.2	1 048.2
国民收入	3 881 164	3 646 882	3 926 293	4 022 687	4 006 470	3 756 954
占国民收入比	22.89	28.89	29.75	30.18	30.93	35.19
医疗	7.41	9.23	9.82	9.88	10.16	11.37
年金	11.88	14.32	13.78	13.74	13.84	14.81
福利及其他	3.60	5.34	6.15	6.56	6.93	9.01

注：1）因为变更了作为合计对象的地方单独事业的范围，所以不与2010年度连接。但是，不包括国民收入。2）医疗保险，包括后期高龄者医疗的医疗给付、生活保护的医疗扶助、工伤保险的医疗给付、结核、精神及其他公费负担医疗等。3）包括厚生年金、国民年金等公共年金、恩给及工伤保险的年金支付等。4）社会福利服务和护理对策的费用、生活保护的医疗扶助以外的各种扶助、儿童津贴等的各种津贴、医疗保险的伤病津贴等、工伤保险的停业补偿支付等、失业保险的求职者支付等。

资料来源：日本国立社会保障人口问题研究所《社会保障费用统计》。

表4　老年人以及儿童·家庭关系给付费（2005—2020年度）

单位：亿日元

年度（年）		社会保障给付费	老年人相关给付费	年金保险给付费	老年人医疗给付费[1]	老人福利服务给付费	老年人继续就业给付费	占社会保障给付费的比例
平成17年	2005	888 540	619 682	452 145	106 669	59 613	1 256	69.7
22	2010	1 053 660	710 847	517 552	116 656	75 093	1 547	67.5
27	2015[4]	1 168 144	777 444	540 844	139 768	95 107	1 725	66.6
30	2018	1 214 000	808 582	552 211	150 716	103 886	1 769	66.6
令和元年	2019	1 239 244	821 675	555 853	156 681	107 348	1 793	66.3
2	2020	1 322 211	831 541	563 020	152 512	114 170	1 839	62.9

年度（年）		儿童·家庭关系给付费	儿童补贴[2]	儿童抚养补贴等	儿童福利服务		育儿休业给付	生育相关费
						就学前教育·保育[3]		
平成17年	2005	35 759	6 300	5 279	18 399	—	1 428	4 353
22	2010	54 802	24 641	5 778	15 622	11 281	3 119	5 642
27	2015[4]	75 875	21 901	6 542	36 600	28 815	5 100	5 734
30	2018	88 931	21 048	6 028	49 999	37 868	6 327	5 529
令和元年	2019	95 347	20 678	7 237	55 231	43 395	6 757	5 443
2	2020	105 243	20 340	9 247	62 878	49 304	7 552	5 226

注：1）到2005年度为止包含旧老人保健制度的医疗给付额，到2015年度为止包含后期高龄者医疗制度的医疗给付额以及旧老人保健制度的医疗给付额，2018年度包含后期高龄者医疗制度的医疗给付额。2）2010年度包括儿童津贴。3）从2015年度开始包含小学就学前的孩子教育所需的费用。4）由于变更了作为合计对象的地方单独事业的范围，所以不与2010年度连接。

资料来源：日本总务省统计局《第七十三回日本统计年鉴》。

表 5 不同学校类别（2022 年）

区分	学校数（所）	教员数（人）	男	女	在学者数（人）	男	女
幼儿园[1]	9 111	87 752	5 791	81 961	923 295	466 450	456 845
国立	49	357	46	311	4 751	2 392	2 359
公立	2 910	14 355	726	13 629	110 766	57 063	53 703
私立	6 152	73 040	5 019	68 021	807 778	406 995	400 783
幼保合作型[1]	6 657	136 543	7 138	129 405	821 411	420 327	401 084
公立	913	15 142	643	14 499	97 787	50 640	47 147
私立	5 744	121 401	6 495	114 906	723 624	369 687	353 937
小学[1]	19 161	423 440	159 064	264 376	6 151 305	3 145 159	3 006 146
国立	67	1 716	1 100	616	36 041	17 929	18 112
公立	18 851	416 225	155 355	260 870	6 035 384	3 092 144	2 943 240
私立	243	5 499	2 609	2 890	79 880	35 086	44 794
中学[1]	10 012	247 348	137 801	109 547	3 205 220	1 639 489	1 565 731
国立	68	1 551	1 031	520	27 156	13 621	13 535
公立	9 164	230 074	127 169	102 905	2 931 722	1 506 944	1 424 778
私立	780	15 723	9 601	6 122	246 342	118 924	127 418
义务教育学校[1]	178	6 368	2 952	3 416	67 799	34 831	32 968
国立	5	232	137	95	3 782	1 896	1 886
公立	172	6 110	2 803	3 307	63 789	32 815	30 974
私立	1	26	12	14	228	120	108
高等学校[1]	4 824	224 734	150 314	74 420	2 956 900	1 499 033	1 457 867
国立	15	566	390	176	8 172	4 146	4 026
公立	3 489	161 622	106 152	55 470	1 933 568	980 375	953 193
私立	1 320	62 546	43 772	18 774	1 015 160	514 512	500 648
中等教育学校[2]	57	2 749	1 797	952	33 367	16 246	17 121
国立	4	196	116	80	2 876	1 323	1 553
公立	35	1 847	1 181	666	23 411	10 673	12 738
私立	18	706	500	206	7 080	4 250	2 830
特别支援学校[1,3]	1 171	86 816	32 466	54 350	148 635	98 397	50 238
国立	45	1 515	680	835	2 902	1 857	1 045
公立	1 111	84 986	31 614	53 372	144 858	96 021	48 837
私立	15	315	172	143	875	519	356

续表

区分	学校数（所）	教员数(人) 男	教员数(人) 女	在学者数(人)	在学者数(人) 男	在学者数(人) 女
高等专科学校[4]	57	4 025	3 537	488	56 754	44 486	12 268
国立	51	3 601	3 163	438	51 234	39 724	11 510
公立	3	287	257	30	3 780	3 235	545
私立	3	137	117	20	1 740	1 527	213
短期大学[4]	309	6 785	3 145	3 640	94 713	11 946	82 767
公立	14	377	238	139	5 110	1 016	4 094
私立	295	6 408	2 907	3 501	89 603	10 930	78 673
大学[5]	807	190 646	139 666	50 980	2 930 780	1 626 805	1 303 975
国立	86	63 671	51 491	12 180	596 195	385 320	210 875
公立	101	14 571	10 260	4 311	163 103	76 515	86 588
私立	620	112 404	77 915	34 489	2 171 482	1 164 970	1 006 512

注：1）学校数包括分校。2）在校人数为前期课程和后期课程之计。3）在校人数为幼儿园、小学部、中学部及高等部。4）在校人数包括专科等学生。5）在校人数包括研究生院、专科等学生。

资料来源：日本总务省统计局《第七十三回日本统计年鉴》。

表6 学校毕业生毕业后的状况（2021年、2022年）

年度、学校		总计(毕业者数量)（人）	升学者1)（人）			就业者（人）		
				男	女		男	女
初中								
令和3年	2021	1 052 489	1 043 384	533 054	510 330	1 756	1 376	380
4	2022	1 078 207	1 068 443	545 565	522 878	1 627	1 276	351
高中								
令和3年	2021	1 012 007	755 735	353 244	402 491	162 900	101 262	61 638
4	2022	990 230	754 825	354 705	400 120	149 335	93 134	56 201
一体化中学(前期课程)								
令和3年	2021	5 438	5 430	2 661	2 769	—	—	—
4	2022	5 699	5 692	2 843	2 849	—	—	—
一体化中学(后期课程)								
令和3年	2021	5 090	4 450	2 082	2 368	47	23	24
4	2022	4 879	4 190	2 000	2 190	39	23	16
高等专科学校								
令和3年	2021	9 710	3 725	3 206	519	5 588	4 262	1 326
4	2022	9 943	3 962	3 343	619	5 572	4 253	1 319
短期大学(本科)								
令和3年	2021	46 779	4 727	1 268	3 459	37 430	2 917	34 513
4	2022	46 073	5 368	1 461	3 907	36 133	2 924	33 209
大学(学部)								
令和3年	2021	583 518	63 334	46 011	17 323	444 499	220 132	224 367
4	2022	590 137	66 976	47 853	19 123	450 436	222 397	228 039
研究生(修士课程)								
令和3年	2021	71 714	6 940	4 800	2 140	55 125	40 086	15 039
4	2022	71 766	7 109	4 862	2 247	55 372	39 723	15 649
研究生(博士)2)								
令和3年	2021	15 968	143	92	51	12 055	8 605	3 450
4	2022	15 837	152	101	51	12 086	8 612	3 474
研究生(专业技术学位课程)								
令和3年	2021	7 883	104	69	35	5 273	3 530	1 743
4	2022	8 237	110	77	33	5 607	3 757	1 850

注：1）初中、高中及中等教育学校，不包括进入专修学校（一般课程）等公共职业能力开发设施等的人。

2）包括在规定年限以上就读、取得规定学分但未取得博士学位的毕业生。

资料来源：日本总务省统计局《第七十三回日本统计年鉴》。

表7 都道府县·市町村指定的文化遗产以及纪念物数量（2021年、2022年）

种类	令和3年 2021 合计	都道府县	市町村	令和4年 2022 合计	都道府县	市町村
总计	118 996	22 166	96 830	119 877	22 235	97 642
有形文化遗产						
建筑物	12 281	2 535	9 746	12 402	2 550	9 852
美术工艺品	60 701	10 667	50 034	61 478	10 743	50 735
无形文化遗产						
表演艺术	325	33	292	331	36	295
工艺技术	363	123	240	330	120	210
其他	71	8	63	64	6	58
民俗文化遗产						
有形	5 794	764	5 030	5 836	766	5 070
无形	8 161	1 704	6 457	8 186	1 688	6 498
纪念物						
遗迹	16 079	2 997	13 082	16 078	3 001	13 077
名胜地	1 164	287	877	1 163	285	878
动物·植物·地质矿物	13 895	3 014	10 881	13 838	3 016	10 822
文化景观	23	12	11	31	10	21
传统建筑物群保护区	108	10	98	110	4	106
保存技术	31	12	19	30	10	20

注：1) 包括东京都特别行政区。

资料来源：日本文化厅"关于地方的指定文化遗产"。

2022年度日本政治数据

孟明铭

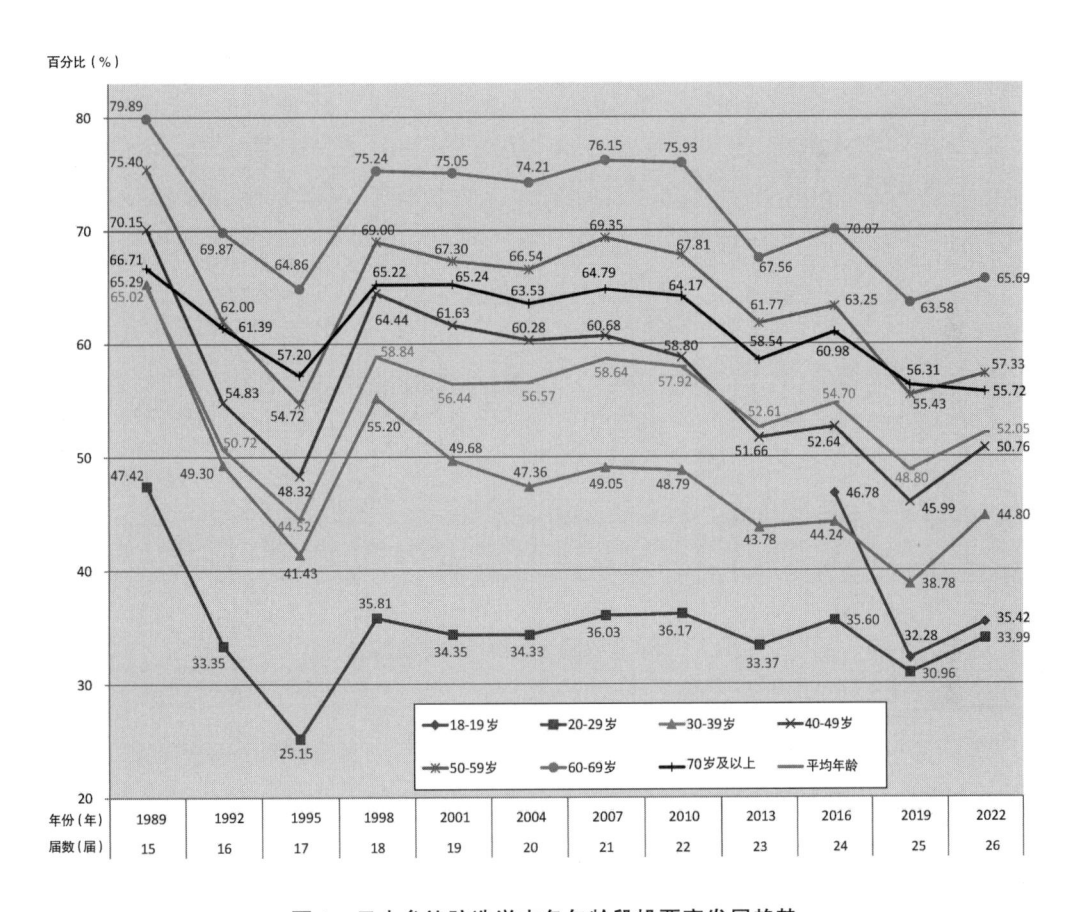

图1 日本参议院选举中各年龄段投票率发展趋势

表1 日本参议院选举中各年龄段投票率

单位：%

年份（年）	1989	1992	1995	1998	2001	2004	2007	2010	2013	2016	2019	2022
届数（届）	15	16	17	18	19	20	21	22	23	24	25	26
18—19岁	—	—	—	—	—	—	—	—	—	46.78	32.28	35.42
20—29岁	47.42	33.35	25.15	35.81	34.35	34.33	36.03	36.17	33.37	35.60	30.96	33.99
30—39岁	65.29	49.30	41.43	55.20	49.68	47.36	49.05	48.79	43.78	44.24	38.78	44.80
40—49岁	70.15	54.83	48.32	64.44	61.63	60.28	60.68	58.80	51.66	52.64	45.99	50.76
50—59岁	75.40	62.00	54.72	69.00	67.30	66.54	69.35	67.81	61.77	63.25	55.43	57.33

续表

年份(年)	1989	1992	1995	1998	2001	2004	2007	2010	2013	2016	2019	2022
届数(届)	15	16	17	18	19	20	21	22	23	24	25	26
60—69岁	79.89	69.87	64.86	75.24	75.05	74.21	76.15	75.93	67.56	70.07	63.58	65.69
70岁及以上	66.71	61.39	57.20	65.22	65.24	63.53	64.79	64.17	58.54	60.98	56.31	55.72
平均年龄	65.02	50.72	44.52	58.84	56.44	56.57	58.64	57.92	52.61	54.70	48.80	52.05

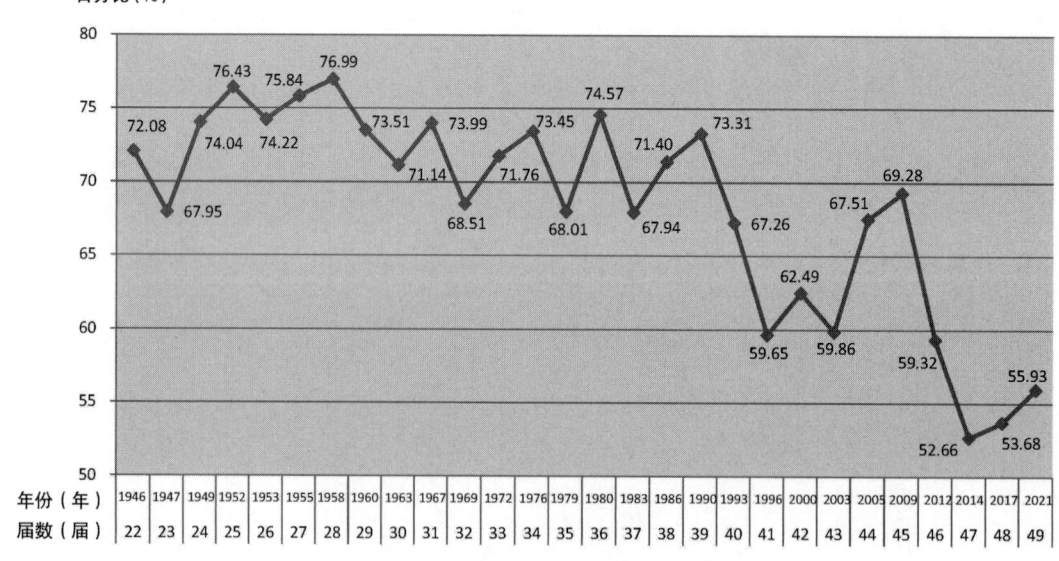

图2　日本众议院选举投票率发展趋势

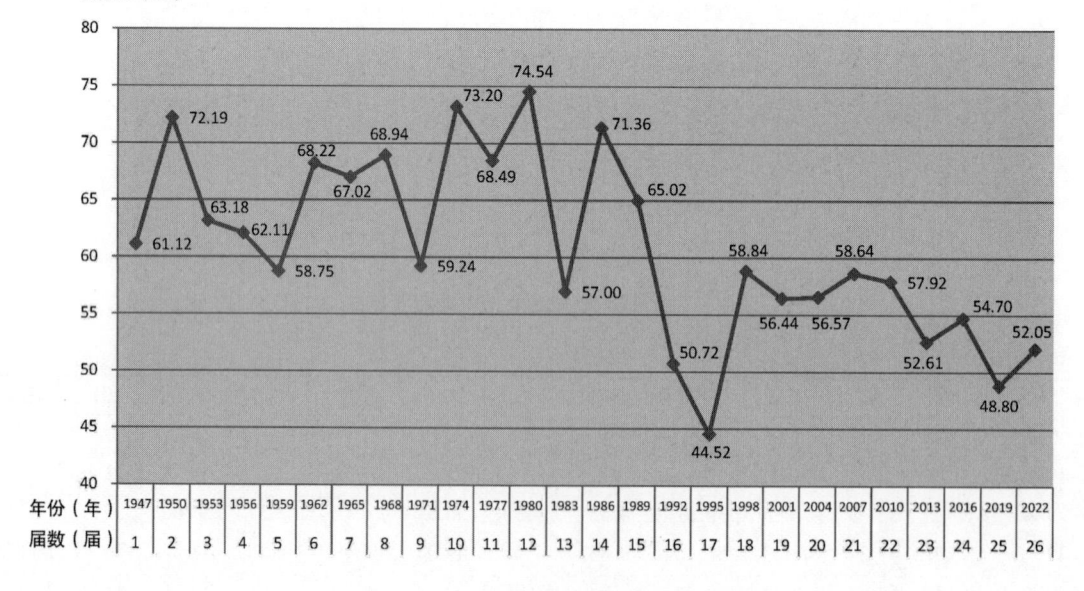

图3　日本参议院选举投票率发展趋势

708

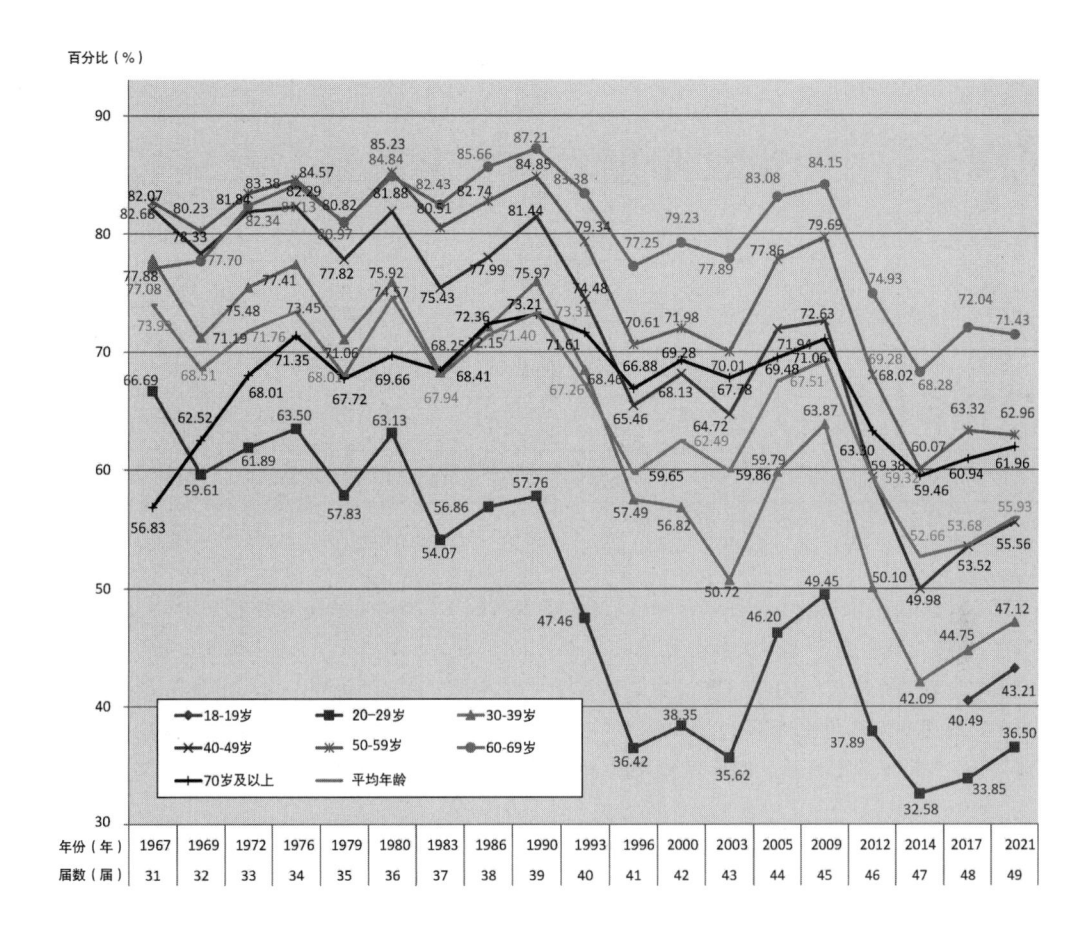

图4 日本众议院选举中各年龄段投票率发展趋势

表2 日本众议院选举中各年龄段投票率

单位：%

年份(年)	1967	1969	1972	1976	1979	1980	1983	1986	1990	1993	1996	2000	2003	2005	2009	2012	2014	2017	2021
届数(届)	31	32	33	34	35	36	37	38	39	40	41	42	43	44	45	46	47	48	49
18—19岁	—	—	—	—	—	—	—	—	—	—	—	—	—	—	—	—	—	40.49	43.21
20—29岁	66.69	59.61	61.89	63.50	57.83	63.13	54.07	56.86	57.76	47.46	36.42	38.35	35.62	46.20	49.45	37.89	32.58	33.85	36.50
30—39岁	77.88	71.19	75.48	77.41	71.06	75.92	68.25	72.15	75.97	68.46	57.49	56.82	50.72	59.79	63.87	50.10	42.09	44.75	47.12
40—49岁	82.07	78.33	81.84	82.29	77.82	81.88	75.43	77.99	81.44	74.48	65.46	68.13	64.72	71.94	72.63	59.38	49.98	53.52	55.56
50—59岁	82.68	80.23	83.38	84.57	80.82	85.23	80.51	82.74	84.85	79.34	70.61	71.98	70.01	77.86	79.69	68.02	60.07	63.32	62.96
60—69岁	77.08	77.70	82.34	84.13	80.97	84.84	82.43	85.66	87.21	83.38	77.25	79.23	77.89	83.08	84.15	74.93	68.28	72.04	71.43
70岁及以上	56.83	62.52	68.01	71.35	67.72	69.66	68.41	72.36	73.21	71.61	66.88	69.28	67.78	69.48	71.06	63.30	59.46	60.94	61.96
平均年龄	73.99	68.51	71.76	73.45	68.01	74.57	67.94	71.40	73.31	67.26	59.65	62.49	59.86	67.51	69.28	59.32	52.66	53.68	55.93

资料来源：作者根据日本总务省网站相关统计数据整理形成，https://www.soumu.go.jp/senkyo/senkyo_s/news/sonota/ritu/。

2022年度日本安全数据

王一晨

2014—2022年日本自卫队人数变化情况统计

年份（年）	2014	2015	2016	2017	2018	2019	2020	2021	2022
人数（人）	226 742	227 339	224 422	226 789	226 547	227 442	232 509	230 754	227 843

注：1. 2022年度，日本自卫队总人数为227843人，较上年度减少了2911人。近10年来，日本自卫队人数均保持在22万人左右。

2. 截至2022年年底，日本自卫队正在执行的维和任务统计如下：联合国南苏丹特派团司令部（2011年11月起，共4人）、埃及西奈半岛多国部队观察员团司令部（2019年4月起，共2人）、索马里亚丁湾海上自卫队（2016年12月起，共200人）、索马里亚丁湾航空自卫队（2015年7月起，共60人）、巴林周边第151联合任务部队司令部（2021年6月起，共15人）、巴林周边联合海上部队司令部（2021年6月起，共2人）。

3. 日本2022年度防卫费达到5.4005万亿日元，创下历史新高，较上一年度增长了1.1%，在GDP中占比为0.957%。

资料来源：日本防卫白皮书（令和5年2023年版）。

2022 年度日本经济数据

周旭海

表 1　国民经济统计（1）

年度	国内生产总值（GDP）名义 金额（十亿日元）	名义 年增长率（%）	实际 年增长率（%）	国民总收入（GNI）名义 年增长率（%）	实际 年增长率（%）	名义国民收入 金额（十亿日元）	年增长率（%）	雇员名义报酬 金额（十亿日元）	年增长率（%）	人均GDP（千日元）	人均雇员报酬年增长率（%）
1955	9 162.9	—	—	—	—	6 973.3	—	3 548.9	—	97	—
1956	10 281.7	12.2	6.8	12.1	6.7	7 896.2	13.2	4 082.5	15.0	107	6.8
1957	11 791.2	14.7	8.1	14.5	8.0	8 868.1	12.3	4 573.0	12.0	122	5.8
1958	12 623.5	7.1	6.6	7.0	6.5	9 382.9	5.8	5 039.2	10.2	129	5.4
1959	14 810.3	17.3	11.2	17.2	11.1	11 042.1	17.7	5 761.2	14.3	150	8.9
1960	17 776.8	20.0	12.0	19.9	11.9	13 496.7	22.2	6 702.0	16.3	178	10.0
1961	21 496.4	20.9	11.7	20.9	11.7	16 081.9	19.2	7 988.7	19.2	214	14.4
1962	23 796.2	10.7	7.5	10.6	7.5	17 893.3	11.3	9 425.6	18.0	234	13.6
1963	27 952.3	17.5	10.4	17.4	10.4	21 099.3	17.9	11 027.3	17.0	272	12.9
1964	32 397.5	15.9	9.5	15.8	9.4	24 051.4	14.0	12 961.2	17.5	312	13.7
1965	35 984.3	11.1	6.2	11.1	6.2	26 827.0	11.5	14 980.6	15.6	343	10.6
1966	42 307.8	17.6	11.0	17.6	11.1	31 644.8	18.0	17 208.9	14.9	400	11.1
1967	49 497.7	17.0	11.0	17.0	11.0	37 547.7	18.7	19 964.5	16.0	463	13.1
1968	58 558.0	18.3	12.4	18.3	12.3	43 720.9	16.4	23 157.7	16.0	541	13.3
1969	69 337.1	18.4	12.0	18.4	12.0	52 117.8	19.2	27 488.7	18.7	633	16.4
1970	80 247.0	15.7	8.2	15.8	8.3	61 029.7	17.1	33 293.9	21.1	722	17.0
1971	88 347.3	10.1	5.0	10.2	5.1	65 910.5	8.0	38 896.6	16.8	781	14.0
1972	102 827.2	16.4	9.1	16.6	9.3	77 936.9	18.2	45 702.0	17.5	898	14.1
1973	124 385.3	21.0	5.1	20.9	5.0	95 839.6	23.0	57 402.8	25.6	1 070	22.2
1974	147 549.8	18.6	−0.5	18.4	−0.7	112 471.6	17.4	73 752.4	28.5	1 251	28.0
1975	162 374.5	10.0	4.0	10.2	4.1	123 990.7	10.2	83 851.8	13.7	1 361	12.7
1976	182 550.5	12.4	3.8	12.4	3.8	140 397.2	13.2	94 328.6	12.5	1 515	10.8
1977	202 587.1	11.0	4.5	11.0	4.6	155 703.2	10.9	104 997.8	11.3	1 666	9.9
1978	222 311.1	9.7	5.4	9.9	5.5	171 778.5	10.3	112 800.6	7.4	1 814	6.3
1979	240 039.4	8.0	5.1	8.0	5.1	182 206.6	6.1	122 126.2	8.3	1 942	5.9

续表

年度	国内生产总值(GDP) 名义 金额(十亿日元)	国内生产总值(GDP) 名义 年增长率(%)	国内生产总值(GDP) 实际 年增长率(%)	国民总收入(GNI) 名义 年增长率(%)	国民总收入(GNI) 实际 年增长率(%)	名义国民收入 金额(十亿日元)	名义国民收入 年增长率(%)	雇员名义报酬 金额(十亿日元)	雇员名义报酬 年增长率(%)	人均GDP(千日元)	人均雇员报酬年增长率(%)
1980	261 683.4	9.0	2.6	8.9	2.4	203 878.7	9.5	131 850.4	8.7	2 123	5.2
1981	278 401.8	6.4	4.1	6.3	4.1	211 615.1	3.8	142 097.7	7.8	2 246	6.4
1982	291 415.4	4.7	3.2	4.9	3.1	220 131.4	4.0	150 232.9	5.7	2 328	3.8
1983	305 551.5	4.9	3.9	4.9	4.1	231 290.0	5.1	157 301.3	4.7	2 417	2.3
1984	324 347.6	6.2	4.4	6.2	4.7	243 117.2	5.1	166 017.3	5.5	2 564	4.1
1985	345 769.1	6.6	5.4	6.7	5.6	260 559.9	7.2	173 977.0	4.8	2 731	3.7
1986	360 009.6	4.1	2.7	4.1	4.8	267 941.5	2.8	180 189.4	3.6	2 815	2.3
1987	381 358.0	5.9	6.0	6.2	5.9	281 099.8	4.9	187 098.9	3.8	2 965	2.2
1988	407 507.5	6.9	6.2	6.8	6.6	302 710.1	7.7	198 486.5	6.1	3 160	3.3
1989	434 830.0	6.7	4.0	6.9	4.2	320 802.0	6.0	213 309.1	7.5	3 378	4.3
1990	470 877.6	8.3	5.6	8.1	4.9	346 892.9	8.1	231 261.5	8.4	3 655	4.6
1991	496 062.6	5.3	2.5	5.3	2.9	368 931.6	6.4	248 310.9	7.4	3 818	4.1
1992	505 824.6	2.0	0.6	2.2	0.9	366 007.2	−0.8	254 844.4	2.6	3 883	0.5
1993	504 513.7	−0.3	−0.8	−0.3	−0.6	365 376.0	−0.2	260 704.4	2.3	3 865	0.9
1994	511 958.8	1.5	1.6	1.5	1.7	372 976.8	1.3	262 822.6	1.8	4 015	0.2
1995	525 299.5	2.6	3.2	2.7	3.6	380 158.1	1.9	267 095.2	1.6	4 113	0.9
1996	538 659.6	2.5	2.9	2.9	2.8	394 024.8	3.6	272 962.4	2.2	4 205	0.9
1997	542 508.0	0.7	−0.1	0.8	−0.1	390 943.1	−0.8	279 054.2	2.2	4 230	1.4
1998	534 564.1	−1.5	−1.0	−1.6	−0.9	379 393.9	−3.0	273 370.2	−2.0	4 161	−1.3
1999	530 298.6	−0.8	0.6	−0.7	0.6	378 088.5	−0.3	269 177.0	−1.5	4 121	−1.0
2000	537 614.2	1.4	2.6	1.6	2.7	390 163.8	3.2	270 736.4	0.6	4 165	−0.3
2001	527 410.2	−1.9	−0.7	−1.9	−0.8	376 138.7	−3.6	264 606.8	−2.3	4 081	−1.9
2002	523 465.9	−0.7	0.9	−0.9	0.8	374 247.9	−0.5	256 723.4	−3.0	4 040	−2.5
2003	526 219.9	0.5	1.9	0.8	2.0	381 555.6	2.0	253 616.6	−1.2	4 055	−1.4
2004	529 637.9	0.6	1.7	0.9	1.6	388 576.1	1.8	256 437.0	1.1	4 081	0.8
2005	534 106.2	0.8	2.2	1.3	1.6	388 116.4	−0.1	261 644.3	2.0	4 181	0.8
2006	537 257.9	0.6	1.3	1.0	1.0	394 989.7	1.8	265 771.5	1.6	4 201	0.2
2007	538 485.5	0.2	1.1	0.5	0.4	394 813.2	−0.0	267 280.1	0.6	4 207	−0.3
2008	516 174.9	−4.1	−3.6	−4.7	−4.9	364 368.0	−7.7	265 523.7	−0.7	4 031	−0.7
2009	497 364.2	−3.6	−2.4	−3.5	−1.3	352 701.7	−3.2	252 674.2	−4.8	3 885	−3.9
2010	504 873.7	1.5	3.3	1.7	2.6	364 688.2	3.4	251 154.8	−0.6	3 943	−1.0
2011	500 046.2	−1.0	0.5	−0.9	−0.6	357 473.5	−2.0	251 977.0	0.3	3 914	0.4
2012	499 420.6	−0.1	0.6	−0.1	0.6	358 156.2	0.2	251 431.0	−0.2	3 915	−0.5
2013	512 677.5	2.7	2.7	3.3	3.1	372 570.0	4.0	253 705.1	0.9	4 024	−0.2
2014	523 422.8	2.1	−0.4	2.4	0.1	376 677.6	1.1	258 435.2	1.9	4 114	1.0

续表

年度	国内生产总值(GDP) 名义 金额(十亿日元)	国内生产总值(GDP) 名义 年增长率(%)	国内生产总值(GDP) 实际 年增长率(%)	国民总收入(GNI) 名义 年增长率(%)	国民总收入(GNI) 实际 年增长率(%)	国民收入 名义国民收入 金额(十亿日元)	国民收入 名义国民收入 年增长率(%)	国民收入 雇员名义报酬 金额(十亿日元)	国民收入 雇员名义报酬 年增长率(%)	人均GDP(千日元)	人均雇员报酬年增长率(%)
2015	540 740.8	3.3	1.7	3.4	3.3	392 629.3	4.2	262 003.5	1.4	4 255	0.3
2016	544 829.9	0.8	0.8	0.4	0.8	392 293.9	-0.1	268 251.3	2.4	4 290	0.9
2017	555 712.5	2.0	1.8	2.1	1.3	400 621.5	2.1	273 710.4	2.0	4 379	0.5
2018	556 570.5	0.2	0.2	0.4	-0.2	403 099.1	0.6	282 424.0	3.2	4 392	1.2
2019	556 836.3	0.0	-0.8	0.1	-0.5	402 026.7	-0.3	287 994.7	2.0	4 401	0.8
2020	537 573.4	-3.5	-4.1	-3.7	-3.4	375 388.7	-6.6	283 550.1	-1.5	4 261	-0.8
2021	550 663.7	2.4	2.6	4.0	2.2	395 932.4	5.5	289 508.1	2.1	4 386	1.8
2022	561 883.5	2.0	1.4	3.0	0.5	—	—	295 375.7	2.0	—	1.4
2022年4—6月	137 799.4	1.5	1.8	2.3	-0.1	—	—	76 540.2	2.1	—	1.4
2022年7—9月	134 915.1	1.2	1.5	2.8	0.5	—	—	69 950.7	1.9	—	1.4
2022年10—12月	146 354.2	1.6	0.4	3.1	0.3	—	—	85 346.1	2.5	—	1.9
2023年1—3月	142 814.9	3.9	1.9	3.9	1.3	—	—	63 538.6	1.4	—	1.0

资料来源：日本内閣府「令和5年度年次経済財政報告-動き始めた物価と賃金-」、2023年8月、https://www5.cao.go.jp/j-j/wp/wp-je23/23.html。

表 2 国民经济统计（2）

年度	民间最终消费支出（实际）年增长率(%)	贡献度	住宅投资（实际）年增长率(%)	贡献度	企业设备投资（实际）年增长率(%)	贡献度	民间库存变动（实际）贡献	政府最终消费支出（实际）年增长率(%)	贡献度	公共固定资本形成（实际）年增长率(%)	贡献度	商品服务出口（实际）年增长率(%)	贡献度	商品服务进口（实际）年增长率(%)	贡献度
1955	—	—	—	—	—	—	—	—	—	—	—	—	—	—	—
1956	8.2	5.4	11.1	0.4	39.1	1.9	0.7	-0.4	-0.1	1.0	0.1	14.6	0.5	34.3	-1.3
1957	8.2	5.4	7.9	0.3	21.5	1.3	0.5	-0.2	0.0	17.4	0.8	11.4	0.4	8.1	-0.4
1958	6.4	4.2	12.3	0.4	-0.4	0.0	-0.7	6.3	1.2	17.3	0.9	3.0	0.1	-7.9	0.4
1959	9.6	6.3	19.7	0.7	32.6	2.1	0.6	7.7	1.4	10.8	0.6	15.3	0.5	28.0	-1.2
1960	10.3	6.7	22.3	0.8	39.6	3.1	0.5	3.3	0.6	15.0	0.9	11.8	0.4	20.3	-1.0
1961	10.2	6.6	10.6	0.4	23.5	2.3	1.1	6.5	1.1	27.4	1.6	6.5	0.2	24.4	-1.3
1962	7.1	4.5	14.1	0.6	3.5	0.4	-1.4	7.6	1.2	23.5	1.6	15.4	0.5	-3.1	0.2
1963	9.9	6.2	26.3	1.1	12.4	1.3	0.9	7.4	1.1	11.6	0.9	9.0	0.3	26.5	-1.4
1964	9.5	6.0	20.5	1.0	14.4	1.5	-0.5	2.0	0.3	5.7	0.4	26.1	0.9	7.2	-0.4
1965	6.5	4.1	18.9	1.0	-8.4	-0.9	0.1	3.3	0.5	13.9	1.0	19.6	0.8	6.6	-0.4
1966	10.3	6.5	7.5	0.5	24.7	2.3	0.2	4.5	0.6	13.3	1.1	15.0	0.7	15.5	-0.9
1967	9.8	6.1	21.5	1.3	27.3	2.9	0.2	3.6	0.5	9.6	0.8	8.4	0.4	21.9	-1.3
1968	9.4	5.8	15.9	1.0	21.0	2.6	0.7	4.9	0.6	13.2	1.1	26.1	1.2	10.5	-0.7
1969	9.8	5.9	19.8	1.3	30.0	3.9	-0.1	3.9	0.4	9.5	0.8	19.7	1.0	17.0	-1.1
1970	6.6	3.9	9.2	0.7	11.7	1.8	1.0	5.0	0.5	15.2	1.2	17.3	1.0	22.3	-1.5
1971	5.9	3.4	5.6	0.4	-4.2	-0.7	-0.8	4.8	0.5	22.2	1.9	12.5	0.8	2.3	-0.2
1972	9.8	5.7	20.3	1.5	5.8	0.8	0.2	4.8	0.5	12.0	1.2	5.6	0.4	15.1	-1.1
1973	6.0	3.5	11.6	0.9	13.6	1.9	0.4	4.3	0.4	-7.3	-0.7	5.5	0.3	22.7	-1.8
1974	1.5	0.9	-17.3	-1.5	-8.6	-1.3	-0.6	2.6	0.3	0.1	0.0	22.8	1.5	-1.6	0.1
1975	3.5	2.1	12.3	0.9	-3.8	-0.5	-0.8	10.8	1.1	5.6	0.5	-0.1	0.0	-7.4	0.7
1976	3.4	2.0	3.3	0.2	0.6	0.1	0.4	4.0	0.4	-0.4	0.0	17.3	1.3	7.9	-0.7
1977	4.1	2.5	1.8	0.1	-0.8	-0.1	-0.2	4.2	0.4	13.5	1.2	9.6	0.8	3.3	-0.3
1978	5.9	3.5	2.3	0.2	8.5	1.0	0.1	5.4	0.6	13.0	1.2	-3.3	-0.3	10.8	-0.9
1979	5.4	3.2	0.4	0.0	10.7	1.3	0.2	3.6	0.4	-1.8	-0.2	10.6	0.9	6.1	-0.5
1980	0.7	0.4	-9.9	-0.7	7.5	1.0	0.0	3.3	0.3	-1.7	-0.2	14.4	1.2	-6.3	0.6
1981	3.2	1.6	-1.3	-0.1	3.2	0.6	-0.1	5.7	0.8	0.7	0.1	12.7	1.7	4.2	-0.6
1982	4.5	2.3	1.1	0.1	1.5	0.3	-0.4	3.9	0.6	-0.5	-0.0	-0.4	-0.1	-4.7	0.6
1983	3.2	1.7	-5.2	-0.3	4.0	0.7	0.2	4.3	0.6	0.1	0.0	8.7	1.2	1.9	-0.2
1984	3.2	1.7	-0.2	-0.0	9.5	1.6	0.3	2.4	0.3	-2.1	-0.2	13.6	1.8	8.1	-0.9
1985	4.3	2.3	3.5	0.2	7.5	1.3	0.3	1.6	0.2	3.4	0.3	2.5	0.4	-4.2	0.5
1986	3.6	1.8	8.8	0.5	6.2	1.1	-0.4	3.5	0.5	6.5	0.5	-4.1	-0.5	7.6	-0.7
1987	4.7	2.4	19.4	1.1	8.8	1.5	0.5	3.7	0.5	10.5	0.8	1.2	0.1	12.7	-0.9
1988	5.4	2.7	4.4	0.3	18.8	3.3	-0.1	3.4	0.5	0.6	0.0	8.7	0.8	19.1	-1.4
1989	4.1	2.1	-2.1	-0.1	7.7	1.5	0.2	2.6	0.3	4.6	0.3	8.7	0.8	14.9	-1.2
1990	5.0	2.5	0.3	0.0	11.5	2.3	-0.2	4.0	0.5	3.0	0.2	6.9	0.7	5.5	-0.5
1991	2.4	1.2	-8.9	-0.6	1.3	0.3	0.3	3.5	0.5	3.9	0.3	5.4	0.5	-0.5	0.0
1992	1.4	0.7	-2.7	-0.2	-7.0	-1.5	-0.6	2.9	0.4	14.8	1.1	4.0	0.4	-1.7	0.1
1993	1.6	0.8	2.0	0.1	-13.4	-2.5	-0.0	3.1	0.4	5.9	0.5	-0.0	-0.0	0.6	-0.0
1994	2.1	1.1	5.9	0.3	-0.0	-0.0	-0.1	4.3	0.6	-4.0	-0.4	5.4	0.5	9.5	-0.7

续表

年度	民间最终消费支出(实际) 年增长率(%)	贡献度	住宅投资(实际) 年增长率(%)	贡献度	企业设备投资(实际) 年增长率(%)	贡献度	民间库存变动(实际) 贡献	政府最终消费支出(实际) 年增长率(%)	贡献度	公共固定资本形成(实际) 年增长率(%)	贡献度	商品服务出口(实际) 年增长率(%)	贡献度	商品服务进口(实际) 年增长率(%)	贡献度
1995	2.4	1.3	-4.6	-0.3	8.4	1.3	0.4	3.4	0.5	7.2	0.6	4.1	0.4	14.6	-1.0
1996	2.4	1.3	12.0	0.7	5.9	1.0	0.0	2.1	0.3	-1.6	-0.1	6.5	0.6	9.1	-0.7
1997	-1.1	-0.6	-16.0	-1.0	2.4	0.4	0.4	1.3	0.2	-6.6	-0.6	9.0	0.9	-2.0	0.2
1998	0.3	0.2	-10.1	-0.5	-3.5	-0.6	-0.7	2.0	0.3	2.2	0.2	-3.8	-0.4	-6.6	0.6
1999	1.4	0.7	2.8	0.1	-1.6	-0.3	-0.6	3.7	0.6	-0.6	-0.1	6.1	0.6	6.6	-0.6
2000	1.4	0.8	1.0	0.0	6.1	1.0	0.7	3.6	0.6	-7.3	-0.6	9.7	1.0	10.3	-0.9
2001	1.9	1.0	-5.4	-0.3	-3.9	-0.6	-0.3	2.3	0.4	-5.3	-0.4	-7.6	-0.8	-3.2	0.3
2002	1.2	0.7	-1.3	-0.1	-3.0	-0.5	0.3	1.7	0.3	-4.8	-0.3	12.2	1.2	4.8	-0.5
2003	0.7	0.4	0.5	0.0	3.1	0.5	0.3	2.0	0.4	-7.3	-0.5	10.0	1.1	2.4	-0.2
2004	1.2	0.6	2.6	0.1	4.0	0.6	0.1	0.8	0.1	-8.1	-0.5	11.8	1.4	9.0	-0.9
2005	1.8	1.0	0.0	0.0	7.6	1.2	-0.2	0.4	0.1	-7.9	-0.4	9.4	1.2	6.0	-0.7
2006	0.6	0.3	-0.3	-0.0	2.3	0.4	0.1	0.6	0.1	-6.3	-0.3	8.7	1.2	3.6	-0.5
2007	0.7	0.4	-13.3	-0.6	-0.7	-0.1	0.2	1.6	0.3	-4.2	-0.2	9.5	1.5	2.5	-0.4
2008	-2.1	-1.2	-2.5	-0.1	-5.8	-0.9	0.0	-0.6	-0.1	-4.2	-0.2	-10.2	-1.8	-4.3	0.7
2009	0.7	0.4	-20.3	-0.8	-11.4	-1.8	-1.4	2.6	0.5	9.3	0.5	-9.0	-1.4	-10.5	1.7
2010	1.3	0.7	4.8	0.2	2.0	0.3	1.2	2.3	0.4	-7.2	-0.4	17.9	2.4	12.1	-1.5
2011	0.6	0.4	4.4	0.2	4.0	0.6	0.1	1.9	0.4	-2.2	-0.1	-1.4	-0.2	5.2	-0.7
2012	1.7	1.0	4.5	0.2	1.5	0.2	-0.3	1.3	0.3	1.1	0.1	-1.4	-0.2	3.8	-0.6
2013	2.9	1.7	8.6	0.3	5.4	0.8	-0.4	1.8	0.4	8.5	0.4	4.4	0.6	7.0	-1.2
2014	-2.6	-1.5	-8.1	-0.3	2.7	0.4	0.3	0.9	0.2	-2.3	-0.1	8.9	1.4	3.9	-0.7
2015	0.7	0.4	3.1	0.1	3.4	0.6	0.2	2.2	0.4	-1.3	-0.1	1.1	0.2	0.4	-0.1
2016	-0.3	-0.2	4.3	0.2	0.8	0.1	-0.2	0.9	0.2	0.5	0.0	3.4	0.6	-0.5	0.1
2017	1.0	0.5	-1.8	-0.1	2.8	0.4	0.3	0.3	0.1	0.6	0.0	6.3	1.0	3.8	-0.6
2018	0.1	0.0	-4.8	-0.2	1.6	0.3	0.1	1.1	0.2	0.8	0.0	2.0	0.4	3.0	-0.5
2019	-0.9	-0.5	2.5	0.1	-1.2	-0.2	-0.2	2.1	0.4	1.6	0.1	-2.3	-0.4	0.2	-0.0
2020	-5.1	-2.8	-7.6	-0.3	-5.7	-0.9	-0.3	2.7	0.5	4.9	0.3	-9.9	-1.7	-6.3	1.1
2021	1.5	0.8	-1.1	-0.0	2.1	0.3	0.4	3.4	0.7	-6.4	-0.4	12.4	2.0	7.1	-1.2
2022	2.4	1.3	-4.4	-0.2	3.1	0.5	0.2	1.1	0.2	-3.0	-0.2	4.4	0.8	7.2	-1.4
2022年4—6月	2.7	1.4	-6.3	-0.2	0.9	0.1	0.6	1.6	0.3	-8.9	-0.4	2.9	0.5	3.2	-0.6
2022年7—9月	3.6	2.0	-5.3	-0.2	4.0	0.6	0.4	0.3	0.1	-4.8	-0.3	5.9	1.1	10.9	-2.1
2022年10—12月	0.8	0.5	-3.9	-0.1	2.6	0.4	-0.0	1.5	0.3	-2.4	-0.1	7.3	1.3	10.4	-1.9
2023年1—3月	2.6	1.4	-2.2	-0.1	4.8	0.9	-0.0	1.0	0.2	3.1	0.2	1.5	0.3	4.2	-1.0

资料来源：日本内阁府「令和5年度年次経済財政報告-動き始めた物価と賃金-」、2023年8月、https://www5.cao.go.jp/j-j/wp/wp-je23/23.html。

表3　国民经济统计（3）

年份	国内生产总值（GDP）名义 金额（十亿日元）	名义 年增长率（%）	实际 年增长率（%）	国民总收入（GNI）名义 年增长率（%）	实际 年增长率（%）	国民收入 名义国民收入 金额（十亿日元）	年增长率（%）	雇员名义报酬 金额（十亿日元）	年增长率（%）	人均GDP（千日元）	人均雇员报酬年增长率（%）
1955	8 923.6	—	—	—	—	6 772.0	—	3 456.0	—	94	—
1956	10 046.0	12.6	7.5	12.5	7.4	7 587.4	12.0	3 973.5	15.0	105	6.9
1957	11 577.1	15.2	7.8	15.1	7.7	8 790.1	15.9	4 480.9	12.8	120	5.2
1958	12 302.2	6.3	6.2	6.2	6.1	9 188.0	4.5	4 952.1	10.5	126	5.9
1959	14 063.5	14.3	9.4	14.2	9.3	10 528.7	14.6	5 590.8	12.9	143	7.5
1960	17 069.6	21.4	13.1	21.3	13.0	12 912.0	22.6	6 483.1	16.0	172	10.1
1961	20 616.6	20.8	11.9	20.7	11.8	15 572.3	20.6	7 670.2	18.3	206	13.2
1962	23 395.3	13.5	8.6	13.4	8.6	17 499.2	12.4	9 151.7	19.3	231	14.0
1963	26 775.7	14.4	8.8	14.4	8.7	20 191.9	15.4	10 672.5	16.6	262	13.1
1964	31 497.0	17.6	11.2	17.5	11.1	23 377.0	15.8	12 475.8	16.9	305	13.0
1965	35 041.8	11.3	5.7	11.3	5.7	26 065.4	11.5	14 528.2	16.5	336	11.8
1966	40 696.9	16.1	10.2	16.2	10.3	30 396.1	16.6	16 811.9	15.7	386	11.1
1967	47 691.7	17.2	11.1	17.2	11.1	36 005.3	18.5	19 320.1	14.9	448	12.0
1968	56 481.9	18.4	11.9	18.4	11.9	42 479.3	18.0	22 514.0	16.5	525	13.7
1969	66 348.5	17.5	12.0	17.5	12.0	49 938.3	17.6	26 500.7	17.7	609	15.8
1970	78 200.4	17.9	10.3	17.9	10.3	59 152.7	18.5	31 942.2	20.5	708	16.6
1971	86 043.8	10.0	4.4	10.1	4.5	64 645.1	9.3	37 867.7	18.6	764	14.9
1972	98 511.0	14.5	8.4	14.7	8.6	74 601.0	15.4	44 069.3	16.4	862	13.3
1973	119 945.6	21.8	8.0	21.8	8.1	91 823.1	23.1	55 235.8	25.3	1 035	21.6
1974	143 130.9	19.3	-1.2	19.1	-1.4	109 060.8	18.8	70 087.7	26.9	1 219	26.1
1975	158 146.6	10.5	3.1	10.6	3.2	121 025.9	11.0	81 678.2	16.5	1 330	16.2
1976	177 600.7	12.3	4.0	12.3	4.0	137 119.6	13.3	92 120.9	12.8	1 478	10.8
1977	197 910.5	11.4	4.4	11.5	4.4	151 395.2	10.4	102 896.8	11.7	1 631	10.0
1978	217 936.0	10.1	5.3	10.2	5.4	167 571.7	10.7	111 163.6	8.0	1 780	7.2
1979	236 213.3	8.4	5.5	8.5	5.6	180 707.3	7.8	120 120.3	8.1	1 915	5.9
1980	256 075.9	8.4	2.8	8.2	2.7	196 750.2	8.0	129 497.8	8.5	2 079	5.2
1981	274 615.9	7.2	4.3	7.1	4.3	209 047.2	6.3	140 219.9	8.3	2 219	6.5
1982	288 613.0	5.1	3.3	5.3	3.3	219 327.2	4.9	148 172.1	5.7	2 314	4.1
1983	301 844.1	4.6	3.6	4.7	3.7	227 666.8	3.8	155 782.0	5.1	2 390	2.4
1984	319 663.6	5.9	4.4	6.0	4.8	240 786.9	5.8	164 342.6	5.5	2 524	4.1
1985	340 395.3	6.5	5.2	6.7	5.3	256 338.4	6.5	171 887.9	4.6	2 693	3.4

续表

年份	国内生产总值(GDP) 名义 金额(十亿日元)	国内生产总值(GDP) 名义 年增长率(%)	国内生产总值(GDP) 实际 年增长率(%)	国民总收入(GNI) 名义 年增长率(%)	国民总收入(GNI) 实际 年增长率(%)	名义国民收入 金额(十亿日元)	名义国民收入 年增长率(%)	雇员名义报酬 金额(十亿日元)	雇员名义报酬 年增长率(%)	人均GDP(千日元)	人均雇员报酬年增长率(%)
1986	357 276.1	5.0	3.3	4.9	5.1	267 217.4	4.2	179 163.3	4.2	2 805	2.6
1987	373 273.0	4.5	4.6	4.7	4.9	276 729.3	3.6	185 400.9	3.5	2 901	2.3
1988	400 566.9	7.3	6.7	7.4	7.0	296 228.2	7.0	196 182.1	5.8	3 107	3.3
1989	428 994.1	7.1	4.9	7.2	5.2	316 002.5	6.7	210 203.2	7.1	3 333	3.9
1990	461 295.1	7.5	4.8	7.5	4.4	339 441.1	7.4	227 342.6	8.2	3 587	4.7
1991	491 418.9	6.5	3.5	6.5	3.6	363 375.7	7.1	245 595.0	8.0	3 787	4.4
1992	504 161.2	2.6	0.9	2.7	1.3	366 179.6	0.8	253 578.4	3.3	3 866	0.9
1993	504 497.8	0.1	−0.5	0.1	−0.3	366 975.1	0.2	259 075.4	2.2	3 877	0.5
1994	510 916.1	1.3	1.1	1.2	1.3	369 217.5	0.1	261 624.5	2.0	4 009	0.3
1995	521 613.5	2.1	2.6	2.1	2.9	377 736.2	2.3	266 002.9	1.7	4 086	1.2
1996	535 562.1	2.7	3.1	3.0	3.2	390 199.0	3.3	270 690.3	1.8	4 183	0.6
1997	543 545.4	1.5	1.0	1.6	0.8	394 664.2	1.1	278 751.3	3.0	4 239	1.7
1998	536 497.4	−1.3	−1.3	−1.4	−1.1	383 849.9	−2.7	274 572.1	−1.5	4 178	−1.1
1999	528 069.9	−1.6	−0.3	−1.6	−0.3	377 739.1	−1.6	269 252.2	−1.9	4 105	−1.3
2000	535 417.7	1.4	2.8	1.6	2.7	385 745.1	2.1	269 889.6	0.2	4 153	−0.2
2001	531 653.9	−0.7	0.4	−0.6	0.4	379 833.5	−1.5	266 603.6	−1.2	4 114	−1.5
2002	524 478.7	−1.3	0.0	−1.4	0.0	375 854.9	−1.0	257 433.1	−3.4	4 050	−2.8
2003	523 968.6	−0.1	1.5	0.1	1.5	379 296.3	0.9	255 180.0	−0.9	4 038	−0.9
2004	529 400.9	1.0	2.2	1.3	2.3	385 931.1	1.7	255 963.4	0.3	4 079	−0.1
2005	532 515.6	0.6	1.8	0.9	1.3	390 658.9	1.2	260 594.3	1.8	4 103	1.1
2006	535 170.2	0.5	1.4	0.9	0.9	392 040.4	0.4	265 191.6	1.8	4 121	0.2
2007	539 281.7	0.8	1.5	1.2	1.3	396 233.9	1.1	266 616.2	0.5	4 154	−0.5
2008	527 823.8	−2.1	−1.2	−2.5	−3.1	379 416.9	−4.2	266 805.9	0.1	4 067	−0.1
2009	494 938.4	−6.2	−5.7	−6.4	−4.3	348 968.2	−8.0	253 797.8	−4.9	3 823	−3.9
2010	505 530.6	2.1	4.1	2.3	3.5	362 501.8	3.9	251 175.0	−1.0	3 908	−1.2
2011	497 448.9	−1.6	0.0	−1.4	−1.0	356 058.0	−1.8	251 584.0	0.2	3 844	−0.1
2012	500 474.7	0.6	1.4	0.5	1.0	359 170.1	0.9	251 650.1	0.0	3 878	0.0
2013	508 700.6	1.6	2.0	2.3	2.5	369 919.6	3.0	253 333.1	0.7	3 948	−0.3
2014	518 811.0	2.0	0.3	2.3	0.3	373 996.7	1.1	257 520.7	1.7	4 038	0.8
2015	538 032.3	3.7	1.6	3.9	3.2	389 444.5	4.1	260 613.9	1.2	4 180	0.3
2016	544 364.6	1.2	0.8	0.7	1.3	393 196.6	1.0	267 401.2	2.6	4 218	1.0
2017	553 073.0	1.6	1.7	1.8	1.2	401 073.7	2.0	272 101.5	1.8	4 307	0.4

续表

年份	国内生产总值(GDP) 名义 金额(十亿日元)	国内生产总值(GDP) 名义 年增长率(%)	国内生产总值(GDP) 实际 年增长率(%)	国民总收入(GNI) 名义 年增长率(%)	国民总收入(GNI) 实际 年增长率(%)	国民收入 名义国民收入 金额(十亿日元)	国民收入 名义国民收入 年增长率(%)	国民收入 雇员名义报酬 金额(十亿日元)	国民收入 雇员名义报酬 年增长率(%)	人均GDP(千日元)	人均雇员报酬年增长率(%)
2018	556 630.1	0.6	0.6	0.8	-0.0	402 480.5	0.4	281 350.2	3.4	4 325	1.3
2019	557 910.8	0.2	-0.4	0.3	-0.2	401 407.7	-0.3	286 892.4	2.0	—	0.7
2020	539 082.4	-3.4	-4.3	-3.6	-3.6	377 407.3	-6.0	283 186.5	-1.3	—	-0.9
2021	549 453.1	1.9	2.2	3.0	1.9	391 888.3	3.8	288 745.7	2.0	—	1.8
2022	556 552.5	1.3	1.0	2.7	0.2	—	—	294 491.8	2.0	—	1.6

资料来源：日本内閣府「令和 5 年度年次経済財政報告－動き始めた物価と賃金－」、2023 年 8 月、https://www5.cao.go.jp/j-j/wp/wp-je23/23.html。

表4 国民经济统计（4）

年份	民间最终消费支出（实际）年增长率(%)	贡献度	住宅投资（实际）年增长率(%)	贡献度	企业设备投资（实际）年增长率(%)	贡献度	民间库存变动（实际）贡献度	政府最终消费支出（实际）年增长率(%)	贡献度	公共固定资本形成（实际）年增长率(%)	贡献度	商品服务出口（实际）年增长率(%)	贡献度	商品服务进口（实际）年增长率(%)	贡献度
1955	—	—	—	—	—	—	—	—	—	—	—	—	—	—	—
1956	8.9	5.8	11.4	0.4	37.9	1.7	0.7	-0.2	0.0	-1.5	-0.1	17.4	0.5	26.9	-1.0
1957	8.1	5.4	6.8	0.2	27.5	1.6	1.2	-0.4	-0.1	10.3	0.5	11.4	0.4	22.8	-1.0
1958	6.3	4.2	14.0	0.5	-0.6	0.0	-1.3	4.6	0.9	17.7	0.9	5.2	0.2	-13.4	0.7
1959	8.4	5.5	9.9	0.4	23.1	1.5	0.5	7.5	1.4	11.8	0.7	13.0	0.5	22.8	-1.0
1960	11.0	7.3	27.9	1.0	44.4	3.2	0.5	4.4	0.8	15.0	0.8	12.8	0.5	23.1	-1.1
1961	10.4	6.7	12.8	0.5	27.8	2.6	1.2	5.4	0.9	22.8	1.3	5.3	0.2	26.4	-1.4
1962	7.5	4.8	15.6	0.6	6.2	0.7	-1.0	7.5	1.2	28.2	1.8	17.2	0.6	-1.2	0.1
1963	8.8	5.5	18.3	0.8	8.3	0.9	0.2	7.6	1.2	13.9	1.0	7.0	0.3	19.6	-1.0
1964	10.8	6.8	25.6	1.2	17.9	1.9	0.3	3.0	0.5	6.3	0.5	21.6	0.8	13.6	-0.8
1965	5.8	3.6	20.7	1.1	-5.7	-0.6	-0.4	3.1	0.4	10.0	0.7	23.8	0.9	5.6	-0.3
1966	10.0	6.3	6.0	0.4	14.5	1.4	-0.1	4.5	0.6	19.2	1.5	16.9	0.8	12.2	-0.7
1967	10.4	6.5	19.2	1.1	28.6	2.9	0.6	3.4	0.4	3.8	0.3	6.8	0.3	22.7	-1.4
1968	8.5	5.3	19.5	1.2	23.4	2.8	0.4	4.7	0.6	16.3	1.3	23.9	1.1	12.1	-0.8
1969	10.3	6.3	16.7	1.1	25.6	3.3	0.5	4.1	0.5	9.6	0.8	20.8	1.1	13.7	-0.9
1970	7.4	4.4	13.3	0.9	19.3	2.8	1.3	4.8	0.5	13.8	1.1	17.5	1.0	22.6	-1.5
1971	5.5	3.2	4.7	0.3	-2.5	-0.4	-0.8	4.9	0.5	18.6	1.5	16.0	1.0	7.0	-0.5
1972	9.0	5.3	18.0	1.3	2.3	0.3	-0.1	5.0	0.5	16.2	1.5	4.1	0.3	10.5	-0.8
1973	8.8	5.2	15.3	1.2	14.2	2.0	0.2	5.4	0.5	4.9	0.5	5.2	0.3	24.3	-1.9
1974	-0.1	0.0	-12.3	-1.0	-4.2	-0.6	0.5	-0.4	0.0	-11.8	-1.1	23.1	1.4	4.2	-0.4
1975	4.4	2.6	1.2	0.1	-6.0	-0.9	-1.6	12.6	1.2	6.4	0.6	-1.0	-0.1	-10.3	1.0
1976	2.9	1.8	8.7	0.6	-0.1	0.0	0.2	4.2	0.4	2.5	0.2	16.6	1.2	6.7	-0.6
1977	4.0	2.4	0.5	0.0	-0.5	-0.1	0.0	4.2	0.4	9.5	0.8	11.7	1.0	4.1	-0.3
1978	5.3	3.2	5.6	0.4	4.5	0.5	-0.1	5.2	0.5	14.2	1.3	-0.3	0.0	6.9	-0.6
1979	6.5	3.9	-0.9	-0.1	12.8	1.5	0.3	4.2	0.4	2.7	0.3	4.3	0.4	12.9	-1.1
1980	1.1	0.6	-9.2	-0.6	7.9	1.0	0.0	3.1	0.3	-4.8	-0.5	17.0	1.4	-7.8	0.7
1981	2.5	1.3	-1.8	-0.1	3.9	0.7	-0.1	5.4	0.8	2.7	0.3	13.4	1.7	2.4	-0.3
1982	4.7	2.4	-1.3	-0.1	1.2	0.2	0.1	4.2	0.6	-1.3	-0.1	1.5	0.2	-0.6	0.1
1983	3.4	1.8	-1.8	-0.1	2.8	0.5	-0.3	4.6	0.7	0.3	0.0	5.0	0.7	-3.2	0.4
1984	3.1	1.7	-2.1	-0.1	8.4	1.4	0.2	3.0	0.4	-1.1	-0.1	15.4	2.0	10.6	-1.2
1985	4.1	2.1	2.7	0.2	9.1	1.6	0.2	1.3	0.2	-1.1	-0.1	5.3	0.7	-2.6	0.3
1986	3.7	1.9	6.5	0.4	5.9	1.0	0.1	3.2	0.4	7.6	0.6	-5.0	-0.7	4.3	-0.4
1987	4.4	2.2	17.4	1.0	6.8	1.2	-0.2	3.6	0.5	8.7	0.7	0.1	0.0	9.4	-0.7
1988	5.1	2.6	9.2	0.6	17.0	3.0	0.4	3.8	0.5	4.0	0.3	6.8	0.7	19.0	-1.3

续表

年份	民间最终消费支出（实际）年增长率(%)	贡献度	住宅投资（实际）年增长率(%)	贡献度	企业设备投资（实际）年增长率(%)	贡献度	民间库存变动（实际）贡献度	政府最终消费支出（实际）年增长率(%)	贡献度	公共固定资本形成（实际）年增长率(%)	贡献度	商品服务出口（实际）年增长率(%)	贡献度	商品服务进口（实际）年增长率(%)	贡献度
1989	4.9	2.5	-0.3	-0.0	11.6	2.2	0.0	2.5	0.3	3.3	0.3	9.6	0.9	17.8	-1.3
1990	4.8	2.4	-1.6	-0.1	9.3	1.9	-0.2	3.5	0.5	4.5	0.3	7.4	0.7	8.2	-0.7
1991	2.2	1.1	-6.0	-0.4	6.6	1.4	0.2	4.0	0.5	1.6	0.1	5.4	0.5	-1.1	0.1
1992	2.3	1.1	-4.8	-0.3	-7.1	-1.5	-0.4	2.7	0.4	13.7	1.0	4.6	0.4	-0.7	0.1
1993	1.1	0.5	0.2	0.0	-11.6	-2.2	-0.1	3.4	0.5	8.6	0.7	0.8	0.1	-1.2	0.1
1994	2.3	1.2	6.0	0.3	-4.6	-0.8	-0.0	3.8	0.5	-1.5	-0.1	4.4	0.4	8.3	-0.6
1995	2.5	1.3	-4.2	-0.3	7.6	1.2	0.4	3.8	0.6	0.5	0.0	4.2	0.4	13.0	-0.9
1996	2.0	1.0	10.9	0.6	6.0	1.0	0.1	2.3	0.4	5.7	0.5	4.8	0.4	11.8	-0.9
1997	0.6	0.3	-9.7	-0.6	3.6	0.6	0.1	1.6	0.2	-6.8	-0.6	11.1	1.0	0.5	-0.0
1998	-0.6	-0.3	-13.5	-0.7	-1.3	-0.2	-0.2	1.3	0.2	-4.1	-0.3	-2.4	-0.3	-6.8	0.6
1999	1.1	0.6	0.0	0.0	-4.8	-0.8	-1.0	3.5	0.6	6.0	0.5	2.0	0.2	3.7	-0.3
2000	1.5	0.8	1.3	0.1	6.0	0.9	0.6	3.9	0.6	-9.7	-0.8	13.0	1.3	9.6	-0.8
2001	2.1	1.1	-3.2	-0.2	0.2	0.0	0.1	2.4	0.4	-3.6	-0.3	-6.6	-0.7	1.2	-0.1
2002	1.3	0.7	-2.5	-0.1	-5.6	-0.9	-0.4	1.9	0.3	-4.7	-0.3	7.9	0.8	0.8	-0.1
2003	0.6	0.3	-0.5	-0.0	2.2	0.3	0.3	1.9	0.3	-6.9	-0.5	9.6	1.0	3.4	-0.3
2004	1.3	0.7	2.9	0.1	3.5	0.5	0.4	1.1	0.2	-9.0	-0.6	14.4	1.6	8.5	-0.8
2005	1.5	0.8	-0.1	-0.0	8.1	1.2	0.0	0.8	0.1	-8.2	-0.5	7.1	0.9	5.9	-0.6
2006	0.9	0.5	0.4	0.0	2.1	0.3	-0.1	0.2	0.0	-4.9	-0.3	10.3	1.4	4.7	-0.6
2007	0.8	0.4	-9.6	-0.4	0.8	0.1	0.3	1.5	0.3	-5.3	-0.3	8.7	1.4	2.3	-0.3
2008	-1.1	-0.6	-6.2	-0.3	-2.9	-0.5	0.2	-0.1	-0.0	-5.0	-0.2	1.6	0.3	0.7	-0.1
2009	-0.9	-0.5	-17.8	-0.7	-13.0	-2.1	-1.6	2.0	0.4	6.6	0.3	-23.4	-4.0	-15.6	2.6
2010	2.3	1.3	-1.3	-0.0	-1.0	-0.1	1.0	1.9	0.4	-2.2	-0.1	24.9	3.1	11.3	-1.4
2011	-0.5	-0.3	6.9	0.2	4.0	0.6	0.2	2.2	0.4	-5.7	-0.3	-0.1	-0.0	5.7	-0.8
2012	2.0	1.2	2.3	0.1	3.1	0.5	0.0	1.7	0.3	2.0	0.1	0.1	0.0	5.5	-0.8
2013	2.6	1.5	8.2	0.3	2.7	0.4	-0.4	1.5	0.3	5.6	0.3	0.8	0.1	3.2	-0.5
2014	-0.9	-0.5	-3.1	-0.1	3.9	0.6	0.1	1.0	0.2	1.4	0.1	9.3	1.5	8.1	-1.5
2015	-0.2	-0.1	-0.4	-0.0	5.0	0.8	0.3	1.9	0.4	-4.0	-0.2	3.2	0.6	0.4	-0.1
2016	-0.4	-0.2	3.9	0.1	0.1	0.0	-0.1	1.6	0.3	2.4	0.1	1.6	0.3	-1.2	0.2
2017	1.1	0.6	0.5	0.0	2.4	0.4	0.1	0.1	0.0	0.1	0.0	6.6	1.1	3.3	-0.5
2018	0.2	0.1	-6.4	-0.3	2.3	0.4	0.2	1.0	0.2	0.6	0.0	3.8	0.7	3.8	-0.6
2019	-0.6	-0.3	4.1	0.2	-0.7	-0.1	-0.1	1.9	0.4	1.9	0.1	-1.5	-0.3	1.0	-0.2
2020	-4.7	-2.5	-7.9	-0.3	-4.9	-0.8	-0.5	2.4	0.5	3.4	0.2	-11.6	-2.0	-6.8	1.2
2021	0.4	0.2	-1.1	-0.0	0.8	0.1	0.2	3.5	0.7	-1.9	-0.1	11.9	1.8	5.1	-0.8
2022	2.0	1.1	-4.6	-0.2	1.8	0.3	0.5	1.5	0.3	-7.0	-0.4	5.1	0.9	8.0	-1.5

资料来源：日本内閣府「令和5年度年次経済財政報告-動き始めた物価と賃金-」、2023年8月、https://www5.cao.go.jp/j-j/wp/wp-je23/23.html。

表5 国民经济统计（5）

年末	国民总资产 金额（十亿日元）	与名义GDP之比（%）	占比（%）实物资产（土地等除外）	占比（%）土地等	占比（%）金融资产	国民财富 金额（十亿日元）	与名义GDP之比（%）
1955	51 422.0	5.76	32.6	30.6	36.8	32 704.7	3.66
1956	60 322.2	6.00	31.8	29.8	38.4	37 103.0	3.69
1957	68 244.2	5.89	29.8	29.9	40.3	40 481.3	3.50
1958	76 193.1	6.19	27.0	30.6	42.4	43 752.0	3.56
1959	89 131.9	6.34	25.5	30.2	44.4	49 584.9	3.53
1960	107 840.0	6.32	23.7	31.7	44.6	59 819.6	3.50
1961	133 283.4	6.46	23.5	31.0	45.6	72 297.0	3.51
1962	156 357.7	6.68	22.3	31.3	46.4	83 461.1	3.57
1963	183 270.6	6.84	21.8	29.3	48.9	92 923.6	3.47
1964	213 870.8	6.79	21.5	29.1	49.4	107 292.4	3.41
1965	241 570.7	6.89	21.2	27.9	50.9	118 028.4	3.37
1966	280 648.7	6.90	21.2	27.8	51.0	137 212.2	3.37
1967	333 694.7	7.00	21.0	28.2	50.8	163 842.2	3.44
1968	394 566.2	6.99	20.7	29.4	49.9	197 671.5	3.50
1969	476 211.0	7.18	20.6	30.0	49.4	241 579.4	3.64
	499 408.6	7.53	19.6	28.6	51.7	241 682.8	3.64
1970	590 573.4	7.55	20.5	29.4	50.1	296 467.3	3.79
1971	702 445.3	8.16	20.0	29.8	50.2	352 859.8	4.10
1972	932 810.6	9.47	18.8	31.5	49.7	473 379.9	4.81
1973	1 178 254.6	9.82	20.6	32.0	47.4	624 072.1	5.20
1974	1 300 905.2	9.09	23.4	29.1	47.5	685 723.9	4.79
1975	1 438 800.4	9.10	23.1	28.1	48.7	739 585.8	4.68
1976	1 627 933.8	9.17	23.3	26.6	50.1	814 906.7	4.59
1977	1 781 916.0	9.00	23.2	26.0	50.8	883 505.2	4.46
1978	2 031 898.0	9.32	22.3	25.9	51.7	989 289.6	4.54
1979	2 335 455.9	9.89	22.7	27.0	50.3	1 166 035.8	4.94
1980	2 642 194.0	10.32	22.4	28.2	49.4	1 339 614.4	5.23
	2 864 276.8	11.19	21.2	26.1	52.7	1 363 008.4	5.32
1981	3 160 372.8	11.51	20.0	26.7	53.3	1 484 720.7	5.41
1982	3 416 324.6	11.84	19.3	26.5	54.2	1 575 452.3	5.46
1983	3 699 899.5	12.26	18.2	25.5	56.3	1 629 378.0	5.40
1984	4 006 993.9	12.54	17.5	24.4	58.1	1 699 381.1	5.32
1985	4 377 491.7	12.86	16.5	24.3	59.2	1 811 019.5	5.32
1986	5 094 260.6	14.26	14.4	26.3	59.3	2 113 913.1	5.92

续表

年末	国民总资产 金额(十亿日元)	与名义GDP之比(%)	占比(%) 实物资产(土地等除外)	土地等	金融资产	国民财富 金额(十亿日元)	与名义GDP之比(%)
1987	5 962 689.6	15.97	13.0	29.4	57.6	2 579 662.1	6.91
1988	6 716 329.3	16.77	12.2	28.9	58.9	2 836 726.9	7.08
1989	7 710 418.9	17.97	11.9	29.4	58.7	3 231 062.4	7.53
1990	7 936 547.0	17.20	12.6	31.2	56.1	3 531 467.2	7.66
1991	7 987 085.8	16.25	13.4	28.7	57.8	3 422 746.4	6.97
1992	7 804 398.3	15.48	14.3	26.6	59.1	3 265 515.1	6.48
1993	7 903 074.8	15.67	14.3	25.1	60.6	3 192 859.5	6.33
1994	8 044 314.4	15.74	14.3	23.9	61.8	3 150 014.4	6.17
	8 599 526.3	16.83	18.8	22.9	58.2	3 671 951.7	7.19
1995	8 738 157.0	16.75	13.1	22.0	56.9	3 617 050.6	6.93
1996	8 913 942.3	16.64	18.2	22.1	56.2	3 665 584.7	6.84
1997	9 046 789.9	16.64	18.2	20.9	57.5	3 688 583.5	6.79
1998	9 102 612.8	16.97	18.8	20.4	58.8	3 628 751.2	6.76
1999	9 321 407.0	17.65	18.8	19.5	58.8	3 507 170.9	6.64
2000	9 209 077.6	17.20	19.0	18.9	60.9	3 494 809.8	6.53
2001	9 022 142.3	16.97	19.4	18.5	65.4	3 440 413.9	6.47
2002	8 876 598.4	16.92	20.0	17.9	65.9	3 346 758.1	6.38
2003	8 963 281.9	17.11	19.7	16.7	64.3	3 285 006.8	6.27
2004	8 997 050.0	16.99	19.6	15.7	63.4	3 258 914.1	6.16
2005	9 379 718.5	17.61	18.9	14.3	62.4	3 269 476.1	6.14
2006	9 414 582.1	17.59	19.1	13.6	62.9	3 359 820.4	6.28
2007	9 279 213.4	17.21	19.7	13.6	67.8	3 469 616.5	6.43
2008	8 905 514.7	16.87	21.0	14.3	70.4	3 455 035.1	6.55
2009	8 800 782.7	17.78	21.7	14.9	68.9	3 373 238.4	6.82
2010	8 831 240.7	17.47	21.9	14.7	64.3	3 322 230.9	6.57
2011	8 804 630.1	17.70	21.2	14.1	64.7	3 293 039.1	6.62
2012	9 007 260.4	18.00	20.6	13.4	64.0	3 298 061.0	6.59
2013	9 562 897.0	18.80	19.4	12.3	60.4	3 354 625.3	6.59
2014	9 999 333.2	19.27	18.4	11.5	60.1	3 430 080.6	6.61
2015	10 287 163.7	19.12	18.3	11.1	63.5	3 426 254.9	6.37
2016	10 582 035.3	19.44	18.2	10.9	65.4	3 471 881.1	6.38
2017	11 029 669.5	19.94	17.6	10.5	65.2	3 520 415.1	6.37
2018	11 026 588.3	19.81	17.7	10.8	67.5	3 589 868.2	6.45
2019	11 353 548.0	20.35	17.5	10.6	69.1	3 678 930.0	6.59

续表

年末	国民总资产					国民财富	
	金额(十亿日元)	与名义GDP之比(%)	占比(%)			金额(十亿日元)	与名义GDP之比(%)
			实物资产(土地等除外)	土地等	金融资产		
2020	11 901 479.9	22.08	17.0	10.3	65.4	3 684 096.9	6.83
2021	12 444 971.6	22.36	16.6	10.1	64.6	3 858 671.6	6.93

注：因当年估算方法调整，同时给出调整前后1969年、1980年、1994年的数据。

资料来源：日本內閣府「令和5年度年次経済財政報告-動き始めた物価と賃金-」、2023年8月、https://www5.cao.go.jp/j-j/wp/wp-je23/23.html。

表6　个人消费、工资、住宅统计

年份	个人消费 家庭储蓄率（%）	个人消费 新车初次登记、申报台数（轿车）（台）	个人消费 轿车持有台数（平均每100户）（年度末值）（台）	工资 春季工资上涨率（%）	工资 工资现金总额增长率（%）	住宅 新房开工户数 数量（千户）	住宅 新房开工户数 年增长率（%）
1957	12.6	—	—	—	—	321	4.0
1958	12.3	49 236	—	—	—	338	5.3
1959	13.7	73 050	—	—	—	381	12.6
1960	14.5	145 227	—	—	—	424	11.5
1961	15.9	229 057	—	—	—	536	26.4
1962	15.6	259 269	—	—	—	586	9.4
1963	14.9	371 076	—	—	—	689	17.5
1964	15.4	493 536	—	—	—	751	9.1
1965	15.8	586 287	—	10.6	—	843	12.1
1966	15.0	740 259	9.8	10.6	—	857	1.7
1967	14.1	1 131 337	13.3	12.5	—	991	15.7
1968	16.9	1 569 404	17.6	13.6	—	1 202	21.2
1969	17.1	2 036 677	22.6	15.8	—	1 347	12.1
1970	17.7	2 379 137	26.8	18.5	—	1 485	10.2
1971	17.8	2 402 757	32.0	16.9	—	1 464	-1.4
1972	18.2	2 627 087	38.8	15.3	—	1 808	23.5
1973	20.4	2 953 026	42.3	20.1	—	1 905	5.4
1974	23.2	2 286 795	45.0	32.9	—	1 316	-30.9
1975	22.8	2 737 641	47.2	13.1	—	1 356	3.1
1976	23.2	2 449 429	55.0	8.8	—	1 524	12.4
1977	21.8	2 500 095	55.6	8.8	—	1 508	-1.0
1978	20.8	2 856 710	60.8	5.9	—	1 549	2.7
1979	18.2	3 036 873	64.1	6.0	—	1 493	-3.6
1980	17.7	2 854 175	64.9	6.74	—	1 269	-15.0
1981	18.6	2 866 695	71.7	7.68	—	1 152	-9.2
1982	17.3	3 038 272	76.4	7.01	—	1 146	-0.5
1983	16.8	3 135 611	79.2	4.40	—	1 137	-0.8
1984	16.7	3 095 554	83.6	4.46	—	1 187	4.4
1985	16.2	3 252 299	84.5	5.03	—	1 236	4.1
1986	15.4	3 322 888	91.3	4.55	—	1 365	10.4
1987	13.7	3 477 770	94.5	3.56	—	1 674	22.7
1988	14.2	3 980 958	104.1	4.43	—	1 685	0.6
1989	14.1	4 760 094	108.0	5.17	—	1 663	-1.3

续表

年份	个人消费 家庭储蓄率（%）	个人消费 新车初次登记、申报台数（轿车）（台）	个人消费 轿车持有台数（平均每100户）（年度末值）（台）	工资 春季工资上涨率（%）	工资 工资现金总额增长率（%）	住宅 新房开工户数 数量（千户）	住宅 新房开工户数 年增长率（%）
1990	13.5	5,575,234	112.3	5.94	—	1,707	2.7
1991	15.1	5 416 437	114.2	5.65	4.4	1 370	−19.7
1992	14.7	5 097 467	116.1	4.95	2.0	1 403	2.4
1993	14.2	4 805 543	116.2	3.89	0.3	1 486	5.9
1994	12.3	4 860 586	118.6	3.13	1.5	1 570	5.7
1995	11.1	5 119 052	121.0	2.83	1.1	1 470	−6.4
1996	9.5	5 394 616	125.1	2.86	1.1	1 643	11.8
1997	9.7	5 182 296	127.8	2.90	1.6	1 387	−15.6
1998	11.1	4 647 978	126.7	2.66	−1.3	1 198	−13.6
1999	9.6	4 656 901	130.7	2.21	−1.5	1 215	1.4
2000	8.0	4 803 573	132.7	2.06	0.1	1 230	1.3
2001	4.2	4 790 044	137.3	2.01	−1.6	1 174	−4.6
2002	2.7	4 790 493	143.8	1.66	−2.9	1 151	−1.9
2003	2.3	4 715 991	142.3	1.63	−0.7	1 160	0.8
2004	2.0	4 768 131	134.3	1.67	−0.5	1 189	2.5
2005	2.7	4 748 409	139.1	1.71	0.8	1 236	4.0
2006	3.2	4 641 732	140.2	1.79	0.2	1 290	4.4
2007	3.3	4 400 299	140.3	1.87	−0.9	1 061	−17.8
2008	3.4	4 227 643	137.0	1.99	−0.3	1 094	3.1
2009	4.5	3 923 741	139.4	1.83	−3.8	788	−27.9
2010	3.3	4 212 267	136.9	1.82	0.6	813	3.1
2011	3.6	3 524 788	141.8	1.83	−0.3	834	2.6
2012	2.2	4 572 332	138.4	1.78	−0.8	883	5.8
2013	−0.1	4 562 150	128.6	1.80	−0.2	980	11.0
2014	−1.3	4 699 462	129.2	2.19	0.5	892	−9.0
2015	−0.4	4 215 799	131.1	2.38	0.1	909	1.9
2016	1.4	4 146 403	125.2	2.14	0.6	967	6.4
2017	1.0	4 386 315	128.4	2.11	0.4	965	−0.3
2018	1.1	4 391 089	126.3	2.26	1.4	942	−2.3
2019	2.9	4 301 012	125.7	2.18	−0.4	905	−4.0
2020	11.0	3 809 896	126.9	2.0	−1.2	815	−9.9
2021	7.2	3 675 650	127.2	1.86	0.3	856	5.0
2022	4.1	3 448 272	105.4	2.20	2.0	860	0.4

续表

年份	个人消费 家庭储蓄率（%）	个人消费 新车初次登记、申报台数（轿车）（台）	个人消费 轿车持有台数（平均每100户）（年度末值）（台）	工资 春季工资上涨率（%）	工资 工资现金总额增长率（%）	住宅 新房开工户数 数量（千户）	住宅 新房开工户数 年增长率（%）
2020年4—6月	—	772 526	—	—	-1.7	800	-12.4
2020年7—9月	—	1 011 006	—	—	-1.3	805	-10.1
2020年10—12月	—	1 016 209	—	—	-2.0	809	-7.0
2021年1—3月	—	1 007 541	—	—	-0.5	834	-1.6
2021年4—6月	—	985 846	—	—	1.0	865	8.1
2021年7—9月	—	863 454	—	—	0.5	864	7.2
2021年10—12月	—	813 808	—	—	0.0	860	6.1
2022年1—3月	—	834 316	—	—	1.5	871	4.9
2022年4—6月	—	846 419	—	—	1.5	853	-1.3
2022年7—9月	—	864 525	—	—	1.7	863	0.0
2022年10—12月	—	901 640	—	—	2.9	851	-1.6
2023年1—3月	—	975 929	—	—	0.9	876	0.6
2023年4—6月	—	P 1 051 757	—	—	—	—	—

资料来源：日本内閣府「令和5年度年次経済財政報告-動き始めた物価と賃金-」、2023年8月、https://www5.cao.go.jp/j-j/wp/wp-je23/23.html。

表7 设备投资、工矿业生产统计

年份	设备投资 设备投资与名义GDP之比（%）	工矿业生产 生产指数 2020年=100	工矿业生产 生产指数 年增长率（%）	工矿业生产 出厂指数 2020年=100	工矿业生产 出厂指数 年增长率（%）	工矿业生产 生产者商品库存指数 2020年=100	工矿业生产 生产者商品库存指数 年增长率（%）
1960	18.2	13.6	24.8	13.4	22.9	13.4	24.3
1961	20.2	16.4	19.4	15.8	18.0	17.5	31.7
1962	19.2	17.7	8.3	17.2	8.2	20.9	20.6
1963	18.1	19.7	10.1	19.0	10.5	21.7	5.5
1964	18.3	22.8	15.7	21.8	15.0	25.9	19.4
1965	15.7	23.7	3.7	22.8	4.1	27.8	6.9
1966	15.8	26.9	13.2	25.9	13.7	28.3	2.2
1967	17.8	32.1	19.4	30.5	17.5	33.4	18.1
1968	18.7	37.0	17.7	35.3	16.2	40.7	25.3
1969	20.2	42.9	16.0	41.1	16.4	47.5	16.8
1970	21.0	48.9	13.8	46.4	13.0	58.1	22.5
1971	19.0	50.1	2.6	47.8	3.1	63.6	9.1
1972	17.5	53.7	7.3	52.0	8.6	60.4	-4.9
1973	18.5	61.7	17.5	59.4	15.4	62.4	3.7
1974	18.4	59.2	-4.0	56.2	-5.3	89.4	43.2
1975	16.4	52.7	-11.0	52.0	-7.5	81.5	-8.9
1976	15.1	58.7	11.1	57.4	10.3	87.4	7.3
1977	14.1	61.1	4.1	59.6	3.9	90.2	3.0
1978	13.7	64.9	6.2	63.1	5.8	87.7	-2.9
1979	14.9	69.7	7.3	67.4	6.7	90.6	3.3
1980	16.0	73.0	4.7	69.3	2.9	98.2	8.3
1981	15.7	73.7	1.0	69.7	0.6	94.7	-3.6
1982	15.3	74.0	0.3	69.3	-0.7	93.1	-1.5
1983	14.6	76.1	3.6	71.6	3.5	87.8	-5.2
1984	15.0	83.4	9.4	77.4	8.2	94.6	7.6
1985	16.5	86.4	3.7	80.2	3.4	98.0	3.5
1986	16.5	86.2	-0.2	80.6	0.5	96.8	-1.2
1987	16.4	89.2	3.4	83.7	3.9	93.9	-3.0
1988	17.7	97.8	9.5	91.2	8.7	98.9	5.4
1989	19.3	103.5	5.8	96.5	5.9	107.1	8.3
1990	20.0	107.7	4.1	101.3	4.8	106.4	-0.7
1991	20.1	109.5	1.7	102.7	1.5	120.7	13.4
1992	18.3	102.8	-6.1	97.5	-5.1	119.6	-0.8
1993	16.3	98.8	-4.5	94.7	-3.7	117.3	-3.5

续表

年份	设备投资 设备投资与名义GDP之比(%)	工矿业生产 生产指数 2020年=100	年增长率(%)	出厂指数 2020年=100	年增长率(%)	生产者商品库存指数 2020年=100	年增长率(%)
1994	15.7	99.9	0.9	95.6	0.9	111.8	-4.6
1995	16.2	113.8	3.2	110.2	2.6	118.5	5.5
1996	16.5	116.5	2.3	113.2	2.7	118.1	-0.3
1997	16.8	120.7	3.6	117.7	4.0	125.2	6.0
1998	16.6	112.4	-7.2	111.1	-6.6	115.2	-7.4
1999	15.7	112.6	0.2	112.3	1.1	107.3	-6.9
2000	16.3	119.2	5.7	119.0	5.8	109.5	2.1
2001	16.0	111.1	-6.8	111.3	-6.3	108.7	-0.7
2002	15.0	109.8	-1.3	111.1	-0.2	99.9	-8.0
2003	15.0	113.0	3.3	114.9	4.0	97.1	-2.4
2004	15.1	118.4	4.9	120.6	4.8	97.0	-0.1
2005	16.2	120.0	1.3	122.2	1.4	101.5	4.8
2006	16.5	125.3	4.5	127.9	4.6	105.1	3.5
2007	16.5	129.0	2.8	131.7	3.1	106.5	1.3
2008	16.4	124.6	-3.4	126.4	-3.2	113.7	4.8
2009	14.8	97.4	-21.9	99.0	-21.7	93.7	-17.6
2010	14.2	112.5	15.6	114.3	15.5	95.9	2.4
2011	14.9	109.3	-2.8	110.0	-3.7	97.9	2.0
2012	15.2	110.1	0.6	111.3	1.2	103.0	5.2
2013	15.4	109.6	-0.8	113.2	-0.6	95.1	-4.3
2014	15.9	111.9	2.0	114.0	0.7	100.7	5.9
2015	16.2	110.5	-1.2	112.5	-1.4	98.4	-2.3
2016	15.9	110.5	0.0	112.1	-0.3	95.3	-3.2
2017	16.1	114.0	3.1	114.9	2.5	99.2	4.1
2018	16.5	114.6	1.1	114.9	0.8	100.5	1.7
2019	16.5	111.6	-2.6	112.0	-2.5	101.0	0.5
2020	16.2	100.0	-10.4	100.0	-10.7	92.6	-8.3
2021	16.2	105.4	5.4	104.4	4.4	98.5	6.4
2022	17.0	105.3	-0.1	103.9	-0.5	101.2	2.7
2018年1—3月	16.4	114.4	-0.9	115.0	-0.9	103.5	2.5
2018年4—6月	16.7	114.6	0.2	115.8	0.7	102.2	-1.3
2018年7—9月	16.3	113.8	-0.7	113.6	-1.9	103.1	0.9

续表

年份	设备投资 设备投资与名义GDP之比(%)	工矿业生产 生产指数 2020年=100	生产指数 年增长率(%)	出厂指数 2020年=100	出厂指数 年增长率(%)	生产者商品库存指数 2020年=100	生产者商品库存指数 年增长率(%)
2018年10—12月	16.8	115.5	1.5	114.9	1.1	103.0	-0.1
2019年1—3月	16.6	113.4	-1.8	113.9	-0.9	102.0	-1.0
2019年4—6月	16.5	113.5	0.1	114.3	0.4	104.1	2.1
2019年7—9月	16.8	112.6	-0.8	113.2	-1.0	103.0	-1.1
2019年10—12月	16.0	108.0	-4.1	107.5	-5.0	103.4	0.4
2020年1—3月	16.6	106.8	-1.1	106.8	-0.7	104.3	0.9
2020年4—6月	16.6	90.7	-15.1	90.5	-15.3	100.1	-4.0
2020年7—9月	15.7	97.7	7.7	97.9	8.2	96.7	-3.4
2020年10—12月	15.7	103.5	5.9	103.3	5.5	94.7	-2.1
2021年1—3月	16.1	106.3	2.7	106.3	2.9	94.0	-0.7
2021年4—6月	16.3	107.5	1.1	107.3	0.9	95.4	1.5
2021年7—9月	16.3	103.3	-3.9	101.3	-5.6	97.5	2.2
2021年10—12月	16.4	104.6	1.3	102.7	1.4	100.5	3.1
2022年1—3月	16.5	105.4	0.8	104.0	1.3	101.4	0.9
2022年4—6月	16.9	103.9	-1.4	103.4	-0.6	99.9	-1.5
2022年7—9月	17.5	107.1	3.1	105.2	1.7	103.4	3.5
2022年10—12月	17.3	105.3	-1.7	103.7	-1.4	103.1	-0.3
2023年1—3月	17.2	103.4	-1.8	102.7	-1.0	103.8	0.7

资料来源：日本内閣府「令和5年度年次経済財政報告-動き始めた物価と賃金-」、2023年8月、https://www5.cao.go.jp/j-j/wp/wp-je23/23.html。

表 8　工矿业指数、第三产业活动指数、企业收益、企业统计

年份	工矿业指数 生产者商品库存率指数 2020年=100	工矿业指数 制造业开工率指数 2020年=100	第三产业活动指数 2015年=100	企业收益 经常收益 年增长率（%）	企业收益 销售额经常收益比率 %	企业破产 银行停止与其往来的处分者件数 件
1955	—	—	—	32.5	2.8	—
1956	—	—	—	59.3	3.4	—
1957	—	—	—	9.6	3.1	—
1958	—	—	—	−22.7	2.4	—
1959	—	—	—	76.8	3.5	—
1960	—	—	—	40.7	3.8	—
1961	—	—	—	20.2	3.6	—
1962	—	—	—	−1.9	3.2	—
1963	—	—	—	25.5	3.3	—
1964	—	—	—	10.6	2.9	—
1965	—	—	—	−4.5	2.5	10 152
1966	—	—	—	42.2	3.0	11 058
1967	—	—	—	39.4	3.3	13 683
1968	67.6	—	—	19.5	3.4	13 240
1969	68.5	—	—	30.2	3.6	10 658
1970	72.2	—	—	13.7	3.4	11 589
1971	83.2	—	—	−17.4	2.6	11 489
1972	76.8	—	—	30.3	2.9	9 544
1973	64.8	—	—	78.9	3.8	10 862
1974	89.6	—	—	−27.3	2.2	13 605
1975	101.2	—	—	−32.6	1.4	14 477
1976	90.0	—	—	72.9	2.1	16 842
1977	91.3	—	—	8.0	2.1	18 741
1978	68.6	130.8	—	34.3	2.6	15 526
1979	63.4	138.6	—	31.9	3.0	14 926
1980	68.9	139.6	—	10.0	2.8	16 635
1981	72.2	132.4	—	−8.2	2.4	15 683
1982	72.5	128.4	—	−4.4	2.2	14 824
1983	69.0	130.1	—	12.3	2.4	15 848
1984	67.2	137.7	—	17.9	2.6	16 976
1985	70.0	137.9	—	3.9	2.6	15 337
1986	71.3	131.6	—	−1.6	2.5	13 578
1987	67.2	131.7	—	27.6	3.0	9 040
1988	63.6	139.4	—	25.6	3.4	7 819

续表

年份	工矿业指数 生产者商品库存率指数 2020年=100	工矿业指数 制造业开工率指数 2020年=100	第三产业活动指数 2015年=100	企业收益 经常收益 年增长率(%)	企业收益 销售额经常收益比率 %	企业破产 银行停止与其往来的处分者件数 件
1989	65.3	142.1	—	14.7	3.7	5 550
1990	64.5	143.6	—	-6.9	3.1	5 292
1991	68.9	140.6	—	-8.8	2.7	9 066
1992	75.6	129.1	—	-26.2	2.0	10 728
1993	76.5	122.5	—	-12.1	1.8	10 352
1994	73.4	122.0	—	11.9	1.9	10 246
1995	74.7	125.1	—	10.9	2.0	10 742
1996	75.4	126.3	—	21.9	2.4	10 722
1997	74.7	130.7	—	4.8	2.5	12 048
1998	82.4	120.8	—	-26.4	1.9	13 356
1999	75.4	120.4	—	17.7	2.3	10 249
2000	73.1	125.8	—	33.7	3.0	12 160
2001	80.6	116.3	—	-15.5	2.5	11 693
2002	74.5	117.6	—	-0.7	2.7	10 730
2003	70.9	122.7	—	12.6	3.0	8 189
2004	67.8	128.4	—	27.7	3.6	6 374
2005	69.6	130.0	—	11.8	3.9	5 489
2006	69.7	133.5	—	9.1	4.0	5 227
2007	69.8	134.7	—	3.6	4.0	5 257
2008	76.5	128.6	—	-26.3	3.0	5 687
2009	92.0	96.4	—	-35.3	2.3	4 568
2010	72.3	115.3	—	68.1	3.5	3 134
2011	78.2	110.4	—	-6.0	3.4	2 609
2012	81.9	112.7	—	8.8	3.8	2 390
2013	78.2	114.8	100.2	19.7	4.6	1 820
2014	79.4	119.7	99.6	10.9	5.0	1 465
2015	81.7	116.5	100.0	7.5	5.4	1 236
2016	82.5	114.7	100.6	1.5	5.5	1 062
2017	82.2	119.2	101.5	13.2	5.9	899
2018	85.5	119.3	102.8	3.7	5.9	762
2019	89.5	114.8	103.1	-3.5	5.7	751
2020	100.0	100.0	96.0	-27.3	4.7	432
2021	89.8	108.5	97.4	41.8	6.3	215

续表

年份	工矿业指数 生产者商品库存率指数 2020年=100	工矿业指数 制造业开工率指数 2020年=100	第三产业活动指数 2015年=100	企业收益 经常收益 年增长率(%)	企业收益 销售额经常收益比率 %	企业破产 银行停止与其往来的处分者件数 件
2022	96.6	108.1	99.0	11.2	6.6	218
2018年1—3月	85.2	119.1	102.2	0.2	5.8	195
2018年4—6月	85.2	119.0	102.9	17.9	6.6	195
2018年7—9月	86.5	117.6	102.5	2.2	5.7	199
2018年10—12月	86.1	121.2	103.4	-7.0	5.3	173
2019年1—3月	86.5	116.8	103.5	10.3	6.3	173
2019年4—6月	87.8	118.2	103.6	-12.0	5.6	217
2019年7—9月	89.6	115.4	104.4	-5.3	5.6	185
2019年10—12月	93.7	109.5	101.2	-4.6	5.5	176
2020年1—3月	93.7	107.4	100.1	-28.4	4.9	187
2020年4—6月	113.8	86.5	90.0	-46.6	3.1	127
2020年7—9月	99.2	98.1	95.8	-28.4	4.9	67
2020年10—12月	91.4	106.8	98.0	-0.7	5.7	51
2021年1—3月	87.1	110.1	97.0	26.0	6.3	46
2021年4—6月	87.5	110.8	97.3	93.9	6.3	45
2021年7—9月	91.0	104.2	96.8	35.1	6.0	71
2021年10—12月	93.7	109.0	98.3	24.7	6.8	53
2022年1—3月	94.4	108.1	98.1	13.7	6.6	63
2022年4—6月	94.9	104.3	99.5	17.6	7.0	69

续表

年份	工矿业指数		第三产业活动指数	企业收益		企业破产
	生产者商品库存率指数	制造业开工率指数		经常收益	销售额经常收益比率	银行停止与其往来的处分者件数
	2020年=100	2020年=100	2015年=100	年增长率(%)	%	件
2022年7—9月	97.5	109.5	99.4	18.3	6.4	61
2022年10—12月	99.3	111.2	99.4	-2.8	6.2	25
2023年1—3月	102.5	106.6	100.4	4.3	6.6	

注：斜体表示统计速报值。(2022年的第三产业活动指数，99.0)

资料来源：日本内閣府「令和5年度年次経済財政報告-動き始めた物価と賃金-」、2023年8月、https://www5.cao.go.jp/j-j/wp/wp-je23/23.html。

表9 人口、就业、劳动时间统计（1）

年份	人口			就业	
	总人口（万人）	平均家庭人数（人）	合计特殊出生率（%）	劳动力人口（万人）	劳动力参与率（%）
1960	9 342	4.13	2.00	4 511	69.2
1961	9 429	3.97	1.96	4 562	69.1
1962	9 518	3.95	1.98	4 614	68.3
1963	9 616	3.81	2.00	4 652	67.1
1964	9 718	3.83	2.05	4 710	66.1
1965	9 828	3.75	2.14	4 787	65.7
1966	9 904	3.68	1.58	4 891	65.8
1967	10 020	3.53	2.23	4 983	65.9
1968	10 133	3.50	2.13	5 061	65.9
1969	10 254	3.50	2.13	5 098	65.5
1970	10 372	3.45	2.13	5 153	65.4
1971	10 515	3.38	2.16	5 186	65.0
1972	10 760	3.32	2.14	5 199	64.4
1973	10 910	3.33	2.14	5 326	64.7
1974	11 057	3.33	2.05	5 310	63.7
1975	11 194	3.35	1.91	5 323	63.0
1976	11 309	3.27	1.85	5 378	63.0
1977	11 417	3.29	1.80	5 452	63.2
1978	11 519	3.31	1.79	5 532	63.4
1979	11 616	3.30	1.77	5 596	63.4
1980	11 706	3.28	1.75	5 650	63.3
1981	11 790	3.24	1.74	5 707	63.3
1982	11 873	3.25	1.77	5 774	63.3
1983	11 954	3.25	1.80	5 889	63.8
1984	12 031	3.19	1.81	5 927	63.4
1985	12 105	3.22	1.76	5 963	63.0
1986	12 166	3.22	1.72	6 020	62.8
1987	12 224	3.19	1.69	6 084	62.6
1988	12 275	3.12	1.66	6 166	62.6
1989	12 321	3.10	1.57	6 270	62.9
1990	12 361	3.05	1.54	6 384	63.3
1991	12 410	3.04	1.53	6 505	63.8
1992	12 457	2.99	1.50	6 578	64.0
1993	12 494	2.96	1.46	6 615	63.8
1994	12 527	2.95	1.50	6 645	63.6
1995	12 557	2.91	1.42	6 666	63.4

续表

年份	人口			就业	
	总人口（万人）	平均家庭人数（人）	合计特殊出生率（%）	劳动力人口（万人）	劳动力参与率（%）
1996	12 586	2.85	1.43	6 711	63.5
1997	12 616	2.79	1.39	6 787	63.7
1998	12 647	2.81	1.38	6 793	63.3
1999	12 667	2.79	1.34	6 779	62.9
2000	12 693	2.76	1.36	6 766	62.4
2001	12 732	2.75	1.33	6 752	62.0
2002	12 749	2.74	1.32	6 689	61.2
2003	12 769	2.76	1.29	6 666	60.8
2004	12 779	2.72	1.29	6 642	60.4
2005	12 777	2.68	1.26	6 651	60.4
2006	12 790	2.65	1.32	6 664	60.4
2007	12 803	2.63	1.34	6 684	60.4
2008	12 808	2.63	1.37	6 674	60.2
2009	12 803	2.62	1.37	6 650	59.9
2010	12 806	2.59	1.39	6 632	59.6
2011	12 783	2.58	1.39	6 596	59.3
2012	12 759	2.57	1.41	6 565	59.1
2013	12 741	2.51	1.43	6 593	59.3
2014	12 724	2.49	1.42	6 609	59.4
2015	12 709	2.49	1.45	6 625	59.6
2016	12 704	2.47	1.44	6 678	60.0
2017	12 692	2.47	1.43	6 732	60.5
2018	12 675	2.44	1.42	6 849	61.5
2019	12 656	2.39	1.36	6 912	62.1
2020	12 615	—	1.33	6 902	62.0
2021	12 550	2.37	1.30	6 907	62.1
2022	12 495	2.25	P 1.26	6 902	62.5
2019年10—12月	12 656	—	—	6 915	62.3
2020年1—3月	12 639	—	—	6 857	61.9
2020年4—6月	12 634	—	—	6 845	61.8
2020年7—9月	12 626	—	—	6 878	62.1

续表

年份	人口			就业	
	总人口（万人）	平均家庭人数（人）	合计特殊出生率（%）	劳动力人口（万人）	劳动力参与率（%）
2020年10—12月	12 615	—	—	6 934	62.2
2021年1—3月	12 607	—	—	6 883	61.8
2021年4—6月	12 585	—	—	6 928	62.3
2021年7—9月	12 568	—	—	6 934	62.4
2021年10—12月	12 550	—	—	6 883	62.0
2022年1—3月	12 531	—	—	6 844	61.9
2022年4—6月	12 507	—	—	6 927	62.8
2022年7—9月	12 512	—	—	6 938	62.9
2022年10—12月	12 495	—	—	6 899	62.5
2023年1—3月	12 475	—	—	P 6 862	P 62.3
2023年4—6月	P 12 477	—	—	—	—

注：P表示概算值。

资料来源：日本内閣府「令和5年度年次経済財政報告−動き始めた物価と賃金−」、2023年8月、https://www5.cao.go.jp/j-j/wp/wp-je23/23.html。

表10 人口、就业、劳动时间统计（2）

年份	就业人数（万人）	雇佣者人数（万人）	雇佣者占比（%）	完全失业人数（万人）	完全失业率（%）	有效求人倍率（倍）	总实际劳动时间（小时）
1960	4 436	2 370	53.4	75	1.7	—	—
1961	4 498	2 478	55.1	66	1.4	—	—
1962	4 556	2 593	56.9	59	1.3	—	—
1963	4 595	2 672	58.2	59	1.3	0.73	—
1964	4 655	2 763	59.4	54	1.1	0.79	—
1965	4 730	2 876	60.8	57	1.2	0.61	—
1966	4 827	2 994	62.0	65	1.3	0.81	—
1967	4 920	3 071	62.4	63	1.3	1.05	—
1968	5 002	3 148	62.9	59	1.2	1.14	—
1969	5 040	3 199	63.5	57	1.1	1.37	—
1970	5 094	3 306	64.9	59	1.1	1.35	2 239.2
1971	5 121	3 412	66.6	64	1.2	1.06	2 217.6
1972	5 126	3 465	67.6	73	1.4	1.30	2 205.6
1973	5 259	3 615	68.7	68	1.3	1.74	2 184.0
1974	5 237	3 637	69.4	73	1.4	0.98	2 106.0
1975	5 223	3 646	69.8	100	1.9	0.59	2 064.0
1976	5 271	3 712	70.4	108	2.0	0.64	2 094.0
1977	5 342	3 769	70.6	110	2.0	0.54	2 096.4
1978	5 408	3 799	70.2	124	2.2	0.59	2 102.4
1979	5 479	3 876	70.7	117	2.1	0.74	2 114.4
1980	5 536	3 971	71.7	114	2.0	0.73	2 108.4
1981	5 581	4 037	72.3	126	2.2	0.67	2 101.2
1982	5 638	4 098	72.7	136	2.4	0.60	2 096.4
1983	5 733	4 208	73.4	156	2.6	0.61	2 097.6
1984	5 766	4 265	74.0	161	2.7	0.66	2 115.6
1985	5 807	4 313	74.3	156	2.6	0.67	2 109.6
1986	5 853	4 379	74.8	167	2.8	0.62	2 102.4
1987	5 911	4 428	74.9	173	2.8	0.76	2 110.8
1988	6 011	4 538	75.5	155	2.5	1.08	2 110.8
1989	6 128	4 679	76.4	142	2.3	1.30	2 088.0
1990	6 249	4 835	77.4	134	2.1	1.43	2 052.0
1991	6 369	5 002	78.5	136	2.1	1.34	2 016.0
1992	6 436	5 119	79.5	142	2.2	1.00	1 971.6
1993	6 450	5 202	80.7	166	2.5	0.71	1 912.8
1994	6 453	5 236	81.1	192	2.9	0.64	1 904.4
1995	6 457	5 263	81.5	210	3.2	0.64	1 909.2

续表

年份	就业人数（万人）	雇佣者人数（万人）	雇佣者占比（%）	完全失业人数（万人）	完全失业率（%）	有效求人倍率（倍）	总实际劳动时间（小时）
1996	6 486	5 322	82.1	225	3.4	0.72	1 918.8
1997	6 557	5 391	82.2	230	3.4	0.69	1 899.6
1998	6 514	5 368	82.4	279	4.1	0.50	1 879.2
1999	6 462	5 331	82.5	317	4.7	0.49	1 842.0
2000	6 446	5 356	83.1	320	4.7	0.62	1 858.8
2001	6 412	5 369	83.7	340	5.0	0.56	1 848.0
2002	6 330	5 331	84.2	359	5.4	0.56	1 837.2
2003	6 316	5 335	84.5	350	5.3	0.69	1 845.6
2004	6 329	5 355	84.6	313	4.7	0.86	1 839.6
2005	6 356	5 393	84.8	294	4.4	0.98	1 830.0
2006	6 389	5 478	85.7	275	4.1	1.06	1 843.2
2007	6 427	5 537	86.2	257	3.9	1.02	1 851.6
2008	6 409	5 546	86.5	265	4.0	0.77	1 836.0
2009	6 314	5 489	86.9	336	5.1	0.45	1 767.6
2010	6 298	5 500	87.3	334	5.1	0.56	1 797.6
2011	6 293	5 512	87.6	302	4.6	0.68	1 789.2
2012	6 280	5 513	87.8	285	4.3	0.82	1 808.4
2013	6 326	5 567	88.0	265	4.0	0.97	1 791.6
2014	6 371	5 613	88.1	236	3.6	1.11	1 789.2
2015	6 402	5 663	88.5	222	3.4	1.23	1 784.4
2016	6 470	5 755	88.9	208	3.1	1.39	1 782.0
2017	6 542	5 830	89.1	190	2.8	1.54	1 780.8
2018	6 682	5 954	89.1	167	2.4	1.62	1 768.8
2019	6 750	6 028	89.3	162	2.4	1.55	1 732.8
2020	6 710	6 005	89.5	192	2.8	1.10	1 684.8
2021	6 713	6 016	89.6	195	2.8	1.16	1 708.8
2022	6 723	6 041	89.9	179	2.6	1.31	1 718.4
2019年10—12月	6 783	6 053	89.2	160	2.3	1.57	—
2020年1—3月	6 761	6 060	89.6	169	2.4	1.44	—
2020年4—6月	6 671	5 964	89.4	186	2.7	1.20	—
2020年7—9月	6 686	5 975	89.4	203	3.0	1.05	—
2020年10—12月	6 723	6 021	89.6	210	3.0	1.05	—
2021年1—3月	6 726	6 029	89.6	199	2.9	1.09	—
2021年4—6月	6 710	6 014	89.6	200	2.9	1.11	—
2021年7—9月	6 720	6 018	89.6	192	2.8	1.14	—
2021年10—12月	6 693	6 004	89.7	188	2.7	1.17	—

续表

年份	就业						劳动时间
	就业人数（万人）	雇佣者人数（万人）	雇佣者占比（%）	完全失业人数（万人）	完全失业率（%）	有效求人倍率（倍）	总实际劳动时间（小时）
2022年1—3月	6 704	6 015	89.7	186	2.7	1.21	—
2022年4—6月	6 727	6 049	89.9	179	2.6	1.25	—
2022年7—9月	6 732	6 049	89.9	178	2.6	1.30	—
2022年10—12月	6 725	6 047	89.9	174	2.5	1.35	—
2023年1—3月	6 730	6 045	89.8	181	2.6	1.34	—
2023年4—6月	—	—	—	—	—	—	—

资料来源：日本内閣府「令和5年度年次経済財政報告-動き始めた物価と賃金-」、2023年8月、https://www5.cao.go.jp/j-j/wp/wp-je23/23.html。

表 11　物价统计

年份	国内企业价格指数 2020年=100	年增长率（%）	消费者价格指数 2020年=100	年增长率（%）
1955	—	—	16.5	-1.1
1956	—	—	16.6	0.3
1957	—	—	17.1	3.1
1958	—	—	17.0	-0.4
1959	—	—	17.2	1.0
1960	48.0	—	17.9	3.6
1961	48.5	1.2	18.9	5.3
1962	47.7	-1.7	20.1	6.8
1963	48.4	1.5	21.6	7.6
1964	48.5	0.1	22.5	3.9
1965	49.0	1.0	23.9	6.6
1966	50.1	2.4	25.1	5.1
1967	51.5	2.6	26.1	4.0
1968	52.0	1.0	27.6	5.3
1969	52.9	1.8	29.0	5.2
1970	54.7	3.4	30.9	7.7
1971	54.2	-0.8	32.9	6.3
1972	55.1	1.7	34.5	4.9
1973	63.8	15.8	38.6	11.7
1974	81.4	27.5	47.5	23.2
1975	83.6	2.7	53.1	11.7
1976	88.3	5.6	58.1	9.4
1977	91.2	3.3	62.8	8.1
1978	90.7	-0.5	65.5	4.2
1979	95.3	5.0	67.9	3.7
1980	109.6	15.0	73.2	7.7
1981	111.1	1.4	76.7	4.9
1982	111.6	0.5	78.9	2.8
1983	110.9	-0.6	80.3	1.9
1984	111.0	0.1	82.2	2.3
1985	110.2	-0.8	83.8	2.0
1986	105.0	-4.7	84.3	0.6
1987	101.7	-3.1	84.4	0.1
1988	101.2	-0.5	85.0	0.7
1989	103.0	1.9	86.9	2.3
1990	104.6	1.5	89.6	3.1

续表

年份	物价等 国内企业价格指数 2020年=100	年增长率（%）	消费者价格指数 2020年=100	年增长率（%）
1991	105.7	1.0	92.6	3.3
1992	104.7	−0.9	94.1	1.6
1993	103.1	−1.6	95.4	1.3
1994	101.4	−1.6	96.0	0.7
1995	100.5	−0.8	95.9	−0.1
1996	98.9	−1.7	96.0	0.1
1997	99.5	0.7	97.7	1.8
1998	98.0	−1.6	98.3	0.6
1999	96.6	−1.4	98.0	−0.3
2000	96.6	0.0	97.3	−0.7
2001	94.4	−2.3	96.7	−0.7
2002	92.5	−2.0	95.8	−0.9
2003	91.6	−0.9	95.5	−0.3
2004	92.8	1.3	95.5	0.0
2005	94.3	1.6	95.2	−0.3
2006	96.4	2.2	95.5	0.3
2007	98.1	1.7	95.5	0.0
2008	102.6	4.6	96.8	1.4
2009	97.2	−5.3	95.5	−1.4
2010	97.1	−0.1	94.8	−0.7
2011	98.5	1.4	94.5	−0.3
2012	97.7	−0.9	94.5	0.0
2013	98.9	1.2	94.9	0.4
2014	102.1	3.2	97.5	2.7
2015	99.7	−2.3	98.2	0.8
2016	96.2	−3.5	98.1	−0.1
2017	98.4	2.3	98.6	0.5
2018	101.0	2.6	99.5	1.0
2019	101.2	0.2	100.0	0.5
2020	100.0	−1.2	100.0	0.0
2021	104.6	4.6	99.8	−0.2
2022	114.7	9.7	102.3	2.5
2022年7—9月	115.9	9.6	102.7	2.9
10—12月	119.0	10.0	103.9	3.9
2023年1—3月	119.7	8.4	104.4	3.6
4—6月	P 119.4	5.1	—	—

注：P表示统计速报值。

资料来源：日本内阁府「令和5年度年次経済財政報告-動き始めた物価と賃金-」、2023年8月、https://www5.cao.go.jp/j-j/wp/wp-je23/23.html。